Kompendium der Internationalen Betriebswirtschaftslehre

Herausgegeben
von

Prof. Dr. Siegfried G. Schoppe

Professor für Volkswirtschaftslehre
an der Universität Hamburg

mit Kapitelbeiträgen von

Dr. Niels Blödorn
Dipl.-Hdl. Ingrid Burgmann
Dipl.-Hdl. Elmar Engelmeyer
Dr. Wolfgang von Hacht
Dr. Hartmut Klein
Prof. Dr. Andri Mahefa
Dr. Karl Wolfgang Menck
Prof. Dr. Jochem Piontek
Prof. Dr. Karl-Ernst Schenk
Dr. Ingo Stein
Prof. Dr. Lothar Streitferdt
Prof. Dr. Perygrin Warneke
Dr. Kai-Ingo Voigt
Dr. Klaus Zimmer M.A.
Dr. Klaus Zippel

Vierte, völlig überarbeitete Auflage

R. Oldenbourg Verlag München Wien

Die Deutsche Bibliothek - CIP-Einheitsaufnahme

Kompendium der internationalen Betriebswirtschaftslehre / hrsg.
von Siegfried G. Schoppe. Mit Kap.-Beitr. von Niels Blödorn ... – 4.,
völlig überarb. Aufl. – München ; Wien : Oldenbourg, 1998
    ISBN 3-486-24394-2

© 1998 R. Oldenbourg Verlag
Rosenheimer Straße 145, D-81671 München
Telefon: (089) 45051-0, Internet: http://www.oldenbourg.de

Das Werk einschließlich aller Abbildungen ist urheberrechtlich geschützt. Jede Verwertung außerhalb der Grenzen des Urheberrechtsgesetzes ist ohne Zustimmung des Verlages unzulässig und strafbar. Das gilt insbesondere für Vervielfältigungen, Übersetzungen, Mikroverfilmungen und die Einspeicherung und Bearbeitung in elektronischen Systemen.

Gedruckt auf säure- und chlorfreiem Papier
Satz: Falkner GmbH, Inning/A.
Druck und Bindung: R. Oldenbourg Graphische Betriebe GmbH, München

ISBN 3-486-24394-2

Vorwort zur ersten Auflage

Mit diesem Kompendium hoffen Autoren und Herausgeber, eine Lücke am Lehrbuchmarkt zu schließen; das vorgelegte Werk ist das erste deutschsprachige *Lehrbuch* über Internationale Betriebswirtschaftslehre. Wenn man bedenkt, daß die Bundesrepublik Deutschland zu den führenden Exportnationen gehört und daß wahrscheinlich mehr als 50 Prozent der Beschäftigten ihren Arbeitsplatz in Internationalen bzw. Multinationalen Unternehmen haben, ist das doch sehr überraschend.

Jedoch scheint die Zeit reif zu sein für die ‚Internationalisierung der deutschen Betriebswirtschaftslehre', wie nicht nur das umfassende Handwörterbuch „Export und Internationale Unternehmung (HWInt)" von Macharzina und Welge (1989), sondern auch das „Handbook of German Business Management (GBM)", Stuttgart 1990, von Grochla und Gaugler (in zwei Bänden) zeigt.

Denn auch ohne Lösung des grundsätzlichen Problems der methodologischen und institutionellen Einordnung der Internationalen BWL wurden in den letzten Jahren erhebliche Fortschritte erzielt – sowohl in der betriebswirtschaftlichen Theorie (die Vorreiterrolle übernahmen naturgemäß das Internationale Management und Marketing) als auch in der Internationalisierung der Lehrinhalte (z.B. Internationale Direktinvestitionen und Internationale Betriebswirtschaftliche Steuerlehre).

Inzwischen sind mehrere Sammelbände und viele Aufsätze zu dem Themenkreis der Internationalisierung der Unternehmen erschienen. Gleichzeitig haben sich in zunehmendem Maße auch internationale Studiengänge mit Auslandsstudienaufenthalten, mehrfachen Abschlüssen und Zusatzgraduierungen entwickelt. Auf diese Weise wird der internationale Wissenstransfer insbesondere der angelsächsischen Betriebswirtschaftslehre (Business Administration) sichergestellt; umgekehrt soll das Handbook of German Business Management jetzt auch dafür sorgen, daß in der englischsprachigen Welt und darüber hinaus der Wissensstand der deutschsprachigen BWL bekannt wird. Zu häufig waren bisher die Fälle, in denen betriebswirtschaftliche Erkenntnisse insbesondere in den USA als neu vorgestellt wurden, die dem deutschsprachigen Betriebswirt längst geläufig waren. Als Beispiel sei das „Inflation Accounting" angeführt, das auf Ideen von Fritz Schmidt aufgebaut sein könnte.

Das hier vorgelegte Kompendium der Internationalen BWL erscheint in deutscher Sprache, um allen Studenten den Zugang zu dem wohl wichtigsten Forschungs- und Vorlesungsbereich der kommenden Jahre zu erleichtern. Dabei war das Zitieren englischsprachiger Quellen nicht zu vermeiden. Diese Chance sollte der eifrige Student nutzen, um möglichst viele Texte im Original heranzuziehen. Bestellwünsche von studentischer Seite werden von den deutschen Universitätsbibliotheken in der Regel erfüllt, brauchen aber viel Zeit. Dagegen ist die Eigenbestellung amerikanischer Textbooks über deutsche Buchhändler (abgesehen von gängigen Werken) sowohl zeitraubend als auch extrem teuer, weil erhebliche Aufschläge gefordert werden. Deswegen sei hier eine direkte Bezugsquelle genannt, die rasch und günstig liefert:

B. H. Blackwell Ltd. (Deutsches Büro:
Hythe Bridge Street Slomanhaus
Oxford, OX1 2 ET Baumwall 3
UK 20459 Hamburg
E-mail: lbdeur@blackwell.co.uk Tel.: 0 1 30/81 80 43
Fax: 01 30/81 62 88

Abschließend sei den Autoren dieses Kompendiums für ihre Mitarbeit gedankt.

Gedankt sei auch Herrn Diplom-Volkswirt Weigert, dem Cheflektor des Oldenbourg-Verlages, der dieses Buchprojekt vom ersten Tag an mit großer Aufmerksamkeit und mit besonderem Nachdruck gefördert hat.

S. G. Schoppe

Vorwort zur zweiten und dritten Auflage

Aufgrund des raschen Absatzes der ersten Auflage war es möglich, sich in der zweiten und dritten Auflage auf Korrekturen und kleinere Verbesserungen zu beschränken.

S. G. Schoppe

Vorwort zur vierten Auflage

Inzwischen hat das „Kompendium" seinen festen Platz in der Reihe betriebswirtschaftlicher Lehrbücher gefunden. Nun ist es an der Zeit, den vielen weltwirtschaftlichen Umbrüchen Rechnung zu tragen, die in den neunziger Jahren stattgefunden haben.

Aus diesem Grunde mußten neue Themen aufgegriffen und alte fallengelassen werden. So ist dieses Werk ein getreues Spiegelbild des raschen Wandels und Fortschritts der Internationalen Betriebswirtschaftslehre sowie der Globalisierung der Weltwirtschaft.

S. G. Schoppe

Inhaltsübersicht

Vorwort...	V
Inhaltsübersicht...	VII
Inhaltsverzeichnis...	IX
Abkürzungsverzeichnis.....................................	XXIV
Verzeichnis der Tabellen...................................	XXVIII
Verzeichnis der Abbildungen................................	XXIX

Einleitung:	**Zur methodologischen Einordnung der Internationalen Betriebswirtschaftslehre (IntBWL)** (Schoppe)............	1
1. Kapitel:	Der weltwirtschaftliche Datenkranz der internationalen Unternehmensführung (Schoppe).....................	5

Teil A:	**Theoretische und institutionelle Grundlagen der Internationalen Betriebswirtschaftslehre**	33
2. Kapitel:	Die Theorien der Multinationalen Unternehmung (Stein)..	35
3. Kapitel:	Internationale Kooperationen und Joint Ventures. Theoretische und strategische Grundlagen (Schenk).......	155
4. Kapitel:	Internationale Wirtschaftsorganisationen (Zimmer)........	197

Teil B:	**Funktionale Ansätze der Internationalen Betriebswirtschaftslehre: Führungs-, Leistungs- und Finanzfunktion**	241
5. Kapitel:	Strategisches Management der Multinationalen Unternehmung (Voigt)...................................	243
6. Kapitel:	Die Organisation der Multinationalen Unternehmung (Blödorn)..	281
7. Kapitel:	Internationales Controlling: Die ergebnisorientierte Steuerung von Geschäftsbereichen einer Multinationalen Unternehmung (Blödorn).............................	295
8. Kapitel:	Identitätsorientierte interkulturelle Personalführung aus gesellschaftstheoretischer Perspektive (Engelmeyer).......	365
9. Kapitel:	Internationale Produktion (Klein)......................	409
10. Kapitel:	Internationales Beschaffungsmarketing (Global Sourcing) (Piontek)..	483
11. Kapitel:	Internationales Marketing-Management (Mahefa).........	503
12. Kapitel:	Investitionsrechnungsmethoden bei Auslandsdirektinvestitionen (Stein)..................................	565
13. Kapitel:	Multilateraler Investitionsschutz und multilaterale Finanzierungsmechanismen (Menck)...................	635
14. Kapitel:	Die Versicherung von Transport- und Kreditrisiken im Auslandsgeschäft (Burgmann).........................	659

Teil C:	**Rechtliche und steuerliche Aspekte der Internationalen Betriebswirtschaftslehre: Problemorientierte Ansätze**	675
15. Kapitel:	Internationales Transportrecht (Zippel)	677
16. Kapitel:	Grundlagen der Internationalen Betriebswirtschaftlichen Steuerlehre (Warneke)	699
17. Kapitel:	Internationale Steuerpolitik (von Hacht)	731
18. Kapitel:	GAAP und IAS – Einflüsse auf die deutsche Konzernrechnungslegung (Streitferdt)	771

Literatur	785
Autoren	810
Stichwortverzeichnis	811
Personenregister	815

Inhaltsverzeichnis

Abkürzungsverzeichnis... XXIV
Verzeichnis der Tabellen (12).................................. XXVIII
Verzeichnis der Abbildungen (179)............................. XXIX

Einleitung: Zur methodologischen Einordnung der Internationalen Betriebswirtschaftslehre
(Schoppe)... 1

1. Kapitel: Der weltwirtschaftliche Datenkranz der internationalen Unternehmensführung
(Schoppe).. 5

1	Die Stellung der Bundesrepublik Deutschland im Welthandel....	5
2	Determinanten der Außenwirtschaft.........................	11
2.1	Außenwirtschaftliches Gleichgewicht bei festen Wechselkursen..	13
2.2	Außenwirtschaftliches Gleichgewicht bei flexiblen Wechselkursen	16
2.3	Der internationale Konjunkturverbund	17
2.3.1	Der direkte internationale Preiszusammenhang................	17
2.3.2	Die liquiditätstheoretischen Zahlungsbilanzmechanismen bei festen Wechselkursen	22
2.4	Langfristige Zahlungsbilanzstrukturentwicklungen	28
2.4.1	Vom werdenden zum reinen Gläubigerland	29
2.4.2	Vom werdenden zum reinen Schuldnerland	29
3	Wechselwirkungen von Weltwirtschaft und internationaler Unternehmensführung	30
4	Literaturverzeichnis	31

Teil A: Theoretische und institutionelle Grundlagen der Internationalen Betriebswirtschaftslehre............. 33

2. Kapitel: Die Theorien der Multinationalen Unternehmung
(Stein) 35

1	Einleitung	35
2	Ansätze aus der Theorie der Industrial Organization	40
2.1	Die Grundgedanken von Hymer und Kindleberger	43
2.2	Die Erweiterungen von Johnson und Caves	51
2.3	Der Währungsraumansatz von Aliber	53
2.4	Die Möglichkeit der internationalen vertikalen Spezialisierung und die Erzielung von Mehrbetriebsvorteilen.....................	55
2.5	Die Theorien des oligopolistischen Parallelverhaltens	56

3	Multinationale Unternehmen in der Theorie des internationalen Handels	60
3.1	Das Produktlebenszyklusmodell	62
3.2	Die makroökonomische Theorie der Direktinvestition von Kojima	67
3.3	Die Ansätze von Hirsch und Corden	69
3.4	Das Entscheidungsmodell von Horst	74
4	Ansätze aus der Theorie der Firma	75
4.1	Die Coase-Williamson-Tradition	76
4.2	Die Long-Run-Theory von Buckley und Casson	89
4.3	Die Ansätze von Hennart, McManus, Baumann und Furubotn	94
4.4	Die Theorie der Aneignungsmöglichkeiten von Magee	105
4.5	Multinationalisierung durch technologische Akkumulation	107
4.6	Zusammenfassung der Argumente für eine Internalisierung	109
4.7	Die behaviouristische Theorie der Direktinvestition	109
4.8	Das Präferenzmodell von Richardson	114
5	Der Beitrag der Standorttheorie zur Theorie der Multinationalen Unternehmung	117
5.1	Allgemeine Anmerkungen	117
5.2	Der standorttheoretische Ansatz zur Erklärung von Außenwirtschaftsbeziehungen von Tesch	122
6	Geographische Diversifikation, Risikoportfoliotheorie und Multinationale Unternehmen	128
6.1	Einführung	128
6.2	Grundzüge der Risikoportfoliotheorie	129
6.3	Internationalisierung des Diversifikationsmotivs	132
6.3.1	Entstehung Multinationaler Unternehmen durch portfolio-orientierte Strategien	134
6.3.2	Multinationale Unternehmen als Alternative zu internationalen Aktienportefeuilles und Investmentfonds	136
6.3.3	Der Ansatz von Ragazzi	138
7	Die Eklektische Theorie von Dunning	140
8	Literaturverzeichnis	148

3. Kapitel: Internationale Kooperationen und Joint Ventures. Theoretische und strategische Grundlagen (Schenk) 155

1	Internationalisierungsstrategien: Internalisierte oder kooperative Koordination?	155
1.1	Internationalisierungsstrategien und -erklärungen	155
1.2	Einzelne Problembereiche der Konzipierung	155
1.2.1	Marktunvollkommenheiten bei bestimmten Produktionsfaktoren und Zwischenprodukten	155
1.2.2	Internationales wettbewerbliches Umfeld	156
1.2.3	Koordination von Aktivitäten und ihre Effekte	157
1.2.4	Internationalisierungserklärungen und Internationalisierungsformen	162
1.3	Zwischenergebnis	162
1.4	Die „Globalisierung der Märkte": Wendemarke zur Strategieänderung?	163

1.4.1	Die Globalisierungsthese	163
1.4.2	Kritik der These	164
1.4.3	Implikationen für die Internationalisierungsstrategie	165
2	Die kooperative Koordinierung	166
2.1	Schlüsselbegriffe	166
2.2	Die Formen	166
2.2.1	Kooperationen ohne ausgegliederte Geschäftseinheit	166
2.2.2	Joint Ventures (Gemeinschaftsunternehmen und Arbeitsgemeinschaften)	167
2.3	Vergleiche der Strategieoptionen	168
2.3.1	Vorteilsvergleich	168
2.3.2	Vergleich der Ressourcen-Aufwendungen mit nicht-kooperativen Optionen	168
2.3.3	Vergleich mit der Beschaffung hochspezifischer Ressourcen über den Markt	169
2.3.4	Ausnutzung der Expertise durch Umsetzung in Direktiven (Direktionsvorteile)	170
2.3.5	Grenzen der Umsetzbarkeit von Expertenwissen in Direktiven	170
2.4	Kooperationen und typische Problembereiche relationaler Verträge	171
2.4.1	Bilaterale Vertragsausführung und -überwachung	171
2.4.2	Leistungsbewertung und Leistungsäquivalenz	172
2.4.3	Konsequenzen der geringen strategischen Bindung	173
2.4.4	Verstärkung oder Einschränkung der strategischen Bindung	175
2.4.5	Joint Ventures als Ausübung von Realoptionen	176
2.5	Zusammenfassung	176
3	Managementziele und Bewertung einer Partnerschaft	178
3.1	Ebenen einer Zielhierarchie	178
3.2	Suche nach komplementären Unterzielen	178
3.3	Das Profil der Unternehmensstärken und -schwächen	179
3.4	Implikationen komplementärer und sich überschneidender Potentialmuster	181
3.4.1	Ökonomische Vorteile des Abbaues von Potentialüberschneidungen	181
3.4.2	Bewertung von Partnerschaften nach (unterschiedlichen) strategischen Absichten	182
3.4.3	Ähnliche Potentialmuster und strategische Absichten	182
3.5	Schlußfolgerungen für Kooperationen und Joint Ventures als Koordinationsinstrumente	183
3.5.1	Zielkoordination bei sich überschneidenden Potentialmustern	183
3.5.2	Beispiele	183
3.5.3	Koordinationsprobleme bei einseitigem Technologietransfer	184
3.5.4	Das Problem der Leistungsbewertung bei Technologieaustausch und einseitigem Transfer	184
4	Kooperation mit Unternehmen der Entwicklungs- und Staatshandelsländer	185
4.1	Die Bedeutung staatlicher Regelungen	185
4.2	Motive und Strategien der Gastländer: Technologietransfer aus Industrieländern	186
4.3	Besondere Vorteile westlicher Unternehmen	187
4.4	Risiken und Kosten westlicher Unternehmen	187

4.5	Zusammenfassung	188
5	Literaturverzeichnis	188

4. Kapitel: Internationale Wirtschaftsorganisationen
(Zimmer) 197

1	Einleitung	197
2	Begriff und Klassifikation der internationalen Organisation	197
2.1	Zum Begriff der internationalen Organisationen	197
2.2	Zur Klassifikation der internationalen Organisationen	198
2.2.1	Die Trägerschaft	198
2.2.2	Das Aufgabengebiet	199
2.2.3	Die Reichweite	199
2.2.4	Die Kompetenz	200
2.3	Die Klassifikation im „Yearbook of International Organizations"	201
2.3.1	Die zahlenmäßige Entwicklung der internationalen Organisationen	205
2.3.2	Die regionale Verteilung der internationalen Organisationen	207
3	Ansätze zu einer ökonomischen Analyse der internationalen Organisationen	210
3.1	Die wohlfahrtsökonomische Begründung internationaler Organisationen	210
3.2	Mögliche Implikationen der wohlfahrtsökonomischen Analyse	212
3.3	Grenzen der wohlfahrtsökonomischen Analyse internationaler Organisationen	213
3.3.1	Zur internen Effizienz internationaler Organisationen	214
3.3.2	Politikversagen	215
3.4	Zusammenfassung	217
4	Zur Geschichte der internationalen Organisationen	217
4.1	Vom Wiener Kongreß bis zum Beginn des Ersten Weltkrieges	217
4.2	Die Zwischenkriegszeit	220
4.3	Die Nachkriegszeit	224
4.4	Neuere Entwicklungen	228
4.5	Zusammenfassung	230
5	Die Rolle internationaler Organisationen bei der Kontrolle Transnationaler Unternehmen	231
5.1	Warum sollten Transnationale Unternehmen kontrolliert werden?	231
5.2	Grenzen der gewerkschaftlichen Gegenmachtstrategie	232
5.3	Staatliche Kontrollinstanzen auf regionaler und internationaler Ebene	233
5.3.1	Die regionale Kontrollebene, dargestellt am Beispiel der Europäischen Union	234
5.3.2	Kontrollalternativen auf internationaler Ebene	235
5.4	Zusammenfassung	236
6	Literaturverzeichnis	236

Teil B: Funktionale Ansätze der Internationalen Betriebswirtschaftslehre: Führungs-, Leistungs- und Finanzfunktion 241

5. Kapitel: Strategisches Management der Multinationalen Unternehmung
(Voigt) 243

1	Einführung und Überblick	243
2	Globalisierung des Wettbewerbs als Rahmenbedingung für das multinationale strategische Management	244
3	Wettbewerbsvorteile durch „Globalisierung" des Unternehmens und strategische Grundkonzeptionen	247
3.1	Kosten- und Differenzierungsvorteile	247
3.2	Strategische Grundkonzeptionen Multinationaler Unternehmen ..	249
4	Notwendigkeit und Aufgaben des strategischen Managements....	253
4.1	Warum „strategisch"?	253
4.2	Aufgabenfelder des strategischen Managements einer Multinationalen Unternehmung...............................	256
4.2.1	Strategische Planung	256
4.2.2	Gestaltung der Organisationskultur und ihre Anpassung an veränderte Wettbewerbsbedingungen	258
4.2.3	Veranlassung der Realisation und Koordination der Ausführung..	264
4.2.4	Strategische Kontrolle	265
5	Strategische Planung der Multinationalen Unternehmung	265
5.1	Vorbemkerungen und organisatorische Aspekte................	265
5.2	Der strategische Planungsprozeß.............................	267
5.2.1	Überblick...	267
5.2.2	Zielbildung	267
5.2.3	Strategische Analyse	269
5.2.4	Alternativengenerierung.....................................	273
5.2.5	Bewertung..	276
5.2.6	Strategieauswahl..	276
6	Zusammenfassung: Hauptaufgaben und -probleme des „globalen" strategischen Managements einer MNU......................	277
7	Literaturverzeichnis...	277

6. Kapitel: Die Organisation der Multinationalen Unternehmung
(Blödorn)... 281

1	Aspekte der Unternehmensorganisation	282
1.1	Formelle und informelle Organisation	282
1.2	Statutarische und operationale Organisation...................	282
2	Systematisierungsmöglichkeiten der operationalen Organisation..	283
2.1	Segregierte und integrierte Organisation	283
2.2	Funktionale oder objektbezogene Organisation	283
2.3	Dezentrale oder zentrale Organisation........................	284
3	Organisationsmodelle	285
3.1	Das zentrale Modell: die segregierte Organisationsstruktur („International Division Structure")	285

3.2	Das dezentrale Modell: die integrierte Organisationsstruktur	286
3.2.1	Produktorientierte Geschäftsbereichsbildung	287
3.2.2	Regionale Geschäftsbereichsbildung	289
3.2.3	Überlegungen zur Wahl zwischen den Grundmodellen	290
3.2.4	Mischformen in der Praxis	291
3.2.5	Das polyzentrische Modell	293
4	Resümee	293
5	Literaturverzeichnis	294

7. Kapitel: Internationales Controlling: Die ergebnisorientierte Steuerung von Geschäftsbereichen einer Multinationalen Unternehmung
(Blödorn) ... 295

1	Einleitung	295
1.1	Problemstellung	295
1.2	Gang der Untersuchung	296
2	Die Multinationale Unternehmung	296
2.1	Spezifische Merkmale	296
2.2	Spezifische Chancen und Risiken	298
3	Die Bildung von Geschäftsbereichen als Verrechnungseinheiten	299
4	Der zielorientierte Planungs- und Kontrollprozeß der divisionalisierten Multinationalen Unternehmung	302
4.1	Der zeitliche Planungsablauf	302
4.2	Das Konzept der hierarchisch-gespaltenen Unternehmensplanung	302
5	Die ergebnisorientierte Steuerung der Geschäftsbereiche	304
5.1	Die Funktion von Kennzahlen im Steuerungsprozeß	305
5.1.1	Kennzahlen als Planungsinformation	305
5.1.2	Kennzahlen als Vorgabeinformation	305
5.1.3	Kennzahlen als Kontrollinformation	305
5.1.4	Kennzahlen im kybernetischen Unternehmensmodell	306
5.1.5	Die Angemessenheit von budgetierten Kennzahlen	307
5.2	Die Budgetierung von Kennzahlen	308
5.2.1	Die Vorgabe von Erfolg und Kapital	308
5.2.2	Die Vorgabe des Return on Investment (RoI)	331
5.2.3	Die Vorgabe des Residual Income (RI)	335
5.2.4	Beurteilung der Budgetziffern	335
5.3	Die Budgetierung von Kennzahlen-Systemen	337
5.3.1	Das RoI-System	337
5.3.2	Das RI-System	338
5.3.3	Beurteilung der Kennzahlen-Systeme	340
5.4	Offene Fragen	342
5.4.1	Das Problem der Währungsumrechnung	342
5.4.2	Das Problem unterschiedlicher Geldwertänderungen	348
5.4.3	Das Problem der Gewinnverwendung	348
5.4.4	Das Problem der internen Lieferungs- und Leistungsbeziehungen	349
6	Resümee	358
7	Literaturverzeichnis	359

8. Kapitel: Identitätsorientierte interkulturelle Personalführung aus gesellschaftstheoretischer Perspektive
(Engelmeyer) 365

1	Vorbemerkungen	365
2	Stellung der identitätsorientierten interkulturellen Personalführung in der Personalwirtschaftslehre	365
2.1	Das Theorie-Empirie-Praxis-Verhältnis	366
2.2	Dimensionen der Personal- und Kommunikationsprobleme	370
3	Die gesellschaftstheoretische Perspektive....................	374
3.1	Anthropologische Konstanten	374
3.2	Die Dialektik von objektiver und subjektiver Wirklichkeit	375
3.3	Rationalität des Handelns und Ausdifferenzierung von Systemen .	380
3.4	Folgerungen aus gesellschaftstheoretischer Perspektive für die identitätsorientierte interkulturelle Personalführung	385
4	Schichtenmodell der Umweltdifferenzierung nach Dülfer	389
4.1	Dülfers Referenztheorien zur Erfassung der Umwelt............	390
4.2	Grundlegung des Schichtenmodells.........................	391
4.3	Vergleich: Schichtenmodell und gesellschaftstheoretische Perspektive	395
5	Sozialwissenschaftliche Theorien zum Zusammenhang von Identität und Gesellschaft..................................	396
5.1	Theorie der Identitätsbalance..............................	396
5.2	Theorie der Interdependenz von ontogenetischen Identitätsformationen und makrogesellschaftlichen Systemerfordernissen ..	399
6	Abschließende Folgerungen für ausgewählte personalwirtschaftliche Problemfelder aus identitäts- und gesellschaftstheoretischer Perspektive	401
6.1	Allgemeine Folgerungen für die interkulturelle Personalführung..	402
6.2	Spezielle personalwirtschaftliche Folgerungen anhand einer Fallinterpretation	402
6.3	Die normative Verwertbarkeit gesellschafts- und identitätstheoretischer Erkenntnisse	406
7	Literaturverzeichnis......................................	406

9. Kapitel: Internationale Produktion
(Klein) 409

1	Problemstellung und Begriffsklärung	409
1.1	Produktion	410
1.2	Internationale Produktion als begriffskonstituierendes Merkmal internationaler Unternehmungen	411
2	Klassifikation der Produktionssysteme internationaler Unternehmungen..	414
2.1	Die Zusammensetzung von Produktionssystemen	414
2.2	Idealtypische Grundformen der Produktion nach dem Zentralisierungsgrad	415
2.2.1	Der geographische Zentralisierungsgrad der Produktionspotentiale als Klassifikationskriterium	415

2.2.2	Produktionskonzepte bei einstufiger und integrierter Produktion: Weltmarktfabrik und Parallelproduktion	416
2.2.3	Produktionskonzepte bei mehrstufiger und desintegrierter Produktion: Autarkie- und internationale Verbundproduktion	417
2.3	Gestaltungsalternativen der internationalen Verbundproduktion	421
2.3.1	Der Strukturierungsansatz von Leroy	421
2.3.2	Der Strukturierungsansatz von Kotabe und Omura	422
2.3.3	Der Strukturierungsansatz von Brenke	424
2.3.4	Ableitung eines Modells auf der Basis von Transferprozessen	427
2.4	Ausprägungsformen und Bestimmungsgründe der Entscheidungszentralisation in den idealtypischen Grundformen der Produktion	429
3	Vorteile und Voraussetzungen der Internationalisierung von Produktionssystemen	432
3.1	Die Verlagerung kompletter Produktionsprozesse	433
3.1.1	Vorteile der Weltmarktfabrik	434
3.1.2	Vorteile der Parallelproduktion	435
3.2	Die Verlagerung einzelner Produktionsstufen	437
3.2.1	Die Übertragung des Produktionsprozesses	437
3.2.2	Bestimmungsgrößen der internationalen Verteilung verbundener Produktionssysteme	439
3.2.3	Der optimale Produktionsstandort	441
3.3	Grundzüge einer Theorie der internationalen Produktion	442
3.3.1	Bedeutung der Außenwirtschaftstheorie für die internationale Produktion	443
3.3.2	Die Theorien der internationalen Unternehmung im Überblick	445
3.4	Entscheidungsmodelle der Auslandsproduktion	450
4	Spezifika der Implementierung und Steuerung internationaler Produktionssysteme	456
4.1	Voraussetzungen international verbundener Produktionssysteme	456
4.1.1	Unternehmensinterne Voraussetzungen	456
4.1.2	Unternehmensexterne Voraussetzungen	458
4.2	Die Faktorverfügbarkeit im internationalen Kontext	459
4.2.1	Generelle Verfügbarkeitsdefizite von Produktionsfaktoren	460
4.2.2	Probleme spezieller Verfügbarkeitsdefizite	461
4.3	Die Koordination und Steuerung internationaler Produktionssysteme	463
4.3.1	Die Rahmenbedingungen der Koordination und Steuerung	464
4.3.2	Spezifika der Koordination und Steuerung einer internationalen Verbundproduktion	465
5	Zusammenfassung	470
6	Literaturverzeichnis	472

10. Kapitel: Internationales Beschaffungsmarketing (Global Sourcing)
(Piontek) 483

1	Einführung	483
2	Initialfaktoren und Zielsetzungen internationaler Beschaffung	483
3	Problemfelder eines internationalen Beschaffungsmarketing	484
4	Konzeption eines internationalen Beschaffungsmarketing	486

4.1	Strategische Orientierung der internationalen Beschaffungsaktivitäten	486
4.2	Internationale Beschaffungsmarktbearbeitung	486
4.3	Formen von ausländischen Beschaffungsaktivitäten	487
4.4	Marktauswahl und -segmentierung	490
5	Internationale Beschaffungsmarktforschung	493
6	Einsatz der Beschaffungsmarktinstrumente auf Auslandsmärkten	497
7	Ansatz zur Kontrolle der Beschaffungswirtschaftlichkeit auf Auslandsmärkten	499
8	Resümee	501
9	Literaturverzeichnis	501

11. Kapitel: Internationales Marketing-Management
(Mahefa) 503

1	Grundlagen	503
1.1	Wesen des internationalen Marketing	503
1.2	Bedeutung des internationalen Marketing	505
1.3	Strategische Entscheidungsgrundlagen im internationalen Marketing	506
1.3.1	Die Ableitung eines grundlegenden strategischen Konzeptes für das internationale Marketing	506
1.3.2	Internationale Marktsegmentierung	507
1.3.3	Internationaler Produktlebenszyklus	510
1.3.4	Länder-Portfolio-Analyse	513
1.3.5	Markterschließungs- und -bearbeitungsstrategien	514
2	Auslandsmarktforschung	516
2.1	Wesen und Bedeutung der Auslandsmarktforschung	516
2.2	Gegenstand, Quellen und Methoden der Informationsgewinnung	518
2.3	Organisation der internationalen Marktforschung	519
3	Internationale Produktpolitik	519
3.1	Wesen der internationalen Produktpolitik	519
3.2	Marketing-Umwelt und Gestaltung der internationalen Produktpolitik	521
3.2.1	Produktgestaltung aufgrund der unternehmensinternen Marketing-Umwelt	521
3.2.2	Produktgestaltung aufgrund der unternehmensexternen Marketing-Umwelt	523
3.2.3	Produktgestaltung aufgrund der gesamten Marketing-Umwelt (Markenpolitik)	525
4	Internationale Preispolitik	527
4.1	Kostenorientierte Preisbildung	527
4.2	Konkurrenzorientierte Preisbildung	527
4.3	Nachfrageorientierte Preisbildung und internationale Preisdifferenzierung	529
5	Internationale Distributionspolitik	531
5.1	Direkter vs. indirekter Export und Distributionswege	531
5.2	Wahl des optimalen Distributionsweges	533
5.3	Standardisierung vs. Differenzierung des Distributionsweges	535
6	Internationale Kommunikationspolitik	536

6.1	Internationale Werbepolitik	536
6.2	Internationale Verkaufsförderung (Sales-Promotion)	539
6.3	Internationale Public Relations	540
7	Internationales Marketing-Mix	543
Anhang zu Abschnitt 2: Auslandsmarktforschung		545
8	Literaturverzeichnis	562

12. Kapitel: Investitionsrechnungsmethoden bei Auslandsdirektinvestitionen (Stein) 565

1	Einleitung	565
2	Die entscheidungsrelevanten Zahlungsströme einer Auslandsdirektinvestition	566
2.1	Ein Beispiel	566
2.2	Projektbezogene vs. investorbezogene Betrachtungsweise	567
2.3	Der Kapitalwert aus der Sicht der Tochtergesellschaft	569
2.4	Der Kapitalwert aus der Sicht der Muttergesellschaft	572
2.5	Die Wahl des Kalkulationszinses	576
3	Das Risikoprofil einer Auslandsdirektinvestition	577
3.1	Allgemeines	577
3.2	Das politische Risiko	578
3.2.1	Behandlung des Begriffs in der Literatur	578
3.2.2	Die Ausprägung des politischen Risikos	579
3.3	Währungsrisiken	585
3.3.1	Das Devisenkursrisiko	585
3.3.2	Das Inflationsrisiko	589
3.3.3	Kombinierte Betrachtung der Inflations- und Wechselkursentwicklung	590
3.4	Projektspezifische Prognose und Einschätzung der Risiken	591
3.4.1	Einschätzung und Prognose politischer Risiken	592
3.4.2	Möglichkeiten der Wechselkursprognosen	600
3.5	Die Einbeziehung risikopolitischer Maßnahmen in das Investitionskalkül	602
4	Die Eignung der Investitionsrechnungsmethoden bei Unsicherheit für die Berücksichtigung der Risiken einer Auslandsdirektinvestition	603
4.1	Korrekturverfahren	604
4.1.1	Methode	604
4.1.2	Kürzung der Zahlungsüberschüsse um die Kosten risikopolitischer Maßnahmen	606
4.2	Sensitivitätsanalyse	606
4.2.1	Methode	606
4.2.2	Internationale Sensitivitätsanalysen	607
4.3	Das Entscheidungsbaumverfahren	615
4.3.1	Methode	615
4.3.2	Der Stobaugh-Zustandsbaum	617
4.4	Risikoanalysen	618
4.4.1	Methode	618
4.4.2	Risikoanalyse nach Hertz	623

5	Zusammenfassung	627
6	Literaturverzeichnis	628

13. Kapitel: Multilateraler Investitionsschutz und multilaterale Finanzierungsmechanismen
(Menck) 635

1	Rechtsschutz und marktwirtschaftliche Rahmenbedingungen in den Entwicklungsländern – Voraussetzungen für die Integration in die Weltwirtschaft.	636
1.1	Die Eingliederung der Entwicklungsländer in die Weltwirtschaft	636
1.2	Rahmenbedingungen in den Entwicklungsländern als Voraussetzung für ausländische Investitionen	638
1.3	Multilaterale Maßnahmen zur Förderung der Arbeitsteilung zwischen Entwicklungs- und Industrieländern	639
2	Die Gestaltung der Rechtsordnung und der Rahmenbedingungen für ausländische Investitionen unter dem Einfluß multilateraler Regelwerke	640
2.1	Traditionelle Vorstellungen von multilateralen Abkommen: „Investitionsbremse" wegen der Betonung der Interessen der Entwicklungsländer	640
2.2	Perspektiven für das nächste Jahrtausend: Liberalisierung des Kapitalverkehrs durch multilaterale Vereinbarungen	641
2.2.1	Sicherung des Rechtsschutzes und Schaffung geeigneter Rahmenbedingungen	641
2.2.2	Disziplinierende Wirkung von international verbindlichen Offenlegungs- und Streitschlichtungsverfahren	643
2.3	Wirtschaftspolitische Beratung und Politikdialog – ein Beitrag zur investitionsfördernden Gestaltung der Wirtschaftspolitik	644
2.3.1	Der Beitrag der MIGA	644
2.3.2	Der Beitrag der IFC	644
2.4	Überlegungen zur Wirksamkeit der multilateralen Abkommen	645
3	Die Vorteilhaftigkeit multilateraler Regelungen aus der Sicht der Unternehmen bei Auslandsinvestitionen in Entwicklungsländern	646
3.1	Anforderungen an die Managementkapazität bei Kapitalanlagen in Entwicklungsländern	646
3.2	Vorteile durch multilaterale Regelwerke	647
3.2.1	Ausnutzung von Lerneffekten	647
3.2.2	Informationsangebote multilateraler Einrichtungen	647
3.3	Unterstützung der Kooperationen durch Bereitstellung von Ressourcen	648
4	Die Zusammenarbeit der Unternehmen mit multilateralen Organisationen: Zugriffsmöglichkeiten und Ansatzpunkte	649
4.1	Informationsbeschaffung	649
4.2	Antragstellung und Zulassungskriterien	649
4.3	Leistungen und Entgelte	650
4.4	Berichterstattung über laufende Vorhaben	651
5	Die Erweiterung der multilateralen Regelwerke um soziale und umweltpolitische Mindestanforderungen	651

5.1	Soziale und ökologische Standards als entwicklungspolitisch und betriebswirtschaftlich sinnvolle Bewertungskriterien	652
5.2	Allokationseffizienz im Widerspruch zu sozialen und ökologischen Leitlinien	652
5.3	Multilaterale Regeln: kein Ersatz für eine nachhaltige und investitionsfreundliche Entwicklungspolitik	653
6	Literaturverzeichnis	657

14. Kapitel: Die Versicherung von Transport- und Kreditrisiken im Auslandsgeschäft
(Burgmann) ... 659

1	Begriff und Gegenstand	659
2	Transportversicherung	659
2.1	Der Versicherungsvertrag	660
2.1.1	Versicherungsformen und Papiere	660
2.1.2	Versicherungssumme, -wert und -prämie	661
2.2	Seeschäden und Versicherungsbedingungen	663
2.2.1	Die Havarie	663
2.2.2	Deutsche Versicherungsbedingungen	663
2.2.3	Englische Versicherungsbedingungen	665
2.2.4	Schadensabwicklung	666
3	Exportkreditversicherung	666
3.1	Staatliche Exportkreditversicherung	667
3.1.1	Aufbau der Hermes-Kreditversicherung	667
3.1.2	Gewährleistungen des Bundes	668
3.2	Private Exportkreditversicherung	671
3.2.1	Vertragsformen	672
3.2.2	Gedecktes Risiko im Versicherungsfall	672
4	Harmonisierungsansätze vor dem Hintergrund des Europäischen Binnenmarktes	673
5	Literaturverzeichnis	674

Teil C: Rechtliche und steuerliche Aspekte der Internationalen Betriebswirtschaftslehre: Problemorientierte Ansätze ... 675

15. Kapitel: Internationales Transportrecht
(Zippel) ... 677

1	Einleitung	677
2	Rechtsquellen	677
3	LKW-Transport	680
4	Eisenbahntransport	687
5	Lufttransport	689
6	Seetransport	693
7	Multimodaler bzw. kombinierter Verkehr	696

8	Schlußbemerkung	698
9	Literaturverzeichnis	698

16. Kapitel: Grundlagen der Internationalen Betriebswirtschaftlichen Steuerlehre
(Warneke) ... 699

1	Aufgaben der Internationalen Betriebswirtschaftlichen Steuerlehre	699
2	Internationale Steuersystemlehre	699
2.1	Völkerrecht	700
2.2	Europäisches Gemeinschaftsrecht (EG/EU)	700
2.3	Nationales Außensteuerrecht	701
2.4	Recht der Doppelbesteuerungsabkommen (DBA)	701
2.5	Bedeutung des Internationalen Steuerrechts	702
2.6	Das deutsche Außensteuerrecht	704
2.6.1	Einkommen- und Körperschaftsteuer	706
2.6.2	Vermögensteuer (bis 31.12.1996)	709
2.6.3	Gewerbesteuer	711
2.6.4	Umsatzsteuer	712
2.6.5	Außensteuergesetz	713
2.6.6	Auslandsinvestitionsgesetz	717
3	Internationale Steuerwirkungslehre und Steuerpolitik	718
3.1	Begriff und Aufgaben	718
3.2	Unternehmensziele bei internationaler Geschäftstätigkeit	719
3.3	Formen internationaler Geschäftstätigkeit	719
3.3.1	Besteuerung und Standortwahl	720
3.3.2	Besteuerung und rechtliche Struktur	721
4	Unternehmensplanung und Besteuerung	728
5	Literaturverzeichnis	729

17. Kapitel: Internationale Steuerpolitik
(von Hacht) ... 731

1	Einleitung	731
1.1	Problemstellung	731
1.2	Die Internationale Unternehmung	731
1.3	Die Einordnung der Internationalen Steuerpolitik in den Gesamtrahmen der Internationalen Betriebswirtschaftlichen Steuerlehre	732
2	Die Steuerpolitik der Internationalen Unternehmung	732
2.1	Allgemeines zur Internationalen Steuerpolitik	732
2.2	Zielbestimmung	733
2.3	Zielrestriktionen	735
2.4	Mittel der Internationalen Steuerpolitik	737
2.5	Methoden der Steuerpolitik	738
3	Die Rechtsformentscheidung der Internationalen Unternehmung	739
3.1	Begriffliche Abgrenzung	739
3.2	Rechtsform der Spitzeneinheit	739
3.3	Rechtliche Struktur der ausländischen Unternehmenseinheit	739

3.3.1	Betriebsstätte	739
3.3.2	Tochtergesellschaft	740
3.4	Entscheidungsprozeß	740
3.4.1	Grundsätzliches	740
3.4.2	Steuersystem und Außensteuerrecht des Sitzstaates der Spitzeneinheit	741
3.4.3	Steuersystem und Außensteuerrecht des Quellenstaates	741
3.4.4	Bilaterale Regelungen	742
3.4.5	Interne Daten der Internationalen Unternehmung	742
3.4.6	Steuerbelastungsvergleiche	743
3.5	Zusammenfassung	748
4	Erfolgsverlagerung als Mittel der Steuerpolitik	748
4.1	Einführung in die Problematik	748
4.1.1	Allgemeines	748
4.1.2	Definition der Erfolgsverlagerung	748
4.1.3	Formen der Erfolgsverlagerung	749
4.2	Verrechnungspreise als Mittel der Erfolgslenkung	750
4.2.1	Steuerliche Betrachtung	750
4.2.2	Methoden zur Ermittlung der Verrechnungspreise	750
4.2.3	„Spielräume" bei der Festsetzung der Verrechnungspreise	751
4.2.4	Steuerliche Wirkungen	752
4.2.5	Außersteuerliche Betrachtung (Zoll)	755
4.2.6	Risiken und Probleme der Erfolgsverlagerung mit Hilfe von Verrechnungspreisen	757
4.2.7	Zusammenfassung	757
4.3	Basisgesellschaften als Mittel der räumlichen Gewinnverlagerung	758
4.3.1	Begriff der Basisgesellschaft	758
4.3.2	Die klassische Basisgesellschaft	758
4.3.3	Die steuerrechtlichen Besonderheiten der Basisgesellschaft	759
4.3.4	Die Basisgesellschaft neuen Typs	759
4.3.5	Möglichkeiten der Erfolgsverlagerung durch Basisgesellschaften	760
4.3.6	Bestimmungsfaktoren der Steuersparwirkung	761
4.3.7	Die steuerlichen und außersteuerlichen Nachteile der Basisgesellschaft	762
4.3.8	Beispielsrechnung	762
4.3.9	Resümee	765
5	Steuerpolitische Maßnahmen im Rahmen des Besteuerungsverfahrens	765
6	Risiken der Internationalen Steuerpolitik	767
7	Fazit und Ausblick	768
8	Literaturverzeichnis	768

18. Kapitel: GAAP und IAS – Einflüsse auf die deutsche Konzernrechnungslegung
(Streitferdt) 771

1	Zur aktuellen Entwicklung	771
2	Bestandteile des Konzernabschlusses und Bewertungsprinzipien	772
3	Bewertungsmaßstäbe	774
4	Bilanzierung und Bewertung ausgewählter Bilanzpositionen	774

5	Bewertungsanpassung nach GAAP	777
6	Der „Neue Markt" der Deutschen Börse AG	778
7	Literaturverzeichnis	783

Literatur	785
Autoren	810
Stichwortverzeichnis	811
Personenregister	815

Abkürzungsverzeichnis

AAA	Triple A (bestes Rating)
ABWL	Allgemeine Betriebswirtschaftslehre
ADS	Allgemeine Deutsche Seeversicherungsbedingungen
AHK	Anschaffungs- und Herstellungskosten
AIG	Auslandsinvestitions-Gesetz
APG	Ausfuhr-Pauschal-Gewährleistungen (Hermes)
AUMA	Ausstellungs- und Messeausschuß der deutschen Wirtschaft e.V., Köln
AWD	Automatische Wähleinrichtung für Datenverkehr
BERI	Business Environment Risk Index
BfAI	Bundesstelle für Außenhandelsinformation, Köln
BI	Business International's Country Assessment Service
BINGO	Business-oriented International Organization
BIS	Bank for International Settlement (BIZ: Bank für internationalen Zahlungsausgleich)
BMZ	Bundesministerium für wirtschaftliche Zusammenarbeit, Bonn
CAD	Computer Aided Design
CAE	Computer Aided Engineering
CAM	Computer Aided Manufacturing
CAP	Computer Aided Planning
CAQ	Computer Aided Quality Assurance
CAPM	Capital Asset Pricing Model
CAS	Computer Aided Selling
CCITT	Consultative Committee for Telegraph and Telephone
CD	Certificate of Deposite
CEO	Chief Executive Officer
CEPT	Konferenz der europäischen Post- und Fernmeldeverwaltungen
CIF	Cost, Insurance and Freight
CIM	(1) Computer Integrated Manufacturing (2) Vertrag über die internationale Eisenbahnförderung von Gütern
CMR	Übereinkommen über den Beförderungsvertrag im internationalen Straßengüterverkehr
CNC	Computerized Numerical Control
COTIF	Internationales Abkommen über den internationalen Eisenbahnverkehr
CP	Commercial Paper (Finanzwechsel)
DATEL	Data-Telecommunication
DATEX-P	Data Exchange Packages
DBA	Doppelbesteuerungsabkommen
DNC	Direct Numerical Control
DTV	Deutscher Transport-Versicherungs-Verband
ECI	Entry Concentration Index
ECMA	European Computer Manufacturers Association
ECOSOC	Economic and Social Council
ECP	Euro Commercial Paper

ECU	European Currency Unit (Europäische Währungseinheit)
EFTA	European Free Trade Association
EG	Europäische Gemeinschaft
EMS	European Monetary System (EWS: Europäisches Währungssystem)
EU	Europäische Union
EUGH	Europäischer Gerichtshof
EWI	Europäisches Währungsinstitut
EWU	Europäische Währungsunion
EWWU	Europäische Wirtschafts- und Währungsunion
EZB	Europäische Zentralbank
FAS	Free Alongside Ship
FASB	Statement of the Financial Accounting Standards Board (USA)
FIAS	Foreign Investment Advisory Service
FIBOR	Frankfurt Interbank Offered Rate
FOB	Free On Board
FOR	Free On Rail
FOT	Free On Truck
FPA	Free on Particular Average (= ohne besondere Havarie)
FRN	Floating Rate Note
F&E	Forschung und Entwicklung
GAAP	Generally Accepted Accounting Principles (USA)
GATT	General Agreement on Tariffs and Trade
GfK	Gesellschaft für Konsumforschung
GRUF	Global Revolving Underwriting Facility
HdWW	Handwörterbuch der Wirtschaftswissenschaften
HW Int	Handwörterbuch Export und Internationale Unternehmung
HWP	Höchstwertprinzip
IAS	International Accounting Standards
IBRD	International Bank for Reconstruction and Development, Washington, D. C.
ICC	International Chamber of Commerce
IDA	International Development Association, Washington, D.C.
IDN	Integriertes Text- und Datennetz (TELECOM)
IFC	International Finance Corporation, Washington, D.C.
IFR	Internal Forward Rates (Interne Plan-Wechselkurse)
IGO	International Governmental Organization
IHK	Industrie- und Handelskammer
ILO	International Labor Organization
IMF	International Monetary Fund (IWF: Internationaler Währungsfonds)
INCOTERMS	International Commercial Terms
INF	Intermediate Range Nuclear Forces (Treaty)
INGO	International Nongovernmental Organization
IntBWL	Internationale Betriebswirtschaftslehre
INTELSAT	Internationales Nachrichtensatellitensystem
ISDN	Integrated Services Digital Network
ISO	International Standards Organization

ITO	International Trade Organization
IWR	Internationales Wirtschaftsrecht
JG	Jahresgutachten des Sachverständigenrates (SVR)
JIT	Just-in-Time
LASH	Lighter Aboard Ship
LIBOR	London Interbank Offered Rate
MbE	Management by Exception
MBFR	Mutual Balanced Forces Reduction
MbO	Management by Objectives
MbR	Management by Results
MCF	Multiple Component Facilities
MIGA	Multilateral Investment Guarantee Agency, Washington, D. C.
MNC	Multinational Corporation (MNU)
MNE	Multinational Enterprise (MNU)
MNU	Multinationales Unternehmen (MNE)
MODEM	Modulator und Demodulator
MOF	Multiple Option Facilities
NC	Numerical Control
NET	Normes Européennes de Télécommunication
NIC	Newly Industrializing Countries („Schwellenländer")
NIF	Note Issuance Facility
NPÖ	Neue Politische Ökonomie
NTB	Non Tariff Barrier
NUI	Network User Identification
NWP	Niederstwertprinzip
O(A)PEC	Organization of (Arab) Petroleum Exporting Countries
OECD	Organization for Economic Cooperation and Development
OEEC	Organization for European Economic Cooperation
OSI	Open Systems Interconnect
PAD	Packet Assembler/Disassembler Facility
PPS	Produktionsplanungs- und -Steuerungssysteme
PSSI	Political System Stability Index
RI	Residual Income (General Electric-Verfahren)
RID	Ordnung für die internationale Eisenbahnbeförderung für gefährliche Güter
RoI	Return on Investment (Du Pont-Verfahren)
SDR	Special Drawing Right (SZR)
SEC	Securities Exchange Commission (Börsenaufsicht New York)
SGF	Strategisches Geschäftsfeld
SIC	Standard Industrial Classification
SITC	Standard International Trade Classification
SNA	Systems Network Architecture
SVR	Sachverständigenrat zur Begutachtung der wirtschaftlichen Entwicklung
TKS	Telekommunikationssystem
TLF	Transferable Loan Facility
TRIMS	Trade-Related Investment Measures
TRIPS	Trade-Related Aspects of Intellectual Property Rights

TRUF	Transferable Revolving Underwriting Facility
TWM	Third World Multinational
UIA	Union of International Associations
UN	United Nations
USP	Unique Selling Proposition
UNCTAD	United Nations Conference on Trade and Development
VAG	Versicherungsaufsichts-Gesetz
VKF	Verkaufsförderung
WA	(1) With Average (= mit Havarie)
	(2) Warschauer Abkommen
WB	World Bank, Washington, D.C. (IBRD und IDA zusammen)
WTO	World Trade Organisation, Genf
WPRF	World Political Risk Forcasts Index
WTO	World Trade Organization, Genf
YIO	Yearbook of International Organizations
ZB	Zentralbank

Verzeichnis der Tabellen

1.1	Die sechs größten Volkswirtschaften sind die sechs größten Exportnationen	5
1.2	Rangfolge der 16 größten Exportländer	6
1.3	Die Warenstruktur des deutschen Außenhandels nach der SITC-Klassifikation	7
1.4	Die Faktorstruktur des deutschen Außenhandels nach der SITC-Systematik (3-Faktoren-Modell)	8
1.5	Der Außenhandel der Bundesrepublik Deutschland nach Ländergruppen	8
1.6	Die zehn wichtigsten Ursprungs- und Empfängerländer des westdeutschen Außenhandels	9
1.7	Die Zahlungsbilanz der Bundesrepublik Deutschland 1988 und 1996.	10
2.1	Zusammenfassung der Argumente der Theorie der Firma für die Internalisierung internationaler Transaktionen.	110
4.1	Bestand der internationalen Organisationen	206
4.2	Ranking der Länder nach der Zahl der Hauptsitze von internationalen Organisationen (1-19)	208
4.3	Ranking der Länder nach der Zahl der Mitgliedschaften in internationalen Organisationen (1-25)	209
4.4	Wichtige übernationale Wirtschaftskooperationen	227

Verzeichnis der Abbildungen

1.1	Außenwirtschaftstheorie	11
1.2	Determinanten der Warenstruktur	12
1.3	Binnen- und außenwirtschaftliches Gleichgewicht	17
1.4	Der direkte internationale Preiszusammenhang bei den Importen	18f.
1.5	Der direkte internationale Preiszusammenhang bei den Exporten	20f.
1.6	Flex- und Fixkurssystem bei Preisnotierung	23f.
1.7	Das Profil der Globalisierung	31
2.1	Die Triade der Direktinvestitionen	39
2.2	Gewinnzuwächse durch Ausschaltung vom Wettbewerb	44
2.3	Das Produktlebenszyklusmodell von Vernon (1966)	65
2.4	Die Wahl zwischen Exporten und Direktinvestitionen im Modell von Horst	
	(a) statische Betrachtung	74
	(b) dynamische Betrachung	75
2.5	Transaktionskosten und Kontrollstrukturen im Modell von Williamson	82
2.6	Die Wahl zwischen Fremdbezug und vertikaler Rückwärtsintegration im Modell von Williamson	83
2.7	Transaktionskostenbetrachtung bei horizontaler Integration	87
2.8	Produktionskostenbetrachtung bei horizontaler Integration	88
2.9	Gesamtkostenbetrachtung bei horizontaler Integration (Lizenzvergabe oder Direktinvestition bei Teece)	88
2.10	Die Kosten der vertikalen Integration im Modell von Teece	89
2.11	Entstehung von Know How im Leistungserstellungsprozeß	91
2.12	Die Investitionsentscheidungskurve im Modell von Richardsen	115
2.13	Ergebnisse US-amerikanischer Befragungen von Managern bzgl. der relevanten Standortfaktoren im Ausland	118f.
2.14	Ergebnis der Erhebung des DIHT und des IdW bzgl. der Motive der Auslandsinvestitionen	120
2.15	Standortfaktoren im Modell von Tesch	124f.
2.16	Lokale, regionale und nationale Komponenten von Standortbedingungen im Modell von Tesch	127
2.17	Ertragsverlauf bei zwei völlig negativ korrelierten Aktien	131
2.18	Ertragsverlauf bei zwei völlig positiv korrelierten Aktien	131
2.19	Systematisches und unsystematisches Risiko im Portfoliomodell	131
2.20	Risikoreduktion durch internationale Aktiendiversifikation	133
2.21	Korrelation der Börsenerträge zwischen den USA und anderen Industrienationen	133
2.22	Systematisches und unsystematisches Risiko bei Direktinvestitionen	135
2.23	Diversifikation nach Konjunkturzyklen	135
2.24	Diversifikation nach Phasen im Produktlebenszyklus	135
2.25	Standardabweichungen der Börsenerträge in den USA und in anderen Industriestaaten	140
2.26	Eigentums-, Internalisierungs- und Standortvorteile im Modell von Dunning	142

2.27	Länder-, branchen- und firmenspezifische Vorteilsausprägungen im Modell von Dunning	143
2.28	Auswirkungen länderspezifischer Eigenschaften auf Eigentumsvorteile im Modell von Dunning	145
2.29	Auswirkungen länderspezifischer Gegebenheiten auf die Standortwahl der Unternehmung im Modell von Dunning	146
2.30	Ausprägungen von Vorteilsarten bei verschiedenen Typen der internationalen Produktion im Modell von Dunning	147
2.31	Einfluß von Vorteilsarten auf die Form des Auslandsengagements im Modell von Dunning	148
3.1	Die Fixkostendegression	159
3.2	Die Erfahrungskurve	160
3.3	Montagegerechte Konstruktion	161
3.4	Standorte von Produkten/Branchen im Globalisierungs-Lokalisierungsdiagramm	164
3.5	Standorte von Produkten/Marken im Globalisierungs-Lokalisierungsdiagramm	165
3.6	Markteintritts- und Präsenzalternativen	168
3.7	Potentialmuster der Unternehmung A	180
3.8	Potentialmuster der Unternehmung B	180
4.1	Darstellung der internationalen Organisationen im YIO	202ff.
4.2	Zahlenmäßige Entwicklung der internationalen Organisationen von 1815 bis 1989	207
4.3	Die Abwärtsspirale des Welthandels 1929-1933	222
4.4	Entwicklung der deutschen Volkswirtschaft nach dem Schwarzen Freitag am 25. Oktober 1929	223
5.1	Anzahl ausländischer Produktionsstätten von führenden US-amerikanischen Gesellschaften (1900-1970)	245
5.2	Die Wertekette des Unternehmens nach Porter	248
5.3	Potentielle Kosten- und Differenzierungsvorteile einer MNU	249
5.4	Kategorien von MNU in der Kostenvorteile/Differenzierungsvorteile-Matrix	250
5.5	Vor- und nachgelagerte Primäraktivitäten in der Wertekette (Beispiel)	251
5.6	Die zentralisierte Knotenpunktstruktur	259
5.7	Die integrierte Netzwerkstruktur (Beispiel)	260
5.8	Netzwerkstruktur mit erweiterter Kompetenz der Auslandstöchter (Beispiel)	261
5.9	Netzwerkstruktur mit autonomer Auslandsniederlassung (Beispiel)	262
5.10	Das dezentralisierte, „föderative" Organisationsmodell	262
5.11	Der strategische Planungsprozeß im System der hierarchischen Unternehmensgesamtplanung	268
5.12	Lückenanalyse als Grundlage der strategischen Planung	269
5.13	Darstellung einer Erfahrungskurve (Beispiel)	271
5.14	Ist-Analyse mit Hilfe der Multifaktoren-Portfolio-Matrix	272
5.15	Korrelationen von Marktanteil und ROI	273
5.16	Die wichtigsten strategischen Alternativen in einer globalen Branche	274
5.17	Alternative Markteintrittsstrategien	275

Verzeichnis der Abbildungen   XXXI

6.1	Das zentrale Modell der Organisation	286
6.2	Koordination durch zentrale Stelle	288
6.3	Regionale Untergliederung der Geschäftsbereiche	288
6.4	Regionale Geschäftsbereichsbildung mit Untergliederung nach Produktgruppen	289
6.5	Geschäftsbereichsorganisation mit regionaler Grundstruktur und Matrixorganisation	292
6.6	Kombination von Produkt- und Regionalgeschäftsbereichen mit Funktionsstäben	292
7.1	Planungsschema für die Erstellung eines Budgets	304
7.2	Regelkreismodell der Unternehmung	306
7.3	Die Multinationale Unternehmung als System hierarchisch verknüpfter Regelkreise	307
7.4	Grundschema einer differenzierten verantwortungsorientierten Bereichsergebnisrechnung	316
7.5	Der „RoI-Tree" von Du Pont	338
7.6	Das integrierte „RI-System" der Budgetkontrolle von General Electric	339
8.1	Synoptische Übersicht deutscher und japanischer Eigenschaften und Verhaltensregelmäßigkeiten	367f.
8.2	Deduktion und Wirklichkeiten	369
8.3	Die Interdependenz von Induktion und Deduktion	369
8.4	Zusammenhang von Theorie, Empirie und Praxis	370
8.5	Personal- und Kommunikationsprobleme nach dem Ort der Entstehung	371
8.6	Dimensionen der Personal- und Kommunikationsprobleme in Internationalen Unternehmen	373
8.7	Identitätsorientierte interkulturelle Personalführung	374
8.8	Dialektik von objektiver und subjektiver Wirklichkeit	375
8.9	Typologie der Legitimationen	378
8.10	Ablaufschema der Konfliktentstehung aus gesellschaftstheoretischer Perspektive	379
8.11	Konzeption des zweidimensionalen Handlungsraumes nach Münch (1982)	381
8.12	Interpenetration von Systemen nach Münch (1980)	384
8.13	Fremdheitsgrad verschiedener Gesellschaften	386
8.14	Umwelteinflüsse auf die interkulturelle Personalführung	388
8.15	„Schichtenmodell" der Umweltdifferenzierung nach Dülfer	392
8.16	Länder- und Funktionsmatrix nach Dülfer	393
8.17	Entsendungsstrategien nach Fritz/Gaugler	404
8.18	Qualifikationen und Kenntnisse, die in „Kommunikationstrainings" erworben werden können	405
9.1	Der Zusammenhang zwischen Produktionspotential und Produktionsprozeß	415
9.2	Kategorisierung internationaler Produktionsstätten nach Ferdows	418
9.3	Internationale Verbundproduktion und Beschaffungsstrategien	420
9.4	Alternative Produktionssysteme nach Kotabe/Omura	423
9.5	Aufgabentypen von Produktionsstätten nach Brenke	424

9.6	Grundlegende Systemtypen der international dezentralisierten Produktion nach Brenke	426
9.7	Strukturierungsalternativen der Beschaffungs- und Absatzalternativen einer nationalen Unternehmung	428
9.8	Strukturierungsalternativen der Beschaffungs- und Absatzalternativen eines internationalen Produktionssystems	428
9.9	Grundformen internationaler Produktionssysteme	429
9.10	Zentralisierte und dezentralisierte Produktionssysteme	433
9.11	Verhältnis von Faktor- und Anpassungskosten	441
9.12	Außenwirtschaftstheorien im Überblick	445
9.13	Outputabhängige Zusatzkosten der Auslandsproduktion	454
9.14	Die Kostenstruktur einer internationalen Produktion	454
9.15	Kostenverlauf bei Produktionsverlagerung	456
9.16	Verfügbarkeitsdefizite und Internationalisierung	461
9.17	Das Steuerungssystem einer internationalen Produktion	470
10.1	Erforderliche Maßnahmen innerhalb der internationalen Beschaffung	485
10.2	Formen der ausländischen Beschaffungsaktivitäten	488
10.3	Überblick über ausgewählte Länderrisiko-Indizes	492
10.4	Konzeption eines Frühwarnsystems zur Erkennung von Diskontinuitäten auf internationalen Beschaffungsmärkten	496
10.5	Ablaufschema der Verdichtungen auf den Beschaffungsmarktteilsegmenten	500
11.1	Marketing-Umwelt der international tätigen Unternehmung	504
11.2	Detaillierte Auflistung der unternehmensexternen auslandsbezogenen Marketing-Umwelt	505
11.3	Strategisches Konzept für das internationale Marketing	507
11.4	Marktspezifische Segmentierungskriterien zur Bildung von Zielgruppen	509
11.5	Graphische Darstellung der Euro-Styles	510
11.6	Veränderungen im Laufe des Produktlebenszyklus	511
11.7	Weltweit unterschiedliche Positionen im Produktlebenszyklus	512
11.8	Vergleich der länderspezifischen Produktlebenszyklen eines französischen Likörs	512
11.9	Punktbewertungsverfahren zur Länderrisikoanalyse	513
11.10	Weltmarktorientiertes Länder-Portfolio	514
11.11	Strategische Optionen der Marktbearbeitung	515
11.12	Kostensenkungs- und Erlöserhöhungspotentiale der Standardisierung und Differenzierung	516
11.13	Vorgehensweise bei der Informationsbeschaffung	517
11.14	Informationsquellen der internationalen Sekundärforschung	518
11.15	Kriterien für die Wahl der Marktforschungs-Durchführungsorganisation	520
11.16	Aktionsparameter der Produktpolitik	521
11.17	Interkulturelle Unterschiede der Farbassoziationen	524
11.18	Coca-Cola-Markierung in verschiedenen Ländern	526
11.19	Grundschema der Exportkalkulation bei einem Transport auf dem Seeweg	528
11.20	Aggressive Preisstrategien	529

Verzeichnis der Abbildungen XXXIII

11.21 Internationale Preisdifferenzierung 530
11.22 Distributionswege und -organe beim direkten und indirekten Export 532
11.23 Direkter und indirekter Export unter Berücksichtigung der Standorte der Distributionsorgane................................ 533
11.24 Entscheidungskriterien bei der Wahl des internationalen Distributionsweges... 534
11.25 Erforderliche Informationen über die zur Wahl stehenden Distributionsorgane im Ausland............................. 535
11.26 Anteil des Bereiches NUG am gesamten Einzelhandel 536
11.27 Gründe für und wider die Standardisierung von Werbekampagnen auf europäischer Ebene...................................... 539
11.28 Produkt-Kommunikations-Mix............................... 544

12.1 Die Zahlungsströme einer Auslandsdirektinvestition 575
12.2 Die Auswirkungen politischer Risiken auf die Zahlungsströme einer Auslandsdirektinvestition 584
12.3 Einfluß von Wechselkursänderungen auf Kosten und Erlöse...... 587
12.4 Wesentliche Merkmale des Transaction und des Economic Exposure 588
12.5 Quellen der Primärforschung zur Einschätzung politischer Risiken . 592
12.6 Political System Stability Index............................. 594
12.7 Der Knudsen-Expropriationsindikator 595
12.8 Kriterien des BERI – Index und ihre Gewichtung................ 595
12.9 Der Business International Index............................ 596
12.10 Das politische Prognosemodell von Root 598
12.11 Wirtschaftliche Indikatoren zur Beurteilung politischwirtschaftlicher Risiken 598
12.12 Politische Risiken, die in der Struktur des Landes begründet sind .. 599
12.13 Beispiel für Risikozuschläge auf den Kalkulationszinsfuß 604
12.14 Isosensitivitätsanalyse von Kosteninflations- und Währungsabwertungsraten... 614
12.15 Zustandsbaum zur Erfassung politischer Risiken 618
12.16 Auswahlkriterien für den Einsatz von Risikoanalysen 620
12.17 Simulation bei internationalen Risikoanalysen 625
12.18 Häufigkeitsverteilung des Kapitalwertes bei Risikoanalysen....... 626

13.1 Ansatzpunkte und Bedingungen für die Zusammenarbeit zwischen Unternehmen und MIGA sowie IFC........................... 654f.
13.2 Kapitalzufluß in Entwicklungsländer 1994 in Mio US $ 656

14.1 Versandschäden im deutschen Außenhandel 664
14.2 Staatliche und private Exportkreditversicherungen............... 666
14.3 Die Entscheidung über die Erteilung einer Ausfuhrkreditversicherung durch den Interministeriellen Ausschuß............. 667
14.4 Garantie-/Bürgschaftsfälle bei wirtschaftlichen und politischen Risiken 669

15.1 Rechtsquellen des Internationalen Transportrechts............... 679

17.1 Übersicht über die steuerpolitischen Aktionsparameter einer
     Internationalen Unternehmung 738
17.2 Erfolgsverlagerung 749
17.3 Kontrollierbarkeit von Verrechnungspreisen 752

18.1 Die Weltbörsen 1996 im Vergleich 771
18.2 HGB, US-GAAP und IAS im Vergleich 775
18.3 HGB – GAAP-Vergleiche für die Daimler Benz AG 1990-96 778
18.4 Angelsächsische Bewertungsprinzipien (alphabetischer Überblick). 780ff.

Einleitung:
Zur methodologischen Einordnung der Internationalen Betriebswirtschaftslehre (IntBWL)

Die Entwicklung der Internationalen Betriebswirtschaftslehre in den neunziger Jahren stellt eine neue **Herausforderung für die Allgemeine Betriebswirtschaftslehre** dar, und zwar in mehrfacher Hinsicht:

- Die Methodik der ABWL (Rationalprinzip, Marginalanalyse etc.) wird mit neuen Anwendungen konfrontiert und damit auf ihre Tragfähigkeit bei grenzüberschreitenden Transaktionen getestet.
- Es gibt Schwierigkeiten, die IntBWL in das Theoriegebäude der BWL einzubauen; denn die IntBWL hat, was ihre Einordnung als **Spezielle BWL** angeht, zwei Dimensionen,
    (1) die institutionelle Dimension infolge der dynamischen Entwicklung der Theorien der Multinationalen Unternehmung und
    (2) die funktionale Dimension infolge der Fortschreibung der betriebswirtschaftlichen Funktionenlehren (z.B. Internationales Marketing).
- Die IntBWL stellt die Vorherrschaft der ABWL grundsätzlich in Frage: Vielleicht ist ja die Internationale BWL die „**Allgemeine BWL**" der Zukunft, während die traditionelle ABWL nur den nationalen – um viele Variablen vereinfachten – Spezialfall darstellt.
- Da die IntBWL von Grund auf interdisziplinär angelegt ist, könnte diese sich zu einem eigenständigen Wissenschaftszweig entwickeln, der dann gleichberechtigt neben den Wirtschafts- und Sprachwissenschaften, der Soziologie, Politologie und den Rechtswissenschaften stünde.
- Mit Sicherheit – wie auch immer der „Methodenstreit" entschieden wird – werden zunehmende Aktivitäten und Mittel in Forschung und Lehre auf Fragestellungen der Internationalen BWL gelenkt.

Gegenwärtig sieht es so aus, daß von einer Verdrängung der ABWL durch die IntBWL nicht die Rede sein kann. Auch in absehbarer Zeit wird die ABWL die theoretischen Grundlagen liefern, während die IntBWL deren Anwendung auf neue Fragestellungen erzwingt. Der Glanz der ABWL muß also nicht erblassen, sondern kann sogar neu erstrahlen.

Und die Speziellen Betriebswirtschaftslehren werden entweder
(a) jeweils um den internationalen Aspekt erweitert oder
(b) erhalten einen neuen Nachbarn, die IntBWL als Spezielle BWL.

Sieht man von der Möglichkeit der Etablierung einer ganz neuen Wissenschaft an den Universitäten ab, dann sind drei Varianten für die methodologische Einordnung bzw. Neuordnung der IntBWL denkbar:

(1) Die IntBWL wird zur übergeordneten „Mutterdisziplin" und die ABWL wird als Spezialfall einverleibt. Diese Entwicklung ist sehr unwahrscheinlich, denn die allgemeinen betriebswirtschaftlichen Grundlagen lassen sich methodisch-didaktisch besser in relativ einfachen (von allzuvielen Variablen abstrahierenden) Modellen vermitteln. Also werden Einführungslehrbücher und -lehrveranstaltungen zweckmäßigerweise auf den internationalen Kontext weitestgehend verzichten.

(2) Die IntBWL wird in den jeweiligen speziellen betriebswirtschaftlichen Institutions- und Funktionslehren mitbehandelt und erreicht auf diese Weise nicht einmal den Rang einer eigenständigen Speziellen BWL. Das ist jedoch deswegen unwahrscheinlich, weil die Speziellen Betriebswirtschaftslehren auch so schon nicht unter Stoffmangel leiden und weil die internationalen Aspekte – zerissen nach funktionalen und institutionellen Gesichtspunkten – kaum befriedigend integriert werden können. Viele Fragestellungen der IntBWL würden auch in der bisherigen Architektur des deutschen betriebswirtschaftlichen Lehrgebäudes keinen Raum finden und „vor der Tür" bleiben müssen. Wichtige Gebiete wie etwa die Theorien der Multinationalen Unternehmen und der Internationalen Organisationen würden weder bei der BWL noch bei der VWL ihr Zuhause finden. Es darf nämlich nicht übersehen werden, daß sehr wichtige Beiträge zur IntBWL der VWL entstammen (z.B. der Außenhandelstheorie, der Zahlungsbilanztheorie, der Industrieökonomik, der Wettbewerbstheorie, der Konjunkturtheorie etc.), ohne daß die VWL nun ihrerseits weiter auf das Gebiet des „Internationalen Business" vordringen würde. Hier zeigt sich der Nachteil der strengen Trennung von VWL und BWL im deutschsprachigen Raum.

Und es erscheint kaum verwunderlich, daß im angelsächsischen Sprachraum, der diese strenge Scheidung in „Economics" und „Business Administration" nicht kennt, kein Mangel an erfolgreichen Textbooks zum „International Business und Management" herrscht (vgl. etwa das von Daniels/Radebaugh bereits 1976 verfaßte Lehrbuch „International Business – Environments and Operations", das inzwischen mehrfach neu aufgelegt wurde).

(3) Am wahrscheinlichsten ist die Variante, daß sich die IntBWL in Deutschland als Spezielle BWL weiterentwickelt; dabei geht der Trend von der mehr institutionellen zu der funktionalen Betrachtungsweise; diesen Wandel konnte man auch früher schon bei Speziellen Betriebswirtschaftslehren beobachten, etwa bei der Finanzierung und dem Marketing, die sich aus den institutionellen Sichtweisen von „Banken" und „Handel" lösten. Jedoch zeichnet sich sehr deutlich eine Besonderheit ab: Die IntBWL setzt sich dadurch von den übrigen Speziellen Betriebswirtschaftslehren ab, daß sie häufig in eigens errichteten Weiterbildungs-, Aufbau- und Sonderstudiengängen an den Universitäten sowie in Spezialinstituten außerhalb der Universitäten und Fachhochschulen gelehrt wird.

Das ist die Folge der sehr komplexen Fragestellungen und der anspruchsvollen Voraussetzungen der IntBWL; denn zum besseren Verständnis der Zusammenhänge sind die Grundkenntnisse der BWL und VWL sowie der Jurisprudenz, Sprachkenntnisse und Landeskunde, internationaler Wissenstransfer – also eine spezielle Lehr- und Lernumwelt – erforderlich, wie sie die traditionellen wirtschaftswissenschaftlichen Fakultäten nicht bieten können.

Dazu gibt es eine historische Parallele: Die Vorläuferin der BWL, die Handelswissenschaft, etablierte sich zunächst notgedrungen in eigenen Institutionen, den sog. Handelshochschulen, beginnend mit Leipzig (1897/8) und St. Gallen, um dann Universitätsrang zu erhalten. Während St. Gallen auf eine ungebrochene Tradition zurückblicken kann, ist Leipzig gerade wieder neu gegründet worden.

So wie man sich die BWL heute kaum noch aus den Universitäten wegdenken kann, wird es in einer Welt integrierter Märkte, Multinationaler Konzerne und globaler Managementphilosophien bald selbstverständlich sein, Internationale Betriebswirtschaftslehre zu studieren.

Die Zukunft wird zeigen, ob die IntBWL als Spezielle BWL oder gar als gleichberechtigter Wissenschaftszweig zwischen der VWL und BWL in die Wirtschaftswissenschaftlichen Fakultäten Einzug hält. Ganz sicher ist die endgültige Beantwortung der offenen methodologischen und definitorischen Fragen der Internationalen BWL nicht die Voraussetzung für ihren Fortschritt, wie man leicht an anderen Universitätsdisziplinen erkennen kann.

Natürlich wäre es leichter, ein Lehrbuch über IntBWL hervorzubringen, wenn der Bereich schon besser abgesteckt wäre, jedoch gibt es bereits soviel akkumuliertes Wissen, daß es an der Zeit ist, eine übersichtliche Sammlung der wichtigsten Forschungsergebnisse in die Lehre zu transferieren. Dazu dient dieses Kompendium, in dem die IntBWL sowohl nach **Institutionen** als auch nach **Funktionen** sowie **problemorientierten Fragestellungen** gegliedert dargestellt ist.

Literaturhinweise

Albach, H.: Die internationale Unternehmung als Gegenstand betriebswirtschaftlicher Forschung, in: Internationale Betriebswirtschaftslehre, ZfB-Ergänzungsheft 1/81, S. 13-24.
Daniels/Radebaugh: International Business. Environments and Operations. 5th ed., Reading (Mass.) 1996.
Dieckheuer, G.: Internationale Wirtschaftsbeziehungen, 2. Aufl. München und Wien 1991.
Fayerweather, J.: International Business-Strategy and Administration. Cambridge (Mass.) 1978.
Kindleberger/Lindert: International Economics, 7. Aufl., Homewood (Ill.) 1982.
Lück/Trommsdorf: Internationalisierung der Unternehmung als Problem der Betriebswirtschaftslehre. Berlin 1982.
Macharzina, K.: Unternehmensführung. Das internationale Managementwissen. Konzepte-Methoden-Praxis. Wiesbaden 1993.
Macharzina/Welge: Handwörterbuch Export und Internationale Unternehmung (HWInt). Stuttgart 1989.
Ohmae, K.: Die neue Logik der Weltwirtschaft. Zukunftsstrategien der internationalen Konzerne. Hamburg 1992.
Pausenberger, E.: Internationales Management. Stuttgart 1981.
Perlitz, M.: Internationales Management. 3. Aufl. Stuttgart 1997.
Porter, M. E.: Globaler Wettbewerb. Strategien der neuen Internationalisierung. Wiesbaden 1989.
Derselbe: Nationale Wettbewerbsvorteile. München 1991.
Wacker/Haussmann/Kumar: Internationale Unternehmensführung. Managementprobleme international tätiger Unternehmen. Festschrift zum 80. Geburtstag von E. H. Sieber. Berlin 1981.

1. Kapitel:
Der weltwirtschaftliche Datenkranz der internationalen Unternehmensführung

Grenzüberschreitende betriebswirtschaftliche Entscheidungen können rational nur getroffen werden, wenn auch die verfügbaren Informationen über die weltwirtschaftlichen Einflußfaktoren berücksichtigt werden. Dazu gehören unter anderen:

- der internationale Konjunkturverbund,
- die Maßnahmen der Makro-Akteure (Wirtschaftspolitiker) z.B. auf den Feldern der Stabilisierungspolitik, der Entwicklungspolitik, der Währungspolitik etc.,
- der Stand und die Entwicklungstendenzen des internationalen Handels und Devisenverkehrs.

Die folgenden Ausführungen sollen einige Grundkenntnisse der Weltwirtschaft vermitteln; der Begriff der *Weltwirtschaft* ist übrigens sehr viel älter als der Terminus der Internationalen Betriebswirtschaftslehre und hat sogar in den angelsächsischen Sprachraum Eingang gefunden.

1 Die Stellung der Bundesrepublik Deutschland im Welthandel

Die sechs größten Volkswirtschaften – gemessen am Bruttosozialprodukt zu Marktpreisen – waren im Jahre 1995 gleichzeitig auch die sechs größten Exporteure, allerdings in veränderter Rangfolge (Tabelle 1.1). Offensichtlich ist ein großes Produktionspotential eine sehr wichtige Voraussetzung für Außenhan-

Tabelle 1.1: Die sechs größten Volkswirtschaften sind die sechs größten Exportnationen (1995)

Land nach BIP-Rang	BIP Mrd US-$	Anteil am Welt BIP vH	Export-Rang	Anteil am Welt-Außenhandel	Außenhandels-intensität (vH) ½ Außenhandels-umsatz $\left(\dfrac{}{BIP}\right) \cdot 100$
USA	7.100	26	1	13,9	9,8
Japan	4.963	18	3	7,8	7,8
BRD	2.252	8	2	9,2	20,5
RF	1.451	5	4	5,4	18,6
UK	1.095	4	5	4,9	22,2
Italien	1.088	4	6	4,0	18,5
Zusammen (6)	17.949	65	–	45,2	12,6
Rest der Welt	9.738	35	–	54,8	28,2
Welt	27.687	100	–	100	18,1

Quelle: World Bank (ed.), 1996 World Bank Atlas und IMF 1996. Eigene Zusammenstellung.

delserfolge. Jedoch haben große autarkiefähige Staaten tendenziell eine geringere Außenhandelsintensität bzw. -verflechtung, so daß kleinere Volkswirtschaften über einen größeren Pro-Kopf-Außenhandel in die Spitzengruppe der Exporteure vorstoßen können. In der Spitzengruppe der sechs führenden Volkswirtschaften konnte die Bundesrepublik Deutschland zeitweise den ersten Rang unter den Exporteuren durch eine überdurchschnittlich hohe Exportabhängigkeit erreichen. Inzwischen haben die USA Deutschland überholt und Japan ist näher aufgerückt.

Bevölkerungszahl, Fläche und Rohstoffverfügbarkeit spielen keine große Rolle für den Exporterfolg (Tabelle 1.2). Das wird besonders klar bei den „Vier Kleinen Drachen" bzw. „Vier Kleinen Tigern", wie Hongkong, Taiwan, Südkorea und Singapur wegen ihrer Außenhandelserfolge genannt werden. Vergleicht man etwa Festland-China mit Taiwan, dann wird deutlich, was neben dem Sozialprodukt als absoluter Größe den Exporterfolg bestimmt:

- ein flexibles Wirtschaftssystem,
- eine reichliche Humankapitalausstattung und
- ein hoher Offenheitsgrad gegenüber den Weltmärkten.

Tabelle 1.2: Rangfolge der 16 größten Exportländer 1995

Land nach Export-Rang	Exporte in Mrd US-$	Anteil am Welt-Export in vH	Pro-Kopf-Export in US-$	Rang (Pro-Kopf Export)
USA	448,2	12,0	1.739	13
BRD	430,0	11,5	5.328	6
Japan	339,9	9,1	2.730	12
Frankreich	235,8	6,3	4.101	8
United Kingdom	190,0	5,1	3.282	10
Italien	178,2	4,8	3.121	11
Niederlande	139,9	3,7	9.144	5
Kanada	134,1	3,6	4.656	7
Belgien/Luxemburg	123,0	3,3	11.827	3
Hongkong	119,5	3,2	19.916	2
China	85,0	2,3	72	16
Taiwan	81,5	2,2	3.899	9
Südkorea	76,6	2,1	1.737	14
Schweiz	65,7	1,8	9.254	4
Spanien	64,3	1,7	1.628	15
Singapur	63,5	1,7	22.679	1
Summe (16)	2.775,2	74,4	–	–
Sonstige	955,8	25,6	–	–
Summe (Weltexporte)	3.731,0	100,0	–	–

Quelle: World Bank, Washington D.C. (ed.), 1996 World Bank Atlas. Eigene Zusammenstellung.

Für die Bundesrepublik Deutschland läßt sich zeigen, wie durch eine glückliche Kombination der genannten Faktoren der Aufstieg aus dem Nachkriegschaos zur führenden Exportnation gelang: Von 1,6 vH Weltexportanteil im Jahre 1949 über 9,0 vH im Jahre 1960 bis 11,5 vH im Jahre 1995 (430 Mrd DM).

Die höchsten Wachstumsraten weist der **substitutionale Handel** mit sog. „**sophisticated products**" auf. In der Bundesrepublik haben die drei schon benannten Faktoren Humankapital, Öffnungsgrad und Wirtschaftssystem dazu beigetragen, daß sich ein deutlich substitutional strukturierter Handel mit fortgeschrittenen Industrieerzeugnissen eingestellt hat (Tabelle 1.3). Dieser Warenaustausch findet in erster Linie mit Industrienationen des Westens statt. Der weitaus geringere Handelsaustausch wird auf **komplementärer Basis** mit Entwicklungs- und Transformationsländern abgewickelt (Tabellen 1.4 und 1.5). Die Faktorstruktur der Im- und Exporte zeigt, daß die Bundesrepublik Deutschland als kapitalreiches Land vor allen Dingen kapitalintensive Güter exportiert und im Austausch dafür von den Entwicklungs- und Transformationsländern arbeitsintensive Güter und Rohstoffe importiert, während sie mit den Industrieländern kapitalintensive Güter tauscht. Die Größenordnungen des Handels mit Industrieländern des Westens auf der einen Seite und mit Entwicklungs- und Reformländern auf der anderen Seite (Tabelle 1.5) lassen keinen Zweifel daran, daß die Dynamik des Welthandels durch den internationalen Wettbewerb auf den Industriegüter- und Dienstleistungsmärkten bestimmt wird. Solange die Länder der Dritten Welt hauptsächlich Rohstoffe anbieten, können sie im Welthandel keinen Erfolg haben. (Über Gründe für z.T. extrem einseitig ausgelegte Produktionsstrukturen und Markteintrittsbarrieren soll hier nicht diskutiert werden). Auch die früheren Staatshandelsländer waren schlecht beraten, ihren sog. Sozialistischen Weltmarkt (COMECON bzw. CMEA) planmäßig komplementär zu entwickeln und vom sog. kapitalistischen Weltmarkt abzukoppeln. Das Versagen und die endgültige Auflösung des COMECON auf der einen Seite und auf der anderen Seite der

Tabelle 1.3: Die Warenstruktur des deutschen Außenhandels 1988 und 1995 nach der SITC-Klassifikation

	1988 Im (vH) 1995		1988 Ex (vH) 1995	
SITC-Klasse 0-4 Rohstoffe, Nahrungs- und Genußmittel etc.	17,9	20,3	9,2	7,7
SITC-Klasse 5 Chemische Erzeugnisse	9,7	9,4	13,6	13,5
SITC-Klasse 6 Bearbeitete Waren	18,3	17,1	18,1	16,6
SITC-Klasse 7 Maschinenbauerzeugnisse (davon Straßenfahrzeuge)	29,2 (7,1)	34,4 (9,9)	48,1 (16,9)	49,6 (16,2)
SITC-Klasse 8 und 9 Verschiedene Fertigwaren und Verkehrsvorgänge, a.n. erfaßt	17,9	18,8	12,2	12,6
Summe	100,0 (440 Mrd DM)	(634 Mrd DM)	100,0 (568 Mrd DM)	(728 Mrd DM)

Quelle: Statistisches Bundesamt (Hrsg.), Statistisches Jahrbuch 1996.

Tabelle 1.4: Die Faktorstruktur des deutschen Außenhandels 1988 und 1995 nach der SITC-Systematik (3-Faktoren-Modell)

	1988 Im (vH)	1995	1988 Ex (vH)	1995
Natürliche Ressourcen SITC-Klassen 2 und 3 Rohstoffe, Brennstoffe etc.	14,1	10,9	3,1	2,8
Kapitalintensive Güter SITC-Klassen 5, 6 und 7 Chemische Erzeugnisse, Maschinen etc.	57,2	60,9	79,8	79,7
Arbeitsintensive Güter SITC-Klassen 0, 1, 4 und 8 Nahrungsmittel, Genußmittel, verschiedene Fertigwaren	25,6	24,5	16,1	15,0
Nicht zuzuordnender Rest SITC-Klasse 9	3,0	3,7	1,2	2,5
Summe	100,0	100,0	100,0	100,0

Quelle: Statistisches Bundesamt (Hrsg.), Statistisches Jahrbuch 1989 und 1996 für die Bundesrepublik Deutschland. Eigene Zusammenstellung.

Tabelle 1.5: Der Außenhandel der BRD nach Ländergruppen 1996

	Umsatz Mrd DM (vH)	Im Mrd DM	Ex Mrd DM	Saldo Mrd DM
EU-Länder	832,5 (56,6)	384,6	447,9	+ 63,3
sonstige industrialisierte Länder	290,2 (19,7)	141,2	149,0	+ 7,8
Industrialisierte Länder	1.122,7 (76,4)	525,8	596,9	+ 71,1
Entwicklungsländer	180,7 (12,3)	78,2	102,5	+ 24,3
Reformländer	162,8 (11,1)	80,1	82,7	+ 2,6
Insgesamt	1.470,0	685,7	784,3	+ 98,6

Quelle: Statistisches Bundesamt; Deutsche Bundesbank 1997. Eigene Zusammenstellung

Erfolg und die zunehmende Integration der EG treten deutlich zutage. Die EU als weltweit größter Regionalmarkt ist nicht zuletzt auch wegen des Abbaus von Grenzbarrieren der größte Handelsplatz der BRD (Tabelle 1.5); so ist es nicht verwunderlich, daß die wichtigsten Lieferländer die EU-Partner Frankreich, Niederlande und Italien sind (Tabelle 1.6). Gegenwärtig ist Westeuropa mit Abstand das wichtigste Welthandelszentrum vor Nordamerika und dem Westpazifik, jedoch verlagern sich unübersehbar die Gewichte. Schon hat der Transpazifik-Handel den Transatlantik-Handel weit überholt. Und die Dynamik des Westpazifik-Handels ist ungebrochen. In diesem Raum konzentriert sich ein großer Teil der

Tabelle 1.6: Die zehn wichtigsten Ursprungs- und Empfängerländer des deutschen Außenhandels 1996

	Umsatz Mrd DM (vH)		Im Mrd DM	Ex Mrd DM	Saldo Mrd DM
RF	155,1	(10,6)	71,0	84,1	+ 13,1
NL	114,8	(7,8)	57,5	57,3	− 0,2
I	112,3	(7,6)	55,0	57,3	+ 2,3
USA	109,1	(7,4)	49,0	60,1	+ 11,1
UK	107,3	(7,3)	45,6	61,7	+ 16,1
B/L	90,2	(6,1)	42,1	48,1	+ 6,1
A	68,6	(4,7)	25,3	43,3	+ 18,0
CH	65,2	(4,4)	27,4	37,8	+ 10,4
J	55,3	(3,8)	34,1	21,2	− 12,9
ESP	49,4	(3,4)	21,8	27,6	+ 5,8
Zwischensumme	927,3	(63,1)	428,8	498,5	+ 69,7
Übrige Länder	542,7	(36,9)	256,9	285,8	+ 28,9
Insgesamt	1.470,0	(100,0)	685,7	784,3	+ 98,6

Quelle: Statistisches Bundesamt; Deutsche Bundesbank 1997. Eigene Zusammenstellung

Weltbevölkerung als potentieller Markt und kostengünstiger Produktionsfaktor; gleichzeitig treffen die sog. NIC's (Newly Industrializing Countries oder Schwellenländer) mit Japan zusammen, dem einzigen Flächenstaat, der nach dem Zweiten Weltkrieg zu den Industrieländern aufgeschlossen hat.

Zum japanischen „Exportwunder" sei an dieser Stelle nur soviel gesagt: Japan nimmt als zweitgrößte Volkswirtschaft den dritten Rang unter den Exporteuren ein, wobei weder die Außenhandelsverflechtung noch der Pro-Kopf-Export besonders hoch sind. Was die Konkurrenten auf den Weltmärkten verwundert oder je nach Standpunkt ängstigt, das ist die Geschwindigkeit und Konsequenz, mit der Japan einzelne zum Teil hochsensible Märkte erobert hat. Vergleicht man die japanischen Exporterfolge mit denen der beiden schärfsten Konkurrenten Deutschland und USA, dann wird allerdings deutlich:

- Japan hält nur in einigen Produktgruppen die Spitzenposition, jedoch in besonders zukunftsträchtigen (z.B. Nachrichtentechnik).
- Die US-Überlegenheit konzentriert sich auf Spezialprodukte der Chemischen Industrie und High-Tech-Segmente wie Flugzeuge, Datenverarbeitungsanlagen und Meßinstrumente.
- Dagegen belegt die Bundesrepublik Deutschland bei weitem die meisten ersten Plätze, wobei sie die gesamte Palette der chemischen Erzeugnisse, der Investitionsgüter und der bearbeiteten Waren abdeckt. Sonderkonjunkturen treffen den deutschen Export nicht so stark wie den japanischen oder amerikanischen. Leider fehlt es an Produkten der Spitzentechnologie.

Selbstverständlich ist der bisherige Exporterfolg keine Garantie für die Zukunft. Ob der Produktionsstandort Bundesrepublik Deutschland wettbewerbsfähig bleibt, hängt von zu vielen Faktoren ab, um eine Prognose zu wagen. Optimistische und pessimistische Szenarien wechseln sich ab. In den Ratings der Institutionen, die sich mit der Wettbewerbsfähigkeit der Exportländer befassen (z.B.

World Competitiveness Report des World Economic Forum in Genf), liegt Deutschland weit abgeschlagen hinter der Spitzengruppe. Bei den Löhnen und Lohnnebenkosten nimmt die Bundesrepublik eine Spitzenposition ein, jedoch relativiert sich das Bild bei den Lohnstückkosten aufgrund günstiger Produktivitätsverhältnisse.

Unter dem Aspekt des weltwirtschaftlichen Gleichgewichts ist die Verdrängung Deutschlands vom ersten Platz der Exportländer nicht unerwünscht (wie 1989 geschehen). Im Jahre 1988 betrug der deutsche Leistungsbilanzüberschuß 48 Mrd $, das war der zweithöchste Überschuß nach Japan mit 80 Mrd $. Gleichzeitig hielt die Bundesrepublik nach Japan (97,7 Mrd $) und Taiwan (74,7 Mrd $) mit 63,0 Mrd $ die dritthöchsten Währungsreserven.

Inzwischen hat sich das Bild stark gewandelt. Die BRD hat seit der Wiedervereinigung permanent Leistungsbilanzdefizite – trotz hoher Außenhandelsüberschüsse (vgl. Tab. 1.7).

Tabelle 1.7: Die Zahlungsbilanz der Bundesrepublik Deutschland (1988) und 1996 (in Mrd DM)

1. Außenhandelsbilanz-Saldo (Spezialhandel) 1.1. Ausfuhren (fob) 1.2. Einfuhren (cif)	+ 784 − 687 (+ 568) (− 440)	+ 97 (+ 128)
2. Dienstleistungsbilanz-Saldo 2.1. Dienstleistungsausfuhren 2.2. Dienstleistungseinfuhren 1 + 2: „Außenbeitrag" (Ex-Im)	+ 274 − 338 (+ 152) (− 163)	− 64 − 11 + 33 (+ 117)
3. Übertragungs-, Schenkungs- bilanz-Saldo 3.1. Fremde Leistungen 3.2. Eigene Leistungen 1 + 2 + 3: Leistungsbilanz-Saldo (Bilanz der laufenden Posten)	+ 26 − 81 (+ 22) (− 54)	− 55 (− 32) − 22 (+ 85)
4. Langfristiger Kapitalverkehr (Saldo) 4.1. Nettokapitalexporte 4.2. Nettokapitalimporte 1 bis 4: Grundbilanz-Saldo (basic balance)	− 162 + 208 (− 96) (+ 11)	+ 46 (− 85) + 24 (0)
5. Kurzfristiger Kapitalverkehr (Saldo) 1 bis 5: Zahlungsrohbilanz		− 28 (− 36) − 4 (− 36)
6. Nicht erfaßte Posten und statistische Ermittlungsfehler 1 bis 6: Saldo aller Transaktionen		+ 2 (+ 1) − 2 (− 35)
7. Gold- und Devisenbilanz- Saldo der Deutschen Bundesbank 1 bis 7: Gesamt-Zahlungsbilanz		+ 2* (+ 35*) 0

* Reservenminderung (doppiK erzwingt positives Vorzeichen)

Quelle: Statistische Beihefte zu den Monatsberichten der Deutschen Bundesbank, Reihe 3, Zahlungsbilanzstatistik, Januar 1990, Nr. 1, S. 2f. und Juli 1997, Nr. 3, S. 6ff.

2 Determinanten der Außenwirtschaft

Es ist die Aufgabe der **Außenwirtschaftstheorie**, die verschiedenen außenwirtschaftlichen Phänomene aus ihren Bestimmungsgründen zu erklären. In einer ersten Grobklassifikation kann man sagen, daß die „reine Theorie des internationalen Handels" sich mit den realwirtschaftlichen grenzüberschreitenden Transaktionen befaßt, während die „monetäre Außenwirtschaftstheorie" ihre Aufgabe in der Erklärung von Wechselkurs-, Preis- und Volkseinkommensschwankungen im Zusammenhang mit der Zahlungsbilanz sieht (Abb. 1.1).

Seit **Ricardo** 1817 das Gesetz von den komparativen Kostenvorteilen entwickelt hatte, gehörte die Außenhandelstheorie zu den angesehensten Fachgebieten der Nationalökonomie. Leider stand der Erklärungswert dieser hochabstrakten Modellwelt in keinem Verhältnis zu ihrem Ansehen.

Da die Nutzanwendung im Rahmen der Internationalen Betriebswirtschaftslehre auf keinen Fall gegeben ist, wird auf eine weitere Behandlung an dieser Stelle verzichtet. Nur ein Überblick mit Hilfe der Abb. 1.2 sei hier vermittelt. Die

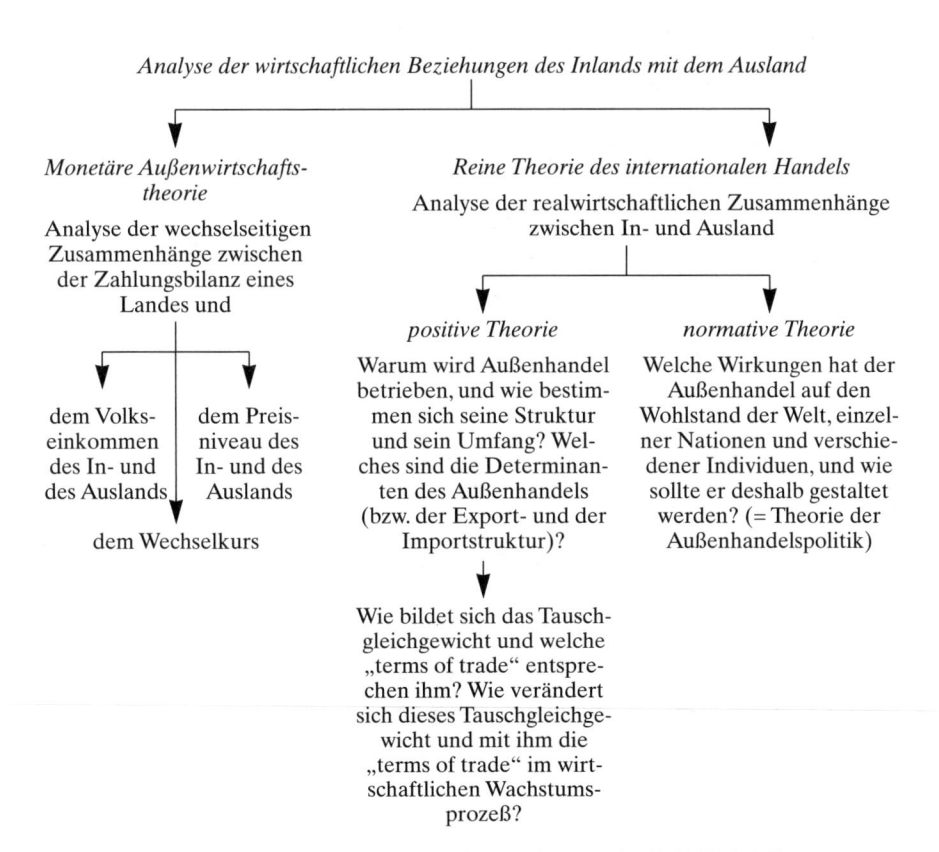

Analyse der wirtschaftlichen Beziehungen des Inlands mit dem Ausland

Monetäre Außenwirtschaftstheorie
Analyse der wechselseitigen Zusammenhänge zwischen der Zahlungsbilanz eines Landes und

- dem Volkseinkommen des In- und des Auslands
- dem Preisniveau des In- und des Auslands
- dem Wechselkurs

Reine Theorie des internationalen Handels
Analyse der realwirtschaftlichen Zusammenhänge zwischen In- und Ausland

positive Theorie
Warum wird Außenhandel betrieben, und wie bestimmen sich seine Struktur und sein Umfang? Welches sind die Determinanten des Außenhandels (bzw. der Export- und der Importstruktur)?

Wie bildet sich das Tauschgleichgewicht und welche „terms of trade" entsprechen ihm? Wie verändert sich dieses Tauschgleichgewicht und mit ihm die „terms of trade" im wirtschaftlichen Wachstumsprozeß?

normative Theorie
Welche Wirkungen hat der Außenhandel auf den Wohlstand der Welt, einzelner Nationen und verschiedener Individuen, und wie sollte er deshalb gestaltet werden? (= Theorie der Außenhandelspolitik)

Quelle: **Helmut Hesse**, Art. Außenhandel I: Determinanten, in: HdWW, S. 365.

Abb. 1.1: Außenwirtschaftstheorie

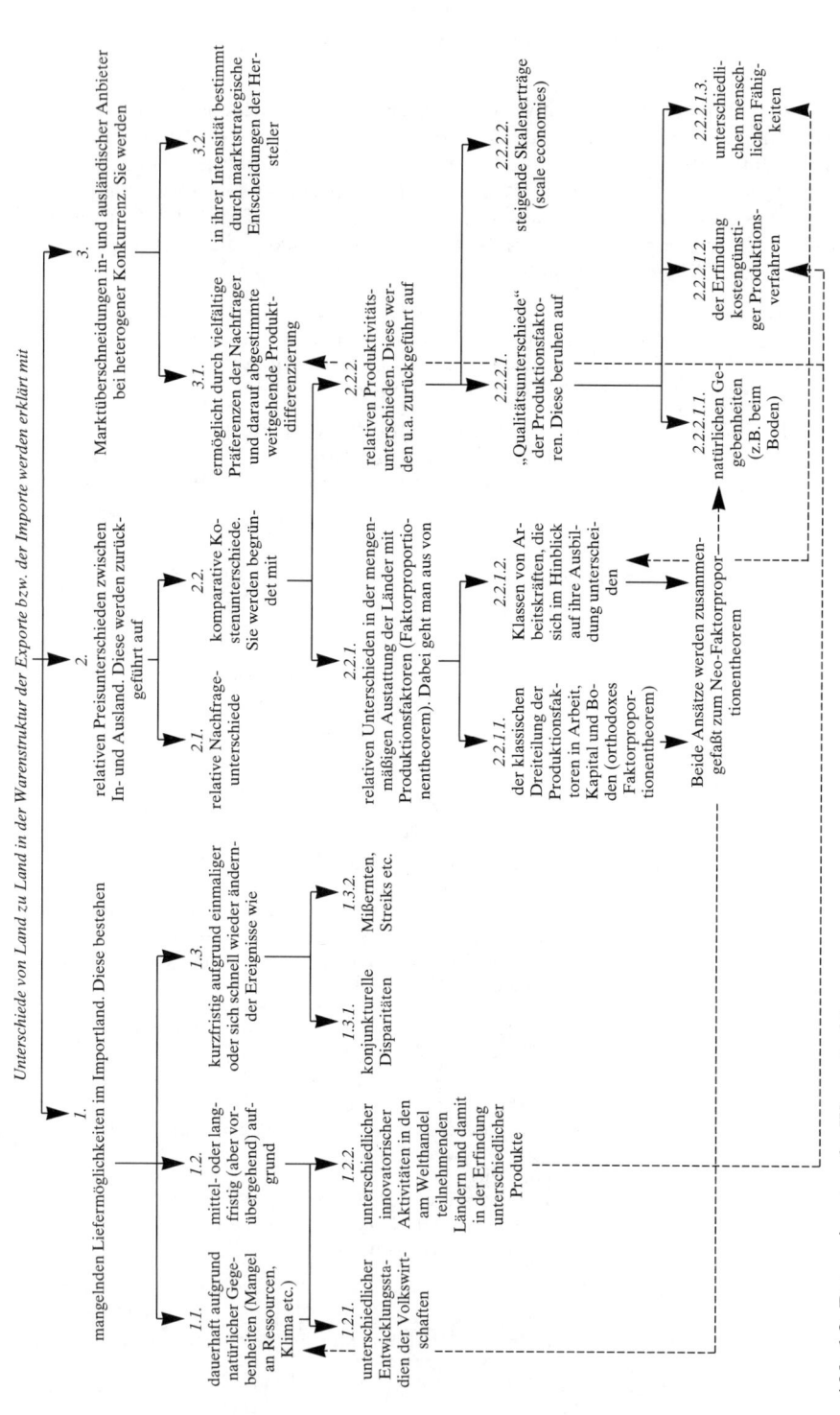

Unterschiede von Land zu Land in der Warenstruktur der Exporte bzw. der Importe werden erklärt mit

1. mangelnden Liefermöglichkeiten im Importland. Diese bestehen

- **1.1.** dauerhaft aufgrund natürlicher Gegebenheiten (Mangel an Ressourcen, Klima etc.)
- **1.2.** mittel- oder langfristig (aber vorübergehend) aufgrund
  - **1.2.1.** unterschiedlicher Entwicklungsstadien der Volkswirtschaften
  - **1.2.2.** unterschiedlicher innovatorischer Aktivitäten in den am Welthandel teilnehmenden Ländern und damit in der Erfindung unterschiedlicher Produkte
- **1.3.** kurzfristig aufgrund einmaliger oder sich schnell wieder ändernder Ereignisse wie
  - **1.3.1.** konjunkturelle Disparitäten
  - **1.3.2.** Mißernten, Streiks etc.

2. relativen Preisunterschieden zwischen In- und Ausland. Diese werden zurückgeführt auf

- **2.1.** relative Nachfrageunterschiede
- **2.2.** komparative Kostenunterschiede. Sie werden begründet mit
  - **2.2.1.** relativen Unterschieden in der mengenmäßigen Ausstattung der Länder mit Produktionsfaktoren (Faktorproportionentheorem). Dabei geht man aus von
    - **2.2.1.1.** der klassischen Dreiteilung der Produktionsfaktoren in Arbeit, Kapital und Boden (orthodoxes Faktorproportionentheorem)
    - **2.2.1.2.** Klassen von Arbeitskräften, die sich im Hinblick auf ihre Ausbildung unterscheiden

      Beide Ansätze werden zusammengefaßt zum Neo-Faktorproportionentheorem
  - **2.2.2.** relativen Produktivitätsunterschieden. Diese werden u.a. zurückgeführt auf
    - **2.2.2.1.** „Qualitätsunterschiede" der Produktionsfaktoren. Diese beruhen auf
      - **2.2.2.1.1.** natürlichen Gegebenheiten (z.B. beim Boden)
      - **2.2.2.1.2.** der Erfindung kostengünstiger Produktionsverfahren
      - **2.2.2.1.3.** unterschiedlichen menschlichen Fähigkeiten
    - **2.2.2.2.** steigende Skalenerträge (scale economies)

3. Marktüberschneidungen in- und ausländischer Anbieter bei heterogener Konkurrenz. Sie werden

- **3.1.** ermöglicht durch vielfältige Präferenzen der Nachfrager und darauf abgestimmte weitgehende Produktdifferenzierung
- **3.2.** in ihrer Intensität bestimmt durch marktstrategische Entscheidungen der Hersteller

Abb. 1.2 Determinanten der Warenstruktur

Anmerkung: Die gestrichelten Pfeile ordnen verwandte Phänomene einander zu. *Quelle:* Helmut Hesse, a.a.O. S. 366.

für den Betriebswirt relevanten Erklärungsversuche werden im Kapitel 2 vorgestellt.

Ganz anders als mit der **Außenhandelstheorie** verhält es sich mit der Relevanz der **monetären Außenwirtschaftslehre**. Die Kenntnis der Zahlungsbilanz sowie der Zahlungsbilanzwirkungen und der institutionellen und politischen Regelungen ist eminent wichtig für grenzüberschreitende betriebswirtschaftliche Entscheidungen. Die internationalen Märkte werden stark beeinflußt durch den internationalen Konjunkturverbund sowie Regierungen. Wechselkursfluktuationen können – sofern nicht richtig eingeschätzt – erhebliche Risiken für Einzeltransaktionen, Unternehmen und ganze Märkte heraufbeschwören. Und Internationales Marketing ist wohl nur denkbar bei fundierten Volkseinkommens- und Preisniveauschätzungen. Deshalb stehen Überlegungen zum Zahlungsbilanzgleichgewicht und zu den verschiedenen Zahlungsbilanzeffekten im Mittelpunkt der folgenden Ausführungen.

Solange der IMF (International Monetary Fund, Bretton Woods 1944) ein hinlänglich funktionierendes System fester Wechselkurse garantieren konnte, herrschte die statische – an der statistischen Zahlungsbilanz orientierte – Interpretation der Außenwirtschaftssituation vor. Mit der Einführung flexibler Wechselkurse jedoch (endgültiger Zusammenbruch des alten Systems am 19. März 1973) gewannen die dynamischen – am Wechselkurs des Devisenmarktes orientierten – Definitionen an Gewicht. Heute sieht sich die Bundesrepublik mit beiden Systemen gleichzeitig konfrontiert – mit festen Wechselkursen im EWS (Europäisches Währungs-System) und flexiblen Wechselkursen zum „Rest der Welt" (insbesondere US-$, Japanischer Yen).

Deshalb ist es erforderlich, beide Systeme zu berücksichtigen, denn auch mit der Verwirklichung des EURO bleibt das EWS für die nicht teilnehmenden EU-Länder bestehen.

2.1 Außenwirtschaftliches Gleichgewicht bei festen Wechselkursen

In der Literatur sowie in der aktuellen Politik gibt es vielfältige Definitionen des **außenwirtschaftlichen Gleichgewichts**, die sich auf die Zahlungsbilanz bzw. deren Teilbilanzen beziehen. Deshalb sei zunächst die Zahlungsbilanz der Bundesrepublik vorgestellt (vgl. Tabelle 1.7).

An diesem Zahlungsbilanzschema lassen sich die Gleichgewichtsdefinitionen verdeutlichen:

1) Die merkantilistische Außenhandelspolitik richtete ihr Hauptaugenmerk auf die **Handelsbilanz:** Angestrebt wurde ein permanenter Exportüberschuß, um den Staatsschatz zu mehren; der Ausgleich der Handelsbilanz galt als Mindestergebnis außenwirtschaftlicher Bemühungen.

Kritik:

Eine nur an der Außenhandelsbilanz ausgerichtete Gleichgewichtsdefinition greift zu kurz in hochentwickelten Volkswirtschaften, die über wichtige Dienstleistungs- und Kapitalmarktbeziehungen mit der Weltwirtschaft verflochten sind. Der merkantilistischen Sicht entspricht eine Zahlungsbilanz, die praktisch lediglich aus der Außenhandels- sowie Gold- und Devisenbilanz besteht.

2) Die außenwirtschaftspolitische Gleichgewichtskonzeption, die die Bundesregierung in ihren mittel- und kurzfristigen Zielprojektionen sowie Jahreswirtschaftsberichten verfolgt, ist darauf gerichtet, alljährlich einen positiven Außenbeitrag zu erwirtschaften (Überschuß des **Handels- und Dienstleistungsbilanzsaldos**), der ausreicht, die internationalen Devisenerfordernisse decken zu können. Diese ergeben sich aus der besonderen (außen)wirtschaftlichen und historischen Situation der Bundesrepublik, die in der permanent stark passiven Übertragsbilanz ihren Ausdruck findet (Heimatüberweisung von Ersparnissen durch Gastarbeiter, Wiedergutmachung, Entwicklungshilfe, EG-Verpflichtungen).

Kritik:

Diese von der Bundesregierung bevorzugte Definition eines Zahlungsbilanzgleichgewichtes, die auf einer permanent aktiven – ungleichgewichtigen – Warenhandels- und Dienstleistungsbilanz beruht, hat den Nachteil, kaum intersubjektiv nachprüfbar zu sein, denn ohne weitere Berücksichtigung der Kapitalverkehrs- und Devisenbilanzentwicklung ist über die Höhe des anzustrebenden Außenbeitrages keine wissenschaftlich fundierte Aussage zu machen.

3) Da die Leistungsbilanz den Hauptteil der laufenden internationalen Transaktionen moderner Volkswirtschaften umfaßt und die Gegenbuchungen dieser Transaktionen auch die restliche Zahlungsbilanz stark strukturieren, steht die ausgeglichene **Leistungsbilanz** häufig im Mittelpunkt des theoretischen und konjunkturpolitischen Interesses (Deutsche Bundesbank, Monatsberichte und Statistische Beihefte).

Kritik:

Spekulative monetäre Transaktionen können zeitweilig einen erheblichen Anteil der Zahlungsbilanztransaktionen ausmachen. Diese werden ebensowenig berücksichtigt wie die unterschiedlichen Wirkungen langfristiger Kapitalbewegungen und Schwankungen der Währungsreserven.

4) Im System von Bretton Woods hat sich der IMF für folgende Definition entschieden: Außenwirtschaftliches Gleichgewicht ist dann realisiert, wenn bei ausreichenden Währungsreserven (zur Deckung vorübergehender und kurzfristiger Devisenabflüsse) sowie bei freiem Leistungs- und Kapitalverkehr kein anhaltendes Ungleichgewicht größeren Ausmaßes in der **grundlegenden Zahlungsbilanz (basic balance)** vorliegt, d.h. wenn der konsolidierte Saldo der Leistungsbilanz und der Bilanz des langfristigen Kapitalverkehrs gleich Null ist (nicht unbedingt in jedem Jahr, aber im Durchschnitt). Dahinter steht die Idee eines von kurzfristigen Devisenbewegungen bereinigten fundamentalen Gleichgewichts der Zahlungsbilanz.

Kritik:

Inzwischen hat sich gezeigt, daß eine solche „Gleichgewichtsposition" gegen massive internationale Devisenspekulation nicht standhält. Die Zahlungsbilanz der Bundesrepublik Deutschland 1988 ist nach dieser Definition trotz erheblicher Leistungsbilanzüberschüsse im Gleichgewicht.

5) Der Ausgleich der **Zahlungsrohbilanz** wird von Lipfert aufgrund langfristiger Erwägungen als Gleichgewichtsdefinition favorisiert.

Kritik:

Diese Definition stützt sich zwar auf eine höher konsolidierte (Teil-) Zahlungsbilanz als alle vorhergehenden Konzepte. Jedoch werden strukturelle Entwicklungen innerhalb dieses Aggregats eher verdeckt als hervorgehoben.

6) Im Hinblick auf die Gesamtzahlungsbilanz und ihre Teilbilanzen läßt sich noch der **Ausgleich der autonomen Transaktionen** anführen: Nur eine von (im Hinblick auf bestimmte Zahlungsbilanzentwicklungen vorgenommenen zahlungsbilanzpolitischen Maßnahmen) **induzierten** Transaktionen freie (Teil-) Zahlungsbilanz zeigt ihren wahren (Un-) Gleichgewichtszustand an. Durch induzierte Transaktionen (z.B. Devisenhilfeabkommen) herbeigeführte „Gleichgewichte" sind künstlich und verdecken reale Ungleichgewichte. Gleichgewichtsinterpretationen sind also nur bei rein autonomen (um induzierte Transaktionen bereinigten) Zahlungsbilanzen zulässig.

Kritik:

Es ist theoretisch und praktisch nicht möglich, die Trennung in autonome und induzierte Ausgleichs-Transaktionen vorzunehmen. Außerdem wird hier völlig vom außenwirtschaftspolitisch Wünschenswerten abstrahiert.

7) Der SVR (JG 1968/69, Ziff. 193) setzt mit seiner Gleichgewichtsdefinition bei der **Devisenbilanz** an und sieht unveränderte Währungsreserven als wünschenswert an; dagegen bedeuten Veränderungen der Devisenbilanz (also ein Aktiv- oder Passiv-Saldo in der Gold- und Devisenbilanz) ein außenwirtschaftliches Ungleichgewicht.

Kritik:

Diese Definition sagt über das außenwirtschaftliche resp. Zahlungsbilanzgleichgewicht ebensowenig aus wie die Lipfertsche Definition. Zahlungsrohbilanz und Devisenbilanz sind ja nichts anderes als die beiden sich zur Gesamt-Zahlungsbilanz ergänzenden Teilbilanzen. Deshalb gilt dieselbe Kritik: Strukturelle Verwerfungen unterhalb dieser Aggregatsebene werden verdeckt.

8) Die rein **formalstatistische** Betrachtungsweise offenbart, daß die Gesamtzahlungsbilanz infolge ihrer theoretischen Konzeption als doppeltes Buchhaltungssystem (doppiK = doppelt in Konten) immer ausgeglichen sein muß (wenn richtig gebucht wurde); d.h. der Gesamt-Saldo muß Null sein. Infolge der doppelten Buchhaltung ist auch zu erklären, daß in der Zahlungsbilanz Mehrungen des Gold- und Devisenbestandes ein negatives, Minderungen dagegen ein positives Vorzeichen tragen. Ein negativer Saldo der Zahlungsrohbilanz muß nämlich durch einen positiven Saldo der Devisenbilanz der Deutschen Bundesbank ausgeglichen werden. (Da es offensichtlich nicht möglich ist, diesen Zusammenhang einer breiteren Öffentlichkeit verständlich zu machen, hat die Bundesbank eine Umkehrung der Vorzeichen in ihren statistischen Veröffentlichungen vorgenommen (also gilt für Monatsberichte und Statistische Beihefte: Mehrung der Devisen +, Minderung der Devisen −).

Kritik:

Diese Gleichgewichtsdefinition ist nur von didaktischem Nutzen, aber ohne wirtschaftspolitische Relevanz.

9) In der **statistischen Praxis** ergibt sich das Problem, daß es unmöglich ist, alle grenzüberschreitenden Transaktionen zu erfassen und/oder richtig zu bewerten; außerdem ist es häufig unmöglich, bei erfaßten Transaktionen die Gegen-

leistungen korrekt zu erfassen und somit die Gegenbuchung tatsächlich vornehmen zu können.

Daraus ergibt sich das zahlungsbilanzpraktische Dilemma, daß die Gesamtzahlungsbilanz im Hinblick auf die wirklich erfaßten Transaktionen zunehmend ungleichgewichtig wird. Nur durch globale Einfügung der statistisch nicht (richtig) erfaßten Posten kommt der Ausgleich zustande.

Kritik:

Aufgrund der statistischen Mängel der Zahlungsbilanz werden alle an der Zahlungsbilanz und ihren Teilbilanzen ausgerichteten theoretischen Gleichgewichtsdefinitionen zusätzlich in Frage gestellt.

Allen hier vorgeführten ökonomisch gehaltvollen Gleichgewichtsdefinitionen (1-7) haften drei Mängel an: **Erstens** läßt sich die in jedem Fall erforderliche Trennung in autonome und induzierte Transaktion weder theoretisch noch praktisch durchführen.

Zweitens sind Aussagen über Stabilität oder Labilität der Gleichgewichte nur ex post möglich und damit für den Konjunkturpolitiker von geringem Wert. Und **drittens** werden binnen- und weltwirtschaftliche Konjunkturentwicklungen vernachlässigt. Aus diesem Grunde ist es erforderlich, nicht einfach mehr oder minder konsolidierte Teilbilanzen auf ihr jeweiliges ex-post-Gleichgewicht zu analysieren, sondern es ist das Zusammenspiel von Teilbilanzen im Konjunkturverlauf zu beachten und auf wahrscheinliche Entwicklungen hin zu untersuchen.

2.2 Außenwirtschaftliches Gleichgewicht bei flexiblen Wechselkursen

Während sich bei festen Wechselkursen die Gleichgewichtsdefinitionen an der Zahlungsbilanz orientieren, gibt es bei flexiblen Wechselkursen (theoretisch) keine Zahlungsbilanzprobleme, sondern stattdessen das Stabilitätsproblem des Wechselkurses.

Als **Gleichgewichtswechselkurs** kann man denjenigen Kurs bezeichnen, der sich aufgrund **autonomer** Außenwirtschaftstransaktionen am freien Devisenmarkt einstellt. **Stabil** ist dieses Gleichgewicht jedoch nur, wenn es nach jeder (wie auch immer verursachten) Abweichung wieder hergestellt wird – und zwar allein durch autonom verursachte Devisenangebots- und Devisennachfragereaktionen. In der Realität jedoch tritt an die Stelle eines statischen Wechselkursgleichgewichts aufgrund des internationalen Konjunkturgefälles, der unterschiedlichen Kaufkraftparitäten-Entwicklung und weltweiter Devisenspekulation eine ständige Wechselkursanpassung. Insbesondere spekulative Transaktionen können destabilisierend (labiles Gleichgewicht) wirken oder zu oszillierenden Wechselkursbewegungen (indifferentes Gleichgewicht) führen.

Das Stabilitätsproblem stellt sich dann so dar, daß kurzfristige Schwankungen des Wechselkurses möglichst zu eliminieren sind und mittel- bis langfristig eine Trendstabilisierung gewährleistet werden müßte. Der Gleichgewichtstrend würde dann durch autonome Transaktionen festgelegt, während die Trendstabilisierung durch induzierte Transaktionen (Devisenterminmärkte, Notenbankpolitik etc.) erfolgen müßte.

Als Rechtfertigung für das politische Eingreifen in das freie Spiel von Devisenangebot und -nachfrage wird regelmäßig vor allem die Minderung des Außenhandelsrisikos für die beteiligten Wirtschaftssubjekte angeführt.

2.3 Der internationale Konjunkturverbund

In der Wirklichkeit bestehen vielfältige Beziehungen zwischen dem Ziel des außenwirtschaftlichen Gleichgewichts und den Zielen des binnenwirtschaftlichen Gleichgewichts (angemessenes Wachstum, Vollbeschäftigung und Preisniveaustabilität). Um hier aber die Diskussion überschaubar zu gestalten, werden die folgenden Restriktionen vorgenommen:

- Es wird auf die Situation eines Landes abgestellt, dessen Konjunktur von außenwirtschaftlichen Einflüssen deutlich mitgeprägt wird, das selbst aber nicht die Weltkonjunktur entscheidend bestimmt.
- Unter dieser Prämisse wird untersucht, wie außenwirtschaftliche Einflüsse auf die Binnenkonjunktur wirken.
- Umgekehrt wird gefragt, wie Maßnahmen der binnenwirtschaftlichen Stabilisierungspolitik den Zielerreichungsgrad des außenwirtschaftlichen Gleichgewichtes beeinflussen.

Dabei werden die binnenwirtschaftlichen Ziele nicht einzeln, sondern global mit dem außenwirtschaftlichen Ziel konfrontiert, um die Zahl der zu behandelnden Fälle einzuschränken (Abb. 1.3).

2.3.1 Der direkte internationale Preiszusammenhang

Gemäß der Theorie des direkten internationalen Preiszusammenhanges tendieren national unterschiedliche Preisniveaus zum internationalen Ausgleich. Die Fähigkeit der Märkte, preisangleichend zu wirken, ist um so ausgeprägter (1) je intensiver die Weltmarktverflechtung eines Landes ist und (2) je homogener die gehandelten Güter sind. Für Länder mit vergleichsweise unterdurchschnittlichen

Der internationale Konjunkturverbund				
Direkter internationaler Preiszusammenhang	Liquiditäts-, Geldmengeneffekte			
	Zins-Kredit-Mechanismus	Zahlungsbilanz-Mechanismen bzw. Salden-Effekte		
		Wechselkursmechanismus (Zahlungsbilanzstruktureffekte)	Feste Wechselkurse	
			Geldmengen-Preis-Mechanismus	Geldmengen-Einkommen Mechanismus (Multiplikatoreffekte)
Wichtigstes Beispiel: Der internationale Preiszusammenhang (iPz)				

Abb. 1.3: Binnen- und außenwirtschaftliches Gleichgewicht

Preisniveausteigerungen ergibt sich auf diese Weise ein „Inflationsimport", für Länder mit hohen Geldentwertungsraten dagegen ein „Deflationsimport" (= Inflationsexport).

Es verdient, an dieser Stelle hervorgehoben zu werden, daß dieser Zusammenhang **nicht nur bei festen, sondern ebenso bei flexiblen Wechselkursen gilt**. Zwar müßte sich der Wechselkurs nach der reinen **Kaufkraftparitätentheorie** immer entsprechend den relativen Preisniveaus einstellen, so daß es gar keine „billigen" und „teuren" Länder geben könnte. Doch wird dabei übersehen, daß auch in flexiblen Wechselkurssystemen der Einfluß der komparativen Kaufkraftparitäten durch Interventionen von Notenbank und Staat sowie durch internationale Zinsgefälle überspielt werden kann. Die „reine Außenhandelstheorie", d.h. die von monetären und induzierten Transaktionen abstrahierende Theorie kann insofern keine konjunkturpolitische Gültigkeit beanspruchen. Mit anderen Worten: Ein Wechselkurs, der nicht unmittelbar der Kaufkraftparitätenentwicklung folgt, bewirkt keine Abschottung gegen internationale Preisniveauentwicklungen, obwohl dieses theoretische Postulat immer wieder zugunsten flexibler Wechselkurse vorgebracht wird.

Der direkte internationale Preiszusammenhang wirkt (wie die Erfahrung lehrt, sowohl bei festen als auch bei flexiblen Wechselkursen) über primäre und sekundäre Import- und Exporteffekte in Abhängigkeit von den jeweiligen in- und ausländischen Angebots- und Nachfrageelastizitäten und im Gegensatz zu den sogenannten Zahlungsbilanzmechanismen auch ohne Zahlungsbilanzungleichgewicht. Zur näheren Erläuterung sei davon ausgegangen, daß der „Rest der Welt" (das Ausland) stärker inflationiert als das Inland.

1) Dann spielt sich auf den **Inlands-Importmärkten** (Abb. 1.4) folgendes ab:

Die Angebotskurve für Importgüter wird durch die Preissteigerungen im Ausland nach oben gedrückt. Bei unveränderter Importnachfrage ergibt sich eine Erhöhung des Importgüterpreisniveaus von p^0_{Im} auf p^1_{Im}. Das Ausmaß dieser Erhöhung ist abhängig von der Nachfrageelastizität: Bei extrem unelastischer Importnachfrage würde dieser **primäre Importpreiseffekt** voll übertragen, bei extrem elastischer Importnachfrage dagegen überhaupt nicht; in der Regel ergibt sich ein gemilderter Effekt.

Fall 1: Extrem elastische Nachfrage nach Importgütern

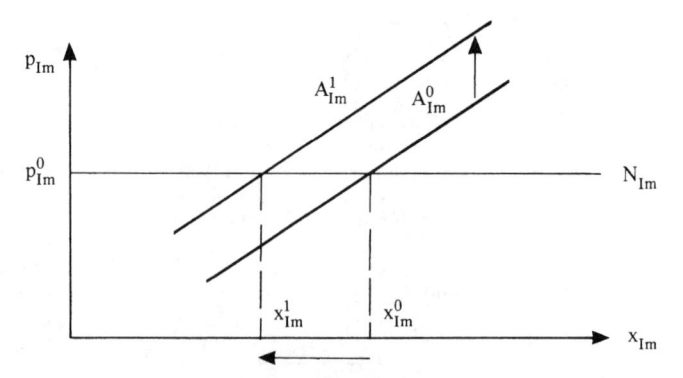

- Keine Übertragung des Importpreiseffektes

Fall 2: Extrem unelastische Nachfrage nach Importgütern

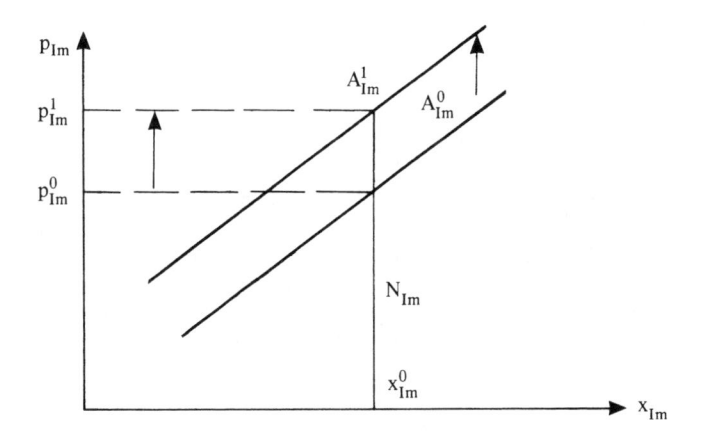

- Volle Übertragung des Importpreiseffektes

Fall 3: Normal-elastische Nachfrage nach Importgütern

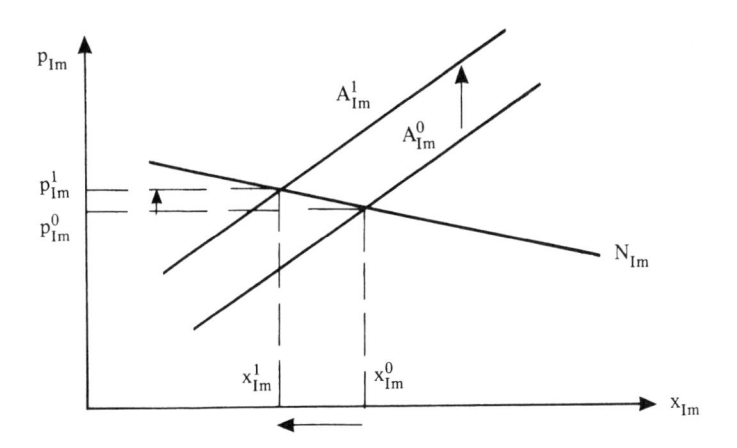

- Gemilderte Übertragung des Importpreiseffektes

Abb. 1.4: Der direkte internationale Preiszusammenhang bei den Importen

Selbst wenn alle inländischen Inflationsquellen verstopft wären, käme es zu Steigerungen des allgemeinen Preisniveaus; wie stark sich der primäre Importpreiseffekt auf das allgemeine Preisniveau auswirkt, hängt von der Importquote des Inlandes ab.

Meistens steigen – wenn es sich um Vorprodukte handelt – auch diejenigen Güterpreise der inländischen Produktionen, die auf diese importierten Inputs angewiesen sind. Dieser nachfolgende inländische cost-push-Effekt kann als **sekundärer Importpreiseffekt** bezeichnet werden.

Der direkte internationale Preiszusammenhang via Importe ist aus der Sicht des Inlandes also um so strenger,

- je geringer die Importnachfrage – Elastizität ist,
- je höher die Importquote ist und
- je bedeutender die Importe als Inputs für die heimische Produktion sind.

2) Nun sei die Entwicklung auf den **Inlands-Exportmärkten** (Abb. 1.5) bzw. im inländischen Exportgüter-Sektor dargestellt, wenn die Nachfrage nach inländischen exportfähigen Gütern aufgrund der im Ausland herrschenden Inflation ansteigt, indem nämlich die Nachfragekurve um die dortige Preisniveausteigerung nach oben gedrückt wird. Abgesehen von vollkommen elastischen bzw. unelastischen Angebotssituationen wird das Exportgüter-Preisniveau gedämpft – aber spürbar – auf das Inland übertragen.

Fall 1: Extrem elastisches Angebot an Exportgütern

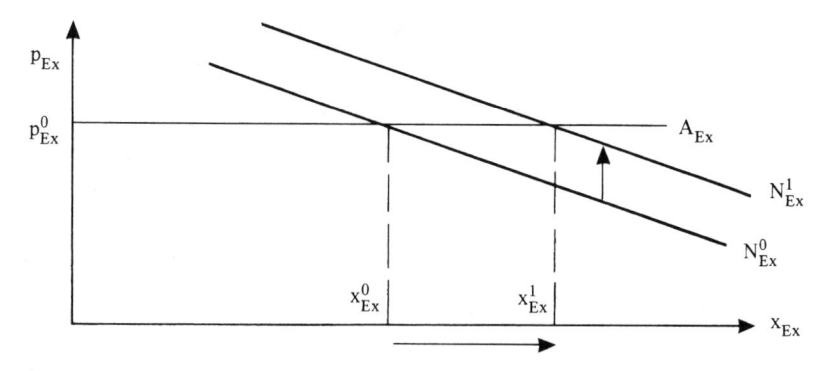

- Keine Übertragung des Exportpreiseffektes

Fall 2: Extrem unelastisches Angebot an Exportgütern

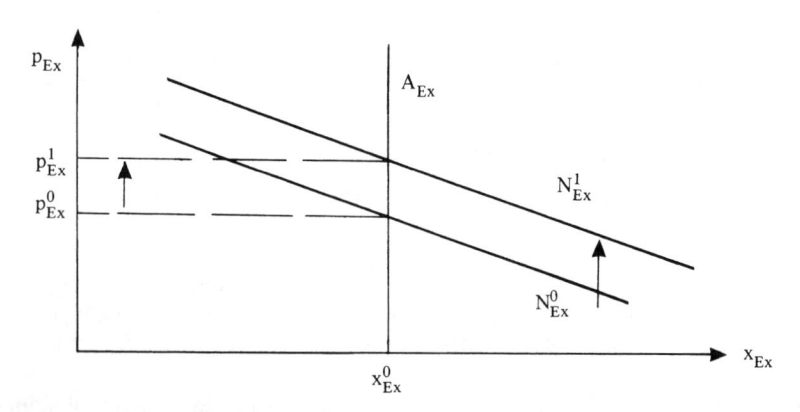

- Volle Übertragung des Exportpreiseffektes

Fall 3: Normal-elastisches Angebot an Exportgütern

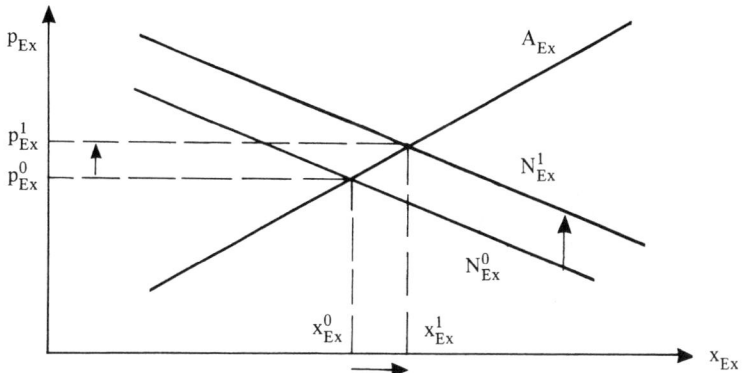

- Gedämpfte Übertragung des Exportpreiseffektes

Abb. 1.5: Der direkte internationale Preiszusammenhang bei den Exporten

Hier gilt analog zur Importseite, daß die Strenge des internationalen Preiszusammenhanges um so ausgeprägter ist,
- je geringer die Exportangebots-Elastizität ist,
- je höher die Exportquote ist und
- je ausgeprägter der Bedarf des Inlandes an diesen exportfähigen Gütern ist (als Inputs der eigenen Produktion).

3) Es wurde bereits gesagt, daß der indirekte internationale Preiszusammenhang Inflation überträgt, ohne daß Zahlungsbilanzungleichgewichte dafür verantwortlich gemacht werden könnten. Jetzt sei noch kurz diskutiert, wie sich die Zahlungsbilanzstruktur als Folge der beschriebenen Import- und Exportpreiseffekte verändert.

Der Wert der Exporte (Exportumsatz) steigt in jedem Fall

- entweder durch den reinen Mengeneffekt (bei vollkommen elastischem Angebot),
- oder durch den reinen Preiseffekt (bei vollkommen unelastischen Angebot),
- oder durch die Kombination von Preis- und Mengeneffekt (Normalfall elastischen Angebots).

Insofern ergibt sich immer eine Tendenz zu einem Handels- und Leistungsbilanzüberschuß.

Der Wert der Importe (Importumsatz) kann steigen, fallen oder (im Grenzfall) unverändert bleiben:

- Bei vollkommen unelastischer Nachfrage steigt der Importwert in jedem Fall (allein durch den Preiseffekt).
- Bei vollkommen elastischer Nachfrage sinkt der Importwert in jedem Fall (allein durch den Mengeneffekt).

- Im Normalfall elastischer Nachfrage hängt das Ergebnis vor allen Dingen von den relativen Steigungsmaßnahmen der Angebots- und Nachfragekurve ab, alle Ergebnisse sind denkbar (steigend, fallend, gleichbleibend), je nach Wirksamkeit des Preis- oder Mengeeffektes.

Eine in der Ausgangslage ausgeglichene Handels- und Dienstleistungsbilanz kann also, da der Exportumsatz in jedem Fall steigt, durch den Importumsatz

- entweder aktiviert werden (wenn der Importwert sinkt, gleichbleibt oder weniger steigt als der Exportwert steigt),
- oder unverändert bleiben (wenn der Importwert im gleichen Ausmaß steigt wie der Exportwert steigt),
- oder passiviert werden (wenn der Importwert stärker steigt als der Exportwert steigt).

Das interessante Ergebnis ist, daß weder eine ausgeglichene noch eine defizitäre Leistungsbilanz Schutz vor dieser Art der internationalen Inflationsübertragung bietet. Es bedarf also nicht unbedingt einer inflationär wirkenden Güterlücke in Höhe eines positiven Außenbeitrages eines Landes, um Inflationsimporte zu erklären. Für stabilitätsbewußte Länder ist zu folgern, daß sie **in jeder Zahlungsbilanzsituation** und in **jedem Wechselkurssystem** mit Inflationsimporten rechnen müssen.

2.3.2 Die liquiditätstheoretischen Zahlungsbilanzmechanismen bei festen Wechselkursen

Geht man von einem System fester Wechselkurse mit Interventionsverpflichtungen der Notenbank aus, dann sind zwei weitere wichtige Mechanismen des internationalen Konjunkturverbundes zu beachten. Da die Bundesrepublik Mitglied des EWS ist und traditionell die vergleichsweise geringsten Preissteigerungsraten aufzuweisen hat, kommt diesen Mechanismen angesichts einer permanent aktiven Handelsbilanz erhebliches Gewicht zu. Beide Mechanismen setzen bei der Geldmenge (sog. liquiditätstheoretische Variante) an.

2.3.2.1 Die Exportwirkungen des Geldmengen-Preis-Mechanismus

Als erstes ist der Geldmengen-Preis-Mechanismus auf der Exportseite zu beachten.

Wenn bei festen Wechselkursen das Devisenangebot steigt (z.B. durch zunehmende Warenexporte), dann wird schnell der sogenannte „untere Interventionspunkt" erreicht, an dem die Notenbank Devisen gegen Inlandswährung aus dem Markt nehmen muß, um den fixierten Wechselkurs zu verteidigen (vgl. Abb. 1.6, Fall 2).

Auf diese Weise wird die inländische Geldmenge erhöht, das Preisniveau steigt und die Exportchancen sinken. Nimmt man an, daß die diesen Prozeß auslösenden Exportsteigerungen Ausdruck einer Hochkonjunktur im Ausland sind, dann haben sich daraus Wachstums-, Beschäftigungs- und Inflationsimpulse für das Inland via Zahlungsbilanzaktivierung ergeben, anschließend befindet sich die Zahlungsbilanz wieder im Gleichgewicht.

Umgekehrt führt eine vermehrte Devisennachfrage (z.B. wegen zunehmender Warenimporte) infolge von Notenbankinterventionen zur Geldmengen- und Preisniveausenkung und damit zur Steigerung der Exportchancen.

Wenn die den Prozeß in Gang setzende Importzunahme Ausdruck einer im Vergleich zum Ausland überhitzten Binnenkonjunkturentwicklung ist, dann haben sich daraus dämpfende Wachstums-, Beschäftigungs- und Preisimpulse ergeben. Idealtypisch kehrt die Zahlungsbilanz nach vorübergehender Passivierung zum Gleichgewicht zurück.

Es wird deutlich, daß feste Wechselkurse einen starken internationalen Konjunkturverbund herstellen und den Bewegungsspielraum für binnenwirtschaftliche Stabilisierungspolitik prinzipiell erheblich einengen.

Das ist konjunkturpolitisch erwünscht, wenn die inländische Konjunkturentwicklung jeweils der internationalen Konjunktur zuwiderläuft, weil es den inländischen Handlungsbedarf verringert und internationale Zwänge an die Stelle politisch durchzusetzender (häufig unpopulärer und in ihrem Ausgang ungewisser) Maßnahmen setzt.

Das ist konjunkturpolitisch bedenklich, wenn die nationalen Zyklen international synchronisiert sind, denn dann hat das einzelne Land keine Handlungsalternativen.

Fall 1: Der Wechselkurs bildet sich am freien Devisenmarkt

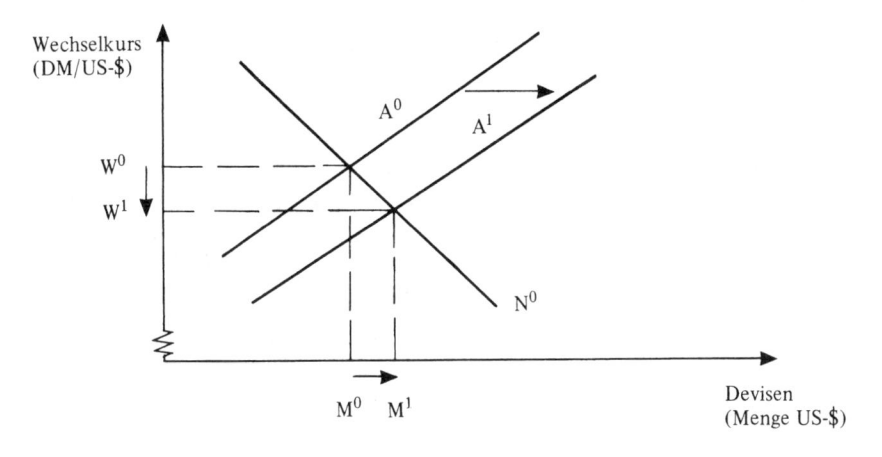

- Die Angebotsausweitung an Devisen hat bei normal-elastischer Nachfrage einen Mengen- und Preiseffekt (Abwertung des US-$)

Fall 2: Die Währungsbehörde ist verpflichtet, den vereinbarten Leit- bzw. Paritätskurs zu verteidigen (W*)

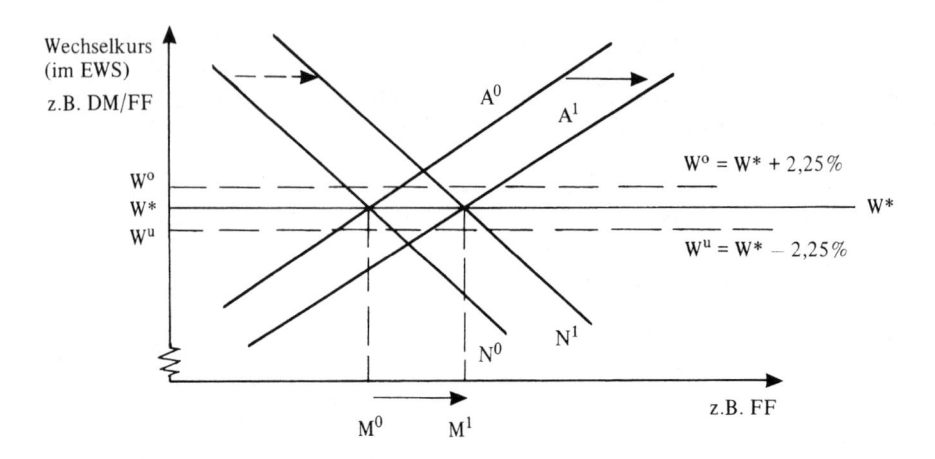

- Die Angebotsausweitung an Devisen wird in voller Höhe durch die induzierte Nachfrage der Währungsbehörde kompensiert, so daß ein Preiseffekt nicht gegeben ist – abgesehen von einer zulässigen Bandbreite von ± 2,25% im Europäischen Währungssystem

Abb. 1.6: Flex- und Fixkurssystem bei Preisnotierung (= Notierung in Inlandswährung)

Langfristig taucht das Problem auf, die einmal gesetzten Wechselkursparitäten zu halten, wenn etwa ein Land ein überdurchschnittlich stabiles oder unstabiles Preisniveau aufweist. Dann müssen bei einer aufwertungsverdächtigen Währung immer größere Geldmengenvermehrungen hingenommen werden, während bei abwertungsverdächtigen Währungen eigentlich die Geldmenge zu verringern wäre. Im System von Bretton Woods hat sich eine deutliche Asymmetrie der Verhaltensweisen gezeigt, indem die stärker inflationierenden Länder 1) die Verteidigung des jeweils gesetzten Wechselkurses den aufwertungsverdächtigen Ländern überließen und 2) die eigene Geldmenge nicht etwa verminderten, sondern aus beschäftigungspolitischen Gründen noch vermehrten. Abwertungen werden bei festen Wechselkursen als nationaler Prestigeverlust angesehen und aus diesem Grunde unterlassen; gleichzeitig bedeutet die Verteidigung einer abwertungsverdächtigen Währung, daß der Devisenvorrat rasch zur Neige geht und neue Devisen von befreundeten Notenbanken auszuleihen sind – ein riskantes Geschäft, wenn nicht sicher ist, daß der alte Wechselkurs erfolgreich verteidigt werden kann.

Die daraus resultierende Lastenverteilung – die relativ stabilitätsbewußten Länder wurden für ihr dem festen Wechselkurssystem dienendes Verhalten noch bestraft und konnten der Inflation doch nicht entkommen – war **ein Grund** für das Zusammenbrechen dieses Systems. Die länderspezifischen Vorlieben für Vollbeschäftigung oder Preisniveaustabilität sowie die Asymmetrien der binnenwirtschaftlichen Stabilisierungspolitiken (expansive Geldmengen- und Fiskalpolitik in der Rezession ohne kontraktive Entsprechung im Boom) fanden ihre

Fortsetzung also im internationalen Währungssystem. Ein **weiterer wichtiger Grund** für das Versagen des Systems von Bretton Woods war das Verhalten der aufwertungsverdächtigen Länder. Sie scheuten die Aufwertung ihrer unterbewerteten einheimischen Währung, weil

- die Interessenvertreter der Exportgüterindustrien aus guten Gründen ihren Einfluß dagegen geltend machten (versteckte Subventionierung),
- die Beschäftigungsrisiken des Exportsektors infolge einer Aufwertung für die Regierungen nur schwer zu kalkulieren waren,
- ebenso die Beschäftigungsrisiken der Importgüter-Substitutions-Industrien zu bedenken waren (versteckter Schutzzoll),
- die Gewerkschaften eine Beeinträchtigung ihrer Verhandlungsmacht fürchten mußten, wenn internationale Wettbewerbsunfähigkeiten bloßgestellt würden.

Da es keine internationalen Sanktionen gab, die eine Aufwertung erzwingen konnten, beließen es die „Hartwährungsländer" zu lange bei den fundamental ungleichgewichtigen Zahlungsbilanzen und Wechselkursen, so daß dann das ganze System aufgegeben werden mußte.

Als typisches Beispiel hierzu mag die Nachkriegsgeschichte der Bundesrepublik Deutschland gelten: Die Erinnerung an zwei Währungszusammenbrüche ließ das Ziel der Geldwertstabilität relativ wichtig erscheinen – die Wertschätzung jedenfalls war größer als in den meisten Ländern –, so daß die DM zunehmend unterbewertet wurde. Das traf sich gut im Hinblick auf die Beschäftigung: Die hohe Nachkriegs-Arbeitslosigkeit konnte rasch abgebaut werden, weil permanente Handelsbilanzüberschüsse zugelassen wurden. Der Geldmengen-Preis-Mechanismus wurde lange Zeit durch unentgeltliche Übertragungen, Dienstleistungsimporte und Kapitalexporte ausgeschaltet bzw. abgemildert.

Als die Diskrepanz zwischen offiziellem und „realistischem" Wechselkurs zu groß wurde (die exakte Differenz konnte zwar nicht errechnet werden) und die Devisenreserven immer schneller zunahmen, erzwang die internationale Devisenspekulation zunächst die Aufwertung der DM und dann die Freigabe des Wechselkurses.

Jetzt kam der lange Zeit gehemmte Geldmengen-Preis-Mechanismus verschärft zum Vorschein:

Der Deutschen Bundesbank wurden soviele Devisen angeboten, die sie mit DM alimentieren sollte, daß eine solche Geldmengenvermehrung aus stabilitätspolitischen Gründen nicht in Kauf genommen werden konnte. Wie stark die Wechselkursverzerrung im Laufe der Zeit geworden war, läßt sich etwa an folgenden Fakten erkennen:

- Die Wechselkursrelation DM/US-$ halbierte sich innerhalb weniger Jahre.
- Der industrielle Sektor der BR Deutschland ist, gemessen am Entwicklungsstand und im internationalen Vergleich deutlich überrepräsentiert, zu Lasten des tertiären Sektors. Das ist auf die permanente „Subventionierung" der Exportgüterindustrie und den versteckten „Schutzzoll" der Importsubstitutionsgüterindustrie zurückzuführen (vgl. Klodt, 1990, S. 25ff.; Donges u.a., 1988).

Die internationale Devisenspekulation hat nichts anderes getan, als den ökonomischen Grundtendenzen zum Durchbruch zu verhelfen. Insofern wirkte sie unter langfristigen Aspekten in Richtung „außenwirtschaftliches Gleichgewicht". Destabilisierend wirkte sie nur in den Augen derjenigen, die irreale

Wechselkursfixierungen für gleichgewichtig hielten und diese verteidigen wollten.

2.3.2.2 Die Importwirkungen des Geldmengen-Einkommen-Mechanismus

Als weiterer **Liquiditätstheoretischer Zahlungsbilanzmechanismus** ist der Geldmengen-Einkommen-Mechanismus auf der Importseite in Betracht zu ziehen. Auch er wirkt bei festen Wechselkursen entweder in Verbindung mit oder auch unabhängig von dem soeben vorgestellten Geldmengen-Preis-Mechanismus. Im Gegensatz zu letzterem kann er auch dann konjunkturelle Auslandsimpulse ins Inland übertragen, wenn die **Güterpreise nicht flexibel** sind: Bei Ausschaltung des Geldmengen-Preis-Mechanismus (also bei stabilen Güterpreisen) wirkt der Geldmengen-Einkommen-Mechanismus zwar allein – dafür aber um so stärker nur auf der Importseite.

Wenn bei festen Wechselkursen das Devisenangebot steigt (z.B. durch zunehmende Warenexporte), dann wird schnell der untere Interventionspunkt erreicht, an dem die Notenbank Devisen gegen Inlandswährung aus dem Markt nimmt. Durch die Geldmengenerhöhung steigen die Geldeinkommen (Geldmengen-Einkommen-Mechanismus) mit entsprechenden Rückwirkungen auf die Importe, die als abhängige Variable des Volkseinkommens interpretiert werden:

$$Im = f(Y)$$
$$\Delta Im = f(\Delta Y)$$

- Bei Preisflexibilität (die nach oben wahrscheinlich ist) steigen die Preise (Exporterschwerung) und die Einkommen (Importbegünstigung). Der Geldmengen-Preis-Mechanismus schwächt den Geldmengen-Einkommen-Effekt ab, weil die Preissteigerungen im Inland schon Kaufkraft binden (Realeinkommenseffekt).
- Bei Preisstarrheit (die nach oben allerdings unwahrscheinlich ist) entfällt die Exporterschwerung; dafür wirkt der Geldmengen-Einkommen-Effekt nun ungebremst (stärkere Importbegünstigung).

Der Geldmengen-Einkommen-Effekt überträgt ebenso wie der Geldmengen-Preis-Effekt konjunkturelle Impulse des Auslandes auf das Inland und wirkt auf den Ausgleich der Zahlungsbilanz hin.

Wenn umgekehrt eine vermehrte Devisennachfrage (z.B. wegen zunehmender Warenimporte) einsetzt, kommt es via Notenbankintervention zur Geldmengenverminderung. Dann sinken die Geldeinkommen mit entsprechenden Rückwirkungen auf die Importe.

- Bei Preisflexibilität (die nach unten unwahrscheinlich ist) sinken die Preise (Exportbegünstigungen) und die Einkommen (Importerschwerung). Der Geldmengen-Preis-Mechanismus schwächt den Geldmengen-Einkommen-Mechanismus ab, weil die Preissenkungen im Inland tendenziell kaufkrafterhöhend wirken (Realeinkommenswirkung).
- Bei Preisstarrheit (die nach unten wahrscheinlich ist) entfällt die Exportbegünstigung; dafür ist der Geldmengen-Einkommen-Effekt nun ungebremst (stärkere Importerschwerung).

Auch in dem hier vorgestellten Beispiel kommt es zu Konjunkturübertragungen bei gleichzeitiger Tendenz zum Zahlungsbilanzgleichgewicht durch den Geldmengen-Einkommen-Mechanismus.

Ob der Geldmengen-Einkommen-Mechanismus ein Zahlungsbilanzungleichgewicht vollständig beseitigt und wie schnell das geschieht, hängt vor allem davon ab, (1) wie stark die Einkommenselastizität der Importnachfrage ist und (2) wie nachhaltig etwa ein internationales Zins- und Konjunkturgefälle auftritt.

2.3.2.3 Der Wechselkurs-Mechanismus

Gibt man die Interventionsverpflichtung der Notenbank auf, dann kann der Wechselkurs unabhängig von vorgegebenen Margen je nach Angebot und Nachfrage schwanken (vgl. Abb. 1.6, Fall 1).

Wenn das Devisenangebot (z.b. durch zunehmende Warenexporte) steigt, dann sinkt der Wechselkurs: Die Inlandswährung wird aufgewertet. Das tangiert zunächst nur die Exportgüter- und Importgüter-Substitutionsindustrien (Primäreffekt) und hat die Wirkung eines Exportzolls bzw. einer Importsubvention. Das Güterangebot des Auslandes im Inland wird begünstigt (zu Lasten der jeweiligen Inlandsindustrie) und das Angebot der inländischen Exporteure im Ausland wird weniger wettbewerbsfähig (zum Vorteil der jeweiligen Auslandsindustrie).

Wenn umgekehrt die Devisennachfrage steigt (z.B. wegen zunehmender Warenimporte), dann steigt der Wechselkurs:

Die Inlandswährung wird abgewertet. Das hat die Wirkung (Primäreffekt) eines Importzolls (zugunsten der einheimischen Konkurrenzindustrien) und einer Exportsubvention (zugunsten der Exportgüterindustrien).

In diesen Fällen wirkt der Wechselkursmechanismus in Richtung Zahlungsbilanzgleichgewicht; das gilt im Hinblick auf die Herstellung des alten Gleichgewichts-Wechselkurses.

Der Zahlungsbilanzausgleich erfolgt um so schneller, je höher die Elastizitäten von Devisennachfrage und -angebot sind. Jedoch wurde hier von den einfachsten Fällen ausgegangen, die denkbar sind.

- In der Realität ergeben sich **Einkommens- und Preiseffekte (Sekundäreffekte)**, die über die unmittelbar beteiligten Sektoren auf die gesamte Volkswirtschaft ausstrahlen und schwer zu kalkulieren sind.
- Überdies wirken vielfältige Faktoren auf die Devisenmärkte ein (internationales Zins-, Steuer- und Rentabilitätsgefälle führen zu warenunabhängigen Kapitaltransfers und transnationalen Direktinvestitionen, Notenbanken intervenieren zugunsten einer „Stabilisierung" der Wechselkursentwicklung, Spekulanten eskomptieren Auf- und Abwertungen etc.), so daß die Rückkehr zum alten Gleichgewichtswechselkurs eher die Ausnahme ist. Auf diese Weise kommt es dann zu dauerhaften Auf- und Abwertungen mit entsprechenden Verschiebungen der Wettbewerbspositionen.
- Da bei Abwertung der Inlandswährung die unmittelbaren Zahlungsbilanzwirkungen häufig das Zahlungsbilanzdefizit verstärken, bevor mit einem time lag die Gegenkräfte sichtbar werden, spricht man vom J-curve-Effekt.
- Es wurde bereits gezeigt, daß der **direkte internationale Preiszusammenhang** auch bei flexiblen Wechselkursen Gültigkeit beansprucht.
- Nur in den einfachsten (oben dargestellten) Fällen bieten flexible Wechselkurse eine vollkommene Abschottung des Inlandes von ausländischer Konjunktur (-politik). Sobald man aber von **reinen** Modellen der Außenhandelstheorie abgeht und monetäre Transaktionen zuläßt, ergibt sich auch bei flexiblen Wechselkursen ein internationaler Konjunkturzusammenhang, der durch fiskalpoli-

tische Maßnahmen der Regierungen und geldpolitische Aktivitäten der Notenbanken verschärft werden kann.
- Die theoretisch konstruierte konjunkturpolitische Handlungsfreiheit der jeweiligen nationalen Regierung können flexible Wechselkurse in der Realität nicht bieten, wie sich nach der Verabschiedung des Systems von Bretton Woods gezeigt hat.
- Das gilt um so mehr, als Notenbanken und Regierungen im Grunde immer Anhänger „stabiler Wechselkurse" geblieben sind. So hat die Deutsche Bundesbank ihre Devisenmarktintervention nie aufgegeben und die Bundesregierung hat bisher nichts unversucht gelassen, wenigstens im Rahmen der EG ein dauerhaftes System fester Wechselkurse durchzusetzen (EWS).
- Mit dem 1.1.1999 wird in der EU der EURO als gemeinsame Währung eingeführt.

2.3.2.4 Der Zins-Kredit-Mechanismus

Dieser zusätzliche Geldmengen-Mechanismus ergibt sich aus der Existenz eines internationalen Zinsgefälles auf den internationalen Kreditmärkten.

Wenn durch zinsinduzierte Kapitalimporte das Devisenangebot steigt, dann steigt die inländische Geldmenge

- bei festen Wechselkursen infolge von Notenbankinterventionen, die sich aus Verpflichtungen im Währungssystem ergeben,
- bei flexiblen Wechselkursen infolge von Notenbankinterventionen, die sich mit Rücksicht auf die binnenwirtschaftliche Konjunkturpolitik und die Wechselkursstabilisierung ergeben; denn die Bundesbank hat bei **flexiblen Wechselkursen** und **mengenorientierter** Geldpolitik Kompromisse zwischen den häufig widerstreitenden Zielen: inländische **Geldmengen**entwicklung, inländisches **Zins**niveau und **Wechselkurs**stabilisierung zu schließen. Wenn zum Beispiel die Deutsche Bundesbank einen inländischen Boom durch knappes Geld mit hohen Zinsen bekämpft, dann kann es zu zinsinduzierten Devisenzuflüssen kommen. Verfolgt nun die Notenbank gleichzeitig das Ziel der Wechselkursstabilisierung, muß sie Devisen aufkaufen und ihre eigene Geldmengenpolitik teilweise konterkarieren.

Oder: Im Falle eines nachhaltigen Leistungsbilanzdefizits bedarf es eines hohen Zinsniveaus, um Kapitalimporte anzuregen, den Wechselkurs zu stabilisieren und das Devisenrecycling sicherzustellen.

Das kann jedoch im Widerspruch dazu stehen, daß eigentlich zwecks inländischer Konjunkturbelebung ein niedrigeres Zinsniveau vonnöten wäre.

(Ein hohes, durch extreme Inflationsraten erzwungenes internationales Zinsniveau verschärft diesen Konflikt).

2.4 Langfristige Zahlungsbilanzstrukturentwicklungen

Neben den konjunkturellen Zahlungsbilanzphänomenen sind es die längerfristigen Zahlungsbilanzstrukturen, die sich länderspezifisch typisieren lassen und die für internationale Aktivitäten hohen Prognosewert besitzen.

2.4.1 Vom werdenden zum reinen Gläubigerland

Die Leistungsbilanz sei infolge einer nachhaltig aktiven Handelsbilanz permanent positiv.

Möglichkeit A: Zum Ausgleich erfolgt eine Akkumulation von Währungsreserven.

Leistungsbilanz	+ 10
Kapitalverkehrsbilanz	0
Devisenbilanz	– 10

Diese Situation ist äußerst **labil**, da das Ausland infolge Devisenmangels an die Grenzen seiner Importfähigkeit stößt.

Möglichkeit B: Zum Ausgleich erfolgen Kapitalexporte und Kreditgewährungen an das Ausland (Situation des werdenden Gläubigerlandes); diese Situation ist kurz- bis mittelfristig **stabil**.

Leistungsbilanz	+ 10
Kapitalverkehrsbilanz	– 10
Devisenbilanz	0

Hier treffen die Gleichgewichtsdefinitionen des SVR und Lipfert's zu.

Langfristig wird aus dem werdenden Gläubigerland das **reine Gläubigerland**.

Das **reine Gläubigerland** hat eine positive Dienstleistungsbilanz (infolge der Zins- und Dividendenzahlungen des Auslandes) bei gleichzeitig negativer Handelsbilanz; einer ausgeglichenen Kapitalverkehrsbilanz (durch Kapitalrückzahlungen aus dem Ausland) steht eine ausgeglichene Leistungsbilanz gegenüber.

Handelsbilanz	– 10
Dienstleistungs- und Schenkungsbilanz	+ 10
Leistungsbilanz	0
Kapitalverkehrsbilanz	0
Devisenbilanz	0

Diese Situation ist langfristig **stabil**, wenn das reine Gläubigerland die nachhaltige Umkehrung der Handelsbilanz akzeptiert. (Gleichzeitig muß das reine Schuldnerland bereit sein, permanent Handelsüberschüsse zwecks Verzinsung und Tilgung von Auslandskapital zu erzielen).

2.4.2 Vom werdenden zum reinen Schuldnerland

Das Pendant zum werdenden Gläubigerland ist das **werdende Schuldnerland**. Dieses muß aber langfristig in der Lage sein, eine leistungsfähige Importsubstitutions- und Exportgüterindustrie aufzubauen, um in Zukunft den Schuldendienst leisten zu können.

Langfristig leitet die Situation des werdenden Schuldnerlandes zum Fall des **reinen Schuldnerlandes** über. Das reine Schuldnerland muß bereit sein, permanent Handelsüberschüsse zwecks Verzinsung und Tilgung von Auslandskapital zu erzielen, dann ist diese Außenwirtschaftslage stabil.

Es ist leicht, die Entwicklung analog zum Gläubigerland-Fall nachzuvollziehen.

3 Wechselwirkungen von Weltwirtschaft und internationaler Unternehmensführung

Die Vielfalt der weltwirtschaftlichen Phänomene macht es sehr schwer, deren Auswirkungen auf das laufende Geschäft einer international tätigen Unternehmung richtig einzuschätzen. Gleichzeitig ist unübersehbar, daß Änderungen der Weltkonjunktur, regionalpolitische Entwicklungen, Rohstoffkartelle etc. extreme Risiken und Chancen bergen.

Für vorher erkennbare Gefahren und Möglichkeiten ist es daher äußerst wichtig, alle Informationsquellen intern wie extern (Volkswirtschaftliche Abteilungen der Banken, Statistische Ämter, Informationsdienste etc.) zu nutzen; gegen plötzlich auftretende **Diskontinuitäten** ist es erforderlich, durch langfristige regionale, sektorale und monetäre Diversifikation im weitesten Sinne Vorsorge zu treffen. Denn echte **Strukturbrüche** zeichnen sich ja gerade dadurch aus, daß sie nicht vorhersehbar sind (Macharzina, 1989).

Aus heutiger Sicht interessiert nicht nur der Einfluß der Weltwirtschaft auf die international tätigen Unternehmen; umgekehrt befassen sich immer mehr Autoren mit der Frage, wie weit der Einfluß der Internationalen Unternehmen auf die Weltwirtschaft reicht (Jungnickel, 1989, Sp. 2232ff.). Nach UNCTAD-Angaben wurden Mitte der neunziger Jahre 33 vH des gesamten Welthandels konzernintern abgewickelt; weitere 33 vH entfielen auf den Handel zwischen Multinationalen Unternehmen; eine bedeutende Rolle spielen die Internationalen Unternehmen auch bei den grenzüberschreitenden Direktinvestitionen und insbesondere beim Technologietransfer sowie im Bereich von Forschung und Entwicklung. **„Die Weltwirtschaft ist in weiten Teilen ‚multinationalisiert', die internationalen Wirtschaftsbeziehungen werden stärker durch Auslandsproduktion der Internationalen Unternehmen und konzerninterne Transaktionen geprägt als durch traditionellen Außenhandel"** (Jungnickel, 1989, Sp. 2247). Auf diese Weise werden u.U. ineffiziente Märkte durch Hierarchien ersetzt, jedoch bestehen auch Gefährdungen des Freihandels durch Konzentrationstendenzen in bestimmten Branchen und durch eine Verzerrung der internationalen Arbeitsteilung, die nach Ricardo den komparativen Vorteilen folgen sollte.

Schneller als Exporte, Direktinvestitionen und weltweite Produktion wachsen gegenwärtig die Finanzmärkte (vgl. Abb. 1.7). Welche Auswirkungen das auf die weitere Globalisierung der Weltwirtschaft hat, kann erst in Ansätzen eingeschätzt werden.

Jedenfalls geht die Globalisierung mit dynamischer Tertiarisierung einher: Von dieser Expansion der Dienstleistungen wird es stark abhängen, wie sich die Beschäftigung entwickelt und ob es zu der von einigen Autoren befürchteten 3/4-Gesellschaft kommt.

1. Kap.: Der weltwirtschaftliche Datenkranz   31

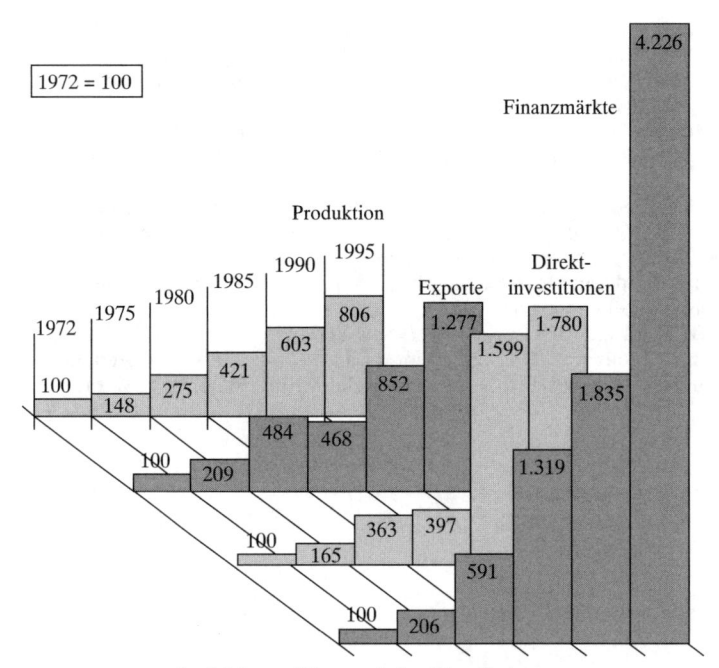

```
1972 = 100
                                                           4.226
                                    Finanzmärkte

                    Produktion
                         1995              Direkt-
                  1990             Exporte investitionen
            1985
        1980              806      1.277   1.780
1972 1975                 603             1.599
            421                                   1.835
100       275     484    852
    148           468                     1.319
        100
            209
                100  363  397
                     165          591
                         100
                             206
```

Produktion und Exporte: in jeweiligen Preisen;
Finanzmärkte: Anleihen auf den internationalen Kapitalmärkten
Ursprungsdaten: Internationaler Währungsfonds, OECD
Institut der deutschen Wirtschaft Köln

Abb. 1.7: Das Profil der Globalisierung

4 Literaturverzeichnis

Bundesministerium für wirtschaftliche Zusammenarbeit, BMZ (Hrsg.): Politik der Partner, Bonn 1987.
Deutsche Bundesbank Ffm (Hrsg.): Monatsberichte der Deutschen Bundesbank, 42. Jg., Nr. 1, Januar 1990.
Dieselbe: Statistische Beihefte zu den Monatsberichten der Deutschen Bundesbank, Reihe 3, Zahlungsbilanzstatistik, Nr. 1, Januar 1990.
Dieckheuer, Gustav: Internationale Wirtschaftsbeziehungen. München 1990.
Donges, Jürgen B. u.a.: Mehr Strukturwandel für Wachstum und Beschäftigung. Die deutsche Wirtschaft im Anpassungsstau. Kieler Studien, Bd. 216, Tübingen 1988.
Duwendag, Dieter: Chancen einer Lösung der internationalen Schuldenkrise. Volkswirtschaftliche Korrespondenz der Adolf-Weber-Stiftung, 28. Jg., Nr. 8, 1990.
Hauchler, I. (Hrsg.): Globale Trends 1996 (Stiftung Entwicklung und Frieden), Bonn 1995.
Hesse, Helmut: Art. Außenhandel I: Determinanten, in: HdWW, Stuttgart und New York 1977, S. 364-388.
Jürgensen, Harald: Art. Handelsverträge. In: HdWW, Bd. 4, 1978, S. 10-16.
Jungnickel, Ralf: Art. Weltwirtschaft und internationale Unternehmung. In: H W Int 1989, Sp. 2232-2250.

Klodt, Henning: Industrial Policy and Repressed Structural Change in West Germany, in: Jahrbuch für Nationalökonomie und Statistik. Bd. 207/1, 1990, S. 25-35.
Köhler, Claus: „Internationalökonomie". Ein System offener Volkswirtschaften. Berlin 1990.
Lipfert, Helmut: Devisenhandel, 2. Aufl. Frankfurt am Main 1981.
Macharzina, Klaus: Art. Diskontinuitätenmanagement. In: H W Int, Stuttgart 1989, Sp. 316-340.
Schoppe, Siegfried G.: Die sowjetische Westhandelsstruktur – ein außenhandelstheoretisches Paradoxon? Ökonomische Studien, Bd. 31. Stuttgart und New York 1981.
Derselbe: Moderne Theorie der Unternehmung. München 1995.
Statistisches Bundesamt Wiesbaden (Hrsg.): Statistisches Jahrbuch für die Bundesrepublik Deutschland 1996, Stuttgart 1996.
UNCTAD, Weltinvestitionsbericht 1997. New York 1997.
World Bank, Washington, D.C. (ed.): World Bank Atlas 1997, Washington, D.C. 1997.
Zentes, Joachim: Art. Marketing in Ländern der Dritten Welt, In: H W Int 1989, Sp. 1382-1412.

Teil A:
Theoretische und institutionelle Grundlagen der Internationalen Betriebswirtschaftslehre

2. Kapitel:
Die Theorien der Multinationalen Unternehmung

1 Einleitung

Die Multinationalisierung der Unternehmung ist der bedeutendste Trend in den internationalen Wirtschaftsbeziehungen. Vorsichtige Schätzungen seitens des United Nations Center on Transnational Corporations (UNCTC) beziffern den Buchwert (Bestandsgröße) der weltweiten Direktinvestitionen im Jahr 1989 auf 1 500 Mrd US$. Die Höhe der getätigten Direktinvestitionen (Stromgröße) betrug 196 Milliarden US$, dies ist eine Steigerung von 20% gegenüber 1988 (UNCTC, 1991, S. 1). Das HWWA-Institut für Wirtschaftsforschung schätzt den Direktinvestitionsbestand (Buchwert) der 13 größten Anlageländer auf 1 640 Mrd DM, dies entspricht einer durchschnittlichen jährlichen Wachstumsrate von etwa 11% seit 1980 (Krägenau, 1987). Nahezu atemberaubend ist das Wachstum der Direktinvestitionen des größten Investors USA. 1919 betrug der Bestand an Direktinvestitionen 3,9 Mrd $, 1935 waren es 7,2 Mrd $, zwischen 1950 (11,8 Mrd $) und 1960 (22,4 Mrd $) trat eine Verdoppelung ein und zwischen 1967 (57 Mrd $) und 1976 (137 Mrd $) betrug die Wachstumsrate gar 140% (Grünärml, 1982). Erst in jüngster Zeit verlangsamte sich diese Entwicklung, auch wenn der Anstieg der Direktinvestitionsposition auf 450 Mrd $ im Jahr 1991 nach wie vor beeindruckend ist (Survey of Current Business, Vol. 72, June 1992, S. 54).

Im Zeitraum 1983-1989 stieg die Höhe der getätigten Direktinvestitionen (Stromgröße) dreimal so schnell an wie die Höhe der Exporte und viermal so schnell wie die weltweite Produktion. Das jährliche Volumen an Direktinvestitionen übertrifft seit 1985 das der Exporte und war 1989 mehr als doppelt so hoch. Der Anteil an Direktinvestitionen der Industrieländer an ihrer Bruttoinlandskapitalbildung betrug durchschnittlich 6%, bei den Entwicklungsländern lag der Anteil bei 3,4% (UNCTC, 1991, S. 1ff.).

Einige weitere Zahlen belegen die Rolle, die Multinationale Unternehmen bei der internationalen Produktion und beim internationalen Handel spielen: **Zwischen einem Drittel und einem Viertel des Welthandels wird nicht über die internationalen Märkte abgewickelt, sondern erfolgt zwischen den Einheiten internationaler Unternehmensgruppen.** 80% des Außenhandels der USA im Jahre 1988 ging auf Multinationale Unternehmen zurück (Muttergesellschaften in den USA, Tochtergesellschaften von US-Firmen im Ausland, Tochtergesellschaften ausländischer Unternehmen in den USA), wobei etwa die Hälfte des Außenhandels über ausländische Tochtergesellschaften abgewickelt wurde. Die Produktion Multinationaler Unternehmen betrug bereits 1974 rund ein Fünftel der gesamten Produktion der marktwirtschaftlich orientierten Volkswirtschaften und wuchs mit 10% p.a. fast doppelt so schnell wie die der übrigen Welt (Grünärml, 1982; Jahrreiß, 1984; UNCTC, 1991, S. 69). Die Beteiligung Multinationaler Unternehmen am langfristigen internationalen Kapitalverkehr betrug im Zeitraum 1987-1989 etwa 75% (UNCTC, 1991, S. 78).

Diese wenigen Zahlen verdeutlichen, welchen Einfluß Multinationale Unternehmen auf die weltwirtschaftliche Entwicklung haben. Ihre Entstehung und Verbreitung ist jedoch im Grunde genommen ein überraschendes Phänomen. Was veranlaßt Unternehmen dazu, eigenständig im Ausland zu produzieren und abzusetzen; in einem Umfeld zu operieren, mit dem sie nicht vertraut sind? Warum wird das Auslandsengagement nicht auf Exporte oder auf Lizenzvergabe beschränkt, sondern eine weitergehende Kontrolle angestrebt? Warum werden höhere Risiken und Koordinationskosten in Kauf genommen?

Während die Theorie der Unternehmung versucht, allgemein das Verhalten von Unternehmen zu erklären (insb. ihre Rolle bei Allokation und Distribution von knappen Ressourcen und Gütern, siehe Archibald, 1987), beschränken sich die Theorien der Multinationalen Unternehmung hauptsächlich auf die Frage: **Warum gibt es Multinationale Unternehmen?** Der damit verbundene Fragenkomplex läßt sich in mehrere Teilfragen aufsplitten, die von den einzelnen Theorien behandelt werden, wie z.B.:

1) Welche Faktoren tragen dazu bei, daß Unternehmen auf Auslandsmärkten bestehen können?
2) Welche Faktoren bestimmen die Richtung von Direktinvestitionen bzw. die Struktur von Ursprungs- und Gastländern von Multinationalen Unternehmen sowie die branchenmäßige Verteilung?
3) Welches ist die effizienteste Form des Technologietransfers ins Ausland aus der Sicht eines Unternehmens?
4) Welches Verhältnis besteht zwischen internationalem Handel und Direktinvestitionen?
5) Welches sind die wichtigsten Determinanten von Direktinvestitionen?
6) Welches sind die Entscheidungsfaktoren bei der Wahl der Form der Auslandsmarktbedienung (Exporte, Lizenzverträge, Direktinvestitionen etc.)?
7) Wie entstehen und wachsen Multinationale Unternehmen?

Innerhalb der Theorien der Multinationalen Unternehmung werden typischerweise vier Phasen der Internationalisierungssequenz unterschieden:

a) Exporte

b) Lizenzverträge: Hier wird dem Lizenznehmer im Ausland das Recht eingeräumt, die gewerblichen Schutzrechte des Lizenzgebers, insbesondere Patente und Warenzeichen und/oder nicht schutzrechtsfähige Betriebsgeheimnisse (Know-How in Form von Kenntnissen, Erfahrungen, Zeichnungen, Modellen, etc.) zu nutzen, um Produkte herzustellen oder zu vertreiben. Eine Sonderform ist das Franchising-System. Hier überträgt der Franchise-Geber dem Franchise-Nehmer Schutzrechte und Know-How in Form eines Technologie-Management-Paketes, technische und kaufmännische Beratung oft eingeschlossen. Die Partner sind rechtlich selbständig, der Franchise-Nehmer ist jedoch verpflichtet, sich nach den Formen der Geschäftsführung des Franchise-Gebers zu richten.

c) Joint Ventures: Hierbei handelt es sich um Kooperationsformen, an denen zwei oder mehrere Unternehmen (i.d.R. aus verschiedenen Ländern) beteiligt sind. Geschäftsführung, Risiko und Ertrag sollen geteilt werden. Diese Beteiligungen entstehen, weil die einzelnen Unternehmen die Geschäftstätigkeit nicht alleine ausüben können, wollen oder dürfen. Mit Hilfe von Joint Ventures können beispielsweise unterschiedliche Gesellschaftssysteme überbrückt werden.

d) Direktinvestitionen: Hierbei handelt es sich um Kapitalanlagen privater Unternehmen im Ausland, die der Gründung, Erweiterung oder dem Erwerb von Unternehmen bzw. der maßgeblichen Beteiligung an ihnen dienen. Entscheidend hierbei ist, daß neben dem Ertragsmotiv auch noch das Kontrollmotiv hinzukommt. Das unterscheidet diese Kapitalbewegungen von Portfolioinvestitionen, die der (meist kurzfristigen) Finanzanlage liquider Mittel dienen. Hier sind einzig Rendite/Risiko-Erwägungen ausschlaggebend. Portfolioinvestitionen sind daher relativ zinsempfindlich, Direktinvestitionen dagegen kurzfristig irreversibel.

Um alle in diesem Beitrag diskutierten Ansätze erfassen zu können, muß aus der unübersehbaren Fülle von Definitionen der Mutinationalen Unternehmung eine möglichst breite gewählt werden. Es soll sich im folgenden um **Unternehmen handeln, deren Leistungsprozeß in mindestens zwei Volkswirtschaften eigenständig vollzogen wird**. Das beinhaltet also beispielsweise die Errichtung von Produktionsstätten im Ausland, die Montage von Teilen, die Ausbeutung von Rohstoffen, den Aufkauf ganzer Unternehmen, aber auch Investitionen in den Distributionsbereich. Hier ist die Grenze zum Exportgeschäft teilweise nicht klar definierbar. Das entscheidende Kriterium ist, daß der Vertrieb der Produkte in eigener Regie erfolgt. Um die Theorie der Multinationalen Unternehmung von einer allgemeinen Theorie der Großunternehmung unterscheiden zu können, werden einige besondere Eigenschaften identifiziert, die mit diesem Unternehmenstyp verbunden werden. Diese werden weiter unten dargestellt.

Bezüglich der Expansionsrichtung unterscheiden die einzelnen Ansätze typischerweise die horizontale und die vertikale Integration.

Eine **horizontale Integration** erfolgt, wenn im Ausland die gleichen Güter (mit der gleichen Fertigungstiefe) wie im Inland produziert werden. Der Ausbau der Geschäftsaktivitäten erfolgt also auf der gleichen Produktionsstufe.

Eine **vertikale Integration** findet dann statt, wenn diese Ausweitung auf vorgelagerten (Vorwärtsintegration) oder auf nachgelagerten Produktionsstufen erfolgt und die Leistungen ausschließlich innerhalb des Unternehmensverbundes verwendet werden. Im ersten Fall werden Vorprodukte hergestellt (z.B. im Rohstoffbereich), die meistens für den Reimport in das Inland bestimmt sind. Im zweiten Fall werden im Ausland Endprodukte hergestellt (bspw. bei der Endmontage von Teilen) oder eigenständig vertrieben (bei der Vorwärtsintegration in den Distributionsbereich).

Die horizontale Integration ist die vorherrschende Form der Direktinvestition. Im Gegensatz zum nationalen Bereich findet man konglomerate Direktinvestitionen (also die Ausweitung der Geschäftstätigkeit in nicht verwandte Produktlinien) relativ selten vor.

Die Theorien der Multinationalen Unternehmung sind ein Mosaik aus den unterschiedlichsten Teildisziplinen der Wirtschaftswissenschaften. Dies liegt zum einen daran, daß verschiedene Arten von Direktinvestitionen (bspw. rohstofforientiert, Importsubstitution, Exportplattform oder globale Integration) betrachtet werden. Auch die Betrachtungsebenen sind unterschiedlich. Makroökonomische Ansätze analysieren nationale und internationale Trends bei Direktinvestitionen, mesoökonomische Ansätze betrachten die Beziehungen zwischen Firmen- und Branchenebene, und mikroökonomische Ansätze beobachten die Entwicklungen auf der Firmenebene. Ein weiterer Grund für die schillernde theoretische Vielfalt ist die Tatsache, daß die Erklärungsansätze für die Multinationalisierung der Unternehmung sich lange Zeit unabhängig voneinander quasi als Nebenprodukt aus verschiedenen Theoriebereichen entwickelt haben, insb. aus der Theorie der internationalen Kapitalbewegungen und des internationalen Handels, der Standorttheorie, der Industrieökonomik, der Theorie der Innovation und der Theorie der Firma (Cantwell, 1988; Casson, 1987b). Diese Übersicht gliedert sich nach Beiträgen aus dem Industrial-Organization-Bereich, der Theorie des internationalen Handels, der Standorttheorie, der Theorie der Firma (insbesondere der Transaktionskostenökonomie und der behaviouristischen Theorie) und der Diversifikationstheorie. Die oben aufgeführten Fragestellungen werden von den einzelnen Ansätzen jeweils mit unterschiedlichen Schwerpunkten behandelt. Daraus folgt, daß ihr Erklärungsgehalt immer nur partialanalytisch sein kann, d.h., eine allgemeine, umfassende Theorie der Multinationalen Unternehmung gibt es bislang nicht. Auf dem Weg dorthin ist die Eklektische Theorie von Dunning (Abschnitt 7).

Die **Theorie der Direktinvestition** wird hier als Teilmenge der Theorien der Multinationalen Unternehmung verstanden. Die Theorie der Direktinvestition untersucht, welche Faktoren für diese Art von Kapitalbewegungen verantwortlich sind (Wachstumsrate des Sozialproduktes, Marktgröße, Höhe der Zölle, Höhe der Kapitalkosten etc.; für einen Überblick siehe Stevens, 1974). Ihr wird ein primär volkswirtschaftlicher Charakter zugesprochen. Direktinvestitionen stellen die mit der Entstehung und dem Wachstum von Firmen im Ausland verbundenen internationalen Kapitalbewegungen dar. Von daher ist eine Theorie der Direktinvestition immer eine Theorie der Multinationalen Unternehmung. Die Finanzierung dieser Unternehmen bleibt jedoch nicht auf diese Quelle beschränkt. Beispielsweise gibt es die Möglichkeit lokaler Kreditaufnahmen und der Reinvestition von Gewinnen.

Welches sind nun die typischen **Eigenschaften** von Multinationalen Unternehmen? Sie sind meistens auf oligopolitischen Märkten sowie in Branchen mit hoher Forschungs- und Entwicklungsintensität tätig. Im Ausland zählen sie in der Regel zu den erfolgreicheren Unternehmen innerhalb ihrer Branche, sowohl bei den lokalen Umsätzen als auch bei den Exporten. Im Vergleich zu ihren ausländischen Konkurrenten forschen sie mehr und stellen mehr hochqualifizierte Arbeitskräfte ein. Ihre Monopolstellung ist durch Patente, Markennamen, besondere Managementfähigkeiten und andere Markteintrittsbarrieren geschützt. Bereits eingangs wurde angedeutet, welche Kontrolle sie auf den Welthandel ausüben. Sie weisen eine überdurchschnittliche Firmengröße auf. Die Wertschöpfung einiger Firmen übersteigt das Volkseinkommen ganzer Staaten. Einige Multinationale Unternehmen haben Tochtergesellschaften in über hundert Ländern.

Während vor dem Zweiten Weltkrieg Direktinvestitionen keine bedeutende Rolle spielten und hauptsächlich im Rohstoffbereich getätigt wurden, setzte in den fünfziger Jahren ein bis heute anhaltendes starkes Wachstum (insbesondere im Technologiebereich) ein, bei dem die USA die dominierende Rolle spielen. 1960 betrug der Anteil US-amerikanischer Direktinvestitionen am Gesamtbestand drei Fünftel, gefolgt von Großbritannien mit einem Sechstel. Im Laufe der Zeit erfolgte eine zunehmende Diversifikation der Ursprungsländer von Direktinvestitionen, wobei die USA ihre Führungsrolle aber bis heute nicht abgegeben haben, zumindest was den Bestand an Direktinvestitionsströmen angeht (Dunning, 1981). So ist es auch kein Wunder, daß ein Hauptteil der Theorien der Multinationalen Unternehmung von amerikanischen Wissenschaftlern entwickelt wurde. Heutzutage liegt der Anteil der Direktinvestitionen der Europäischen Gemeinschaften über dem der USA (was 1980 noch nicht der Fall war). Die dritte wichtige Gruppe stellen japanische Multinationale Unternehmen dar. Erfaßt man die Direktinvestitionen als Stromgrößen, so ergibt sich für 1989 folgendes Bild: Japan (44,2 Mrd US$) führt als Ursprungsland von Direktinvestitionen vor Großbritannien (32 Mrd US$), den USA (26,5 Mrd US$), Frankreich (19,4 Mrd

US$) und der Bundesrepublik Deutschland (13,5 Mrd US$). (UNCTC, 1991, S. 10).

Der Anteil der Entwicklungsländer als Empfänger von Direktinvestitionen betrug 1989 19% (UNCTC, 1991, S. 10). Das bedeutet: Die Direktinvestitionen konzentrieren sich (ähnlich wie beim internationalen Handel) auf die Industrienationen. In der Regionalstruktur hat sich seit 1950 eine deutliche Verschiebung ergeben. Damals erfolgten beispielsweise 70% aller US-amerikanischen Direktinvestitionen in Kanada und Lateinamerika. Seit 1972 ist Europa Hauptempfänger (Dunning, 1981). Japanische Unternehmen investierten früher vornehmlich in die Entwicklungsländer des asiatischen Raums, orientieren sich jedoch seit den siebziger Jahren in Richtung USA und Europa. Die Entwicklung in den 80er Jahren führte zu einem Anteil der Triademächte USA, Europa und Japan von 4/5 am Buchwertbestand sowie an den Kapitalbewegungen an den weltweiten Direktinvestitionen. Die folgende Abb. 2.1 zeigt die Verteilung der Bestände (stock) und der Stromgrößen (flow) zwischen den Wirtschaftsmächten im Jahr 1990.

B = Bestand
Z = Zufluß

Nordamerika

280,0 Mrd. US-$
B: 15,9%
Z: −7,0%

85,4 Mrd. US-$
B: 32,2%
Z: 7,3%

225,5 Mrd. US-$
B: 8,4%
Z: 13,6%

21,7 Mrd. US-$
B: 13,1%
Z: −23,0%

19,3 Mrd. US-$
B: 21,0%
Z: 46,8%

EWR

Japan

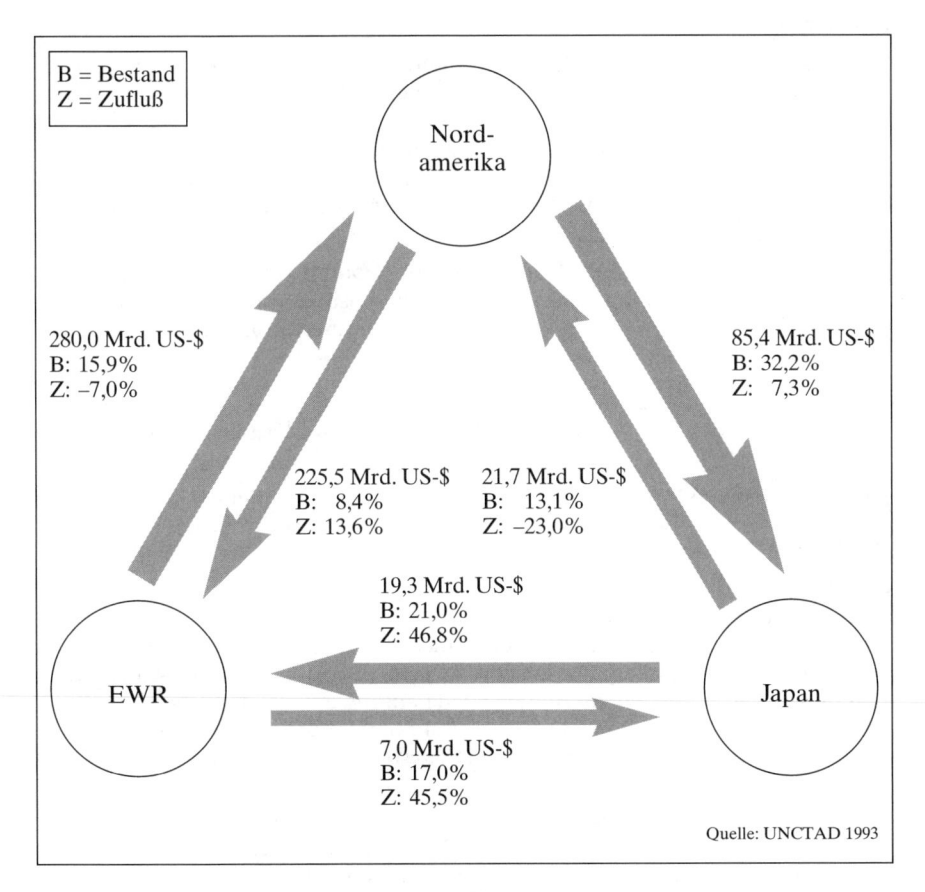

7,0 Mrd. US-$
B: 17,0%
Z: 45,5%

Quelle: UNCTAD 1993

Abb. 2.1: Die Triade der Direktinvestitionen 1990

Direktinvestitionen erfolgen vornehmlich in der verarbeitenden Industrie, dort insbesondere im Konsumgüterbereich. An zweiter Stelle folgt der Dienstleistungssektor, dann der Rohstoffbereich. Multinationale Unternehmen operieren überwiegend in Branchen, die durch einen hohen Grad an Produktdifferenzierung gekennzeichnet sind.

Aufgrund ihrer globalen Reichweite verfügen Multinationale Unternehmen über eine Reihe zusätzlicher Optionen gegenüber nationalen Unternehmen. Dazu zählen der bessere Zugang zu internationalen Faktormärkten (Arbeit, Kapital, Rohstoffe, ausländische Technologien), die internationale Produkt- und Prozeßspezialisierung durch die Ausnutzung unterschiedlicher Ressourcenausstattung in verschiedenen Ländern und der Ausbau strategischer Wettbewerbsvorteile (beispielsweise durch internationale Erfahrungskurveneffekte). Bei konzerninternen Im- und Exporten von Zwischenprodukten ergibt sich die Möglichkeit der Minimierung der internationalen Steuerbelastung. An Stelle von Marktpreisen werden Transferpreise gesetzt, die die Gewinne statt in Hoch- in Niedrigsteuerländern anfallen lassen (vgl. zu den damit verbundenen Risiken Kapitel 17).

Zusammenfassend erhalten wir folgendes Modell einer Multinationalen Unternehmung:

1. Ein weltweit integriertes Netzwerk an Tochtergesellschaften unter einheitlicher Kontrolle. Zwischen den Unternehmenseinheiten fließen Güter-, Dienstleistungs- und Kapitalströme.
2. Management-, Marketing- und technologisches Know How spielen eine besondere Rolle, Lohnkostenvorteile weniger.
3. Die Unternehmung ist überdurchschnittlich groß und oligopolistischem Wettbewerb ausgesetzt.

Die dargestellten Eigenschaften müssen Bestandteil einer Theorie der Multinationalen Unternehmung sein. Die einzelnen Ansätze, die nachfolgend dargestellt werden, gehen mit unterschiedlichen Schwerpunkten darauf ein.

2 Ansätze aus der Theorie der Industrial Organization

Die Vornahme von Direktinvestitionen wurde bis zum Beginn der sechziger Jahre, genauer gesagt, bis zum Abschluß der bahnbrechenden Arbeit von Hymer (1960, veröffentlicht 1977) ausschließlich durch die Theorie der Kapitalbewegungen erklärt.

Direktinvestitionen entstehen danach durch Übertragungen des Produktionsfaktors Kapital aus Ländern, die eine niedrige Realverzinsung aufweisen, in Hochzinsländer. In Anlehnung an die Außenhandelstheorie (vgl. Abschnitt 3) sind diese internationalen Zinsunterschiede auf die unterschiedliche Kapitalausstattung der jeweiligen Länder zurückzuführen. Die dadurch induzierten Kapitalflüsse führen gemäß der **einfachen Zinssatztheorie** zu einer internationalen Zinsangleichung.

Die **erweiterte Zinssatztheorie** führt einige weitere Faktoren ein, die die Richtung der Kapitalströme beeinflussen. Ein Investor muß Wechselkurs- und andere Auslandsrisiken in sein Kalkül aufnehmen. Dadurch erhalten auch subjektive Risikopräferenzen und Diversifikationsüberlegungen (vgl. Abschnitt 6) eine Bedeutung. Hinzu kommen Transaktions- und Informationskosten sowie staatliche Restriktionen als Barrieren des Kapitalverkehrs.

Diese neuen Determinanten lassen die Richtung der Kapitalbewegungen nicht mehr so eindeutig vorhersagen wie bei der einfachen Zinssatztheorie. Zinssatzunterschiede lösen nicht unbedingt einen Arbitrageprozeß aus, da die Kapitaltransferkosten zu hoch sind oder das Risiko als zu groß empfunden wird. Es kommt also nicht unbedingt zu einem Ausgleich der internationalen Zinssätze. Diese Überlegungen ermöglichen es jedoch, cross investments, d.h. parallel stattfindende Kapitalbewegungen in ein Land und aus diesem Land heraus, zu erklären.

Die **Kapitaltheorie** verwendet die gleichen Faktoren für die Erklärung von Portfolio- und von Direktinvestitionen. Die Multinationale Unternehmung tritt als Arbitrageur von Eigenkapital (die Kapitaltheorie beschränkt sich nur auf diesen Produktionsfaktor) auf, transferiert es aus Niedrigzinsländern in Hochzinsländer. Diese Erklärung war insbesondere in den 50er Jahren sehr populär, als US-amerikanische Unternehmen in Europa höhere Renditen (RoI) erzielten als im eigenen Land. Doch obwohl sich dies in den 60er Jahren änderte, verzeichneten die amerikanischen Direktinvestitionen in Europa weiterhin hohe Wachstumsraten (Agarwal, 1980, S. 741).

Eine der wesentlichen Erkenntnisse Hymers war, daß Direktinvestitionen nicht allein über das Zinsmotiv erklärt werden können. Amerikanische Unternehmen, die im Ausland investieren, nehmen auch gleichzeitig Kapital im Ausland auf, eine Tatsache, die durch die Zinssatztheorie nur schwer zu erklären ist. Des weiteren nehmen Direktinvestitionen und Portfolioinvestitionen (auf die die Zinssatztheorie noch am ehesten angewendet werden kann) oft einen unterschiedlichen Verlauf, bewegen sich teilweise sogar in entgegengesetzte Richtungen. Zudem investierten amerikanische Unternehmen in unterschiedlichen Ländern und über längere Zeiträume hinweg in die gleichen Industriezweige. Dies ist erneut schwer mit der Zinssatztheorie vereinbar, da die Verzinsung in den jeweiligen Industrien sich im Zeitablauf verändern kann und von Land zu Land unterschiedlich sein dürfte. Auch die Tatsache, daß cross investments zwischen gleichen Branchen stattfinden, widerlegt zumindest die einfache Zinssatztheorie. Hinzu gesellt sich der Umstand, daß einerseits für die meisten der amerikanischen Unternehmen, die Direktinvestitionen vornahmen, ihre Auslandsaktivitäten nur einen kleinen Teil ihrer gesamten Tätigkeiten ausmachten, andererseits die wenigsten dieser Unternehmen jedoch Finanzinstitute waren. Dies gibt Anlaß zur Hypothese, daß ihr Verhalten weniger im Zusammenhang mit den internationalen Zinssätzen als mit den inländischen Tätigkeitsfeldern zu erklären ist (Hymer, 1977, S. 10ff.).

Diese Beobachtungen führten zur Erkenntnis, daß die Zinssatztheorie zwar bis zu einem gewissen Maße Portfolioinvestitionen, nicht aber Direktinvestitionen zu erklären vermag. Die Loslösung von der Theorie der Kapitalbewegungen erfolgte aber auch durch die Feststellung, daß Direktinvestitionen darüber hinaus kombinierte Faktorbewegungen aus Kapital, Technologie, Know-How, Managementleistungen usw. sind. Es kann also nicht allein die Verzinsung des eingesetzten Kapitals ausschlaggebend für die Vornahme einer Direktinvestition sein, sondern die relative Profitabilität des Einsatzes der verschiedenen Ressourcen in unterschiedlichen Ländern (Koopmann, 1973, S. 2). Durch die Untersuchung von Hymer wurde zum ersten Mal die Multinationale Unternehmung per se in den

Mittelpunkt der Überlegungen gestellt (Dunning/Rugman, 1975, S. 228). Direktinvestitionen entstehen nicht durch den internationalen Austausch von Kapital, sondern durch „international operations of national firms" (Hymer, 1977). Die Kapitalbewegungen entstehen durch die Nachfrage nach Kapital, das zur Finanzierung dieser Auslandsaktivitäten benötigt wird (Hymer, 1959, S. 26f.). Da diesen Kapitalbewegungen somit kein eigenständiger erklärender Charakter bezüglich der Entstehung von Direktinvestitionen zugesprochen werden kann, ist die theoretische Begründung eher in der **Industrial-Organization-Theorie** zu suchen (Kindleberger, 1969, S. 1ff., insbesondere S. 11).

Die Industrial-Organization-Theorie versucht, industrielle Marktprozesse durch das wirtschaftliche Ergebnis eines Unternehmens innerhalb seiner Branche, unter Berücksichtigung von branchen- und teilweise auch unternehmensspezifischen Determinanten zu erklären. Die Analyse umfaßt also drei Kategorien: Das **Marktergebnis** (market performance) läßt sich aus dem **Marktverhalten** (market conduct) ableiten; das Marktverhalten wiederum ist aus der **Marktstruktur** (market structure) heraus zu erklären. Zwischen diesen drei Determinanten gibt es Interdependenzen in jede Richtung, so daß auch eine Wirkungskette in umgekehrter Reihenfolge möglich ist; das Marktergebnis kann über das Vehalten wiederum die Marktstruktur beeinflussen.

Analysiert man die Marktstruktur, so sind folgende **Elemente, die das Verhalten der Marktteilnehmer prägen,** hervorzuheben:

- Die Anzahl und Größenverteilung von Unternehmen auf der Angebots- und Nachfrageseite des Marktes. Diese Faktoren bestimmen die **Marktformen**, in denen Firmen operieren. Von besonderer Bedeutung für die Theorie der Multinationalen Unternehmung sind oligopolistische Märkte.

- Die Höhe der **Markteintrittsbarrieren** gegenüber neuen Konkurrenten (diese Grundgedanken gehen auf Bain, 1956, zurück). Die bedeutendsten Marktschranken sind Economies of Scale, absolute Kostennachteile und Produktdifferenzierung. Größenvorteile (Betriebsgrößenersparnisse) stellen für einen Neuanbieter eine Eintrittsbarriere dar, da sie diesen zwingen, entweder ein hohes Produktionsvolumen zu fahren (was schon am Kapitalbedarf oder am fehlenden (Rest-)Marktvolumen scheitern kann) oder Kostennachteile in Kauf zu nehmen. Economies of Scale führen dazu, daß das Minimum der langfristigen Stückkostenkurve hinausgeschoben wird. Das betreffende Unternehmen besitzt dadurch die Möglichkeit, einen marktzutrittsverhindernden Preis zu setzen. Absolute Kostennachteile können dadurch entstehen, daß etablierte Firmen einen besseren und kostengünstigeren Zugang zu wichtigen Produktionsfaktoren haben – wie z.B. zu Rohstoffquellen. Außerdem können die effizientesten Produktionsverfahren bereits durch Patente abgesichert sein. Kostennachteile können schließlich auch dadurch entstehen, daß bereits bestehende große Firmen bessere Kreditkonditionen erhalten als Neukonkurrenten, die für die Errichtung der erforderlichen Mindestbetriebsgröße hohe Investitionen tätigen müssen. Produktdifferenzierung (vgl. dazu v.a. den Beitrag von Caves, Abschnitt. 2.2) stellt eine Markteintrittsbarriere dar, weil der Neuanbieter erhebliche Marketingkosten aufwenden muß, um die Markentreue zum bestehenden Konkurrenzprodukt aufzubrechen.

- Wachstumsrate und Elastizität der **Nachfrage**. Diese Elemente ändern sich im Verlauf des Lebenszyklus eines Produktes (vgl. dazu auch Abschnitt 3.1) und haben Auswirkungen auf die Preis- und Investitionspolitik der Unternehmen.

Beispielsweise steigt die Preiselastizität der Nachfrage im Zeitablauf, Produktionsverfahren erfahren eine zunehmende Standardisierung, Betriebsgrößenvorteile gewinnen zunehmend an Bedeutung etc. Diese Faktoren bestimmen maßgeblich die Veränderung des Marktverhaltens und des Marktergebnisses der Firmen.

Alle dargestellten Elemente werden (ergänzt durch spezifische Charakteristika des internationalen Wettbewerbs) zur Analyse der Entstehung und Verbreitung Multinationaler Unternehmen herangezogen. Das unterschiedliche Ausmaß der internationalen branchenmäßigen Verflechtung zwischen einzelnen Ländern soll durch branchenspezifische Größen geklärt werden (Kaufer, 1980, S. 3ff.; Jahrreiß, 1984, S. 186f.).

Nachfolgend werden im Abschnitt 2.1 die Grundgedanken von Hymer und Kindleberger vorgestellt. Oft wird mit diesen beiden Autoren nur die Theorie des monopolistischen Vorteils in Verbindung gebracht (vgl. z.B. Pausenberger, 1982, S. 333f.). Jedoch ist insbesondere in der Dissertation von Hymer eine Vielzahl von Gedanken zu finden, die Ausgangspunkt für viele weitere Theorien waren (Dunning/Rugman, 1975, S. 229ff.). Das Argument des monopolistischen (kompensierenden) Vorteils bleibt jedoch im Mittelpunkt und wurde v.a. durch Caves und Johnson untersucht (Abschnitt 2.2). Der Währungsraumansatz von Aliber (Abschnitt 2.3) befindet sich an der Schnittstelle zwischen Kapital- und Industrial-Organization-Theorie. Zwei in der einschlägigen Literatur weniger beachtete aber für Multinationale Unternehmen bedeutende monopolistische Vorteile, die Möglichkeit der vertikalen Spezialisierung und der Mehrbetriebsproduktion, werden in Abschnitt 2.4 skizziert. Auf strategische Zwänge geht die Theorie der oligopolistischen Reaktion (Abschnitt 2.5) ein.

2.1 Die Grundgedanken von Hymer und Kindleberger

Der mangelnde Erklärungswert der Zinssatztheorie führte Hymer zu der grundlegenden Hypothese, daß Direktinvestitionen mit dem **Kontrollmotiv** zu erklären sind (Hymer, 1977, S. 23). Durch diesen Ansatz erfolgte erstmals eine klare Abgrenzung zur Portfolioinvestition und mit dem Kontrollaspekt eine bis heute gültige Definition der Direktinvestition (Jahrreiß, 1984, S. 190; Büschgen, 1980, S. 190). Gemäß Hymer gibt es zwei Gründe, warum ein Investor die direkte Kontrolle über sein im Ausland angelegtes Kapital behalten will: Einmal werden Direktinvestitionen vorgenommen, um eine größere Sicherheit bzgl. des eingesetzten Kapitals zu erlangen **(Direktinvestitionen vom Typ I)**. Die Beweggründe sind hier ähnlich wie bei Portfolioinvestitionen, das heißt, das Zinsmotiv steht auch hier im Mittelpunkt. **Direktinvestitionen vom Typ II** stellen dagegen internationale Operationen dar, für die Hymer zwei Haupt- und ein Nebenmotiv anführt: Das **Nebenmotiv** beinhaltet **Diversifikationsüberlegungen**, die Jahre später von Rugman und anderen zu einer eigenständigen, aussagekräftigen Theorie weiterentwickelt wurden (vgl. Abschnitt 6). Das **erste Hauptmotiv** für die Aufnahme internationaler Unternehmenstätigkeiten liegt gemäß Hymer darin begründet, daß durch eine direkte Kontrolle von Unternehmen in mehreren Ländern der sonst stattfindende **Wettbewerb** zwischen diesen **ausgeschaltet** werden kann. Wettbewerb kann zum einen durch Überlappungen auf Absatzmärkten entstehen, also beispielsweise durch die Existenz eines internationalen Oligopols. Gemäß der Dyopoltheorie z.B. kann nun der Gesamtgewinn dieser Unternehmung durch eine den Wettbewerb auflösende **direkte Kontrolle** erhöht werden; denn, so wird gezeigt, die vollständige Fusion zweier Unternehmen (also die Monopollösung) bedeutet eine Maximierung des Gesamtgewinns (Hymer, 1977, S. 25ff. und 32ff.).

Hymers Vorstellungen lassen sich anhand des folgenden Modells von Casson (1987b) verdeutlichen. Ausgangspunkt sind zwei Unternehmen, die in ihren jeweiligen Ländern über eine Monopolstellung verfügen und das gleiche Produkt herstellen. Es liegen keine Handelshemmnisse vor. Ihre Preisentscheidungen lassen sich durch die folgende Graphik darstellen.

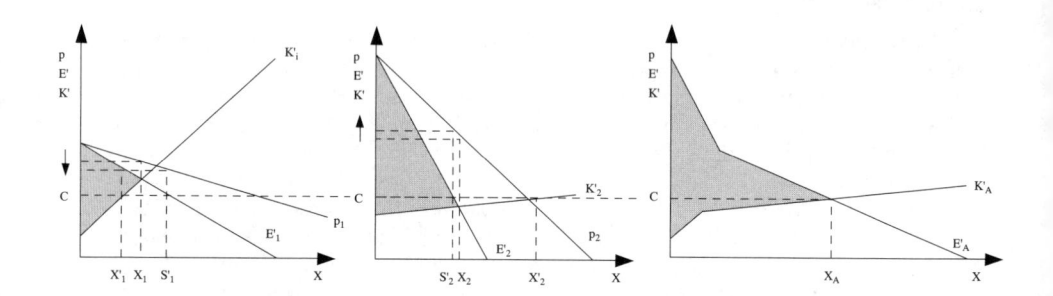

Symbole
$E'_{1/2}$: Grenzerlös Unternehmen 1/2
$K'_{1/2}$: Grenzkosten Unternehmen 1/2
x: Menge
$p_{1/2}$: Preis-Absatz-Funktion Unternehmen 1/2
E'_A/K'_A: Aggregierte Grenzerlös-/Grenzkostenkurven
c: weltweite Grenzkosten

Abb. 2.2: Gewinnzuwächse durch Ausschaltung von Wettbewerb (Quelle: Casson, 1987b, S. 142)

Unternehmen 1 und 2 realisieren als Monopolisten die Cournot-Kombination p_1/x_1 bzw. p_2/x_2, bei der Grenzerlöse und Grenzkosten gleich hoch sind. Der Bruttogewinn (ohne Abzug der Fixkosten) ist das Integral der Differenz zwischen Grenzerlös- und Grenzkostenkurven, also die schraffierte Fläche. In der rechten Graphik sind die aggregierten Grenzerlös-(Horizontalaggregation!) und Grenzkostenkurven für beide Unternehmen zusammen abgetragen. Die Übernahme des ausländischen Unternehmens lohnt sich dann, wenn die daraus resultierende schraffierte Bruttogewinnfläche größer ist als die Summe der Bruttogewinnflächen bei isolierter Betrachtung. Casson unterstellt hier implizit, daß die Fixkosten an beiden Standorten gleich hoch sind. Ein solcher Gewinnzuwachs wird über eine Umverteilung der Produktion erzielt. Die Gesamtmenge x_A wird zu den weltweiten Grenzkosten C produziert. Das ergibt für Unternehmen 1 eine Produktionsmenge x'_1 und für Unternehmen 2 eine Produktionsmenge x'_2. Diese werden jedoch nicht in dem Umfang auf den jeweiligen Märkten abgesetzt, da die Grenzkosten nicht mit den Grenzerlösen übereinstimmen. Bei Unternehmen

1 ergibt sich eine „Unterdeckung" von $s_1 - x'_1$, so daß $E'_2 > K'_1$ und bei Unternehmen 2 ein „Überschuß" von $x'_2 - s_2$, so daß $E'_2 < K'_2$. Dieser Überschuß wird an Unternehmen 1 exportiert, wobei unterstellt wird, daß Transportkosten keine bedeutende Rolle spielen. Gegenüber dem Ausgangszustand senkt Unternehmen 1 seinen Preis und Unternehmen 2 hebt seinen Preis an (durch die Pfeile gekennzeichnet). Voraussetzung ist, daß keine Arbitragemöglichkeiten vorliegen. Eine solche Produktionsaufteilung, verbunden mit Marktabsprachen, ließe sich auch durch ein internationales Kartell erzielen. Doch die Praxis zeigt, daß Kartelle wenig stabil sind, da die Anreize zu Unterwanderung von Kartellabsprachen sehr hoch sind. Außerdem ist es oft sehr schwierig, eine Einigung zu erzielen, insb. wenn die Produkte nicht homogen sind. Von daher ist die direkte Kontrolle über das ausländische Unternehmen der wirksamste Weg, um den Wettbewerb auszuschalten.

Eine Gewinnerhöhung findet jedoch auch im zweiten von Hymer betrachteten Fall statt, dann nämlich, wenn solche Firmen unter eine gemeinsame Kontrolle gebracht werden, zwischen denen zuvor Handelsbeziehungen stattfanden. Einen Extremfall bildet das bilaterale Monopol, eine Marktform, in der ein Anbieter auf nur einen Nachfrager trifft und die Preisbildung in hohem Maße von der Verhandlungsmacht beider Seiten abhängt. Auch in diesem Fall kann ein Unternehmenszusammenschluß den gemeinsamen Gewinn z.b. durch eine verbesserte effizienzsteigernde Koordination erhöhen.

Hymer nennt zwei Bedingungen, damit sich diese „international operations" als sinnvoll erweisen: Zum einen muß eine aktuelle oder potentielle Wettbewerbssituation vorliegen. Des weiteren müssen die Eintrittsbarrieren für die betreffenden Märkte hoch und die Zahl der beteiligten Unternehmen gering sein. Andernfalls bestünde die Gefahr, daß Gewinnzuwächse, die sich aus der Kontrolle des Wettbewerbs ergeben, recht bald durch den Eintritt neuer Unternehmen aufgehoben werden (Hymer, 1977, S. 25ff. und 37ff.).

Der erste Fall betrifft also den Wettbewerb auf Absatzmärkten, der durch horizontale Unternehmensakquisitionen eingeschränkt werden soll. Der zweite Fall betrifft den Wettbewerb auf den Beschaffungsmärkten zwischen Anbietern und Nachfragern. Wie hier die Gewinnsteigerung zustandekommt, darüber macht Hymer keine genauen Angaben. Die vertikale Integration bringt jedoch eine Reihe von Vorteilen, die an verschiedenen Stellen dieses Beitrages behandelt werden.

Der wettbewerbsbeschränkende Charakter horizontaler Übernahmen ist jedoch umstritten, so daß das Argument von Hymer unter großen Vorbehalten zu sehen ist. Zwar wurde der Zusammenhang zwischen dem Konzentrationsgrad einer Branche und der Höhe der Gewinne in einer Reihe von Studien nachgewiesen, nach dem heutigen Erkenntnisstand der Industrieökonomik ist jedoch die Intensität des Wettbewerbs in konzentrierten Branchen keinesfalls immer geringer. Es kann in engen Oligopolen mitunter zu sehr intensivem Wettbewerb kommen.

In dem einfachen Modell von Casson wird davon ausgegangen, daß beide Anbieter keine weitere Konkurrenz auf ihren Märkten zu befürchten haben. Dies ist jedoch eine recht seltene Situation, es sei denn, die Produkte weisen einen hohen Differenzierungs- und Spezialisierungsgrad auf, so daß es für diesen engen Anwendungsbereich bzw. in diesen engen Marktsegmenten kaum Substitute gibt. Ansonsten bleibt der Wettbewerb mit anderen lokalen Anbietern, mit Exporteuren und mit anderen Multinationalen Unternehmen weiterhin bestehen. Und wie diese Oligopolisten sich verhalten werden, darüber wird in diesem Modell nichts ausgesagt. Hier betritt man den Bereich der Oligopoltheorie mit seiner schillernden Vielfalt. Das Argument, daß die Möglichkeiten des kollusiven Verhaltens (also bspw. Preis- und Kapazitätsabsprachen) mit abnehmender Anbieterzahl zunehmen, wird dadurch abgeschwächt, daß es eine Reihe von Faktoren gibt, die die Stabilität der Absprachen beeinträchtigen können. So handelt bspw. ein Anbieter im Oligopol gewinnmaximal, wenn er einem kollusiven Verhalten zustimmt und gleichzeitig durch eine geringfügige Senkung des Preises einen Großteil der Nachfrage auf sich zieht.

Es kann durch horizontale Übernahmen innerhalb eines abgegrenzten und durch hohe Markteintrittsbarrieren (wie von Hymer angesprochen) geschützten Marktes eher ein kollusives Gleichgewicht errichtet werden, als durch die Übernahme eines Unternehmens in einem fremden, geographisch getrennten Segment, es sei denn, beide Märkte sind, wie bspw. im EG-Raum, durch gemeinsame Zollschranken miteinander verbunden, innerhalb derer auch der Disziplinierungsdruck durch Importe entfällt. So läßt sich als Fazit festhalten, daß das Argument von Hymer nur einen geringen Erklärungsgehalt besitzt. „Although this reason or motive for a takeover may have some validity on the domestic scene, it has limited relevance in the takeover of a foreign firm unless the formation of an international oligopoly or monopoly is involved where the potential for price fixing on a global scale is feasible" (Baumann, 1975, S. 690; Stein, 1992, S. 99ff. und S. 194ff.). Obwohl dieser Erklärungsansatz zum damaligen Zeitpunkt eine hohe Popularität besaß, wurde er von nur wenigen Autoren weiterverfolgt und fand in der nachfolgenden Literatur zur Theorie der Multinationalen Unternehmung kaum Beachtung (Cantwell, 1988; Weston, 1977).

Hymers **zweites Hauptmotiv** fand in der nachfolgenden Literatur zur Multinationalen Unternehmung eine wesentlich stärkere Beachtung und wird als **Theorie des monopolistischen Vorteils** klassifiziert. Es wird zunächst davon ausgegangen, daß für international investierende Unternehmen Markteintrittsbarrieren bei der Erschließung ausländischer Märkte bestehen. Da nationale Unternehmen über bessere Informationen hinsichtlich der Wirtschaft, der Gesetzgebung, der Sprache und der Politik ihres Landes verfügen, müßte eine Multinationale Unternehmung beträchtliche Informationskosten auf sich nehmen. Zudem kann sie der diskriminierenden Behandlung seitens der Regierung, der Konsumenten und der Lieferanten ausgesetzt sein. Außerdem ist die Gewinnrückführung (bspw. über Dividenden) dem Wechselkursrisiko ausgesetzt (Hymer, 1977, S. 32ff.). Ergänzend weist **Kindleberger** (Kindleberger, 1969) noch auf die höheren Kommunikations- und Reisekosten und die Kosten hin, die aus ‚Mißverständnissen' entstehen (Kindleberger, 1969, S. 12).

Es stellt sich nun die Frage, warum Multinationale Unternehmen trotz der Vorteile, die nationale Firmen in den jeweiligen Auslandsmärkten genießen, dennoch erfolgreich bestehen können.

Nach Hymer und Kindleberger liegt dies in spezifischen, kompensierenden sowie monopolistischen Vorteilen der Unternehmung begründet, die sie im Wettbewerb mit einheimischen Konkurrenten bestehen lassen (Hymer, 1977, S. 41; Kindleberger, 1969, S. 11ff.). Die Möglichkeiten zur Erlangung dieser Vorteile sind mannigfaltig: „There are as many kinds of advantages as there are functions in making and selling a product" (Hymer, 1977, S. 41). Aus diesem Zusammenhang wird deutlich, daß die *Kontrolle* über das Investitionsprojekt wichtig ist, um den Vorteil angemessen ausnutzen und sich die Erträge, die aus ihm erwachsen, vollständig aneignen zu können (Hymer, 1977, S. 26).

Monoplistische Vorteile helfen Multinational Unternehmen auf der einen Seite bei der Überwindung von Markteintrittsbarrieren, auf der anderen Seite schaffen sie neue gegenüber anderen (einheimischen und ausländischen) Konkurrenten. Durch die Überwindung dieser Markteintrittsbarrieren können Multinationale Unternehmen an den Monopolrenten partizipieren, die man auf diesen Märkten erzielen kann. Diese Monopolrenten resultieren aus der Tatsache, daß die etablierten Anbieter aufgrund des Vorliegens von Markteintrittsbarrieren ihre Preise anheben können, ohne daß die zusätzlichen Gewinne von Neueinsteigern wegkonkurriert werden. Durch die Umsetzung ihrer monopolistischen Vorteile sind Multinationale Unternehmen darüberhinaus aber *auch in der Lage, diese Monopolrenten zu erhöhen* (Stein, 1992, S. 199).

Voraussetzung für das Vorliegen dieser Wettbewerbsvorteile ist jedoch die Existenz **unvollkommener Märkte**. Auf dem vollkommenen Markt gelten die Homogenitäts- und die Markttransparenzprämisse sowie die Marktform des bilateralen Polypols. Marktunvollkommenheiten ergeben sich also durch die Marktstruktur (Konzentration auf der Anbieter- und Nachfrageseite) sowie aus den Kosten des Marktverkehrs und den ungleichen Bedingungen für Marktteilnehmer. Die Kosten des Marktverkehrs (Transaktionskosten; Kosten der Definition, Überwachung und Durchsetzung von Eigentumsrechten) spielen insb. in den Internalisierungsansätzen (Abschnitt 4) eine große Rolle. Hymer selber vermochte noch nicht zwischen beiden Arten von Marktunvollkommenheiten zu unterscheiden (Casson, 1987b, S. 137f.). Auf perfekten Märkten für Facharbeit, Technologie, Management, Kapital, Bestandteile und andere Halbfabrikate, darauf weist Kindleberger hin, könnten sämtliche Unternehmen, also auch die lokalen, alle Voraussetzungen und die nötige Expertise für die Produktion und den Absatz jedes Gutes erwerben. Zieht man die für nationale Unternehmen ohnehin schon bestehenden Wettbewerbsvorteile in Betracht, so würden wahrscheinlich die lokalen Märkte allein von diesen beliefert werden. Dann gäbe es aber keinen Grund für Direktinvestitionen mehr – die jedoch offensichtlich stattfinden. Ebenso entfällt auch das Argument der niedrigeren Produktionskosten im Ausland als Erklärungsgrund für Auslandsinvestitionen, da dieses auch für lokale Unternehmen gilt. Vielmehr muß der Vorteil, der Multinationale Unternehmen trotz der Eintrittsbarrieren auf ausländischen Märkten noch wettbewerbsfähig macht, sowohl transferierbar als auch unzugänglich für andere Unternehmen sein (Kindleberger, 1969, S. 12ff.).

In der Rolle der Marktunvollkommenheiten wird eine der zentralen Aussagen Hymers und Kindlebergers insofern gesehen, als: „... the MNE ... a creature of market imperfections" ist (Dunning/Rugman, 1975, S. 14ff.). Kindleberger selbst unterscheidet vier Gruppen von **Marktunvollkommenheiten**, die zur Entstehung Multinationaler Unternehmen führen können (Kindleberger, 1969, S. 14ff.):

1. Abweichungen von den Bedingungen der vollkommenen Gütermärkte: Hierzu zählen insbesondere spezielle Marketingfähigkeiten und die besonders von Caves betonte Produktdifferenzierung (vgl. Abschnitt 2.2).

2. Abweichungen von den Bedingungen der vollkommenen Faktormärkte. Für Multinationale Unternehmen mit großen Forschungs- und Entwicklungsabteilungen gilt dies vor allem für den Bereich patentierter oder aus anderen Grün-

den für dritte Unternehmen unzugänglicher Technologie. Mit anderen Worten, der Markt für Know-How in diesen Bereichen ist unvollkommen; deswegen können bespielsweise lokale Unternehmen dieses Wissen nicht erwerben. Das gleiche gilt auch für Arbeitsmärkte, insbesondere für Managementfähigkeiten. Zudem kann eine diskriminierende Behandlung auf Kapitalmärkten Multinationalen Unternehmen zu Vorteilen bei der Kapitalbeschaffung verhelfen. Durch ihr besseres Standing – bedingt durch Größe, Internationalität, höhere cash flows, höhere Liquidität etc. – erstrecken sich diese Vorteile über alle Kapitalmärkte der Welt, sowohl was den Zugang als auch was die Kapitalkosten betrifft.

3. Das Vorliegen bzw. das Entstehen interner oder externer **economies of scale**. Interne economies of scale umfassen die Kostenersparnisse aus Größenvorteilen. Für internationale Unternehmen können sie im Finanz-, Marketing-, Produktions-, Organisations-, Forschungs- und Entwicklungs- und im Einkaufsbereich sowie im Transportwesen liegen (Büschgen, 1980, S. 190; siehe dazu ausführlich Stein, 1992, S. 46ff.). Diese Art von Vorteilen kann durch horizontale Integration ausgenutzt bzw. ausgebaut werden. So besteht bspw. die Möglichkeit der internationalen Produkt- und Prozeßspezialisierung. Jede Unternehmenseinheit konzentriert sich auf ein bestimmtes Produkt oder auf enge Produktlinien. Dadurch, daß weit über den Bedarf des jeweiligen Landes hinaus für den gesamten Weltmarkt produziert wird, können die Größenvorteile an jedem Standort voll genutzt werden (Dunning, 1977; Kogut, 1985a). Auf die vertikale Spezialisierung als monpolistischen Vorteil geht Abschnitt 2.4 ein. Externe economies of scale können durch vertikale Integration erzielt werden. Dabei ergeben sich vor allem bei umfangreichen Produktionsprozessen Ersparnisse durch niedrigere Lagerkosten, einen geringeren Koordinationsaufwand bei Entscheidungen, Umgehung der Handelsspanne beim Bezug von Vorprodukten etc. Zudem erlangt eine Multinationale Unternehmung, die sich beispielsweise durch eine Rückwärtsintegration Rohstoffquellen sichert oder durch Vorwärtsintegration den Vertrieb ihrer Produkte selber durchführt, einen garantierten Zugang zu Beschaffungs- und Absatzmärkten, ist somit nicht mehr von den Entscheidungen und Aktionen der Lieferanten bzw. des Groß- und Einzelhandels abhängig.
Während die horizontale Integration mehr einen Ausbau bzw. eine Übertragung des monopolistischen Vorteils darstellt, führt die vertikale Integration eher zu seiner Entstehung; die Kosten der Marktnutzung werden eingeschränkt. „Vertical integration converts external economies to internal profits" (Kindleberger, 1969, S. 20). Die Vorteile horizontaler und vertikaler Integration sind Jahre später in Transaktionskostenansätzen der Coase-Williamson-Tradition in differenzierterer Weise dargestellt worden (vgl. Abschnitt 4.1).

4. Die **Begrenzung des Markteintritts seitens der Regierung**, beispielsweise durch Quoten, Tarife oder Zölle. Durch diese Maßnahmen soll eigentlich die Produktion lokaler Industrien gefördert werden, in Wirklichkeit aber regen sie Direktinvestitionen an. Ein klassisches Beispiel hierfür ist das Investitionsverhalten amerikanischer Unternehmen nach der Gründung der Europäischen Wirtschaftsgemeinschaft 1957: Eine Gefährdung ihrer Exporte durch die Errichtung von Handelsschranken veranlaßte sie zu defensiven Investitionen in Europa, die teilweise zwar die Erträge sinken ließen, aber ökonomisch immer noch sinnvoller waren als die gänzliche Aufgabe des Marktes. Zudem

2. Kap.: Die Theorien der Multinationalen Unternehmung

wurden durch die Entstehung dieses großen Binnenmarktes viele Unternehmen erst auf lukrative Investitionsmöglichkeiten aufmerksam gemacht.

Zwei weitere, aus der Tradition der Industrial-Organization-Theorie ableitbare **Fragestellungen** werden von Hymer noch erörtert.

1. Welches sind die **Entscheidungsparameter** der Wahl zwischen Lizenzvergabe, Joint Ventures oder Direktinvestition, wenn es um die Frage der optimalen Ausnutzung des monopolistischen Vorteils geht?
2. Welche Faktoren bestimmen die räumliche und branchenmäßige **Verteilung** der Direktinvestitionen?

Insbesondere der **erste Punkt** gehört zu den Hauptfragestellungen der Theorie der Multinationalen Unternehmung, und wird vor allem in den Transaktionskostenansätzen (vgl. Abschnitt 4) aufgegriffen. Hymer geht zunächst auf die Wettbewerbsproblematik ein: Verkauft ein Unternehmen eine Lizenz an einen ausländischen Konkurrenten mit großer Marktmacht, so können dessen Aktionen wiederum Auswirkungen auf die eigene Ertragslage haben. Und gemäß Hymer ist ja die gemeinsame Gewinnmaximierung ein Grund für Direktinvestitionen. Preis- und Mengenkontrollen seitens des Lizenzgebers sind schwer möglich. Das Problem der gegenseitigen Beeinflussung verringert sich, je mehr Anbieter auf einem Markt diese Lizenz erwerben. Es sind also erneut Marktunvollkommenheiten (in diesem Fall das Fehlen einer atomistischen Anbieterstruktur), die für eine Aufhebung des Marktes für Lizenzen und demzufolge für eine Direktinvestition sprechen (Hymer, 1977, S. 48ff.).

Aus der Unvollkommenheit der Informationsmärkte resultiert auch das Bewertungsproblem. Der potentielle Käufer einer Lizenz wird ihren Wert nicht richtig einschätzen können, was dazu führt, daß die betreffende Unternehmung keinen angemessenen Preis erzielen kann. In diesem Fall kann es sein, daß Direktinvestitionen vorgenommen werden, um sich die vollen Erträge aus diesem Vorteil aneignen zu können (Hymer, 1977, S. 50ff.). Dies ist gleichzeitig eine der Grundaussagen der Internalisierungsansätze (Abschnitt 4)!

Lizenzen bzw. Joint Ventures können sinnvoll sein, um überhaupt in solch einen Markt einsteigen zu können, der durch hohe Transport- und Kommunikationskosten, Zölle, Tarife, Diskriminierung seitens der Regierung (z.B. Verbot von Direktinvestitionen) etc. sehr abgeschottet ist. Zudem ist bei einer hohen Anzahl von Anbietern eine Kontrolle des Marktes durch Direktinvestitionen nur schwer möglich, so daß der Verkauf von Lizenzen vorteilhaft sein kann (Hymer, 1977, S. 51ff.).

Bezüglich der **zweiten Fragestellung** weist Hymer besonders auf den Zusammenhang zwischen Direktinvestitionen und internationalem Handel hin. Multinationale Unternehmen entstehen oft dort, wo intensive Handelsbeziehungen zwischen den Branchen der betreffenden Länder gegeben sind. Hierfür kann es mehrere Erklärungsgründe geben. Der Handel bringt Unternehmen näher, führt dadurch aber auch Konflikte herbei. Direktinvestitionen sind ein Mittel zur Konfliktlösung. Ein weiterer Grund für diesen Zusammenhang ist, daß die spezifischen Vorteile einer Unternehmung, die zunächst in Exporte umgesetzt werden, später dann aus Kostengründen durch Auslandsproduktion abgelöst werden. Vorteile können aber auch über Exporte erworben werden, beispielsweise durch den Aufbau eines Vertriebssystems oder durch die Entwicklung eines differenzierten, auf lokale Bedürfnisse ausgerichteten Produktes (Hymer, 1977, S. 79ff.).

Mit den Substitutionsbeziehungen zwischen Exporten und Direktinvestitionen befassen sich vor allem die Ansätze aus der Theorie des internationalen Handels (vgl. Abschnitt 3).

Die Diskussion um den monopolistischen Vorteil der Multinationalen Unternehmung abschließend soll noch ein einfaches Modell von Kindleberger dargestellt werden (Kindleberger, 1969, S. 24f.):

Der Wert einer Investition ergibt sich durch die Kapitalisierung ihres jährlichen Einkommens: C = y/i (mit y = jährlicher Einnahmeüberschuß; i = Kapitalkosten). Aufgrund ihrer speziellen Vorteile erzielen Multinationale Unternehmen ein höheres Einkommen. Ihre bevorzugte Behandlung auf nationalen und internationalen Kapitalmärkten führt zu einem niedrigeren Diskontierungsfaktor i und somit zu einem höheren diskontierten Einkommen. Es sind jedoch vor allem die Einkommensunterschiede, die maßgeblich zu einem höheren C und somit zu Direktinvestitionen führen und weniger die von der Kapitaltheorie propagierten Zinsunterschiede.

Die **Kritik an der monopolistischen Theorie der Direktinvestition** umfaßt die folgenden Punkte:

1. Multinationale Unternehmen investieren nicht nur im Ausland, um gegebene Vorteile auszunutzen, sondern auch um Vorteile zu erringen. Hierzu zählt bspw. die Sicherung von Faktormärkten und Rohstoffquellen wie auch die Erlangung von Know-How.

2. Beim Transfer von spezifischen Vorteilen (bspw. im Technologiebereich) kann es zu Anpassungskosten kommen, wenn die Bedingungen im Gastland (bspw. ein Entwicklungsrückstand) eine reibungslose Umsetzung nicht zulassen. Diese Kosten werden in der Theorie des monopolistischen Vorteils nicht berücksichtigt (Pausenberger, 1982, S. 334).

3. Es stellt sich auch die Frage, in welchem Ausmaß für international etablierte Unternehmen Markteintrittsbarrieren für fremde Märkte noch existieren. Es ist davon auszugehen, daß diese Unternehmen Techniken entwickelt haben, mit denen sie sich in jedem Land durchsetzen und die spezifischen Bedingungen schon im voraus erfassen können. Das Argument eines kompensierenden Vorteils gilt also höchstens für Firmen, die zum ersten Mal ins Ausland gehen und nicht über entsprechende Fähigkeiten verfügen.

4. Das Argument des monopolistischen Vorteils gilt auch nur für den Zeitpunkt, in dem ein Unternehmen die Auslandsproduktion aufnimmt. Danach können sich die Bedingungen ändern (beispielsweise durch technologischen Wandel oder die Verbreitung technologischen Wissens), so daß andere Erklärungsgründe herangezogen werden müssen. Ein dynamisches Modell stellt z.B. die Produktlebenszyklustheorie dar (Buckley, 1985, S. 4f.).

5. Der kompensierende Vorteil ist ein Argument dafür, daß Multinationale Unternehmen in fremden Märkten bestehen können. Er bietet aber keine ausreichende Erklärung dafür, warum eine Auslandsproduktion profitabler ist als beispielsweise eine alternative Inlandsinvestition oder eine Bedienung des Marktes mit Exporten.

6. Auch wenn cross investments durch Hymer und Kindleberger angesprochen werden, liefert die Theorie des monopolistischen Vorteils hierfür keine Erklärung. Cross investments entstehen nicht, um Wettbewerbsvorteile auszu-

nutzen, sondern um Wettbewerbsnachteile zu vermeiden oder in Grenzen zu halten (vgl. auch Abschnitt 2.5).

7. Die Ansätze von Hymer und Kindleberger sind nicht in der Lage, die Vorteilhaftigkeit der Auslandsproduktion gegenüber der Alternative Export klar herauszustellen. Die Verbindung des monopolistischen Vorteils mit der Profitabilität des Produktionsstandortes im Ausland als Argument für Direktinvestitionen ist erst Caves gelungen (Tesch, 1980, S. 270ff.).

2.2 Die Erweiterungen von Johnson und Caves

Johnson (1970) sieht im überlegenen, kommerziell nutzbaren Wissen (technisches und Management-Know-How) den entscheidenden **Wettbewerbsvorteil** Multinationaler Unternehmen. Dieses **Wissen** hat jedoch den Charakter eines **öffentlichen Gutes**.

Rein öffentliche Güter liegen vor, wenn

1. die Nutzung dieses Gutes durch ein Wirtschaftssubjekt auch die gleichzeitige Nutzung durch andere erlaubt (nicht rivalisierender Verbrauch) und
2. kein Wirtschaftssubjekt von der Benutzung ausgeschlossen werden kann (Nicht-Ausschließbarkeit).

Die Arten von Know How, die innerhalb der Theorie der Multinationalen Unternehmung typischerweise betrachtet werden, sind die folgenden:

1. Technisches Know How: Technologische Expertise bei der Herstellung von Gütern und Dienstleistungen
2. Marketing-Know How: Expertise in den Bereichen Absatz und Beschaffung
3. Management-Know How: Expertise in den Bereichen Administration und Delegation sowie in allen Aspekten der Entscheidungsfindung, die nicht in 1) und 2) enthalten sind (Casson, 1987a, S. 11f.)

Es ergeben sich die folgenden Implikationen für die Multinationalisierung der Unternehmung.

1. Obwohl für seine Entwicklung der Einsatz von Ressourcen (z.B. Forschungs- und Entwicklungsausgaben) durch die betreffende Unternehmung vonnöten ist, werden andere Unternehmen von seiner Benutzung nicht ausgeschlossen (Know-How ist beliebig teilbar, im Gegensatz zu physischen Gütern), es sei denn, es wird durch Patente geschützt (Johnson, 1970, S. 35ff.). Da eine Patentierung jedoch oft nicht möglich ist, wird auf die Direktinvestition zur Sicherung des übertragenen Wissens zurückgegriffen, womit die übrigen Konkurrenten von der Verwendung dieses Gutes abgehalten werden (Jahrreiß, 1984, S. 230);
2. sein Transfer kann zumeist ohne höhere Kosten erfolgen (bspw. in mündlicher oder schriftlicher Form). Das bedeutet wiederum, daß jeder zusätzliche Gewinn, der durch die produktive Implementierung des Wissens in zusätzlichen Märkten erzielt werden kann, einen Nettobeitrag zu der ursprünglich getätigten Investition in unternehmensspezifisches Know-How darstellt. Dies kann ein weiterer Anreiz für Unternehmen sein, ihre einmal entwickelten Fähigkeiten in mehreren Ländern einzusetzen (Johnson, 1970, S. 41);
3. als immaterieller Vermögenswert (intangible asset) stößt firmenspezifisches Wissen bei seiner Verwendung auf keine Kapazitätsgrenzen. Dadurch sind

Unternehmen, die über dieses Know-How verfügen, in beliebigem Maße in der Lage, die ungenutzten Kapazitäten ihrer nicht beliebig teilbaren Ressourcen (bspw. Management) durch ein Auslandsengagement auszulasten (Caves, 1982, S. 6f.).

Dem gleichen Argumentationsstrang folgt auch Caves. Multinationale Unternehmen besitzen „an advantage to offset the intrinsic disadvantage of a firm's lack of knowledge of a foreign territory, some fundamental advantage in the form of knowledge – intellectual capital within a firm – that once developed in a home market can be exported at little additional cost in a foreign market" (Caves, 1971a, S. 304).

Um nun das Entstehen Multinationaler Unternehmen erklären zu können, müssen die Bereiche gesucht werden, in denen die Komplementarität zwischen der Ausnutzung unternehmensspezifischen Wissens und lokaler Produktion profitabel erscheint. Denn Wissen läßt sich über Lizenzen vermarkten und Auslandsmärkte können auch über Exporte bedient werden. Gemäß Caves erfüllen solche Industrien diese Bedingung, in denen ein hoher Grad an **Produktdifferenzierung** vorherrscht (Caves, 1971a, S. 305; 1971b, S. 5f.). Produktdifferenzierung liegt vor, wenn ein Grundprodukt in Varianten hergestellt wird, die sich aus technischen, ästhetischen und/oder sozialen Produkteigenschaften ergeben. Dadurch hebt sich das Produkt in den Augen der Konsumenten deutlich ab, und die Unternehmung erhält durch diese differenzierte Bedürfnisbefriedigung einen quasi-monopolistischen Spielraum. Produktdifferenzierung erfordert unternehmensspezifisches Know-How, was die Bearbeitung eines Marktes angeht. Dies gilt für die Produktgestaltung (Form, Farbe, Verpackung, etc.) wie auch für Werbung und andere verkaufsfördernde Maßnahmen, die den Differenzierungsgrad erhöhen. So können einmal erworbene Marketingfähigkeiten bei der Absatzpolitik in mehreren Ländern eingesetzt werden. Gleichzeitig ist aber auch eine lokale Produktion von Vorteil, um die Präferenzen der Konsumenten besser erfassen und in die Eigenschaften des Produktes umsetzen zu können. Ferner erhöhen vor Ort abwickelbare Kundendienst- und Serviceleistungen (die dort auch geringere Kosten verursachen) die Kundentreue.

Die Verbindung dieser beiden Eigenschaften kann eine Erklärung dafür bieten, warum Direktinvestitionen in einigen Industriezweigen vorherrschen und in anderen nicht. Caves räumt ein, daß für das Zustandekommen von Auslandsinvestitionen auch andere Faktoren, wie z.B. Transportkosten oder Zölle und Tarife eine Rolle spielen, aber diese sind eher komplementär zu seinem Erklärungsansatz zu sehen (Caves, 1971a, S. 305f.; 1971b, S. 5ff.). Soweit handelt es sich um Gründe für horizontale Integration.

Für die Vornahme vertikaler Direktinvestitionen gibt Caves vor allem zwei Motive an: Zum einen soll die auf oligopolistischen Märkten möglicherweise vorherrschende Unsicherheit abgebaut werden. So eine Situation kann bspw. eintreten, wenn die Zahl der Lieferanten eines nicht substituierbaren Rohstoffes gering und somit ihre Macht groß ist. Der andere Grund für die Angliederung von Produktionsstufen liegt in den Markteintrittsbarrieren begründet, die ein Unternehmen u.a. dadurch errichten kann, daß es sich Rohstoffquellen sichert und so potentiellen Konkurrenten den Zugang erschwert. Die angeführten Überlegungen lassen sich auch für eine Vorwärtsintegration, also beispielsweise die Angliederung eines Distributionssystems anstellen.

Multinationale Unternehmen operieren überwiegend in Märkten, die eine oligopolistische Struktur aufweisen. Caves argumentiert, daß nur große Unternehmen die hohen fixen Informationskosten – verursacht durch die Planung des Auslandsengagements – abwälzen können. Außerdem werden Unternehmen gemäß Caves erst dann ihre Produktion im Ausland aufnehmen, wenn die Möglichkeiten zur Erzielung von Skalenerträgen durch weitere Investitionsprojekte im Inland bereits erschöpft sind. Auch dies deutet auf eine gewisse Unternehmensgröße hin. Markteintrittsbarrieren auf fremden Märkten (Economies of scale, Produktdifferenzierung sowie absolute Markteintrittskosten) sind nach Ansicht von Caves für Multinationale Unternehmen nicht so hoch wie für neu gegründete lokale Firmen, die in den einheimischen Markt eindringen wollen: Die Fähigkeit zur Produktdifferenzierung wurde bereits als entscheidender Wettbewerbsvorteil dargestellt. Skalenerträge können dadurch erzielt werden, daß die für ihre Entstehung entscheidenden Produktionsstufen zentralisiert und die übrigen Verarbeitungsprozesse ins Ausland ausgelagert werden (siehe Abschnitt 2.4). Und schließlich lassen sich die absoluten Markteintrittskosten dadurch reduzieren, daß Produktionsfaktoren aus verschiedenen Ländern bezogen werden können (Caves, 1971b, S. 10ff.).

2.3 Der Währungsraumansatz von Aliber

An den bisher vorgetragenen Theorien kritisiert Aliber die Vernachlässigung des grenzüberschreitenden Charakters von Direktinvestitionen, der ja gerade Merkmal dieser Auslandstätigkeit ist. Diese Theorien unterscheiden sich kaum von den Erklärungsansätzen für das Wachstum multiregionaler Firmen. Sie sind z.B. nicht in der Lage, die Struktur von Ursprungs- und von Zielländern von Auslandsinvestitionen zu bestimmen.

Aliber (Aliber, 1970; 1971) geht von zwei Möglichkeiten aus, eine Theorie der Multinationalen Unternehmung zu formulieren: Einem Zoll- und einem Währungsraumansatz.

Liegen ein einheitlicher Währungsraum, aber unterschiedliche Zollgebiete vor, so ist die Auslandsdirektinvestitionsentscheidung ein reines Standortproblem. Die wichtigsten Entscheidungsparameter für die Wahl zwischen den Alternativen zur Ausbeutung eines monopolistischen Vorteils (Exporte, Lizenzvergabe, Produktion im Ausland) stellen die Höhe der Zölle, der Wert des monopolistischen Vorteils in Abhängigkeit von seiner Verwendung, die Größe des Absatzmarktes und nicht näher spezifizierte „cost of doing business abroad" dar, die aber vergleichbar mit den fixen Kosten der Auslandsplanung bei Caves sind. Je höher die auf Importgüter erhobenen Zölle sind, desto geringer ist die Profitabilität von Exporten. Ist der Gastlandsmarkt für eine ausreichende Kapazitätsauslastung noch zu klein und sind die fixen Informationskosten hoch, kann eine Lizenzvergabe erwogen werden. Mit zunehmender Marktgröße jedoch wird sich eine Entscheidung zugunsten der Auslandsproduktion ergeben. Zum einen ist dann die Ausbringungsmenge groß genug, um Skalenvorteile zu erzielen, zum anderen werden von einer Break-even-Größe an hinreichend Fixkostendegressionen realisiert.

Einen besseren Erklärungsbeitrag leistet jedoch gemäß Aliber der **Währungsraumansatz**. Seine These lautet, daß internationale Kapitalgeber Unternehmen aus Hartwährungsländern (also Ländern, von deren Währung eine Aufwertung erwartet wird) anders bewerten als Unternehmen aus Weichwährungsländern. Geht man davon aus, daß sich der Wert eines Unternehmens aus der Summe der zukünftig erwarteten diskontierten Gewinne ergibt, dann behauptet Aliber, daß der Markt bei Unternehmen aus Hartwährungsländern eine höhere Kapitalisierungsrate (also einen niedrigeren Kalkulationszins) als bei Unternehmen aus Weichwährungsländern verwendet. Die Folge ist, daß die dadurch höher bewerteten Firmen Vorteile auf den internationalen Kapitalmärkten haben und so zu Ursprungsländern von Direktinvestitionen werden.

Aliber nennt zwei Gründe für das Abweichen der Abzinsungsfaktoren. Der erste Grund betrifft die Wechselkurserwartungen der Kapitalgeber. Ein Investor, der den Erwerb einer Aktie eines Unternehmens aus einem Weichwährungsland erwägt, wird bei der Bewertung dieser Aktie sowohl die erwartete Abwertungsrate *als auch* eine Risikoprämie für die Wechselkursunsicherheit in seinen Kalkulationszins einbauen. Wird eine Aufwertung einer Währung erwartet, ist die Risikoprämie dieser Währung aufgrund der damit einhergehenden Devisenkurschancen niedriger. Ähnliche Überlegungen gelten auch für Fremdkapitalgeber, welche die Risikoprämie in ihren Zinsforderungen berücksichtigen.

Der zweite Grund ergibt sich als eine notwendige Ergänzung zum ersten. Denn *auch* bei der Diskontierung von Einkommensströmen einer Weichwährungsland-Tochtergesellschaft eines Hartwährungs-Mutterunternehmens wird eine höhere Kapitalisierungsrate als bei vergleichbaren lokalen Unternehmen verwendet. Das führt dazu, daß auch bei gleich hohen Gewinnerwartungen in der gleichen Währung ausländische Unternehmen höher bewertet werden. Dieses Phänomen ist gemäß Aliber auf mehrere Faktoren zurückführbar. In den Augen der Anleger hat eine Multinationale Unternehmung bessere Möglichkeiten, sich gegen Währungsrisiken zu schützen. Außerdem bietet der Erwerb von Anteilen an Multinationalen Unternehmen die Möglichkeit einer internationalen Finanzdiversifikation, ein Gedanke, der in Abschnitt 6 noch näher betrachtet wird. Und schließlich wird der Anteil an Gewinnen aus Auslandsmärkten in den Augen der internationalen Anleger oft vernachlässigt, so daß die Kapitalisierungsrate aus dem Ursprungsland übernommen wird.

Als Konsequenz aus diesen Sachverhalten zahlen Multinationale Unternehmen einerseits niedrigere Fremdkapitalzinsen, andererseits werden ihre Aktien auf den internationalen Kapitalmärkten höher bewertet. Dies bedeutet weiterhin, daß diese Unternehmen bei ihren Investitionsentscheidungen einen niedrigeren Kalkulationszinsfuß verwenden und so ein Projekt im Ausland eher als vorteilhaft ansehen als Unternehmen aus Weichwährungsländern mit ähnlichen Gewinnerwartungen. Auf makroökonomischer Ebene schließlich führt dies dazu, daß Direktinvestitionen von Hartwährungsländern in Weichwährungsländer fließen. Dieser Effekt kann durch die Größe eines Gastlandmarktes, durch die Höhe der Zölle, durch den Wert des monopolistischen Vorteils und durch die „costs of doing business abroad" verstärkt werden (Aliber, 1970, 1971).

Neben seiner Monokausalität kann dieser Ansatz vor allem bzgl. seiner Annahmen kritisiert werden. Die Existenz unterschiedlicher Kapitalisierungsraten setzt eine Finanzierung in der Währung des Ursprungslandes (Sitz der Mutter) voraus. Tatsache ist jedoch, daß Multinationale Unternehmen in großem Umfang mit lokalen Krediten operieren. Weiterhin geht dieser Ansatz davon aus, daß die Kapitalgeber das Handlungsfeld der Gesamtunternehmung als einheitlichen Währungsraum auffassen – auch wenn Gewinne in Weichwährungsländern erzielt werden (Jahrreiß, 1984, S. 180f.). Und schließlich werden weder cross investments noch die branchenmäßige Verteilung von Direktinvestitionen zufriedenstellend erklärt. Der Ansatz von Aliber kann also höchstens eine Ergänzung zur Hymer-Kindleberger-Tradition sein (Dunning, 1974, S. 7ff.).

2.4 Die Möglichkeit der internationalen vertikalen Spezialisierung und die Erzielung von Mehrbetriebsvorteilen

Abschließend sollen noch zwei monopolistische Vorteile angesprochen werden, die in der einschlägigen Literatur zwar nicht so sehr im Mittelpunkt stehen, für die Erklärung der möglichen Wettbewerbsvorteile einer Multinationalen Unternehmung aber von besonderer Wichtigkeit sind.

Eine vertikal integrierte Multinationale Unternehmung kann ihre Skalenvorteile dadurch ausbauen, daß sie einzelne Produktionsstufen in verschiedene Länder auslagert. Die einzelnen Unternehmenseinheiten produzieren auf ihrer Produktionsstufe für den Weltmarkt bzw. für Absatzgebiete, die weit über den lokalen Standort hinausgehen. Die höhere Produktionsmenge ermöglicht den Ausbau von Skalenvorteilen auf jeder Stufe. Kostensenkungspotentiale können sich darüber hinaus auch durch die Nutzung der spezifischen Faktorausstattung eines Standortes ergeben. So können arbeitsintensive Produktionsstufen in Niedriglohnländer (offshore production) und F&E-Aktivitäten in die Nähe von Technologiezentren verlagert werden. Die Endmontage sollte dann an dem Standort stattfinden, der den größten Binnenmarkt aufweist. Die erzielbaren Kostenvorteile (anlagespezifische Skalen- und länderspezifische Faktorkostenvorteile) müssen jedoch die Transportkosten der Teile übersteigen (Caves, 1971b; Kogut, 1985b; Moxon, 1975; Porter; 1989).

Mehrbetriebsvorteile werden zwar oft als wichtiges Element der Theorie der Multinationalen Unternehmung identifiziert („The models of the multiplant firm potentially relevant to explaining the presence of MNE's are quite numerous"; Caves, 1982, S. 2), die Erklärungsansätze, die sich auf die ursprüngliche Bedeutung der Mehrbetriebsvorteile beziehen, halten sich jedoch in Grenzen.

Die „Theory of Multiplant Operations", wie sie insb. durch die grundlegende Arbeit von Scherer u.a. (1975) dargelegt wird, untersucht die Gründe, weshalb es vorteilhaft ist, mehrere kleinere Produktionsanlagen zu betreiben, die nicht die Realisierung aller Skalenvorteile ermöglichen, statt einer oder weniger Großanlagen. Eine Erklärung hierfür ist, daß die Multinationale Unternehmung auf diesem Wege eine Optimierung der weltweiten Standortverteilung und somit eine Minimierung der Produktions- *und* der Transport- sowie der Distributionskosten erzielt (siehe Stein, 1992, S. 92ff.). Ein weiteres wichtiges Argument ist die Verbesserung der Allokationsflexibilität innerhalb des multinationalen Netzwerkes. Durch die Möglichkeit, die Produktion innerhalb mehrerer Standorte zu verlagern, kann die Multinationale Unternehmung flexibel auf Preis- und Wechselkursänderungen, auf Streiks, auf Lieferunterbrechungen und auf Nachfrageschwankungen reagieren. Sie ist dadurch weniger verwundbar als ein rein nationales Unternehmen (Kogut, 1985a; Meza, Ploeg, 1987).

Die Produktion an mehreren Standorten kann zu einer Beschleunigung von Lernkurveneffekten führen, wenn die einzelnen Einheiten ihre aus unterschiedlichen Auslandsbedingungen gewonnenen Erfahrungen untereinander austauschen (siehe dazu auch Abschnitt 4.3). Zudem können zentral entwickelte Innovationen schneller in neue Länder eingeführt werden, wenn ein Netzwerk an produzierenden Unternehmenseinheiten bereits vorliegt (siehe dazu auch Abschnitt 3.1).

In Abb. 2.26 findet sich eine Aufzählung der wichtigsten monopolistischen Vorteile.

2.5 Die Theorien des oligopolistischen Parallelverhaltens

Caves, Hymer und Kindleberger wiesen bereits darauf hin, daß Multinationale Unternehmen vorwiegend auf oligopolistischen Märkten tätig sind. Aus dieser Tatsache läßt sich ableiten, daß ihre Investitionspolitik im Ausland auch das Ergebnis oligopolistischer Verhaltensweisen sein kann.

Die Marktform des Anbieter-Oligopols ist dadurch gekennzeichnet, daß nur wenige Anbieter, deren Produkte untereinander substituierbar sind, auf viele Nachfrager treffen. Dies führt zu starken **marktmäßigen Interdependenzen** zwischen den Olipolisten. Die Aktionen eines Anbieters können beträchtliche Auswirkungen auf das Marktergebnis der restlichen Teilnehmer haben, so daß dieser mit entsprechenden Reaktionen zu rechnen hat (Knickerbocker 1973, S. 4ff.). Auf internationaler Ebene lassen sich **zwei typische Reaktionsweisen** unterscheiden:

1. Ein Unternehmen folgt seinem Konkurrenten ins Ausland, um dessen Wettbewerbsvorteile nicht zu groß werden zu lassen **(Follow-the-Leader-Investitionen)**.

2. Das Eindringen eines Konkurrenten in den eigenen Markt wird mit einer Gegeninvestition in dessen lokalem Markt beantwortet **(cross investments)** (Jahrreiß, 1984, S. 208).

Beide Verhaltensweisen sind als Reaktionen auf eine Störung des oligopolistischen Gleichgewichts aufzufassen. Dies ist ein Zustand, in dem alle Oligopolisten deshalb auf ein aggressives Verhalten verzichten, weil andernfalls aufgrund der damit ausgelösten Reaktion der übrigen Anbieter ungünstige Rückwirkungen entstünden (cut-throat competition; Knickerbocker, 1973, S. 6f.).

Knickerbocker untersuchte in einer empirischen Studie die erste Reaktionshypothese. Sein Erklärungsansatz für die Entstehung Multinationaler Unternehmen basiert auf der Erkenntnis, daß amerikanische Direktinvestitionen vorwiegend von solchen Firmen vorgenommen werden, deren heimische Märkte oligopolistische Strukturen aufweisen. Auch treten diese Direktinvestitionen i.d.R. „gebündelt" auf, das heißt, von mehreren Unternehmen der gleichen Branche in einem relativ kurzen Zeitraum in den gleichen Ländern. Beide Phänomene werden durch folgenden Theorieansatz miteinander verknüpft:

Die oligopolistische Struktur ergibt sich aus der Tatsache, daß amerikanische Unternehmen, die in der Lage waren, ein erfolgreiches Auslandsengagement einzugehen, folgende gemeinsame Charakteristiken aufwiesen: Sie betrieben intensive Forschungs- und Entwicklungstätigkeiten, sie verfügten über komplexe Produktionstechnologien und sie besaßen besondere Marketingfähigkeiten. Diese Unternehmen traten als Produktpioniere (analog dem in Abschnitt 3.1 vorgestellten Produktlebenszyklusansatz) auf, das heißt, sie entwickelten immer wieder neue, den Bedürfnissen der Konsumenten angepaßte Produkte und erwar-

2. Kap.: Die Theorien der Multinationalen Unternehmung

ben dadurch im Laufe der Zeit überlegene technologische und organisatorische Fähigkeiten. Diese Eigenschaften treffen größtenteils auch auf Firmen zu, die auf oligopolistischen Märkten tätig sind, so daß man von einer Komplementarität zwischen beiden Merkmalen sprechen kann.

Die Bündelung läßt sich über folgenden Zusammenhang erklären: Auslandsmärkte wurden zunächst über Exporte bedient. Da im Verlauf der Lebensphase eines Produktes die Kosten jedoch zu einem immer entscheidenderen Wettbewerbsfaktor werden, muß u.a. auch eine Produktion im kostengünstigeren Ausland erwogen werden (vgl. Abschnitt 3.1). Unternimmt nun ein Oligopolist als erster den Schritt ins Ausland, so stört er das oligopolistische Gleichgewicht. Seine Rivalen stehen dann vor folgender Entscheidungssituation: Eine Auslandsdirektinvestition ist mit zahlreichen Risiken und hohen zusätzlichen Kosten verbunden. Diese müssen gegen diejenigen Risiken aufgewogen werden, die durch einen Verzicht auf das Nachziehen ins Ausland entstehen, z.B.

- können die eigenen Exporterlöse zurückgehen, wenn der Rivale die Vorteile lokaler Produktion und lokalen Absatzes nutzt,
- kann der Konkurrent seine Fähigkeiten ausbauen bzw. Faktorkosten- und Massenproduktionsvorteile ausnutzen und dadurch seinen Marktanteil nicht nur im Gastland, sondern auch auf Drittmärkten und ggf. sogar auf dem Heimatmarkt ausbauen,
- kann er außerdem auf die Regierung des Gastlandes dahingehend einwirken, auf die Importgüter seiner Rivalen höhere Zölle zu erheben bzw. weitere Direktinvestitionen zu verhindern,
- kann er sich schließlich internationale Rohstoffquellen sichern, um damit für die restlichen Oligopolisten den Zugang zu erschweren.

Eine Abwägung zwischen beiden Risikogruppen kann dazu führen, daß sich die anderen Oligopolisten für die „follow-the-leader"-Strategie entscheiden (Knickerbocker, 1973, S. 7ff.).

Zur Überprüfung dieser Hypothesen untersuchte Knickerbocker das Investitionsverhalten von 187 US-amerikanischen Unternehmen aus der Verarbeitenden Industrie in 23 Ländern von 1948-1967. Zur Messung des oligopolistischen Parallelverhaltens verwendete er den sogenannten „entry concentration index" (ECI), der die Anzahl der gegründeten Tochtergesellschaften durch Unternehmen entweder aus einem bestimmten Industriezweig oder in einem bestimmten Land innerhalb einer Drei-, Fünf- oder Sieben-Jahres-Periode, ins Verhältnis gesetzt zu allen neu errichteten Niederlassungen, angibt. Je höher der Index, desto größer das Ausmaß der oligopolistischen Reaktion (Knickerbocker, 1973, S. 32ff.).

Knickerbockers Untersuchungen scheinen seine Hypothese zu bestätigen. Etwa die Hälfte aller Direktinvestitionen in den von ihm untersuchten Industriezweigen und Ländern fanden in einem Drei-Jahres-Zeitraum, und etwa 75 % in einem Sieben-Jahres-Zeitraum statt. Darüberhinaus testete er noch einige weitere, mit der oligopolistischen Reaktionshypothese verbundene Sachverhalte:

1. Es besteht ein positiver Zusammenhang zwischen dem **Konzentrationsgrad** in einer Branche und der Stärke der oligopolistischen Reaktion. Dies läßt sich leicht erklären: Ein Dyopolist beispielsweise wird durch die Auslandsinvestition seines Konkurrenten normalerweise einen höheren prozentualen Marktanteilsverlust zu befürchten haben als einer von acht Anbietern in einem Oligopol in der gleichen Situation. Das Ausmaß der Reaktion wird maßgeblich

vom Verhalten der Marktführer einer Branche und von der Bedeutung von Marketingaktivitäten für diesen Industriezweig geprägt. Nach Überschreiten eines gewissen Konzentrationsgrades nimmt die Stärke der oligopolistischen Reaktion jedoch wieder ab. Die Interdependenzen zwischen den Oligopolisten werden nach Knickerbocker so groß, daß Absprachen über die Aufteilung des Weltmarktes getroffen werden. Dieses Ergebnis konnte auch Flowers bestätigen, der mit der Methode von Knickerbocker europäische und kanadische Direktinvestitionen in den USA analysierte (Flowers, 1976).

2. Das Ausmaß des oligopolistischen Parallelverhaltens hängt auch vom Grad der **Stabilität** innerhalb einer Branche ab. Mit anderen Worten: In Branchen, in denen die Zahl der Unternehmen, die zum ersten Mal Produktionsstätten im Ausland errichten, sehr hoch ist, zeigt sich auch die oligopolistische Reaktion gewöhnlich am stärksten. Das bedeutet, daß die Zahl der Folgegründungen von Tochtergesellschaften *als Antwort* auf die Investitionen der Newcomer *gegenüber anderen* Industriezweigen *besonders* hoch ist. Diesen Zusammenhang erklärt Knickerbocker mit dem zusätzlichen Maß an Unsicherheit, das ein Auftreten neuer Produzenten auf internationaler Ebene mit sich bringt. Es ist nicht mehr gewährleistet, daß auch die neuen Unternehmen sich an explizite oder implizite Übereinkünfte der bereits etablierten internationalen Oligopolisten halten. Denn gerade durch aggressives Verhalten kann der Neuling versuchen, Wettbewerbsnachteile aufzuholen und so die Marktanteile der anderen Konkurrenten ins Wanken zu bringen. Besitzt er Fähigkeiten, die sich von denen der anderen deutlich unterscheiden, so ist die gesamte internationale Vormachtstellung der bereits etablierten Unternehmen in Gefahr. Seine Unerfahrenheit schließlich kann bewirken, daß u.U. auch solche Übereinkünfte mit den Gastlandsregierungen getroffen werden, in die die anderen Oligopolisten niemals einwilligen würden.

3. Für Unternehmen, die über eine **wohldiversifizierte** internationale **Produktpalette** verfügen, ergibt sich nicht in dem Maße die Notwendigkeit einer Reaktion auf die internationale Investitionspolitik ihrer Konkurrenten wie für Unternehmen mit engen Produktlinien. Folglich ist für diese Firmen der entry concentration index niedriger, denn sie begegnen dem Unsicherheitsproblem mit einem Produktportfolio-Management, haben also eine größere Anzahl von Optionen im Ausland. Ähnliche Zusammenhänge gelten für Unternehmen mit intensiver Innovationstätigkeit und einem hohen Grad an Produktdifferenzierung, da ihre Produkte ein hohes Maß an Kundentreue aufweisen.

4. Erfordern die Produktionsanlagen im Ausland eine **hohe Ausbringungsmenge**, um ausreichende Skalenerträge zu erzielen, so kann dies die Neigung zur oligopolistischen Reaktion erheblich abschwächen. Die Konkurrenten sind entweder nicht in der Lage, diese Markteintrittsbarriere zu überwinden, oder nicht bereit, das Produktionsrisiko (beispielsweise eine permanente Verfügbarkeit über Produktionsfaktoren in großem Umfang) und das Absatzrisiko in Kauf zu nehmen. Folglich werden defensive Investitionen eher von Unternehmen mit kleiner oder mittlerer Betriebsgröße vorgenommen.

5. Schließlich konnte Knickerbocker noch einen positiven Zusammenhang zwischen der **Profitrate** einer Branche sowie der **Marktgröße** und der **Marktwachstumsrate** des Gastlandes einerseits, und dem Ausmaß der oligopolistischen Reaktion andererseits feststellen. Unternehmen mit guter Ertragslage sind eher in der Lage, die Ressourcen für eine Auslandsdirektinvestition auf-

zubringen, wobei gute Absatzerwartungen die Investitionsneigung verstärken (Knickerbocker, 1973, S. 53ff.).

Knickerbocker selbst räumt ein, daß dieser Ansatz nur einen Teil der Direktinvestitionen erklären kann, nämlich solche, die als Reaktion auf Erstinvestitionen zu verstehen sind. Die Frage nach den Faktoren, welche die Pionierunternehmung dazu veranlaßt haben, ins Ausland zu gehen, wird nicht beantwortet. Er verweist hier auf die Produktlebenszyklustheorie von Vernon (Knickerbocker, 1973, S. 7ff.).

Die **zweite Reaktionshypothese** untersuchte Graham (Graham, 1978, 1974) im Hinblick auf die Ende der sechziger beginnenden und in den siebziger Jahren fortschreitenden europäischen Direktinvestitionen in den USA. Die meisten Industrial Organization Ansätze sowie der in Abschnitt 3.1 dargestellte Produktlebenszyklusansatz bezogen sich hauptsächlich auf die Entstehung multinationaler US-Unternehmen in Europa. Während Graham hierfür das Argument des monopolistischen Vorteils für eine befriedigende Erklärung hält, ist dies im umgekehrten Fall – europäische Direktinvestitionen in den USA – weniger einleuchtend, zumal die europäischen Direktinvestitionen oft in den gleichen Industriezweigen erfolgten wie die ihrer amerikanischen Konkurrenten. Folglich liegt die Vermutung nahe, daß es sich hier um Gegeninvestitionen handelt, um das internationale oligopolistische Gleichgewicht wiederherzustellen. Dringt ein ausländischer Investor, der im Besitz eines spezifischen Vorteils ist, in einen oligopolistisch strukturierten Markt ein, so kann dies sowohl Gegenmaßnahmen im Gastland als auch in seinem eigenen Land hervorrufen. Lokale Unternehmen können z.B. andere Unternehmen aus ihrem Land aufkaufen, um den ausländischen Konkurrenten durch erhöhte Skalenerträge zurückzudrängen. Auch könnte dies über einen Preiskrieg oder verstärkte Produktdifferenzierung erreicht werden. Zur Entstehung europäischer Multinationaler Unternehmen kommt es schließlich, wenn im Ursprungsland des Konkurrenten investiert wird. Gemäß Graham führen zwei Faktoren zu dieser Gegenreaktion. Zum einen kann das reagierende Unternehmen durch die Aktion des Konkurrenten stimuliert werden, eigene monopolistische Vorteile auf dessen Markt auszunutzen. Zum anderen, und dies ist der bedeutendere Grund, kann eine Bedrohung des ausländischen Investors auf seinem eigenen Markt dazu führen, daß er seine Aktivitäten auf dem Markt der reagierenden Unternehmung einschränken muß.

Mit der direkten Präsenz im Heimatmarkt des Konkurrenten wird gleichzeitig eine strategische Flexibilität bei der Wahl der Vergeltungsmaßnahmen signalisiert. Dadurch wird dessen Neigung zu aggressiven Wettbewerbsmaßnahmen auf dem Auslandsmarkt eingeschränkt. Dieses Phänomen wird in der Literatur der Industrieökonomik auch als Mehrpunktkonkurrenz bezeichnet. Da die großen Multinationalen Unternehmen sich auf allen wichtigen Märkten der Welt wiederbegegnen (siehe auch Abschnitt 3.1), müssen sie damit rechnen, daß der Gegenschlag auf einen aggressiven Vorstoß in Land X in einem anderen Land Y erfolgt, wo sie besonders verwundbar sind. Dadurch kann auch ein gewisses kollusives Gleichgewicht hergestellt werden (Stein, 1992, S. 139f. und S. 198).

Graham testete diese Hypothese anhand einer Regressionsanalyse, in der er die zeitliche Verzögerung europäischer Investitionen in den USA auf US-Investitionen in Europa untersuchte (Graham, 1978, S. 84ff.).

Oligopolistische Reaktionen sind ohne Zweifel ein gewichtiger Erklärungsgrund für die Entstehung und die Verbreitung Multinationaler Unternehmen.

Allerdings braucht dies nicht der einzige theoretische Hintergrund für die zeitliche Ballung von Direktinvestitionen (sowohl für Knickerbocker als auch für Graham der „Beweis" für ihre Thesen) zu sein. Änderungen in den Faktorpreisen, Errichtung von Importschranken und zurückgehende Inlandsnachfrage können mehrere Unternehmen unabhängig voneinander dazu veranlassen, im Ausland zu investieren. Desweiteren kann ein sogenannter „Demonstrationseffekt" seitens des Erstinvestors vorliegen, der dazu führt, daß andere Unternehmen auf lukrative Investitionsmöglichkeiten erst aufmerksam gemacht werden (Braun, 1988, S. 160ff.). Festzuhalten bleibt also, daß die oligopolistischen Reaktionshypothesen als Partialansatz der Theorie der Multinationalen Unternehmung in der Lage sind, einen Teil der Bündelung von Direktinvestitionen sowie der cross investments zu erklären.

3 Multinationale Unternehmen in der Theorie des internationalen Handels

Der Erklärungswert der Theorien des internationalen Handels bezüglich der Entstehung und Verbreitung Multinationaler Unternehmen hält sich in Grenzen. Dies liegt vor allem daran, daß die in den älteren Modellen getroffenen Annahmen eine Entstehung von Direktinvestitionen gar nicht erst zuließen:

- Die **klassische Außenhandelstheorie**, die auf absolute [**Adam Smith** (1776)] und komparative Kostenvorteile [**David Ricardo** (1817)] aufbaut, geht von einer völligen internationalen Immobilität der Produktionsfaktoren aus. Güter dagegen sind international mobil und werden im Zuge des Außenhandels ausgetauscht. Komparative Kostenvorteile ergeben sich aufgrund unterschiedlicher Arbeitsproduktivitäten zwischen den Ländern, es wird also nur ein Produktionsfaktor betrachtet.

  Zu Direktinvestitionen kann es aufgrund der Faktorimmobilität also nicht kommen. Hinzu kommt, daß die Annahme der vollkommenen Konkurrenz die Entstehung Multinationaler Unternehmen (die als Mengenanpasser auftreten müßten) unmöglich macht. Zudem sind Multinationale Unternehmen vornehmlich auf Märkten mit oligopolistischer Struktur zu finden.

  Die klassische Außenhandelstheorie bietet also keine Erklärung für Direktinvestitionen. Würde man jedoch ihre Annahme der internationalen Faktorimmobilität aufheben, so könnten Unterschiede in den Faktorproduktivitäten (die auf unterschiedliche Technologien zurückzuführen sind) eine Teilerklärung für Direktinvestitionen liefern: diese Differenzen könnten durch Güter- *oder* Faktorbewegungen ausgenutzt werden.

- Die **neoklassische Theorie** geht auf das Faktorproportionenmodell von Heckscher und Ohlin zurück. Komparative Vorteile entstehen durch die unterschiedliche Ausstattung eines Landes mit den Produktionsfaktoren Arbeit und Kapital. Dieser Ansatz ermöglicht eine fundiertere Erklärung der Richtung und Zusammensetzung der Handelsströme als die klassische Theorie. Allerdings wird im Gegensatz zu letzterer von weltweit homogenen Produktionsfunktionen ausgegangen.

  Die Grundversion des **Heckscher-Ohlin-Modells** fußt wiederum auf der Annahme internationaler Faktorimmobilität, die bedeutet, daß es nicht zur Entstehung von Direktinvestitionen kommen kann. Erweiterungen des Modells durch Samuelson und Stolper zeigten, daß der internationale Handel eine Aufhebung der internationalen Faktorpreisunterschiede (die sich aufgrund der unterschiedlichen Faktorausstattung ergeben) zum Ergebnis hat. Wird ferner die Prämisse der Immobilität von Produktionsfaktoren aufgehoben (wie dies von Ohlin selber 1931 getan wurde), so kann die weltweite Faktorpreisangleichung ergänzend auch durch Faktorbewegungen erfolgen. Aus diesen Überlegungen wurde die Zinssatztheorie der internationalen Kapitalbewegungen entwickelt, die vor dem Erscheinen der Arbeit von Hymer als einzige Erklärung für Direktinvestitionen galt.

Aus dem Heckscher-Ohlin-Modell lassen sich zwei **Implikationen** für die Theorie der Mutinationalen Unternehmung ableiten.

1. Außenhandel und Direktinvestitionen sind alternative Methoden der Auslandsmarktbearbeitung. Ob sie Substitute sind, wie dies bspw. Mundell in einer Erweiterung des Heckscher-Ohlin-Samuelson-Modells herleitet, ist umstritten. Hiermit beschäftigt sich insbesondere der Ansatz von Hirsch in Abschnitt 3.3. Dabei verdeutlicht ein Entscheidungsmodell zwischen den Handlungsalternativen Export und Auslandsproduktion, daß beide Formen des Auslandsengagements nicht unbedingt in einem substitutiven Verhältnis zueinander stehen müssen.

2. Aus dem Heckscher-Ohlin-Modell lassen sich zudem Aussagen zu einer Standorttheorie der Multinationalen Unternehmung ableiten. So werden Unternehmen aus kapitalreichen Ländern den Produktionsfaktor Kapital primär in die Länder übertragen, in denen der Faktor Arbeit relativ am reichlichsten und somit am kostengünstigsten vorhanden ist. Corden leitet Aussagen über die Standortentscheidungen Multinationaler Unternehmen aus dem Modell von Mundell ab. Die Standorttheorie von Tesch (vgl. Abschnitt 5.2) integriert Außenhandels- und Direktinvestitionsentscheidungen.

Das Leontief-Paradoxon (Leontief fand in einer empirischen Studie heraus, daß die USA Güter exportierten, die relativ arbeitsintensiv waren) führte zu zwei wesentlichen Weiterentwicklungen des Heckscher-Ohlin-Modells, die seinen hohen Abstraktionsgrad durch einige zusätzliche Faktoren näher an die Realität heranführen.

1. Die **Neofaktortheorien** des internationalen Handels heben die Bedeutung des human capital als Einflußfaktor auf die komparativen Vorteile hervor. Technologie im weitesten Sinne (also auch Managementpotential) muß somit als dritter Produktionsfaktor gesehen werden. Ein weiterer wichtiger Faktor ist die Ausstattung eines Landes mit natürlichen Ressourcen. Auf der Basis dieser Erweiterungen entwickelte Kojima ein Modell, das außenhandelsfördernde und außenhandelszerstörende Direktinvestitionen identifiziert. Neben den beiden Produktionsfaktoren Arbeit und Kapital erweitert er das Heckscher-Ohlin-Modell um die beiden Größen Technologie und Management-Know-How. Dieser Ansatz wird im Abschnitt 3.2. dargestellt. Auch das Modell von Hirsch (eine Erweiterung des Heckscher-Ohlin-Samuelson-Stolper-Modells) enthält firmenspezifisches Know-How als eine Variable.

2. Die **neotechnologischen Handelstheorien** basieren auf der Entwicklung von Technologien als Erklärungsgrund von Außenhandel, sind also mehr in der Tradition Ricardos verankert. Technologische Vorsprünge eines Landes

führen zum **technological gap trade**. Dieser findet während des Zeitraumes statt, in dem die Innovation noch nicht von Imitatoren kopiert wurde.

Das Produktlebenszyklusmodell von Vernon ist eng an dieses Konzept angelehnt. Es wird in Abschnitt 3.1 ausführlich dargestellt. Seine Theorie enthält auch Elemente der Industrial-Organization- und der Standorttheorie. Auch wenn die Neotechnologieansätze mehr für den internationalen Handel als für internationale Investitionen entwickelt wurden, so enthalten sie doch mit ihren betrachteten Faktoren (insbesondere Technologie, Produktdifferenzierung und Economies of Scale) wesentliche Elemente der Theorie der Multinationalen Unternehmung. Vernons Ansatz ist eine gelungene Integration der Außenhandelstheorie mit der Theorie der Direktinvestition.

Abschließend soll noch ein einfaches Entscheidungsmodell zwischen Außenhandel und Direktinvestitionen von Horst dargestellt werden, das auf einen Kostenvergleich aufbaut.

3.1 Das Produktlebenszyklusmodell

Das Produktlebenszyklusmodell wurde als Erklärungsansatz sowohl für den internationalen Handel (z.B. Wells, 1972) als auch für Direktinvestitionen entwickelt. Mit letzterem Aspekt setzt sich vor allem Vernon auseinander. 1966 formulierte dieser vor dem Hintergrund US-amerikanischer Direktinvestitionen in Europa eine erste Version. Im Laufe der Zeit fand ein grundlegender Wandel in den internationalen wirtschaftlichen Verhältnissen und in den Erscheinungsformen der Multinationalen Unternehmen statt. Die Bedingungen, unter denen er seine Hypothesen aufstellte, verloren zunehmend an Gültigkeit. Vernon räumte dies selber ein. Bereits 1974 nahm er die Neuformulierung seines Ansatzes vor, der vor allem den oligopolistischen Charakter von Multinationalen Unternehmen berücksichtigt. Zunächst soll jedoch das Grundmodell vorgestellt werden.

Das **Produktlebenszyklusmodell** basiert auf folgenden Annahmen:

1. Produkte unterliegen im Verlauf ihres Lebens vorhersehbaren Veränderungen sowohl in den Produktionsprozessen als auch in ihren Absatzbedingungen. Die Produktion ist durch die Möglichkeit der Erzielung von Skalenvorteilen gekennzeichnet.

2. Zwischen einzelnen Ländern gibt es Geschmacksunterschiede. Sie sind eine Funktion der Einkommenshöhe.

3. Im Gegensatz zur traditionellen Außenwirtschaftslehre herrscht keine vollkommene Information vor. Die Informationsmenge ist begrenzt; Kommunikation ist mit Kosten verbunden, die eine Funktion der Entfernung sind (Wells, 1972, S. 5f.; Vernon, 1966, S. 191f.).

Vernon (Vernon, 1966, S. 191ff., 1971, S. 65ff., 1979, S. 256ff.) ging, wie die meisten Autoren der Industrial-Organization-Tradition auch, von innovativen amerikanischen Unternehmen mit überlegenem Know-How aus. Dabei waren es die Fähigkeiten, neue Technologien in Produktinnovationen umzusetzen, die diese Unternehmen auszeichneten. Um jedoch auf die Bedürfnisse der Konsumenten flexibel reagieren und so neue Absatzmöglichkeiten ausnutzen zu können, war ein hoher Grad an Kommunikation mit dem Markt vonnöten. Da amerikanische Firmen sich hier besonders engagierten, war es für ausländische Anbieter schwer,

Fuß zu fassen. Die USA wiesen zwei weitere, für die Entwicklung des Produktlebenszyklusmodells wichtige Charakteristika auf. Zum einen war das Durchschnittseinkommen höher als in den meisten anderen Ländern (etwa doppelt so hoch wie in Europa). Zum anderen herrschten relativ hohe Lohnkosten und eine relativ reichliche Ausstattung mit dem Produktionsfaktor Kapital vor.

Amerikanische Unternehmen, ständig auf der Suche nach neuen Marktsegmenten, die ihnen zu einer temporären Monopolstellung verhelfen könnten, entwickelten nun Produkte, die für Konsumenten mit hohem Pro-Kopf-Einkommen bestimmt waren (anspruchsvolle, dauerhafte Konsumgüter), und deren Produktion in möglichst hohem Maße Arbeit durch Kapital ersetzte. So kam es, daß diese Produktpioniere bezüglich ihrer Produktlinien einen im internationalen Vergleich hohen Forschungs- und Entwicklungsaufwand betrieben. Vernon wies explizit darauf hin, daß dies nicht für alle Innovationen galt, sondern eben speziell für Güter des gehobenen Bedarfs und arbeitseinsparende Produktion. Damit erklärte die Innovationstätigkeit der amerikanischen Industrie einen Großteil ihrer Exporte.

In der sogenannten **Einführungsphase** findet nicht nur die Entwicklung der Produkte, sondern auch die **Produktion im Heimatland** statt, während die bis dahin nur geringe Auslandsnachfrage durch Exporte befriedigt wird. Für den Standort USA sprechen folgende Punkte:

1. In der ersten Lebensphase liegt noch kein standardisiertes Produkt vor, dieses wird erst im Laufe der Zeit entwickelt. Das bedeutet, daß ein bestimmter Grad an Flexibilität bei der Verwendung der Inputfaktoren herrschen muß, bis die endgültige Zusammensetzung und Produktgestalt vorliegt. Des weiteren werden für die verbleibenden Entwicklungsarbeiten hochqualifizierte Arbeitskräfte benötigt.

2. Kostengesichtspunkte treten in dieser Phase in den Hintergrund, da die Preiselastizität der Nachfrage bei Innovationen aufgrund ihres Neuheits- und Differenzierungsgrades relativ gering ist. Daraus folgt, daß nur geringe Kostenunterschiede gegenüber der Auslandsproduktion nicht entscheidungsrelevant sind.

3. Mit Innovationen sind auch Marktrisiken verbunden. Aus diesem Grund wird der Innovator die Einführung in einem vertrauten Markt vorziehen. Um die Unsicherheit zu reduzieren, ist der bereits angesprochene Kommunikationsgrad mit Konsumenten, Lieferanten und sogar Konkurrenten notwendig. Die Marktnähe erlaubt es, flexibel und schnell auf Nachfrageänderungen zu reagieren. Da Kommunikationskosten mit zunehmender Entfernung jedoch ansteigen (dies gilt sowohl innerhalb der Unternehmung als auch für ihre Beziehungen zur Außenwelt), wird eine Produktion in der Nähe der Zentrale vorgezogen.

In der sogenannten **Reifephase** erreicht die Produktion einen gewissen Standardisierungsgrad, was bedeutet, daß über hohe Ausbringungsmengen Skalenvorteile erzielt werden können. Der Kostengesichtspunkt tritt als Produkteigenschaft in den Vordergrund, auch wenn noch kein scharfer Preiswettbewerb vorliegt. Die Preiselastizität der Nachfrage steigt, die Preise sinken. In dieser Phase stellt sich nun die Frage nach dem optimalen Produktionsstandort. Denn die Nachfrage in den europäischen Industriestaaten nimmt zu, eine Flexibilität bei den Produktionsbedingungen sowie der Rückkoppelungsprozeß zum Markt sind nicht mehr – wie zuvor – in hohem Maße notwendig, und die niedrigeren Lohnkosten im Ausland nehmen als Entscheidungsparameter an Gewicht zu. Die Entscheidungssituation ist jedoch zu komplex, als daß sie auf einige wenige Faktoren reduziert werden könnte. Direktinvestitionen sind unter Kostengesichtspunkten ökonomisch nur sinnvoll, wenn die Grenzkosten der Produktion eines Exportgutes und seine Transportstückkosten höher sind als die Durchschnittskosten der Auslandsproduktion. Diese kann jedoch auch das Ergebnis strategischer Zwänge wie z.B. die Gefährdung der Exporte durch lokale Auslandskonkurrenten oder durch drohende Handelsbarrieren sein. Vernon spricht auch die oligopolistische Reaktionshypothese (vgl. Abschnitt 2.5) an. Wells fügt hinzu, daß die Zeitspanne bis zur Aufnahme der Auslandsproduktion um so kürzer ist, je höher Transportkosten und Zölle, je niedriger die Einkommenselastizität der Nachfrage, je höher das Einkommensniveau und das Marktvolumen im Ausland und je eher Skalenvorteile bei niedrigen Ausbringungsmengen erzielbar sind (Wells, 1972, S. 13).

Wenn die niedrigeren Produktionskosten zum Tragen kommen, können Drittmärkte und sogar der eigene Heimatmarkt mit Exporten beliefert werden. Dies ist gemäß Vernon vor allem dann der Fall, wenn die Lohnkostenunterschiede größer sind als die Transportkosten, allerdings unter der Annahme, daß in beiden Ländern die Skalenvorteile bereits voll ausgeschöpft sind.

In der Reifephase wird eine **Auslandsinvestition vorzugsweise in Industrieländern** vorgenommen, da dort ähnliche Nachfragestrukturen wie in den USA vorherrschen.

In der sogenannten **Standardisierungsphase**, in der die Kosten endgültig zum entscheidenden Wettbewerbsfaktor geworden sind, weisen **Entwicklungsländer als Produktionsstandort** wegen der niedrigen Lohnkosten komparative Vorteile auf. Von dort aus werden Produkte in die USA und in die anderen Industriestaaten exportiert. Aus den ursprünglichen Exportländern werden somit Netto-Importeure. Wegen des hohen Bekanntheits- und Standardisierungsgrades sind keine Marktinformationskosten mehr aufzubringen, das entscheidende Produktmerkmal ist der Preis. Die Produktion dieser Güter ist arbeitsintensiv und benötigt keine hochpräzisen Inputfaktoren. Die Produkte weisen eine hohe Preiselastizität der Nachfrage auf, sind lagerfähig und – im Verhältnis zu den Transportkosten – eher von hohem Wert (z.B. Textilien).

Abb. 2.3 zeigt den Verlauf und die wesentlichen Merkmale des Produktlebenszyklus.

Wie bereits erwähnt, hat sich das spezifische Umfeld, aus dem heraus das Modell formuliert wurde, gewandelt. Vernon selbst nennt zwei Arten von Veränderungen (Vernon, 1979, S. 258ff.). Die erste betrifft die Multinationalen Unternehmen an sich, die sich bei der Einführung neuer Produkte nicht lange auf den lokalen Markt beschränken, sondern sehr bald über ein bereits vorhandenes weltweites Netzwerk produzieren und absetzen. Die Zeitspanne zwischen dem Erscheinen einer Innovation auf dem US-Markt und der Herstellung in ausländischen Produktionsstätten ist somit wesentlich kürzer geworden, oft erfolgt dies gleichzeitig. Die zweite Veränderung trat bei den internationalen wirtschaftlichen Verhältnissen auf. Andere Länder holten mit einem Anstieg der Pro-Kopf-Einkommen, der Lohnkosten und der Nachfrage das Niveau der USA ein. Der primäre Zielmarkt für Innovationen (hochwertige Güter) bleibt also nicht mehr auf amerikanische Konsumenten beschränkt. Die Auffassung einer Dreiteilung der Welt in die USA, andere Industriestaaten und Entwicklungsländer ist heute nicht mehr haltbar, da sich zumindest die ersten beiden Gruppen nicht mehr we-

2. Kap.: Die Theorien der Multinationalen Unternehmung 65

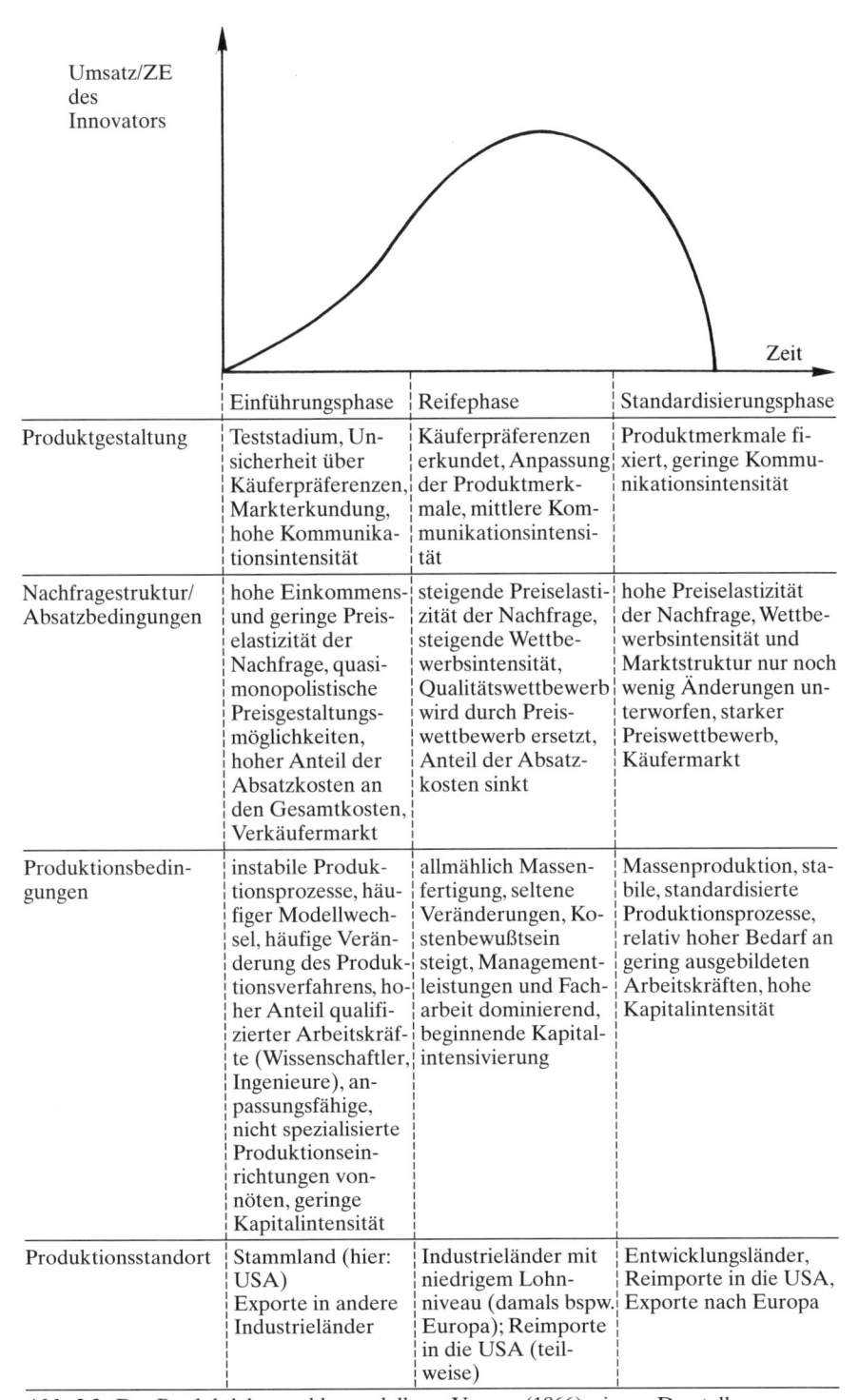

	Einführungsphase	Reifephase	Standardisierungsphase
Produktgestaltung	Teststadium, Unsicherheit über Käuferpräferenzen, Markterkundung, hohe Kommunikationsintensität	Käuferpräferenzen erkundet, Anpassung der Produktmerkmale, mittlere Kommunikationsintensität	Produktmerkmale fixiert, geringe Kommunikationsintensität
Nachfragestruktur/ Absatzbedingungen	hohe Einkommens- und geringe Preiselastizität der Nachfrage, quasimonopolistische Preisgestaltungsmöglichkeiten, hoher Anteil der Absatzkosten an den Gesamtkosten, Verkäufermarkt	steigende Preiselastizität der Nachfrage, steigende Wettbewerbsintensität, Qualitätswettbewerb wird durch Preiswettbewerb ersetzt, Anteil der Absatzkosten sinkt	hohe Preiselastizität der Nachfrage, Wettbewerbsintensität und Marktstruktur nur noch wenig Änderungen unterworfen, starker Preiswettbewerb, Käufermarkt
Produktionsbedingungen	instabile Produktionsprozesse, häufiger Modellwechsel, häufige Veränderung des Produktionsverfahrens, hoher Anteil qualifizierter Arbeitskräfte (Wissenschaftler, Ingenieure), anpassungsfähige, nicht spezialisierte Produktionseinrichtungen vonnöten, geringe Kapitalintensität	allmählich Massenfertigung, seltene Veränderungen, Kostenbewußtsein steigt, Managementleistungen und Facharbeit dominierend, beginnende Kapitalintensivierung	Massenproduktion, stabile, standardisierte Produktionsprozesse, relativ hoher Bedarf an gering ausgebildeten Arbeitskräften, hohe Kapitalintensität
Produktionsstandort	Stammland (hier: USA) Exporte in andere Industrieländer	Industrieländer mit niedrigem Lohnniveau (damals bspw. Europa); Reimporte in die USA (teilweise)	Entwicklungsländer, Reimporte in die USA, Exporte nach Europa

Abb. 2.3: Das Produktlebenszyklusmodell von Vernon (1966); eigene Darstellung

nicht mehr haltbar, da sich zumindest die ersten beiden Gruppen nicht mehr wesentlich unterscheiden.

Ein innovativer Unternehmer ist heute über die Produktions- und Absatzbedingungen in anderen Ländern besser informiert als früher. Zudem haben Firmen in Japan und in Europa (durch den Binnenmarkt) inzwischen die gleichen Voraussetzungen wie die einstigen Produktpioniere aus den USA.

So kommt Vernon zu dem Schluß, daß der Produktlebenszyklusansatz „had strong predictive power in the first two decades after World War II, especially in explaining the composition of US trade and in projecting the likely patterns of foreign direct investment by US firms" (Vernon, 1979, S. 265). Es stellt sich nun die Frage, für welche Bereiche der Ansatz noch Gültigkeit besitzt.

Gemäß Vernon findet er z.B. auf kleinere innovative Firmen Anwendung, deren Internationalisierungsgrad noch nicht sehr fortgeschritten ist. Zudem gibt es auch bei anderen, größeren Unternehmen Innovationen, die nicht ohne weiteres sofort auf andere Länder übertragen werden können.

Darüber hinaus erklärt das Produktlebenszyklusmodell die Entstehung europäischer und japanischer Multinationaler Unternehmen über rohstoff- und raumeinsparende Innovationen (z.B. in der Automobilindustrie). Außerdem besitzt er für die Ebene Industrieländer – Entwicklungsländer immer noch Gültigkeit, da innovative Produkte überwiegend von der ersten Ländergruppe entwickelt werden (Vernon, 1979, S. 265ff.).

Zu den Kritikpunkten am Produktlebenszykluskonzept zählt neben anderen, daß es die Alternativen zur Direktinvestition (z.B. Lizenzvergabe oder Joint Ventures) nicht erklärt und auf die Markteintrittsbarrieren, die Multinationale Unternehmen im Ausland überwinden müssen, nicht eingeht. Internationaler Handel und internationale Investitionen folgen einem mechanistischen Ablauf. Hier wird der partialanalytische Charakter dieses Ansatzes deutlich (Giddy, 1978, S. 90ff.).

Vernon hat 1974 einen weiteren Ansatz entwickelt, der Elemente der Industrial Organization und der Standorttheorie integriert (Vernon, 1974, S. 108ff.). Obwohl in dieser Arbeit die Produktlebenszyklustheorie nicht erwähnt wird, sehen einige Autoren in ihr eine Modifizierung des ursprünglichen Modells (z.B. Buckley/Casson, 1976, S. 77f.; Jahrreiß, 1984, S. 77f.):

Multinationale Unternehmen sind danach vornehmlich auf solchen oligopolistischen Märkten tätig, die durch verschiedene Arten von Markteintrittsbarrieren geschützt sind. Diese wiederum haben Einfluß auf die Standortwahl der Multinationalen Unternehmung.

- **Innovative Oligopole** basieren auf der Entwicklung neuer und der Differenzierung bestehender Produkte. Was Forschung und Entwicklung angeht, so besteht aufgrund der Notwendigkeit der Kommunikation zwischen Marketingspezialisten, Ingenieuren, Kostenplanern, Produktionsplanern und schließlich dem Markt eine Tendenz zur Zentralisierung und Internalisierung (vgl. Abschnitt 4). Hier gelten die Argumente der ersten Phase des Produktlebenszyklus: Die Produkte werden zunächst auf die Bedingungen der nationalen Güter- und Faktormärkte abgestimmt. Das heißt, **in den USA werden arbeitssparende und für hohe Einkommen bestimmte, in Europa land- und materialsparende und in Japan raum- und materialsparende Innovationen** entwickelt. Auch die Produktion wird zunächst nahe dem Hauptmarkt stattfinden. Ob und wann sie im Rahmen des Produktlebenszyklus ins Ausland verlagert wird, hängt davon ab, wie arbeitsintensiv die Produktion ist, wie schnell Skalenvorteile erzielt werden können, wie hoch die Transportkosten und die Handelsschranken sind und wo der übliche Produktionsstandort war (so werden beispielsweise europäische Unternehmen nicht aus Kostengründen in den USA produzieren, während dies umgekehrt zur damaligen Zeit eher ökonomisch sinnvoll war).

- Bei **reifen Oligopolen** sind Skalenvorteile in den Bereichen Produktion, Marketing und Transport die grundlegenden Markteintrittsbarrieren. Die Mitglieder dieser Oligopole sind in erster Linie um die Aufrechterhaltung des oligopolistischen Gleichgewichts bemüht. Der Grund hierfür liegt in den hohen Fix- und niedrigen variablen Kosten, mit denen diese Branchen (beispielsweise Öl, Düngemittel, Aluminium, Schwefel) überwiegend operieren. Ein Preiskrieg würde also sehr schnell dazu führen, daß die Vollkosten nicht mehr gedeckt werden könnten.

  Die Stabilisierungsbemühungen haben Einfluß auf den Produktionsstandort. Beispielsweise soll mit Hilfe von Preisabsprachen erreicht werden, daß eine gegebene Verteilung von Standorten erhalten bleibt, mit anderen Worten, daß kein Mitglied versucht, standortbedingte Preisnachteile (bspw. aufgrund von Transportkosten) durch gleichgewichtsstörende Neuinvestitionen wettzumachen. Cross Investments und Follow-the-leader-Strategien dienen ebenfalls der Wiederherstellung des Gleichgewichts (vgl. Abschnitt 2.5). Im Rohstoffbereich schließlich kommt es oft zur Zusammenarbeit zwischen führenden Multinationalen Unternehmen im gleichen Gastland.

- Bei **gesättigten Oligopolisten** stellen weder der innovative Charakter der Produkte noch Skalenvorteile mehr eine Markteintrittsbarriere dar. Erscheint es jedoch nach wie vor sinnvoll, die Produkte weiterzuführen, beispielsweise wegen komplementärer Effekte auf das Restsortiment, so treten die Kosten als Standortfaktor in den Vordergrund. In diesem Fall kann die orthodoxe Standorttheorie eine Erklärung für Auslandsproduktionsentscheidungen liefern (vgl. dazu Abschnitt 5). Der Fremdbezug von Teilen aus dem Ausland ist aus Gründen der Lieferantenunsicherheit oft keine gute Alternative zur Produktion vor Ort. Die Neigung, die Fertigung im Gastland in eigener Regie zu übernehmen, wird noch stärker sein, wenn die Unternehmung bereits multinational und mit den Bedingungen einiger Gastländer vertraut ist.

Dieser Ansatz von Vernon, der eher der Standort- und Industrial-Organization-Theorie zuzuordnen ist, hat nur noch geringfügige Ähnlichkeit mit dem ursprünglichen Produktlebenszyklusmodell. Somit gibt er nur indirekt eine Erklärung für die Entstehung Multinationaler Unternehmen. Je nach dem Alter einer oligopolistischen Branche wird die Standortentscheidung von anderen Determinanten bestimmt. Hier gibt es zwar Übereinstimmungen mit den Aussagen der Produktlebenszyklustheorie, der dynamische Charakter ist jedoch nicht mehr der gleiche.

3.2 Die makroökonomische Theorie der Direktinvestition von Kojima

Kojimas Theorie (Kojima, 1973, 1975, 1978, 1982) versucht, Direktinvestitionen und internationalen Handel in ein Modell der Heckscher-Ohlin-Tradition zu integrieren. Dabei lautet die Fragestellung bei ihm weniger: Wie entstehen Multinationale Unternehmen? als: Was für Auswirkungen haben ihre Entstehungsgründe auf den internationalen Handel?

Die weltweiten Handelsströme werden im Heckscher-Ohlin-Modell durch die Struktur der komparativen Kosten bestimmt, welche wiederum auf die Faktorproportionen zurückzuführen sind. Jedes Land wird diejenigen Güter exportieren, für deren Herstellung es komparative Vorteile aufweist. Diese internationale Arbeitsteilung führt zu einem Handelsgewinn und zu einer Wohlfahrtssteigerung.

Direktinvestitionen bedeuten die Übertragung eines Paketes aus Kapital, Technologie sowie Managementfähigkeiten. Sie können auf diese Weise zu einem Wandel in der Struktur der komparativen Kosten führen. Bezüglich ihrer Wirkungen auf den internationalen Handel unterscheidet Kojima zwischen „trade-oriented" und „anti-trade-oriented" Direktinvestitionen.

Handelsorientierte Direktinvestitionen erfolgen vornehmlich in Branchen, in denen das Investorland unter komparativen Nachteilen leidet (bzw. komparative Vorteile verloren hat oder zu verlieren droht) und das Empfängerland komparative Vorteile aufweist. Sie führen zu einer Ausweitung des Welthandels, wenn die übertragenen Produktionsfaktoren im komplementären Verhältnis zur Faktorausstattung des Gastlandes stehen.

Dies soll am **Beispiel japanischer Direktinvestitionen** erläutert werden, die vor allem in Entwicklungsländern des asiatischen Raums und dort wiederum im Rohstoffbereich und der Textilbranche erfolgten.

Durch Investitionen in den Rohstoffbereich werden die Importe der Rohstoffe gesichert, die in Japan gar nicht oder kaum vorhanden sind. Japan weist also in diesen Bereichen komparative Nachteile auf. Durch Übertragung von Kapital, Technologie und Management-Know-How, also Produktionsfaktoren, die in den betreffenden Ländern knapp sind, wird dort eine Effizienzsteigerung bei der Produktion sowie eine vertikale Spezialisierung zwischen Rohstoffausbeutung (im Entwicklungsland) und Rohstoffverarbeitung (in Japan) erzielt. Die Importe nach Japan werden billiger und nehmen an Umfang zu. Insofern führen rohstofforientierte Direktinvestitionen nach „japanischem Modell" zu einer Ausweitung des Welthandels, die beiden Ländern zugutekommt.

Direktinvestitionen im Textilbereich sind vornehmlich lohnkostenorientiert. Die Textilindustrie ist ein Bereich, in dem Japan vor allem durch die steigenden Löhne zunehmend an komparativen Vorteilen gegenüber den Niedriglohnländern einbüßt. Da aber nach wie vor Technologie sowie Mangement- und insbesondere Marketingfähigkeiten vorhanden sind, ist es sinnvoll, diese Produktionsfaktoren durch Direktinvestitionen zu übertragen. Sie bilden eine sinnvolle Ergänzung zu den niedrigen Löhnen der Entwicklungsländer und stärken ihre komparativen Vorteile. Auf diesem Wege wird die internationale Arbeitsteilung reorganisiert: in Japan schrumpft dieser traditionelle Industriezweig, es erfolgt ein Strukturwandel hin zur Produktion technologie- und kapitalintensiver Güter. Die arbeitsintensive Textilindustrie wird in Entwicklungsländer verlagert, womit die Verstärkung der komparativen Vorteile zu einer Ausweitung des Welthandels führt. Das Marketing-Know-How der japanischen Unternehmen erleichtert den Zugang zu den Weltmärkten. Es kommt hinzu, daß diese Direktinvestitionen hauptsächlich von kleinen und mittleren Unternehmen vorgenommen werden, die eine an die lokale Faktorausstattung anpassungsfähige Technologie übertragen. Diese führt zu hohen Beschäftigungs- und Ausbildungseffekten im Gastland. In Japan selber bewirkt die Umstrukturierung der inländischen Industrie eine Verstärkung der eigenen komparativen Vorteile, die eher in der Hervorbringung neuer, technologieintensiver Produkte liegen.

Amerikanische Direktinvestitionen dagegen sind **nicht handelsorientiert**. Ihre Motive sieht Kojima in den Ansätzen der Industrial-Organization-Theorie begründet (vgl. Abschnitt 2). Amerikanische Multinationale Unternehmen sind primär auf innovativen oligopolistischen Märkten tätig, ihr Investitionsverhalten im Ausland ist demzufolge auch das Ergebnis oligopolistischer Verhaltensweisen (Marktanteilssicherung, Sicherung des Zugangs zur Rohstoffquellen, oligopolistische Reaktionen, Ausnutzung monopolistischer Vorteile). Sie investieren in kapital- bzw. technologieintensive Branchen, also in Bereiche, in denen die USA komparative Vorteile aufweisen. Anstatt diese durch Exporte auszunutzen, werden sie durch die Übertragung von Hochtechnologien ins Ausland aufgehoben. Lern- und Beschäftigungseffekte sind dabei im Empfängerland wesentlich geringer als beim „japanischen Modell". In den USA führen diese Direktinvestitionen zu einem Jobexport, die Exportsubstitution zu Leistungsbilanzproblemen. Die traditionellen, stagnierenden inländischen Industrien (Textilien, Stahl, landwirtschaftliche Erzeugnisse) müssen daher durch protektionistische Maßnahmen geschützt werden. Direktinvestitionen in diesen Bereichen wären aus volkswirtschaftlicher Sicht wesentlich sinnvoller, da sie zu einer strukturellen Anpassung führen würden. Direktinvestitionen durch Unternehmen in jungen, oligopolistischen Branchen mögen zwar aus mikroökonomischer Sicht eine gewinnmaximierende Strategie darstellen, makroökonomisch gesehen führen sie jedoch zu einer Ressourcenverschwendung. Japanische Direktinvestitionen in arbeitsintensive Branchen führen „due to the smaller technological gap and a greater spillover of technology to local firms" (Kojima, 1978, S. 128) zu einer wesentlich größeren Produktivitätssteigerung als amerikanische Direktinvestitionen in den Hochtechnologiebereich. Das statische Konzept der komparativen Kosten wird in Kojimas Modell also durch das dynamische Konzept der komparativen Vorteile eines Landes in der Verbesserung der Produktivität ergänzt. Diese trägt dazu bei, daß Unternehmen ihre durch die Veränderung der Struktur der komparativen Kosten eingeschränkte Wettbewerbsfähigkeit über Direktinvestitionen wiedererlangen.

Aufgrund seiner dualistischen Typologisierung zeigt sich Kojimas Modell als Erklärungsansatz für die Entstehung und Verbreitung Multinationaler Unternehmen nur bedingt geeignet. Japanische Direktinvestitionen in Europa und amerikanische Direktinvestitionen in Entwicklungsländern werden in diesem Modell, welches den Anspruch eines makroökonomischen Erklärungswertes erhebt, nicht erklärt. Ebensowenig findet die Möglichkeit der Lizenzvergabe als Alternative des japanischen Technologietransfers Beachtung. Der theoretische Gehalt des Modells, insbesondere seine Integration in das Heckscher-Ohlin-Modell, wird dagegen in der Literatur überwiegend gelobt (vgl. z.B. Kojima, 1982).

3.3 Die Ansätze von Hirsch und Corden

Mit dem von **Hirsch** (Hirsch, 1976, S. 258ff.; Agmon, Hirsch, 1979, S. 333ff.) vorgeschlagenen Modell sollen zwei Fragen beantwortet werden: 1. Wann wird eine gewinnmaximierende Unternehmung ausländische Märkte bedienen? 2. Welche der Alternativen Export oder lokale Produktion wird sie hierfür wählen?

Die Entscheidungsparameter leitet Hirsch aus den Annahmen des **Heckscher-Ohlin-Samuelson-Stolper-Außenhandelsmodells** ab. Dieses geht von perfekten Faktor- und Gütermärkten, Faktorimmobilität, international identischen Produktionsfunktionen, konstanten Skalenerträgen, Abwesenheit von Transport- und Informationskosten sowie frei verfügbaren Informationen aus. Gelten diese Prämissen, so finden keine Direktinvestitionen statt, da ausländische Firmen nicht über Vorteile verfügen, mit denen sie im lokalen Wettbewerb konkurrieren könnten (vgl. Abschnitt 2.2). Auch die Aufgabe der Annahme der Faktorimmobilität ändert nichts am Ergebnis, denn dadurch bekäme ja *jedes* Unternehmen Zugang zu den günstigsten Produktionsfaktoren. Das gleiche gilt für die Prämisse der konstanten Skalenerträge: Solange keine Transport- und Exportmarketingkosten anfallen, ist es irrelevant, an welchem Standort die economies of scale (also Skalen*vorteile*) über die optimale Betriebsgröße erzielt werden.

Um Direktinvestitionen zu erklären, führt Hirsch Informations-, Kommunikations- und Transaktionskosten sowie die Annahme firmenspezifischer „revenueproducing factors" (Hirsch, 1976, S. 259) ein, die zusammen mit den Produktionskosten in drei Variablen wiedergegeben werden. Vereinfachend geht er von einem Zwei-Länder-Modell aus, in dem eine Firma aus Land A erwägt: a) eine kostengünstigere Produktion in Land B aufzunehmen, um von dort aus beide Länder zu beliefern, oder b) von A aus zu exportieren.

Folgende Faktoren haben Einfluß auf die Entscheidung:

$P_{a,b}$: Produktionskosten in den Ländern A und B. (Alle Größen sind auf den Entscheidungszeitpunkt diskontierte Nettogegenwartswerte).

K: Wert des firmenspezifischen Vorteils. K ist das Ergebnis zurückliegender Investitionen in Forschung und Entwicklung sowie in absatzpolitische Instrumente. Eine weitere Komponente ist Management-Know-How. K hat für potentielle Wettbewerber den Charakter einer Markteintrittsbarriere, verleiht dem Besitzer temporäre Monopolmacht. Auf der anderen Seite hat es für diesen aber auch den Charakter versunkener Kosten: Er muß laufend in die Erhaltung von K investieren, um diesen Wettbewerbsvorteil nicht gänzlich an die Wettbewerber, die ebenfalls Investitionen in die Erlangung dieses Know-How vornehmen, zu verlieren.

M: Differenz zwischen den Kosten des Export- und des Inlandsmarketing. M ist eine Funktion von K. Ein hochdifferenziertes Produkt bzw. eine Innovation erfordert einen ungleich höheren Marketingaufwand als ein standardisiertes Gut, bei dem der Preis das entscheidende Merkmal ist (vgl. dazu auch Abschnitt 3.1). M ist aufgrund der Marktnähe bei der Produktion im Ausland positiv. In dieser Größe enthalten sind auch die Kosten der Überwindung von Handelsbarrieren.

C: Differenz zwischen den Kontrollkosten im Inland und im Ausland. Diese Kosten entstehen durch die Koordination von Produktion, Beschaffung, Transport und die Unterhaltung eines Kontrollsystems. So ist die Steuerung von Produktionsstätten im Ausland wegen der mangelnden Marktvertrautheit und der Entfernung zur Zentrale mit höheren Kosten verbunden als bei der Inlandsproduktion.

Zwischen C und M besteht eine gegenläufige Beziehung. Ein hohes C spricht gegen Direktinvestitionen, ein hohes M gegen Exporte. Zwischen C und K besteht eine gleichläufige Beziehung. So erfordern beispielsweise Produktinnovationen in der ersten Phase des Produktlebenszyklus, die zu einem hohen K führen, einen hohen Koordinations- und Kommunikationsaufwand (vgl. Abschnitt 3.1). Dieser steigt bei grenzüberschreitender Koordination noch weiter an, führt also zu einem hohen Wert von C. Nehmen K, M und C den Wert Null an, so erhält man wieder die Annahmen des Heckscher-Ohlin-Samuelson-Stolper-Modells. Außenhandel bleibt die einzig mögliche Form der Auslandsmarktbedienung. Die relativen Faktorkosten bestimmen die Produktionsstandorte und die Richtung des Handels.

Wird M positiv, so kann der Handel durch die Marketingkosten eingeschränkt werden. Land A wird nur in Land B exportieren, wenn gilt: $P_a + M < P_b$. Direktinvestitionen finden nach wie vor nicht statt, da für eine Firma aus Land A in Land B die gleichen Produktionskosten Pb gelten wie für lokale Unternehmen.

Ist K positiv, während die beiden anderen Größen M und C den Wert Null behalten, kann es zu Direktinvestitionen kommen. Das Unternehmen aus A besitzt nun den entscheidenden Wettbewerbsvorteil, um sich in Land B durchsetzen zu können. Lokale Unternehmen müßten nun investieren, um selber spezifische Fähigkeiten im Wert von K zu erlangen, die sie die Markteintrittsbarrieren überwinden lassen. Ein positives C verzögert die Vornahme von Direktinvestitionen, da es mit K positiv korreliert (s.o.). Es verstärkt die Nachteile dezentraler Produktion, verleiht dem Land A, in dem das Produkt entwickelt wird, einen Kostenvorteil.

Die Bedingungen für Exporte oder Direktinvestitionen in Land B lassen sich wie folgt formulieren:

Exportiere nach Land B, wenn:

1) $P_a + M < P_b + K$ und   2) $P_a + M < P_b + C$

Bedingung 1) fordert, daß die Exportkosten (Produktion und Marketing) nicht die Produktionskosten im Ausland und die versunkenen Kosten bei einem möglichen Verlust von K (bzw. die Aufwendungen zur Vermeidung dieses Verlustes) übersteigen.

Bedingung 2) stellt die Exportkosten den Produktions- und Kontrollkosten im Ausland gegenüber.

Investiere in Land B, wenn:

1) $P_b + C < P_b + K$ und   2) $P_b + C < P_a + M$

Bedingung 1) besagt, daß die Kontrollkosten den Wert des spezifischen Vorteils nicht übersteigen dürfen. Bedingung 2) fordert, daß Produktions- und Kontrollkosten im Ausland niedriger sind als die Kosten des Exportes.

Es folgt, daß die von Multinationalen Unternehmen produzierten Güter K – und/oder M – intensiv sind (Agmon/Hirsch, 1979, S. 334).

In die einzelnen Größen können noch Steuern, Zölle, Handelskontrollen, Subventionen und Investitionsanreize eingebaut werden.

Dieses Modell gilt für ein Einproduktunternehmen, das erstmalig vor der Entscheidung einer Direktinvestition im Ausland steht. Hirsch erweitert dieses Modell auf den Mehrproduktfall. Er geht von der Annahme aus, daß ein Unternehmen die Güter i = 1 bis n exportieren kann, da für sie gilt:

$$P_{ai} + M_i < P_{bi},$$

während seine Produkte j = 1 bis m nicht auf dem Exportmarkt wettbewerbsfähig sind, da für sie gilt:

$$P_{aj} + M_j > P_{bj}$$

Beschließt nun die Unternehmung, einige der Güter j im Ausland zu produzieren, so hat dies zum einen zur Folge, daß *keine* Exporte durch Direktinvestitionen ersetzt werden, und zum anderen, daß die Exportchancen der restlichen Produkte j verbessert werden, da durch die Unternehmenstätigkeit *vor Ort* die Größe M entscheidend reduziert werden dürfte.

Schließlich können Direktinvestitionen weitere Exporte dadurch auslösen, daß Vorprodukte jeweils in Ländern mit niedrigeren Produktionskosten hergestellt und dann importiert werden (Hirsch, 1976, S. 259ff.).

Der Ansatz von Hirsch ist in zweierlei Hinsicht von Bedeutung. Einerseits zeigt er, daß zwischen Direktinvestitionen und Exporten nicht unbedingt ein Substitutionsverhältnis herrschen muß. Zum anderen lassen sich Gedankengänge aus den Industrial-Organization-Ansätzen integrieren. Auf die Größe K als Maß für den monopolistischen Vorteil wurde bereits eingegangen. K ist besonders bedeutend in Hochtechnologiebranchen, die immer wieder neue Produktlebenszyklusgüter hervorbringen, sowie in oligopolistisch strukturierten Industriezweigen (Abschnitte 2 und 3.1). Unternehmen mit hohen firmenspezifischen Aktiva (K) würden viel früher im Ausland investieren, wenn die entgegengesetzte Wirkung von C nicht bestehen würde, eine Aussage, die sich mit der Produktlebenzyklustheorie deckt. Die Variable M läßt sich mit der Theorie der oligopolistischen Reaktion (vgl. Abschnitt 2.4) verknüpfen (Jahrreiß, 1984, S. 67f.): Hirsch geht davon aus, daß die Wettbewerbsbedingungen für alle gleich sind (in dem Sinn, daß alle der Größe M ausgesetzt sind), wenn nur exportiert wird. Dies ändert sich, sobald ein Wettbewerber im Ausland investiert, da dadurch seine Marketingkosten sinken. Um ihre Marktanteile nicht zu verlieren, müßten die anderen Wettbewerber nachziehen.

Corden (1974) versucht, aus dem Außenhandelsmodell von Mundell (1957) Aussagen über die **Standortentscheidungen** Multinationaler Unternehmen und ihre Auswirkungen auf die internationalen Handelsströme abzuleiten. Er geht dabei in der Weise vor, daß er die Annahmen dieses Modells sukzessive aufhebt und die Auswirkungen auf seine Ergebnisse analysiert.

Von folgenden Annahmen wird ausgegangen:

1. Die Produktionsfunktionen erlauben in jedem Land den Einsatz von mindestens drei Produktionsfaktoren: physisches Kapital, Humankapital (Wissen) und Arbeit.
2. Die beiden ersten Produktionsfaktoren sind international vollkommen mobil innerhalb der Unternehmung.
3. Die Produktionsfunktionen und die Faktorausstattungen unterliegen keinen Veränderungen im Zeitablauf.
4. Bei allen Produktionsfunktionen besteht die Möglichkeit steigender Skalenerträge.

5. Von staatlichen Interventionen, Zöllen und Steuern wird abstrahiert, bzw. sie beeinflussen nicht die Standortentscheidung.
6. Es existieren keine Transportkosten.
7. Die Produktionsfunktionen sind in allen Ländern identisch.
8. An jedem Standort gibt es nur einen immobilen Produktionsfaktor (Arbeit), der überdies in allen Ländern identisch ist.

Diese Prämissen haben zur Folge, daß die Renditen des physischen und des Humankapitals sich durch die Faktorbewegungen *(also auch durch Direktinvestitionen)* weltweit angleichen. Das gleiche gilt für das Grenzprodukt der Arbeit, für die Produktionskosten an jedem Standort und für die Güterpreise. Kein Produktionsstandort ist einem anderen vorzuziehen.

Die Aufhebung von Annahme 8 führt zum einen dazu, daß nun mehr als zwei immobile Produktionsfaktoren vorliegen (also bspw. gelernte und ungelernte Arbeitskräfte), und daß die verschiedenen Länder in unterschiedlichem Maße mit genau diesen Produktionsfaktoren ausgestattet sind. Man erhält nun die Prämissen des Heckscher-Ohlin-Samuelson-Modells. Je nach Ausstattung eines Standortes mit den immobilen Produktionsfaktoren werden in den verschiedenen Ländern unterschiedliche Güter hergestellt.

Unterschiedliche Produktionsfunktionen (Aufhebung der Annahme 7) führen zu Abweichungen in der Produktionseffizienz. Daraus folgt, daß die Standorte, die die effizientesten Produktionsfunktionen aufweisen, auch die meisten mobilen Produktionsfaktoren anziehen werden. Sie werden ferner die Güter exportieren, die bezüglich dieser Faktoren eine hohe Intensität aufweisen.

Transportkosten (Wegfall von Prämisse 6) wirken handelsbeschränkend, fördern lokale Produktion. Die Standortentscheidung der (Multinationalen) Unternehmung hängt nun von Faktoren wie Marktgröße, Konsumpräferenzen und Kostenunterschiede (aufgrund unterschiedlicher Faktorausstattungen und Produktionsfunktionen) ab.

Durch den Wegfall von Annahme 5 kommen weitere Handelsbarrieren hinzu. Die Standortentscheidung kann durch Unterschiede in der Besteuerung und in der Verzollung beeinflußt werden.

Steigende Skalenerträge (Aufhebung von Prämisse 4) würden bei Gültigkeit der Annahmen 5 bis 8 eine Konzentration der Produktion auf einen einzigen Standort zur Folge haben, um die economies of scale voll ausschöpfen zu können. Unterschiede in den Produktionsfunktionen und in der Faktorausstattung an den einzelnen Standorten führen jedoch zu unterschiedlichen Verläufen bei den Kostenkurven. Dies wirkt der Tendenz zur Zentralisierung entgegen. Transportkosten verhelfen Ländern mit großen Binnenmärkten (hohe Skalenerträge) zu komparativen Vorteilen beim Export dieser Güter.

Die Aufhebung von Annahme 3 kann beispielsweise dazu führen, daß sich der Ausbildungsstand der Bevölkerung eines Landes im Zeitablauf verbessert oder daß bei der Produktion Lerneffekte auftreten, die die Ausstattung mit dem Produktionsfaktor Humankapital gegenüber anderen Ländern verbessert. Die Unternehmen müssen nun die veränderten Faktorproportionen und die Verbesserungen bei den Produktionsfunktionen in ihr Standortkalkül auf- und eine Reallokation ihrer Ressourcen vornehmen.

Schließlich führt die Aufhebung der Prämisse 2 dazu, daß beispielsweise der unternehmensinterne Transfer von Know-How mit Kosten und Verzögerungen verbunden ist. Dies führt dazu, daß das (meist in der Muttergesellschaft) entwickelte Wissen erst nach und nach den Tochtergesellschaften zugänglich wird, ihren Wissensstand verbessert und somit die komparativen Vorteile verändert (Corden, 1974, S. 196ff.).

Cordens Ansatz beschreibt, wie durch die Aufhebung einiger typischer Prämissen der Außenhandelstheorie Änderungen in Umfang, Zusammensetzung und Richtung von Handelsströmen und Faktorbewegungen (also Direktinvestitionen, falls physisches Kapital mit oder ohne Know-How im Paket übertragen wird) eintreten. Die dadurch gewonnenen Aussagen wären nicht im Rahmen der Gleichgewichtsanalyse der Außenhandelstheorie möglich gewesen (Jahrreiß, 1984, S. 59). Allerdings fehlen einige wichtige Elemente, wie z.B. der Oligopolcharakter der Multinationalen Unternehmen (es wird nach wie vor vollkommene Konkurrenz unterstellt) oder das Vorliegen spezifischer Vorteile.

3.4 Das Entscheidungsmodell von Horst

Bekanntheit erlangt hat auch das folgende Entscheidungsmodell zwischen Exporten und Direktinvestitionen, das Horst (Horst, 1974a, b) auf der Grundlage eines Kostenvergleichs aufstellt. Unterstellt wird, daß die Nachfragekurve sowohl im Inland als auch im Ausland den gleichen Verlauf aufweist. Aufgrund von monopolistischen Vorteilen sieht sich das Unternehmen einer linear geneigten Nachfragekurve gegenüber. Die Kostenverläufe sind ebenfalls linear, so daß konstante Grenzkosten vorliegen. Diese sind im Ausland niedriger, auf der anderen Seite fallen hier *zusätzliche* Fixkosten an. Abb. 2.4a zeigt die Kurvenverläufe.

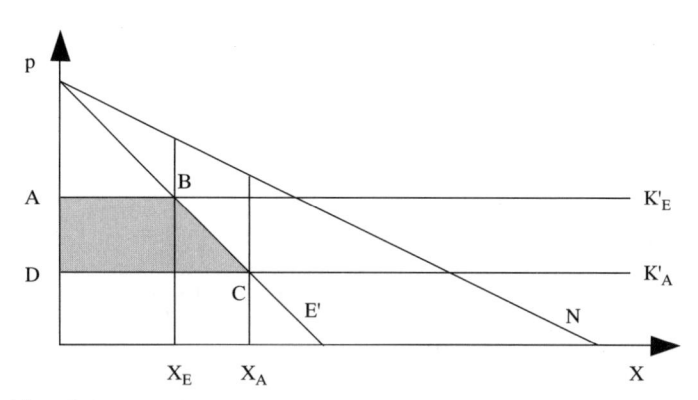

N: Nachfragekurve
E': Grenzerlöskurve
K'_E: Grenzkosten des Exports
K'_A: Grenzkosten der Auslandsproduktion
X_E: gewinnmaximale Exportproduktionsmenge
X_A: gewinnmaximale Auslandsproduktionsmenge

Abb. 2.4a: Die Wahl zwischen Exporten und Direktinvestitionen im Modell von Horst; statische Betrachtung (Quelle: Horst, 1974a, S. 42)

Menge

Exportphase　　　Auslandsproduktion　　　Zeit

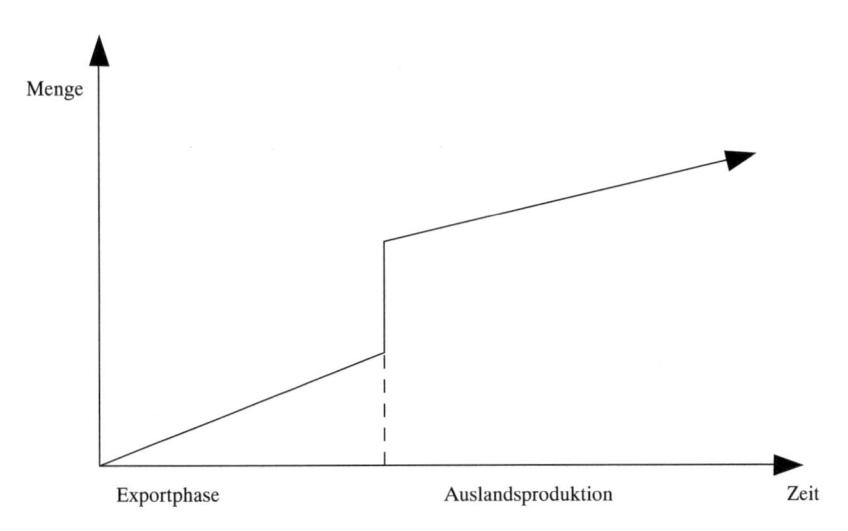

Abb. 2.4b: Die Wahl zwischen Exporten und Direktinvestitionen im Modell von Horst; dynamische Betrachtung (Quelle: Horst, 1974a, S. 43)

Die gewinnmaximalen Mengen werden bestimmt im Schnittpunkt der Grenzerlös- und der Grenzkostenkurven, beim Export also in B und bei der Auslandsproduktion in C. Eine Direktinvestition wird dann die bessere Alternative sein, wenn die schraffierte Fläche (ABCD) der Einsparung an variablen Kosten (= Integral der Grenzkostendifferenzen) größer ist als die zusätzlichen Fixkosten, die im Ausland auftreten (nicht eingezeichnet). Dieser statische Kostenvergleich läßt sich auch zu einer dynamischen Betrachungsweise ausbauen. Wenn das Produkt sich im Laufe der Zeit erfolgreich auf dem Auslandsmarkt etabliert, dann verschiebt sich die Nachfragekurve nach rechts. Unabhängig davon, ob es sich um eine Parallelverschiebung oder um eine Drehung um den Prohibitivpreis handelt, vergrößert sich die Fläche der Kosteneinsparungen, da sich auch die Grenzerlöskurve verschiebt. Ab einer bestimmten Größe wird auf Auslandsproduktion umgeschaltet. Dies verdeutlicht Abb. 2.4b.

Der Mengensprung läßt sich dadurch erklären, daß der Übergang von Exporten zu Direktinvestitionen mit einer höheren Absatzmenge verbunden ist (Vgl. Punkte B und C in Abb. 2.4a), bedingt durch die niedrigeren Grenzkosten.

4 Ansätze aus der Theorie der Firma

Aus der volkswirtschaftlichen Theorie der Firma haben vor allem zwei Strömungen die Theorie der Multinationalen Unternehmung geprägt:
1. Die **Internalisierungs- bzw. Transaktionskostenansätze:** Multinationale Unternehmen entstehen, weil die Kosten des Marktverkehrs aufgrund von Marktunvollkommenheiten zu hoch sind bzw. weil sich über den Preismechanismus keine optimale Allokation von Ressourcen erzielen läßt. Märkte werden also internalisiert, da der Austausch von Gütern zwischen zwei unabhängigen

Marktpartnern mit höheren Transaktionskosten verbunden ist. So wird beispielsweise eine Multinationale Unternehmung eine bestimmte Fertigungstechnologie nicht über eine Lizenz an einen ausländischen Marktpartner verkaufen, sondern sie durch eigenständige Produktion im Gastland verwerten (Internalisierung des Marktes für das Gut Know-How), wenn die Transaktion mit großen Schwierigkeiten verbunden bzw. der Markt für technologisches Wissen unvollkommen ist.

In Abschnitt 4.1 werden zunächst die Gedanken Coases dargestellt, die den Transaktionskostenansatz begründen. Brown wendet diesen Ansatz später direkt auf Multinationale Unternehmen an. Im weiteren Verlauf des Abschnitts wird der Ausbau des Transaktionskostenansatzes durch Williamson und die Übertragung auf den internationalen Kontext durch Teece dargestellt. Die Long-Run-Theory von Buckley und Casson (Abschnitt 4.2) ist die bekannteste Übertragung der Internalisierungstheorie auf Multinationale Unternehmen. In Abschnitt 4.3 wird ein vollständiger Institutional-Choice-Ansatz (von Hennart) dargestellt, der auf die Überlegungen von McManus aufbaut. Baumann wendet diese Gedanken auf die Merger Theory und Furubotn auf die Möglichkeit der Erzielung von Erfahrungsgewinnen an. Magee erklärt die Internalisierung mit den Schwierigkeiten, sich die vollen Erträge aus Investitionen in Know-How aneignen zu können (Abschnitt 4.4). Auf die Vorteile der unternehmensinternen technologischen Entwicklung geht die Theorie der technologischen Akkumulation ein (4.5). Eine Zusammenfassung der einzelnen Argumente gibt Abschnitt 4.6.

2. Die **behaviouristische Theorie** der Direktinvestition erklärt Investitionsentscheidungen mit dem Verhalten von Managern während der verschiedenen Phasen des Entscheidungsprozesses (Abschnitt 4.7). Ähnlich gelagert ist das Präferenzmodell von Richardson (4.8).

4.1 Die Coase-Williamson-Tradition

Die **volkswirtschaftliche Theorie der Firma** geht auf Ronald H. Coase zurück. In seinem berühmten Aufsatz „The Nature of the Firm" (Coase, 1937) begründete er den **Transaktionskostenansatz,** der insbesondere von Williamson später aufgegriffen und erweitert wurde. Die Grundgedanken beider Autoren sollen im Hinblick auf ihre spätere Verwendung als Erklärungsansatz für die Entstehung und das Wachstum Multinationaler Unternehmen kurz dargestellt werden.

Coase fragt zunächst nach den Gründen für die Existenz von Unternehmen. In einem Unternehmen werden einzelne Arbeitsgänge durch zentrale Planung und Kontrolle koordiniert. Eigentlich widerspricht dies der klassischen Auffassung von einem Wirtschaftssystem, in dem der Preismechanismus für gerade diese Koordination sorgt. Dieser Mechanismus bringt die Teilpläne der einzelnen Wirtschaftssubjekte in Einklang und führt zu einer optimalen Allokation der Ressourcen und somit zum angestrebten Wohlfahrtsoptimum. Eine zentrale Leitung der Wirtschaftsaktivitäten ist danach also nicht nötig. „The economic system 'works itself'" (Coase, 1937, S. 387).

Dennoch gibt es viele Bereiche, in denen dieser Mechanismus aussetzt. Hier wird die individuelle Planung einzelner durch die Koordination eines Unternehmens und die spezialisierte Tauschwirtschaft des Marktes durch eine zentrale

Steuerung der Produktion ersetzt. Man stößt auf „Inseln bewußter Macht in diesem Ozean von unbewußter Koordination, wie Butterklumpen, die in einem Eimer Buttermilch gerinnen" (Coase, 1937, S. 388).

In einem Wirtschaftssystem, das allein über den Preismechanismus gelenkt wird, erfolgt die Produktion dergestalt, daß die einzelnen Wirtschaftssubjekte Verträge über den Austausch der von ihnen hergestellten Komponenten abschließen. Auf diesem Wege durchläuft ein Produkt die einzelnen Produktionseinheiten bis zu seiner Fertigstellung. Eine Organisation der Arbeitsvorgänge ist nicht erforderlich. Die Preise steuern zudem die optimale Allokation der Ressourcen und enthalten alle für die Marktteilnehmer relevanten Informationen.

Gemäß Coase versagt diese Form der Koordination jedoch, weil der **Marktmechanismus entgegen der Auffassung der Klassiker nicht kostenlos** ist. Kosten entstehen durch folgende Faktoren:

1. die Ermittlung der relevanten Preise (Informationskosten)
2. das Aushandeln von Verträgen bei jedem Tauschvorgang (Coase, 1937, S. 390f.).

Firmen entstehen, weil damit Kosten des Preismechanismus durch die unternehmensinterne Abwicklung der Transaktionen eingespart werden können. Zusätzlich kann die Alternative Unternehmung gegenüber der Alternative Markt dadurch an Vorteilhaftigkeit gewinnen, daß Markttransaktionen durch staatliche oder andere regulative Eingriffe wie z.b. Umsatzsteuern, Preiskontrollen oder die Zuteilung von Quoten belastet werden (Coase, 1937, S. 389ff.). Transaktionskosten können ferner dadurch eingespart werden, daß mehrere kurzfristige Verträge durch einen langfristigen (Arbeits-)Vertrag ersetzt werden. Aufgrund mangelnder Voraussicht werden die Bedingungen des Vertrages zunächst grob formuliert und die Details im Zeitablauf hinzugefügt. Auf diese Weise entstehen Unternehmen (Coase, 1937, S. 391f.).

Firmen wachsen durch die unternehmensinterne Abwicklung zusätzlicher Transaktionen. Es stellt sich nun die Frage, warum es nicht eine einzige große Firma gibt; Coase beantwortet diese Frage mit dem Aufzeigen folgender Wachstumsgrenzen:

1. Die Erträge der Managementleistung sinken mit jeder zusätzlichen Transaktion. Mit dem Überschreiten eines gewissen Punktes werden die internen Organisationskosten der Abwicklung einer Transaktion genauso hoch sein wie die anderer Unternehmungen oder wie die externen Kosten der Marktnutzung.

2. Mit zunehmender Anzahl an Transaktionen kann es auch vorkommen, daß die Unternehmer die Produktionsfaktoren nicht dort einsetzen, wo ihr Wert am höchsten ist. Die durch diese Fehlallokation von Ressourcen induzierten Kosten nähern sich ebenfalls irgendwann den Organisationskosten anderer Unternehmen oder den Transaktionskosten im Marktmechanismus.

Für Punkt 1 und 2 gilt, daß die Transaktionen mit zunehmender Unterschiedlichkeit und räumlicher Verteilung der Transaktionen zusätzlich steigen.

3. Schließlich behauptet Coase, der Angebotspreis für Produktionsfaktoren steige mit zunehmender Unternehmensgröße. Als Beispiel wird angeführt, Manager wären lieber Leiter eines kleinen Unternehmens als Abteilungsleiter einer großen Firma (Coase, 1937, S. 393ff.).

Dieser Punkt ist sehr strittig, wenn man z.B. an Mengenrabatte denkt. Allerdings muß bedacht werden, daß hier **von Produktionskosten abstrahiert** wird, infolgedessen die bekannten Größenvorteile wie z.B. economies of scale hier nicht erfaßt werden.

Die Grenzen des Wachstums eines Unternehmens werden von Coase über das Marginalprinzip definiert: „A firm will tend to expand until the costs of organizing an extra transaction within the firm become equal to the costs of carrying out the same transaction by means of exchange on the open market or the costs of organizing in another firm" (Coase, 1937, S. 395). Von diesem Punkt an ist es für ein Unternehmen sinnvoll, die Produktion aufzuteilen und die Alternative „Markt" zu wählen. Die Organisationskosten einer zusätzlichen Transaktion sind dann für alle Firmen gleich hoch. Markttransaktionen zwischen zwei Firmen werden so lange stattfinden, wie eine Firma nicht alle Produktionsstufen der anderen Unternehmen übernimmt.

Brown (1976) wendet die Gedanken von Coase direkt auf das Phänomen Multinationale Unternehmung an. Die Theorie von Coase muß seiner Meinung nach in zwei Punkten modifiziert werden, will man durch sie die Entstehung Multinationaler Unternehmen erklären: Zum einen sind sowohl die Transaktionskosten des Marktes als auch die unternehmensinternen Organisationskosten im internationalen Kontext höher als im nationalen, wenn auch nicht im gleichen Verhältnis. Und zum anderen ist die von Coase als Argument für die Unternehmenslösung angebrachte Einsparung von Umsatzsteuern im internationalen Kontext (hier sind es Zölle) nicht möglich. Ansonsten gilt jedoch: „Multinational firms appear where it is cheaper to allocate international resources internally than it is to use the market to do so." (Brown, 1976, S. 39).

Probleme bei der internationalen Marktlösung (betrachtet wird hier die Möglichkeit der Lizenzvergabe) entstehen in folgenden Bereichen:

- Zum einen ist es schwierig, mit dem ausländischen Lizenznehmer die mit der Produktion und dem Vertrieb eines neuen Produktes verbundenen Aufgaben rechtlich genau festzulegen.
- Der Beitrag des Lizenzgebers zum Lizenzgeschäft, der die Höhe der Gebühren bestimmt, ist in vielen Fällen schwer zu bewerten.
- Zu Schwierigkeiten bei der Preisbildung kann es auch deshalb kommen, weil weder Lizenzgeber noch Lizenznehmer den Erfolg des Produktes oder der Technologie richtig einschätzen können. So muß der Lizenzvertrag sowohl das Risiko des Lizenzgebers, einen zu niedrigen Preis verlangt zu haben, als auch das des Lizenznehmers, einen zu hohen Preis bezahlt zu haben, abdecken. Da der Markterfolg sowohl vom Produkt (oder der Technologie) selbst als auch von den Fähigkeiten des ausländischen Vertragspartners abhängt, wird durch eine Direktinvestition zumindest der zweite Ungewißheitsfaktor aus dem Weg geräumt, da der Lizenzgeber sein Wissen in diesem Fall selber produktiv umsetzt.

Diese Schwierigkeiten führen zu hohen Transaktionskosten, die wiederum die Alternative Unternehmung gegenüber der Alternative Markt attraktiver machen.

Unternehmenswachstum hat aber auch Grenzen, die durch interne Organisationskosten gesteckt werden. Bezüglich der Fähigkeiten, interne Transaktionen zu koordinieren unterscheidet Brown zwei **Unternehmenstypen:**

- Die **marktorientierten Firmen** führen mehrere verwandte Produktlinien, die sich meist in der Reifephase befinden. Die vorzunehmenden Transaktionen weisen deshalb einen hohen Homogenitätsgrad auf, was zu niedrigen Koordinationskosten führt: „Firms dealing with many routine problems in fairly narrow produkt lines can have higher sales volume without raising internal allocating costs than can a diversified firm in a rapidly changing environment" (Brown, 1976, S. 40). Niedrige Organisationskosten sind ein Grund für eine höhere Wahrscheinlichkeit einer zentralen Koordination der intenationalen Aktivitäten dieser Unternehmen. Der andere Grund betrifft die besonderen Fähigkeiten dieser Firmen im Marketing und in der Koordination der Produktion. Gerade in diesem Fall ist ein Lizenzvertrag nur schwer zu realisieren. Soll beispielsweise ein ganzes Produktbündel, also ein Grundprodukt samt Nebenleistungen im Ausland abgesetzt werden, so ist es nicht einfach, mit dem Lizenznehmer eine Einigung zu erzielen. Dies gilt insbesondere dann, wenn die Marktstrategie mehrmals geändert wird. Zudem ist eine Rationalisierung im Marketing und in der Produktion durch Integration verwandter Produktlinien unternehmesintern leichter möglich als über den Markt.

- **Unternehmen,** deren Spezialität die **Hervorbringung neuer Produktionstechnologien** und **Produktinnovationen** ist, haben es leichter, bei Lizenzverträgen die genauen Bedingungen für die Verwendung dieser Güter zu definieren. Während beim ersten Unternehmenstyp das Marketing-Know-How ein wesentlicher Teil des Produktes und insofern schwer von der Unternehmung zu trennen ist, fällt dies beim zweiten leichter, da hier eher technische Eigenschaften in den Verträgen formulierbar sind. Hinzu kommt, daß es diesen Unternehmen of schwer fällt, ihre Produkte selber zu vermarkten. Aufgrund der Tatsache, daß ihre Technologien mehrfach verwendbar sind, verfügen sie oft über eine breitere Produktpalette und operieren auf vielen Märkten, womit ein Anstieg der Heterogenität der Transaktionen sowie der Organisationskosten verbunden ist. Durch die rasche technische Veraltung ihrer Produkte kann sich im Marketing und in der Koordination der Produktion keine Routine einspielen. Diese Unternehmen neigen eher dazu, ihre Aktivitäten zu dezentralisieren.

Brown sieht Transaktionskosten genauso als Barrieren des internationalen Handels an, wie z.B. Zölle und Transportkosten. Handel zwischen zwei Ländern käme oft nicht zustände, wenn Multinationale Unternehmen nicht in der Lage wären, Transaktionskosten durch unternehmensinterne Allokationen der Ressourcen zu vermeiden.

Den rudimentären Überlegungen Coases wurde lange Zeit relativ wenig Beachtung geschenkt, bis sie insbesondere durch **Williamson** zum **Transaktionskostenansatz** ausgebaut wurden (vgl. insbesondere Williamson 1975, 1981, 1985). Das Gedankengut Williamsons findet sich in fast allen in den folgenden Abschnitten dargestellten Transaktionskostenansätzen wieder. Seine eigenen Aussagen zur Multinationalen Unternehmung halten sich in Grenzen; gleichwohl wird jedoch der Anspruch erhoben, daß sein Transaktionskostenansatz eine allgemeine Theorie der Unternehmung mit der Multinationalen Unternehmung als Sonderfall ist (Calvet, 1981). Dies ist keineswegs abwegig, zumal auch die anderen in diesem Kapital vorgestellten Theorien als relativ allgemeine Erklärungsansätze für die Entstehung und Verbreitung von Unternehmen bezeichnet werden können. Allerdings geht Williamson zu wenig auf das für Multinationale Unternehmen relevante Umfeld ein.

Nachfolgend sollen, soweit dies möglich ist, seine wichtigsten Überlegungen zur Theorie der Unternehmung skizziert werden.

Der Wirtschaftsprozeß besteht, wie auch bei Coase, aus **Transaktionen** zwischen den Wirtschaftssubjekten. Die Transaktion ist das grundlegende Analyseelement: „A transaction occurs when a good or a service is transferred across a technologically separable interface" (Williamson, 1985, S. 1). Dabei kann es zu Friktionen kommen, die Transaktionskosten verursachen. Diese werden mit Arrow als „cost of running the economic system" definiert.

Transaktionen werden über ein System von **Vertragsbeziehungen** (implizite und explizite Verträge) abgewickelt. Dabei entstehen ex-ante-Transaktionskosten durch das Aushandeln, die Formulierung und die Absicherung von vertraglichen Vereinbarungen. Ex-post-Transaktionskosten entstehen durch die Überwachung von Verträgen, die Anpassung an veränderte Bedingungen und die Lösung von Konfliktfällen (bspw. Gerichtskosten).

Die wesentlichen Erweiterungen Williamsons gegenüber Coase liegen darin begründet, daß dieser Annahmen bzgl. des Verhaltens der Wirtschaftssubjekte und bzgl. der Eigenschaften von Transaktionen trifft. Diese Eigenschaften bestimmen, welche **Kontrollstruktur** (governance structure; Markt, Unternehmen oder Zwischenformen, wie z.B. Franchising) unter Transaktionskostengesichtspunkten den optimalen organisatorischen Rahmen für die Abwicklung der Transaktionen darstellt. Des weiteren bezieht Williamson auch Produktionskosten in seine Analyse mit ein, und stellt Hypothesen über Kostenverläufe auf.

Das Verhalten des **„contractual man"** ist durch Opportunismus und eingeschränkte Rationalität gekennzeichnet, unterscheidet sich dadurch also vom **„economic man"** aus der Neoklassik.

1. Eingeschränkte Rationalität bedeutet, daß die Fähigkeiten der Aufnahme, Speicherung, Verarbeitung und Übertragung von Informationen, und damit der Lösung komplexer Probleme, begrenzt sind.

2. **Opportunismus** manifestiert sich in arglistigem, eigennützigem Verhalten. Wichtige Informationen werden dem Marktpartner ganz oder teilweise vorenthalten, in der Hoffnung, daraus einen Vorteil ziehen zu können. Die resultierende **asymmetrische Informationsverteilung** erschwert die Koordination ökonomischer Aktivitäten.

Beide Eigenschaften beeinträchtigen die vertragliche Abwicklung von Transaktionen. Die eingeschränkte Rationalität führt zu unvollständigen Verträgen, denn nicht alle relevanten zukünftigen Umweltbedingungen sind erfaßbar. Daraus resultieren ex-post-Transaktionskosten, da bei einer Änderung relevanter Umfelddaten die Vertragsbedingungen neu formuliert werden müssen, womit zudem Einigungsschwierigkeiten hervorgerufen werden könnten. Bei Abwesenheit opportunistischen Verhaltens wäre eine Reaktion auf unvorhergesehene Änderungen leicht möglich, da beide Parteien vertrauensvoll übereinkommen würden, in diesem Fall Maßnahmen zu ergreifen, die den Gesamtgewinn maximieren. Allerdings wird dies nur selten vorkommen, so daß eine Kontrollstruktur zu wählen wäre, welche die Transaktionen vor opportunistischem Verhalten absichert und die zusätzlichen Transaktionskosten, die aufgrund der eingeschränkten Rationalität entstehen, minimiert.

Transaktionen lassen sich im wesentlichen durch **drei Merkmale** beschreiben:

1. Der **Grad der Unsicherheit** bezüglich zukünftiger Ereignisse. Diese Eigenschaft ist vor allem in Verbindung mit den beiden Verhaltensannahmen von Bedeutung: je größer die Unsicherheit, desto größer ist der Spielraum für opportunistisches Verhalten und desto schwerer wiegt die eingeschränkte Rationalität, da es zunehmend schwieriger wird, die Komplexität möglicher zukünftiger Umweltzustände durch vertragliche Klauseln zu erfassen.

2. Das **Ausmaß der spezifischen Investitionen**, die mit einer Transaktion verbunden sind. Dies ist gemäß Williamson die wichtigste Eigenschaft einer Transaktion. Ein Unternehmen kann in Technologien investieren, die Spezialaufgaben erfüllen oder einen breiteren Verwendungszweck haben. Im ersten Fall können zwar die Produktionskosten niedriger sein, auf der anderen Seite steigt jedoch auch das Risiko, da der Wert dieser Investitionen bei einem alternativen Verwendungszweck erheblich sinkt. Das Risiko erhält eine besondere Dimension, wenn das Unternehmen in einer Austauschbeziehung mit einem Marktpartner steht, von dem es beispielsweise Vorleistungen erhält. Die Investitionen des Unternehmens sind somit zu einem Teil transaktionsspezifisch, das heißt, auf die Abwicklung der Transaktion „Bezug von Vorleistungen" ausgerichtet (idiosynkratische Investitionen). Ebenso investiert der Anbieter bei der Produktion der Vorleistung in diese Transaktion. Bricht diese zusammen, verlieren sowohl die Investitionen des Anbieters als auch des Nachfragers an Wert, da der transaktionsspezifische Teil nicht für alternative Verwendungszwecke geeignet ist. Diese Verluste werden auch als versunkene Kosten bezeichnet.

Die Verwundbarkeit des Marktpartners läßt sich auch mit dem Konzept der Quasi-Rente umschreiben. Die Quasi-Rente ist die Differenz zwischen dem aktuellen Wert, den die eingesetzten Ressourcen (bspw. ein Maschinenpark) vor dem Hintergrund der eingegangenen Transaktionsbeziehungen erwirtschaften, und dem Wert der nächstbesten Verwendungsmöglichkeit. Um diesen Betrag ist derjenige, der die spezifischen Investitionen geleistet hat, sozusagen erpreßbar, da der Marktpartner mit dem Abbruch der Transaktion drohen kann.

Die Spezifität ergibt sich oft erst nach dem Eingehen der Marktbeziehung bzw. steigt denn weiter an. Zuvor kann noch ein reger Wettbewerb um das Eingehen der Liefer- und Leistungsbeziehung herrschen. Entscheidet sich nun das Unternehmen für einen Transaktionspartner, so investieren beide in transaktionsspezifische Aktiva. Dadurch erlangt der Transaktionspartner Wettbewerbsvorteile gegenüber anderen Mitbewerbern bei wiederkehrenden Leistungsbeziehungen (first-mover-advantage), da ein Wechseln schwieriger wird. Diesen Prozeß bezeichnet Williamson als fundamentale Transformation.

Je größer der Umfang an **spezifischen Aktiva** ist, in die für diese Transaktion investiert wird, desto größer ist die Abhängigkeit zwischen beiden Parteien (idiosyncrasy); sie sind in einer bilateralen Marktbeziehung gefangen. Investiert der Nachfrager der Vorleistung beispielsweise in Spezialmaschinen, die nur eine spezielle Art von Vorprodukten (bspw. einen bestimmten Rohstoff) verarbeiten und für die es auch nur einen einzigen Anbieter gibt, so wird er im Falle des Abbruchs der Tauschbeziehung seine Maschinen nur weit unter Wert veräußern können. Das gleiche gilt für den Lieferanten, wenn er seine Rohstoffe nur an diesen Abnehmer veräußern kann. Beide sind also an einer dauerhaften Fortführung der Transaktion interessiert. „Harmonizing the contractual interface that joins the parties, thereby to effect adaptability and promote continuity becomes the source to real economic value" (Williamson, 1985, S. 30). Es wird also eine Kontrollstruktur gewählt, die diese Transaktionen absichert, im Extremfall führt dies zu einer **vertikalen Rückwärtsintegration**.

Die Spezifität der Aktiva beschränkt sich nicht nur auf die Produktionsverfahren, in die für diese spezielle Transaktion investiert wird. Williamson führt auch noch die „site specificity" (wenn eine bestimmte Transaktion nur an einem bestimmten Standort abgewickelt werden kann) und die „human asset specificity" (also das mit Abwicklung einer spezifischen Transaktion verbundene Know-How) an. Bei weniger spezifischen (standardisierten) Transaktionen ist der Grad der Unsicherheit von geringerer Bedeutung, da ein Wechseln des Marktpartners leichter möglich ist, Kontinuität also eine geringere Rolle spielt.

3. Auch zwischen der **Häufigkeit einer Transaktion** und dem Umfang an spezifischen Aktiva bestehen Zusammenhänge. Spezifische Aktiva erfordern eine auf sie abgestimmte Kontrollstruktur. Je häufiger eine Transaktion vorgenommen wird, desto besser lassen sich die Kontrollkosten verteilen.

Abb. 2.5 zeigt die Zuordnung von Kontrollstrukturen zu zwei Eigenschaften von Transaktionen: dem Grad an spezifischen Charakteristika der Investitionen und der Häufigkeit der Transaktionen.

		Investitionscharakteristika		
		unspezifisch	gemischt	hoch spezifisch (idiosynkratisch)
Häufigkeit der Transaktion	gelegentlich	Marktkontrakte (klassisches Vertragsschließen)	trilaterale Kontrollstruktur (neoklassisches Vertragsschließen)	
	wiederkehrend		bilaterale Kontrollstruktur (relationales Vertragsschließen)	vereinheitlichte Kontrollstruktur

Quelle: Glüder, 1988, S. 161.

Abb. 2.5: Transaktionskosten und Kontrollstrukturen im Modell von Williamson (1985)

Bei unspezifischen Investitionen ist die **klassische Marktform** die geeignetste Kontrollstruktur. Standardisierte Produkte werden zwischen voneinander unabhängigen Marktpartnern getauscht. Es gibt genügend Alternativen, für das Abschließen von Marktkontrakten genügt das klassische Vertragsrecht.

Die reine Marktlösung ist unbefriedigend, wenn bei zunehmend spezifischen Investitionscharakteristika auch das Interesse am Fortbestand eines Austauschverhältnisses zunimmt. Wenn die Transaktionen jedoch noch nicht die Häufigkeit aufweisen, die eine gemeinsame Kontrolle der Aktivitäten lohnend machen würde, wird eine **trilaterale Kontrollstruktur** gewählt. Hier entscheidet eine dritte Partei in Konfliktfällen.

2. Kap.: Die Theorien der Multinationalen Unternehmung 83

Bei häufig wiederkehrenden Transaktionen wird im Falle gemischt spezifischer Investitionen eine **bilaterale Kontrollstruktur** gewählt, bei der beide Parteien ihre Autonomie bewahren (beispielsweise ein Joint Venture). Bei hochspezifischen Investitionen kommt es dann schließlich zur **vertikalen Integration** (vereinheitlichte Kontrollstruktur innerhalb einer Firma).

Die Entscheidung zwischen Markttransaktion und vertikaler Rückwärtsintegration läßt sich auch anhand der Abb. 2.6 erläutern (Williamson, 1985, S. 93). Die Kurve DC stellt die Produktionskostenvorteile des Marktes gegenüber der Unternehmung dar (Fremdbezug vs. Eigenfertigung). Diese sind aus zwei Gründen stets positiv:

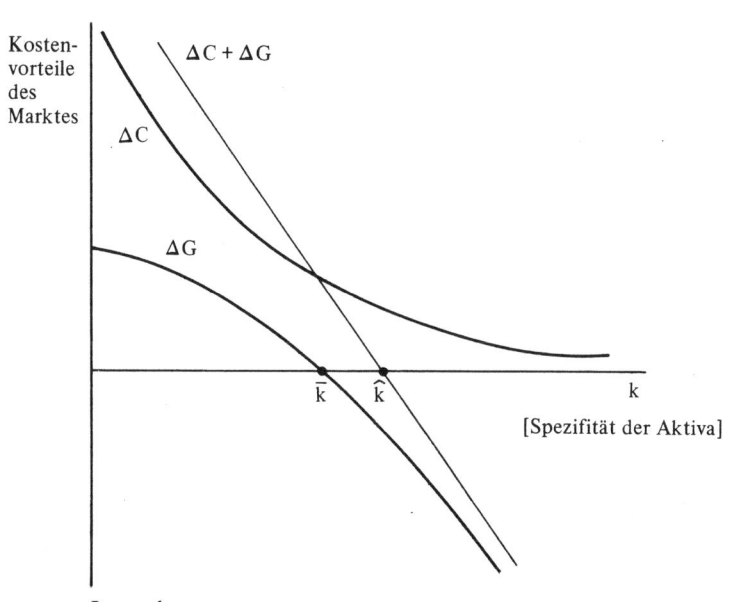

Legende:
ΔC Produktionskostenvorteile des Marktes gegenüber der
    Unternehmung (Fremdbezug vs. Eigenfertigung)
ΔG Koordinationskostenvorteile des Marktes gegenüber der
    Unternehmung (Markt vs. Hierarchie)
 k Grad der Spezifität der Aktiva

Quelle: Williamson, 1985, S. 93.

Abb. 2.6: Die Wahl zwischen Fremdbezug und vertikaler Rückwärtsintegration im Modell von Williamson

1. Der Anbieter der Vorleistung kann aufgrund der aggregierten Nachfrage höhere Skalenvorteile sowie Verbundvorteile (economies of scope) erzielen.
2. Sind die Nachfragequellen untereinander unkorreliert, erreicht der Anbieter ein Pooling von Risiken.

Diese Vorteile nehmen jedoch mit zunehmender Spezifität der Aktiva ab, da die Produkte nicht mehr so standardisiert sind, der Markt also kleiner wird.

Ohne die Berücksichtigung von Transaktionskosten würde die Entscheidung über die Abwicklung einer Transaktion immer zugunsten des Marktes ausfallen. Mit zunehmend spezifischen Aktiva nehmen die Koordinationskostenvorteile des Marktes gegenüber der Unternehmung (Δ G) ab. Während bei standardisierten Transaktionen der Marktverkehr relativ reibungslos abläuft, fallen die hohen Kosten der Bürokratie sowie die inferioren Anreizmechanismen innerhalb der Unternehmung schwerer ins Gewicht. Je spezifischer die Transaktionen werden, desto stärker sind beide Parteien an Kontinuität interessiert, die ex-ante- und ex-post-Kosten der Vertragsbildung steigen. Diese Gedanken werden insbesondere von Teece und von Hennart ausgearbeitet und sollen hier nicht weiter dargelegt werden. Betrachtet man ausschließlich Transaktionskosten, so ist beim Punkt 1k der Übergang von Markttransaktionen zu vertikaler Integration sinnvoll. Produktionskostenvorteile verschieben die ökonomische Vorteilhaftigkeit zum Punkt $\hat{k}$, da dort die Summenfunktion der Kostenvorteile des Marktes (ΔG + DC) den negativen Bereich betritt.

Die vertikale Integration hat (ähnlich wie bei Coase) ihre Grenzen: Der Anreizmechanismus des Marktes (Leistung wird proportional mit Einkommen belohnt) hat innerhalb der Unternehmung nicht mehr Bestand. Das Management besitzt aufgrund der eingeschränkten Rationalität nicht die Fähigkeit, die steigende Informationsmenge zu verarbeiten. Opportunistisches Verhalten führt dazu, daß Mitarbeiter ihre eigenen Ziele verfolgen, die nicht unbedingt mit dem obersten Unternehmensziel kongruent sind. Informationen werden zurückgehalten oder verzerrt weitergegeben. Durch das Wachstum des Unternehmens werden zusätzliche hierarchische Ebenen eingegliedert, die Kontrolle der Mitarbeiter durch das Management wird erschwert.

Diese und weitere Nachteile sind gemäß der Einschätzung Williamsons Antriebskräfte für **organisatorische Innovationen** gewesen, die eine Reduktion der internen Koordinationskosten zum Ziel hatten. Auf diese Weise konnte die Vorteilhaftigkeit der Abwicklung von Transaktionen innerhalb der Firma gegenüber der Marktbeziehung über den Punkt 1k hinaus weiter nach links verschoben werden. Die „Modern Corporation" ist die organisatorische Antwort auf die infolge des technologischen Wandels zunehmende Komplexität von Transaktionen.

Eine organisatorische Innovation dieser Prägung ist die **multidivisionale Unternehmensstruktur**. Die Firma besteht aus mehreren quasi-autonomen Abteilungen (hauptsächlich Profit Center), die alle Funktionen (bspw. Produktion, Finanzierung, Verkauf, etc.) in eigener Regie übernehmen und auch eigenständig gemanagt werden. Sie sind nach Produkten, Marken oder geographischen Gesichtspunkten gegliedert. Im Gegensatz dazu steht die funktionale Organisation, bei der die Abteilungen nach den einzelnen Funktionen gegliedert und somit nur für diese verantwortlich sind. Diese Unternehmensleitung muß hier die Koordination sämtlicher Aktivitäten zwischen den Abteilungen übernehmen. Im ersten Fall dagegen muß sie lediglich die Ressourcen auf die einzelnen Abteilungen verteilen und ihre Ergebnisse kontrollieren. Eine ganze Reihe von operativen Routinevorgängen fällt aus dem Aufgabenbereich des Top-Managements heraus, es kann sich ganz auf die strategische Planung konzentrieren. Da die einzelnen Abteilungen für ihren Erfolg allein verantwortlich sind, ist auch der Leistungsanreiz größer.

Die relativ frühe Multinationalisierung amerikanischer Unternehmen (im Vergleich zu Europa und Japan) erklärt Williamson damit, daß sich in den USA die multidivisionale Unternehmensstruktur auch zu einem früheren Zeitpunkt durchsetzte. Sie erleichtert den Firmen die Integration ausländischer Transaktionen.

Auch wenn die Aussagen Williamsons bezüglich der Multinationalen Unternehmung auf diese Feststellung beschränkt bleiben, so sind seine allgemeinen theoretischen Grundlagen der Bestandteil vieler weiterer Transaktionskostenansätze. Seine Betrachtungen betreffen jedoch nur den Fall vertikaler Integration. Eine Vorwärtsintegration in den Distributionsbereich begründet er mit dem „externality principle": Wenn einige Händler Abstriche in der Qualität (beispielsweise bei der Serviceleistung) machen, so kann sich dies auf die Gesamtnachfrage nach dem Produkt auswirken. Da Qualitätskontrollen seitens des Produzenten teuer sind, ergibt sich hier der Anreiz, auch den Vertrieb zu übernehmen. Dieses Argument wird von Hennart (vgl. Abschnitt 4.3) detailliert ausgearbeitet.

Teece wendet den „Markets and Hierarchies"-Ansatz von Williamson direkt auf das Phänomen Multinationale Unternehmung an. Seiner Ansicht nach hat eine Theorie der Direktinvestition zwei Fragen zu beantworten: Sie muß zum einen die Standortfaktoren erklären, aus denen eine Aufteilung der Produktion auf mehrere Länder resultiert. Auf der anderen Seite muß sie zeigen, wie die Existenz von Transaktions- bzw. Kontrollkosten dazu führt, daß diese Produktionsaktivitäten einer gemeinsamen Kontrolle unterworfen und nicht über den Markt koordiniert werden (Teece, 1983, S. 53). Die zweite Frage versucht Teece mit dem Gedankengut Williamsons zu beantworten. Für die Erklärung der Wahl zwischen Markt oder Hierarchie untersucht er die verschiedenen, für die Aktivitäten einer Multinationalen Unternehmung klassischen Märkte für Zwischenprodukte, Know-How und Kapital. Während im ersten Fall eine vertikale Direktinvestition eine Alternative zur Marktlösung wäre, kommen im zweiten Fall eine horizontale und im dritten Fall beide Formen der Expansion in Frage (Teece, 1981, S. 4). Diese Zusammenhänge sollen im folgenden näher erläutert werden.

Der Standardfall **vertikaler Integration** durch Multinationale Unternehmen betrifft den Rohstoffmarkt (vgl. zur Rückwärtsintegration auch die Argumente von Caves in Abschnitt 2.2). Die Argumente für seine Internalisierung basieren vor allem auf der größeren Versorgungssicherheit. Werden lang- oder kurzfristige Verträge mit unabhängigen Lieferanten geschlossen, ergibt sich eine Reihe von Problemen: Zum einen ist es schwierig bzw. sehr teuer, sämtliche möglichen Ereignisse und die damit verbundenen Konsequenzen für beide Parteien im Vertrag zu erfassen. Die Vertragsbedingungen sind demzufolge nicht so umfassend beschrieben, daß sie alle unvorhergesehenen Fälle berücksichtigen könnten, womit auch die Überprüfung eines Vertragsbruches durch einen Dritten wesentlich erschwert wird. Auch folgt daraus, daß der anderen Vertragspartei damit der Spielraum für opportunistisches Verhalten eröffnet bzw. auch der Anreiz dazu gegeben wird.

Opportunistisches Verhalten kann zum Beispiel über eine nicht vereinbarte Preiserhöhung erfolgen. Gibt es keine Alternativen zu diesem Lieferanten und lassen sich Rechtsansprüche nur schwer durchsetzen, so ist das nachfragende Unternehmen im höchsten Grade verwundbar – dies um so mehr, je größer der Umfang der spezifischen Aktiva ist.

Eine vertikale Rückwärtsintegration kann diese Risiken weitestgehend ausschalten. Restrisiken bestehen jedoch z.B. darin, daß der internalisierte Rohstoffmarkt im Ausland u.a. durch eine Enteignung wieder verlorengehen kann.

Eine vertikale Integration ist jedoch auch mit Kontrollkosten verbunden. Die Expansion eines Unternehmens kann dazu führen, daß einzelne Abteilungen oder Manager Ziele verfolgen, die mit dem strategischen Oberziel der Firma nicht im Einklang stehen. Unter anderem kann dies durch die Verbreitung falscher Informationen erfolgen. Verzerrungen dieser Art, die übrigens genauso bei horizontaler Expansion auftreten, lassen sich jedoch durch eine geeignete Organisations- und Kontrollstruktur reduzieren (vgl. die Argumentation Williamsons; Teece, 1981, S. 4ff.; 1983, S. 52f. und S. 56f.).

Die Erklärung **horizontaler Direktinvestitionen** basiert erneut auf Know-How als entscheidendem monopolistischen Vorteil einer Multinationalen Unternehmung (vgl. Abschnitt 2). Teece ist jedoch der Meinung, der Wettbewerbsaspekt sei noch kein ausreichendes Argument, sondern müsse noch um den Aspekt des Marktversagens ergänzt werden. Diesbezüglich kommt er zu der Feststellung, daß „perhaps the most important efficiency property of the multinational firm is that it is an organizational mode capable of transferring this knowledge and skill abroad in a relatively efficient fashion" (Teece, 1981, S. 7). Die bereits in Abschnitt 2 angesprochenen Unvollkommenheiten des Marktes für kommerziell nutzbares Wissen führen zu Effizienzverlusten und damit zu Schwierigkeiten beim internationalen Handel mit diesen Gütern. Ohne diese durch Unvollkommenheiten auftretenden Transaktionskosten gäbe es keinen Grund für Direktinvestitionen (vgl. dazu auch Abschnitte 2.1 und 4.2), Handelsbeziehungen würden solange stattfinden, bis die Fehlallokation technologischen und kommerziell nutzbaren Wissens zwischen den Unternehmen verschiedener Länder aufgehoben wäre.

Doch gerade der Handel mit Know-How ist zahlreichen Transaktionshindernissen unterworfen. Das Auffinden möglicher Handelspartner und ihrer Präferenzen und Bedingungen verursacht Informationskosten. Ferner kann das bereits von Hymer erwähnte Problem auftauchen, daß, weil der Wert dieses Gutes dem Käufer nicht bewußt ist, es zu **Schwierigkeiten bei der Preisbildung** kommen kann (auf einem vollkommenen Markt mit vollkommener Information, homogenen Gütern und einem Preis als Datum undenkbar!). In diesem Zusammenhang taucht auch das **Enthüllungsproblem** auf: Der potentielle Käufer kann den Wert nicht testen, bevor er nicht hinreichende Informationen besitzt. Sobald dies jedoch der Fall ist, hat er das Wissen kostenlos erworben **(Informationsparadoxon)**. Schwierigkeiten treten auch dadurch auf, daß Know-How nicht immer in dem Ausmaß **kodifizierbar** ist, daß der Käufer es ohne Schwierigkeiten in seinen Produktionsprozeß implementieren kann. Oft ist also zusätzlich der Transfer von Experten oder sogar eines ganzen Teams erforderlich. Hierbei kann es passieren, daß in der Einführungsphase ein einmaliger Vertrag nicht die gewünschte Abstimmung bewirkt (und zu Unstimmigkeiten bei der Vertragsbindung führen kann), diese vielmehr allein durch einen ständigen Informationsaustauschprozeß erreichbar ist. Beide Parteien sind (vor allem auch wegen der Enthüllungsproblematik) allen Unwägbarkeiten und Schwierigkeiten einer bilateralen Monopolsituation unterworfen. Die effizientere Alternative, die zu schnelleren Übereinkünften, besserer Organisation von Teamarbeit und problemloser Enthüllung führt, ist die Gründung einer Tochtergesellschaft im Ausland.

Der Kapitalmarkt schließlich ist ebensolchen Unvollkommenheiten unterworfen, wodurch seine Internalisierung vorteilhaft wird. Multinationale Unternehmen erzielen auf diesem Wege eine Effizienzsteigerung über die unternehmensinterne grenzüberschreitende Allokation von Kapital (Teece, 1981, S. 7ff.; 1983, S. 53ff.).

Durch ihre direkte Präsenz in mehreren Auslandsbranchen über ein Netzwerk von Tochtergesellschaften sind sie aufgrund der optimalen Kombination von Informationstiefe und Informationsbreite in der Lage, eine effizientere weltweite Kapitalallokation vorzunehmen als externe Kapitalgeber. Durch ihre zahlreichen Möglichkeiten der Steuerung von unternehmensinternen Kapitalströmen (Transferpreise, unternehmensinterne Anleihen, Dividendenrückführungen etc.) überwinden sie auch leichter die Barrieren des internationalen Kapitalverkehrs (siehe auch Abschnitt 6) (Stein, 1992, Williamson, 1975; Teece, 1986).

Teece versucht auch, in die allgemeinen Transaktionskostenüberlegungen, die erklären, warum eine gemeinsame Kontrolle (Hierarchie, Direktinvestition) gegenüber einem System von Vertragsbeziehungen (Markt) vorteilhaft ist, Produktionskosten einzubauen. Diese Überlegungen werden sowohl für den Fall **horizontaler** als auch **vertikaler Integration** angestellt. Im ersten Fall geht es um die Überlegung, ob unternehmensspezifisches Know-How über eine Lizenzvergabe (Markt) oder über eine Direktinvestition verwertet wird. Teece geht davon aus, daß die Kontroll- bzw. Transaktionskosten bei Direktinvestitionen (GC_{FDI}) unabhängig vom Kompexitätsgrad des Know-How sind, während sie bei der Lizenzvergabe aufgrund der erwähnten Schwierigkeiten linear ansteigen. Die Differenzkurve ΔGC beider Transaktionskostenverläufe ist negativ geneigt, ceteris paribus wandelt sich von Punkt A an die Direktinvestition zur besseren Alternative (vgl. Abb. 2.7). Die Produktionskosten der Lizenzvergabe (PC_L) beinhalten die Kosten des Technologietransfers mit Ausnahme der Vertragskosten. Sie steigen mit zunehmenden Komplexitätsgrd des Know-How schneller an als die Produktionskosten einer eigenen Betriebsstätte im Ausland (PC_{FDI}). Dies liegt an den

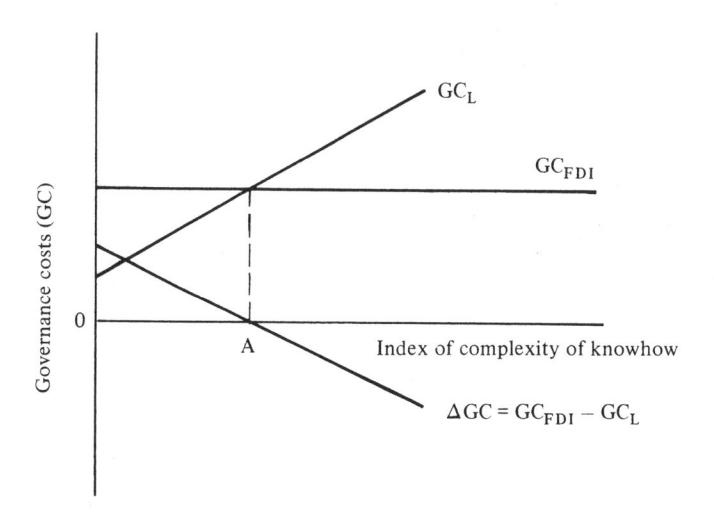

Abb. 2.7: Transaktionskostenbetrachtung bei horizontaler Integration (Lizenzvergabe oder Direktinvestition bei Teece)

hohen Kosten des Technologietransfers. Es ergibt sich wiederum eine negativ geneigte Differenzfunktion ΔPC, ab B wird die Direktinvestition vorteilhaft (vgl. Abb. 2.8).

Werden beide Differenzfunktionen in ein Schaubild integriert, so erhält man eine Ergänzungsfunktion, die die Wahl zwischen Lizenzvergabe und Auslandsproduktion in Abhängigkeit von den Gesamtkosten (ΔTC) darstellt (vgl. Abb. 2.9). Der Bereich zwischen A und B würde bei isolierter Betrachtung von Transaktions- und Produktionskosten zu anderen Entscheidungen führen als bei gemeinsamer Betrachtung.

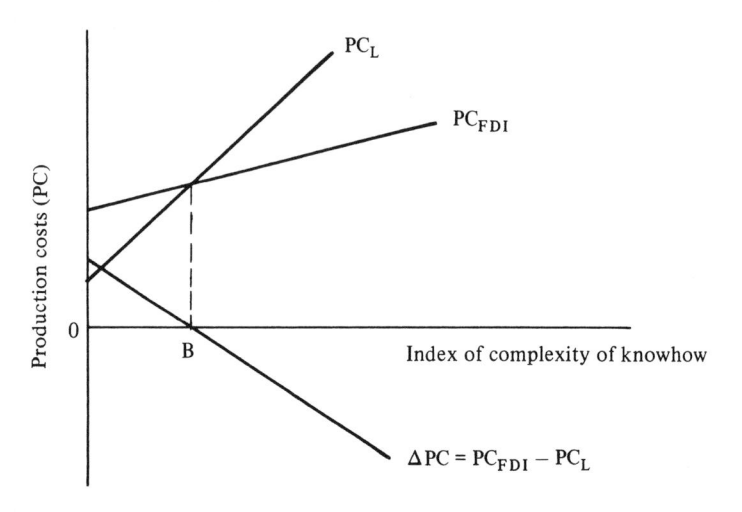

Abb. 2.8: Produktionskostenbetrachtung bei horizontaler Integration (Lizenzvergabe oder Direktinvestition bei Teece)

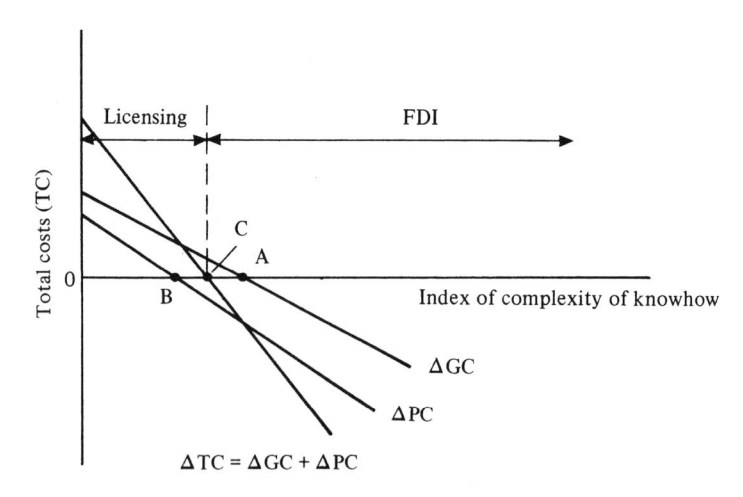

Abb. 2.9: Gesamtkostenbetrachtung bei horizontaler Integration (Lizenzvergabe oder Direktinvestition bei Teece)

Die Wahl zwischen **vertikaler Integration** und Marktbenutzung hängt vom Grad der spezifischen Aktiva ab. Die Kontrollkosten bei Vertragsbeziehungen (GC_M) steigen mit zunehmender asset specifity aufgrund der bereits erörterten Abhängigkeit und Verwundbarkeit. Bei vertikaler Integration sind die Kontrollkosten (GC_V) wegen der hohen Anlaufkosten anfangs höher als die der Marktbeziehung, aber unabhängig von der Spezifität. Mit zunehmendem Enteignungsrisiko findet eine Parallelverschiebung der Kurve nach oben statt. Das Ausmaß der Verschiebung hängt auch von der Ausweichmöglichkeit auf alternative Versorgungsquellen ab. Unter der Annahme, daß die Produktionskosten unabhängig von der asset specifity und der Alternative Markt oder Hierarchie gleich hoch sind, ergeben sich die Gesamtkosten TC_M und TC_V durch eine Parallelverschiebung der Transaktionskostenkurven um jeweils den gleichen Betrag. Punkt D, der mit zunehmenden Enteignungsrisiko weiter nach rechts verschoben wird, stellt den Übergang von Marktbenutzung zur Internalisierung dar (Teece, 1983, S. 57ff.).

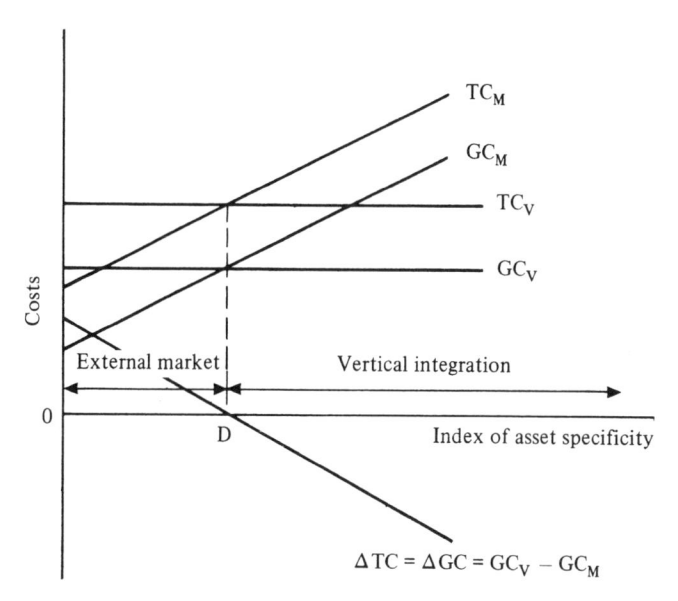

Abb. 2.10: Die Kosten der vertikalen Integration im Modell von Teece

Die Ausführungen von Teece unterscheiden sich somit zum einen wenig von Williamson und zum anderen, wie er selber zugibt, wenig von der Erklärung des Wachstums nationaler Unternehmen.

4.2 Die Long-Run-Theory von Buckley und Casson

Eine internationale Ausrichtung der Internalisierungstheorie erfolgte erstmals 1976 durch Buckley und Casson mit ihrer „Long-run-Theory of the Multinational Enterprise". Ihr Ansatz kann als völlig losgelöst von den Gedanken Williamsons betrachtet werden, da dieser weder zitiert noch sein Vokabular verwendet wird (vgl. im Folgenden: Buckley/Casson, 1976, S. 32ff.; Casson, 1979).

Ähnlich wie bei Williamson und Teece ist auch ihre Theorie allgemein auf das Wachstum von Unternehmen ausgerichtet. Firmen expandieren durch Internalisierung. Werden Auslandsmärkte internalisiert, so entstehen Multinationale Unternehmen. Im Theoriegebäude von Buckley und Casson stellen sie lediglich „ a special case of a multiplant firm, bringing under common ownership and control several interpendent activities linked by flows of intermediate products" (Buckley/Casson, 1976, S. 36) dar. Die Entscheidung für eine Betriebsstätte im Ausland wird ihrer Ansicht nach durch die Standorttheorie ausreichend erklärt und kann unter Umständen durch zwei Internalisierungsgesichtspunkte modifiziert werden (vgl. dazu weiter unten).

Der Erklärungsansatz von Buckley und Casson geht von **Märkten für Zwischenprodukte** als Koordinationsinstrumente bei Produktions- und Absatzprozessen aus. Diese Zwischenprodukte stellen nicht nur Rohstoffe verschiedener Veredelungsstufen und Güter, sondern auch Know-How, Erfahrung, Managementfähigkeiten etc., verkörpert durch Patente und human capital, dar. Den Autoren kommt es vor allem auf diese Wissensmärkte an, da ihrer Meinung nach die Verbreitung Multinationaler Unternehmen nach dem Zweiten Weltkrieg auf die Internalisierung von Know-How zurückzuführen ist, während davor die vertikale Integration von Rohstoffmärkten ausschlaggebend war. So unterscheiden sie dementsprechend zwei Internalisierungsarten: Zum einen Rückwärtsintegration von Märkten für materielle Güter bei mehrstufigen Produktionsprozessen und zum anderen eine Internalisierung von Wissensmärkten durch Integration von Produktion, Marketing sowie Forschung und Entwicklung. Mit anderen Worten: Das im Verlauf des Produktions- und Absatzprozesses erworbene oder benötigte Know-How (bspw. Marketingfähigkeiten, die sich in einer Produktdifferenzierung niederschlagen; Ergebnisse der Forschung und Entwicklung, die für eine Produktinnovation verwendet werden können) wird nicht über Märkte ausgetauscht, wenn Marktunvollkommenheiten zu hohen Effizienzverlusten führen. Abb 2.11 zeigt die Arten von Know How, die zwischen den Stufen Produktion, Marketing und F&E entstehen und ausgetauscht werden. Es wird vor allem deutlich, daß das Know How oft durch die Rückkopplung zwischen den verschiedenen Stufen entsteht und dadurch hochgradig unternehmensspezifisch ist. Das erforderliche Wissen wird *im Unternehmen entwickelt*, das gewonnene Wissen *im Unternehmen verwertet*, da der Erwerb und der Verkauf über Märkte nicht möglich bzw. ineffizient ist. Im zweiten Fall führt dies zur Entstehung Multinationaler Unternehmen, wenn Know-How nicht über Lizenzen verkauft, sondern durch Auslandsproduktion selber verwertet wird. Analog zu den Überlegungen von Coase werden Unternehmen so lange durch die Internalisierung von Märkten für Zwischenprodukte wachsen, bis der Grenznutzen gleich den Grenzkosten ist.

Buckley und Casson führen **fünf Marktunvollkommenheiten** auf, die den Nutzen einer Integration steigen lassen:

1. Für die meisten Zwischenprodukte existieren **keine Zukunfts- (Futures-) Märkte** (wie z.B. für einige landwirtschaftliche Produkte), bei denen der zukünftige Preis bereits jetzt fixiert werden kann. Dies ist vor allem bei den Gütern schwerwiegend, deren Herstellung eine beträchtliche Zeitspanne beansprucht (z.B. die Ergebnisse von Forschungs- und Entwicklungsarbeiten), die verderblich sind (landwirtschaftliche Produkte), oder deren Herstellung den Einsatz mehrstufiger kapitalintensiver Produktionsverfahren erfordert. Damit entfällt aufgrund von Unsicherheit bzgl. zukünftiger Ereignisse (bspw. Absatzmöglichkeiten) der Preis als wichtiges Koordinationsinstrument. Inner-

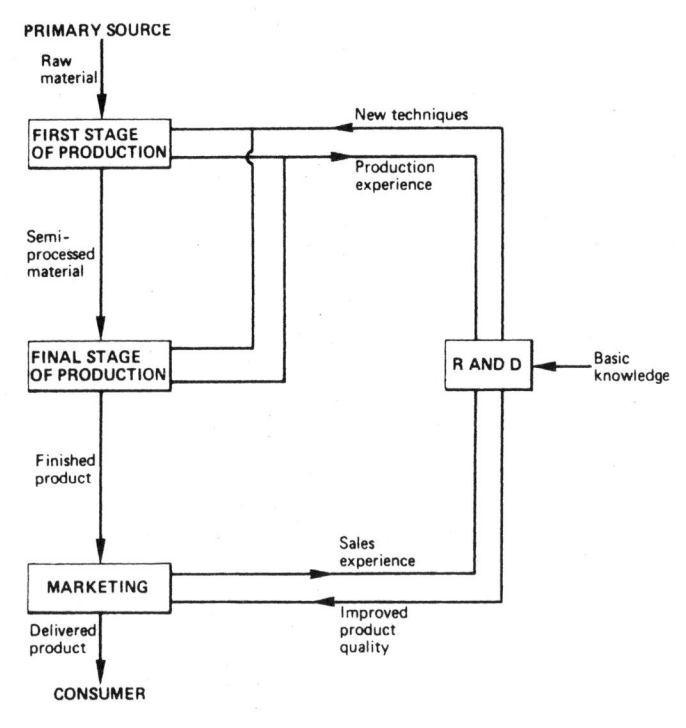

Abb. 2.11: Entstehung von Know How im Leistungserstellungsprozeß (Quelle: Buckley/ Casson, 1976, S. 34)

halb der Unternehmung können kurz- und langfristige Teilpläne besser synchronisiert werden. Folgerichtig steigt auch der Anreiz zur Internalisierung zur Schaffung eigener Zukunftsmärkte durch die eigenständige Verwertung des Wissens.

2. Der zweite Internalisierungsanreiz ergibt sich aus der fehlenden Möglichkeit, auf externen Auslandsmärkten eine **Preisdifferenzierung** durchzusetzen. Die Preistheorie lehrt, daß ein Monopolist sowohl durch horizontale als auch durch vertikale Preisdiskriminierung einen höheren Gewinn erzielen kann als durch einen Einheitspreis (vgl. dazu Jacob 1981,S. 407ff.). Firmenspezifisches, kommerziell nutzbares Wissen ist ein typisches Produkt, für das eine Preisdifferenzierung vorteilhaft, ja sogar notwendig ist. Die Entwicklung von Know-How erfordert einen hohen Einsatz von Ressourcen für die Forschung und Entwicklung. Da **Wissen jedoch aufgrund des Charakters eines öffentlichen Gutes beliebig teilbar ist** (vgl. Abschnitt 2.2), sind die Grenzkosten der Verteilung an weitere Abnehmer (bspw. Lizenznehmer) sehr gering. Mit anderen Worten: Die Grenzkosten der Belieferung des ersten Benutzers mit diesem Gut sind sehr hoch, da hier sämtliche Forschungs- und Entwicklungskosten gedeckt werden müssen. Werden weitere Nutzer zugelassen, so ist dies mit sehr niedrigen Grenzkosten verbunden. Mit zunehmender Menge erzielt man also steigende Skalenerträge. Ein Einheitspreis wäre in diesem Fall gegenüber einem Preisdifferenzierungssystem die weitaus schlechtere Lösung. Preisdiffe-

renzierung (bspw. über Lizenzverträge) ist jedoch in diesem Fall schwer durchführbar, da aufgrund des nicht rivalisierenden Verbrauchs ein Weiterverkauf an Dritte möglich ist. Zudem fallen bei jeder Lizenzvergabe alle die Probleme des Verkaufs von Informationen an, die in diesem Abschnitt 4 dargestellt werden. Nur durch Internalisierung des Marktes über Auslandsakquisitionen läßt sich diese Strategie über ein Transferpreissystem durchsetzen, so daß das firmenspezifische Wissen gewinnmaximal genutzt werden kann. Durch die Übernahme potentieller Lizenznehmer oder durch den Aufbau einer eigenen Auslandseinheit wird die nicht mögliche Preisdifferenzierung beim Verkauf nutzbarer Informationen durch eine Preisdifferenzierung auf den lokalen Märkten für Endprodukte ersetzt.

Auch im Rohstoffbereich ist eine internationale Preisdifferenzierung sinnvoll. Oft besitzen Rohstofflieferanten eine Monopolstellung. Ein weltweiter Einheitspreis könnte zur Folge haben, daß einige Abnehmer, denen dieser Preis zu hoch ist, auf alternative und in bezug auf die realen Faktorkosten ineffiziente Produktionsverfahren umsteigen. Eine Vorwärtsintegration (Aufkauf der abnehmenden Unternehmung oder Zusammenschluß) und die Durchsetzung einer internen Preisdifferenzierung würden dann zur bestmöglichen Verwendung der Ressource und damit zur Gesamtgewinnmaximierung führen.

3. Das Vorliegen eines **bilateralen Monopols** führt zu einer instabilen, unsicheren Verhandlungssituation (vgl. dazu die Überlegungen von Williamson und Teece, Kapitel 3.1), die am besten über langfristige Verträge oder Zusammenschlüsse gelöst wird.

4. Die vierte Marktunvollkommenheit bezieht sich auf das **Bewertungsproblem** beim Verkauf des Zwischenproduktes (vgl. dazu ausführlich die Ausführungen Teece, Abschnitt 4.1, der genauso wie Buckley und Casson auch auf das Enthüllungsproblem beim Verkauf von Know-How eingeht). Zudem verweisen Buckley und Casson auch auf die Probleme, die durch die public-good-Eigenschaft des Gutes Wissen entstehen. Da der Besitzer von Know-How dieses ohne zusätzliche Kosten beliebig oft verkaufen kann, entstehen für die einzelnen Erwerber erhebliche Wettbewerbsrisiken (der Wert kommerziell nutzbaren Wissens sinkt für den Käufer umso weiter, je mehr seiner potentiellen Konkurrenten dieses ebenfalls erwerben), die ihre Kaufwilligkeit einschränken können. Diese Einigungsschwierigkeiten können dann zu einer Vorwärtsintegration in die Industrien der potentiellen Käufer führen.

5. Der letzte Aspekt bezieht sich ausschließlich auf das internationale Umfeld. **Staatliche Eingriffe** in den Austausch von Zwischenprodukten, wie zum Beispiel die Erhebung von Zöllen oder Steuern können durch die Schaffung eines internen Marktes umgangen werden. Während auf externen Märkten Preise publiziert werden und so den Kontrollmöglichkeiten der Regierungen unterworfen sind, läßt sich bei unternehmensinternen Transfers von Zwischenprodukten (v.a. Know-How, das sehr schwer zu bewerten ist) durch die Manipulation von Transferpreisen die internationale Abgabenlast minimieren.

Casson sieht einen weiteren wichtigen Internalisierungsgrund in der Verbesserung der Qualitätskontrolle. Diese ist bei den Produkten von Bedeutung, deren Differenzierungsgrad sich in der technischen Qualität und in der Qualität des Services niederschlägt. Durch die Internalisierung werden einerseits Überwachungskosten eingespart, wenn die Qualitätskontrolle durch Käufer und Verkäufer zusammengelegt wird. Zudem lassen sich durch die vertikale Integration mehr Informationen über die Qualität des Produktes gewinnen. Schließlich wird durch eine Rückwärtsintegration eine größere Sicherheit über die Qualität der Vorprodukte erworben (Casson, 1985, 1987b). Die gleiche Argumentation läßt sich auch für eine Vorwärtsintegration anführen: „In some consumer goods or service industries, the inability of the market to ensure a seller of an intermediate product sufficient control over the quality of the final product, which may bear the sellers name, may be a reason for replacing that market by forward integration." (Dunning, 1988, S. 38)

Die durch diese Gegebenheiten bedingten Internalisierungs-Vorteile sind gegen ihre Kosten aufzuwiegen. **Vier Arten von Kosten** sind für Buckley und Casson von Bedeutung:

1. Zum einen kann argumentiert werden, daß durch die Aufteilung der Märkte bzw. ihre Internalisierung einige Produktionsstätten nicht mehr die **optimale Ausbringungsmenge** produzieren können. Im Extremfall des vollkommenen Marktes, auf dem zu einem gegebenen Preis jede Menge abgesetzt werden kann, produziert jedes Unternehmen unabhängig vom anderen bzw. von der nächsten Produktionsstufe diejenige Menge, die unter Berücksichtigung von Skalenerträgen bzw. des Kostenverlaufs den höchsten Gewinn erzielt (der Erlös steigt linear an!). Dies ist jedoch bei gemeinsamer Kontrolle von mehreren Firmen nicht mehr möglich. In diesem Fall müssen die Ausbringungsmengen aufeinander abgestimmt werden, da verschiedene Produktionsstufen unterschiedliche optimale Produktionsvolumina mit sich bringen, und man sich nach dem kleinsten gemeinsamen Teiler richten muß. Die durch diese Anpassung entstehenden Effizienzverluste müssen als Kosten der Internalisierung angesehen werden. Diese sind jedoch dadurch reduzierbar, daß Überschußmengen auf einzelnen Produktionsstufen auf externen Märkten abgesetzt werden bzw. der zusätzliche Bedarf an Inputfaktoren dort befriedigt wird.

2. Der Internalisierung werden auch durch die anwachsenden **Kommunikationskosten** Grenzen gesteckt. Diese entstehen durch eine steigende Menge an Informationen (die auf den unvollkommenen externen Märkten ja nicht ausreichen), durch die Überwachung ihrer Richtigkeit und durch die Sicherung ihrer Vertraulichkeit. Die Höhe der Kosten hängt von den Distanzen zwischen den Unternehmenseinheiten sowie den sprachlichen, sozialen und wirtschaftlichen Unterschieden ab.

3. Die dritte Kostenart ist wiederum spezifisch für das internationale Umfeld und ergibt sich aus den **politischen Problemen**, die mit der Errichtung von Betriebsstätten im Ausland verbunden sind. Diskriminierende Behandlung von Ausländern kann vom Eingriff in die Dispositionsfreiheit bis hin zur Enteignung reichen.

4. Ähnlich wie bei Coase stellen auch die Fähigkeiten des **Managements**, einen internen Markt zu organisieren, eine Restriktion für die Internalisierung dar. Mit zunehmender Integration von Märkten wachsen, in Abhängigkeit von der Professionalität der Führungskräfte, die Organisationskosten.

Wie bereits erwähnt, ist für Buckley und Casson die Entstehung Multinationaler Unternehmen ein Nebenprodukt der Internalisierung. Zur Erklärung der Auslandsproduktion verwenden die Autoren Elemente der orthodoxen Standorttheorie (vgl. dazu auch Abschnitt 5). Dabei kann die Standortentscheidung jedoch durch zwei Faktoren, die auch für die Internalisierungsüberlegungen relevant sind, modifiziert werden:

1. Die Minimierung der internationalen Abgabenlast durch ein Transferpreissystem kann die Hinzunahme eines Niedrigsteuerlandes als Standort vorteilhaft werden lassen.
2. Ebenso können die höheren Kommunikationskosten auf internationaler Ebene die Wahl des Standortes noch ändern.

Bezüglich des Wachstums Multinationaler Unternehmen argumentieren Buckley und Casson, die optimale Wachstumsrate ergebe sich in der **ersten, aggressiven Wachstumsphase** aus dem optimalen Umfang von Forschung und Entwicklung, der wiederum durch zwei Faktoren bestimmt werde. Zum einen seien mit Forschungs- und Entwicklungsausgaben zahlreiche Risiken verbunden (die Möglichkeit der Erzielung unbrauchbarer Ergebnisse, die Gefahr sich ändernder Umweltbedingungen, die Gefahr der Imitation oder Kopie), welche die Kapitalkosten der Unternehmung steigen ließen und dadurch wiederum zu sinkenden Investitionen in diesem Bereich führten. Zum anderen bestehe das Problem, daß die am Forschungs- und Entwicklungsprozeß beteiligten Fachkräfte nicht immer durch langfristige Verträge gebunden werden könnten. Verließen diese das Unternehmen vor Fertigstellung des Projektes, so sei der Investitionserfolg in Gefahr.

In der **zweiten Phase** nehmen die Möglichkeiten weiterer Forschung und Entwicklung innerhalb einer bestehenden Produktlinie ab, Wachstums- und Profitrate fallen.

Eine Bestätigung ihrer Thesen sehen Buckley und Casson in der Tatsache begründet, daß Multinationale Unternehmen vornehmlich in der Nahrungsmittel-, Erdöl- und Rohstoffindustrie sowie in F&E – intensiven Branchen tätig sind. Ihre überdurchschnittliche Größe ergibt sich aus dem Umfang von Forschung und Entwicklung. Cross investments stellen „the search for knowledge of commercial potential and the exploitation of the firm's own proprietary knowledge" (Buckley, Casson, 1976, S. 61) dar, erfolgen deshalb auch eher in Industrie- als in Entwicklungsländern. Das **überdurchschnittliche Wachstum** Multinationaler Unternehmen läßt sich analog über die erste Wachstumsphase erklären. Der **Rückgang des Wachstums** einiger Multinationaler Unternehmen sowie zunehmende Diversifikations- und Übernahmetendenzen deuten darauf hin, daß sie sich in der zweiten Wachstumsphase befinden.

4.3 Die Ansätze von Hennart, Mc Manus, Baumann und Furubotn

Die von **Hennart** entwickelte Theorie der Multinationalen Unternehmung (Hennart, 1982) ist eine **Erweiterung der Überlegungen von Mc Manus** (Mc Manus, 1972). Sein Modell nimmt Bezug auf die Ansätze von Coase, Arrow, Alchian und Demsetz sowie Williamson und erweitert einen allgemeingültigen Institutional Choice Ansatz auf die Besonderheiten internationaler Unternehmenstätigkeit. Die Theorie soll hier als geschlossene Darstellung skizziert werden, so daß sich Wiederholungen gegenüber den vorangegangenen Kapiteln an einigen Stellen nicht vermeiden lassen (vgl. im Folgenden: Mc Manus, 1972, S. 72ff.; Hennart, 1982, S. 28ff.).

Betrachtet wird eine Menge an Wirtschaftssubjekten, zwischen denen Interdependenzen in bezug auf ihre ökonomischen Aktivitäten bestehen. Zur Koordination dieser Aktivitäten stehen zwei Institutionen zur Verfügung: der Markt (evtl.

2. Kap.: Die Theorien der Multinationalen Unternehmung 95

unterstützt durch ein Vertragssystem) und die Unternehmung (also eine Menge vertraglicher Beziehungen, durch die eine Gruppe von Wirtschaftssubjekten einer zentralen Führung die Macht überträgt, für sie Entscheidungen zu treffen und ihr Verhalten einzugrenzen). Zwischenformen werden nicht betrachtet.

In einer Welt ohne Informations-, Verhandlungs- und Durchsetzungskosten hängt die Wahl zwischen Markt und Unternehmung lediglich von den subjektiven Präferenzen der Wirtschaftssubjekte ab. Beide Institutionen erfüllen ihre Koordinationsaufgabe gleich gut. Auf dem Markt führt der Preismechanismus dazu, daß jeder Marktteilnehmer automatisch die Auwirkungen berücksichtigt, die sein Verhalten auf die anderen Teilnehmer hat. Er trägt die vollen sozialen Kosten seines Handelns. Die Reaktion auf die Marktpreise begrenzt die Aktionen der Wirtschaftssubjekte dergestalt, daß die individuelle Nutzenmaximierung eines jeden insgesamt zur Gewinnmaximierung für die gesamte Gruppe führt. Der Markt belohnt die Leistung in äquivalenter Weise, da jedem das als Einkommen zukommt, was er produziert. Er verhindert Verhandlungen, da Anbieter, die bluffen wollen, von Käufern nicht mehr frequentiert werden (klassische Marktlösung; vollkommene Märkte).

Ähnliches gilt für die Unternehmung. Informationen werden über die Angestellten zur Unternehmensspitze geleitet, die die Koordinationsaufgabe übernimmt.

Informations-, Durchsetzungs- und Verhandlungskosten führen dazu, daß das Optimum nicht mehr automatisch erreicht wird. Wegen positiver Informationskosten gelangen die Ressourcen nicht mehr an die Stelle ihrer besten Verwendung (optimale Ressourcenallokation), da nun Bewertungsfehler oder gar Betrug möglich sind. Wegen der Verhandlungs- oder Durchsetzungskosten wird manches Handelsgeschäft unprofitabel. Da Marktpreise nicht mehr alle Informationen über die sozialen Auswirkungen der Aktionen eines Individuums enthalten, werden diese nicht mehr automatisch berücksichtigt. Die privaten Kosten eines Wirtschaftssubjektes weichen von den sozialen Kosten ab. Es kommt zu externen Effekten. Das soziale Optimum (bzw. die gemeinsame Vermögensmaximierung innerhalb der Gruppe) wird nicht mehr erreicht.

Das gleiche gilt für die Unternehmung. Informations- und Durchsetzungskosten führen dazu, daß eine vollständige Kontrolle der Angestellten nicht möglich ist. Raum für opportunistisches Verhalten wird eröffnet, es werden eigene Ziele auf Kosten der Firma verfolgt („on the job consumption"), die zu Gewinneinbußen führen.

Beide Institutionen eignen sich also nicht, das Verhalten der Wirtschaftssubjekte optimal zu begrenzen. Es ist immer möglich, daß einige Wirtschaftssubjekte externe Effekte herbeiführen, indem sie auf Kosten anderer Marktteilnehmer bzw. Unternehmensmitglieder handeln. Das Ausmaß externer Effekte kann jedoch in beiden Koordinationsformen unterschiedlich hoch sein.

Mc Manus und Hennart erklären die Fehlfunktion des Preismechanismus mit den Transaktionskosten, die mit dem Transfer von **Property Rights** verbunden sind. Die Vertreter der Property Rights Theorie argumentieren, daß beim Austausch von Gütern gleichzeitig auch Verfügungsrechte übertragen werden. Diese Property Rights sind „rechtlich oder institutionell sanktionierte Handlungsmöglichkeiten und Verhaltensbeziehungen" (Leipold, 1978, S. 518), gehen also weit über den deutschen Begriff Eigentumsrechte hinaus. Der Eigentümer von Property Rights hat die Befugnis, einen Vermögensgegenstand zu benutzen, ihn physisch zu verändern, sich die Erträge aus ihm anzueignen und alle bzw. einige Verfügungsrechte an eine andere Person zu transferieren.

Der Wert eines Gutes hängt also wesentlich davon ab, welche Rechte übertragen werden. Transaktionskosten entstehen durch „the costs, that would have to be incurred by each party to an exchange, in order to measure, in a dimension mutually acceptable to buyers and sellers, the flows of services or the stock of assets that he is exchanging with the other party" (Mc Manus, 1972, S. 74f.). Allgemeiner gesagt entstehen Kosten durch die Definition, den Austausch, die Überwachung und die Durchsetzung von Eigentumsrechten. Da eine genaue Bestimmung der Property Rights oft nicht möglich ist, wird es bestimmte Grenzen geben, innerhalb derer Exklusivrechte nicht durchsetzbar sind. Innerhalb dieser Grenzen kann es vorkommen, daß „changes in one activity will not be reciprocated by changes in payment and some of the gains of trade will have to be foregone" (Hennart, 1982, S. 35). Diese Tatsachen führen dazu, daß der Marktaustausch für beide Seiten nicht profitabel ist. Wäre der Markt in der Lage, über das Preissystem den Austausch von Gütern und Rechten adäquat zu bewerten, würden die Externalitäten, die sich aufgrund des unvollkommenen Informationszustandes ergeben, nicht auftauchen. Die Exklusivität der Property Rights wäre gewährleistet und jeder Marktteilnehmer würde automatisch die Auswirkungen seiner Aktionen auf die Gruppe berücksichtigen. Hennart weist auch auf die Rolle des Staates beim Schutz von Property Rights hin, die vor allem im internationalen Kontext von Bedeutung ist.

Ein Markt ist umso effizienter, je niedriger die mit der Bewertung von Gütern und Dienstleistungen entstehenden Transaktionskosten sind. Je höher das Handelsvolumen, desto höher ist auch die Transaktionskostendegression. Je höher die Anzahl der Marktteilnehmer, desto größer ist auch der Wettbewerb und desto kleiner ist auch der Spielraum für opportunistisches Verhalten. Bewertungskosten sind schließlich auch eine Funktion der Eigenschaften der auszutauschenden Güter.

Eine Möglichkeit der Reduzierung dieser Art von Transaktionskosten stellt der Vertrag dar. Hier können Regelungen festgelegt werden, die das Verhalten der beteiligten Marktteilnehmer eingrenzen, indem sie beispielsweise Kompensationszahlungen für den Fall eines Abweichens von den Vereinbarungen festlegen. Dies ist ex ante einfacher und kostengünstiger, als wenn nach jeder Veränderung neue Verhandlungen geführt werden müssen. Nachteilig erweisen sich Verträge im Fall von großer Unsicherheit über zukünftige Umweltzustände, da die Vertragsformulierung mit zunehmendem Grad an Unsicherheit schwieriger wird.

Die Vorteile einer Firma schließlich liegen zum einen darin, daß der Anreiz zu externen Effekten niedriger ist, da das Einkommen nicht mehr eine Funktion produktiver Aktivitäten, sondern eher der Befolgung von Direktiven ist. Des weiteren ist die Informationseffizienz in einem Unternehmen höher. Auf dem Markt muß jeder Teilnehmer über *alle* relevanten Informationen verfügen. Innerhalb der Unternehmung reicht es, wenn Informationen über Kanäle zur Unternehmensleitung geleitet, dort ausgewertet und in Direktiven umgesetzt werden. Die Vorteile hierarchischer Lenkung steigen also, wenn die Menge an benötigten Informationen groß ist und der Preis seine Funktion als Informationsträger nicht mehr ausreichend erfüllt.

Die Verhandlungskosten sind auch geringer, da Einigungen im allgemeinen eher innerhalb einer Unternehmung als auf dem Markt erzielt werden. Auch bei großer Unsicherheit stellt das Unternehmen die bessere Lösung dar, da das Fehlen von Zukunftsmärkten bei externen Märkten (vgl. dazu Abschnitt 4.2) durch interne Koordination ausgeglichen werden kann. Auf dem externen Markt müßten die Erwartungen aller Marktteilnehmer gleich sein, damit die Produktion und der Konsum bzw. Angebot und Nachfrage aufeinander abgestimmt werden können. Innerhalb des Unternehmens ist auch die Reaktion leichter möglich, da Verhandlungen durch Direktiven ersetzt werden.

Die Nachteile der Koordination von Wirtschaftsaktivitäten durch eine Hierarchie ergeben sich zum einen dadurch, daß für die Angestellten kein direkter Zusammenhang zwischen Einkommen und Leistung (wie auf dem vollkommenen Markt) besteht. Dadurch ist auch nicht der Anreiz zur Erzielung des größtmöglichen Output gegeben. Eine Leistungskontrolle seitens der Unternehmensleitung ist je nach Art der Aktivität unterschiedlich möglich und teuer.

Durch die Trennung von Informationssammlung und Entscheidung ist auch nicht mehr gewährleistet, daß die Angestellten, die diese Informationen auf dem Markt produktiv verwerten könnten, diese unbedingt vollständig erwerben und weitergeben wollen. Schließlich hängt die Effizienz einer Firma auch von den Fähigkeiten des Managements ab, Informationen zu sammeln, auszuwerten und auf dieser Basis die optimalen Entscheidungen zu fällen.

Die Nachteile einer Firma können durch entsprechende Organisationsformen (Delegation von Entscheidungsbefugnis an ein mittleres Management zur Entlastung der Zentrale) und durch Anreizsysteme für Angestellte reduziert werden (vgl. dazu Abschnitt 4.1). Das Problem, daß der Manager nicht geneigt ist, den Gewinn zu maximieren, wenn er nicht das Recht auf das volle Residualeinkommen des Unternehmens (Output – Auszahlungen für Produktionsfaktoren) hat (**Principal-Agent-Problem**; dies ist beispielsweise der Fall, wenn Kapitalgeber einen gewissen Grad an Kontrolle ausüben), kann durch die Tatsache reduziert werden, daß der Gewinn nach wie vor ein Bewertungskriterium für das Management und somit eine Restriktion darstellt. Vergrößert der Manager die Firma (bespielsweise aus Prestigegründen durch Gründung von Tochtergesellschaften im Ausland), obwohl die Marktlösung effizienter gewesen wäre, so muß er auf der anderen Seite zusehen, daß der Gewinn trotzdem ein gewisses Mindestniveau nicht unterschreitet. Dies kann zum Beispiel durch eine bessere Kontrolle der Angestellten erfolgen.

Auch auf dem Markt kann es Entwicklungen geben, die die Transaktionskosten der Marktlösung reduzieren. So können Innovationen, die die Bewertung von auszutauschenden Gütern erleichtern, oder ein Ausbau des staatlichen Rechtsschutzes von Property Rights zur Erhöhung der Attraktivität der Marktlösung beitragen.

Unterschiede in den Bewertungskosten, in der Anzahl der Marktteilnehmer und im Grad der Unsicherheit führen dazu, daß den Alternativen Markt und Unternehmen von Branche zu Branche eine andere Bedeutung zukommt. Die bisher allgemein gehaltenen Ausführungen werden nun auf die **Entstehung Multinationaler Unternehmen** angewandt (vgl. im Folgenden: Hennart, 1982, S. 62ff.; Mc Manus, 1972, S. 77ff.).

Ein Unternehmen wächst international, wenn die interne Abwicklung von internationalen Transaktionen profitabler ist als über den Markt. „The gain from allocating resources by fiat is the increased efficiency that can be obtained through centralized coordination of these dimensions of interdependence, that cannot be economically constrained by prices and contracts. In other words, the firm is able to reduce the waste that would result from external effects among producers involved if they were to act autonomously" (Mc Manus, 1972, S. 79). Mc Manus argumentiert, daß diese Menge von Produzenten dann in eine zentrale Steuerung der Aktivitäten einwilligen wird, wenn dadurch eine Effizienz- und somit Gesamtgewinnsteigerung erzielt werden kann. (Über die Verteilung des Gewinns werden keine Aussagen gemacht.) Dies ist um so eher der Fall, je stärker der Wert inländischer Ressourcen von den Aktionen ausländischer Wirtschaftssubjekte abhängt und je höher die Kosten der Bewertung dieser Auswirkungen sind.

Mehr als diese allgemeinen Aussagen ist bei Mc Manus nicht finden. Hennart teilt die aus der gegenseitigen Abhängigkeit entstehenden **Externalitäten** in **pekuniäre** und **nicht pekuniäre** ein.

Der Fall **pekuniärer Externalitäten** tritt auf, wenn im Rahmen des Wettbewerbs die Aktionen der einzelnen Anbieter Auswirkungen auf andere haben. Hier tritt der von Hymer beschriebene Fall ein, daß durch Unternehmensaufkäufe der Wettbewerb ausgeschaltet und der Gesamtgewinn erhöht werden kann (vgl. Abschnitt 2.1). Hauptexpansionsgrund gemäß Hennart sind jedoch **nichtpekuniäre Externalitäten**, die dadurch auftreten, daß keine optimale Allokation von Gütern und Dienstleistungen über den Preismechanismus erreicht werden kann. Horizontale und vertikale Integration können in diesem Fall zu einer **Effizienzsteigerung** führen. Im Folgenden sollen beide Fälle betrachtet werden.

Eine **vertikale Integration** wird dann vorgenommen, wenn der Markt nicht in der Lage ist, unterschiedliche Produktionsstufen einigermaßen effizient zu koordinieren. Die Vorteile vertikaler Integration nehmen zu, je kleiner die Zahl der Teilnehmer, je spezifischer die Investition (vgl. dazu Abschnitt 4.1) und je größer die Ungewißheit (z.B. durch das Fehlen von Zukunftsmärkten, vg. dazu Abschnitt 4.2) ist. Rückwärtsintegrationen in den Rohstoffbereich oder in Plantagen erfüllten diese Bedingungen. Die Preise auf den Rohstoffmärkten sind ungewiß, die Zahl der Anbieter ist klein.

Der von Hennart genauer betrachtete Fall ist der der **Vorwärtsintegration in den Distributionsbereich**.

Die Interdependenzen zwischen Produzent und Händler sind dergestalt, daß die Gewinne auf der einen Stufe abhängig von den Aktionen auf der anderen Stufe sind. Der Handel ist (bespielsweise über besondere Serviceleistungen, Beratung, Sales-Promotion etc.) in der Lage, die Kaufentscheidung des Konsumenten zu beeinflussen. Er kann aber auch den Goodwill des Produzenten durch mangelnde Qualität im Distributionsbereich beeinträchtigen. Werden diese Externalitäten auf effizientere Weise über Direktiven als über Verträge beseitigt, ergibt sich ein Anreiz zur Vorwärtsintegration.

Der Grad der Interdependenz zwischen beiden Wirtschaftssubjekten hängt hauptsächlich vom betrachteten Produkt ab. Bei Verbrauchsgütern (convenience goods), die aufgrund der Tatsache, daß sie häufig gekauft werden und niedrige Preise aufweisen auch mit niedrigen Suchkosten (z.B. ausgedrückt durch die Zeit, die ein Konsument in die Suche nach dem geeigneten Produkt investiert) verbunden sind, ist der Produzent nicht in hohem Maße von der Zusammenarbeit mit dem Händler abhängig. Durch Produktdifferenzierung, Werbung und Markenimage kann der potentielle Käufer direkt durch den Hersteller angesprochen werden. In diesem Fall scheint das Exportgeschäft die beste Art der Auslandsmarktbedienung zu sein.

Anders ist der Fall bei Gebrauchsgütern (shopping goods). Hier sind Preis und Suchkosten hoch, eine erfolgreiche Produktdifferenzierung gelingt nur über die Beeinflussung des Konsumenten durch den Händler. Ein (Franchising-) Vertrag könnte die genauen Bedingungen der Zusammenarbeit festlegen, unter anderem auch die Garantie von Exklusivität durch beide Parteien. Diese Lösung kommt dann eher in Frage, wenn die Transaktionen sehr heterogen, die Anpassungen an lokale Bedingungen sehr schwierig und die geographische Verteilung sehr groß sind. Als Beispiel nennt Hennart die Automobilbranche, die ihren Händlern große Freiheiten (z.B. bei der Preisgestaltung) läßt.

Die Nachteile der Vertragsbeziehungen sind im allgemeinen Teil schon diskutiert worden. Hinzu kommt, daß es sich bei shopping goods meistens um Innovationen handelt, deren Eigenschaften noch unbekannt sind und die geändert werden können. Eine Einweisung in das neue Produkt erfordert einen hohen Einsatz von Ressourcen. Außerdem besteht der Handel wegen des Risikos, das er bei neuen Produkten eingeht, auf langfristige Verträge, die wiederum eine Anpassung an neue Umweltzustände erschweren. „One would therefore expect manufacturers to integrate into distribution whenever they are introducing new, sophisticated products. The more complex the product and the less sophisticated the buyer (in diesem Fall der Händler), the greater the incentive for vertical integration" (Hennart, 1982, S. 86). Hennart belegt dies mit der Tatsache, daß eine Vorwärtsintegration insbesondere in innovativen Branchen vorgenommen wurde.

Eine **horizontale Expansion** ergibt sich, wenn die Kosten des Austausches von Gütern auf internationalen Märkten größer sind als innerhalb von Firmen. Hennart betrachtet in diesem Zusammenhang die Güter Goodwill und Know-How (vgl. dazu im Folgenden: Hennart, 1982, S. 89ff.). Zunächst wird die Übertragung von **Goodwill** betrachtet.

Die Reputation eines Produktes (bzw. einer Marke) im Inland (also im Land des Goodwill-Besitzers) kann für Produzenten im Ausland einen beträchtlichen Marktwert darstellen, wenn ein bedeutender Teil der Kunden aus diesem Land kommt und so das Warenzeichen kennt. Hennart nennt als Beispiele Touristen, Emigranten sowie die Möglichkeit, daß die ausländische Unternehmung in das Land des Goodwill-Gebers exportiert oder Tochtergesellschaften von Firmen dieses Landes beliefert. Denkbar ist jedoch auch, daß der Bekanntheitsgrad einer Marke auf anderen Wegen, bspw. über Telekommunikation länderübergreifend verbreitet wird.

Der Goodwill einer Unternehmung kann im Ausland zu Gewinn- und Umsatzsteigerungen führen, wenn Konsumenten diesen mit einem bestimmten Qualitätsniveau gleichsetzen. Sie sind bereit, für die Einsparung von Suchkosten und für die Vermeidung von Enttäuschungen eine gewisse Prämie zu bezahlen. Dies ist beispielsweise der Fall bei amerikanischen Hotelketten in Europa, die ihre Kunden im Ausland versorgen. Externalitäten können dadurch entstehen, daß die Qualität der Güter und Dienstleistungen jedes Mitgliedes, das diese Marke und damit auch den Goodwill teilt (in diesem Fall also der Service in jedem einzelnen Hotel), Einfluß auf den ökonomischen Erfolg der anderen Mitglieder hat, in positiver sowie in negativer Hinsicht. Denkbar wäre folgende Marktlösung: Die Mitglieder leisten gegenseitig Kompensationszahlungen für alle Gewinne und Verluste, die durch die Variation der Qualität der angebotenen Güter und

Dienstleistungen entstehen. Dieser Markt für Qualität begrenzt ihr Verhalten, verhindert das Aufkommen externer Effekte. Diese Lösung scheitert jedoch an den hohen Kosten der Ermittlung des Einflusses der Aktionen einzelner auf den Goodwill sowie an den Kosten der Durchsetzung von Kompensationszahlungen.

Die Vertragslösung wäre ein Franchising-System. Jedes Mitglied verpflichtet sich, gewisse Mindestqualitäten einzuhalten. Sind die Vertragsklauseln jedoch dehnbar, so werden einige Mitglieder nicht die vollen Gewinne oder Verluste ihrer Aktionen verbuchen. Der Erfolg des Franchising hängt demzufolge davon ab, wie einfach die Spezifikation von Produkteigenschaften und die Kontrolle des Verhaltens von sogenannten Free Riders ist. Je weiter die Möglichkeiten der Qualitätsvariation und je höher die Kosten des Auffindens von Vertragsverletzungen und der Durchsetzung von Vertragsbedingungen sind, desto größer ist der Anreiz zur horizontalen Integration. Im Falle einer zentralen Leitung entstehen wiederum Organisationskosten, die mit der Schwierigkeit der Anpassung an lokale Bedingungen, der Begrenzung des Verhaltens von Angestellten durch Regeln und der geographischen Distanz steigen.

Das zweite Gut, das von Hennart betrachtet wird, ist **Know-How**. Die Schwierigkeiten, die mit dem Markt für Informationen verbunden sind, wurden in den vorangegangenen Abschnitten ausführlich behandelt, so daß hier nur die neuen Überlegungen dargestellt werden.

Aufgrund des Enthüllungsproblems und des Informationsparadoxons (vgl. dazu die Ausführungen von Teece, Abschnitt 4.1) muß der Käufer hohe Transaktionskosten aufwenden, um über Sekundärindikatoren herauszufinden, welchen Wert die Informationen haben bzw. welche Bonität der Verkäufer hat. Diese Transaktionskosten sind umso niedriger, je größer das Vertrauensverhältnis zwischen den am Technologietransfer beteiligten Parteien ist. Das Vertrauen des Informationsempfängers steigt wiederum, wenn er weiß, daß der Informationsgeber nicht direkt am Transfer verdient. Dies ist vor allem dann der Fall, wenn Know-How unternehmensintern weitergegeben wird, da die Angestellten nicht nach dem Marktwert der übertragenen Informationen, sondern nach ihrem Beitrag zur Gruppe entlohnt werden.

Das Vertrauen hängt auch von der Wahrscheinlichkeit ab, mit der Unehrlichkeit bestraft wird. Wegen der hohen Informations- und Durchsetzungskosten führt opportunistisches Verhalten auf dem Markt nicht immer zu einem öffentlichen Reputationsverlust. Innerhalb der Firma ist ein Informationspooling über das Verhalten von Angestellten leichter möglich.

Vertrauen entsteht vor allem auch durch persönliche Kontakte. Diese zwischen Käufern und Verkäufern herzustellen ist mit höheren Kosten verbunden als beispielsweise innerhalb eines Teams. Die Unternehmensleitung hat ferner die Möglichkeit, die am Technologietransfer beteiligten Personen selber auszuwählen. Das Vertrauen dürfte leichter herzustellen sein, wenn die Parteien einen ähnlichen sozialen, kulturellen oder religiösen Background haben. Hennart findet in der Praxis amerikanischer Multinationaler Unternehmen, nur amerikanische Manager zur Führung ihrer Tochtergesellschaften einzusetzen, eine Bestätigung dieser These.

Hennart sieht in den Schwächen des **Patentsystems** einen weiteren wichtigen Internalisierungsanreiz (vgl. dazu auch die Ausführungen von Magee, Abschnitt 4.4). Ein gut funktionierendes Patentsystem könnte den internationalen Markttransfer von Know-How erheblich erleichtern sowie Spezialisierung und Arbeitsteilung fördern, da lokale Gegebenheiten Modifikationen notwendig machen, die von einheimischen Unternehmen besser bewerkstelligt werden. Patente reduzieren Informationskosten, da eine Enthüllung von Informationen nun möglich ist. Die Verkäufer des Patents werden keine Informationen zurückhalten, da dies den Preis senken würde, und der Käufer kann das enthaltene Know-How besser bewerten.

Es gibt jedoch Gründe dafür, daß nicht alle relevanten Informationen durch ein Patent weitergegeben werden können. Zum einen werden die Anträge oft schon zu einem frühen Zeitpunkt beim Patentamt eingereicht, um die Erfindung zu schützen. Auf diese Weise ist es möglich, daß noch nicht alle kommerziell nutzbaren Informationen enthalten sind. Des weiteren ist es oft nicht möglich, auf das Patent ein Monopolrecht durchzusetzen. Im internationalen Kontext gibt es erhebliche Abweichungen in dem Ausmaß, in dem Regierungen einen Schutz von Property Rights gewährleisten. Patentgesetze sind das Vorrecht der nationalen Behörden, internationale Übereinkünfte spielen hier eine untergeordnete Rolle. So kann es vorkommen, daß einige Technologien in vielen Ländern gar nicht patentierbar sind (z.B. für die Herstellung von Medikamenten), daß es Abweichungen in den Patentzeiten gibt und daß Patente gerichtlich anfechtbar sind. Schließlich spricht Hennart noch das Kodierungsproblem an (vgl. dazu die Ausführungen von Teece, Abschnitt 4.1).

Schwierigkeiten kann es auch mit dem Käufer der Lizenz geben. Falls die Zahlungen für die Nutzungsrechte als Prozentsatz vom Gewinn geleistet werden, kann das Problem entstehen, daß der Lizenznehmer dieses Know-How nicht dort einsetzt, wo es den größten Nutzen stiftet. Eine enge Zusammenarbeit bzw. ausgefeiltere Verträge sind nötig, die Transaktionskosten steigen. Ferner kann es vorkommen, daß der Lizenznehmer falsche Angaben über die Höhe des Gewinns macht. Oder er exportiert in andere Märkte, so daß eine Preisdifferenzierung seitens des Lizenzgebers nicht mehr möglich ist.

Ein weiteres Problem taucht dann auf, wenn der Lizenznehmer den Namen des Lizenzgebers verwendet, die Qualität aber deutlich schlechter ist. Eine Überwachung der Qualität ist teuer, zumal alle Produktionsstufen kontrolliert werden müßten.

Schließlich können kleine Veränderungen der Technologie durch den Lizenznehmer die Lizenz überflüssig machen, so daß dieser dann als Konkurrent auftritt.

Diese Schwächen des Patentsystems führen zu einem erhöhten Internalisierungsanreiz, was bedeutet, daß Multinationale Unternehmen durch die eigenständige Verwertung des Wissens entstehen. Eine Bestätigung dieser Theorie sieht Hennart in der Tatsache, daß die unternehmensinternen Zahlungen an Fees und Royalties bei amerikanischen Multinationalen Unternehmen deutlich höher sind als die externen Erlöse aus Lizenzgebühren.

Ähnlich wie Magee (vgl. Abschnitt 4.4) sieht Hennart die Invention, also die Erfindung neuer Produktideen, nicht als eine typische Aktivität an, die von Multinationalen Unternehmen abgewickelt wird. Ihr Haupteinsatzgebiet ist die Innovation, die eine Synthese aus „basic science, engineering and marketing expertise" (Hennart, 1982, S. 113) erfordert. Hier findet die vertikale Integration von Wissensmärkten (vgl. dazu auch Buckley und Casson, Abschnitt 4.2) statt, da Spezialisten besser innerhalb einer Firma als über Märkte zusammenarbeiten können. So werden im Regelfall Forschung, Produktion und Marketing innerhalb eines Unternehmens organisiert sein, während Invention und Distribution eher über den Markt abgewickelt werden.

H. G. Baumann (Baumann, 1975) integriert Elemente des Property Rights Ansatzes von Mc Manus sowie weitere Überlegungen aus anderen Bereichen der Theorien der Multinationalen Unternehmung, um **internationale Unternehmenskäufe anhand der Merger Theory zu erklären.**

Eine notwendige Bedingung für das Zustandekommen eines Mergers ist eine Abweichung in den Bewertungen des zur Disposition stehenden Unternehmens beim potentiellen Käufer (Manager, Anteilseigner eines Unternehmens A) und beim potentiellen Verkäufer (Manager, Anteilseigner eines Unternehmens B). Gemäß dem Ertragswertverfahren ergibt sich der Wert einer Unternehmung durch die (theoretisch über eine unendlich lange Laufzeit erfolgende) Summation der diskontierten erwarteten Gewinne. Demzufolge ergibt sich das Preisgebot von A durch die Abzinsung der *zusätzlichen* Zahlungsüberschüsse, die er sich aus der Angliederung des Unternehmens B verspricht, während die Preiserwartung von B durch den erwarteten Ertragswert seiner Unternehmung ohne die Übernahme durch A bestimmt wird. Im Fall $P_A > P_B$ kann es zu einem Merger kommen. Dies ist möglich, wenn es Abweichungen in den Gewinnerwartungen und/oder in den Diskontierungsfaktoren gibt.

Für Unterschiede bei den erwarteten Gewinnen kann es drei Gründe geben:

Zum einen ist es denkbar, daß es durch die Übernahme zu einem Zuwachs an **Marktmacht**, an der Möglichkeit, die Preise zu kontrollieren, kommt. Dieses Argument erinnert an die Ausführungen Hymers (vgl. Abschnitt 2.1), wird jedoch von Baumann als nicht sehr relevant angesehen, da es nur bei der Bildung eines internationalen Oligopols oder Monopols Sinn ergeben würde.

Von größerer Bedeutung dagegen ist die Möglichkeit der Erzielung von **Skalenvorteilen**. Diese können durch die Übernahme von Unternehmen B im Forschungs-, Marketing- und Beschaffungsbereich sowie bei der Verteilung von Risiken erzielt werden (vgl. dazu auch Abschnitt 2.1). Diese Art von Skalenvorteilen ergibt sich über die *Firmengröße*, nicht über die *Betriebsgröße*. Kostensenkungen im *Produktionsbereich* durch Betriebsgrößenvariation sind eher über eine *Zentralisierung* der Produktion möglich. Bei internationalen Unternehmensaufkäufen dagegen erzielt man „a mixed bag of technical (real) economies of scale (parent firm and subsidiary sharing a common pool of scientists and engineers, market researchers etc.) and pecuniary economies of scale (quantity discounts from suppliers of inputs)"; der „ultimate effect is reduction in costs for the combined firm" (Baumann, 1975, S. 681).

Schließlich besteht noch die Möglichkeit der Ausnutzung von **Synergieeffekten**. Dies ist dann der Fall, wenn Firma B nicht vollständig genutzte Ressourcen besitzt, die z.B. wegen hoher Transaktionskosten nicht vermarktet werden können. Wenn Firma A diese unausgelasteten Kapazitäten sinnvoll ausnutzen kann, erhöht dies den Ertragswert des zur Disposition stehenden Unternehmens. Baumann führt als Beispiel an, daß amerikanische Unternehmen unausgelastete Marketing- und Forschungskapazitäten besitzen, während dies bei kanadischen Unternehmen eher in den Bereichen Produktion und Finanzierung der Fall ist. Komplementaritäten bei der Verwendung dieser Ressourcen, verbunden mit den Marktunvollkommenheiten, die eine isolierte Verwertung dieser Ressourcen durch die jeweiligen Unternehmen verhindern, sind die Voraussetzungen für die Erzielung synergetischer Effekte durch internationale Unternehmensübernahmen. Man kann diese Argumentation als einen komplementären Erklärungsgrund für die Vorteile der Ressourcenallokation über die Firma, wie sie von Mc Manus und Hennart beschrieben werden, ansehen.

Unterschiede in den Kalkulationszinssätzen ergeben sich dann, wenn das Management der beiden Unternehmen zukünftige Gewinne unterschiedlich hoch bewertet. Bei dieser Betrachtung werden Elemente der behaviouristischen und der Kapitalmarkttheorie der Firma in die Betrachtung miteinbezogen (zur behaviouristischen Theorie vgl. Abschnitt 4.5). Es ist z.B. denkbar, daß der Manager von A einen niedrigeren Zinsfuß der Bewertung zugrunde legt, weil „a takeover is the desire for expansion of sales and the realization of dreams of empire". Von Interesse in diesem Zusammenhang ist, inwieweit die Eigentümer der Firma den Manager kontrollieren können. Hier kann es zwischen einzelnen Unternehmen und/oder Branchen und/oder Ländern Unterschiede geben. Abweichungen können sich auch durch die unterschiedlichen Einstellungen zum Ziel Wachstumssteigerung und schließlich zum Risiko ergeben.

Auch wenn sich A von der Übernahme von B *keine zusätzlichen* Gewinne verspricht, so kann es dennoch zu Bewertungsunterschieden kommen, wenn die Gewinne aus Unternehmen B aufgrund der ökonomischen Unsicherheit und der Möglichkeit einschneidender Veränderungen (economic disturbances; diese Überlegung geht auf Gort, 1969, zurück) von beiden Seiten unterschiedlich prognostiziert werden. Diese Veränderungen können sich vor allem aufgrund technologischen Wandels ergeben, der die Nachfrage nach neuen Produkten sowie die Kostenstruktur schwer vorhersagbar macht.

Schließlich geht Baumann noch auf die Property-Rights-Überlegungen von Mc Manus ein. Die Effizienzgewinne, die sich durch eine zentrale Kontrolle ergeben können und möglicherweise den Ertragswert des Unternehmens erhöhen, sind gegen die Koordinationskosten abzuwägen. Diese wiederum bestimmen auch, ob nicht eventuell die Alternativen Export oder Lizenzvertrag sinnvoller sind. „As it becomes more difficult to define what services will be exchanged and what actions will fulfill an agreement, a contract (licence, franchise) becomes a less appropriate means of exchanging property rights" (Baumann, 1975, S. 686). Dies ist vor allem in den Branchen der Fall, in denen rascher technologischer Wandel und hohe Absatzkosten vorliegen.

Furubotn (1989) bezieht die Internalisierungsanreize auf die **Lerneffekte**, die in einigen Industriebranchen mit zunehmender kumulierter Produktionsmenge eintreten können. Lerneffekte führen bspw. zu einer Verbesserung der Arbeitseffizienz, des Koordinationsprozesses, der Werkstattorganisation, der Effizienz bei Montageprozessen etc. und somit zu technologischem Fortschritt, der wiederum die Kostenfunktion des Unternehmens positiv beeinflußt. Geht man (ähnlich wie McManus) von einem System von Produzenten in verschiedenen Ländern aus, die in gleichen oder ähnlichen Produktionsprozessen engagiert sind, so könnte ein gegenseitiger Austausch der im Verlauf des Lernprozesses gewonnenen Informationen diesen beschleunigen. Die Produktionstechnologien der einzelnen Unternehmen würden so auf dem schnellsten Wege verbessert und ihr Kapitalwert erhöht werden.

Beim gegenseitigen Know-how-Transfer sollte nun die Methode gewählt werden, die die niedrigsten Transaktionskosten verursacht. Furubotn vergleicht drei Möglichkeiten:

1. Die **Marktlösung:** Zusätzlich zu den in vorangegangenen Abschnitten erörterten Problemen kommt nun verstärkend hinzu, daß gerade der Austausch von Erfahrungsgewinnen im Fertigungsbereich eine enge Koordination und Kooperation erfordert. Furubotn unterscheidet zwei Ebenen beim Informationsaustausch:

   a) Zunächst kann der Besitzer der Grundtechnologie diese mittels Lizenzverträgen an unabhängige ausländische Unternehmen übertragen. Findet kein weiterer Know-How-Transfer zwischen den Einheiten des Systems statt, dann ist der technologische Fortschritt wesentlich langsamer – eine für alle Beteiligten suboptimale Lösung.

   b) Ein systeminterner Informationsaustausch könnte dann über ein Netzwerk gegenseitiger Lizenzverträge vollzogen werden. Es ist jedoch offensichtlich, daß dieser Weg gegenüber der Alternative der zentralen Sammlung, Verarbeitung und Verbreitung von Informationen mit wesentlich höheren Transaktionskosten verbunden ist. Außerdem taucht das Problem auf, daß einige Unternehmen das erworbene technologische Know-How an andere Firmen zu niedrigeren Preisen weiterverkaufen (dies ist aufgrund der public good Eigenschaft von Wissen möglich, vgl. Abschnitt 2.2.) und der ursprüngliche Besitzer sich nicht die vollen Erträge aneignen kann (zum Aneignungsproblem vgl. Abschnitt 4.4).

2. Die Errichtung eines **technischen Büros**, das alle Informationen sammelt, verarbeitet und weiterleitet. Auch diese Lösung wirft erhebliche Probleme auf: Zunächst verursacht schon die Einrichtung des Büros durch ungleichartige, in verschiedenen Ländern verstreute Unternehmen erhebliche Transaktionskosten. Dies setzt sich fort bei der Bestimmung der Aufteilung der Betriebskosten und der Gewinne sowie der Überwachung der Aktivitäten des Büros. Zudem wird kein Unternehmen bereit sein, alle Informationen zu liefern, wenn es nicht überzeugt davon ist, daß der Rest der Gruppe ebenfalls ähnliche Anstrengungen unternimmt. In Ermangelung eines Anreizsystems kann es zu Moral Hazard Problemen kommen, das heißt, einige Free Rider werden versuchen, mit so wenig Einsatz wie möglich am Technologietransfer beteiligt zu sein.

3. Unter den gegebenen Umständen kann demnach die **Hierarchielösung** vorteilhaft sein. Die zentrale Kontrolle über den sowie die Koordination des Informationsaustauschprozesses wird an die Muttergesellschaft der Multinationalen Unternehmung übertragen. Dieser Weg, der die in vorangegangenen Abschnitten erwähnten Vorteile birgt, wird der effizienteste sein, wenn
   – Lern- und Erfahrungskurveneffekte durch steigende kumulierte Produktionsmengen zu technologischem Fortschritt führen;
   – die technologischen Erkenntnisse der einzelnen Tochtergesellschaften erheblich voneinander abweichen, das heißt, Überschneidungen in den Lernprozessen der einzelnen Einheiten so selten wie möglich auftauchen;
   – der interne Informationsaustausch ohne größere Datenverluste und hohe Transaktionskosten vollzogen werden kann;
   – eine zentrale Koordination von Forschungsaktivitäten und Wertanalysen möglich ist;
   – regelmäßig neue Produkte bzw. Produktionstechnologien eingeführt werden können, was die Möglichkeit neuer Lernprozesse eröffnet.

4.4 Die Theorie der Aneignungsmöglichkeiten von Magee

Die Internalisierung externer Märkte läßt sich auch mit der **Theorie der Aneignungsmöglichkeiten** begründen. Magee entwickelte einen Ansatz, der Aussagen über Firmengröße, Technologietransfer, Konzentrationsgrad und Alter einer Branche, Multinationale Unternehmen und Informationsökonomie miteinander verbindet (Magee, 1977a, 1977b, 1981).

Unter Aneignungsmöglichkeit wird die Fähigkeit des Urhebers einer Idee verstanden, sich den vollen Wert dieser Idee anzueignen (Magee, 1977a, S. 297). Das Aneignungsproblem ergibt sich aufgrund der public good Eigenschaft von Informationen (vgl. Abschnitt 2.2). Ihre kommerzielle Umsetzung durch den Besitzer schließt andere von ihrer Benutzung nicht aus (Know-How ist beliebig teilbar), die privaten Erträge des Besitzers aus diesen Informationen nehmen jedoch ab, wenn sie durch andere kommerziell genutzt werden (Magee, 1981, S. 127). Da Multinationale Unternehmen Spezialisten in der Produktion von Informationen (bzw. Technologien) sind, ergibt sich daraus, daß „the most important consideration facing innovating multinationals is the possible loss of the technology to rivals and copiers" (Magee, 1981, S. 124). Das Aneignungsproblem ist um so größer, je schwieriger es ist, die Profitabilität einer Innovation zu schützen (Magee, 1981, S. 124).

Magee unterscheidet **fünf Arten von Informationen**, die im Verlauf eines Produktlebenszyklus benötigt werden, wobei die Menge an erforderlichen Informationen mit zunehmender Lebensdauer eines Produktes abnimmt:

Zunächst muß in die **Generierung neuer Produktideen** investiert werden. Gemäß Magee ist dies nicht ein typisches Tätigkeitsfeld Multinationaler Unternehmen, sondern wird noch zum großen Teil von unabhängigen Erfindern betrieben. Multinationale Unternehmen investieren vielmehr in die anderen vier Arten von Informationen, die die Produktinnovation, also die Produktentwicklung, die Bestimmung der Produktionsfunktion, die Vermarktung der Produkte und die Aneignungsmöglichkeiten betreffen.

Die Erfahrungen bei der **Entwicklung eines Produktes** lassen sich auch auf andere Produkte übertragen. Da sich diese Informationen auf effizientere Weise innerhalb einer Unternehmung als über den Markt transferieren lassen, ergibt sich *ein* Anreiz zur Internalisierung. Auf diese Weise lassen sich die Externalitäten, die sich aufgrund der public good Eigenschaft des gewonnenen Know-How ergeben, umgehen. Außerdem können Informationen zur Vermeidung von Fehlern unternehmensintern kostengünstiger übertragen werden als über den Markt. Diese Zusammenhänge erklären sowohl die Größe Multinationaler Unternehmen als auch die Tatsache, daß sie mehr Produktlinien führen als nationale Unternehmen.

Informationen bezüglich der **Bestimmung der Produktionsfunktion** betreffen die Ermittlung der effizientesten Produktionsmethode. Die Abweichungen in den Faktorpreisen zwischen Industrie- und Entwicklungsländern bestimmen in Anlehnung an Vernon (vgl. Abschnitt 3.1) den Produktionsstandort. Die Substitutionsverhältnisse zwischen den Produktionsfaktoren sind allerdings durch *vorangegangene* Investitionen in Produktionstechnologien begrenzt. Magee ist der Auffassung, daß die Produktion in Entwicklungsländern deshalb in einer so späten Phase erfolgt, weil Multinationale Unternehmen die niedrigeren Faktorpreise *nicht* in ihre anfänglichen Überlegungen aufnehmen, da ihre Bedeutung zu gering ist. Von Bedeutung sind dagegen die *Aneignungsmöglichkeiten*, die in der Standardisierungsphase wegen des hohen Wettbewerbsgrades gering sind, so daß sich Investitionen in einfache, arbeitsintensive Technologien nicht auszahlen. In der Standardisierungsphase sind die Investitionen in Informationen gering, da auch die Aneignungsmöglichkeiten wegen des zunehmenden Wettbewerbs gering sind.

Hinsichtlich der **Vermarktung von Produkten** geht Magee davon aus, daß Multinationale Unternehmen überwiegend Erfahrungsgüter im Sortiment haben, also Produkte, bei denen man die von der Werbung propagierten Eigenschaften nicht physisch oder visuell überprüfen kann. Hier sind das Markenimage und die Markentreue die entscheidenden Absatzparameter. Für diese Güter, die zumeist auch mit einem hohen Differenzierungsgrad versehen sind, sind die Aneignungsmöglichkeiten höher als bei Sachgütern, deren Eigenschaften kontrollierbar sind.

Multinationale Unternehmen investieren schließlich in eine fünfte Art von Informationen, und zwar bezüglich der Möglichkeiten, sich die Erlöse aus den bisher angeführten Investitionen in Forschung und Entwicklung aneignen zu können. Je höher die erwarteten Abschreibungen auf den Informationsbestand sind, desto weniger wird investiert. Ein Patentschutz ist oft nicht in vollem Umfang möglich und gilt meistens nur für die ursprüngliche Produktidee, nicht für die Innovation. So können Imitatoren durch Veränderung der Produkteigenschaften die Technologien kostengünstig kopieren. Die mangelnde Durchsetzbarkeit von Eigentumsrechten bzw. die prohibitiv hohen Kosten führen dazu, daß Multinationale Unternehmen dem **Aneignungsproblem** auf anderen Wegen begegnen müssen. Neben dem unternehmensinternen Transfer von Informationen (horizontale bzw. vertikale Integration) erfolgt dies vor allem über die Entwicklung komplizierter, schwer zu imitierender Technologien. Dies erklärt u.a. ihren vergleichsweise geringen Technologietransfer in Entwicklungsländer, da einfache, arbeitsintensive Fertigungstechnologien leicht imitierbar sind. Eine andere Möglichkeit ergibt sich durch die Tarnung dieser Technologien, wie dies z.B. von Computerfirmen betrieben wird (Magee, 1977a, S. 300ff.; 1977b, S. 321ff.).

Magee nennt **sechs Gründe für den unternehmensinternen Transfer von Technologien** als Alternative zur Marktlösung. Gleichzeitig stellen diese Faktoren eine Begründung für den positiven Zusammenhang zwischen Firmengröße und Investitionen in Informationen dar.

Aneignungsmöglichkeiten sind der erste Grund für Internalisierung. „Innovating firms expand to internalize the externality which new information creates, namely the public goods aspect of new information" (Magee, 1981, S. 129). Dies erfolgt über die Gründung einer Tochtergesellschaft im Ausland an Stelle der Alternativen Export oder Lizenzvergabe, da die Eigentumsrechte so besser geschützt werden können.

Der zweite Grund für die eigenständige Produktion und Vermarktung im Ausland ergibt sich aus der Tatsache, daß es sich hierbei zumeist um **Erfahrungsgüter** handelt, bei denen das Markenimage und somit die eigene **Marktpräsenz** die zentrale Rolle beim Absatz spielt. Eng damit verbunden ist der dritte Grund, daß bei Hochtechnologiegütern **Serviceleistungen** hinzukommen müssen, die am besten vor Ort abgewickelt werden.

Der vierte Grund für den unternehmensinternen Transfer von Technologie liegt in der Tatsache begründet, daß sich **Komplementaritäten** bei den verschiedenen Informationsarten für die verschiedenen Produkte ergeben. Das Unternehmen hat also die Möglichkeit, bei der Gewinnung von Informationen Skalenerträge zu erzielen.

Der fünfte Grund betrifft die **Vorteile eines Risikoportfolios** durch die Entwicklung mehrerer Produktlinien (zur Risikoportfoliotheorie vgl. Abschnitt 6). Fehler in der Entwicklung eines Produktes können bei anderen Produkten vermieden werden. Diese Informationen werden auf effizientere Weise innerhalb einer Unternehmung als über den Markt weitergegeben.

Schließlich führt Magee noch das **Bewertungsproblem** bei neuen Technologien als Internalisierungsgrund an (vgl. Abschnitt 4.1).

Diese sechs Gründe sprechen für eine Internalisierung bei innovativen, in Informationen investierenden Unternehmen (Magee, 1977a, S. 307; 1977b, S. 328f.; 1981, S. 129). Zwischen F & E-Intensität und Konzentrationsgrad einer Branche sieht Magee einen wechselseitigen Zusammenhang: Wegen der geringen Anzahl an Wettbewerbern sind in einem Oligopol die Aneignungsmöglichkeiten höher und somit die Anreize zu Innovationen größer. Dadurch nimmt jedoch wiederum die Firmengröße und somit der Konzentrationsgrad in einer Industrie zu. Gleichzeitig läßt sich daraus ableiten, daß junge Branchen wegen der höheren Aneignungsmöglichkeiten innovativer sind (Magee, 1977a, S. 306f.).

Die Tatsache, daß viele Auslandsdirektinvestitionen durch Unternehmensaufkäufe getätigt werden, läßt sich dadurch erklären, daß damit eine zu schnelle Abschreibung des Informationsbestandes durch die Übernahme potentieller Konkurrenten verhindert werden soll. Zudem sind „takeovers of host country production facilities and mergers of multinational with host country firms ... normal consequences of the expansion in optimum size early in an industry's technology cycle" (Magee, 1977b, S. 333). Magees Theorie weist von den Ergebnissen her gegenüber der Long-Run-Theory von Buckley und Casson (vgl. Abschnitt 4.2) keine großen Unterschiede auf. Die theoretische Begründung ist allerdings eine andere. Außerdem wird hier nicht nur die Entstehung Multinationaler Unternehmen, sondern es werden auch ihre Verhaltensweisen (bspw. beim Technologietransfer) erklärt. Magees Theorie läßt sich aber ebenso wie die vorangegangenen Transaktionskostenansätze als allgemeine Theorie der Unternehmung interpretieren, mit der Multinationalen Unternehmung als Sonderfall.

4.5 Multinationalisierung durch technologische Akkumulation

Ein Erklärungsansatz, der die Grundidee des Technologiezyklus von Vernon (Abschnitt 3.1) und die der oligopolistischen Rivalität von Graham (Abschnitt 2.4) mit den Erkenntnissen der Internalisierungstheorie zu verbinden und zu erweitern versucht, ist die Theorie der technologischen Akkumulation (Pavitt, 1988; Cantwell, 1988, 1989). Ausgangspunkt der Überlegungen ist, daß die technologische Entwicklung innerhalb eines Unternehmens ein hochgradig firmenspezifischer Prozeß ist. Sie vollzieht sich durch das Zusammenspiel von Forschung und Entwicklung mit der operativen Anwendung bzw. der Anpassung an neue Produktions- und Marktbedingungen. Das technologische Know How vermehrt sich durch den Wechsel von einem Produktionsverfahren und/oder Produkt zum nächsten und wird durch Lernkurveneffekte ausgebaut. Es ist nicht etwa so, daß ein Unternehmen aus alternativen Technologien wählt, vielmehr findet ausgehend von einer technologischen Basis eine Fortentwicklung in mehrere Richtungen statt, wobei sich die technologische Entwicklung je nach Anwendungsbedingung differenziert. Dieser ständige Entwicklungsprozeß ist wichtig für das Überleben in oligopolistischen Branchen. Als Zwischenfazit läßt sich festhalten, daß die technologische Akkumulation in jedem Unternehmen unterschiedlich verläuft und durch neue Anwendungsmöglichkeiten fortschreitet. Welches sind aber nun die Implikationen für die Multinationalisierung der Unternehmung?

Die großen Multinationalen Unternehmen stehen untereinander in technologischem Wettbewerb. Sobald ein Unternehmen eine gewisse technologische Stärke erreicht hat, wird es in Gebieten investieren und produzieren, in denen sich die größten Rivalen festgesetzt haben. Durch die Anwendung bestehender Technologien auf neue Umfeldbedingungen schreitet die technologische Akkumulation, wie oben beschrieben, fort. Das Unternehmen erlangt Zugang zu alternativen Quellen an Innovationen, die zum bisherigen Technologiebestand komplementär sein können. Die Übertragung von Technologien in neue Länder kann zu Rückkoppelungen und somit zur Entdeckung neuer Anwendungsmöglichkeiten führen. Von besonderem Interesse sind hierbei Auslandsbranchen mit hohem Innovationsgrad und Standorte mit Nähe zu F&E-Zentren (Universitäten, Technologiezentren etc.) So lassen sich bspw. cross investments zwischen Industrieländern erklären. Die unmittelbare Nähe zum Markt ermöglicht zudem seine schnellere und genauere Erfassung neuer Anforderungen und eine bessere Qualitätssicherung. „The expansion of international production thereby brings gains to the firms as a whole as the experience gained from adapting its technology under new conditions feeds back new ideas for development to the rest of its system" (Cantwell, 1988, S. 30).

Die Multinationale Unternehmung wird hier also als internationales Technologienetzwerk abgebildet, wobei davon ausgegangen wird, daß sie die effizienteste Koordinationsform für eine technologische Akkumulation darstellt. Sie profitiert dabei nicht nur von der Rückkoppelung aus neuen Anwendungsbedingungen, auch die Komplementaritäten zwischen verschiedenen Technologien können unternehmensintern besser ausgebeutet werden (siehe Abschnitt 4.4).

Warum wird die Technologie nicht über Lizenzverträge zwischen den einzelnen Unternehmen ausgetauscht? Neben den bereits angesprochenen Aneignungs- (Abschnitt 4.4) und Kodifizierungsproblemen (Abschnitt 4.1) ergeben sich insb. durch den unternehmensspezifischen Charakter der Technologien Handelsbarrieren. Auch wenn gleiche oder ähnliche Produkte hergestellt werden, unterscheiden sich die Technologien der einzelnen Unternehmen oft so sehr, daß die Kosten der Adaption von Know How seitens des Käufers die Kosten des Ausbaus des Netzwerkes seitens des Verkäufers überschreiten. Zu Kooperationen wird es nur dann kommen, wenn ein Unternehmen technologisches Know How außerhalb seiner Hauptentwicklungslinien generiert hat, das bei einem anderen Unternehmen Verwendung findet. Während das Produktlebenszyklusmodell von einer einseitigen und undifferenzierten Übertragung ausgereifter Technologien ausgeht (Abschnitt 3.1), dienen Direktinvestitionen hier primär der Verbesserung der Wettbewerbsposition durch die kumulative Ausbeutung und Erweiterung der firmenspezifischen Technologie. Diesem Argument räumen die Autoren auch eine höhere Relevanz ein als dem der vollständigen Aneignung von Erträgen (Abschnitt 4.4) und dem Schutz vor Imitationen (siehe z.B. Abschnitt 2.2), da

Know How zumeist in Form von Humankapital an Personen gebunden ist. Dies ist insbesondere bei hoch unternehmensspezifischen Technologien der Fall.

4.6 Zusammenfassung der Argumente für eine Internalisierung

Die einzelnen Argumente für eine Internalisierung sind in Tabelle 2.1 zusammengefaßt. Dabei erfolgt eine Zuordnung zur horizontalen und zur vertikalen Integration sowie zur Direktinvestition allgemein.

4.7 Die behaviouristische Theorie der Direktinvestition

Die behaviouristische Theorie der Direktinvestition im Ausland, die auf die 1966 erschienene Arbeit von **Aharoni** zurückzuführen ist, bietet einen völlig neuen Erklärungsansatz für die Entstehung und Verbreitung Multinationaler Unternehmen: die Multinationalisierung von Unternehmen ist das Ergebnis eines (langen) Entscheidungsprozesses innerhalb von Organisationen bezüglich der Vornahme einer Direktinvestition im Ausland. Aharoni versucht, die wichtigsten Determinanten dieses Entscheidungsprozesses anhand einer Feldstudie zu ermitteln. Er befragte die Entscheidungsträger von 38 amerikanischen Unternehmen in unterschiedlichen Phasen der Entscheidungsfindung über ihre Erfahrungen und Beweggründe. Das dieser Untersuchung zugrundeliegende Konzept ist die verhaltenswissenschaftliche Theorie der Unternehmung, wie sie von Simon sowie von Cyert und March entwickelt wurde:

Der Investitionsentscheidungsprozeß läuft keineswegs in der Weise ab, daß ein Entscheidungsträger, der über vollkommene Information verfügt, aus einer gegebenen Anzahl von alternativen Investitionsprojekten das mit dem höchsten internen Zins auswählt (klassische Investitionstheorie). Vielmehr ist es so, daß Entscheidungen innerhalb einer Organisation gefällt werden, deren Mitglieder eigene Nutzenvorstellungen haben und eigene Ziele verfolgen. Die Prämisse einer einheitlichen Zielsetzung (bspw. Gewinnmaximierung) kann somit auch nicht aufrecht erhalten werden. Eine Organisation ist eine Koalition verschiedener Interessengruppen, die übereingekommen sind, zusammenzuarbeiten. Der „economic man", der vollständig rational handelt und vollkommene Informationen besitzt, wird in der behaviouristischen Theorie gegen den „behavioural man" ausgetauscht. Er verfügt nur über eine begrenzte Informationsmenge sowie beschränkte Informationsverarbeitungs- und Problemlösungskapazitäten. Sein Handeln ist nicht auf die Maximierung des Zielerreichungsgrades ausgerichtet, er nimmt oft die erste beste Alternative, die seinem Anspruchsniveau genügt. Dieses variiert mit zurückliegenden Erfolgen und Mißerfolgen. Die Verfolgung seiner Ziele erfordert es, daß er mit den anderen Mitgliedern der Organisation in Verhandlungen tritt. Von der Durchsetzung seiner Ansprüche hängt beispielsweise die Höhe seines Einkommens ab.

Aus den individuellen Verhaltensmustern ergeben sich folgende charakteristische Verhaltensweisen bei Großorganisationen (wie sie typisch für Multinationale Unternehmen sind):

- Die Interessenkonflikte machen die Bildung eines einheitlichen Zielsystems unmöglich, man weicht auf Quasi-Lösungen aus. Entscheidungsprobleme werden zerlegt und auf verschiedene Instanzen verteilt, die dann ihre eigenen Zie-

Tabelle 2.1: Zusammenfassung der Argumente der Theorie der Firma für die Internalisierung internationaler Transaktionen

Allgemeine Aspekte	Autoren	speziell horizontale Integration	Autoren	speziell vertikale Integration	Autoren
Einsparung der Kosten des Marktverkehrs - Informationskosten - Vertragskosten - ex ante Transaktionskosten (Aushandeln, Formulieren, Absichern von Verträgen) - ex post Transaktionskosten (Überwachung, Anpassung, Lösung von Konfliktfällen)	Coase Williamson	Unvollkommenheiten auf dem Markt für Informationen führen zu unüberwindbaren Bewertungsproblemen bzw. zu hohen Transaktionskosten. - Kodifizierungsproblem - Enthüllungsproblem (Informationsparadoxon) - Bewertungsproblem	Teece, Buckley, Casson	Reduzierung der Transaktionskosten bei vertikalen Liefer- und Leistungsbeziehungen, die sich insb. bei hoher Spezifität der Aktiva und der damit einhergehenden Verwundbarkeit des Unternehmens ergeben	Williamson, Teece
Internalisierung von Kapitalmärkten	Williamson, Teece	Probleme bei Lizenzvergabe für Lizenznehmer - Festlegung des genauen Inhalts - Messung des Beitrages des Lizenznehmers zum Gewinn bei Preisbildung - Berücksichtigung des Risikos bei Preisbildung	Brown	Schaffung eigener Zukunftsmärkte	Buckley, Casson
Möglichkeit der internen Preisdifferenzierung	Buckley, Casson	Vermeidung von Externalitäten bei der internationalen Vermarktung des Goodwills einer Unternehmung	Hennart	verbesserte Qualitätskontrolle	Casson
Möglichkeit der Minimierung von öffntl. Abgaben durch Transferpreisgestaltung	Buckley, Casson	effizienterer Austausch von Lerngewinnen	Furubotn	bessere Möglichkeit der Produktdifferenzierung bei Gebrauchsgütern, falls Externalitäten bei der Zusammenarbeit mit dem Händler entstehen	Hennart
Schutz der Eigentumsrechte des Besitzers von Know How - Imitation durch Konkurrenten - ungewünschtes Verhalten des Lizenznehmers	Hennart, McManus	Erhöhung der Aneignungsmöglichkeiten	Magee		
Einsparung der Kosten der Definition, des Austausches, der Überwachung und der Durchsetzung von Eigentumsrechten beim Handel mit dem Gut Know How	Hennart, McManus	effizientere Nutzung von Informationskomplementaritäten zwischen Produktlinien	Magee		
		effizientere unternehmensspezifische Technologieakkumulation	Cantwell, Pavitt		

2. Kap.: Die Theorien der Multinationalen Unternehmung 111

le verfolgen. Außerdem werden einzelne Ziele nicht gleichzeitig, sondern nacheinander verfolgt.

- Unsicherheit wird möglichst vermieden, um Schwierigkeiten aus dem Weg zu gehen. Anstatt mit Hilfe quantitativer Methoden Prognosen über die Auswirkungen einzelner Entscheidungsalternativen aufzustellen, werden nur Projekte gewählt, die mit geringem Risiko behaftet sind. Das Unternehmen stützt sich auf standardisierte Verfahrens- und Entscheidungsregeln. Die Unsicherheit soll durch Kontakte mit externen Entscheidungsträgern reduziert werden.

- Versagt eine bewährte Lösung, so wird nicht systematisch an einer Verfahrensverbesserung gearbeitet, sondern ein problemorientierter Suchprozeß ausgelöst: Aus der Menge an unternehmensinternen Lösungsverfahren wird das für das konkrete Problem am geeignetsten erscheinende herausgesucht. Bewährt es sich, wird der Suchprozeß abgebrochen. Erst wenn es versagt, wird nach innovativen Lösungen gesucht.

- Organisationen sind lernfähig, allerdings erfordert dies Zeit. Sie passen sich an veränderte Umweltbedingungen und an Erfahrungen aus der Vergangenheit an. Ziele und Organisationsstrukturen können dadurch verändert werden.

Der Entscheidungsprozeß über die Vornahme von Auslandsdirektinvestitionen ist somit auch keine logische Folge von aufeinander aufbauenden Stufen, sondern „the continous dynamic social process of mutual influences among various members of an organization, constrained by the organization's strategy, its resources and the limited capacity, goals and needs of its members, throughout which choices emerge" (Aharoni, 1966, S. 17). Will man einen Entscheidungsprozeß erklären, so muß man berücksichtigen, daß

- die Entscheidungsträger in einer bestimmten Beziehung zu anderen Mitgliedern der Organisation sowie zur Umwelt außerhalb der Organisation stehen;
- die Investitionsentscheidung ein lang andauernder Prozeß ist, der verschiedene Ebenen durchläuft, und innerhalb dessen sich Umweltbedingungen und Wertevorstellungen ändern können;
- die Unsicherheit (die individuell auch unterschiedlich empfunden wird) Angst erzeugt, und somit vermieden werden soll;
- es eine Vielzahl von unterschiedlichen Zielen gibt, die die einzelnen Mitglieder verfolgen;
- es aufgrund der Komplexität möglicher Umweltzustände nicht möglich ist, alle notwendigen Daten für eine Evaluierung der Investitionsprojekte zu beschaffen. Geld und knappe Managementzeit stellen hier eine Restriktion dar. Oft werden deshalb nur vage Indikatoren verwendet (Aharoni, 1966, S. 3ff. u. 14ff.; Zohlnhöfer/Greifenberg, 1981, S. 86ff.).

Aharonis Studie konnte die Gedanken der verhaltenswissenschaftlichen Theorie der Unternehmung eindrucksvoll bestätigen. Sein Modell ist nach eigenen Aussagen nicht auf die Erklärung von Direktinvestitionen beschränkt, sondern gilt allgemein für Investitionsentscheidungen unter Unsicherheit.

Aharoni unterteilt den Investitionsentscheidungsprozeß in **vier Phasen**:

In der ersten Phase (gemäß Aharoni die wichtigste) wird die Entscheidung gefällt, sich überhaupt nach einer Investitionsmöglichkeit im Ausland umzusehen (the **decision to look abroad**). Es handelt sich hier meistens nicht um eine generelle weltweite Überprüfung mehrerer Möglichkeiten, sondern um ein spezifisches Projekt in einem bestimmten Land. Zurückzuführen ist diese Entscheidung auf bestimmte Initialkräfte innerhalb und/oder außerhalb der Unternehmung, die dann zu einer Kettenreaktion innerhalb des Systems „Organisation" führen. Oft kann auch der pure Zufall zu diesem Anstoß führen.

Innerhalb der Unternehmung kann ein leitender Angestellter die Initiative ergreifen und eine Investition im Ausland vorschlagen. Die Gründe hierfür sind mannigfaltig: seine besondere Beziehung zu einem bestimmten Land, Prestigestreben, der Wunsch, etwas von der Welt zu sehen und schließlich seine internationale Ausrichtung, die wiederum auf seine Erziehung, sein soziales Umfeld etc. zurückzuführen ist.

Folgende **Anstöße** können von außerhalb der Unternehmung kommen:

- Vorschläge seitens der ausländischen Vertreter des Unternehmens sowie seitens der Repräsentanten ausländischer Regierungen und Unternehmen.
- Die Angst, einen Auslandsmarkt zu verlieren.
- Der Band-wagon-Effekt (Follow-the-leader Investitionen, vgl. Abschnitt 2.4): „I guess we have to do it. Everybody is going there" (Zitat aus Aharoni, 1966, S. 66).
- Die Bedrohung des eigenen Marktes durch ausländische Konkurrenten.

Diese Initialkräfte können durch einige andere sekundäre Faktoren zusätzliches Gewicht bekommen. Hierzu zählen die Möglichkeiten der besseren Verteilung von Fixkosten (insbesondere in Forschung und Entwicklung), der Schaffung von Exportmärkten für Teile (die im Ausland lediglich montiert werden) sowie für weitere Produkte des Unternehmens, der Weiterwendung alter, bereits abgeschriebener Anlagen und der Errichtung einer Exportplattform für Drittländer.

Die externen und internen Anstöße sind deshalb von Bedeutung, weil Aharonis Beobachtungen zufolge die meisten Unternehmen lukrative Investitionsmöglichkeiten im Ausland trotz hoher Gewinnerwartungen nicht weiter überprüften, da sie den Aufwand bei der Bewertung dieser Projekte scheuten. Das Verhalten wurde mit den Argumenten begründet, im Inland gäbe es genug Investitionsmöglichkeiten und das Auslandsrisiko sei „zu hoch". In dieser Phase liegt eine deutliche Überbewertung der Nachteile und Unterbewertung der Vorteile vor. Der Investitionsentscheidungsprozeß muß also durch andere Faktoren als die erwartete höhere Rentabilität im Ausland ausgelöst werden (Aharoni, 1966, S. 49ff.).

Die zweite Phase umfaßt den Prozeß der **Bewertung** eines Projektes. Aufgrund der Vielzahl an theoretisch benötigten Informationen (hohe Informationskosten) und der knappen Managementzeit ergeben sich einige Implikationen für die Projektevaluierung:

- Es kann nicht eine Vielzahl von Alternativen überprüft werden. Aus diesem Grund ist die Initialkraft (Phase 1) von besonderer Bedeutung.
- Der Bewertungsprozeß erfolgt in mehreren Stufen, wobei in jeder Stufe Kontrollpunkte eingebaut sind, an denen das Projekt scheitern kann.

Auf der ersten Stufe werden anhand grober Indikatoren Risiko, Marktgröße und Vereinbarkeiten mit der Unternehmenspolitik sowie den vorhandenen Ressourcen „überprüft". Aufgrund der äußerst vagen und subjektiven Urteile (insbesondere bzgl. des Risikos, das eher überschätzt wird) ist die Hürde hier besonders hoch. Überlebt das Projekt diese Stufe, erfolgt eine Untersuchung vor Ort und schließlich eine Präsentation der Ergebnisse.

● Eine Unternehmung wird ein Projekt um so eher überprüfen, je einfacher die Informationsbeschaffung ist. Insofern stellen Informationskosten eine Investitionsbarriere (vor allem in Entwicklungsländern) dar.

Der Evaluierungsprozeß wird natürlich auch durch die an ihm beteiligten Personen bestimmt. Die Vermeidung von Friktionen mit Kollegen und mit bewährten Praktiken führen dazu, daß einige Möglichkeiten (z.B. der Abschluß einer Joint Venture Vertrages statt der „üblichen" Gründung einer 100%igen Tochtergesellschaft) gar nicht in Erwägung gezogen werden. Auch die Art der Problemformulierung beeinflußt die Art der Projektevaluierung. Steht beispielsweise fest, daß die Geschäftsleitung sehr geneigt ist, in einem bestimmten Land zu investieren, so wird lediglich untersucht, wie dieses Vorhaben am besten in die Tat umgesetzt wird. Zudem haben die Beziehungen zwischen den im Untersuchungsprozeß involvierten Personen wie auch die Art der (schriftlichen) Präsentation der Ergebnisse einen nicht unbedeutenden Einfluß auf den Verlauf der Untersuchung. Dieser wird jedoch maßgeblich von Art und Stärke der Initialkraft bestimmt. Je größer die Durchschlagskraft, desto leichter wird das Projekt an den Kontrollpunkten vorbeikommen und die nächste Bewertungsstufe trotz des Abweichens von bewährten Praktiken und auftretender Schwierigkeiten erreichen (Aharoni, 1966, S. 76ff.).

In der dritten Phase wird die eigentliche **Investitionsentscheidung** gefällt. Dies kann jedoch bei einigen Mitgliedern der Organisation auf Widerstand stoßen, so daß **Nachprüfungen und Verhandlungen** (Phase 4) vonnöten sind. Erneut spielen die Beziehungen zwischen den Mitgliedern und ihre individuellen Ziele eine wichtige Rolle. Phase 4 kann sogar zu einer Änderung der Investitionsentscheidung führen.

Der mehr oder weniger auf Zufälligkeiten beruhende Charakter des Entscheidungsprozesses gilt vornehmlich für Erstinvestitionen im Ausland. Die Aussage der verhaltenswissenschaftlichen Theorie der Unternehmung, daß Organisationen lernfähig sind, konnte auch durch Aharonis Studie bestätigt werden. Das Unternehmen gewinnt an Erfahrung bei der Abwicklung von Auslandsprojekten, es wird eine Abteilung gegründet, die sich speziell diesem Bereich widmet. Die Einstellung gegenüber Direktinvestitionen und mithin die Unternehmenspolitik ändert sich dergestalt, daß man dieser Möglichkeit wesentlich aufgeschlossener gegenübersteht. Vorschläge der Auslandsabteilung, die nun eigenständig und systematisch nach Investitionsprojekten sucht, werden nicht mehr mit dem Hinweis auf allgemeine Grundsätze abgelehnt, sondern ernsthaft überprüft. Je größer die Anzahl an Auslandsprojekten, desto größer ist auch der Bestand an bereits vorhandenen Informationen und desto niedriger ist demzufolge die Informationsbarriere. Die Risikoeinstellung der Manager der Auslandsabteilung ist aufgrund ihrer Erfahrungen nicht mehr die gleiche wie bei ihren Kollegen. Insofern stellt das Beurteilungskriterium „Risiko" nicht mehr eine so große Hürde dar wie bei der Erstinvestition. Die Einrichtung einer Auslandsabteilung führt also dazu, daß Investitionsentscheidungsprozesse schneller ablaufen (Braun, 1988, S. 95ff.).

Aharonis Theorie enthält erfrischend neue Elemente, da die Investitionsentscheidung hier als sozialer Prozeß innerhalb von Organisationen dargestellt wird. Gleichwohl ist auch dieser Ansatz von partialanalytischem Charakter und nur in Ergänzung zu anderen Theorien aussagekräftig. Der behaviouristische Ansatz erklärt hauptsächlich, wie es zu nicht rationalen bzw. suboptimalen Investitionsentscheidungen kommt und weniger, wie Multinationale Unternehmen entstehen.

4.8 Das Präferenzmodell von Richardson

Richardson (1971; siehe auch Koutsoyannis, 1982, S. 328ff.) hält ebenso wie Aharoni rein ökonomische Gründe nicht für ausreichend, um eine Direktinvestitionsentscheidung zu erklären. Aus diesem Grund geht er von einer Nutzenfunktion der Entscheidungsträger aus, in der er neben der Rendite auch einen subjektiven „räumlichen" Präferenzparameter einbaut, der zum Ausdruck bringen soll, daß Unternehmen eine Aversion gegen Produktionsstandorte aufweisen, die eine gewisse geographische Distanz sowie Unterschiede in Sprache, Kultur, politischem und wirtschaftlichem Umfeld etc. aufweisen. Diese Aversion, die durch die sog. „rate of spatial preference" ausgedrückt wird, muß durch eine Renditeprämie ausgeglichen werden, damit eine Direktinvestition überhaupt vorgenommen wird. Sie steigt mit zunehmender Distanz. Die Nutzenfunktion stellt U als abhängige Variable von Gewinnerwartung und Präferenzparameter dar.

$$U_j = f(G_j, v)$$

wobei: U_j = Nutzenfunktion für Markt j
G_j = erwartete Gewinne in Markt j
v = Präferenzparameter

Die Funktion könnte z.B. das Aussehen

$$U = G^v$$

haben. Für den Heimatmarkt gilt $v = 1$, Investitionsentscheidungen hängen somit nur vom erwarteten Gewinn ab. Auf fremden Märkten gilt $v < 1$, die Prämie, die ein Auslandsprojekt mindestens erwirtschaften muß, beträgt $G - G^v$.

Mehrere Faktoren haben Einfluß auf v.
Hierzu zählen:

- der Informationsstand über den Auslandsmarkt, bspw. durch Exportaktivitäten
- der Grad an politischer und Währungsinstabiblität
- die subjektiv wahrgenommenen Wachstumsaussichten auf dem Auslandsmarkt
- der subjektiv empfundene Zwang zu oligopolistischen Reaktionen (siehe Abschnitt 2.4)
- die Anzahl an Wettbewerbern, die auf dem Auslandsmarkt erfolgreich Fuß gefaßt haben.

Die ökonomischen Faktoren spiegeln sich im Wert G_j wieder. Die Investitionsentscheidung verläuft gemäß Richardson in mehreren Stufen.

1. Durch Marktanalysen wird der erwartete Gewinn G_j ermittelt und die Funktion $U_j = G_j^v$ aufgestellt.
2. Anschließend legt die Unternehmung ein Renditeziel r* fest, und zwar in der Weise, daß das adjustierte Gewinnziel U* in Beziehung zu den knappen Ressourcen des Unternehmens gesetzt wird.

$$r^* = \frac{U^*}{R}$$

R kann z.B. die Anzahl der verfügbaren Managementstunden sein, wenn dies der knappe Faktor ist. Das Renditeziel hängt von der Verfügbarkeit an Ressourcen ab, denn mit steigendem R sinkt r*. Ein anderer Faktor ist der Grad der oligopolistischen Reaktion durch die Konkurrenten, der durch einen niedrigeren Wert für U* ausgedrückt wird.

3. Die Entscheidung für eine Direktinvestition fällt, wenn $r_j > r^*$. Hier ergeben sich Parallelen zum Investitionsentscheidungsprozeß, wie ihn Aharoni beschreibt. Auch hier liegt keine Optimierungsverfahren, sondern eine Ja/Nein-Entscheidung vor.

Bei gegebenem Wert für R lautet das Kriterium $U_j > U^*$. Die folgende Abb. 2.12 zeigt eine graphische Darstellungsmöglichkeit des Investitionsentscheidungsprozesses. Ausgangspunkt ist der Zielgewinn:

$$U^* = G^V = ((p_A - k_A) x_A)^V$$

wobei: $p_A / k_A / x_A$ = Preis/Durchschnittskosten/Menge im Ausland

Man erhält:

$$U^{*1/v} = (p_A - k_A) x_A \quad \text{bzw} \quad x_A = \frac{U^{*1/v}}{(p_A - k_A)}$$

Richardson geht, bezugnehmend auf die Industrial Organization Ansätze (siehe Abschnitt 2), davon aus, daß Multinationale Unternehmen aufgrund ihrer monopolistischen Vorteile eine Kontrolle über den Preis haben. Sie werden also einen Mindestpreis p_{MIN} setzen, der sich aus Inlandspreis sowie Export- und Transportstückkosten zusammensetzt. Wenn $p_A < p_{MIN}$, dann ist die Exportalternative

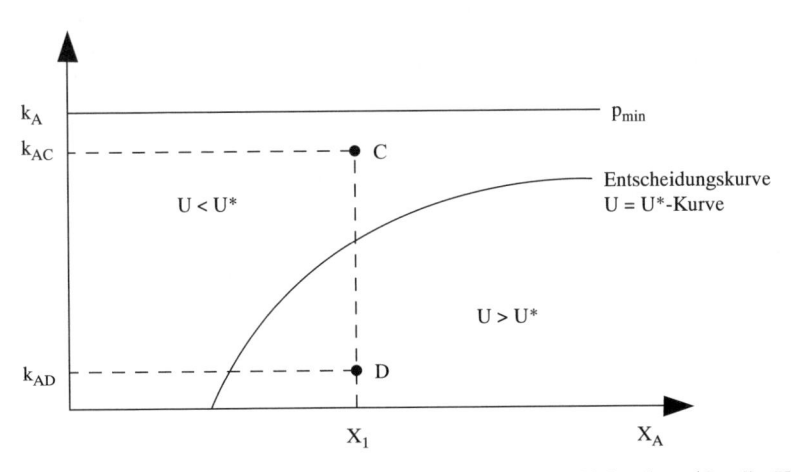

Abb. 2.12: Die Investitionsentscheidungskurve im Modell von Richardson (Quelle: Koutsoyiannis, 1982, S. 335f.)

vorzuziehen. Setzt man $p_A = p_{MIN}$ und geht man von einem konstanten Wert für v aus, dann hängt U* nur noch von k_A und x_A ab. Diese beiden Größen bezeichnen die Achsen in Schaubild 2.12. Eingezeichnet ist die sog. Entscheidungskurve, auf der alle Kombinationen abgetragen sind, bei denen U seinen Zielwert U* annimmt. Sie ergibt sich, wie oben dargelegt, aus:

$$x_A = \frac{U^{*\,1/v}}{(p_{MIN} - k_A)}$$

Sie stellt die Grenze dar zwischen Investitionsprojekten, die durchgeführt werden (U > U*) und denen, die abgelehnt werden (U < U*).

Geht man bspw. von der Menge x_1 aus, dann liegen in den Punkten C und D die Stückkosten zwar unter dem Mindestpreis, so daß die Deckungsspanne positiv ist; im Gegensatz zu k_{AC} führen die Stückkosten k_{AD} zu einem Wert von U, der dem Zielwert U* übersteigt. Liegt im Ausland also die Datenkonstellation x_1/k_{AC} vor, dann wird trotz der Aversion gegen den ausländischen Standort eine Direktinvestition vorgenommen.

Es lassen sich nun einige komparativ-statische Analysen vornehmen und Verknüpfungen zu anderen Ansätzen aus der Theorie der Multinationalen Unternehmung herstellen.

1. Wird der Zielwert U* höher angesetzt, dann verschiebt sich die Entscheidungskurve nach rechts, ohne ihre Steigung zu verändern, so daß der Alternativenraum für potentielle Investitionsprojekte geringer wird. In U* spiegelt sich bspw. der Wert des überlegenen Management-Know Hows eines Unternehmens wieder.

2. Erhöht sich aufgrund von Veränderungen der aufgelisteten Faktoren der Wert für v, so verschiebt sich die Entscheidungskurve nach links, ohne ihre Steigung zu ändern. Es kommen weitere Auslandsprojekte mit höheren Stückkosten und/oder niedrigeren Absatzmengen in Betracht.

3. Steigt bspw. aufgrund einer Zollerhöhung der Wert für p_{MIN}, so verschiebt dies die Entscheidungskurve nach links und oben, die Steigung nimmt zu. Dies vergrößert den Alternativenraum. Dieses Ergebnis ist konsistent mit der These, daß Direktinvestitionen die Reaktion auf die Errichtung von Zollschranken sein können (siehe Abschnitt 2.1 und 5.1). In p_{MIN} ist aber auch der monopolistische Spielraum, der sich aus dem Grad der Produktdifferenzierung ergibt (Abschnitt 2.2), enthalten.

4. Ein Anstieg der durchschnittlichen Produktionskosten k_A reduziert die Steigung der Entscheidungskurve, so daß für einen gegebenen Wert für k_A die Produktionsmenge x_A höher sein muß, damit der Zielwert U* erreicht werden kann. In k_A sind die Kostenvorteile aus der Erzielung von Skalenvorteilen, aus vertikaler Integration (Abschnitt 2.1) sowie aus niedrigeren lokalen Faktorkosten (Abschnitt 5.1) enthalten.

5 Der Beitrag der Standorttheorie zur Theorie der Multinationalen Unternehmung

5.1 Allgemeine Anmerkungen

Die Entscheidung über eine Direktinvestition im Ausland ist immer auch eine internationale Standortentscheidung. „Assuming goals of enterprises are unaffected by the countries in which they produce, there is no reason why a US-firm, in choosing between a New York or a Paris location for its new plant will be influenced by different criteria" (Dunning, 1973, S. 308). Eine Erklärung der Multinationalisierung von Unternehmen muß sich folgerichtig auch mit den länderspezifischen Gegebenheiten auseinandersetzen, die das Marktergebnis einer Firma beeinflussen.

Standortfaktoren sind in der *Theorie* der Multinationalen Unternehmung bisher jedoch ziemlich vernachlässigt worden. Es liegt zwar eine unübersehbare Anzahl von Länderstudien, statistisch-ökonometrischen Untersuchungen über den Einfluß einzelner Determinanten auf die Standortwahl sowie Befragungen von Managern nach ihren Motiven für eine Auslandsdirektinvestition vor, Ansätze zur Formulierung einer Standorttheorie der Multinationalen Unternehmung gibt es jedoch wenige. Als Beispiel soll unter 5.2 der Erklärungsansatz von Tesch dargestellt werden.

Fast jede der bisher vorgestellten Theorien enthält Überlegungen zur Wahl des Standortes, auch wenn diese meist eine sehr untergeordnete Rolle spielen. Am ausgeprägtesten dürfte wohl das Produktlebenszyklusmodell auf die Standortfaktoren der internationalen Produktion eingehen (vgl. Abschnitt 3.1). Die Entscheidung über einen Standort ergibt sich hier durch die Veränderung der Bedeutung relevanter Standortfaktoren im Verlauf des Produktlebenszyklus. Allerdings ist die Anzahl der in Betracht gezogenen Einflußgrößen zu gering und die Erklärung zu sehr auf amerikanische Investitionen ausgerichtet, als daß man hier von einer allgemeinen Standorttheorie der Multinationalen Unternehmung sprechen könnte (Braun, 1988, S. 284ff.).

Abb. 2.13 und 2.14 zeigen die Ergebnisse von Befragungen von Managern Multinationaler Unternehmen nach den Motiven von Auslandsdirektinvestitionen. Abb. 2.13 ist eine Zusammenfassung der Ergebnisse von ausgewählten US-amerikanischen Studien zwischen 1961 und 1972, Abb. 2.14 spiegelt die Ergebnisse einer deutschen Erhebung wieder. Diese Umfragen können Aufschluß darüber geben, welche Standortdeterminanten im Entscheidungsprozeß über die Vornahme einer Investition im Ausland eine Rolle spielen. Der Wert dieser Erkenntnisse sollte jedoch nicht zu hoch eingeschätzt werden. Die von den Unternehmen angegebenen Gründe sind oft untereinander interdependent (bspw. niedrige Lohnkosten und hohe Arbeitsproduktivität), oder zu spezifisch (bspw. das Vorhandensein einer bestimmten Art von Infrastruktur) oder zu allgemein (bspw. die Inflationsrate oder Wechselkursentwicklung). Außerdem, und dies ist eine wesentliche Kritik an allgemeinen Katalogen von Standortfaktoren, sind die Anforderungen an einen Standort abhängig vom Investitionstyp und von der Zielsetzung der Unternehmung. Schließlich ist noch kritisch anzumerken, daß Motive einer Auslandsdirektinvestition nicht mit den Determinanten der Direktinvestitionen gleichgesetzt werden können, so daß auf diesem Wege kaum Aussa-

	a) Foreign Investment in General					b) Investment in Specific Countries			
Name of researcher Date of publication Number of firms in sample	Robinson[1] (1961) 205	Behrman (1962) 72	Basi[2] (1966) 214	Kolde (1968) 104	Forsyth[(a)3] (1972) 105	Brash (1966) 100	Deane (1970) 139	Forsyth[(b)3] (1972) 105	Andrews[4] (1972) 80
(a) Marketing factors									
(i) Size of market	} 262	.. 19	141 158	.. 7	.. 82	.. 89	} 21	.. 14	.. 28
(ii) Market growth									
(iii) To maintain share of market or match a rival's investment	130	.. 1	126	12	35 2	..	30	6 1	..
(iv) To advance exports of parent company	..		..	..		..	..		..
(v) Necessity to maintain close contact with customers	..	7	..	..	5	..	15	9	..
(vi) Dissatisfaction with existing market arrangements	..	3	..	25	..	..	..	..	..
(vii) Export base for neighbouring markets	$\frac{104}{496}$	$\frac{3}{33}$	$\frac{..}{425}$	$\frac{..}{44}$	$\frac{..}{124}$	$\frac{30}{119}$	$\frac{..}{66}$	$\frac{..}{30}$	$\frac{39}{57}$
(b) Barriers to trade									
(i) Barriers to trade	130	} 14	..	21	28	78	76	..	11
(ii) Preference of local customers for local products	$\frac{..}{130}$	$\frac{}{14}$	$\frac{..}{}$	$\frac{..}{21}$	$\frac{1}{29}$	$\frac{24}{102}$	$\frac{..}{76}$	$\frac{..}{}$	$\frac{..}{11}$
(c) Cost factors									
(i) To be near source of supply	..	..	..*	..	3	..	14	2	..
(ii) Availability of labour	209	.. 12	114	..	..	..	.. 7	53	..
(iii) Availability of raw materials	..			..	..	..		..	..
(iv) Availability of capital/technology	.. 79	.. 7	78 103	.. 20	..	.. 11 22	..	11 18 .. 18	40
(v) Lower labour costs									
(vi) Lower other production costs	..		..	..	..		..		
(vii) Lower transport costs	..	..	..	..	..		..		

Abb. 2.13: Ergebnisse US-amerikanischer Befragungen von Managern bzgl. der relevanten Standortfaktoren im Ausland

2. Kap.: Die Theorien der Multinationalen Unternehmung

	a) Foreign Investment in General							b) Investment in Specific Countries			
Name of researcher Date of publication Number of firms in sample	Robinson[1] (1961) 205	Behrman (1962) 72	Basi[2] (1966) 214	Kolde (1968) 104	Forsyth(a)[3] (1972) 105	Brash (1966) 100	Deane (1970) 139	Forsyth(b)[3] (1972) 105	Andrews[4] (1972) 80
(viii) Financial (et al.) inducements by governments	50	..	..	..	1	13	..	52	45
(ix) General cost levels more favourable (less inflation)	$\overline{338}$	$\frac{..}{19}$	$\frac{134}{429}$	$\frac{..}{20}$	$\frac{..}{4}$	$\frac{..}{46}$	$\frac{14}{35}$	$\frac{..}{154}$	$\frac{..}{85}$
(d) *Investment climate*									
(i) General attitude to foreign investment	5	..	145	6	..	..	10	..	..
(ii) Political stability	115	..	159	..	..	..	..	..	..
(iii) Limitation on ownership	20	..	..	..	..	..	..	..	..
(iv) Currency exchange regulations	}105[6]	..	151	..	..	..	..	..	..
(v) Stability of foreign exchange		..	131	..	..	..	..	..	..
(vi) Tax structure	..	..	100	4	..	..	..	..	..
(vii) Familiarity with country	$\frac{..}{240}$	$\frac{..}{..}$	$\overline{686}$	$\frac{..}{10}$	$\frac{..}{..}$	$\frac{..}{..}$	$\frac{..}{10}$	$\frac{..}{..}$	$\frac{..}{..}$
(e) *General*									
(i) Expected higher profits	182	20	144	..	..	37	..	..	..
(ii) Other[7]	252	14	112	5	14	37	39	43	50[8]
	434	34	256	5	14	37	39	43	50
	1638	97	1796	100	171	304	226	227	203

* Included in lower labour costs.
[1] Number of times factors are ranked 1-3 in a 6-point scale.
[2] Listed as ‚crucially' or ‚fairly important' in Basi's 3-point scale.
[3] Forsyth(a) refers to reasons given by firms on decision to invest outside the U.S.
[4] Andrews' survey was concerned with identifying reasons for investing in Ireland.
[5] Dealt with in a separate part of the survey and regarded as crucially important.
[6] Classified as ‚financial stability'.
[7] Including 192 mentions for availability of infrastructure, power, and banking facilities.
[8] Including forty mentions ‚to take advantage of Ireland's entry into the Common Market should that occur'.

Quelle: Dunning, 1973, S. 296f.

Abb. 2.13: (Fortsetzung)

Rang	Motiv	Bedeutungsgrad[1]
1	Erschließung neuer Märkte	3.39
2	Sicherung bestehender Märkte	3.03
3	Größe und Dynamik des Auslandsmarktes	2.68
4	Marktpflege (Service, Wartung etc.)	2.51
5	Vorbereitung auf den Gemeinsamen Markt	2.17
6	Niedrigere Arbeitskosten	1.78
7	Vorteil des Standorts als Exportbasis	1.69
8	Niedrigere Steuerbelastung	1.60
9	Überwindung von Importbarrieren	1.57
10	Höhere Renditen	1.41
11	Minderung des Wechselkursrisikos	1.22
12	Bessere Einkaufs- und Beschaffungsmöglichkeiten	1.20
13	Weniger administrative Hindernisse	1.16
14	Höhere Flexibilität des Arbeitsmarktes	1.12
15	Zugang zu öffentlichen Aufträgen	1.01
16	Höhere Produktivität	0.94
17	Staatliche Investitionsförderung	0.87
18	Vorsprung bei Technologie und Forschung	0.45
19	Bessere Infrastrukturausstattung	0.45
20	Bessere Qualifikation der Arbeitskräfte	0.38

[1] Gewogenes Mittel der Bedeutungsstufen. Dabei wurden die Antworten „sehr große Bedeutung" mit 4, „große Bedeutung" mit 3, „geringe Bedeutung" mit 1 und „keine Bedeutung" mit 0 bewertet. Die Anzahl der jeweiligen Antworten bildeten die Gewichte.

Abb. 2.14: Ergebnis der Erhebung des Deutschen Industrie und Handelstages und des Institutes der deutschen Wirtschaft bzgl. der Motive von Auslandsinvestitionen (1990)

gen zu einer Theorie der internationalen Produktion gewonnen werden können (Dunning, 1973, S. 295).

Eine Investitionsentscheidung ergibt sich aus einer **sinnvollen Kombination von standort- und unternehmensspezifischen Determinanten**. Insofern ist eine Standorttheorie immer nur in Verbindung mit anderen Ansätzen in der Lage, Aussagen über die Entstehung Multinationaler Unternehmen zu treffen. Beispielsweise besteht ein enger Zusammenhang zwischen den monopolistischen Vorteilen einer Unternehmung und den Standortfaktoren, die die Ausbeutung dieser Vorteile durch lokale Produktion entweder vorteilhaft oder gar notwendig (beispielsweise im Fall von Handelsbarrieren) machen. Außerdem gelten die Eigenschaften eines Standortes für alle in diesem Wirtschaftsraum operierenden Unternehmen. Die Standortwahl *Multinationaler* Firmen ist demzufolge erst mit zusätzlichen Erklärungsansätzen aus anderen Bereichen nachvollziehbar.

Die Motive zur Vornahme von Investitionen im Ausland lassen sich aufteilen in kostenorientierte, marktbezogene, rohstofforientierte und Know-How-orientierte. Für jeden **Investitionstyp** ergeben sich andere Standortfaktoren, die für das betreffende Unternehmen von Relevanz sind. Eine marktorientierte Unternehmung wird vornehmlich an der Marktgröße und am Marktwachstum im Gastland und in den potentiellen Exportländern interessiert sein. Die kostenorientierte Auslandsinvestition wird die Standortwahl eher nach den Preisen der Produktionsfaktoren (v.a. Lohnkosten) und nach den Kosten des Reimports und des Exports in Drittländer ausrichten. Bei einer Unternehmung, die an Sicherung von Rohstoffquellen interessiert ist, sind logischerweise die Rohstoffvorkommen und der Zugang zu diesen von zentraler Bedeutung. Firmen, deren primäres Ziel der Erwerb von Know-How im Ausland ist, werden dies vornehmlich durch den Aufkauf von anderen Unternehmen erreichen wollen. Standortfaktoren stehen hier eher im Hintergrund.

„Die relative Vorteilhaftigkeit einzelner Standortfaktoren für Direktinvestitionen steht somit in Abhängigkeit vom Investitionstyp. Wettbewerbsvorteile, aus denen sich Vorteilhaftigkeitskriterien für Direktinvestitionen im Ausland ableiten ließen, können sich nur aus einer Kombination von unternehmens- und standortspezifischen Faktoren ergeben" (Jahrreiß, 1984, S. 99). Einige Determinanten sind jedoch unabhängig von der Art der Investition, wie z.B. firmen- und branchenunabhängige politische Risiken.

In einer breit angelegten Auswertung empirischer Studien untersuchte Jahrreiß (1984) den Einfluß einzelner Standortfaktoren auf die Vornahme von Direktinvestitionen im Ausland:

- Bezüglich der Bedeutung von **Investitionsanreizen** (bspw. Investitionsschutzabkommen, steuerliche Maßnahmen, öffentliche Finanzierungsmittel) besteht in der Literatur Uneinigkeit darüber, ob diese den Charakter eines eigenständigen Standortfaktors haben oder allenfalls eine Ergänzung darstellen, die die Entscheidung nicht sonderlich beeinflußt. Die Analyse der einzelnen Studien bestätigt eher die zweite Hypothese.

- Zu den **marktbezogenen Variablen** gehören zum einen die **Marktgröße** und das **Marktwachstum** und zum anderen tarifäre und nichttarifäre **Handelshemmnisse**. Diese Größen sind eher für absatzorientierte Direktinvestitionen von Relevanz. Soll beispielsweise ein Produktionsstandort als Exportplattform eingerichtet werden, so sind diese Parameter nur zweitrangig. Was die Marktorientierung angeht, so treten die Standortfaktoren einzelner Länder dann in den Hintergrund, wenn die Branchen weltmarktorientiert sind, wie dies beispielsweise bei internationalen Oligopolen der Fall ist. Die Marktgröße ist allein schon aus dem Grund von großer Bedeutung, daß für die zu errichtenden Produktionsanlagen eine Mindestausbringungsmenge zur Deckung der fixen Kosten und zur Erzielung von Skalenvorteilen erforderlich ist. Das Marktwachstum soll die Vergrößerung von Marktanteilen erleichtern. Die Wichtigkeit beider Faktoren wurde durch die empirischen Untersuchungen bestätigt.

Die Errichtung von Handelsbarrieren (bspw. durch Zölle, Kontingente, Normen/Sicherheitsbestimmungen, Genehmigungsverfahren, Verwaltungsgebühren, staatliche Subventionen an lokale Unternehmen etc.) soll dem Schutz strukturschwacher Branchen und dem ungestörten Aufbau junger Industrien dienen. Meist bewirken diese Maßnahmen genau das Gegenteil. Die Verteuerung der Exporte, das künstlich angehobene Preisniveau (das die Gewinnaussichten erhöht) und der drohende Marktanteilsverlust führen dazu, daß ausländische Unternehmen, die bisher lediglich in dieses Land exportierten, nun im abgeschotteten Markt Produktionsstätten errichten. Das bedeutet aber auch, daß die Handelshemmnisse nur komplementär zu einem Mindestmarktvolumen als Standortfaktor zu sehen sind. Dies bestätigt vor allem die Auswertung der Studien, die den Einfluß der Errichtung des Gemeinsamen Marktes in Europa auf die US-amerikanischen Direktinvestitionen untersuchten. Hier konnte lediglich das Marktgrößenargument als signifikant herausgestellt werden. So liegt der Schluß nahe, daß Handelshemmnisse lediglich die Auslandsinvestitionsentscheidungen beschleunigen.

- Die Ausnutzung von **Lohnkostendifferenzen** wird vor allem von kostenorientierten Direktinvestitionen angestrebt. Dies wird auch durch die empirischen Untersuchungen bestätigt. Das Lohnkostenargument wird jedoch durch folgende Faktoren relativiert:
  1. Die zukünftige Entwicklung der Lohn- und Lohnnebenkosten ist (v.a. bei Mangel an geeigneten Arbeitskräften) zu beachten.
  2. Die niedrigeren Lohnkosten sind gegen die niedrigere Produktivität (v.a. in Entwicklungsländern) abzuwägen.
  3. Lohnkosten sind nur ein Teil des Kostenblocks. Der Kostenvorteil kann durch höhere Preise für andere Inputfaktoren (v.a. wenn sie in dem betreffenden Land nicht verfügbar sind) wieder rückgängig gemacht werden.
  4. Der Entwicklungsrückstand des Gastlandes kann dazu führen, daß dem ausländischen Unternehmen Kosten der Technologieanpassung entstehen.

- Der Einfluß des **Steuersystems** ist von geringer Bedeutung. Der Grund hierfür liegt in den mannigfaltigen Möglichkeiten der Multinationalen Unternehmung, die internationale Steuerlast zu minimieren. Diese reichen von der Wahl der Rechtsform (inclusive der Möglichkeit der Gründung von Holding- oder Beteiligungsgesellschaften in Steueroasen), der Verlagerung der Produktion innerhalb der Tochtergesellschaften, der Verwendung von Gewinnen bis hin zur Manipulation von Zahlungsströmen durch das Verrechnungspreissystem (transfer pricing).

- Auch die Bedeutung des **politischen Risikos** (vgl. dazu ausführlich das Kapitel „Investitionsrechnungsmethoden bei Auslandsdirektinvestitionen") als Standortfaktor wird durch einige Argumente relativiert:
  1. Nicht alle Risiken sind für jede Art von Direktinvestitionen bzw. für jede Branche von gleicher Bedeutung.
  2. Politische Risiken sind auf einige Zielländer (insbesondere Entwicklungsländer) beschränkt. Der größte Teil der Direktinvestitionen fließt jedoch in Industrieländer.
  3. Das politische Risiko läßt sich durch eine Reihe risikopolitischer Maßnahmen reduzieren.
  Dementsprechend ergab die Auswertung der empirischen Studien, daß das politische Risiko als Standortfaktor nur von geringer Bedeutung ist.

Zusammenfassend läßt sich den Ausführungen von Jahrreiß entnehmen, daß das Marktpotential (bei absatzorientierten Investitionen) sowie in abgeschwächter Form Lohnkostendifferenzen (bei kostenorientierten Investitionen) bedeutende Standortfaktoren sind. Handelsschranken sind nur in Verbindung mit der Größe des geschützten Marktes von Relevanz (Jahrreiß, 1984, S. 93ff.).

5.2 Der standorttheoretische Ansatz zur Erklärung von Außenwirtschaftsbeziehungen von Tesch

Der Ansatz von Tesch (vgl. Tesch, 1980, S. 30ff. u. 328ff.; Braun 1988, S. 289ff.) ist eine umfassende, generelle (d.h. nicht auf spezielle Branchen, Länder oder Faktoren beschränkte) Standorttheorie internationaler Unternehmenstätigkeit, erklärt also nicht nur die Vornahme von Direktinvestitionen, sondern auch die

Entscheidung bzgl. der Alternativen Export und Lizenzvergabe (letztere wird allerdings nur am Rande betrachtet). Dieses allgemeine Modell ist seiner Meinung nach deshalb vonnöten, „weil Export und Direktinvestition alternative Formen der Auslandsaktivität der Unternehmen darstellen, zum großen Teil durch die gleichen Faktoren beeinflußt werden und zwischen ihnen eine enge Wechselbeziehung besteht" (Tesch, 1980, S. 35); (vgl. dazu auch Kap. 3). Von der Standorttheorie verspricht Tesch sich „wichtige Hinweise auf die Bestimmungsgründe des internationalen Handels und der Direktinvestition", da „das wesentliche Element beider Formen der außenwirtschaftlichen Aktivitäten der Unternehmen die räumliche Verteilung der Standorte der Leistungserstellung und der Nachfrage ist" (Tesch, 1980, S. 36).

Zentraler Erklärungsfaktor für beide Formen des Auslandsengagements sind bei Tesch die **„standortbedingten Wettbewerbsvorteile"**. Betrachtet wird hier sowohl der Inlands- als auch der Auslandsstandort. Die lokalen, regionalen sowie nationalen Standortfaktoren einzelner Länder führen zur internationalen standortbedingten Wettbewerbsfähigkeit von Unternehmen. Standortvorteile schlagen sich gemäß Tesch in Verfügbarkeits-, Preis- und Nicht-Preis- (bspw. Qualitäts)-Vorteilen sowie in Verfahrens- und Skalenvorteilen nieder. Basierend auf diesem Konzept können nun folgende Aussagen über die drei Formen der Außenwirtschaftsbeziehungen getroffen werden:

- Der **internationale Handel** läßt sich mit der *Ausnutzung bestehender*, standortbedingter (gemeint ist der Produktionsstandort des Exportunternehmens) *Wettbewerbsvorteile* durch Unternehmen auf einem fremden Markt erklären.

- Direktinvestitionen dagegen „sind in der Regel vielmehr Ausdruck der Bestrebungen, standortbedingte *Wettbewerbsnachteile*, die durch Handelshemmnisse, durch häufig weitere Transportwege, durch Wechselkurseinflüsse, durch unterschiedliche Produktionsbedingungen usw. entstehen, *zu vermeiden* und die *Wettbewerbsvorteile* anderer Standorte zu *erlangen*" (Tesch, 1980, S. 334).

Tesch räumt ein, daß auch der Export mit dem Streben nach Wettbewerbsvorteilen vereinbar ist. So kann eine Zunahme des Produktionsvolumens aufgrund des Außenhandelsengagements zu Skalenvorteilen führen, kann eine offensive Preispolitik andere Konkurrenten ausschalten und kann die Qualität der Exportgüter eine positive Werbewirkung auf das Restsortiment haben. Da diese Wettbewerbsvorteile jedoch nicht durch eine Veränderung der Standortbedingungen entstehen, sind sie gemäß Tesch keine charakteristischen Bestimmungsgründe des Außenhandels.

- Die Alternative der **Lizenzvergabe** läßt sich folgendermaßen erklären: Der Lizenznehmer ist aufgrund standortspezifischer Nachteile nicht in der Lage, die erforderliche Technologie selber zu entwickeln. Die in Lizenz produzierten Güter weisen aber Wettbewerbsvorteile hinsichtlich der Verfügbarkeit, der Nicht-Preis-Präferenzen der Konsumenten oder (aufgrund des kostengünstigen Produktionsverfahrens) der Preise auf. Der Lizenzgeber wird dann seine Technologie auf diesem Wege verwerten, wenn die Alternativen Direktinvestition und Export suboptimal bzw. nicht möglich sind. Ein Verzicht auf die Bedienung von Auslandsmärkten durch Exporte läßt sich auf standortbedingte Nachteile bzgl. der Produktion und des Absatzes der Güter zurückführen. Hier verfügt der Lizenznehmer wiederum über (standortspezifische) Wettbewerbsvorteile. Eine Direktinvestition wird dann nicht vorgenommen, wenn al-

Standortfaktoren, die die internationale Wettbewerbsfähigkeit und die Standortentscheidung im internationalen Rahmen bestimmen und die somit Bestimmungsgründe des internationalen Handels und der Direktinvestition sind
- **Standortfaktoren, die Aktivitäten der Unternehmen insgesamt betreffen**
  - Rechtssicherheit
  - politische Stabilität
  - staatliche Einflußnahme auf Unternehmensentscheidungen
  - Mitsprache- und Mitbestimmungsrechte der Arbeitnehmer
  - Wettbewerbsrecht und -politik
  - allgemeine Wirtschaftspolitik
  - Steuern und Steuerpolitik (einschl. Subventionen)
  - Sonstige Fördermaßnahmen

- **Standortfaktoren, die die Verfügbarkeit und die Kosten der zur Produktion notwendigen Faktoren betreffen** (Bestimmungsgründe der Produktion im engeren Sinne)*
  - klimatische Verhältnisse (relevant bes. bei landwirtschaftlicher Produktion)
  - rechtliche Beschränkungen der Produktion
  - Verbote bestimmter Produktionen
  - Schutzbestimmungen (Arbeits-, Verbraucher-, Umweltschutz)
  - Auflagen
- Verfügbarkeit und Kosten von Kapital
  - im Standortland
  - Möglichkeit und Kosten eines Kapitalimportes
    - Wechselkurseinflüsse
    - Kapitalverkehrsbeschränkungen des (potentiellen) Standortlandes** (Kapitalimport und Retransfers)
    - kapitalimportfördernde staatliche Maßnahmen des (potentiellen) Standortlandes
    - Kapitalverkehrsbeschränkungen der (potentiellen) Kapitalexportländer (Kapitalexport)
    - kapitalexportfördernde staatliche Maßnahmen der (potentiellen) Kapitalexportländer
- Verfügbarkeit und Kosten von geeigneten Grundstücken und Gebäuden bzw. die Möglichkeit der Errichtung der letzteren
- Verfügbarkeit und Kosten von Arbeitskräften
  - Anzahl
  - Qualifikation
  - Mobilität
  - Lohnsatz (Lohn oder Gehalt pro Arbeitsstunde bzw. Monat)
  - Lohnnebenkosten (einschl. Sozialabgaben)
- Verfügbarkeit und Kosten von Anlagegütern, Roh-, Hilfs- und Betriebsstoffen sowie von Vorprodukten
  - im Standortland
  - Möglichkeit und Kosten eines Warenimportes
    - Wechselkurseinflüsse
    - einfuhrhemmende staatliche Maßnahmen des (potentiellen) Standortlandes
    - ausfuhrfördernde staatliche Maßnahmen der (potentiellen) Exportländer
    - ausfuhrhemmende staatliche Maßnahmen der (potentiellen) Exportländer
- Verfügbarkeit und Kosten von Dienstleistungen
  - Infrastruktur und staatliche Dienstleistungen
  - Transport, Kommunikation
  - übrige Dienstleistungen
    - im Standortland
    - Möglichkeiten und Kosten der Inanspruchnahme ausländischer Dienstleistungen
      - Wechselkurseinflüsse
      - hemmende und fördernde staatliche Maßnahmen des (potentiellen) Standortlandes
      - fördernde und hemmende staatliche Maßnahmen des (potentiellen) Exportlandes
- Möglichkeit der Realisierung von Skalenvorteilen

Abb. 2.15: Standortfaktoren im Modell von Tesch

- **Standortfaktoren, die den Absatz betreffen** (Bestimmungsgründe des Absatzes)
  - Absatz im (potentiellen) Standortland:
  - Nachfragefaktoren
    - Bedarf der Endverbraucher
      - Bevölkerungszahl
      - Bedürfnisse
      - Einkommen (Niveau und Verteilung)
    - Bedarf anderer Unternehmen
      - Kapazität
      - Produktionsstruktur
      - Produktionsverfahren
    - Bedarf des Staates
      - Umfang öffentlicher Aufträge
      - Struktur öffentlicher Aufträge
      - Vergabepraxis öffentlicher Aufträge
    - Staatliche Absatzgarantien
  - Wettbewerbsfaktoren
    - Zahl und Größe der Konkurrenten
    - Art der dominierenden Wettbewerbspraktiken
    - Bestehen wettbewerbsbeschränkender Absprachen für den Binnen- bzw. Außenhandel
    - Intensität des Wettbewerbs
    - Stärke der eigenen Wettbewerbsposition
      - Stellung im Produktwettbewerb
      - Stellung im Preiswettbewerb
        - generell wirkende Faktoren
          - Produktionskosten***
          - direkte Steuern
          - Transportkosten
          - staatliche Förderung
          - Preispolitik der Unternehmen
        - zusätzlich wirkende Faktoren beim Wettbewerb mit ausländischen Produkten
          - zusätzliche Transportkosten (der ausl. Konkurrenten)
          - zusätzliche Absatzkosten**** (der ausl. Konkurrenten)
          - Wechselkurseinflüsse
          - einfuhrhemmende staatliche Maßnahmen des (potentiellen) Standortlandes
          - ausfuhrfördernde staatliche Maßnahmen der (potentiellen) Exportländer
          - ausfuhrhemmende staatliche Maßnahmen der (potentiellen) Exportländer
  - Exportmöglichkeiten
    - Nachfragefaktoren (siehe oben) im Ausland
    - Wettbewerbsfaktoren (siehe oben) im Ausland
      (statt der letzten drei oben genannten Faktoren:)
      - ausfuhrfördernde staatliche Maßnahmen des (potentiellen) Standortlandes
      - ausfuhrhemmende staatliche Maßnahmen des (potentiellen) Standortlandes
      - einfuhrhemmende staatliche Maßnahmen der (potentiellen) Importländer gegenüber dem (potentiellen) Standortland

Quelle: Tesch, 1980, S. 364f.

* Als Bestimmungsgründe der Produktion im engeren Sinne werden diejenigen Faktoren bezeichnet, die für den Produktionsprozeß als solches bedeutsam sind, d.h. Einflußfaktoren des Absatzbereiches – Nachfrage und Wettbewerb – gehören nicht dazu.

** Als (potentielles) Standortland wird das Land bezeichnet, in dem sich der Standort des betrachteten Unternehmens oder Unternehmensteiles bzw. der erwogenen Investition befindet.

*** alle Kosten für Vorleistungen und Produktionsprozeß

**** Zusätzliche Absatzkosten beim Export entstehen beispielsweise durch von Land zu Land abweichende Kennzeichnungs- und Verpackungsvorschriften, fremdsprachige Beschriftungen u.ä.

Abb. 2.15: (Fortsetzung)

ternative Aktivitäten im Inland profitabler sind oder die Kapitalrestriktion greift.

Standortbedingte Wettbewerbsvor- und -nachteile sind also die Determinanten der räumlichen Verteilung der Investition, der Produktion und der Richtung der internationalen Handelsströme.

Die **Standortbedingungen** der einzelnen Länder ergeben in Kombination mit den **Standortanforderungen** eines Unternehmens die **Standortqualität**. Die relevanten Standortbedingungen werden bei Tesch durch zwei Kataloge wiedergegeben: Abb. 2.15 zeigt eine sehr detaillierte Auflistung von Standortfaktoren, die die internationale Wettbewerbsfähigkeit und somit die internationalen Standortentscheidungen bestimmen. Diese an der betriebswirtschaftlichen Standorttheorie orientierte Auflistung enthält zwar die wichtigsten Determinanten des Entscheidungsprozesses bei der Standortwahl, eignet sich aber weniger für die allgemeine Erklärung des internationalen Handels und der Direktinvestition. Diesem Zweck soll die in Abb. 2.16 enthaltene Systematik der nationalen sowie regionalen/lokalen Komponenten der Standortbedingungen entsprechen.

Die Bedeutung der Standortbedingungen ergibt sich jedoch erst durch die produkt-, verfahrens- und unternehmensspezifischen Anforderungen an den betreffenden Standort. „Sind diese Anforderungen je nach Produkt, Verfahren und Unternehmen unterschiedlich, stellen die Bedingungen eines Standortes je nach dem Anforderungsprofil verschiedene Standortqualitäten dar, d.h. ein und derselbe Standort bietet für verschiedene Produkte, Verfahren und Unternehmen unterschiedliche Vor- und Nachteile" (Tesch, 1980, S. 521). Hierin sieht Tesch auch den Grund für Intra-Industrie-Handel und für cross investments. Sowohl Standortbedingungen als auch Standortanforderungen unterliegen im Laufe der Zeit Veränderungen (bspw. durch technischen Fortschritt).

Gemäß Tesch sind Direktinvestitionen schließlich nicht nur das Ergebnis von Standortentscheidungen sondern auch von Entscheidungen für eine Standortspaltung. Eine Standortspaltung liegt vor, wenn ein Unternehmen aus mehreren räumlich getrennten Betriebseinheiten besteht. Diese Aufteilung des Leistungsprozesses einer Unternehmung bedeutet für die Standortwahl, daß auch Standorte berücksichtigt werden können, an denen nicht mehr alle, für die gesamte Leistungserstellung erforderlichen Bedingungen erfüllt sein müssen. Es werden die Standorte gewählt, die für die jeweils durchzuführenden Operationen als optimal erachtet werden. In einer Multinationalen Unternehmung ergeben sich folgende Möglichkeiten der Standortspaltung:

1. Parallele Produktion, also die Herstellung des gleichen Produktes an verschiedenen Standorten, um absatzbedingte Standortvorteile (Marktnähe) wahrzunehmen.

2. Substituierende Produktion, also die Herstellung von Produkten im Ausland, die für den Reimport ins Ursprungsland bestimmt sind. Insbesondere sollen hier Kostenvorteile genutzt werden.

Punkt 1 und 2 entsprechen der horizontalen Direktinvestition.

3. Komplementäre Produktion. Hier werden einzelne Teilprozesse der Leistungserstellung an verschiedenen Standorten durchgeführt (konzerninterne Arbeitsteilung).

4. Standortspaltung aus steuerlichen Gründen durch die Gründung von Basisgesellschaften im Ausland.

2. Kap.: Die Theorien der Multinationalen Unternehmung 127

nationale Komponenten der Standortbedingungen

1. Durch die Nationalstaatlichkeit geschaffene länderspezifische, d.h. im nationalen Rahmen einheitliche und sich von anderen Ländern unterscheidende Standortbedingungen
   = Standortbedingungen aufgrund der im nationalen Rahmen einheitlichen Gesetzgebung und staatlichen Politik sowie der länderorientierten Organisation von Unternehmensverbänden, Gewerkschaften und wettbewerbsbeschränkenden Absprachen

   – Staatsgebiet, Personen, die als Inländer gelten, ‚nationaler' Markt
   – Rechts-, Wirtschafts- und Gesellschaftsordnung
   – die wirtschaftliche Tätigkeit betreffende allgemeine Gesetzgebung und staatliche Politik
   – allgemeine Wirtschaftspolitik u.a.
     – Wettbewerbspolitik
     – Sozialpolitik
     – Geld- und Kreditpolitik
     – im nationalen Rahmen einheitliche (z.b. sektorale) Förderpolitik
   – Steuerpolitik
   – Währung, Wechselkurs
   – Außenwirtschaftspolitik
     – Außenhandelspolitik
     – Politik gegenüber Direktinvestitionen
     – Devisenpolitische Maßnahmen
     – Entwicklungs- und Außenpolitik
   – Unternehmensverbände, wettbewerbsbeschränkende Absprachen
   – Gewerkschaften

2. Durch die Nationalstaatlichkeit geschaffene regionale oder lokale Standortbedingungen
   – regionale oder lokale staatliche Förderpolitik

regionale bzw. lokale Komponenten der Standortbedingungen

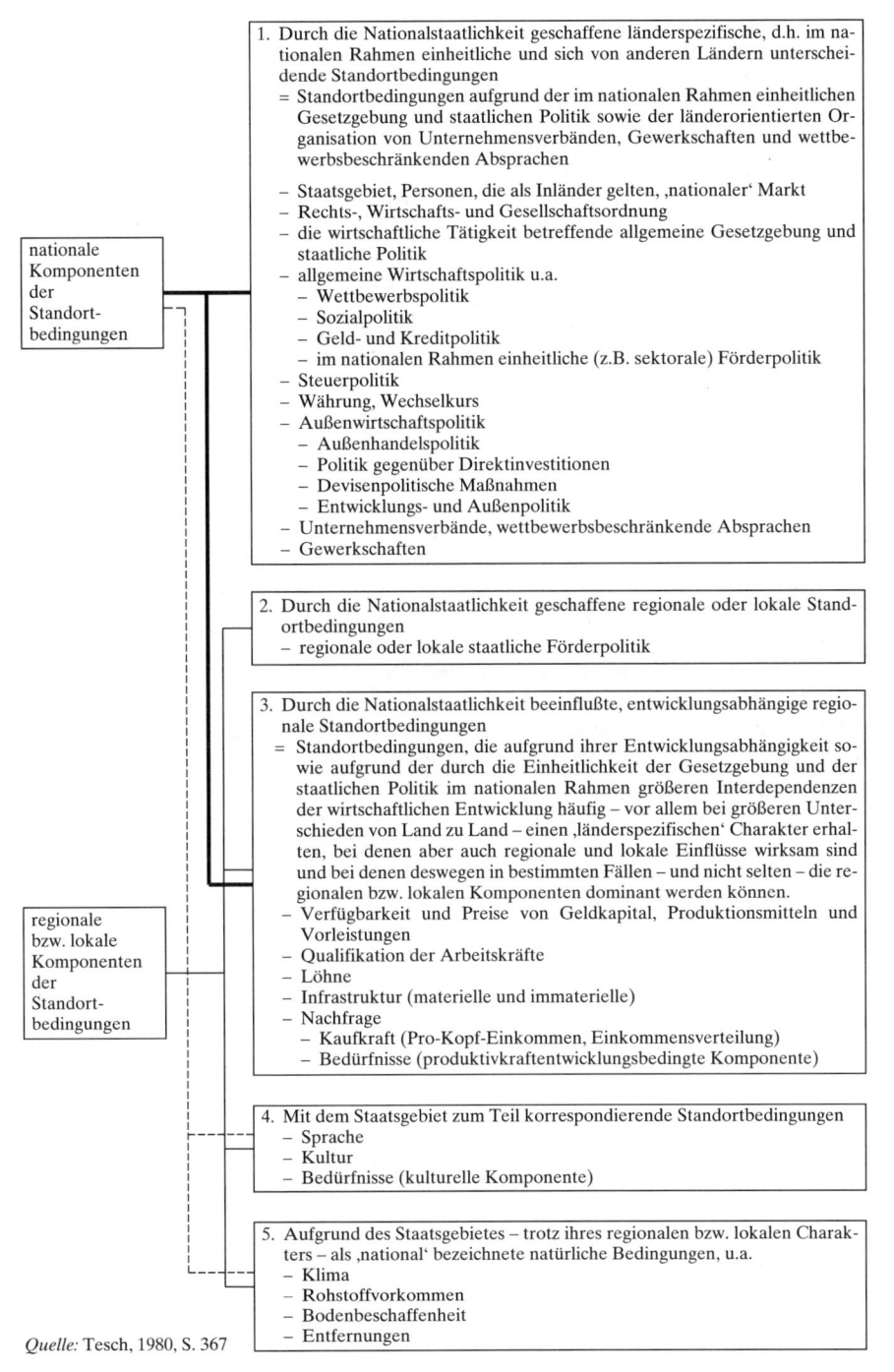

3. Durch die Nationalstaatlichkeit beeinflußte, entwicklungsabhängige regionale Standortbedingungen
   = Standortbedingungen, die aufgrund ihrer Entwicklungsabhängigkeit sowie aufgrund der durch die Einheitlichkeit der Gesetzgebung und der staatlichen Politik im nationalen Rahmen größeren Interdependenzen der wirtschaftlichen Entwicklung häufig – vor allem bei größeren Unterschieden von Land zu Land – einen ‚länderspezifischen' Charakter erhalten, bei denen aber auch regionale und lokale Einflüsse wirksam sind und bei denen deswegen in bestimmten Fällen – und nicht selten – die regionalen bzw. lokalen Komponenten dominant werden können.
   – Verfügbarkeit und Preise von Geldkapital, Produktionsmitteln und Vorleistungen
   – Qualifikation der Arbeitskräfte
   – Löhne
   – Infrastruktur (materielle und immaterielle)
   – Nachfrage
     – Kaufkraft (Pro-Kopf-Einkommen, Einkommensverteilung)
     – Bedürfnisse (produktivkraftentwicklungsbedingte Komponente)

4. Mit dem Staatsgebiet zum Teil korrespondierende Standortbedingungen
   – Sprache
   – Kultur
   – Bedürfnisse (kulturelle Komponente)

5. Aufgrund des Staatsgebietes – trotz ihres regionalen bzw. lokalen Charakters – als ‚national' bezeichnete natürliche Bedingungen, u.a.
   – Klima
   – Rohstoffvorkommen
   – Bodenbeschaffenheit
   – Entfernungen

Quelle: Tesch, 1980, S. 367

Abb. 2.16: Lokale, regionale und nationale Komponenten von Standortbedingungen im Modell von Tesch

„Teschs Beitrag zur Theorie der internationalen Wirtschaftsbeziehungen zeigt, daß detaillierte standorttheoretische Überlegungen einen wertvollen und notwendigen Teil einer umfassenden Theorie der Direktinvestition darstellen" (Braun, 1988, S. 319). Der selbst auferlegte Anspruch an Vollständigkeit kann jedoch nicht aufrechterhalten werden. Neben dem Fehlen dynamischer Elemente ist vor allem die Erklärung der Wahl zwischen Lizenzvergabe und Direktinvestition (wie sie vor allem durch die Transaktionskostenansätze (vgl. Abschnitt 4) geleistet wird) unzureichend.

6 Geographische Diversifikation, Risikoportfoliotheorie und Multinationale Unternehmen

6.1 Einführung

Mit geographischer Diversifikation bezeichnet man die Aufteilung der Geschäftsaktivitäten auf mehrere Produkte und/oder Länder. Da diese Definition sowohl den Fall horizontaler, vertikaler als auch konglomerater Direktinvestitionen enthält, müßten dem Diversifikationsmotiv somit sämtliche Vorteile aus diesen Direktinvestitionsarten zugesprochen werden. Dieser Abschnitt betrachtet jedoch lediglich das Sicherheitsmotiv, also die Reduzierung des Gesamtrisikos einer Unternehmung durch die Streuung der Risiken einzelner Geschäftsbereiche auf mehrere Länder. Die theoretische Grundlage hierfür bildet die **Risikoportfoliotheorie**. Sie wird unter 6.2 kurz dargestellt. Bezogen auf die Motive zur Vornahme von Direktinvestitionen im Ausland und mithin auf die Theorie der Multinationalen Unternehmung ergeben sich zwei Implikationen:

1. Die **strategische** Dimension: Eine internationale Diversifikation kann zu einer Stabilisierung der Erträge und somit zu einer Reduzierung des Unternehmensgesamtrisikos führen: „Mit zunehmender Zahl voneinander unabhängiger Produkte (Produktdiversifikation) bei gleichzeitig wachsender Verteilung der Aktivitäten auf unterschiedliche Gastlandsmärkte (geographische Diversifikation) nehmen Schwankungen des langfristigen Erfolgspotentials ab und dessen Sicherheit bzw. Stabilität zu" (Duhnkrack, 1983, S. 218) Auch wenn die rein strategischen Überlegungen nicht unbedingt der Hauptdiskussionspunkt innerhalb der einschlägigen Literatur der Theorie der Multinationalen Unternehmung sind, so sind sie zum einen wichtig für das Verständnis dieses Internationalisierungsmotives und zum anderen die Grundlage der eigentlichen Theorie.

2. Die Überlegungen aus der Kapital- und Internalisierungstheorie: Die Multinationale Unternehmung wird hier als Alternative zur internationalen Portfoliodiversifikation von Aktien gesehen. Die Besitzer von Anteilen an Multinationalen Unternehmen erzielen auf diese Weise eine **indirekte Diversifikation**, die aufgrund der Unvollkommenheiten auf den internationalen Kapitalmärkten nicht durch ein internationales Wertpapierportefeuille möglich ist.

Bereits hier wird deutlich, daß die Portfoliotheorie mit ihren Implikationen auf internationaler Ebene Elemente aus mehreren Bereichen der Wirtschaftstheorie enthält. Die Risikoreduktion, die auch zu einer Höherbewertung der Aktien von Multinationalen Unternehmen auf den internationalen Kapitalmärkten führen kann, kann als monopolistischer Vorteil angesehen werden (vgl. Abschnitt

2). Die Internalisierung von Kapitalmärkten aufgrund von Marktunvollkommenheiten baut auf dem Gedankengut der Internalisierungstheorie (vgl. Abschnitt 4) auf. Die rein risikoportfoliotechnischen Überlegungen, also die Abwägung zwischen Ertrag und Risiko auf internationaler Ebene, sind der Kapitaltheorie zuzurechnen.

6.2 Grundzüge der Risikoportfoliotheorie

Nachfolgend sollen die wichtigsten Ergebnisse der Portfoliotheorie skizziert werden, und zwar in dem Maße, wie sie für das Verständnis des internationalen Diversifikationsmotivs wichtig sind. Auf eine umfangreiche, formale Darstellung wird hier verzichtet und auf Lehrbücher zur Finanzierungstheorie verwiesen (Empfehlenswert sind: Süchting, 1989; Schmidt, 1986; Drukarczyk, 1980).

Die Portefeuille Selection Theory wurde 1952 von Markowitz für den Wertpapierbereich entwickelt und durch Sharpe erweitert. Im Kern sagt sie aus, daß mit einer Aufteilung eines Anlagebetrages auf mehrere Wertpapiere – die Portefeuillemischung – der folgende Effekt verbunden ist: Während der Ertrag des Portfolios immer gleich dem durchschnittlichen Ertrag der Aktien im Portfolio ist, ist das Risiko des Portefeuilles im allgemeinen kleiner als das durchschnittliche Risiko der einzelnen Aktien. Der Grund hierfür liegt in den Verbundwirkungen der Ertragsverläufe der einzelnen Anlagen, nämlich ob sie sich tendenziell gleich oder gegenläufig entwickeln. Es ist somit also möglich, das Risiko eines Portefeuilles zu reduzieren, ohne gleichzeitig den Ertrag zu beeinflussen.

- Der **Ertrag** wird üblicherweise durch den Erwartungswert der Rendite gemessen. Für eine Aktie berechnet sich dieser über die Summe der mit ihren Wahrscheinlichkeiten gewichteten möglichen Renditen (Eintrittswahrscheinlichkeiten) dieser Anlage. Diese Summe der Eintrittswahrscheinlichkeiten wird für mehrere Umweltzustände – bspw. Rezession und Boom – gebildet und, jetzt gewichtet nach den Eintrittswahrscheinlichkeiten der Umweltzustände, aufsummiert. Die Rendite des Portefeuilles ergibt sich dann aus der Summe der Erwartungswerte aller Portfolio-Einzelanlagen, gewichtet mit ihrem spezifischen Portfolio-Anteil.
- **Risiko** wird hier als die Möglichkeit der Abweichung der Ergebnisse von der Erwartung bzw. als die Streuung der möglichen Ereignisse um den Erwartungswert (Varianz bzw. Standardabweichung) definiert. Das Risiko eines Portfolios dagegen ist maximal so hoch wie das gewogene Mittel der Risiken aller darin vertretenen Papiere. Korrelieren die Aktien nicht vollständig miteinander, so lassen sich durch Diversifikation Risiken vernichten.
- Die Verbundwirkungen zwischen jeweils zwei Aktien werden durch den **Korrelationskoeffizienten** (KOR) beschrieben:
  – Bei einer vollständig positiven Korrelation (KOR = +1), die einen absoluten Gleichlauf der den Renditen zugrundeliegenden Umwelteinflüsse und somit der Renditen selbst bedeutet, ist eine Risikoreduktion nicht möglich: Ändert sich der Umweltzustand, so hat er dieselbe Auswirkung auf die betrachteten Renditen; sprich: dieselben Chancen, aber auch – und das interessiert hier besonders – dieselben Verlustmöglichkeiten.
  – Eine vollständig negative Korrelation (KOR = –1), das bedeutet eine absolut gegenläufige Ertragsentwicklung bezogen auf die Änderung eines Um-

weltzustandes, kann bei geschickter Wahl der Anteile der Portefeuille-Anlagen das Portefeuille-Risiko bei gleichbleibendem Ertrag (!) vollständig vernichten. Dies stellt die Traumkombination für einen Investor dar; ist aber in der Realität selten bzw. nicht zu finden.

- Realistischer sind dagegen die zwischen diesen beiden Extrempunkten liegenden Werte, wobei ein KOR = 0 eine vollkommene Unabhängigkeit der Aktien anzeigt. Erfahrungsgemäß liegen viele Werte im Bereich 0 < KOR < +1.

In der Praxis lassen sich im Regelfall also höchstens Anlagen finden, die schwach miteinander korrelieren. Damit ist gleichsam auch die Richtung für Strategien vorgegeben: **Weniger ist es Ziel der Diversifikation, möglichst risikoarme Investitionsobjekte zusammenzustellen, als vielmehr solche auszuwählen, deren Renditeentwicklungen möglichst wenig korrelieren.**

- Mit zunehmender **Anzahl** neuer Wertpapiere am Portfolio sinkt das Gesamtrisiko. Das liegt daran, daß jede Anlage, die nicht vollständig mit dem Portefeuille bzw. mit den in ihm enthaltenen Papieren korreliert, einen Betrag zur Risikoreduktion leistet. Das Maß der Risikovernichtung nimmt jedoch mit zunehmender Anzahl der Aktien ab. Dies liegt daran, daß die Ertragsentwicklung des Portefeuilles in immer stärkerem Maße parallel zur Börse verläuft, eine Abweichung von der durchschnittlichen Renditeentwicklung aller börsennotierten Aktien immer unwahrscheinlicher wird.

- Die Risikoreduktion durch Diversifikation hat Grenzen: Ab einem gewissen Punkt ist es nicht mehr möglich, durch die Hinzunahme neuer Aktien das Portefeuillerisiko noch weiter zu vermindern. Das verbleibende Risiko wird als **systematisches Risiko** bezeichnet. Der durch Diversifikation vernichtbare Risikoteil wird als **unsystematisches Risiko** bezeichnet.

- Das unsystematische, diverzierbare Risiko ist unternehmensspezifisch. Es umfaßt bspw. die Möglichkeit von Streiks, Managementfehlern, technologischem Wandel, Auftreten starker Konkurrenten, etc.

Das systematische, nicht diversifizierbare Risiko (Marktrisiko) betrifft alle Branchen bzw. alle Aktien gleichermaßen, mithin also die gesamte Börse bzw. die gesamte Volkswirtschaft. Determinanten des systematischen Risikos sind beispielsweise ein Wandel in der Weltenergieversorgung, die Möglichkeit eines „Schwarzen Freitags" oder politische Instabilität.

- Mit Hilfe der Portfolio-Selection-Theory soll nicht das ertragmaximale, sondern das unter Ertrags- und Risikogesichtspunkten optimale Portefeuille von Anlagemöglichkeiten aufgezeigt werden. Was optimal ist, bestimmt der einzelne Investor über seine individuelle Nutzenfunktion, vorausgesetzt er handelt rational gemäß der Zielsetzung „minimales Risiko bei gegebenem Ertrag" bzw. „maximaler Ertrag bei gegebenem Risiko"

Die bisherigen Ausführungen wurden bewußt kurz gehalten und bezüglich des Erklärungszwecks selektiert. Ebenso wurde auf eine Darstellung und Diskussion der Annahmen verzichtet. Die folgenden Schaubilder sollen die Ergebnisse noch einmal illustrieren. Abb. 2.17 zeigt den Ertragsverlauf von zwei völlig negativ korrelierten, 2.18 den Ertragsverlauf zwischen zwei völlig positiv korrelierten Aktien. Abb. 2.19 zeigt den Zusammenhang zwischen systematischem und unsystematischem Risiko.

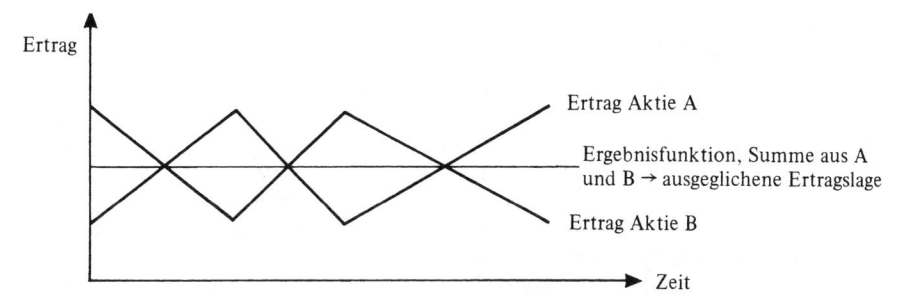

Abb. 2.17: Ertragsverlauf bei zwei völlig negativ korrelierten Aktien

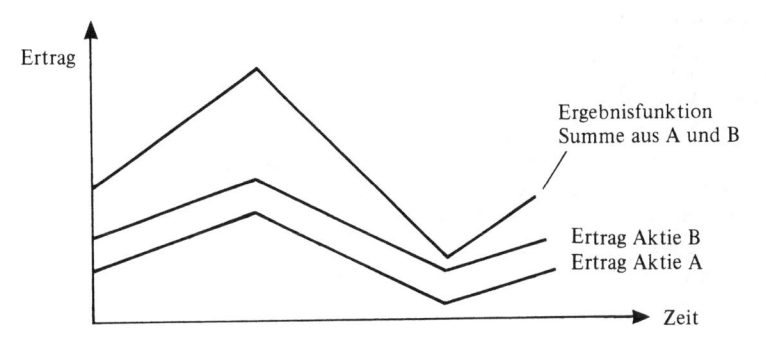

Abb. 2.18: Ertragsverlauf bei zwei völlig positiv korrelierten Aktien

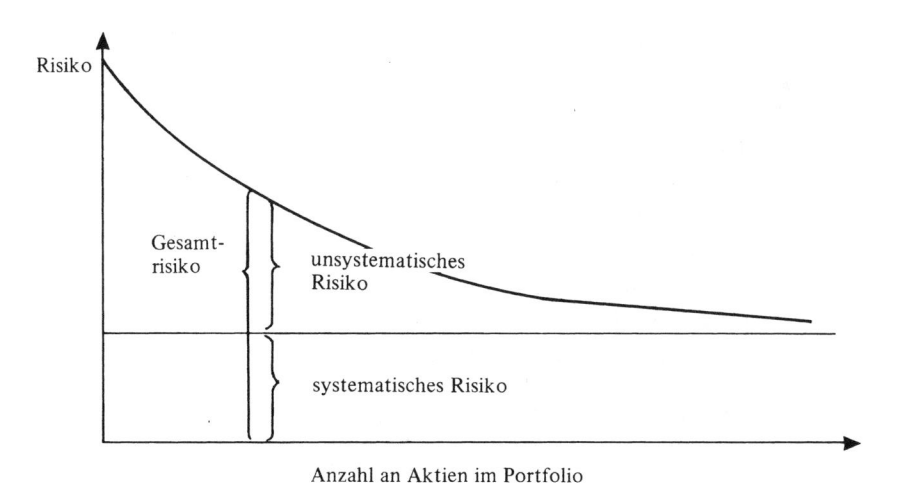

Abb. 2.19: Systematisches und unsystematisches Risiko im Portfoliomodell

Bezogen auf die Risiko- bzw. die **Investitionspolitik** einer Unternehmung ergibt sich folgende Überlegung:

Eine Unternehmung ist als Portfolio von Produkten bzw. Marktsegmenten aufzufassen. Die Korrelationen zwischen den Ertragsentwicklungen der einzelnen Geschäftsbereiche können, sofern sie nicht vollständig positiv sind, zu einer Reduzierung des **Unternehmensgesamtrisikos** führen. Erfolgt eine Investition in einem neuen Bereich, so ist unter Diversifikationsgesichtspunkten zu prüfen, welchen Beitrag dieses Investitionsobjekt zur Reduzierung der Gesamtrisikoposition leistet. Das heißt, der Einzelerfolg ist sekundär, von Bedeutung ist die Auswirkung auf das Gesamtportfolio (Investitionsprogramm). Die theoretischen Herleitungen für den Wertpapierbereich lassen sich jedoch nicht ohne weiteres auf Realinvestitionen übertragen.

Abgesehen von den Annahmen des Portfoliomodells, die in Wirklichkeit nicht gegeben sind, ergeben sich unter anderem folgende Applikationsprobleme:

- Wertpapiere sind (fast) immer erhältlich und veräußerbar, Realinvestitionen nicht.
- Realinvestitionen sind nicht beliebig teilbar, Aktien lassen sich in unterschiedlichen Stückzahlen erwerben.
- Die Zusammensetzung eines Portfolios aus Realinvestitionen ist durch technische Standards, administrative Regelungen, Verträglichkeit mit dem restlichen Investitionsprogramm etc. limitiert.
- Die Berechnung von Korrelationskoeffizienten, Varianzen, etc. ist im Realinvestitionsbereich ungleich schwerer, da man nicht in dem Maße wie bei Aktienkursentwicklungen auf Vergangenheitsdaten zurückgreifen kann.

6.3 Internationalisierung des Diversifikationsmotivs

Eine **internationale Aktiendiversifikation** kann das nationale systematische Risiko auf ein internationales systematisches Risiko herunterdrücken. Dieser Zusammenhang wird in Abb. 2.20 am Beispiel des amerikanischen und des internationalen Aktienmarktes gezeigt. Das systematische Risiko in den USA beträgt 50% des Gesamtrisikos, durch den Erwerb ausländischer Aktien läßt sich der Anteil auf ein Drittel reduzieren. Diese Tatsache ist damit zu erklären, daß die amerikanische Volkswirtschaft (und somit die Ertragsentwicklung an amerikanischen Börsen) von Umwelteinflüssen betroffen werden kann, die auf andere Länder entweder keine oder nicht die gleichen Auswirkungen haben: Änderungen in den Ertragsteuergesetzen, Umweltkatastrophen oder eine allgemeine Rezession innerhalb eines Landes führen nicht zur gleichen Reaktion auf allen Börsenplätzen der Welt. Dies wird auch in Abb. 2.21 deutlich, die die Korrelationskoeffizienten der Börsenerträge zwischen den USA und sieben anderen Industrienationen angibt. Hierbei wird deutlich:

- Je integrierter die Volkswirtschaften zweier Länder sind (bspw. USA und Kanada), desto höher ist die Korrelation zwischen ihnen.
- Je offener und integrierter eine Volkswirtschaft (bspw. Niederlande, Schweiz) in den Weltmarkt ist, desto höher ist die Korrelation mit anderen Welthandelsmächten. Sie steigt mit zunehmender Integration (bspw. Japan).
- Allgemeine weltwirtschaftliche Ereignisse, wie z.B. der Ölpreisschock, führen zu einer Erhöhung der Korrelation.

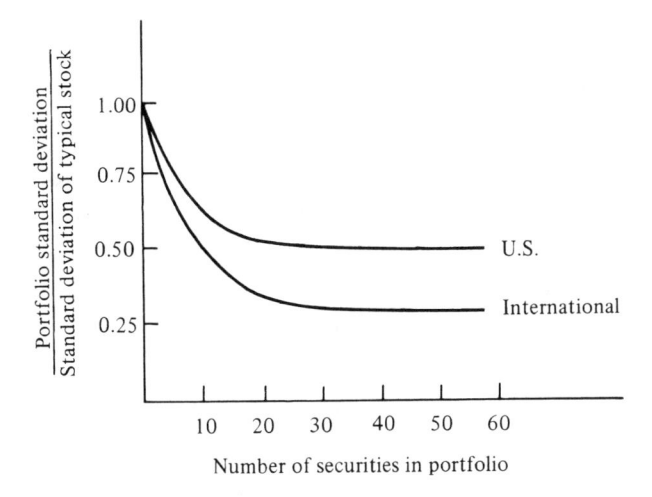

```
                    Portfolio standard deviation
                    Standard deviation of typical stock
                    1.00
                    0.75
                    0.50 ─────────── U.S.
                    0.25 ─────────── International
                         10  20  30  40  50  60
                         Number of securities in portfolio
```

Quelle: Lessard, 19979, S. 255.

Abb. 2.20: Risikoreduktion durch internationale Aktiendiversifikation

Country	61-65	64-68	67-71	70-74	73-77	7/71–6/73	7/73–6/75	7/75–6/77
Canada	.828	.830	.813	.836	.727	–	–	–
France	.364	.016	.081	.349	.499	–.240	.683	.392
Germany	.563	.120	.343	.349	.431	.161	.487	.500
Japan	.181	.070	.224	.301	.396	.364	.293	.727
The Netherlands	.695	.602	.570	.463	.609	.154	.671	.618
Switzerland	.559	.346	.532	.501	.629	.148	.689	.718
U.K.	.428	.187	.278	.483	.507	.312	.596	.256

Quelle: Lessard, 1979, S. 256.

* Based on monthly changes in Capital International market indexes. All periods are 60 months long, except 7/71-6/73 with 54 observations and the last three subperiods, each of 24 months.

Abb. 2.21: Korrelation der Börsenerträge zwischen den USA und anderen Industriestaaten

Einer internationalen Diversifikation durch den Aufbau eines Portfolios aus nationalen und internationalen Aktien sind jedoch aufgrund von Kapitalverkehrskontrollen, Informationskosten etc. Grenzen gesetzt. Eine Multinationale Unternehmung wäre aufgrund ihrer Möglichkeiten, Marktunvollkommenheiten zu überwinden, eine alternative Möglichkeit der Diversifikation. Vor der Betrachtung dieses Argumentes soll jedoch auf die strategischen Implikationen der Risikoportfoliotheorie eingegangen werden.

6.3.1 Entstehung Multinationaler Unternehmen durch portfolioorientierte Strategien

Eine Unternehmung hat, analog zum Aktienfall, die Möglichkeit, durch Investitionen in verschiedene Branchen zu diversifizieren. Die Grenzen der Diversifikation werden jedoch durch das nationale systematische Risiko gesteckt: „Domestic expansion and diversification does not offer the same opportunities (wie eine internationale Diversifikation, Anm.d.Verf.): with product diversification in the domestic market, the firm is still subject to the fluctuations of the home economy" (Hood, Young, 1979, S. 77). Der Multinationalen Unternehmung sind durch die Optionen, in andere Produkte und/oder in andere Länder zu investieren, gegenüber der nationalen Unternehmung weitaus größere Möglichkeiten zur Risikoreduktion gegeben: „Durch eine Verteilung der Geschäftsaktivitäten auf eine größere Zahl gering korrelierter Länder kann eine Erhöhung des Risikoreduktionspotentials erreicht werden, da die Zahlungsströme dann im Gesamtportfolio weniger gleichen Einflüssen unterworfen sind bzw. die systematischen (Markt-) Risiken international geringer korrelieren" (Duhnkrack, 1984, S. 226). Die Tochtergesellschaften im Ausland sind unterschiedlichen wirtschaftlichen und politischen Rahmenbedingungen und damit Risiken unterworfen, der internationale Risikoausgleich senkt somit das systematische Risiko *unter* den nationalen Level. Dies wird in Abb. 2.22 illustriert.

Konkret läßt sich eine **internationale Diversifikation nach folgenden Kriterien** vornehmen (vgl. dazu Duhnkrack, 1984, S. 218ff.):

1. Diversifikation in konjunkturell gegenläufige Produkt-/Marktkombinationen: Die konjunkturell bedingten Absatzschwankungen bei einzelnen Produkten in verschiedenen Ländern können sich zu einem mittleren Ertragsniveau ausgleichen. Dies wird in Abb. 2.23 illustriert (vgl. v.a. die Analogie zu Abb. 2.18). Absatzrückgänge bei einem Produkt schlagen um so weniger auf die Ertragslage eines Unternehmens durch, je größer die Anzahl und die Verschiedenartigkeit der angebotenen Produkte und je größer die Anzahl und Unabhängigkeit der gewählten Gastländer ist. Die Streuung nach schwach korrelierten Konjunkturzyklen wird mit der zunehmenden weltweiten Integration der Volkswirtschaften immer schwieriger.

2. Streuung nach unterschiedlichen **Phasen im Produktlebenszyklus**: Verfügt ein Unternehmen über ein Produktportfolio, in dem einige Produkte sich in der Einführungs-, andere sich noch in der Wachstums- und wiederum andere in der Reifephase befinden, so liegt eine ausgeglichene Altersstruktur vor. Die reifen Produkte finanzieren die Neueinführungen, wodurch wiederum das langfristige Überleben der Unternehmung gesichert wird (Produktportfolio). Die aus dieser Strategie resultierende *ausgeglichene Ertragslage* wird in Abb. 2.24 illustriert. Die Multinationale Unternehmung hat gegenüber nationalen Konkurrenten den Vorteil, eine Nivellierung der Altersstruktur auch über eine Einführung *alter* Produkte auf *neuen* Gastlandmärkten zu erreichen.

3. Diversifikation nach **Währungs-, Konvertierungs- und Transfer- sowie anderen politischen Risiken**: Eine Streuung der Risiken ist auch durch eine Verteilung der Aktivitäten auf unterschiedliche Währungsräume und Länder mit unterschiedlicher politischer Stabilität möglich. Zudem kann es sein, daß die Höhe der Gewinne nicht unbedingt vollständig positiv mit dem Wechselkurs

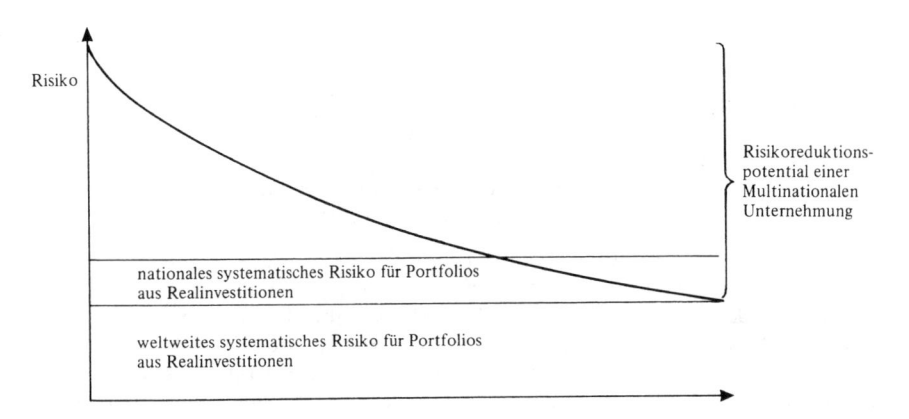

2. Kap.: Die Theorien der Multinationalen Unternehmung 135

Quelle: Duhnkrack, 1984, S. 226

Abb. 2.22: Systematisches und unsystematisches Risiko bei Direktinvestitionen

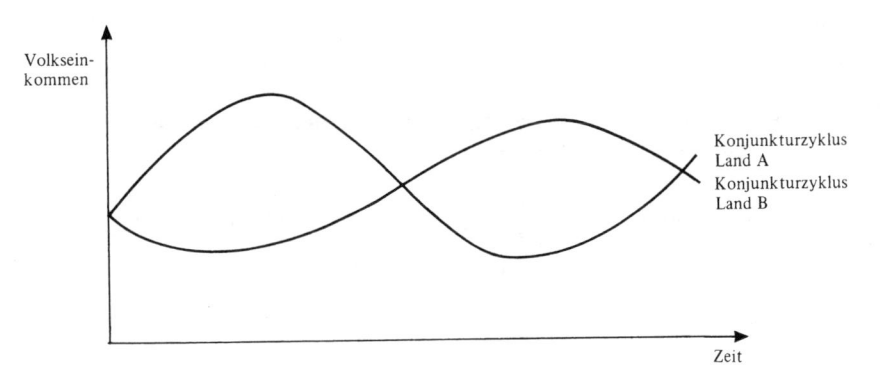

Quelle: eigene Darstellung

Abb. 2.23: Diversifikation nach Konjunkturzyklen

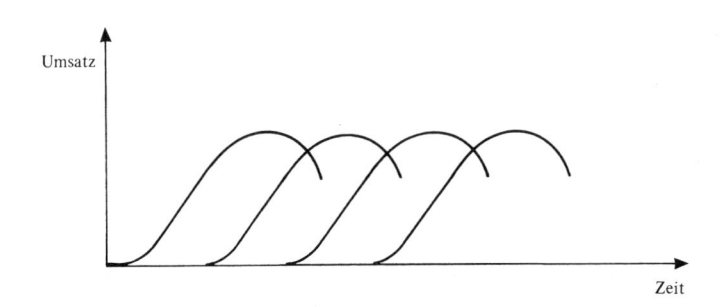

Quelle: eigene Darstellung

Abb. 2.24: Diversifikation nach Phasen im Produktlebenszyklus

korreliert. Zu den Risiken einer Auslandsdirektinvestition vgl. ausführlich das Kapitel 12.

Bezüglich der Wahl zwischen den Alternativen Export und Direktinvestition ist anzumerken, daß eine Multinationale Unternehmung sowohl die Korrelationen auf den internationalen Gütermärkten (Absatzseite) als auch die auf den internationalen Faktormärkten (Produktionsseite) nutzen kann, während dem Exporteur nur die erste Möglichkeit bleibt (Rugman, 1979).

Ein anderer Denkansatz innerhalb der Diversifikationstheorie betrachtet die Internationalisierung der Unternehmung (Exporte, Direktinvestitionen) und nationale Produktdiversifikation nicht als zwei getrennte Phänomene, sondern als **alternative Wachstumsmöglichkeiten** von Firmen, die eine Diversifikationsstrategie verfolgen. Wolf (Wolf, 1975, 1977), auf den dieses Argument maßgeblich zurückzuführen ist, wies empirisch nach, daß Firmengröße und Technologieintensität signifikante Variablen zur Erklärung des branchenmäßigen und ländermäßigen Diversifikationsgrades von Unternehmen sind. Er interpretiert seine Ergebnisse dahingehend, daß Unternehmen, die diese Charakteristika aufweisen, über unterausgelastete Ressourcen verfügen (bspw. durch die public good Eigenschaft von Know-How, vgl Abschnitt 2.2) und nun zwischen alternativen Expansionsmöglichkeiten wählen.

6.3.2 Multinationale Unternehmen als Alternative zu internationalen Aktienportefeuilles und Investmentfonds

Nachfolgende theoretische Überlegungen sind vor allem auf die Arbeiten von Rugman zurückzuführen (Rugman, 1979; 1980a, b; 1981, S. 75ff.; 1975). Die Grundgedanken sollen hier kurz skizziert werden:

- Die möglichen Vorteile der internationalen Diversifikation wurden in den vorangegangenen Abschnitten dargestellt. Es ist dem Investor möglich, das Portefeuillerisiko, das im Inland nicht unter das nationale systematische Risiko gedrückt werden kann, noch weiter zu reduzieren. Dadurch kann er zu einer effizienteren Risiko/Ertrags-Kombination gelangen.

- Dem Investor stehen hierfür drei Möglichkeiten zur Verfügung.

  1. Er kann sein eigenes internationales Portefeuille zusammenstellen, indem er Aktien ausländischer Unternehmen kauft.
  2. Er kann Anteile an internationalen Investmentfonds erwerben.
  3. Er kann eine indirekte Diversifikation seines Vermögens durch das Eigentum an Aktien Multinationaler Unternehmen erzielen.

- Die erste Möglichkeit ist mit erheblichen Schwierigkeiten verbunden, die zu hohen Transaktionskosten (vgl. Abschnitt 4) oder gar zur Unmöglichkeit des Aufbaus eines **internationalen Portfolios** führen:

  – Zum einen entstehen dem einzelnen Investor hohe Informations- und Suchkosten, um die erforderlichen Informationen über die betreffenden ausländischen Unternehmen zu erhalten. Diese Kosten können beispielsweise die Gebühren für einen Börsenmakler sein. Es ist anzunehmen, daß sie bei internationalen Börsengeschäften höher sind.

2. Kap.: Die Theorien der Multinationalen Unternehmung 137

- Erwirbt der Investor die Aktie eines ausländischen Unternehmens, so sind sowohl die zurückzuführenden Dividenden als auch das eingesetzte Kapital dem Wechselkursrisiko ausgesetzt.
- Weitere Barrieren des Kapitalverkehrs sind Kapitalverkehrskontrollen, Steuern (wie z.B. die US Interest Equalization Tax von 1963-74 oder Quellensteuern auf Dividenden) und Devisenbewirtschaftungsmaßnahmen.

Aufgrund dieser Schwierigkeiten ist eine Diversifikation über die Finanzmärkte nicht immer möglich. Die meisten dieser Hindernisse gelten auch für **internationale Investmentfonds**.

- **Multinationale Unternehmen** erreichen durch ihre Produktions- und Absatztätigkeiten in verschiedenen, nicht vollständig positiv korrelierten Volkswirtschaften eine größere Stabilität in ihren Erträgen als rein nationale Unternehmen. Mit anderen Worten: ihre Unternehmenstätigkeiten weisen für ein gegebenes Ertragsniveau ein niedrigeres Risiko auf. Darin liegt ihre Überlegenheit gegenüber Unternehmen, deren Aktivitäten sich nur auf das Inland beschränken, begründet. Dies bedeutet aber auch, daß die Erzielung höherer Gewinne nicht unbedingt die Voraussetzung für die Vornahme einer Direktinvestition sein muß!

Rugman testete in diesem Zusammenhang die Hypothese, daß die Stabilität der Erträge (ihre Varianz) von Unternehmen eine Funktion des Quotienten aus „foreign operations" (Exporterlöse und Umsatz der Tochtergesellschaften) und „total operations" ist (unter Berücksichtigung des Einflusses der Firmengröße). Die Regressionsanalyse ergab einen statistisch signifikanten Zusammenhang, die Varianz sank mit zunehmendem Anteil an Auslandsaktivitäten (Rugman, 1979). Multinationale Unternehmen besitzen zudem bessere Möglichkeiten, sich gegen Währungsrisiken zu schützen, Informationen zu beschaffen, Barrieren des Kapitalverkehrs zu umgehen sowie Kapital aufzunehmen und anzulegen.

Multinationale Unternehmen verfügen darüber hinaus über bessere Möglichkeiten, sich gegen Währungsrisiken zu schützen und durch eine unternehmensinterne Kapitalallokation die Barrieren des Kapitalverkehrs zu überwinden.

- Die Erwerber von Anteilen an Multinationalen Unternehmen erreichen dadurch folglich eine **indirekte internationale Diversifikation** ihres Vermögens. „The MNE transcends the boundaries of its domestic stock market and brings home to individual domestic investors the fruits of international stability" (Rugman, 1981, S. 81).

- Würde es keine Barrieren für den internationalen Kapitalverkehr geben, so wäre die Multinationale Unternehmung als „vehicle for international diversification" überflüssig. *Jeder Investor würde sein eigenes Portfolio durch den Erwerb von Aktien ausländischer Unternehmen zusammenstellen können.* Es sind also erneut Marktunvollkommenheiten (segmentierte Kapitalmärkte), die ähnlich wie bei der Theorie des monopolistischen Vorteils (vgl. Abschnitt 2, Rugman spricht auch von einer Internalisierung von Kapitalmärkten) zu Wettbewerbsvorteilen für die Multinationale Unternehmung führen.

- Realinvestitionen bieten größere Risikoreduktionsmöglichkeiten als internationale Finanzinvestitionen, da die internationalen Finanzmärkte in stärkerem Maße integriert sind als die internationalen Güter- und Faktormärkte. Diese Aussage testete Rugman, indem er die Korrelationen zwischen Zinssätzen, Aktienindizes, Lohnindizes und Produktionsindizes ermittelte. Hierbei ergab sich, daß die Korrelationskoeffizienten bei den ersten beiden Größen wesentlich höher waren als bei den beiden anderen, die Finanzinvestitionen also weniger Spielraum für Diversifikation bieten als Realinvestitionen (Rugman, 1975, S. 493ff.).

- Es steht nun die Frage im Raume, ob diese Diversifikationsvorteile auch durch die Investoren anerkannt werden und auf den (internationalen) Kapitalmärkten zu höheren Aktienkursen (im Vergleich zu nationalen Unternehmen mit gleicher Ertragslage) führen. Wäre dies der Fall, so würde die kostengünstigere Eigenkapitalfinanzierung ein eigenständiger Anreiz für die Vornahme von Direktinvestitionen im Ausland sein. In einer umfassenden Auswertung empirischer Studien kam Jahrreiß (Jahrreiß, 1984, S. 237ff.) zum Ergebnis, daß die Bestätigungen dieser Hypothese überwogen. Seiner Meinung nach ist jedoch dieser an der Kapital- und Internalisierungstheorie ausgerichtete Erklärungsansatz nicht als eigenständige Determinante für die Entstehung Multinationaler Unternehmen zu sehen. Die beiden Argumente, also das Handeln im Interesse der Anteilseigner durch die Internalisierung des Marktes für internationale Kapitalanlagen und die günstigere Eigenkapitalbeschaffung scheinen außerdem als Motiv weniger in Betracht zu kommen als die in Abschnitt 3.1 dargestellten strategischen Überlegungen, auch wenn beide Faktoren interdependent sind.

6.3.3 Der Ansatz von Ragazzi

Ein den Überlegungen Rugmans ähnelnder Erklärungsansatz wurde einige Jahre zuvor von Ragazzi (1973) entwickelt. Seine Theorie wurde vor allem vor dem Hintergrund der Struktur der internationalen Kapitalbewegungen zwischen den USA und Westeuropa formuliert. Während aus den USA vornehmlich **Direktinvestitionen** in westeuropäische Länder flossen, waren es in umgekehrter Richtung vornehmlich **Portfolioinvestitionen**. Auf diese Besonderheiten ist einzugehen, will man den Zusammenhang zwischen beiden Formen internationaler Kapitalanlagen erklären.

Auf vollkommenen internationalen Märkten wären Portfolioinvestitionen der effizienteste Weg des internationalen Kapitaltransfers, da Multinationale Unternehmen aufgrund der mangelnden Vertrautheit mit lokalen Gegebenheiten Kostennachteile gegenüber einheimischen Unternehmen hätten (vgl. zu diesem Aspekt ausführlich Abschnitt 2.1). Die Bedingungen des vollkommenen Wettbewerbs im internationalen Kontext sind gemäß Ragazzi die folgenden:

1. Ertrag und Risiko ausländischer Unternehmen spiegeln sich in ihren Aktienkursen wieder (Kapitalmarkteffizienz)
2. Es gibt keine monopolistischen Vorteile (vgl. Abschnitte 2.1 und 2.2)
3. Private Anleger und Unternehmen verfolgen das Ziel Gewinnmaximierung
4. Private Anleger und Unternehmen verlangen die gleiche Risikoprämie für Wechselkursrisiken und haben die gleichen Möglichkeiten, sich gegen diese zu schützen.

Würden diese Bedingungen Gültigkeit besitzen, so gäbe es nur Portfolioinvestitionen, die zu einem internationalen Ausgleich der Ertragsraten für eine gegebene Risikoklasse führen würden. Die Abweichungen von diesen Bedingungen erklären den Zusammenhang zwischen Portfolio- und Direktinvestitionen: Multinationale Unternehmen besitzen kompensierende Vorteile (vgl. Abschnitte 2.1 und 2.2) und können sich besser gegen Währungsrisiken schützen als private Portfolioinvestoren. Zudem können Unterschiede in den Zielfunktionen vorliegen: Während die Erwerber internationaler Wertpapiere an einer effizienten Risiko/Ertrags-Kombination interessiert sind, die nach Maßgabe ihrer Risiko-Nutzenfunktion ihren Nutzen maximiert, sind Unternehmensziele eher wachstumsorientiert, mit dem Gewinn als Restriktion.

Ertrag und Risiko können bei Direkt- und Portfolioinvestitionen voneinander abweichen. Aufgrund ihrer technologischen Überlegenheit können Multinationale Unternehmen höhere Gewinne erzielen als ihre lokalen Konkurrenten. Mithin verspricht eine Direktinvestition eine höhere Rendite als der Erwerb von Aktien ausländischer Unternehmen. Der Erklärungsansatz von Ragazzi stützt sich jedoch vornehmlich auf den **Risikounterschied bei beiden Kapitalanlagen**. Das Risiko einer Direktinvestition ergibt sich aus dem Unternehmensrisiko der Tochtergesellschaft im Ausland. Das Risiko eines Portfolioanlegers ergibt sich aus der Varianz der Erträge aus den Aktien ausländischer Unternehmen. Diese wiederum ist nicht nur abhängig von den Ertragsschwankungen der betreffenden Firmen, sondern auch von der **Effizienz der Kapitalmärkte**, also dem Ausmaß, in dem alle Informationen über ein Unternehmen sich zu jedem Zeitpunkt in seinen Kursen wiederspiegelt. Dies hat zur Folge, daß „even when securities are available, inefficiencies in capital markets, as in many European countries, may increase the risks of minority investors far above the level of the ‚industrial risk' inherent in the operations of the company" (Ragazzi, 1973, S. 479). Diese Ineffizienzen können zu erheblich höheren Fluktuationen der Aktienkurse führen, als dies durch die Schwankungen der Ertragslage der betreffenden Unternehmen gerechtfertigt wäre. Dies schreckt einerseits Portfolioanleger davor ab, die Aktien ausländischer Unternehmen zu erwerben, auch wenn die erwartete Ertragsrate höher ist als im Inland. Andererseits bieten diese Marktunvollkommenheiten einen *eigenständigen* Erklärungsansatz für Direktinvestitionen, die in diesem Fall als *Alternative zu Portfolioinvestitionen* und nicht, wie bei anderen Theorien, zu Exporten oder Lizenzverträgen zu verstehen sind: „Even in the absence of oligopolistic behaviour or of technological advantages of domestic firms (ein Verweis auf die Industrial-Organization-Ansätze, Abschnitt 2, Anm. d. Verf.), capital outflows may thus occur in the form of direct investment into a foreign country where the average rate of profit is higher but where portfolio capital inflows are impeded by inefficiencies in the market for securities" (Ragazzi, 1973, S. 479).

Anders ausgedrückt: Direktinvestitionen treten dort auf, wo Portfolioinvestitionen internationale Ertragsraten nicht egalisieren können, weil die Ineffizienz der Kapitalmärkte das Risiko eines Wertpapieres erhöht.

Die Ineffizienz europäischer Kapitalmärkte (im Vergleich zu den USA) ist gemäß Ragazzi auf zwei Faktoren zurückzuführen:

1. Europäische Anleger verfügen über weniger Informationen über die Geschäftstätigkeiten der Unternehmen, da in den meisten Ländern die öffentliche Rechenschaftslegung nicht so ausgeprägt ist wie in den USA.
2. Aufgrund der geringeren Größe der Kapitalmärkte sind die Aktienkurse größeren Fluktuationen ausgesetzt als in den USA.

In der Tat waren die Standardabweichungen der Börsenerträge in den USA im Zeitraum von 1951-1957 gegenüber den meisten anderen Industriestaaten geringer, während die Ertragsraten angeglichener waren, wie Abb. 2.25 zeigt.

	Rate of Return	Standard Deviation
Japan	17.8	31.3
Germany	16.6	28.3
United States	12.1	12.1
Italy	11.1	21.8
France	10.6	22.5
Netherlands	9.1	20.1
Canada	8.6	14.3
United Kingdom	7.2	13.2
Belgium	3.2	10.7

Quelle: Ragazzi, 1973, S. 482.

Abb. 2.25: Standardabweichungen der Börsenerträge in den USA und in anderen Industriestaaten

Bezüglich der Struktur von Portfolio- und Direktinvestitionen ergeben sich nun folgende Konsequenzen:

Aufgrund der höheren Effizienz der US-amerikanischen Kapitalmärkte ziehen europäische Anleger Portfolioinvestitionen in den USA vor. Bei gleichem Ertrag ist das Risiko dort niedriger. Die Ineffizienz europäischer Kapitalmärkte kann durch Direktinvestitionen umgangen werden. Multinationale Unternehmen, die eine direkte Kontrolle über das Projekt ausüben, haben direkten Zugang zu allen relevanten Informationen, das Risiko bleibt also auf das Unternehmensrisiko beschränkt. Amerikanische Unternehmen können durch diese Risikoreduktion von höheren Ertragsraten in Europa profitieren. Die US-amerikanischen Kapitalmärkte sind dagegen so effizient, daß eine Direktinvestition gegenüber einer Portfolioinvestition kaum Vorteile aufweist.

An Ragazzi's Ansatz ist kritisch anzumerken, daß die Ineffizienz europäischer Kapitalmärkte nicht unbedingt zu einem Zufluß an amerikanischen Direktinvestitionen führen muß. Wenn europäische Unternehmen an die New Yorker Börse gehen, können amerikanische Investoren von den höheren Erträgen profitieren, ohne ein höheres (durch Ineffizienz bedingtes) Risiko in Kauf nehmen zu müssen (Hennart, 1982, S. 12).

7 Die Eklektische Thorie von Dunning

Die bisher vorgestellten Theorien sind alle von **partialanalytischem Charakter** (trotz der Behauptung der Internalisierungstheorie, ein umfassender Erklärungsansatz zu sein, vgl. Abschnitt 4), das heißt, sie beleuchten immer nur einzelne Aspekte der Multinationalisierung von Unternehmen. So erklärt beispielsweise die Theorie des monopolistischen Vorteils (vgl. Abschnitt 2), warum sich Multinationale Unternehmen auf fremden Märkten durchsetzen können, beantwortet aber nicht die Frage, warum sie in bestimmmten Ländern operieren und in anderen nicht. Bei der Standorttheorie (vgl. Abschnitt 5) ist es genau umgekehrt. Die Internalisierungstheorie schließlich versucht zu erklären, über welche Institutionen ein Unternehmen seine spezifischen Vorteile im Ausland nutzt (vgl. Abschnitt 4).

2. Kap.: Die Theorien der Multinationalen Unternehmung

Es liegt also quasi auf der Hand, diese drei Ansätze zu einer neuen Theorie zu integrieren. Dunnings eklektisches Aussagesystem (Dunning, 1977, 1979, 1980, 1981) entstand aus „dissatisfaction with these three partial explanations of international production, and the lack of a formal model relating it either to trade or other models of resource transfer" (gemeint sind im zweiten Fall die klassischen und neoklassischen Modelle aus der Theorie des Außenhandels, die für eine Erklärung des Phänomens Multinationale Unternehmung nicht geeignet sind; (Dunning, 1979, S. 274f.). Die Theorie soll umfassend „the ability and willingness of firms to serve markets, and the reason why they choose to exploit this advantage through foreign production rather than by domestic production" erklären (Dunning, 1979, S. 275). Drei **Bedingungen** müssen erfüllt sein, damit eine Firma eine Auslandsdirektinvestition tätigt:

1. Das Unternehmen muß einen „**Nettoeigentumsvorteil**" (net ownership advantage = spezifischer Vorteil eines Unternehmens – Nachteile der Unvertrautheit mit einem fremden Markt) gegenüber den ausländischen Unternehmen bezüglich der Bedienung des jeweiligen Auslandsmarktes besitzen. Dieser Vorteil (meistens in Gestalt eines immateriellen Vermögensgegenstandes wie z.B Know-How) muß zumindest für einen gewissen Zeitraum Exklusiveigentum der Firma sein.

2. Unter der Voraussetzung, daß Bedingung 1 erfüllt ist, muß weiterhin gelten, daß es für die Firma vorteilhaft ist, diesen Vorteil selber zu nutzen (**Internalisierung**) anstatt ihn an ausländische Unternehmen zu verkaufen oder zu verpachten.

3. Gelten Bedingungen 1. und 2., so wird die unternehmensinterne Verwertung dann die Form einer Direktinvestition annehmen, wenn die **Standortfaktoren** eine Produktion im Ausland vorteilhaft erscheinen lassen. Andernfalls werden Auslandsmärkte (über Exporte) und der eigene Markt durch lokale Produktion bedient (Dunning, 1979, S. 275).

Dunning hat die einzelnen Vorteile (Eigentums-, Internalisierungs-, Standortvorteile) näher spezifiziert. Diese sind in Abbildung 2.26 wiedergegeben. Die Eigentumsvorteile entsprechen denen der Industrial Organization Ansätze (vgl. Abschnitt 2). Gruppe 1a bezeichnet die Vorteile, die Firmen allgemein gegenüber ihren Konkurrenten auf dem gleichen Markt haben. 1b enthält die Vorteile, die Tochtergesellschaften (nicht unbedingt ausländische) gegenüber Neuanbietern auf einem Markt besitzen. 1c schließlich enthält die Vorteile, die sich ausschließlich aufgrund der Multinationalität eines Unternemens ergeben. Neben den in der Tabelle aufgeführten Punkten nennt Dunning noch die Möglichkeit der Manipulation von Zahlungsströmen durch Transferpreise, die Möglichkeit des internationalen Transfers von Kapital zur Erzielung von Währungsgewinnen, die Reduzierung des Produktionsausfallrisikos (bspw. durch Streiks) durch die Möglichkeit der Verlagerung der Produktion in andere Länder und die internationale Produkt- bzw. Prozeßspezialisierung. An diesen Punkten erkennt man deutlich die Komplementarität der Eigentumsvorteile und der Vorteile internationaler Produktionsstandorte.

Die in Gruppe 2 aufgeführten Vorteile, die sich *durch Internalisierung* ergeben, decken sich mit denen, die in Abschnitt 4 ausführlich behandelt wurden. Gruppe 3 enthält die Vorteile, die *ein Standort gegenüber einem anderen* haben kann. Hierbei wird auch die Möglichkeit berücksichtig, daß das Ursprungsland der optimale Produktionsstandort sein kann, und somit die Alternative Export der Al-

The Eclectic Theory of International Production

1. *Ownership Specific Advantages* [of enterprises of one nationality (or affiliates of same) over those of another]
   (a) *Which need not arise due to multinationality* – Those due mainly to size and established position, product or process diversification, ability to take advantage of division of labour and specialization; monopoly power, better resource capacity and usage.
   Proprietary technology, trade marks (protected by patent *et al* legislation).
   Production management, organizational, marketing systems; r & d capacity; ‚bank' of human capital and experience.
   Exclusive or favoured access to inputs, e.g. labour, natural resources, finance, information. Ability to obtain inputs on favoured terms (due e.g. to size or monopsonistic influence). Exclusive or favoured access to product markets.
   Government protection (e.g. control on market entry)
   (b) *Which those branch plants of established enterprises may enjoy over de novo firms.*
   Access to capacity (administrative, managerial, r & d, marketing etc.) of parent company at favoured prices.
   Economies of joint supply (not only in production, but in purchasing, marketing, finance etc. arrangements).
   (c) *Which specifically arise because of multinationality.*
   Multinationality enhances above advantages by offering wider opportunities.
   More favoured access to and or better knowledge about information, inputs, markets.
   Ability to take advantage of international differences in factor endowments, markets. Ability to diversify risks e.g. in different currency areas.

2. *Internalization Incentive Advantages* (i.e. to protect against or exploit market failure).
   Avoidance of transaction and negotiating costs.
   To avoid costs of enforcing property rights.
   Buyer uncertainty [about nature & value of inputs (e.g. technology) being sold].
   Where market does not permit price discrimination.
   Need of seller to protect quality of products.
   To capture economies of interdependent activities [see 1(b) above].
   To compensate for absence of futures markets.
   To avoid or exploit Government intervention (e.g. quotas, tariffs, price controls, tax differences etc.)
   To control supplies and conditions of sale of inputs (including technology).
   To control market outlets (including those which might be used by competitors).
   To be able to engage in practices e.g. cross-subsidization, predatory pricing etc. as a competitive (or anti-competitive) strategy.

3. *Location Specific Variables*
   (These may favour home or host countries).
   Spatial distribution of inputs and markets.
   Input prices, quality and productivity e.g. labour, energy, materials, components, semi-finished goods.
   Transport and communications costs.
   Government intervention.
   Control on imports (including tariff barriers), tax rates, incentives, climate for investment, political stability etc.
   Infrastructure (commercial, legal, transportation).
   Psychic distance (language, cultural, business, customs etc. differences).
   Economics of r & d production & marketing (e.g. extent to which scale economies make for centralization of production).

Quelle: Dunning, 1979, S. 276.

Abb. 2.26: Eigentums-, Internalisierungs- und Standortvorteile im Modell von Dunning

Structural variables OLI*	Country (home-host)	Industry	Firm
Ownership	factor endowments (e.g., resources and skilled labour) and market size and character. Government policy towards innovation, protection of proprietary rights, competition and industrial structure, government controls on inward direct investment	degree of product or process technological intensity; nature of innovations; extent of product differentiation; production economies (e.g., if there are economies of scale); importance of favoured access to inputs and or markets	size, extent of production, process or market diversification; extent to which enterprise is innovative, or marketing-oriented, or values security and/or stability, e.g., in sources of inputs, markets etc.; extent to which there are economies of joint production
Internalization	government intervention and extent to which policies encourage MNEs to internalise transactions, e.g., transfer pricing; government policy towards mergers; differences in market structures between countries, e.g., with respect to transaction costs, enforcement of contracts, buyer uncertainty etc.; adequacy of technological, educational, communications etc., infrastructure in host countries and ability to absorb contractual resource transfers	extent to which vertical or horizontal integration is possible/desirable, e.g., need to control sourcing of inputs or markets; extent to which internalising advantages can be captured in contractual agreements (cf. early and later stages of product cycle); use made of ownership advantages; cf. IBM with Unilever type operation; extent to which local firms have complementary advantage to those of foreign firms; extent to which opportunities for output specialisation and international division of labour exist	organisational and control procedures of enterprise; attitudes to growth and diversification (e.g., the boundaries of a firm's activities); attitudes toward subcontracting-contractual ventures, e.g., licensing, franchising, technical assistance agreements etc.; extent to which control procedures can be built into contractual agreements
Location	physical and psychic distance between countries; government intervention (tariffs, quotas, taxes, assistance to foreign investors or to own MNEs, e.g., Japanese government's financial aid to Japanese firms investing in South East Asian labour intensive industries	origin and distribution of immobile resources; transport costs of intermediate and final goods products; industry specific tariff and non-tariff barriers; nature of competition between firms in industry; can functions of activities of industry be split? Significance of „sensitive" locational variables, e.g., tax incentives, energy and labour costs	management strategy towards foreign involvement; age and experience of foreign involvement; (position of enterprise in product cycle etc.); psychic distance variables (culture, language, legal and commercial framework); attitudes towards centralisation of certain functions, e.g., R & D; regional office and market allocation etc.; geographical structure of asset portfolio and attitude to risk diversification

Quelle: Dunning, 1981, S. 35. * OLI = Ownership, Location, Internalization

Abb. 2.27: Länder-, branchen- und firmenspezifische Vorteilsausprägungen im Modell von Dunning

ternative Auslandsproduktion vorgezogen wird (Dunning, 1977, S. 400ff.; 1980, S. 10).

Erst die *Verknüpfung* der drei Vorteilsarten ergibt gemäß Dunning eine aussagekräftige Theorie. Es ist nicht der technologische Vorsprung allein, der Multinationalen Unternehmen einen Wettbewerbsvorteil beschert, sondern die Vorteile der Internalisierung der Technologie. Außerdem kommt es vor, daß Eigentumsvorteile erst durch Internalisierung entstehen, beispielsweise durch Verwertung von F & E-Egbnissen in eigenen Produktinnovationen, durch Produktdiversifikation oder durch Aufkäufe ausländischer Unternehmen. Die Standorttheorie muß Antwort auf die Frage geben, welche Entscheidung bzgl. des Produktionsstandortes für eine gegebene Vorteilskonstellation gefällt wird (Dunning, 1977, S. 406ff.; 1981, S. 32f.). Daraus ergibt sich dann, daß „the greater the ownership advantages of enterprises of operating in a foreign environment, the more incentives they have to exploit these themselves. The more the economics of production and marketing favour a foreign location, the more they are likely to engage in foreign direct investment" (Dunning, 1979, S. 275). Dunning behauptet, daß die drei angeführten Bedingungen jede Form der Direktinvestition erklären können. Die Eklektische Theorie sei allerdings nicht in der Lage, Vorhersagen zu treffen.

Die einzelnen Vorteilsarten sind unterschiedlich auf Länder, Branchen und Unternehmen verteilt. Die folgende Abb. 2.27 enthält einige Beispiele. Diese Unterschiede erklären, warum Direktinvestitionen nicht in gleichem Umfang in allen Branchen und Ländern vorgenommen werden. Veränderungen in der Struktur der Direktinvestitionen ergeben sich aufgrund der Tatsache, daß sich auch die verschiedenen Vorteile im Laufe der Zeit ändern können (vgl. dazu beispielsweise die Produktlebenszyklustheorie, Abschnitt 3.1; Dunning, 1981, S. 31ff.).

Will man Aussagen darüber treffen, welche Rolle ein bestimmtes Land bei der Internationalisierung der Produktion spielt, so muß man untersuchen, welche Auswirkungen seine spezifische Ausstattung mit Ressourcen, die Größe und Eigenschaften seiner Märkte und seine Wirtschaftspolitik auf Eigentums-, Standort- und Internalisierungsvorteile multinationaler Unternehmen haben. Abb. 2.28 stellt die Verknüpfung von Eigentumsvorteilen mit den besonderen Eigenschaften eines Landes dar. Hierbei ist hervorzuheben, daß es sowohl die Bedingungen des Ursprungslandes als auch die des Gastlandes sein können, die Multinationalen Unternehmen zu Wettbewerbsvorteilen verhelfen können. Dies führt zum Ergebnis, daß „the ownership advantages of enterprises of one nationality over those of another in serving particular markets are themselves a function of which markets are being served and in which countries production is taking place" (Dunning, 1979, S. 283).

Der Einfluß länderspezifischer Gegebenheiten auf die Standortwahl der Unternehmung ist in Abb. 2.29 skizziert. Auch hier sind es sowohl die Besonderheiten des Ursprungs- als auch des Gastlandes, die bestimmen, welche Märkte auf welchem Weg (Export, Lizenz, lokale Produktion) bedient werden bzw. in welchem Umfang die internationale Produktion bei gegebener Verteilung der Produktionsstandorte erfolgt.

Schließlich sind auch die Internalisierungsanreize abhängig von den Bedingungen einzelner Länder. Vor allem die Rolle der Regierungen beim Schutz von Property Rights (vgl. dazu auch den Ansatz von Hennart, Abschnitt 4), bei der Ressourcenallokation durch ihre Wirtschaftspolitik und bei der Erhebung von

Ownership Specific Advantages	Country Characteristics Favouring Such Advantages
1 Size of Firm (e.g. economies of scale, product diversification)	Large and standardized markets. Liberal attitude towards mergers, conglomerates, industrial concentration.
2 Management and organizational expertise	Availability of managerial manpower; educational and training facilities (e.g. business schools). Size of markets etc. making for (1) above. Good r & d facilities.
3 Technological based advantages	Government support of innovation. Availability of skilled manpower and in some cases of local materials.
4 Labour and/or mature, small scale intensive technologies	Plentiful labour supplies; Good technicians. Expertise of small firm/consultancy operation.
5 Product differentiation, marketing economies	National markets with reasonably high incomes and high income elasticity of demand. Acceptance of advertising and other persuasive marketing methods. Consumer tastes and culture.
6 Access to (domestic) markets	Large markets. No Government control on imports. Liberal attitude to exclusive dealing.
7 Access to, or knowledge about natural resources	Local availability of resources encourages export of that knowledge and/or processing activities. Need for raw materials not available locally for domestic industry. Accumulated experience of expertise required for resource exploitation/processing.
8 Capital availability and financial expertise	Good and reliable capital markets and professional advice.
9 As it affects various advantages above	Role of Government intervention and relationship with enterprises. Incentives to create advantages.

Quelle: Dunning, 1979, S. 280.

Abb. 2.28: Auswirkungen länderspezifischer Eigenschaften auf Eigentumsvorteile im Modell von Dunning

Steuern und Zöllen (Anreize zur Transferpreismanipulation und Verlagerung von Gewinnen in Niedrigsteuerländer) ist hier von Bedeutung.

Außerdem ist der Grad der Unvollkommenheit der Märkte, in denen die Multinationale Unternehmung tätig ist, international unterschiedlich ausgeprägt, so daß auch die Internalisierungsvorteile von Land zu Land unterschiedlich sind (Dunning, 1979, S. 276ff.; 1977, S. 408ff.). Mit zunehmender Multinationalisierung der Unternehmung tritt die Bedeutung der Charakteristika einzelner Länder mehr und mehr in den Hintergrund, da die Firma dann in der Lage ist, die Vorteile verschiedener Länder zu kombinieren.

Zusammenfassend formuliert Dunning die Botschaft der eklektischen Theorie folgendermaßen: Je mehr Eigentumsvorteile die Unternehmen eines bestimmten Landes im Verhältnis zu Unternehmen in anderen Ländern besitzen, je größer die Anreize sind, die Verwertung dieser Vorteile zu internalisieren, und je profitabler es ist, diese Verwertung in ausländischen Produktionsstandorten vorzunehmen, desto größer ist das Engagement eines Landes an der internationalen Produktion. Gelten diese Bedingungen in umgekehrter Relation, so steigt die

1 *Production Costs*	
Labour costs/productivity	Obviously greatest difference between developed
Extent to which economies of	and developing host countries.
scale are possible	Size of markets. Factor proportions/markets in
Nature of production process	home country.
2 *Movement costs*	
Transport costs	Distance between home and host country great, therefore likely to impede countries which are of above distances from main markets.
Psychic distance	Where cultures, customs, language etc. different, barriers to setting up production units likely to be greater (Luostarinen 1978) cf. Japan and US Firms in Western Europe.
3 *Government intervention*	
Tariff Barriers	May be country-specific in character, e.g. EEC tariffs for non EEC investors.
Taxation	Varies between countries. Also affected by double taxation agreements etc.
General environment for foreign involvement	Political, economic *et al* ties between governments of countries.
Incentives, Policies towards Foreign Direct Investment	Again will considerable vary between host countries and sometimes home countries treated differently. Also attitudes towards outward investment may differ between home countries.
4 *Risk factors*	
(a) general propensity for foreign investment	Environment of home and all foreign countries.
(b) geographical distribution	Cf. risk in host countries to which *particular* home countries most likely to invest.

Quelle: Dunning, 1981, S. 287.

Abb. 2.29: Auswirkungen länderspezifischer Gegebenheiten auf die Standortwahl der Unternehmung im Modell von Dunning

Bedeutung des Landes als Empfänger von Direktinvestitionen (Dunning, 1981, S. 31).

Dunning nennt seinen Ansatz aus drei verschiedenen Gründen eine eklektische Theorie:

1. Sie enthält die drei wichtigsten Strömungen der Theorie der Multinationalen Unternehmung, nämlich die Industrial-Organization-, die Standort- und die Internalisierungstheorie.

2. Sie ist in der Lage, alle Arten von Direktinvestitionen zu erklären. Zur Illustration enthält Abb. 2.30 die Verknüpfung der drei Vorteilsarten mit sechs typischen Formen internationaler Produktion.

3. Schließlich ist sie in der Lage, durch die Kombination der Ausprägungen der einzelnen Vorteilsarten die Form des Auslandsengagements einer Unternehmung (Exporte; vertraglicher Ressourcentransfer, also beispielsweise Lizenzen, Managementverträge, Technologieabkommen; Direktinvestitionen) zu erklären. Dies ist in Abb. 2.31 skizziert.

Types of International Production	Ownership Advantages	Location Advantages	Internalization Advantages	Illustration of types of activity which favor MNEs
1. Resource-based	Capital, technology, access to markets	Possession of resources	To ensure stability of supply at right price. Control of markets	Oil, copper, tin, zinc, bauxite, bananas, pineapples, cocoa, tea
2. Import substituting manufacturing	Capital, technology, management and organizational skills; surplus r & d & other capacity, economies of scale; Trade marks	Material & labor costs, markets, government policy (with respect to barrier to imports, investment incentives, etc.)	Wish to exploit technology advantages, High transaction or information costs, Buyer uncertainty, etc.	Computers, pharmaceuticals, motor vehicles, cigarettes
3. Export platform manufacturing	As above, but also access to markets	Low labor costs Incentives to local production by host governments.	The economies of vertical integration	Consumer electronics, textiles & clothing, cameras, etc.
4. Trade & distribution	Products to distribute	Local markets. Need to be near costumers. After-sales servicing, etc.	Need to ensure sales outlets & to protect company's name	A variety of goods – particularly those requiring close consumer contact
5. Ancillary services	Access to markets (in the case of other foreign investors)	Markets	Broadly as for 2/4	Insurance, banking & consultancy services
6. Miscellaneous	Variety – but include geographical diversification (airlines & hotels)	Markets	Various (see above)	Various kinds a) Portfolio investment – properties b) Where spatial linkages essential (airlines & hotels)

Quelle: Dunning, 1980, S. 13.

Abb. 2.30: Ausprägungen von Vorteilsarten bei verschiedenen Typen der internationalen Produktion im Modell von Dunning (vgl. Abb. 10.17)

Dunnings Verdienst ist es zweifelsohne, die eingeschränkte Aussagekraft der drei partialanalytischen Ansätze durch ihre systematische Verknüpfung zu einer neuen Theorie vergrößert zu haben. Auch wenn nach wie vor der Anspruch auf Allgemeingültigkeit nicht erhoben werden kann (bspw. fehlen behaviouristische Elemente), so liefert diese Theorie doch einen recht umfassenden Erklärungsansatz, der durch zahlreiche empirische Tests untermauert werden konnte (bspw. in Dunning, 1979, S. 277ff.; 1980, S. 12ff.; 1981, S. 36ff.).

		Advantages		
		owner-ship	inter-nalisation	(foreign) location
Route of servicing market	foreign direct investment	yes	yes	yes
	exports	yes	yes	no
	contractual resource transfers	yes	no	no

Quelle: Dunning, 1981, S. 32.

Abb. 2.31: Einfluß von Vorteilsarten auf die Form des Auslandsengagements im Modell von Dunning (vgl. Abb. 10.18)

Kritisiert wird an dem Ansatz, daß er lediglich ein Katalog von Einflußfaktoren und keine geschlossene Theorie der Unternehmung ist. „Die Bedingungen, unter denen Unternehmen die Fähigkeit und Bereitschaft zur Direktinvestition erwerben, und die Art der zugrundeliegenden Entscheidung und ihrer Regeln werden ... nicht erklärt, sondern als gegeben betrachtet" (Krist, 1985, S. 114). Die Verknüpfung der drei Vorteilsarten mit länderspezifischen Charakteristika kann sich auch insofern als Tautologie erweisen.

Bezüglich seines Anspruches, der umfassendste Ansatz zu sein, muß angemerkt werden, daß sowohl die Theorie des monopolistischen Vorteils von Hymer als auch die Internalisierungsansätze alle drei Elemente enthalten, auch wenn dies dort nicht so deutlich herausgestellt wird (Braun, 1988, S. 329ff.).

Schließlich fehlt eine explizite Berücksichtigung dynamischer Elemente, also der zeitlichen Entwicklung der Vorteilsausprägungen (Buckley, 1985, S. 18). Dies ließe sich jedoch leicht einbauen.

8 Literaturverzeichnis

A Allgemeine Literatur und Übersichtsartikel

Die Theorie der Multinationalen Unternehmung ist **in deutscher Sprache** bislang nur in Dissertationen ausführlich behandelt worden. Herausragend sind zwei Arbeiten:

Braun, Gerhard (1988): Die Theorie der Direktinvestition, Köln 1988 – eher darstellender Charakter;

Jahrreiß, Wolfgang (1984): Zur Theorie der Direktinvestition im Ausland, Berlin 1984 – eher kommentierender Charakter, mit beeindruckender Gründlichkeit und Vollständigkeit bei der Auswertung der Quellen.

Des weiteren wird die Theorie der Multinationalen Unternehmung in folgenden Dissertationen behandelt:

Glüder, Dieter (1988): Die Entstehung multinationaler Banken, Wiesbaden 1988
Kappich, Lothar (1989): Theorie der internationalen Unternehmenstätigkeit, München 1989

Krist, Herbert (1985): Bestimmungsgründe industrieller Direktinvestitionen, Berlin 1985
Schulte-Mattler, Hermann (1988): Direktinvestitionen: Gründe für das Entstehen von Multinationalen Unternehmen, Frankfurt a.M. 1988

Weitere Beiträge in deutscher Sprache zu dem Thema (in Auswahl):

Büschgen, Hans E. (1980): Entscheidungsprozesse bei privaten Auslandsinvestitionen – Entscheidungsgrößen und theoretische Grundlagen, in: Führungsprobleme industrieller Organisationen, Festschrift zum 60. Geburtstag von Friedrich Thomée, Hrsg. Dietger Hahn, Berlin, New York 1980
Grünärml, Frohmund (1982): Multinationale Unternehmen, internationaler Handel und monetäre Stabilität, Bern, Stuttgart 1982
Koopmann, Georg (1973): Die internationalen Unternehmen in der Theorie, Hamburg 1973
Macharzina, K. (1980): Entwicklungsperspektiven einer Theorie internationaler Unternehmenstätigkeit, in: Internationale Unternehmensführung: Festschrift zum 80. Geburtstag von E. H. Sieber, Hrsg. W. H. Wacker, H. Haussmann u. B. Kumar, Göttingen, Bonn, Nürnberg 1980, S. 33ff.
Macharzina, K. (1982): Theorie der internationalen Unternehmenstätigkeit, in: Internationalisierung der Unternehmung, Hrsg. W. Lück u. V. Trommsdorff, Berlin 1982
Pausenberger, Ehrenfried (1982): Die internationale Unternehmung: Begriff, Bedeutung und Entstehungsgründe, in: WISU 3/82, S. 42ff.; 7/82, S. 114ff.; 8/82, S. 129ff.
Perlitz, Manfred (1981): Entwicklung und Theorien der Direktinvestitionen im Ausland, in: Wacker, W. H.; Haussmann, H.; Kumar, B. (Hrsg.): Internationale Unternehmensführung, Festschrift zum 80. Geburtstag von E.H. Sieber, Göttingen, Bonn, Nürnberg 1981, S. 95ff.
Soldner, Helmut (1981): Neuere Erklärungsansätze internationaler Unternehmensaktivitäten, Quelle wie oben, S. 71ff.

Einen guten statistischen Überblick über Direktinvestitionen geben:

Krägenau, Henry (1987): Internationale Direktinvestitionen, 5. Aufl., Hamburg 1987
United Nations Center on Transnational Corporations (1991): World Investment Report 1991, New York 1991

In englischer Sprache ragen zwei Bücher hervor:

Caves, Richard E. (1982): Multinational Enterprise and Economic Analysis, Cambridge (Mass.) 1982
Hood, N.; Young, St. (1979): The Economics of Multinational Enterprise, London, New York 1979

Weitere Beiträge in englischer Sprache (Auswahl):

Agarwal, J. P. (1980): Determinants of Foreign Direct Investment: A Survey, in: Weltwirtschaftliches Archiv, Bd. 116, 1980, S. 739ff.
Buckley, P. J. (1985): A Critical View of Theories of Multinational Enterprise, in: Buckley, P.; Casson, M.: The Economic Theory of the Multinational Enterprise, London 1985
Buckley, P. J. (1983): New Theories of International Business: Some Unresolved Issues, in: The Growth of International Business, Hrsg. Mark Casson, London 1983, S. 34ff.
Cantwell, J. (1988): Theories of International Production, in: University of Reading Discussion Papers in International Investment and Business Studies, No. 122, Reading 1988
Casson, Mark (1987): The Firm and the Market, Oxford 1987
Dunning, John H. (1973): The Determinants of International Production, in: Oxford Economic Papers, Vol. 25, S. 290ff.
Stevens, Guy (1974): The Determinants of Investment, in: Dunning, John H. (Hrsg.): Economic Analysis and the Multinational Enterprise, London 1974
Ethier, W. J., The multinational firm, in: Quarterly Journal of Economics, 101, 1986, S. 805-833.

B Primärliteratur zu den einzelnen Abschnitten

1. Einleitung

Archibald, G. C. (1987): Firm, Theory of the, in: The New Palgrave, Hrsg. J. Eatwell, M. Milgate u. P. Newman, London, New York, Bd. 2, 1987
Casson, M. (1987a): The Firm and the Market, Oxford 1987

2. Industrial Organization:

Bain, J. S.: Barriers to New Competition, Cambridge (Mass.) 1956
Kaufer, Erich: Industrieökonomik, München 1980
Hymer, Steven Herbert (1977): The International Operations of National Firms, 2. Aufl., Cambridge (Mass.), London 1977, Veröffentlichung der 1960 abgeschlossenen Dissertation
Dunning, John H.; Rugman, Alan M. (1975): The Influence of Hymer's Dissertation on the Theory of Foreign Direct Investment, in: AEA Papers and Proceedings, Vol. 75, Nr. 2, S. 228ff.
Kindleberger, Charles Poor (1969): American Business Abroad, New Haven, London 1969
Caves, Richard E. (1971a): Industrial Economics of Foreign Investment, in: Journal of World Trade Law, Vol. 5, S. 303ff.
(1971b): International Corporations: The Industrial Economics of Foreign Investment, in: Economica, Vol. 38, S. 1ff.
Johnson, Harry G. (1970): The Efficiency and Welfare Implications of the International Corporation, in: Kindleberger, Charles Poor (Hrsg.): The International Corporation, Cambridge (Mass.), London 1970, S. 35ff.
Aliber, Robert Z. (1970): A Theory of Foreign Direct Investment, in: Kindleberger, Charles Poor (Hrsg.): The International Corporation, Cambridge (Mass.), London 1970, S. 17ff.
(1971): The Multinational Enterprise in a Multiple Currency World, in: Dunning, John H. (Hrsg.): The Multinational Enterprise, London 1971, S. 49ff.
Dunning, John H. (1971): Comment on the Chapter by Professor Aliber, in: Dunning, John H. (Hrsg.): The Multinational Enterprise, London 1971, S. 57ff.
Knickerbocker, Frederick T. (1973): Oligopolistic Reaction and Multinational Enterprise, Boston 1973
Graham, E. M. (1978): Transatlantic Investment by Multinational Firms: A Rivalistic Phenomenon? in: Journal of Post Keynesian Economics, Vol. 1, S. 82ff.
Baumann, H. G. (1975): Merger Theory, Property Rights and the Pattern of U.S. Direct Investment in Canada, in: Weltwirtschaftliches Archiv, Bd. 111 (1975), S. 676ff.
Flowers, E. B. (1976): Oligopolistic Reactions in European and Canadian Direct Investment in the United States, in: Journal of International Business Studies, Vol. 7 (1976), Nr. 2, S. 43ff.
Graham, E. M. (1974): Oligopolistic Imitation and European Direct Investment in the United States, Diss., Harvard Business School, Mikrofilm-Kopie
Kogut, B. (1985a): Designing Global Strategies: Profiting from Operational Flexibility, in: Sloan Management Review, Vol. 27 (1985), Fall, Nr. 1, S 27ff.
Kogut, B. (1985b): Designing Global Strategies: Comparative and Competitive Value Added Chains, in: Sloan Management Review, Vol. 26 (1985), Summer, Nr. 4, S. 15ff.
Meza, D. de; Ploeg, F. van der (1987): Production Flexibility as a Motive for Multinationality, in: Journal of Industrial Economics, Vol. 35, 1987, Nr. 3, S. 76ff.
Moxon, R. W. (1975): The Motivation for Investment in Offshore Plants: The Case of the U. S. Electronics Industry, in: Journal of International Business Studies, Vol. 6, 1975, S. 51ff.
Porter, M. E. (1989a): Der Wettbewerb auf globalen Märkten: Ein Rahmenkonzept, in: Globaler Wettbewerb, Hrsg. M. E. Porter, Wiesbaden 1989, S. 17ff.
Scherer, F. M. u.a. (1975): The Economics of Multi-Plant Operation, Cambridge (Mass.), London 1975
Stein, Ingo (1992): Motive für internationale Unternehmensakquisitionen, Wiesbaden 1992

Weston, F. (1977): Do Multinational Companies have the Market Power to Overprice?, in: The Case for the Multinational Company, Hrsg. C. H. Madden, New York 1977

3. Internationaler Handel:

Mundell, R. A. (1957): International Trade and Factor Mobility, in: American Economic Review, Vol. 47, S. 321ff.
Vernon, Raymond (1966): International Investment and Trade in the Product Cycle, in: Quarterly Journal of Economics, Vol. 80, S. 190ff.
(1971): Sovereignty at Bay, New York, London 1971
(1974): The Location of Economic Activity, in: Dunning, John H. (Hrsg.): Economic Analysis and the Multinational Enterprise, London 1974, S. 89ff.
(1979): The Product Cycle Hypothesis in a New International Environment, in: Oxford Bulletin of Economics and Statistics, Vol. 41, S. 255ff.
Wells, Louis T. Jr. (Hrsg.) (1972): The Product Cycle in International Trade, Boston 1972
Giddy, Ian H. (1978): The Demise of the Product Cycle Model in International Business Theory, in: Columbia Journal of World Business, Vol. 13, S. 90ff.
Kojima, Kiyoshi (1973): A Macroeconomic Approach to Foreign Direct Investment, in: Hitotsubashi Journal of Economics, Vol. 14, S. 1ff.
(1975): International Trade and Investment: Substitutes or Complements? in: HJE, Vol. 16, S. 1ff.
(1978): Direct Foreign Investment, London 1978
(1982): Macroeconomic versus International Business Approach to Direct Foreign Investment, in: HJE, Vol. 23, S. 1ff.
Agmon, Tamir/Hirsch, Seev (1979): Multinational Corporations and the Developing Economies, in: Oxford Bulletin of Economics and Statistics, Vol. 41, No. 4, S. 333ff.
Hirsch, Seev (1976): An International Trade and Investment Theory of the Firm, in: Oxford Economic Papers, Vol. 28, S. 2ff.
Corden, W. M. (1974): The Theory of International Trade, in: Dunning, J. H. (Hrsg.): Economic Analysis and the Multinational Enterprise, London 1974, S. 209ff.
Horst, T. (1974a): The Theory of the Firm, in: Economic Analysis and the MNE, Hrsg. John H. Dunning, London 1974, S. 31ff.
Horst, T. (1974b): American Exports and Foreign Direct Investment, Cambridge (Mass.) 1974

4. Theorie der Firma (Internalisierungsansatz):

Coase, Ronald H. (1937): The Nature of the Firm, in: Economica, Vol. 4, S. 386ff.
Brown, Wilson B. (1976): Islands of Conscious Power: MNC's in the Theory of the Firm, in: MSU Business Topics, Vol. 24, S. 37ff.
Williamson, Oliver E. (1975): Markets and Hierarchies, London 1975
(1981): The Modern Corporation: Origins, Evolution, Attributes, in: Journal of Economic Literature, Vol. 19, S. 1537ff.
(1985): The Economic Institutions of Capitalism, New York, London 1985
Calvet, A. L. (1981): A Synthesis of Foreign Direct Investment Theories and Theories of the Multinational Firm, in: Journal of International Business Studies, Vol. 12, S. 43ff.
Teece, David J. (1981): The Multinational Enterprise: Market Failure and Market Power Considerations, in: Sloan Management Review, Vol. 22, S. 3ff.
(1983): Technological and Organizational Factors in the Theory of the Multinational Enterprise, in: Casson, Mark (Hrsg.): The Growth of International Business, London 1983, S. 51ff.
Buckley, Peter J.; Casson, Mark (1976): The Future of the Multinational Enterprise, London 1976
Casson, Mark (1979): Alternatives to the Multinational Enterprise, London 1979
(1985): Transaction Costs and the Theory of the Multinational Enterprise, in: Buckley, P. J.; Casson, M.: The Economic Theory of the Multinational Enterprise, London and Basingstoke 1985, S. 20ff.
Hennart, Jean François (1982): A Theory of Multinational Enterprise, Ann Arbor 1982

McManus, John (1972): The Theory of the International Firm, in: Paquet, G. (Hrsg.): The Multinational Firm and the Nation State, Toronto 1972, S. 66ff.
Leipold, Helmut (1978): Theorie der Property Rights: Forschungsziele und Anwendungsbereiche, in: WISU, Heft 11, S. 518ff.
Gort, M. (1969): An Economic Disturbance Theory of Mergers, in: Quarterly Journal of Economics, November, S. 624-642
Magee, Steven P. (1977a): Information and the Multinational Corporation: An Appropriability Theory of Foreign Direct Investment, in: Bhagwati, Jagdish N. (Hrsg.): The New International Economic Order, Cambridge u. London 1977, S. 317ff.
(1977b): Multinational Corporations, The Technology Cycle and Development, in: Journal of World Trade Law, July 1977, S. 297ff.
(1981): The Appropriability Theory of the Multinational Corporation, in: Annals of the American Academy of Political and Social Science, Vol. 458, S. 123ff.
Aharoni, Yair (1966): The Foreign Investment Decision Process, Boston 1966
Zohlnhöfer, Werner; Greifenberg, Horst (1981): Neuere Entwicklungen in der Wettbewerbstheorie: Die Berücksichtigung organisationsstruktureller Aspekte, in: Cox, Helmut u.a. (Hrsg.): Handbuch des Wettbewerbs, München 1981
Furubotn, E. G. (1989): Property Rights in Information and the Multinational Firm, in: Vosgerau, H.-J. (Hrsg.): New Institutional Arrangements for the World Economy. Berlin 1989

5. Standorttheorie:

Tesch, Peter (1980): Die Bestimmungsgründe des internationalen Handels und der Direktinvestition, Berlin 1980
Teece, D. J. (1986): Towards an Economic Theory of the Mulitproduct Firm, in: The Economic Nature of the Firm, Hrsg. L. Putterman, Cambridge (Mass.) 1986, S. 250ff.
Dunning, J. H. (1988): The Theory of International Production, in: The International Trade Journal, Vol. 3 (1988), Fall, Nr. 1, S. 21ff.
Koutsoyiannis, A. (1982): Non-Price Decisions, London, Basingstoke, 1982, Kapitel 7
Pavitt, K. (1988): International Patterns of Technological Accumulation, in: Hood, N.; Vahlne, J.-E. (Hrsg): Strategies in Global Competition, London, New York, Sydney, 1988,
Cantwell, J. (1989): Technological Innovation and Multinational Corporations, Oxford 1989
ders.: The International Agglomeration of Technological Activity, Diskussionspapier Nr: 21 des Department of Economics der University of Reading, Mai 1990

6. Diversifikation:

Duhnkrack, Thomas (1983): Zielbildung und strategisches Zielsystem der Internationalen Unternehmung, Hamburg 1983
Süchting, Joachim (1989): Finanzmanagement, 5. Aufl., München 1989
Schmidt, Reinhard H. (1986): Grundzüge der Investitions- und Finanzierungstheorie, 2. Aufl., Wiesbaden 1986
Drukarczyk, Jochen (1980): Finanzierungstheorie, München 1980
Lessard, Donald (1979): International Diversification and Direct Foreign Investment, in: Eiteman, David K.; Stonehill, Arthur I.: Multinational Business Finance, 2. Aufl., Reading (Mass.) et al. 1979
Rugman, Alan M. (1975): Motives for Foreign Investment: The Market Imperfections and Risk Diversification Hypotheses, in: Journal of World Trade Law, Vol. 9, S. 567ff.
(1979): International Diversification and the Multinational Enterprise, Lexington (Mass.), Toronto 1979
(1980a): A New Theory of the Multinational Enterprise: Internationalization vs. Internalization, in: Columbia Journal of World Business, Spring 1980, S. 23ff.
(1980b): Internalization Theory and Corporate International Finance, in: California Management Review, Vol. 23, S. 73ff.
(1981): Inside the Multinationals, London 1981

Ragazzi, Giorgio (1973): Theories of the Determinants of Direct Foreign Investment, in: IMF Staff Papers, Vol. 20, S. 471ff.
Wolf, B. M. (1975): Size and Profitability among US Manufacturing Firms: Multinational vs. Primarily Domestic Firms, in: Journal of Economics and Business, Vol. 28, S. 15ff.
(1977): Industrial Diversification and Internationalization: Some Empirical Evidence, in: Journal of Industrial Economics, Vol. 26, S. 177ff.

7. Eklektische Theorie:

Dunning, John H. (1977): Trade, Location of Economic Activity and MNE: A Search for an Eclectic Approach, in: Ohlin, B.; Hesselborn, P.-O.; Wijkman, P. M. (Hrsg.): The International Allocation of Economic Activity, London 1977, S. 395ff.
(1979): Explaining Changing Patterns of International Production: In Defence of the Eclectic Theory, in: Oxford Bulletin of Economics and Statistics, Vol. 41, S. 269ff.
(1980): Toward an Eclectic Theory of International Production: Some Empirical Tests, in: Journal of International Business Studies, Vol. 11, S. 9ff.
(1981): Explaining the International Direct Investment Position of Countries: Towards a Dynamic or Developmental Approach, in: Weltwirtschaftliches Archiv, Bd. 117, S. 30-64.

3. Kapitel:
Internationale Kooperationen und Joint Ventures. Theoretische und strategische Grundlagen

1 Internationalisierungsstrategien: Internalisierte oder kooperative Koordination?

1.1 Internationalisierungsstrategien und -erklärungen

Internationale Kooperationen und Joint Ventures (Gemeinschaftsunternehmen) spielen gegenwärtig als Optionen im Rahmen der Internationalisierungsstrategien von Unternehmen eine erhebliche und zunehmende Rolle. Schätzungen über den Anteil von Joint Ventures an der Gesamtproduktion des industriellen Sektors der wichtigsten Industrieländer gehen von 2 bis über 4% aus (Christelow, 1987, S. 12.). Bei den Internationalisierungsstrategien selbst geht es um „längerfristige, bedingte Verhaltenspläne zur Erreichung unternehmerischer Zielsetzungen auf Auslandsmärkten" (Meffert, 1986, S. 689). Die Formulierung solcher Strategien beruht auf subjektiven oder wissenschaftlich begründeten Wahrnehmungen darüber, welche Faktoren die Internationalisierung bewirken und aus welchen Gründen sie sich in bestimmten Formen (wie z.B. Niederlassung oder Zusammenarbeit mit einem Partner im Ausland) vollzieht. Es ist also sinnvoll, auf bereits wissenschaftlich begründete Wahrnehmungen (Internationalisierungserklärungen) zurückzugreifen, sowie auf Erklärungsansätze, die in einzelnen Problembereichen bei der Konzipierung von Internationalisierungsstrategien helfen können (Meffert, 1986, S. 689).

1.2 Einzelne Problembereiche bei der Konzipierung

Bei der Konzipierung solcher Verhaltenspläne sind verschiedene Problembereiche zu beachten:

1.2.1 Marktunvollkommenheiten bei bestimmten Produktionsfaktoren und Zwischenprodukten

Grundsätzlich sind Aktivitäten wie Forschung und Entwicklung, Einkauf, Produktion und Absatz durch Transaktionen miteinander verbunden, wobei die Transaktionen vermittelt werden

- durch einen Markt
- durch firmeninterne Verknüpfung
- durch Kooperation mit einer anderen Unternehmung.

Die wissenschaftliche Erklärung der Internationalisierung geht von der Beobachtung aus, daß Märkte für bestimmte Produktionsfaktoren und für Zwischenprodukte unvollkommen sind, und zwar in höherem Maße, als Märkte für Endprodukte (Buckley and Casson, 1976, S. 33). Sie nimmt an, daß die Unternehmung nicht nur einen nationalen, sondern einen globalen Planungshorizont hat. Um international zu expandieren, benötigt die Unternehmung nach dieser Vorstellung einen komparativen Vorteil oder einzigartige Expertise über ertragsfähige Handlungsmöglichkeiten bei einer der (oder einigen) Aktivitäten in ihrer Wertschöpfungs- oder Wertekette (Porter, 1989, S. 32).

Da Märkte für Zwischenprodukte, insbesondere für spezifische Expertise, wie sie in Patenten und Humankapital verkörpert ist, schwer zu organisieren und nur unter hohen Kosten zu nutzen sind, gibt es für die Unternehmung Anreize, statt der Märkte eher interne oder kooperative Mechanismen zu nutzen. Dies gilt dann, wenn derartige Transaktionen zwischen den Stationen der Wertschöpfungskette (z.B. zwischen der Produktion von Komponenten im Inland und der Montage sowie dem Verkauf im Ausland) innerhalb der Organisation der Unternehmung oder in der Kooperation mit anderen Unternehmungen mit niedrigeren Kosten als durch externe Märkte koordiniert werden können und/oder zu höheren Erträgen führen. Marktunvollkommenheiten spielen in der Theorie der Internationalisierung auch insofern eine wichtige Rolle, als sie von Land zu Land auftreten. Eine landesfremde Unternehmung, die in ein bestimmtes Land neu eintritt, hat eine Reihe von zusätzlichen Kosten zu tragen, verglichen mit einer lokalen Unternehmung, die über intime Kenntnisse der wirtschaftlichen, gesetzlichen, sozialen und administrativen Verhältnisse verfügt. Dazu kommen Wechselkursrisiken, mögliche Kosten der Anpassung an sprachliche und kulturelle Andersartigkeiten und der Überwindung größerer Entfernungen.

Um dennoch in fremden Ländern erfolgreich zu operieren, muß die landesfremde Unternehmung über kompensierende Vorteile verfügen, die die gegebenen Vorteile lokaler Unternehmen mehr als aufwiegen (Hymer, 1960). Durch Kooperation mit einem einheimischen Unternehmen ist beides möglich: die zusätzlichen Kosten zu senken und kompensierende Vorteile zu erwerben. (Vgl. hierzu und zu den folgenden Ausführungen Kapitel 2).

1.2.2 Internationales wettbewerbliches Umfeld

Die Unternehmung wird in ihren Handlungsmöglichkeiten durch bereits erfolgte oder gerade vorgenommene Handlungen der wichtigsten Wettbewerber beeinflußt: ob Wettbewerber in bestimmten Auslandsmärkten schon tätig sind oder in sie eintreten, um sie direkt (mit eigenen Absatzorganisationen, Montagebetrieben oder sogar Produktionsniederlassungen) oder indirekt (mit Hilfe von Händlern oder Auslandsvertretern) zu bearbeiten oder nicht. Die Frage ist, wie sich diese auf die Handlungen der Wettbewerber und auf die eigenen Produktionskosten auswirken. Hier werden die Wirkungen unterschiedlich sein, je nachdem ob man den Wettbewerbern in ihrem Verhalten folgt (Folgestrategie) oder umgekehrt selbst vorstößt, um die Vorteile des zuerst handelnden Pioniers (Pionierstrategie) wahrzunehmen. Mit den Verhaltensmustern, die zwischen oligopolistischen Unternehmen auf internationalen Märkten auftreten, beschäftigt sich die Theorie des oligopolistischen Verhaltens (Knickerbocker, 1973).

Die meisten nationalen Märkte weisen oligopolistische Wettbewerbsstrukturen auf. Durch die Errichtung einer Tochterfirma wird eine von den Oligopolisten eines Industriezweiges als stabil angesehene Struktur gestört und die Gefahr von verlustreichen Preiskämpfen heraufbeschworen oder die Gefahr, daß die bereits etablierten Unternehmen die Regierung veranlassen, administrative Maßnahmen gegen fremde Investoren zu praktizieren.

Andererseits dient das von Knickerbocker in mehreren Industriezweigen beobachtete „Follow-the-Leader"-Verhalten beim Markteintritt eben gerade dem Zweck, einen strategischen Zug des „Leaders" im Oligopol durch einen Gegenzug möglichst schnell auszutarieren.

Der Eintritt in einen ausländischen Markt hat häufig einen solchen Zweck. Dabei kann eine Zusammenarbeit mit bereits im Markt etablierten Unternehmen die soeben erwähnten Eintrittsrisiken vermindern und die Reaktionszeit verkürzen. Dies ist der Grund dafür, daß neue Formen der Kooperation heute als Option des Eintritts in Märkte angesehen werden, die den Unternehmen sonst verschlossen blieben (Buckley, 1983, S. 213).

Die von einem international tätigen Unternehmen konzipierte Strategie kann bewußt Folgestrategie in diesem Sinne sein. Sofern ein Unternehmen jedoch über besondere Vorteile einzelner Potentiale gegenüber den Wettbewerbern verfügt, ist eine Pionierstrategie vorzuziehen. So können etwa mit Hilfe von Joint Ventures wichtige Positionen in regionalen Märkten besetzt werden, die den Wettbewerbern den Eintritt erschweren und verhindern, daß lokale Partner zu Wettbewerbern werden.

Grundsätzlich ist es Sinn und Ziel einer strategischen Konzeption, das „Gesetz des Handelns" zu bestimmen und sich aus der Rolle dessen zu befreien, dem das Gesetz des Handelns von seinen Mitbewerbern aufgezwungen wird. Es sollte zu denken geben, daß die Unternehmen, die sich nach diesem Grundsatz richten, indem sie „Angreifervorteile" wahrnehmen, eine durchschnittlich 30% höhere Kapitalrendite aufweisen als der Rest (Little International, 1988, S. 74).

Es gibt viele Beispiele von Unternehmen, die sich durch die Verlegung ihrer Produktion oder anderer Aktivitäten ins Ausland zugrundegerichtet haben. Sie verfügten nicht über genügend Ressourcen (Personal, Kapital), um das gesteckte strategische Ziel zu erreichen; sie unterschätzen die Kosten für die Aktivitäten in einem fremden Land (Pausenberger, 1982, S. 334). Dieser letzte Punkt ist insbesondere für die Aufnahme von Aktivitäten in Entwicklungsländern und Staatshandelsländern bedeutsam, und zwar infolge der dort wenig ausgebildeten und motivierten Arbeitskräfte, wegen besonders hoher administrativer Genehmigungserfordernisse und infolge von Mängeln in der Infrastruktur. Im Hinblick auf solche Unwägbarkeiten und den sparsameren Einsatz von wichtigen Ressourcen sind strategische Optionen für die internationale Expansion interessant, die selektiv lokale Expertise und Ressourcen einbeziehen und in koordinierter Weise nutzen. Dies ist durch **Kooperationen** und **Joint Ventures** möglich. Sie tragen einerseits dazu bei, Risiken zu vermindern und damit die Vorhaltung strategischer Reserven an Ressourcen (Kapital, Führungspersonal) zu erleichtern, die bei größeren strategischen Operationen, wie sie der Eintritt in einen Markt nun einmal darstellt, unbedingt vorzusehen sind. Sie sparen darüber hinaus Zeit, verglichen mit anderen Formen, die mit Direktinvestitionen verbunden sind. Andererseits ergeben sich aus Kooperationen und Joint Ventures mit internationalen Partnern neue Aufgaben der Partner-Koordination.

1.2.3 Koordination von Aktivitäten und ihre Effekte

Oben wurde bereits erwähnt, daß schwer organisierbare und nur unter hohen Kosten zu nutzende Märkte für spezifische Zwischenprodukte, insbesondere spezifische Expertise, Gründe für die Abwicklung von Transaktionen mit fremden Ländern **innerhalb der Unternehmensorganisation** sind. Dies heißt aber auch: Eine Unternehmung, die über diese Ressourcen bereits verfügt, hat einen monopolistischen (Kosten-) Vorteil gegenüber anderen, die diese Ressourcen über Märkte beschaffen, und einen (Zeit-) Vorteil gegenüber anderen, die ein Potential an solchen Ressourcen durch eigene Produktentwicklung und Personalschulung erst noch aufbauen müssen (Lorenz, 1967; Hymer, 1977).

Prinzipiell bietet es sich alternativ dazu an, daß zwei oder mehr Unternehmungen, die solche Vorteile in verschiedenen Stationen der Wertschöpfungskette haben, diese Koordination partnerschaftlich vornehmen und damit die Kosten- oder Zeitvorteile partnerschaftlich nutzen.

Kostenvorteile lassen sich in allen Stationen der Wertschöpfungskette durch eine koordinierte Nutzung der dort eingesetzten Ressourcen erzielen, insbesondere durch eine Zusammenlegung bisher getrennt durchgeführter Aktivitäten. Je länderübergreifender und globaler dies geschieht, desto größer der Kostenvorteil, der sich strategisch in internationale Expansion umsetzen läßt. Solche Kostenvorteile sind es, die nach Auffassung von einigen Beobachtern einen strategischen Anreiz darstellen, Produkte weltweit zu standardisieren und Globalisierungsvorteile von Märkten wahrzunehmen (Abschnitt 1.4). Allerdings sind der Ausnutzung von Kostenvorteilen durch eine immer weitergehende Konzentration der Aktivitäten an einem Ort Grenzen gesetzt, insbesondere durch zunehmende Transportentfernungen und geringere Ausnutzbarkeit lokaler Bedarfsmerkmale.

Kostenvorteile sind besonders in der Produktion nachgewiesen worden und sollen hier auch ausschließlich anhand der Produktion vorgeführt werden. Dabei sind unterschiedliche **internationale Koordinationsmuster** denkbar:

(1) Straffe Konzentration aller Produktionsaktivitäten an einem Ort; von dort aus Export des Endproduktes in die verschiedenen Länder mit lokalen Distributions-, Verkaufs-, Marketing- und Kundendienstsystemen. Dieses Muster ist in der Vergangenheit für die japanischen Unternehmen der Automobil- und Elektronikindustrie typisch gewesen, scheint jedoch mehr und mehr durch Produktions- und/oder Montageniederlassungen in den USA und Europa aufgelockert zu werden. Für internationale Kooperationen und Joint Ventures impliziert dieses Koordinationsmuster der Produktion mit breiter Streuung bei den nachgelagerten Stationen der Wertschöpfungskette, daß diese nur mit Partnern in diesen nachgelagerten Aktivitäten durchgeführt werden können.

(2) Das andere Extrem eines Koordinationsmusters zeichnet sich dadurch aus, daß eine oder mehrere der Teilaktivitäten der Produktion ausgegliedert und mit den der Produktion nachgelagerten lokalen Aktivitäten zusammengefaßt werden. Hierbei bleibt zum Beispiel nur die Fertigung wichtiger und mit hochgradig spezifischem Forschungs- und Entwicklungsaufwand herzustellender Bauteile zentralisiert, während bedarfsspezifische lokale Anpassung durch konstruktionstechnische Änderung, Produktion und Zukauf von Komponenten und Montage des Endproduktes in jedem wichtigen Land gesondert erfolgt.

Dieses Koordinationsmuster bezieht wichtige Funktionen der Fertigung in die Internationalisierung ein. Es bietet im Unterschied zu (1) auch Raum für Kooperationen und Joint Ventures in der Fertigung, aber natürlich auch in den nachgelagerten Aktivitäten.

Die beiden Koordinationsmuster lassen es in unterschiedlichem Maße zu, **Kostenvorteile in der Produktion** zu nutzen, wobei zunächst offen gelassen wird, ob dies durch eigene Niederlassungen im Ausland, also unternehmensintern, oder durch Kooperation mit einem ausländischen Partner geschieht.

(1) Skaleneffekte

Skaleneffekte beruhen auf der erhöhten Ausnutzung (durch Mehrproduktion) von unteilbaren Potentialen wie einem Maschinenpark und Gebäuden, von logistischen Einrichtungen für den Transport von Einsatzerzeugnissen und Endprodukten und nicht zuletzt auch von Expertenteams, die die Aktivität planen, operativ betreuen und überwachen sowie weiterentwickeln.

Im hier in Abbildung 3.1 dargestellten Fall wird von einem linearen Verlauf der Gesamtkosten K ausgegangen. Der Skaleneffekt („short-run economies of scale") nimmt hier die Form der **Fixkostendegression** an. Er ist natürlich nur bei bisheriger Unterauslastung der Produktionskapazität möglich.

Eine Erhöhung des Ausstoßes von x_0 auf x_1, wie sie in Abbildung 3.1 eingezeichnet wurde, führt zur Einsparung von durchschnittlichen Stückkosten in Höhe von $\Delta k = k_0 - k_1$.

Ein ähnlicher Verlauf der Stückkosten ergibt sich in vielen Industriezweigen dadurch, daß große Unternehmen geringere Stückkosten aufweisen als kleinere, bespielsweise durch Übergang von der Werkstattfertigung auf die Fließbandfertigung (Bea und Beutel, 1984, S. 315).

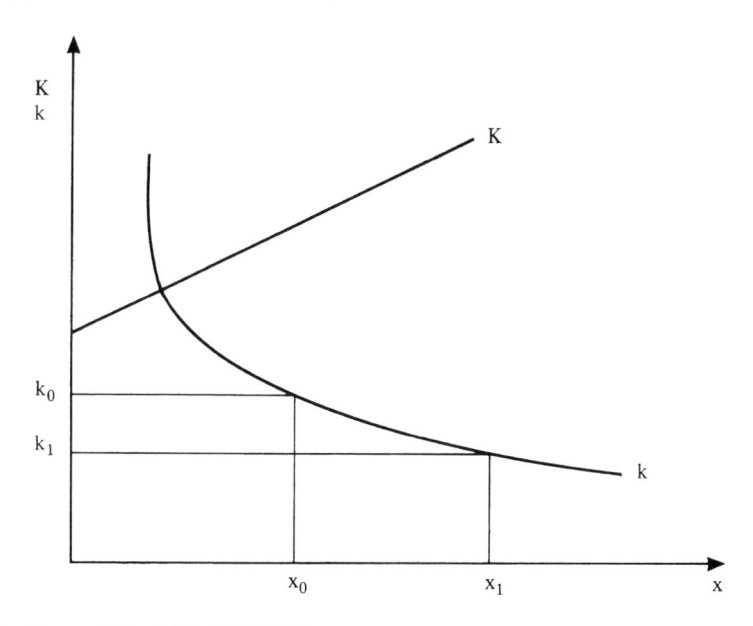

Quelle: Bea und Beutel (1984), S. 313

Abb. 3.1: Die Fixkostendegression

Ein solcher Verlauf der Stückkostenkurve impliziert, daß eine Mindestbetriebsgröße überschritten werden muß, damit die Unternehmung zu wettbewerbsfähigen Kosten produzieren kann. Dies kann dazu zwingen, von Anfang an möglichst viele Auslandsmärkte zu beliefern, um diese Mindestgröße zu überschreiten. Stückkostendegression impliziert weiter, daß durch die Expansion in neue Auslandsmärkte unter günstigen Umständen nicht nur die Wettbewerbsfähigkeit auf diesen Märkten, sondern auch die Wettbewerbsfähigkeit auf dem Inlandsmarkt erhöht werden kann (Bea und Beutel, 1984, S. 313). Die expansionsbedingten exportspezifischen Kosten (Werbekosten, Distributionskosten, Montagekosten, Transportkosten) müssen geringer sein, als die Kosteneinsparungen in der Produktion, damit dies eintreten kann.

(2) Erfahrungskurven-Vorteile (Lernkurven-Vorteile)

Wie dieser Begriff bereits andeutet, geht es bei Erfahrungskurvenvorteilen nicht um die Ausnutzung eines gegebenen Standes an technischem Wissen und an vorhandener Technologie, sondern um Lernen durch Erfahrung im Zeitablauf. Durch die Kooperation mit anderen Unternehmen können Aktivitäten stärker spezialisiert und konzentriert werden. Daraus erwachsen Anreize, den Lernprozeß zu beschleunigen. Die Boston Consulting Group (1968) hat zur Darstellung dieses von ihr in vielen Industriezweigen beobachteten Effekts einen logarithmischen Maßstab gewählt. Der Effekt besteht in der Senkung der Stückkosten k um 20 bis 30% (Boston-Effekt) bei einer Verdoppelung der kumulierten Ausbringung x über alle Perioden (Bea und Beutel, 1984, S. 316f.).

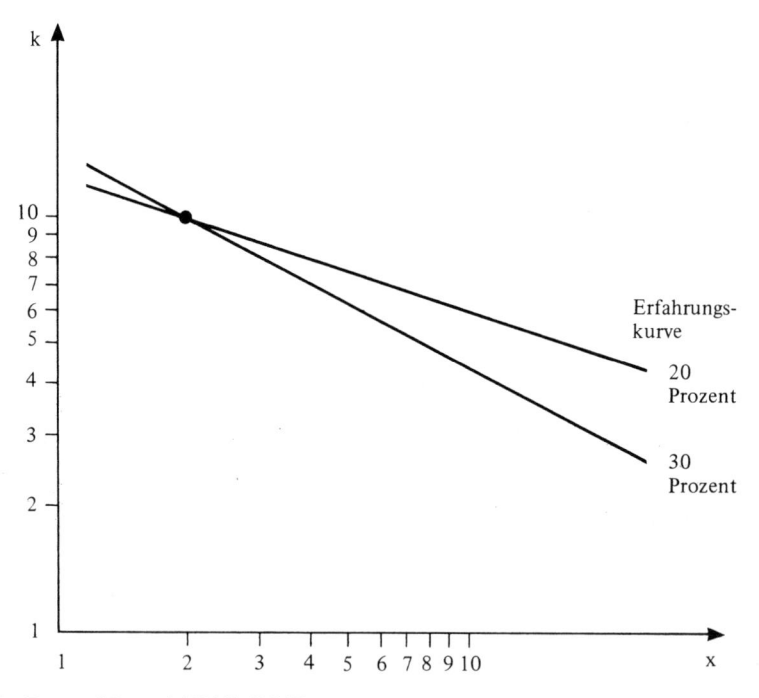

Quelle: Bea und Beutel (1984), S. 317

Abb. 3.2: Die Erfahrungskurve

Um sich eine bessere Vorstellung davon bilden zu können, worauf diese Kostensenkung beruhen kann, wird ein Beispiel (Kumpe und Bolwijn, 1989) aus der Montage von CD-Abspielgeräten, Videokameras, Telephonen und Bügeleisen angeführt.

Zwischen zwei Untersuchungszeitpunkten in den Jahren 1984 und 1986 für 29 Erzeugnisse konnten allein durch montagegerechte Konstruktion die Anzahl der Baugruppen auf 65%, die Zahl der Arbeitsgänge auf 70%, die Montagezeit auf 73% und die Kosten für Zuführungseinrichtungen und Montagepersonal auf 60% verringert werden. Der Anteil der automatisch montierbaren Teile erhöhte sich in dieser Zeit von 30 auf 90%.

Für einzelne Unternehmen und Produkte ergaben sich erstaunliche Reduzierungen. So konnte Philips als weltgrößter Hersteller von CD-Geräten die Anzahl der verwendeten Baugruppen seit 1984 um 75% senken. Dies setzte voraus: Zusammenarbeit mit Zulieferern bei der Konstruktion einfacher produzierbarer Baugruppen mit zahlreichen Funktionen, Reduzierung der Zahl der Komponenten und Vereinfachung der Montage. So ist es beispielsweise beim Proprinter von IBM durch Verwendung flexibler Kunststoff-Formteile möglich geworden, diese durch schlichtes Einrasten miteinander zu verbinden und die Montagevorgänge auf ein Drittel zu reduzieren. Ford konnte den durchschnittlichen Bedarf an Teilen pro Fahrzeug von 30 000 auf 22 000 senken.

Durch solche Einsparungen verschiebt sich die Wertschöpfung von der Endfertigungsstufe in die Bauteilefertigung. Eine ähnliche Verschiebung weist der Forschungs- und Entwicklungsaufwand auf.

Quelle: Kumpe und Bolwijn (1989), S. 77

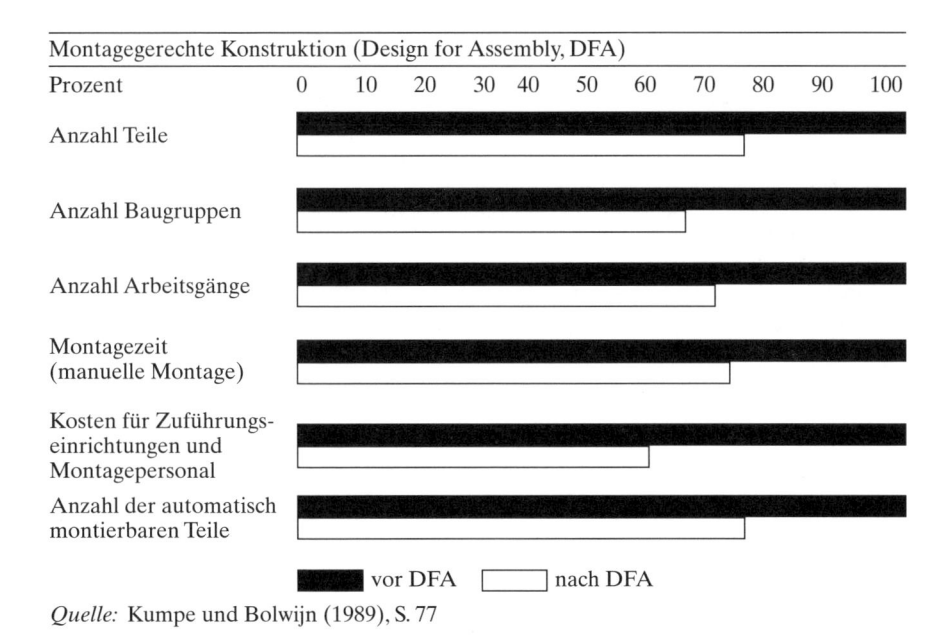

Abb. 3.3: Montagegerechte Konstruktion (Stückkostensenkung durch Lerneffekte)

Wie diese Beispiele zeigen, ergeben sich hierbei außerordentliche Chancen für die Zusammenarbeit von Zulieferern mit den Enderzeugern, die sich insbesondere auch in den Bereich der Forschung und Entwicklung montagegerechter und funktionenangereicherter Baugruppen erstrecken. Die Vorteile aus Lerneffekten liegen somit mehr in einer besseren Koordination verschiedener Fertigungsstufen als in deren Konzentration. Die Verlagerung der Wertschöpfung in den Bauteilebereich würde für Industriezweige mit solchen Einsparungsmöglichkeiten dafür sprechen, eher das zweite als das erste der oben angeführten Koordinationsmuster zu wählen.

Es ist gerade in den letzten Jahren deutlich geworden, daß im Rahmen der Bestrebungen zum „outsourcing" dafür nicht nur inländische, sondern auch und gerade ausländische Vorlieferanten in Betracht gezogen werden sowie ausländische Partner in der Forschung und Entwicklung.

1.2.4 Internationalisierungserklärungen und Internationalisierungsformen

Die bereits erwähnte Internationalisierungserklärung (Abschnitt 1.2.1, Buckley und Casson) liefert damit, daß sie die internationale Expansion der Unternehmung auf die Ausnutzung solcher Vorteile zurückführt, nur eine notwendige Bedingung. Der Vorteil kann jedoch nicht nur durch **Niederlassung** im Ausland (unternehmensinterne Koordination), sondern auch durch **Export, Lizenzvergabe** (indirekte Marktbearbeitung), durch **Kooperation** mit anderen Unternehmen bei einzelnen oder mehreren Aktivitäten (z.B. Forschung und Entwicklung, Produktion, Absatz) oder durch eine Kooperation in der Form einer ausgegliederten Betriebseinheit, das heißt als **Joint Venture**, wahrgenommen werden (Meissner und Stephan, 1980). Eine hinreichende Bedingung kann somit erst durch eine weitergehende Untersuchung der Kosten und Leistungen dieser verschiedenen Formen internationaler Expansion geliefert werden. In einer solchen Analyse, die erst in den späteren Abschnitten vertieft werden kann, beruht der Anreiz zur **unternehmensinternen Koordination** beziehungsweise der **kooperativen Koordination** von Transaktionen auf der Beziehung zwischen industriespezifischen Faktoren (Art des Produktes und Struktur des Industriezweiges) und Verhaltensmustern, wie sie bereits am Beispiel internationaler Oligopole erläutert worden sind. Ferner beruht dieser Anreiz auf regionalspezifischen Faktoren (geographischen und sozialen Merkmalen), nationalspezifischen Faktoren (wirtschaftspolitischen Regelungen, steuerlichen und subventions- oder zollbedingten Merkmalen) und firmenspezifischen Faktoren (Fähigkeit der Unternehmensführung zur Organisation einer internen oder kooperativen länderübergreifenden Koordination von Aktivitäten).

1.3 Zwischenergebnis

Die Theorie der Internationalisierung kann als Hilfe für das Verständnis der Anreize (monopolistische Kosten- und Zeitvorteile) verstanden werden, die der Unternehmung eine grenzüberschreitende Koordination nahelegen. Letztere kann in den folgenden Formen dargestellt werden:

- der **Vermarktung des Produktes** mit Hilfe von Handelsvermittlern (Exporteuren, Großhändlern) und Lizenznehmern,

- der **unternehmensinternen Koordination** von Auslandsaktivitäten (Niederlassung sowie Aufkauf von oder Beteiligung an einem ausländischen Unternehmen),
- der **kooperativen Koordination** von Auslandsaktivitäten mit einem selbständig bleibenden Partner im Ausland oder mit einem Partner, mit dem zusammen eine ausgegliederte Betriebseinheit gegründet und betrieben wird, um das Kooperationsziel zu erreichen.

Welche dieser Formen vorzuziehen ist, kann prinzipiell durch den Vergleich ihrer Kosten und Leistungen ermittelt werden, die von industrie-, regional-, national- und firmenspezifischen Faktoren abhängen. Auch die grenzüberschreitende Koordination selbst, insbesondere hinsichtlich der Gesetzmäßigkeiten, die die einzelnen Formen aufweisen, kann sich kosten- und leistungsändernd auswirken. Es existiert in Grundzügen eine Theorie der Kooperation (Boettcher, 1974), die mit ihren Aussagen zu den kooperativen Formen der grenzüberschreitenden Koordination herangezogen werden kann, um auf Implikationen für Kosten und Leistungen hinzuweisen. Sie ist bisher mit wenigen Ausnahmen (Schenk u.a., 1977; Doz, 1988) kaum systematisch auf diese Formen angewandt worden. Dies zu tun, und zwar vor dem Hintergrund der nicht-kooperativen Formen, ist eines der Anliegen der weiteren Abschnitte.

1.4 Die „Globalisierung der Märkte": Wendemarke zur Strategieänderung?

1.4.1 Die Globalisierungsthese

Die Internationalisierungsstrategie von Unternehmen wird derzeit häufig im Zusammenhang mit einer zeitlichen Abfolge strategischer Verhaltensmuster von Unternehmen gesehen (Internationalisierungssequenz). Nach dieser Vorstellung beginnen nationale Unternehmen zunächst mit der **Vermarktung ihrer Erzeugnisse im Ausland** mit Hilfe von Handelsvermittlern (Exportphase). In einer zweiten Phase gründen sie Niederlassungen im Ausland, kaufen ausländische Unternehmen auf oder beteiligen sich an ihnen, um Auslandsmärkte direkt zu bearbeiten und sich von Handelsvermittlern und Lizenznehmern weitestgehend unabhängig zu machen. Dies wird als die **multinationale Phase** bezeichnet. Erst in jüngster Zeit, in der dritten Phase der Internationalisierungssequenz, gehen die Unternehmen nach dieser Vorstellung in größerer Breite dazu, eine „Strategie der **Globalisierung**" zu betreiben, indem sie weltweit Wettbewerbsvorteile anstreben.

In einigen Beiträgen wird davon ausgegangen, daß sich infolge eines verschärften internationalen Wettbewerbs sogar ein Zwang zum Verhalten nach diesem Strategiemuster ergibt. Die „Globalisierung der Märkte" (Levitt, 1983; Porter, 1986) zwinge die international tätigen Unternehmen im Interesse ihrer Überlebenschancen, die Strategie der „Multinationalität" aufzugeben und zur „Globalisierung" überzugehen. Darunter wird eine weltweite Tendenz zu weitestgehender Standardisierung der Produkte und des Marketing der Unternehmen verstanden. Damit verbunden, so die Vertreter dieser Vorstellung, sei eine weltweite und straffe Koordinierung aller Aktivitäten des Unternehmens und seiner Partnerschaften („globales Management"). Sie tritt an die Stelle des wenig koordinierten, „multinationalen" Nebeneinanders von Niederlassungen und Partnerschaften in einer größeren Zahl von Ländern.

1.4.2 Kritik der These

Dieser „Globalisierungseuphorie" wird von Kritikern entgegengehalten, daß es nur wenige Produkte gibt, die sich für eine weltweite Standardisierung eignen (Meffert, 1986, S. 689). Eine Zusammenstellung von Meffert (1986) von ausgewählten Branchen (Abb. 3.4) und Unternehmen (Produkte, Marken) (Abb. 3.5) zeigt, daß bisher noch keine eindeutige Tendenz zur Ausnutzung von Globalisierungsvorteilen zu erkennen ist. Viele Branchen und viele Unternehmen differenzieren ihre Produkte, passen sie lokalen, regionalen oder nationalen Erfordernissen an, um Lokalisierungsvorteile zu erzielen.

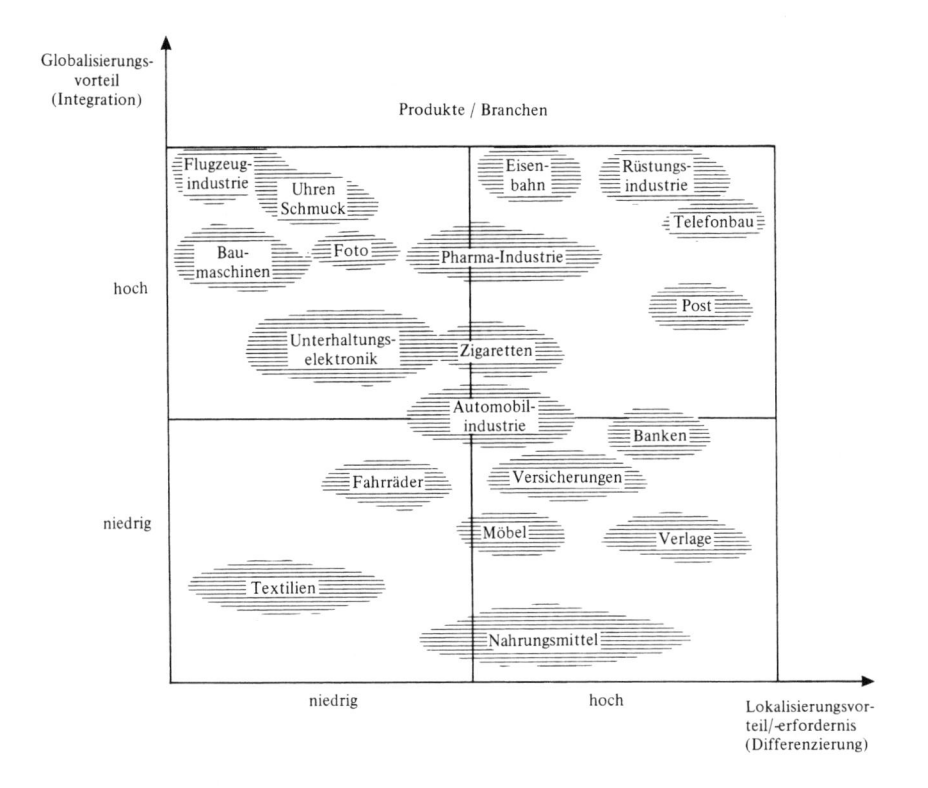

Quelle: Meffert (1986), S. 693

Abb. 3.4: Standorte von Produkten/Branchen im Globalisierungs-Lokalisierungsdiagramm (vgl. Abb. 6.9)

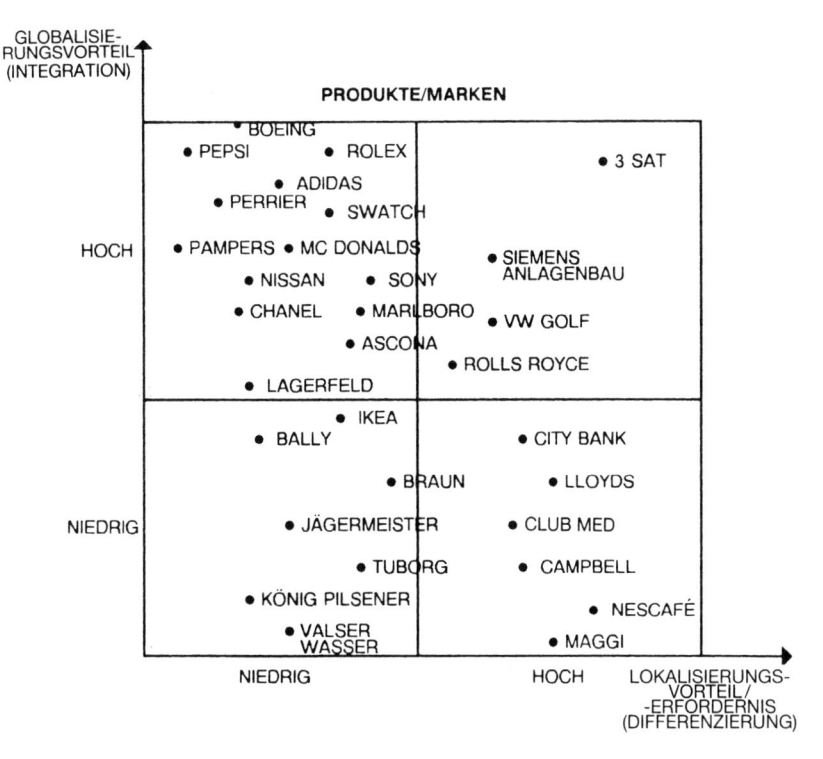

```
GLOBALISIE-
RUNGSVORTEIL
(INTEGRATION)
                        PRODUKTE/MARKEN
               • BOEING
             • PEPSI       • ROLEX              • 3 SAT
                     • ADIDAS
                • PERRIER    • SWATCH
  HOCH     • PAMPERS • MC DONALDS
                                         • SIEMENS
                • NISSAN     • SONY        ANLAGENBAU
               • CHANEL   • MARLBORO
                                          • VW GOLF
                          • ASCONA
                                      • ROLLS ROYCE
             • LAGERFELD

                             • IKEA
                • BALLY                    • CITY BANK

                              • BRAUN
                                           • LLOYDS
  NIEDRIG            • JÄGERMEISTER
                                           • CLUB MED
                             • TUBORG
                                           • CAMPBELL
              • KÖNIG PILSENER
                                               • NESCAFÉ
                • VALSER
                  WASSER                   • MAGGI

                NIEDRIG                    HOCH    LOKALISIERUNGS-
                                                    VORTEIL/
                                                   -ERFORDERNIS
                                                  (DIFFERENZIERUNG)
```

Quelle: Meffert (1986), S. 694

Abb. 3.5: Standorte von Produkten/Marken im Globalisierungs-Lokalisierungsdiagramm

1.4.3 Implikationen für die Internationalisierungsstrategie

Entsprechend vorsichtiger wären dann auch Strategierezepte zu beurteilen, die „Globalisierung" als eine Selbstverständlichkeit voraussetzen und die hier betrachteten Partnerschaften betreffen. Dies gilt insbesondere für den Stellenwert von internationalen Kooperationen und Joint Ventures als internationalen Koordinationsformen. Im Konzept des multinationalen Managements stellt sich Partnerschaft dar als Zusammenarbeit mit je einem lokalen Unternehmen in einer Reihe von Ländern, wobei dieses seine spezifische Landes- und Umfeldexpertise mitbringt. Kennzeichnend dabei ist eine Partnerschaft von Unternehmen ungleicher Größe. In einer Globalisierungsstrategie dagegen geht es um Partnerschaften mit wenigen großen oder größenmäßig vergleichbaren Unternehmen zur Koordinierung von Aktivitäten (Forschung und Entwicklung, Produktprofil, Produktion, Absatz, Kundendienst usw.) für große länderübergreifende Märkte oder für einen einheitlichen Globalmarkt. Einige dieser Aktivitäten, wie z.B. Produktion und Marketing, werden standardisiert, um Skalen- und Synergieeffekte (Abschnitt 1.2.3) zu erzielen, die sich in Kostenvorteilen niederschlagen. Dabei kann zu einer zentralisierten Koordination übergegangen werden (Zentralisierung von Entscheidungskompetenzen).

Angesichts solcher Auffassungsunterschiede über internationale oder weltweite Entwicklungen ist vor einfachen Strategierezepten zu warnen. Jedes Unternehmen sollte die Entwicklungen auf seinen Märkten und die Möglichkeiten des Einsatzes der grenzüberschreitenden Koordinationsformen bei **seinen** Aktivitäten beobachten und einschätzen, um längerfristige Verhaltenspläne auf ausländischen Märkten zu entwickeln, die seinem wettbewerbsähnlichen Umfeld und seinen Potentialen an spezifischen Ressourcen und Expertise angepaßt sind. Empirischen Untersuchungen zufolge (Rhyne, 1986, S. 423-436) führt strategische Planung zu performance-Vorteilen und ist natürlich gerade im internationalen Umfeld wichtig (Perlitz, 1995, Kap. II, 2).

2 Die kooperative Koordinierung

Die folgenden Überlegungen gehen auf Gesetzmäßigkeiten der kooperativen Koordinierung grenzüberschreitender Aktivitäten ein. Sie beruhen auf den Ansätzen einer Theorie der Kooperation und der neuen Insitutionenökonomie (Eschenburg, 1974; Boettcher, 1974 und Bonus, 1986). Zunächst sind einige Schlüsselbegriffe zu klären.

2.1 Schlüsselbegriffe

Koordinierung ist als eine Abstimmung von laufenden und/oder zukünftigen Handlungsmöglichkeiten zwischen zwei (oder mehreren) Wirtschaftssubjekten (-einheiten) zu verstehen, wobei von den Handelnden Belohnungen oder Sanktionen eingesetzt werden, um Kontrahenten zu Handlungen zu bewegen, die für den Handelnden selbst vorteilhaft sind, und sie von Handlungen abzuhalten, die für den Handelnden nachteilig sind.

In industriellen Kooperationen gilt diese Geschäftsbeziehung zwischen zumeist zwei Handelnden, die ihre Handlungsmöglichkeiten über einen längeren Zeitraum vertraglich so abstimmen, daß die Handlungen einer Seite der anderen Vorteile verschaffen (und umgekehrt). Dies geschieht häufig in der Form der gegenseitigen Teilhabe an Kosten- oder Zeitvorteilen im Wettbewerb (siehe 1.2.3), das heißt an spezifischer Expertise bei Aktivitäten der Wertekette wie z.B. F & E-, Produktions- und Marketing- Know-How.

2.2 Die Formen

2.2.1 Kooperationen ohne ausgegliederte Geschäftseinheit

Die Kooperation ist ohne eine eigene, den Kooperationszweck verfolgende Organisation möglich und in dieser „organisationslosen", rein vertraglichen Form weit verbreitet. Allerdings fällt es wegen der Vielgestaltigkeit schwer, eine saubere Abgrenzung zu finden. Deshalb erscheint es sinnvoll, branchenübliche Vereinbarungen, wie zum Bespiel internationale Hotelverwaltungsverträge, Verträge zwischen Rechtsanwaltssozietäten, Werbe- und Anzeigenvermittlern, Spediteuren, Verkehrs- und Luftfahrtunternehmen, Reiseveranstaltern und ähnliche Verträge, die vor allem in den Dienstleistungszweigen verbreitet sind, aus der Betrachtung auszuschließen.

Zu den rein vertraglichen Kooperationstypen gehören:
- Koproduktion und internationales Subcontracting,
- Lizenzverträge
- Franchising
- Kontraktorverträge zur Suche und Ausbeutung von Mineral- und Erdölvorkommen
- Management- und Beratungsverträge
- Projektverträge für Produktionsanlagen (insbesondere, wenn sie Rücklieferungen aus diesen Anlagen enthalten)
- Marketingvereinbarungen für die Gesamtheit oder Teile des Sortiments
- Forschungs- und Entwicklungsvereinbarungen.

Im Prinzip kann für jede Einzelaktivität der Wertschöpfungskette von Unternehmen oder auch für Kombinationen daraus eine Kooperation vereinbart werden, so daß eine Aufzählung der Typen niemals erschöpfend sein kann.

2.2.2 Joint Ventures (Gemeinschaftsunternehmen und Arbeitsgemeinschaften)

Diese Abstimmung kann auch so erfolgen, daß die Partner sich an einem Joint Venture beteiligen (z.B. in der Form einer Kapitalgesellschaft) und sich über die einzubringenden Vermögenswerte einigen (Equity Joint Ventures).

Zeitlich begrenzte Vorhaben (Forschungs- und Entwicklungsprogramme, Projektaufgaben, Staatsaufträge) werden dagegen häufig durch Arbeitsgemeinschaften, das heißt durch **rechtlich unselbständige** vertragliche Kooperationen (Contractual Joint Ventures) durchgeführt. Grundsätzlich gelten für die vertraglichen und gesellschaftsrechtlichen Regelungen die Rechtsvorschriften des Gastlandes. In vielen Gastländern, die eine Überfremdung der Wirtschaft vermeiden und einen heimischen Einfluß sichern wollen, ist das Joint Venture die einzig mögliche Form der Übertragung von Eigenkapital. Einige Gastländer aus dieser Kategorie, insbesondere einige Entwicklungs- und Staatshandelsländer, sind in letzter Zeit dazu übergegangen, auch Fremdbeteiligungen von mehr als 49% zuzulassen. Diesem Vorteil steht als Nachteil gegenüber, daß in diesen Ländern (sowie häufig auch in Entwicklungsländern) praktisch nur staatliche Unternehmen als Partner in Frage kommen, obwohl die landesfremde Unternehmung womöglich einem privatwirtschaftlichen den Vorzug geben würde.

Ein staatliches Unternehmen kann jedoch als Partner auch Vorteile bringen, wie z.B. Schutz gegen noch nicht etablierte Wettbewerber (Schenk u.a., 1977; „Hoflieferanten-Status"), Zugang zu staatlichen Aufträgen, Genehmigungen, Devisenzuteilungen und Schutz vor Vorwürfen und Angriffen antikolonialistisch eingestellter Interessentengruppen.

2.3 Vergleiche der Strategieoptionen

2.3.1 Vorteilsvergleich

Die Konkretisierung von Vorteilen, z.B. zusätzlichen leistungsverbessernden Handlungsmöglichkeiten, die durch eine Kooperation oder ein Joint Venture erreicht werden sollen, bedarf einer Klärung vor oder beim Eintritt in die Verhandlungen mit dem potentiellen Partner. Das Gleiche gilt für die eigenen, bereits realisierten und existenten Vorteile ertragsfähiger Handlungsmöglichkeiten, an denen man den Partner teilhaben lassen will. Grundsätzlich sind diese Vorteile auch durch Zusammenschluß oder Firmenkauf zu erreichen. Dies ist nur dann irritierend, wenn man weiß, daß diese beiden Optionen in der Regel zeit- und ressourcenaufwendiger und letztlich auch nicht (oder nur schwer) rückgängig zu machen sind. Deshalb kann man die Kooperationen, insbesondere die ohne gesonderten Geschäftsbetrieb, als Formen mit vergleichsweise geringer strategischer Bindung bezeichnen oder mit großer Flexibilität. Auf die Konkretisierung der Vorteile einer Kooperation wird gesondert eingegangen (Abschnitt 3).

2.3.2 Vergleich der Ressourcen-Aufwendigkeit mit nichtkooperativen Optionen

Es ist wichtig, sich über die Unterschiede in der Aufgabe von Handlungsmöglichkeiten (Bindung), das heißt über komparative Aufwendigkeit von Kooperationen, Joint Ventures und anderen Optionen eine Vorstellung zu verschaffen. Dies gilt deshalb, weil auch zwischen den loseren Formen der Kooperation (z.B. Franchising, Lizenzvertrag) und einer organisatorisch verselbständigten Form (Joint Production, Joint Marketing oder Joint Research and Development) unterschieden und entschieden werden muß. In der folgenden Darstellung, die in der Literatur häufig aufgeführt wird, geschieht das für den Kapitalaufwand der einzelnen Optionen, wenn als Ziel der Eintritt in einen ausländischen Markt vorgegeben ist.

Abnahme des Kapitalaufwandes im Stammland
↓

- indirekter Export
- direkter Export
- eigene Vertriebsorganisation
- Lizenzvergabe
- Franchising
- Vertragsproduktion
- Direktinvestition
- Joint Venture
- Auslandsmontage oder -produktion
- Tochtergesellschaft

→ Zunahme des Kapitalaufwandes im Ausland

Abb. 3.6: Markteintritts- und Präsenzalternativen

2.3.2.1 Kapitalaufwand

Der Vorteil dieser Betrachtung des Kapitalaufwandes liegt darin, daß es sich um die Erwartungsbildung für einen zukünftigen Aufwand handelt, der prinzipiell quantifizierbar ist. Geht man zur Betrachtung von Handlungsmöglichkeiten über, die jeder der Strategieoptionen zuzuordnen sind, sei es durch Einschränkung (Bindung) bisheriger oder durch Erweiterung ertragsfähiger Handlungsmöglichkeiten, dann wird es schwieriger oder unmöglich zu quantifizieren. Entsprechend fällt es dann auch schwerer, die Strategieoptionen entsprechend ihrer Netto-Ertragsfähigkeit zu ordnen. So ist es beispielsweise schwer, den Wert eines Wettbewerbsverbots zu bemessen, das einem Lizenznehmer auferlegt wird, um angestammte Märkte des Lizenzgebers zu schützen.

2.3.2.2 Aufwand an Management-Expertise

Weitere Überlegungen werden zeigen, daß die Analyse des Personalaufwandes – und hier speziell der Management-Expertise – eine besonders relevante Betrachtung ist. Letztere stellt in der Regel eine Engpaß-Ressource dar, wenn es um die Ausweitung der Aktivitäten im Ausland geht. Der Schritt in einen fremden, bisher nicht direkt bearbeiteten, großen Markt oder die Entwicklung eines neuen Produktes oder Produktionsverfahrens sind risikoreich und werden daher durch personengebundene, spezifische Expertise sicherer und leichter durchführbar. Manager, die hierin bereits mehrfache Erfahrung gesammelt haben und gelernt haben, Fehler zu vermeiden, sind rar. Vielfach stehen sie der Unternehmung nicht oder nicht ausreichend auf dem Arbeitsmarkt zur Verfügung. Dies gilt insbesondere für mittelständische Auslandskooperationen, auf die hier nicht speziell eingegangen werden kann (Steinmann, 1989, S. 1514ff.).

2.3.3 Vergleich mit der Beschaffung hochspezifischer Ressourcen über den Markt

Eine Kooperation oder ein Joint Venture stellt einen Pool solcher spezifischer Ressourcen dar, die auf Märkten erst zeitaufwendig, mühsam gesucht sowie mit einem Aufpreis bezahlt und eingearbeitet werden müßten. Jeder der Partner beschickt diesen Pool mit eigenen, bereits vorhandenen Ressourcen (z.B. Partner A mit lokaler Markt- und Landeskenntnis und B mit Produktions- und Produkt-Know-How). Dies gilt besonders für hochspezifische Forschungs-und Entwicklungsexpertise. Dadurch wird die Zusammensetzung der gepoolten Ressourcen verbessert. Zusätzliche ertragsverbessernde Handlungsmöglichkeiten werden erschlossen, die keinem der Partner bei getrennter Ressourcennutzung bisher zugänglich waren (Produktivitätswirkung der Kooperation; Synergieeffekte). Eine solche Poolung von Ressourcen wird gerade durch die sich in letzter Zeit stärker verbreitende F&E-Kooperation bei besonders aufwendigen und risikoreichen Projekten gesucht oder durch erhöhten Wettbewerbsdruck erzwungen (Perlitz, 1995, S. 524). Häufig spielt dabei das Motiv eine Rolle, für einzelne zukunftsträchtige Technologien zusätzliche Expertise zu gewinnen, die in bestimmten geographischen Regionen in großer Dichte vorhanden ist und daher dort durch Forschungsaufträge an Institute und Universitäten leichter komplettiert werden kann als dies auf dem Markt gemeinhin der Fall ist.

Darüber hinaus erhöht sich dadurch der Grad der Ausnutzung der Ressourcen. Dies ist natürlich besonders dann der Fall, wenn die mit Kooperationsaufgaben betrauten Experten zugleich weiterhin ihre Funktion im eigenen Unternehmen wahrnehmen können, die Expertise also Merkmale eines von mehreren nutzbaren (kollektiven) Gutes aufweist. Die Vorteile dieses Arrangements bestehen also in Synergieeffekten und einem erheblich erhöhten Ausnutzungsgrad von spezifischen Ressourcen. Sie werden mit dem Nachteil erkauft, daß eine formal ausgegliederte, kooperative Geschäftseinheit – wie das Joint Venture – es unter solchen Bedingungen schwerer haben wird, wirklich eigene Selbständigkeit und Sachkompetenz zu entwickeln.

2.3.4 Ausnutzung von Expertise durch Umsetzung in Direktiven (Direktionsvorteile)

Eine weitere Möglichkeit, relativ ineffiziente Märkte für Expertise durch Kooperation zu überbrücken, bietet die Umsetzung von Expertenwissen der Partnerunternehmen in Direktiven für die kooperative Tätigkeit. Geht man davon aus, daß Expertenwissen nur mit sehr hohen Kosten erwerbbar (und laufend trainierbar) und deshalb knapp ist, Wissen an der operativen Basis jedoch einfacher strukturiert, mit geringen Kosten erwerbbar und deshalb reichlicher vorhanden ist, dann bietet es sich an, den Erwerb von Wissen durch das Arbeiten mit Direktiven zu ersetzen. Die Experten der Mutterunternehmen kooperieren, setzen ihr Wissen in Direktiven um und tun dies so, daß operativ Beschäftigte in allen Aktivitätsbereichen mit dem gegebenen Ausbildungsstand in der Lage sind, die Direktiven in produktive Leistungen umzusetzen. Das ist natürlich ökonomisch nur dann sinnvoll, wenn die Entwicklung von Direktivprogrammen dieser Art und ihre Anwendung in einem hierarchischen System von mehreren Direktivebenen kostensparender ist als die Ausbildung der operativ Tätigen zu Profit-Center-fähigen (weitestgehend selbständigen) und universalen Facharbeitern/Managern (Direktionsvorteile). Offensichtlich ist dies häufig billiger, sonst gäbe es keine Großunternehmen, die einen solchen Direktiveffekt auf mehreren Ebenen multiplikativ (für jeweils mehrere Unternehmen zugleich) nutzen können. Diesen multiplikativen Effekt verdanken die Unternehmen der Ausnutzung der „Direktivspanne", das heißt der Möglichkeit, eine bestimmte Zahl von Untergebenen mit einem Direktivprogramm zu versehen und dessen Umsetzung in produktive Leistungen zu überwachen. Andererseits gibt es auf jeder Ebene Reibungsverluste für diesen Effekt, die dem Wachstum der so organisierten Unternehmenshierarchie eine Grenze setzen. Auf diesen Zusammenhang kann hier nicht weiter eingegangen werden.

2.3.5 Grenzen der Umsetzbarkeit von Expertenwissen in Direktiven

In den vertraglich oder organisatorisch ausgegliederten Formen der Kooperation, um die es hier geht, kann der Direktiveffekt prinzipiell ebenso genutzt werden wie in einer einheitlichen Unternehmenshierarchie. Jedoch sind die Grenzen für die Ausnutzung enger oder sogar besonders eng gezogen. Somit schneiden diese Formen bei der Nutzung der Expertise zwar häufig besser als der Markt ab (insbesondere bei großer Knappheit), jedoch in der Regel nicht so gut wie die Unternehmenshierarchie mit (sozusagen „angeborenen") Direktivrechten. Die Gründe:

- Bei loser, nur auf einem Vertrag beruhender Kooperation ohne eine ausgegliederte Geschäftseinheit müßten sich Experten beider Unternehmen zusammentun, um zwei unmittelbar gültige Direktivenprogramme für die beiden Einheiten auszuarbeiten und deren Umsetzung zu überwachen. Dieses „Hineinregieren" in selbständige Unternehmen erscheint undenkbar. Im Normalfall dürfte es möglich sein, im gegenseitigen Einvernehmen und getrennt geringfügige Veränderungen an den bestehenden Programmen vorzunehmen. Die Überwachung solcher Veränderungen bei A, von denen die Vorteilsrealisierung bei B abhängt (und umgekehrt), stellt hier ein Problem dar, das wegen der organisatorisch getrennten Direktiv- und Überwachungseinheiten schwerer zu lösen ist. Hat A beispielsweise den Vertrieb einer Produktlinie von B mitübernommen, so ist es für B sehr schwer festzustellen, ob diese Produktlinie von den Vertretern der Vertriebsorganisation genau so forciert wird, wie die eigenen Produktlinien von A.

- Bei Kooperation mit ausgegliederter Geschäftseinheit (Joint Venture) läßt sich ein von den Mutterunternehmen gesondertes Direktivprogramm entwickeln, umsetzen und überwachen. Auch hier ist jedoch die vorherige Einigung beider Mutterunternehmen oder ihrer Delegierten erforderlich. Sie wird jedoch, begünstigt durch diese organisatorische Form, eher möglich sein als bei loser Kooperation. Ein Problem stellt auch hierbei das Einfließen von spezifischer (bisher einseitig monopolisierter) Expertise in das Direktivprogramm dar. Der Partner wird an einem Kollektivgut beteiligt, dessen vertragsgemäße (zumeist auf bestimmte Märkte begrenzte, nicht an Dritte weiterzugebende) Nutzung schwer zu überwachen ist. Mit anderen Worten: Die Partner von Kooperationen und Joint Ventures können (wenn überhaupt) nur begrenzt von den ökonomischen Vorteilen profitieren, die sich aus Direktivrechten ergeben.

So sind Joint Ventures, wie Befragungen durch Raffée und Eisele (1994, S. 17) ergeben haben, in der Regel auch nicht etwa mit Beteiligungsverhältnissen von 51:49 Prozent und damit klareren Anordnungsbefugnissen erfolgreicher als mit 50:50. Im Gegenteil! Ein 50:50 Joint Venture scheint danach eher die Bereitschaft zur Vertrauensbildung und das Verständnis für die gegenseitige Abhängigkeit zu fördern. Dies spricht dafür, diese „weichen" Faktoren seitens des Managements außerordentlich ernst zu nehmen, und zwar im Hinblick auf die eigene Einstellung sowie ihre Umsetzung im Unternehmen.

2.4 Kooperationen und typische Problembereiche relationaler Verträge

2.4.1 Bilaterale Vertragsausführung und -überwachung

In der neuen Institutionenökonomie werden verschiedene Typen von Verträgen unterschieden (Williamson 1985; Goldberg 1980). Abhängig von bestimmten Merkmalen der Transaktionen zwischen den Vertragschließenden bilden sich nach Auffassung der Vertreter dieser Richtung bestimmte, vertragsichernde Institutionen heraus. Die Sicherung wird als Schutz gegen opportunistisches Verhalten für notwendig gehalten, z.B. gegen das Verhalten der Vertreter der Vertriebsorganisation von Unternehmen A (Abschnitt 2.3.5).

Die Kooperation und das Joint Venture sind relationale (zweiseitige, auf wiederholte Folgetransaktionen gerichtete) Verträge und zugleich als vertragsichernde Institutionen zu verstehen („bilateral governance"), während die Vereinigung der Direktivrechte in einer Hand (z.B. in Abschnitt 2.3.4) als „unified governance" bezeichnet wird. In der „bilateral governance" werden „glaubwürdige Verpflichtungen" vertraglicher, relationaler Art als Schutz gegen opportunistisches Verhalten bei der Vertragsdurchführung benutzt. Je mehr nun einer der Kooperationspartner an spezifischen Investitionen (Kapital, Expertise) vornimmt, und zwar im Vertrauen auf die vertragliche Verpflichtung des anderen, und je mehr es sich dabei um Investitionen handelt, die anderweitig keinen vergleichbaren, sondern erheblich geringeren Ertrag bringen (idiosynkratische Investitionen), desto mehr kann er durch den Partner ausgenutzt, ja im Extremfall erpreßt werden. Die Amortisation seiner Investitionen und ihr Ertrag ist partnerabhängig. Im angeführten Beispiel (Abschnitt 2.3.5) hat der Produzent A hohe Investitionen zur Erweiterung seiner Fertigung bei einer Produktlinie getätigt, die durch die Vertriebsorganisation von B verkauft werden soll. Andere Vertriebswege als dieser stehen ihm nicht zur Verfügung. Hierbei handelt es sich also um eine Investition dieses Typs. Hohe einseitige Verletzbarkeit stellt ein Risiko dar, das gemeinhin allein durch normale, zweiseitige vertragliche Regelungen nicht ausreichend zu beherrschen ist. Weitere Sicherungen müssen zur „glaubwürdigen Verpflichtung" hinzutreten, so zum Beispiel ein „Faustpfand" (z.B. ein Vorkaufsrecht, um die Weitergabe von Produkt- und Service-Expertise des A an einen beliebigen Käufer der Vertriebsorganisation des B zu verhindern).

Im allgemeinen muß man davon ausgehen, daß bilaterale Kooperationsverträge unvollständig sind, das heißt nicht für alle denkbaren zukünftigen Umstände sind klare Regelungen über die Rechte und Pflichten der Vertragsparteien enthalten, insbesondere nicht für alle Umstände, unter denen eine von ihnen besonders „strategisch verletzbar" sein könnte (Abschnitt 2.3.5).

Im Normalfalle werden voraussehbare Asymmetrien der genannten Art bei einer Kooperation vermieden. Die Unternehmen werden sich nicht auf Kooperationen einlassen, bei denen sie einseitig abhängig werden. Sie achten darauf, daß auch der potentielle Partner eine ungefähr gleichwertige idiosynkratische Investition vorzunehmen hat und damit so etwas wie ein „Gleichgewicht der Faustpfänder" realisiert wird. Dementsprechend werden kleine oder mittlere Unternehmen in der Regel nicht mit großen kooperieren, es sei denn, daß es schon eine längere vertrauensvolle Zusammenarbeit mit ihnen gibt.

In den folgenden Abschnitten werden einige typische Problembereiche angesprochen, die bei der bilateralen Vertragsausführung und -überwachung auftreten, und zwar

- Leistungsbewertung und Leistungsäquivalenz
- Konsequenzen der geringen strategischen Bindung
- Verstärkung oder Einschränkung der strategischen Bindung.

2.4.2 Leistungsbewertung und Leistungsäquivalenz

Wie bereits erwähnt, haben die gegenseitigen Leistungen der Partner weitgehend den Charakter von kollektiven Gütern. Beispielsweise kann ein bisher nicht voll ausgelasteter Produktionsbetrieb A für den Kooperationspartner B die Montage einer Produktlinie übernehmen. Die durch höhere Auslastung erreichte Senkung der Fixkosten (Abschnitt 1.2.3) kommt somit sowohl dem Partner zugute, der dadurch die Erweiterung der eigenen Montage spart, als auch den übrigen Produktlinien des Montagebetriebs A. Für den Außenstehenden B ist es schwierig, das Ausmaß der durch die Vereinbarung erzielten Kostensenkung für A festzustellen oder zu schätzen. Fixe Kosten sind schwer zu erfassen und gegen variable Kosten abzugrenzen. Der Facharbeiterstamm von A mag voll dazu gehören, wenn er schwer zu ersetzen ist; die Hilfskräfte vielleicht nur teilweise. Umgekehrt kann A nur sehr schwer beurteilen, welche Kosten die Betriebserweiterung bei B verursacht hätte, die dieser nunmehr einspart. Daher wird es mangels direkter Überprüfungsmöglichkeiten nicht einfach sein, sich über einen Preis für diese Leistung zu einigen.

Werden die erbrachten Leistungen noch komplexer als in diesem einfachen Beispiel, etwa wenn die Produktlinie nicht nur durch A montiert, sondern auch verkauft werden soll, und zwar aufgrund seiner besonderen Beziehungen und seines Vertrauensverhältnisses zu staatlichen Beschaffungsorganen, zur Post- oder Eisenbahnverwaltung, dann erhöht sich das Bewertungsproblem. Bei Kooperationen und mehr noch bei Joint Ventures ist dies die Regel.

Es werden Leistungen eingebracht, die nicht nur komplex, sondern darüber hinaus noch komplementär und daher nicht vergleichbar sind. Dies führt zu unterschiedlichen Bewertungen durch die Partner, die in Verhandlungen abzustimmen sind. Besonders schwierig wird die Bewertung von eingebrachten Leistungen, wenn patentmäßig ungeschützte Expertise (zum Beispiel eine Rezeptur oder eine Fertigungsvorschrift) eingebracht wird. Solange der eine Partner keinen Einblick hat oder die Umsetzungsfähigkeit der Expertise nicht beurteilen kann, wird er nicht viel dafür zahlen wollen. Dies gilt umso mehr, wenn es sich um einen lokalen Oligopolisten handelt, der zwischen mehreren internationalen Technologieanbietern auswählen kann. Immerhin sind jedoch die Produkte verschiedener Technologien miteinander vergleichbar. Daraus und aus seiner etablierten Marktstellung im lokalen Umfeld erwächst dem Technologie-Nachfrager unter Umständen eine starke Verhandlungsposition (Buckley, 1983, S. 214). Der anbietende Partner wird daher überlegen müssen, ob er zu einem angebotenen Preis sein Know-how offen legt. Er wird befürchten müssen, nicht den vollen Ertrag dafür erzielen zu können. Daher liegt es für ihn unter Umständen näher, seine Expertise durch die Vornahme von Direktinvestitionen im Zielland zu verwerten, allerdings unter Berücksichtigung bestehender oligopolistischer Strukturen und der bei Markteinritt möglichen Störungen des Gleichgewichts (Abschnitt 1.2.2).

Bewertungskompromisse sind somit eine wichtige und häufig schwer zu erfüllende Voraussetzung für Leistungsäquivalenz. Erst wenn die Bewertungen durch die Partner übereinstimmen, kann ein Leistungspaket vereinbart werden, das die Erträge (nach Abzug der Aufwendungen) entsprechend den erbrachten Leistungen verteilt. Natürlich kann kurzfristig auch ein Leistungspaket vereinbart werden, bei dem über die Bewertungen der einzelnen Bestandteile keine Einigkeit herbeigeführt werden konnte. Dies kann jedoch auf längere Sicht zu Schwierigkeiten führen, nämlich dann, wenn bei einem Bestandteil des Pakets einseitige oder ungleichmäßige Veränderungen der Marktpreise für Vorprodukte oder Endprodukte auftreten und Neuverhandlungen notwendig werden. Wenn man dabei auch über die Notwendigkeit der Neubewertung grundsätzlich einig sein mag, so fehlt doch eine gemeinsame Ausgangsbewertung der Leistung, auf der aufbauend kalkuliert werden kann. Mißverständnisse und neue Konflikte dürften die Folge sein (Raffée, Eisele, 1994, S. 19).

2.4.3 Konsequenzen der geringen strategischen Bindung

Es ist selbst bei Einigkeit in der Bewertung selten der Fall, daß beide Seiten von vornherein bereit sind, ihren Beitrag auf einen Schlag zu leisten oder sogar zeitlich in Vorleistung zu treten. Hierfür muß in der Regel bereits ein langfristiges Vertrauensverhältnis bestehen. Deshalb ist bei Joint Ventures eher ein schrittweises abtastendes Leisten nach dem Prinzip des „do ut des" zu beobachten. Viele Joint Ventures tun sich aus diesem Grunde schwer, die objektiv vorhandenen Poolvorteile der Expertise frühzeitig auszunutzen oder scheitern sogar daran. Überdies wird das Vertrauensverhältnis nachhaltig gestört werden, wenn sich die Phase des Abtastens zu lange hinzieht und den vertrauensbildenden Maßnahmen zu wenig Aufmerksamkeit geschenkt wird, d.h. vertrauensvollen Vorleistungen und fairen Nachleistungen (Güth/Kliemt, 1993, S. 274). Besonders die gemeinsame Ausnutzung von Skaleneffekten durch die Zusammenlegung von Produktionsprozessen ist in der Regel ein Problem, das mit strategischen Überlegungen belastet ist. Die Aufgabe einer Produktlinie bei einem Unternehmen A und die Produktion bei B bedeutet ja, daß nicht nur die Produktion, sondern auch die Forschung und Entwicklung, der Verkauf und der Kundendienst betroffen sind. Die Experten des Hauses A in allen diesen Aktivitäten verlieren die Fähigkeit, an der Weiterentwicklung dieser Produktlinie mitzuwirken. Sie wirken schon deshalb nicht mehr mit, weil dies dem Unternehmen keinen unmittelbaren Ertrag bringt, und weil die Produktlinie seitens des Unternehmens B nunmehr als dessen Domäne, und die Mitwirkung somit als Einmischung betrachtet wird.

Wegen dieser Wirkungen, die mühsam erworbene Expertise und Routine (noch dazu über mehrere Stationen der Wertschöpfungskette) betreffen, sind Verhandlungen über die Zusammenlegung von Produktlinien schwierig. Ebenso schwierig ist es, den Wert dieser Art von Leistung zu ermitteln und eine wertmäßige Kompensation dafür zu finden, um auf diese Weise die Gleichgewichtigkeit der Kooperationsbeiträge zu wahren. Und dies ist gerade in einer Frühphase der Kooperation ein sehr häufig auftauchendes Problem, nämlich dann, wenn noch nicht genügend gegenseitiges Vertrauen in die Beitragsloyalität des Partners gebildet werden konnte. Daran, daß vertrauensbildenden Maßnahmen zu wenig Beachtung geschenkt wird, scheitern viele Kooperationen, die mit den besten Absichten begonnen worden sind (Bronder, 1993, S. 21).

Häufig fällt es der Unternehmensführung schwer, eine solche Entscheidung gegen innere Widerstände durchzusetzen. Die Durchsetzbarkeit wird erleichtert, wenn die betroffenen Abteilungen durch die Übernahme oder Erweiterung einer anderen Produktlinie, die gleichwertig ist und bisher auch vom Partner hergestellt wurde, entschädigt werden können. Ihr Prestige innerhalb des Unternehmens würde dadurch eher gewahrt und vielleicht sogar erhöht.

Die freiwillige Aufgabe von Expertise impliziert nicht nur, daß ertragbringende Investitionen in Humankapital und Sachkapital in Frage gestellt werden und die Abhängigkeit vom Partner insoweit steigt. Sie hat auch einen strategischen Hintergrund. Die Unternehmung wird sich fragen müssen, ob sie durch eine Veränderung ihres Profils auf bestimmte Märkten in Zukunft eher eine Folgeposition als eine Führerposition einnehmen wird. Der Verlust an Expertise und der gleichzeitig dabei entstehende Vorteil für den Partner verändern das strategische Gleichgewicht in einer oligopolistisch strukturierten Branche zum eigenen Nachteil. Die Veränderung wird im schlimmsten Falle sogar ein Anlaß für den Partner sein, die Kooperation aufzugeben und den strategischen Vorteil in illoyaler Weise auszunutzen. Die inneren Widerstände gegen die Durchsetzung solcher Entscheidungen haben also einen durchaus realen Grund, nämlich erhöhte strategische Verwundbarkeit.

2.4.4 Verstärkung oder Einschränkung der strategischen Bindung

Grundsätzlich besteht für die Partner von Kooperationen die Möglichkeit, sich gegen Illoyalität der anderen Seite zu schützen. Es ist aber sehr fraglich, ob durch einen Kooperations- oder Joint Venture-Vertrag allein schon eine hinreichend starke Bindung erreicht wird (Abschn. 2.4.1). Im Zweifelsfall sind daher zusätzliche Sicherungen wie „Faustpfänder" oder Vorkaufsrechte angebracht.

Ein neueres Beispiel aus Großbritannien bestätigt dies. Die beiden britischen Elektronikunternehmen Plessey und General Electric Company (GEC) sind gemeinsame Partner eines Joint Ventures (GPT) im Bereich der Telekommunikationsanlagen. GEC versuchte zusammen mit der Siemens AG, die Firma Plessey zu übernehmen, und zwar gegen den Willen des Managements von Plessey. Dabei ging es den beiden Unternehmen vor allem darum, den Telekommunikationsbereich von Siemens mit dem des Joint Ventures (GPT) zu vereinigen, die über je 15% Marktanteil in Westeuropa bei öffentlichen Vermittlungsanlagen verfügen.

Das Management von Plessey wehrte sich gegen diesen Übernahmeversuch. Es machte vor britischen Gerichten geltend, daß der Joint Venture-Partner GEC den erst vor einem Jahr abgeschlossenen, bestehenden Gesellschaftsvertrag verletzt habe. Daher stünde Plessey eine Kaufoption (Vorkaufsrecht) auf die Anteile von GEC an der gemeinsamen Tochter zu. Diesem Argument folgten die Gerichte allerdings nicht. Die unterschiedliche Auslegung des Vertrages durch die Joint Venture-Partner ist eine Beispiel für opportunistisches Verhalten in solchen Partnerschaften, in denen die strategische Verletzbarkeit der einen Seite durch die andere ausgenutzt wird, und zwar nicht nur mit Konsequenzen für das gemeinsame Joint Venture, sondern für den Bestand des Partnerunternehmens.

Eine weitere Möglichkeit für die Unternehmung, die einen strategischen Nachteil befürchtet, besteht darin, von einer Produktlinie nur einen Teil der Wertschöpfungskette aufzugeben und andere, strategisch wichtige Stationen, wie z.B. Forschung und Entwicklung parallel zum Joint Venture weiter zu betreiben. In Joint Ventures westlicher Unternehmen mit Staatshandelsländern war und ist dies eher die Regel als die Ausnahme (Schenk, K.-E. und Wass von Czege, A., 1981). Damit wird die strategische Abhängigkeit oder Bindung gegenüber dem Partner von vornherein gering gehalten und die strategische Verletzbarkeit herabgesetzt. Allerdings wird dieser Vorteil dadurch erkauft, daß Skaleneffekte im F & E-Bereich verlorengehen. In dieser reduzierten Form wäre das Joint Venture den Alternativen mit starker Eigentumsbeteiligung (Extrembeispiel: Tochterfirma in einem Auslandsmarkt) unterlegen. Natürlich kann es gleichzeitig in anderer Hinsicht überlegen sein, so z.B. indem es Kapital und Personal spart oder den Zugang zum Markt des Partners sichert. Hieraus wird deutlich, daß es verschiedene Wege zur Einschränkung der einseitigen oder gegenseitigen Abhängigkeit gibt. Sie erwachsen aus dem Bestreben, die Verletzbarkeit herabzusetzen, die sich aus den begrenzten Möglichkeiten zur Information über die wahren Stärken, Schwächen und strategischen Absichten des Partners sowie der Kontrolle seines Leistungsverhaltens ergeben.

Andererseits ist die geringere Abhängigkeit gleichbedeutend mit erhöhter Flexibilität, auf die im nächsten Abschnitt aus der Sicht der Optionstheorie einzugehen ist.

2.4.5 Joint Ventures als Ausübung von Realoptionen

Eine gesonderte Betrachtung verdienen Joint Ventures, die als strategische Investitionen gedacht sind. Ihre Merkmale sind im Allgemeinen (1) hohe Kapitalbindung, (2) große Auswirkungen auf die zukünftige Entwicklung zumindest eines der beiden Partner und (3) große Unsicherheit im Entscheidungszeitpunkt. Die Gründung eines Joint Ventures ist in der Regel selbst eine solche strategische Investition (ebenso wie z.b. der Erwerb einer Minderheitsbeteiligung). Darüber hinaus können im Joint Venture-Vertrag noch Klauseln enthalten sein, die als Optionen interpretiert und mit Hilfe der Optionstheorie untersucht werden können (Fischer, 1996, S. 185 ff.). Geschieht dies systematisch, dann kann gezeigt werden, daß bei Vorliegen der oben angesprochenen Merkmale der Vorteil von Joint Ventures darin liegen kann, zunächst einmal einen „Fuß in die Tür" zu setzen und dann abzuwarten, welche ertragbringenden Handlungsmöglichkeiten sich aus der Entwicklung des Umfeldes und dem Verhalten des Partners ergeben. Dieses sequentielle Vorgehen verschafft die Möglichkeit, aber nicht die Pflicht, zu einem späteren Zeitpunkt (je nach Einschätzung des dann zu beurteilenden strategischen Wertes des Joint Ventures), das Engagement zu erweitern, zu reduzieren oder weiter abzuwarten, das heißt, die Verfügungsrechte gegebenenfalls neu zu fassen (Fischer, 1996, S. 191ff.). Fischer geht auf zwei Aspekte von Joint Ventures ein, nämlich erstens auf die Interpretation eines solchen Arrangements in Analogie zu einer Call-Option auf Aktien sowie zweitens auf die häufig vereinbarten Put-Call-Klauseln, die natürlich in der Praxis nicht als solche bezeichnet werden. Dieser Interpretation entsprechend kann jede Eigentumsstruktur des Joint Ventures als eine vorübergehende Organisationsform betrachtet werden, die zukünftige Handlungsmöglichkeiten offen läßt (Fischer, 1996, S. 245). Dieses Arrangement wird der transaktionskostengünstigeren Hierarchielösung (Tochterunternehmung) dann vorgezogen, wenn der Wert der in ihm enthaltenen Realoptionen die durch das Joint Venture entstehenden Transaktionsmehrkosten überkompensiert.

Sinn dieser Interpretation ist es, die mit dem Joint Venture beziehungsweise mit diesen Klauseln verbundene Flexibilität des strategischen Investors herauszustellen und zu zeigen, warum ihr in einer Situation mit den oben angeführten Merkmalen (1) bis (3) ein ökonomischer Wert zukommt. Dies gilt dann um so mehr, wenn in den Investitionsüberlegungen der Unternehmensleitung die Ausprägungsstärke dieser Merkmale zunimmt, d.h. wenn zum Beispiel die Unsicherheit im Entscheidungszeitpunkt besonders groß ist.

2.5 Zusammenfassung

Die Koordination durch die verschiedenen Formen der Kooperation zwischen selbständig bleibenden Unternehmen beruht darauf, daß sich die Partner gegenseitig die Teilhabe an bereits bestehenden und für sie spezifischen Vorteilen einräumen. Die Vorteile bestehen in zusätzlichen ertragsverbessernden Handlungsmöglichkeiten. Sie sind grundsätzlich auch durch Firmenkauf oder Zusammenschluß zu erreichen. Jedoch zeichnen sich die kooperativen Koordinationsformen dadurch aus, daß die Vorteile relativ zeit- und ressourcensparend sowie mit geringerer strategischer Bindung erzielt werden können. Deshalb ist jeweils auch der Gesichtspunkt der Aufwendigkeit dieser Formen an firmenspezifischen Ressourcen zu berücksichtigen, wobei insbesondere die firmenspezifische Expertise als eine schwer (oder gar nicht) auf dem Markt beschaffbare Ressource anzusehen ist.

Durch Kooperation, d.h. eine Poolung solcher Ressourcen, hier am Beispiel der Expertise gezeigt, läßt sich der Grad der Ressourcenausnutzung erhöhen (Skalenvorteile), ohne den kooperierenden Unternehmen die Nutzung zu entziehen (Merkmal eines kollektiven Guts). Darüber hinaus lassen sich wenig effiziente Märkte für spezifische Ressourcen auch durch Umsetzung von Expertenwissen in die Form von Direktiven ersetzen und in dieser aufwandsparenden Form anwenden. Es kann billiger sein, die operativen Arbeitskräfte Leistungen nach solchen Direktiven erbringen zu lassen, als diese durch teure Ausbildungsmaßnahmen auf das Niveau von selbständig arbeitenden Experten zu bringen.

Der Anwendung von Direktiven sind jedoch in Kooperationen engere Grenzen gesetzt als in hierarchisch koordinierten Unternehmen. Es ergeben sich zwischen organisatorisch selbständigen Unternehmen – infolge der geringen strategischen Bindung zwischen ihnen – Probleme, die Einhaltung der vereinbarten Direktiven zu überwachen; es ergeben sich bei Leistungsbeiträgen hoher Komplexität Schwierigkeiten, Übereinstimmung über den Wert der Leistung zu erzielen und im Vertrauen auf die Loyalität des Partners, eigene Leistungen vorzuhalten. Vertrauensbildenden Maßnahmen kommt deshalb von Anfang an eine besondere Bedeutung zu (Bronder, 1993). Die Übereinstimmung in der Bewertung und die Loyalität der Partner in ihrem Leistungsverhalten sind Voraussetzungen für die Gleichgewichtigkeit der Kooperation. Sicherungsmöglichkeiten gegen Opportunismus oder Illoyalität des Partners sind einmal durch vertragliche oder beteiligungsmäßige Formen der verstärkten Bindung zu erreichen; zum anderen durch Wahl eines Partners mit ähnlichen Stärken und Schwächen. Eine nur vertragliche Bindung ist aber nur selten in der Lage, künftige Gegebenheiten und durch Umfeldveränderungen verändertes Leistungsverhalten präzise genug zu regeln und vor Situationen ungleichmäßiger strategischer Verletzbarkeit zu schützen. Deshalb sind zusätzliche vertragsichernde Arrangements (Faustpfänder, Vertragsstrafen, Hinterlegung von Aktien, Vorkaufsrechte) bei einseitiger Abhängigkeit eines Partners üblich. Beste Sicherung ist jedoch ein bereits bestehendes Vertrauensverhältnis und dessen bewußte weitere Pflege.

Andererseits ist es möglich, die strategische Bindung an den Partner von vornherein gering zu halten, indem auf Zusammenlegung und Aufgabe von Aktivitäten zugunsten des Partners verzichtet und damit die strategische Verletzbarkeit durch ihn herabgesetzt wird. Allerdings gehen hierdurch mögliche Skaleneffekte verloren, die durch Formen mit stärkerer strategischer Bindung (Tochterfirma; Stichwort: „unified governance"), durchaus erzielbar wären.

Schließlich läßt sich mit Hilfe einer optionstheoretischen Interpretation von Joint Ventures (Kooperationen) als strategische Optionen zeigen, daß die schwächere strategische Bindung höhere Flexibilität impliziert, die unter bestimmten Bedingungen einen ökonomischen Wert hat.

3 Managementziele und Bewertung einer Partnerschaft

3.1 Ebenen einer Zielhierarchie

Bei der Zielverfolgung mit Hilfe von Kooperationen und Joint Ventures gilt es, bestimmte Gesetzmäßigkeiten zu beachten. Sie sollten bei der Wahl dieser Optionen bewußt durchdacht werden, um Fehlurteile zu vermeiden. Das zentrale Merkmal dieser Strategieoptionen ist, daß sich jeder der (zwei oder mehr) Partner in eine mehr oder weniger gewollte Abhängigkeit vom anderen (von den anderen) begibt, um einen Vorteil zu erreichen. Dies ist nur möglich, wenn dafür eigene Handlungsmöglichkeiten eingeschränkt, geteilt oder aufgegeben werden, um dem Partner im Gegenzug Vorteile zu verschaffen. In der Kooperation geschieht dies auf vertraglicher Basis zwischen im übrigen selbständig bleibenden Unternehmen. Im Joint Venture tritt darüber hinaus noch eine organisatorisch ausgegliederte Geschäftseinheit auf, an der die Kooperationspartner beteiligt sind.

Die Vorteile aus diesen Formen der Kooperation sind als konkrete Zwischenziele zu verstehen, beispielsweise Eintritt in einen bisher noch nicht direkt bearbeiteten Markt, und dienen übergeordneten Zielen, beispielsweise der erweiterten Ausnutzung vorhandenen Wissens bei der Herstellung eines Produktes, etwa dadurch, daß zusätzliche Märkte mit Hilfe der Absatzkanäle des Partners beliefert werden. Letztlich soll auch dieses Ziel einem weiter darüber angeordneten dienen, nämlich der Gewinnerzielung. Hier zeigt sich, daß die Partner durchaus unterschiedliche Vorteile aus der Kooperation ziehen können und daß sie dem Partner einen eigenen Vorteil oder eine eigene Ressource zur Nutzung anbieten müssen, damit dieser seinerseits eigene Zwischenziele besser erreichen kann als ohne Kooperation.

Darüber hinaus wird es Aufgabe des Managements sein, nicht nur eigene Vorteile gegenüber Wettbewerbern zu erkennen, sondern auch gefahrbringende Nachteile (Schwächen oder strategische Lücken), deren Bedeutung in der einschlägigen Management-Literatur erläutert wird (Perlitz, 1995, S. 196ff.). Insbesondere vor Vereinbarung einer Kooperation ist es wichtig, das Stärken-und Schwächenprofil des potentiellen Partners zu studieren, denn ein weit überlegener Partner könnte die ihm aus der Kooperation deutlich werdende Überlegenheit opportunistisch ausnutzen, zum Beispiel zur Akquisition des Partners.

3.2 Suche nach komplementären Unterzielen

Die Liste der Vorteile, die durch Kooperationen und Joint Ventures angestrebt werden können (Walmsley, 1982, S. 4), liest sich wie ein Wunschzettel eines unbescheidenen Geburtstagskindes.

a. Aneignung von Distributionskanälen
b. Durchdringung eines spezifischen geographischen Marktes
c. Anwerbung ausgebildeten Marketing-Personals
d. Eintritt in einen neuen Geschäftszweig
e. Herbeiführung einer vertikalen Integration für bereits bisher angebotene Produkte
f. Aneignung einer Fertigungsbasis oder Rohstoffquelle

g. Ausdehnung existierender Produktlinien
h. Erkennen von neu entstehenden Bedarfen des Marktes
i. Zeiteinsparung
j. Verbesserung der Effektivität existierender Marketingbemühungen
k. Vermeidung zyklischer saisonaler Schwankungen
l. Erwerb von Konsumentenvertrauen.

Wie bereits angemerkt, kostet die Realisierung dieser Vorteile etwas, über das man selbst nur beschränkt verfügt. Man kann es als **Beitrag** zur kooperativen Leistung bezeichnen. Deshalb muß ausgewählt werden, welche Prioritäten für die Unternehmung bei welchen Vorteilen zu setzen sind. Gleichzeitig gilt es, den geeigneten Partner zu finden, der über diese Vorteile verfügt und möglichst gerade dort Schwächen aufweist, wo man selbst einen Vorsprung hat und ihn als Beitrag einbringen kann.

Grundsätzlich ist die Wahrscheinlichkeit, daß es derartige komplementäre Unterschiede in den Vorteilen gibt, aus mehreren Gründen sehr hoch:

- Der Anreiz einzelner Unternehmen, sich auf den Erwerb spezifischer Vorteile und auf deren Ausnutzung zu spezialisieren, ist groß. Hier ist an die Ausnutzung von Skaleneffekten oder Lernkurvenvorteilen in der Produktion zu denken.

- Unternehmensleitungen sind erfahrungsgemäß nicht in der Lage, sich gleichzeitig um die Kultivierung von Vorteilen bei einer größeren Zahl von Aktivitäten zu bemühen.

Sich auf möglichst viele Vorteile gleichzeitig einzulassen, bedeutet nämlich, daß das Management überfordert wird und die Kosten steigen.

3.3 Das Profil der Unternehmensstärken und -schwächen

Es gibt daher eine optimale Zahl von kultivierbaren Unternehmensstärken, die natürlich von Unternehmen zu Unternehmen variiert. Und dies bedeutet, daß es Bereiche der Aktivität gibt, in denen man nur durchschnittlich oder unterdurchschnittlich gut ist. Dieses Stärken- und Schwächenprofil gilt es, für die wichtigsten Wettbewerber zu erfassen, um die eigene Position beurteilen zu können. Bei Aktivitäten mit eigenen Schwächen ist es vernünftig, fremde Hilfe in Anspruch zu nehmen; hier finden sich Ansätze für eine Kooperation.

Umgekehrt kann man argumentieren: Wenn alle Unternehmen einer Branche in allen Aktivitäten gleich gut wären (oder die Aussicht darauf hätten), gäbe es wenig Anlaß zu kooperieren.

Nehmen wir als typische Beispiele zwei Unternehmen mit Potentialen bei einem sonst gleichartigen Bündel von Aktivitäten:

A: Verfügt über Stärken bei a, b, c, **h**, l (Stichwort: Markt- und Konsumentennähe);

B: verfügt über Stärken (Expertise) bei g und **h**.

A möchte neue Produktlinien in seinen Verkauf aufnehmen, bei denen es bisher unterrepräsentiert ist. B hat gute Produkte dort, wo das Produktprofil von A Schwächen aufweist, und Expertise, die Erzeugnisse neuen Anforderungen anzu-

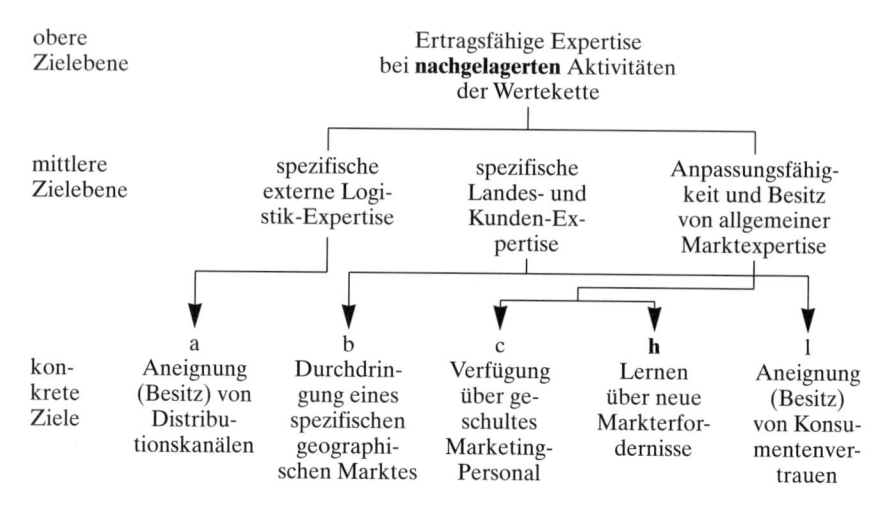

Teil A: Theoretische und institutionelle Grundlagen

obere Zielebene		Ertragsfähige Expertise bei **nachgelagerten** Aktivitäten der Wertekette			
mittlere Zielebene	spezifische externe Logistik-Expertise		spezifische Landes- und Kunden-Expertise		Anpassungsfähigkeit und Besitz von allgemeiner Marktexpertise
	a	b	c	h	l
konkrete Ziele	Aneignung (Besitz) von Distributionskanälen	Durchdringung eines spezifischen geographischen Marktes	Verfügung über geschultes Marketing-Personal	Lernen über neue Markterfordernisse	Aneignung (Besitz) von Konsumentenvertrauen

Abb. 3.7: Potentialmuster der Unternehmung A

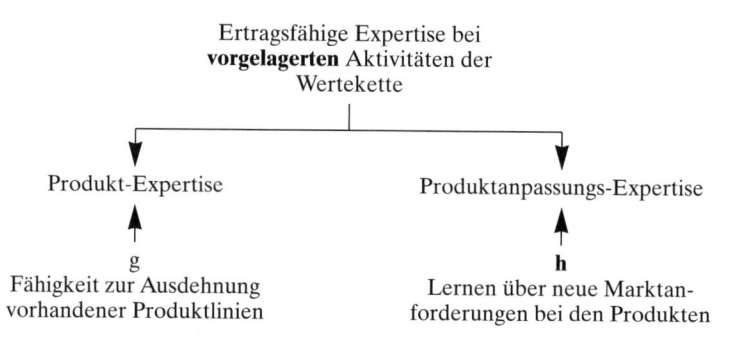

	Ertragsfähige Expertise bei **vorgelagerten** Aktivitäten der Wertekette	
	Produkt-Expertise	Produktanpassungs-Expertise
	g	h
	Fähigkeit zur Ausdehnung vorhandener Produktlinien	Lernen über neue Marktanforderungen bei den Produkten

Abb. 3.8: Potentialmuster der Unternehmung B

passen. B ist aber damit so beschäftigt, daß es weniger auf die Bearbeitung einer Reihe von internationalen Märkten achten konnte und kann.

Beide Unternehmen weisen also komplementäre Muster von ertragsfähigen Handlungsmöglichkeiten (Potentialmuster) auf und sollten zusammenarbeiten. Wir stellen diese Muster nochmals durch die Zielhierarchie beider Unternehmen dar.

Diese Hierarchie kann von unten nach oben und auch umgekehrt gelesen werden. Es hängt davon ab, wie die Unternehmensleitung selbst bei der Analyse der Schwächen und Stärken einzelner Aktivitäten vorgeht, ob ausgehend von breiteren oder sehr spezifischen Abgrenzungen der Aktivitätsbereiche.

Die beiden Potentialmuster überschneiden sich bei **h**, d.h. beim Lernen über neue Markterfordernisse. Jedoch wird man diese Aktivität weiter differenzieren können und dann möglicherweise feststellen, daß A über höhere Expertise der Markterfordernisse in einer größeren Anzahl von Märkten verfügt, während B mehrfache Produktanpassungen an die heimischen Markterfordernisse erfolgreich durchgeführt hat, aber nicht für ausländische Märkte. Da sich in **h** vor- und nachgelagerte Aktivitäten berühren, kann man diesen Vorteil im Falle A den nachgelagerten und im Falle B den vorgelagerten Aktivitäten zuweisen.

Die Analyse der Vor- und Nachteile ist in einigen Fällen relativ unproblematisch, nämlich dann, wenn sich beide Kategorien zwischen den Unternehmen streng komplementär verhalten. Eine solche Konstellation ergibt sich beispielsweise aus der zunehmenden Nachfrage nach weltweiten Telekommunikationsverbindungen, insbesondere durch global tätige Unternehmen. Die Anbieter von solchen Diensten, bis in die jüngste Vergangenheit auf ihre nationalen Territorien beschränkt, sind durch den nunmehr erlaubten Wettbewerb gezwungen, diesem Bedarf ihrer Kunden nachzukommen. Sie verfügen jedoch nur über Netze im Inland (Vorteil), aber nicht wie ihre Wettbewerber über solche im Ausland (Nachteil). Da es sich aus der Sicht ihrer Wettbewerber genau umgekehrt verhält, liegt es nahe, daß sich Wettbewerber aus Ländern mit hohem internationalen Bedarf an Netzdiensten zusammenschließen, um ihren Kunden möglichst intelligente Netzfunktionen kostengünstig und zu fest vereinbarten Tarifen anbieten zu können. Eine solche Notwendigkeit ergibt sich für die bisherigen Betreiber öffentlicher Netze, erst recht jedoch für neu in den Markt eintretende Wettbewerber, die in der Regel nur über rudimentäre eigene ausbaufähige Netze verfügen, weil sie aus anderen Versorgungsbereichen (Stromversorgung, Eisenbahnen usw.) kommen.

3.4 Implikationen komplementärer und sich überschneidender Potentialmuster

3.4.1 Ökonomische Vorteile des Abbaues von Potentialüberschneidungen

In diesem Beispiel ist somit eine Potentialkomplementarität zweier Unternehmen in einem strengen Sinne gegeben, wie sie in der Realität selten vorfindbar sein wird. Im Normalfall wird es Überschneidungen geben, so etwa wenn die Unternehmen A und B einige Produkte gleichzeitig und gleich gut erzeugen und sich nun fragen müssen, ob sie diese Überschneidung bestehen lassen oder abbauen, um damit Skaleneffekte zu erzielen. Solche Effekte spielen bei der Erklärung der internationalen Spezialisierung eine herausragende Rolle (vgl. Abschnitt 1.2.3). Während die volkswirtschaftliche Theorie davon ausgeht, daß das Land mit den vergleichsweise niedrigsten Kosten sich auf ein Gut spezialisiert, treten bei einer betriebswirtschaftlichen Betrachtung weitere Entscheidungskriterien auf: Kompensationsprobleme bei Kooperationsvereinbarungen und strategische Abhängigkeit vom Partner. Beide sollten in dieser Reihenfolge angesprochen werden. Im Grenzfalle, wenn es sich nur um ein einziges Produkt oder um eine einzige, zusammengehörige Produktlinie dieser Art handelt, kommt es zu folgender Situation: Wenn A die Produktion aufgibt, vermindert sich sein Ertrag und erhöht sich der von B.

Unternehmen A müßte dafür eine Kompensation erhalten, die aber in diesem Falle wegen des Fehlens eines zweiten Produktes nicht möglich ist. Dieses Ertrags- und Beitragsproblem ist typisch für Kooperationen und muß gesondert behandelt werden.

3.4.2 Bewertung von Partnerschaften nach (unterschiedlichen) strategischen Absichten

Die strategische Abhängigkeit vom Partner ist in jeder Partnerschaft gegeben. Sie ist aber anders zu bewerten, je nachdem, ob die Potentialmuster mehr komplementär oder mehr substitutiv (austauschbar) sind, und je nachdem, ob die strategischen Absichten verschieden oder ähnlich sind.

Bei komplementären Potentialmustern wie im angeführten Beispiel sind unterschiedliche strategische Absichten sehr wahrscheinlich. Dies kommt darin zum Ausdruck, daß auf der mittleren und oberen Zielebene jeweils nicht (oder kaum) die gleichen Stärken auftauchen, sondern sich ergänzende Stärken und Schwächen. Da in der Regel mit einer Kooperation die eigenen Schwächen ausgeglichen werden sollen, ist der Beitrag des Partners zu dieser Absicht als ein knappes Gut zu interpretieren, das vom Empfänger (je Einheit des Gutes, – wie auch immer gemessen –) hoch bewertet wird. Für den Gebenden, der mehr davon hat, liegt die Bewertung dieses Gutes niedriger. Das heißt: Die Bewertung von Partnerschaften ist **nicht** dem gemeinsam erarbeiteten und verteilten Ergebnis gleichzusetzen (sofern es ein solches gibt, wie etwa den Gewinn eines Gemeinschaftsunternehmens). Es kommt vielmehr auf die strategischen Absichten der Partner an, die ja sehr unterschiedlich sein können. Komplementäre Absichten deuten, wie soeben gezeigt, auf eine höhere Bewertung der Partnerschaft durch die Partner hin und damit auf eine problemlosere Zusammenarbeit (Doz, 1988, S. 181).

3.4.3 Ähnliche Potentialmuster und strategische Absichten

Demgegenüber werden die gegenseitigen Beiträge in Partnerschaften von Unternehmen mit sehr ähnlichen Potentialmustern niedriger bewertet. Die Unternehmen sind aufgrund dieses Merkmals eher „geborene" Wettbewerber als „geborene Partner" und dürften von daher gewöhnt sein, sich als solche zu betrachten. Seitens der Unternehmensführungen wären zwar (rein spekulativ) erhebliche Gewinne zu erwarten, wenn es gelänge, Profilüberschneidungen zu beseitigen und durch die Ausnutzung von Skalen- und Lernkurveneffekten den gemeinsamen Gewinn zu maximieren. Allerdings ist der Management-Aufwand dabei außerordentlich hoch.

Darüber, was man selbst an Produktlinien beibehalten bzw. aufgeben möchte, haben beide Seiten weitestgehend ähnliche Vorstellungen. Das läßt zähe Verhandlungen mit wenig Spielraum erwarten, was von Anfang an gegen eine Kooperation nach diesem Muster spricht.

Eine Ausnahme von dieser Regel können nach Ansicht von Doz (1988, S. 181) ungleiche Partnerschaften bilden, in denen Bewertungsunterschiede darauf zurückzuführen sind, daß sich expansive und bewahrende Unternehmen zusammenfinden. Der expansive Partner sieht die Kooperation als einen Schritt zur globalen Wettbewerbsfähigkeit an, der bewahrende als ein Mittel, um in einem angestammten Geschäftszweig zu bleiben, ohne dabei alle dazu notwendigen Aufwendungen und Verpflichtungen selbst übernehmen zu müssen.

Ein solches bewahrendes Verhaltensmuster ist vor allem für ein Unternehmen vorstellbar, das bisher nur in einer Produktlinie im Wettbewerb mit dem anderen stand und nunmehr dort eine Partnerschaft eingeht, während die übrigen Produktlinien sich nicht oder wenig berühren. Die strategische Verwundbarkeit des bewahrenden Partners durch den expansiven Partner ist bei solchen Unternehmensprofilen begrenzt und deshalb hinnehmbar.

3.5 Schlußfolgerungen für Kooperationen und Joint Ventures als Koordinationsinstrumente

3.5.1 Zielkoordination bei sich überschneidenden Potentialmustern

Zusammenfassend kann festgehalten werden, daß die Stärken- und Schwächenprofile von Unternehmen sich national und international unterscheiden. Die Wahrscheinlichkeit dafür ist international gesehen besonders groß, weil die Unterschiede des Umfeldes zunehmen, in dem die Unternehmen arbeiten. Die Unterschiede sind aber gerade der Grund, weshalb Kooperationen und Joint Ventures den Partnern besonders ertragsverbessernde Bewertungen und Handlungsmöglichkeiten bringen können, und sind deshalb im Rahmen einer Zielhierarchie zu analysieren.

Bei einer vergleichenden Analyse der Stärken- und Schwächenprofile von Unternehmen lassen sich streng komplementäre oder sich teilweise überschneidende Potentialmuster herausfinden, die an die Zielkoordinationsfähigkeit des Managements der potentiellen Partner unterschiedliche Anforderungen stellen. Diese Anforderungen sind bei streng komplementären Potentialmustern geringer als bei weniger komplementären und sich teilweise überschneidenden. Je weiter die Überschneidung geht, desto mehr sind die potentiellen Partnerunternehmen als Wettbewerber zu betrachten (bzw. die Unternehmen haben sich bereits daran gewöhnt, sich als Wettbewerber anzusehen), desto schwieriger wird die Zielkoordination und desto stärker tritt als zusätzliches Problem das der Kompensation für aufgegebene Produktlinien oder Leistungen auf. Dies bedeutet einerseits, daß durch die Beseitigung von Überschneidungen der Potentialmuster durchaus erhebliche oder sogar außerordentliche Kooperationsvorteile erzielt werden können. Andererseits würde dies so tiefgehende Eingriffe in die Produktlinien der Unternehmen und damit in deren gewachsenes Selbstverständnis bedingen, daß dies in der Regel als undurchführbar anzusehen ist.

In einer solchen Konstellation der Potentialmuster erweisen sich die Kooperation und das Gemeinschaftsunternehmen als zu schwache Instrumente der Koordination, insbesondere im Vergleich mit der internen Organisation, wie sie durch Mehrheitsbeteiligung oder Aufkauf eines Unternehmens denkbar wäre (Harrigan, 1984, S. 11). Gerade in den letzten Jahren hat sich dies in einer Reihe von spektakulären Joint Ventures gezeigt.

3.5.2 Beispiele

So wurde beispielsweise eine Zusammenarbeit zwischen AT & T (USA) und Olivetti (Italien) auf dem Gebiet der elektronischen Datenverarbeitung vereinbart mit dem Ziel, moderne Produktlinien des Partners AT & T auf dem italienischen Markt zu vertreiben. Olivetti hoffte, sich Zugang zum US-Markt zu verschaffen, doch AT & T lehnte den Vertrieb dieser Maschinen in den USA ab. Auch gelang es nicht, Überschneidungen bei einigen Produktlinien zu bereinigen. Das Konzept dieser Kooperation ist damit vorerst gescheitert. Immerhin ist AT & T noch an Olivetti beteiligt und hält Optionen für eine weitere Aufstockung dieses Minderheitsanteils.

AT & T, dessen Stärken insbesondere in der Produktlinie ‚Digitale Großvermittlungsanlagen für den Fernsprechdienst' liegen, hatte ein ähnliches Ziel durch die Zusammenarbeit mit Philips im Joint Venture APT in den Niederlanden verfolgt. Die Stärken von Philips, eines in mehreren europäischen Ländern mit breiter Produktpalette vertretenen Elektro- und Elektronikunternehmens, liegen in mehreren Produktbereichen, wie CD-Abspielgeräte, Video- und Phono-Erzeugnisse, Haushalts- und Beleuchtungstechnik. Philips hoffte, die außerordentlich hohen Forschungs- und Entwicklungsausgaben für die eigenen Großvermittlungsanlagen durch Übernahme der AT & T-Produkte in Grenzen halten zu können und gleichwohl in dieser Produktlinie weiterhin auf dem europäischen Markt wettbewerbsfähig zu bleiben. AT & T ging es um einen im europäischen Markt kundigen und mit Verkaufs- und Kundendienstorganisation ausgestatteten Partner. Auch diese Partnerschaft hat sich für den Technologiegeber als nicht besonders erfolgreich erwiesen. Philips hat seinen Anteil von 40 auf 15 Prozent reduziert und sich damit entgegen früheren Absichten (Schenk, 1988, S. 599) praktisch aus dem Geschäft mit Großvermittlungsanlagen zurückgezogen.

3.5.3 Koordinationsprobleme bei einseitigem Technologietransfer

Weitere Beispiele für gescheiterte Joint Ventures zwischen weltweit tätigen Unternehmen könnten aufgeführt werden, in denen es nicht gelungen ist, einseitige Technologievorteile und lokale oder regionale Marktexpertise komplementär einzubringen.

Vermutlich spielt hierbei für den Technologiegeber eine Rolle, daß es schwierig ist, die Diffusion von technologischer Expertise auf einen nationalen oder regionalen Markt zu begrenzen, wenn der Technologienehmer ebenfalls weltweit tätig ist, und sei es auch mit unterschiedlichen geographischen Schwerpunkten. Es bleibt der Eindruck, daß Kooperationen und Gemeinschaftsunternehmen offenbar von vielen Unternehmen als Koordinationsinstrumente hoch eingeschätzt werden, sich jedoch später in dieser Hinsicht als schwächer (oder als zu schwach) erweisen. Dies gilt insbesondere, wenn es um die organisatorische Umsetzung der ursprünglichen Ziele und um den Einbau strategischer Sicherungen geht.

3.5.4 Das Problem der Leistungsbewertung bei Technologieaustausch und einseitigem Transfer

Aus diesem Grunde sollten sich Kooperationen und Joint Ventures, die einen gegenseitigen Austausch von gleichwertigen Technologien anstreben, als stabiler und erfolgreicher erweisen. Hierbei entfallen einmal die schwer zu bewältigenden Kompensationsprobleme. Sie sind letztlich darin begründet, daß sich aus der Verschiedenheit der eingebrachten Leistung (Technologievorteile gegen lokale Marktexpertise) sehr unterschiedliche Vorstellungen über die Leistungsbewertung ergeben. Keine Seite kann die versprochene Leistung der anderen im voraus genau einschätzen. Darüber hinaus muß jeder Partner befürchten, daß die

Leistung des anderen aus taktischen Gründen zurückhaltender und qualitativ unter dem Standard erbracht wird, den er sich vorstellte. Diese Abweichungen sind schwer erfaßbar, weil es von Anfang an unmöglich ist, einen schiedsgerichtlich oder gerichtlich faßbaren Standard der Leistung vertraglich zu vereinbaren. Dafür sind die Leistungsbeiträge der Partner zu vielgestaltig und hinsichtlich der künftig sich ergebenden Leistungsanforderungen zu wenig voraussehbar. Andererseits kann die Tatsache, daß Leistungsbewertungen der Zukunft überlassen werden, ein Vorteil des Joint Venture gegenüber dem Markt sein, dessen Entwicklung schwer zu prognostizieren und in konkreten Verträgen zu fassen ist. Um diese Flexibilität zu erreichen, kommt es aber darauf an, dem Partner vertrauensbildende Signale zu übermitteln und auf kurzfristige Gewinnchancen zu Lasten des Partners zu verzichten, damit er sicher sein kann, daß künftige Gewinne (und Verluste!) nach Übereinkunft geteilt werden. Partnerschaften, die von den beteiligten Unternehmen als eine sich entwickelnde Beziehung gesehen werden (und nicht als ein Vertrag, der zu erfüllen ist), haben bessere Aussichten, nach einer Lernphase über die Absichten und die Art des Potentialeinsatzes der anderen Seite zu überleben und anfangs ineffiziente Vereinbarungen zu verbessern (Doz, 1988, S. 183).

4 Kooperation mit Unternehmen der Entwicklungs- und Staatshandelsländer

4.1 Die Bedeutung staatlicher Regelungen

Schon im Abschnitt 2.2.2 wurden verschiedene Faktoren erwähnt, die das Nutzen-Kostenkalkül des Markteintritts in Entwicklungs- und Staatshandelsländer beeinflussen, unter anderem auch staatliche Regulierungen auf den Gebieten Zölle, Importrestriktionen, Subventionen sowie Investitionsbeschränkungen für Ausländer.

Bisher sind die Vor- und Nachteile von Kooperationen und Joint Ventures im Rahmen einer Außenwirtschaftsstrategie der Unternehmung dargestellt und untersucht worden. Es gibt jedoch ökonomische und politische Entwicklungen, die unabhängig von einer solchen Betrachtung die Joint Ventures zu einer vorrangigen Option für Marktzutritt und -bearbeitung werden lassen (Walmsley, 1982, S. 6). Hier ist besonders auf rechtliche Regelungen zu verweisen, die ausländische Investitionen nur dann zulassen, wenn inländische private oder staatliche Unternehmen beziehungsweise Geschäftsleute einen Mehrheitsanteil halten. Dies war und ist in vielen Entwicklungs- und Schwellenländern der Fall und bis in die jüngste Vergangenheit auch in den früheren Staatshandelsländern, wo diese Bestimmungen inzwischen weitgehend entfallen sind.

Die Einwirkungsmöglichkeiten der Regierungen und deren Konsequenzen für die Strategie des Partners sind hier darzulegen, damit die Risiken und Chancen westlicher Partner deutlicher hervortreten. Dabei wird auf flankierende außenwirtschaftspolitische Maßnahmen, wie zum Beispiel Importbeschränkungen, Exportauflagen für Joint Ventures mit Auslandsbeteiligung, Devisenbestimmungen für Einfuhr, Ausfuhr und Gewinntransfer, Besteuerung der Gewinne nicht näher eingegangen, obwohl sie im Einzelfall von ausschlaggebender Bedeutung sein können.

4.2 Motive und Strategien der Gastländer: Technologietransfer aus Industrieländern

Im Verkehr mit den Staatshandels- und Entwicklungsländern spielt der Wettbewerb infolge von Importmonopolen und -einschränkungen durch staatliche Stellen eine andere Rolle als bei Marktwirtschaften. In den Staatshandelsländern, insbesondere in der früheren UdSSR, gab es unter Chruschtschow eine Phase, in der **ein Wettbewerb um neue Güter und Technologien** angekündigt wurde und stattfand, jedoch unter Ausschluß enger Verflechtungen mit westlichen Industrieländern. Man verließ sich dabei ausschließlich auf eigenes Forschungs-, Entwicklungs- und Managementpotential (Schenk und Wass von Czege, 1978 und 1981).

Diese Strategie des unabhängigen Aufholens und Überholens wurde Ende der 60er Jahre aufgegeben, weil sie sich als erfolglos erwiesen hatte. An ihre Stelle trat eine Strategie der eingeschränkten Kooperation mit westlichen Unternehmen, die auf die Übernahme von ausgewählten Technologien westlicher Herkunft abzielte (Schenk u.a., 1977; Wass von Czege, 1978; Schenk und Wass von Czege, 1981). Ähnliche Änderungen der Außenwirtschaftsstrategie haben auch in vielen Entwicklungsländern stattgefunden.

Der Erfolg dieser neuen Strategie eingeschränkter und staatlich überwachter Kooperation hängt davon ab, ob es gelingt, mit Hilfe der im Rahmen von Kooperationsvereinbarungen übernommenen Technologien einen Strukturwandel der Industriezweige im Gastland einzuleiten und in der Tiefe durchzusetzen. Befragungen von an der Ost-West-Kooperation beteiligten deutschen Unternehmen haben jedoch schon sehr früh Anlaß gegeben, an einem nachhaltigen Erfolg dieser Kooperationsstrategie zu zweifeln (Schenk und Wass von Czege, 1980). Insbesondere zeigte sich, daß die ausländischen Unternehmen aus systembedingten Gründen in den Gastländern wenig zum Strukturwandel beitragen konnten und in erster Linie Ziele des Markteintritts und des Ausbaus der Marktstellung im Gastland („Hoflieferantenstatus") verfolgten. Durch diese Befragung wurde auch die bereits behandelte Komplementarität der Unterziele sehr deutlich bestätigt (Abschnitt 3.2). Darüber hinaus wurde nachgewiesen, daß die Kooperation Merkmale aufweist, die auch für Entwicklungsländer typisch sind: Moderne Kerntechnologien wurden kaum transferiert, häufig dagegen Technologien, die sich auf westlichen Märkten schon in der Sättigungsphase befanden und somit bereits hinreichend standardisiert waren. Letzteres kam der anderen Seite aus politischen Gründen entgegen, weil dies keine allzu intensiven Kontakte zwischen den Kooperationspartnern erforderte und darüber hinaus, weil es die Risiken bei der Übernahme der Technologie durch die staatlichen Unternehmen herabsetzte. Das geringe Interesse der anderen Seite, eigene Vermarktungsorganisationen aufzubauen, und das Bestreben der westlichen Partner, die angestammten Märkte weiterhin selbst zu beliefern, führten in der Regel zu einer Beschränkung der Produktion auf den Markt des Gastlandes und in seltenen Fällen anderer RGW-Länder. Durch diese das eigene, spezifische Risiko vermindernden Verhaltensweisen auf beiden Seiten wurde die Rolle der Kooperation als Transfermechanismus von Technologien von vornherein eingeschränkt (Schenk und Wass von Czege, 1981), obwohl sie nach wie vor gegenüber dem normalen Handel eine längerfristige Spezialisierung erlaubt und Ungewißheit über fremde Märkte (mit Hilfe des heimischen Kooperationspartners) abbauen hilft.

4.3 Besondere Vorteile westlicher Unternehmen

Bevor auf einige Risiken und Kosten eingegangen wird, die speziell bei Kooperationen und Joint Ventures mit Staatshandels- und Entwicklungsländern auftreten, muß vorausgeschickt werden, daß die zu erwartenden Vorteile häufig die Nachteile überwiegen. Trotz einiger besonderer Risiken wird dies auch von den Investoren aus den Industrieländern durchaus überwiegend so beurteilt (Uhlig, 1986, S. 286).

Als besondere Vorteile sind zu nennen:

- Zugang für Kooperationsprodukte zum Markt des Gastlandes;
- Schaffung von Eintrittsvorteilen gegenüber Konkurrenzunternehmen (auch für andere als Kooperationsprodukte);
- günstige Absatzpreise;
- Lizenzeinnahmen;
- preisgünstiger Bezug von Rücklieferungen infolge niedriger Löhne im Gastland;
- Verlängerung der Absatzphase für im Westen bereits auslaufende Erzeugnisse.

Als Vorteil ist schließlich noch zu erwähnen, daß die Unternehmen in den sozialistischen Ländern – im Unterschied zu denen der Schwellenländer – in der Regel keinen Anreiz haben, übernommene Technologien und Produkte unter Umgehung von Vereinbarungen nachzuahmen, zu verändern oder auf dritte Märkte zu exportieren. Dies ist auf eine geringe Absorptionsfähigkeit für neue Technologien (und Expertise allgemein) zurückzuführen, die systembedingt ist und für den Investor aus den Industrieländern sowohl Vorteile als auch Nachteile mit sich bringen kann. Auch in Entwicklungsländern kann die Absorptionsfähigkeit ein Problem darstellen, insbesondere wenn es darum geht, nicht einfach eine Technologie zu übernehmen, sondern sie entsprechend den lokalen Bedingungen umzustrukturieren und anzupassen (Buckley, 1983, S. 212).

4.4 Risiken und Kosten westlicher Unternehmen

Den Vorteilen stehen spezielle, durch das Gesellschafts- und Wirtschaftssystem des Gastlandes bedingte Nachteile gegenüber:

(1) Der Mangel an Expertise im Zielland (geringe Absorptionsfähigkeit; siehe Abschnitt 4.3) und die Bemühungen des Technologiegebers, diese zu erhöhen, um eine wirkungsvolle Übernahme zu ermöglichen, führen zu höheren Kosten bei Vertragsabschluß. Schulungsmaßnahmen und andere Hilfen sind vorzusehen und bei der Vertragsdurchführung zu tragen (Buckley, 1983, S. 212). Es ist bei starkem Wettbewerb von Technologieanbietern nicht immer möglich, die höheren Kosten auf den Technologienehmer zu überwälzen.

(2) Westliche Unternehmen, die bisher in größerem Umfang in das Gastland exportierten, werden häufig vor die Alternative gestellt, nunmehr auch ein Joint Venture zu gründen (und ihre Produktionstechnologie zu transferieren), oder künftig Nachteile beim Export hinzunehmen.

(3) Die Kosten für Partnersuche, Information über konkrete Ziele der Kooperation, Verhandlung über einen Zielkompromiß mit dem Partnerunternehmen und staatlichen Behörden, Vertragsabschluß usw. sind relativ hoch, der Pro-

zeß zeitraubend, die Rate der erfolglos abgebrochenen Verhandlungen wahrscheinlich sehr hoch.

(4) Eine Abhängigkeit besteht nicht nur vom Verhalten des Unternehmens, sondern auch von staatlichen Stellen des Gastlandes. Dies kann besondere strategische Vorkehrungen notwendig machen, die einerseits die Erpreßbarkeit der westlichen Unternehmung herabsetzen, andererseits jedoch Kosten verursachen bzw. mögliche Kosteneinsparungen reduzieren oder verhindern (Schenk, 1988, S. 605). So wird für ein westliches Unternehmen in der Regel kaum ein Anreiz bestehen, eine Produktlinie ausschließlich ins Gastland zu verlagern, was zwar zu Skaleneffekten führen, andererseits aber die Verwundbarkeit des westlichen Partners erhöhen würde.

4.5 Zusammenfassung

Die Besonderheit der Entwicklungs- und Staatshandelsländer als Zielländer von Joint Ventures besteht darin, daß häufig keine andere Form der Direktinvestition erlaubt ist. Dadurch wird das Joint Venture zur vorrangigen strategischen Option.

Das Motiv des Technologietransfers durch Unternehmen aus den Industrieländern ist auf Seiten der Gastländer dominierend. Jedoch hat in den letzten zwanzig Jahren eine Neueinschätzung der Möglichkeiten stattgefunden, unter denen dieses Ziel zu verfolgen ist. Wurden in den sechziger und siebziger Jahren die Nachteile des Einflusses von Großunternehmen aus Industrieländern auf die heimische Wirtschaft besonders betont und entsprechend einengende Genehmigungs- und Tätigkeitsvorschriften erlassen, so hat sich neuerdings eine positivere Einstellung verbreitet.

Die Risiken und Kosten, aber auch die Vorteile von Joint Ventures in solchen Ländern sind häufig gerade auf die großen Einwirkungsmöglichkeiten der Gastlandregierungen zurückzuführen und auf die Besonderheiten (des Verhaltens von einheimischen Unternehmen, ihrer Fähigkeiten, ihrer Ziele sowie ihrer zumeist monopolistischen Marktpositionen), die sich mittelbar daraus ergeben. Ein besonderes Problem des eintretenden ausländischen Unternehmens ist in diesem Zusammenhang ein ausreichender Schutz vor erhöhter strategischer Verletzbarkeit.

5 Literaturverzeichnis

Literatur zu einzelnen Problembereichen

zu 1.1 Internationalisierungsstrategien und -erklärungen

Einen Überblick über den Anteil von Joint Ventures an der Gesamtproduktion des industriellen Sektors, insbesondere für die USA gibt:

Christelow, D. B.: International Joint Ventures: How Important Are They?, in: The Columbia Journal of World Business, 1987, S. 7-13

zu 1.2.1 Marktunvollkommenheiten bei bestimmten Produktionsfaktoren und Zwischenprodukten

Zu den Marktunvollkommenheiten bei spezifischer Expertise, insbesondere bei neuen Technologien und den Anreizen, die daraus für die Internationalisierung der Unternehmung erwachsen, siehe:

Robock, S. H. and **Simmonds, K.**: International Business and Multinational Enterprise, Homewood, Ill. 1983, S. 42-45

Dieselben: A Theory of Cooperation in International Business, in: Management International Review, Special Issue: Cooperative Strategies in International Business, 1988, S. 19-38

Buckley, D. J. and **Casson, M.**: The Future of the Multinational Enterprise, New York 1976

Casson, M.: Transaction Costs and the Theory of the Multinational Enterprise, in: Buckley, P. J. and Casson, M. (Hrsg.), The Economic Theory of the Multinational Enterprise, London, Basingstoke 1985, S. 20-38

Teece, D. J.: Technological and Organizational Factors in the Theory of the Multinational Enterprise, in: The Growth of International Business, Hrsg.: M. Casson, London 1983, S. 51-62

Hymer, St. H.: The International Operations of National Firms: A Study of Foreign Direct Investment, Diss. 1960, veröffentlicht Cambridge/Mass., London 1977

zu 1.2.2 Internationales wettbewerbliches Umfeld:

Zur Theorie des oligopolistischen Verhaltens auf internationalen Märkten:

Knickerbocker, F. T.: Oligopolistic Reaction and Multinational Enterprise, Cambridge/Mass., 1973

Lorenz, D.: Dynamische Theorie der internationalen Arbeitsteilung, Berlin 1967

Zu ‚Angreifervorteilen' im oligopolistischen Wettbewerb:

A. D. Little International (Hrsg.): Innovation als Führungsaufgabe, Frankfurt, New York 1988

Zu den Risikoabwägungen, insbesondere für Länderrisiken (Restriktionen für Vermögensbestandteile von Ausländern und für die Ertragskraft, Kostensteigerungen, Wechselkursrisiken usw.) siehe:

Robock and **Simmonds**: op. cit., S. 288-293

Zu den Optionen mit unterschiedlichem Ressourcenaufwand (Lizenzierung, Export, lokale Distribution, lokale Verpackung und/oder Montage, volle lokale Produktion mit Vermarktung):

Robock and **Simmonds**: op. cit., S. 294-302

Zur Rolle der Finanzpolitik beim Risikomanagement siehe:

Lessard, D. R.: Die Finanzpolitik des Unternehmens und der globale Wettbewerb: Größenvorteile im Finanzbereich und Strategien gegen schwankende Wechselkurse, in: Globaler Wettbewerb. Strategien der neuen Internationalisierung, Hrsg.: M. E. Porter, Wiesbaden 1989, S. 165-207

Meissner, H. G. und **Stephan, G.**: Die Auslandsinvestition als Entscheidungsproblem, in: Betriebswirtschaftliche Forschung und Praxis, 32. Jg., S. 217-247

zu 1.2.3 Koordination von Aktivitäten und ihre Effekte

Zu Skaleneffekten und zur Erfahrungskurve siehe:

Bea, F. X. und **Beutel, R.**: Die Bedeutung des Exports für die Entwicklung der Kosten und die Gestaltung der Preise, in: E. Dichtl, O. Issing (Hrsg.), Exporte als Herausforderung für die deutsche Wirtschaft, Köln 1984, S. 309-339

//190 Teil A: Theoretische und institutionelle Grundlagen

zu 1.2.4 Internationalisierungserklärung und Internationalisierungsformen:

Zur Internationalisierungserklärung und zu den Faktoren, von denen die Kosten und Leistungen der verschiedenen Internationalisierungsformen abhängen, siehe:

Buckley, P. J. and **Casson, M.**: The Future of the Multinational Enterprise, New York 1976
Dieselben: A Theory of Cooperation in International Business, in: Management International Review, Special Issue: Cooperative Strategies in International Business, 1988, S. 19-38
Lewis, J. D.: Strategische Allianzen. Informelle Kooperationen, Minderheitsbeteiligungen, Joint Ventures, Strategische Netze, Frankfurt/New York 1991
Seibert, K.: Joint Ventures als Instrument im internationalen Marketing, Berlin 1981
Meissner, H. G. und **Stephan, G.**: Die Auslandsinvestition als Entscheidungsproblem, in: Betriebswirtschaftliche Forschung und Praxis, 32. Jg., S. 217-247
Pausenberger, E.: Die internationale Unternehmung: Begriff, Bedeutung und Entstehungsgründe, in: Das Wirtschaftsstudium, 11 (1982), S. 118-123; 332-336 und 385-388

zu 1.4 Die „Globalisierung der Märkte": Wendemarke zur Strategieänderung?

Die Globalisierungsthese wird von Levitt vertreten und von einer Reihe von Autoren kritisch kommentiert:

Levitt, Th.: The Globalization of Markets, in: Harvard Business Review, Vol. 61, No. 3, 1983, S. 92-102
Meffert, H.: Marketing im Spannungsfeld von weltweitem Wettbewerb und nationalen Bedürfnissen, in: Zeitschrift für Betriebswirtschaft, 1986, Nr. 8, S. 689-712
Perlitz, M.: Internationales Management, 3. Aufl., Stuttgart, Jena 1997
Porter, M. E. (Hrsg.): Globaler Wettbewerb. Strategien der neuen Internationalisierung, 1986. Deutsche Ausgabe: Wiesbaden 1989. Hier finden sich Beiträge zu den konzeptionellen Grundlagen, zu den betrieblichen Funktionen im internationalen Wettbewerb, zu den Organisationsstrukturen (insbesondere internationalen Koalitionen) und empirische Untersuchungen.
Rhyne, L. C.: The Relationship of Strategic Planning to Financial Performance, in: Strategic Management Journal, Vol. 7, 1986, S. 423-436

1.4.3 Zu Implikationen für die Internationalisierungsstrategie

Perlitz, M.: Internationales Management, 3. Aufl., Stuttgart, Jena 1997

Montagegerechte Konstruktion von Bauteilen und Baugruppen in der Elektronikindustrie trägt zu der im Erfahrungskurvenansatz dargestellten Kosteneinsparung bei. Als Untersuchung dazu:

Kumpe, T. und **Bolwijn, P. T.**: Vertikale Integration I: Ein altes Konzept macht wieder Sinn, in: Harvard Manager, 1/1989, S. 73-80

Die Koordinationsmuster im internationalen Bereich werden aus der Sicht der Produktionsaktivität dargestellt und dabei die Wettbewerbsvorteile der globalen Strategie und der länderspezifischen Anpassungsstrategie erörtert:

Porter, M. E.: Der Wettbewerb auf globalen Märkten: Ein Rahmenkonzept, in: M. Porter (Hrsg.), Globaler Wettbewerb, Wiesbaden 1989, S. 17-68

zu 2 Die kooperative Koordinierung

Als Einstieg in die Grundzüge einer Theorie der Kooperation ist zu empfehlen:

Boettcher, E.: Kooperation und Demokratie in der Wirtschaft, Tübingen 1974
Bonus, H.: The Cooperative Association as a Business Enterprise: A Study in the Economics of Transactions, in: Journal of Institutional and Theoretical Economics, 142 (1986), S. 310-339
Eschenburg, R.: Ökonomische Theorie der genossenschaftlichen Zusammenarbeit, Schriften zur Kooperationsforschung, A. Studien, Bd. 1, Hrsg.: E. Boettcher, Tübingen 1974

zu 2.3 Zum Vergleich von Strategieoptionen kann das Sammelwerk von Porter dienen:
Porter, M.: Globaler Wettbewerb, Wiesbaden 1989
ferner:

Harrigan, K. R.: Joint Ventures and Global Strategies, in: Columbia Journal of World Business, 19, 1984, S. 7-16

zu 2.3.2 Vergleich der Ressourcenaufwendigkeit mit nichtkooperativen Optionen
Steinmann, H.: Internationalisierung der mittelständischen Unternehmungen, in: Export und Internationale Unternehmung, Hrsg.: K. Macharzina und M. K. Welge, Stuttgart 1989, S. 1508-1520

zu 2.4 Kooperationen und typische Problembereiche relationaler Verträge sind in folgenden Beiträgen dargestellt:
Goldberg, V.: Relational Exchange, Economics and Complex Contracts, in: American Behavioural Scientist, Vol. 23, 1980, S. 337-352
Hellwig, H.-J.: Internationale Joint-Venture-Verträge, in: Export und Internationale Unternehmung, Hrsg.: K. Macharzina und M. K. Welge, Stuttgart 1989, S. 1064-1071
Williamson, O. E.: The Economic Institutions of Capitalism. Firms, Markets, Relational Contracting, New York and London, 1985

Als Übersichtsaufsatz zu internationalen Kooperationen ist zu empfehlen:

Buckley, P. J.: New Forms of International Industrial Cooperation: A Survey of the Literature with Special Reference to North-South Technology Transfer, in: Außenwirtschaft, 2/1983, S. 195-222

Zur Anwendung der Optionstheorie auf Joint-Ventures:

Fischer, K. M.: Realoptionen. Anwendungsmöglichkeiten der finanziellen Optionstheorie auf Realoptionen im In- und Ausland. Hamburger Diss. 1996, Hamburg u. Bad Soden/Ts. 1996

zu 3 Managementziele und Bewertung einer Partnerschaft
Als allgemeiner Überblick dazu ist zu empfehlen:

Walmsley, J.: Joint Ventures: A Strategy for Tomorrow Markets, in: Handbook of International Joint Ventures, London 1982
Buckley, P. J.: New Forms of International Industrial Cooperation: A Survey of the Literature with Special Reference to North-South Technology Transfer, in: Außenwirtschaft, 2/1983, S. 195-222

Kooperationsmanagement: Konkretisierung der Ziele, Zielkonflikte und Bedeutung gegenseitigen Vertrauens:

Meissner, H.-G.: Zielkonflikte in internationalen Joint Ventures, in: Internationales Management, 1982, S. 129-137
Bronder, C.: Was einer Kooperation den Erfolg sichert, Harvard Business Manager, 1/1993, S. 20-26
Bleicher, K.: Kritische Aspekte des Managements zwischenbetrieblicher Kooperation, Theorie Nr. 3/1989, S. 4-8
Bronder, C. u. Pritzl, R.: Leitfaden für strategische Allianzen, Harvard Business Manager 1/1991, S. 44-53
Bronder, C.: Aspekte für die Partnerwahl, in: Bronder, C. und Pritzl, R. (Hrsg.): Wegweiser für strategische Allianzen, Frankfurt/Wiesbaden 1992, S. 295-320
Müller-Stewens, G.: Motive zur Bildung strategischer Allianzen. Die aktivsten Branchen im Vergleich, in: Bronder, C. und Pritzl, R. (Hrsg.): Wegweiser für strategische Allianzen, Frankfurt/Wiesbaden 1992, S. 65-101

Bleicher, K. F. und **Hermann, R.**: Joint-Venture-Management. Erweiterung des eigenen strategischen Aktionsradius, Stuttgart/Zürich 1991

Raffée, H. und **Eisele, J.**: Joint-Ventures – Nur die Hälfte floriert, Harvard Business Manager 3/1994, S. 17-22

Güth, W. und **Kliemt, H.**: Menschliche Kooperation basierend auf Vorleistungen und Vertrauen, in: Jahrbuch für Neue Politische Ökonomie, Hrsg.: P. Herder-Dorneich, K.-E. Schenk und D. Schmidtchen, Tübingen 1993, S. 253-277

Bewertungsprobleme werden behandelt bei:

Doz, Y.: Value Creation Through Technology Collaboration, in: Außenwirtschaft, 1/2 (1988), S. 175-190

Zu den Stärken- und Schwächenprofilen von potentiellen Kooperationspartnern ist als Einstieg zu empfehlen:

Harrigan, K. R.: Joint Ventures and Global Strategies, in: Columbia Journal of World Business, 19, S. 7-16

zu den verschiedenen Ausprägungen von unternehmensspezifischen Vorteilen

Perlitz, M.: Internationales Management, 2. Aufl., Stuttgart, Jena 1995, S. 196ff.

zu 4 Kooperation mit Unternehmen der Entwicklungs- und Staatshandelsländer

Besonderheiten aus der Sicht der Unternehmen bei der Formulierung von Strategien und bei den Verhaltensweisen der Unternehmen der Gastländer werden hervorgehoben bei:

Walmsley, J.: Joint Ventures: A Strategy for Tomorrow Markets, in: Handbook of International Joint Ventures, London 1982

Wass von Czege, A.: Joint Venture-Aktivitäten in der Sowjetunion – Eine kritische Bestandsaufnahme unter Berücksichtigung bisheriger osteuropäischer Erfahrungen. Hamburg 1988

Vergleichend zu den typischen Problembereichen bei Joint Ventures zwischen westlichen Unternehmen und denen von Staatshandelsländern:

Schenk, K.-E. u. Wass von Czege, A.: Technologietransfer und Strukturwandel durch industrielle Ost-West-Kooperation – Ergebnisse eines Forschungsprojektes, in: Außenwirtschaft, 36. Jg., Heft II (Juni) 1981, S. 157-175

Vor- und Nachteile von Joint Ventures für westliche Unternehmen in den Entwicklungsländern werden behandelt bei:

Schenk, K.-E.: Technologietransfer, Joint Ventures und Transaktionskosten. Möglichkeiten und Grenzen strategischer Allianzen von Unternehmen in und zwischen Ost und West, in: Weltwirtschaft im Wandel, Festgabe für E. Tuchtfeldt, Hrsg.: E. Dürr – H. Sieber, Bern und Stuttgart 1988, S. 595-606

Besondere Rahmenbedingungen in Staatshandels- und Entwicklungsländern:

Langefeld-Wirth, K.: Das Gemeinschaftsunternehmen (Joint Venture) als Form der langfristigen Unternehmenskooperation im internationalen Wirtschaftsverkehr, Bundesstelle für Außenhandelsinformation, Köln 1988

Joint Ventures mit Staatshandels- und Entwicklungsländern:

Bundesstelle für Außenhandelsinformation (Hrsg.): VR China, Gesetz über VertragsJoint-Ventures, 1988, und Gesetz über volkseigene Industrieunternehmen (Unternehmensgesetz), 1988, AWSt Nr. A-9/88, November 1988

Ranenko, V. and Soloviev, I.: Joint Ventures with foreign capital participation in the Soviet Union, Experience and Future Outlook, International Institute For Applied System Analysis, Laxenburg, 1989

Saudi-German Development And Investment Company Ltd. (SAGECO): Saudi-German Economic Co-operation, 1988

Joint Ventures (Hungary): Chapter 10, in: Business International, April 1988

Alphabetische Literaturliste

A. D. Litte International: Innovation als Führungsaufgabe, Frankfurt, New York 1988
Bea, F. X. und **Beutel, R.**: Die Bedeutung des Exports für die Entwicklung der Kosten und die Gestaltung der Preise, in: E. Dichtl, O. Issing (Hrsg.), Exporte als Herausforderung für die deutsche Wirtschaft, Köln 1984, S. 309-339
Bleicher, K.: Kritische Aspekte des Managements zwischenbetrieblicher Kooperation, Thesis Nr. 3/1989, S. 4-8
Bleicher, K. F. und **Hermann, R.**: Joint-Venture-Management. Erweiterung des eigenen strategischen Aktionsradius, Stuttgart/Zürich 1991
Boettcher, E.: Kooperation und Demokratie in der Wirtschaft, Tübingen 1974
Bonus, H.: The Cooperative Association as a Business Enterprise: A Study in the Economics of Transactions, in: Journal of Institutional and Theoretical Economics, 142 (1986), S. 310-339
Bronder, C.: Aspekte für die Partnerwahl, in: Bronder, C. und Pritzl, R. (Hrsg.): Wegweiser für strategische Allianzen, Frankfurt/Wiesbaden 1992, S. 295-320
Bronder, C.: Was einer Kooperation den Erfolg sichert, Harvard Business Manager, 1/1993, S. 20-26
Bronder, C. und **Pritzl, R.**: Leitfaden für strategische Allianzen, Harvard Business Manager 1/1991, S. 44-53
Buckley, P. J.: New Forms of International Industrial Cooperation: A Survey of the Literature with Special Reference to North-South Technology Transfer, in: Außenwirtschaft, 2/1983, S. 195-222
Buckley, P. J. and **Casson, M.**: The Future of the Multinational Enterprise, New York 1976
Dieselben: A Theory of Cooperation in International Business, in: Management International Review, Special Issue: Cooperative Strategies in International Business, 1988, S. 19-38
Bundesstelle für Außenhandelsinformationen (Hrsg.): VR China, Gesetz über Vertrags-Joint-Ventures, 1988, und Gesetz über volkseigene Industrieunternehmen (Unternehmensgesetz), 1988, AWSt Nr. A-9/88, November 1988
Casson, M.: Transaction Costs and the Theory of the Multinational Enterprise, in: Buckley, P. J. and Casson, M. (Hrsg.), The Economic Theory of the Multinational Enterprise, London, Basingstoke 1985, S. 20-38
Christelow, D. B.: International Joint Ventures: How Important Are They?, in: The Columbia Journal of World Business, 1987, S. 7-13
Doz, Y.: Value Creation Through Technology Collaboration, in: Außenwirtschaft, 1/2 (1988), S. 175-190
Eschenburg, R.: Ökonomische Theorie der genossenschaftlichen Zusammenarbeit, Schriften zur Kooperationsforschung, A. Studien, Bd. 1, Hrsg.: E. Boettcher, Tübingen 1974
Fischer, K. M.: Realoptionen. Anwendungsmöglichkeiten der finanziellen Optionstheorie auf Realoptionen im In- und Ausland. Diss. 1996, Hamburg u. Bad Soden/Ts. 1996
Goldberg, V.: Relational Exchange, Economics and Complex Contracts, in: American Behavioural Scientist, Vol 23, 1980, S. 337-352
Güth, W. und **Kliemt, H.**: Menschliche Kooperation basierend auf Vorleistungen und Vertrauen, in: Jahrbuch für Neue Politische Ökonomie, Hrsg.: P. Herder-Dorneich, K.-E. Schenk und D. Schmidtchen, Tübingen 1993, S. 253-277
Harrigan, K. R.: Joint Ventures and Global Strategies, in: Columbia Journal of World Business, 19, 1984
Hellwig, H.-J.: Internationale Joint-Venture-Verträge, in: Export und Internationale Untersuchung, Hrsg.: K. Macharzina und M. K. Welge, Stuttgart 1989, S. 1064-1071
Hymer, St. H.: The International Operations of National Firms: A Study of Foreign Direct Investment, Diss. 1960, veröffentlicht Cambridge/Mass., London 1977
Knickerbocker, F. T.: Oligopolistic Reaction and Multinational Enterprise, Cambridge/Mass., 1973
Kumpe, T. and **Bolwijn, P. T.**: Vertikale Integration I: Ein altes Konzept macht wieder Sinn, in: Harvard Manager, 1/1989

Langefeld-Wirth, K.: Das Gemeinschaftsunternehmen (Joint Venture) als Form der langfristigen Unternehmenskooperation im internationalen Wirtschaftsverkehr, Bundesstelle für Außenhandelsinformation, Köln 1988

Lessard, D. R.: Die Finanzpolitik des Unternehmens und der globale Wettbewerb: Größenvorteile im Finanzbereich und Strategien gegen schwankende Wechselkurse, in: Globaler Wettbewerb. Strategien der neuen Internationalisierung, Hrsg.: M. E. Porter, Wiesbaden 1989, S. 165-207

Levitt, Th.: The Globalization of Markets, in: Harvard Business Review, Vol. 61, No. 3, 1983, S. 92-102

Lewis, J. D.: Strategische Allianzen. Informelle Kooperationen, Minderheitsbeteiligungen, Joint Ventures, Strategische Netze, Frankfurt/New York 1991

Seibert, K.: Joint Ventures als Instrument im internationalen Marketing, Berlin 1981

Lorenz, D.: Dynamische Theorie der internationalen Arbeitsteilung, Berlin 1967

Macharzina, K.: Unternehmensführung. Das internationale Managementwissen, Konzepte-Methoden-Praxis, Wiesbaden 1993

Meffert, H.: Marketing im Spannungsfeld von weltweitem Wettbewerb und nationalen Bedürfnissen, in: Zeitschrift für Betriebswirtschaft, 1986, Nr. 8, S. 689-712

Meissner, H.-G.: Zielkonflikte in internationalen Joint Ventures, in: Internationales Management, 1982, S. 129-137

Meissner, H. G. und **Stephan, G.**: Die Auslandsinvestition als Entscheidungsproblem, in: Betriebswirtschaftliche Forschung und Praxis, 32. Jg., S. 217-247

Müller-Stewens, G.: Motive zur Bildung strategischer Allianzen. Die aktivsten Branchen im Vergleich, in: Bronder, C. und Pritzl, R. (Hrsg.): Wegweiser für strategische Allinazen, Frankfurt/Wiesbaden 1992, S. 65-101

Pausenberger, E.: Die internationale Unternehmung: Begriff, Bedeutung und Entstehungsgründe, in: Das Wirtschaftsstudium, 11 (1982), S. 118-123, 332-336 und 385-388

Perlitz, M.: Internationales Management, 3. Aufl., Stuttgart, Jena 1997

Porter, M. E. (Hrsg.): Globaler Wettbewerb. Strategien der neuen Internationalisierung, 1986, Deutsche Ausgabe, Wiesbaden 1989

Porter, M. E.: Der Wettbewerb auf globalen Märkten: Ein Rahmenkonzept, in: M. Porter (Hrsg.), Globaler Wettbewerb, Wiesbaden 1989, S. 17-68

Raffée, H. und **Eisele, J.**: Joint-Ventures – Nur die Hälfte floriert, Harvard Business Manager 3/1994, S. 17-22

Ranenko V. and **Soloviev, I.**: Joint Ventures with foreign capital participation in the Soviet Union, Experience and Future Outlook, International Institute For Applied System Analysis, Laxenburg, 1989

Robock, S. H. and **Simmonds, K.**: International Business and Multinational Enterprise, Homewood, Ill. 1983, S. 42-45.

Rhyne, L. C.: The Relationship of Strategic Planning to Financial Performance, in: Strategic Management Journal, Vol. 7 1986, S. 423-436

Saudi-German Development And Investment Company Ltd. (SAGECO): Saudi-German Economic Co-operation, 1988

Schenk, K.-E.: Technologietransfer, Joint Ventures und Transaktionskosten. Möglichkeiten und Grenzen strategischer Allianzen von Unternehmen in und zwischen Ost und West, in: Weltwirtschaft im Wandel, Festgabe für E. Tuchtfeldt, Hrsg.: E. Dürr – H. Sieber, Bern und Stuttgart 1988, S. 595-606

Schenk, K.-E. u.a.: Industrielle Ost-West-Kooperation, Handelskorrektiv – Technologiequelle – Finanzierungshilfe, Ökonomische Studien aus dem Institut für Außenhandel und Überseewirtschaft der Universität Hamburg, Bd. 25, Stuttgart und New York 1977

Schenk, K.-E. u. Wass von Czege, A.: Auswirkungen intersystemarer Unternehmenskooperationen auf Strukturanpassungsprozesse in administrativ-sozialistischen Wirtschaftssystemen, in: A. Schüller und U. Wagner (Hrsg.), Außenwirtschaftspolitik und Stabilisierung von Wirtschaftssystemen, Stuttgart und New York 1980

Schenk, K.-E. u. Wass von Czege, A.: Technologietransfer durch Ost-West-Kooperation, Theoretische Überlegungen und Erfahrungen der Praxis, Ökonomische Studien aus dem Institut für Außenhandel und Überseewirtschaft der Universität Hamburg, Bd. 27, Stuttgart und New York 1978

Schenk, K.-E. u. Wass von Czege, A.: Technologietransfer und Strukturwandel durch industrielle Ost-West-Kooperation – Ergebnisse eines Forschungsprojektes, in: Außenwirtschaft, 36. Jg., Heft II (Juni) 1981, S. 157-175

Steinmann, H.: Internationalisierung der mittelständischen Unternehmungen, in: Export und Internationale Unternehmung, Hrsg.: K. Macharzina und M. K. Welge, Stuttgart 1989, S. 1508-1520

Teece, D. J.: Technological and Organizational Factors in the Theory of the Multinational Enterprise, in: The Growth of International Business, Hrsg.: M. Casson, London 1983, S. 51-62

Uhlig, C.: The Role of Entrepreneurial Cooperation, in: Intereconomics, Vol. 21, 1986, S. 283-288

Walmsley, J.: Joint Ventures: A Strategy for Tomorrow Markets, in: Handbook of International Joint Ventures, London 1982

Williamson, O. E.: The Economic Institutions of Capitalism. Firms, Markets, Relational Contracting, New York and London 1985

4. Kapitel:
Internationale Wirtschaftsorganisationen

1 Einleitung

Seit der ersten Auflage dieses Kompendiums hat die Welt radikale Veränderungen erfahren, mit nachhaltigen Auswirkungen auf die internationalen Organisationen. Organisationen, wie der Warschauer Pakt, der Rat für gegenseitige Wirtschaftshilfe wurden aufgelöst, andere, wie z.b. der Ostseerat oder die Nordamerikanische Freihandelszone (NAFTA) wurden gegründet.

Mit dem Abkommen von Minsk und Alma Ata wurde im Dezember 1991 die Gemeinschaft Unabhängiger Staaten (GUS) gebildet und hörte die UdSSR auf zu existieren.

Dieser Beitrag ist eine Einführung in die Begrifflichkeit und Klassifikation (Abschnitt 2), die ökonomische Analyse (Abschnitt 3) und die Geschichte der internationalen Wirtschaftsorganisationen (Abschnitt 4). Den Abschluß bildet Abschnitt 5. Dort wird die Kontrolle der transnationalen Unternehmen durch internationale „non-profit" Organisationen behandelt.

2 Begriff und Klassifikation der internationalen Organisationen

2.1 Zum Begriff der internationalen Organisationen

Die Bezeichnung inter-national zeigt, daß der Nationalstaat eine unabdingbare Voraussetzung für die Existenz internationaler Organisationen ist. Gemäß der UN Resolution 334 vom 20. Juli 1950 handelt es sich jedoch erst dann um eine **internationale Organisation**, wenn (private oder staatliche) Akteure aus **mindestens drei Ländern** beteiligt sind. Organisationen, die auf bilateralen Beziehungen beruhen, werden deshalb nicht zu den internationalen Organisationen gezählt.

Organisationen zeichnen sich dadurch aus, daß sie dauerhaft ein **Ziel** verfolgen und eine **formale Struktur** aufweisen, mit deren Hilfe Aktivitäten der **Mitglieder** auf das verfolgte Ziel ausgerichtet werden sollen" (Kieser und Kubicek, 1983, S. 1).

Das **Ziel** bzw. der Zweck von Organisationen sind „Vorstellungen von dem zukünftigen Zustand, den die Organisation herzustellen oder zu erhalten sucht" (Kieser/Kubicek, S. 2).

Um eine Organisation als **dauerhaft** zu charakterisieren, ist nicht ihre tatsächliche Lebensdauer relevant, sondern die bei der Gründung intendierte Dauer. Die Dauerhaftigkeit ist deshalb ein wichtiges Merkmal, weil langfristige Zusammenschlüsse andere Eigenschaften aufweisen als kurzfristige: So ist bei dauerhaften sozialen Gebilden im Gegensatz zu kurzfristigen Formen der Fortbestand der

Gesamtstruktur ein zentrales Problem, während z.B. die Bedeutung von einzelnen Personen geringer ist.

Eine **formale Struktur** setzt voraus, daß es sich um bewußt geplante und zumindest der Absicht nach rational gestaltete Regeln handelt. Informale Beziehungen sind demgegenüber spontan, d.h. nicht bewußt gestaltet. Im Unterschied zu informalen Organisationen wird eine formale Organisation durch Personen *repräsentiert*; sie hat ein Entstehungsdatum und kann wieder aufgelöst werden.

Zu den internationalen Organisationen werden deshalb auch Zusammenschlüsse gezählt, die auf dem Papier wenig „formalisiert" sind, d.h. für die beispielsweise keine Statuten ausgearbeitet sind. Man denke hier an die Weltwirtschaftsgipfel, die eine wichtige Form der internationalen Organisationen der Weltwirtschaftsordnung darstellen.

Die **Art der Mitgliedschaft** in internationalen Organisationen kennzeichnet die Einbindung des Akteurs in die Organisation. Der Einbindung können sehr verschiedene Ursachen und Muster zugrunde liegen. So kann die Mitgliedschaft etwa durch die Ausübung von Macht erzwungen werden (Zwangsorganisation). Dem hier verwendeten Begriff der internationalen Organisationen liegt das Verständnis zugrunde, daß sich grundsätzlich unabhängige Akteure freiwillig in eine Organisation einbinden, die ihnen von Nutzen ist. Organisationen, die auf einem solchen Einbindungsmuster beruhen, werden auch als utilitaristische, bzw. utilitaristisch-normative Organisation bezeichnet (vgl. Kieser und Kubicek, 1983, S. 9f.).

2.2 Zur Klassifikation der internationalen Organisationen

2.2.1 Die Trägerschaft

Traditionell wird zwischen staatlichen und nichtstaatlichen Trägern unterschieden. Zwischenstaatliche Organisationen, die also von Staaten getragen werden, werden als **International Governmental Organizations (IGOs)**, nichtstaatliche Organisationen als **International Nongovernmental Organizations (INGOs)** bezeichnet. Ferner sind die INGOs von den ebenfalls nicht-staatlichen, aber gewinnorientierten **Business-oriented International Organizations (BINGOs)** zu trennen.

Bei den INGOs (aber natürlich auch den IGOs) handelt es sich also um **„non-profit"** Organisationen. Die Charakterisierung als „non-profit" bedeutet, daß die betreffende Organisation in der Regel keinen Gewinn erwirtschaftet und entstehende Überschüsse nicht an die Mitglieder abgeführt werden. Jedoch kann die „non-profit" Organisation jederzeit die Gewinnmöglichkeiten ihrer Mitglieder fördern. Für viele internationale Organisationen, z.B. Unternehmensverbände, ist dies das Hauptziel ihrer Aktivitäten.

Wo kann nun die Trennlinie zwischen staatlichen und nicht-staatlichen Organisationen gezogen werden?

Gemäß der UN-Resolution 288 vom 27. Februar 1950 besteht das wesentliche Unterscheidungskriterium zwischen IGOs und INGOs im Vorliegen eines **völkerrechtlichen Vertrages**: „Any international organization which is not established by **intergovernmental agreement** shall be considered as a non-governmental organization for the purpose of these arrangements".

Demnach entstehen IGOs durch einen Vertrag, der zwischen souveränen und gleichberechtigten Staaten abgeschlossen wird. Auf der Basis eines solchen Vertrages können die IGOs Völkerrechtssubjekte werden, d.h. befähigt werden, Träger völkerrechtlicher Rechte und Pflichten zu sein. Eine INGO verfügt in der Regel nicht über diese Qualitäten und ist eine Institution des internationalen Privatrechts.

2.2.2 Das Aufgabengebiet

Internationale Organisationen sind in den unterschiedlichsten Gebieten wie z.b. Kultur, Politik, Religion, Sport, Technik, Verteidigung, Wirtschaft, Wissenschaft etc. tätig. Wie kann nun das Aufgabengebiet der **internationalen Wirtschaftsorganisationen** abgegrenzt werden?

Weber (1983, S. 13) unterscheidet zwischen primären, sekundären und tertiären internationalen Wirtschaftsorganisationen, die er wie folgt von allen anderen internationalen Organisationen abgrenzt: „**Primäre internationale Wirtschaftsorganisationen** setzen sich die Liberalisierung oder Erleichterung des zwischenstaatlichen Waren- und Geldverkehrs zum Ziel ...". Zu ihnen zählen alle staatlichen und privaten Integrations- und Koordinierungsorganisationen wie z.B. internationale Unternehmensverbände, das GATT oder die Europäische Union. **Sekundäre internationale Wirtschaftsorganisationen** sind solche Organisationen, die die technischen Voraussetzungen für weltwirtschaftliche Austauschbeziehungen schaffen. Zu ihnen zählen z.b. die Nachrichten- und Verkehrsorganisationen. Die **tertiären internationalen Wirtschaftsorganisationen** umfassen solche Organisationen, die die technischen und wissenschaftlichen Rahmenbedingungen für einen weltwirtschaftlichen Austausch verbessern, aber im Gegensatz zu den sekundären internationalen Wirtschaftsorganisationen nicht direkt die technischen Voraussetzungen schaffen. Zu dieser Klasse zählt Weber z.B. das 1875 gegründete Internationale Büro für Maße und Gewichte.

2.2.3 Die Reichweite

Die **geographische Reichweite** einer internationalen Organisation entspricht ihrem Geltungsbereich. Internationale Organisationen, deren Geltungsbereich sich auf einige wenige Länder beschränkt, die zudem räumlich nahe beieinander liegen, werden zu den **regionalen Organisationen** gezählt. Demgegenüber bezeichnet man Organisationen mit einem weltumspannenden Geltungsbereich als **globale Organisationen**. Zu der ersten Gruppe der regionalen internationalen Organisationen gehören u.a. die EU und NAFTA. [Für eine aktuelle Übersicht über europäische Wirtschaftsorganisationen siehe Bavatta/Clauss (1995, S. 188ff.)]. Zu den internationalen Wirtschaftsorganisationen mit globalem Geltungsbereich zählen die Weltbankgruppe, der Währungsfonds und das GATT (vgl. hierzu die im Anhang angegebene Literatur).

Das Merkmal der **funktionalen Reichweite** bezieht sich auf die **Vielseitigkeit der Aufgaben** (Monofunktionalität versus Multifunktionalität), die einer Organisation zugedacht sind und dem verfolgten **Ziel** (Kooperation versus Konflikterzeugung).

Zu den komplexen Vielzweckorganisationen werden u.a. die UN und die EG gerechnet. Beispiele für monofunktionale Organisationen sind der IWF, die Weltbankgruppe oder die ILO. Dabei ist zu beachten, daß nicht die in den Statuten der jeweiligen Organisationen genannten allgemeinen Ziele von Bedeutung sind, sondern die unmittelbar und tatsächlich ausgeübte Funktion. Dies soll kurz am Beispiel des IWF verdeutlicht werden. In Artikel 1 des IWF-Abkommens wird als allgemeines Ziel des IWF genannt, „die Ausweitung und ein ausgewogenes Wachstum des Welthandels zu erleichtern und dadurch zur Förderung und Aufrechterhaltung eines hohen Beschäftigungsgrads und Realeinkommens sowie zur Entwicklung des Produktionspotentials aller Mitglieder ... beizutragen" (zitiert nach Jarchow/Rühmann, 1984, S. 113). Tatsächlich ist der IWF nicht direkt mit der Gesamtheit der Beschäftigungs-, Wachstums- und Entwicklungsproblematik befaßt, sondern ursprünglich ist seine unmittelbare Aufgabe der internationale Ausgleich der Zahlungsbilanz. Diese Funktion des IWFs hat nach dem Zusammenbruch des Bretton Woods Systems an Bedeutung verloren – in jüngster Zeit ist der Währungsfonds zunehmend mit dem Management der sogenannten „Verschuldungskrise" befaßt. Aus diesem Grund ist es gerechtfertigt, den IWF als monofunktionale Organisation zu bezeichnen.

In der Literatur werden die internationalen Organisationen des weiteren nach ihren **politischen Zielen** unterschieden. Ein solches Ziel kann Kooperation, Konfliktreduzierung und Konflikterzeugung beinhalten. So liegt der EG das Ziel der Kooperation zugrunde, während die UN z.B. vor allem der Vermeidung von Konflikten auf internationaler Ebene dient. Beispiele für Organisationen mit dem Zweck der Konflikterzeugung sind sämtliche internationalen Kartelle. Insbesondere ist in diesem Zusammenhang die OPEC zu erwähnen.

2.2.4 Die Kompetenz

Wesentliche Merkmale der **Kompetenz** internationaler Organisationen sind das **Beschlußrecht** und die autoritativen Befugnisse, d.h. **Sanktionsmöglichkeiten**. Das Beschlußrecht bestimmt den Rahmen, in dem die Organisation Entscheidungen mit Wirkung nach innen (z.B. Änderung der Statuten) und nach außen (z.B. gegenüber Mitgliedsländern) treffen kann.

Die Wirksamkeit der externen, d.h. nach außen gerichteten Entscheidungen hängt davon ab, ob es sich um Empfehlungen, Erklärungen, Übereinkommen, Konventionen oder sogar bindende Beschlüsse handelt.

Für die Durchsetzung der Beschlüsse ist zusätzlich wichtig, über welche Sanktionsmöglichkeiten die betreffende internationale Organisation verfügt: unmittelbare Sanktionsbefugnisse mit verbindlicher Wirkung oder weit schwächere Formen, wie z.B. Ausschluß, Suspendierung der Mitgliedschaftsrechte oder Verlust des Stimmrechts (vgl. Huhle, 1984, S. 69).

Die **meisten internationalen Organisationen** zeichnen sich dadurch aus, daß die Mitgliedsländer ihre uneingeschränkte Souveränität behalten. Durch den Beitritt in eine internationale Organisation signalisiert das betreffende Mitgliedsland lediglich die Bereitschaft, seine Souveränitätsrechte in einer der Zielerreichung der internationalen Organisation dienlichen Weise auszuüben. Die Beschlußkraft und die Sanktionsmöglichkeiten der internationalen Organisation sind entsprechend schwach.

Demgegenüber verfügt der bislang seltene Typ der **supranationalen Organisation** in vertraglich begrenzten Bereichen über ausgeprägte Kompetenzen. Das charakteristische Merkmal supranationaler Organisationen ist, daß die Mitgliedsländer nicht nur die Ausübung ihrer Souveränitätsrechte selbst einschränken, sondern sie sogar teilweise abtreten.

Aus diesem Grund wird den supranationalen Organisationen in der Systematik der Staatenverbindungen eine Sonderstellung zugewiesen:

„Das Supranationale liegt in der Mitte zwischen einerseits dem nationalen Individualismus, der die nationale Souveränität als unantastbar betrachtet und als Beschränkungen der Souveränität nur gelegentliche und widerrufliche vertragliche Vereinbarungen anerkennt, und andererseits dem bundesstaatlichen System von Staaten, die sich dem Überstaat unterwerfen, der mit einer eigenen territorialen Souveränität ausgestattet ist. Die Supranationale Organisation besitzt nicht die Merkmale eines Staates, aber sie besitzt und übt bestimmte souveräne Herrschaftsbefugnisse aus" (Schumann, zitiert nach Zellentin, 1969, S. 1111).

Bislang können lediglich die Europäische Union uneingeschränkt und mit Abschwächung wenige andere Organisationen, wie z.B. der IWF, als supranationale Organisationen bezeichnet werden.

In der Europäischen Gemeinschaft ist die Kommission das eigentliche supranationale Organ, das in vertraglich begrenzten Bereichen hoheitliche Befugnisse ausübt. In diesen Bereichen haben die Europäischen Gemeinschaften die unmittelbare Rechtssetzungsbefugnis gegenüber den Mitgliedsländern sowie unmittelbare Sanktionsmöglichkeiten auch gegenüber natürlichen Personen. Der Europäische Gerichtshof überwacht mit verbindlicher Wirkung die Umsetzung der Beschlüsse und die Einhaltung der Kompetenzgrenzen der Europäischen Gemeinschaft.

2.3 Die Klassifikation im „Yearbook of International Organizations"

Das „Yearbook" stellt gegenwärtig das umfassendste Verzeichnis internationaler Organisationen dar. Es wird in Zusammenarbeit mit der UNO von der bereits 1907 in Brüssel gegründeten *Union of International Associations (UAI)* herausgegeben. In der Ausgabe von 1988/89 sind 28 942 staatliche und nicht-staatliche non-profit Organisationen erfaßt und kurz charakterisiert (vgl. Abb. 4.1).

Das Yearbook of International Organizations versucht, einen möglichst vollständigen Überblick über bestehende Organisationen zu bieten. Eine Bewertung der Ziele bzw. der realen Bedeutung der einzelnen Organisationen findet nicht statt.

In dem Yearbook werden die internationalen „non-profit" Organisationen in 13 verschiedenen Klassen geführt, die jeweils mit Großbuchstaben gekennzeichnet sind (vgl. Tabelle 4.1). Jede Klasse für sich wird nochmals unterteilt in IGOs und INGOs.

Acht Merkmale erlauben nach Ansicht der Herausgeber die Identifikation von internationalen Organisationen und rechtfertigen die Aufnahme in das Yearbook:

Das (1) **Ziel** der Organisation muß einen internationalen Charakter haben und zu Handlungen in zumindest drei Ländern führen. Die Mitglieder der Orga-

Organization title in English (if available)
- indexed in Yearbook 1
- indexed in Guides 1,2,3,4,
  (where relevant)

Organization titles in **other languages**
- indexed in Yearbook 1
- indexed in Guides 1, 2, 3, 4,
  (where relevant)

Initials
- indexed in Yearbook 1
- indexed in Guides 1, 2, 3, 4
  (where relevant)

Date and place of **foundation**
- included in special index

Former titles
- indexed in Yearbook 1
- indexed in Guides 1, 2, 4
  (where relevant)

Executive **Officer Name**
- indexed in Yearbook 1
- indexed in Guides 1, 2, 4
  (if relevant)

Main **secretariat country**
- indexed in Yearbook 2
  (Section S)
- indexed in Guides 1, 2
  (Part 2) (if relevant)

Regional secretariat
country
- ndexed in Yearbook 2
  (Section S)

Sponsoring bodies
- indexed in Yearbook 1
- indexed in Guides 1, 2
  (where relevant)

Statutes
- original text published
  in Statutes Series

◆ **BB3548g World Health Organization** (WHO)
Organisation mondiale de la santé (OMS) – Organización Mundial de la Salud (OMS)

Dir-Gen Dr. Halfdan Mahler, CH-1211 Genève 27, Switzerland. T. (022) 91 21 11. C. UNISANTE-Geneva. Tx 27 821 OMS.
Regional Offices:
Eastern Mediterranean (**EMRO**): PO Box 1517, Alexandria, Egypt. T. 80 23 18. C. UNISANTE Alexandria. Tx 54028.
Europe (**WHO/EURO**) Dr. Leo A Kaprio, 8 Scherfigsvej, DK-2100 Kobenhavn, Denmark, T. 29 01 11. C. UNISANTE Copenhagen. Tx 15 348.
South-East Asia (**SEARO**): World Health House, Indraprastha Estate, Mahatma Gandhi Road, New Delhi 110002, India. T. 27 01 81. C. WHO NEWDELHI. Tx. 312 241.

Founded 6 Aug. 1937, Paris, at the Descartes Congress, under the patronage of International Institute for Intellectual Cooperation – *Institut international de coopération intellectuelle* (#HH2149), formed 9 Aug. 1925, and subsequently – in 1945 – amalgamated with Unesco, on the initiative of Prof Ake Petzäll (-Sweden), Raymond Bayer (France) and Léon Robin (France). Until 1942 it was named *Institut international de collaboration philosophique* and was under the auspices of *Permanent committee of the International Congresses of Philospby – Comité permanent des congrès internationaux de philosophie* (#HH3100), set up in Aug 1900, up to Aug 1948, when the latter was suspended by *International Federation of Philosophical Societies (IFPS) – Fédération internationale des sociétés de philosophie* (#AA2011). Statutes changed in 1952, 1956, 1957, 1959, 1967, 1969, 1983. Registered by French Ministerial Decree, 11 Oct 1955. '*IASS 123*'

Abb. 4.1: Darstellung der internationalen Organisation im YIO

4. Kap.: Internationale Wirtschaftsorganisationen 203

Title **subject keywords** (English and French)
- indexed in Yearbook 1
- indexed in Guides 1, 2, 4 (where relevant)

Aims/Activities keywords
- indexed in Volume 3
- indexed in Guides 1, 2, 4 (where relevant)

Subject groups
- classified in Yearbook 3 (Section W)

Interdisciplinary combinations
- classified in Yearbook 3 (Section X)

Consultative Status
- indexed in Guides 4 (Citations)

IGO Relations
- indexed in Guides 4 (Citations)

NGO Relations

Title **regional keywords**
- indexed in Yearbook 1
- indexed in Guides 1, 2, 4 (where relevant)

Regional organizations
- classified by subject group in Yearbook 3

Subsidiary bodies
- indexed in Yearbook 1

Financing bodies
- indexed in Yearbook 1

Membership countries
- indexed in Yearbook 2 (Section L)
- indexed in Guides 1, 2 (Part 3)

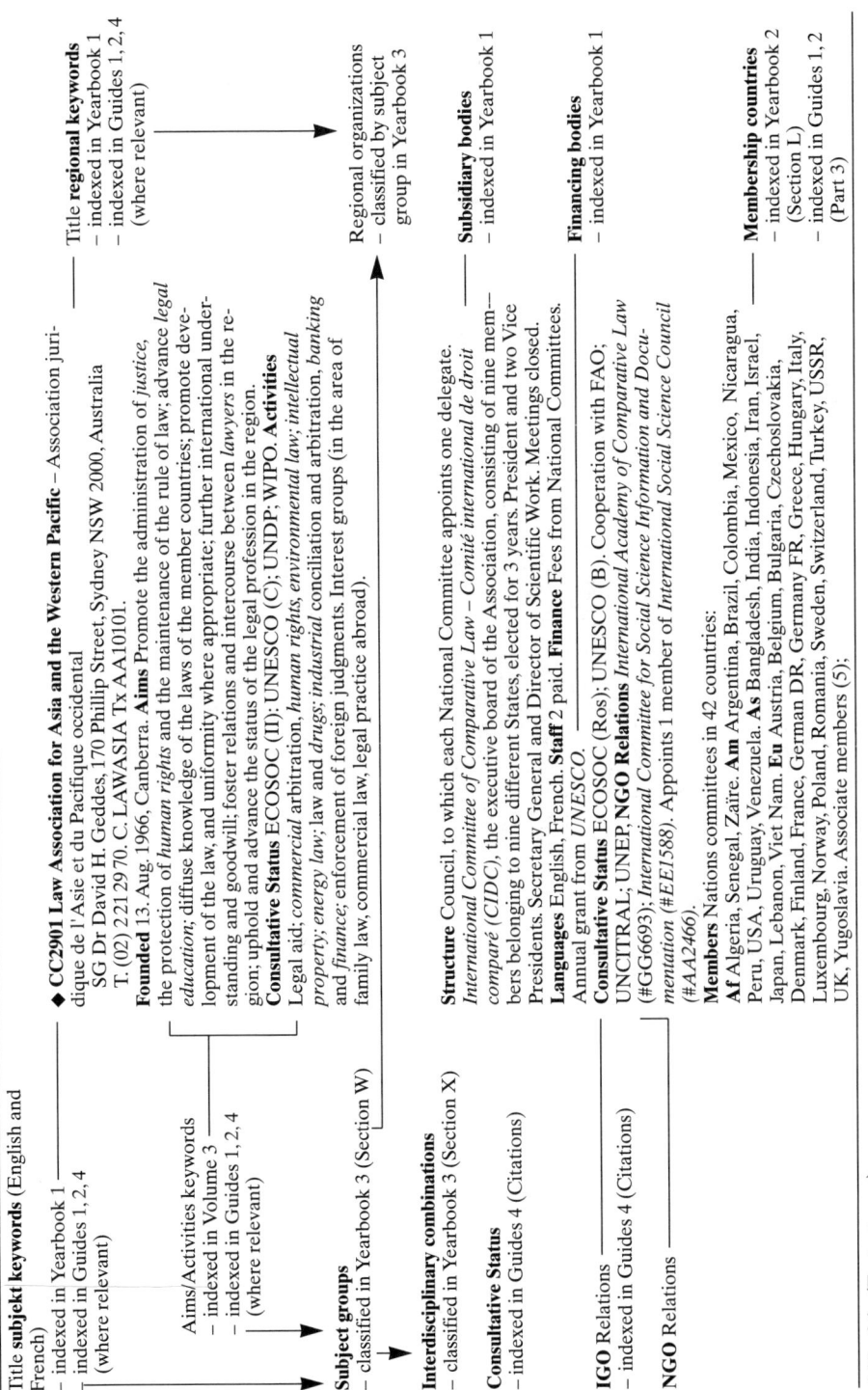

◆ **CC2901 Law Association for Asia and the Western Pacific** – Association juridique de l'Asie et du Pacifique occidental
SG Dr David H. Geddes, 170 Phillip Street, Sydney NSW 2000, Australia
T. (02) 221 29 70. C. LAWASIA Tx AA10101.
Founded 13. Aug. 1966, Canberra. **Aims** Promote the administration of *justice*, the protection of *human rights* and the maintenance of the rule of law; advance *legal education*; diffuse knowledge of the laws of the member countries; promote development of the law, and uniformity where appropriate; further international understanding and goodwill; foster relations and intercourse between *lawyers* in the region; uphold and advance the status of the legal profession in the region.
Consultative Status ECOSOC (II); UNESCO (C); UNDP; WIPO. **Activities** Legal aid; *commercial* arbitration, *human rights*, *environmental law*; *intellectual property*; *energy law*; *law* and *drugs*; *industrial* conciliation and arbitration, *banking* and *finance*; enforcement of foreign judgments. Interest groups (in the area of family law, commercial law, legal practice abroad).
Structure Council, to which each National Committee appoints one delegate. *International Committee of Comparative Law – Comité international de droit comparé (CIDC)*, the executive board of the Association, consisting of nine members belonging to nine different States, elected for 3 years. President and two Vice Presidents. Secretary General and Director of Scientific Work. Meetings closed. **Languages** English, French. **Staff** 2 paid. **Finance** Fees from National Committees. Annual grant from *UNESCO*.
Consultative Status ECOSOC (Ros); UNESCO (B). Cooperation with FAO; UNCITRAL; UNEP. **NGO Relations** *International Academy of Comparative Law* (#GG693); *International Committee for Social Science Information and Documentation* (#EE1588). Appoints 1 member of *International Social Science Council* (#AA2466).
Members Nations committees in 42 countries:
Af Algeria, Senegal, Zaïre. **Am** Argentina, Brazil, Colombia, Mexico, Nicaragua, Peru, USA, Uruguay, Venezuela. **As** Bangladesh, India, Indonesia, Iran, Israel, Japan, Lebanon, Viet Nam. **Eu** Austria, Belgium, Bulgaria, Czechoslovakia, Denmark, Finland, France, German DR, Germany FR, Greece, Hungary, Italy, Luxembourg, Norway, Poland, Romania, Sweden, Switzerland, Turkey, USSR, UK, Yugoslavia. Associate members (5);

Abb. 4.1: (Fortsetzung)

Membership bodies — Centre international de documentation et d'information (#*GG9927*); International Association of Law Libraries (#*CC1300*); International Association of Penal Law (#*BB1324*); International Institute for the Unification of Private Law (#*BB2136*); International Society for Labour Law and Social Security. (#*DD2491*)

♦ **AA1788y International Dental Federation** — Féderation dentaire internationale (FDI) – Federación Dental Internacional – Internationale Zahnärztliche Vereinigung.
Activities Standing Commissions on: Oral Health, Research and Epidemology; Dental Education and practice; Dental products; Defense Forces Dental Services. World Dental Health Programme in collaboration with WHO. Regional Organizations: Asian-Pacific Regional Organization; European Regional Organization; European Regional Organization; Latin America Regional Organization.

Meeting organizer
– indexed in Calendar
Meeting description
– reproduced in Calendar
Meeting theme
– indexed in Calendar
Meeting place
– indexed in Calendar
Meeting date
– indexed in Calendar

Events *Annual World Dental Congress* 63 up to 1975: Athens 1976, Toronto 1977, Madrid 1978, Paris 1979, Hamburg 1980, Rio de Janeiro 1981, Vienna 1982, Tokyo 1983, Helsinki 1984, Belgrade 1985, Manila 1986.
Publications *Newsletter of the FDI* (bimonthly) in English, French, German, Spanish; *International Dental Journal* (quarterly)

Identified world **problems**
– described in World Problems
– indexed in Yearbook 3
Social transformation **strategies**
– described in World Problems
– indexed in Yearbook 3
Publication titles
– indexed in Yearbook (Publications)
– indexed in Guides 4 (Publications) (if relevant)

Quelle: Yearbook of International Organizations 1988/89

Abb. 4.1: (Fortsetzung)

nisation müssen aus mindestens drei Ländern kommen und die Organisation darf weder von einem Land dominiert, noch für qualifizierte Dritte gesperrt sein; der hier verwendete Begriff der (2) **Internationalität** setzt die Beteiligung von Akteuren (privat oder staatlich) aus mindestens drei Ländern voraus und orientiert sich somit an der UN Resolution 334 vom 20. Juli 1950 (vgl. Abschnitt 2.1). Außerdem muß eine (3) **formale Struktur** vorliegen, die z.B. den Wahlmodus der Administration festlegt. Ferner muß ein (4) **kontinuierlicher Bestand** der Organisation gewährleistet sein. Das (5) **Management** muß sich aus Vertretern der Mitgliedsländer zusammensetzen bzw. es muß eine entsprechende Rotation gewährleistet sein. Ein substantieller Anteil der Finanzierung muß aus mindestens drei Ländern kommen; es dürfen (6) **keine Gewinne** gemacht werden, Überschüsse dürfen nicht an die Mitglieder verteilt werden. Es muß sich funktional um eine (7) **selbständige Organisation** handeln. Formale Verbindungen zu anderen Organisationen sind hiervon nicht betroffen. Schließlich muß z.B. auf Grund von regelmäßig erscheinenden Publikationen ersichtlich sein, daß die Organisation gegenwärtig (8) **aktiv** ist.

2.3.1 Die zahlenmäßige Entwicklung der internationalen Organisationen

Die Tabelle 4.1 gibt die Klassifikation und Verteilung der im Yearbook 1988/89 enthaltenen internationalen Organisationen wieder. Die Klassen A bis D erfüllen vollständig die oben genannten Kriterien und unterscheiden sich vor allem im Hinblick auf ihre räumliche Reichweite (global vs. regional). Die Organisationen, die in den Klassen E bis U geführt werden, erfüllen eine oder mehrere Bedingungen nicht und werden deshalb nicht zu den **konventionellen internationalen Organisationen** gerechnet. So haben z.B. die Organisationen der Gruppe G „Internationally-oriented national organizations" keine internationale Mitgliedschaft; die Organisationen der Gruppen E, F, S und T verfügen über keine ausreichende Struktur.

Die Frage nach der Zahl der internationalen Organisationen ist nicht eindeutig zu beantworten. Je nach Erkenntnisinteresse wird man sich auf die konventionellen Organisationen beschränken oder die Organisationen anderer Klassen hinzuzählen. Aus der Perspektive der zwischenstaatlichen Organisationen sind hier insbesondere die Klassen S und T von Interesse, da sie die in den letzten Jahren stark ansteigende Zahl von multinationalen Verträgen und internationalen Konferenzen berücksichtigen. Diese Kategorien erhöhen den Anteil der IGOs an den klassischen internationalen Wirtschaftsorganisationen entsprechend.

Von den insgesamt erfaßten 28 942 internationalen „non-profit" Organisationen werden 4 827 zu den konventionellen internationalen Organisationen gezählt. Nur 309 (= 6,4%) der konventionellen Organisationen sind IGOs. Der Großteil der konventionellen Organisationen sind somit INGOs (= 93,6% oder 4 518 Eingänge). Unter der Berücksichtigung von selbständigen Konferenzen würde die Zahl der konventionellen Organisationen um 58 IGOs bzw. 392 INGOs steigen.

Nicht alle der 4827 konventionellen Organisationen sind auch internationale Wirtschaftsorganisationen. Zu einer näheren Bestimmung weist der Subject Index des YIO in den folgenden Kategorien internationale Wirtschaftsorganisationen aus: Agriculture, Commerce, Development, Economics, Environment, Re-

Tabelle 4.1: Bestand der internationalen Organisationen

	Intergovernmental No.	% secn	% IGO	Nongovernmental No.	% secn	% NGO	Total No.	% total
Conventional international bodies								
A. Federations of international organizations	1	2.4	.3	41	97.6	1.0	42	.9
B. Universal membership organizations	33	7.3	10.7	422	92.7	9.3	455	9.4
C. Inter-continental membership organizations	45	5.4	14.6	796	94.6	17.6	841	17.4
D. Regionally oriented membership organizations	230	6.6	74.4	3259	93.4	72.1	3489	72.3
Total „conventional"	309	6.4	100.0	4518	93.6	100.0	4827	100.0
Other international bodies								
E. Organizations emanating from places, persons, other bodies	751	27.3	53.9	1996	72.7	16.9	2747	20.8
F. Organizations of special form	590	27.7	42.4	1538	72.3	13.0	2128	16.1
G. Internationally-oriented national organisazions	52	.6	3.7	8273	99.4	70.1	8325	63.1
Total „other"	1393	10.6	100.0	11807	89.4	100.0	13200	100.0
Total section A-G	1702			16325			18027	
Special sections								
H. Dissolved or apparently inactive organizations	240	10.2	12.4	2109	89.8	65.8	2349	45.7
R. Religious orders and secular institutes	0	0	0	690	100.0	21.5	690	13.4
S. Autonomous conference series	63	13.4	3.2	406	86.6	12.7	469	9.1
T. Multilateral treaties and intergovernmental agreements	1634	100.0	84.4	0	0	0	1634	31.8
Total „special"	1937	37.7	100.0	3205	62.3	100.0	5142	100.0
Total sections A-H, R, S, T	3639			19530			23169	
Unconfirmed bodies								
J. Recently reported bodies, not yet confirmed	137	9.3	34.3	1341	90.7	25.0	1478	25.6
U. Untraceable (or currently inactive nonconventional) bodies	262	6.1	65.7	4033	93.9	75.0	4295	74.4
Total „unconfirmed"	399	6.9	100.0	5374	93.1	100.0	5773	100.0
Total all sections	4038			24904			28942	

Quelle: Yearbook of International Organizations 88/89

sources/Energy, Science, Technology und Transportation/Telecommunication. Aufgrund statistischer (Doppelnennungen) und begrifflicher Probleme kann eine exakte Zahl der internationalen Wirtschaftsorganisationen nicht einfach abgelesen werden. Einer Schätzung zufolge, die dem hier verwendeten Begriff entspricht, sind ca. 30% der konventionellen IGOs und ca. 30% der INGOs als internationale Wirtschaftsorganisationen zu bezeichnen (vgl. Ansari, 1986).

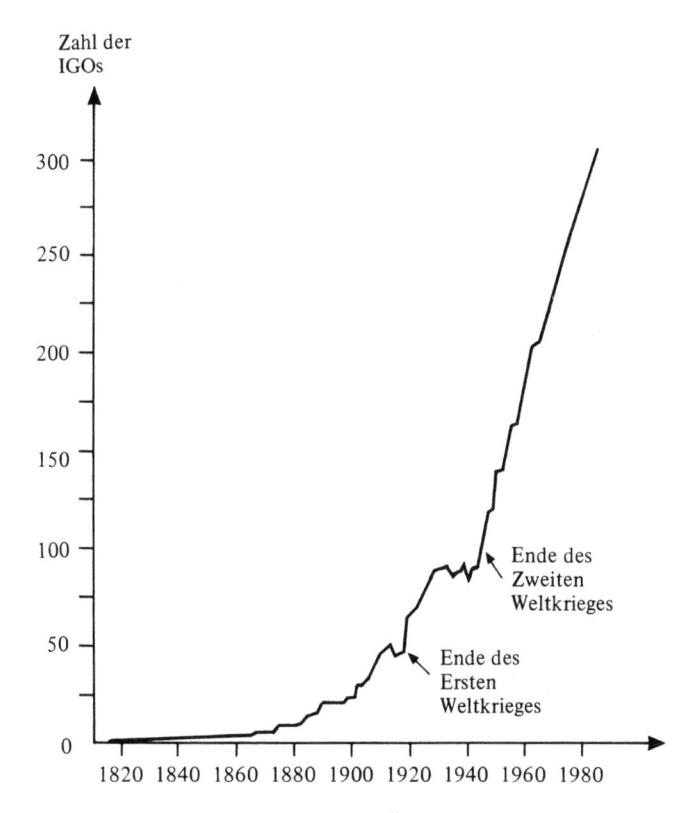

[Diagramm: Zahl der IGOs von 1820 bis 1980, mit Markierungen "Ende des Ersten Weltkrieges" und "Ende des Zweiten Weltkrieges"]

Quelle: Frey, B. (1985); Internationale Politische Ökonomie, München S. 130

Abb. 4.2: Zahlenmäßige Entwicklung der internationalen Organisation von 1815 bis 1989

Aus Abbildung 4.2 läßt sich ersehen, daß das Phänomen der internationalen Organisationen relativ jung ist: Ihre Anfänge liegen in den ersten Jahrzehnten des 19. Jahrhunderts. Abgesehen von Einbrüchen während der beiden Weltkriege nimmt die Zahl der internationalen Organisationen jedoch erst im 20. Jahrhundert und insbesondere seit dem Ende des Zweiten Weltkrieges kräftig zu. Dabei ist der Anteil der INGOs an den konventionellen Organisationen ständig gestiegen. Am Anfang des Jahrhunderts lag das Verhältnis zwischen IGOs und INGOs bei 1:4, 1988 liegt es bei 1:14.

2.3.2 Die regionale Verteilung der internationalen Organisationen

Internationale Organisationen sind zunächst in Europa entstanden (vgl. hierzu Abschnitt 4 „Zur Geschichte der Internationalen Organisationen"). Die Vorreiterrolle Europas kann man nicht nur an den Gründungsorten vieler Organisationen ablesen, sondern sie spiegelt sich noch heute in der regionalen Verteilung der Hauptsitze und der Mitglieder der Organisationen wider. In diesem Zusammenhang muß die starke regionale Integration Europas berücksichtigt werden. Sie schlägt sich in einem hohen Anteil europäischer Länder an den regionalen inter-

Tabelle 4.2 Ranking der Länder nach Zahl der Hauptsitze von internationalen Organisationen (1-19). Die Anzahl der regionalen Nebensitze ist jeweils in der zweiten Zeile angegeben.

Country	\multicolumn{10}{c}{Organization Types}										Totals			Total
	A	B	C	D	E	F	G	K	N	R	A-D	A-F	A-R	
Belgium	4	44	79	571	425	435	254	200	0	19	698	1558	2031	–
	3	26	18	99	57	93	17	10	0	5	146	296	328	2359
UK	2	79	186	356	148	399	423	113	0	20	623	1170	1726	–
	2	27	46	61	26	87	19	14	0	1	136	249	283	2009
France	10	83	130	363	258	371	416	248	0	242	586	1215	2121	–
	9	38	65	94	50	91	18	20	0	24	206	347	409	2530
USA	6	70	171	200	243	614	1183	237	0	52	447	1304	2776	–
	4	76	64	54	54	142	58	20	0	12	198	394	484	3260
Germany	0	21	54	232	83	128	212	69	0	18	307	518	817	–
	4	17	22	45	26	37	15	10	0	0	88	151	176	993
Switzerland	8	75	73	131	149	201	98	95	0	10	287	637	840	–
	8	42	29	32	28	53	4	6	0	0	111	192	202	1042
Netherlands	4	18	63	190	84	158	147	44	0	9	275	517	717	–
	1	14	29	28	16	35	4	9	0	2	72	123	138	855
Sweden	0	7	15	140	30	60	42	25	0	1	162	252	320	–
	2	6	5	14	4	3	3	4	0	1	27	34	42	362
Denmark	1	9	16	110	54	64	47	57	0	0	136	254	358	–
	1	5	3	29	5	15	1	4	0	1	38	58	64	422
Canada	4	25	36	49	43	70	191	31	0	34	111	224	480	–
	0	17	15	6	11	31	8	6	0	2	42	84	100	580
Italy	5	12	27	72	125	114	159	65	0	338	111	350	912	–
	0	17	8	26	19	22	6	7	0	15	56	97	125	1037
Austria	2	13	23	69	46	40	40	20	0	3	105	191	254	–
	0	11	9	11	10	11	2	3	0	1	33	54	60	314
Finland	0	7	7	69	17	25	32	10	0	0	83	125	167	–
	0	3	5	13	2	6	2	1	0	0	21	29	32	199
Australia	3	4	21	57	25	40	99	25	0	1	82	147	272	–
	0	23	7	11	2	18	5	2	0	2	44	64	72	344
Norway	1	3	5	74	23	31	32	13	0	1	82	136	183	–
	1	4	4	9	5	8	2	3	0	0	18	31	37	320
Egypt	0	0	3	69	29	13	12	11	0	0	72	114	137	–
	1	16	1	7	9	4	1	0	0	22	25	38	39	176
Spain	0	9	12	50	17	33	78	14	0	1	71	121	235	–
	0	4	5	12	7	12	1	1	0	0	22	41	44	279
Argentina	0	0	4	59	18	17	22	4	0	1	63	98	125	–
	2	9	4	7	6	7	1	2	0	0	22	35	38	163
Japan	0	5	13	45	18	32	84	20	0	1	63	113	218	–
	1	17	20	10	9	23	1	2	0	0	48	80	83	301

Quelle: Yearbook of International Organizations 1996/1997

Tabelle 4.3: Ranking der Länder nach Zahl der Mitgliedschaften in internationalen Organisationen (1-25). In der ersten Zeile sind jeweils die NGO's, in der zweiten Zeile die IGO's angegeben.

Country	A	B	C	D	E	F	K	R	Totals A-D	Totals A-F	Totals A-R	IGO+NGO A-D	IGO+NGO A-F	IGO+NGO A-R
France	34	478	900	1843	845	1505	341	0	3255	5605	5946	3342	6126	6508
	1	34	21	31	226	208	41	0	87	521	562			
Germany	32	472	901	1799	803	1417	334	0	3204	5424	5758	3287	5862	6230
	1	34	19	29	177	178	34	0	83	438	472			
UK	32	444	882	1673	776	1439	326	0	3031	5246	5572	3102	5683	6048
	1	32	21	17	186	180	39	0	71	437	476			
Italy	32	463	860	1615	735	1275	283	0	2970	4980	5263	3043	5402	5717
	1	34	22	22	170	179	32	0	73	422	454			
Belgium	32	456	847	1610	733	1291	243	0	2945	4969	5212	3018	5360	5631
	1	34	16	22	146	172	28	0	73	391	419			
Netherlands	31	456	844	1609	734	1294	264	0	2940	4968	5232	3016	5394	5691
	1	33	16	26	183	167	33	0	76	426	459			
Spain	31	461	813	1511	675	1183	241	0	2816	4674	4915	2888	5087	5359
	1	34	16	21	169	172	31	0	72	413	444			
Sweden	32	441	761	1499	528	1066	237	0	2733	4327	4564	2820	4755	5036
	1	34	14	40	164	177	44	0	87	428	472			
Switzerland	34	455	819	1408	555	1106	229	0	2716	4377	4606	2779	4657	4902
	0	32	9	20	99	118	16	0	63	280	296			
Denmark	31	438	716	1441	578	1015	212	0	2626	4219	4431	2713	4633	4892
	1	34	14	40	163	164	47	0	87	414	461			
Finland	30	445	672	1292	445	847	192	0	2439	3731	3923	2523	4131	4369
	1	32	14	36	155	161	46	0	84	400	446			
USA	33	463	889	1033	488	1272	293	0	2418	4178	4471	2482	4522	4840
	1	32	16	15	158	122	25	0	64	344	369			
Norway	29	430	674	1247	422	869	185	0	2380	3671	3856	2471	4056	4288
	1	32	16	42	151	143	47	0	91	385	432			
Austria	31	446	738	1190	503	879	197	0	2405	3787	3984	2464	4102	4317
	1	29	11	18	118	138	18	0	59	315	333			
Canada	35	466	859	756	405	1079	233	0	2116	3600	3833	2177	3918	4168
	1	28	17	15	135	122	17	0	61	318	335			
Portugal	32	423	607	1007	476	870	184	0	2069	3415	3599	2134	3757	3968
	1	32	14	18	136	141	27	0	65	342	369			
Japan	33	470	782	685	350	836	228	0	1970	3156	3384	2033	3445	3686
	1	35	17	18	121	105	13	0	63	289	302			
Australia	31	457	797	666	333	904	236	0	1951	3188	3424	2011	3467	3714
	1	31	18	10	109	110	11	0	60	279	290			
Greece	29	424	587	883	437	767	163	0	1923	3127	3290	1984	3447	3639
	1	34	12	14	127	132	29	0	61	320	349			
Hungary	32	406	620	742	323	665	167	0	1800	2788	2955	1851	3027	3211
	1	30	8	12	91	97	17	0	51	239	256			
Poland	32	427	615	718	324	673	164	0	1792	2789	2953	1845	3027	3211
	1	29	9	14	88	97	20	0	53	238	258			
Ireland	24	408	498	848	453	792	143	0	1778	3023	3166	1830	3297	3456
	1	28	11	12	98	124	16	0	52	274	290			
Brazil	32	449	652	510	278	786	161	0	1643	2707	2868	1702	2992	3169
	1	32	9	17	119	107	16	0	59	285	301			
Israel	30	424	629	545	254	595	153	0	1628	2477	2630	1667	2623	2780
	1	29	5	4	45	62	4	0	39	146	150			
India	30	460	666	428	275	801	181	0	1584	2660	2841	1644	2941	3141
	1	32	17	10	103	118	19	0	60	281	300			

Quelle: Yearbook of International Organizations 1996/1997

nationalen Organisationen der Klasse D „regionally oriented membership organizations" nieder. Demgegenüber haben z.B. die USA einen besonders hohen Anteil an den Organisationen der Klasse G, also nationalen Organisationen, die international tätig sind.

Tabelle 4.2 gibt die Verteilung der Hauptsitze der konventionellen privaten und zwischenstaatlichen internationalen Organisationen wieder. Unter den zehn Ländern mit den meisten Hauptsitzen liegen neun in Europa. Die USA nehmen hinter Frankreich, Großbritannien und Belgien den vierten Platz ein, während die Wirtschaftsmacht Japan erst auf Rang 19 folgt. Ein ähnliches Bild ergibt sich bezüglich der Mitgliedschaft in internationalen Organisationen (vgl. Tabelle 4.3).

3 Ansätze zu einer ökonomischen Analyse der internationalen Organisationen

3.1 Die wohlfahrtsökonomische Begründung internationaler Organisationen

Seit dem 19. Jahrhundert haben die grenzüberschreitenden Austauschprozesse stark zugenommen und zu einer wachsenden Verflechtung und gegenseitigen Abhängigkeit geführt, die einen erhöhten Organisations- und Regelungsbedarf schaffen. Die ökonomische Analyse versucht zu erklären, warum die Koordinationsleistung nicht nur von privatwirtschaftlichen Akteuren, sondern auch von staatlichen internatioalen Organisationen erbracht wird.

Die wohlfahrtsökonomische Analyse versucht zu zeigen, daß unter bestimmten Bedingungen ein rein privatwirtschaftlich organisierter Weltmarkt zu Fehlallokationen (Marktversagen) führt, die durch staatliche internationale Organisationen beseitigt werden können.

Die **Wohlfahrtsökonomie** (hierzu Sohmen, 1976) geht von dem Ideal eines vollkommenen Marktes bzw. einer vollständigen Konkurrenz aus. Unter diesen Bedingungen führt der Marktprozeß zu einem gesamtwirtschaftlichen, paretooptimalen Gleichgewicht. D.h. es ist nicht mehr möglich, durch eine Umverteilung der Ressourcen ein Individuum besser zu stellen, ohne andere dafür schlechter zu stellen.

Der zentrale Begriff der wohlfahrtsökonomischen Begründung der internationalen Organisationen ist das **partielle Marktversagen**. Es wird definiert als die Abweichung vom pareto-optimalen Gleichgewicht. Verschiedene Ursachen können hierfür verantwortlich sein:

Entweder führt der Marktprozeß in einzelnen Wirtschaftsbereichen nicht zu den erwarteten positiven Wirkungen des Wettbewerbs (externe Effekte, öffentliche Güter, ruinöse Konkurrenz, asymmetrische Informationen) oder ein Wettbewerb wird verhindert (natürliches Monopol).

Gewöhnlich werden mit Marktversagen staatliche Interventionen auf nationaler Ebene begründet. Liegen jedoch **internationale Allokationsmängel** vor, so sollte die Korrektur dieser Mängel einer internationalen Organisation übertragen werden, die über ein entsprechendes räumliches Kompetenzgebiet verfügt. Der Grad der Übereinstimmung des Kompetenzgebietes mit der Reichweite der internationalen Allokationsmängel bestimmt die **räumliche Effizienz** der Organisationen. Bezogen auf internationale öffentliche Güter kommt dieser Sachverhalt in dem prägnanten Titel von Kindleberger (1986) deutlich zum Ausdruck: „International Public Goods without International Government".

Grundsätzlich werden positive Skalenerträge verantwortlich gemacht für das Nicht-Zustandekommen des Wettbewerbs, da bei positiven Skalenerträgen in der Produktion nur ein Anbieter kostengünstig produzieren kann und somit ein **natürliches Monopol** besteht. Auf internationaler Ebene liegen positive technische Skaleneffekte nur in wenigen Bereichen vor, etwa in der Forschung und Entwicklung, bei Satellitensystemen oder im Bereich der Meteorologie. Aus diesem Grund wird das Argument des natürlichen Monopols nur für sehr wenige internationale Organisationen des sekundären und tertiären Grades, wie etwa das 1973 gegründete Internationale Nachrichtensatellitensystem (INTELSAT) angeführt.

Unter den verschiedenen Ursachen des Marktversagens werden vor allem externe Effekte und öffentliche Güter für internationale Allokationsmängel verantwortlich gemacht. Aus diesem Grund wird im Folgenden auf sie eingegangen und andere Ursachen des Marktversagens, wie z.B. ruinöse Konkurrenz, werden nicht weiter behandelt.

Technische externe Effekte liegen vor, wenn die Nutzenfunktionen der Konsumenten bzw. die Produktionsfunktionen der Produzenten voneinander abhängig sind. Unter diesen Bedingungen wird die Knappheitsrelation nicht durch den Preismechanismus widergespiegelt und es liegt keine pareto-optimale Allokation vor. Die Interdependenzen können sowohl positive als auch negative externe Effekte auslösen. Ein Beispiel für internationale negative externe Effekte ist etwa die grenzüberschreitende Umweltverschmutzung.

Die technischen externen Effekte müssen jedoch deutlich von den *pekuniären externen Effekten* unterschieden werden. Die pekuniären externen Effekte bezeichnen Interdependenzen, die sich über den Preismechanismus in einer Änderung der relativen Preise niederschlagen. Pekuniäre externe Effekte stellen kein Versagen des Marktes dar, sondern im Gegenteil, sie zeigen, daß er funktioniert.

Öffentliche Güter können als Güter charakterisiert werden, die positive externe Effekte im Konsum aufweisen. Das moderne Konzept der **öffentlichen Güter** geht auf Musgrave und Samuelson zurück (vgl. Sohmen, 1976, Kapitel 8). Öffentliche Güter sind durch zwei Merkmale gekennzeichnet: *Nichtrivalität* und *Nicht-Ausschließbarkeit* im Konsum. Die Nichtrivalität im Konsum bedeutet, daß das betreffende Gut bei der Nutzung durch einen Konsumenten nicht untergeht und deshalb von verschiedenen Nachfragern gemeinsam konsumierbar ist. Das Kriterium der Nicht-Ausschließbarkeit bedeutet, daß der Konsum eines bestimmten Gutes niemandem vorenthalten werden kann.

Die besondere Problematik der öffentlichen Güter liegt in dem sogenannten **„Trittbrettfahrerverhalten"**: Der Einzelne kann von der Nutzung der mit dem Gut verbundenen positiven Effekte nicht ausgeschlossen werden und hat deshalb keine Veranlassung, für die Bereitstellung des Gutes zu zahlen. Die Folge ist, daß das betreffende Gut nicht ausreichend bzw. im Extremfall überhaupt nicht produziert wird, obwohl es nachgefragt wird. Eine solche Situation, in der alle Beteiligten Gefahr laufen, auf Grund ihres strategischen Verhaltens schlechter gestellt zu werden als es einer pareto-optimalen Allokation entsprechen würde, wird in der Spieltheorie auch als das „Dilemma des Untersuchungsgefangenen" bezeichnet **(Prisoner's Dilemma).**

Als Beispiele für internationale öffentliche Güter werden genannt: Friede, ein internationales offenes Handelssystem, ein internationales Rechtssystem, Umwelt, Forschung, Information, Sprache etc.

Einen **Spezialfall der öffentlichen Güter** stellen die **sozialen Beziehungsgüter** dar (vgl. hierzu Kindleberger, 1982). Diese Güter zeichnen sich dadurch aus, daß der Nutzen, den der Konsum dieses Gutes für den einzelnen Konsumenten stiftet, mit der Zahl der weiteren Konsumenten desselben Gutes zunimmt. Bei diesen Gütern handelt es sich um Standards bzw. Maße für Raum, Zeit, Länge, Gewicht, Temperatur und Qualität bzw. Wert [z.B. Funktion des Geldes als Recheneinheit oder internationale Statistiken wie z.b. Standard International Trade Classification (SITC)].

Soziale Beziehungsgüter werden sowohl zur Begründung sekundärer und tertiärer internationaler Wirtschaftsorganisationen, wie z.B. das Internationale Gewichts- und Maßbüro (vgl. hierzu die in Abschnitt 4 angeführten Organisationen), als auch zur Begründung der Organisationen des internationalen Währungssystems angeführt.

Zusammenfassend kann festgestellt werden, daß aus der zunehmenden weltwirtschaftlichen Verflechtung allein noch keine ökonomische Begründung für internationale Organisationen abgeleitet werden kann. Die wohlfahrtsökonomische Analyse nennt jedoch bestimmte Merkmale, etwa internationale externe Effekte und internationale öffentliche Güter, mit denen ein Marktversagen auf internationaler Ebene begründet werden kann. Nur in den Bereichen, in denen die weltwirtschaftliche Verflechtung mit einem Marktversagen verbunden ist, liegen die Grundbedingungen für einen, die Allokation verbessernden, Einsatz der internationalen Organisationen vor.

3.2 Mögliche Implikationen der wohlfahrtsökonomischen Analyse

Liegt ein Marktversagen vor, werden Korrekturmaßnahmen, deren Durchführung etwa internationalen Organisationen übertragen wird, notwendig, um eine als ideal angesehene Allokation zu erreichen. Aus diesem Grunde wird die wohlfahrtsökonomische Analyse auch als **normative Theorie** bezeichnet.

Die genaue Bestimmung der internationalen Allokationsmängel ist nicht unproblematisch. Die **Abgrenzungsprobleme** spiegeln sich nicht zuletzt in den in der Literatur z.T. sehr unterschiedlichen Auflistungen der internationalen öffentlichen Güter wider. Beispielsweise werden von Cooper zusätzlich zu den oben genannten internationalen öffentlichen Gütern auch Stabilität, Regulierungen und Einkommensverteilung genannt (vgl. hierzu Kindleberger, 1986). Gegen diese umfangreiche Liste der internationalen öffentlichen Güter wendet sich Vaubel (1983, 1984). So sind seiner Ansicht nach mit dem Gut „internationale Stabilität der Wirtschaft" keine technischen externen Effekte, sondern lediglich pekuniäre Externalitäten verbunden. Folgt man dieser Argumentation, liegt in wichtigen Bereichen der Wirtschaftspolitik, wie z.B. Konjunkturpolitik, Wechselkurspolitik und allgemeiner Stabilisierungspolitik keine öffentliche Gutsproblematik vor. Das Aufgabengebiet der internationalen Organisationen muß dann entsprechend eingeschränkt werden. Das von Vaubel vorgetragende Argument zielt letztendlich auf eine **dezentralisierte Wirtschaftspolitik** und einen politischen Wettbewerb.

Geht man davon aus, daß ein internationales öffentliches Gut vorliegt, muß zusätzlich die tatsächliche **Bedeutung des Trittbrettfahrerverhaltens** (free rider position) berücksichtigt werden, um das Aufgabengebiet der internationalen Organisationen bestimmen zu können. In der Literatur wird darauf hingewiesen, daß die Bedingungen, unter denen ein Trittbrettfahrerverhalten tatsächlich stattfindet, noch nicht ausreichend bestimmt sind. Es sei zu erwarten, daß das Trittbrettfahrerverhalten in viel geringerem Maße erfolgt, als der Marktversagensansatz erwarten läßt (vgl. Frey, 1984, allgemein: Schneider/Pommerehne, 1981).

Olson (1965) hat untersucht, welche Bedingungen vorliegen müssen, damit in einer Gruppe die Produktion von öffentlichen Gütern erfolgt, d.h. ein Trittbrettfahrerverhalten unterbleibt bzw. die Produktion des öffentlichen Gutes nicht nachhaltig behindert. Aus seinen Überlegungen kann gefolgert werden, daß ein Trittbrettfahrerverhalten bei internationalen öffentlichen Gütern insbesondere dann vermieden werden kann, wenn eine oder alle der drei folgenden Bedingungen erfüllt sind:

- Die Gruppe ist klein und ein Trittbrettfahrerverhalten der einzelnen Mitglieder kann leicht kontrolliert werden.
- Einzelne Mitglieder haben besonders ausgeprägte Präferenzen für das Gut und sind deshalb notfalls bereit, das Gut selber zu produzieren.
- Das öffentliche Gut kann in ein „Clubgut" umgewandelt werden, dessen Nutzung nur den Clubmitgliedern möglich ist.

Eine ausführliche Anwendung der Argumente von Olson auf das Problem internationaler Organisationen findet sich etwa bei Russett/Sullivan (1971). Fratianni/Pattison (1982) haben diese Argumente in einem mathematischen Modell der internationalen Organisationen formuliert.

Liegen pareto-relevante internationale Allokationsmängel vor, so ist zu fragen, welche **Funktion** den internationalen Organisationen bei der Korrektur des Marktversagens zukommt. Zur Beantwortung dieser Frage ist es zunächst wichtig zu verstehen, daß das Problem der Externalitäten vor allem ein Problem der Definition und der Zuweisung von Eigentums- und Ausschlußrechten ist. Sind diese Rechte eindeutig definiert, dann besteht eine Ausschlußmöglichkeit bzw. können die Verursacher und die Betroffenen die Externalitäten durch entsprechende Verhandlungen internalisieren [vgl. hierzu Conybeare (1980) und allgemein Coase (1960)].

Dieses Argument richtet sich wohlgemerkt nicht gegen eine ökonomisch sinnvolle Funktion der internationalen Organisationen. Sondern es wird auf die zentrale Bedeutung des internationalen Rechts hingewiesen und allgemein die **Regelung der Rechtszuweisung** als die Hauptfunktion der internationalen Organisationen gesehen. Demnach sollen die internationalen Organisationen möglichst nicht mit prozeßpolitischen Instrumenten in den Marktprozeß eingreifen, sondern durch die Spezifizierung, Zuweisung, Anpassung und Durchsetzung der Eigentums- und Ausschlußrechte geeignete Rahmenbedingungen schaffen.

3.3 Grenzen der wohlfahrtsökonomischen Analyse der internationalen Organisationen

Die politisch-ökonomische Analyse der Neuen Politischen Ökonomie (NPÖ) betrachtet im Gegensatz zu der als normativ bezeichneten wohlfahrtsökonomischen Theorie nicht ideale, sondern reale Zustände. D.h. es wird versucht, das Zustandekommen und die tatsächliche Funktion der internationalen Organisationen zu erklären. Aus diesem Grunde wird die politisch-ökonomische Analyse auch als positive Theorie der internationalen Organisationen bezeichnet (vgl. Vaubel, 1984). Vertreter der NPÖ weisen darauf hin, daß die politischen Akteure (Wähler, Politiker, Verbände und Bürokraten) eigennützig handeln, d.h. das Ziel verfolgen, ihren individuellen Nutzen zu maximieren (methodologischer Individualismus). Auf der Grundlage dieser Annahme ist das politische System kein „deus ex machina", der gleichsam selbstlos die pareto-optimalen Zustände herbeiführt. Es kann deshalb nicht davon ausgegangen werden, daß die internationalen Organisationen automatisch eine optimale Lösung des Marktversagens herbeiführen (vgl. Schoppe, 1982). Auf das hiermit verbundene **Organisationsversagen** bzw. **Politikversagen** der internationalen Organisationen wird in den folgenden beiden Abschnitten näher eingegangen.

3.3.1 Zur internen Effizienz internationaler Organisationen

In den folgenden Überlegungen wird davon ausgegangen, daß die „Bürokraten" der internationalen Organisationen eigennützige Interessen verfolgen. (Zur **Theorie der Bürokratie** vergleiche Niskanen, 1971).

Dies hat zur Folge, daß zwischen den Zielen der Auftraggeber (nationale Regierungen und Wähler) und denen der Bürokraten eine Diskrepanz besteht. Diese Diskrepanz liegt letztendlich bei allen Organisationen, also auch bei nationalen-öffentlichen sowie privaten Organisationen und Unternehmen vor und wird als X-Ineffizienz bezeichnet (dieser Begriff geht auf Leibenstein zurück, vgl. Luckenbach, 1988). Es können Argumente angeführt werden, denen zufolge die organisationsinterne Ineffizienz der verschiedenen Organisationen unterschiedlich groß ist.

Private Organisationen stehen im Wettbewerb zueinander und können deshalb in ihrem Verhalten nur vergleichsweise wenig von den Zielen ihrer Auftraggeber (der Kapitalgeber) abweichen. Im Gegensatz dazu besteht zwischen den öffentlichen Organisationen auf nationaler Ebene kein Wettbewerb. Die Organisationen besitzen deshalb eine Monopolstellung, die sie für ihre eigenen Ziele ausnutzen können. Diese Ziele können etwa in einem höheren Budget, einem größeren Personalbestand, diskretionären Entscheidungsspielräumen und Freizeit liegen. Tatsächlich belegen Untersuchungen zu der relativen Effizienz privater und öffentlicher Unternehmen eine größere **organisationsinterne Effizienz** der privaten Organisationen (vgl. Luckenbach, 1988, und die dort angegebene Literatur).

Wie ist jedoch die Effizienz der internationalen Organisationen zu beurteilen? Zur Beantwortung dieser Frage muß zwischen internationalen Organisationen mit geringer Kompetenzzuweisung und supranationalen Organisationen unterschieden werden. Bei den meisten internationalen Organisationen haben die Nationalstaaten ihre Hoheitsrechte nicht abgegeben, sondern sind vermittelt durch die nationalen Bürokratien die Auftraggeber der internationalen Organisationen. Aus diesem Grunde addieren sich die internen Ineffizienzen der nationalen und der internationalen Organisationen. Im Gegensatz dazu besitzen die supranationalen Organisationen umfangreiche Kompetenzen, und es findet eine Substitution der internen Ineffizienz zwischen nationalen und internationalen Organisationen statt.

Aus mehreren Gründen wird davon ausgegangen, daß auf internationaler Ebene die Kontrolle der Aufgabenträger schwächer ist als auf nationaler Ebene. Zum einen ist die Kontrolle der internationalen Organisationen ein internationales öffentliches Gut, und die nationalen Auftraggeber werden auf Grund der Trittbrettfahrerproblematik eine geringere Motivation verspüren, eine Kontrolle auszuüben. Zum anderen ist die Leistung der internationalen Organisationen nur schlecht meßbar und ihr Aufgabengebiet meist nicht klar definiert (vgl. Frey, 1985, S. 136ff.).

Aus diesen Überlegungen wird gefolgert, daß eine Hierarchie der organisationsinternen Ineffizienz besteht, wobei die privaten Organisationen die geringste und in der Reihenfolge die nationalen Bürokratien, supranationale Organisationen und internationale Organisationen mit geringen Kompetenzen eine wachsende interne Ineffizienz aufweisen. Es gibt vielfältige Hinweise auf einen Macht- und Budgethunger der internationalen Organisationen (vgl. u.a. Frey, 1985). Ein empirischer Beleg für die oben aufgestellte Hierarchie der Ineffizienz steht jedoch noch aus.

Welche Schlußfolgerungen sind aus einer Unterlegenheit der internationalen Organisationen bei der internen Effizienz zu ziehen?

Luckenbach (1988) folgert, daß für die optimale Aufteilung der wirtschaftspolitischen Aktivitäten zwischen nationalen und internationalen Organisationen die **Gesamteffizienz** entscheidend ist, die sich aus der **raumbezogenen Effizienz** (siehe Abschnitt 3.1) und der **verhaltensbezogenen Effizienz** zusammensetzt. D.h. es ist die Organisation zu wählen, die die größte Gesamteffizienz aus räumlicher und verhaltensbezogener Effizienz aufweist. Dabei ist die raumbezogene Effizienz von grundlegender Bedeutung und gibt die Untergrenze des Aufgabengebietes der internationalen Organisationen an. Demgegenüber bestimmt die verhaltensbezogene Effizienz die Obergrenze.

Da die Ermittlung sowohl der raumbezogenen Effizienz (vgl. Abschnitt 3.2), als auch der verhaltensbezogenen Effizienz nicht unproblematisch ist, verwundert es nicht, daß zumindest bislang die Gesamteffizienz internationaler Organisationen wenig formalisiert und kaum bestimmt ist.

3.3.2 Politikversagen

Man stelle sich einen politischen Markt vor, auf dem das Gut „kollektive Entscheidungsfindung" gehandelt wird. Der Erwerb dieses Gutes verringert die Kosten, die der einzelne Bürger für die Teilnahme an dem politischen Entscheidungsprozeß aufwenden muß. Die Ursache für diese Einsparungen liegen in der Arbeitsteilung zwischen den wählenden Bürgern und dem „politischen Unternehmer", der als Spezialist in Sachen „kollektive Entscheidungsfindung" seine Dienste auf dem politischen Markt anbietet. (Zur Theorie der Demokratie und zu dem Konzept des politischen Unternehmers vgl. die angegebene Literatur zur NPÖ).

Es wird von der Verhaltensannahme ausgegangen, daß der Politiker eigennützige Interessen verfolgt. Diese Annahme ist nicht gleichbedeutend mit der Behauptung, daß der Politiker sich vor allem auf Kosten der Allgemeinheit bereichern will, sondern sie bedeutet zunächst lediglich, daß eine Differenz zwischen dem Eigeninteresse des Politikers und dem Gemeinwohl bestehen kann. Will der Politiker langfristig an dem politischen Entscheidungsprozeß teilhaben, dann muß er zwangsläufig sein Verhalten auf die Wiederwahl ausrichten. Aus diesem Grunde wird der Politiker versuchen, seine Macht, d.h. seinen Entscheidungsspielraum und die Chancen seiner Wiederwahl zu maximieren. Das Verhalten des Politikers wird kontrolliert durch den politischen Wettbewerb, d.h. die Nachfrage nach dem Gut „Kollektive Entscheidungsfindung".

Vertreter der NPÖ gehen u.a. der Frage nach, inwiefern ein **Politikversagen** vorliegt, d.h. primäre internationale Wirtschaftsorganisationen von den Politikern dazu benutzt werden können, sich dem politischen Wettbewerb zu entziehen. Diesbezüglich werden insbesondere zwei Thesen aufgestellt:

Erstens wird argumentiert, daß internationale Absprachen und insbesondere die seit Mitte der siebziger Jahre praktizierte Form der internationalen Kooperation (z.B. die Weltwirtschaftsgipfel) ein internationales **Politikerkartell** darstellen (vgl. Vaubel, 1984). Die Absprachen ermöglichen den Politikern, sich einer kritischen Bewertung ihrer Politik zu entziehen, indem die internationalen Vergleichsmöglichkeiten eingeschränkt werden. Ferner kann die Wettbewerbsposition gegenüber der heimischen Konkurrenz entsprechend gestärkt werden durch ein positives Image in der Öffentlichkeit und eine Bestätigung der eigenen Politik durch die anderen Kartellmitglieder. Die These entspricht der vielerorts geäußerten Skepsis gegenüber internationalen Absprachen. Ohne weiteres können auch Belege für eine solche Funktion der internationalen Zusammenarbeit gegeben werden. So folgte der zweite Weltwirtschaftsgipfel auf die Initiative von US-Präsident Ford in sehr kurzer Zeit auf das erste Treffen in Rambouillet und fiel in die heiße Zeit des Wahlkampfes um die amerikanische Präsidentschaft. Es wird deshalb vermutet, daß dieser Gipfel vor allem aus wahltaktischen Gründen stattfand (vgl. Vaubel, 1984).

Jedoch kann auf der Grundlage der obigen These keine Bewertung der internationalen Absprachen vorgenommen werden. Dies liegt zum einen sicherlich daran, daß es sich um eine These handelt, die lediglich Teilaspekte der politischen Kooperation erfaßt. Zum anderen können unter den obigen Annahmen die internationalen Absprachen eine Wirkung entfalten, die letztendlich der These zuwiderläuft: Es ist nämlich vorstellbar, daß gerade internationale Absprachen dem Politiker helfen, unpopuläre, aber wichtige Maßnahmen zu ergreifen, ohne damit seine Wiederwahl zu gefährden.

Zweitens wird die **„dirty work" Hypothese** aufgestellt (vgl. hierzu Vaubel, 1984). Die These besagt, daß es zwischen den nationalen Regierungen und den internationalen Organisationen eine Arbeitsteilung der Gestalt gibt, daß die internationalen Organisationen Aufgaben übernehmen, die für die nationalen Politiker unangenehm sind und als Gegenleistung mit zusätzlichen Kompetenzen und Finanzmitteln ausgestattet werden. Eine solche Arbeitsteilung führt zu höheren Informations- und Kontrollkosten für die Wähler und verringert somit die Wirksamkeit des politischen Wettbewerbs. Als Beispiel für eine der „dirty work" Hypothese entsprechende Arbeitsteilung wird u.a. die Funktion der Europäischen Gemeinschaft im Bereich der Agrarpolitik genannt.

3.4 Zusammenfassung

Eine ökonomische Theorie der internationalen Organisationen liegt bisher nur ansatzweise vor. Die wohlfahrtsökonomische Begründung der staatlichen internationalen Organisationen bezieht sich auf internationale Allokationsmängel. Insbesondere internationale externe Effekte und internationale öffentliche Güter, wie z.B ein offenes Handelssystem oder der Schutz der Umwelt werden für ein Marktversagen verantwortlich gemacht, das zu einer Unterproduktion des betreffenden Gutes führt. Liegen internationale Allokationsmängel vor, sollte die Korrektur auf internationale Organisationen übertragen werden, die über ein entsprechendes Kompetenzgebiet verfügen.

Kritiker warnen vor einer naiven Anwendung des Marktversagensansatzes. Sie weisen zum einen darauf hin, daß die wohlfahrtsökonomische Analyse das Ausmaß des Marktversagens überzeichnet. Zum anderen gehen die Vertreter der positiven Theorie der internationalen Organisationen davon aus, daß die politischen Akteure eigennützig handeln, d.h. das Ziel verfolgen, ihren individuellen Nutzen zu maximieren. Unter dieser Verhaltensannahme kann nicht mehr davon ausgegangen werden, daß die internationalen Organisationen automatisch eine optimale Korrektur des Marktversagens herbeiführen. Stattdessen ist davon auszugehen, daß die Organisationen selber eine Quelle von Ineffizienzen sind. In diesem Zusammenhang kann im Gegensatz zu dem Begriff des **Marktversagens** von einem **Organisationsversagen** gesprochen werden. Darüberhinaus besteht die Möglichkeit des **Politikversagens**. In diesem Zusammenhang wird dann von einem Politikversagen gesprochen, wenn nationale Politiker die internationalen Organisationen dazu benutzen, die Kontrollfähigkeit des politischen Wettbewerbs zu schwächen.

4 Zur Geschichte der internationalen Organisationen

Die folgende Darstellung der **Entwicklungsgeschichte** der internationalen Organisationen ist in vier Perioden unterteilt. Jede Periode wird nach dem gleichen Schema bearbeitet. Zunächst wird die Periode kurz charakterisiert und werden wesentliche **Entwicklungsdeterminanten** der Organisationen herausgestellt. Unter der Verwendung der in Abschnitt 2 eingeführten Klassifikationsmerkmale werden anschließend wichtige **Entwicklungslinien** beschrieben. Danach wird auf ausgewählte Organisationen eingegangen, die in dieser Periode gegründet wurden. Abschließend werden die für die Periode typischen Entwicklungsdeterminanten und Entwicklungslinien am Beispiel der **Organisationen des Währungssystems** verdeutlicht.

4.1 Vom Wiener Kongreß bis zum Beginn des Ersten Weltkrieges

Die erste Phase in der Entwicklungsgeschichte moderner internationaler Wirtschaftsorganisationen beginnt mit dem Wiener Kongreß von 1814 und endet 1914 mit dem Ersten Weltkrieg. Es ist die **Zeit des Freihandels** und der politischen und wirtschaftlichen Vormachtstellung Europas in der Welt, und insbesondere Großbritanniens.

Diese Periode und speziell die Entstehung der internationalen Wirschaftsorganisationen ist auf das engste mit dem Zusammenwirken von zwei Entwicklungen verbunden: der Französischen Revolution und der sogenannten Industriellen Revolution.

In der Folge der **Französischen Revolution** gewinnt die bürgerliche Mittelschicht gegenüber der Aristokratie an Bedeutung und höhlt mittelalterliche ständische Strukturen zunehmend aus. Für die Entstehung internationaler Organisationen hat dies unmittelbar zwei Konsequenzen:

Einerseits werden die Kräfte gestärkt, die eine bürgerlich liberale Grundhaltung aufweisen und vom Handel am stärksten profitieren.

Gleichzeitig entwickelt sich die bürgerliche Mittelschicht zur tragenden Kraft des erwachenden Nationalismus. Der **Nationalstaat** wird im 19. Jahrhundert gegen die Kräfte der Aristokratie, aber auch die der internationalen Arbeiterbewegung, durchgesetzt.

Die **Industrielle Revolution** in Europa führt zusammen mit dem enormen Wachstum der Produktion zu einem rapiden Anstieg des Handels mit einem bis dahin unbekannten Ausmaß von Faktor-und Güterbewegungen. So steigt zwischen 1750 und 1914 der Wert des **Welthandels** um mehr als das Fünfzigfache. Europa dominiert den Handel und kann bis Ende des 19. Jahrhunderts seinen Anteil an den Weltimporten auf 61% und bei den Weltexporten auf 55% erhöhen. Diese Zahlen verdeutlichen bereits, daß es sich weniger um eine globale als um eine interregionale Entwicklung der europäischen Wirtschaft handelt. Die Industrielle Revolution entfaltet eine starke, die Nationalstaaten und Territorien überschreitende **integrative Wirkung**.

Das Spannungsverhältnis zwischen Nationalstaatlichkeit und wirtschaftlicher Integration, d.h. zunehmende Differenzen zwischen nationalstaatlichen Begrenzungen und einem wachsenden Wirtschaftsraum, schaffen die Voraussetzungen für das Entstehen internationaler Organisationen.

In der ersten Entwicklungsphase der internationalen Organisationen wird dieses Spannungsverhältnis jedoch durch das Zusammenwirken verschiedener Faktoren entschärft. Auf der einen Seite sind die politischen Verhältnisse unter der Führung der Hegemonialmacht Großbritannien zunächst relativ stabil. Großbritannien ist willens und in der Lage, die Produktion wichtiger internationaler öffentlicher Güter wie „Frieden", „ein offenes Handelssystem" und „internationales Geld" zu sichern. (Zum Konzept der öffentlichen Güter siehe Abschnitt 3).

Auf der anderen Seite prägt die Ideologie des Freihandels das Verhalten der meisten Akteure. Dem Staat wird nur eine Rolle als „Nachtwächter" zugebilligt und eine interventionistische Wirtschaftspolitik seitens der Nationalstaaten abgelehnt. Der Güter-, Leistungs- und Kapitalverkehr zwischen den Staaten wird durch den Preismechanismus gesteuert.

Vor diesem Hintergrund ist es verständlich, daß in der ersten Entwicklungsphase internationaler Organisationen nicht **Organisationen** des primären Grades, sondern vor allem solche **des sekundären** und **tertiären Grades** entstehen. Diese Organisationen sind hauptsächlich Flußkommissionen und Verwaltungsunionen, die die technischen und wissenschaftlichen Voraussetzungen für einen expandierenden Welthandel bilden:

Die im Wiener Kongreß verabschiedete Akte legt in den Art. 108-116 (Zur Freiheit der Schiffahrt) die Grundlagen für die ersten **internationalen Flußkom-**

missionen. Die erste internationale Flußkommission entsteht jedoch erst am 17.7.1831 mit dem Inkrafttreten der Mainzer Rheinschiffahrtsakte. (Diese wurde später revidiert durch die Mannheimer Akte vom 17.10.1868, die nach weiterer Revision vom 20.11.1963 noch heute in Kraft ist).

Die ersten **Verwaltungsunionen** gehen aus den Anforderungen des wachsenden Handels hervor. Beispiele sind der Telegraphenverein von 1865, der Weltpostverein von 1875, die Meterkonvention und das Gewicht- und Meßbüro von 1875 oder die Patentübereinkunft von 1880.

Ende des 19. und Anfang des 20. Jahrhunderts erreicht die industrielle Entwicklung eine neue Qualität. Es wird in diesem Zusammenhang auch von einer **zweiten Industriellen Revolution** gesprochen. Die industrielle Entwicklung geht zunehmend über die bloße Mechanisierung schon bestehender Gewerbe hinaus und bringt zunehmend **neue Industrien** hervor. Vor allem der wissenschaftliche Fortschritt in Chemie und Physik fördert die Entwicklung der neuen Elektro-, Automobil-, chemischen und photographischen Industrie. Diese Entwicklung macht neue internationale Organisationen für den **wissenschaftlich-technischen Erfahrungsaustausch** erforderlich, wie z.B. das 1912 gegründete permanente Büro für analytische Lebensmittelchemie.

Die meisten Verwaltungsunionen, die in der ersten Entwicklungsphase der internationalen Organisationen entstehen, existieren noch heute in veränderter Form bzw. sind in andere Organisationen, insbesondere die UNO, eingegliedert worden.

Die Mehrzahl der internationalen Organisationen dieser Periode beruht auf Verträgen zwischen Staaten und ist deshalb den IGOs zuzuordnen. Im auslaufenden 19. Jahrhundert entstehen die ersten privaten INGOs und die ersten BINGOs. Zu den ersten **privaten INGOs** zählt das internationale Genossenschaftswesen, das bereits 1895 in der International Cooperative Alliance (ICA) die nationalen Genossenschaften verbindet.

Die Geburtsstunde der **Transnationalen Unternehmung** wird allgemein in der Errichtung einer Fabrik in Glasgow im Jahre 1867 durch das amerikanische Nähmaschinenunternehmen Singer gesehen. Bis zum Beginn des Ersten Weltkrieges erlangen Transnationale Unternehmen jedoch nur geringe wirtschaftliche Bedeutung, die sich u.a. an dem geringen Anteil der Direktinvestitionen am gesamten internationalen Kapitalverkehr ablesen läßt. Nach Born (1981) beträgt das Verhältnis zwischen Direktinvestitionen und internationalem Kapitalverkehr um die Jahrhundertwende ca. 1:10.

Die **regionale** und **funktionale Reichweite** der damaligen internationalen Organisationen ist vergleichsweise gering. Sie sind vor allem Zusammenschlüsse europäischer Länder und damit primär regional. Außerdem arbeiten sie meist spezialisiert, d.h. monofunktional.

Verglichen mit den heutigen internationalen Organisationen bleibt der **organisatorische Aufbau** rudimentär, da die Organisationen vor allem aus Delegiertenkonferenzen mit kleinen permanenten Büros bestehen. Die Organisationen sind mit wenig **Kompetenzen** ausgestattet. Eine Ausnahme stellt das Brüsseler Zuckerabkommen von 1902 dar. Die Mitgliedsländer dieses Abkommens sind Belgien, Frankreich, das Deutsche Reich, Großbritannien, Italien, Österreich, Ungarn – später Luxemburg, Schweden, die Schweiz, Rußland, die Niederlande und Peru. Die Teilnehmer verpflichten sich, alle Hemmnisse und Subventionen auf dem Zuckermarkt abzuschaffen. Eine ständige Kommission kann Verstöße gegen das Abkommen verbindlich feststellen und die Mitglieder zur Erhebung von Schutzzöllen verpflichten.

Das **Währungssystem des klassischen Goldstandards** (ca. von 1880 bis 1914) entspricht dem Prinzip des Freihandels und der Selbststeuerung des Marktes. Unter günstigen außenwirtschaftlichen und politischen Bedingungen sorgt der Goldautomatismus für stabile Wechselkurse und eine hohe Preisstabilität bei einem Minimum an wirtschaftspolitischen Interventionen. Lediglich die Einhaltung der elementaren „Spielregeln" ist notwendig (vgl. hierzu Jarchow/Rühmann): Die **Deckung** der nationalen Währungen in **Gold** und die **Goldkonvertibilität** der Währungen, d.h. die Möglichkeit, jederzeit nationale Währungen zu einem festen Kurs in Gold umtauschen zu können (Goldparität). Die Hegemonialmacht Großbritannien agiert als Lender of Last Resort und das Pfund Sterling hat die Funktion einer Weltreservewährung.

4.2 Die Zwischenkriegszeit

Die Zeit zwischen den beiden Weltkriegen unterscheidet sich in vielfacher Hinsicht von der vorangegangenen Ära des Feihandels. Sie ist gekennzeichnet durch einen **Machtverfall Europas**, einen wachsenden **Protektionismus** und eine zunehmende **Desintegration der Weltwirtschaft**.

Europa, das geschwächt und verschuldet aus dem Krieg hervorgeht, kann seine ökonomische und politische Vormachtstellung nicht mehr zurückerobern. Insbesondere Großbritannien verliert seine Stellung als Hegemonialmacht. Das so entstandene Machtvakuum kann von den anderen Mächten, den USA und der jungen UdSSR, noch nicht ausgefüllt werden. Die Machtverschiebung und die damit verbundenen Auswirkungen auf die Entwicklung der internationalen Organisationen werden deshalb erst nach dem Zweiten Weltkrieg manifest.

Im Gegensatz zur Vorkriegszeit ist die Wirtschaftspolitik der wichtigen Wirtschaftsnationen nicht mehr vom Prinzip des Freihandels geleitet, sondern durch umfangreiche Interventionen gekennzeichnet, mit denen versucht wird, der mannigfaltigen wirtschaftlichen Probleme Herr zu werden. Durch Devisenkontrollen, Importrestriktionen, Zollerhöhungen etc. wird die Selbststeuerung des Marktes zunehmend außer Kraft gesetzt.

Die Folgen der Eingriffe, insbesondere die Verzerrung in der Allokation, die durch Verknappung verschlechterte Güterversorgung und der Rückgang der weltwirtschaftlichen Integration sind unübersehbar. Die dramatische Desintegration der Weltwirtschaft drückt sich u.a. in einem unterproportionalen Wachstum des Welthandels gegenüber dem Wachstum der industriellen Produktion aus.

Nach dem Ersten Weltkrieg ist die Entwicklung der internationalen Organisationen blockiert. Danach kommt es jedoch, ähnlich wie in der Zeit nach dem Zweiten Weltkrieg, zu einem forcierten Wachstum internationaler Organisationen (vgl. Abbildung 4.2). In der ersten Entwicklungsphase dominieren staatliche internationale Organisationen des sekundären und tertiären Grades. Neue Organisationen dieser Art entstehen auch nach 1918. So wird 1920 das Internationale Kälteinstitut (International Institute of Refrigeration) gegründet vor dem Hintergrund weiter entwickelter Kältetechnik und eines stark steigenden Nahrungsmittel-Welthandels. Dieses Institut besteht bis heute und hat die Aufgabe, den wissenschaftlich-technischen Erfahrungsaustausch auf dem Gebiet der Kältetechnik zu fördern.

Aber nicht nur die Zahl der internationalen Organisationen nimmt nach 1918 zu, sondern auch die Vielfalt ihrer Erscheinungsformen.

Es entstehen die ersten klassischen primären internationalen Wirtschaftsorganisationen. Der Völkerbund, der aus den Friedensverhandlungen von Versailles 1919 hervorgeht, ist eine staatliche, multifunktionale, konfliktreduzierende Forumsorganisation mit großer geographischer Reichweite. Seine Wirtschafts- und Finanzorganisationen werden 1923 gegründet und sind internationale Wirtschaftsorganisationen des primären Grades, d.h. sie befassen sich mit Währungs-, Wiederaufbau- und handelspolitischen Problemen. Ihren Satzungen entsprechend wirken diese Organisationen auf eine Liberalisierung des Welthandels hin.

Während der Völkerbund in den Wirren des Zweiten Weltkrieges untergeht, sind die Internationale Arbeitsorganisation (ILO) und die Bank für Internationalen Zahlungsausgleich (BIZ) Beispiele für primäre „staatliche" internationale Wirtschaftsorganisationen, die in der Zwischenkriegszeit gegründet werden und bis heute wichtige Bestandteile der internationalen Zusammenarbeit sind.

Die ILO wurde nicht zuletzt unter dem Druck der Gewerkschaften während der Versailler Friedensverhandlungen vorbereitet und 1919 in Washington gegründet. Ihr Aufbau entspricht dem dreiseitigen System der Arbeitsbeziehungen (zu dem Begriff der Arbeitsbeziehungen siehe Staehle, 1983a), d.h. sowohl Staat als auch Arbeitgeber und Arbeitnehmer sind in ihr vertreten. Die Aufgaben der ILO betreffen praktisch sämtliche relevanten Bereiche der Arbeit, wie z.B. die Regelungen der Arbeitszeit, des Arbeitslohnes oder des Arbeitsschutzes. In Abschnitt 5 wird auf gegenwärtige Aktivitäten der ILO im Zusammenhang mit der Kontrolle der Transnationalen Unternehmen eingegangen.

Die Bank für Internationalen Zahlungsausgleich (BIZ) wird 1930 als „Reparationsbank" zur Abwicklung der deutschen Kriegsschulden gegründet. Mit der Aussetzung der Reparationsleistungen („Hoover-Moratorium") verliert sie bereits 1931 wieder ihre ursprüngliche Hauptfunktion. Sie entwickelt sich jedoch rasch zu einer Bank der Zentralbanken und noch während der Weltwirtschaftskrise wird über sie die Zusammenarbeit der nationalen Notenbanken koordiniert. Diese Form der Zusammenarbeit kann bereits als Vorläufer der heutigen Währungskooperation gesehen werden.

Des weiteren wird in der Zwischenkriegszeit eine neue Form der zwischenstaatlichen Zusammenarbeit eingeführt, die Weltwirtschaftskonferenzen. Die erste große Konferenz dieser Art ist die vom Völkerbund 1920 in Brüssel einberufene Internationale Finanzkonferenz. Ihr folgen eine Reihe weiterer Konferenzen, wie z.B. die Weltwirtschaftskonferenz in Genf 1927, oder die London Economic and Monetary Conference von 1933.

Neben der oben erwähnten ILO, die als INGO mit staatlichen Mitgliedern zu klassifizieren ist, entstehen zwischen den beiden Weltkriegen auch private primäre internationale Wirtschaftsorganisationen. Die internationale Zusammenarbeit der Wirtschaftsverbände wird 1920 mit der Gründung der Internationalen Handelskammer (ICC) institutionalisiert. Die ICC richtet u.a. die internationale Schiedsgerichtsbarkeit ein. Durch sie sind erstmals auch Wirtschaftsverbände an internationalen Konferenzen beteiligt (Wirtschaftskonferenz in Genf 1927). Der politische Einfluß der ICC muß als weitreichend betrachtet werden. So wirkt sie z.B. erfolgreich auf eine Aussetzung der deutschen Reparationszahlungen („Hoover Moratorium" 1931) hin.

Desweiteren entstehen in der Zwischenkriegszeit die ersten privaten Rohstoffkartelle (für Kautschuk und Tee 1920, für Zinn 1927/28), die als konflikterzeugende INGOs zu bezeichnen sind. Bemerkenswerterweise werden die privaten Kartellabsprachen auf den Rohstoffmärkten erst nach den zwischenstaatlichen Abkommen des 19. Jahrhunderts getroffen (siehe Abschnitt 4.1).

Zuletzt sei noch die Entstehung privater internationaler Wirtschaftsorganisationen des sekundären und tertiären Grades etwa im Bereich der Luftfahrt (International Air Traffic Association 1919) oder des Rundfunks [der privaten (!) International Broadcasting Union 1925] erwähnt.

Die Entwicklung des **Währungssystems** zwischen den beiden Weltkriegen macht das Ende der Freihandels-Ära und den einsetzenden Protektionismus sowie die Desintegration der Weltwirtschaft besonders deutlich.

In der Wirtschaftskonferenz von Genua 1922 wird zunächst versucht, an das Währungssystem der Vorkriegszeit anzuknüpfen. Das Ergebnis ist ein Golddevisenstandard, in dem neben Gold auch Devisen als Währungsreserven fungieren. Aufgrund verschiedener Ursachen (Unterbewertungen von Währungen, Währungsspekulationen, Verschuldungsproblematik und wirtschaftspolitische Interventionen (vgl. Abb. 4.3)) bricht der Golddevisenstandard mit der Aufhebung

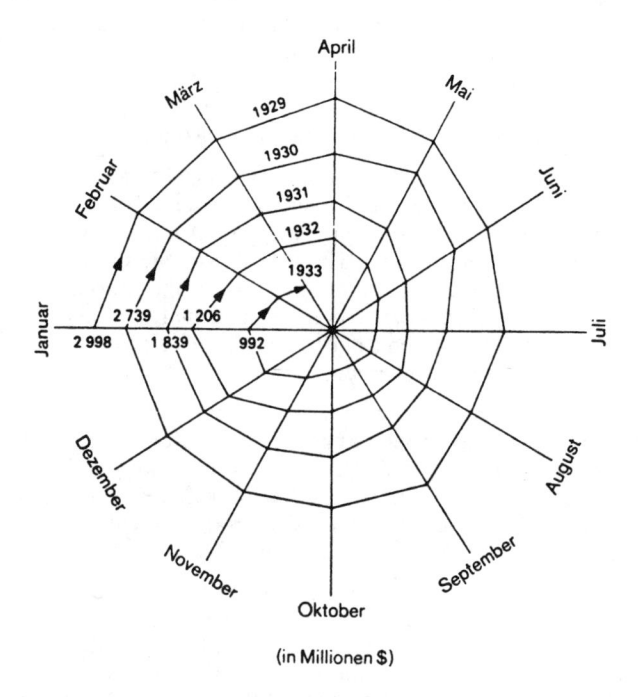

Quelle: Charles P. Kindleberger, Die Weltwirtschaftskrise 1929-1938, dtv, Wissenschaftliche Reihe, München 1973, S. 179

Abb. 4.3: Die Abwärtsspirale des Welthandels 1929-1933

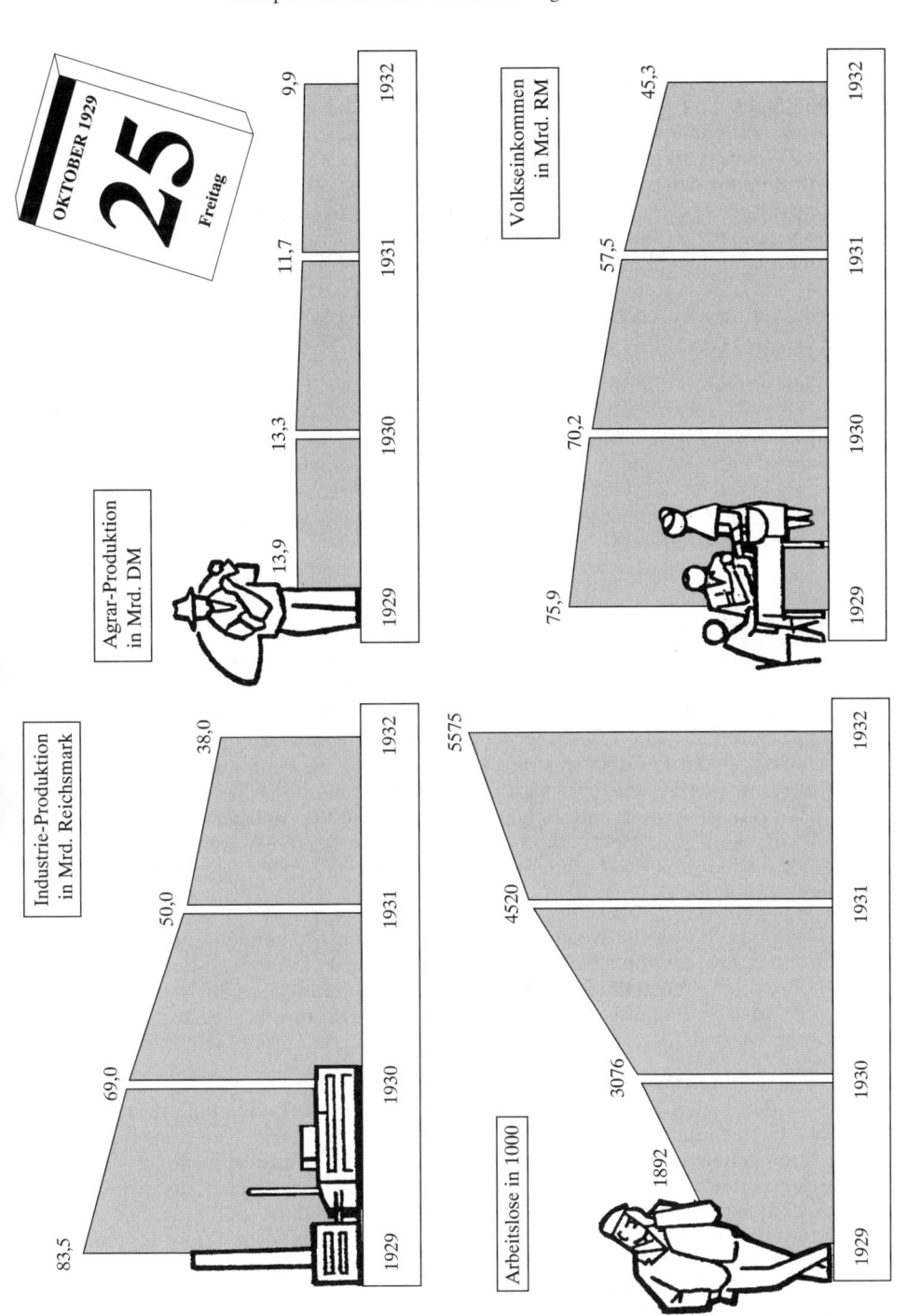

4. Kap.: Internationale Wirtschaftsorganisationen   223

Abb. 4.4: Entwicklung der deutschen Volkswirtschaft nach dem Schwarzen Freitag am 25. Oktober 1929

der Goldeinlösepflicht der Bank von England am 21.9.1931 endgültig zusammen. Es gibt kein einheitliches System mehr, sondern verschiedene Währungsblöcke (Goldblock und Sterlingblock) mit unterschiedlichen Standards. In der Folge werden zunehmend protektionistische Maßnahmen ergriffen, die den Kapital- und Zahlungsverkehr beschränken. Eine dramatische Entwicklung der Desintegration bahnt sich an, als die USA 1933/34 den Dollar abwerten und damit konkurrierende Abwertungen der Währungen (sogenannte **Beggar my neighbour policy**) einleiten (vgl. hierzu Jarchow/Rühmann). Die forcierte Abwertung soll dem abwertenden Land einen Wettbewerbsvorteil gegenüber den Ländern mit einer höher bewerteten Währung verschaffen. Da die betroffenen Länder jedoch 1935/36 ihrerseits Abwertungen vornehmen, ist der Wettbewerbsvorteil nur sehr kurzfristig (Abwertungswettlauf).

Den primären internationalen Wirtschaftsorganisationen der Zwischenkriegszeit gelingt es letztendlich nicht, die anstehenden Wirtschaftsprobleme zu lösen und eine weltwirtschaftliche Desintegration zu verhindern (vgl. Abb. 4.4). Sind entsprechende Rahmenbedingungen, wie die allgemein anerkannten Prinzipien des Freihandels oder der grundsätzlichen Bereitschaft nationalstaatlicher Zusammenarbeit, nicht erfüllt, so können auch Internationale Organisationen nicht erfolgreich operieren.

4.3 Die Nachkriegszeit

In der Nachkriegszeit wird zunehmend deutlich, daß Europa seine Vormachtstellung verloren hat. Die USA übernehmen die Rolle einer Hegemonialmacht. Im Gegensatz zu der Periode der britischen Vorherrschaft, während der das Freihandelssystem spontan entstand, wird unter der Führung der USA nach dem Zweiten Weltkrieg bewußt und zielgerichtet eine institutionalisierte Ordnung der Weltwirtschaft angestrebt. Ohne die aktive Rolle der USA wären das Bretton Woods System, das GATT oder die OECD (anfangs OEEC genannt) nicht zustande gekommen.

Das neue System ist weder eine Rückkehr zum Freihandel, noch eine Fortführung des protektionistischen Systems der Zwischenkriegszeit, sondern es wird sowohl von der **Vorteilhaftigkeit eines freien Welthandels** als auch der **Notwendigkeit wirtschaftspolitischer Eingriffe** ausgegangen. Insofern trägt das System, das sich herausbildet, trotz der Bejahung des Freihandels deutlich interventionistische Züge.

Von den vielen Faktoren, die nach dem Zweiten Weltkrieg eine rasche Entwicklung der internationalen Organisationen fördern, seien im Folgenden einige wichtige genannt: Die internationale Zusammenarbeit basiert nach wie vor auf der Souveränität der Nationalstaaten. Mit dem Ende des Kolonialismus nimmt jedoch die Zahl der Nationalstaaten sprunghaft zu. Auch das politische Spektrum der internationalen Kooperation ist sehr breit und umfaßt die unterschiedlichsten Systeme, wie etwa parlamentarische Demokratien, kommunistische Länder, totalitäre Regime und Diktaturen. Wissenschaft und Technik machen enorme Fortschritte und verstärken das außerordentlich hohe Wachstum der Weltwirtschaft und des Welthandels. Zudem kündigen sich zunehmend neue universale Probleme an, wie etwa Überbevölkerung, Hunger und Umweltverschmutzung.

Vor diesem Hintergrund überrascht es nicht, daß seit Ende des Zweiten Weltkrieges ein exponentielles Wachstum der IGOs beobachtet werden kann (vgl. Abbildung 4.2), die sich in knapp 40 Jahren zahlenmäßig verdreifacht haben. Noch stärker fällt jedoch die Zunahme der INGOs aus. In demselben Zeitraum hat sich ihre Zahl fast versechsfacht. Das wohl stärkste Wachstum weisen hingegen die BINGOs, bzw. Transnationale Unternehmen auf. Seit den fünfziger Jahren haben sie eine stürmische Entwicklung durchlaufen und bestreiten gegenwärtig etwa zwei Drittel des Welthandels und des internationalen Kapitalverkehrs.

Diese Ausführungen zu der zahlenmäßigen Entwicklung sollen lediglich verdeutlichen, daß die internationalen Organisationen eine rasante Entwicklung durchgemacht haben. Es ist in diesem Beitrag nicht möglich, die vielschichtige Entwicklung internationaler Organisationen auch nur näherungsweise nachzuzeichnen. Es werden deshalb im folgenden nur einige ausgewählte zwischenstaatliche Organisationen behandelt, um qualitative Veränderungen der internationalen Zusammenarbeit aufzuzeigen.

Am 26. Mai 1945 entstehen die **Vereinten Nationen** (UN) auf der Grundlage der von 45 Staaten unterzeichneten „Charta of the United Nations". Die UN besteht aus sechs Hauptorganen: Das oberste Organ der UN ist die Generalversammlung, die vor allem als Forumsorganisation fungiert. Da gemäß den Art. 10, 11, 13, 55 und 56 der UN-Charta auch wirtschaftliche Fragen in ihren Aufgabenbereich fallen, ist die Generalversammlung den Internationalen Wirtschaftsorganisationen zuzuordnen.

Die weiteren Hauptorgane der UN seien hier vollständigkeitshalber kurz aufgeführt: Der Sicherheitsrat, der Treuhandrat, der Internationale Gerichtshof und der Wirtschafts- und Sozialrat (Economic and Social Council), als ECOSOC abgekürzt. Unter der Fragestellung internationaler Wirtschaftsorganisationen in der UN ist das ECOSOC von besonderem Interesse. Es hat die Aufgabe, die Arbeit der verschiedenen Fachkommissionen und Sonderorganisationen der UN zu koordinieren.

Zu den Fachkommissionen zählen fünf regionale Kommissionen, z.B. die Economic Commission for Europe, und verschiedene Sachkommissionen, z.B. die Commission on Transnational Corporations (vgl. hierzu Abschnitt 5.3.2).

Wie oben bereits erwähnt, hat das ECOSOC neben der Koordination der Fachkommissionen auch die Aufgabe, die Arbeit der UN Sonderorganisationen zusammenzuführen. Da zu den Sonderorganisationen praktisch sämtliche „großen" internationalen Organisationen der Weltwirtschaftsordnung zählen, bildet das ECOSOC eine organisatorische Klammer um die wichtigsten zwischenstaatlichen internationalen Wirtschaftsorganisationen. Ob es dieser Aufgabe tatsächlich gerecht wird, ist umstritten. Vor allem seine mangelnden Kompetenzen und die Überschneidungen mit den Arbeitsgebieten der zu koordinierenden Organisationen werden kritisch angemerkt.

Eine Reihe von Sonderorganisationen, wie z.B. die schon erwähnte Weltarbeitsorganisation oder die Ernährungs- und Landwirtschaftsorganisation sind eng mit dem ECOSOC verbunden. Zu den Organisationen der internationalen Währungsordnung (IWF) und den Organisationen der Weltbankgruppe (IBRD, IFC und IDA) ist der Kontakt weniger stark ausgeprägt.

Das Hauptabkommen der **Welthandelsordnung** ist das General Agreement on Tariffs and Trade **(GATT)**. Zunächst war das GATT, das 1947 aus den Vorverhandlungen zu der Havanna-Charta (1948) hervorging, nur als ein Provisorium gedacht. Als selbständige Handelsorganisation war in der Havanna-Charta hingegen die International Trade Organization (ITO) vorgesehen. Vor allem wegen der Ablehnung durch die USA wurde dieses Vorhaben jedoch nie realisiert.

Bis heute gibt es keine internationale Wettbewerbsaufsichtsorganisation („Weltkartellamt").

Nur vor dem Hintergrund dieser Entstehungsgeschichte ist verständlich, warum das GATT einen geringen Organisationsgrad aufwies und im wesentlichen aus einem kleinen ständigen Sekretariat bestand. Durch den Abschluß der Uruguay-Runde im Jahr 1994 wurde mit der **World Trade Organisation (WTO)** eine neue Organisation geschaffen.

Inzwischen hat die Europäische Union mit der Europäischen Währungsunion (EWU) eine neue Integrationsstufe erreicht, die in eine einheitliche Währung der beteiligten Staaten münden soll. Die wichtigsten internationalen Wirtschaftsorganisationen sind in Tabelle 4.4. aufgeführt.

Das GATT ist ein klassisches Beipiel für eine primäre Wirtschaftsorganisation. Es hat die Aufgabe, auf eine liberale Wirtschaftsordnung mit geringst möglichen staatlichen Interventionen hinzuwirken. Dieses Ziel soll durch die Umsetzung verschiedener Grundsätze erreicht werden. Zu den Grundsätzen zählen z.B. das Prinzip der Meistbegünstigung (bilateral ausgehandelte Handelsbestimmungen gelten automatisch auch für alle anderen Vertragspartner des GATT), das Prinzip der Inländerbehandlung (Gleichstellung der ausländischen Anbieter mit ihren inländischen Konkurrenten), der Zollabbau, das Verbot von Importkontingenten und verschiedener Maßnahmen, die den Export subventionieren.

Die Umsetzung der Grundsätze wird von Fachausschüssen vorbereitet und in langen Verhandlungsrunden beschlossen. In Teilbereichen, z.B. bei Zollsenkungen, hat das GATT beachtliche Erfolge erzielt. Jedoch sind die Grundsätze durch Ausnahmeregelungen durchlöchert, und es handelt sich insgesamt um eine höchst unvollkommene Welthandelsorganisation. Dies hat zur Folge, daß Interventionen, wie z.B. nichttarifäre Handelshemmnisse und allgemein protektionistische Maßnahmen, nur bedingt verhindert werden. Ob die WTO erfolgreicher sein wird, muß die Zeit zeigen.

Die Organization for Economic Cooperation and Development (OECD) ist 1961 an die Stelle der – bereits 1948 gegründeten – Organization for European Economic Cooperation (OEEC) getreten. Ihre Vorläuferin, die OEEC, hat sehr erfolgreich die ihr übertragene Aufgabe, den Wiederaufbau Europas, durchgeführt. Sie ist insbesondere für die Durchführung des European Recovery Program (ERP) zuständig gewesen und hat ferner auf eine Liberalisierung des innereuropäischen Handels-, Dienstleistungs- und Kapitalverkehrs hingewirkt.

Angesichts dieser Erfolge stellt sich die Frage, warum 1961 die OECD gegründet wurde. Ein Grund ist, daß nach der Gründung der EWG (1957) und der EFTA (1960) eine weiterführende gesamteuropäische Freihandelszone nicht erreichbar war. Ein weiterer Grund ist, daß die westlichen Industrieländer zu dieser Zeit noch über kein internationales Abstimmungsgremium verfügten. Und genau dies wurde die Hauptfunktion der OECD. Neben den europäischen Mitgliedsländern traten ihr die nichteuropäischen westlichen Staaten, USA, Kanada, Japan, Australien und Neuseeland bei.

Tabelle 4.4: Wichtige übernationale Wirtschaftskooperationen

A. Europa

- **EU** (Europäische Union oder EC: European Community; früher EG: Europäische Gemeinschaft) Deutschland, Frankreich, Großbritannien, Belgien, Niederlande, Luxemburg, Spanien, Italien, Portugal, Griechenland, Dänemark, Irland, Österreich, Schweden, Finnland
- **EFTA** (European Free Trade Association) Schweiz, Island, Norwegen, Lichtenstein

B. Amerika

- **NAFTA** (North American Free Trade Association) USA, Kanada, Mexiko
- **CARICOM** (Carribean Community and Common Market) Antigua, Barbuda, Bahamas, Barbados, Belize, Dominica, Grenada, Guyana, Jamaika, Montserrat, St. Kitts-Nevis-Anguilla, St. Lucia, St. Vincent, Grenadinen, Trinidad, Tobago
- **MERCOSUR** (Mercado Común del Como Sur) Argentinien, Brasilien, Paraguay, Uruguay
- **LAIA** (Latin American Integration Association oder ALADI: Asociacón Latino-Americana de Integración) Argentinien, Brasilien, Mexiko, Bolivien, Chile, Kolumbien, Peru, Uruguay, Venezuela, Ecuador, Paraguay
- **ANCOM** (Andean Common Market oder Andenpakt bzw. Pacto Andino) Bolivien, Ecuador, Kolumbien, Peru, Venezuela
- **CACM** (Central American Common Market oder MCCA: Mercado Común Centro Americano) Costa Rica, El Salvador, Guatemala, Honduras, Nicaragua

C. Asien/Australien

- **ASEAN** (Association of South-East-Asian Nations) Brunei, Indonesien, Malaysia, Philippinen, Singapur, Thailand
- **APEC** (Asian Pacific Economic Cooperation) ASEAN-Staaten, Hongkong, Taiwan, Australien, Japan, Kanada, Südkorea, Neuseeland, USA, VR China und Papua Neuguinea
- **CER** (Closer Economic Relationship) Neuseeland, Australien
- **ECO** (Economic Cooperation Organization) Iran, Pakistan, Türkei, Kirgistan, Tadschikistan, Turkmenistan, Usbekistan, Kasachstan

D. Afrika

- **UMA** (Union du Magreb Arabe oder Mahgreb Economic Community) Algerien, Libyen, Marokko, Tunesien
- **ECOWAS** (Economic Community of West African States) Benin, Kap Verde, Gambia, Ghana, Guinea, Guinea-Bissan, Liberia, Nigeria, Sierra Leone, Togo, Elfenbeinküste, Mali, Nigger, Senegal, Mauretanien
- **PTA** (Preferential Trade Area for Eastern and Southern Africa) Botswana, Burundi, Dschibuti, Kenia, Komoren, Lesotho, Malawi, Mauritius, Mocambique, Ruanda, Sambia, Simbabwe, Somalia, Sudan, Swasiland, Tansania, Uganda, Zaire

Quelle: Quack, H. 1995, S. 42

Die OECD beschäftigt sich mit einem weiten Spektrum von Themen, wie z.B. Umwelt, Energie, Landwirtschaft und Ernährung, Fischerei, Wissenschaft und Technologie. Zu den Abmachungen, die aus Vorarbeiten der OECD hervorgehen, zählen beispielsweise Absprachen über eine gemeinsame Nutzung der Ölvorräte bei Energiekrisen, gemeinsame Verhandlungspositionen bei den GATT-Vertragsrunden und der Verhaltenskodex für Transnationale Unternehmen (siehe hierzu Abschnitt 5.3.2).

Im weiteren Verlauf nahmen neue Formen internationaler Kooperation, wie etwa die Weltwirtschaftsgipfel, der OECD ihre monopolartige Stellung im westlichen Lager.

Die Neuordnung des **Währungssystems** wurde nach dem Zweiten Weltkrieg rasch in Angriff genommen. Bereits 1944 wurden in Bretton Woods/USA Vorverhandlungen über eine neue Währungsordnung geführt. Aus dem Abkommen, das am 27.12.1945 unterzeichnet wurde, ging der Internationale Währungsfonds (IWF) hervor. Durch den Abschluß der Uruguay-Runde im Jahr 1994 wurde mit der World Trade Organization (WTO) eine neue Organisationsstruktur geschaffen.

In seiner ursprünglichen Form ist das Bretton-Woods-System ein **Festkurssystem** auf der Basis eines Gold-Dollarstandards. Die Mitgliedsländer müssen eine vorher vereinbarte Fixkursrelation ihrer Währung zum Gold und dem US-Dollar einhalten. Die Abweichung darf nicht über die Bandbreite von 1% hinausgehen. Nur bei sogenannten fundamentalen Zahlungsbilanzungleichgewichten ist eine Änderung der Parität vorgesehen. In dem **Gold-Dollarstandard** fungiert der US-Dollar als eine internationale Reservewährung, d.h. das amerikanische Schatzamt ist verpflichtet, von ausländischen Regierungen und Zentralbanken Dollar hereinzunehmen und dafür den in der Währungsparität festgelegten Gegenwert in Gold auszuzahlen. Der IWF nimmt die Rolle eines **Stabilisierungsfonds** ein, und die Mitgliedsländer können sich zur Finanzierung ihrer **Zahlungsbilanzungleichgewichte** über den IWF refinanzieren.

Das Bretton-Woods-System verlangte den Mitgliedsländern nicht genügend Währungsdisziplin ab. Anpassungsmaßnahmen, die aufgrund von anhaltenden Zahlungsbilanzungleichgewichten notwendig wurden, unterblieben bzw. erfolgten, wie z.B. bei Wechselkursanpassungen, regelmäßig zu spät. Insbesondere das Leitwährungsland USA konnte durch die Ausgabe zusätzlicher Dollars seine Devisenbilanzdefizite finanzieren und damit Anpassungsmaßnahmen umgehen.

Aus den genannten Gründen sank das Vertrauen in die Golddeckung des Dollar, und das System fester Wechselkurse verlor an Stabilität.

4.4 Neuere Entwicklungen

Die neueren Entwicklungen internationaler Organisationen stellen weder einen radikalen Bruch, wie etwa nach dem Ersten Weltkrieg, noch eine systematische Neuordnung, wie nach dem Zweiten Weltkrieg, dar. Vielmehr handelt es sich, trotz der zu behandelnden Veränderungen (s.u.), im wesentlichen um eine Weiterentwicklung der Nachkriegsordnung.

Das aus den 60er und 70er Jahren stammende Nord-Süd Schema und die damit verbundene Vorstellung einer **bipolaren Weltwirtschaft** entsprechen immer weniger den gegenwärtigen Entwicklungstendenzen. Auf der einen Seite ist die wirtschaftliche Integration in vielen Bereichen vorangeschritten und hat erstmals zu **globalen Märkten** geführt. Als Beispiel seien hier die internationalen Finanzmärkte genannt, auf denen mittlerweile weltweit rund um die Uhr Geschäfte getätigt werden können. Auch haben die transnationalen Aktivitäten der Unternehmen weiter zugenommen. Die Zentren dieser **starken wirtschaftlichen Integration** sind Japan, Europa und Nordamerika. Es wird in diesem Zusammenhang von der „Triade" gesprochen (vgl. Ohmae, 1985).

Neben diesen drei großen Wirtschaftsblöcken besteht jedoch eine Reihe anderer Wirtschaftsräume, etwa die Schwellenländer, die UdSSR und die weiteren COMECON-Länder, China, Indien und die weniger entwickelten Länder. Zwischen den verschiedenen Wirtschaftsräumen, aber auch innerhalb der Regionen (z.B. Nord-Süd Gefälle in der EG), bestehen erhebliche Ungleichgewichte in der Entwicklung. Insofern scheint es angemessener, gegenwärtig von einer **multipolaren Weltwirtschaft** zu sprechen.

Seit den siebziger Jahren wird eine wesentliche **Machtverschiebung** zunehmend deutlich: Die ökonomische Vormachtstellung der USA wird ebenso angefochten wie ihre politischen und militärischen Einflußmöglichkeiten, die zunehmend an Grenzen stoßen. Die Vereinigten Staaten sind weniger als früher bereit und in der Lage, ihrer Rolle als Hegemonialmacht gerecht zu werden.

Globale Probleme stellen internationale Organisationen vor neue Herausforderungen. Neben der aktuellen Verschuldungskrise zählen hierzu u.a. die Umweltproblematik und die Energieversorgung. Im Jahre 1972 weist der Club of Rome in seiner Veröffentlichung „Grenzen des Wachstums" auf die Bedeutung der globalen ökologischen Probleme hin und rückt damit das internationale öffentliche Gut „Umwelt" ins Weltbewußtsein.

Das – von der OPEC im Jahre 1973 verhängte – Ölembargo führt zur ersten großen Energieverknappung seit dem Zweiten Weltkrieg. Die Nationalstaaten und die internationalen Organisationen werden unvorbereitet von diesem Ereignis getroffen. Das Krisenmanagement und die Bereitstellung des damit verbundenen internationalen öffentlichen Gutes wird von den transnationalen Ölgesellschaften übernommen. Die zwischenstaatliche International Energy Agency (IEA) wird ein Jahr später, im November 1974, als autonomes Organ der OECD gegründet. Der IEA wird die Aufgabe übertragen, die Erdölversorgung sicherzustellen.

Die internationale Zusammenarbeit nimmt neue Formen an. Der wirtschaftlichen Integration auf den globalen Märkten steht eine verstärkte **Regionalisierung** staatlicher Organisationen gegenüber. Neben der EG sei hier das Freihandelsabkommen zwischen den USA und Kanada genannt. Es sind dies Beispiele für den Versuch, auf regionaler Ebene internationale öffentliche Güter bereitzustellen. Im Falle der EG werden der regionalen Organisation in Teilbereichen sogar supranationale Kompetenzen eingeräumt.

Viele der klassischen IGOs erfahren einen **Funktionswandel** und nicht selten auch einen Funktionsverlust. Ferner entstehen neue Formen der internationalen Stabilisierungskooperation. Diese Veränderungen werden am Beispiel des **Währungssystems** näher erläutert.

Nach starken Kapitalabflüssen aus den USA, die durch Spekulationen über eine bevorstehende Abwertung des US-Dollars ausgelöst werden, wird im August 1971 die Goldkonvertibilität des US-Dollar aufgehoben. Damit entfällt ein wichtiger Bestandteil des Systems von Bretton Woods. Als 1973 die Dollarkurse freigegeben werden und verschiedene Währungsblöcke entstehen, bricht das System endgültig zusammen. Bis heute ist keine Neuordnung entstanden, die als System bezeichnet werden kann. So sind heute ca. 30 Währungen an den Dollar, 15 Währungen an den französischen Franken, 13 Währungen an die Sonderziehungsrechte des IWF und 34 Währungen an Währungskörbe gebunden. Weitere 20 Währungen haben feste, aber anpassungsfähige Wechselkurse. Wiederum 20

Länder betreiben ein managed floating und 14 Währungen floaten frei (vgl. Gandolfo, 1987, S. 26f.).

1972 wird der Europäische Wechselkursverbund errichtet, der bis zur Gründung des **Europäischen Währungssystems (EWS)** als Floating-Block mit begrenzt flexiblen Wechselkursen fortbesteht. Die Gründung des EWS im März 1979 ist ein markantes Beispiel für eine regionale internationale Wirtschaftsorganisation.

Eine neue Form der internationalen Organisationen stellen die Weltwirtschaftsgipfel **(summits)** dar. 1975 findet der erste Gipfel dieser Art, der sogenannte „Währungsgipfel", in Rambouillet statt. Aus dem Ad-hoc-Treffen der Regierungschefs der fünf Großen – Frankreich, USA, Großbritannien, Bundesrepublik und Japan **(G5)** – werden bald formelle Treffen, die im jährlichen Rhythmus stattfinden. Gelegentlich werden auch Italien und Kanada **(G7)** hinzugezogen. Die Weltwirtschaftsgipfel haben die verschiedensten wirtschaftspolitischen Bereiche zum Gegenstand, etwa die Konjunktur-, Wachstums-, Währungs-, Handels-, Energie- und Entwicklungspolitik. Sie stellen eine neue Form internationaler Stabilisierungskooperation dar, die nicht auf einer automatischen Anpassung, wie etwa im System von Bretton Woods beruht, sondern auf expliziten Verhandlungen in einer kleinen Gruppe.

Organisationen, wie z.B. der IMF, die BIZ oder die OECD (bzgl. der OECD vgl. Abschnitt 4.3) haben durch die Entwicklungen seit 1971 einen Funktionswandel und faktisch einen Funktionsverlust erfahren.

Der IWF hat eine wichtige Rolle bei der Bewältigung der Schuldenkrise übernommen. Im Laufe der Zeit hat sich seine Arbeit zunehmend dem Aufgabengebiet der Weltbank angenähert.

Auch die BIZ hat eine wichtige „Feuerwehrfunktion" im Rahmen der Verschuldungskrise eingenommen. Die Kooperationspolitik, die vormals im Rahmen der BIZ erfolgte, ist jedoch weitgehend von der G5/7 übernommen worden. Dafür betreut die BIZ zunehmend Aufgaben währungspolitischer Art in Europa. So ist sie z.B. Agent und Treuhänder für den „Europäischen Fonds für währungspolitische Zusammenarbeit", der ein wichtiges Element des EWS ist.

4.5 Zusammenfassung

Die ersten modernen internationalen Wirtschaftsorganisationen entstehen zu Beginn des 19. Jahrhunderts in Europa. Seitdem erfahren die internationalen Organisationen eine anhaltend dynamische Entwicklung, die nur vorübergehend durch die beiden Weltkriege abgebremst wird. Wie die vorangegangene Darstellung der verschiedenen Entwicklungsphasen zeigt, ist dieses Wachstum keineswegs auf zwischenstaatliche Organisationen beschränkt. Im Gegenteil, seit der Zwischenkriegszeit kommt den privaten non-profit Organisationen und vor allem seit den fünfziger Jahren auch den Transnationalen Unternehmen eine immer größere Bedeutung in der internationalen Zusammenarbeit zu.

In der Anfangsphase entstehen zunächst vor allem Wirtschaftsorganisationen des sekundären und tertiären Grades, die die wissenschaftlich-technischen Grundlagen für eine wirtschaftliche Integration legen. Diese Klasse von Organisationen ist bis zum heutigen Tag von großer Bedeutung.

Die Entwicklung der primären Wirtschaftsorganisationen setzt erst später, vor allem nach dem Ersten Weltkrieg ein. In der Folge wird die Eigenordnung der Weltwirtschaft, wie sie in etwa zur Zeit des Freihandels bestand, heute durch wirtschaftspolitische Eingriffe ersetzt. Eine Selbststeuerung der Weltwirtschaft ist nicht mehr herstellbar.

Auf der anderen Seite sind weder eine „Weltregierung" noch universelle primäre Organisationen mit supranationalen Kompetenzen in Teilbereichen der Währungs- und Handelspolitik in Sicht. Sowohl das internationale Währungssystem als auch das Handelssystem sind höchst unvollkommen und werden deshalb gelegentlich auch als „Nichtsysteme" bezeichnet. Gegenüber einer verstärkten Hinwendung zu regionalen Zusammenschlüssen und neuen Formen der Kooperation haben die zentralisierten globalen Wirtschaftsorganisationen, wie z.B. UN und IMF sogar an Bedeutung verloren. Die fortschreitende Entwicklung der internationalen Verflechtung hat zu einer institutionellen Vielfalt geführt, die nicht nur Chancen für eine bessere Zusammenarbeit bietet, sondern auch Ursache für Unzulänglichkeiten ist. Um die internationale Zusammenarbeit den wachsenden Anforderungen anzupassen, werden deshalb eine Verbesserung der Arbeitsteilung zwischen den verschiedenen Organisationen sowie eine klare Abgrenzung ihrer Aufgabengebiete notwendig.

Trotz der berechtigten Kritik an ihrer Effizienz und Effektivität kann eine integrierte Weltwirtschaft, die nach wie vor auf souveränen Nationalstaaten begründet ist, nicht auf die internationalen Organisationen verzichten. Eine „Internationalisierung einzelstaatlicher Funktionsausübungen" (Weber, 1983, S. 146) ist unverzichtbar geworden.

5 Die Rolle internationaler Organisationen bei der Kontrolle Transnationaler Unternehmen

5.1 Warum sollten Transnationale Unternehmen kontrolliert werden?

Mit dem raschen Wachstum der Transnationalen Unternehmen, deren Aktivitäten insbesondere seit dem Zweiten Weltkrieg beachtliche Ausmaße angenommen haben, hat auch die kritische Bewertung dieser „Multis" an Bedeutung gewonnen.

Vor allem in den 70er Jahren wurde massiv Kritik an den Praktiken der Transnationalen Unternehmen geübt und eine politische Kontrolle gefordert. Die Zitate von J. J. Servan Schreiber bzw. Peter Goldberg und Charles P. Kindleberger stehen stellvertretend für die vieler anderer Autoren (die Textquellen finden sich bei Eser, 1982):

„Der Multinationale Konzern wird zerstörerisch wirken, falls sich keine politische Macht entwickelt, die die Wirtschaft in den Dienst des Menschen stellt".

„Ohne entsprechende Kontrollmaßnahmen führen die gegenwärtigen Entwicklungen in eine Welt der privaten Unternehmen .... In einer solchen Situation würde der einzelne Nationalstaat den mächtigen, engverzahnten und geographisch mobilen privaten Unternehmen hilflos gegenüberstehen" (eigene Übersetzung).

Die Forderung nach einer **politischen Kontrolle** bezieht sich sowohl auf die ökonomische Macht als auch auf die damit verbundene politische Macht der Transnationalen Unternehmen. Ihre **ökonomische Macht** kann sich unter anderem in der Einschränkung des Wettbewerbs und Ausweichstrategien äußern. Die Umgehung von wirtschaftspolitischen Maßnahmen erfolgt auf den Gebieten der Steuerpolitik, Arbeitsmarktpolitik, Wettbewerbspolitik, Handelspolitik, Umweltpolitik und des Verbraucherschutzes.

In bezug auf die **politische Macht** wird den Transnationalen Unternehmen Bestechung und Einmischung in nationale politische Vorgänge, etwa zur Stützung undemokratischer Systeme (z.b. die Aktivitäten von ITT in Chile) vorgeworfen. Außerdem wird den Transnationalen Unternehmen vorgehalten, daß sie die Verlagerung der Produktion in andere Länder androhen, um die nationalen Gewerkschaften einzuschüchtern.

Gegenüber ihren nationalen Gegenspielern wie z.b. Staat und Gewerkschaften verfügen die Transnationalen Unternehmen über einen strategischen Vorteil: Transnationale Unternehmen beziehen internationale Unterschiede der Standortfaktoren, z.b. bei den Kapital- und Lohnkosten, der steuerlichen Belastung oder gesetzlichen Auflagen, in ihre Investitionsentscheidung ein. Die Folge ist eine **Internationalisierung des Standortes** und eine Machtverschiebung auf einzelstaatlicher Ebene zugunsten der Transnationalen Unternehmen.

Obwohl nur ca. ein Drittel der weltweiten Direktinvestitionen auf weniger entwickelte Länder entfällt, haben auf Grund ihrer Struktur gerade diese Länder eine schwache Position gegenüber den Transnationalen Unternehmen. Jüngst werden vor allem Verstöße von Transnationalen Unternehmen gegen Vorschriften des Umwelt- und Verbraucherschutzes in Entwicklungsländern kritisiert (vgl. EG, Blumenfeld Report, S. 15).

In den letzten Jahren hat ein Wandel hin zu einer positiven Bewertung der Transnationalen Unternehmen stattgefunden. Es wird ihre Vorreiterrolle für die wirtschaftliche Entwicklung sowohl in Industrie- als auch Entwicklungsländern hervorgehoben. Außerdem wird die Meinung vertreten, daß die Transnationalen Unternehmen aus der Vergangenheit gelernt haben und zunehmend die langfristigen Entwicklungsmöglichkeiten ihrer Gastländer berücksichtigen (vgl. EG, Blumenfeld Report, S. 14).

5.2 Grenzen der gewerkschaftlichen Gegenmachtstrategien

Auf seiten der Gewerkschaften besteht insbesondere die Möglichkeit, durch die Bildung einer Gegenmacht auf regionaler und internationaler Ebene die Transnationalen Unternehmen zu kontrollieren.

Wie die Geschichte der internationalen Arbeiterbewegung (Erste Internationale 1864) und der internationalen Gewerkschaftsbewegung (der erste Internationale Gewerkschaftsbund wurde 1913 gegründet) zeigt, haben die Arbeitnehmer bereits relativ früh Anstrengungen unternommen, sich auf internationaler Ebene zu organisieren. Auch gegenwärtig bestehen entsprechende Organisationen. Die Gewerkschaften der westlichen Länder sind in dem Internationalen Bund Freier Gewerkschaften (IBFG) verbunden. In Europa besteht darüber hinaus der Europäische Gewerkschaftsbund (EGB).

Die tatsächlichen Einflußmöglichkeiten der internationalen Gewerkschaftsbünde, z.b. in der wichtigen Frage konzernweiter, internationaler Tarifverträge, ist aus verschiedenen Gründen begrenzt: Gewerkschaften haben sich auf der Grundlage der Nationalstaaten entwickelt, und ihre tatsächlichen Einflußmöglichkeiten sind eng mit dem nationalen Recht bzw. den nationalen Gewohnheiten verbunden. Zum anderen sind die Interessen von Arbeitnehmern aus verschiedenen Staaten äußerst heterogen und nicht selten sogar einander entgegengesetzt. Aus diesem Grund bestehen auf der Arbeitnehmerseite erhebliche Probleme, eine wirkungsvolle Interessenvertretung länderübergreifend zu organisieren.

In einzelnen Bereichen allerdings, in denen Arbeitnehmerinteressen international übereinstimmen, kann deren Vertretung erfolgreicher sein. So sind bestimmte **Internationale Berufssekretariate**, die die nationalen Branchengewerkschaften verbinden, in der Lage, ihre Interessen stärker zu artikulieren. Teilweise ist es den internationalen Berufssekretariaten sogar gelungen, sogenannte **Weltkonzernausschüsse** zu errichten, die Arbeitnehmer eines Transnationalen Unternehmens in dessen gesamtem Wirkungsgebiet organisieren. Sie werden jedoch von den Konzernspitzen nicht immer als Vertreter der Arbeitnehmerschaft akzeptiert. Nach Staehle (1983a) ist der Internationale Metallgewerkschaftsbund das mächtigste Berufssektretariat mit Weltkonzernausschüssen z.B. bei den Automobilgiganten GM, Ford, Chrysler, VW und Daimler.

Insgesamt ist die Gegenmacht der Arbeitnehmerseite jedoch als gering einzustufen. Es ist deshalb nicht verwunderlich, daß die Forderung nach staatlichen Kontrollinstanzen zu einer Begrenzung unerwünschter Aktivitäten der Transnationalen Unternehmen erhoben wird.

5.3 Staatliche Kontrollinstanzen auf regionaler und internationaler Ebene

Staatliche Kontrollinstanzen können auf nationaler, regionaler und internationaler Ebene aktiv werden. Auf jeder Kontrollebene besteht ein spezifisches Verhältnis zwischen Kontrollmacht und Kontrollreichweite:

Auf der nationalen Ebene garantiert der Staat eine große **Kontrollmacht**, die **Kontrollreichweite** bleibt jedoch auf das nationale Territorium beschränkt. Eine rein nationale Kontrolle international operierender Unternehmen ist notwendigerweise unzureichend. Die nationale Ebene wird deshalb im folgenden ausgeblendet und der Leser auf die im Anhang angegebene Literatur verwiesen.

Auf der regionalen und der internationalen Ebene ist die Kontrollmacht (bislang) geringer als auf der nationalen Ebene. Wie das Beispiel der Europäischen Gemeinschaften zeigt, können jedoch auch auf regionaler Ebene starke Kompetenzen bestehen. Der Vorteil der regionalen, aber insbesondere der internationalen Ebene ist darin zu sehen, daß die Kontrollreichweite zunehmend mit dem Aktionsgebiet der Transnationalen Unternehmen übereinstimmt.

Natürlich schließen sich die Kontrollinstrumente der verschiedenen Ebenen nicht aus, sondern können prinzipiell komplementär eingesetzt werden. Tatsächlich wird auf allen drei Ebenen – wenn auch z.T. sehr unterschiedlich und wenig koordiniert – versucht, Einfluß auf das Verhalten der Transnationalen Unternehmen auszuüben.

Es werden nun Beispiele der staatlichen Kontrolle Transnationaler Unternehmen auf regionaler und internationaler Ebene behandelt.

5.3.1 Die regionale Kontrollebene, dargestellt am Beispiel der Europäischen Union

Aus verschiedenen Gründen erscheint die Europäische Union besonders geeignet, Transnationale Unternehmen zu kontrollieren. Zum einen stellt sie einen Zusammenschluß wichtiger Industrienationen dar, die jeweils Stammländer vieler Transnationaler Unternehmen sind. Zum anderen bedeutet die EU eine Ausweitung des Kontrollraumes bei relativ hoher Kontrollmacht, die stellenweise Züge einer supranationalen Organisation trägt (zum Begriff der Supranationalität vgl. Abschnitt 2.2.4).

Im Gegensatz zu den Bemühungen auf der nationalen Kontrollebene betreibt die EU keinen „Alleingang", sondern eine „Kontrolle im Gleichschritt" (Eser, 1982). Die Regulierung erfolgt sowohl zentral durch EU-Organe als auch dezentral durch die Organe der einzelnen Mitgliedsländer. Dabei ist zu beachten, daß es sich einmal um eine **Harmonisierung**, d.h. Angleichung der unterschiedlichen nationalen Bestimmungen handelt und des weiteren um die **Koordination**, d.h. Abstimmung der verschiedenen einzelstaatlichen Kontrollmaßnahmen. Insbesondere die Harmonisierungsbestrebungen reduzieren das oben angesprochene internationale Standortgefälle.

Die Kommission der Europäischen Wirtschaftsgemeinschaft (EWG) befaßte sich zum ersten Mal 1965 in einem Memorandum zur Unternehmenskonzentration mit grenzüberschreitenden Zusammenschlüssen von Unternehmen. Sie werden darin als wünschenswerte private Aktivitäten beurteilt, die mit den Zielen der europäischen Integration vereinbar sind.

Die richtungweisende Stellungnahme erfolgte 1973 in der Mitteilung „Die Multinationalen Unternehmen und die Gemeinschaft" der EG-Kommission an den Rat.

In dieser Mitteilung werden auch negative Aspekte der Transnationalen Unternehmen hervorgehoben, die entsprechende Gegenmaßnahmen erforderlich machen. Diese Maßnahmen sollen insbesondere das Gemeinwohl schützen, die Interessen der Arbeitnehmer wahren helfen und die Funktionsfähigkeit des Wettbewerbs gewährleisten.

Die Eingriffe sollen jedoch nur mit der Einschränkung erfolgen, „daß die zu treffenden Maßnahmen nicht die Entwicklung eines Phänomens behindern dürfen, dessen wirtschaftliche und soziale Vorteile anerkannt sind, sondern daß sie die Gemeinschaft lediglich durch angemessene Rechtsinstrumente vor den nachteiligen Folgen schützen sollen ... und keine diskriminierenden Aspekte enthalten dürfen" (zitiert nach Bailey, 1979, S. 99).

Die „Philosophie der Nicht-Diskriminierung" ist bis heute ein wesentlicher Bestandteil der Politik der EU gegenüber den Transnationalen Unternehmen. Hieraus erklärt sich auch, warum einmal innerhalb der EU keine eigenständige Organisation zur Kontrolle der Transnationalen Unternehmen geschaffen worden ist und zum anderen sich rechtliche Bestimmungen nicht ausdrücklich auf Transnationale Unternehmen beziehen.

Sehr wohl gibt es jedoch eine Reihe von Bestimmungen, die das Tätigkeitsgebiet dieser Unternehmen betreffen und sie zu „EG Binnenmarktunternehmen" (vgl. EG, Blumenfeld Report, S. 10) transformieren sollen. Neben der Koordination der verschiedenen einzelstaatlichen Kontrollmaßnahmen handelt es sich hierbei insbesondere um Harmonisierungsmaßnahmen. Hierzu zählen ein EU-einheitliches Gesellschaftsrecht, ein einheitliches Steuerrecht, das neben den indirekten Steuern auch die direkten Unternehmenssteuern umfaßt, einheitliche Arbeits- und Sozialvorschriften, einheitliche Normen, Standards und Prüfverfahren sowie eine EU-einheitliche Politik für Fusionen, Kartelle und öffentliche Übernahmeangebote („EU-Kartellamt").

5.3.2 Kontrollalternativen auf der internationalen Ebene

Während die internationalen Wirtschaftsorganisationen den Handlungsspielraum der Transnationalen Unternehmen meist in Teilbereichen beeinflussen, befassen sich nur einige wenige Organisationen mit Kontrollmaßnahmen, die den internationalen Konzern in seiner Gesamtheit erfassen.

Die zuletzt genannten Bemühungen haben politische, wirtschaftliche, finanzielle und soziale Grundsätze zum Gegenstand, die einen allgemein akzeptierten Handlungsspielraum der Transnationalen Unternehmen bestimmen. Sie werden deshalb auch als **Verhaltenskodizes** bezeichnet. Die Verhaltenskodizes haben keinen rechtsverbindlichen Charakter, sondern entsprechen **Empfehlungen** (z.B. OECD) bzw. **Selbstbeschränkungen** (z.B. ILO).

Die Verhaltenskodizes, die von der ILO erarbeitet wurden, verlangen den Transnationalen Unternehmen eine stärkere Selbstbindung ab als die entsprechenden Empfehlungn der OECD (vgl. Staehle, 1983b). Dieser Umstand ist nicht zuletzt auf den unterschiedlichen Aufbau der beiden Organisationen zurückzuführen:

Die Organisation für wirtschaftliche Zusammenarbeit und Entwicklung (OECD) vertritt vor allem die Interessen der Industrieländer, in denen der Großteil der Transnationalen Unternehmen beheimatet ist. Demgegenüber haben in der Internationalen Arbeitsorganisation (ILO) Länder, die von negativen Effekten der Transnationalen Unternehmen stärker betroffen sind – insbesondere Entwicklungsländer – einen vergleichsweise starken Einfluß.

Bislang gibt es keine **internationale Organisation für Transnationale Unternehmen**. Einen ersten konkreten Entwurf dafür enthält zwar bereits die Havanna-Charta von 1949, die jedoch nie ratifiziert wurde (vgl. Abschnitt 4.3).

In den 70er Jahren sind weitreichende Vorschläge für ein „General Agreement for the International Corporation" (Goldberg/Kindleberger) und eine „International Investment Organization" (Wallace jr.) gemacht worden (vgl. Eser, 1982, Teil 6).

Innerhalb der UN, die den Rahmen für eine solche Organisation stellen müßte, ist 1977 eine Fachkommission für Transnationale Unternehmen (Commission on Transnational Corporations) gegründet worden, die dem Wirtschafts- und Sozialrat der Vereinten Nationen (ECOSOC) untersteht. Die Aufgabe dieser Kommission ist die Erarbeitung eines UN-Kodex für Transnationale Unternehmen. Die Arbeiten sind nach mehr als zehn Jahren immer noch nicht abgeschlossen, wobei vor allem das Hauptproblem, ob der Kodex durch einen internationalen

Vertrag eine Rechtsverbindlichkeit erlangen soll, noch nicht gelöst ist. In diesem Punkt prallen die unterschiedlichen Interessen der Ländergruppen aufeinander.

5.4 Zusammenfassung

Im Gegensatz zu der scharfen Kritik der 70er Jahre zeichnet sich gegenwärtig eine gemäßigtere Haltung gegenüber den Transnationalen Unternehmen ab. So wird die Vorreiterrolle dieser Unternehmen für die wirtschaftliche Entwicklung sowohl in Industrie- als auch Entwicklungsländern hervorgehoben. Außerdem wird die Meinung vertreten, daß die Transnationalen Unternehmen aus der Vergangenheit gelernt haben, sich einer stärkeren Selbstbeschränkung zu unterziehen und zunehmend die langfristigen Entwicklungsmöglichkeiten ihrer Gastländer zu berücksichtigen.

Die Transnationalen Unternehmen verfügen über eine erhebliche politische und ökonomische Macht, aus der eine politische Kontrollnotwendigkeit der Unternehmen abgeleitet werden kann. Die Kontrolle muß jedoch den positiv zu bewertenden Wirkungen der Transnationalen Unternehmen, wie z.B. Wachstums- und Integrationseffekten Rechnung tragen und darf zu keiner Diskriminierung führen.

Auf der nationalen Ebene garantiert der Staat eine große Kontrollmacht, die Kontrollreichweite bleibt jedoch auf das nationale Territorium beschränkt. Der Vorteil der regionalen, aber insbesondere der internationalen Ebene ist darin zu sehen, daß die Kontrollreichweite zunehmend mit dem Aktionsgebiet der Transnationalen Unternehmen übereinstimmt. In einem weltweiten Wettbewerb um Kapital, Arbeitsplätze und Steuern, werden staatliche und gewerkschaftliche Kontrollversuche – gleichgültig ob auf nationaler, regionaler oder internationaler Ebene – scheitern an global operierenden Business-oriented International Organizations (BINGO).

6 Literaturverzeichnis

Allgemeine Einführungsliteratur:

Andersen, U. und **Woyke, W.** Hrsg. (1985): Handwörterbuch Internationaler Organisationen, Opladen.
Ansari, J. A. (1986): The Political Economy of International Economic Organization, Boulder, Colorado.
Archer, C. (1983): International Organizations. Key Concepts in International Relations; No. 1, London.
Borchert, M. (1987): Außenwirtschaftslehre, Theorie und Politik, 3. Auflage, Frankfurt a. M.
Deutsche Bundesbank (1986): Internationale Organisationen und Abkommen im Bereich von Währung und Wirtschaft, Sonderdruck der Deutschen Bundesbank No. 3, 3. Auflage, Frankfurt a.M.
Gandolfo, G. (1987): International Economics, Bd. I u. II, Heidelberg.
Groom, A. J. R. und **Taylor, P.** (1988): International Institutions at Work, New York.
Harbrecht, W. (1984): Die Europäische Gemeinschaft, 2. neubearb. u. erw. Aufl., Stuttgart, New York.
Hitzler, G. (1989): Europahandbuch, Köln, Berlin, Bonn, München.

Manecke, H.-J. (1984): Information international: Die Informationstätigkeit internationaler Organisationen; internationale Magnetbanddienste für Wissenschaft und Technik, München, New York, London, Paris.
Schiavone, G. (1986): International Organizations, a Dictionary & Directory, 2. Aufl., London.
Senti, R. (1989): EG, EFTA, Binnenmarkt, Perspektiven, Institut für Wirtschaftsforschung, Zürich.
Union of International Associations (1996/1997): Yearbook of International Organizations, Bd. 1-3, München.
Van Meerhaeghe, M. A. G. (1984): International Economic Institutions, 4. Auflage, Dordrecht.
Weber, A. (1983): Geschichte der internationalen Wirtschaftsorganisationen, Wiesbaden.

Literatur zu internationalen Verbänden der Wirtschaft:

Bernholz, P. und **Breyer, F.** (1984): Grundlagen der Politischen Ökonomie, 2. Auflage, Tübingen.
Bundesverband der Deutschen Industrie (1989): Die Vollendung des EG-Binnenmarktes – Konsequenzen für die EG – Außenwirtschaftsbeziehungen, in: Dokumentation, Januar, Köln.
Commission des Communautés Européennes (1986): Verzeichnis der auf EWG-Ebene bestehenden Verbände, Bruxelles.
Gäfgen, G. (1988): Die Interaktion von Staat und Verbänden in den internationalen Wirtschaftsbeziehungen, Sonderforschungsbereich 178 „Internationalisierung der Wirtschaft", Diskussionbeitrag Serie II/Nr. 47, Konstanz.
Hartmann, J. (1985): Verbände der westlichen Industriegesellschaften, Frankfurt a.M., New York.
Hitzler, G. (1989): a.a.O., S. 275-302.
Platzer, H.-W. (1984): Interessenverbände in der EG – ihre nationale und transnationale Organisation und Politik, in: Schriftenreihe Europa-Forschung Bd. 9, Kehl, Straßbourg.
Schwaiger, K. und **Kirchner, E.** (1981): Die Rolle der Europäischen Interessenverbände, Baden-Baden.

Literatur zu Abschnitt 2:

Archer, C. (1983): a.a.O., Chapter 1-2.
Ansari, J. A. (1986): a.a.O.
Grochla, E. (Hrsg.): Handwörterbuch der Organisation, 1. Auflage 1969.
Groom, A. J. R. und **Taylor, P.** (1988): a.a.O.
Huhle, F. (1983): „Internationale Institutionen – Hemmschuh oder Förderer weltwirtschaftliche Integration?", in: IFO-Studien, Zeitschrift für empirische Wirtschaftsforschung, 29. Jahrgang 1-4.
Kieser, A. und **Kubicek, H.** (1983): Organisation, 2. Auflage, Berlin, New York.
Staehle, W. H. (1973): Organisation und Führung sozio-technischer Systeme – Grundlagen einer Situationstheorie –, Stuttgart.
Union of International Associations (1988): a.a.O.
Weber, A. (1983): a.a.O.
Wöhe (1981): Einführung in die Allgemeine Betriebswirtschaftslehre, 14. Auflage, München.
Zellentin, G. (1969): „Supranationale Organisation", in: Grochla, E. (Hrsg.), Handwörterbuch der Organisation, München.

Literatur zu Abschnitt 3:

Archer, C. (1983): a.a.O., Chapter 4.
Bernholz, P. und **Breyer, F.** (1984): a.a.O.
Conybeare, J. A. C. (1980): „International Organization and the Theory of Property Rights", in: International Organization 34, 3, Summer, S. 307-334.

Fratianni, M. und **Pattison, J.** (1982): „The Economics of International Organizations", in: Kyklos, Vol. 35, 1982, S. 244-262.
Frey, B. (1985): Internationale Politische Ökonomie, München.
(1984): „The Public Choice View of International Political Economy" in: International Organization 38, 1, Winter, S. 199-223.
Kindleberger, Ch. P. (1986): „International Goods without international Government", in: American Economic Review, 76, S. 1-13.
(1982): „Standards as Public, Collective and Private Goods", in:Kyklos, 36, 3, S. 377-396.
Kirsch, G. (1983): Neue Politische Ökonomie, 2. Auflage, Düsseldorf.
Luckenbach, H. (1988): „Volks- und weltwirtschaftliche Organisationen im Lichte der X-Effizienztheorie – Ein Beitrag zur Relativierung der X-Effizienz", in: Jahrbuch für Sozialwissenschaft 39, S. 223-234.
Niskanen, W. A. (1971): „Bureaucracy and Representative Government", Aldine.
Olson, M. (1965): The Logic of Collective Action-Public Goods and the Theory of Groups, 2. Aufl., Cambridge, Mass..
Russett, B. M. und **Sullivan, J. D.** (1971): „Collective Goods and International Organization", in: International Organizations Vol. 25, S. 845-865.
Schneider, F. und **Pommerehne, W. W.** (1981): Free Riding and Collective Action: An Experiment in Public Microeconomics", in: Quarterly Journal of Economics Vol. 96 S. 689-704.
Schoppe, S. G. (1982): „Von der traditionellen Theorie der Außenwirtschaftspolitik zur Neuen Politischen Ökonomie (NPÖ) der Außenwirtschaft", in: Schenk, K.-E. (Hrsg.): Studien zur politischen Ökonomie, Ökonomische Studien, Band 32, Stuttgart u. New York, S. 135-146.
Sohmen, E. (1976): Allokationstheorie und Wirtschaftspolitik, Tübingen.
Vaubel, R. (1986): „A Public Choice Approach to International Organization", in: Public Choice 51, S. 39-57.
(1984): „Von der normativen zu einer positiven Theorie der internationalen Organisationen", in: Schriften des Vereins für Socialpolitik (Hrsg. Giersch, H.), Band 148, Berlin, S. 403-421.
(1983): „Coordination or Competition among National Macroeconomic Policies?", in: Reflections on a troubled World Economy, Hrsg. Machlup, F. et al, London, S. 3-28.

Literatur zu Abschnitt 4:

Ansari, A. (1983): a.a.O., Kapitel 2, 7, 8, 9.
Baratta v., M. und **Clauss, J. U.** (1995): Fischer Almanach der Internationalen Organisationen, 1. Aufl., Frankfurt a. Main.
Born, E. (1981): „Geschichte der Multinationalen Unternehmen" in: Handwörterbuch der Wirtschaftswissenschaften, Bd. 9, S. 103-107.
Frey, B. (1985): a.a.O., Kapitel 6 und 8.
Groom, A. J. R. und **Taylor, P.** (1988): a.a.O.
Jarchow, H.-J. und **Rühmann, P.** (1984): Monetäre Außenwirtschaft, Bd. 2, Internationale Währungspolitik, 1. Aufl., Göttingen.
Cipolla, C. M. (1985): Europäische Wirtschaftsgeschichte in 5 Bänden, Stuttgart – New York.
Ohmae, K. (1985): Macht der Triade. Die neue Form weltweiten Wettbewerbs, Wiesbaden.
Quack, H. (1995): Internationales Marketing, München.
Rochester, M. J. (1986): „The Rise and Fall of International Organization as a Field of Study", in: International Organization 40, 4, S. 777-813.
Weber, A. (1983): a.a.O.
Woodruff, W. (1985): „Die Entstehung einer Internationalen Wirtschaft 1700-1914", in: Cipolla, C. M. a.a.O., S. 435-484.

Literatur zu Abschnitt 5:

Acquaah, K. (1986): International Regulation of Transnational Corporations, New York.

Bailey, P. J. (1979): Möglichkeiten der Kontrolle multinationaler Konzerne. Die Rolle internationaler Organisationen, München.
Eser, G. (1982): Die politische Kontrolle der Multinationalen Unternehmen, Steuer- und kartellrechtliche Aspekte am Beispiel der BRD und der EG, Frankfurt a.M., New York.
Europäische Gemeinschaften (1988): Bericht über die Rolle der Multinationalen Unternehmen in der EG und im Außenhandel der EG. Berichterstatter: Erik Blumenfeld, Sitzungsdokumente des Europäischen Parlaments 1988-89 (Blumenfeld-Report).
Müller, M. (1981): „Multinationale Unternehmen", in: Handwörterbuch der Wirtschaftswissenschaften, S. 84-93.
Robinson, J. (1985): Multinationals and Political Control, Andershot.
Staehle, W. H. (1983a): „Reaktionen von Gewerkschaften auf die Internationalisierung der Unternehmen", in: WiSt Heft 10, S. 505-511.
(1983b): „Reaktionen von überstaatlichen Organisationen auf die Internationalisierung der Unternehmen", in: WiSt Heft 11, S. 557-560.

Teil B:
Funktionale Ansätze der Internationalen Betriebswirtschaftslehre

Führungs-, Leistungs- und Finanzfunktion

5. Kapitel:
Strategisches Management der Multinationalen Unternehmung

1 Einführung und Überblick

Zu Beginn eine fast banale Frage: Warum muß eigentlich geplant, warum muß in Unternehmen „gemanagt" werden? Eine mögliche Antwort lautet: Weil das künftige Unternehmensgeschehen – gleichgültig, ob in einem kleinen Handwerksbetrieb oder in einem weltweit tätigen Konzern – im wesentlichen indeterminiert ist. Deshalb ist es nicht nur gestaltungsfähig, sondern auch gestaltungsbedürftig. In Unternehmen (bzw. mit dem „Instrument" Unternehmung) sollen bestimmte Ziele erreicht werden, und sie werden nur dann erreicht, wenn Menschen selbst tätig werden, andere zu Tätigkeiten „anweisen" oder wenigstens automatisierte Verrichtungen und Prozesse veranlassen. Über die Art und Weise dieser Tätigkeiten, über das „Wann", „Wie" und „Wo" sowie über die personelle Aufgabenverteilung ist zu entscheiden. Die antizipative Gestaltung des zukünftigen Unternehmensgeschehens, die mit derartigen Entscheidungen endet, ist Aufgabe der **Planung**. Sie ist nur eine – allerdings eine wichtige – Aufgabe im Rahmen des Managements von Unternehmen.

Betrachtet man die Planungsaufgabe genauer, so lassen sich hier zwei Teilaufgaben unterscheiden: Zum einen ist die Organisationsstruktur des Unternehmens zu gestalten, also ein dauerhafter (oder wenigstens „längerfristig gültiger") Rahmen zu schaffen; zum anderen sind für jede Periode des betrachteten Planungszeitraums „Aktionsprogramme" zu erstellen – Pläne, die innerhalb des geschaffenen organisatorischen Rahmens in Tathandeln umgesetzt werden sollen. Auf beide Aufgaben – die Organisationsgestaltung und die Planung der „Ausführungshandlungen" – kommen wir noch ausführlicher zu sprechen.

Planung allein reicht jedoch nicht aus, um das gewollte Unternehmensgeschehen auch Wirklichkeit werden zu lassen. Die **Realisation** der Pläne muß veranlaßt, die sich dabei stellenden Koordinationsprobleme müssen gelöst werden. Schließlich ist eine **Kontrolle** durchzuführen, und das bedeutet, sowohl zu prüfen, ob die erarbeiteten Pläne angesichts möglicherweise eingetretener Änderungen im Datenkranz (siehe Kapitel 1 dieses Buches) noch zieladäquat sind, als auch, ob die letztlich realisierten Ergebnisse den geplanten entsprechen.

Alle hier skizzierten Aufgaben – Planung, Organisation, Veranlassung der Realisation und Kontrolle – bilden die Essenz dessen, was heute allgemein unter „**Management**" verstanden wird. Auf eine noch kürzere Formel gebracht läßt sich sagen: Management ist **Planung und Planrealisation mit allen sich dabei stellenden Aufgaben**.

Im folgenden ist allein das Management einer **Multinationalen Unternehmung** Gegenstand der Betrachtung. Ein solches Unternehmen verfügt über ein Netzwerk interdependenter Tochtergesellschaften oder Auslandsniederlassungen, von denen zumindest einige auch Produktionsaufgaben erfüllen, und grenzt sich insofern von der „rein national" tätigen Unternehmung (Produktion und Absatz ausschließlich im Inland) und der „internationalen" Unternehmung (Produktion im Inland, Absatz im In- und Ausland) ab.

Die für das Multinationale Unternehmen bedeutsamste Umweltentwicklung – die zunehmende Globalisierung von Branchen und Märkten – wird in Abschnitt 2 näher betrachtet. Diese Entwicklung wirkt sich, wie in den darauffolgenden Abschnitten gezeigt wird, nicht nur auf die Organisationsgestaltung aus, sondern auch und vor allem auf den Prozeß der strategischen Planung und auf ihr Ergebnis: die strategische Ausrichtung des Unternehmens.

Betrachtet wird im folgenden nur das strategische Management einer Multinationalen Unternehmung. Worin das Besondere der strategischen Perspektive liegt, wird in Abschnitt 4 kurz erläutert. Es zeigt sich, daß letztlich die Unmöglichkeit, das gesamte zukünftige Unternehmensgeschehen in einem Zuge detailliert zu planen und zu gestalten, die Ursache dafür ist, daß die Unternehmensleitung von „unwichtigen" Gestaltungsmerkmalen abstrahiert und sich auf hochaggregierte Größen und „strategisch wichtige" Merkmale konzentriert.

Im 5. Abschnitt wird dann – bei Aufgliederung des Planungsprozesses in seine Teilphasen – auf Möglichkeiten zur methodischen Unterstützung der strategischen Planung eingegangen. Gleichzeitig werden inhaltliche Strategiealternativen aufgezeigt, die auf die besondere Situation einer Multinationalen Unternehmung zugeschnitten sind. Das Schwergewicht der folgenden Betrachtung liegt also auf der **strategischen Planung**. Auf die übrigen Managementaufgaben werden wir nur kurz zu sprechen kommen, da sie in anderen Beiträgen dieses Buches eingehender behandelt werden.

Im letzten Textabschnitt dieses Kapitels werden die Hauptaufgaben und -probleme eines „globalen" strategischen Managements noch einmal zusammengefaßt.

2 Globalisierung des Wettbewerbs als Rahmenbedingung für das multinationale strategische Management

Hinter der oft nur schlagwortartig verwendeten These von der „Globalisierung von Branchen und Märkten" steht ein Trend, der im wesentlichen das Ergebnis zweier voneinander abhängiger Teilentwicklungen ist, und zwar

- der Zunahme der grenzüberschreitenden Tätigkeiten vieler Unternehmen und
- der wachsenden Interdependenz der geographischen Märkte.

Zum erstgenannten Punkt: Diese Entwicklung stellt im Grunde keine Neuheit dar, wenn man bedenkt, daß schon „Unternehmen" des Altertums und des Mittelalters regen Fernhandel betrieben und – wie im Fall der Fugger und Welser – international tätige Wirtschaftsimperien aufbauten (Welge/Winter, 1990, Sp. 1245f.; Jacob, 1992, S. 14f.). Eine Ausdehnung der internationalen Unternehmensaktivitäten über den Export hinaus begann allerdings erst Ende des 19. bzw. Anfang des 20. Jahrhunderts. Ford, Singer, Gillette und Coca-Cola sind Beispiele für Unternehmen, die schon seit langem auf dem „Weltmarkt" agieren und internationale Strategien einsetzen (Porter, 1989b, S. 47; Chandler, 1989, S. 478ff.)

In der Zeit vom Ersten bis zum Ende des Zweiten Weltkriegs dämpften politische Entwicklungen und nationalistische Tendenzen eine weitere Internationalisierung der Unternehmen. Firmen, die bis dahin schon multinational tätig wa-

5. Kap.: Strategisches Management der Multinationalen Unternehmung 245

ren, hemmte dies in ihrer Integration, manche verwandelten sich notgedrungen in einen losen Verbund mit relativ selbständigen Tochtergesellschaften zurück. Dies änderte sich erst in den fünfziger Jahren, als sich die genannten Restriktionen zu lockern begannen und wieder mehr Unternehmen grenzüberschreitend tätig wurden oder gar nach einem weltweit integrierten strategischen Konzept vorgingen (Porter, 1989b, S. 48f.). Diese Entwicklung spiegelte sich auch in einer wachsenden Zahl ausländischer Produktionsstätten wider, wie in der folgenden Abbildung am Beispiel führender US-amerikanischer Unternehmen gezeigt wird:

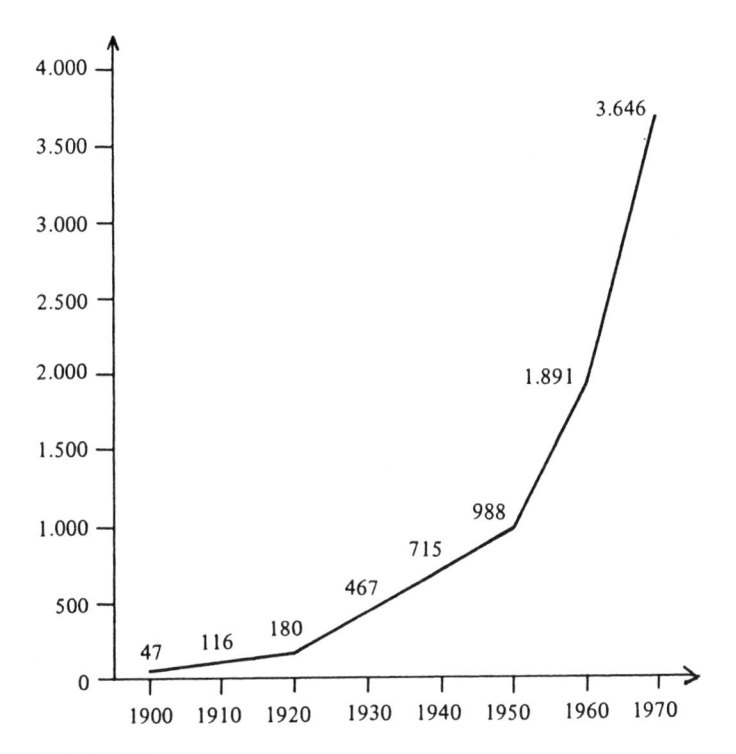

Quelle: Miller/Miller, 1987

Abb. 5.1: Anzahl ausländischer Produktionsstätten von führenden US-amerikanischen Gesellschaften (1900-1970)

Daß gerade in den letzten 10 bis 15 Jahren von einer „Globalisierungswelle" gesprochen wird, liegt darin begründet, daß
- der Umfang und die „Reichweite" der grenzüberschreitenden Tätigkeiten von Unternehmen in diesem Zeitraum drastisch zugenommen haben; dies gilt auch für die Zahl der davon „betroffenen" Branchen (Rall, 1988, S. 199);
- vermehrt japanische, später auch in Korea und Taiwan beheimatete Konzerne als Konkurrenten auftraten und seitdem die „traditionell" multinational ausgerichteten Unternehmen aus Europa und den USA herausfordern (Porter, 1989b, S. 18).

Auf die Ursachen für diese Entwicklungen – es sind die Gründe für eine multinationale oder „globale" Unternehmenstätigkeit überhaupt – kommen wir gleich näher zu sprechen.

Zum zweitgenannten Punkt: Dieser Trend – die wachsende Interdependenz zwischen den Märkten – bringt zum Ausdruck, daß ehemals isolierte geographische Teilmärkte mit unterschiedlichen Bedingungen sich mehr und mehr angleichen oder sogar zu einem „Weltmarkt" mit einheitlicher Struktur zusammenwachsen (Levitt, 1983, S. 92ff.; Bartlett/Ghoshal, 1990, S. 21f.). Hauptursache hierfür ist – im Konsumgütersektor – die Angleichung der Verbrauchsgewohnheiten und -präferenzen, gefördert vor allem durch den wachsenden internationalen Informationsaustausch, verstärkte Reiseaktivitäten, berufliche Auslandsaufenthalte u.ä. Aber auch auf vielen Industriegütermärkten haben sich mittlerweile „Weltstandards" herausgebildet und die geographischen Unterschiede damit nivelliert.

Für ein Unternehmen, das auf einem solchen Markt anbietet, ist es zumindest wichtig, das gesamte (u.U. den Globus umspannende) Marktgeschehen „im Blick" zu behalten, um nicht von ausländischen Konkurrenten überrascht zu werden. Die wachsende Interdependenz der Märkte bringt aber auch die Chance mit sich, die eigene Unternehmenstätigkeit erfolgreich auf andere Länder auszuweiten.

Die Globalisierung des Wettbewerbs wurde und wird noch durch weitere Entwicklungen gefördert, die hier aber nur stichwortartig erwähnt werden können (vgl. auch Porter, 1989a, S. 2f.; Rall, 1988, S. 204f.), und zwar durch

- die Liberalisierung und Globalisierung des Kapitalverkehrs, was „freiere" länderübergreifende Kapitalströme ermöglicht und eine Angleichung der Kapitalkosten zur Folge hat, zuweilen aber auch stärkere kurzfristige Instabilitäten der Wechselkurse induziert

- die Beseitigung tarifärer Handelshemmnisse (= fallende Zollschranken), die jedoch oft durch nichttarifäre Hemmnisse wie Selbstbeschränkungsabkommen und Zulassungsrestriktionen ersetzt werden

- verbesserte Verkehrs- und Kommunikationsbeziehungen: Erstere haben den internationalen Austausch von Waren und Leistungen erleichtert bzw. die Transportkosten gesenkt, letztere haben, dank moderner Kommunikations- und Datenübertragungstechnik, die Koordination der „weltweit gestreuten" betrieblichen Aktivitäten überhaupt erst ermöglicht.

Auch wenn die hier skizzierten Entwicklungen nicht für alle Märkte in gleicher Weise gültig sind – so weist die Nachfrage nach Telekommunikationsanlagen weit größere regionale Unterschiede auf als z.B. die nach Videorecordern (Bartlett/ Ghoshal, 1990, S. 46ff.) – oder sogar „Gegenströmungen" mit dämpfender Wirkung auf den internationalen Wettbewerb auslösten (Porter, 1989a, S. 3ff.), kann an der grundlegenden These von der Globalisierung der Märkte und Branchen festgehalten werden.

3 Wettbewerbsvorteile durch „Globalisierung" des Unternehmens und strategische Grundkonzeptionen

3.1 Kosten- und Differenzierungsvorteile

Trotz der geschilderten Entwicklung ist die multinationale oder gar weltumspannende Ausdehnung der Unternehmenstätigkeiten keine zwingende Notwendigkeit, sondern eine strategische Handlungsalternative. Sie sollte nur dann ergriffen werden, wenn damit ein **Wettbewerbsvorteil** erreicht bzw. einem Wettbewerbsnachteil gegenüber der Konkurrenz vorgebeugt werden kann. Ein solcher Wettbewerbsvorteil ist, nebenbei bemerkt, nicht Selbstzweck, sondern stets „Mittel zum Zweck", d.h. er soll der nachhaltigen Erreichung der eigentlichen Unternehmensziele dienen.

Für einen Wettbewerbsvorteil gibt es nun – nach **Porter** – im wesentlichen zwei Quellen, und zwar (Porter, 1989b, S. 22):
1. Kostenvorteile und/oder
2. Differenzierungsvorteile.

Kostenvorteile können vor allem in folgenden Sachverhalten begründet liegen (vgl. auch Rall, 1988, S. 202f.):

- *Skaleneffekte:* Das erweiterte Absatzgebiet ermöglicht größere Produktionsvolumina und damit eine Degression der Stückkosten. Produkte im High-Tech-Bereich sind oftmals – wegen der hohen Entwicklungskosten und der sich verkürzenden Lebenszyklen – nur dann rentabel, wenn sie von vornherein für den Weltmarkt konzipiert werden und dort auch erfolgreich sind (Henzler, 1992, S. 84);

- *Erfahrungskurveneffekte*, die ebenfalls vom (kumulierten) Produktionsvolumen abhängen und stückkostenmindernd wirken (siehe Abschnitt 5 dieses Kapitels);

- *komparative Standortvorteile*, z.B. Produktionsmöglichkeiten in sogenannten Billiglohnländern, Zugang zu Rohstoffquellen, zu fortschrittlichen Technologien usw.

Gerade die komparativen Standortvorteile neigen jedoch dazu, mittel- bis langfristig zu „erodieren". Sie eignen sich deshalb oft nur als „globale Sprungbretter" für einen leichteren Einstieg in den internationalen Wettbewerb (Porter, 1989a, S. 4; ders., 1989b, S. 43). Zu beobachten ist weiter, daß eine steigende Betriebsgröße zwecks Ausnutzung von Skaleneffekten das Unternehmen oft inflexibel werden läßt und deshalb Risiken induzieren kann.

Die zweite Quelle für einen Wettbewerbsvorsprung sind **Differenzierungsvorteile**. Sie entstehen dadurch, daß das Unternehmen seine Produkte und Leistungen „... so unverwechselbar gestaltet, daß der Kunde einen höheren Preis zu zahlen bereit ist" (Porter, 1989b, S. 22). Differenzierung bedeutet nicht nur, daß sich das Produkt oder die Leistung in positiver Weise vom Konkurrenzangebot unterscheidet, sondern auch, daß regional (noch) bestehenden Unterschieden in den Konsumpräferenzen möglichst weitgehend entsprochen wird. Dies setzt allerdings voraus, daß die geographischen Teilmärkte in der betrachteten Branche eben noch **nicht** zu einem einheitlichen Weltmarkt zusammengewachsen sind. Differenzierungsvorteile sind aber auch dort realisierbar, wo die Konsumenten –

wie im Bereich der Unterhaltungselektronik geschehen – als Reaktion auf ein „Überangebot" an weltweit standardisierten Produkten wieder stärker nach differenzierten Waren verlangen (Bartlett/Ghoshal, 1990, S. 46f.).

Für die weitere Vorgehensweise ist es nun wichtig zu erkennen, daß sich die beiden genannten Wettbewerbsvorteile – jedenfalls tendenziell – ausschließen, so daß sich die Unternehmensleitung, vereinfacht ausgedrückt, die Frage stellen muß, ob sie eher durch die Ausnutzung von Kostenvorteilen (= Standardisierung, geographische Konzentration der Produktion) oder durch Differenzierungsvorteile (= Angebotsdifferenzierung und geographische Streuung) einen Wettbewerbsvorsprung erreichen und sichern will.

Die Entscheidungssituation ist, genauer betrachtet, noch etwas komplexer: Denn die eben gestellte Frage ist im Grunde **für jede Aktivität** im Rahmen der Wertekette des Unternehmens zu beantworten. Diese Wertekette kategorisiert die betrieblichen Aktivitäten oder Funktionen, die sich – in der einen oder anderen Weise – in jedem Unternehmen wiederfinden. Dabei wird noch zwischen Primäraktivitäten (im wesentlichen: Produktion und Absatz der Produkte und Leistungen), flankierenden Maßnahmen (z.B. Beschaffung, Forschung und Entwicklung) und sonstigen „peripheren" Maßnahmen unterschieden.

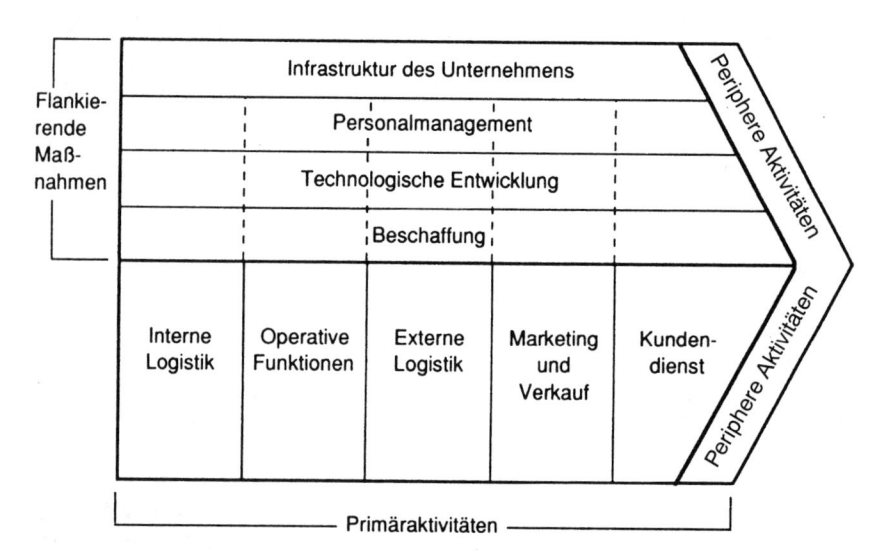

Quelle: Porter, 1989b, S. 23

Abb. 5.2: Die Wertekette des Unternehmens nach Porter

Zurück zur Ausgangsfrage: Für jede Aktivität (z.B. Beschaffung, Produktion, und Marketing) ist also zu klären, ob sie so „gestaltet" werden soll, daß damit *Kostenvorteile* oder aber *Differenzierungsvorteile* verwirklicht werden können. Welche Voraussetzungen vorliegen müssen und welche Konsequenzen mit jeder Alternative verbunden sind, verdeutlicht Abbildung 5.3 (vgl. dazu auch Porter, 1989b, S. 28f.):

	Wettbewerbsvorteil durch	
Kriterium	Kostenvorteile	Differenzierungsvorteile
Konfiguration der Aktivitäten	Geographische Konzentration, z.B. • Produktion im „Billiglohnland" • Einrichtung **eines** F+E-Zentrums • zentrale Einkaufsorganisation	Geographische Streuung, z.B. • Produktionsstätten in versch. Ländern • mehrere F+E-Zentren • Einkaufsabteilung in jeder Auslandsniederlassung
Variationsbreite der Aktivitäten	Standardisierung, z.B. • einheitliche Produktgestaltung • weltweit identische Absatzpolitik (Markenname, Vertriebskanäle, Preispolitik usw.)	Differenzierung, z.B. • länderspezifische Produktgestaltung • lokal angepaßte Absatzpolitik
Koordinationsbedarf	Hoher Koordinationsbedarf: • Durchsetzung der „Einheitlichkeit" • Management des „globalen Verbundnetzes"	Geringer Koordinationsbedarf: • geringe Interdependenzen zwischen den geographisch gestreuten Aktivitäten
Entscheidungskompetenz bezüglich der Aktivitäten	• eher zentralisiert (Muttergesellschaft)	• eher dezentralisiert (Tochtergesellschaft)

Abb. 5.3: Potentielle Kosten- und Differenzierungsvorteile einer MNU

3.2 Strategische Grundkonzeptionen Multinationaler Unternehmen

Je nachdem, ob ein Unternehmen die Mehrzahl seiner Aktivitäten so gestaltet und geographisch konfiguriert, daß damit primär Kostenvorteile oder aber Differenzierungsvorteile oder sogar beide realisiert werden können, lassen sich drei „Typen" Multinationaler Unternehmen (MNU) unterscheiden (Abb. 5.4).

Die hier gebildeten Kategorien seien im folgenden etwas näher erläutert:
1. **MNU mit „rein globaler" Strategie** (vgl. auch Porter, 1989b, S. 30f.): Bei einem solchen Unternehmen sind die (potentiellen) Kostenvorteile hoch, die Differenzierungsvorteile dagegen gering oder überhaupt nicht relevant. Es wird deshalb sein Produkt- und Leistungsangebot weltweit standardisieren und die Ausführung der Aktivitäten geographisch konzentrieren – sei es, daß die Mehrzahl aller Maßnahmen in **einem** Land ausgeführt werden (viele japanische Firmen, z.B. Toyota, verfuhren in den sechziger und siebziger Jahren nach diesem Muster) oder daß eine bestimmte Aktivität jeweils schwerpunktmäßig in einem bestimmten Land angesiedelt und ausgeführt wird (z.B. Forschung und Entwicklung in den USA, Produktion in Fernost usw.) und damit ein „globales Verbundnetz" interdependenter Auslandsgesellschaften mit insgesamt hohem Koordinationsbedarf entsteht. In jedem Fall gilt aber: „Diejenigen Funktionen, die zwangsläufig in Kundennähe auszuüben sind, werden standardisiert und auf diese Weise straff koordiniert" (Porter, 1989b, S. 30). Die strategischen Entscheidungen – auf ihre Inhalte kommen wir noch zurück – werden meist zentralisiert, also von der Muttergesellschaft, gefällt. Der Aufbau eines

Kosten-vorteile hoch	MNU mit „rein globaler" Strategie	MNU mit „transnationaler" Strategie
gering	Export oder nur inländisch tätiges Unternehmen	MNU mit länderspezifischer Strategie
	gering	hoch **Differenzierungs-vorteile**

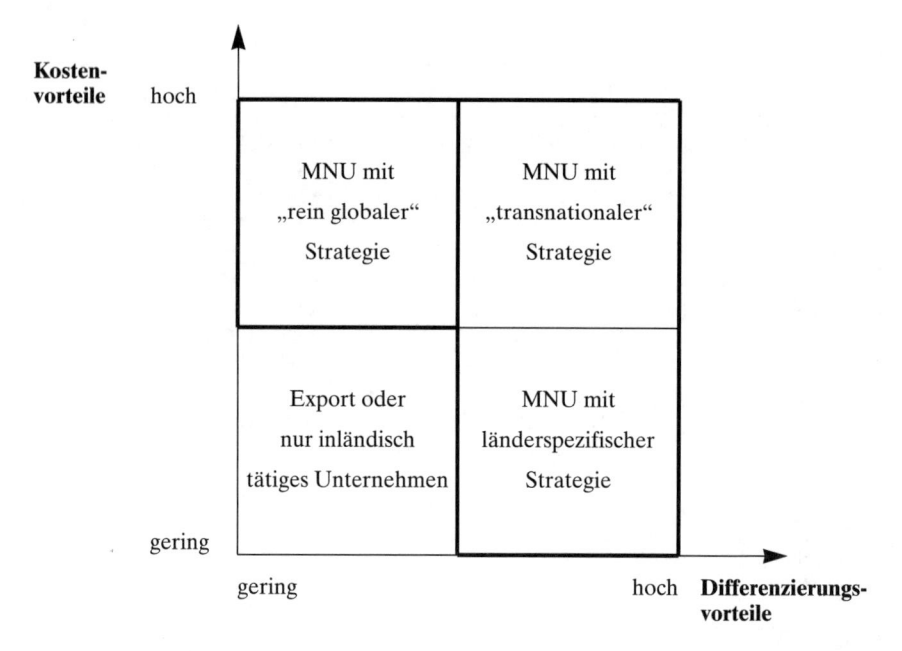

Abb. 5.4: Kategorien von MNU in der Kostenvorteile/Differenzierungsvorteile-Matrix

interdependenten globalen Netzwerks von Auslandsniederlassungen setzt voraus, daß die (im Vergleich zur Zentralisierung) erhöhten Transport-, Kommunikations- und Lagerkosten die oben genannten Kostenvorteile nicht kompensieren (Porter, 1989b, S. 32) und daß den Niederlassungen ein bestimmtes Maß an „partnerschaftlichem Mitspracherecht" eingeräumt wird (Bartlett, 1989, S. 444). Unternehmen, die nach der „rein globalen" Strategie vorgehen, finden sich beispielsweise im Bereich der Unterhaltungselektronik (z.B. Matsushita, mit Einschränkungen auch Philips) und in der Flugzeugindustrie.

2. **MNU mit „transnationaler" Strategie:**

   Ein solches Unternehmen steht der Situation gegenüber, daß mit einigen Aktivitäten bei entsprechender Gestaltung Kostenvorteile, mit anderen Differenzierungsvorteile verwirklicht werden können. Zunächst ist es sinnvoll, die Primäraktivitäten der Wertekette in „vor-" und „nachgelagerte" Aktivitäten zu unterteilen (Abb. 5.5).

   Kostenvorteile sind vorrangig bei den **vorgelagerten** Aktivitäten und den flankierenden Maßnahmen erzielbar. Sie werden deshalb geographisch konzentriert – sei es, daß alle vorgelagerten Maßnahmen an **einem** Standort gebündelt oder aber, nach dem Grundgedanken des „globalen Verbundnetzes", bestimmte Aktivitäten schwerpunktmäßig bestimmten Standorten zugewiesen werden. Im Produktionsbereich ist auch eine geographische Aufteilung nach Produkt- oder Fertigungstechnologien denkbar: So fertigt die Firma Stihl kleinere Kettensägen für den gesamten Weltmarkt in den USA, größere Kettensägen in Europa (Porter, 1989b, S. 56).

   Wichtig ist: Die **nachgelagerten** Funktionen werden „in Kundennähe" angesiedelt und damit geographisch gestreut. Vor allem durch die Anpassung der

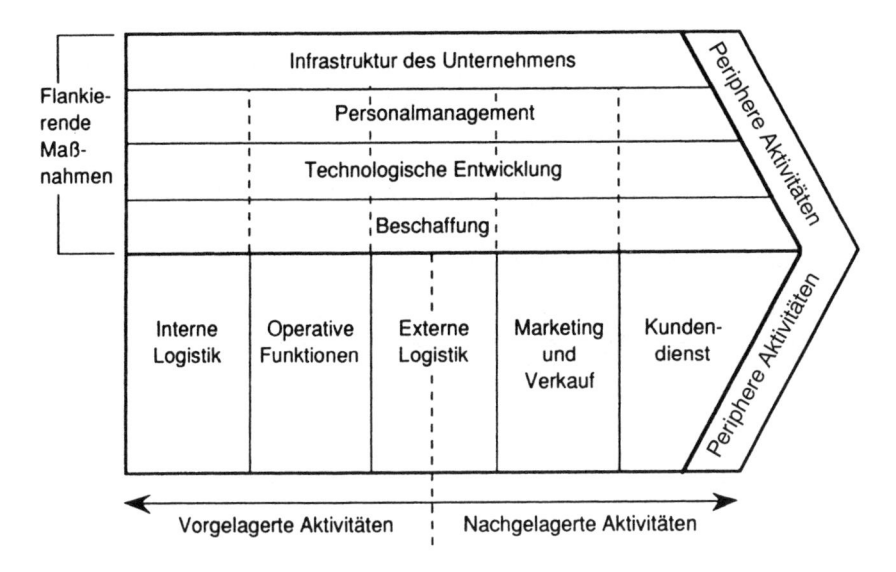

5. Kap.: Strategisches Management der Multinationalen Unternehmung

	Infrastruktur des Unternehmens					Periphere Aktivitäten
Flankierende Maßnahmen	Personalmanagement					
	Technologische Entwicklung					
	Beschaffung					
	Interne Logistik	Operative Funktionen	Externe Logistik	Marketing und Verkauf	Kundendienst	

← Vorgelagerte Aktivitäten │ Nachgelagerte Aktivitäten →

Quelle: Porter, 1989b, S. 26

Abb. 5.5: Vor- und nachgelagerte Primäraktivitäten in der Wertekette (Beispiel)

Marketing- und Verkaufsaktivitäten an die regional unterschiedlichen Bedingungen erhofft man sich Differenzierungsvorteile (Porter, 1989b, S. 25). Die Produkte selbst können standardisiert sein, müssen es aber nicht. Denn dank flexibler Fertigungsverfahren ist es möglich, die Produktion geographisch zu konzentrieren und trotzdem den Differenzierungswünschen der Konsumenten zu entsprechen. Zu bedenken ist allerdings, daß in manchen Ländern die lokale Ansiedlung **aller** Wertschöpfungsaktivitäten für bestimmte Produkte oder Geschäftsgebiete durch Regierungsauflagen erzwungen wird. Hier sind die Aktivitäten also notgedrungen zu streuen, obwohl eine Konzentration günstiger wäre. In solchen Fällen spricht man auch von „blockiert-globalen" Geschäften (Rall, 1988, S. 207).

Die Grenze zwischen „konzentrierten" und „geographisch gestreuten" Aktivitäten innerhalb der Wertekette ist im Einzelfall festzulegen und nicht allgemeinverbindlich definierbar: So kann es sein, daß lediglich die Produktion von Baugruppen konzentriert wird und die Endmontage „vor Ort", also länderspezifisch differenziert erfolgt; andererseits ist es denkbar und u.U. empfehlenswert, daß auch bestimmte „nachgelagerte" Aktivitäten (z.B. die Produktion von Werbemitteln) an einem Ort zentralisiert werden.

Generell kann gesagt werden, daß die MNU mit „transnationaler" Strategie Elemente der rein globalen und der länderspezifischen Strategie vereinigt und insofern eine Zwischenstellung zwischen den beiden „Extremen" einnimmt. In **organisatorischer** Hinsicht bedeutet das eine Aufwertung der Auslandsniederlassungen im Vergleich zu denen der „rein globalen" MNU – ihr lokaler Ermessensspielraum ist größer, ebenso das Mitspracherecht bei strategischen Entscheidungen –, auch wenn ihnen nicht so viel Entscheidungsautonomie zugestanden wird wie den Auslandstöchtern einer „länderspezifisch" strukturierten MNU (Bartlett, 1989, S. 444 und 461).

Der Koordinationsaufwand bei der Muttergesellschaft ist, verglichen mit der „rein globalen" Strategie, geringer, da Entscheidungen über die nachgelagerten Aktivitäten an die Töchter delegiert und dort autonom, d.h. unabhängig von anderen Auslandstöchtern, gefällt werden.

Unternehmen mit „transnationaler" Strategie finden sich u.a. in der Computerindustrie (z.B. IBM) und unter Herstellern von Telekommunikationsanlagen.

3. **MNU mit „länderspezifischer" Strategie:**

Wenn eine MNU „... sich im Bereich der Konfiguration einer Streuungsstrategie bedient, also in jedem Land (oder jeweils einer Gruppe benachbarter Länder) die komplette Wertekette ansiedelt und diese kaum miteinander koordiniert, spricht man von einer länderspezifischen Strategie" (Porter, 1989b, S. 29). Auf diese Weise lassen sich die im hohen Maße gegebenen Differenzierungsvorteile bestmöglich nutzen. Da ohnehin kaum Kostenvorteile realisierbar sind, braucht darauf auch keine Rücksicht genommen zu werden. Die Produkte und Leistungen werden – meist nach einem einmaligen Know-how-Transfer von der Mutter an die Auslandsniederlassung – länderspezifisch gestaltet, z.T. werden auch regional unterschiedliche Markennamen verwendet (Porter, 1989b, S. 31).

Die Auslandsniederlassungen haben in operativen Fragen nahezu völlige Entscheidungsfreiheit und außerdem maßgeblichen Anteil an den strategischen Unternehmensentscheidungen (auf die hier angesprochene Unterteilung in „strategische" und „operative" Entscheidungen kommen wir in Kürze zurück). Ihre Stellung gegenüber der Muttergesellschaft ist dementsprechend stark – die Gesamtorganisation ergibt eher ein „locker gewobenes" Netz, ein Portfolio unabhängiger Tochtergesellschaften, das von der Mutter primär unter finanziellen Gesichtspunkten geführt und kontrolliert wird (Bartlett, 1988, S. 433f.; Bartlett/Ghoshal, 1990, S. 73f.).

Beispiele für Unternehmen mit länderspezifischer Strategie lassen sich in der Nahrungs- und Waschmittelbranche finden – in der letzteren deshalb, weil der Spielraum für eine Standardisierung bei Waschmittelprodukten aufgrund regional unterschiedlicher Reinigungsgewohnheiten erstaunlich gering ist (Bartlett/Ghoshal, 1990, S. 38f.). Coca-Cola ist ein Beispiel dafür, daß ein Unternehmen die länderspezifische Strategie auch mit einem (nahezu) standardisierten Produkt erfolgreich einsetzen kann (Henzler, 1992, S. 90). In der Automobilindustrie verfolgt z.B. General Motors seit langem eine länderspezifische Strategie, auch wenn diese in neuerer Zeit in Richtung auf eine „transnationale" Strategie (= verstärkte Ausnutzung auch von Kostenvorteilen) verlagert wird (Porter, 1989b, S. 29ff.).

Halten wir fest: Es gibt nicht **die** einheitliche Normstrategie für ein Unternehmen, das multinational oder gar global tätig werden oder bleiben will. Je nachdem, welche „Erfolgsfaktoren" in der jeweiligen Branche, der es angehört, relevant sind, ist eine andere Unternehmensstrategie zieladäquat – mit ganz bestimmten Konsequenzen auch für die Gestaltung der Unternehmensorganisation. Kennzeichnend für ein Multinationales Unternehmen ist also, daß es „... entweder durch eine konzentrierte Konfigurationsstruktur, eine Koordination der geographisch getreuten Aktivitäten oder durch beides Wettbewerbsvorteile zu realisieren sucht" (Porter, 1989b, S. 31), wobei der letztgenannte Fall, die

„transnationale" Strategiealternative, für immer mehr Branchen relevant zu werden scheint (Bartlett, 1989, S. 463).

Nur dann, wenn sowohl die potentiellen Kosten- als auch die Differenzierungsvorteile gering sind, fehlt es an den Erfolgsvoraussetzungen für eine „multinationale" Ausdehnung des Unternehmens. In diesem Fall (siehe linkes unteres Matrixfeld in Abb. 5.4) ist zu überlegen, ob das Unternehmen durch Export international tätig werden (bleiben) oder sich auf den bisher bearbeiteten Inlandsmarkt beschränken soll.

Aus dieser kurzen Charakterisierung wird deutlich, daß Erfolg oder Mißerfolg einer Multinationalen Unternehmung „... nicht so sehr von der Entwicklung neuer strategischer Vorgehensweisen abhängen, sondern von der richtigen Auswahl und Durchführung geeigneter Strategien, die auch heute schon bekannt sind" (Leontiades, 1988, S. 852).

Auswahl und Durchführung von Strategien – das sind die Kernaufgaben des strategischen Managements, denen wir uns jetzt im einzelnen zuwenden wollen. Zuvor soll aber eine andere Frage gestellt und zu beantworten versucht werden: Warum „strategisch"? Was ist das Besondere an dieser Perspektive und in welchen Fällen wird sie benötigt?

4 Notwendigkeit und Aufgaben des strategischen Managements

4.1 Warum „strategisch"?

Betrachtet sei die oberste Führungsebene einer (Multinationalen) Unternehmung. Sofern die Unternehmensleitung bestimmte Ziele verfolgt (z.B. Gewinnerzielung) und den Zielerreichungsgrad nicht völlig dem Zufall oder dem Einfluß anderer überlassen möchte, muß über das künftige Unternehmensgeschehen entscheiden, es im Vorwege planen und gedanklich gestalten und das Ergebnis dieser Tätigkeit, den Plan, anderen „zur Realisation" übergeben. Ein solcher Plan hat *Sachzielcharakter:* Er gibt vor, welche Handlungen und Aktionen künftig ausgeführt werden sollen, um die gesteckten Unternehmensziele zu erreichen.

Es ist unmittelbar einsichtig, daß eine Unternehmensleitung – besonders die einer Multinationalen Unternehmung – nicht alles im einzelnen planen kann. Selbst wenn sie es versuchen sollte, würde sie unter einer Flut von Informationen begraben werden und mit dem Planen stets der Wirklichkeit hinterherhinken – um von der Vernachlässigung der übrigen Mangementaufgaben gar nicht erst zu reden.

Der naheliegende „Ausweg", das Gesamtplanungsproblem in isolierte Teilprobleme aufzuteilen und diese nacheinander zu lösen (oder deren Lösung zu delegieren), ignoriert die zwischen ihnen bestehenden Zusammenhänge (Interdependenzen) und kann zu Planvorgaben führen, die sehr ungünstige oder gar existenzgefährdende Folgen für das Unternehmen haben. Die betrieblichen Funktionen Beschaffung, Produktion, Absatz usw. sind eben nicht unabhängig voneinander (dies gilt auch für die in Abb. 5.2 dargestellten Einzelaktivitäten im Rahmen der Wertekette), sondern bedingen und beeinflussen sich wechselseitig und müssen deshalb simultan geplant oder doch wenigstens sukzessiv aufeinander abgestimmt werden.

Das Dilemma, daß die zukünftigen Maßnahmen und Aktionen „eigentlich" sowohl detailliert als auch simultan geplant werden müßten, diese Aufgabe von der Unternehmensleitung (oder einem damit beauftragten zentralen Planungsstab) aber nicht zu bewältigen ist, wird auch als **Interdependenzproblem der Planung** bezeichnet (Voigt, 1992, S. 146ff.).

Eine Möglichkeit, aus diesem Dilemma herauszukommen, sieht so aus, daß die Unternehmensplanung hierarchisch gestaltet und damit an die ohnehin bestehende hierarchische Organisationsstruktur angepaßt wird. Nehmen wir an, das **hierarchische Planungssystem** umfasse drei Stufen (vgl. auch Voigt, 1992, S. 173ff):

Die **erste Planungsstufe** bleibt weiterhin der Unternehmensleitung vorbehalten. Sie führt eine Unternehmensgesamtplanung durch, die aber dadurch vereinfacht ist, daß

- von einigen planungsrelevanten Merkmalen (z.B. Ort und Zeit der Maßnahmendurchführung, ausführenden Personen) **abstrahiert** wird und

- die verbleibenden planungsrelevanten Größen stark **aggregiert** werden (Beispiel: Entscheidung nicht über einzelne Produkte, sondern über Produktfelder).

Über die Ausprägung der Merkmale, von denen zunächst abstrahiert wird, sowie über die Zusammensetzung der Aggregate wird hier noch nicht explizit entschieden; es genügt, über deren Gestaltung und Zielwirkung bestimmte Annahmen zu treffen.

Durch Aggregation und Abstraktion fehlt es der Unternehmensplanung auf dieser Stufe noch an Detailliertheit – sie ist (zunächst) nur eine Grobplanung. In Literatur und Praxis hat sich dafür die Bezeichnung *„strategische Planung"* durchgesetzt (Koch, 1982, S. 34).

Auf der **zweiten Planungsstufe** wird wiederum das Unternehmensgesamtgeschehen geplant, aber diesmal detaillierter als auf der ersten Stufe. Die Ergebnisse der strategischen Planung stellen hier (Sach-) Ziele dar, deren Erreichung jetzt konkreter, „genauer" geplant wird (man spricht hier auch von einer „schöpferischen Desaggregation" der strategischen Vorgaben). Daß eine Detailplanung überhaupt möglich ist, liegt daran, daß das Gesamtplanungsproblem auf dieser und den folgenden Stufen in (immer kleinere) Teilprobleme zerlegt werden kann, ohne die zwischen ihnen bestehenden Interdependenzen zu vernachlässigen: Denn die Teilbereiche sind ja stets bereits auf der Vorstufe – wenn auch nur grob – aufeinander abgestimmt worden. In einer Multinationalen Unternehmung kann darum z.B. jede Auslandsniederlassung „für sich" planen, ohne den Gesamtzweck aus dem Auge zu verlieren. Die Gesamtheit der Planungen auf der zweiten Stufe wird als *„taktische"* Unternehmensplanung bezeichnet.

Auf der **dritten** und (hier angenommen) **letzten Planungsstufe**, der Stufe der operativen Planung, wird das künftige Unternehmensgeschehen nun so konkret gestaltet, daß die Planergebnisse unmittelbar in die Tat umgesetzt werden können. Der Plan enthält relativ detaillierte Handlungsvorgaben. Die auf dieser Stufe erreichte Abbildungsgenauigkeit kann deshalb als „Realisationsniveau der Planung" bezeichnet werden (Voigt, 1992, S. 29ff.). Zwar bleiben auch nach dieser Planungsstufe noch bestimmte Entscheidungsspielräume, die jedoch ausschließlich improvisatorisch – mehr oder weniger spontan während der Ausführung – ausgefüllt werden. Wichtig ist, daß die *operativen Detailpläne* mit den Vorgaben aus der Vorstufe (hier: den taktischen Plänen) in Übereinstimmung stehen müssen.

Festzuhalten ist: **Strategische, taktische und operative Unternehmensplanung** bilden zusammengenommen ein hierarchisches Planungssystem, mit dessen Hilfe letztlich ein detaillierter und abgestimmter **Unternehmensgesamtplan** erstellt werden kann. *Das Interdependenzproblem ist auf diese Weise lösbar.*

Betrachtet wird im folgenden nur die „**strategische**" Ebene, auf der die Unternehmensplanung, aber auch die übrigen Managementaufgaben wie Organisation und Kontrolle, von der Unternehmensleitung

- anhand hochaggregierter Größen,
- gesamtunternehmensbezogen und
- mit langfristiger Perspektive

erfüllt werden. Es stellt sich aber die Frage: Warum wird dafür ausgerechnet der dem Militärbereich entstammende Begriff „strategisch" für passend gehalten? Mindestens zwei Interpretationsmöglichkeiten bieten sich an:

Die Verwendung des Strategiebegriffs in der Wirtschaftspraxis wird häufig mit der Ähnlichkeit zwischen einer militärischen Konfrontation und der antagonistischen Wettbewerbssituation eines Unternehmens – „Kampf um Marktanteile", Konkurrenten als „Kriegsgegner" – begründet (z.B. James, 1985, S. 2f.). Dieser Vergleich führt jedoch letztlich in die Irre – auf einen Angebotsmonopolisten wäre er gar nicht anwendbar. Wirtschaft beruht letztlich auf Konsens, Krieg auf (blutigem) Dissens. Deshalb liegt es näher, nicht nach inhaltlichen, sondern nach **formalen** Parallelen zwischen Unternehmens- und Militärbereich, zwischen betrieblicher und militärischer Planung zu suchen:

Bei näherer Betrachtung zeigt sich, daß auch der „Feldherr" – wie die Unternehmensleitung – vor einer hochkomplexen Gestaltungsaufgabe steht. Er kann die bevorstehende militärische Aktion (eine Schlacht, einen Feldzug) nicht in allen Einzelheiten planen und behilft sich damit, die Aufstellung und die Bewegungen von „aggregierten Größen" (früher: Infanterie, Kavallerie, Artillerie; heute: Land-, See- und Luftstreitkräften) unter Berücksichtigung der zwischen ihnen bestehenden Interdependenzen festzulegen, oder anders ausgedrückt: eine Strategie zu entwickeln, deren Vorgaben dann von anderen (z.B. „den Generälen") konkretisiert werden. Auf den Aggregationsgedanken nimmt schon Carl von Clausewitz indirekt Bezug, wenn er schreibt: Die Strategie „... macht die Entwürfe zu den einzelnen Feldzügen und ordnet in diesen die einzelnen Gefechte an" (Clausewitz, 1980, S. 178).

Die strategische Planung ist also im Unternehmens- wie im Militärbereich der erste Schritt im Rahmen eines heuristischen Ansatzes, der hierarchischen Planung, zur Lösung des Interdependenzproblems. Aus diesem „formalen" Grund – und weniger aufgrund inhaltlicher Parallelen – scheint es gerechtfertigt zu sein, in beiden Fällen von einer **strategischen** Planung (oder umfassender: von einem strategischen Management) zu sprechen (Voigt, 1992, S. 239ff.). Fazit: *„Strategisch" plant und denkt jeder, der zunächst hochaggregiert und grob gestaltet bzw. entscheidet und erst dann im Detail.*

4.2 Aufgabenfelder des strategischen Managements einer Multinationalen Unternehmung

4.2.1 Strategische Planung

Wir haben die strategische Unternehmensplanung bisher nur „formal" definiert, und zwar als hochaggregierte und langfristige Unternehmensgesamtplanung, die von der Geschäftsleitung – hier: dem Top Management der Muttergesellschaft mit mehr oder weniger starker Beteiligung der Auslandsniederlassungen – durchgeführt wird und deren Ergebnis, die Unternehmensstrategie, den Ausgangspunkt für weitere Detailplanungen bildet. Diese Vorgaben unterscheiden sich von denen einer nur national tätigen Unternehmung gewöhnlich in dreifacher Hinsicht: in der größeren Anzahl der Planungsvariablen, dem (bei vergleichbarem Aggregationsniveau) höheren Grad an Differenziertheit und dem höheren Maß an Unsicherheit (Kreikebaum, 1989, Sp. 1651).

Über die Planungsinhalte ist damit bewußt noch nichts gesagt: Denn welche Entscheidungssachverhalte von „strategischer Bedeutung" sind und von welchen zunächst abstrahiert werden kann, ist eine Frage, auf die keine allgemeingültige, für alle Unternehmen gleichermaßen zutreffende Antwort gegeben werden kann. Außerdem ist die Wichtigkeit einzelner Planungsbereiche im Zeitablauf Schwankungen unterworfen: So stand in den fünfziger und sechziger Jahren bei vielen Unternehmen der Produktions- und Finanzbereich im Vordergrund planenden Interesses, während sich die Notwendigkeit und Bedeutung von Produkt/Markt- und Wettbewerbsstrategien erst allmählich herauskristallisierte (Kreikebaum, 1997, S. 25ff.; Meffert, 1988, S. 4f.) – wie auch die hier betrachtete Möglichkeit eines grenzüberschreitenden oder gar globalen Unternehmensengagements.

Aus diesen Gründen kann bestenfalls nach einem „gemeinsamen Nenner" gesucht werden, der zwar nicht für alle, aber doch für viele Multinationale Unternehmen und ihre Strategien kennzeichnend ist.

Ausgangspunkt ist die Überlegung, daß ein Unternehmen seine gesetzten Ziele, welche auch immer es sein mögen, nur dann erreicht, wenn es Produkte und Leistungen erstellt, die auf dem Markt zu einem mindestens kostendeckenden Preis abgesetzt werden können (Jacob, 1982, S. 43). Anders ausgedrückt: „There is only one significant respect in which a company's activities around the world are important, and this is in what it produces and how it sells. Everything else derives from, and is subsidiary to, these activities" (Levitt, 1983, S. 101). Unter Berücksichtigung der Konkurrenzsituation sind, wie schon erläutert, insbesondere solche Produkte und Leistungen interessant, mit denen Wettbewerbsvorteile (Kosten- und/oder Differenzierungsvorteile) realisiert werden können. Von dem Ergebnis der Suche nach solchen Wettbewerbsvorteilen hängt das Ausmaß der Zielerreichung ab – manchmal sogar die Existenz des gesamten Unternehmens.

Die **Strategie der Multinationalen Unternehmung** enthält deshalb zweckmäßigerweise Aussagen oder Grundsatzentscheidungen darüber,

- auf welchen Produktfeldern – Entsprechendes gilt für Dienstleistungen – das Unternehmen künftig in welchem Ausmaß tätig werden oder bleiben soll;

- auf welchen Märkten (geographisch gesehen) und/oder in welchen Marktsegmenten (z.B. nach Käufergruppen differenziert) die Produkte bzw. Leistungen abgesetzt werden sollen;

- ob das Produkt- und Leistungsangebot überregional standardisiert oder länderspezifisch differenziert werden soll;
- welche Wertschöpfungsaktivitäten an welchen Standorten konzentriert werden sollen (z.B. Bestimmung der Produktionsstandorte, der Forschungs- und Entwicklungszentren usw.) und welche Aktivitäten in welcher Weise geographisch gestreut werden;
- ob die Zahl der Auslandsniederlassungen durch Akquisitionen oder durch internes Wachstum („Neubau auf der grünen Wiese") erhöht werden soll;
- wie die begrenzt verfügbaren (insbesondere: finanziellen) Ressourcen des Unternehmens auf die Wertschöpfungs- und Produkt-Markt-Aktivitäten aufzuteilen sind.

Eine multinationale Unternehmensstrategie besteht also – kurz gefaßt – aus abgestimmten Entscheidungen über Produktfelder, Märkte, Standorte (Auslandsniederlassungen) und die Verteilung der Ressourcen. Welche Strategie**inhalte** (Strategiekonzeptionen) je nach Ausprägung des „globalen Wettbewerbs" potentiell zielgünstig sind, haben wir in Abschnitt 3.2 bereits grob skizziert. Diese Konzeptionen werden aber – je nach unternehmensspezifischer Situation – noch um weitere Entscheidungen ergänzt werden, z.B. über

- konkrete Forschungs- und Entwicklungsprojekte oder – allgemeiner – über neue Produkt- und/oder Fertigungstechnologien;
- den Einsatz und die Gestaltung bestimmter absatzpolitischer Instrumente (z.B. Absatzmethoden, Werbung, Preispolitik);
- Grundzüge der Beschaffungspolitik (Bezugsquellen, Art und Qualität der zu beschaffenden Rohstoffe u.ä.);
- Leitlinien der Personalpolitik (Besetzungs- und Entlohnungspolitik; Grundsätze der Aus- und Weiterbildung);
- das internationale Finanzmanagement, besonders über die Kapitalbeschaffung, die Gestaltung der Kapitalstruktur, die Gewinnverwendung unter Berücksichtigung der länderspezifischen Steuertarife und das Währungsrisikomanagement (siehe z.B. Rudolph, 1989, Sp. 652ff.);
- Art und Ausmaß der Zusammenarbeit mit anderen Unternehmungen („strategische Allianzen", Koalitionen) im internationalen Wettbewerb (Porter/Fuller, 1989, S. 363 ff).

Alle diese Grundsatzentscheidungen sind i.d.R. hochaggregiert und lassen sich noch nicht unmittelbar in Tathandlungen umsetzen, sondern müssen durch nachfolgende (taktische bzw. operative) Planungen detailliert und spezifiziert werden. Sie „.... geben die allgemeine Richtung an, in die sich ein Unternehmen entwickelt" (Kreikebaum, 1997, S. 19) bzw. entwickeln soll. Da die strategischen Entscheidungen aber von allen nachfolgenden Planungen beachtet werden müssen – sie stellen Prämissen für die taktischen und operativen Planungen dar –, läßt sich die Unternehmensstrategie auch als „... a pattern in a stream of decisions" (Mintzberg, 1978, S. 935) charakterisieren.

Auf den Prozeß der „multinationalen" Strategieplanung und methodische Fragen werden wir in Abschnitt 5 näher eingehen.

4.2.2 Gestaltung der Organisationsstruktur und ihre Anpassung an veränderte Wettbewerbsbedingungen

Im Grunde fällt auch die Gestaltung der Organisationsstruktur in den Bereich der strategischen Planung. Denn das organisatorische Gefüge ist „variabel" und muß, sofern es nicht dem Zufall überlassen bleiben oder sich „irgendwie" entwickeln soll, zieldienlich gestaltet – geplant – werden.

In der Literatur wird jedoch oft zwischen „Strategie" und „Struktur" unterschieden und die Organisationsgestaltung als gesonderter Tatbestand angesehen. Der Grund für diese Unterscheidung liegt darin, daß die Struktur im Gegensatz zur (maßnahmenorientierten und periodengebundenen) Strategie ein System **dauerhafter** Regeln darstellt, das die Aufgabenerfüllung sichert. Die Strategie bestimmt das „Was" und die Struktur das „Wie" des künftigen Geschehens. Sie stellt also gewissermaßen den Rahmen dar, innerhalb dessen die Strategie verwirklicht werden soll.

Der Ausdruck „strategisch" ist indes auch für die Organisationsgestaltung gerechtfertigt: Denn wie schon bei der Strategie, so wird die Unternehmensleitung auch hinsichtlich der Struktur weder alles im einzelnen festlegen wollen noch können und sich deshalb auf eine Grobgestaltung beschränken.

„Struktur" und „Strategie" sind interdependent und bedingen einander. Das macht es schwer, beide Gestaltungsaufgaben zu trennen. Empirische Untersuchungen haben aber ergeben, daß die Organisationsstruktur oftmals der Strategie folgt (*„structure follows strategy"*), also erst in einem zweiten Planungsschritt angepaßt wird (Chandler, 1963; siehe auch Kreikebaum, 1997, S. 212f.). Dies ist ein weiterer Grund, warum wir die Organisationsgestaltung hier als gesonderte Managementaufgabe behandeln.

Zu beachten ist aber, daß eine einmal gewählte Struktur nicht an jede Strategieänderung angepaßt werden kann, sondern für einen bestimmten Zeitraum gültig und „bindend" sein muß. Während dieser Zeit stellt sie eine Prämisse für die Strategieplanung dar, so daß dann die umgekehrte Wirkungsrichtung – *„strategy follows structure"* – gilt (Kreikebaum, 1997, S. 213).

Die Grundfrage der organisatorischen Gestaltung einer Multinationalen Unternehmung lautet nun: „Wie lassen sich die räumlich diversifizierten Potentiale und Aktivitäten so steuern und abstimmen, daß die Unternehmensziele optimal erreicht werden?" (Pausenberger, 1992, Sp. 1053).

Wie in Abschnitt 3.2 angedeutet, erfordert jede Strategiekonzeption eine bestimmte Organisationsstruktur, um die angestrebten Wettbewerbsvorteile zur Entfaltung zu bringen. Diese Organisationsformen seien im folgenden etwas näher betrachtet, wobei wir uns im wesentlichen auf die Mutter-Tochter-Beziehungen beschränken werden (zu weiteren Aspekten der Organisationsgestaltung siehe Kapitel 6 dieses Buches).

a) Die „rein globalen" Organisationsformen

Bei MNU mit „rein globaler" Strategie stehen Kostenvorteile im Vordergrund. Als Instrumente zu deren Erreichung dienen Standardisierung und geographische Konzentration. Im Abschnitt 3.2 haben wir noch zwischen zwei Ausprägungsarten dieses Strategiekonzepts unterschieden: Im **ersten Fall** wurde angenommen, daß es (kosten-)günstig ist, die Mehrzahl der Aktivitäten innerhalb der

Wertekette (zumindest aber die vorgelagerten Aktivitäten wie Produktgestaltung und Fertigung) bei der Muttergesellschaft zu belassen und die restlichen Aktivitäten bei enger Steuerung durch die Zentrale von den Auslandsniederlassungen ausführen zu lassen. In organisatorischer Hinsicht ergibt sich folgende „zentralisierte Knotenpunktstruktur" (Bartlett, 1989, S. 435):

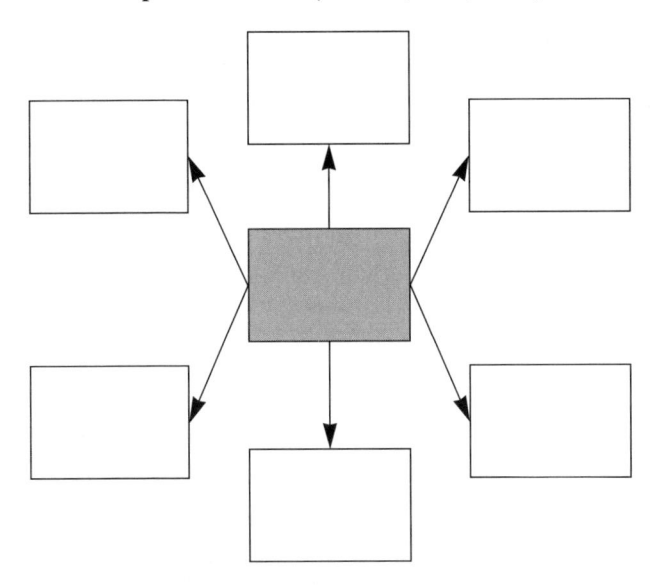

Quelle: in Anlehnung an Bartlett, 1989, S. 435

Abb. 5.6: Die zentralisierte Knotenpunktstruktur

Die Pfeile stehen für die „Versorgung" der Auslandstöchter mit Gütern, Informationen und Ressourcen. Zu den Informationen zählen in erster Linie die strategischen Vorgaben: Denn die strategische Planung wird von der Zentrale ausgeführt, die Auslandstöchter wirken daran nur als Informationslieferanten mit und haben die Aufgabe, die sie betreffenden strategischen Entscheidungen durch Detailplanungen zu operationalisieren und schließlich in die Tat umzusetzen. Das Modell sieht weiterhin eine straffe Kontrolle seitens der Zentrale vor (Bartlett, 1989, S. 435; Bartlett/Ghoshal, 1990, S. 77).

Der **zweite Fall** einer „rein globalen" Strategie sieht, wie erwähnt, so aus, daß bestimmte Wertschöpfungsaktivitäten schwerpunktmäßig in bestimmten Ländern angesiedelt werden – je nachdem, wo die jeweils größten Kostenvorteile für die betrachtete Aktivität realisierbar sind. Dadurch entsteht ein **Netzwerk interdependenter Auslandsniederlassungen**, das allerdings weiterhin primär von der Zentrale aus gesteuert und koordiniert wird. Es ergibt sich z.B. folgendes Bild (Abb. 5.7).

Zwischen den Auslandsniederlassungen selbst und zwischen ihnen und der Zentrale gibt es einen regen Austausch von Materialien, Mitarbeitern, Technologien, Kapital, Informationen usw. Der Grundgedanke ist dabei, „... daß die Betriebseinheiten in aller Welt als eine Quelle von Ideen und Erfahrungen, Wissen und Fachkenntnissen zum Wohle des gesamten Unternehmens genutzt werden

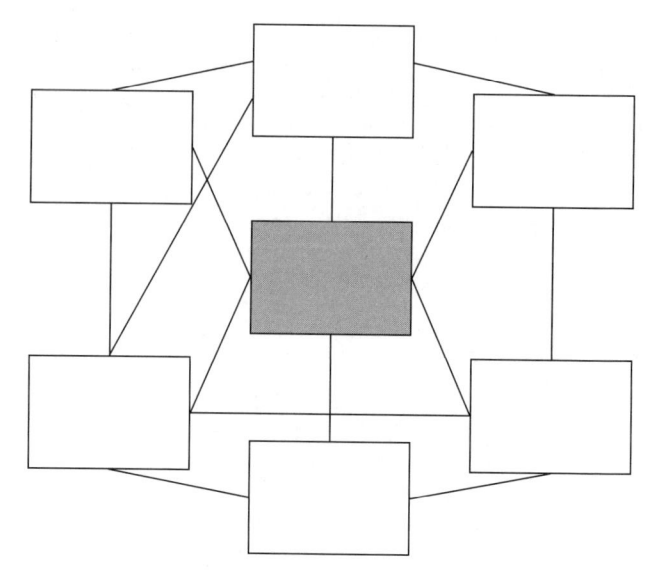

Quelle: in Anlehnung an Bartlett, 1989, S. 442

Abb. 5.7: Die integrierte Netzwerkstruktur (Beispiel)

können" (Bartlett, 1989, S. 443). Die Koordination und Kontrolle dieses Verbundnetzes sowie die strategische Planung ist weiterhin der Zentrale vorbehalten, auch wenn die Auslandsniederlassungen – aufgrund ihrer Fachkompetenz – „aktiver" daran teilnehmen als im vorherigen Organisationsmodell (Bartlett, 1989, S. 442).

b) Das „transnationale" Organisationsmodell

Bieten sich dem Unternehmen sowohl Kosten- als auch Differenzierungsvorteile, ist die transnationale Strategie erfolgversprechend: Vorgelagerte Aktivitäten werden konzentriert – es ist hier wieder ein **„Verbundnetz"** möglich –, nachgelagerte Aktivitäten dagegen differenziert und die Entscheidungskompetenz darüber an die Auslandstöchter delegiert.

Die Schraffur der die Zentrale umgebenden „Einheiten" in der folgenden Abbildung soll die erweiterte Entscheidungskompetenz der Auslandsniederlassungen andeuten (Abb. 5.8).

Die Niederlassungen wirken, wie schon erwähnt, stärker bei der Strategieplanung mit als im zentralisierten Modell. Die sie betreffenden strategischen Vorgaben sind zudem höher aggregiert (bzw. weniger spezifiziert) und lassen so den notwendigen Raum für lokale Planungen und Entscheidungen. Die weiterhin bei der Zentrale verbleibende Koordination und Steuerung des Verbundnetzes ist zwar schwieriger und zeitaufwendiger als in den vorherigen Modellen – denn die Töchter sind nicht nur „Ausführende", sondern eher als gleichberechtigte Partner anzusehen, deren Interessen und Vorschläge gehört, berücksichtigt und zu einem „vernünftigen Ausgleich" gebracht werden müssen (Bartlett, 1989, S. 459f.); insgesamt erhofft man sich dadurch aber qualitativ „bessere" Entscheidungen und höhere Gewinne.

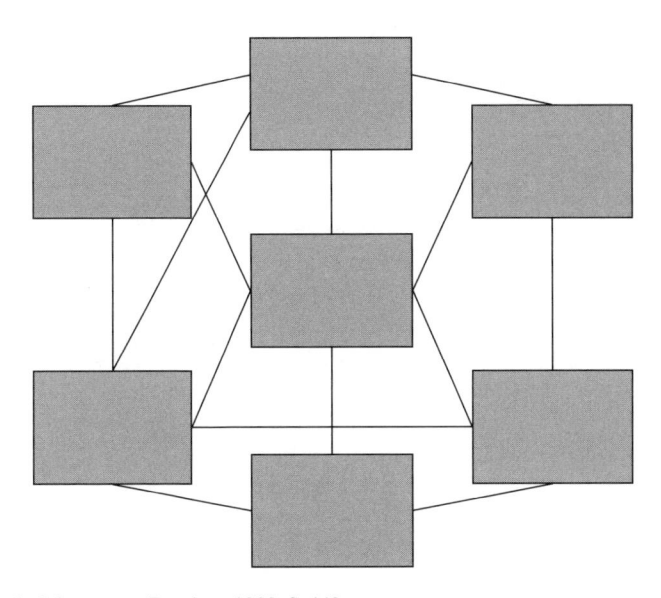

Quelle: in Anlehnung an Bartlett, 1989, S. 442

Abb. 5.8: Netzwerkstruktur mit erweiterter Kompetenz der Auslandstöchter (Beispiel)

Unter Umständen ist es sinnvoll oder (z.B. bei den schon erwähnten „blockiert-globalen" Geschäften) notwendig, einer Auslandsniederlassung die Verantwortung für einen gesamten Produktbereich mit allen dazugehörigen Wertschöpfungsaktivitäten zu übertragen. Die betreffende Niederlassung gewinnt damit an Autonomie – die lediglich gestrichelte Verbindungslinie steht für die stärkere Unabhängigkeit von der Muttergesellschaft – und löst sich aus dem globalen Verbundnetz heraus (Abb. 5.9).

Eine solche Modifikation deutet bereits auf die dritte Organisationsform hin, und zwar:

c) Das „länderspezifische" Organisationsmodell

Wird die eben nur einer Auslandsniederlassung eingeräumte Autonomie allen Niederlassungen gewährt, entsteht ein stark dezentralisiertes, **„föderatives" Organisationsmodell** (Abb. 5.10).

Dieses Modell „paßt" für den Fall, daß die potentiellen Differenzierungsvorteile groß, die Kostenvorteile dagegen vernachlässigbar gering sind, so daß in jeder Auslandsniederlassung „die komplette Wertekette" (z.B. für ein bestimmtes Produktfeld) angesiedelt wird. Die Multinationale Unternehmung gleicht dann eher einem „... Portfolio unabhängiger Einzelfirmen" (Bartlett/Ghoshal, 1990, S. 73) als einer kohärenten, straff geführten und durchorganisierten Unternehmenseinheit.

Die Entscheidungsspielräume der Töchter sind, verglichen mit denen der Muttergesellschaft, groß. Die strategischen Vorgaben sind hier stark aggregiert bzw. sehr unspezifiziert – oft genügen finanzielle und erfolgswirtschaftliche Eckdaten, auf deren Erreichung die Auslandsgesellschaften in der Kontrollphase „über-

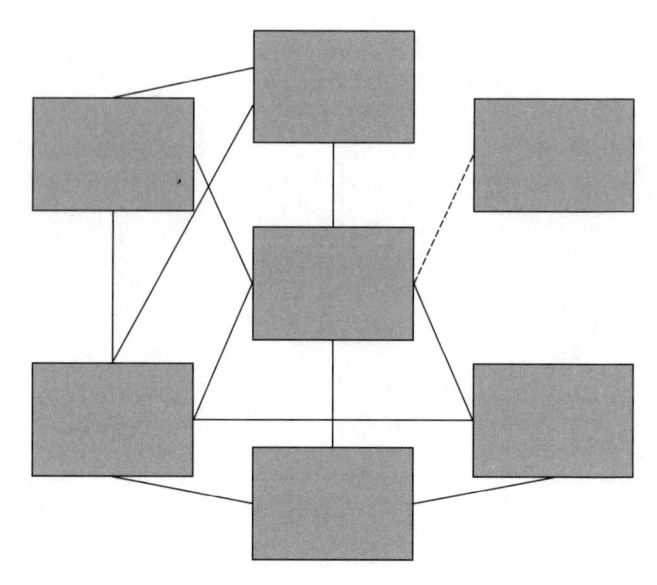

Abb. 5.9: Netzwerkstruktur mit autonomer Auslandsniederlassung (Beispiel)

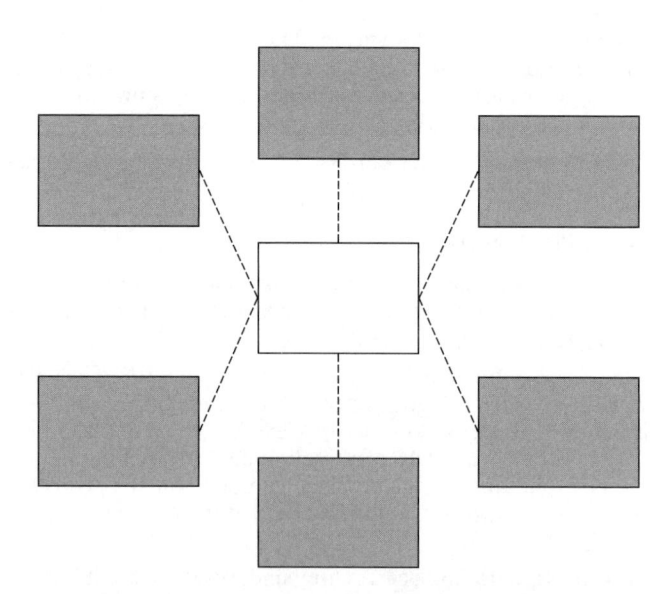

Quelle: Bartlett, 1989, S. 434

Abb. 5.10: Das dezentralisierte, „föderative" Organisationsmodell

prüft" werden. Die den Töchtern zugestandene Autonomie stellt, zusammenfassend betrachtet, die organisatorische Voraussetzung dar für die jeweilige länderspezifische Anpassung des Produkt- und Leistungsangebots und damit für die Gewinnung von Differenzierungsvorteilen überhaupt.

Soweit die Skizzierung alternativer Organisationsmodelle für eine „multinational" tätige Unternehmung. Nun kann die Aufbauorganisation eines solchen Unternehmens, sofern es schon existiert, gewöhnlich nicht frei gestaltet, sondern allenfalls schrittweise verändert werden, weil die bisherige Struktur, sozusagen als „administrative Erbschaft" (Bartlett, 1989, S. 432), restriktiv wirkt. Nehmen wir an, die Unternehmensleitung beabsichtige eine solche (wenn auch nur schrittweise) Umstrukturierung mit dem Ziel, das **transnationale** Organisationsmodell zu verwirklichen und in dessen Rahmen ein „weltweites Verbundnetz" aufzubauen.

War das betreffende Unternehmen bisher wie eine „rein globale" MNU organisiert, so müssen die Auslandsniederlassungen zunächst organisatorisch „aufgewertet" werden, z.b. durch die Erweiterung des Aufgaben-, Kompetenz- und Verantwortungsbereichs, durch höhere Sachvermögens- und Ressourcenzuteilungen und durch die Versetzung fachkompetenter Mitarbeiter zu den einzelnen Standorten. Eine derartige Umorganisation hat z.B. die Firma NEC erfolgreich vollzogen (Bartlett, 1989, S. 444f.).

Völlig anders ist die Situation, wenn das Unternehmen bislang nach dem „länderspezifischen" Modell strukturiert war. Hier geht es zunächst einmal darum, die zuvor relativ autonomen Auslandsniederlassungen zu „integrieren" – und damit die Interdependenzen zwischen ihnen bewußt zu verstärken –, indem unwirtschaftliche Doppel-Aufwendungen rationalisiert und bei jeder Niederlassung diejenigen Wertschöpfungsaktivitäten in den Mittelpunkt der künftigen Tätigkeit gestellt werden, die ihren speziellen Fähigkeiten entsprechen. Dies ist oft nicht ohne eine Neuverteilung der Pflichten und eine Einschränkung der bisher zugestandenen Entscheidungskompetenzen möglich. Um so wichtiger ist es, die Mitarbeiter der Auslandsniederlassungen nicht zu demotivieren, sondern dazu zu bewegen, „... daß sie ihre neue Rolle im weltweiten Wettbewerb nicht als Unterdrückung, sondern als Chance betrachten" (Bartlett, 1989, S. 445). Daß dies gelingen kann, zeigen z.B. die neueren Umstrukturierungsmaßnahmen im TV-Bereich von Philips.

Insgesamt gesehen scheint die „transnationale" Organisationsform für immer mehr Branchen das passende Modell zu sein. **Da europäische und US-amerikanische MNU oftmals noch nach dem „länderspezifischen" Modell, japanische MNU dagegen häufig nach dem „rein globalen" Modell organisiert sind, kommen auf beide Gruppen von Unternehmen Umstrukturierungsmaßnahmen zu,** die sich jedoch grundlegend unterscheiden: Bei europäischen und US-amerikanischen MNU sind solche Maßnahmen notwendig, die die Effizienz steigern (und im stärkeren Maße Kostenvorteile erbringen), bei japanischen MNU dagegen solche, die auf eine stärkere Marktnähe und Differenzierung abzielen (Bartlett/Ghoshal, 1990, S. 69f. und S. 82f.).

Wichtig ist es außerdem, die Organisationsgestaltung als Managementaufgabe zu begreifen, die über das traditionelle „Kästchen-Denken" in Funktionen, Divisionen und Matrix-Strukturen hinausgeht (Schrader, 1989, Sp. 1377). Das gilt im besonderen Maße für das von einem globalen Verbundnetz ausgehende „transnationale" Organisationsgefüge, das „... weniger eine *formale Struktur* als eine unternehmerische *Gesinnung* ist" (Bartlett, 1989, S. 462).

4.2.3 Veranlassung der Realisation und Koordination der Ausführung

Mit strategischer Planung und Organisation allein ist noch nicht sichergestellt, daß das zukünftige Unternehmensgeschehen in der gewünschten Weise Wirklichkeit wird. Zunächst ist zu bedenken, daß die strategischen Vorgaben i.d.R. noch nicht unmittelbar in Tathandlungen umsetzbar sind, sondern (Sach-) Zielgrößen für weitergehende **Planungen** darstellen. Unter „Veranlassung der Realisation" ist also zunächst die Aufgabe zu verstehen, die nächstfolgende Hierarchiestufe (z.B. die Geschäftsleitungen der Auslandsniederlassungen) zur Übernahme der durch die Strategieplanung gesetzten Prämissen zu „bewegen" – eine Aufgabe, die nicht nur Durchsetzungskraft, sondern, wie erläutert, auch Motivationsfähigkeit und Fingerspitzengefühl erfordert (siehe dazu z.B. Ansoff, 1982). Die Geschäftsleitung einer Multinationalen Unternehmung veranlaßt, anders als die eines Kleinunternehmens, stets nur „indirekt" die Realisation des Unternehmensplans.

Die detaillierten Teilpläne, die durch Desaggregation der strategischen Vorgaben entstehen, sind zwar „im wesentlichen" schon auf den jeweiligen Vorstufen – angefangen mit der strategischen Planungsebene – aufeinander abgestimmt. Jedoch entsteht während der Detailplanungsphase bzw. der Planrealisation oft noch ein zusätzlicher Abstimmungsbedarf, z.B. wenn

- sich aus den Vorgaben, die sich ja – wie angedeutet – zum Teil auf Annahmen stützen, nur unrealisierbare oder offensichtlich ungünstige Lösungen ableiten lassen,

- sich bei der Detailplanung neue bereichsübergreifende Interdependenzen ergeben, von denen bislang abstrahiert wurde und

- zwischenzeitlich eingetretene Datenänderungen eine nachträgliche Koordination erfordern (Voigt, 1992, S. 197).

Es ist Sache der Geschäftsleitung festzulegen, welche Abstimmungen direkt zwischen des Auslandsniederlassungen vorgenommen werden können (siehe Querverbindungen in den Abbildungen 5.7 und 5.8) und welche weiterhin der Zentrale vorbehalten bleiben, wobei die erstgenannte, „direkte" Abstimmungsform für Multinationale Unternehmungen zunehmend an Bedeutung gewinnt (Bartlett/ Ghoshal, 1991, S. 14).

Entscheidend für eine erfolgreiche Umsetzung der Strategien ist auch, die Beziehungen der Auslandsniederlassungen zu den jeweiligen Gastländern zu pflegen und zu steuern (Porter, 1989a, S. 10; Doz, 1989, S. 257ff.; Encarnation/Wells, 1989, S. 307ff.; Mahini/Wells, 1989, S. 335ff.). Die Bedingungen der Gastländer werden zwar schon in der Planungsphase „ermittelt" und beeinflussen auf diesem Wege die Ausprägung der Strategie. Aus der Tatsache, daß diese Bedingungen oft nicht unveränderlich vorgegeben, sondern gestaltbar sind, erwächst eine eigenständige strategische Managementaufgabe.

4.2.4 Strategische Kontrolle

Die Kontrolle ist eine weitere „strategische" Managementaufgabe, die die Geschäftsführung einer Multinationalen Unternehmung erfüllen muß. Ziel dieser Maßnahme ist es, potentielle Fehlentwicklungen bzw. Planabweichungen so früh wie möglich zu erkennen, so daß noch genügend Zeit verbleibt, über Planänderungen zu entscheiden und diese in die Tat umzusetzen. Der „klassische" Ansatz einer Plan-Ist-Kontrolle, also der Vergleich der geplanten mit den realisierten Ergebnissen, ist schon deshalb für die strategische Managementebene inadäquat, weil zwischen Planung und Realisation oft größere Zeiträume liegen und mit gegensteuernden Maßnahmen nicht gewartet werden kann, bis „das Kind in den Brunnen gefallen ist". Aus diesem Grund ist allein eine Plan-Plan-Kontrolle – die Gegenüberstellung des Plans mit dem voraussichtlich realisierten Ergebnis – auf der strategischen Ebene sinnvoll (Gälweiler, 1981, S. 383). Im einzelnen stellen sich folgende Aufgaben (Schreyögg/Steinmann, 1985, S. 401ff.):

- **Prämissenkontrolle:** Prüfung der im Rahmen der strategischen Planung gesetzten Annahmen, z.B. über die Umweltentwicklung und die Zusammensetzung der aggregierten Planungsgrößen. Grundfragen: „Sind die zugrundeliegenden Prämissen noch richtig?" und: „Ist der Plan noch zieladäquat?"
- **Durchführungskontrolle:** Prüfung, ob die strategischen Vorgaben aller Voraussicht nach zu den gewünschten Zielwirkungen führen werden (Grundfrage: „Was wird letztlich realisiert werden?").
- **Strategische Überwachung:** Ständige Beobachtung des Unternehmens und seiner Umwelt mit dem Ziel, sich abzeichnende Entwicklungen zu erkennen, die die Zielerreichung gefährden oder aber neue Chancen öffnen können („Früherkennungssystem").

Auf Einzelheiten der strategischen Kontrolle und der ergebnisorientierten Steuerung einer Multinationalen Unternehmung – an beide Aufgaben werden besonders im Fall eines weltweiten Verbundnetzes hohe Anforderungen gestellt – wird im 7. Kapitel dieses Buches näher eingegangen.

Damit ist das Aufgabenspektrum eines „multinationalen" strategischen Managements umrissen. Im folgenden wollen wir allein die Planungsaufgabe näher betrachten und fragen: Wie kann die strategische Planung in einer Multinationalen Unternehmung gestaltet und wie methodisch unterstützt werden?

5 Strategische Planung der Multinationalen Unternehmung

5.1 Vorbemerkungen und organisatorische Aspekte

Die strategische Planung ist, wie schon erläutert, eine langfristige Unternehmens**gesamt**planung auf hochaggregiertem Niveau, die in den Kompetenzbereich der Geschäftsleitung der Muttergesellschaft fällt. Inhaltlich geht es primär um die Auswahl künftig zu bearbeitender Produktfelder und Märkte, um die Verteilung von Wertschöpfungsaktivitäten auf die verschiedenen Länder bzw. Standorte sowie um die Allokation „wichtiger" Ressourcen, insbesondere Kapital.

Bevor mit der Planung begonnen werden kann, muß sie selbst erst einmal „gestaltet" und organisiert werden. Die vorab zu klärenden Fragen betreffen

- die Länge und Periodisierung des Planungszeitraumes,
- den Planungsrhythmus im Rahmen der revolvierenden Planung und
- die Organisation der Plandurchführung (Verwirklichung des sogenannten „Gegenstromprinzips").

Die **Länge des Planungszeitraums**, die „zeitliche Reichweite" der strategischen Planung, richtet sich zum einen nach der ökonomischen „Lebensdauer" der zur Entscheidung anstehenden Projekte (z.B. Produktfelder oder Standorte), zum anderen danach, ob und in welchem Ausmaß künftige Umweltbedingungen und Maßnahmen noch Einfluß auf dasjenige Maßnahmenprogramm ausüben, das unmittelbar nach Ende der Planung zu realisieren ist (üblicherweise das für das nächste Kalenderjahr gültige Programm). Haben z.B. alle Umstände und Handlungen, die in zehn Jahren (oder später) eintreten bzw. durchgeführt werden, **keinen** Einfluß mehr auf das „heute" umzusetzende Aktionsprogramm, ist ein Planungszeitraum von weniger als zehn Jahren völlig ausreichend (Voigt, 1992, S. 134ff.).

Gleichzeitig oder in einem zweiten Schritt ist der Planungszeitraum in (nicht notwendigerweise gleich lange) **Perioden** zu unterteilen. Beträgt der Planungszeitraum sieben Kalenderjahre, kann z.B. mit vier Planperioden gearbeitet werden: Periode 1 = 1 Jahr, Periode 2 = 1 Jahr, Periode 3 = 2 Jahre; Periode 4 = 3 Jahre.

Da die planungsrelevanten Daten unsicher sind, wird lediglich das Maßnahmenprogramm für Periode 1 „verbindlich" geplant. In einem festzulegenden **Planungsrhythmus** – üblicherweise nach einem Jahr – wird die strategische Planung (in unserem Beispiel: für die dann nächsten sieben Jahre) wiederholt, wobei nun das Programm für Periode 2 verbindlich festgelegt wird usw. (Prinzip der „revolvierenden Planung").

Schließlich ist noch die Planungshandlung selbst zu organisieren: Die damit verbundenen Aufgaben sind bestimmten Unternehmenseinheiten zuzuordnen. Daß die Unternehmensgesamtplanung auf die Organisationshierarchie „verteilt" werden kann, ist ja, wie bereits dargelegt, eine der Stärken des hierarchischen Planungsansatzes. Die Letztverantwortung für die **strategische** Planung verbleibt allerdings, wie auch durch empirische Untersuchungen bestätigt wurde (z.B. Kreikebaum/Grimm, 1986, S. 860), fast ausnahmslos bei der Geschäftsleitung der Muttergesellschaft, während taktische und operative Planungen an die „unteren" Hierarchieebenen – z.B. Top- und Middle-Management der Auslandsniederlassungen – delegiert werden. Allerdings wirken die Auslandsgesellschaften, wie schon angedeutet, je nach Strategiekonzeption und Organisationsmodell unterschiedlich stark an der Strategieplanung mit: beim „rein globalen" Modell zumindest als „Informations-Lieferanten, im „transnationalen" Modell als „Ratgeber" mit Anhörungs-, Vorschlags- oder Vetorecht und im „länderspezifischen" Modell möglicherweise sogar als vollberechtigte Teilnehmer des für die Strategie verantwortlichen Planungsgremiums.

Insgesamt scheint es vorteilhaft zu sein, die Abstimmung über die Hierarchie- und Planungsstufen (auch „Integration" genannt) nicht nur in einer Richtung, „von oben nach unten", vorzunehmen, sondern nach dem **Gegenstromprinzip** zu organisieren (siehe z.B. Wild, 1974, S. 196ff.): Zunächst werden von oben nach unten *(„top down")* aus den strategischen Vorgaben taktische und dann operative

Pläne abgeleitet, dann werden diese schrittweise wieder von unten nach oben (*„bottom up"*) zusammengefaßt, wobei die schon beschriebenen nachträglichen Korrekturen und Feinabstimmungen vorgenommen werden. Am Ende steht eine gut abgestimmte – und realisierbare – Strategie.

Die einzelnen Aufgaben, die im Rahmen der Strategieplanung bewältigt werden müssen, seien nun anhand der Teilphasen des Planungsprozesses näher skizziert.

5.2 Der strategische Planungsprozeß

5.2.1 Überblick

Jede Planung – so auch die strategische – läßt sich gedanklich in bestimmte Teilphasen untergliedern, die oft (wenn auch nicht immer und nicht notwendigerweise) tatsächlich in dieser Reihenfolge „durchlaufen" werden, und zwar:

- Zielbildung
- Datenermittlung (strategische Analyse und Prognose)
- Alternativensuche
- Bewertung der Alternativen
- Strategieauswahl.

Zwischen den Teilphasen gibt es, wie noch verdeutlicht werden wird, oft Rückkopplungen, so daß der gesamte Prozeßablauf eher als zyklisch denn als linear anzusehen ist (Kreikebaum, 1997, S. 202). Ordnet man den „strategischen" Planungsprozeß in die hierarchische Gesamtplanung ein, so ergibt sich das in Abb. 5.11 dargestellte Muster.

Im folgenden seien die Teilphasen des strategischen Planungsprozesses näher skizziert und einige anwendbare Planungsmethoden und -verfahren erläutert.

5.2.2 Zielbildung

Ohne Ziele, die menschliches Wünschen und Wollen repräsentieren, ist Planung nicht vorstellbar. Sie sind nicht nur der Ausgangspunkt, sondern auch Maßstab und Richtschnur, woran das planende Denk- und das ausführende Tathandeln sich ausrichten.

Die für die Strategieplanung relevanten „obersten Unternehmensziele", auch Basisziele genannt, müssen selbst erst einmal „gefunden", definiert und operationalisiert werden. Hinsichtlich der letzten Forderung lassen sich drei Teilaufgaben unterscheiden. Die Unternehmensziele müssen

- hinsichtlich aller relevanten Dimensionen (Art, Ausmaß, Zeitpunkt und Sicherheit des Eintritts) konkretisiert werden;
- in eine Rangordnung gebracht werden, wenn es sich um konkurrierende Zielsetzungen – die Erfüllung eines Ziels mindert dann den Erreichungsgrad anderer Ziele – handelt;
- an die Planungshierarchie angepaßt werden, und zwar durch Ableitung von Sub-Zielen, die in komplementärer Beziehung zu den obersten Unternehmenszielen stehen.

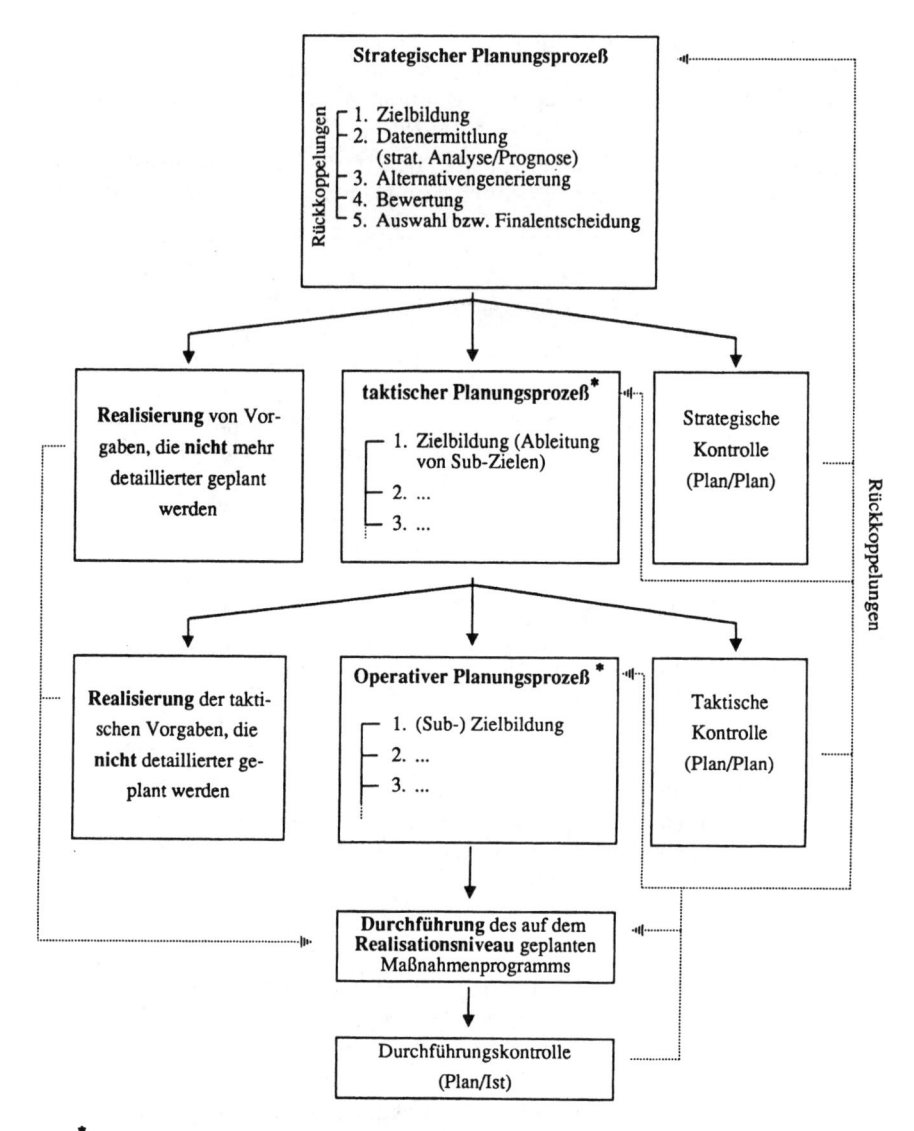

Strategischer Planungsprozeß

Rückkoppelungen
1. Zielbildung
2. Datenermittlung (strat. Analyse/Prognose)
3. Alternativengenerierung
4. Bewertung
5. Auswahl bzw. Finalentscheidung

Realisierung von Vorgaben, die **nicht** mehr detaillierter geplant werden

taktischer Planungsprozeß [*]
1. Zielbildung (Ableitung von Sub-Zielen)
2. ...
3. ...

Strategische Kontrolle (Plan/Plan)

Rückkoppelungen

Realisierung der taktischen Vorgaben, die **nicht** detaillierter geplant werden

Operativer Planungsprozeß [*]
1. (Sub-) Zielbildung
2. ...
3. ...

Taktische Kontrolle (Plan/Plan)

Durchführung des auf dem **Realisationsniveau** geplanten Maßnahmenprogramms

Durchführungskontrolle (Plan/Ist)

[*] wird für jedes **Teil**problem durchlaufen

Abb. 5.11: Der strategische Planungsprozeß im System der hierarchischen Unternehmensgesamtplanung

5. Kap.: Strategisches Management der Multinationalen Unternehmung 269

Die strategische Planung ist von Natur aus langfristig – die Zielsetzungen müssen es ebenfalls sein. Obwohl in der Praxis oft mehrere und nicht nur ein Ziel verfolgt werden – üblicherweise Gewinn, Umsatz, Marktanteil, Wachstum, Qualität, Wettbewerbsfähigkeit, Sicherheit und andere mehr –, sei im folgenden vereinfacht angenommen, daß die hier betrachtete Multinationale Unternehmung allein nach Gewinn strebt. Unter Berücksichtigung der Zeitdimension lautet das Ziel dann: „langfristige Gewinnerzielung" oder präziser „langfristige Gewinnmaximierung unter Einhaltung bestimmter Zielbedingungen". Aus der Gegenüberstellung des gewünschten Mindestgewinns und des gegebenen Gewinnpotentials wird die „strategische Lücke" deutlich, die nur mittel- bis langfristig und nur dadurch geschlossen werden kann, daß schon heute mit dem Aufbau neuer Gewinn- oder Erfolgspotentiale (z.B. Aufbau neuer Produktfelder, Erschließung neuer Märkte) begonnen wird:

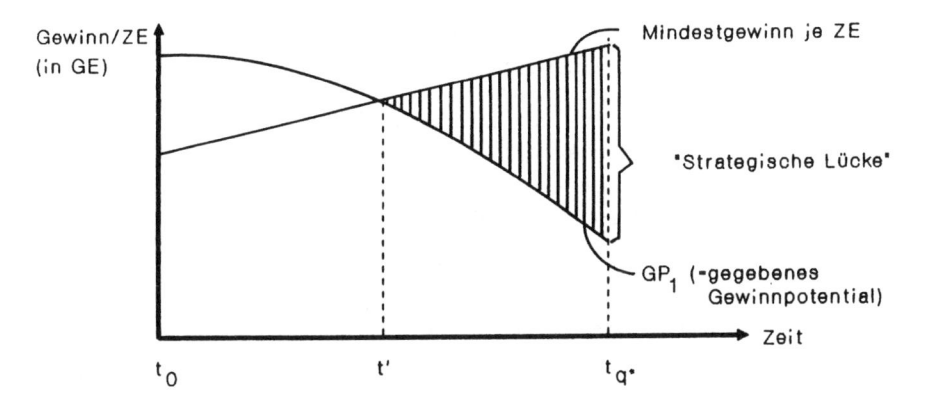

Quelle: in Anlehnung an Jacob, 1982, S. 46, und Kreikebaum, 1997, S. 134

Abb. 5.12: Lückenanalyse als Grundlage der strategischen Planung (Gap-Analyse)

Das **Erfolgspotential** ist also eine Art „Vorsteuergröße" für den künftigen Unternehmenserfolg (Gälweiler, 1976, S. 366ff.); die Schaffung und Sicherung solcher Potentiale kann als Sachziel der strategischen Planung bezeichnet werden, das das Formalziel „Gewinn" sowie die daraus abgeleiteten Zielsetzungen „Kosten- bzw. Differenzierungsvorteile" ergänzt und konkretisiert.

5.2.3 Strategische Analyse

Wer planen will, muß zunächst analysieren – muß sich ein möglichst zutreffendes Bild verschaffen von der derzeitigen Situation *(„Ist-Analyse")* und von der zukünftigen Entwicklung der planungsrelevanten Daten *(Prognose)*. Auf einzelne Prognosemethoden und -verfahren kann hier nicht näher eingegangen werden (vgl. dazu z.B. Hansmann, 1983). Generell ist es empfehlenswert, sich vor der eigentlichen Datenbeschaffung Gedanken über den Informationsbedarf – Art, Ausmaß und Güte der für die Strategieplanung benötigten Daten – zu machen (Voigt, 1992, S. 317ff.).

Die strategische Analyse kann nun in drei Teilbereiche oder Teilaufgaben untergliedert werden, und zwar in

- die Umweltanalyse,
- die Unternehmensanalyse und
- „integrierte" Analysen.

a) Umweltanalyse

Hier sind wiederum zwei (nicht ganz überschneidungsfreie) Aufgabengebiete zu unterscheiden, und zwar:

- die **Analyse der „globalen Umwelt"**, wobei das gesamte sozio-ökonomische Umfeld des Unternehmens (z.B. Politik und Recht, Gesellschaft, Technologie, ökonomische und ökologische Entwicklungen, jeweils im Heimatland und in den Gastländern) „sondiert" und nach für das Unternehmen relevanten Trends Ausschau gehalten werden muß. Spezifischer ist die

- **Branchenanalyse**, wobei die Branche alle Wettbewerber mit einander substituierbaren Gütern umfaßt. Um das Wettbewerbsgeschehen innerhalb der Branche möglichst vollständig zu erfassen, sind wiederum drei Teilanalysefelder zu bilden, und zwar (Porter, 1983, S. 26; Kreilkamp, 1987, S. 86):

 – die **Marktanalyse**, wobei es hier um die Analyse des Kaufverhaltens, der Bedürfnisstruktur und der „Verhandlungsstärke" der Abnehmer geht. Wichtig ist es, zunächst einmal die für das Unternehmen relevanten Märkte abzugrenzen, gegebenenfalls (gedanklich) zu segmentieren und nach den sie kennzeichnenden Daten – z.B. Marktvolumen und -potential, Marktwachstum, Lebenszyklusphase des jeweiligen Marktes – zu fragen. Bei Märkten, die für das Unternehmen „neu" sind, sollten die Markteintrittsbarrieren ermittelt werden (vgl. z.B. Yip, 1982), bei „alten" Märkten entsprechend die Austrittsbarrieren. Für Multinationale Unternehmungen ist es weiterhin wichtig zu analysieren, ob sich die Bedürfnisstrukturen der geographischen (Teil-) Märkte tatsächlich annähern oder ob weiterhin länderspezifische Unterschiede dominieren;

 – die **Wettbewerbsanalyse**, bei der die derzeitige Wettbewerbsstruktur (z.B. Marktstellung, Erfolgsfaktoren und die Rivalität der in- und ausländischen Konkurrenten) zu ermitteln und die künftige Wettbewerbsentwicklung (z.B. neu auf den Markt tretende Wettbewerber mit großen Kosten- bzw. Differenzierungsvorteilen) abzuschätzen ist (vgl. auch Kreilkamp, 1987, S. 168ff.). Je „multinationaler" das Betätigungsfeld des Unternehmens, desto weiter ist auch hier das Analysefeld;

 – die **Lieferantenanalyse**, bei der es primär um die Verhandlungsstärke der Zulieferer wichtiger Einsatzfaktoren geht (Porter, 1983, S. 54 f.).

Eine Möglichkeit, die Analyse der globalen Umwelt und der Branche zwecks Beurteilung von Standortalternativen zu verknüpfen, bietet das sogenannte **Attraktivitätsportfolio** (Albach, 1992), mit dessen Hilfe potentielle Standorte auf ihre ökonomischen Vorzüge und auf ihre „administrative Attraktivität" (z.B. den Umgang mit den lokalen Behörden) hin analysiert werden können.

b) Unternehmensanalyse

Nicht nur die externen, sondern auch die internen Bedingungen müssen bekannt sein, um eine realistische Strategie zu konzipieren. Unter diesen „Bedingungen" sind neben den verfügbaren Ressourcen und den speziellen Kenntnissen und Fähigkeiten (der Zentrale sowie der einzelnen Auslandsniederlassungen) vor allem die Kosten gemeint. Als Instrument zur Prognose der Kostenentwicklung kann auf die **Erfahrungskurve** zurückgegriffen werden, die eine potentielle Senkung der realen Stückgesamtkosten (gewöhnlich um 20-30%) bei jeder Verdoppelung der im Zeitablauf kumulierten Ausbringungsmenge eines Produkts oder auch eines Produktfeldes postuliert:

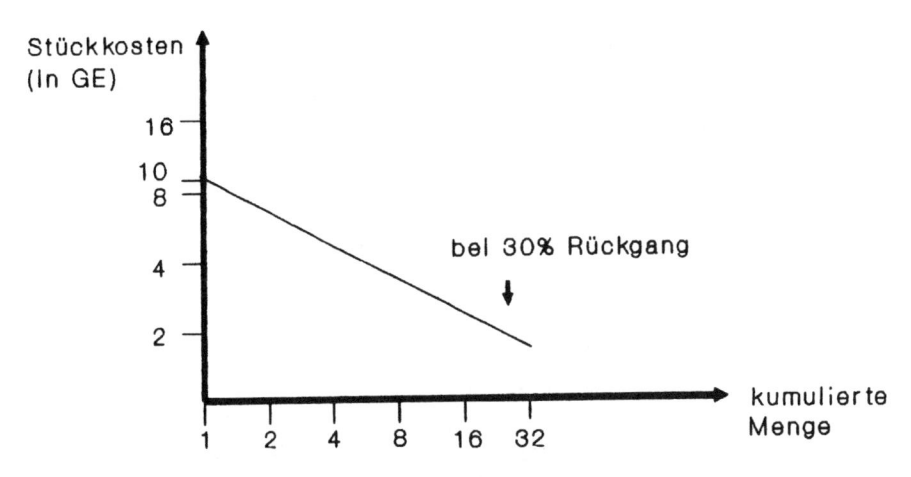

Quelle: Henderson, 1974, S. 21

Abb. 5.13: Darstellung einer Erfahrungskurve (Beispiel)

Die Ausnutzung dieses Effektes setzt nicht unbedingt geographisch konzentrierte Wertschöpfungsaktivitäten voraus; denkbar ist auch eine Übertragung von „Lerneffekten" innerhalb der Multinationalen Unternehmung, z.B. von der Zentrale zu einer oder mehreren Auslandsgesellschaften. Erwähnenswert ist, daß die Erfahrungskurve außer zur Kostenprognose auch zur Wettbewerbsanalyse und zur Prüfung preisstrategischer Optionen eingesetzt werden kann (Voigt, 1992, S. 348ff.).

c) „Integrierte" Analysen

Diese Analysekonzepte verknüpfen die Unternehmens- und die Umweltdimension und geben daher ein differenzierteres Bild von der strategischen Ausgangslage. Betrachtet seien hier nur zwei dieser Konzepte: die *Portfolio-Methode* und das sogenannte *PIMS-Programm*.

● **Portfolio-Methode:** Zum Zweck dieser Analyse wird zunächst die Geschäftstätigkeit des Unternehmens in „strategische Geschäftsfelder" (SGF) unterteilt. Ein SGF setzt sich aus „ähnlichen" Produkten (Produktgruppen) zusammen, die auf einem bestimmten Markt angeboten werden und dort „eindeutig bestimmbaren" Wettbewerbern gegenüberstehen (Gerl/Roventa, 1983, S. 146f.). Ein SGF sollte in sich möglichst homogen (vor allem hinsichtlich der Markt- und Konkurrenzbedingungen) sein und sich von anderen SGF deutlich unterscheiden. Wird ein Produkt (eine Produktgruppe) nahezu unverändert auf dem gesamten Weltmarkt angeboten und abgesetzt, genügt hierfür im

Prinzip **ein** SGF; bei starker länderspezifischer Anpassung (und lokal unterschiedlichen Konkurrenten) sind entsprechend **mehrere** SGF zu bilden. Die so abgegrenzten SGF können, müssen aber nicht unbedingt mit bestehenden Organisationseinheiten der Multinationalen Unternehmung identisch sein (Welge/Al-Laham, 1992, Sp. 2362).

Sinn und Zweck der Portfolio-Analyse ist es nun, die SGF hinsichtlich der Vorteilhaftigkeit der spezifischen Umwelt und der „Stärke" des Unternehmens auf diesem Geschäftsfeld zu bewerten. Im einfachsten Fall werden nur zwei Kriterien verwendet, und zwar das Marktwachstum (= Umweltdimension) und der relative Marktanteil (= Unternehmensdimension). Differenzierter wird die Analyse, wenn die Kriterien „Marktattraktivität" und „Geschäftsfeldstärke" (= Wettbewerbsvorteile) verwendet werden, die sich jeweils wiederum aus mehreren Einzelkriterien zusammensetzen. Durch Anwendung der Scoring-Methode können die Ausprägungen der Einzelkriterien quantifiziert und zu einem „Nutzwert" je Dimension zusammengefaßt werden (Hinterhuber, 1980, S. 76ff.; Jacob, 1980, S. 35ff.). Das Bewertungsergebnis läßt sich dann wie folgt graphisch darstellen:

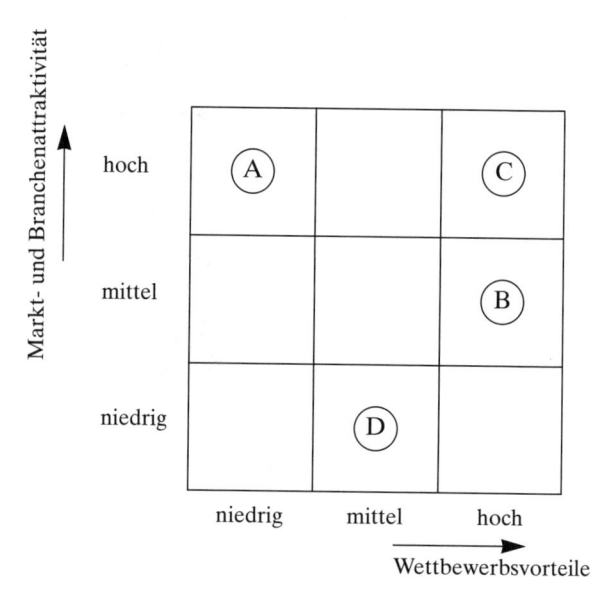

Quelle: Jacob, 1980, S. 24

Abb. 5.14: Ist-Analyse mit Hilfe der Multifaktoren-Portfolio-Matrix

Je nach Positionierung der SGF in der Matrix werden nun unterschiedliche „Normstrategien" empfohlen (Hinterhuber, 1980, S. 74ff.): Die SGF C und B liegen in der Zone der Investitions- und Wachstumsstrategien, SGF D dagegen in der Zone der „Abschöpfungs-" bzw. Desinvestitionsstrategien. Bei SGF A ist genauer zu prüfen, ob es (u.U. mit hohem finanziellen Aufwand) zu einem lukrativen Geschäftsfeld ausgebaut oder trotz des attraktiven Marktes mangels ausreichender Geschäftsfeldstärke wieder aufgegeben werden soll („selektive Strategie").

5. Kap.: Strategisches Management der Multinationalen Unternehmung 273

Die Portfolio-Methode eignet sich also nicht nur für eine (allerdings stark vereinfachte) Ist-Analyse, sondern auch zur Gewinnung von Strategievorschlägen.

- **PIMS-Analysen:** Das PIMS-Projekt (= Profit Impact of Market Strategies) versucht auf der Basis empirischer Daten zu ermitteln, welche Faktoren in welchem Ausmaß die Ertragskraft eines SGF (gemessen am ROI und am Cash-flow) beeinflussen oder gar bestimmen. Im Rahmen dieser Analysen wurde insbesondere die Bedeutung des Marktanteils als Erfolgsfaktor deutlich:

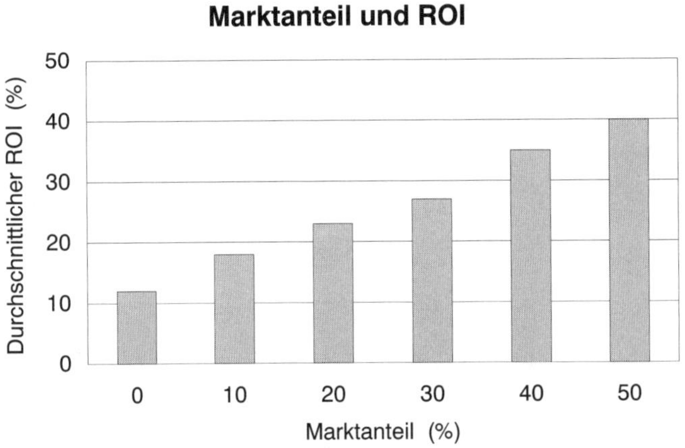

Marktanteil und ROI

Quelle: Buzzell/Gale, 1989, S. 9

Abb. 5.15: Korrelation von Marktanteil und ROI

Insgesamt sind bisher 37 unabhängige Variablen (Erfolgsdeterminanten) gefunden und in ihrer Wirkung quantifiziert worden, die etwa 80% der Varianz des ROI erklären und damit als Haupteinflußgrößen gelten können. Eine Unternehmensstrategie muß sich also vorrangig mit der Gestaltung bzw. Beeinflussung dieser Größen befassen. Neben diesen eher allgemein gehaltenen Erkenntnissen bietet das **Strategic Planning Institute**, das das PIMS-Projekt derzeit leitet, auch konkrete Planungs- und Entscheidungshilfen auf der Grundlage empirisch fundierter Strategiemodelle an (Luchs/Müller, 1985, S. 95).

Zusammenfassend läßt sich sagen: Die strategische Analyse ist – gerade in einer Multinationalen Unternehmung – vor allem Strukturierungsarbeit: Es muß die Ausgangssituation erfaßt und der Blick für strategische Handlungsmöglichkeiten geschärft werden. Die strategische Analyse hat maßgeblichen Anteil an der Erfüllung der Aufgabe, aus dem anfänglich „schlecht-strukturierten" strategischen Planungsproblem eine „wohlstrukturierte" Planungsaufgabe zu entwickeln (Adam, 1980, S. 47ff.).

5.2.4 Alternativengenerierung

In dieser Phase sind strategische Handlungsvorschläge (alternative Geschäftsfeld- **und** Funktionsstrategien) zu erarbeiten. Dabei kommt es „... auf Einfallsreichtum und Intuition, aber auch auf ein systematisches Durchdenken der Probleme an" (Jacob, 1978, S. 24). Empfehlenswert ist, die Auslandsniederlassungen bei dieser Tätigkeit einzubinden – denn viele interessante Möglichkeiten werden „vor Ort" entdeckt – und sogenannte Kreativitätstechniken unterstützend einzusetzen (siehe z.B. Schlicksupp, 1988).

Wegen der großen Zahl möglicher strategischer Handlungsweisen können hier nur einige wenige Hinweise gegeben werden, welche Alternativen für eine Multinationale Unternehmung potentiell zielgünstig sind. Die hinsichtlich der Konfiguration (geographische Konzentration bzw. Streuung von Aktivitäten) und der Variationsbreite (Standardisierung versus Differenzierung) denkbaren Strategien, nämlich

- „rein globale" Strategie,
- „transnationale" Strategie und
- länderspezifische Strategie,

haben wir in Abschnitt 3.2 schon dargestellt und erläutert. Eine etwas differenziertere Darstellung von Strategiealternativen einer MNU findet sich bei Porter:

Geographische Streubreite

	Globalstrategie	Länderspezifische Strategie
Viele Marktsegmente	Globale Kostenführerschaft oder globale Differenzierung	Geschützte Märkte
Wenige Marktsegmente	Globale Segmentierung	Länderspezifische Anpassung

(Wettbewerbspolitische Streubreite)

Quelle: Porter, 1989b, S. 53

Abb. 5.16: Die wichtigsten strategischen Alternativen in einer globalen Branche

- **Globale Kostenführerschaft oder globale Differenzierung:** Im ersten Fall werden weltweit standardisierte Produkte, im zweiten Fall differenzierte Produkte angeboten.
- **Globale Segmentierung:** Hier bearbeitet das Unternehmen weltweit nur ein bestimmtes Marktsegment (wie z.B. Daimler-Benz bei Personenkraftwagen). Diese Vorgehensweise eignet sich oft besonders für kleinere MNU oder als „erster Vorstoß" in eine globale Branche.

- **Geschützte Märkte:** Mit dieser Alternative ist die Auswahl bestimmter Länder gemeint, in denen das Unternehmen durch staatliche Regelungen vor anderen Wettbewerbern besonders geschützt wird. Dies impliziert allerdings eine starke Abhängigkeit von den Bedingungen des Gastlandes und kann spezielle Risiken beinhalten.

- **Länderspezifische Anpassung:** Hier beschränkt sich das Unternehmen auf die Bearbeitung derjenigen Marktsegmente, in denen länderspezifische Unterschiede am stärksten wirksam werden, und profitiert damit in gewisser Hinsicht von den Hindernissen, die der Globalisierung der betrachteten Branche entgegenstehen.

Ist ein in Aussicht genommener Markt für das Unternehmen „neu", ist zugleich über die Form der **Markteintrittsstrategie** zu entscheiden. Die Bandbreite der Möglichkeiten verdeutlicht das folgende Schaubild:

A Produktion im Inland	B Produktion im Ausland
1. Indirekter Export – inländische Exporthäuser – Exportgemeinschaften (Übergangsform) 2. Direkter Export a) ohne Direktinvestitionen – Direktvertrieb an ausländische Endabnehmer – Vetrieb an selbständige Agenturen und Verkaufsgesellschaften – Vertrieb an ausländischen Generalimporteur b) mit Direktinvestitionen – Repräsentanzbüros – Zweigniederlassungen – Tochtergesellschaften	1. Internationale Know-how und Technologieverträge – Lizenzen – Franchising – Service-Verträge – Management-Verträge – Turnkey-Verträge – Auftragsfertigung und Co-Produktionsvereinberungen – Sonstige 2. Direktinvestitionsformen a) vollbeherrschte Auslandsgesellschaften – Neugründung – Akquisition b) Joint Venture – Beteiligung an ausländischen Partnerunternehmen – Beteiligung an Tochterunternehmen des ausländischen Partners – gemeinsame Neugründung – gemeinsamer Dritterwerb

Quelle: Scholl, 1989, Sp. 994

Abb. 5.17: Alternative Markteintrittsstrategien

Aufmerksamkeit ist auch der **technologischen Ausrichtung** der MNU zu widmen: Hinsichtlich der Entwicklung und Diffusion von Wissen reichen die Möglichkeiten von der Wissensproduktion ausschließlich in der Zentrale bzw. in den Niederlassungen über einen „einmaligen" Wissenstransfer von der Zentrale zu den Töchtern bis hin zu einer gemeinsamen Entwicklung und Nutzung des Wissens im Modell des „globalen Verbundnetzes" (Bartlett/Ghoshal, 1990, S. 92).

Auf die Ausrichtung der **Funktionsstrategien** auf eine globale Unternehmenstätigkeit kann hier nicht im einzelnen eingegangen werden (siehe dazu z.B. Porter, 1989b, S. 57ff.).

Wichtig ist, daß aus der kombinatorischen Vielfalt denkbarer Unternehmensgesamtstrategien durch Kompatibilitäts- und Plausibilitätsüberlegungen **einige wenige** Strategiealternativen herausgefiltert werden, die sich möglichst stark unterscheiden sollten und als Entscheidungsgrundlage für den weiteren Planungsablauf dienen können.

5.2.5 Bewertung

Schließlich ist jede dieser Alternativen im Hinblick auf ihre *Zielwirksamkeit* (hier: ihren Gewinnbeitrag) zu bewerten. Da es in vielen Fällen kaum möglich sein wird, den Zielbeitrag „in Mark und Pfennig" anzugeben, ist nach Ersatzkriterien zu suchen, die zu dem Oberziel in komplementärer Beziehung stehen und die Bewertung erleichtern. In diesem Sinne sind auch die oben genannten Kriterien „Kosten-" und „Differenzierungsvorteile" zu verstehen. Auf Einzelheiten und Probleme im Rahmen der Strategiebewertung kann hier nicht eingegangen werden (siehe dazu z.B. Wilde, 1989).

Erwähnt sei aber, daß die oben genannten Analysemethoden – Erfahrungskurve, Portfolio-Verfahren, PIMS-Programm – auch einen Beitrag zur Bewertung der Strategiealternativen leisten können (Voigt, 1992, S. 423ff.).

5.2.6 Strategieauswahl

Bewertung und Strategieauswahl gehen oft „Hand in Hand" – nach abgeschlossener Bewertung ist die „Wahl" der am zielgünstigsten bewerteten Strategie nahezu trivial, sofern ein eindimensionaler Bewertungsmaßstab (z.B. Gewinn) zugrundegelegt werden kann und eventuell auftretende Bewertungsprobleme gelöst werden konnten. Problematisch wird es aber, wenn die Strategiealternativen hinsichtlich **mehrerer Zielkriterien** (z.B. Gewinn und Risiko) abgewogen werden müssen. In solchen Fällen fällt die Entscheidung – die endgültige Strategieauswahl – oft nicht leicht, so daß dafür eine gesonderte Planungsphase durchaus „gerechtfertigt" ist (zur Handhabung des hier angesprochenen Unsicherheitsproblems im Rahmen der strategischen Planung siehe auch Voigt, 1992, S. 485ff.).

Eine Möglichkeit zur Verschmelzung mehrerer (auch nicht-monetärer, qualitativer) Kriterien zu einer übergeordneten Zielgröße bietet die *Nutzwertanalyse*. Optimal ist dann die Alternative mit dem höchsten aus Einzelnutzenwerten zusammengefaßten Nutzwert (vgl. im einzelnen Bechmann, 1978). Unter bestimmten Bedingungen sind in der Auswahlphase sogar mathematische (z.B. lineare) Optimierungsmodelle anwendbar (Voigt, 1992, S. 433ff.), die die zielgünstigste Strategiekombination auf direkte Weise ermitteln.

Mit der Strategieentscheidung schließt die strategische Planung ab. Sie ist – alles in allem betrachtet – mehr Problemstrukturierung als Problemlösung. Es gibt kein „Optimum" im eigentlichen Sinne, sondern nur ein heuristisches, mehr oder weniger gutes „Vortasten" zu einer möglichst zielgünstigen Strategie. Die strategische Planung wird also, ungeachtet der wertvollen Unterstützung durch Planungsmethoden und -verfahren, stets eine **heuristische Planung** bleiben (Adam, 1989). Ihr Ergebnis, die Strategie, ist jedoch gerade für eine Multinationale Unternehmung unverzichtbar, um dem künftigen Betriebsgeschehen Rahmen, Form und Richtung zu geben.

6 Zusammenfassung: Hauptaufgaben und -probleme des „globalen" strategischen Managements einer MNU

Worauf kommt es an bei der **strategischen Führung** eines „multinational" oder gar weltweit tätigen Unternehmens? Zunächst sind die Aufgabenfelder inhaltlich abzustecken: Planung und Organisation, Koordination der Planausführung und Kontrolle. Alle diese Managementaufgaben gehen jedoch bewußt nicht ins Detail, sondern belassen es (zunächst) bei relativ „groben" Regelungen und Entscheidungen: Von Einzelfragen mit geringer Zielwirkung wird auf der strategischen Managementebene abstrahiert, die gestaltungsrelevanten Tatbestände werden zu umfassenderen Einheiten (z. B. strategischen Geschäftsfeldern) aggregiert. Die „Güte" des strategischen Managements hängt entscheidend davon ab, ob es gelingt, die „richtigen" (= besonders zielwirksamen, „strategisch wichtigen") Gestaltungsvariablen herauszufinden. Trotz umfassender methodischer Unterstützung spielen dabei auch Gespür und Erfahrung eine nicht unerhebliche Rolle – insbesondere bei einer globalen Geschäftstätigkeit. Strategisch planen und führen heißt also, möglichst zielgünstige Prämissen zu setzen und damit die Detailentscheidungen und schließlich auch das konkrete Unternehmensgeschehen „in die richtige Richtung zu lenken".

Was sind – zusammengefaßt – die Besonderheiten des **strategischen Managements einer Multinationalen Unternehmung**? Hier geht es besonders darum, die Vorteile zu erkennen, die das Unternehmen gerade durch eine grenzüberschreitende oder sogar weltweite Tätigkeit gewinnen und nutzen kann. Im wesentlichen sind dies Kosten- oder Differenzierungsvorteile – oder beide zusammen. Die Chancen sich öffnender und weltweit angleichender Märkte sowie eines koordinierten Zusammenwirkens geographisch verteilter Wertschöpfungsaktivitäten zu erkennen und Strategie und Struktur konsequent darauf auszurichten, ist der eigentliche Kern – die Quintessenz – eines „multinationalen" strategischen Managements.

7 Literaturverzeichnis

Adam, D. (1980): Zur Problematik der Planung in schlecht strukturierten Entscheidungssituationen, in: Jacob, H. (Hrsg.), Neue Aspekte der betrieblichen Planung, Schriften zur Unternehmensführung (SzU), Band 28, Wiesbaden 1980, S. 47-75

Adam, D. (1989): Planung, heuristische, in: Szyperski, N., Winand, U. (Hrsg.), Handwörterbuch der Planung (HWPlan), Stuttgart 1989, Sp. 1414-1419

Albach, H. (1992): Globalisierung als Standortarbitrage, in: Albach, H. (Hrsg.), Globalisierung und Wettbewerb, ZfB-Ergänzungsheft 2/92, Wiesbaden 1992, S. 1-26

Ansoff, H. I. (1982): Methoden zur Verwirklichung strategischer Änderungen in der Unternehmung, in: Jacob, H. (Hrsg.), Strategisches Management 1, Schriften zur Unternehmensführung (SzU), Band 29, Wiesbaden 1982, S. 73-87

Bartlett, Chr. A. (1989): Aufbau und Management der transnationalen Organisationsstruktur: Eine neue Herausforderung, in: Porter, M. E. (Hrsg.), Globaler Wettbewerb, Wiesbaden 1989, S. 425-464

Bartlett, Chr. A./Ghoshal, S. (1990): Internationale Unternehmensführung, Frankfurt/M., New York 1990

Bartlett, Chr. A./Ghoshal, S. (1991): Global Strategic Management: Impact on the New Frontiers of Strategy Research, in: Bartlett, Chr. A., Ghoshal, S. (Hrsg.), Global Strategy, Strategic Management Journal (Special Issue), 12. Jg. 1991, S. 5-16

Bechmann, A. (1978): Nutzwertanalyse, Bewertungstheorie und Planung, 1. Aufl., Bern, Stuttgart 1978

Behrens, H. (1994): Globales Management = Strategische Aufgaben und globale Verantwortung Internationaler Unternehmen, in: Schoppe, S. G., Kompendium der Internationalen BWL, 3. Aufl., München 1994, S. 287-310

Buzzell, R. D./Gale, B. T. (1989): Das PIMS-Programm, Wiesbaden 1989

Chandler, A. D. jr. (1963): Strategy and Structure, 2. Aufl., Cambridge, Mass. 1963

Chandler, A. D. jr. (1989): Die Entwicklung des zeitgenössischen globalen Wettbewerbs, in: Porter, M. E. (Hrsg.), Globaler Wettbewerb, Wiesbaden 1989, S. 467-514

Clausewitz, C. v. (1980): Vom Kriege, herausgegeben von U. Marwedel, Stuttgart 1980

Doz, Y. L. (1986): Strategic Management in Multinational Companies, Oxford 1986

Doz, Y. L. (1989): Die Rolle des Staates im globalen Wettbewerb, in: Porter, M. E. (Hrsg.), Globaler Wettbewerb, Wiesbaden 1989, S. 257 – 306

Encarnation, D. J./Wells, L. T. jr. (1989): Wettbewerbsstrategien auf globalen Märkten: Eine Betrachtung aus der Perspektive der Gastgeberländer, in: Porter, M. E. (Hrsg.), Globaler Wettbewerb, Wiesbaden 1989, S. 307-333

Gälweiler, A. (1976): Unternehmenssicherung und strategische Planung, in: ZfbF, 28. Jg. 1976, S. 362-379

Gälweiler, A. (1981): Zur Kontrolle strategischer Pläne, in: Steinmann, H. (Hrsg.), Planung und Kontrolle, München 1981, S. 383-399

Gerl, K./Roventa, P. (1983): Strategische Geschäftseinheiten – Perspektiven aus der Sicht des Strategischen Managements, in: Kirsch, W., Roventa, P. (Hrsg.), Bausteine eines Strategischen Managements, Berlin, New York 1983, S. 141-161

Hamel, G/Prahalad, C. K. (1985): Do You Really Have a Global Strategy?, in: Harvard Business Review, 63. Jg. 1985, Nr. 4, S. 139-148

Hansmann, K.-W. (1983): Kurzlehrbuch Prognoseverfahren, Wiesbaden 1983

Henderson, B. D. (1974): Die Erfahrungskurve in der Unternehmensstrategie, 1. Aufl., Frankfurt/M., New York 1974

Henzler, H. A. (Hrsg.): Handbuch Strategische Führung, Wiesbaden 1988

Henzler, H. A. (1992): Globalisierung von Unternehmen im internationalen Vergleich, in: Albach, H. (Hrsg.), Globalisierung und Wettbewerb, ZfB-Ergänzungsheft 2/92, Wiesbaden 1992, S. 83-98

Hinterhuber, H.-H. (1992): Strategische Unternehmungsführung, 5. Aufl., Berlin, New York 1992

Jacob, H. (1978): Betriebswirtschaftslehre und Unternehmensführung, in: Jacob, H. (Hrsg.), Betriebswirtschaftliche Forschungsergebnisse, Schriften zur Unternehmensführung (SzU), Band 25, Wiesbaden 1978, S. 6-45

Jacob, H. (1980): Quantifizierungsprobleme im Rahmen der strategischen Unternehmensplanung, in: Hahn, D. (Hrsg.), Führungsprobleme industrieller Unternehmungen, Festschrift zum 60. Geburtstag von F. Thomée, Berlin, New York 1980, S. 19-45

Jacob, H. (1982): Die Aufgaben der strategischen Planung – Möglichkeiten und Grenzen, Teil 1, in: Jacob, H. (Hrsg.), Strategisches Management 1, Schriften zur Unternehmensführung (SzU), Band 29, Wiesbaden 1982, S. 41-67

Jacob, H. (1992): Grundlagen und Struktur der Betriebswirtschaftslehre, Teil 1, Sonderdruck des Seminars für Industriebetriebslehre und Organisation der Universität Hamburg, Hamburg 1992

James, B. G. (1985): Business Wargames, Harmondsworth, Middlesex 1985

Koch, H. (1982): Integrierte Unternehmensplanung, Wiesbaden 1982

Kreikebaum, H. (1989): Planung, internationale, in: Macharzina, K., Welge, M. K. (Hrsg.), Handwörterbuch Export und Internationale Unternehmung (HWInt), Stuttgart 1989, Sp. 1650-1658

Kreikebaum, H. (1997): Strategische Unternehmensplanung, 6. Aufl., Stuttgart, Berlin, Köln 1997

Kreikebaum, H./Grimm, U. (1986): Strategische Unternehmensplanung in der Bundesrepublik Deutschland – Ergebnisse einer empirischen Untersuchung, in: Hahn, D., Taylor, B. (Hrsg.), Strategische Unternehmensplanung, 4. Aufl., Heidelberg, Wien 1986, S. 857-888

Kreilkamp, E. (1987): Strategisches Management und Marketing, Berlin, New York 1987

Leontiades, M. (1988): Bessere Strategieumsetzung wichtiger als neue Konzepte, in: Henzler, H. A. (Hrsg.), Handbuch Strategische Führung, Wiesbaden 1988, S. 849-852

Levitt, Th. (1983): The Globalization of Markets, in: Harvard Business Review, 61. Jg. 1983, Nr. 3 (Mai-Juni), S. 92-102

Luchs, R. H./Müller, R. (1985): Das PIMS-Programm – Strategien empirisch fundieren, in: Strategische Planung, 1. Jg. 1985, S. 79-98

Macharzina, K. (1993): Multinationale Unternehmungen, in: Wittmann, W. et al. (Hrsg.), Handwörterbuch der Betriebswirtschaft, 5. Aufl., Stuttgart 1993, Sp. 2898-2906

Macharzina, K. (1995): Unternehmensführung – Das internationale Managementwissen, 2. Aufl., Wiesbaden 1995

Macharzina, K./Welge, M. K. (Hrsg.): Handwörterbuch Export und Internationale Unternehmung (HWInt), Stuttgart 1989

Mahini, A./Wells, L. T. jr. (1989): Das globale Unternehmen und seine Beziehungen zum Gastland, in: Porter, M. E. (Hrsg.), Globaler Wettbewerb, Wiesbaden 1989, S. 335-360

Meffert, H. (1988): Strategische Unternehmensführung und Marketing, Wiesbaden 1988

Meissner, H. G. (1993): Internationales Marketing, in: Wittmann, W. et al. (Hrsg.), Handwörterbuch der Betriebswirtschaft, 5. Aufl., Stuttgart 1993, Sp. 1871-1888

Miller, R. R./Miller, J. J. (1987): Introduction to Business: An International Perspective, Homewood, Ill. 1987

Mintzberg, H. (1978): Patterns in Strategy Formation, in: Management Science, 24. Jg. 1978, S. 934-948

Pausenberger, E. (1992): Internationale(n) Unternehmung, Organisation der, in: Frese, E. (Hrsg.), Handwörterbuch der Organisation (HWO), 3. Aufl., Stuttgart 1992, Sp. 1052-1066

Perlitz, M. (1993): Internationales Management, in: Wittmann, W. et al. (Hrsg.), Handwörterbuch der Betriebswirtschaft, 5. Aufl., Stuttgart 1993, Sp. 1855-1871

Perlitz, M. (1996): Internationales Management, 3. Aufl., Stuttgart 1996

Porter, M. E. (1983): Wettbewerbsstrategie, 1. Aufl., Frankfurt/M. 1983

Porter, M. E. (1989a): Einführung und Zusammenfassung, in: Porter, M. E. (Hrsg.), Globaler Wettbewerb, Wiesbaden 1989, S. 1-13

Porter, M. E. (1989b): Der Wettbewerb auf globalen Märkten: Ein Rahmenkonzept, in: Porter, M. E. (Hrsg.), Globaler Wettbewerb, Wiesbaden 1989, S. 17-68

Porter, M. E. (Hrsg.): Globaler Wettbewerb, Wiesbaden 1989

Porter, M. E./Fuller, M. B. (1989): Koalitionen und globale Strategien, in: Porter, M. E. (Hrsg.), Globaler Wettbewerb, Wiesbaden 1989, S. 363-399

Rall, W. (1988): Strategien für den weltweiten Wettbewerb, in: Henzler, H. A. (Hrsg.), Handbuch Strategische Führung, Wiesbaden 1988, S. 197-217

Robock, S. H./Simmonds, K. (1989): International Business and Multinational Enterprises, 4. Aufl., Homewood, Ill. etc. 1989

Rudolph, B. (1989): Finanzmanagement, internationales, in: Macharzina, K., Welge, M. K. (Hrsg.), Handwörterbuch Export und Internationale Unternehmung (HWInt), Stuttgart 1989, Sp. 651-664

Schlicksupp, H. (1988): Anstöße zum innovativen Denken, in: Henzler, H. A. (Hrsg.), Handbuch Strategische Führung, Wiesbaden 1988, S. 691-715

Scholl, R.F. (1989): Internationalisierungsstrategien, in: Macharzina, K., Welge, M. K. (Hrsg.), Handwörterbuch Export und Internationale Unternehmung (HWInt), Stuttgart 1989, Sp. 983 -1001

Schrader, J. (1989): Managementberatung, internationale, in: Macharzina, K., Welge, M. K. (Hrsg.), Handwörterbuch Export und Internationale Unternehmung (HWInt), Stuttgart 1989, Sp. 1371-1382

Schreyögg, G./Steinmann, H. (1985): Strategische Kontrolle, in: ZfbF, 37. Jg. 1985, S. 391-410

Voigt, K.-I. (1992): Strategische Planung und Unsicherheit, Wiesbaden 1992

Voigt, K.-I. (1993): Strategische Unternehmensplanung – Grundlagen, Konzepte, Anwendung, Wiesbaden 1993

Voigt, K.-I. (1996): Unternehmenskultur und Strategie – Grundlagen des kulturbewußten Managements, Wiesbaden 1996

Welge, M. K. (1990): Globales Management, in: Welge, K. (Hrsg), Globales Management – Erfolgreiche Strategien für den Weltmarkt, Stuttgart 1990, S. 1-16

Welge, M. K./Al-Laham, A. (1992): Strategisches Management, Organisation, in: Frese, E. (Hrsg.), Handwörterbuch der Organisation (HWO), 3. Aufl., Stuttgart 1992, Sp. 2355- 2376

Welge, M. K./Winter, L. G. (1980): Management, multinationales, in: Grochla, E. (Hrsg.), Handwörterbuch der Organisation (HWO), 2. Aufl., Stuttgart 1980, Sp. 1243-1252

Wild, J. (1974): Grundlagen der Unternehmungsplanung, Reinbek bei Hamburg 1974

Wilde, K. D. (1989): Bewertung von Produkt-Markt-Strategien, Berlin 1989

Yip, G. S. (1982): Barriers to Entry, Lexington, Mass., Toronto 1982

Zentes, J. (1995): Internationales Marketing, in: Tietz, B. et al. (Hrsg.), Handwörterbuch des Marketing, 2. Aufl., Stuttgart 1995, Sp. 1031-1045

6. Kapitel:
Die Organisation der Multinationalen Unternehmung

Die Organisation einer Multinationalen Unternehmung ist ein Gebilde mit drei **Dimensionen**:

(1) Regionen/Länder
(2) Produkte
(3) Funktionen,

das durch folgende **Merkmale** gekennzeichnet ist (Agthe 1976, S. 434):

- Überschneidung von Befehls- und Kontrollinien (funktionale Autorität parallel zur Linienautorität)
- ein Mitglied der Führungsorganisation hat i.d.R. mehr als einen Vorgesetzten (Linie und Funktion)
- die Mitglieder der Führungsorganisation kommen aus verschiedenen Ländern.

Dies erfordert einen dreidimensionalen organisatorischen Aufbau nach der Verrichtung (Funktion), der Region und dem Produkt. Die Reihenfolge der drei Gliederungskriterien dieser dreidimensionalen Matrixorganisation (**„Tensororganisation"**) ist je nach Gewicht des einzelnen Kriteriums alternierend wählbar (Drumm 1979, S. 41; Bleicher 1972, S. 424). Die Gewichtung der Kriterien ist bestimmend für die Zusammensetzung der obersten Unternehmensleitung.

Im Gegensatz zum deutschen Aktiengesetz, das für den Führungsprozeß drei Organe (Vorstand, Aufsichtsrat und Hauptversammlung) vorsieht, ist in der amerikanischen Gesetzgebung der *board of directors* neben dem *shareholders' meeting* das einzige Organ der corporation. Der board vereinigt in sich Geschäftsführungs- und Kontrollbefugnisse und wird vom shareholders' meeting gewählt. Mit Hilfe sogenannter by-laws kann der board seine Rechte und Pflichten festlegen und so die Gestaltung seiner inneren Organisation selbst bestimmen (Agthe 1976, S. 438f.). Vorteil des mit einer solchen Machtfülle ausgestatteten Boardsystems ist die Einheitlichkeit der Geschäftsführung. Die fehlende Institutionalisierung einer Kontrollfunktion muß allerdings durch eine entsprechende Aufgabenverteilung des board ausgeglichen werden.

Daneben kann ein sogenanntes *board of management* bzw. *executive committee* existieren, das die laufenden Geschäfte führt, ähnlich dem Vorstand nach deutschem Recht. Die Mitglieder (officers) werden vom board of directors bestimmt. Spezifikum des amerikanischen Systems ist jedoch, daß ein Mitglied des board of directors gleichzeitig Mitglied des board of management sein kann (sogenannter *inside director*). Der chairman des board of directors kann gleichzeitig chief executive officer (CEO) des executive committees sein (Schmidt 1995, S. 214). Tendenziell nimmt der *chairman* die langfristigen, insbesondere finanziellen Aufgaben wahr und der „*president*" die kurzfristigen, insbesondere Produktion und Marketing. Wenn der chairman sich zunehmend aus dem aktiven Geschäft zurückzieht, wird der president zum chief executive officer bestellt (Poensgen 1973, S. 83ff.; Thomée 1974).

Das organisatorische Problem Multinationaler Unternehmungen besteht darin, ihre Inlandsaktivitäten mit ihren wachsenden Auslandsengagements durch die

Wahl geeigneter Organisationsalternativen zu koordinieren und auf das Unternehmensziel auszurichten (Drumm 1979, S. 38).

Die konkrete Ausprägung der Organisationsstruktur hängt u.a. von der Unternehmensstrategie (structure follows strategy, Chandler 1962) und dem Internationalisierungsgrad der Unternehmung ab. *Sie ist mehr als die einer nationalen Unternehmung durch laufende Reorganisation aufgrund der größeren internationalen wirtschaftlichen Dynamik gekennzeichnet* (Kulhavy, Sp. 2730).

1 Aspekte der Unternehmensorganisation

1.1 Formelle und informelle Organisation

Die **formelle Organisation** stellt die gewollte, bewußt gestaltete Ordnung dar. Sie wird durch planmäßige Bildung von Stellen, Instanzen und Stäben und deren Zuordnung verwirklicht. Neben diesen formellen Beziehungen gibt es in jeder Organisation persönliche Kontakte und Zuordnungen, die auf Sympathie, gleichen Interessen und anderen psychologischen und soziologischen Faktoren beruhen. Diese **informelle Organisation** hat im multinationalen Rahmen wahrscheinlich eine noch größere Bedeutung als im nationalen, da das Handeln von Organisationsteilnehmern in verschiedenartigen, unbekannten Umweltstrukturen die Bildung und Bedeutung informeller Gruppen verstärken kann.

Gegenstand der weiteren Ausführungen ist im wesentlichen der formelle Aspekt, da über informelle Aspekte schwer allgemeine Aussagen getroffen werden können (Albrecht 1970, S. 2085).

1.2 Statutarische und operationale Organisation

Die **statutarische Organisation** (satzungsmäßige, juristische, Rechts-, Kapital- oder Beteiligungsstruktur) beinhaltet den rechtlichen Aufbau des Gesamtsystems: Die Rechtsform des Entscheidungszentrums und seiner Subsysteme sowie die Ausgestaltung der rechtlichen und kapitalmäßigen Bindungen der Teileinheiten untereinander. Bei der Konstruktion der statutarischen Organisation werden die gesetzlichen Erfordernisse der Sitzländer, besonders deren Steuerrecht, berücksichtigt.

Die **operationale Organisation** (auch funktionale Verwaltungs- oder Leitungsorganisation, Aufbauorganisation, managerial organization) legt die Verantwortungsbereiche und die innerbetrieblichen Kommunikationswege fest.

Sie dient der Übermittlung der Willensbildung der Entscheidungszentren zu den Untereinheiten und der Informationsübermittlung zwischen den Teileinheiten zur Findung der Entscheidungen und ihrer zielkonformen Durchsetzung und Kontrolle. Keine operationale Struktur einer (Multinationalen) Unternehmung gleicht im Detail der anderen (Albrecht 1970, S. 2085f.).

Die operationale Struktur wird durch die statutarische beeinflußt und z.T. festgelegt. So kann z.B. eine vorgegebene, nach steuerlichen und Haftungsgesichtspunkten vorgenommene statutarische Gliederung als Grundmuster für eine operationale Struktur dienen. Erstere kann jedoch der organisatorischen Zweckmäßigkeit so widersprechen, daß eine Anpassung der rechtlichen Struktur geboten ist. Abweichungen zwischen statutarischer und operationaler Struktur können zu störenden Diskrepanzen zwischen externen Vertretungsbefugnissen und interner Verantwortlichkeit führen (Pausenberger, Sp. 2241f.).

Im folgenden soll nur die operationale Organisation Gegenstand der Betrachtung sein.

2 Systematisierungsmöglichkeiten der operationalen Organisation

2.1 Segregierte und integrierte Organisation

Je nachdem, ob inländische und ausländische Unternehmensaktivitäten unter einheitlicher oder getrennter Verantwortung liegen, wird idealtypisch zwischen *segregierter* und *integrierter* Organisaton unterschieden (Kulhavy, Sp. 2731).

Bei einer **segregierten** Organisation liegt die Verantwortung für die ausländischen Märkte bei einer gesonderten Instanz, deren Einordnung in die Unternehmenshierarchie von der Bedeutung der Auslandsinteressen abhängig ist. Bei **integrierter** Organisation ist der Auslandsbereich nicht mehr organisatorisch vom Inlandsbereich getrennt. Das jeweilige Entscheidungszentrum hat weltweite Verantwortlichkeit (Albrecht 1970, S. 2086).

In beiden Fällen erfolgt eine weitere Auffächerung der Organisationseinheiten entweder objektbezogen nach Produkt- oder Regionalstellen oder verrichtungsbezogen nach Funktionsstellen.

2.2 Funktionale oder objektbezogene Organisation

Bei **funktionalem** Organisationsaufbau werden *unterhalb* der Unternehmensspitze Einheiten [(Haupt-) Abteilungen] durch Zusammenfassung der betrieblichen Hauptfunktionen (Beschaffung, Produktion, Absatz, Finanzierung, Personal, Rechnungswesen etc.) gebildet. Vorherrschendes Zentralisationsmerkmal innerhalb der obersten Führungsebene sind ebenfalls Verrichtungen (Funktionen).

Durch die einheitliche Ausrichtung aller Funktionen in allen Ländern, in denen die Unternehmung operiert, werden insbesondere bei homogenem Leistungsprogramm mit einer **verrichtungsorientierten Organisation** Spezialisierungsvorteile und Synergieeffekte erzielt (Pausenberger, Sp. 2242).

Der Nachteil besteht in der Nichtberücksichtigung produktspezifischer und regionaler Interessen. Zur Beseitigung dieser Probleme können Zentralstellen gebildet werden, denen die Koordination von Produkten und/oder Regionen übertragen wird (Agthe 1976, S. 436).

Mit steigender produktmäßiger und geographischer Diversifikation werden rein funktionale Gliederungen immer unzweckmäßiger.

Bei **objektorientiertem** Organisationsaufbau (Geschäftsbereichs- oder Spartenorganisation) kann eine Strukturierung nach *Produkten* oder geographischen *Regionen* erfolgen. Die Unternehmung setzt sich in diesen Fällen aus weitgehend selbständigen Unternehmenseinheiten (Geschäftsbereichen) zusammen, die alle oder einen Großteil der Unternehmensfunktionen übernehmen und **nicht** an einen rechtlichen Rahmen gebunden sind. Es kann sich somit um Tochtergesellschaften (relativ selbständig) oder Betriebsstätten (relativ unselbständig) handeln (Drumm 1979, S. 40).

- Im Falle **produktbezogener** Struktur werden unterhalb der obersten Unternehmensleitung Produktdivisionen gebildet, die ein Produkt oder eine Produktgruppe produzieren und für deren Absatz verantwortlich sind.

- Bei **regionaler** Struktur bilden geographisch abgrenzbare Regionen (z.B. EU, Südamerika) das Kriterium für die Abteilungsbildung unterhalb der obersten Unternehmensleitung. Die Produktions- und Absatzfunktion und ein Teil sonstiger Funktionen werden den Leitern der Regionaldivisionen unterstellt, denen wiederum die Leiter der Produktions- und Vertriebsgesellschaften („operating units") ihres Gebietes unmittelbar unterstehen (Albrecht 1970, S. 2087).

Die Organisationstypen Multinationaler Unternehmen bestehen aus einer Mischung dieser beiden Strukturtypen.

Nach Drumm ist erst die diversifizierte Großunternehmung mit Geschäftsbereichsorganisation zur Internationalen Unternehmung geworden (Drumm 1979, S. 38).

2.3 Dezentrale oder zentrale Organisation

In der Organisation Internationaler Unternehmungen ist ein gewisser **Zyklus** zu beobachten: In der Aufbauphase agieren die ausländischen Gesellschaften weitgehend selbständig. Danach folgt eine Phase starker Zentralisierung, verbunden mit einer weltweiten oder regionalen Produktgruppenorganisation, die wiederum durch stärkere Dezentralisierung abgelöst wird (Agthe 1976, S. 441; Bleicher 1972).

Ein hoher **Zentralisierungsgrad** gewährleistet die Einheitlichkeit der Leitung. Er trägt zur Systemstabilität und -kontinuität bei, fördert hingegen Unflexibilität. **Dezentralisation** beläßt den Geschäftsbereichen Entscheidungs- und Handlungsspielraum und fördert so ihre Initiative. Dadurch kann auf Umweltänderungen schnell und flexibel reagiert und das Problemlösungs- und Innovationspotential der Subsysteme entwickelt werden. Gleichzeitig entsteht die Gefahr des unternehmenspolitischen Partikularismus (Pausenberger 1975, Sp. 2241). Ferner wird die strategische Planung erschwert. Die Grenze der Dezentralisation liegt in der Gefährdung der Konzerneinheit (Kulhavy, Sp. 2730).

Generelle Aussagen über den *optimalen Zentralisierungsgrad* im Konzern lassen sich aufgrund der Varianz der wichtigsten Bestimmungsfaktoren (Art und Ausmaß der funktionalen, produktmäßigen und regionalen Differenzierung) nicht treffen (Pausenberger 1975, Sp. 2241).

Die große Heterogenität nationaler Gegebenheiten erfordert tendenziell eine dezentrale Führung. Andererseits können die nationalen Unterschiede Zentralisierungstendenzen hervorrufen aufgrund der sonst wahrscheinlich desintegrierenden Strategienvielfalt, die die Internationale Unternehmung möglicher Synergieeffekte berauben kann. Der Einheitlichkeit des Führungsstils werden durch die nationalen Mentalitätsunterschiede („cultural clash") Grenzen gesetzt (Agthe 1976, S. 439).

Die Aufgabe der Konzernpolitik besteht einerseits in der notwendigen **Systemdifferenzierung** des Unternehmensziels in Teilaufgaben, andererseits in der **Integration** der Subsysteme zu einem zielorientiert handelnden Ganzen. Die selbständigen Subsysteme können je nach Bedarf von der Konzernspitze zu bestimmten Handlungen angewiesen oder mit der Befugnis zu selbständigen Entscheidungen ausgestattet werden.

Koordiniertes Handeln soll die Erzielung von ökonomischen Verbundeffekten (Synergien) gewährleisten, autonomes Handeln hingegen ist Voraussetzung für schnelle und flexible Reaktion auf Datenänderungen in einer dynamischen Umwelt.

Zur Integration der dezentralen Subsysteme können organisatorische (strukturelle), personelle und/oder finanzielle (technokratische) Maßnahmen ergriffen werden. Die Bindung der Konzerngesellschaften an die Konzernzentrale ist möglich durch

- widerrufliche Zuordnung von Entscheidungsbefugnissen
- Auferlegung einer periodischen, formalisierten Berichtspflicht
- Auswahl und Abberufung der Führungskräfte und
- Bereitstellung bzw. Verweigerung finanzieller Mittel (Pausenberger, Sp. 2243f.).

3 Organisationsmodelle

Die organisatorische Eingliederung der Auslandsaktivitäten kann zentral oder dezentral erfolgen.

3.1 Das zentrale Modell: die segregierte Organisationsstruktur („International Division Structure")

Die zentrale Lösung des Organisationsproblems kann für die funktionale *und* für die objektbezogene Organisation angewandt werden (Drumm 1979, S. 42).

Alle Auslandsaktivitäten der Unternehmung werden zentral zusammengefaßt und einer „Internationalen Sparte" (Hauptabteilung), einem neben den Geschäftsbereichen tätigen Teilbereich, zugeordnet (Albrecht 1969, S. 103; Bleicher 1972, S. 337). Bei dessen rechtlicher Verselbständigung entsteht eine „international headquarter company".

Meistens ist die international division aus der Exportabteilung des Unternehmens hervorgegangen, die dem Verkauf unterstellt und somit nicht Teil des Top Managements war. Aus Spezialisierungsgründen wurde die Exportabteilung aus der Verkaufsabteilung herausgelöst und neben die inländischen Divisionen gestellt.

Dadurch, daß der Leiter dieser Sparte die Linienautorität für das ganze Auslandsgeschäft besitzt und direkt der obersten Unternehmensleitung unterstellt ist, wird eine hohe Autonomie dieser Abteilung erreicht. Sie wird zur „company within the company", deren Autonomiegrad mit zunehmender Größe und steigendem Beitrag zum Gesatzumsatz bzw. -gewinn wächst.

Es besteht die Gefahr, daß das übrige Top Management vom Auslandsgeschäft isoliert wird und daher nicht in der Lage ist, weltweite Strategien zu konzipieren (Albrecht 1970, S. 2086f.).

Weitere Nachteile der international division sind (Albrecht 1970, S. 2088)

- die mangelnde Austauschbarkeit der Führungskräfte des nationalen und des internationalen Bereichs
- die kostenintensive Doppelgleisigkeit der zentralen Funktionsabteilungen des In- und Auslandsbereichs
- die Abhängigkeit der „international division" von der Genehmigung größerer Investitionen durch die oberste Unternehmensleitung und die inländischen „division heads".

Vorteile des zentralen Modells sind die Spezialisierung und die Möglichkeiten straffer Organisation und Kontrolle aller Auslandsaktivitäten (Schollhammer 1971, S. 351). Die Organisationsform hat sich offenbar dann bewährt, wenn die internationalen Aktivitäten im Vergleich zu den nationalen eine untergeordnete Rolle spielen (Bleicher 1972, S. 419).

Eine weltweite, straffe Produktpolitik kann nicht ohne Koordination von Geschäfts- und Auslandsbereichen verfolgt werden. Daher muß entweder den Geschäftsbereichen funktionales Weisungsrecht eingeräumt werden oder eine zentrale Stelle (Stab oder Produktmanager als Matrixinstanz) Geschäfts- und Auslandsbereiche koordinieren (Stopford 1972, S. 80).

Mit wachsender Größe der Auslandsunternehmen können Koordinationsaufgaben an diese delegiert werden. Die zentrale Koordination kann sich dann z.B. auf den Einsatz von finanziellen sowie Forschungs- und Entwicklungs-Ressourcen beschränken (Drumm 1979, S. 43).

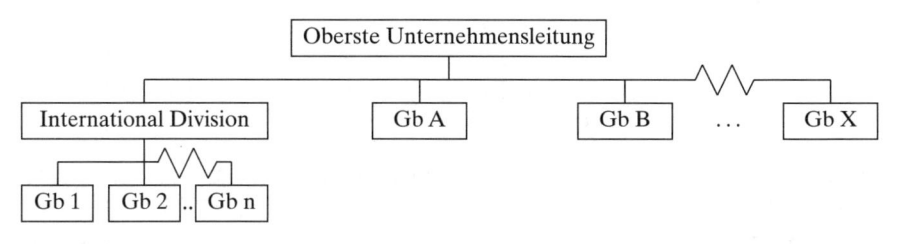

Abb. 6.1: Das zentrale Modell der Organisation

3.2 Das dezentrale Modell: die integrierte Organisationsstruktur

Beim dezentralen Modell wird die Multinationale Unternehmung in weltweit operierende Geschäftsbereiche aufgegliedert (Divisionalisierung).

Eine solche **objektbezogene Organisation** weist gegenüber einer funktionalen ein höheres Maß an Entscheidungsdezentralisation auf und etabliert auf der zweiten hierarchischen Ebene weitgehend autonome Subsysteme (Divisionen, Sparten), die vielfach durch Zuteilung von Kapitalmitteln bzw. durch Vorgabe einer bestimmten Mindestverzinsung des Konzernkapitals von der Konzernleitung gesteuert werden (vgl. Kap. 7 in diesem Buch). Das so realisierte Profit oder Investment Center wird zudem noch durch rechtliche Verselbständigung gefördert (Pausenberger, Sp. 2242).

Vorteil dieser integrierten Struktur ist die globale Perspektive der obersten Entscheidungsträger (Albrecht 1970, S. 2088), das bedeutet:
- Die Investitionen fließen in die Märkte mit den höchsten Wachstums- und Gewinnraten.
- Die logistische Strategie des Gesamtsystems wird weltweit konzipiert (Rohstoffe, Komponenten und Investitionsgüter werden aufgrund eines arbeitsteiligen Gesamtplans beschafft bzw. produziert und ausgetauscht), die Vorteile der Rohstoffnähe, der Spezialisierung und der Massenfertigung einzelner Teileinheiten kommen dem Gesamtsystem zugute.

Mit der Geschäftsbereichsbildung werden u.a. folgende Ziele angestrebt (Drumm 1979, S. 40):
- Komplexe, zentrale Entscheidungen sollen zerlegt und dezentralisiert werden.
- Bei wachsender Heterogenität des gesamten Produktionsprogramms sollen
  - Spezialisierungseffekte innerhalb der Geschäftsbereiche und
  - Verbund- und sonstige Synergieeffekte durch Zusammenfassung zusammenhängender Bereiche zu bzw. in Geschäftsbereichen besser genutzt werden.
- Durch die Bildung mehr oder weniger autonomer Geschäftsbereiche werden unternehmerische Risiken über alle Geschäftsbereiche stärker gestreut und die Risiken auf die Geschäftsbereiche begrenzt; auch die größere marktorientierte Flexibilität der Geschäftsbereiche führt zur Risikobeschränkung.

Folglich sollten Verbundeffekte zwischen den Geschäftsbereichen minimiert und Synergieeffekte bestimmter Funktionen über mehrere Geschäftsbereiche hinweg zur Ausgliederung dieser Funktionen und der Zusammenfassung in Zentralbereichen führen, falls sie nicht einem bestimmten Geschäftsbereich zugeordnet werden (Drumm 1979, S. 40f.).

3.2.1 Produktorientierte Geschäftsbereichsbildung

Bei einer integrierten *Produkt*struktur bestehen unterhalb der obersten Unternehmensleitung Produktdivisionen. Der Divisionsleitung bzw. dem jeweiligen Mitglied der obersten Unternehmensleitung sind also alle in- und ausländischen Konzerngesellschaften unterstellt, die zur jeweiligen Produktgruppe gehörige Erzeugnisse herstellen (Albrecht 1970, S. 2089; Agthe, S. 436).

Bei geringem Auslandsgeschäft ist eine Untergliederung der Vertriebsabteilung je Geschäftsbereich ausreichend. Mit fortschreitendem Internationalisierungsgrad kann die Koordination von einer zentralen Stelle wahrgenommen werden (Drumm 1979, S. 43).

Bei weiterer Internationalisierung mit Gründung eigener Tochtergesellschaften und Aufnahme eigener Produktion kann eine regionale Untergliederung der Geschäftsbereiche erfolgen (Stopford/Wells 1972, S. 27; Drumm 1979, S. 44).

Bei einer reinen Produktstruktur liegen Zentralabteilungen für Marketing und Produktion nicht vor, da die Produktions- und Absatzprobleme der Divisionen aufgrund sehr unterschiedlicher Produktionsprogramme stark divergieren. Die Divisionsleitung übernimmt die Führung der ihr zugeordneten funktionalen Stäbe und der ihr unterstellten Konzernbetriebe.

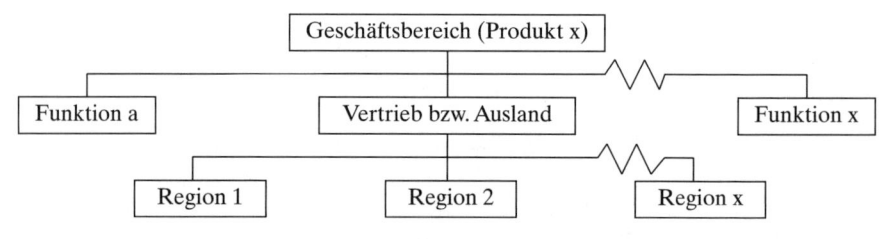

```
                    ┌─────────────────────────┐
                    │ Geschäftsbereich (Produkt x) │
                    └─────────────────────────┘
    ┌───────────────────┬──────────────────────┬───────────────┐
┌─────────┐      ┌──────────────────┐                   ┌──────────┐
│Funktion a│      │Vertrieb bzw. Ausland│                │Funktion x│
└─────────┘      └──────────────────┘                   └──────────┘
              ┌──────────┬──────────┬──────────┐
           ┌────────┐ ┌────────┐ ┌────────┐
           │Region 1│ │Region 2│ │Region x│
           └────────┘ └────────┘ └────────┘
```

Abb. 6.2: Koordination durch zentrale Stelle

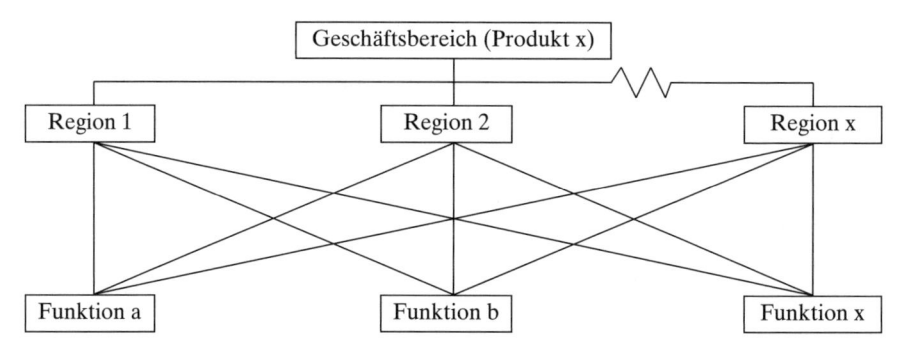

```
                  ┌─────────────────────────┐
                  │Geschäftsbereich (Produkt x)│
                  └─────────────────────────┘
      ┌────────────────────┬────────────────────┐
  ┌────────┐          ┌────────┐          ┌────────┐
  │Region 1│          │Region 2│          │Region x│
  └────────┘          └────────┘          └────────┘
  ┌────────┐          ┌────────┐          ┌────────┐
  │Funktion a│        │Funktion b│        │Funktion x│
  └────────┘          └────────┘          └────────┘
```

Abb. 6.3: Regionale Untergliederung der Geschäftsbereiche

Da die Tochtergesellschaften i.d.R. nicht nur Produkte einer Linie herstellen und vertreiben, führt die Bildung weltweiter Produktlinien zur völligen Umstellung der Betriebe bzw. zur Unterstellung einer Tochter unter mehrfache Linienautorität (Albrecht 1970, S. 2089).

Ein Vorteil des produktorientierten dezentralen Modells ist die mögliche weltweite Durchführung gezielter Produktstrategien. Der Geschäftsbereich kann seine Ressourcenallokation nach eigenen Zielen durchführen. Damit wächst die Gefahr von Fehlallokationen, wenn Geschäftsbereichs- und Unternehmensziele nicht übereinstimmen (Drumm 1979, S. 44).

Störungen werden auf einen Produktbereich begrenzt, wobei ein Störungsausgleich durch geschickte Produktauswahl erfolgen kann (Bleicher 1971, S. 75).

Um von einer Division zur anderen zu gelangen, müssen alle Informationen über die Zentralstäbe oder die oberste Unternehmensleitung laufen. Problematisch ist folglich die funktionale und regionale Koordination des Gesamtsystems. Der Nachteil der fehlenden geographischen Koordination der Produktdivisionen kann z.B. durch Bildung spezialisierter regionaler Divisionteams mit Beratungsfunktionen kompensiert werden (Albrecht 1970, S. 2089). Für Zentralfunktionen (z.B. langfristige Produktprogramm- und Investitionsplanung, Finanzplanung und -kontrolle, Personalwesen der obersten Führungskräfte, divisionale Ergebnisplanung und -kontrolle) finden sich i.d.r. gleichberechtigte Ressorts auf oberster Führungsebene (Agthe 1976, S. 436).

Eine primär produktorientierte Geschäftsbereichsbildung kann sich unter folgenden Bedingungen anbieten (Drumm 1979, S. 41; Albrecht 1970, S. 2089; Albrecht 1969, S. 117; Kulhavy, Sp. 2731):

- Es gibt eine große Zahl heterogener Produktgruppen, die hinsichtlich ihrer Eigenschaften und Fertigungstechnologie von hoher technischer Reife sind und daher unterschiedliche Absatzstrategien erfordern.
- Die Technologien der Leistungserstellung können weltweit in gleicher oder ähnlicher Weise eingesetzt werden.
- In den verschiedenen Ländern gibt es nur wenige Akzeptanzprobleme des Produkts.
- Die Zahl der Produktmärkte ist relativ beschränkt; und diese sind relativ homogen.

3.2.2 Regionale Geschäftsbereichsbildung

Bei einer Weiterentwicklung dieses Modells entsteht eine Geschäftsbereichsbildung nach Regionen, ggf. mit Produktgruppenuntergliederung (Albrecht 1969, S. 112-127; Drumm 1979, S. 44).

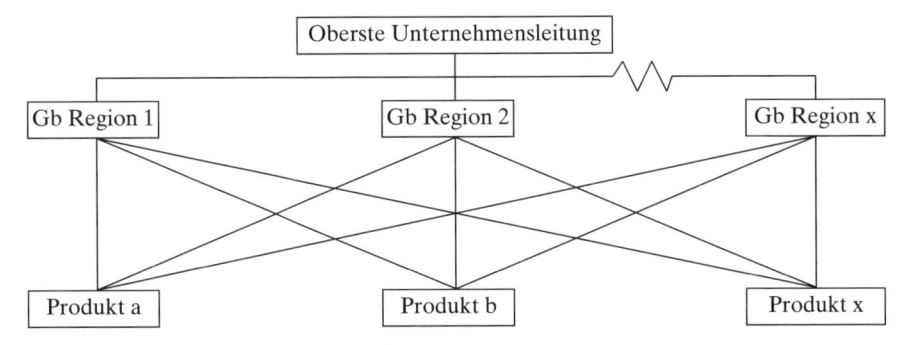

Abb. 6.4: Regionale Geschäftsbereichsbildung mit Untergliederung nach Produktgruppen

Auf der zweiten Linienebene werden Regionalbereiche gebildet, denen die Leiter der Produktions- bzw. Vertriebsgesellschaften der jeweiligen geographischen Bereiche (Land/Ländergruppe/Kontinent) unterstehen. Die Divisionleiter der einzelnen Regionen sind gleichberechtigt (der Divisionhead ist i.d.R. ein Marketing-Spezialist für das jeweilige Gebiet). Der Inlandsmarkt ist einer unter vielen (Albrecht 1970, S. 2089).

Es werden landesspezifische Probleme auf der obersten Führungsebene berücksichtigt. Das Problem der interdivisionalen Kommunikationsbeziehungen stellt sich wie bei integrierter Produktstruktur, im Falle der Regionaldivisionen jedoch auf Produkt- und funktionaler Ebene. Zumindest die wichtigsten Zentralfunktionen werden daher von gleichberechtigten Mitgliedern der obersten Unternehmensleitung besetzt (Agthe, S. 436).

Die regionalen Entscheidungszentren sind mit umfangreichen Entscheidungsbefugnissen ausgestattet und haben die Tendenz zur organisatorischen Verselbständigung. Ferner besteht die Gefahr, daß die als Profit Center organisierten Divisionen sich auf Drittmärkten Konkurrenz machen, wodurch langfristige Strategien zugunsten kurzfristigen Gewinnstrebens leiden (Albrecht 1970, S. 2089).

Die primär regionale Geschäftsbereichsbildung bietet sich als Alternative zur Bildung von Produktdivisionen unter folgenden Voraussetzungen an (Drumm 1979, S. 41; Albrecht 1970, S. 2088f.; Kulhavy, Sp. 2731):

- Mehrere Länder bilden eine in sich geschlossene Wirtschaftsregion (z.B. USA u. Kanada, EU, Südamerika).
- Die soziokulturellen, nationalen Besonderheiten der ausländischen Absatzmärkte sind untereinander nicht vergleichbar und zwingen zu national unterschiedlichen Absatzstrategien; die Kenntnis bestimmter Regionen ist wichtiger als spezielle Produktkenntnisse.
- Das Produktions- und Absatzprogramm ist ausgereift und relativ homogen; die Produkte sind weitgehend standardisiert; die kritische Unternehmensvariable ist das Marketing und nicht so sehr Produktion, Wartung, Technologie sowie Forschung und Entwicklung.

3.2.3 Überlegungen zur Wahl zwischen den Grundmodellen

Bei dezentralem *und* zentralem Modell kann den Auslandsunternehmen relativ große Autonomie eingeräumt werden. Die Zentrale beschränkt sich dann auf die Formulierung von Unternehmenszielen und -policies, auf die unternehmensweiten Absatz- und ggf. Beschaffungsstrategien und die Zuteilung finanzieller und Forschungsmittel (Schollhammer 1971, S. 353ff.; Drumm 1979, S. 44).

3.2.3.1 Zentrales oder dezentrales Modell?

Das zentrale scheint dem dezentralen Modell **überlegen** zu sein, wenn (Drumm 1979, S. 45; Albrecht 1970, S. 2088; Kolde 1974, S. 107)

- das Auslandsgeschäft einen geringen Umfang hat,
- Produkte und Technologien der Geschäftsbereiche eng miteinander verwandt sind,
- die Technologien der Geschäftsbereiche im Zeitablauf weitgehend unverändert bleiben,
- die wirtschaftliche Unsicherheit groß ist.

Das zentrale Modell scheint dem dezentralen Modell **unterlegen** zu sein, wenn (Drumm 1979, S. 45; Stopford/Wells 1972, S. 22; Kolde 1974, S. 107; Jungnickel et al. 1974, S. 165f.)

- das Produktprogramm über alle Geschäftsbereiche heterogen ist und weltweit vertrieben wird,
- die Technologien der Geschäftsbereiche sich erheblich voneinander unterscheiden,
- die verwendeten Technologien der Geschäftsbereiche oft wechseln, so daß laufend Anpassungsprozesse erforderlich sind,
- die Bedeutung der Auslandsunternehmen (gemessen an Umsatz und Marktstellung) zunimmt.

Offen ist, wann der Übergang vom zentralen zum dezentralen Modell erfolgen soll und umgekehrt. Es erscheint plausibel, daß nicht so sehr die wachsende Unternehmensgröße, als vielmehr der Diversifikationsgrad zur Änderung der organisatorischen Grundstruktur veranlaßt (Drumm 1979, S. 45ff.; Stopford/Wells 1972, S. 63-68).

3.2.3.2 Produktorientiertes und/oder regionales Modell als dezentrale Lösung?

Die Praxis tendiert zur produktorientierten Geschäftsbereichsbildung, wenn Produkt und Produktionstechnologien kompliziert und Kundendienstleistungen zu erbringen sind (Cornell 1973, S. 23).

Die produktorientierte Geschäftsbereichsbildung wird anscheinend bei geringem Auslandsumsatz und stark heterogenem Produktionsprogramm gewählt, regionale Geschäftsbereichsbildung dagegen eher bei hohem Auslandsumsatz und geringer Heterogenität des Produktionsprogramms (Stopford/Wells 1972, S. 64).

Durch zunehmende Zahl und Größe der Auslandsunternehmen wird der koordinierende Geschäftsbereich immer mehr zur Holdinggesellschaft. Bei zunehmender Holdingfunktion wird die produktorientierte Geschäftsbereichsorganisation in eine regionale „umkippen" (Kolde 1973, S. 179; Drumm 1979, S. 47).

Eine regionale Geschäftsbereichsorganisation (Kolde 1973, S. 182f.; Stopford/Wells 1972, S. 57; Drumm 1979, S. 47)

- erscheint nur sinnvoll bei Konzentration der Auslandsaktivitäten auf wenige Länder,
- ist nur auf weltweite Tätigkeiten bei hoher Unabhängigkeit der Auslandsgesellschaften zugeschnitten,
- eignet sich eher bei Produktion und Vertrieb ausgereifter Produkte als für Produktinnovationen,
- berücksichtigt besser die nationalen Besonderheiten der Auslandsgesellschaften, die Unterschiedlichkeit der Märkte, der Unternehmens- und Wirtschaftsverfassung und die verhaltenssteuernden soziokulturellen Werturteile der ausländischen Bevölkerung.

3.2.4 Mischformen in der Praxis

Die dargestellten idealtypischen Organisationsformen sind in der Realität in reiner Form nicht anzutreffen. Meist müssen Internationale Unternehmungen Produkterfordernisse **und** regionale Besonderheiten berücksichtigen. Dazu kommen die mit wachsendem Umfang des Gesamtsystems komplizierter werdenden funktionalen Erfordernisse (Albrecht 1970, S. 2089).

Die beiden bei der Geschäftsbereichsbildung jeweils nicht verwendeten Gliederungskriterien können alternierend zu deren Untergliederung verwendet werden. Daneben ist die Überlagerung der Geschäftsbereiche mit einer Matrixorganisation möglich, wobei die Matrixinstanzen gemäß den auf höchster Ebene nicht verwendeten Gliederungskriterien gebildet werden: Matrixinstanzen je Funktion einerseits und je Produkt/Produktgruppe andererseits koordinieren dann weltweit Funktionen und Produktstrategien (Drumm 1979, S. 41 und S. 48). Besonders zu koordinierende Funktionen sind die Investitions- und Forschungs- und Entwicklungsplanung von neuen Produkten oder Technologien (Stopford/Wells 1972, S. 57ff.).

Stopford/Wells schlagen eine Kombination von produktorientierten Geschäftsbereichen mit weltweiter Verantwortung und regionalen Geschäftsbereichen vor, die einander gegenüber jeweils funktionale Weisungsrechte haben, und deren Funktionen weltweit von Stäben oder Hauptabteilungen koordiniert werden. Anscheinend wird dieses Modell von Unternehmen mit stark heterogenem

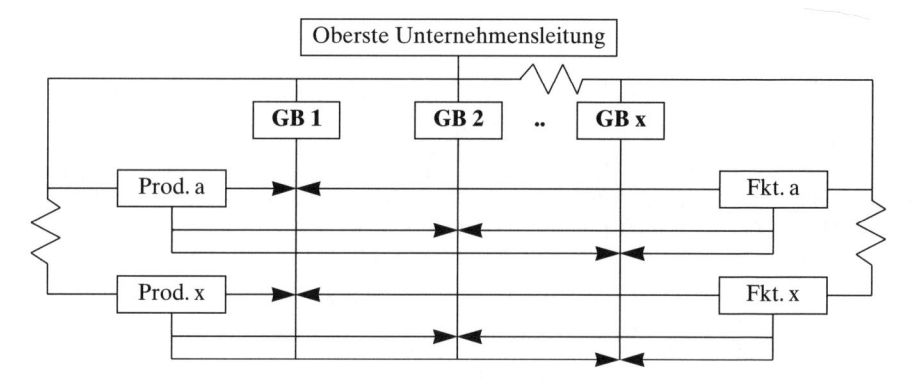

Abb. 6.5: Geschäftsbereichsorganisation mit regionaler Grundstruktur und Matrixorganisation

Produktionsprogramm und hohem Anteil der Auslandsumsätze bevorzugt (Stopford/Wells 1972, S. 64; Drumm 1979, S. 48f.).

Organisationsgrundsätze wie „Einheit der Linienautorität" oder die Bildung von Profit Centers verlieren bei diesen Mischformen jedoch weitgehend ihre Gültigkeit (Albrecht 1970, S. 2089).

Im Falle einer **Tensororganisation** (dreidimensionale Matrixorganisation) besteht die oberste Führungsebene aus Mitgliedern mit regionaler, produktorientierter und funktionaler Zuständigkeit.

Das Problem einer derartigen Organisationsform ist die *Konfliktinstitutionalisierung*. Durch das Prinzip der Kompetenzüberschneidung soll die Institutionalisierung von Konflikten eher zu einer sachorientierten und weniger zu einer personenorientierten Konfliktlösung führen (Agthe 1976, S. 437), kann jedoch auch Verwirrung, Unklarheit und Störungen verursachen (Bleicher 1971, S. 100).

Bei zwei- oder dreidimensionaler Matrixorganisation entsteht eine Mehrfachunterstellung von Organisationsmitgliedern. Die durch die Aufgliederung in

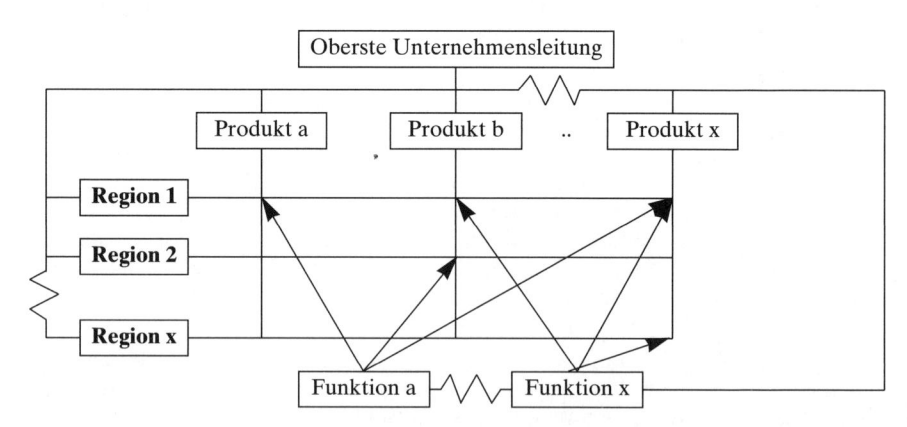

Abb. 6.6: Kombination von Produkt- und Regionalgeschäftsbereichen mit Funktionsstäben

selbständig operierende Teileinheiten induzierten Koordinations- und Kontrollaufgaben können entweder durch die Konzernleitung selbst wahrgenommen oder an die Zentralabteilungen delegiert werden. Letztere erlangen zunehmende Bedeutung mit wachsender Konzerngröße. Sie spezialisieren sich auf einzelne Verrichtungen oder Objekte und werden z.T. aus der Spitzengesellschaft ausgegliedert und rechtlich verselbständigt, was zur Objektivierung der Konzernführung beitragen kann (Pausenberger 1975, Sp. 2242).

3.2.5 Das polyzentrische Modell

Die Tendenz einer wachsenden Anzahl heterogener Produkte, heterogener Funktionen je Geschäftsbereich und heterogener Regionen wirft große Koordinationsprobleme auf. Die Komplexität zwingt zu weiterer Dezentralisierung und führt letztlich zum **polyzentrischen Modell** der Geschäftsbereichsorganisation.

Es werden voneinander unabhängige Entscheidungszentren in verschiedenen Regionen gebildet, die ihre globalen Aktivitäten je nach regionalen und produktmäßigen Erfordernissen selbst organisieren. Eine Zentrale im herkömmlichen Sinne existiert nicht mehr. Dadurch wird auch die strategische Planung dezentralisiert (Drumm 1979, S. 49; Kolde 1974).

Es entstehen also hybride Organisationsstrukturen. Die Globalisierungserfordernisse werden auf jede Produktgruppe einzeln abgestimmt. So entstehen relativ selbständige Teilkonzerne. Falls (rechtlich selbständige) Tochtergesellschaften gebildet werden, vereinfacht dies auch den Zugang zu lokalen Eigenkapitalquellen.

Wegen der weltwirtschaftlichen Dynamik sind ständig organisatorische Anpassungen erforderlich. Dem sollte nicht durch ständige Anpassung der formellen Organisationsstruktur Rechnung getragen werden, da diese Vorgehensweise zu aufwendig und zu schwerfällig ist.

Es ist besser, die *formelle* Organisationsstruktur einfach und klar zu halten, und der Komplexität durch Anpassung der *informellen* Organisation und temporäre spezielle Aufgabenzuweisungen, insbesondere an das Linienmanagement, zu begegnen. Diese Vorgehensweise ist flexibler und der Aufbau kostenträchtiger und schwer abzubauender zentraler Stabskapazitäten wird verhindert (Rall 1989).

4 Resümee

Weder für die Geschäftsbereichsorganisation noch für andere komplexe Organisationsalternativen liegen gesicherte Aussagen zu Effektivität und Effizienz vor (Drumm 1978, S. 93f.) **Effektivität** wird hierbei definiert als Zielbeitrag der Organisationsalternative, **Effizienz** als organisationsbedingte Änderung von Input-Output-Relationen (vgl. Drumm 1979, S. 39). Die bislang praktizierten und hier diskutierten Lösungen beruhen auf Plausibilitätsüberlegungen.

Erfolgreiche Internationale Unternehmen sind zumeist gekennzeichnet durch ein internationales Führungsteam, das sich über Jahre kennengelernt und zusammengerauft hat. Nach einem schwierigen und schmerzlichen Lernprozeß haben sie fast wieder den Zustand einer „Nicht-Organisation" erreicht. Man weiß nicht, wie es funktioniert, aber es funktioniert, weil man gelernt hat, in einer komplizierten, sich ständig veränderten Umwelt pragmatisch zu kooperieren (Agthe 1976, S. 441).

5 Literaturverzeichnis

Agthe, K.: Aktuelle Probleme der Führungsorganisation internationaler Unternehmungen, in: ZfO 1976, S. 434-442
Albrecht, H. K.: Die Organisationsstruktur multinationaler Unternehmungen, München 1969
Albrecht, H. K.: Die Organisationsstruktur multinationaler Unternehmungen, in: DB 1970, S. 2085-2089
Arbeitskreis „Organisation international tätiger Unternehmen" der Schmalenbach-Gesellschaft: Organisation des Planungsprozesses in international tätigen Unternehmen, in: ZfbF 1979, S. 20-37
Bleicher, K.: Perspektiven für Organisation und Führung von Unternehmungen, Bad Homburg 1971
Bleicher, K.: Zur organisatorischen Entwicklung multinationaler Unternehmungen, in: ZfO 1972, S. 330-338 (Teil 1), S. 415-425 (Teil 2)
Brooke, M. Z./Remmers, H. L.: The Strategy of Multinational Enterprise, Organization and Finance, London 1970
Chandler, A. D. Jr.: Strategy and Structure, Cambridge (Mass.) 1962
Channon, D. F.: The Strategy and Structure of British Enterprise, London 1973
Drumm, H. J.: Planungs- und Anpassungsprobleme der Geschäftsbereichsorganisation, in: ZfB 1978, S. 87-104
Drumm, H. J.: Zum Aufbau internationaler Unternehmungen mit Geschäftsbereichsorganisation, in: ZfbF 1979, S. 38-56
Jungnickel, R. et al.: Die Deutschen Multinationalen Unternehmen. Der Internationalisierungsprozeß der deutschen Industrie, Frankfurt a. M. 1974
Kolde, E. J.: The Multinational Company, Behavioural and Managerial Analysis, Lexington, Mass. etc. 1974
Kreikebaum, H.: Strategische Unternehmensplanung, 6. Aufl., Stuttgart, Berlin, Köln 1997
Kulhavy, E.: Multinationale Unternehmen, in: Grochla, E./Wittmann, W. (Hrsg.): HWB, 4. Aufl., Stuttgart 1975, Sp. 2723-2738
Macharzina, K.: Unternehmensführung. Das internationale Managementwissen. Wiesbaden 1993
March, J. G./Simon, H. A.: Organizations, New York 1958
Pausenberger, E.: Konzerne, in: Grochla, E./Wittmann, W. (Hrsg.): HWB, 4. Aufl., Stuttgart 1975, Sp. 2234-2249
Perlitz, M.: Internationales Management, 3. Aufl., Stuttgart 1996
Poensgen, O. H.: Geschäftsbereichsorganisation, Opladen 1973
Rall, W.: Organisation für den Weltmarkt, in: ZfB 1989, S. 1074-1089
Scheffler, E.: Konzernmanagement, München 1996
Schmidt, G.: Grundlagen der Aufbauorganisation, 3. Aufl., Gießen 1995
Schollhammer, H.: Organization Structures of Multinational Corporations, in: Academy of Management Journal 3/1971, S. 345-365
Sloan, A. P. Jr.: My Years With General Motors, New York 1964
Stopford, J. M./Wells, L. T. Jr.: Managing the Multinational Enterprise, Organization of the Firm and Ownership of the Subsidiaries, London 1972
Stopford, J. M.: Organizing the Multinational Firm: Can the Americans Learn from the Europeans?, in: Brooke, M. Z./Remmers, H. L.: The Multinational Company in Europe, Some Key Problems, London 1972, S. 77-92
Thomée, F.: Das Boardsystem – eine Alternative zum Aufsichtsrat?, in: ZfO 4/74, S. 185-191
Walter-Busch, E.: Organisationstheorien von Weber bis Weick, Hrsg. S. G. Schoppe u.a., Amsterdam 1996

7. Kapitel:
Internationales Controlling:
Die ergebnisorientierte Steuerung von Geschäftsbereichen einer Multinationalen Unternehmung

1 Einleitung

1.1 Problemstellung

Ziel dieses Beitrages ist es, Möglichkeiten und spezifische Probleme der ergebnisorientierten Steuerung von Geschäftsbereichen Multinationaler Unternehmen aufzuzeigen.

Unter einer **Multinationalen Unternehmung** soll hierbei eine Unternehmung mit mindestens einer ausländischen *Produktions*gesellschaft verstanden werden, da nach Ansicht des Autors hierdurch der entscheidende Schritt von einer nationalen zu einer international tätigen Unternehmung getan ist.

Die Multinationale Unternehmung verlangt wirksame Führungssysteme. Die hohen Anforderungen an ihr Planungs- und Kontrollsystem sind weniger auf die Internationalität als auf die größenbedingte *Komplexität* zurückzuführen (Zünd 1973, S. 134f.).

Viele der hier erörterten Probleme treten auch bei rein nationalen *Groß*unternehmen auf, die es heute in dieser Form kaum noch geben dürfte – im Zuge der immer stärker werdenden weltwirtschaftlichen Abhängigkeiten.

Unter **ergebnisorientierter Steuerung** von Geschäftsbereichen wird die periodische Vorgabe von Sollwerten für monetäre Strom- und Bestandsgrößen verstanden. Diese Größen sind aus der finanziellen Zielsetzung des Konzerns als Einheit (Gewinn, Kapitalstruktur, Liquidität) abzuleiten.

Zur finanziellen Steuerung gehört die *Kontrolle* der tatsächlich realisierten Zielerreichungsgrade, um Fehlentwicklungen rechtzeitig zu erkennen und entsprechende Gegenmaßnahmen einleiten zu können. Sie vollzieht sich durch Gegenüberstellung von Soll- und Istwerten der Steuerungsgrößen, die zugleich Kontrollgrößen sind (Busse von Colbe 1980, S. 258).

Die finanzielle Steuerung müßte theoretisch auf der Basis eines simultanen Totalplanungsmodells erfolgen, das über alle planbaren Zukunftsperioden hinweg alle zeitlichen und sachlichen Interdependenzen zwischen den finanziellen Steuerungsgrößen berücksichtigt, die wiederum von geplanten realen Größen und Maßnahmen abhängen. Unter *Planung* sei eine Entscheidung verstanden, die *vor* der Periode getroffen wird, an deren Datenkonstellation es sich anzupassen gilt (Koch 1980, S. 12). Wegen der Anzahl der Interdependenzen und erforderlichen Informationen wäre ein solches Modell kaum erstellbar und wegen der Notwendigkeit laufender Fortschreibung aufgrund von Umweltveränderungen zu schwerfällig. Weiter erforderte es eine sehr starke Zentralisierung der Leitungsbefugnisse mit einer Vielzahl nachteiliger Folgen (z.B. der mangelnden Motivation der Führungskräfte).

Daraus ergibt sich eine *Spaltung der Entscheidungsfelder* mit einer vorsätzlichen Nichtbeachtung von Interdependenzen. Dieses Manko kann durch eine

Trennung in strategische (langfristig wirksame) und laufende Entscheidungen teilweise kompensiert werden.

In einem so komplexen Gebilde wie einer Multinationalen Unternehmung müssen aufgrund der zeitlichen, der Entfernungs-, der Markt- und Produktunterschiede zwangsläufig *dezentrale Organisationsstrukturen* entstehen. Die sich dadurch herausbildenden **Geschäftsbereiche** (Divisions, Sparten) sind mehr oder weniger autonome Teilbereiche der Gesamtunternehmung.

Durch die Verknüpfung von Planung und Kontrolle zu einem *integrierten Steuerungssystem* im Sinne eines Regelkreises kann die Kontrolle nicht losgelöst von der Planung betrachtet werden (Zünd 1973, S. 111).

In diesem Beitrag wird der *Schwerpunkt auf die Kontrolle* gelegt. Auf Planungsprobleme wird nur insoweit eingegangen, als es für das Verständnis der Kontrollfragen notwendig ist. Weiterhin liegt der Schwerpunkt auf der *kurz- und mittelfristigen Steuerung* der Geschäftsbereiche in einem Zeithorizont von etwa vier Jahren oder weniger.

Insbesondere wird auf verschiedene *Methoden und die finanziellen Größen* zur Steuerung von Divisions eingegangen. Diese Steuerungsgrößen bergen die Gefahr einer zu kurzfristigen Unternehmenspolitik durch Vernachlässigung langfristig erfolgswirksamer Entscheidungen (z.B. Investitionen für Forschung und Entwicklung). Daher müssen sie eingebunden sein in ein System der *hierarchisch-gespaltenen Unternehmensplanung und -kontrolle*, das die Abstimmung aller Unternehmensbereiche und -variablen sicherstellen soll. Der Detailliertheitsgrad der Planung dient dabei als Strukturprinzip, wobei die globale Planung maßgeblich für die detailliertere ist (Koch 1982, S. 7ff., S. 34f.).

Voraussetzung einer ergebnisorientierten Steuerung der Subsysteme ist ein ausgefeiltes internes Konzernrechnungswesen mit einer Bereichs- und Konzernergebnisrechnung als Kern.

1.2 Gang der Untersuchung

Zunächst werden die Besonderheiten von divisionalisierten Multinationalen Unternehmen herausgearbeitet. Alsdann wird das System der *hierarchisch-gespaltenen Planung und Kontrolle* nach **Koch** kurz dargestellt, um die ergebnisorientierte kurz- und mittelfristige Steuerung darin einzuordnen. Danach folgt die Erörterung von Möglichkeiten der ergebnisorientierten Steuerung der Divisions mit Hilfe von Kennzahlen bzw. -systemen. Schließlich werden noch offene Fragen wie die Währungsumrechnung und die Bildung von Verrechnungspreisen problematisiert.

2 Die Multinationale Unternehmung

2.1 Spezifische Merkmale

Da eine international tätige Unternehmung im Gegensatz zu einer nationalen Unternehmung in verschiedenen Umwelten operiert, hat sie ein größeres Entscheidungsfeld, das zusätzlich Chancen eröffnet, aber auch zusätzliche Risiken birgt.

Die Wahl der Umwelt wird für sie zum Entscheidungsproblem. Die Multinationale Unternehmung steht im Spannungsfeld zwischen zwei gegensätzlichen Kräften. Einerseits geht von den Umwelten der ausländischen Einheiten (Niederlassungen, Betriebsstätten, Tochtergesellschaften) ein Anpassungsdruck zu einer dezentralisierten (länderweise differenzierten) Unternehmenspolitik aus. Andererseits muß die oberste Unternehmensleitung zur Durchsetzung der Gesamtunternehmensziele, zur Ausnutzung von Synergieeffekten und für einen optimalen Einsatz der Ressourcen ein gewisses Maß an weltweit einheitlicher Unternehmenspolitik sicherstellen.

Damit die ausländischen Einheiten als selbständige Akteure in den jeweiligen Umwelten am Wirtschaftsverkehr teilnehmen können, werden sie i.d.R. mit rechtlicher Selbständigkeit ausgestattet. Zur Durchsetzung der obersten Unternehmenspolitik bleiben sie jedoch abhängige Gesellschaften unter der einheitlichen Leitung (vgl. § 18 AktG, 290 HGB) des Mutterunternehmens (Pausenberger 1982, S. 119f.).

Betrachtet werden soll ein (deutscher) **Konzern**, der durch folgende **Merkmale** charakterisiert ist (Kulhavy, Sp. 2724f.; Bleicher 1972, S. 330f.):

- **Absatz**aktivitäten in vielen Ländern; der Weltmarkt wird dabei als Einheit betrachtet;
- räumlich dezentrale **Produktions**stätten in mehreren Ländern, mit der Tendenz zur Zentralisierung der Fertigung bestimmter Produkte an bestimmten Standorten, um Massenproduktionsvorteile auszuschöpfen und Voraussetzungen für die Erhöhung der Produktivität zu schaffen;
- **Beschaffungs**aktivitäten über die Landesgrenzen hinweg;
- dezentrale **Forschung und Entwicklung**, um das Know-how des örtlichen F & E – Personals zu nutzen;
- **Geschäftspolitik** und **Unternehmensstrategie** werden weltweit konzipiert;
- oberste **Entscheidungszentrale** ist die Muttergesellschaft, wobei sich ihr Sitz i.d.R. dort befindet, wo das ursprüngliche Stammhaus entstanden ist; die ausländischen Einheiten operieren selbständig, jedoch im Rahmen der von der Muttergesellschaft vorgegebenen Richtlinien;
- die **Auslandstätigkeit** macht einen wesentlichen Teil der Geschäftstätigkeit aus;
- das **Management** denkt und handelt in globalen Dimensionen; die Leitung der ausländischen Einheiten bleibt im allgemeinen Führungskräften des Gastlandes vorbehalten, die Spitzenpositionen der Zentrale werden überwiegend von Managern des Ursprungslandes besetzt; Führungskräfte sind aufgrund des weltweit konzipierten Ausbildungs- und Rotationsplanes weitgehend austauschbar;
- das **Kapital** ist weltweit gestreut; es ergibt sich eine Tendenz zur internationalen Trägerschaft solcher Unternehmen;
- internationale **Finanzierung** der Unternehmensaktivitäten; dabei stehen dem Unternehmen mehrere Kapitalmärkte zur Auswahl: der des Stammhauses, der des Investitionslandes und der internationale Kapitalmarkt (Eurokapitalmarkt, Eurobondmarkt), wobei letzterer oft der wichtigste ist aufgrund der Größenordnung des Kapitalbedarfs;
- **Investitionen** haben den Charakter von Direktinvestitionen (vgl. Kapitel 12).

2.2 Spezifische Chancen und Risiken

Aufgrund der hohen **Faktormobilität** können die Unternehmen internationale **Faktorkostenunterschiede** und das **zwischenstaatliche Regelungs- und Steuergefälle** nutzen. Dem weltweiten Betätigungsfeld der Internationalen Unternehmung steht der räumlich begrenzte Souveränitätsbereich des Einzelstaates gegenüber. Jede langfristige Investition bewirkt hingegen eine langfristige Bindung an den Standort, obwohl grundsätzlich die Möglichkeit zur Desinvestition besteht. Fraglich ist dabei, ob und in welchem Umfang diese mit Verlusten verbunden ist (vgl. Pausenberger 1982, S. 122).

Ex- und Importvorgänge *zwischen* Konzerngesellschaften werden zu konzern*internen* Lieferungen und Leistungen. Die Konzernleitung ersetzt u.U. Marktpreise durch **Transferpreise**. Diese können so gestaltet werden, daß sie zur Steuerung der ausländischen Einheiten und zur optimalen konzerninternen Ressourcenallokation dienen.

Nicht zuletzt durch ihre regionale Diversifikation können Multinationale Unternehmen auf Teilmärkten konkurrenzverdrängende Verluststrategien verfolgen, da partielle Verluste durch Gewinne in anderen Märkten kompensierbar sind (konzerninterne Subvention). Diese partielle Unempfindlichkeit gegenüber Verlusten aufgrund enormer Kapitalausstattung widerspricht marktwirtschaftlichen Regelungsmechanismen. Die Internationale Unternehmung hat hier machtbedingte Wettbewerbsvorteile gegenüber rein nationalen Unternehmen. Beim Vorstoß in neue Märkte bzw. bei Einführung neuer Produkte und zur Überwindung von konjunkturellen Durststrecken ist dieser konzerninterne Verlustausgleich sinnvoll.

Weitere **Vorteile Multinationaler Unternehmen** sind z.B. das weltweite Aufspüren von (kostengünstigeren) Beschaffungsquellen (vgl. „global sourcing" im 10. Kapitel) und die Übernahme neuer Technologien.

Voraussetzung für die Internationalisierung einer Unternehmung sind i.d.R. nationale **monopolistische Vorteile**, wie

- überlegenes technologisches und Management-Know-how
- positives Produktimage und eingeführte Markennamen
- Größenvorteile in den leistungswirtschaftlichen Funktionen.

Diese nationalen Vorteile werden alsdann international genutzt. Die Internationalisierung dient folglich der Ausnutzung *und* der Erlangung unternehmensspezifischer Vorteile.

Nachteile ausländischer Einheiten gegenüber den einheimischen Mitbewerbern resultieren z.B. aus

- der Diskriminierung durch staatliche Behörden, Konsumenten und Lieferanten
- dem Risiko politischer Eingriffe und der Behinderung von Transferzahlungen
- dem Wechselkursrisiko
- hohen Kommunikations- und Koordinationskosten (Pausenberger 1982, S. 333).

Ausschlaggebende Gründe für im Ausland zu errichtende Produktionsgesellschaften sind heute **Vermarktungsvorteile**, während z.B. hohe Zollmauern, Währungskonvertibilitätsrestriktionen etc. an Bedeutung verlieren. **Absatzpolitische Gründe** (größere Marktnähe, Umgehung von Importrestriktionen, Wahrnehmung von Wachstumschancen, Marktsicherung gegenüber der Konkurrenz) sind bedeutsamer als **kostenorientierte**, die jedoch bei arbeitsintensiven Produktionen entscheidend sein können. **Steuerliche und finanzielle Gründe** haben i.d.R. akzessorischen Charakter (Pausenberger 1982, S. 332; IFO-Institut 1979, S. 14).

Eine expandierende Unternehmung durchläuft verschiedene Phasen (Internationalisierungsprozeß), bis sie zur internationalen wird (vgl. Kulhavy 1975, Sp. 2726f.; Drumm 1979, S. 39).

Beschleunigt wird der entscheidende Schritt **vom Export zur Aufnahme der Auslandsproduktion** durch

- hohe Zölle und Transportkosten
- hohes Einkommensniveau und großes Absatzpotential im Gastland
- eine niedrige Einkommenselastizität der dortigen Nachfrage
- die Möglichkeit der Erzielung von Größenvorteilen bereits bei geringen Ausbringungsmengen (Wells 1974, S. 13).

3 Die Bildung von Geschäftsbereichen als Verrechnungseinheiten

Im Rahmen der zur Reduzierung der Komplexität einer Multinationalen Unternehmung notwendigen **Dezentralisierung** werden Subsysteme gebildet. Dezentralisierung heißt nicht Verzicht auf Kontrolle. Der den Subsystemen eingeräumte Spielraum ist Voraussetzung für eine größere Handlungsflexibilität. Dezentralisierung setzt ein gut ausgebautes Planungs- und Kontrollsystem voraus. Der Konzernleitung dient es zur Sicherheit, daß die Subsysteme im Sinne des Gesamtkonzerns handeln. Für die Subsysteme schützt es den ausgehandelten Autonomiebereich vor Übergriffen der Zentrale (Zünd 1973, S. 111f.).

In aller Regel wird bei der Dezentralisierung die Entscheidungsaufgabe (in der zweiten hierarchischen Ebene) nach dem Objektprinzip segmentiert.

Objektorientierte Segmentierungskriterien sind z.B.:

- Produkte bzw. Produktgruppen,
- Kundengruppen und/oder
- Regionen.

Sie lassen sich alle auf das Produktprinzip zurückführen.

Sind diesen Teilsystemen mindestens die Produktions- (in Handelsunternehmen die Einkaufs-) und die Vertriebsfunktion im Internationalen Konzern weltweit zugeordnet, so spricht man von **Divisions, Sparten oder Geschäftsbereichen** (Welge 1975 a, Sp. 3180; Kellers/Ordelheide 1984, S. 104; Staehle 1969, S. 63; Neuhof 1982, S. 11f.; Eisenführ 1970; Poensgen 1973; Welge 1975 b; Solomons 1965, S. 4).

Die Bereichsgliederung ist als konzerninternes Organisationsprinzip (**operationale** Organisationsstruktur) der rechtlichen Konzernorganisation (**statutarische** Organisationsstruktur) übergeordnet. Eine rechtlich selbständige ausländische Einheit kann einem Geschäftsbereich entsprechen. Unternehmensbereiche können aber auch aus mehreren rechtlich selbständigen Gesellschaften gebildet oder einzelne Gesellschaften „zerschnitten" werden (Kellers/Ordelheide 1984, S. 104).

Für „operating purposes" ist die Entscheidung zwischen einer Betriebsstätte als (steuer)rechtlich eingegliederter und einer Tochtergesellschaft als (steuer) rechtlich selbständiger Division unerheblich. Der ausschlaggebende Faktor hierfür sind steuerliche Gestaltungsmöglichkeiten (vgl. Kap. 16 und 17). Die operationalen Organisationsstrukturen zweier Unternehmen sind niemals identisch.

Da die Delegation von **Gewinnverantwortung** Kern der Divisionalisierung ist, werden nur **Profit Centers** als Divisions betrachtet: Divisionalization adds to decentralization the concept of „delegated profit responsibility" (Solomons 1965, S. 3).

Wenn das Ergebnis zum eingesetzten Kapital bzw. Vermögen in Beziehung gesetzt wird, spricht man auch von einem **Investment Center** (Welge 1975 a, Sp. 3180; Mauriel/Anthony 1966, S. 98f.; Solomons 1965, S. 4; Lüder 1969, S. 305; Staehle 1969, S. 64).

Es gibt einen großen Variationsspielraum für die *Aufteilung der Verantwortung* zwischen den Divisions und der Konzernzentrale, die sich neben der Konzernführung zumindest eine Reihe von Service-Funktionen vorbehält, wie z.B. zentrale EDV, Finanzierung, Forschung und Entwicklung (**Service Centers**, als **Cost Centers** organisiert).

Die langfristigen Entscheidungen über Investitionen, Finanzierungsstruktur und Betriebsstandorte etc. behält sich in aller Regel die Zentrale vor (Kellers/ Ordelheide 1984, S. 104).

Investitionsentscheidungen können je nach ihrer Höhe delegiert werden, in aller Regel sind sie hierarchisch hoch angesiedelt. Teilweise sind langfristige Investitionen unerläßlich, so daß die Zentrale in der Lage sein muß, sie auch ohne Zustimmung der betreffenden Divisions durchführen zu können (Solomons 1965, S. 26).

Auch die Verwaltung der Kasse ist eine Funktion, die häufig nicht dezentralisiert ist. Vielfach existieren regionale Finanzierungszentren; diese übernehmen den zentralen Einzug der entsprechenden Division-Kassen und die Überweisungen an die Zentrale. Das lokale Halten von Kasse wird stark eingeschränkt. Die zentrale Verwaltung und Anlage der Konzernkasse ist ein großer Vorteil des Konzerns (Solomons 1965, S. 29).

Die Rolle des Top-Managements ändert sich. Die Anforderungen, die an die direkte (operative) Linienverantwortung gestellt werden, sind andere als die im Falle einer von den „Operations" getrennten Steuerung von Divisions (Solomons 1965, S. 13).

Gründe für den Einsatz von **Profit Centers** sind:

- Unternehmenswachstum (Chandler 1962)
- zunehmende Diversifikation des Angebotsprogramms (Solomons 1965, S. 8; Chandler 1962; Channon 1973)
- zunehmende Internationalisierung der Unternehmung (Channon 1973).

Die Profit Center Konzeption erfüllt die internen Voraussetzungen für große **strategische Reagibilität**, nämlich (Welge 1975 a, Sp. 3185)

- ein hohes Maß an Entscheidungsdelegation

- Synergie in den Bereichen Management, Forschung und Entwicklung und Marketing
- „Slack" in den wichtigsten Funktionen (z.B. Marketing, Management und Produktion).

Die Tendenz zur Ausweitung von Verwaltungsstellen *(organizational slack)* ist hingegen kostspielig (Welge 1975 b, S. 73). Ferner besteht die Gefahr der mangelnden Ausnutzung von Synergieeffekten (Neuhof 1982, S. 15).

Die **strukturelle Reagibilität** ist hingegen nicht so günstig, da

- die autonomen Profit Centers ein gewisses Beharrungsvermögen entwickeln und
- die Eingliederung zusätzlicher funktionaler Zentralbereiche wegen des komplexen Verrechnungspreissystems schwierig ist (Welge 1975 a, Sp. 3186).

Da die Profit Centers ein hohes Maß an Autonomie erhalten, existiert ein ständiges **Spannungsfeld** zwischen

- dem Unabhängigkeitsverständnis der eigenverantwortlichen Teilbereiche und
- der Notwendigkeit für die Konzernzentrale, Synergieeffekte zu nutzen und die eigenen und die Bereichsentscheidungen im Hinblick auf die Konzernziele zu *koordinieren*, da sonst die Gefahr der Suboptimierung besteht, vor allem wenn die Vorgabe monetärer Zielgrößen *alleinige* Beurteilungsgrundlage für das Management ist (Staehle 1969, S. 64f.; Welge 1975 a, Sp. 3181).

Aus diesem Grunde bleiben alle vorwiegend zentralen und alle primär dezentralen Koordinierungsformen außer Betracht.

Durch die Delegation der Entscheidungsbefugnisse mit entsprechender Kosten- und Erlösverantwortung soll eine **erhöhte Flexibilität** des Entscheidungsverhaltens bei sich ändernden Marktbedingungen und eine **stärkere Motivation** der Mitarbeiter bewirkt werden (Welge 1975 b, S. 189f.), insbesondere durch Kopplung ihres persönlichen Einkommens an den Spartenerfolg. Ferner wird eine wirtschaftlichere Ressourcennutzung erwartet, indem man durch eine „Marktöffnung" die Bereiche marktwirtschaftlicher Konkurrenz aussetzt (Neuhof 1982, S. 11f.).

Nicht übereinstimmende Ziele von Teilbereichen und Gesamtunternehmung entstehen vor allem aufgrund mangelnder Information über

- Ziele der Gesamtunternehmung,
- Ziele der anderen Profit Center und
- die Konsequenzen von Entscheidungen eines Bereichsmanagements für die Gesamtunternehmung (Staehle 1969, S. 65; Albach 1974).

Das Profit Center Konzept hat somit folgende **Vorzüge** (Staehle 1969, S. 66; Dearden 6/1962):

- Die Führungsspitze wird durch Entscheidungsdelegation vom operativen Geschäft entlastet.
- Das Bereichsmanagement ist motiviert, da es selbständig agieren kann.
- Die Subsysteme sind flexibel, da sie überschaubar sind.

Die **Führung der Bereiche** durch die Konzernleitung geschieht durch einen zielorientierten Planungs- und Kontrollprozeß. Die Transformation unternehmensweiter Entscheidungen in division-spezifische kann nicht allein durch strukturelle Koordinationsmechanismen sichergestellt werden. Zusätzlich sind technokratische Koordinationsformen einzusetzen (Welge 1975 a, Sp. 3181).

4 Der zielorientierte Planungs- und Kontrollprozeß der divisionalisierten Multinationalen Unternehmung

4.1 Der zeitliche Planungsablauf

Sowohl die Größe der Multinationalen Unternehmung als auch die erheblichen geographischen Distanzen machen es notwendig, die Konzernaktivitäten straff zu planen. Die Strategien der u.U. weltweit operierenden Sparten müssen koordiniert werden. Für die notwendige Einheitlichkeit sorgen Richtlinien, die den zeitlichen Planungsablauf festlegen, den Planungsträgern ihre Aufgaben zuordnen und den Planungsprozeß in seine Phasen aufgliedern.

Der Planungsprozeß für ein Geschäftsjahr kann wie folgt ablaufen (Kulhavy 1975, Sp. 2732f.; vgl. Koch 1982, S. 269):

Zum Beginn des Vorjahres gibt die oberste Unternehmungsleitung ihre Geschäftspolitik bekannt, die auf bestimmten Grundannahmen basiert, und unterbreitet den Divisions ihre Zielvorstellungen. Diese geschäftspolitischen Entscheidungen betreffen z.B. die Finanzpolitik inkl. der Gewinnverteilung, die Festsetzung konzerninterner Verrechnungspreise, Investitionsvorhaben, Zuweisung von Exportmärkten an die Bereiche oder Entscheidungen über die Forschungs- und Entwicklungsvorhaben.

U.U. prüfen noch den Sparten übergeordnete Zwischenbereiche (z.B. Regionsbüros) die Realisierbarkeit der Zielvorstellungen, korrigieren sie ggf. und leiten sie an die Sparten weiter. Diese tragen das Hauptgewicht der Planung, arbeiten detaillierte sparten- (regions- bzw. produktgruppen-) spezifische Pläne aus und leiten diese an die Zwischenzentralen weiter. Die Pläne werden von letzteren zu einem Regional- oder Produktbereichsplan konsolidiert und der Konzernzentrale vorgelegt. Die zentrale Finanzabteilung prüft deren Realisierbarkeit und leitet die Pläne an die Konzernleitung weiter. Im Sommer wird in Zusammenarbeit mit zentralen Stabsstellen ein Konzerngesamtplan erstellt und definitiv den Konzerngesellschaften vorgegeben. Seine Präsentation und Diskussion erfolgt im Frühherbst. Nach endgültiger Genehmigung ist er bindende Operationsrichtlinie der Geschäftsbereiche für das nächste Jahr.

4.2 Das Konzept der hierarchisch-gespaltenen Unternehmensplanung

Das von Koch vorgeschlagene Konzept der hierarchisch-gespaltenen Planung soll die Abstimmung aller Unternehmensbereiche und -variablen sicherstellen. Es geht auf das leitungsorganisatorische Prinzip der hierarchisch-gespaltenen Unternehmenspolitik zurück. Die Unternehmensplanung wird hierbei in hierarchisch-geordnete Planungsphasen aufgespalten. Der *Detailliertheitsgrad der Planung* dient dabei als Strukturprinzip, wobei die globale Planung jeweils maßgeblich für die detailliertere ist (Koch 1982; Koch 1977).

Gegenstand der von der Konzernleitung durchgeführten, auf weiteste Sicht ausgelegten **Grundsatzplanung** ist die Formulierung von „policies" (unternehmenspolitische Entscheidungsgrundsätze) und die Unternehmenskonzeption (Diversifikationsprogramm, Finanzierungskonzeption etc.; Koch 1977, S. 61ff.).

Aus der Grundsatzplanung wird im Rahmen der **strategischen Planung** das strategische Programm entwickelt, wobei Einzelprojekte konzipiert und den Divisions zur Umsetzung zugewiesen werden. Die Durchführung der strategischen Planung setzt die aktive Mitwirkung der Bereichsführungen im Planungsprozeß voraus, um Komplementarität und Konsistenz der Einzelpläne und die Berücksichtigung lokaler Restriktionen der Profit Center sicherzustellen. Die strategische Planung erfolgt auf **sechs bis zehn Jahre** (Welge 1975 a, Sp. 3182; Koch 1982, S. 65ff.).

Die **operative Planung** baut auf der strategischen auf und ist auf deren Vollzug gerichtet (Koch 1977, S. 99ff.). Auf Basis der strategischen Anweisungen und Rahmendaten erstellen die *Geschäftsbereichs*leitungen ihre detaillierten operativen Einzelpläne, die von der Unternehmensleitung koordiniert und zum operativen Gesamtplan zusammengefaßt werden.

Dieser ist auf **zwei bis fünf Jahre** ausgelegt, wobei die ersten Jahre relativ genau, die letzten nur durch Projektierungen geplant werden. Die Unternehmensvariablen werden durch rollierende Planung überprüft. Die Planungsperiode beträgt ein Jahr. Forschung, laufende Produktion, Finanzierung etc. werden sukzessiv geplant (Koch 1982, S. 167f.).

Die detaillierten Profit Center-Planungen schlagen sich für je **ein Jahr** in **Budgets** nieder. Diese bestehen aus dem *Maßnahmenplan* zur Umsetzung der Strategien und *Vollzugsziffern-Budgets* (ein Mengen- und Wertgerüst) und erfüllen sowohl Planungs- als auch Kontrollfunktionen. Die Leistungsbeurteilung des Profit Center Managements erfolgt durch eine Budgetkontrolle. Um der Gefahr der Manipulation zu begegnen, werden Budgetierungsrichtlinien aufgestellt. Als Basis der Leistungsbeurteilung setzt die Aufstellung der Budgets eine Partizipation der Profit Center-Leitung an den Budgetverhandlungen voraus. Nur solche Größen sollen in die Budgets einfließen, die auch von den Managern beeinflußbar sind (Solomons 1965; Koch 1982, S. 210ff.).

Die Konzernführung und die Bereichsleitungen entwickeln Zielvorstellungen anhand von Planungsrechnungen über ein System integrierter Einzelpläne. Die Einzelpläne münden in einen Ergebnisplan (Kellers/Ordelheide 1984, S. 105f.).

Im Mittelpunkt der operativen Planung stehen die Produktionsprogramme der einzelnen Produkt*typen*. Auf Basis der Absatzprognosen wird über die Methode stufenweiser Teilplanungen mit Rückkopplung zunächst das Absatzprogramm festgelegt. Auf seiner Grundlage entstehen retrograd die Einzelpläne für die Faktoreinsatzmengen (Produktions- und Beschaffungsplan etc.). Nach Bewertung des Mengengerüstes ergeben sich unter Berücksichtigung der Preisveränderungsfaktoren die Umsatz- und Kostenpläne. Diese fügen sich zu Ergebnisplänen und ggf. darüberhinaus zu Finanzplänen und Planbilanzen (Kellers 1980, S. 1146ff.; Schedlbauer/Oswald 1979; Koch 1982, S. 172ff.; Kellers/Ordelheide 1984, S. 106f.).

Der operative Plan für die darauffolgenden 3-5 Jahre ist eine Kombination von Budget und verbaler Maßnahmenplanung. Als finanzwirtschaftliche Größe wird i.d.R. der Gewinn vorgegeben (u.U. in Beziehung zum Kapitaleinsatz).

Die operativen Pläne des Folgejahres werden über die **taktischen Planungen** der *Funktions*bereiche in Teilbudgets aufgeteilt und weiter spezifiziert. Letztere werden monatlich (u.U. quartalsweise) vorgegeben *(management by objectives)*, anschließend kontrolliert, die Abweichungen analysiert, die operative bzw. strategische Planung korrigiert und/oder Gegensteuerungsmaßnahmen eingeleitet *(management by exception)*. Dieser ständige Rückkopplungsprozeß ermöglicht eine fortlaufende Kontrolle der weltweiten Konzernaktivitäten, eine ständige rechtzeitige und flexible Anpassung an für den Konzern relevante Veränderungen (z.B. der Konjunkturen, der Marktgewohnheiten, der Wechselkurse etc.; vgl. Koch 1980, S. 34f.; Koch 1977, S. 118f.; Lüder 1969, S. 306f.).

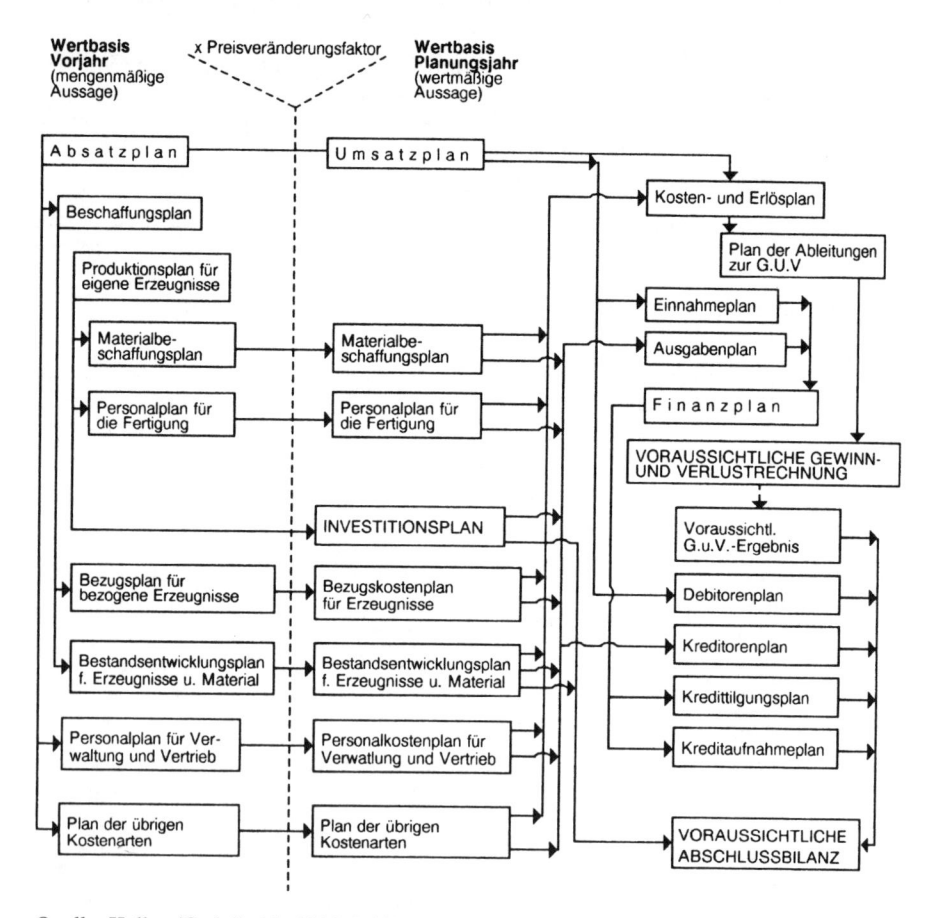

Quelle: Kellers/Ordelheide 1984, S. 107

Abb. 7.1: Planungsschema für die Erstellung eines Budgets

5 Die ergebnisorientierte Steuerung der Geschäftsbereiche

Bei der **ergebnisorientierten** Steuerung steht der Handlungserfolg, das *Resultat* unternehmerischer Tätigkeit, im Vordergrund der Vorgabe und Kontrolle und nicht der *Handlungsvorgang*, wie bei der **verfahrensorientierten** Steuerung (Zünd 1973, S. 119).

5.1 Die Funktion von Kennzahlen im Steuerungsprozeß

Die Beurteilung der Geschäftsbereiche bzw. der Geschäftsbereichsleitungen erfolgt anhand für jede Division separierbarer Kennzahlen bzw. -systeme als finanzielle (technokratische) Steuerungsgrößen (Lüder 1969, S. 308; Mauriel/Anthony 1966, S. 98f.; Staehle 1969, S. 73).

Betriebswirtschaftliche **Kennzahlen** sind *Verhältniszahlen oder absolute Zahlen*, die einen quantitativ erfaßbaren, entscheidungsrelevanten Sachverhalt komprimiert wiedergeben (Staehle 1969, S. 50 u. 66; Heinen 1970, S. 228).

Aufgrund der begrenzten Aussagefähigkeit einzelner Kennzahlen versucht man, sie zu einem System abhängiger und sich ergänzender Kennzahlen zusammenzufassen. **Kennzahlensysteme** erfassen nur quantifizierbare (monetäre) Informationen. Der Zwang zur Quantifizierung erleichtert jedoch die Formulierung operationaler Handlungsziele für die Gesamtunternehmung und ihre Teilbereiche, die überprüfbar sind (Zünd 1973, S. 122).

Nach dem Phasenschema des unternehmerischen Entscheidungsprozesses haben Kennzahlen (Staehle 1969, S. 67)

- Planungsfunktionen in der Planungsphase
- Vorgabe-/Koordinations- bzw. Steuerungsfunktionen in der Realisationsphase
- Kontrollfunktionen in der Kontrollphase.

5.1.1 Kennzahlen als Planungsinformation

Erfolgreiche Planung zeichnet sich durch eindeutige, meßbare und damit überprüfbare Ziele aus. Die Kennzahl muß dabei Inhalt, Ausmaß und zeitlichen Bezug des Ziels widerspiegeln. Die Gesamtheit der Kennzahlen stellt einen Sollzustand der Unternehmung für den Planungszeitpunkt dar (Heinen 1970, S. 229).

5.1.2 Kennzahlen als Vorgabeinformation

Die von der Führungsspitze konzipierten Pläne werden über eine Hierarchie von Entscheidungs- und Ausführungsinstanzen (Organisationspyramide) realisiert. Die Aufgabenträger verfügen hierbei über Handlungsspielräume, da das Unternehmensgeschehen dezentralisiert ist. Damit die Ausführenden den Unternehmenszielen Rechnung tragen, benötigen sie Orientierungshilfen.

Für eine derartige Steuerung kann ein hierarchisches Kennzahlensystem verwendet werden, das der Organisationspyramide entspricht. Die Gesamtaufgabe wird hierbei in Teilaufgaben aufgespalten, die der Ableitung von Unter- aus Oberzielen entspricht. Die Kennzahlen bilden für das Management Zielvorgaben (Staehle 1969, S. 67).

5.1.3 Kennzahlen als Kontrollinformation

Durch den Vergleich der Planergebnisse mit den realisierten Ergebnissen lassen sich Vollzugs- und Planungsmängel aufdecken. Im System der Rückkopplung werden so neue Planungsprozesse ausgelöst (Staehle 1969, S. 71).

Der Informationskreislauf durch fortlaufenden Soll-Ist-Vergleich soll eine Selbststeuerung der Subsysteme bewirken. Die Kontrollfunktion verläuft der Hierarchie entsprechend *von oben nach unten*, wobei die die Gesamtunternehmung betreffenden Globalkennziffern grundlegende Fehlentwicklungen anzeigen. Gegenläufige Entwicklungen der Teilbereiche können sich kompensieren. Daher werden für diese spezifische Kennzahlen entwickelt (Heinen, S. 232f.).

5.1.4 Kennzahlen im kybernetischen Unternehmensmodell

Das Multinationale Unternehmen wird hierbei als sich selbst steuerndes, rückgekoppeltes Regelsystem interpretiert. Durch Rückkopplung bei Soll-Ist-Abweichungen werden Anpassungsmaßnahmen ausgelöst. Der Regelmechanismus sorgt dafür, daß das System stets wieder zum Gleichgewichtszustand tendiert.

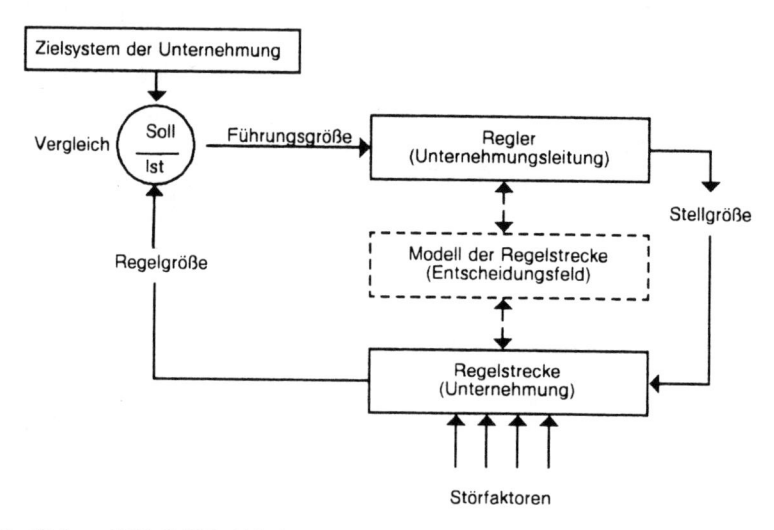

Quelle: Heinen 1970, S. 233, Abb. 3

Abb. 7.2: Regelkreismodell der Unternehmung

Mit Festlegung der **Stellgröße** soll ein bestimmter Vorzugszustand des Systems erlangt werden **(Führungsgröße)**. Bei Abweichungen zwischen **Regelgröße** (Istzustand) und **Führungsgröße** (Soll-Zustand) muß der **Regler** (die Unternehmensführung) entsprechend reagieren, um das System durch Einflußnahme auf die **Regelstrecke** (Unternehmung) über Variation der **Stellgröße** erneut in einen Gleichgewichtszustand zu bringen. Kennzahlen können bei der Bestimmung der Führungsgröße, der modellhaften Erfassung des Entscheidungsfeldes (als Planungsinformation), der Festlegung der Stellgröße (als Vorgabe- und Koordinationsinformation) und der Definition der Regelgröße (als Kontrollinformationen) verwandt werden (Heinen 1970, S. 234).

Die Multinationale Unternehmung kann dabei als Regelkreis angesehen werden, in dem mehrere, hierarchisch ineinandergreifende Regelkreise (Subsysteme) zusammenwirken.

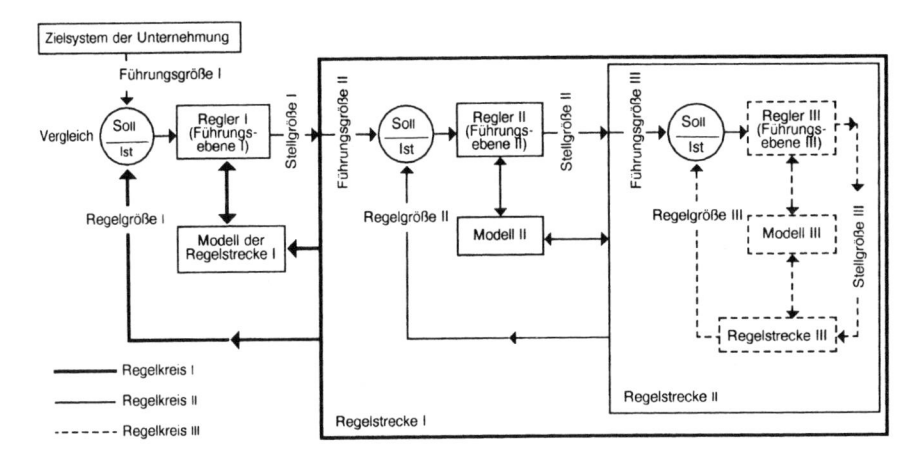

Quelle: Heinen 1970, S. 234, Abb. 4

Abb. 7.3: Die Multinationale Unternehmung als System hierarchisch verknüpfter Regelkreise

Die Stellgröße des hierarchisch höheren Regelkreises ist jeweils Führungsgröße des untergeordneten Regelkreises **(management by objectives)**. Die jeweilige Führungsebene variiert bei Soll-Ist-Abweichungen ihre Stellgröße, wenn diese Abweichungen über einer gewissen Toleranzgrenze liegen **(management by exception)**. Dadurch werden Anpassungsreaktionen untergeordneter Führungsebenen ausgelöst (Heinen 1970, S. 233ff.).

Kennzahlen mit Abweichungen außerhalb der Toleranzgrenze werden so zu Meldegrößen und haben u.U. den Charakter von Krisenwarninformationen (Ansoff 1976), zumal wenn sie wiederholt in einem bestimmten Zeitraum auftreten. Je stärker die Abweichung, desto höher ist dabei die zu informierende Managementebene (Staehle 1969, S. 71).

5.1.5 Die Angemessenheit der budgetierten Kennzahlen

Die Motivation des Budgetierten steigt i.d.R. mit Erhöhung des Zielniveaus. Ab einer bestimmten Höhe wird die Zielgröße als zu hoch empfunden. Seine Anstrengung wird zurückgehen (Stedry 1960; Hofstede 1967, S.148ff.). Optimale Motivation ist also nur durch Ziele möglich, die aus Sicht des Budgetnehmers *erreichbar* scheinen (Eisenführ 1974, S. 835f.).

Unter dem *Planungs*aspekt ist das Ziel am besten, das dem Ist-Ergebnis am nächsten kommt. Unter dem *Steuerungs*aspekt ist das Ziel optimal, das den Geschäftsbereich zur höchsten Leistung motiviert, auch wenn es wahrscheinlich nicht erreicht wird (Stedry 1960, S.17).

Die Zentrale muß die Bereichsleitung letztlich auf Basis des fiktiven, *unter gegebenen Umständen* bei „bester" Geschäftsführung erzielbaren Ergebnisses beurteilen. Das budgetierte Planergebnis soll eine Annäherung an diesen Idealwert sein.

Wird das Planergebnis zwischen Zentrale und Bereich *vereinbart*, fördert dies die Leistungsmotivation und reduziert Streß. Die Bereichsführung kennt die an sie gestellten Erwartungen. Die Manipulationsgefahr der von der Bereichsleitung an die Zentrale weitergegebenen Informationen ist um so geringer, je besser die Konzernleitung die technologischen und Marktgegebenheiten der Sparte kennt (Poensgen 1973, S. 153; Eisenführ 1974, S. 837).

Es ist möglich, daß die Zentrale zunächst ein ihrer Meinung nach wahrscheinlich erzielbares „Basisergebnis" vorgibt. Die Bereichsleitung wird dann danach beurteilt, inwiefern – ihr Planergebnis über diesem Basisergebnis liegt und – dieses Planziel tatsächlich erreicht wird.

Dem Budgetierten wird ein Freiraum bei der Bestimmung des Planziels explizit zugestanden (Eisenführ 1974, S. 838).

5.2 Die Budgetierung von Kennzahlen

5.2.1 Die Vorgabe von Erfolg und Kapital

5.2.1.1 Möglichkeiten und Hilfsmittel der Vorgabe des Erfolgs

5.2.1.1.1 Der Erfolg als Bereichsziel

Bereichsziele beschreiben im Rahmen des Führungssystems Bereichszustände, für deren Realisierung die Bereichsleitung der Konzernleitung im Rahmen der ihr übertragenen Entscheidungsbefugnisse *verantwortlich* ist.

Bereichsergebnisrechnungen bilden als Teilsysteme einer zielorientierten Konzernführung den *Kern* des formalen Informationssystems (Kellers/Ordelheide 1984, S. 107f.).

Im System zielorientierter Konzernführung soll das von einem Bereich zu erreichende Ziel (Shillinglaw 1967, S. 802; Solomons 1965, S. 83f.; Lüder 1969, S. 307; Henderson/Dearden, S. 145; Kellers/Ordelheide 1984, S. 108; Welge 1975 a Sp. 3181):

- ein Kriterium zur ex-post Leistungsmessung und -beurteilung des Bereichsmanagements sein **(Leistungsmessungs- oder Kontrollfunktion)**
- die Bereichsentscheidungen in Richtung auf die Erreichung der Konzernziele koordinieren **(Koordinations-, Führungs- oder Steuerungsfunktion)** und die Bereiche zu leistungsbezogenem Verhalten motivieren **(Motivationsfunktion)**
- Trigger- (Auslöser-) Informationen liefern, die für die Unternehmensleitung Sonderuntersuchungen initiieren **(Triggerfunktion)**, insbesondere für Investitions- bzw. Desinvestitionsentscheidungen.

Bereichsziele müssen folglich so formuliert sein, daß sie nicht von Entscheidungen anderer Bereiche oder der Zentrale abhängen. Je vollständiger das erreicht ist, desto mehr fühlen sich die Bereichsleitungen für die Erreichung der Ziele verantwortlich. Die Bereichsziele erfüllen dann ihre Motivationsfunktion (Koch 1982, S. 22). Ferner wird dadurch die Kontrollfunktion gefördert, da die Bereichsleitung nicht auf Entscheidungen der Zentrale oder anderer Bereiche verweisen kann.

Koordinations- und Leistungsbemessungsfunktion sind i.d.R. im Rahmen einer Ergebnisrechnung *nicht* miteinander vereinbar (Kellers/Ordelheide 1984, S. 108).

Ein Bereichsergebnis von 50 Mio $ mag für das Management eine hervorragende Leistung sein, kann jedoch für den Bereich einen schlechten Gewinn darstellen. Daher muß unterschieden werden zwischen der Leistung des Managements und dem Bereichsergebnis im Rahmen des Gesamtunternehmens.

So können Gewinne für einige Jahre hochgehalten werden, während das Unternehmen gemolken wird durch Einsparung von Ausgaben für Forschung und Entwicklung, Wartung, Werbung, Investitionen und durch Verkauf von Teilen des Anlagevermögens. Analog können niedrige Gewinne aufgrund spät gewinnwirksamer Investitionen erzielt werden. Ferner kann ein beliebig hoher Gewinn erzielt werden durch entsprechend hohen Kapitaleinsatz (Solomons 1965, S. 59f.).

5.2.1.1.2 Voraussetzungen für die Übernahme von Ergebnisverantwortung

Voraussetzungen für die Übernahme der Ergebnisverantwortung und eine entsprechende Motivation des Bereichsmanagements sind (Solomons 1965, S. 9ff. u. S. 67; Horchler 1984, S. 7f.; Shillinglaw 1967, S. 794):

- klare definitorische Abgrenzung des Verantwortungsbereiches, damit sich das Bereichsmanagement mit der Ergebnisdelegation identifiziert;
- die Bereichsleitung muß operationell hinreichend unabhängig sein hinsichtlich ihrer Produktions- und Vertriebsverantwortung;
- Aufgaben, Kompetenzen und Verantwortung müssen übereinstimmen;
- der Bereich muß ein eindeutig definiertes Ziel haben;
- dieses Ziel muß auf das Unternehmensziel ausgerichtet sein;
- Aufwendungen/Kosten und Erträge/Betriebserträge müssen eindeutig zuzuordnen und vom Divisionmanagement beeinflußbar („kontrollierbar") sein;
- der Divisiongewinn sollte nicht gesteigert werden können zu Lasten des Gesamtunternehmensgewinns;
- auch bei Matrixorganisationsformen und der Überlagerung von statutarischer und operationaler Organisationsstruktur darf es nur **eine** Ergebnisverantwortung geben.

Völlige Unabhängigkeit widerspricht jedoch der Idee der Divisionalisierung, daß die Divisions integrierte Teile eines Gesamtunternehmens sind und keine lose Sammlung verschiedenster Unternehmen. Ansonsten wäre die oberste Konzernleitung mit dem Management eines Investment-Fonds zu vergleichen. Divisions sollten jeweils untereinander zum Erfolg beitragen und zwar z.B.

- durch Erzielung günstiger Einkaufspreise über gemeinsame Nutzung von Rohstoffen
- durch Produktion von Komplementärprodukten
- durch gemeinsame Nutzung von technologischem oder Marketing-Know-how (Solomons 1965, S. 10f.).

Für die Planung und Kontrolle der Ergebnisse ergeben sich organisatorische Probleme aus (Horchler 1984, S. 10; Klös 1984, S. 73)

- der exakten Verantwortungsabgrenzung
- der Festlegung und Zuordnung der Kapitalbezugsgrößen
- der Währungsumrechnung
- unterschiedlichen Steuer-, Zins- und Kapitalverhältnissen

- unterschiedlichen Arten von Geschäften einbezogener Konzerngesellschaften
- unterschiedlichen lokalen und zentralen Anforderungen
- unterschiedlichen Größen der Konzernunternehmen
- unterschiedlich entwickelten bzw. ausgebauten Abrechnungssystemen.

5.2.1.1.3 Die interne Bereichsergebnisrechnung

Die interne Ergebnisrechnung soll die Bereichsziele für Planungs- und Kontrollrechnungszwecke liefern.

Im Gegensatz zur für Dritte bestimmten externen Konzernrechnungslegung dient das interne Konzernrechnungswesen nur zur Information der Konzernleitung. Es unterliegt keinen gesetzlichen Vorschriften. Der interne Konzernabschluß oder zumindest die Konzernerfolgsrechnung wird vierteljährlich oder monatlich aufgestellt, umfaßt u.U. einen größeren oder kleineren Konsolidierungskreis von Konzernunternehmen als der externe Abschluß und weicht von dessen Gliederungsschema ab, indem er z.b. Vereinfachungen oder Umstrukturierungen enthält (Busse v. Colbe 1975, Sp. 2250).

Das Planungs- und Kontrollsystem eines Konzerns ist, da stark an der operationalen Organisation orientiert, in hohem Maße nach individuellen Bedürfnissen ausgerichtet (Klös 1984, S. 79).

(1) Vorgehensweise bei der Ergebnisermittlung

Für die Planung und Kontrolle müssen die Plan- mit den Ist-Werten und die Ist-Werte im Zeitablauf miteinander verglichen werden. Das ist nur möglich, wenn diese Ergebnisse auf Plan- und Ist-Basis **einheitlich ermittelt** werden. Planung und Kontrolle nach einheitlichen Vorschriften bedeutet, daß gleiche Sachverhalte konzernweit formell und materiell gleich dargestellt werden. Nur dadurch wird sichergestellt, daß die Ergebnisse der einzelnen Gesellschaften (mit allen Vorbehalten zumindest in gewissem Sinne) vergleichbar sind, und ihr Beitrag zum Konzernergebnis bestimmbar ist.

In entsprechenden Konzernrichtlinien (Handbuch) ist z.B. folgendes festzulegen (Lederle/Wittenfeld 1984, S. 102):

- die Form der Ergebnisrechnung
- die Herleitung der Ergebnisse der Plan- und Ist-Rechnung
- Bewertungsmethoden
- Abrechnungsperioden
- Konsolidierungskreis und Konsolidierungsregeln
- die Währungsumrechnung einschl. der Behandlung der Umrechnungsdifferenzen.

Die Ergebnisrechnungen sind vor der Konsolidierung zum Gesamtkonzernergebnis in Konzernwährung (hier DM) umzurechnen. Gemäß dem angewendeten Verfahren ist für jede Position festzulegen, wie sie umzurechnen ist. Für etwaige Durchschnittskurse ist die Ermittlungsmethode zu definieren. Problematisch ist insbesondere die Bestimmung der für die Planung anzuwendenden Kurse. Sie müssen von der Konzernzentrale für alle Planungen vorgegeben werden.

Internationale Konzerne gehen bei der Ermittlung der Ergebnisse stufenweise vor. Bei Organisation nach Geschäftsbereichen werden zunächst Segmentsergebnisse der Geschäftsbereiche in den einzelnen Ländern erstellt, die dann zum

Konzerngesamtergebnis konsolidiert werden (analog zu den Teilkonzernergebnissen von Tochtergesellschaften).

Bezüglich der anzuwendenden **Konsolidierungsregeln** bietet es sich an, die Vorschriften des HGB zu übernehmen. Bei Wahlmöglichkeiten sind einheitliche Konsolidierungsregeln festzulegen (Lederle/Wittenfeld 1984, S. 87ff.).

(2) Ergebnisermittlung in den Jahresergebnisrechnungen der Geschäftsbereiche

Die wichtigste Größe zur **Steuerung** der Geschäftsbereiche ist der **Jahreserfolg** als absolute Ziffer. Sie ist unmittelbar auf das unternehmerische Hauptziel bezogen. Da nicht beliebig viel Kapital zur Verfügung steht, muß neben dem „Output" auch der Kapitaleinsatz als „Input" vorgegeben werden (s.u.; Koch 1982, S. 152).

Der **Bereichserfolg** entsteht aus bereichsexternen Transaktionen mit konzernexternen und mit anderen Konzernbereichen sowie aus Zurechnungen von Ergebnisbestandteilen durch die Zentrale (Kellers/Ordelheide 1984, S. 105).

(2.1) Zweck der kurzfristigen Ergebnisermittlung

Die kurzfristige Erfolgsrechnung (KER) soll
- eine laufende Kontrolle des Betriebs-Erfolgs und damit der Rentabilität gewährleisten
- Zahlenmaterial für dispositive Zwecke (Absatzentscheidungen) bereitstellen.

Im Gegensatz zur Finanzbuchhaltung (FiBu) ermittelt sie nur den Betriebserfolg als Ergebnis der *typischen* betrieblichen Leistungserstellung und -verwertung. Der neutrale Erfolg interessiert in der KER weniger (Haberstock 1982, S. 138f.).

I.d.R. werden Jahresperioden in kürzere, unterjährige Perioden (Quartale oder Monate) unterteilt.

Mit Hilfe dieser kurzfristigen Erfolgsrechnungen sollen schon frühzeitig Änderungen der prognostizierten bzw. geplanten Entwicklung erkannt und Informationen für etwaige Gegensteuerungsmaßnahmen verfügbar gemacht werden (Ansoff 1976).

Weitere Unterziele sind:
- Abschätzung der Konsequenzen künftiger Maßnahmen
- Rechenschaftsablegung zur Beurteilung getroffener Entscheidungen
- frühzeitiges Erkennen (struktureller) Veränderungen
- frühzeitige Abschätzung des Jahresergebnisses.

Die Schnelligkeit der Zurverfügungstellung für das frühzeitige Erkennen von Entwicklungstendenzen ist dabei wichtiger als die ganz exakte Genauigkeit der Daten (Lederle/Wittenfeld 1984, S. 91ff.). Neben der Erfolgsrechnung werden auch Zwischenbilanzen erstellt.

Für die **Allokation von Kosten und Erlösen** gelten folgende Postulate:
- Zurechnung nur zu solchen Bereichen, die auch dafür *verantwortlich* sind
- Zurechnung nur dann, wenn die Größen auch *beeinflußbar* sind.

Dieser Aspekt ist in der **mehrstufigen Deckungsbeitragsrechnung** berücksichtigt worden (Agthe 1959). Für die Ermittlung des Spartenerfolges dürfen nur die Kosten und Erlöse einbezogen werden, die im Zusammenhang mit den autonomen Entscheidungen der Bereichsleitung stehen (= Sparteneinzelkosten bzw. -erlöse; Riebel 1975, Sp. 1141ff.).

Etwaige Auswirkungen von Bereichsentscheidungen auf die Ergebnisse anderer Bereiche bzw. die Interdependenz von Bereichs- und Zentralentscheidungen müssen berücksichtigt werden. In das Bereichsergebnis sollen möglichst alle von den Bereichsentscheidungen ausgehenden Wirkungen auf das Konzernergebnis integriert werden. Bei enger Zusammenarbeit der Bereiche lassen sich Konzernkosten und -erlöse nicht so in Teilkomponenten zerlegen, daß sie einwandfrei einem Bereich bzw. der Zentrale zuzuordnen sind (Kellers/Ordelheide 1984, S. 108).

Der Bereichserfolg kann auf der Basis des Gesamt- oder des Umsatzkostenverfahrens ermittelt werden.

(2.2) Die Ermittlung des Bereichserfolges auf der Basis des Gesamt- oder des Umsatzkostenverfahrens

Gegenüber dem Gesamtkostenverfahren (GKV) weist die Umsatzkosten-Ergebnisrechnung keine Bestandsveränderungen (und keine aktivierten Eigenleistungen) aus.

Die **Gesamtleistungs-Erfolgsziffer** ist auf den Gesamt-Produktionsprozeß bezogen, wird nach Erzeugnisarten spezifiziert und umfaßt alle Kosten. Die Gesamtkosten werden nach Kostenarten gegliedert. Der Jahreserfolg ermittelt sich nach der Formel:

$$G = U +/- K_b - K_g.$$

Legende:
G = Jahreserfolg des Geschäftsbereichs
U = Jahresumsatz des Geschäftsbereichs
K_g = Jahreskosten des Geschäftsbereichs
K_b = Kosten der Bestandsveränderungen.

Die vom Geschäftsbereich beeinflußbaren werden von den nicht beeinflußbaren Kosten getrennt. In diesem Sinne spaltet man die Plankosten in fixe und variable auf (Koch 1982, S. 212).

Die Bereichs-Fixkosten können nach den Funktionsabteilungen innerhalb des Geschäftsbereichs aufgegliedert werden. Ferner werden die Fixkosten gesondert ausgewiesen, die zum Zweck der laufenden Kontrolle als Kosten der Zentralbereiche dem Geschäftsbereich zugerechnet bzw. auf den Geschäftsbereich umgelegt werden.

7. Kap.: Internationales Controlling

Beispiel (vgl. Koch 1982, S. 213):

	Planumsatz mit Bereichsexternen Plan-Erlösminderungen
=	Plan-Nettoumsatz
±	Grenzplan-Herstellkosten der Bestandsänderungen an Halb- und Fertigfabrikaten
	Plan-Gesamtleistung des Geschäftsbereichs
–	Grenzplan-Vertriebs- und Verwaltungskosten
–	gesamte Grenzplan-Herstellkosten
=	Plan-Deckungsbeitrag I
–	Plan-Fixkosten der Herstellung, der Verwaltung und des Vertriebs
=	Plan-Deckungsbeitrag II
=	primärer (unmittelbar im Geschäftsbereich entstandener) Plan-Nettoerfolg (nach Fixkosten) des Geschäftsbereichs
=	**Bereichsergebnis I**
–	zurechenbare Ergebnisbestandteile der Zentrale
=	Plan-Nettoerfolg des Geschäftsbereichs
=	**Bereichsergebnis II**
–	Konzernumlagen
=	**Bereichsergebnis III**

Beim GKV ist zwar der Gesamterfolg feststellbar, nicht aber, welches Produkt (welche Produktgruppe) in welchem Maße zum Betriebserfolg beigetragen hat. Die Erlöse und Bestandsänderungen sind nach Produktarten gegliedert, die Gesamtkosten jedoch nach Kostenarten *(nicht nach Kostenträgern)*. Insofern ist eine kostenartenorientierte kurzfristige Erfolgsrechnung nicht für Mehrproduktunternehmen geeignet (Haberstock 1982, S. 143f.).

Interne Ergebnisrechnung und externe Gewinn- und Verlustrechnung nach dem **Gesamtkostenverfahren** können wie folgt zusammengeführt werden (vgl. § 275 II HGB; Hahn 1985, S. 399; Coenenberg 1988, S. 102ff.):

1. Umsatzerlöse
2. Bestandsänderungen
3. andere aktivierte Eigenleistungen
4. Materialaufwand
5. Personalaufwand
6. Abschreibungen (außer auf Finanzanlagen und Wertpapiere des Umlaufvermögens)
7. sonstige betriebliche Aufwendungen
8. sonstige Steuern
9. Betriebsergebnis*
10. Erträge aus Beteiligungen
11. Erträge aus anderen Wertpapieren und Ausleihungen des Finanzanlagevermögens
12. sonstige Zinsen und ähnliche Erträge
13. Abschreibungen auf Finanzanlagen und auf Wertpapiere des Umlaufvermögens
14. Zinsen und ähnliche Aufwendungen
15. Finanzergebnis
16. Ergebnis der gewöhnlichen Geschäftstätigkeit
17. außerordentliche Erträge
18. außerordentliche Aufwendungen
19. sonstige betriebliche Erträge
20. außerordentliches Ergebnis
21. Steuern vom Einkommen und vom Ertrag
22. Jahresüberschuß/Jahresfehlbetrag

* Anmerkung: Diese Rechnung kann durch kalkulatorische Posten ergänzt werden (z.B. indem man Position 6 durch kalkulatorische Abschreibungen ersetzt und vor Position 9 noch kalkulatorische Zinsen einfügt), so daß die Zwischensumme etwa dem *internen* Betriebsergebnis entspricht; die Positionen 15 + 20 zeigen das neutrale Ergebnis (vgl. Lederle/Wittenfeld, S. 94).

Die **Umsatzerfolgsziffer** stellt nur auf die *abgesetzten* Produkte ab und ist nach Erzeugnisgruppen spezifiziert.

Im Falle einer *Teilkostenrechnung* wird die Umsatz-Erfolgsziffer durch die Formel (Koch 1982, S. 213f.; Haberstock 1982, S. 148)

$$G = \sum_{i=1}^{n} (p_i - k_{vi}) x_i - K_f$$

ausgedrückt, wobei

G = Jahres-Nettoerfolg des Geschäftsbereichs
n = Anzahl der Produkte
x_i = Jahresabsatzmenge des Produktes i
p_i = Absatzpreis des Produktes i
k_v = variable Kosten je Einheit von Produkt i
K_f = Fixkosten des Geschäftsbereichs.

Interne Ergebnisrechnung und externe Gewinn- und Verlustrechnung nach dem **Umsatzkostenverfahren** (UKV) können wie folgt zusammengeführt werden (vgl. § 275 III HGB; Hahn 1985, S. 396; Coenenberg 1988, S. 102 ff.):

1. Umsatzerlöse
2. Herstellkosten der zur Erzielung der Umsatzerlöse erbrachten Leistungen
3. Vertriebskosten
4. allgemeine Verwaltungskosten
5. sonstige betriebliche Aufwendungen
6. sonstige Steuern

7. internes Betriebsergebnis

8. Unterschiedsbetrag zwischen kalkulatorischen und bilanziellen Abschreibungen
9. Unterschiedsbetrag zwischen kalkulatorischen und tatsächlich gezahlten Zinsen
10. Unterschiedsbetrag zwischen kalkulatorischen und tatsächlich eingetretenen Wagnissen

11. Bewertungsergebnis

12. externes Betriebsergebnis

13. Erträge aus Beteiligungen
14. Erträge aus anderen Wertpapieren und Ausleihungen des Finanzanlagevermögens
15. sonstige Zinsen und ähnliche Erträge
16. Abschreibungen auf Finanzanlagen und auf Wertpapiere des Umlaufvermögens
17. Zinsen und ähnliche Aufwendungen

18. Finanzergebnis

19. Ergebnis der gewöhnlichen Geschäftstätigkeit

20. außerordentliche Erträge
21. außerordentliche Aufwendungen
22. sonstige betriebliche Erträge

23. außerordentliches Ergebnis

24. Steuern vom Einkommen und vom Ertrag

25. Jahresüberschuß/Jahresfehlbetrag

Anmerkung: Die Positionen 18 + 23 entsprechen dem neutralen Ergebnis. Die Zuordnung einiger Positionen erfolgt nach der *überwiegenden* Zugehörigkeit (z.B. werden die sonstigen betrieblichen Erträge dem außerordentlichen Ergebnis, die sonstigen betrieblichen Aufwendungen hingegen dem Betriebsergebnis zugerechnet).

Nach Ansicht von Koch lassen sich die Erfolgsrechnungen der Geschäftsbereiche nur sinnvoll durch Weiterverrechnung der innerbetrieblichen Leistungen zu Vollkosten abgrenzen. Die Fixkosten können dabei gröber als die variablen Kosten verrechnet werden. Sinnvoll für die operative Erfolgsbudgetierung ist nur die **Gesamtleistungs-Erfolgsziffer**. Die geplanten Kosten der operativen Budgetierung für das erste Geschäftsjahr werden durch Addition der Plankosten der ersten Monate und der Folgequartale ermittelt. Die monatliche Kostenbudgetierung für die Funktionsabteilungen ist aber nur auf der Basis des Gesamtleistungs-Erfolges möglich, da die Fertigungsabteilungen nicht zwischen in der laufenden Periode verkauften Erzeugnissen und den Lagerbestand erhöhenden unterscheiden (Koch 1982, S. 214).

Die Erfolgsbudget-Kontrolle erfolgt durch Abweichungsfeststellung und -ursachenanalyse nach Geschäftsjahres-Abschluß. Die Abweichung wird dabei in eine Umsatz-, eine Bestandsveränderungen- und die Gesamtkosten-Budgetabweichung aufgespalten. Hierbei kann sich ergeben, daß einer Umsatzbudget-Unterschreitung eine Aufstockung der Bestände an Halb- und Fertigfabrikaten gegenübersteht (Koch 1982, S. 215f.).

Der Plan-Erfolg der Geschäftsbereiche wird zu Recht mit anteiligen Fixkosten der Zentralbereiche belastet, da diese als Service-Centers den Geschäftsbereichen Dienstleistungen zur Verfügung stellen. Diese Zurechnung kann **auftragsweise** (erheblich aufwendiger) oder auf dem gebräuchlicheren Wege der **Umlage** nach einem Schlüssel erfolgen. Die Leistungen der zentralen Finanzabteilung z.b. können nach Höhe der zur Verfügung gestellten Beträge umgelegt werden, wobei vielfach mit kalkulatorischen Zinsen auf das Gesamtkapital gerechnet wird (Kellers/Ordelheide 1984, S. 110).

(2.3) Zurechenbare Leistungen der Zentrale

Hinsichtlich der *Koordinationsfunktion* sind *alle* durch Bereichsentscheidungen ausgelösten Ressourcenverbräuche zu berücksichtigen.

Für die *Leistungsbemessungsfunktion* ist die Belastung der Bereichsergebnisse mit konzerninternen Kosten und Gewinnen problematisch, da die Bereiche nicht für die Höhe dieser Beträge *verantwortlich* sind. Analoge Probleme entstehen, wenn die Kosten bei den Bereichen entstehen, ihre Höhe aber durch Entscheidungen der Zentrale bestimmt ist (z.b. kann Kapital rechtlich von einem Bereich aufgenommen werden, dessen Kosten aber weitgehend von den Entscheidungen der Zentrale abhängen).

Die nachteiligen Auswirkungen der Berücksichtigung der Kosten dieser zentral bestimmten Leistungen können, wenn die Bereiche anhand von Soll-Ist-Abweichungen beurteilt werden, dadurch abgeschwächt werden, daß die Beträge im Soll und Ist übereinstimmen.

Es bietet sich eine Differenzierung der Ergebnisbestandteile nach dem „Ausmaß der Eigenverantwortlichkeit" an:

	Soll	Ist	Abweichung
eigenverantwortliche Bereichsumsätze − eigenverantwortliche Bereichskosten = Bereichsergebnis I (vgl. oben)			
zentralbestimmte Bereichsumsätze − zentralbestimmte Bereichskosten = Bereichsergebnis II (vgl. oben)			

Abb. 7.4: Grundschema einer differenzierten verantwortungsorientierten Bereichsergebnisrechnung (Kellers/Ordelheide 1984, S. 111)

Das **Bereichsergebnis I** umfaßt alle dem Bereich *zurechenbaren* Ergebnisse, für die das Bereichsmanagement in wesentlichen allein verantwortlich ist.

Das **Bereichsergebnis II** ergibt sich, indem das Bereichsergebnis I um die dem Bereich zurechenbaren Ergebnisse korrigiert wird, die von den Entscheidungen der Zentrale bestimmt werden.

Zu den zentral bestimmten **Umsätzen** gehören Umsätze aus Lieferungen und Leistungen an andere Bereiche oder die Zentrale, die der Bereich ohne Eingriff der Zentrale nicht bzw. nicht zu den vereinbarten Bedingungen vorgenommen hätte (z.B. weil die Zentrale einen von den Marktpreisen abweichenden Verrechnungspreis festgesetzt hat).

Zu den zentral bestimmten **Kosten** zählen die Güterverbräuche aus konzerninternen Lieferungen und Leistungen, falls die Zentrale eingreift, und die dem Bereich direkt zurechenbaren Kosten der Zentrale. Die dem Geschäftsbereich zurechenbaren Kosten der Zentrale („traceable costs") sind diejenigen, die wegfielen, wenn der Geschäftsbereich nicht mehr existierte (Solomons 1965, S. 80f.).

Wenn die Zentrale durch Verrechnungspreisvorgabe in die *laufenden* Entscheidungen der Bereiche eingreift, sind aufgrund der Interdependenzen innerhalb des gesamten Entscheidungsfeldes auch andere Bereichsergebnisbestandteile irgendwie betroffen (z.b. Umsätze mit Nicht-Konzernunternehmen). Durch diese Abhängigkeiten wird die Autonomie des Bereichsleiters zwar eingeschränkt, sie können jedoch nicht dazu führen, daß er für diese Ergebnisbestandteile überhaupt nicht mehr verantwortlich ist, da es sonst kein eigenverantwortliches Bereichsergebnis mehr gäbe (vgl. Kellers/Ordelheide 1982, S. 110ff.).

(2.4) Konzernumlagen

Kosten der Konzernzentrale (z.b. Konzernführungskosten, Kosten für zentrale Grundlagenforschung, Steuern der Konzernobergesellschaft, allgemeine Finanzierungskosten) sind i.s. Riebels *Gemeinkosten* in bezug auf die Bereiche (Riebel 1975, Sp. 1139f.). Trotzdem werden auch die den Bereichen nicht zurechenbaren Kosten der Zentrale i.d.R. auf die Bereichsergebnisse umgelegt, da den Bereichen damit vergegenwärtigt wird, daß sie diese Beträge durch ihre Ergebnisse miterwirtschaften müssen (Solomons 1965, S. 73f.).

Die Division muß einen positiven Beitrag zur Deckung der ihr nicht zurechenbaren Kosten der Zentrale leisten; d.h. jedoch nicht, daß der Nettogewinn nach der Umlage vor Steuern positiv sein muß.

Der Gefahr der Streichung oder Reduzierung von Produkten mit bescheidenen positiven Deckungsbeiträgen kann dadurch entgegengewirkt werden, daß die Umlage nach der Höhe der Bereichsergebnisse vor Umlage erfolgt.

Wenn die Bereiche anhand von Zielgrößen beurteilt werden, die von der Höhe der Konzernumlagen abhängen, kann das demotivierend wirken, da die Bereichsleitungen die Kosten nicht unmittelbar senken können. Sie erscheinen oft als Kosten eines unproduktiven bürokratischen Apparates. Die Umlage kann andererseits auch motivierend wirken, da eine Gewinnerzielung größere Anstrengungen der Bereiche voraussetzt, die u.U. nicht unternommen würden, wenn die Umlagen unterblieben (vgl. Kellers/Ordelheide 1982, S. 112ff.).

Auch wenn argumentiert wird, daß dem Divisionmanagement sein Zielbeitrag zur Deckung der nicht-divisionalen Kosten vor Augen geführt werden müsse, gilt nichtsdestoweniger, daß, solange nicht-divisionale Konzernkosten (hinreichend) unabhängig von den Aktivitäten der Divisions sind, eine Unternehmenspolitik der Maximierung der Divisionnettogewinne auch den Divisionbeitrag zur Deckung der von ihr nicht-beeinflußbaren Kosten der Zentrale maximieren wird (Solomons 1965, S. 73).

Die Konzernumlagen sollten daher gesondert ausgewiesen werden und die Zielgrößen zur Bereichsbeurteilung von der Soll-Ist-Abweichung dieser Kosten möglichst unabhängig sein. Auch hier können in der Soll- und der Ist-Bereichsergebnisrechnung die Plansätze der Konzernführungskosten angesetzt werden.

Durch die Konzernumlagen ergänzt sich die Bereichsergebnisrechnung wie folgt (Kellers/Ordelheide 1982, S. 113):

	Soll	Ist	Abweichung
Bereichsergebnis II (vgl. oben) − Konzernumlagen = Bereichsergebnis III (vgl. oben)			

Das Bereichsergebnis III ist kein zurechenbares Ergebnis in dem Sinne, daß es entfiele, wenn der Bereich nicht mehr bestünde. Grundsatzentscheidungen der Zentrale über Bereiche und Rentabilitätsvergleiche der Bereiche können nur aufgrund der Bereichsergebnisse II getroffen werden.

Für die Soll-Ist-Abweichungen der Konzernumlagen ist die Zentrale verantwortlich. Die Minimierung der Konzernverwaltungskosten sollte ähnlich kontrolliert werden wie die Maximierung der Bereichsergebnisse. Dadurch wird auch die demotivierende Wirkung der Konzernumlagen weiter gesenkt und die Kostenverantwortlichkeit der Zentralabteilungen nicht verschleiert.

(2.5) Probleme bei der Zurechnung von Bereichserlösen und -kosten

Wichtig ist, daß die in den Gewinn eingehenden Größen von dem Divisionmanagement beeinflußbar sind und mit den Divisionaktivitäten korrelieren. Ob die Kosten bzw. Leistungen beeinflußbar sind oder nicht, hängt von der den Divisions zugestandenen Autonomie bzw. der Aufgabenteilung zwischen Konzernzentrale und Divisions ab.

Falls ein Manager lediglich für die Nutzung der ihm anvertrauten Aktiva, aber nicht für deren Anschaffung verantwortlich ist, ist er es im Grunde auch nicht für die daraus entstehenden Abschreibungen. Das gilt jedoch ggf. auch für Löhne und die Marktpreise der Produkte. Im Grunde genommen wären dann alle Kosten bzw. Erlöse nicht kontrollierbar.

Teile des nicht-laufenden **betrieblichen** Ergebnisses (z.B. aus dem Verkauf von Anlagevermögen) sind oft der Zentrale zuzurechnen, wohingegen Teile des **betriebsfremden Ergebnisses** (z.B. Patenteinnahmen, Mieten, kurzfristige Zinszahlungen) zum kontrollierbaren Einkommen gehören.

Man muß zwei „Gewinnideen" unterscheiden (Solomons 1965, S. 47):
- den Gewinn aus einer Geschäftstransaktion bzw. Investition und
- den Gewinn der Geschäftsperiode.

Es ist z.T. extrem schwierig, den Investitionsauszahlungen die entsprechenden Einzahlungen zuzuordnen. Theoretisch wäre es korrekt, den „ökonomischen Gewinn" als Periodengewinn zu ermitteln. Praktisch ist das jedoch nicht möglich. Da der Gewinn als Erfolgsmaßstab der Divisions verwendet wird, ist es vielleicht möglich, das Division-Management zu beurteilen, wenn es sich über Jahre hinweg aus denselben Personen zusammensetzt. Auch wenn zwei Manager unter identischen Gegebenheiten das gleiche Resultat erzielten, könnte der eine es erreicht haben, indem er den Firmenwert bzw. das Unternehmen ausbeutet und der andere dadurch, daß er das Unternehmen aufbaut (Solomons 1965, S. 49).

Divisions benutzen eine Vielzahl von Bilanzierungs- und Bewertungsmethoden. Der Versuch einer Vereinheitlichung zugunsten einer Vergleichbarkeit zwischen den Divisions hat *insofern* keinen großen Wert, als die Geschäftszwecke, die Marktstellungen, die Produktzyklen und die konjunkturellen Gegebenheiten der einzelnen Divisions zu verschieden sind (Solomons 1965, S. 52).

Nichtsdestoweniger müssen sowohl die Unternehmung als auch das Management beurteilt werden. Wenn z.B. ein Unternehmen über Jahre hinweg einen Verlust erwirtschaftet, kann es möglich sein, daß es unter den jeweiligen Bedingungen niemand besser gemacht hätte, trotzdem muß dieser Geschäftsbereich u.U. aufgegeben werden.

Geschäftsbereichsleiter orientieren sich aus diesem Grund anscheinend am Bereichsergebnis III (Schiff/Lewin 1968).

Eine mögliche Lösung ist, daß die Divisions die Bilanzierungs- und Bewertungsmethoden anwenden, die für ihre Zwecke am geeignetsten sind, und durch die Vergleichbarkeit durch volle Offenlegung und entsprechende Anpassungen ermöglicht wird (Solomons 1965, S. 53). Die Leistung des Managements kann nicht allein durch einen Gewinnvergleich gemessen werden. Der Vergleich der Profitabilität von **Investitionen** kann nützlich sein. Insoweit müssen die Zahlen der Division vergleichbar sein. Dann spielen jedoch Zahlungsgrößen eine Rolle und nicht interne Bewertungsmethoden.

Im folgenden sollen Abgrenzungs- und Zurechnungsprobleme einiger Positionen diskutiert werden.

(2.5.1) Zurechnungsprobleme von Erlösen

Produkte mit Marktinterdependenzen (= komplementären oder substitutiven Nachfragebeziehungen) sollten nicht verschiedenen Sparten zugeordnet werden, da sich sonst die erlösmäßigen Konsequenzen absatzpolitischer Entscheidungen nicht mehr einwandfrei auf die Sparten zuordnen lassen (= Sparten-Gemeinerlöse). Durch spartenorientierte Aggregation marktinterdependenter Erzeugnisse können diese zu Produktgruppen-Einzelerlösen zusammengefaßt werden (Neuhof 1982, S. 13f.).

(2.5.2) Zurechnungsprobleme von Kosten

Die Übergänge zwischen „**kontrollierbaren**" und „**nicht kontrollierbaren**" **Kosten** sind fließend (Solomons 1965, S. 74f.):

- Falls es den Divisions freigestellt ist, Dienstleistungen der Zentrale in Anspruch zu nehmen, sind diese Kosten für die Division kontrollierbar.
- Wenn die Division nicht den Leistenden, wohl aber die zu beziehende Menge bestimmen kann, ist diese für sie kontrollierbar, nicht hingegen deren Preis. Ein Beispiel hierfür ist die zentrale Einkaufsabteilung für Roh-, Hilfs- und Betriebsstoffe, die die Bedarfsmengen der Divisions und der Zentrale beschafft („global sourcing"). Eine etwaige proportional zur Einkaufsmenge erfolgende Gutschrift der Preisabweichung am Jahresende sollte jedoch besser als Gewinn oder Verlust der Zentrale zugerechnet werden. So können Mengenabweichungen den Divisions als kontrollierbar zugerechnet werden.
- Falls die Division weder die Menge noch den Preis der Leistungen bestimmen kann, dürfen ihr die Kosten nicht zugerechnet werden. Sie sind nicht kontrollierbare Division-Gemeinkosten.

Kosten können einem Geschäftsbereich direkt zurechenbar (sie sind somit Geschäftsbereichs-Einzelkosten) und dennoch für den Geschäftsbereich Fixkosten sein (z.B. das Geschäftsführergehalt).

Kosten wie Abschreibungen, Forschungs- und Entwicklungskosten sind durch Entscheidungen der Vergangenheit determiniert, für die der Profit Center-Manager deshalb nicht voll verantwortlich gemacht werden kann. Seine Plan-Gewinnziffer sollte entsprechend modifiziert werden (vgl. Welge 1975 a, Sp. 3185).

Altersstruktur und Zusammensetzung des Division-**Anlagevermögens** können zwar nicht von heute auf morgen verändert werden, die Divisionleitung hat jedoch kaum geringere Möglichkeiten als entsprechend höhere Hierarchiestufen, zumal die oberste Konzernleitung normalerweise die Zusammensetzung des Anlagevermögens nicht ohne Zustimmung bzw. nur auf Anfrage des Divisionmanagements ändern wird. Das heißt jedoch nicht, daß das gesamte Anlagevermögen und dessen Abschreibung stets von der Divisionleitung kontrollierbar ist.

Nach Ansicht Solomons' sollte jede Division frei in der Auswahl der **Abschreibungsmethode** sein. Wichtig ist allein, daß die Divisionleistung so gut wie möglich durch ihren Gewinn wiedergegeben werden soll (Solomons 1965, S. 89).

Unter anderen sollten folgende Regeln beachtet werden (Solomons 1965, S. 94ff.):

- Die Divisions sollten nur für solche Gegenstände des Anlagevermögens Rechnung legen, die sie auch kontrollieren;
- die Abschreibungen sollten auf der Basis von Wiederbeschaffungswerten bzw. Zeitwerten vorgenommen werden, die auch mit Hilfe von Indizes ermittelt werden können;
- die Divisions sollten weitgehend über ihr Anlagevermögen bestimmen können.

Bei den **Verwaltungskosten der Zentrale** sollte eine Allokation auf der Basis der Kosten erfolgen, die anfallen würden, wenn das Profit Center diese Dienstleistung selbst ausführte bzw. eine Fremdfirma sie übernähme (Welge 1975 a, Sp. 3184). Dienstleistungen der Zentrale werden zu Standardkosten bewertet. Damit ist diese auch verantwortlich für etwaige Abweichungen (Solomons 1965, S. 55).

Zur Begrenzung der Kapitalnachfrage und zur Sicherstellung einer ökonomischen Kapitalverwendung der Profit Center kann die Kapitalallokation über den Zins gesteuert werden. Als Grundlage für die Höhe der von der Konzernzentrale vorgegebenen Mindestverzinsung können branchenübliche Zinsen, Kapitalmarkt- und Geldmarktzins dienen. Die **Kapitalkosten** können zwischen Konzernleitung und Profit Center frei ausgehandelt oder durch ein formalisiertes Verfahren (Dekompositionsprinzip) ermittelt werden (Welge 1975 a, Sp. 3185).

Divisions als solche zahlen keine **Ertragsteuern** (diese sind Gewinnbestandteil, keine Kosten), da diese auf der Basis einer rechtlichen Organisationseinheit erhoben werden. I.d.R. wird jedoch ein Teil der steuerlichen Konzernbelastung den Divisions zugerechnet, proportional zu ihren (fiktiven) Anteilen am steuerlichen Gesamt-Gewinn.

Steuerpolitik ist eine Angelegenheit des Gesamtkonzerns. Damit ist auch der Gewinn nach Steuern von den Divisions nicht kontrollierbar und keine Größe für die **Beurteilung der Leistung des Division-Managements**.

Für die **Ermittlung des Erfolges der Division** muß dieser ein Teil der Steuerbelastung zugerechnet werden, zumal Investitionsentscheidungen stets auf der Basis von Zahlungsgrößen *nach* Steuern getroffen werden sollten. Da die Gewinnunabhängigkeit der Divisions verlangt, daß ihnen Kosten/Aufwand und Betriebserträge/Erträge entsprechend ihrem Beitrag zum Unternehmensgesamtgewinn zugerechnet werden sollten, muß das analog auch für Steuerzahlungen bzw. -gutschriften gelten (Solomons 1965, S. 117ff.).

Es soll ermittelt werden, wieviel die Division zur Steuerlast des Konzerns beigetragen hat. Dazu geht Solomons folgendermaßen vor:
- Zunächst wird das steuerliche Einkommen jeder Division ermittelt, wobei alle steuerlich für die Division relevanten Vorschriften angewandt werden; den Bereichen nicht zurechenbare Aufwendungen der Zentrale werden ignoriert;
- dann wird das steuerliche Einkommen der „Corporate Division" bzw. der Zentrale, sofern vorhanden, ermittelt.

Das Aggregat der beiden Größen übersteigt das steuerliche Gesamteinkommen um die Höhe der nicht den Divisions zurechenbaren Aufwendungen der Zentrale. Die Steuerschuld wird den Divisions (einschließlich der Corporate Division) entsprechend ihrem Anteil an der Summe der beiden Größen zugerechnet (Solomons 1965, S. 120f.).

Die Ergebnisse können wie folgt in einer Division-Ergebnisrechnung zusammengefaßt werden (Solomons 1965, S. 82; Shillinglaw 1967, S. 800):

Umsatzerlöse mit Konzernexternen + beeinflußbare Erlöse aus konzerninternen Lieferungen und Leistungen – variable Kosten
= **Deckungsbeitrag** (variable profit) – beeinflußbare Divisionfixkosten
= beeinflußbares Betriebsergebnis (operating profit) ± beeinflußbares neutrales Ergebnis
= **beeinflußbares Divisionergebnis** (controllable profit) ± zentralbestimmte Erlöse und Kosten der Division*
= **zurechenbares Divisionergebnis** vor Steuern – der Division zugerechnete Ertragsteuerbelastung
= Divisionergebnis nach Steuern, vor Umlage – zugerechnete, nicht zurechenbare Kosten der Zentrale (Umlagen; inkl. nicht zugerechnete Steuern der Konzernobergesellschaft)
= Divisionergebnis nach Steuern und Umlage

* Anmerkung: dieser Posten setzt sich zusammen aus den nicht beeinflußbaren Erlösen und Kosten aus innerbetrieblichen Lieferungen und Leistungen, den nicht beeinflußbaren Divisionfixkosten, den zurechenbaren Kosten der Zentrale und dem nicht beeinflußbaren neutralen Ergebnis

(2.6) Störende Einflüsse auf die Ergebnisermittlung

Hauptproblem der kurzfristigen (insbesondere der unterjährigen) Ergebnisermittlung ist der ungleichmäßige Anfall von Aufwendungen/Erträgen und Kosten/Betriebserträgen im Zeitablauf. Dieses Problem wird im Multinationalen Konzern aufgrund der gegenüber einem nationalen Unternehmen hinzutretenden regionalen Ebene vervielfältigt. Folgende Faktoren erschweren eine Vergleichbarkeit:

- Unterschiedliche Periodenlänge (die einzelnen Monate umfassen unterschiedlich viele Arbeitstage; die wiederum bestimmen u.U. anfallende Kosten und Betriebserträge);
- saisonale und jahreszeitliche Einflüsse (der Absatz vieler Produkte richtet sich nach den Kauf- und Konsumgewohnheiten der Kunden, die wiederum oft ei-

nem jährlichen Rhythmus unterliegen; daneben sind viele Kosten jahreszeit- und klimabedingt);
- konjunkturelle Einflüsse (beim Vergleich von Plan- und Ist-Werten ist auch eine falsch unterstellte konjunkturelle Entwicklung zu berücksichtigen; schwer prognostizierbar sind plötzliche, insbesondere wirtschaftspolitische Maßnahmen von Schwellen- und Entwicklungsländern);
- Preisänderungen (in Ländern mit hohen Inflationsraten gibt es z.T. Preiskontrollbehörden, die Höhe und Zeitpunkt von Preisanhebungen überwachen und teilweise festlegen; falls nur eine bestimmte Zahl von Preisanhebungen zugelassen ist, kann das dazu führen, daß im Monat der Preiserhöhung ein hoher Gewinn erzielt wird, der bis zur nächsten Anpassung stark abnimmt bzw. sogar zum Verlust wird; eine analog sprunghafte Entwicklung kann es bei den Kosten, insbesondere den Lohnkosten, Gebühren und Transportkosten, geben);
- fehlende zeitliche Kongruenz zwischen Kosten und Leistung (oft stehen Kosten der Periode, insbesondere für Forschung und Entwicklung und Werbung, mit der Leistung derselben Periode in keinem Zusammenhang);
- sonstige Störeinflüsse (auch politische Unruhen, Streiks, ausbleibende Zulieferungen und Probleme beim Abtransport der fertigen Erzeugnisse stören eine korrekte Monatsabrechnung).

Diese Einflüsse sind für Planungszwecke wie folgt eliminierbar:

- Es kann von den Jahreswerten ausgegangen werden, aus denen durch einfache Division die Periodendaten errechnet werden;
- für jede kurze Periode können Aufwendungen bzw. Kosten und Erträge bzw. Betriebserträge detailliert unter Berücksichtigung möglichst aller Einflüsse geplant werden.

Bei der ersten (zweiten) Vorgehensweise sind die Planungsergebnisse qualitativ schlechter (besser), dafür ist der Verwaltungsaufwand geringer (höher). In der Praxis werden i.d.R. die wichtigen Größen detailliert geplant, die übrigen Jahreswerte hingegen gleichmäßig auf die Perioden verteilt.

Analog sind bei der Ist-Rechnung zwei Vorgehensweisen denkbar. Auch hier wird in der Praxis die Lösung zwischen den Extremen liegen.

Fixe Kosten sind zeitabhängig. Sie richten sich also *nicht* nach den erbrachten Leistungen oder den geleisteten Arbeitstagen. Diese Kosten kann man rein zeitabhängig den kurzen Perioden zuordnen. Bei Anstrebung eines möglichst kontinuierlichen Gewinnausweises kann ein anderer Verteilungsschlüssel verwendet werden (z.B. können die Fixkosten nach dem Umsatz verteilt werden).

Preisänderungen in Inflationsländern kann man auf der Kostenseite z.B. nach Arbeitstagen auf die Monate verteilen. Bei stark schwankender Inflation und weitgehend unbekannten Preisanhebungszeitpunkten ist das jedoch nicht möglich. Bei fehlender zeitlicher Kongruenz zwischen Kosten und Leistung ist eine Zurechnung entsprechend der Leistung sinnvoll.

Unvorhersehbare Aufwendungen oder Bewertungsmaßnahmen am Jahresende, die während des Jahres erkannt werden, sollten auf die restlichen Monate des Jahres verteilt werden.

Wertkorrekturen auf Vorräte können jeden Monat oder am Jahresende vorgenommen werden. Bei einer voraussichtlichen Zu- oder Abnahme der Bestände zum Jahresende sollten grobe Wertkorrekturen bereits in den einzelnen Monaten vorgenommen werden.

Auf Gewinne anfallende **Ertragsteuern** sollten für jede Periode errechnet und über Rückstellungen mittels vereinfachter Steuerrechnungen abgegrenzt werden (Lederle/Wittenfeld 1984, S. 94-101).

(2.7) Währungsumrechnung und Konsolidierung der Ergebnisrechnungen

Auch die kurzfristigen Ergebnisrechnungen sind vor der Konsolidierung in DM umzurechnen. Hierbei werden die Stichtagsmethode und die Methode nach dem Zeitbezug diskutiert (s.u.).

In **Inflationsländern** wird der Wechselkurs gegenüber den Leitwährungen (i.d.R. US $) meistens durch die Regierung festgelegt. Dabei kommt es vor, daß die Kurse nicht entsprechend der im Lande herrschenden Inflation korrigiert werden (z.B. in Argentinien, Mexiko und Brasilien). Falls man erkennt, daß eine Abwertung bevorsteht, können entweder die Monatsergebnisse mit geschätzten, angepaßten Kursen umgerechnet oder die noch gültigen Kurse verwendet und die Ergebniswirkung aufgrund der erforderlichen Kursanpassung durch entsprechende Rückstellungen berücksichtigt werden.

Im Rahmen der **Erfolgskonsolidierung** werden die einzelnen Positionen der Ergebnisrechnung der einzelnen Gesellschaften addiert. Danach eliminiert man die konzerninternen Lieferungen und Leistungen.

Die Umsatzerlöse des liefernden Konzernunternehmens rechnet man gegen die entsprechenden Anschaffungskosten des empfangenden auf. Falls die Gegenstände in das Anlagevermögen übergegangen sind, werden die Umsatzerlöse in die anderen aktivierten Eigenleistungen umgegliedert. Bei Lieferungen, die ohne Weiterverarbeitung veräußert werden, sind sie gegen die Materialaufwendungen zu verrechnen. Sind die Lieferungen noch im Bestand des empfangenden Konzernunternehmens, sind die Umsatzerlöse in Bestandsänderungen umzugliedern. Auch alle sonstigen konzerninternen Aufwendungen/Kosten und Erträge/Betriebserträge müssen ausgesondert werden (z.B. Zinsen aus konzerninternen Darlehen).

Falls die konzerninternen Lieferungen/Leistungen mit Gewinn während der kurzen Periode veräußert wurden, sind sie i.R.d. Zwischengewinneliminierung auszusondern. Bei kontinuierlichen Lieferbeziehungen zwischen den Konzerngesellschaften wird man sich mit Schätzwerten begnügen, bei ungewöhnlich hohen Zwischengewinnen ist diese Zwischengewinneliminierung unerläßlich (Lederle/Wittenfeld 1984, S. 101).

5.2.1.1.4 Ergebnisermittlung mit Hilfe der Konzerndeckungsbeitragsrechnung

Ziel der *Konzern*deckungsbeitragsrechnung ist, die Ergebnisquellen für Planungs- und Kontrollzwecke aufzuzeigen. **Ergebnisquellen** sind hierbei (Klös 1984, S. 68):

- die erstellten bzw. verkauften Leistungen (Produkte/Produktgruppen)
- fremde Kunden oder eigene Konzerngesellschaften
- Empfängerländer.

(1) Das Konzept der Deckungsbeitragsrechnung

Der entscheidende Nachteil des Gesamtkostenverfahrens liegt darin, daß nicht feststellbar ist, welches Produkt bzw. welche Produktgruppe in welchem Maße zum Betriebserfolg beigetragen hat (Haberstock 1982, S. 143).

Zur Minimierung der Unsicherheit der Entscheidungsträger sollte eine in das Planungs- und Kontrollinstrumentarium des Konzerns integrierte Konzerndeckungsbeitragsrechnung dienen, um bei zunehmender Internationalisierung der Verbundfertigung Kapazitätsauslastungen bzw. Standortbelegungen zu optimieren und eine Sortimentsplanung und -kontrolle bei Massen- oder Serienfertigung zu ermöglichen (v. Falkenhausen 1975).

In einer Deckungsbeitragsrechnung (DBR) i.S. Riebels werden entscheidungsrelevante Kosten und Erlöse ermittelt und einander zugeordnet. **Relevante** Ergebnisbestandteile sind solche, die sich bei Entscheidungsdurchführung verändern. Die Differenz aus relevantem Erlös und relevanten Kosten heißt **Deckungsbeitrag**. Er dient zur Deckung aller nicht entscheidungsrelevanten Kosten. Erlöse und Kosten können i.r. der DBR nach Bezugsgrößensystemen geordnet werden, die mehrstufig hierarchisch aufgebaut sind. Die Bezugsgrößenhierarchien sind in erster Linie produktionsprogramm- (Produkteinheit, -art, -gruppe, -bereich, alle Produkte der Unternehmung) oder kundenorientiert (Auftrag, alle Aufträge eines Kunden, alle Aufträge einer Kundengruppe, Aufträge aller Kunden einer Unternehmung). Möglich sind auch Kombinationen von Bezugsgrößensystemen (Riebel 1975, Sp. 1149ff.).

Zunächst werden für die Bezugsgrößen auf der untersten Stufe (z.B. für die einzelnen Aufträge) die Deckungsbeiträge (als Saldo der relevanten Erlöse und Kosten) ermittelt. Darauf folgen die Deckungsbeiträge der nächsthöheren Stufe der Bezugsgrößenhierarchie (z.B. für alle Aufträge eines Kunden). Der Deckungsbeitrag je Kunde ist gleich der Summe der einzelnen Auftragsdeckungsbeiträge des Kunden zuzüglich der Erlös- und Kostenbestandteile, die zwar den Kundenaufträgen ingesamt, nicht jedoch dem einzelnen Auftrag zugerechnet werden können. Bezüglich des einzelnen Auftrages handelt es sich um *Gemeinerlöse bzw. -kosten*. Unter konsequenter Beachtung des Verursachungsprinzips wird *auf jegliche schlüsselmäßige Umlage der Gemeinkosten verzichtet* (Haberstock 1982, S. 165).

Dieses Konzept der DBR kann auch auf den Internationalen Konzern übertragen werden.

(2) Strukturprobleme

Im Multinationalen Konzern können Vertriebs- und Fertigungsfunktion auf mehrere, auch ausländische Konzerngesellschaften aufgeteilt werden. Dadurch wird eine Koordination der Produktions- und Absatzprogramme der einzelnen Subsysteme notwendig. Die einzelnen Subsysteme sind im Falle dezentraler Planung i.R. des Konzerngesamtplans zu koordinieren. So ist z.B. zu regeln, welche Vertriebsgesellschaften bei beschränkter Fertigungskapazität in welchem Ausmaß bedient werden. Bei parallelen Fertigungskapazitäten sind die Anteile der einzelnen Produktionsgesellschaften an der Gesamtfertigungsmenge für Produktteile oder Endprodukte zu bestimmen.

Durch diese Erweiterungen des Entscheidungsfeldes wird das Bezugsgrößensystem erheblich komplizierter. Die Bezugsgrößenhierarchie muß die Struktur des Sortiments *und* die Produktions- und Absatzstruktur des Konzerns widerspiegeln (Müller/Ordelheide 1984, S. 173).

(3) Konsolidierungsprobleme

Erlöse und Kosten werden i.d.R. auf eine organisatorische Einheit (entity) bezogen. Relevante Kosten und Erlöse eines *Subsystems* und des *Konzerns* differieren. Konzernkosten und -erlöse ergeben sich nicht durch einfache Addition aus den DBR der Subsysteme, sondern durch deren *Konsolidierung* (Müller/Ordelheide 1984, S. 174).

(3.1) Definition des Konzerndeckungsbeitrags

Für den Konzern als Einheit (Einheitstheorie) wird der Deckungsbeitrag definiert als

relevante Konzernerlöse
− relevante Konzernkosten
= Konzerndeckungsbeitrag

Konzernerlöse sind dabei definiert als Erlöse, die durch Verkauf an Nicht-Konzernunternehmen erzielt werden **(Außenumsätze)**. Lieferungen und Leistungen zwischen abrechnungstechnischen Subsystemen **(Innenumsätze)** haben den Charakter *innerbetrieblicher* Lieferungen und Leistungen. Die aus Konzernsicht nicht realisierten Deckungsbeiträge der Lieferanten werden mit den entsprechenden Kosten des Empfängers eliminiert (Müller/Ordelheide 1984, S. 174).

Konzernkosten sind entsprechend Verbräuche von Lieferungen und Leistungen von Nicht-Konzernunternehmen. Der Konsolidierungskreis für Planungszwecke muß *nicht* mit dem aufgrund externer Vorschriften übereinstimmen.

Beispiele:

1. Produktions- mit nachgeschalteter Vertriebsgesellschaft:

Einzel-DBR			Konzern-DBR	
Produktionsgesellschaft				
Erlöse	100		Erlöse	110
·/. relevante Kosten	50		·/. relevante Kosten	70
= DB	50		= DB	40
Vertriebsgesellschaft				
Erlöse	110			
·/. relevante Kosten	120			
= DB	−10			

2. Verbundproduktion:

Einzel-DBR		
Lieferant		
Erlöse	80	
·/. relevante Kosten	50	
DB I	30	
Empfänger		
Produkt 1		**Produkt 2**
Erlöse	100	100
·/. relevante Kosten I	50	50
= DB I	50	50
Summe der DBR		
Summe der DB I	100	
·/. relevante Kosten II	80	(Erlöse des Lieferanten)
= „falscher" DB II	20	

konsolidierte Konzern-DBR		
Summe der DB I	100	
·/. relevante Kosten II	50	(Kosten des Lieferanten)
= DB II	50	

(3.2) Ermittlung von Konzerndeckungsbeiträgen

Entscheidungen über die Eliminierung von Produkten mit negativem Deckungsbeitrag und die Absatzförderung bestimmter Produkte können *nicht* anhand der Einzeldeckungsbeitragsrechnungen gefällt werden, da sonst Konflikte mit der Zielerreichung aus der Sicht des Gesamtkonzerns entstehen können.

Beispiel:

Subsysteme/ Gesamtsystem	Produktarten		
	P1	P2	P3
S1 Nettoumsatz variable Kosten	1 000 500	2 000 1 000	3 000 1 500
DB Absatzmenge DB pro Stück	500 125 4	1 000 200 5	1 500 500 3
Reihenfolge aus Sicht von S1	(2)	(1)	(3)
S2 Nettoumsatz variable Kosten	1 700 1 200	3 000 2 500	4 700 3 200
DB Absatzmenge DB pro Stück	500 125 4	500 200 2,5	1 500 500 3
Reihenfolge aus Sicht von S2	(1)	(3)	(2)
Gesamtsystem Nettoumsatz variable Kosten	2 700 1 700	5 000 3 500	7 700 4 700
DB Absatzmenge DB pro Stück	1 000 125 8	1 500 200 7,5	3 000 500 6
Reihenfolge aus Sicht des Gesamtsystems	(1)	(2)	(3)

* Anmerkung: Die hier unterstellte Gleichheit der Stückzahlen aller Subsysteme ist in der Realität nicht gegeben.

Die anhand der absoluten Deckungsbeiträge bestimmte Produkt-Reihenfolge für das Gesamtsystem weicht von der der einzelnen Subsysteme ab. Diese absolute DBR ist nur anwendbar, wenn der Absatz Engpaßfaktor ist, die Produktionskapazitäten jedoch vorhanden sind. Die Förderungswürdigkeit der einzelnen Produkte ist letztlich aus der Sicht des Konzerns zu beurteilen. Auch im Falle von Kapazitätsengpässen ist der relevante Engpaß aus der Sicht des Gesamtsystems zu bestimmen.

Beispiel:

Subsysteme Gesamtsystem	Produktarten		
	P1	P2	P3
S1 absoluter DB pro Stück Inanspruchnahme des Engpasses von S1 durch eine Produkteinheit (in Stunden) relativer DB pro h und Stück	4 2 h 2	5 4 h 1,25	3 1 h 3
Reihenfolge aus Sicht von S1	(2)	(3)	(1)
S2 absoluter DB pro Stück Inanspruchnahme des Engpasses von S2 durch eine Produkteinheit (in Stunden) relativer DB pro h und Stück	4 1 h 4	2,5 2,5 h 1	3 2,5 h 1,2
Reihenfolge aus Sicht von S2	(1)	(3)	(2)
Gesamtsystem absoluter DB pro Stück relativer DB je h und Stück, wenn S1 relativer Engpaß ist	8 4	7,5 1,875	6 6
Reihenfolge aus Sicht des Gesamtsystems	(2)	(3)	(1)
relativer DB je h und Stück, wenn S2 relevanter Engpaß ist	8	3	2,4
Reihenfolge aus Sicht des Gesamtsystems	(1)	(2)	(3)

 Eine additive Ermittlung der Konzerndeckungsbeiträge setzt eine Vereinheitlichung des Bezugsgrößensystems der DBR und der Kosteninhalte aller Subsysteme voraus. Relevante Kosten der Subsysteme müssen auch aus der Sicht des Gesamtkonzerns als relevant gelten und umgekehrt.

 Es kann jedoch vorkommen, daß z.B. Einzelkosten in einem Subsystem ganz oder teilweise zu Gemeinkosten anderer Subsysteme werden oder daß Gemeinkosten zu Einzelkosten werden. Damit ist eine additive Ermittlung der Deckungsbeiträge nicht mehr zulässig. Die *Zurechenbarkeit* kann dann nicht mehr aus der Sicht einzelner Subsysteme behandelt werden. Der Kostencharakter ist vielmehr auf der Basis der Leistung zu beurteilen, wie sie den Gesamtkonzern verläßt. Zudem verändert sich die Engpaßeinheit. Die Ermittlung der konsolidierten Deckungsbeiträge setzt eine *Konsolidierung* der Kosten voraus (Müller 1980, S. 200ff.; Müller/Ordelheide 1984, S. 178ff.; Riebel 1964).

(4) Umrechnungs- und Bewertungsprobleme
(4.1) Wahl des Umrechnungskurses

Kosten und Erlöse fallen im Internationalen Konzern in verschiedenen Währungen an. Da eine integriere Konzernplanung und -kontrolle eine Aufstellung der Konzern-DBR in *Konzernwährung* (i.d.R. die Währung des Sitzlandes der Konzernmutter) erfordert, müssen alle in anderer Währung anfallenden Erlöse und Kosten entsprechend umgerechnet werden. Hierfür sind verschiedene Umrechnungskurse denkbar. Da zudem Relationen zwischen Wechselkurs- und Güterpreisentwicklung bestehen, korrelieren Umrechnungs- und Bewertungsproblematik eng miteinander.

Folgende Umrechnungskurse sind dabei möglich:

- der **Transferkurs** (der Kurs im Zeitpunkt des Transfers der Fremdwährungszahlungen in die Konzernwährung)
- der **Transaktionskurs** (der Kurs im Zeitpunkt des Umsatzes)
- der **Kurs im Planungs- oder Entscheidungszeitpunkt**
- der **abgesicherte Kurs** künftiger Transferzahlungen.

Fremdwährungspositionen, für die Kurssicherungsgeschäfte abgeschlossen wurden, werden mit **abgesicherten Kursen** umgerechnet.

Im Rahmen einer Konzerndeckungsbeitragsrechnung sollte nicht mit Stichtagskursen im Planungszeitpunkt, sondern mit zukunftsorientierten Kursen umgerechnet werden. Als Plankurs für *nicht kursgesicherte* Fremdwährungserlöse bzw. -kosten bietet sich der **Kurs im Umsatzzeitpunkt** an (i.d.R. der mit den Umsätzen gewogene *Durchschnittskurs der Planperiode*). Auch die Kosteninformationen sollten in Landeswährung auf den Umsatzzeitpunkt bezogen sein. Insofern ist der Zeitbezug bei der Bewertung und Umrechnung zu berücksichtigen. Insbesondere in Weichwährungsländern mit hohen oder gar steigenden Inflationsraten müssen zudem Preissteigerungen und die damit einhergehenden Wechselkursabwertungen mit in die Planungsüberlegungen einbezogen werden.

Beispiel:

	Planungszeitpunkt (Ist-Werte)	Umsatzzeitpunkt (Plan-Werte)
variable Kosten	1 000 $	1 200 $
Umsatzerlöse	2 000 $	2 400 $
Wechselkurs	2 DM/$	1,5 DM/$
DB in Landeswährung* (LW)	1 000 $	1 200 $
DB in Konzernwährung (KW)	2 000 DM	1 800 DM

* Anmerkung: Hierbei wird implizit Zahlungswirksamkeit des Deckungsbeitrages unterstellt; für ein grobes Entscheidungskalkül mögen diese Annahmen ausreichen; bei höheren Summen sollte ein auf Zahlungsgrößen basierendes Investitionskalkül erfolgen.

Problematisch ist, daß die in die Konzernwährung umgerechneten Erlöse und Kosten mit den tatsächlich in Planungswährung anfallenden Beträgen nicht unbedingt vergleichbar sind. Wenn die Überschüsse aus dem Deckungsbeitrag beispielsweise erst zu einem erheblich späteren Zeitpunkt in die Planungswährung transferierbar sind, kann man die Absatzalternativen nicht anhand der Deckungsbeiträge am Umsatztag vergleichen.

Fremdwährungserlöse und -kosten sind dann in der Konzern-DBR zum Kurs im Zeitpunkt des *möglichen* Transfers umzurechnen. Bei Transferbeschränkungen ist das der **erwartete Kurs zum möglichen Transferzeitpunkt**. Hierbei sind Ergänzungsinvestitionen zwischen Umsatz- und Transferzeitpunkt zu berücksichtigen. Produktions- und Wiederanlageentscheidung der im In- und Ausland erzielten Überschüsse sind simultan zu fällen. Falls keine Transferbeschränkungen vorliegen, ist der *Kurs am Umsatztag* der mögliche Transferkurs (Müller/Ordelheide 1984, S. 185ff.).

Beispiel:

Entweder soll ein Erzeugnis mit variablen Kosten von 10 000 DM im Inland zu 15 000 DM oder über eine ausländische Vertriebsgesellschaft zu 7 000 $ veräußert werden.

	Absatz	
	Inland	Ausland
(1) variable Kosten (2) Umsatzerlöse (3) DB am Umsatztag in LW*	10 000 DM 15 000 DM 5 000 DM	5 000 $ 7 000 $ 2 000 $
(4) DB am Umsatztag in KW (Kurs = 2 DM/$)	5 000 DM	4 000 DM
Fallabwandlung: Transferbeschränkung Verzinsung: im Inland: 10% im Ausland: 15%		
Endwert im möglichen Transferzeitpunkt	5 500 DM	2 300 $
umgerechnet in KW (Kurs = 2,5 DM/$)	5 500 DM	5 750 DM

* Anmerkung: s.o.

(4.2) Berücksichtigung der Kursunsicherheit

Bezüglich der Kursentwickung wird man i.d.R. mehrwertige Kurserwartungen haben, auch wenn die Entwicklungstendenz abschätzbar ist. In solchen Fällen kann eine **mehrwertige Konzerndeckungsbeitragsrechnung** nützlich sein, in der nicht abgesicherte Fremdwährungspositionen mit alternativen Plan-Kursen umgerechnet werden, um die Auswirkungen der möglichen Wechselkursentwicklungen auf die Höhe der Deckungsbeiträge aufzuzeigen (Müller/Ordelheide 1984, S. 187f.).

(5) Segmentierungsprobleme

Als Steuerungs- und Kontrollinstrument sind Teilkonzern- oder Spartenabschlüsse verwendbar. Der interne Abschluß der ausländischen Einheiten ist daher zu **segmentieren**, und diese Abschlüsse sind zu weltweiten Segmentabschlüssen der Geschäftsbereiche zu konsolidieren (Busse v. Colbe 1980, S. 272).

Die **Segmentierung** nach Regionen kann nach der Herkunft (Region, die eine Umsatzleistung *erbracht* hat) oder dem Verbleib (Region, in der der Außenumsatz *getätigt* wurde) erfolgen.

Die Außen- und Innenumsätze werden i.d.R. der Region zugeordnet, die die Leistung erbracht hat (Herkunfts-Prinzip). Der Organisation der Konzerndeckungsbeitragsrechnung (Segmentkategorie ist hierbei das Produkt) liegt hingegen das Prinzip „nach dem Verbleib" zugrunde. Segmentdaten sind jeweils konsolidiert vorzulegen (Klös 1984, S. 79).

Beispiel: Segmentierung nach Herkunft oder Verbleib

	BRD	Nordamerika	Asien	EG	Innengeschäft	konsolidiert
1. nach Herkunft						
– Außenumsatz	300	200	150	300	–	950
Innenumsatz:						
– Nordamerika	50	–	–	100	– 150	–
– Asien	50	100	–	50	– 200	–
– EU	100	50	–	–	– 150	–
gesamt	500	350	150	450	– 500	950
2. nach Verbleib						
– BRD/Inland	150	–	–	150	–	300
– Nordamerika	100	150	–	100	– 150	200
– Asien	50	150	150	50	– 200	200
– EU	200	50	–	150	– 150	250
gesamt	500	350	150	450	– 500	950

5.2.1.2 Die Vorgabe des Kapitals

Dem Geschäftsbereich muß nicht nur der Finanzbedarf, sondern das gesamte im Geschäftsbereich gebundene Kapital vorgegeben werden, da auch die Bestandshaltung von der Bereichsleitung erheblich beeinflußt wird (vgl. oben). Es ist also zwischen der Finanzbedarfsprognose und dem budgetierten Plankapital zu unterscheiden. Das Plankapital des nächsten Geschäftsjahres wird als Budget vorgegeben, die Plankapitalbeträge der Folgejahre dienen als Orientierungsrichtlinie.

Das durchschnittlich in der laufenden Produktion gebundene Plankapital setzt sich zusammen aus

- dem zu Jahresbeginn für die Produktion bereitstehenden Anlagevermögen
- minus der Hälfte der geplanten Jahresabschreibung auf die vorhandenen Anlagen
- minus der Hälfte der Anlagenabgänge des Jahres
- plus dem durchschnittlich im Umlaufvermögen gebundenen Kapital.

Zum Jahres-Plankapital gehört ferner die Hälfte der für Investitionen im Geschäftsbereich freigegebenen Finanzmittel.

Die Kapital-Budgetkontrolle erfolgt durch Gegenüberstellung des tatsächlich gebundenen Kapitals und des Kapitalbudgets. Das produktionsgebundene Kapital wird dabei nach Vermögensposten, das investitionsgebundene nach Investitionsprojekten aufgegliedert (Koch 1982, S. 216f.; Solomons 1965, S. 128ff.).

5.2.2 Die Vorgabe des Return on Investment (RoI)

Planerfolg E_{pt} und durchschnittlich gebundenes Plankapital C_{pt} des Geschäftsjahres t werden häufig zu einer übergreifenden Budgetgröße, dem Return on Investment (RoI), zusammengefaßt: $RoI_{pt} = E_{pt}/C_{pt}$ (Koch 1982, S. 217f.). Als Nenner werden folgende Größen diskutiert: Gesamtvermögen(-kapital), betriebsnotwendiges Vermögen (Kapital) und Eigenkapital.

Der RoI wird oft als *die* Kennzahl zur Beurteilung der Gesamtunternehmung und ihrer dezentralen Teilbereiche angesehen (Staehle 1969, S. 64).

Während für die Gesamt-Kapitalrentabilität dem Netto-Gewinn Fremdkapitalzinsen hinzugerechnet werden, stellt der RoI nach Koch nur auf ersteren ab. Üblicherweise wird unterstellt, daß der Geschäftsbereich das *Gesamt*kapital vom Zentralbereich „Finanzierung" ausgeliehen habe, so daß mit Gesamtkapitalzinsen gerechnet werden muß (Shillinglaw 1967, S. 788). Dies erscheint gerechtfertigt, da die Geschäftsbereiche die Kapitalkosten *und* den Ausschüttungsbetrag verdienen müssen (Koch 1982, S. 218; Busse v. Colbe 1980, S. 263).

Begründet wird die Budgetierung des RoI damit, daß Bereichskapital und -erfolg in einer engen Kausalbeziehung zueinander stehen. Die Budgetkontrolle erfolgt durch Vergleich von Plan- und Ist-RoI (Koch 1982, S. 218). Der Erfolg im Zähler des RoI nach Koch entspricht dem Thesaurierungsbetrag des Geschäftsbereichs. Das Gesamtkapital dient nur zur Relativierung des Netto-Erfolges. Dieser RoI entspricht eher einer *Unternehmens*rentabilität.

Die Kapitalverzinsungspflicht eines Multinationalen Unternehmens liegt letztendlich bei der Konzernobergesellschaft. Sie muß jedoch auf die Geschäftsbereiche entsprechend ihrer Kapitalausstattung delegiert werden. Die Ergebnisse der Teileinheiten sind Maßstab und Beurteilungskriterium der **Kapitalverzinsung** (Horchler 1984, S. 10).

Auch kann „der" RoI als Kontrollgröße zur Beurteilung der **Investitionsentscheidung** bezüglich der Errichtung eines (ausländischen) Geschäftsbereichs durch die Mutter angesehen werden. Die hierzu notwendigen Informationen kommen aus den monats- oder quartalsweise gewonnenen internen Abschlüssen.

Hinsichtlich der Datenunsicherheit kann dieser Investitionskalkül als Simulationsrechnung gestaltet werden, der in Form von Risikoprofilen ausgewertet wird (vgl. Kapitel 12 in diesem Buch). Als Werte gehen die geplanten Zahlungen zwischen dem Konzern und der neuen Konzerngesellschaft in die Rechnung ein (Busse v. Colbe 1980, S. 259):

- die Kapitalausstattung durch den Konzern in Form von Eigenkapital und Darlehen
- die Kapitalrückflüsse in Form von Zinsen, Tilgungen, Dividenden, Managementgebühren und Lizenzen. (Problematisch ist insbesondere die Bewertung der wegen etwaiger Transferbeschränkungen thesaurierten Gewinne).

Auch zur **Beurteilung der Leistungsfähigkeit des Managements** der Bereiche können finanzielle Kontrollgrößen verwendet werden.

Beide Problembereiche sind voneinander zu trennen. Sie können sogar in Widerspruch zueinander geraten (vgl. unten; Busse v. Colbe 1980, S. 262).

5.2.2.1 Gründe für die Wahl eines einheitlichen Rentabilitätsmaßes

Wenn das Konzernunternehmen als Gewinneinheit betrachtet wird, verhält sich die oberste Konzernleitung wie ein Investor, der Geld in seinen diversen Unternehmen als Finanzinvestition anlegt. Daher liegt es nahe, den Periodengewinn in Relation zum eingesetzten Kapital (RoI) als Steuerungsgröße zu wählen.

Die Festlegung einer angemessenen Höhe des Soll-RoI entspricht in etwa dem Problem der Festlegung eines geeigneten Kalkulationszinsfußes im Kapitalwertmodell. Oft orientiert man sich dabei an unternehmensexternen Größen (z.B. dem landesüblichen Zins für langfristige Kredite). Die Zins- bzw. Renditesätze sind nach Ertragsteuerbelastung zu betrachten. Entsprechend kann ein einheitlicher Soll-RoI festgelegt werden.

Zur Ermittlung der Ist-Rendite aus der Sicht des Kapitalanlegers (der Konzernobergesellschaft), der die Ausschüttungshöhe bestimmen kann, dient nach Busse von Colbe der **gesamte erzielte Periodenüberschuß (einschließlich neutraler und thesaurierter Bestandteile) nach Ertragsteuern**. Bei Beteiligung außenstehender Minderheitsaktionäre kann vom **anteiligen** Überschuß ausgegangen werden. Der Überschuß ist ins Verhältnis zum „Eigenkapital" (inkl. konzerninterner Darlehen) zu setzen, das der Konzern durch Einzahlung und *frühere* Gewinnthesaurierung in das Konzernunternehmen investiert hat.

Ein einheitlicher Soll-RoI hat den Vorteil, daß bei Unterschreitung durch den Ist-RoI der *Begründungszwang* der Geschäftsleitung zufällt (Busse von Colbe 1980, S. 262f.).

Der Erfolg im Zähler des RoI nach Busse von Colbe entspricht dem Gewinn nach FK-Zinsen und Steuern. Mit dem „Eigenkapital" wird diese Größe zur EK-Rentabilität des Geschäftsbereiches. Die Maximierung dieser Größe entspricht bei Konstanz des Eigenkapitals der Gewinnmaximierung.

5.2.2.2 Einwände gegen die Verwendung eines einheitlichen Rentabilitätsmaßes

Gegen die Festlegung einer einheitlichen Meßlatte als Soll-RoI läßt sich einwenden, daß die Konzernunternehmen unterschiedlichen Risiken und Konjunkturzyklen unterliegen. Dies gilt insbesondere für einen Multinationalen Konzern, auch bei homogenem Produktionsprogramm, da die unternehmerischen Risiken sich nach Regionen unterscheiden. Hinzu kommen noch die Wechselkursentwicklungen, die unterschiedlichen Inflationsraten und die unterschiedliche Steuerbelastung (Busse v. Colbe 1980, S. 263f.).

Die Vorgabe eines einheitlichen RoI verstößt gegen die Prinzipien der Zielerreichbarkeit und der Beeinflußbarkeit der budgetierten Größen (Shillinglaw 1967, S. 795).

Nach der Portfolio- und Kapitalmarkttheorie stellt der Investor je nach Risikoausmaß differenzierte Renditeanforderungen an Kapitalanlagen. Das müßte analog auch für die Renditeanforderungen an die Konzernunternehmen gelten. Je geringer das *systematische Risiko* (Marktrisiko) für eine Gesellschaft ist, desto geringer müßte die Renditeforderung sein. Je geringer die Korrelation der Risiken untereinander ist, um so geringer wäre das Gesamtrisiko für den Konzern *(unsystematisches Risiko),* um so besser würde der Zweck der Diversifizierung der Produkte bzw. der Standorte erreicht. Es ist jedoch schwierig, die Sollwerte des RoI nach Risikograden zu differenzieren und gegenüber den Konzernunternehmen zu vertreten, da die Risikoabschätzung **subjektiv** ist. Selbst wenn dies gelänge, müßte der RoI stets an die sich ständig verändernden Verhältnisse in den jeweiligen Ländern angepaßt werden (Stobaugh 1969, S. 102; Zünd 1973, S. 126). Es gibt Vorschläge, ausgehend von einem Ziel-RoI für eine Inlandsunternehmung, die entsprechende Größe für die ausländischen Subsysteme durch prozentuale Zuschläge für politische Risiken (Krieg und Konfiskation z.B.), Währungsrisiken (Inflation und Abwertung) etc. zu ermitteln (Pryor 1965, S. 133f.).

Die Verwendung des RoI **zur Beurteilung der Geschäftsleitung** der Konzerngesellschaft setzt voraus, daß diese zumindest in den **laufenden** Absatz-, Produktions-, Beschaffungs- und Personalentscheidungen und eigentlich auch in den langfristig wirkenden Forschungs- und Entwicklungs-, Investitions- und Finanzierungsentscheidungen **selbständig** ist. Zumindest letztere sind jedoch in den immer in gewissem Maße **zentral** gelenkten Konzernen beschränkt (Busse v. Colbe 1980, S. 264).

Für die Beurteilung des Bereichsmanagements werden den Geschäftsbereichen nur die beeinflußbaren Vermögenswerte (Kapitalbeträge bzw. Ergebnisbestandteile) zugerechnet. Auf eine Zurechnung durch Schlüsselung wird verzichtet. Statt des Gewinns erscheint der „Deckungsbeitrag" pro Ergebniseinheit und an die Stelle des investierten Kapitals treten die zurechenbaren Vermögenswerte (Teile des Anlagevermögens, Warenlager und Debitoren z.B.). Das RoI-Konzept entspricht dann einer Rentabilitätsrechnung mit Deckungsbeiträgen (Hahn 1969, S. 187ff.; Zünd 1973, S. 129ff.).

In der Abstimmung von Forschungs- und Entwicklungs-, Investitions- und Finanzierungsentscheidungen und ihrer Ausrichtung auf die Konzernziele (unter Mitwirkung der Bereichsleitungen) schlägt sich die Konzernpolitik nieder. Z.T. werden sogar Konzerngesellschaften errichtet und weiterbetrieben, die nur im Konzernverbund ihre wirtschaftliche Rechtfertigung finden, aber als selbständige Gesellschaften nicht existenzfähig wären (Busse v. Colbe 1980, S. 264).

Die *Quantifizierung* und *verursachungsgerechte Zuordnung* der *Verbundwirkungen* ließe jedoch nicht nachprüfbaren Schätzungen großen Raum, da die vielfältigen Konzernwirkungen kaum erfaßbar sind (Zünd 1973, S. 126ff.). Auch der Zusammenhang zwischen dieser fiktiven Rentabilität und den Größen des Investitionskalküls ginge weitgehend verloren.

Die **Grundidee eines Konzerns** ist das Auftreten von **Synergieeffekten**, die allen Konzerngliedern mehr oder weniger zugute kommen. Das spricht für eine Differenzierung des Soll-RoI (im Rahmen ebenfalls differenzierter Budgets) nach den jeweiligen Risiken, Aufgaben oder Entwicklungsphasen der einzelnen Konzernunternehmen (Zünd 1973, S. 126). Für verschiedene Berechnungs**zwecke** kann die RoI-Formel variiert werden. Unterschiedliche Ergebnis- und Kapitalbegriffe sind jedoch eindeutig zu definieren.

Nach Koch sollten die Planrichtgrößen Ergebnis und Kapital je nach erwarteter Gewinnwirksamkeit geplanter Strategien (als solche kann man auch errichtete Geschäftsbereiche auffassen) nach frühwirksamen und spätwirksamen aufgespalten werden (Koch 1982, S. 149ff.).

Falls verlustbringende Geschäftsbereiche gehalten werden, um in anderen Bereichen entsprechende Gewinne zu erzielen, sollten diese zusammen beurteilt oder zu einem Profit Center zusammengefaßt werden, zumal Synergieeffekte schwer quantifizierbar und kaum verursachungsgerecht zuzuordnen sind.

Anlaufverluste eines neugegründeten Bereichs müssen vom Gesamtkonzern getragen werden, d.h. der den übrigen Bereichen vorgegebene Soll-Gewinnbeitrag muß diese miterwirtschaften (Horchler 1984, S. 29; Müller 1984, S. 96).

5.2.3 Die Vorgabe des Residual Income (RI)

Das Residual Income (RI) bzw. der Residualgewinn wird definiert als Gewinn nach Ertragsteuern (net income) ohne Zinsaufwendungen abzüglich dem sogenannten Mindestzins (capital charge) auf das eingesetzte Vermögen bzw. Kapital. Beim Vermögen (investment) ist das Anlagevermögen zu Buchwerten erfaßt. Der Mindestzins wird nach Ertragsteuern angegeben (Lüder 1969, S. 309; Mauriel/Anthony 1966, S. 98). Er soll dadurch Lenkzinsfunktion ausüben, daß die Geschäftsbereiche ihre Teilpläne nach seiner Maßgabe erstellen (Koch 1982, S. 224).

Wenn man das Residual Income als Maßstab betrachtet, wird das Management versuchen, so lange zu investieren, wie der Grenzerlös die Grenzkosten der Investitionen übersteigt. Der Mindestzins kann in jeder Periode der Investitionspolitik des Konzerns angepaßt werden und einheitlich sein oder je nach Division variiert werden (Mauriel/Anthony 1966, S. 104). In diesem Konzept muß das Management die Möglichkeit haben, die Höhe des zu investierenden Kapitalbetrages zu bestimmen.

In der Praxis wird der Bereichsleiter ab einer bestimmten Investitionshöhe die Genehmigung der Konzernführung einholen müssen. Nichtsdestoweniger hat er die Möglichkeit, das Kapital *anzufordern*. Falls er lediglich einen bestimmten Betrag zur Verfügung hat, wäre das Ziel (Eigenkapital-)Rentabilitätsmaximierung sinnvoll (Solomons 1965, S. 63). Das Problem der Beeinflußbarkeit und Zurechenbarkeit der einzelnen Größen stellt sich erneut.

5.2.4 Beurteilung der Budgetziffern

Gegen die Budgetierung *monetärer Größen* wird allgemein eingewandt (Koch 1982, S. 219; Welge 1975 a, Sp. 3183; Zünd 1973, S. 128f.; Mauriel/Anthony 1966, S. 103; Albach 1974, S. 235):

- Es bestehe die Gefahr *verstärkten partikularistischen Bereichsdenkens*. Die Bereichsleitung könne darauf bedacht sein, die vorgegebenen Budgetziffern auch auf Kosten anderer Bereiche und zu Lasten der Gesamtunternehmung zu erreichen.
- Es bestehe die Gefahr einer zu *kurzfristigen Unternehmenspolitik*, die u.U. noch durch Job-Rotation der Führungskräfte verstärkt wird. Zur Erreichung der Budgetgewinnziffern könnten im Rahmen der laufenden Produktion vorgesehene Investitionen eingeschränkt, unterlassen oder verzögert werden, da sie im Planungsjahr noch keine Gewinne erwirtschaften. Möglicherweise werden kurzfristig ertragbringende Investitionen zuungunsten langfristig gewinnbringender bevorzugt.
- Wenig rentable Profit Center könnten kapitalmäßig austrocknen.
- Allgemein sollten finanzwirtschaftliche Dimensionen z.B. gegenüber der Personalpolitik und der Kundenpflege nicht überbetont werden.
- Die unterschiedlichen Umweltverhältnisse, die das Ergebnis beeinflussen, erschweren eine leistungsgerechte und vergleichsfähige Ergebnisbeurteilung erheblich.

Finanzwirtschaftliche Kennziffern müssen daher eingebettet sein in das gesamte Planungs- und Kontrollsystem des Konzerns (Welge 1975 a, Sp. 3183).

Eine Ergänzung findet sich in personenorientierten, insbesondere vertikalen Koordinationsformen, z.B. in der Erstellung des strategischen Programms und der Budgetplanung und -kontrolle.

Kennziffern wie Ergebnis und Kapital, RoI und Residual Income werden vor allem in der nordamerikanischen Unternehmenspraxis als technokratische Instrumente zur Steuerung von Profit Centers angewandt (Welge 1975 a, Sp. 3182). Kritisiert wird vor allem, daß diese Größen zu summarisch seien, um so komplexe Gebilde wie Profit Center zu steuern. Ferner gibt es Bewertungsprobleme bei Anwendung dieser Kennziffern (Welge 1975 b).

Gegen die Budgetierung des **RoI** (und teilweise des **RI**)werden folgende Argumente angeführt (Koch 1982, S. 219f.; Zünd 1973, S. 128f.; Solomons 1965, S. 63ff.; Lüder 1969, S. 312ff.; Shillinglaw 1967, S. 793):

- In der Verhältniszahl komme der im operativen Plan festgelegte Umfang der Geschäftsbereichsaktivitäten nicht zum Ausdruck. Die Vorgabe von Planziffern sei sinnlos, solange keine finanziellen Restriktionen vorgegeben würden. Die Maximierung der Rentabilität kann u.U. einen sehr geringen Kapitaleinsatz bedingen, obwohl der Gewinn bei höherem Kapitaleinsatz hätte wesentlich höher sein können. RoI-Werte allein stellten zielkonformes Verhalten der Profit Center nicht sicher, wenn ihnen die Festlegung der Kapitalausstattung überlassen bleibe.
- In Divisions mit hohem RoI würden Projekte unterlassen werden, die weit mehr als die Kapitalkosten erbringen, aber unter der Rendite des Bereichs liegen, in unrentablen Bereichen hingegen Projekte durchgeführt, die kaum die Kapitalkosten erwirtschaften (Poensgen 1973, S. 267ff.).
- Entweder seien die RI- bzw. RoI-Formeln einfach und leicht verständlich, dafür aber mit Ungenauigkeiten und Ungleichheiten behaftet, oder sie würden modifiziert und verfeinert werden, dann aber umständlich zu berechnen und unverständlich sein.
- Die Manipulationsmöglichkeiten der RoI-Ziffer seien viel stärker als bei einer gesonderten Budgetierung von Erfolg und Kapital, da zwischen dem in der laufenden Produktion gebundenen Kapital und dem Erfolg des Planjahres kein zwangsläufiger Zusammenhang bestehe.
- Es bestehe die Gefahr, daß der RoI als Maßstab für die Zuweisung begrenzter Finanzmittel an die Divisions verwandt werde. Das kann zu Fehlentscheidungen führen, da unter dem Ziel der Gewinnmaximierung die Rangfolge der strategischen Projekte nicht nach der durchschnittlichen Rendite, sondern der Rendite eines Investitionsprojektes bestimmt werden muß.
- Die Kapitalbezugsbasis in beiden Maßen könne nicht bündig und entscheidungsrelevant definiert werden. Genauso wie die Amortisation auf einzelne Perioden in Form von Abschreibungen willkürlich zugeteilt wird, geschieht dies auch mit der Bestimmung des verzinslichen Kapitals (Eisenführ 1974, S. 834f.).

Die Steuerung der Geschäftsbereiche erfolgt jedoch nicht allein auf der Grundlage von Vollzugsziffern. Wenn die Vollzugsziffernbudgets hingegen durch Vorgabe eines operativen Aktionsbudgets für die laufende Produktion, für Produktinvestitionen und für Infrastrukturmaßnahmen gesteuert werden, wird kurzfristiger und partikularistischer Unternehmenspolitik der Geschäftsbereiche entgegengewirkt. Zudem können für die drei Aktionsbudgets gesonderte Budgetziffern vorgegeben werden. Schließlich sollten die Geschäftsbereichsleitungen an der Festsetzung der Planziffern beteiligt werden. Dadurch kann ihre Motivation und ihr integratives Denken erheblich gesteigert werden (Koch 1982, S. 220).

Die monetären Größen sind in diesem Fall durchaus als Budgetziffern geeignet, da sie dem unternehmerischen Hauptziel des **Einkommenserwerbs** entsprechen und den gesamten Entscheidungsspielraum der Bereichsleitungen umfassen. Ferner haben sie u.U. Triggerfunktion für detaillierte Analysen auf der Basis des Marginalprinzips (Shillinglaw 1967, S. 785ff.).

Koch spricht sich für eine getrennte Budgetierung von Erfolg und Kapital aus, da der RoI leichter manipuliert werden kann als absolute Größen. Ferner besteht durchaus die Gefahr der Fehllenkung von Ressourcen für strategische Investitionen bei Verwendung des RoI (Koch 1982, S. 221).

5.3 Die Budgetierung von Kennzahlen-Systemen

Zur effizienten Steuerung sollten die Plangewinn- und -kapitalziffern in detaillierte Budgetgrößen aufgespalten werden. Durch die damit verbundene verfeinerte Kontrolle lassen sich Fehlerquellen leichter aufdecken. Diese Vollzugsziffern könnten hierarchisch strukturiert und zu einer obersten Vollzugsziffer zusammengefaßt werden. Das hat folgende Vorzüge (Koch 1982, S. 221):

- der Gesamtüberblick über die Budgetabweichungen bei einzelnen Vollzugsziffern wird erleichtert
- Überschneidungen und Widersprüche bei der Vollzugsziffernbildung können vermieden werden.

Nach dem Vollständigkeitsprinzip sind nur absolute Größen für die Steuerung von Unternehmensbereichen geeignet.

5.3.1 Das RoI-System

Von der Firma DuPont de Nemours (Del.) wurde um 1920 ein operatives Budgetziffernsystem auf Basis des RoI als oberste Budgetziffer entwickelt. Der RoI wird hierbei in zwei weitere Relationsgrößen aufgespalten: die Umsatzgewinnrate bzw. Umsatzrentabilität G/U („profit margin") und die Kapital- bzw. Vermögensumschlagshäufigkeit U/C („turnover"; Koch 1982, S. 222; Lüder 1969, S. 308):

$$RoI = G/C = G/U * U/C.$$

Nach Lüder sind die Größen wie folgt definiert (Lüder 1969, S. 308):

G: Betriebsergebnis *vor* Ertragsteuern (operative earnings)
C: Kapital bzw. Vermögen
U: Umsatzerlöse aus Lieferungen und Leistungen an Konzernexterne und andere Konzernbereiche.

Die in der Umsatzgewinnrate und Kapitalumschlagshäufigkeit enthaltenen absoluten Größen Jahresumsatz, Gesamtvermögen und Jahresgewinn werden wie folgt in absolute Teilgrößen aufgespalten (Koch 1982, S. 222f.) (Abb. 7.5).

Für jeden Geschäftsbereich wird bei DuPont ein Budgetziffernsystem mit über 400 Größen vorgegeben (Koch 1982, S. 223). Ergänzende Spezialuntersuchungen

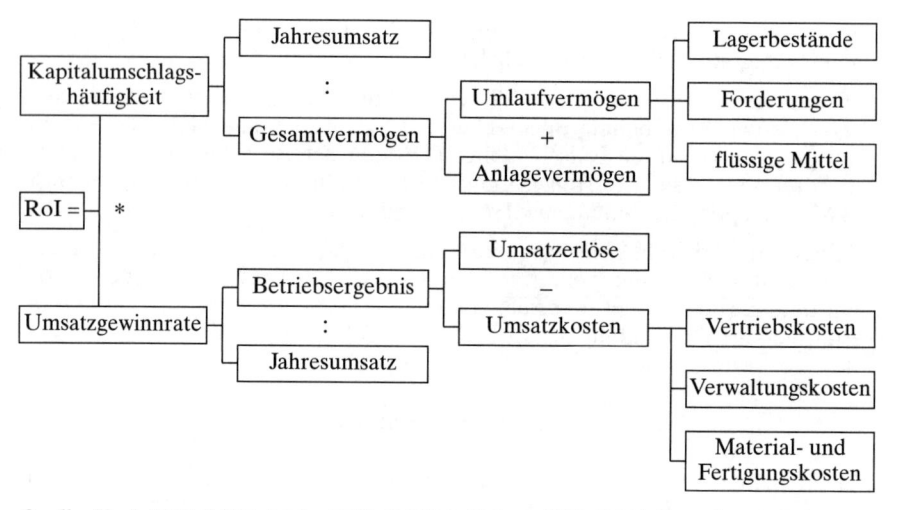

```
                    ┌── Jahresumsatz                          ┌── Lagerbestände
Kapitalumschlags-───┤                      ┌── Umlaufvermögen─┤
häufigkeit          │       :              │                  ├── Forderungen
                    └── Gesamtvermögen ────┤   +              │
                                           │                  └── flüssige Mittel
RoI = ┤ *                                  └── Anlagevermögen

                                           ┌── Umsatzerlöse
                    ┌── Betriebsergebnis ──┤      −           ┌── Vertriebskosten
Umsatzgewinnrate ───┤       :              └── Umsatzkosten ──┤
                    └── Jahresumsatz                          ├── Verwaltungskosten
                                                              │
                                                              └── Material- und
                                                                  Fertigungskosten
```

Quelle: Koch 1982, S. 223; Lüder 1969, S. 308 f.; Heinen 1970, S. 231; Dearden 1969, S. 126

Abb. 7.5: Der „RoI-Tree" von DuPont

werden weitgehend überflüssig, da der RoI **und** seine Komponenten geplant, die Soll-Ist-Abweichungen festgestellt und analysiert und die Planwerte durch rollende Planung entsprechend revidiert werden (Lüder 1969, S. 309).

Mittlerweile sind verschiedene Varianten des RoI-Systems entwickelt worden (vgl. Müller 1984; Horchler 1984), die sich durch Ansatz verschiedener Größen voneinander unterscheiden, z.B. Gewinn vor oder nach Ertragsteuern, Bilanzgewinn oder Betriebsergebnis, Anlagevermögen zu Buchwerten, Wiederbeschaffungs- oder Anschaffungskosten, Kosten nach Kostenarten oder Kostenstellen aufgegliedert (Lüder 1969, S. 307f.; Heinen 1970).

Auch hier sollte man zwischen der **Leistungsbeurteilung des Managements** und der **Beurteilung der Rentabilität** des Bereichs (vgl. oben) unterscheiden.

Unter dem Kontrollaspekt liegt die Bedeutung des RoI-Systems in seinem instrumentalen Charakter für den Zeitvergleich, den Soll-Ist-Vergleich und den Vergleich zwischen den Teilbereichen. Die Anwendung des Konzeptes auf die ausländischen Teilbereiche liegt nahe, da es sich meistens um rechtlich selbständige, in jedem Fall aber um Profit Centers handelt (Zünd 1973, S. 125).

Damit das RoI-System als Grundlage für Vergleichsrechnungen dienen kann, müssen Terminologie, Begriffsbestimmung, Berechnungsweise und Bewertungsprinzipien konzernweit einheitlich vorgegeben werden (Zünd 1973, S. 130f.).

5.3.2 Das RI-System

Von der Firma General Electric (N.Y.) wurde um 1950 ein Budgetziffern-System auf Basis des Residual Income (RI) als operatives Budgetziffernsystem auf Grundlage des Erfolgsbudgets entwickelt. Das Anlagevermögen als Bestandteil des eingesetzten Vermögens wird hierbei zu Buchwerten erfaßt. Im Gegensatz zum RoI-System werden den Geschäftsbereichen **keine Plankapitalbeträge vor-**

7. Kap.: Internationales Controlling

```
Umsatzerlöse
    −
Materialkosten
    =
Contributed Value
    −
Kosten (außer Material)
        ← Fertigungskosten
        ← Vertriebskosten
        ← Verwaltungskosten
        ← sonstige Kosten
    =
Betriebsergebnis
    + neutrales Ergebnis
    =
Gewinn vor Ertragsteuern
    − Ertragsteuern
    =
Gewinn nach Ertragsteuern
    − „Mindestzins"  (= Mindestrentabilität * Vermögen)
    =
Residualgewinn
```

Quelle: Koch 1982, S. 223; Lüder 1969, S. 309

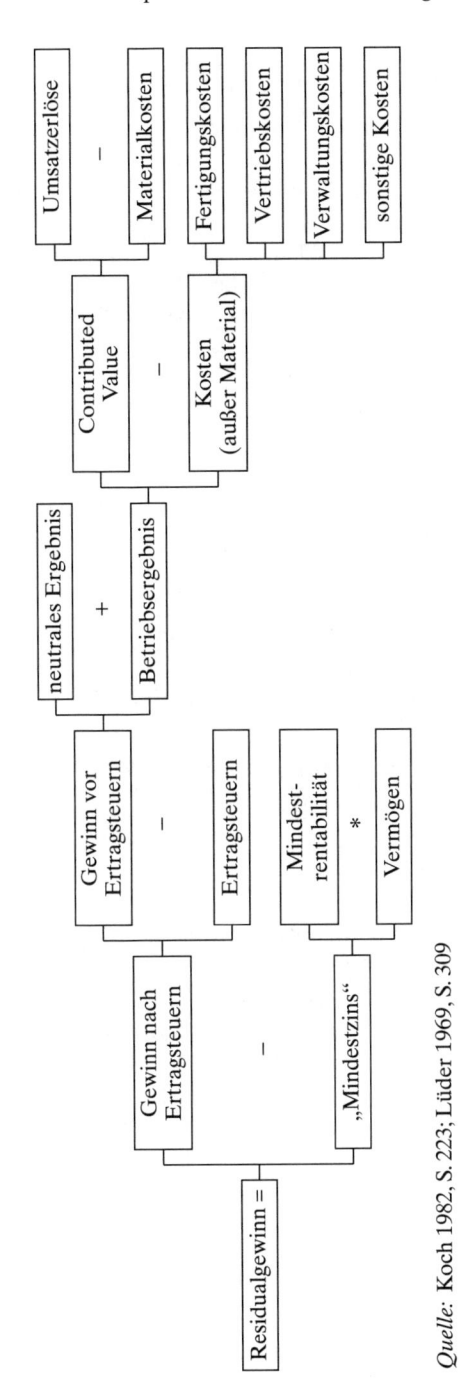

Abb. 7.6: Das integrierte „RI-System" der Budgetkontrolle von General Electric

gegeben. Sie sind der Bereichsleitung überlassen und werden von der Konzernleitung über den Lenk-Zins gesteuert (Koch 1982, S. 224; Lüder 1969, S. 309).

Der Residualgewinn wird wie der RoI in seine Komponenten aufgespalten, für die Plan-Werte bestimmt, Ist-Werte ermittelt und Soll-Ist-Abweichungsanalysen durchgeführt werden, die entsprechende Gegensteuerungsmaßnahmen bzw. Planrevisionen initiieren.

Nicht alle Posten sind den Geschäftsbereichen *direkt zurechenbar*, manche nicht von ihnen *beeinflußbar*. Damit kann das Division-Management nicht für sie verantwortlich gemacht werden, und es ist auch nicht nach ihnen beurteilbar (Lüder 1969, S. 309f.).

Folgendes Schema kann für beide Zwecke verwendet werden (vgl. oben; Solomons 1965, S. 82; Shillinglaw 1967, S. 800; Lüder 1969, S. 311f.):

	Umsatzerlöse mit Konzernexternen
+	Erlöse aus beeinflußbaren konzerninternen Lieferungen und Leistungen
./.	variable Kosten
	Deckungsbeitrag (variable profit)
./.	beeinflußbare Divisionfixkosten (divisional overhead)
	beeinflußbares Betriebsergebnis (operating profit)
+ ./.	beeinflußbares neutrales Ergebnis
./.	kalkulatorische Zinsen auf das beeinflußbare Vermögen
	beeinflußbares Residual Income vor Steuern
+ ./.	zentralbestimmte Kosten und Erlöse
./.	kalkulatorische Zinsen auf das nicht-beeinflußbare Vermögen
	Netto-Residual Income vor Steuern
./.	Ertragsteuern
	Netto-Residual Income nach Steuern

Die **Beurteilung der Divisionleitung** sollte auf der Basis des **beeinflußbaren** Residualgewinns vor Steuern erfolgen.

Entscheidungen des Bereichsmanagements und der Konzernleitung sollten auf Basis des Netto-Residualgewinns nach Steuern getroffen werden, da hierfür der Erfolg der Division entscheidend ist.

Solomons räumt ein, daß Investitions- bzw. Desinvestitionsentscheidungen auf Basis von Prognosegrößen für einzelne Projekte getroffen werden müssen. Die laufende Berichterstattung sollte nur dazu dienen, Spezialuntersuchungen dafür zu initiieren (Solomons 1965, S. 81ff.).

5.3.3 Beurteilung der Kennzahlen-Systeme

5.3.3.1 Allgemein

Zunächst ist auf die grundlegenden Bedenken gegen monetäre Budgetziffern allgemein, insbesondere gegen den RoI und das RI hinzuweisen. Die Budgetziffern-Systeme besitzen eine hohe Effizienz. Die Steuerung ist lückenlos, und durch die Kontrolle können detaillierte Abweichungsursachen ermittelt werden.

Dagegen wird kritisiert, daß eine derart intensive Kontrolle die Geschäftsbereiche demotiviere, ihnen die Initiative nehme und zum Etatdenken (Budgeterfüllung um jeden Preis) verführe. Je umfangreicher hingegen die produktmäßige und regionale Diversifikation ist, um so größer ist die Zahl der Geschäftsbereiche und um so mehr spricht für die Vorgabe von Budgetziffern-Systemen (Koch 1982, S. 225).

5.3.3.2 Vergleich der beiden Systeme

Gegen das RoI- bzw. für das RI-System läßt sich vorbringen, daß bei ersterem ein Quotient als oberste Budgetziffer dient.

Gegen das RI- bzw. für das RoI-System läßt sich entgegnen, daß die Vorgabe eines Verrechnungs-Zinssatzes nicht ausreicht, um die Kapitalnachfrage der Geschäftsbereiche effizient zu steuern, da der Zins für Produkt- und für Infrastruktur-Investitionen gilt. Die für den langfristigen Bestand des Unternehmens erforderlichen Infrastruktur-Investitionen lassen sich kaum über einen Lenkzinsfuß durchsetzen, da Produktinvestitionen i.d.R. früher gewinnwirksam sind. Die Vorgabe gesonderter Kapitalbudgets ist jedoch nur im RoI-System vorgesehen (Koch 1982, S. 225).

Im Gegensatz zum Residualgewinn führt die Verwendung einer einheitlichen Rentabilität als Beurteilungskriterium grundsätzlich **nicht zur optimalen Allokation des Vermögens** i.S. des Gesamtunternehmens. Auch wenn man unterschiedliche Mindestrentabilitätsziffern für die einzelnen Bereiche verwendet, ist keine optimale Allokation sichergestellt (zum Beweis vgl. Lüder 1969, S. 312f.).

Diese ist nur gewährleistet, wenn im Falle des Residual Income-Verfahrens beliebige finanzielle Mittel zu dem der Mindestrentabilität entsprechenden Zinssatz aufgenommen werden können. Im Falle finanzieller Restriktionen bestimmt sich die vorzugebende Mindestrentabilität nach der besten aufgrund der Restriktionen nicht mehr durchgeführten Investition.

Die Mindestrentabilität kann mit Hilfe des von Dantzig und Wolfe (vgl. Dantzig/Wolfe 1960, S. 101ff.) entwickelten **Dekompositionsverfahrens** der linearen Programmierung gelöst werden (vgl. Baumol/Fabian 1964, S. 1ff.). Dieses Verfahren führt aber zur Abkehr vom Prinzip der Division-Autonomie. Die Geschäftsbereiche gelangen zwangsläufig zu dem der Zentrale bereits bekannten Gesamtoptimum (Lüder 1969, S. 315f.; Hax 1965 a, S. 178).

Nach Ansicht von Koch scheint mehr für das RoI-System zu sprechen, da der RoI nur eine Zusammenfassung der absoluten Gewinnziffern Erfolg und Kapital ist, die ihrerseits breit aufgefächert werden. Ferner ist das Vollzugsziffern-System immer im Zusammenhang mit dem zugrundeliegenden Aktionsbudget zu sehen.

Schwerwiegender Nachteil des RI-Systems ist, daß die Steuerung der Geschäftsbereiche hinsichtlich der Finanzmittelverwendung unzureichend ist. Auch diese Kritik wird abgemildert durch die in den Aktionsbudgets weitgehend erfolgte Allokation der Finanzmittel.

Diese Nachteile führen nicht zur völligen Ablehnung der Budgetziffern-Systeme. Entscheidend ist, ihre Voraussetzungen und Grenzen zu kennen (Zünd 1973, S. 129). Mit beiden Systemen kann ein Unternehmen leben.

5.4 Offene Fragen

5.4.1 Das Problem der Währungsumrechnung

Da der Vorstand der Obergesellschaft i.d.R. den Kapitalgebern rechenschafts- bzw. kapitalverzinsungspflichtig ist, sollten die Konzernziele in dieser Währung geplant und kontrolliert werden (Horchler 1984, S. 10).

Für ausländische Gesellschaften entsteht dann das Problem der Umrechnung von Ergebnisbestandteilen in die Konzernwährung. Die ausländischen Einheiten können in Landeswährung (LW) oder in Konzernwährung (KW) geführt werden (Kellers/Ordelheide 1984, S. 113f.).

Auch aus Vergleichbarkeitsgründen von **Zahlungen** zwischen der Auslandsgesellschaft und dem übrigen Konzern und von Investitionsmöglichkeiten in verschiedenen Ländern innerhalb des Konzerns sollte eine zentrale Steuerung und Kontrolle *durch die Obergesellschaft* in Konzernwährung erfolgen (Busse v. Colbe 1980, S. 269).

Währungsgewinne und -verluste sind besonders kritische Ergebnisbestandteile eines internationalen Konzerns. So können Gewinne eines Bereiches in Weichwährung zu Verlusten in Konzernwährung werden. Daher erfordert auch die *Koordinationsfunktion* der Bereichsziele die Planung und Kontrolle der Bereichsergebnisse in der Konzernwährung (Kellers/Ordelheide 1984, S. 114).

5.4.1.1 Die Umrechung des RoI

Zur **Ermittlung des RoI** sind die *Ist-Werte des anteiligen Jahresüberschusses und der induzierten Erfolgszahlungen* an andere Konzernunternehmen zum **Wechselkurs am Zahlungstag** (oder zur Vereinfachung zum Periodendurchschnittskurs) umzurechnen. Bei einer **Abwertung** der Fremdwährung gegenüber der KW sinkt der KW-RoI bei gleichbleibenden Ertragszahlungen der Beteiligungsgesellschaften an den übrigen Konzern, wenn das in die Beteiligung investierte Kapital weiterhin zum historischen Kurs umgerechnet wird (Busse v. Colbe 1980, S. 270).

Transaktionsminderungen oder -mehrungen in DM **(transaction exposure)** werden also dem **Geschäftsbereichserfolg** direkt zugeordnet.

Letztendlich wird über die Totalperiode immer mit Tageskursen am Zahlungstag umgerechnet. Die zwischenzeitlich verwandten Umrechnungsmethoden verursachen Abgrenzungsprobleme. Für die **periodengerechte Ergebnisabgrenzung** wird jedoch mit **gespaltenen Wechselkursen** gerechnet (vgl. unten; Müller 1984, S. 45f.).

Falls die Konzernführung über Finanzierung und ggf. Ausschüttungspolitik sowie über wesentliche laufende Fremdwährungsgeschäfte der Bereiche entscheidet, kann die Bereichsleitung nicht auf Wechselkursschwankungen zwischen Bereichs- und Konzernwährung reagieren (Kellers/Ordelheide 1984, S. 114).

Die sich ergebenden Währungsumrechnungsdifferenzen sollten ergebniswirksam berücksichtigt und grundsätzlich **nicht in die Verantwortung des Bereichsmanagements** gestellt werden. Es sollte jedoch eine Rückkopplung der Kursdifferenzen zur Spartenleitung erfolgen, da sie letztendlich die entsprechenden Fehlbeträge für die Konzernmutter verdienen müssen (Müller 1984, S. 46).

Die Konzerngesellschaften sollten in Landeswährung planen und abrechnen, da sie Bestandteil ihres täglichen Umfeldes ist. Falls jedoch das Umrechnungsergebnis lokal verantwortet werden soll, muß die Umrechnung lokal oder durch eine zentrale Servicestelle erfolgen (Klös 1982, S. 76).

Für die Umrechnung **zukünftiger Zahlungen und Bestände** gibt es mehrere Möglichkeiten (Lessard/Lorange 1977):

- Umrechnung zum Istkurs im Planungszeitpunkt
- Umrechnung zum Istkurs zu Beginn der Planungsperiode
- Umrechnung zu erwarteten Kursen für die Zahlungen während und für die Bestände am Ende der Periode
- Umrechnung mit dem Kurs am Periodenende durch nachträgliche Anpassung für Kontrollzwecke.

Bei Zugrundelegung der **erwarteten Kurse** wird das Management der Konzerngesellschaft veranlaßt, die vorgegebenen Soll-Werte in Konzernwährung im Rahmen seiner Zuständigkeit anzustreben.

Die Leistungen des Geschäftsbereichsmanagements beurteilt die Zentrale dann anhand monetärer Zielgrößen, die auf Basis der „Internal Forward Rates (IFRs)" ermittelt wurden. Diese internen Plan-Wechselkurse sollten nicht geändert werden, wenn die Entscheidungen der laufenden Planungsperiode nicht revidierbar sind. Falls sie revidierbar sind, sollte die Planung für den Rest der Planungsperiode angepaßt werden (Lessard/Lorange 1977, S. 636).

Für die Kontrolle der Konzerngesellschaften können zur Umrechnung der Istwerte dieselben Kurse wie für die Umrechnung der Soll-Werte verwendet werden. So werden der Bereichsleitung Kursschwankungen während der Periode nicht zugerechnet.

Auf Dauer kann sich jedoch die Bereichsleitung ihrer (Mit-)Verantwortung für die Rentabilität allein deshalb schon nicht entziehen, weil der Geschäftsbereich aufgegeben wird, wenn die Gesellschaft die entsprechenden Soll-Werte in *Konzernwährung* fortwährend nicht erreicht (Busse v. Colbe 1980, S. 271).

Währungsgewinne und -verluste können als gesonderte Ergebnisbestandteile unterhalb der zentralbestimmten Bereichskosten bei der Ermittlung des Bereichsergebnisses II (vgl. oben) ausgewiesen werden (Kellers/Ordelheide 1984, S. 114).

Bei konzerninterner Lieferung bzw. Leistung einer Konzerngesellschaft in eigener Währung trägt der empfangende Bereich das Währungsrisiko, bei Fakturierung in der Währung des empfangenden Bereichs hingegen der Lieferant bzw. Leistende. Bei bekanntem Liefervolumen kann das Währungsrisiko durch Devisentermingeschäfte abgesichert werden. Das Währungsrisiko ist hierbei möglichst von der Gesellschaft zu übernehmen, die es für den gesamten Konzern zentral ausgleichen kann (Kellers/Lederle 1984, S. 165).

5.4.1.2 Die Umrechnung der Spartenabschlüsse

Falls (interne) Abschlüsse der Konzerngesellschaft, nationale Teilkonzernabschlüsse oder Spartenabschlüsse zur Steuerung herangezogen werden, müssen diese für eine Vergleichbarkeit nach konzerneinheitlichen Regeln aufgestellt werden (Busse v. Colbe 1980, S. 271f.).

Es erscheint naheliegend, daß in der Praxis die für externe Belange verwandte, vertraute Transformationsmethode auch für interne Zwecke verwandt wird (Zünd 1973, S. 161; Klös 1984, S. 74f.). Die Methodendiskussion beschränkt sich hierbei auf die Wahl zwischen **Stichtagskurs-Methode** (closing rate method) und **Zeitbezugs-Methode** (temporal method); (v. Wysocki/Wohlgemuth 1986, S. 182).

5.4.1.2.1 Umrechnung nach dem Zeitbezug

Eine finanzielle Steuerung und Kontrolle des Konzerns als wirtschaftlicher Einheit durch **Budgets** erfordert eine Umrechnung der Einzelabschlüsse nach dem *Grundsatz der Äquivalenz* der umgerechneten mit den ursprünglich in Konzernwährung aufgestellten Abschlüssen. Die umgerechneten Abschlußposten sollten den Werten entsprechen, die sich ergäben, wenn die ausländischen Konzerngesellschaften rechtlich unselbständige Betriebsstätten der inländischen Obergesellschaft wären (Arbeitskreis Externe Unternehmensrechnung 1987, S. 52; v. Wysocki/Wohlgemuth 1986, S. 182 u. 188; Busse v. Colbe/Ordelheide 1984, S. 316; Busse v. Colbe 1980, S. 273).

Eine differenzierte **Umrechnung nach dem Zeitbezug** entspricht diesem Grundsatz weitgehend (Busse v. Colbe 1980, S. 273). Hierbei sind die ausländischen Jahresabschlüsse so umzurechnen, als wären sie unmittelbar in Konzernwährung aufgestellt worden.

Danach werden in der **Bilanz**

- Anschaffungswerte (Sachanlagegegenstände, Vorräte, gezeichnetes Kapital und Rücklagen) mit dem Kurs im Anschaffungszeitpunkt (HK)
- Tageswerte (Forderungen und Verbindlichkeiten, Bilanzgewinn, Rücklagenzuweisungen, vereinfachend auch das Vorratsvermögen) mit dem Kurs am Bilanzstichtag; Aufwendungen und Erträge mit dem Kurs am Verbrauchs- oder Umsatztag (TK) bzw. aus Vereinfachungsgründen zu Jahresdurchschnittskursen (DK)
- Zukunftswerte (bei Bewertung des Anlagevermögens zu Wiederbeschaffungspreisen) mit dem Kurs, der für den Realisierungszeitpunkt erwartet wird (ZK)

und in der **G & V**

- Wertänderungen an Vermögensgegenständen (Abschreibungen, Stoffverbrauch) zu denselben Kursen wie die entsprechenden Vermögensgegenstände
- alle anderen Positionen vereinfachend zu Jahresdurchschnittskursen

umgerechnet (Busse v. Colbe/Ordelheide 1984, S.316ff.).

Bei kalkulatorischen Abschreibungen auf der Basis von Wiederbeschaffungskosten müßten diese theoretisch mit Plankursen zum Wiederbeschaffungszeitpunkt bewertet werden. Da die Wiederbeschaffungskosten aufgrund des in weiter Zukunft liegenden Ersatzzeitpunktes und/oder der technischen Entwicklung (Haberstock 1984, S. 184) schwer abzuschätzen sind, kommen als zweitbeste Lösung nur die mit Stichtagskursen umgerechneten Tagespreise als Abschreibungsbasis in Frage.

Die Umrechnung mit dem Mittelkurs aus Brief- und Geldkurs ist üblich.

Hinsichtlich der finanziellen Steuerung und Kontrolle (Koordinationsfunktion) unter Verwendung von Abschlüssen ausländischer Konzerngesellschaften erscheint eine differenzierte Umrechnung auf der Basis der ökonomischen Einheit Konzern mit einer erfolgswirksamen Verrechnung der Umrechnungsdiffe-

7. Kap.: Internationales Controlling

renzen als konsistenteste Lösung. Wie sollte man sonst bei Umrechnungsverlusten erklären, daß das EK abnimmt, obgleich kein Verlust ausgewiesen wird (Busse v. Colbe 1980, S. 275)?

Umrechnungsdifferenzen entstehen in der **Einzelbilanz** aus der unterschiedlichen Umrechnung der Aktiv- und Passivposten. Änderungen der Umrechnungsdifferenzen ergeben sich bei Wechselkursänderungen im Abrechnungsjahr und bei Veränderungen der Relationen der mit unterschiedlichen Kursen umgerechneten Aktiva und Passiva.

Umrechnungsdifferenzen in der **Erfolgsrechnung** entstehen, wenn Aufwendungen und Erträge mit unterschiedlichen Kursen umgerechnet werden. Differenzen zwischen dem Saldo in der umgerechneten Bilanz und dem Saldo in der umgerechneten Erfolgsrechnung können sich ergeben, wenn die Bilanzposten mit anderen Kursen umgerechnet werden als die korrespondierenden Posten der Erfolgsrechnung.

Die Änderung der bilanziellen Umrechnungsdifferenz während des Geschäftsjahres wird erfolgswirksam in der Erfolgsrechnung gesondert ausgewiesen. Der Jahresüberschuß/-fehlbetrag der Erfolgsrechnung ergibt sich dann als Saldo der umgerechneten Erträge/Aufwendungen einschließlich des auf die Abrechnungsperiode entfallenden Änderungsbetrages der bilanziellen Umrechnungsdifferenz (v. Wysocki/Wohlgemuth 1986, S. 190).

Der Jahreserfolg ergibt sich als Restgröße, die vom mit dem Stichtagskurs umgerechneten Jahreserfolg erfolgswirksam abweicht. Der Unterschiedsbetrag sollte als Währungsgewinn bzw. -verlust gesondert ausgewiesen werden.

I.d.R. überwiegen die Verbindlichkeiten die Forderungen (Nettoschuldnerposition). Rechnet man diese nominell gebundenen Positionen, wie üblich, zum Stichtagskurs um, Anlagevermögen und Eigenkapital dagegen zu historischen Kursen (HK), führen Wechselkursänderungen i.d.r. zu neuen Umrechnungsdifferenzen: bei einer **Abwertung** der Fremdwährung sind diese passivisch (Wechselkursgewinn bei erfolgswirksamer Verrechnung), bei einer **Aufwertung** aktivisch (Wechselkursverlust bei erfolgswirksamer Verrechnung). Eine Umrechnung der Vorräte zu Stichtagskursen mildert diese Wirkung (Busse v. Colbe 1980, S. 274).

Beispiel:

HK des EK:	1 DM/$
HK des AV:	2 DM/$
Ist-Wechselkurs 01:	3 DM/$
Plan-Stichtags-Wechselkurs 02:	2 DM/$
Plan-Durchschnitts-Wechselkurs 02:	2,5 DM/$

Plan-$-Bilanz des Geschäftsbereichs		Plan-DM-Bilanz des Geschäftsbereichs	
AV 1000	EK 2000	AV 2000	EK 2000
UV 2000	FK 1000	UV 5000	FK 2000
			Umrechnungsdiff. 3000*
3000	3000	7000	7000

Plan-$-Erfolgsrechnung des Geschäftsbereichs		Plan-DM-Erfolgsrechnung des Geschäftsbereichs	
Abschreibungen 100	Erträge 500	Abschreibungen 200	Erträge 1250
sonstige Aufwendungen 200		sonstige Aufwendungen 500	
Gewinn 200		Gewinn 550	
		(davon Währungsgewinn) 150	
500	500	1250	1250

Der Stichtagwert des AV betrage 1000 $.
Der Plan-Gewinn auf Basis der Umrechnung mit dem Stichtagskurs beträgt 400 DM.
Der Währungsgewinn ergibt sich aus:

Abschreibungen:	100 $ * (2 DM/$ – 2 DM/$) =	0 DM
sonstige Aufwendungen:	200 $ * (2 DM/$ – 2,5 DM/$) =	– 100 DM
Erträge:	500 $ * (2,5 DM/$ – 2 DM/$) =	250 DM
Währungsgewinn		150 DM

* Anmerkung: Die bilanzielle Umrechnungsdifferenz sei gegenüber dem Vorjahr konstant geblieben.

Falls eine fristen- und währungskongruente Finanzierung eines amerikanischen Geschäftsbereichs in $ durchgeführt wurde, kann diese Methode folgende Konsequenzen haben, wenn das AV zum HK umgerechnet wird:
Anfang Jahr 01: AKo des abnutzbaren AV in 01: 100 Mio. $; Fremdkapitalaufnahme in $; Kurs (HK): 2 DM/$;
Ende Jahr 01: Abschreibung im 1. Jahr: 30%; Tilgung im ersten Jahr: 20%; Kurs (TK): 2,5 DM/$
= ⇒ Aktivsaldo = 10 Mio. $ (30 Mio. $ Abschreibung – 20 Mio. $ Tilgung); das entspricht nach Umrechnung mit dem Tageskurs 25 Mio. DM; aus der **Umrechnung** ergibt sich ein Währungsverlust von 0,5 DM/$ * 70 Mio. $ (AV zu Buchwerten) = 35 Mio. $ bzw. aus:

[70 Mio. $ AV * 2 DM/$ (HK) – 80 Mio. $ FK * 2,5 DM/$ (TK)]	= – 60 Mio. DM
– [70 Mio. $ AV * 2,5 DM/$ (TK) – 80 Mio. $ FK * 2,5 DM/$ (TK)]	= – 25 Mio. DM
Währungsverlust	= – 35 Mio. DM

Dieses Umrechnungsrisiko in Form eines Währungsverlustes wäre nicht entstanden, wenn eine stichtagsbezogene Umrechnung erfolgt wäre oder die Unternehmung ein echtes Transaktionsrisiko auf sich genommen hätte durch langfristige Finanzierung der Investition in den USA in DM. Dann wären Tilgungs- und Zinszahlungen und operative Nettogeldflüsse in unterschiedlichen Währungen angefallen (vgl. Lipfert 1981, S. 72).

Die Nettoschuldner- oder Nettogläubigerposition (**Exposure**) unterliegt bei erfolgswirksamer Behandlung der Umrechnungsdifferenzen durch Wechselkursänderungen stets dem Risiko eines *Umrechnungs*verlustes. Dieses Risiko kann durch Aufstellung konsolidierter Exposure-Bilanzen überblickt und durch entsprechende Maßnahmen gemindert werden (Busse v. Colbe 1980, S. 274f.). An einer soliden Finanzierung sollte jedoch trotz möglicher *Buch*-Währungsverluste festgehalten werden.

Sicherungsmaßnahmen gegen buchmäßige Umrechnungsdifferenzen („**hedging**") sind unbefriedigend, weil durch den Abschluß von Devisentermingeschäften künstliche Devisenströme ausgelöst werden, die, um das Buchergebnis zu fixieren, die Gefahr echter **Liquiditätsverluste** bergen. Das „transaction exposure" ist erheblich wichtiger als das „accounting" oder „translation exposure" (Lipfert 1981, S. 72).

Falls die Konzernmutter einen DM-Betrag zur Kapitalausstattung der Tochter transferiert und im Ausland investiert, so müßte bei einer Abwertung der Auslandswährung die Gewinnausschüttung in Landeswährung in gleichem Maße *steigen*, wie der Wechselkurs gesunken ist, wenn die Obergesellschaft ebenso wie bisher gestellt sein soll. Zumindest langfristig wird die Auslandsgesellschaft danach beurteilt werden, ob sie Ertrag und Reinvermögen, in DM gemessen, erhalten hat, da sonst das Engagement aufgegeben wird (Busse v. Colbe/Ordelheide 1984, S. 365).

5.4.1.2.2 Stichtagsbezogene Umrechnung

Die Bilanz in Konzernwährung wird bei einer Umrechnung zum Stichtagskurs durch Multiplikation aller Bilanzgrößen in ausländischer Währung mit dem Umrechnungskurs am Bilanzstichtag erstellt (lineare Transformation; v. Wysocki 1971, S. 692f.). Erfolgspositionen werden zum Kurs des Entstehungstages, vereinfachend zum Jahresdurchschnittskurs oder zum Kurs am Bilanzstichtag angerechnet. Bilanzbezogene Aufwendungen und Erträge werden zum Kurs am Bilanzstichtag umgerechnet. Es entstehen in der Bilanz keine Umrechnungsdifferenzen. Die Umrechnungsdifferenzen aus der Veränderung der Kurse von Stichtag zu Stichtag sind bei der Eigenkapitalentwicklung erfolgsneutral auszuweisen (v. Wysocki/Wohlgemuth 1986, S. 181, S. 191ff.).

Falls Posten der GuV mit anderen Kursen umgerechnet werden als dem bilanziellen Stichtagskurs, können die daraus resultierenden Differenzen erfolgsunwirksam (im Eigenkapital) oder erfolgswirksam verrechnet werden (v. Wysocki 1988, S. 404f.).

Für dieses Verfahren sprechen folgende Gründe (v. Wysocki 1971, S. 691ff.; Zünd 1973, S. 160f.):

- Die Vermögens-, Kapital- und Erfolgsstruktur werden nicht verzerrt.
- Die Änderungen werden auf Währungs-Außenwert-Relationen beschränkt.
- Währungs- und Bilanzpolitik werden voneinander getrennt.
- Historische Wechselkurse können voneinander abweichen und scheiden deshalb als einheitliche Umrechnungskurse aus.

Bei externen Jahresabschlüssen sollte diese Umrechnungsmethode angewandt werden, wenn die Auslandsgesellschaft eine relativ große Eigenständigkeit (Tochtergesellschaft) besitzt (v. Wysocki/Wohlgemuth 1986, S. 182 u. 188). Dies gilt per Definition auch für die Profit Center.

Adressat des umgerechneten internen Abschlusses ist jedoch die **Konzernzentrale** (Busse v. Colbe/Ordelheide 1984, S. 315). Daher sollte zur Bewertung der Rentabilität der Sparten eine Umrechnung des Eigenkapitals zu historischen Kursen erfolgen. **Das Bereichsmanagement** wird für Differenzen zwischen Plan- und Ist-Kursen nicht verantwortlich gemacht.

Falls die Auswirkungen von Wechselkursänderungen auf Einzahlungsüberschüsse (-defizite) und den Wert ausländischer Sparten durch Ausweis von Umrechnungserfolgen gezeigt werden sollen, so müßte man auf ein „plan accounting" übergehen, d.h. in den umgerechneten Bereichsbilanzen müßten die Vermögensgegenstände und Schulden auf Basis ihrer zukünftigen Ein- und Auszahlungen ausgewiesen werden. Da diese Zurechnung auf einzelne Aktiva und Passiva nicht möglich ist, müßten Vermögensgesamtheiten betrachtet werden. Mit dieser Planung entfernt man sich jedoch weit von einer möglichen Nachvollziehbarkeit der Plan-Werte (Gebhardt 1988, 5. 183).

5.4.2 Das Problem unterschiedlicher Geldwertänderungen

Die Frage der Ermittlung des substantiellen Konzerngewinns bzw. der substantiellen Bereichsgewinne soll hier nur kurz angesprochen werden (eine ausführliche Darstellung findet sich bei Müller 1980, S. 106-153).

In kurzfristigen Kosten- und Erlösrechnungen erübrigen sich Inflationskorrekturen. Bei auf kurze Sicht entscheidungsvariablen Beträgen muß es sich um konkrete Preiserwartungen handeln. Die Inflation muß sich in planbegründeten Rücklagen (nach Steuern) niederschlagen, da das Eigenkapital in der strategischen Planung zumindest inflationär wachsen muß (Strobel 1980, S. 173).

Die Prognose wahrscheinlicher Wechselkursänderungen aufgrund von Kaufkraftänderungen ist problematisch. Die Inflation wirkt vor allem störend im mehrjährigen Zeitvergleich und in der strategischen Planung (Zünd 1973, S. 162f.).

Das Steigen der Wiederbeschaffungspreise bedeutet jedoch nicht, daß die Gewinne zukünftig (real) sinken werden, zumal sich Inflation und parallel erfolgende Abwertung der Auslandswährung kompensieren können (Busse v. Colbe/Ordelheide 1984, S. 365f.).

5.4.3 Das Problem der Gewinnverwendung

Der länderindividuelle steuerliche Einfluß (in Verbindung mit der Inflation und der Entwicklung der Wechselkurse) wirkt sich auf die Entscheidung über Gewinneinbehaltung oder -ausschüttung aus. Die Gewinnausschüttung und -thesaurierung wirken als Zins auf das investierte Kapital, wobei der thesaurierte Teil als erneute Investition von Kapital anzusehen ist.

Dabei spielt auch der Bereichs- bzw. Produktzyklus eine Rolle. Auf die **Wachstumsphase** mit üblichen Anlaufverlusten folgt die **Reifephase** mit weitgehender Selbstfinanzierung der Geschäftstätigkeit. In der darauffolgenden **Sättigungsphase** erfolgt ein Gewinntransfer an die Obergesellschaft. Der Zyklus endet mit der **Liquidationsphase**. Der Bereich bzw. das Produkt wird aufgelöst. Im Gleichklang mit diesen Phasen kann die Gewinnverwendung erfolgen (Müller 1984, S. 46f.).

Aus der Verzinsungsnotwendigkeit des Kapitals der Obergesellschaft kann ein einheitlicher RoI abgeleitet und den Gesellschaften vorgegeben werden. Eine weitere Möglichkeit besteht in einer differenzierten Vorgabe eines RoI, je nach Phase, in der sich der Bereich bzw. das Produkt befindet (vgl. oben). Zumindest muß diese bei der *Beurteilung* berücksichtigt werden. Entscheidend für die weitere Hingabe von Kapital sind stets gesonderte Investitionsanalysen.

Bei der Thesaurierungsfrage ist auch die Notwendigkeit der lokalen Liquiditätssicherung entscheidend, insbesondere wenn keine volle Währungskonvertibilität zwischen Gesellschaften gegeben ist. Die betroffenen Tochtergesellschaften müssen die Gewinne dann verstärkt bzw. voll thesaurieren. Weiter kann die Thesaurierung zur Erreichung einer bestimmten, von den lokalen Banken oder der örtlichen Gesetzgebung geforderten Eigenkapitalstruktur erfolgen.

Ein Gewinntransfer kann folgenden Zwecken dienen:
- der Erhöhung des Ergebnisses der Obergesellschaft
- der Auffüllung der „Konzernkasse" zur Finanzierung von Investitionen in anderen Konzernbereichen
- um eine entsprechende Verzinsung des Beteiligungsportefeuilles der Konzernobergesellschaft zu erreichen.

Bei einem fortgesetzten Kursverfall der Fremdwährung in Verbindung mit der Inflationsentwicklung in dem entsprechenden Land könnte man Vorab- oder Quartalsdividenden erwägen. Problematisch ist auch die teilweise sehr lange Durchlaufzeit von Gewinnausschüttungen der einzelnen Konzernglieder (Müller 1984, S. 47).

Die Bewertung der Leistung des Managements ist unabhängig von der Entscheidung über die Gewinnverwendung. Für die Bewertung der Rentabilität des Bereiches sind hingegen die Gewinnverwendungsmöglichkeiten wichtig.

5.4.4 Das Problem der internen Lieferungs- und Leistungsbeziehungen

5.4.4.1 Die Funktion von Verrechnungspreisen

Wenn für Teilbereiche der Unternehmung besondere Erfolgsrechnungen erstellt werden, dienen **Verrechnungspreise** der Bewertung von Gütern und Leistungen, die von einem Teilbereich an den anderen geliefert wurden (Zwischenprodukte, innerbetriebliche Leistungen; Hax 1981, Sp. 1689; Kellers/Lederle 1984, S. 163).

Ziele bzw. Zielkombinationen beim Ansatz von Verrechnungspreisen sind z.B. (Riebel 1973, S. 11f.):

- Maximierung des Gewinns der Einzelgesellschaft oder des Gesamtergebnisses für den Konzern
- vorübergehende Unterstützung einer Konzerngesellschaft in einer wirtschaftlichen Krise
- vorübergehend niedrige Einführungspreise, um in einem Land Fuß zu fassen.

Weiterhin sind folgende Gegebenheiten zu berücksichtigen: die interne Situation in den Unternehmen und die externen Einflüsse (z.B. die steuerlichen Restriktionen, die Währungsparitäten, die Zoll- und Devisentransferbestimmungen). Da bei Internationalen Konzernen stets mehrere Faktoren wirksam sind, muß man für zielgerichtete Entscheidungen LP-Verfahren oder Simulationsmodelle anwenden (Kellers/Lederle 1984, S. 170).

Verrechnungspreise sollen hier unter zwei verschiedenen Zwecksetzungen des Rechnungswesens untersucht werden (vgl. oben; Albach 1974, S. 217; Schmalenbach 1908/09, S. 168ff.):

(1) Die Geschäftsbereiche sollen in ihren Dispositionen selbständig gemacht werden **(Einkommensverteilungsfunktion)**. Eng damit zusammen hängt die Leistungsbemessungsfunktion.

(2) Die Geschäftsbereiche sollen ihre Entscheidungen so fällen, daß dem Interesse der Gesamtunternehmung am besten gedient ist **(Steuerungs- oder Koordinationsfunktion)**.

5.4.4.1.1 Erfolgszerlegung (Einkommensverteilung)

Im Falle von Lieferungen und Leistungen zwischen zwei Divisions hängen die Ergebnisse beider Bereiche über die ausgetauschten Mengen und die Verrechnungspreise voneinander ab: die Deckungsbeiträge gelieferter Produkte/Dienstleistungen und der Produkte/Dienstleistungen, für die die internen Lieferungen und Leistungen verwendet werden.

Liefert ein Unternehmensbereich an einen anderen, so entsteht beim abgebenden Bereich ein Ertrag/Betriebsertrag und entsprechend Aufwand/Kosten beim empfangenden Bereich. Durch die Wahl des Verrechnungspreises wird die Höhe des dem einzelnen Unternehmen *zuzurechnenden* Erfolges bestimmt. Durch Verrechnungspreise ergibt sich also eine **Erfolgszerlegung** (Kellers/Lederle 1984, S. 163).

Wenn diese Teilbereiche in einem Internationalen Konzern rechtlich selbständige Einheiten bilden, kann mittels dieser Verrechnungspreise ihr Gewinnausweis beeinflußt werden, wobei vor allem **steuerliche** Gesichtspunkte maßgebend sind (Hax 1981, Sp. 1690; vgl. Kapitel 17 dieses Buches).

5.4.4.1.2 Lenkung durch Preise (Steuerung, Koordination)

Verrechnungspreise sind als Instrument zur Koordination dezentraler Entscheidungen in Unternehmensteilbereichen, insbesondere der Erstellung und Verwendung von Zwischenprodukten und innerbetrieblichen Leistungen, einsetzbar.

Voraussetzung dafür ist, daß den Teilbereichen zumindest in gewissen Grenzen freigestellt ist, welche *Mengen* der betreffenden Güter und Leistungen sie anbieten bzw. annehmen zu den geltenden Verrechnungspreisen. So sollen mit Hilfe von Verrechnungspreisen dezentrale Entscheidungen der Teilbereiche in Richtung auf das übergeordnete Unternehmensziel **gelenkt** werden (pretiale Betriebslenkung, Schmalenbach 1947/48).

Eine Änderung der Verrechnungspreise bewirkt sowohl eine Erfolgsverschiebung zwischen den Teilbereichen als auch Anpassungen ihrer Dispositionen (Hax 1981, Sp. 1690). Bei gemeinsam genutzten Produktionskapazitäten können Verrechnungspreisänderungen Verdrängungseffekte zwischen den Produkten auslösen, die nicht im Interesse des Konzernziels sein müssen. Sie erfordern dann regelnde Eingriffe der Konzernzentrale (Kellers/Ordelheide 1984, S. 109).

5.4.4.1.3 Das Dilemma der Unvereinbarkeit

Die **beiden** Zwecke, die mit der Festsetzung des Verrechnungspreises verfolgt werden, sind unvereinbar. Ein Verrechnungspreis in Höhe des Marktpreises bei nicht voll ausgelasteten Kapazitäten der liefernden Abteilung liegt z.b. nicht im Unternehmensinteresse (Schmalenbach 1956, S. 146). Als organisatorisches (Lenkungs-)Prinzip sollte der Verrechnungspreis den Anteil der Fixkosten nicht einschließen, als Grundlage der Einkommensverteilung muß er es (Schmalenbach 1908/09, S. 182).

Es gibt nur zwei Lösungen (Albach 1974, S. 219):

- Man wählt richtige Verrechnungspreise, dann kann der Spartenleiter aber nicht an seinem Erfolg gemessen und beurteilt werden.
- Man wählt falsche („schiefe") Verrechnungspreise, dann muß man sie durch zentralistische Anordnungen ergänzen oder am besten überflüssig machen, indem man zentral führt.

5.4.4.2 Die Bildung von Verrechnungspreisen

Bei **zentraler Unternehmensplanung** sollen *zentrale Programmentscheidungen* so gelenkt werden, daß knappe Faktoren bzw. begrenzte Kapazitäten dem Unternehmensziel entsprechend (optimal) eingesetzt werden (Sertl/Stiegler 1975, Sp. 4197).

Bei der **Zentrallösung** kann die Zentrale einen Liefer- und Abnahmezwang zwischen den Bereichen einführen und die Verrechnungspreise abweichend vom Marktpreis festlegen. Hinsichtlich der Koordinationsfunktion können optimale Verrechnungspreise oft nur simultan bestimmt werden. Die Eigenverantwortung der Bereiche für ihre Planungen wäre insoweit aufgehoben. Die Bereichsergebnisse hängen dann von den Entscheidungen der Zentrale ab.

Falls die Managementleistung anhand der Soll-Ist-Abweichung des Bereichsergebnisses beurteilt wird, ist diese vom Verrechnungspreis unabhängig, wenn dieser im Soll und Ist gleich ist. Die negative Beeinflussung der Leistungsbemessungsfunktion ist damit entschärft (Kellers/Ordelheide 1984, S. 109f.). Bei Leistungsbeurteilung durch Vergleich mit anderen Bereichen birgt die Verrechnungspreisfestlegung Konfliktpotential.

Die **dezentrale Unternehmensplanung** hat die wesentlichen Vorteile der Erweiterung der Entscheidungskapazität, der Verkürzung der Informationswege und der Leistungsmotivation durch Bereichsautonomie.

Dezentrale Programmentscheidungen sollen über ein Verrechnungspreissystem so gesteuert werden, daß die selbständigen Bereichsentscheidungen das *Unternehmensziel optimal unterstützen.* Verrechnungspreise, die die Anforderungen Erfolgsermittlung und Programmentscheidung erfüllen, werden auch **effiziente Verrechnungspreise** genannt (Sertl/Stiegler 1975, Sp. 4197).

Im Falle der **Autonomielösung** ist es den Bereichen freigestellt, ob und zu welchen Bedingungen sie mit anderen Bereichen oder Konzernexternen abschließen wollen. Diese Regelung fördert die Leistungsbemessungs- und Motivationsfunktion. Sie kann jedoch zu steuerlich, preis- oder lohnpolitisch unerwünschten Folgewirkungen führen, die gegen die positive Motivationswirkung der Autonomielösung abzuwägen sind (Kellers/Ordelheide 1984, S. 109).

Bei der **Aushandlung** auf innerbetrieblichen Märkten ergeben sich Probleme, weil die Zahl der Anbieter und Nachfrager sehr klein ist, und die Nachfrager bzw. Anbieter Monopolstellungen ausnutzen können. Unproblematisch ist die Aushandlung, wenn es für das Gut einen externen Markt gibt. Der ausgehandelte Preis wird sich dann am Marktpreis orientieren (Hax 1981, Sp. 1691; Kellers/Lederle 1984, S. 170).

Falls die Lenkungspreise zwischen den leistungsmäßig verbundenen Bereichen ausgehandelt und in einer Höhe fixiert werden, in der sich Angebot und Nachfrage ausgleichen, besteht auch bei zentraler bzw. halbzentraler Überwachung dieser Verhandlungen keine Gewähr dafür, daß heterogene Bereichsziele neutralisiert werden, und die Verrechnungspreise zum Gesamtoptimum führen. Nur der Mißbrauch interner Marktstellungen im Preisbildungsprozeß läßt sich überwachen (Drumm 1972, S. 253; Schmalenbach 1947, S. 68f.; Hax 1965 a, S. 145ff.).

Für das Unternehmensziel der Gewinnmaximierung hat die Theorie eine Reihe von Vorschlägen ermittelt, wie *auch ohne ein Totalmodell* geeignete **Lenkungspreise** bestimmt werden können. Sie gehen von drei unterschiedlichen Bedingungen aus (Drumm 1972, S. 255; Solomons 1965, S. 198-205):

(a) Es existiert nur ein interner Markt, auf dem **keine Restriktionen** wirksam werden;
(b) auf diesem internen Markt können **Restriktionen** wirksam werden;
(c) es gibt einen **internen** und einen **externen Markt**, zwischen denen die Sparten als Anbieter bzw. Nachfrager wählen können.

zu (a):

Die Lenkungspreise müssen in Höhe der **Grenzplankosten** festgesetzt werden, um zum optimalen Produktionsprogramm zu gelangen (Schmalenbach 1947; Hax 1965 a, S. 132ff.). Bei linearem Kostenverlauf wird jede intern nachgefragte Menge produziert (Drumm 1972, S. 256).

Bei *zentralen* und *dezentralen* Programmentscheidungen sichern sie die optimale Allokation der Produktionsfaktoren. Bereichserfolge können hingegen mit Grenzkostenpreisen nicht ermittelt werden, da dem liefernden Teilbereich lediglich Erträge in Höhe der Grenzkosten gutgeschrieben werden und er somit einen Grenzerfolg von 0 ausweist (Sertl/Stiegler 1975, Sp. 4197f.).

zu (b):

Im Falle betrieblicher Engpässe konkurrieren alternative Verwendungsmöglichkeiten um die knappen Kapazitäten. Die als Verrechnungspreise ungeeigneten Grenzkosten sind durch den **Grenznutzen** zu ersetzen (Schmalenbach 1948).

Dieser Verrechnungspreis auf der Basis des Grenznutzens (Knappheitspreis) entspricht den Grenzkosten des jeweiligen Gutes, vermehrt um den auf seinen jeweiligen Engpaß bezogenen Deckungsbeitrag *(Opportunitätskosten oder Schattenpreis)*. Schattenpreise fallen bei Extremwertmodellen an: im Falle herkömmlicher Modelle als Lagrange-Multiplikatoren; bei Modellen der linearen Programmierung als Dualvariable (Sertl/Stiegler 1975, Sp. 4198).

Die dezentrale Ermittlung von Lenkungspreisen kann nur bei *einer* Restriktion erfolgen. Bei mehr als einer Restriktion ist nur noch eine zentrale Bestimmung optimaler Lenkungspreise möglich. Bei zentral getroffenen Programmentscheidungen erübrigen sich Grenznutzenpreise, egal wieviele Engpässe vorliegen, da Schattenpreise erst nach der Lösung des Optimierungsproblems bekannt werden (Drumm 1972, S. 257; Schneider 1966).

Für den „richtigen" Verrechnungspreis gilt: er ist gleich den Grenzkosten zuzüglich der Summe der Opportunitätskosten (Schattenpreise) des Zwischenprodukts. Im Falle betrieblicher Knappheiten sind die Opportunitätskosten größer als Null, ansonsten sind sie gleich Null (Albach 1974, S. 220; Buhr 1967, S. 687).

Grenznutzenpreise sind für die Erfolgsermittlung der Teilbereiche nicht geeignet, da der Erfolg dort erscheint, wo Engpässe auftreten (Sertl/Stiegler 1975, Sp. 4198).

zu (c):

Aus dem Division-Prinzip folgt, daß für die Erzeugnisse jeder Division ein Markt vorhanden sein muß, d.h. die Divisions sind keine Service-, sondern Profit Centers (Lüder 1969, S. 316).

Falls die Sparten zwischen Absatz und Bezug auf internen und externen Märkten wählen können, wird vorgeschlagen, die **um Absatz- und Beschaffungsnebenkosten korrigierten Preise des jeweiligen externen Marktes** als Verrechnungspreise zu übernehmen (Solomons 1965, S. 171ff.; Hax 1981, S. 1693). Diese Form der Verrechnungspreisbildung ist weitgehend von der Praxis adaptiert worden (zu den Voraussetzungen ihrer Anwendung vgl. Drumm 1972, S. 258).

Hierbei können folgende Fälle unterschieden werden (Lüder 1969, S. 316ff.; Solomons 1965, S. 212ff.; Gould 1964):

(1) Die Kapazität der Liefer-Division A ist nicht beschränkt.

(a) Falls der **Absatz** von Produkt x auf dem externen Markt zum Preis p (der liefernde Bereich dehnt seine Produktion aus, bis der Grenzpreis seinen Grenzkosten entspricht) **nicht beschränkt** ist, entspricht der Verrechnungspreis dem Marktpreis.

(b) Falls der Absatz zum Preis p auf dem externen Markt **beschränkt** ist [$x_{max} < x_{opt}$, für x_{opt} gilt: Preis p (x) = Grenzkosten K' (x)], entspricht der Verrechnungspreis den Grenzkosten. A liefert $x = x_{max}$ zum Preis von p an den externen Markt und die Menge $x_{opt} - x_{max}$ zu Grenzkosten an andere Konzernbereiche bzw. die Zentrale.

(2) Die Kapazität der Liefer-Division A ist beschränkt.

[$x_{max} < x_{opt}$, wobei für x_{opt} gilt: p (x) = K' (x)]

(a) Falls die **Absatzmöglichkeit** des Produktes auf dem externen Markt zum Preis p die **Kapazität übersteigt**, kann die ganze Kapazität von A auf dem externen Markt abgesetzt werden. Innerbetriebliche Lieferungen/Leistungen sind für A nur sinnvoll, wenn der Verrechnungspreis p ist, der neben den variablen Kosten auch die Opportunitätskosten (den entgangenen Deckungsbeitrag) enthält.

(b) Falls die externe Absatzmöglichkeit die Kapazität **unterschreitet**, gilt (1) (b) entsprechend (die Grenzkosten liegen nun jedoch stets unter dem Marktpreis).

Bei *dezentraler* und *zentraler* Programmentscheidung erfordern Verrechnungspreise auf **Marktpreisbasis** die Existenz stabiler Marktpreise, die direkt übernommen bzw. unter Abzug derjenigen direkt zurechenbaren Vertriebskosten angesetzt werden, die durch den innerbetrieblichen Transfer gegenüber Marktlieferung entfallen (Sertl/Stiegler 1975, Sp. 4199; Gould 1964).

Eine weitere Voraussetzung ist die zentrale Vorgabe des Marktpreises als Verrechnungspreis bzw. der freie Zugang der Geschäftsbereiche zum Markt. Auch müssen Marktpreise unabhängig von der Höhe der Angebotsmenge sein (Schneider 1966; Hax 1965 a).

Die betrieblichen Kapazitäten müssen voll ausgelastet sein. Im Falle der Unterbeschäftigung erfolgt eine optimale Steuerung mit Grenzkostenpreisen (s.o.).

Unter diesen Voraussetzungen sind in den o.a. Fällen Marktpreise auch zur Ermittlung des Bereichserfolges geeignet, da der Marktmechanismus auf die Unternehmung übertragen wird, so daß Bereichserfolge leistungsadäquat bestimmbar sind (Sertl/Stiegler 1975, Sp. 4200).

Die Ermittlung des „richtigen" Verrechnungspreises setzt aber in den Fällen von Kapazitäts- und/oder Absatzrestriktionen die Kenntnis des optimalen Produktionsprogrammes des Gesamtkonzerns voraus. Die Divisions können mit Hilfe von Verrechnungspreisen bzw. Preisbildungsregeln zur Realisierung dieses Produktionsprogramms veranlaßt werden. Dann haben Lenkungspreise jedoch keine eigenständige Bedeutung in diesem Prozeß mehr (Grochla 1975, Sp. S. 2904).

Es gibt folglich zwei Alternativen (Lüder 1969, S. 318):

- **Zentralisierung und Optimierung oder**
- **Dezentralisierung und Verzicht auf Erreichen des Gesamtoptimums.**

Da Informationsstand und -verarbeitungskapazität der Zentrale nicht ausreichend sind, um ein Gesamtplanungsmodell zu konstruieren, besteht ein Dezentralisationszwang. Eine (annähernd) optimale Allokation der betrieblichen Ressourcen ist nur nach intensiver Kommunikation zwischen Zentrale und Subsystemen möglich. Der Kommunikationsprozeß kann durch Anwendung von „**Dekompositionsverfahren**" formalisiert werden (Grochla 1975, Sp. 2904 f.):

Nach Vorschlägen von Baumol und Fabian (1965) wird ein bestimmter Verrechnungspreis zentral festgesetzt, auf dessen Basis die Bereiche ihre Absatz- und Produktionsprogramme entwickeln. Ebenso wird ein zentraler Gesamtplan erstellt. Falls die Bereichspläne auf Grundlage des vorgegebenen Verrechnungspreises *nicht* dem Unternehmensziel entsprechen, werden iterativ neue Verrechnungspreise vorgegeben, bis sie dem Optimum entsprechen. Abgesehen vom großen Zeit- und Rechenaufwand stehen die Vorschläge im Widerspruch zum dezentralen Organisationsprinzip, da die Bereichsautonomie durch die zentrale Festsetzung der Preise faktisch aufgehoben wird (Hax 1981, Sp. 1696; Drumm 1972, S. 257).

Es gibt also Preise, die eine Erreichung des gesamtbetrieblichen Optimums gewährleisten, aber es fehlt ein Verfahren zu ihrer Ermittlung ohne zentrale Verarbeitung der Daten (Hax 1965 a, S. 164).

Wenn die Divisionleistung anhand von Gewinnkriterien beurteilt wird, scheint die Festlegung von Verrechnungspreisen in Höhe der Grenzkosten unzweckmäßig, falls ein erheblicher Teil der Produktion innerhalb des Konzerns abgesetzt wird. Entweder müssen

- die Verrechnungspreise abweichend festgelegt,
- die Division zum Service-Center umgewandelt oder
- der Beurteilungsmaßstab geändert werden (Lüder 1969, S. 319).

In der Praxis werden überwiegend Verrechnungspreise auf Vollkostenbasis (inkl. Gewinnzuschlag) angewandt. Der Motivationsaspekt der Einkommensverteilung ist offenbar größer als die ohnehin nicht zu verwirklichende Optimierung des Gesamtunternehmens (Borchers 1978).

5.4.4.3 Verrechnungspreise als organisationspolitisches Instrument dezentraler Großunternehmen

Die neueren Ansätze zur Theorie der Verrechnungspreise untersuchen den Zusammenhang zwischen Produktionsstruktur der Unternehmung und Verrechnungspreisen (Poensgen 1973; Riebel/Paudtke/Zscherlich 1973).

Die Produktionsstruktur einer Unternehmung legt bestimmte Organisationsstrukturen nahe, und zwischen letzterer und dem Verrechnungspreissystem besteht ein enger Zusammenhang. Verrechnungspreise hängen somit weniger mit dem „Zweck der Rechnung" (Schmalenbach) zusammen als vielmehr mit dem Unternehmensziel.

Immer, wenn kurzfristige Vorteile aus dem Spartenverbund realisiert werden sollen, müssen Verrechnungspreise in Höhe der Grenzkosten (zuzüglich Opportunitätskosten) angesetzt werden. Falls die Sparten trennbar sind, sollten Verrechnungspreise in Höhe der Marktpreise angesetzt werden. Dann ist ein gemeinsamer rechtlicher Mantel der Sparten organisatorisch überflüssig (Albach 1974, S. 225ff.).

5.4.4.3.1 Die organisationspolitischen Instrumente

Albach unterscheidet drei organisationspolitische Instrumente der Unternehmensführung: Motivation, Information und Kontrolle (Albach 1974, S. 228ff.):

(1) Motivation

Durch die Beurteilung der Geschäftsführung anhand des Spartenerfolges erscheinen den Betroffenen die Karrieremöglichkeiten objektiviert und weniger von der Vorgesetztenwillkür abhängig als in einem System ohne Objektivierung der Leistungsbeurteilung.

(2) Information

Nach Albach müssen drei Typen von Informationen in der Kombination organisationspolitischer Instrumente festgelegt werden:

Anweisungen sind in dezentral geführten Unternehmen vor allem die zentralen Entscheidungen über den Bezugs- und Lieferzwang der Sparten untereinander. Auch Anweisungen, die festlegen, ob alle finanziellen Mittel an die Zentrale abgeführt werden müssen oder ob die Sparten in der Reinvestitionsentscheidung ihrer Abschreibungen frei sind, gehören dazu.

Steuerungsinformationen sind u.a. Verrechnungspreise.

Kontrollinformationen umfassen i.d.R. nur Bereichserfolgsrechnungen.

In dezentral geführten Unternehmen tritt generell der Anteil der Anweisungen gegenüber den Steuerungs- und der Anteil der Steuerungs- gegenüber den Kontrollinformationen zurück.

(3) Kontrolle

Bei stark zentraler Unternehmensführung überwiegt die laufende Aufsicht. Bei dezentraler Unternehmensführung vergrößert sich der Anteil der Ergebniskontrollen.

5.4.4.3.2 Die Kombination der organisationspolitischen Instrumente im divisionalisierten Unternehmen

Motivation, Information und Kontrolle prägen in ihrer Kombination den Organisationstyp der Unternehmung. Die Frage des richtigen Verrechnungspreissystems kann folglich nie losgelöst vom gleichzeitig verwirklichten Organisationssystem beantwortet werden.

(1) Bedingungen einer zieladäquaten Kombination der organisationspolitischen Instrumente

Wenn innerbetriebliche Lieferungen und Leistungen zu Marktpreisen erfolgen, dann existieren für liefernde und beziehende Sparten *keine* Verbundvorteile. Andererseits ist die Investitionshoheit, falls es keine Marktpreise gibt, inhaltsleer, denn die Entscheidung wird von einer anderen Sparte getroffen. Es liegen keine Bedingungen für eine Divisionalisierung vor.

Die **optimale Kombination der organisationspolitischen Instrumente** kann bei dezentraler Unternehmensführung folgendermaßen festgelegt werden (Albach 1974, S. 233):

- Die Geschäftsbereiche können selbständig Produktions-, Preis- und Investitionsentscheidungen treffen;
- interne Lieferungen erfolgen zu Marktpreisen mit der Maßgabe, daß intern und extern nicht unter Grenzkosten angeboten werden darf;
- Kapital wird den Sparten von der Zentrale zu einem Verrechnungspreis in Höhe des Marktzinses zur Verfügung gestellt;
- die Bereiche werden nach ihrem Bereichsergebnis beurteilt; da es keine Unterscheidung zwischen externen und internen Lieferungen gibt, braucht die Ergebnisrechnung nicht modifiziert zu werden.

(2) Anpassungsmaßnahmen bei Zielkonflikten in partiell divisionalisierten Unternehmen

Praktisch ist in keinem Unternehmen eine so weitgehende, idealtypische Verselbständigung erfolgt, weil die Führungsspitze nicht bereit ist, so umfangreiche Entscheidungsbefugnisse zu delegieren, und zahlreiche Verbundvorteile nur bei zentraler Führung anfallen.

Die Sicherung derartiger Verbundvorteile erzwingt keine zentrale Unternehmensführung. Es muß auch nicht auf ihre Realisierung verzichtet werden, weil der Verlust an Motivation der Mitarbeiter durch zentrale Planung größer sein könnte als der Verbundvorteil (Gould 1964, S. 67).

Es geht vielmehr um die Verwirklichung einer optimalen Kombination von zentralen und dezentralen Entscheidungen.

(2.1) Änderungen des Verrechnungspreissystems

Die Vorschläge zur Änderung des Verrechnungspreissystems, um Verbundeffekte zu sichern, haben zur Folge, daß entweder die Steuerungs- oder die Einkommensverteilungsfunktion der Verrechnungspreise verletzt wird.

(2.2) Änderungen des Kontrollsystems

Will man langfristig richtige Entscheidungen unter Berücksichtigung des Verbundeffektes treffen, müssen die Verrechnungspreise in Höhe der (langfristigen) Grenzkosten angesetzt werden. Daraus entsteht ein Zielkonflikt zwischen den Sparten, die ihren Spartenerfolg maximieren wollen und den Zielen der obersten Unternehmensleitung, die den Verbundeffekt realisieren will.

Die Beurteilung des Spartenerfolges (ohne nachträgliches Face-Lifting durch Aufteilung des Deckungsbeitrages in Höhe der Verbundvorteile) sollte nach Meinung Albachs durch eine Reihe von Beurteilungsmaßstäben („Verbundskala") ergänzt werden:

- Anteil der internen Lieferungen an den Gesamtlieferungen
- Zahl der von den Sparten entwickelten Produkte und Verfahren
- das von der Sparte hereingeholte Volumen an Kundenaufträgen, an deren Erfüllung aber auch andere Sparten beteiligt waren
- Anteil an Produktionskapazitäten, der durch Belieferung anderer Sparten beansprucht wurde.

Dadurch soll das Denken der Spartenleiter auf Gemeinsamkeiten und Verbundvorteile für die Gesamtunternehmung gelenkt werden.

Eine dezentrale Unternehmensführung ist nach Ansicht Albachs auch mit einem Verbund von Sparten unter folgenden Voraussetzungen möglich (Albach 1974, S. 237):

- Die Sparten müssen selbständig sein. Es gibt keinen Liefer- und Bezugszwang.
- Lieferungen zwischen den Sparten erfolgen zu kurz- bzw. langfristigen Grenzkosten.
- Das Kontrollsystem enthält Beurteilungsmaßstäbe für die Tätigkeit der Sparte auf dem Markt und für andere Sparten.

(2.3) Änderungen des Motivationssystems

Selbständigkeit ist kein Wert an sich. Sie eröffnet nur die Chance, Erfolg aus zwei Gründen zu erleben:

- Selbständigkeit bietet die Möglichkeit, Tätigkeiten so abzugrenzen, daß Erfolg *zurechenbar* wird.
- Selbständigkeit bietet die Freiheit, sich Ziele zu setzen, die ein Erfolgserlebnis erwarten lassen.

Es gibt zwei Möglichkeiten, das Motivationssystem zu ändern (Albach 1974, S. 238):

- die Vergrößerung des Zuständigkeitsbereichs der Spartenleiter
- die Änderung der Zielfunktion für die Sparten.

Letzteres ist nur bei trennbaren Zielfunktionen möglich. Falls diese untrennbar sind, kann nur eine Änderung der Organisationsstruktur erfolgen.

Ergebnis (Albach 1974, S. 239; Gould 1964):

- Wenn der Motivationseffekt einer Divisionalisierung voraussichtlich *größer* als der Verbundeffekt ist, dann ist die optimale Kombination der organisatorischen Instrumente eine Verbindung von: selbständiger Entscheidung der Sparten über Produktion, Preise und Kapazitäten; Verrechnungspreisen in Höhe der Marktpreise; Kontrolle der Sparten anhand ihrer Spartenergebnisse.
- Falls der Motivationseffekt einer Divisionalisierung mit Sicherheit *kleiner* als der Verbundeffekt ist, bietet sich eine zentrale Unternehmensführung an.
- Lassen sich Motivations- und Verbundeffekt nicht eindeutig abschätzen, ist ein System partiell dezentraler Unternehmensführung sinnvoll. Die optimale Kombination der organisationspolitischen Instrumente ist dann: Selbständigkeit der Sparten; Koordination der Spartenziele und des Gesamtziels durch Mitwirkung der Sparten; Verrechnungspreise in Höhe der Grenzkosten; Kontrolle der Sparten über den Spartenerfolg und die Verbundskala.

Bei Internationalen Konzernen gibt es sowohl Lieferungen innerhalb der weltweit tätigen Sparten als auch zwischen (regional tätigen) Sparten. Grenzüberschreitende Lieferungen sind mit dem Marktpreis bzw. mit Vollkosten inkl. Gewinnzuschlag zu bewerten, wenn sie von den Steuer- und Zollbehörden anerkannt werden sollen (vgl. Kap. 17 in diesem Buch).

Verbundvorteile aus der internationalen Arbeitsteilung können nur durch zentrale Führung erzielt werden. Im Falle Multinationaler Unternehmen ist aber auch die Wahrscheinlichkeit besonders groß, daß die Motivationsvorteile dezentraler Unternehmensführung die Verbundvorteile überwiegen. **Bei überwiegenden Motivationsvorteilen ist der optimale Verrechnungspreis der Marktpreis. Das rechtlich Notwendige entspräche somit dem wirtschaftlich Richtigen** (Albach 1974, S. 240f.).

Im Rahmen des sicherlich für den Ansatz des Verrechnungspreises unter steuerlichen, devisenrechtlichen und zollpolitischen Bedingungen (vgl. Kellers/Lederle 1984, S. 165ff.) gegebenen Spielraums kann der optimale Verrechnungspreis zentral bestimmt werden. Dieses „Optimum" im Rahmen rechtlicher Schranken wird jedoch nicht dem bei voller Variationsmöglichkeit des Verrechnungspreises zwischen Grenzkosten und Marktpreis entsprechen.

Es wäre theoretisch möglich, im Multinationalen Unternehmen den unter Lenkungsgesichtspunkten optimalen Verrechnungspreis abweichend von dem steuer- und zollpolitisch optimalen festzusetzen. Letzterer gilt dann nur für die externe (steuerliche) Rechnungslegung. Da der Verwaltungsaufwand jedoch trotz EDV-Einsatzes sehr hoch ist, werden die Unternehmungen in aller Regel den steuer- und zollrechtlich geforderten (optimalen) Verrechnungspreis ansetzen.

6 Resümee

In diesem Kapitel sind Ansätze und Probleme der ergebnisorientierten Steuerung Multinationaler Unternehmen dargestellt. Einige von ihnen (z.B. das RoI- und das RI-System) wurden in der Praxis entwickelt, da die Theorie bis heute keine praktikablen Methoden zur Steuerung und Bewertung der Teilbereichs-, Produkt- und Abnehmergruppen-Renditen entwickelt hat, die auch den Bedürfnissen einer Multinationalen Unternehmung entsprechen (Butler/Dearden 1965).

7 Literaturverzeichnis

Agthe, K.: Stufenweise Fixkostendeckung im System des Direct Costing, in: ZfB 1959, S. 404-418
Albach, H.: Innerbetriebliche Lenkpreise als Instrument dezentraler Unternehmensführung, in: ZfbF 1974, S. 216-242
Albrecht, H. K.: Die Organisationsstruktur multinationaler Unternehmungen, in: DB 1970, S. 2085-2089
Ansoff, H. I.: Managing Surprise and Discontinuity – Strategic Response to Weak Signals, in: ZfbF 1976, S. 129-152
Ansoff, H.I./Brandenburg, R.G.: A Language for Organization Design in: Man. Science 1971, 5. 705-731
Arbeitskreis „Externe Unternehmensrechnung" der Schmalenbach-Gesellschaft: Aufstellung von Konzernabschlüssen, in: ZfbF 1987-Sonderheft 21, S. 51-65
Baumol, W./Fabian, T.: Decomposition, Pricing for Decentralization and External Economies, in: Man. Science 1965, S. 1-32
Bleicher, K.: Die Organisation der Unternehmung aus systemtheoretischer Sicht, in: ZfO 1971, S. 171-177
Bleicher, K.: Zur organisatorischen Entwicklung multinationaler Unternehmen, in: ZfO 1972, S. 330-338 (Teil 1), S. 415-425 (Teil 2)
Bleicher, K.: Kompetenz, in: Grochla, E. (Hrsg.): HWO, 2. Aufl., Stuttgart 1980, Sp. 1056-1064
Bleicher, K.: Zur organisatorischen Entwicklung multinationaler Unternehmungen, 1. u. 2. Teil, in: ZfO 1972, 41. Jg., S. 330-338, S. 415-425
Borchers, W.: Bereichsabgabepreis im divisionalisierten Großunternehmen, in: ZfbF-Kontaktstudium 1978, S. 157-164
Büschgen, H.-E.: Finanzierung am internationalen Kapitalmarkt, in: WISU 3/1982, S. 124-127
Buhr, W.: Dualvariable, Opportunitätskosten und optimale Geltungszahl, in: ZfB 1967, S. 687-708
Busse v. Colbe, W./Ordelheide, D.: Konzernabschlüsse, 5. Aufl., Wiesbaden 1984
Busse v. Colbe, W.: Konzerne, Rechnungswesen der; in: Grochla, E./Wittmann, W. (Hrsg.): HWB, 4. Aufl., Stuttgart 1975, Sp. 2249-2257
Busse v. Colbe, W.: Zur finanziellen Steuerung und Kontrolle im internationalen Konzern mit Hilfe von Bilanzen, in: Hahn, D. (Hrsg.): Führungsprobleme industrieller Unternehmungen, Festschrift für Friedrich Thomée, Berlin/New York 1980, S. 257-278
Butler, J. W./Dearden, J.: Managing a Worldwide Business, in: HBR 3/1965, S. 93-102
Chandler, A. D. Jr.: Strategy and Structure, Cambridge (Mass.) 1962
Channon, D. F.: The Strategy and Structure of British Enterprise, London 1973
Coenenberg, A. G.: Rechnungswesen, Organisation des, in: Grochla, E.: HWO, 1. Aufl., Stuttgart 1969, Sp. 1413-1424
Coenenberg, A.G.: Externe Ergebnisquellenanalyse für große Kapitalgesellschaften nach dem HGB 1985, in: Domsch, M. u.a.: Unternehmungserfolg, Wiesbaden 1988, S. 89-106
Cook, P.W. Jr.: Decentralization and the Transfer Price Problem, in: Job 1955, S. 87ff.
Danert, G./Drumm, H. J./Hax, K. (Hrsg.): Verrechnungspreise, in: ZfbF 1973-Sonderheft 2
Danert, G.: Probleme multinationaler Unternehmungen, in: DB 1970, S. 1236-1237
Dantzig, G. B./Wolfe, P.: Decomposition for Linear Programs, in: OR, 1960, S. 101-111
Dean, J.: Decentralization and Intracompany-Pricing, in: HBR 4/1955, S. 65-74
Dearden, J.: Appraising Profit Center Managers, in: HBR 3/1968, S. 80-87
Dearden, J.: Limits on Decentralized Profit Responsibility, in: HBR 4/1962, S. 81-89
Dearden, J.: Mirage of Profit Decentralization, in: HBR 6/1962, S. 140-154
Dearden, J.: Problems in Decentralized Financial Control, in: HBR 3/1961, S. 72-80
Dearden, J.: Problems in Decentralized Profit Responsibility, in: HBR 3/1960, S. 79-86
Dearden, J.: The Case Against RoI Control, in: HBR 3/69, S. 124-135
Drumm, H.: Theorie und Praxis der Lenkung durch Preise,in: ZfbF 1972, S. 253-267

Drumm, H. J.: Planungs- und Anpassungsprobleme der Geschäftsbereichsorganisation, in: ZfB 1978, 48. Jg., S. 87-104
Drumm, H. J.: Zum Aufbau internationaler Unternehmungen mit Geschäftsbereichsorganisation, in: ZfbF 1979, S. 38-56
Eisenführ, F.: Zur Entscheidung zwischen funktionaler und divisionaler Organisation, in: ZfB 1970, 40. Jg., S. 725-746
Eisenführ, F.: Lenkungsprobleme der divisionalisierten Unternehmung, in: ZfbF 1974, S. 824-842
Freiherr v. Falkenhausen, H.: Organisation und Kontrolle multinationaler Unternehmen, in: ZfbF 1975-Sonderheft 4, S. 75-89
Funk, J.: Weltbilanz als Dokumentations-, Planungs- und Steuerungsinstrument, in: ZfbF-Kontaktstudium 1978, S. 133-140
Gebhardt, G.: Zur Aussagefähigkeit von Währungserfolgen in Einzel- und Konzernabschlüssen, in: Domsch, M. u.a.: Unternehmungserfolg, Wiesbaden 1988, S. 169-184
Glanz, St.: Konzernrechnungslegung, Zürich 1997
Gould, J. R.: Internal Pricing in Firms where there are Costs of Using an Outside Market, in: The Journal of Business 1964, S. 61-67
Gräfer, H./Scheld, G.: Konzernrechnungslegung, Hamburg 1993
Grochla, E.: Organisationstheorie, in: Grochla, E./Wittmann, W. (Hrsg.): HWB, 4. Aufl., Stuttgart 1975, Sp. 2895-2920
Guth, W.: Probleme multinationaler Unternehmen, in: DB 1970, 23. Jg., S. 1237
Haberstock, L.: Grundzüge der Kosten- und Erfolgsrechnung, 3. Aufl., München 1982
Haberstock, L.: Steuerbilanz und Vermögensaufstellung, 2. Aufl., Hamburg 1984
Hahn, D.: Ergebnisorientierte Planungsrechnung mehrgliedriger Unternehmungen auf der Basis des „Return on Investment" (RoI), in: ZfO 1969, S. 177-192
Hahn, D.: Planungs- und Kontrollrechnung als Führungsinstrument – PuK –, 3. Aufl., Wiesbaden 1985
Hansen, K.: Probleme multinationaler Unternehmen, in: DB 1970, 23. Jg., S. 1235
Hasenack, W.: Maßnahmen des Rechnungswesens zur Gestaltung der Eigenverantwortlichkeit in der Unternehmung, in: ZfhF 1957, S. 307-315
Hauschildt, J.: Die Verantwortung als konfliktregulierender Mechanismus – ein organisatorisches Modell, in: Hamburger Jahrbuch für Wirtschafts- und Gesellschaftspolitik, 13. Jahr, Tübingen 1968, S. 210-224
Hax, H.: Der Bilanzgewinn als Erfolgsmaßstab, in: ZfB 1964, S. 642-651
Hax, H.: Die Koordination von Entscheidungen, Köln et al. 1965 a
Hax, H.: Kostenbewertung mit Hilfe der mathematischen Programmierung, in: ZfB 1965 b, 35. Jg., S. 197-210
Hax, H.: Rentabilitätsmaximierung als unternehmerische Zielsetzung, in: ZfhF 1963, S. 338-344
Hax, H.: Verrechnungspreise, in: Kosiol, E.u.a. (Hrsg.), HWR, 2. Aufl., Stuttgart 1981, Sp. 1688-1699
Hederer, G./Kumar, B./Müller-Heumann, G.: Begriff und Wesensinhalt der internationalen Unternehmung, in: BFuP 1970, 22. Jg., S. 509-521
Heinen, E.: Betriebliche Kennzahlen – Eine organisationstheoretische und kybernetische Analyse, in: Linhardt, H./Penzkofer, P./Scherpf, P. (Hrsg.): Dienstleistungen in Theorie und Praxis, Stuttgart 1970, S. 227-236
Heiser, H. C.: Budgetierung, Berlin 1964
Henderson, B. D./Dearden, J.: New Systems for Divisional Control, in: HBR 5/1966, S. 144-160
Hielscher, M.: Instrumente zur Begrenzung von Währungsrisiken, in: BFuP 6/1985, 5. 531-544
Hoffmann, F.: Aufgabe, in: Grochla, E. (Hrsg.): HWO, 2. Aufl., Stuttgart 1980, Sp. 200-207
Hofstede, G.H.: The Game of Budget Control, Assen 1967
Horchler, W.: Gewinnvorgabe und Gewinnkontrolle, in: ZfbF-Sonderheft 17-1984, S. 7-30
Horngren, C. T.: Accounting for Management Control: An Introduction, 2. Aufl., Englewood Cliffs (N.J.), 1970

7. Kap.: Internationales Controlling

Horváth, P. (Hrsg.): Internationalisierung des Controlling, Stuttgart 1989
Horváth, P.: Controlling, 4. Aufl., München 1992
Hymer, St. H.: Die Internationalisierung des Kapitals, in: Kreye, O. (Hrsg.): Multinationale Konzerne, Entwickungstendenzen im kapitalistischen System, München 1974, S. 11-39
Hymer, St. H.: The International Operations of National Firms: A Study of Direct Foreign Investment, Cambridge (Mass.) 1960 (Neudruck 1977)
IFO-Institut: Produktionsstandorte der Industrie im Urteil der Unternehmen, in: Ifo-Schnelldienst 19/79, S. 7-15
Kaplan, R. S./Norton, D. P.: Balanced Scorecard, Stuttgart 1997
Kellers, R.: Organisation, Konzernrechnungslegung und Budgetkontrolle der FAG Kugelfischer, in: ZfbF-Kontaktstudium 1980, S. 1146ff.
Kellers, R./Lederle, H.: Preisbildung zwischen Konzerngesellschaften, in: ZfbF 1984-Sonderheft 17, S. 163-171
Kellers, R./Ordelheide, D.: Interne Bereichsergebnisrechnung, in: ZfbF 1984-Sonderheft 17, S. 103-114
Kern, W.: Die bilanzielle Abbildung des Unternehmungsprozesses im internationalen Konzern. Sonderprobleme internationaler Rechnungslegung unter besonderer Berücksichtigung der Währungsumrechnung, Zürich 1976
Klauer, R./Voûte, M. P.: Einführung in die Sonderprobleme des Rechnungswesens internationaler Unternehmungen, in: Perridon, L. (Hrsg.)/Borrmann, W. A. (Bearb.): Managementprobleme internationaler Unternehmen, Schriften zur Vergleichenden Managementlehre, Wiesbaden 1970, S. 149-163
Klös, H. L.: Formen der Ergebnisrechnung, in: ZfbF 1984-Sonderheft 17, S. 65-84
Koch, H.: Aufbau der Unternehmensplanung, Wiesbaden 1977
Koch, H.: Die Entscheidungskriterien in der hierarchischen Unternehmensplanung, in: ZfbF 1981, S. 1-21
Koch, H.: Die zentrale Globalplanung als Kernstück der integrierten Unternehmensplanung, in: ZfbF 1972, S. 222-252
Koch, H.: Integrierte Unternehmensplanung, Wiesbaden 1982
Koch, H.: Neuere Beiträge zur Unternehmensplanung, Wiesbaden 1980
Kosiol, E.: Organisation der Unternehmung, Wiesbaden 1962
Kulhavy, E.: Multinationale Unternehmen, in: Grochla, E./Wittmann, W. (Hrsg.): HWB, 4. Aufl., Stuttgart 1975, Sp. 2723-2738
Küting, K.: Zur Abgrenzung der Kapitalgröße im Rahmen einer spartenbezogenen Kapitalergebnisrechnung, in: DB 1982, 35. Jg., S. 1885-1890 (Teil I), S. 1945-1948 (Teil II)
Lederle, H./Wittenfeld, H.: Ergebnisermittlung in Teilperioden, in: ZfbF 1984-Sonderheft 17, S. 85-102
Lerner, E.M./Rappaport, A.: Limit DCF in capital budgeting, in: HBR 5/68, S. 133-139
Lessard, D. R./Lorange, P.: Currency Changes and Management Control: Resolving the Centralization/Decentralization Dilemma, in: Accounting Review 1977, S. 628-637
Lipfert, H.: Einflüsse von Devisenkursänderungsmöglichkeiten auf Finanzierungsentscheidungen von Unternehmen, in: DBW 1980, S. 527-540
Lipfert, H.: Management von Währungsrisiken, in: WISU 2/1981, S. 66-72 (Teil I), WISU 3/1981, S. 118-123 (Teil II)
Lube, M.-M.: Strategisches Controlling in international tätigen Konzernen, Wiesbaden 1997
Lüder, K.: Investment-Center-Kontrollverfahren zur Steuerung dezentraler Großunternehmen, in: Layer, M./Strebel, H.: Rechnungswesen und Betriebswirtschaftspolitik, Berlin 1969, S. 305-319
Mauriel, J. J./Anthony, R. N.: Misevaluation of Investment Center Performance, in: HBR 2/1966, S. 98-105
Müller, E.: Controlling in der internationalen Unternehmung, in: DBW 1996, H. 1, S. 111-122
Müller, E.: Entscheidungsorientiertes Konzernrechnungswesen, Neuwied 1980

Müller, E.: Finanzierungsstrukturen ausländischer Konzerngesellschaften und ihr Einfluß auf Differenzen aus der Kursumrechnung im Rahmen der Erstellung von Weltbilanzen, in: ZfbF 1975, S. 1-8
Müller, E.: Konzeption eines RoI-Systems, in: ZfbF 1984-Sonderheft 17, S. 31-47
Müller, E./Ordelheide, D.: Konzerndeckungsbeitragsrechnung, in: ZfbF 1984-Sonderheft 17, S. 172-188
Neuhof, B.: Profit Center-Organisation – Grundkonzeption und praxisorientierte Modifizierungen, in: WISU 1/1982, S. 11-15
Pausenberger, E.: Die internationale Unternehmung: Begriff, Bedeutung und Entstehungsgründe, in: WISU 3/82 (1. Teil), S. 118-123; WISU 7/82 (2. Teil, I), S. 332-337; WISU 8/82 (2. Teil, II), S. 385-388
Pausenberger, E.: Konzerne, in: Grochla, E./Wittmann, W. (Hrsg.): HWB, 4. Aufl., Stuttgart 1975, Sp. 2234-2249
Piechota, S./Borszcz, T. (Hrsg.): Controlling-Praxis erfolgreicher Unternehmen, Wiesbaden 1997
Poensgen, O.H.: Geschäftsbereichsorganisation, Opladen 1973
Potthoff, E.: Prüfung der Ordnungsmäßigkeit der Geschäftsführung, Stuttgart u.a. 1982
Pryor, M. H. Jr.: Planning in a Worldwide Business, in: HBR 1/1965, S. 130-139
Riebel, P.: Die Preiskalkulation auf Grundlage von „Selbstkosten" oder von relativen Einzelkosten und Deckungsbeiträgen, in: ZfbF 1964, S. 549-612
Riebel, P.: Deckungsbeitrag und Deckungsbeitragsrechnung, in: Grochla, E./Wittmann, W. (Hrsg.): HWB, 4. Aufl., Stuttgart 1975, Sp. 1137-1155
Riebel, P.: Rechnungsziele, Typen von Verantwortungsbereichen und Bildung von Verrechnungspreisen, in: ZfbF 1973-Sonderheft 2, S. 11-19
Riebel, P./Paudtke, H./Zscherlich, W.: Verrechnungspreise für Zwischenprodukte, Opladen 1973
Schedlbauer, H./Oswald, A.: Praxis der Erstellung von Planbilanzen, in: DBW 1979, S. 467-479
Schiff, M./Lewin, A.Y.: Where Traditional Budgeting Fails, in: Financial Executive 5/68, S. 51-62
Schiff, M./Lewin, A.Y.: The Impact of People on Budgets, in: The Accounting Review 1970, S. 259-268
Schmalenbach, E.: Kostenrechnung und Preispolitik, 7. Aufl., Köln und Opladen 1956
Schmalenbach, E.: Pretiale Wirtschaftslenkung, Bd. 1, Die optimale Geltungszahl, Bremen 1947; Bd. 2, Pretiale Lenkung des Betriebes, Bremen 1948
Schmalenbach, E.: Über Verrechnungspreise, in: ZfhF 1908-1909, S. 165-185
Schneider, D.: Zielvorstellungen und innerbetriebliche Lenkungspreise in privaten und öffentlichen Unternehmen, in: ZfbF, 18. Jg., 1966, S. 260-275
Schönborn, N.: Funktionale Währungsumrechnung im Konzernabschluß, Kritik der SFAS No. 52 und Entwicklung einer zahlungsorientierten Methode der Währungsumrechnung, Idstein 1993
Sertl, W./Stiegler, H.: Verrechnungspreise, betriebliche; in: Grochla, E./Wittmann, W. (Hrsg.): HWB, 4. Aufl., Stuttgart 1975, Sp. 4196-4202
Shillinglaw, G.: Cost Accounting: Analysis and Control, Homewood, Ill., rev. ed. 1967
Sieber, E. H.: Die internationale Unternehmung, in: Engeleiter, H. J. (Hrsg.): Gegenwartsfragen der Unternehmensführung, Festschrift für W. Hasenack, Herne, Berlin 1961, S. 51-68
Sieber, E. H.: Die multinationale Unternehmung, der Unternehmungstyp der Zukunft?, in: ZfbF 7/1970, S. 414-438
Sieber, E. H.: Probleme multinationaler Unternehmen, in: DB 1970, 23. Jg., S. 1233-1235
Solomons, D.: Divisional Performance: Measurement and Control, Homewood u. Nobleton 1965
Staehle, W. H.: Zielvorgabe, Koordination und Kontrolle dezentraler Organisationseinheiten mit Hilfe von Kennzahlensystemen, in: Management International 1969, Heft 1, S. 63-73
Stedry, A.C.: Budget Control and Cost Behavior, Engelwood Cliffs, N.J., 1960

Stobaugh, R. B. Jr.: How to analyze foreign investment climates, in: HBR 5/1969, S. 100-108
Strobel, W.: Entscheidungswirkungen im klassischen Inflationsmodell und die Konsequenzen für die Unternehmensplanung und die Unternehmensrechnung, in: WISU 10/1980, S. 166-173
Süchting, J.: Finanzmanagement, 5. Aufl., Wiesbaden 1989
Vernon, R.: International Investment and International Trade in the Product Cycle, in: Quarterly Journal of Economics, 2/66, S. 190-207
Weber, J.: Controlling in international tätigen Unternehmen, München 1997
Welge, M. K.: Profit Center, in: Grochla, E./Wittmann, W. (Hrsg.): HWB, 4. Aufl., Stuttgart 1975 a, Sp. 3179-3188
Welge, M. K.: Profit Center Organisation, Wiesbaden 1975 b
Wells, L. T. Jr.: A Product Life Cycle for International Trade, in: JoM 1968, Vol. 32, S. 1ff.
Wells, L. T. Jr.: International Trade: The Product life Cycle Approach, in: Wells, L. T. (Hrsg.): The Product Life Cycle and International Trade, 2. Aufl., Boston 1974, S. 3-33
von Wysocki, K.: Weltbilanzen als Planungsobjekte und Planungsinstrumente multinationaler Unternehmen, in: ZfbF 1971, S. 682-700
von Wysocki, K.: Zur Berichterstattung über die Grundlagen der Umrechnung von Fremdwährungspositionen nach § 313 Abs. 2 Satz 2 Nr. 2 HGB, in: Domsch, M. u.a.: Unternehmenserfolg, Wiesbaden 1988, S. 401-412
von Wysocki, K./Wohlgemuth, M.: Konzernrechnungslegung, 3. Aufl., Düsseldorf 1986
Zenoff, D. B./Zwick, J.: International Financial Management, Englewood Cliffs (N.J.) 1969
Zünd, A.: Kontrolle und Revision in der multinationalen Unternehmung, Bern u. Stuttgart 1973

8. Kapitel:
Identitätsorientierte interkulturelle Personalführung aus gesellschaftstheoretischer Perspektive

1 Vorbemerkungen

Die Lehre vom Internationalen Management hat jene interdependenten Unternehmenstätigkeiten und -funktionen zum Gegenstand, die sich auf grenzüberschreitende wirtschaftliche Tätigkeiten beziehen und deren „Problembestand" durch die „andersartige Umwelt" konstituiert wird (Dülfer, 1983 a, S. 8). Gilt die Andersartigkeit der Umwelt für das Internationale Management als Konstitutionsmerkmal, dann gilt dies erst recht für die internationale und die interkulturelle Personalführung (Marr, 1983).

Interkulturelle Personalführung soll dadurch gekennzeichnet sein, daß die an Personalführungsinteraktionen Beteiligten unterschiedlichen Gesellschaften (Kulturen, Ländern) angehören.

Eine andersartige gesellschaftliche Umwelt konstituiert i.d.R. auch andere Identitäten. Um diese Aussage spezifizieren zu können, wird in Abschnitt 3 ein gesellschaftstheoretischer Bezugsrahmen dargestellt, der als „Grundmodell der Gesellschaft" angesehen werden kann, wie es von der BWL schon häufig gefordert wurde (Heinen, 1976; Marr, 1984).

Diesem Grundmodell der Gesellschaft wird in Abschnitt 4 aus einer betriebswirtschaftlichen Perspektive das von Dülfer konzipierte Schichtenmodell der Umweltdifferenzierung gegenübergestellt.

Da die Umwelt über die Identität des Menschen starken Einfluß auf das Verhalten hat, werden im 5. Abschnitt Theorien zum Zusammenhang von Identität und Gesellschaft dargestellt.

Während im folgenden Abschnitt 2 die methodologische und theoretische Verortung einer identitätsorientierten interkulturellen Personalführung aus gesellschaftstheoretischer Perspektive innerhalb der Personalwirtschaft dargestellt wird, werden im letzten Abschnitt (6) Folgerungen aus den theoretischen Überlegungen für Problemfelder der Personalwirtschaftslehre abgeleitet.

2 Stellung der identitätsorientierten interkulturellen Personalführung in der Personalwirtschaftslehre

Beginnnen wir mit einem Beispiel von Keller (1982, 3f.): Der amerikanische Geschäftsführer einer Niederlassung in Griechenland bittet einen griechischen Mitarbeiter, eine Marktanalyse zu erstellen. Er fragt seinen Mitarbeiter, wieviel Zeit er für diese Arbeit benötige. Dieser antwortet, er wisse es nicht und fragt seinerseits, wieviel Zeit der Amerikaner ihm gebe. Dieser geht nicht darauf ein. Schließlich erklärt der Grieche, daß er wohl 10 Tage brauche. Der Amerikaner, der weiß, daß dieser Zeitraum äußerst knapp bemessen ist, gibt ihm 15 Tage für die Erstellung der Marktanalyse. Schon nach wenigen Tagen bemerkt der Grieche, daß der Zeitrahmen zu klein ist, daß er in Wirklichkeit 30 Tage benötigt. Also arbeitet er Tag und Nacht, um den gesetzten Termin einzuhalten. Nach fünfzehn Tagen bittet der Amerikaner um den Bericht, worauf der Grieche (strahlend!) seine Fertigstellung für den kommenden Tag ankündigt. Der Amerikaner bemerkt darauf kritisch, daß heute der 15. Tag sei, nicht morgen. Daraufhin reicht der Grieche völlig frustriert seine Kündigung ein. Dies wiederum versteht der Amerikaner überhaupt nicht, denn nach seiner Erfahrung kündigt man nicht aufgrund einer solch milden Kritik. Der Grieche hingegen findet seinen Chef unfähig, weil er ihm einen Auftrag erteilt hat, der in der festgesetzten Zeit nicht zu erledigen war und undankbar, weil er seine zusätzlichen Anstrengungen, den Auftrag fristgerecht zu erledigen, nicht gewürdigt hat.

Die Gründe für das gegenseitige Mißverständnis sind in dieser Situation in den unterschiedlichen Handlungsselbstverständlichkeiten der Beteiligten zu suchen, die diese im Verlaufe ihres bisherigen Lebens in Auseinandersetzung mit ihrer je spezifischen Umwelt verinnerlicht haben. Diese erlernten Wissensbestände für das Handeln in bestimmten Situationen bzw. in bezug auf bestimmte Ziele können auch als alltägliche „Handlungstheorien" (Macharzina, 1983 b) bezeichnet werden; alltäglich deshalb, weil solche „Handlungstheorien" in der Regel implizit angewandt und nicht „hinterfragt" werden. Die „Handlungstheorie" des Amerikaners für diese Situation lautet: Beteilige den Mitarbeiter an der Arbeitsplanung und lege gemeinsam mit ihm einen Termin fest! Die „Handlungstheorie" des Griechen für diese Situation lautete: Halte dich an die Anweisung deines Vorgesetzten und versuche ohne Rückfragen, den Termin einzuhalten; denn der Vorgesetzte muß ja wissen, welche Arbeit in welchem Zeitraum erledigt werden kann.

Warum aber sind die „Handlungstheorien" der beiden Beteiligten so unterschiedlich? Verwendet man zur Erklärung ein allgemeines Theorem der Sozialisationsforschung, so lautet die Antwort: Amerikaner und Grieche sind in verschiedenen natürlichen und – für unser Beispiel wichtiger – gesellschaftlichen (sozialen, kulturellen) Umwelten aufgewachsen und haben insofern unterschiedliche Auffassungen darüber, wie ein Vorgesetzter einen Mitarbeiter zu behandeln hat; d.h. über das, was Personalführung (in direkter Interaktion) sein soll, bestehen Meinungsverschiedenheiten.

2.1 Das Theorie-Empirie-Praxis-Verhältnis

Im oben geschilderten Beispiel wurde ein praktisches Problem geschildert, welches „dramatisch" endet. Im Anschluß an die Darstellung des Problems wurden theoretische Erklärungen aus dem Bereich der Sozialisationsforschung herangezogen, um die Entstehung des Problems und die Handlungen der Beteiligten erklären und verstehen zu können. Aufgrund empirischer Forschungen kann nun untersucht werden, in welchen Ländern (Kulturen) welche Selbstverständlichkeiten des Handelns in welchen Situationen angemessen sind. Bezogen auf den Prozeß der Personalführung heißt dies: In welchen Ländern (Kulturen) wird welches Führungsverhalten und welches Geführtenverhalten erwartet?

Grundsätzlich sind in der Forschung zwei Vorgehensweisen zu unterscheiden: die **induktive** und die **deduktive**. Der Kern der rein induktiven Vorgehensweise besteht im Sammeln von empirischen Regelmäßigkeiten. Ausgangspunkt dieser Vorgehensweise ist zumeist ein praktisches Problem. Z.B. könnte eine Frage sein:

Welche Verhaltensbesonderheiten im Vergleich zur eigenen Gesellschaft sind zu beachten, wenn man im Ausland arbeiten will? Durch empirische Analyse kann dann ermittelt werden, wie man sich in Japan, Amerika usw. in bestimmten Situationen verhält. In Form einer Übersicht, in der die Handlungsselbstverständlichkeiten in verschiedenen Alltagssituationen eines Landes dargestellt werden, kann das Ergebnis der empirischen Analyse der Praxis „mundgerecht" als Lösung des praktischen Problems dargeboten werden. Insbesondere in der amerikanischen Literatur zum Internationalen Management sind solche Auflistungen zu finden (zwei Beispiele sind in Abb. 8.1 dargestellt). Der Vorteil dieser Vorgehensweise besteht darin, daß eine unmittelbare Orientierung an Problemen der Wirtschaftspraxis erfolgt. Der Nachteil dieser Vorgehensweise besteht in ihrer Theorielosigkeit; denn Empirie ohne Orientierung an einer Theorie (theoretisches Konzept, theoretischer Bezugsrahmen, theoretische Perspektive, Modell,

---

GERMANY (FEDERAL REPUBLIC OF GERMANY) AT A GLANCE

U.S. Foreign Commercial Service Post: U.S. Embassy, Deichmanns Aue 29, 53179 Bonn.

Fundamentals in Business: German society and business is paternalistic – many decisions that we might consider routine must be referred to top management. Secrecy is also a fundamental fact of business life – cards are held close to the chest, making it hard to get information and slowing down negotiations. Germans are strongly loyal to their employer – most people stay with their company their entire career.

Sensitivities: Politics and World War II may be sensitive subjects. Refer to the country as the Federal Republic of Germany, not West Germany; the people are Germans.

Forms of Address: Never use a first name unless specifically invited to do so. Always address a person as Herr, Frau or Fräulein with the last name; anyone with a doctorate degree (such as a lawyer) is addressed Herr Doktor X, and a professor is Herr Professor X. It is important to know a person's proper title.

Courtesies: Germans are formal and reserved in first meetings, and may seem unfriendly. Most people shake hands when meeting and leaving – a firm handshake. Be punctual.

Business Do's: Germans conduct business with great attention to order and planning. Make appointments well in advance at the highest possible level. Participate in German trade fairs and contact the chambers of commerce; both are prestigious institutions in Germany. Always dress neatly, maintain formal decorum and practice restraint.

Business Don'ts: Avoid surprises and hard sell. Do not give spontaneous presentations.

Negotiations: Germans are technical and factual in negotiations. Your proposals should be concrete and realistic, presented in an orderly and authoritative manner. Beyond normal courtesies, do not bother with efforts to establish personal relationships – Germans remain aloof until business is complete. German contracts are detailed. There are two kinds of signing authority, which both mean „by proxy": the marks „p.p." or „ppa" *(per procura)* indicates a manager with restricted authority, and „i.V." *(in Vertretung)* indicates an executive with full authority.

Entertainment: The evening meal is generally simple. Hands are kept above the table. Candy, wine or flowers may be brought or sent afterward. A „Thank you" note is expected.

Religion: About evenly Protestant and Catholic, but Germany is a secular society.

Quelle: Copeland/Griggs, 1985, S. 240 und 234.

Abb. 8.1: Synoptische Übersicht deutscher und japanischer Eigenschaften und Verhaltensregelmäßigkeiten, die induktiv ermittelt worden sind, aus US-amerikanischer Sicht.

JAPAN AT A GLANCE

U.S. Foreign Commercial Service Post: U.S. Embassy, 10-1, **Akasaka** i-chome, Minato-ku (107), Tokyo. Commercial offices or consulates are also in Nagoya, Osaka-Kobe and Sapporo.

Fundamentals in Business: The Japanes are practical and hard-working; group orientation and loyalty to the company are top values. The process of business may appear to be slow because many people are involved in the decision-making process, but once a decision is made, implementation occurs quickly. Many Japanese are well educated about the West. However, never assume that your Japanese associates understand your actions or your business. In importing and exporting, it is often advisable to work through one of the large Japanese trading companies.

Sensitivities: The Japanese are highly status-conscious. Always show respect, give face, and preserve harmony. Loudness of any kind is offensive. Never single an individual out of a group, either for criticism or praise. Avoid any hint of excessive pride.

Forms of Address: People are addressed by their surname and the suffix *san*, as in Jones-san. Never use first names.

Courtesies: Japanese usually bow to each other, but handshaking is common in business. If you bow to a peer, bow as low and long as the Japanese. If you're visiting a Japanese-style home, remove your shoes before stepping inside. All etiquette is aimed toward creating *wa*, good feeling and harmony. The Japanese are formal but warm.

Business Do's: Travel with hundreds of business cards and use them whenever you must give your name; give them to everyone present. Connections and introductions are essential. Always allow time for the Japanese to get to know and trust you. Be prepared to give gifts in a number of situations. Do participate in evening entertainment – a time to communicate freely with your Japanese associates over sake.

Business Don'ts: Don't rush. Avoid conflict or any embarrassment that would cause loss of face. Don't always assume that „yes" means agreement or understanding.

Negotiations: Japanese typically negotiate in teams made up of experts in relevant fields. Interpreters are often necessary. Negotiations begin with gentle probing of fundamental issues such as the motives of the parties and the potential for long-term, mutually beneficial relationships. Negotiations will continue over a period of time with several meetings, or information will flow by correspondence. Expect some bargaining, but do not greatly inflate your proposals. Throughout, it is important to maintain a posture of integrity, courtesy and interest. When problems arise, involve an intermediary.

Entertainment: Most entertaining is done in restaurants. If you are invited to someone's home, bring a small gift and present it with both hands to the host. Sake is served before dinner, and it is polite to fill each other's cups. Try to use chopsticks. Send a note of thanks.

Religion: Buddhism and Shinto.

Abb. 8.1: Beispiel Japan

Paradigma) führt nur zur Verdoppelung der Wirklichkeit oder, wie Marr (1983) sagt, zur „Replizierung von Praxiserfahrung". Derjenige nämlich, der ohne expliziten theoretischen Bezugsrahmen empirische Analyse betreibt, nimmt implizit seine eigene selbstverständliche Alltagstheorie als Bezugsrahmen seiner Forschung. Die negativen Folgen, die aus dieser Vorgehensweise, insbesondere bei der Analyse fremder Kulturen, entstehen können, sind evident.

Der Kern der rein deduktiven Vorgehensweise besteht in der Konstruktion bzw. Übernahme eines theoretischen Bezugsrahmens. Aus der Perspektive dieses Bezugsrahmens wird die Wirklichkeit wahrgenommen und analysiert; richtiger

8. Kap.: Identitätsorientierte interkulturelle Personalführung 369

ist es zu sagen, die durch den theoretischen Bezugsrahmen konstruierte Wirklichkeit wird wahrgenommen und analysiert. Aufgabe der empirischen Forschung ist es dann, die aus der Theorie abgeleiteten Aussagen über die Wirklichkeit zu überprüfen. Wenn, wie hier dargestellt, jeder theoretische Bezugsrahmen seine eigene Wirklichkeit konstruiert, dann gibt es nicht eine Wirklichkeit, die aus verschiedenen theoretischen Perspektiven betrachtet werden kann, sondern viele Wirklichkeiten je nach der Anzahl theoretischer Bezugsrahmen. Und jede dieser Wirklichkeiten gehört zum Objektbereich der Personalwirtschaft. Dieser Sachverhalt kann folgendermaßen dargestellt werden:

Gegeben sind die Theorien A, B, C, D, die die Wirklichkeiten A_w, B_w, C_w und D_w konstruieren.

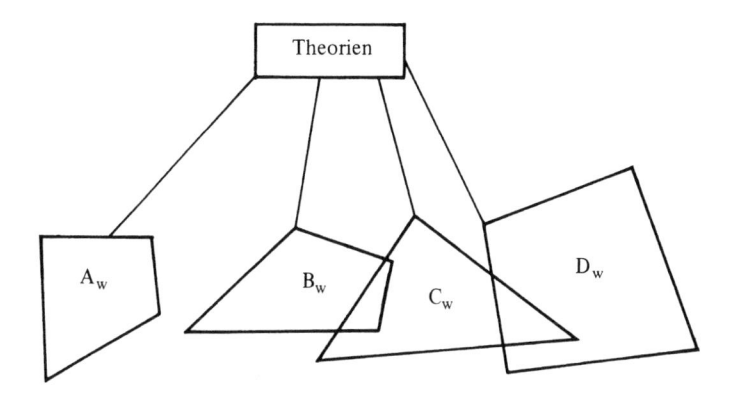

Abb. 8.2: Deduktion und Wirklichkeiten

Wenn auch idealtypisch die rein induktive von der rein deduktiven Vorgehensweise unterschieden werden kann, so entspricht diese analytische Trennung doch nicht der Realität personalwirtschaftlicher Forschung. Marr (1983, S. 31) stellt die Interdependenz zwischen beiden Vorgehensweisen folgendermaßen dar:

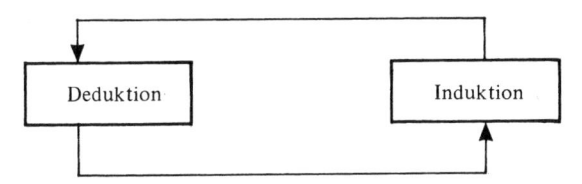

Abb. 8.3: Die Interdependenz von Induktion und Deduktion

Diese Darstellung soll verdeutlichen, daß der Ausgangspunkt der Betrachtung für die Theorieentwicklung nicht festgelegt ist; denn durch dieses konstruierte Feed-Back-Konzept kann ein theoretischer Bezugsrahmen Ausgangspunkt einer personalwirtschaftlichen Vorgehensweise sein, die dann auf praktische Probleme Anwendung findet. Ebenso können praktische Probleme Ausgangspunkt für personalwirtschaftliche Theoriebildung sein.

Wichtig festzuhalten bleibt aber: Ohne einen theoretischen Bezugsrahmen kann empirischen Daten keine Ordnung gegeben werden; ohne einen theoretischen Bezugsrahmen und ohne theoretische Begriffe gibt es keine geordnete Erkenntnis, wie seit Kant (1781, 1956) bekannt ist; durch Induktion aus der empirischen Beobachtung läßt sich aber ein theoretischer Bezugsrahmen nicht konstruieren, wie Popper (1966, 1973) hinreichend begründet hat.

Dieser Sachverhalt kann folgendermaßen veranschaulicht werden:

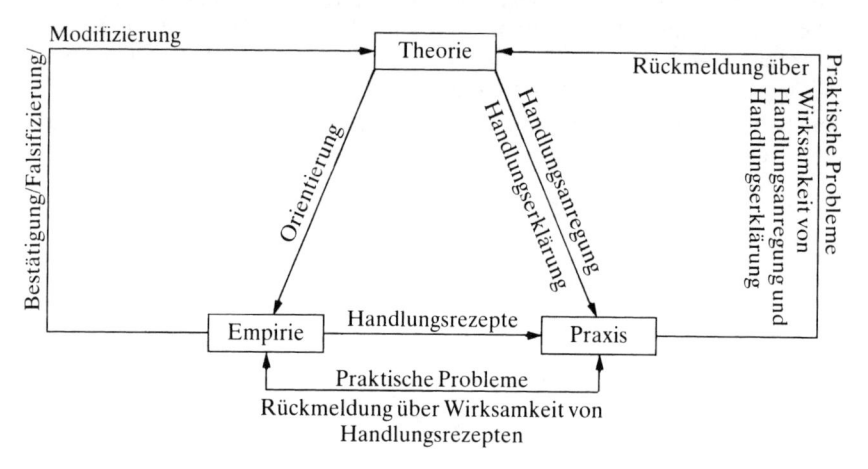

Abb. 8.4: Zusammenhang von Theorie, Empirie und Praxis

Zusammengefaßt kann festgestellt werden (Abb. 8.4):
- Der theoretische Bezugsrahmen leitet die empirische Forschung.
- Durch Ableitung von erklärenden Aussagen aus dem theoretischen Bezugsrahmen werden der Praxis Handlungserklärungen und -anregungen gegeben.
- Die theoriegeleitete empirische Forschung kann Ableitungen aus dem Theoriesystem vorläufig bestätigen oder falsifizieren, was dann zur **Modifizierung** des theoretischen Bezugsrahmens führen **kann**.
- Aus der Wirtschaftspraxis werden Problemstellungen an die Personalwirtschaftslehre herangetragen, die zu einer theoretischen und/oder theoriegeleiteten empirischen Analyse führen. Ebenso kann die Praxis korrigierend und modifizierend auf Theorie und Empirie wirken, indem sie bspw. darauf aufmerksam macht, daß von der Theorie vorgegebene Handlungsanregungen und -erklärungen nicht praktisch umsetzbar sind. Dies kann dann wiederum zu theoretischer und/oder theoriegeleiteter empirischer Analyse führen, um evtl. ausgeblendete Wirkungsfaktoren einzubeziehen und/oder das Abstraktionsniveau der erklärenden und handlungsanregenden Aussagen zu reduzieren.

2.2 Dimensionen der Personal- und Kommunikationsprobleme

Probleme können, wie dargestellt, Ausgangspunkte sein für empirische und theoretische Forschung. Wenn auch die jeweilige Wahl eines theoretischen Bezugsrahmens die Sichtbarkeit bzw. Konstitution von Problemen mitbestimmt, so kann aus praktischen Gründen doch versucht werden, eine möglichst allgemeine Systematik der Probleme eines Gegenstandsbereichs aufzustellen. Nach Dülfer

8. Kap.: Identitätsorientierte interkulturelle Personalführung 371

(1983 a, S. 9f.) lassen sich die Personal- und Kommunikationsprobleme nach folgenden Kriterien gliedern:

1. Gliederung der Personal- und Kommunikationsprobleme nach ihrer „Ansiedlung":

a) Kommunikationsprobleme in den Gastunternehmen-Gastland-Interaktionen
b) Personal- und Kommunikationsprobleme im Gastunternehmen
c) Personal- und Kommunikationsprobleme zwischen Stammhaus und Niederlassung im Gastland
d) Personal- und Kommunikationsprobleme innerhalb des Stammhauses
e) Personal- und Kommunikationsprobleme in den Interaktionsbeziehungen zwischen dem Stammhaus und seiner Umwelt.

Der Gliederungspunkt e) wird bei Dülfer nicht genannt, gehört aber m.E. durchaus noch zu einer Gliederung der Personal- und Kommunikationsprobleme; denn bspw. kann die Anwerbung von Personal für den internationalen Einsatz mit beträchtlichen Kommunikationsproblemen zwischen dem Stammhaus und seiner Umwelt verbunden sein.

Diese Gliederung der Personal- und Kommunikationsprobleme nach ihrer „Ansiedlung" kann folgendermaßen veranschaulicht werden:

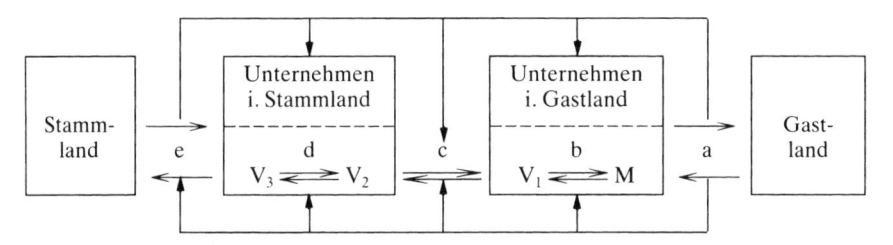

| Stamm-land | e | Unternehmen i. Stammland $V_3 \rightleftharpoons V_2$ | d | c | Unternehmen i. Gastland $V_1 \rightleftharpoons M$ | b | a | Gast-land |

Legende: M = Mitarbeiter im Gastland (Auslandsmanager)
V 1-3 = Vorgesetzte im Gast- und Stammland

Abb. 8.5: Personal- u. Kommunikationsprobleme nach dem Ort ihrer Entstehung

Die hier dargestellten vielfältigen Wechselwirkungsverhältnisse zwischen den verschiedenen „Orten" der Personal- und Kommunikationsprobleme sollen an einem Beispiel erläutert werden. Wenn in der Interaktionsbeziehung Gastunternehmen – Gastland (a) Probleme auftreten, die der Akteur aus dem Gastunternehmen nicht mehr bewältigen kann, können folgende Wirkungen entstehen:

● Bspw. kann das Unternehmen im Stammland versuchen, intern einen geeigneten Mitarbeiter auszuwählen bzw. zu entwickeln, der solchen Problemen gewachsen ist (d);
● eine weitere Möglichkeit ist, daß das Unternehmen auf dem nationalen und internationalen Markt für Führungskräfte Kontakte herstellt, um durch externe Führungskräftebeschaffung (e) die Kommunikationsprobleme in den Gastunternehmen-Gastland-Interaktionen zu lösen (a).

2. *Gliederung der Personal- und Kommunikationsprobleme nach der Entscheidungsebene:*
a) höhere Führungskräfte
b) mittlere Führungskräfte
c) Fachkräfte
d) angelernte und ungelernte Mitarbeiter.

3. *Gliederung der Personal- und Kommunikationsprobleme nach ethnischnationaler Differenzierung:*

Diese Differenzierung bezieht sich auf die Besetzungsstrategie eines Unternehmens für Fach- und Führungspositionen im Ausland. Grundsätzlich lassen sich folgende Politiken unterscheiden (Dülfer, 1983 a; Marr, 1983; Pausenberger, 1983):

a) ethnozentrische Strategie, d.h. Fach- und Führungskräfte werden aus dem Stammland in das Gastland delegiert;
b) polyzentrische Strategie, d.h. Fach- und Führungskräfte im Gastunternehmen werden rekrutiert aus dem jeweiligen Gastland;
c) geozentrische Strategie, d.h. Fach- und Führungskräfte werden weltweit aus Drittländern rekrutiert ohne Berücksichtigung der Nationalität.

Setzt man die drei Dimensionen der Personal- und Kommunikationsprobleme zueinander in Beziehung, dann lassen sich die in Abb. 8.6 dargestellten Problemfelder ausmachen.

Nach Marr (1983) soll in dieser dreidimensionalen Gliederung die dritte Dimension Wertorientierung genannt werden. Hiermit soll ausgedrückt werden, daß sich in einer ethnozentrischen, geozentrischen bzw. polyzentrischen Besetzungsstrategie eine ganz bestimmte Denkweise und „Geisteshaltung" des jeweiligen Unternehmens ausdrückt, was in der jeweiligen Unternehmensstruktur explizit oder implizit zum Ausdruck kommt (Kreutzer, 1989).

Diese dreidimensionale Identifizierung von Problemfeldern erlaubt es, die jeweils identifizierten Problemfelder spezifischen personalwirtschaftlichen Funktionen (Personalbeschaffung, Personaleinsatz, Personalentwicklung usw.) zuzuordnen.

Geht man davon aus, daß Menschen im Laufe ihres Lebens Identität in Interaktions- und Kommunikationsprozessen aufbauen und modifizieren, dann kann aus dem dreidimensionalen Raum der Personal- und Kommunikationsprobleme der in Abb. 8.7 analytisch isolierbare Objektbereich für das weitere Vorgehen extrahiert werden.

Dieses einfache *Modell der identitätsorientierten interkulturellen Personalführung* besteht folglich aus mehreren Komponenten, die im folgenden einer Analyse unterzogen werden müssen, um festzustellen, welche Wirkungen zwischen den Variablen vorliegen und welche Wirkungen und Wechselwirkungen zusätzlich berücksichtigt werden müssen. Die hier im Modell schon dargestellte Wirkung ist die allgemein anerkannte grundlegende Beziehung:

Nämlich, daß das Führungsverhalten darauf abzielt, das Verhalten des Geführten (Mitarbeiters) zu beeinflussen und daß dieser Beeinflussungsprozeß von Umweltbedingungen beeinflußt wird (Frese, 1986; Staehle, 1980). Hier kommt hinzu, daß die Wirkung der Identität von Vorgesetzten und Mitarbeitern aus gesellschaftstheoretischer Sicht schwerpunktmäßig berücksichtigt werden soll, wo-

8. Kap.: Identitätsorientierte interkulturelle Personalführung

Externe Interaktionsbeziehungen im Gastland

Innerhalb der Auslandsniederlassung

Zwischen Stammhaus und Auslandsniederlassung

Innerhalb des Stammhauses

Externe Interaktionsbeziehungen zwischen Stammhaus und Stammland

Interaktionsort

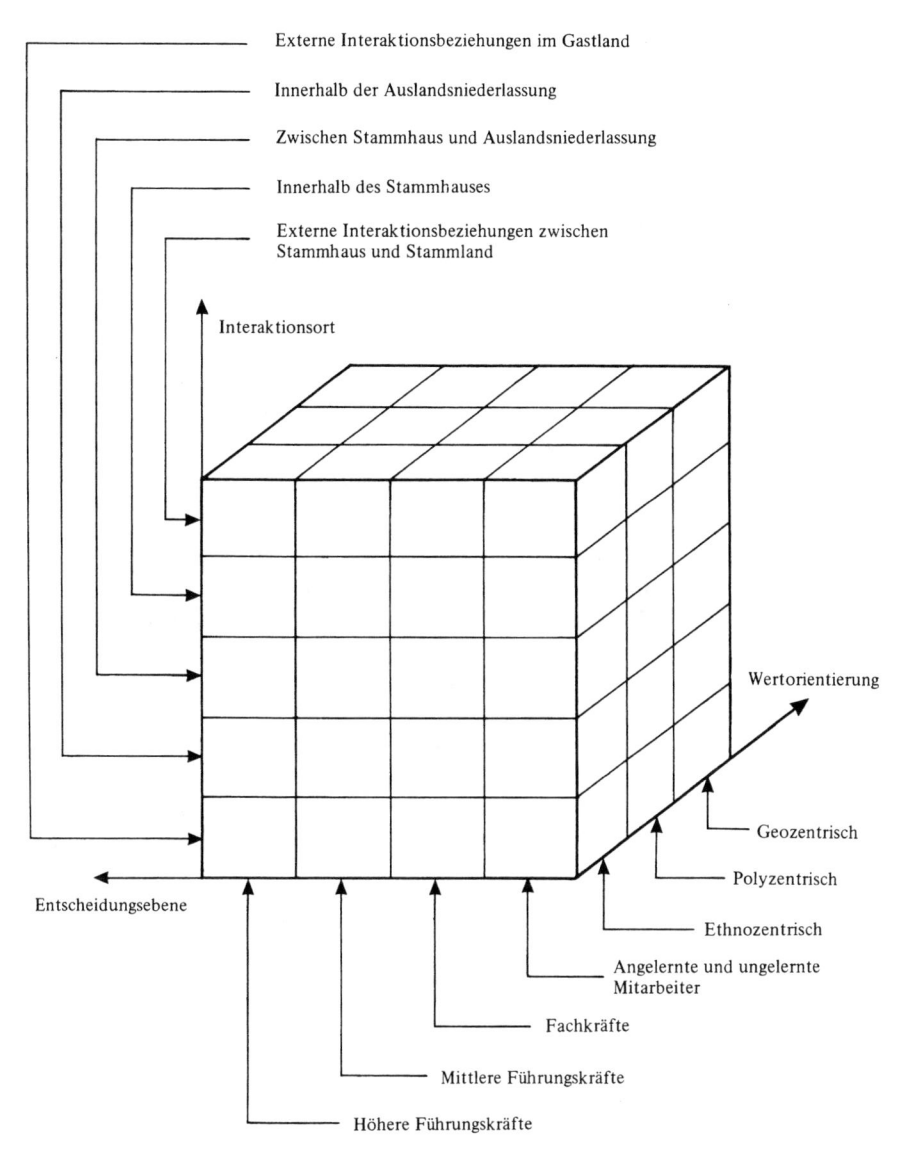

Wertorientierung

Geozentrisch

Polyzentrisch

Entscheidungsebene

Ethnozentrisch

Angelernte und ungelernte Mitarbeiter

Fachkräfte

Mittlere Führungskräfte

Höhere Führungskräfte

Abb. 8.6: Dimensionen der Personal- u. Kommunikationsprobleme in Internationalen Unternehmen

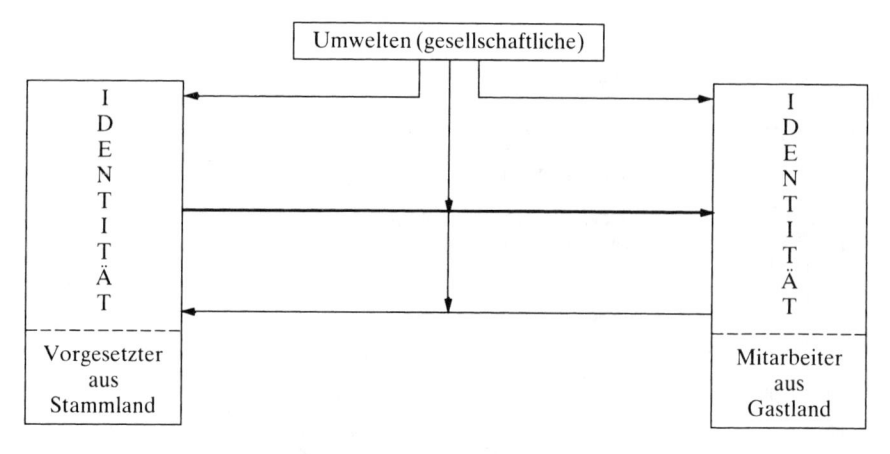

Abb. 8.7: Identitätsorientierte interkulturelle Personalführung

bei nicht angenommen werden darf, daß Identität nur ein Synonym für Persönlichkeit ist. Identität ist ein eminent gesellschaftliches Phänomen, wie im folgenden gezeigt werden wird.

3 Die gesellschaftstheoretische Perspektive

Wenn in den Gesellschaftswissenschaften auch vielfältige Theorien „gehandelt" werden, so kann doch eine spezifisch gesellschaftstheoretische Perspektive ausgemacht werden, die sie von anderen Disziplinen unterscheidet. Das „soziologische Grundparadigma" (Münch, 1982, S. 13) entwickelte sich aus den theoretischen Arbeiten insbesondere von Marx, Dürkheim, Weber, Mead und Parsons. Die zentrale Frage der Gesellschaftstheorie, die ihren spezifischen Gegenstandsbereich „öffnet", lautet: Wie ist soziale (gesellschaftliche) Ordnung überhaupt möglich?

3.1 Anthropologische Konstanten

Das menschliche Handeln ist nicht genetisch fixiert bzw. durch Triebe oder Instinkte geregelt. Vielmehr zeigt die moderne Anthropologie, daß der Mensch durch die anthropologischen Konstanten „Weltoffenheit" und „Instinktarmut" im Vergleich zum Tier charakterisiert werden kann.

Weltoffenheit besagt, daß der Mensch im Vergleich zum Tier keine artspezifische Umwelt hat. Dies beinhaltet, daß der Mensch eine hohe Anpassungsfähigkeit für vielfältige Umwelten natürlicher und kultureller Art besitzt.

Instinktarmut besagt, daß der Instinktapparat des Menschen unterentwickelt ist, d.h. daß seine Triebe im höchsten Maße unspezialisiert und ungerichtet sind. Häufig wird der Mensch als das „Instinktreduktionswesen" bezeichnet. Damit soll ausgedrückt werden, daß beim Menschen das kulturell Tradierte als Handlungsorientierung wesentlich wichtiger ist als das Angeborene, wobei hinzugefügt werden muß, daß die biologische Konstitution dem Menschen Grenzen setzt.

Aus dieser biologischen Verfaßtheit des Menschen, seiner Weltoffenheit und Instinktarmut, kann gefolgert werden, daß der Mensch sich eine stabile Ordnung **selbst** errichten muß, um existieren zu können.

3.2 Die Dialektik von objektiver und subjektiver Wirklichkeit

Soll erklärt werden, warum gesellschaftliche Ordnung möglich ist, benötigt man eine Theorie der Institutionalisierung und der Internalisierung.

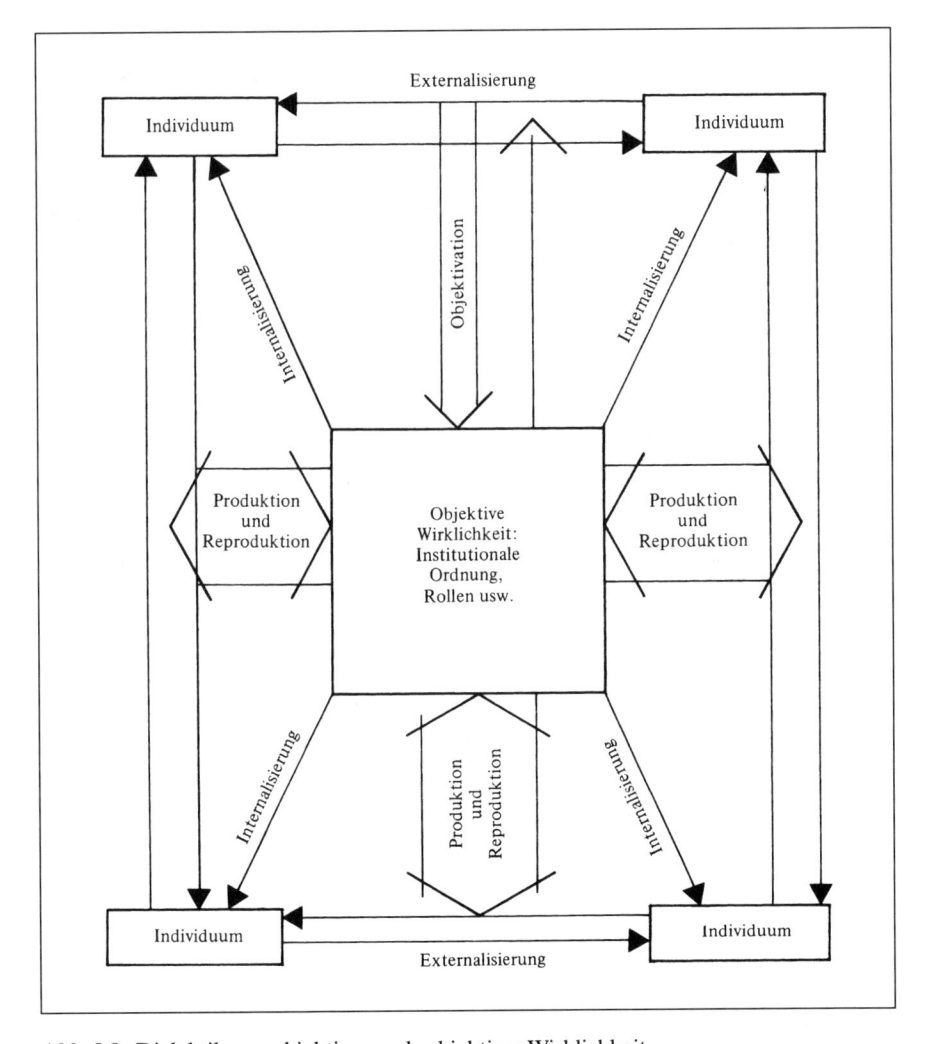

Abb. 8.8: Dialektik von objektiver und subjektiver Wirklichkeit

Kurz und prägnant haben Berger/Luckmann (1970, S. 65) das Kernstück der gesellschaftstheoretischen Perspektive formuliert:

„Gesellschaft ist ein menschliches Produkt. Gesellschaft ist eine objektive Wirklichkeit. Der Mensch ist ein gesellschaftliches Produkt".

Die erste Aussage des Zitats kann als Antwort auf die Frage betrachtet werden: auf welche Weise entsteht gesellschaftliche Ordnung überhaupt? Indem der Mensch sich entäußert (externalisiert), ist er in der Lage, sich eine gesellschaftliche Ordnung zu schaffen. Mit Max Weber (1972, S. 1) lautet diese Aussage spezifiziert: Gesellschaft (soziale Ordnung) entsteht aus sinnhaften Handlungen. Ein solches Handeln, das sinnhaft am Handeln eines anderen Menschen orientiert ist, soll nach Weber soziales Handeln heißen. Kommt es zu einer wechselseitigen sinnhaften Orientierung mehrerer (mindestens zwei) Handelnder, spricht man von sozialer Interaktion. Somit kann die als erste zitierte Aussage folgendermaßen spezifiziert werden: Gesellschaft entsteht durch wechselseitige Orientierung von Handelnden aneinander, d.h., es entsteht eine objektive Wirklichkeit, bestehend aus sozialen Ordnungen, Institutionen, Rollen usw. Objektive Wirklichkeit heißt, daß die Bedeutungen von Gesten (einschließlich Sprache), Institutionen und Rollen u.a.m. vergegenständlicht (Objektivation) werden, d.h. sie erlangen intersubjektive Geltung. Diese objektiven sozialen Ordnungen dienen den Gesellschaftsmitgliedern nun als Handlungsorientierung, die die biologische Konstitution dem Menschen „vorenthält". Die gesellschaftlichen Institutionen verleihen den unspezifischen und ungerichteten Instinkten Richtung und Spezialisierung.

Soziale Institutionen setzen ein Minimum an Arbeitsteilung voraus, denn von sozialen Institutionen soll erst gesprochen werden, wenn für Typen von Handelnden (mindestens zwei) das Handeln relativ eindeutig festgelegt ist, d.h. eine Typisierung von Handlungen für Typen von Handelnden muß erfolgt sein. Sind Handlungen erst einmal institutionalisiert, so heißt dies, daß nur noch bestimmte Typen von Handelnden (Rollenträger) bestimmte, relativ festgelegte Handlungen ausführen dürfen, d.h. zur Lösung eines bestimmten Problems sind nur noch relativ fest umrissene Handlungen erlaubt. Dieser Sachverhalt weist darauf hin, daß soziale Institutionen, allein durch die Tatsache ihres Vorhandenseins, menschliches Handeln zwar einerseits entlasten, andererseits aber auch kontrollieren.

Der letzte Satz des Eingangszitats drückt aus, daß die von Menschen geschaffene objektive Wirklichkeit im Prozeß der Sozialisation durch Internalisierung zur subjektiven Wirklichkeit des Menschen wird. Der Mensch eignet sich durch die Auseinandersetzung mit seiner Umwelt, indem er mit anderen Menschen interagiert, subjektive Wirklichkeit an. Hierbei handelt es sich nicht um einen einseitigen Determinierungsvorgang, sondern um einen **Balanceakt** zwischen Individuum und gesellschaftlicher Welt. Das Individuum eignet sich also einerseits die bestehende objektive gesellschaftliche Wirklichkeit an, es beeinflußt aber andererseits wiederum eben diese gesellschaftliche Wirklichkeit. Das Verhältnis zwischen objektiver und subjektiver Wirklichkeit kann als ein ständiger sozialer Produktions- und Reproduktionsprozeß verstanden werden (s. Abb. 8.8).

Durch Verinnerlichung (Internalisierung) wird ein mit unspezifischen und ungerichteten Instinkten ausgestattetes menschliches Wesen Mitglied einer Gesellschaft. Durch Internalisierung wird es möglich, Sinn zu verstehen wie auch Sinn zu äußern. Konkret erworben werden durch Internalisierung insbesondere

a) die Fähigkeit zum Verstehen überhaupt,
b) die prinzipielle Handlungsfähigkeit innerhalb einer bestimmten Gesellschaft und
c) die je nach unterschiedlichen gesellschaftlichen Merkmalen (z.b. Schicht, Klasse, Beruf, Alter, Geschlecht usw.) verteilten verschiedenen Perspektiven der konkreten gesellschaftlichen Wirklichkeit.

Während a) und b) insbesondere für die primäre Sozialisation gelten, wird c) zwar auch schon z.T. dort vorgeprägt, das Lernen neuer Perspektiven ist aber insbesondere für die sekundäre Sozialisation von Bedeutung. Der primäre Sozialisationsprozeß ist dadurch charakterisiert, daß Lernen weitgehend gebunden ist an eine gefühlsmäßige Bindung (Identifikation) an „signifikante Andere" (Bezugspersonen). Der Übergang von der primären Sozialisation zur sekundären kann als ein fortschreitender Prozeß der Lösung des Kindes von der Übernahme der Einstellungen, Haltungen und Rollen spezifischer Bezugspersonen zur Internalisierung allgemeiner Normen und ihrer Begründung mit Bezugnahme auf allgemein akzeptierte Standards beschrieben werden. Ist diese Phase erreicht, kann man davon sprechen, daß die **„Grundstützen" der Identität** eines Menschen entwickelt sind. Diese Entwicklung und Weiterentwicklung der Identität ist **auch wieder** ein dialektischer Prozeß, denn er besteht „zwischen der Identifikation durch Andere und Selbstidentifikation, zwischen objektiv zugewiesener und subjektiv angeeigneter Idenität" (Berger/Luckmann 1970, S. 142). Der sekundäre Sozialisatonsprozeß ist insbesondere durch den Erwerb rollenspezifischen Wissens gekennzeichnet. Dies beinhaltet nicht nur den Erwerb der Fähigkeiten und Fertigkeiten, um die Rolle im „technischen" Sinne spielen zu können, sondern auch die Internalisierung der „stillen Voraussetzungen", Gefühle, Werte usw., die mit der Rolle verbunden sind.

Da der Prozeß der Sozialisation lebenslang andauert, ist **jede subjektive Wirklichkeit und somit jede einmal etablierte Identität potentiell immer gefährdet**. Von seiten der Gesellschaft geschieht Wirklichkeitsabsicherung, indem unsere institutionale Ordnung mit einem System von Legitimationen versehen ist, die die wünschenswerten Handlungen als einsichtig und vernünftig ausweisen. Vom Individuum aus sind die wichtigsten Stützen seiner Wirklichkeitsabsicherung seine Bezugspersonen, die u.a. seine verinnerlichten Legitimationen teilen.

Vermittler zwischen institutionaler Welt und Individuum sind Rollen. Durch Rollen, als Teil der objektiven gesellschaftlichen Wirklichkeit, hat das Individuum subjektiv teil an der gesellschaftlichen Welt, indem es die Rollen internalisiert. Rollen, die insbesondere in ihrer Vernetzung mit anderen Rollen eine Gesellschaftsordnung repräsentieren, müssen sowohl bezüglich ihrer „äußeren Durchführung" als auch bezüglich ihrer kognitiven und affektiven Aspekte gelernt werden. Das in dem Ensemble von Rollen einer Gesellschaft gelagerte Wissen macht den gesellschaftlichen Wissensvorrat einer Gesellschaft aus.

Institutionen sind neben ihren „Kontrollaspekten" und „Handlungsentlastungsapekten" noch durch „Historizität" gekennzeichnet. Dies besagt, daß Institutionen im Laufe einer gemeinsamen Geschichte von Menschen „gemacht" worden sind und ohne ihre Kenntnis schwer verstehbar sind.

Für den Bestand und die Überlieferung einer Gesellschaft ist nun aber sehr wichtig, daß die Mitglieder der Gesellschaft, die am Entstehungsprozeß der institutionalen Ordnung nicht beteiligt gewesen sind, den Sinn dieser Institutionen verstehen und ihm in ihrem Handeln Rechnung tragen. Damit dies möglich ist,

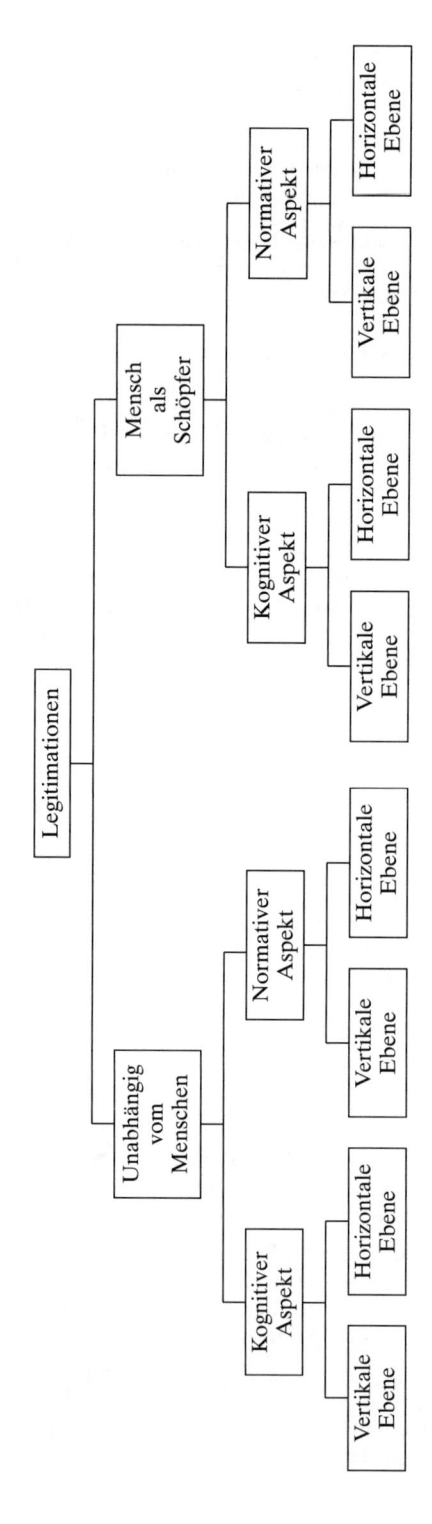

Abb. 8.9: Typologie der Legitimationen

muß der Sinn von Institutionen erklärt und gerechtfertigt werden. Diesen Sachverhalt nennen Berger/Luckmann (1970, S. 66ff. u. S. 98ff.) Legitimation (Abb. 8.9). Das Erklären des Wissens um den Sinn einer Institution bezeichnen sie als den kognitiven Aspekt der Legitimation, die Rechtfertigung der Institution als den normativen Aspekt. Beide Aspekte muß ein Gesellschaftsmitglied lernen, um handlungsfähig und handlungswillig zu werden. Es gilt aber nicht nur – für den Bestand und die Überlieferung einer Gesellschaftsordnung –, einzelne Institutionen als sinnhaft erscheinen zu lassen, sondern die Gesamtheit der institutionalen Ordnung als sinnhaft integriert darzustellen. Hierzu können nach Berger/Luckmann (1970, S. 99) zwei Ebenen unterschieden werden:

1. Die horizontale Ebene der Einsichtigkeit und Integration der institutionalen Ordnung.
Diese besagt, daß den Mitgliedern der Gesellschaft das Nebeneinander von Rollen in unterschiedlichen Institutionen und das Nebeneinander von Institutionen als zueinander passend erklärt und gerechtfertigt werden muß.

2. Die vertikale Ebene der Einsichtigkeit und Integration der institutionalen Ordnung.
Diese besagt, daß dem Individuum die Sinnhaftigkeit seiner Biographie, wie sie institutionell vorgegeben ist, erklärt und gerechtfertigt werden muß.

Legitimationen existieren bezüglich ihres Argumentationsniveaus auf unterschiedlichen Ebenen. Auf der untersten Ebene werden Rechtfertigungen gegeben wie: „So ist das eben" usw. Auf höheren Ebenen nimmt der explizit theorie-

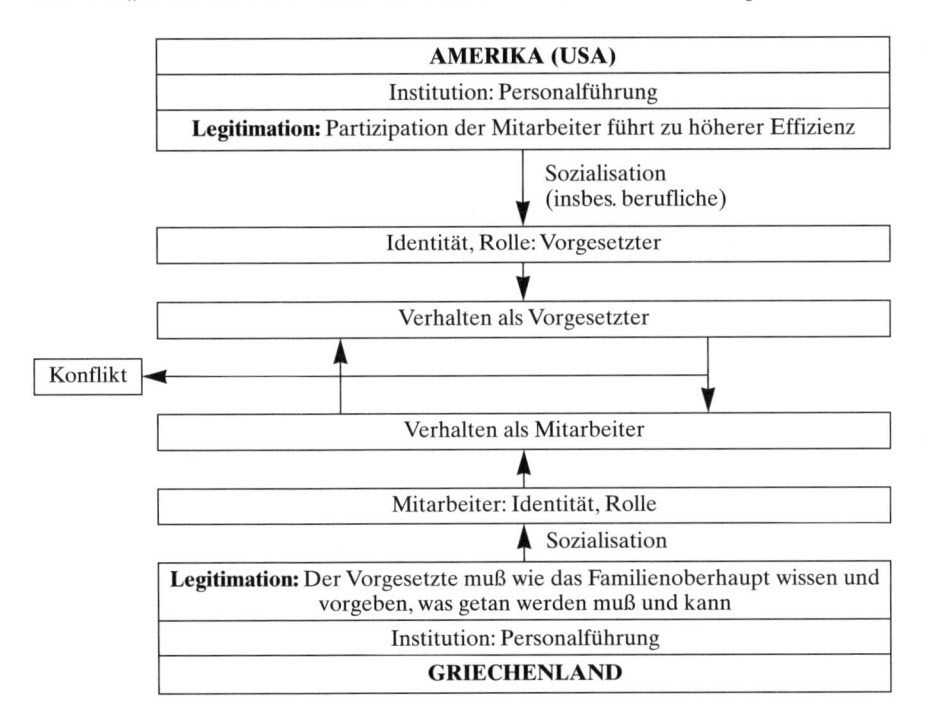

Abb. 8.10: Ablaufschema der Konfliktentstehung aus gesellschaftstheoretischer Perspektive

geleitete Charakter dieser Legitimationen zu: Über Lebensweisheiten und andere Alltagstheorien bis zu mythologischen, religiösen, philosophischen und wissenschaftlichen Legitimationen. In Weiterentwicklung einer Legitimitätstypologie von Dolf Sternberger (1968) können mit Kielmansegg (1971, S. 382) Legitimationen unterschieden werden, „die unabhängig von aller Menschen Entscheidung als vorgegeben gelten, auf der einen Seite und ... die den Menschen als ihren Schöpfer voraussetzen" (s. Abb. 8.9).

Diese Unterscheidung ist insofern von großer Bedeutung, als es beim Aufeinandertreffen von Menschen unterschiedlicher Kulturkreise (Gesellschaften) wichtig ist zu wissen, inwieweit Institutionen veränderbar sind. Insbesondere wenn Institutionen mit Rückgriff auf Gott, die Natur (oder die Geschichte) legitimiert werden, sind ihrer Modifizierbarkeit i.d.R. enge Grenzen gesetzt, wofür die Re-Islamisierung von Teilen der arabischen Gesellschaften z.Z. Beispiele liefert. Veranschaulichen wir das bis hier beschriebene Gesellschaftsmodell am Beispiel des amerikanischen Vorgesetzten in Griechenland und seines griechischen Mitarbeiters aus Abschnitt 2 (Abb. 8.10).

3.3 Rationalität des Handelns und Ausdifferenzierung von Systemen

Soll konkretes soziales Handeln innerhalb einer Gesellschaft erklärt werden, so kann dies geschehen, indem auf die legitimierte Existenz einer bestehenden sozialen Ordnung verwiesen wird, die genau dieses Handeln vorschreibt. Unproblematisch ist dies in einer Gesellschaft, in der die Verpflichtung gegenüber einer **einzigen** Gemeinschaft alle Sphären des Handelns der Gesellschaftsmitglieder bestimmt, d.h., die Steuerung des sozialen Handelns erfolgt durch eine einzige Gemeinschaft, somit kann sich auch Identität nur mit Bezug auf diese Gemeinschaft bilden, da ja keine andere gesellschaftliche Wirklichkeit zur Auswahl steht.

In einer solchen traditionalen Gesellschaft, in der Arbeitsteilung nur auf segmentierter Differenzierung beruht, herrscht nach Dürkheim (1977) **mechanische Solidarität**, weil in ihr die soziale Solidarität auf der Gleichheit des Denkens, Fühlens und Handelns beruht.

Haben sich aber bestimmte Sphären des Handelns aufgrund zunehmender funktionaler Differenzierung entwickelt und ist somit eine spezifische Rationalität des Handelns entstanden, dann ist nach Dürkheim (1973) **organische Solidarität**, d.h. das Wissen um die gegenseitige funktionale Abhängigkeit, die angemessene Form der sozialen Solidarität unter den Bedingungen entwickelter Arbeitsteilung.

Wenn festgestellt wird, daß in funktional ausdifferenzierten Gesellschaften bestimmte Sphären, Aspekte bzw. Subsysteme des Handelns eine eigene Rationalität entwickeln, der sie dann weitestgehend folgen, dann kann überlegt werden, ob diese Handlungssubsysteme analytisch getrennt werden können und ihre Eigenlogik, d.h. ihre besondere Rationalität, beschrieben werden kann. Münchs „Konzeption des zweidimensionalen Handlungsraumes" (1980, 1982), abgeleitet aus der allgemeinen Handlungstheorie, liefert ein solches analytisches Instrumentarium, das es erlaubt, jedes konkrete soziale Handeln bzw. soziale Handlungssystem, das, wie oben beschrieben, sich aus sozialen Handlungen konstituiert, zu erklären, je nach seiner Lage im Handlungsraum, d.h., je nach dem Zusammenwirken der analytisch unterscheidbaren verschiedenen Aspekte des

8. Kap.: Identitätsorientierte interkulturelle Personalführung 381

Handelns (Abb. 8.11). Nach der Konzeption des zweidimensionalen Handlungsraumes werden die Grundelemente jedes Handlungssystems in einem Koordinatensystem zueinander in Beziehung gesetzt und nach ihrem Ordnungsgrad, nämlich „reduziert" – „erweitert", unterschieden. Somit ergeben sich durch Kombination der Dimension Symbolkomplexität mit ihren Ausprägungen „reduziert" und „erweitert" und der Dimension Handlungskontingenz mit ihren Ausprägungen „reduziert" und „erweitert" vier analytisch voneinander abgrenzbare Handlungssubsysteme, die das konkrete soziale Handeln, je nach Lage im Handlungsraum, erklären können. Diese analytisch unterscheidbaren Handlungsaspekte sind das politische Handeln bzw. das politische System, das ökonomische Handeln bzw. das ökonomische System, das sozial-kulturelle Handeln bzw. das sozialkulturelle System und das gemeinschaftliche Handeln bzw. das Gemeinschaftssystem.

• Die Eigenlogik, d.h. die spezifische Rationalität des **politischen Systems** bzw. des politischen Handelns besteht in der kollektiv verbindlichen Entscheidungsselektion, wozu als symbolisches und generalisiertes Interaktionsmedium politische Macht dient. Die Funktion dieser Symbol-Handlungsverknüpfung besteht in der Auswahl und Spezifikation des Handelns, d.h. eine Handlungsalternative wird bei prinzipieller Erhaltung der „Möglichkeit des Andersseins", d.h. bei erweiterter Symbolkomplexität, verbindlich ausgewählt. Herrschaft ist der Grundtyp sozialen Handelns, den man als Konkretisierung der

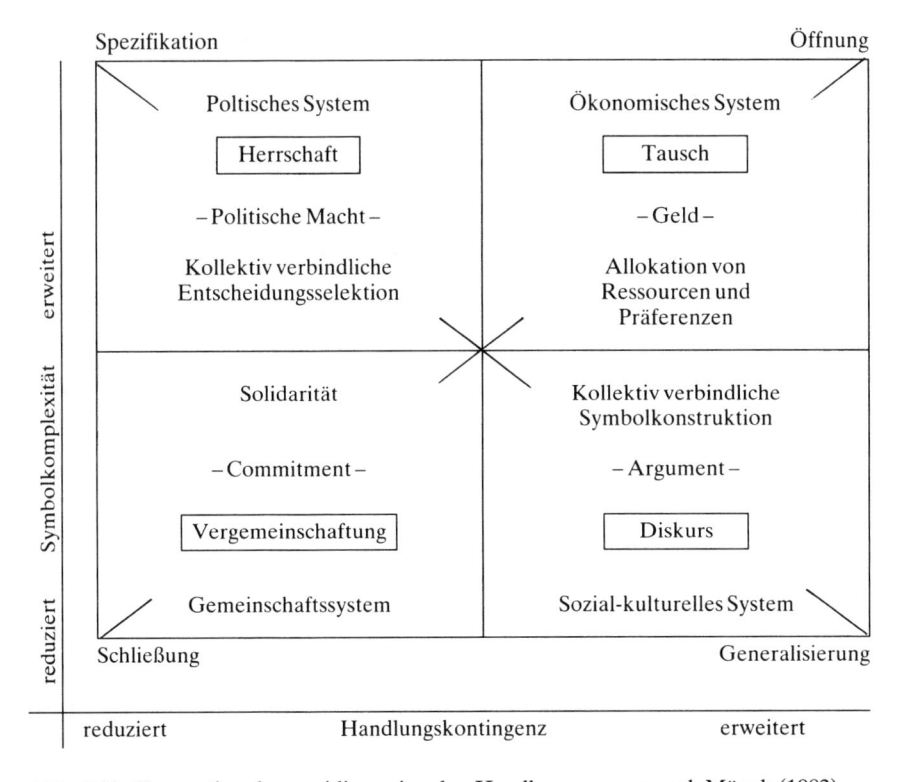

Abb. 8.11: Konzeption des zweidimensionalen Handlungsraumes nach Münch (1982)

abstrakten und analytischen Konstruktion des politischen Systems bzw. politischen Handelns betrachten kann.

- Die Eigenlogik, d.h. die spezifische Rationalität des **ökonomischen Systems** bzw. des ökonomischen Handelns besteht in der Allokation von Ressourcen und Präferenzen in der Weise, daß der subjektive Nutzen eines Akteurs maximiert wird. Als symbolisches und generalisiertes Interaktionsmedium dient Geld, das innerhalb der Vertrags- und Eigentumsordnung als alleinige Handlungsmotivierung Verwendung findet. Die Funktion dieser Symbol-Handlungs-Verknüpfung besteht in der Öffnung des Handlungsspielraums. Tausch ist der Grundtyp sozialen Handelns, der als Konkretisierung der abstrakten und analytischen Konstruktion des ökonomischen Systems bzw. ökonomischen Handelns bezeichnet werden kann; denn beim „reinen" Tausch erfolgt Handlungsmotivierung allein durch finanzielle Anreize (Geld) und eben nicht durch Macht, Commitment, Argumente oder durch eine Kombination dieser Interaktionsmedien.

- Die Eigenlogik des sozial-kulturellen Handelns bzw. des **sozial-kulturellen Systems**, d.h. ihre spezifische Rationalität, besteht in der kollektiv verbindlichen Konstruktion und Definition von Symbolen. Symbolisches und generalisiertes Interaktionsmedium ist das Argument, welches allein der gegenseitigen Handlungsorientierung dient. Die Funktion dieser Symbol-Handlungsverknüpfung besteht in der Generalisierung des Handlungsspielraums, d.h. gegebene Symbole so durch Argumentation zu definieren, daß sie als Handlungsantwort mehrere Alternativen offenlassen. Der Diskurs ist der Grundtyp (Strukturtyp) sozialen Handelns, der als Konkretisierung der abstrakten und analytischen Konstruktion des sozial-kulturellen Systems bzw. sozial-kulturellen Handelns bezeichnet werden kann, der in seiner „reinsten" Form allein nach Regeln der Argumentation geleitet wird, d.h., bei dem die wechselseitige Handlungsmotivierung nur durch Argumente erfolgt, also weder durch Macht, Commitment, Geld noch durch eine Kombination dieser Interaktionsmedien.

- Die Eigenlogik, die spezifische Rationalität des **Gemeinschaftssystems** bzw. des gemeinschaftlichen Handelns besteht in der Orientierung des Handelns nur an Formen der Solidarität. Symbolisches und generalisiertes Interaktionsmedium ist hierfür „Commitment", d.h. die Verpflichtung gegenüber den selbstverständlichen und überlieferten Werten und Normen, die auf Solidaritätserhaltung abzielen. Das „Commitment" zur Gemeinschaft dient allein als Handlungsmotivierung. Die Funktion dieser Symbol-Handlungsverknüpfung besteht in der Schließung des Handlungsspielraums, d.h., ein Symbol verlangt **eine** bestimmte Handlung als Antwort und vice versa. Vergemeinschaftung ist der Grundtyp sozialen Handelns, der als Konkretisierung der abstrakten und analytischen Konstruktion des Gemeinschaftssystems bzw. gemeinschaftlichen Handelns bezeichnet werden kann.

Mit Hilfe dieses analytischen Schemas kann nun jeder Aspekt der gesellschaftlichen Realität je nach seiner Lokalisation innerhalb dieses Handlungsraumes erklärt werden. Es kann also festgestellt werden, ob eher die steuernden Kräfte wirken, das sind jene Kräfte, die auf den beiden Dimensionen des Handlungsraumes einen reduzierten Ordnungsgrad einnehmen, oder ob eher die dynamisierenden Kräfte, das sind jene Kräfte, die auf den beiden Dimensionen des Handlungsraumes einen erweiterten Ordnungsgrad repräsentieren, wirken; auch kann mit Hilfe dieses Schemas die Wirkung der Subsysteme aufeinander dargestellt werden, wobei allgemein gilt, daß die weniger geordneten Systeme auf die geordneten Systeme dynamisierend wirken, während die geordneten Systeme auf die weniger geordneten Systeme steuernd wirken. Das geordnetste System ist das Gemeinschaftssystem, das auf alle anderen Systeme steuernd wirkt, während das ökonomische System das am wenigsten geordnete System ist und auf alle anderen Systeme dynamisierend wirkt.

Soll ein konkretes soziales Handeln bzw. ein konkretes System mit Hilfe dieses Schemas analysiert werden, dann muß, wie bereits oben gesagt, die Art und Stärke der Wirkung der analytisch unterscheidbaren Subsysteme bestimmt werden. Allgemein gilt aber: Je mehr ein konkretes soziales Handeln bzw. ein konkretes soziales System von einem der analytisch unterscheidbaren Subsysteme bestimmt wird, was einer Lokalisierung an den Extrempunkten des Handlungsraumes entspricht, desto mehr folgt dieses konkrete soziale Handeln der Eigenlogik des jeweiligen Subsystems. Je zentraler ein realer gesellschaftlicher Aspekt im Handlungsraum lokalisiert werden kann, desto gleichmäßiger wird er von allen Subsystemen beeinflußt.

Mit Hilfe dieses Schemas kann aber nicht nur das soziale Handeln individueller Akteure analysiert werden, sondern auch das Handeln von Kollektiven, d.h. korporativen Akteuren. Somit können Gesellschaften als korporative Akteure betrachtet werden und durch das spezifische Kräftefeld der verschiedenen Subsysteme im Handlungsraum lokalisiert werden, d.h. auch Gesellschaften können danach differenziert werden, welche Subsysteme wie auf sie wirken. Je mehr in einer Gesellschaft ausdifferenzierte soziale Systeme mit eigener Handlungsrationalität entstehen, desto mehr stellt sich die Frage nach den Arten der Beziehung dieser Systeme untereinander.

Vier prinzipiell verschiedene Möglichkeiten können nach Münch (1980, 1982) identifiziert werden:

1. Gegenseitige Isolierung

Die verschiedenen Sphären des Handelns sind völlig voneinander getrennt und folgen einer jeweils eigenen Handlungsrationalität. Ist z.B. das Gemeinschaftshandeln völlig getrennt vom ökonomischen Tausch, dann wird innerhalb der Gemeinschaft das Handeln allein gesteuert nach Aspekten der Solidarität; Tauschverkehr wird nur mit Gemeinschaftsfremden betrieben und folgt dann allein ökonomischer Rationalität, d.h., es erfolgt eine absolute Trennung von Binnen- und Außenmoral.

2. Dominanz der dynamisierenden Systeme

Dies heißt: Die geordneten Systeme passen sich den weniger geordneten Systemen an, d.h. insbesondere, das Gemeinschaftshandeln wird von den anderen Systemen, dem kulturellen, dem politischen, dem ökonomischen, dynamisiert. Dieses geschieht dann, wenn die Gemeinschaftsbildung nicht mit der Entwicklung der anderen Systeme Schritt halten kann. Die Folgen solcher Entwicklungen sind, daß das Gemeinschaftssystem nicht seine ordnende (steuernde) Wirkung auf die anderen Systeme ausüben kann. Anomische Zustände ohne soziale Solidarität sind zu erwarten.

3. Dominanz der steuernden Systeme

Dies bedeutet, daß der soziale Verkehr vorwiegend nach Regeln der Vergemeinschaftung erfolgt. Dies heißt, das „Commitment" zu einer bestimmten Gemeinschaft regelt auch das Handeln in anderen Handlungssphären. So wird beispielsweise jemand befördert und einem im ökonomischen Sinne besseren Bewerber vorgezogen, weil er zur eigenen Glaubensgruppe gehört. Anpassung an neue Situationen wird in solchen Gesellschaften erschwert, wenn nicht sogar unmöglich gemacht.

4. Gegenseitige Durchdringung: Interpenetration

Dieser Sachverhalt sei im folgenden in Anlehnung an ein Schaubild von R. Münch (1980, S. 36) dargestellt (Abb. 8.12). Durch Interpenetration werden die spezifischen Leistungen der Subsysteme auf einem höheren Entwicklungsniveau auf die jeweils anderen Subsysteme übertragen. Münch (1980, S. 37f.) beschreibt diesen Vorgang, bezogen auf Gemeinschaftssystem und ökonomisches System, folgendermaßen:

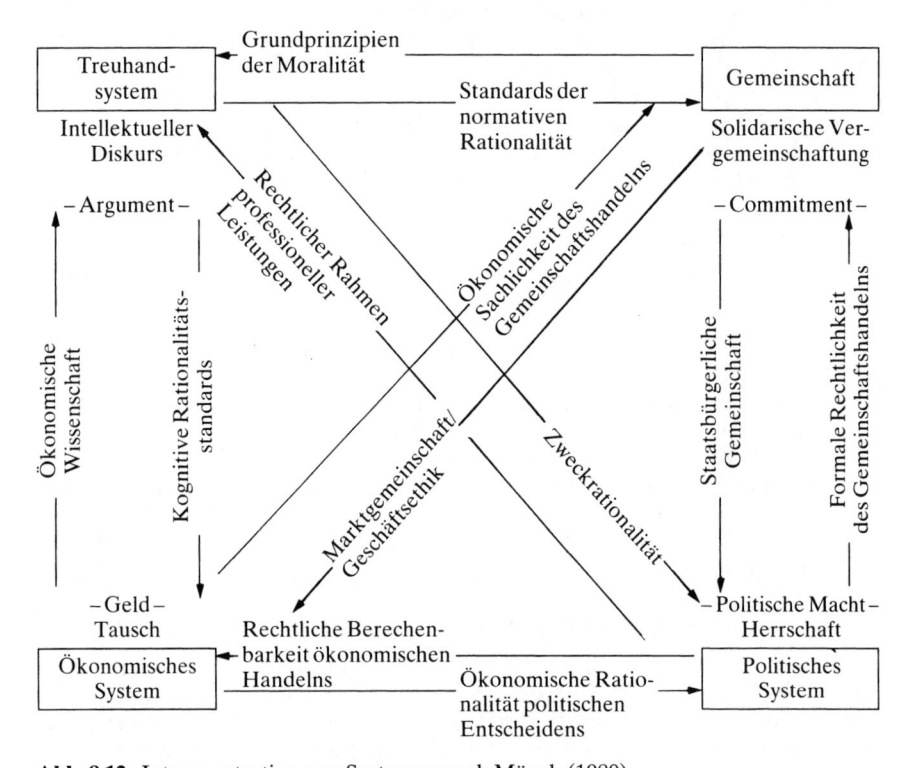

Abb. 8.12: Interpenetration von Systemen nach Münch (1980)

„Die Interpenetration von Gemeinschaftssphäre und ökonomischer Sphäre bedeutet nicht die Übertragung der traditionalistischen Ethik der alten Sippen, Gemeinschaften – Brüderlichkeitspflicht, Pietätspflicht, repressive Sanktion – auf das ökonomische Handeln, aber auch nicht die völlige Auflösung der

Gemeinschaftsverpflichtungen durch die Gesetzmäßigkeiten des utilitarischen Handelns, sondern die Herausbildung einer neuen Ethik, die sich weder mit der traditionalistischen Gemeinschaftsethik noch mit den utilitarischen Eigengesetzlichkeiten identifizieren läßt, diesen aber auch nicht völlig fremd ist, sondern eine Zone der Interpenetration beider Sphären bildet, die an die Gemeinschaftsethik einerseits und die utilitarische Gesetzmäßigkeit andererseits angrenzt. Sie ist eine Zone, in der sich Gemeinschaftssphäre und ökonomische Sphäre überschneiden. An die Stelle des rein utilitarischen Handelns tritt die Geschäftssittlichkeit, an die Stelle der Brüderlichkeit die Norm der ‚Equity‘, an die Stelle der Pietät die Selbstverantwortung und an die Stelle der repressiven Sanktion die restitutive Sanktion. Erst die Interpenetration zwischen dem ‚steuernden‘ Subsystem der Gemeinschaft und dem ‚dynamischen‘ Subsystem des ökonomischen Erwerbs ist es demgemäß, die nach der Ausdehnung des Geschäftsverkehrs als dynamischem Faktor eine neue Sozialordnung schaffen konnte. Wo sich nur die ökonomische Produktion und der Geschäftsverkehr ausbreiteten, ohne die Interpenetration mit der Gemeinschaftssphäre und ohne dementsprechende Auflösung partikularistischer Bindung und ohne Universalisierung von Gemeinschaftsbildungen, hat der ökonomische Utilitarismus zwar die traditionalistische Ordnung zerstört und Anomie erzeugt, aber keine neue Ordnung entstehen lassen".

In analoger Weise sind auch die Interpenetrationen der anderen Subsysteme zu sehen. Wichtig festzuhalten bleibt: Interpenetration bewirkt immer eine Generalisierung der eigenen spezifischen Rationalität eines Subsystems und ihre Übertragung auf andere Subsysteme, d.h. nur die generalisierte Fähigkeit bleibt erhalten, nicht ihre ehemals spezifische Ausprägung.

Wie bereits oben erwähnt, dient dieses analytische Instrumentarium zur Analyse sozialen Handelns, wobei sowohl individuelle als auch korporative Akteure betrachtet werden können. Was als konkretes soziales System betrachtet werden kann, hängt einerseits vom Betrachter ab, d.h., was er als zu analysierende Wirklichkeit bestimmt. Andererseits können soziale Systeme „empirisch durch die Akteure selbst durch die Definition besonderer Werte, Normen, Rollen abgegrenzt" (Münch, 1982, S. 270) sein.

Wenn wir im folgenden die interkulturelle Personalführung als soziales System betrachten, müssen wir aufgrund unserer bisherigen Darstellung einer gesellschaftstheoretischen Perspektive die gesellschaftliche Umwelt und ihre interdependenten Beziehungen zu dem System der interkulturellen Personalführung genauer bestimmen.

3.4 Folgerungen aus gesellschaftstheoretischer Perspektive für die identitätsorientierte interkulturelle Personalführung

Ausgangspunkt unserer Betrachtungsweise sollen die Gesellschaften von Gastland und Stammland sein; diesen Weg vom Allgemeinen, also der gesellschaftlichen Umwelt, zum Besonderen, also der interkulturellen Personalführung, zu gehen, erscheint deshalb angemessen, weil Probleme interkultureller Führungsinteraktionen ohne Kenntnis der gesellschaftlichen Umwelten nicht verstehbar und somit auch nicht erklärbar sind.

Um den jeweiligen Fremdheitsgrad eines Gastlandes zu ermitteln, muß die Art und Stärke der Beziehungen zwischen den verschiedenen Subsystemen auf **Gesellschaftsebene** für das Gastland und das Stammland ermittelt werden. Hierbei ist insbesondere zu ermitteln, ob auf der gesamtgesellschaftlichen Ebene ausgewiesene Subsysteme dominieren oder dominiert werden, ob ausdifferenzierte Subsysteme isoliert nebeneinander existieren mit eigenen Handlungsrationalitäten, die nur für ihre Sphäre des Handelns gelten, ob und wie stark welche Subsysteme einander durchdringen (Interpenetration) und ob auf gesamtgesellschaftlicher Ebene überhaupt unterschiedliche Subsysteme ausdifferenziert sind.

Folgendermaßen kann der Fremdheitsgrad verschiedener Gesellschaften im Handlungsraum dargestellt werden (Abb. 8.13):

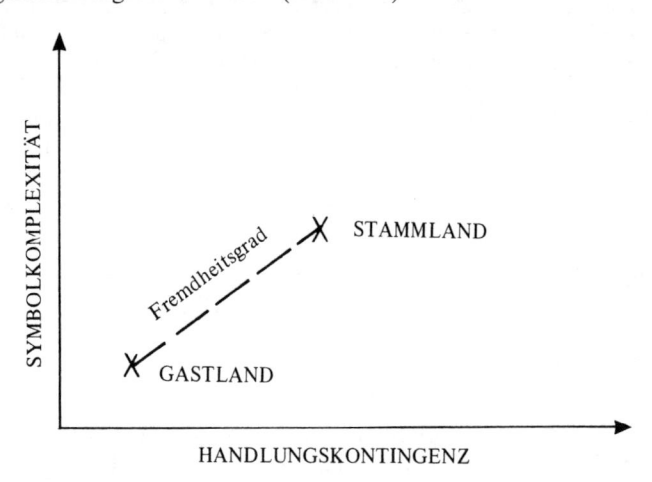

Abb. 8.13: Fremdheitsgrad verschiedener Gesellschaften

Wenn auch die empirische Bestimmung der jeweiligen Lage sicherlich ein forschungspraktisches Problem darstellt, so ist diese doch prinzipiell möglich, wenn die verschiedenen gesellschaftlichen Aspekte nach ihren handlungsleitenden Interaktionsmedien analysiert werden. Dülfer (1981 a, S. 5) schildert ein anschauliches Beispiel eines extremen Fremdheitsgrades aus Ghana:

Fischfang und Fischvermarktung waren unmöglich in dem gleichen Unternehmen zu betreiben, was aus rein ökonomischer Sicht höchst sinnvoll gewesen wäre. Nicht die ökonomisch effiziente Ressourcenallokation wurde als Handlungsmaxime gewählt, sondern die auf Tradition, also Regeln der Gemeinschaft, beruhende Trennung der Arbeit für Frauen in einem Unternehmen und für Männer in einem anderen Unternehmen. Da für Fischfang die Männer, für Fischvermarktung die Frauen zuständig waren, ergab sich die Unmöglichkeit einer nach ökonomischen Regeln durchaus sinnvollen Kombination beider Tätigkeiten in einem Unternehmen.

In Abb. 8.13 werden zwei Länder dargestellt, einmal ein Stammland, das durch gleichmäßige Interpenetration der gesamtgesellschaftlichen Subsysteme gekennzeichnet ist (vgl. Abb. 8.12) und ein Gastland, welches durch Dominanz des Gemeinschaftssystems gegenüber den anderen Subsystemen gekennzeichnet ist. Da solche eindeutigen Ergebnisse in der praktischen Arbeit kaum erreichbar sind,

sind die Art und Stärke der Beziehungen eines jeden Subsystems zu jedem anderen zu analysieren.

Die **zweite Stufe der Betrachtung** hat auf der **Unternehmensebene** zu erfolgen, und zwar muß das Unternehmen als Handlungssystem in seinen Beziehungen zur Umwelt analysiert werden. Hierbei ist insbesondere zu analysieren (aufgrund der vorangegangenen gesamtgesellschaftlichen Analyse), welchen Handlungsspielraum nach welchen Interaktionsmedien das Unternehmen besitzt. So können der Handlungsspielraum und die Interaktionsmedien für verschiedene Situationen und Interaktionspartner höchst unterschiedlich sein. Dominiert in einer Gesellschaft das Gemeinschaftssystem, so wird auch von den Unternehmen erwartet, mit Gesellschaftsmitgliedern nach Regeln der Solidarität, Brüderlichkeit etc. zu verfahren.

Das Verhalten des Unternehmens gegenüber Nichtmitgliedern der Gemeinschaft kann aber reinen Nützlichkeitserwägungen folgen; d.h. hier erfolgt eine Trennung von Binnen- u. Außenmoral. Auch kann eine unterschiedliche Behandlung unterschiedlicher ethnischer, religiöser u.ä. Gruppen vorgeschrieben sein. Diese u.ä. Beispiele zeigen, daß solche Möglichkeiten der völlig unterschiedlichen Behandlung von Interaktionspartnern den Vorstellungen von relativ interpenetrierten Gesellschaften widersprechen und zu Konflikten führen können, erst recht, wenn die „relativ" interpenetrierten Gesellschaften zu einer Dominanz des ökonomischen Sektors tendieren.

Auch ist zu fragen: Nach welchen Interaktionsmedien erfolgen innerhalb des Unternehmens die betriebliche Allokation von Ressourcen, die betriebliche Entscheidungsauswahl und -durchsetzung, die Unternehmenskultur und die betriebliche Solidarität? Kommt es eher zu einer Domination bestimmter Subsysteme oder eher zu einer gegenseitigen Durchdringung (Interpenetration)?

Wählen wir als **dritte Ebene** die **interkulturelle Personalführung** als Handlungssystem, dann müssen zum einen die oben geschilderten Umweltbedingungen der 1. und 2. Ebene berücksichtigt werden, die auf den Handlungsspielraum der interkulturellen Personalführung einwirken. Zum anderen ist zu berücksichtigen, daß sich Vorgesetzter und Mitarbeiter unterschiedlichen Erwartungen gegenübersehen (Abb. 8.14).

Der Vorgesetzte hat Erwartungen zu „managen", die aus dem Unternehmen im Gastland an ihn gestellt werden, des weiteren die, die aus dem besonderen Fremdheitsgrad des Gastlandes auf ihn zukommen, und er hat Erwartungen zu erfüllen, die aus dem Stammland an ihn herangetragen werden. Zu diesen aktuellen Erwartungen, die gleichzeitig aufgrund seiner vielfältigen und unterschiedlichsten Eingebundenheit in Gesellschafts-, Organisations- und Gruppenbezüge bestehen, muß er diese Erwartungen auch noch in Einklang bringen mit seiner persönlichen Lebensgeschichte und mit seiner bisher in Auseinandersetzung mit der Umwelt angeeigneten Identität. Diese Identität hat sich aber in der Regel im Stammland entwickelt und ist je nach lebensgeschichtlicher Entwicklung mehr oder weniger flexibel.

Die hier für den Vorgesetzten beschriebenen Aussagen gelten nicht in gleicher Weise für den Mitarbeiter, der in seinem Heimatland für ein internationales Unternehmen arbeitet. Seine Hauptkonfliktpunkte sind einmal die Führungsinteraktionen mit einem Vorgesetzten, der über einen evtl. völlig anderen biographischen Hintergrund verfügt und die Erwartungen, die das Unternehmen an ihn stellt, die evtl. den an ihn in seiner Gesellschaft gestellten Erwartungen wider-

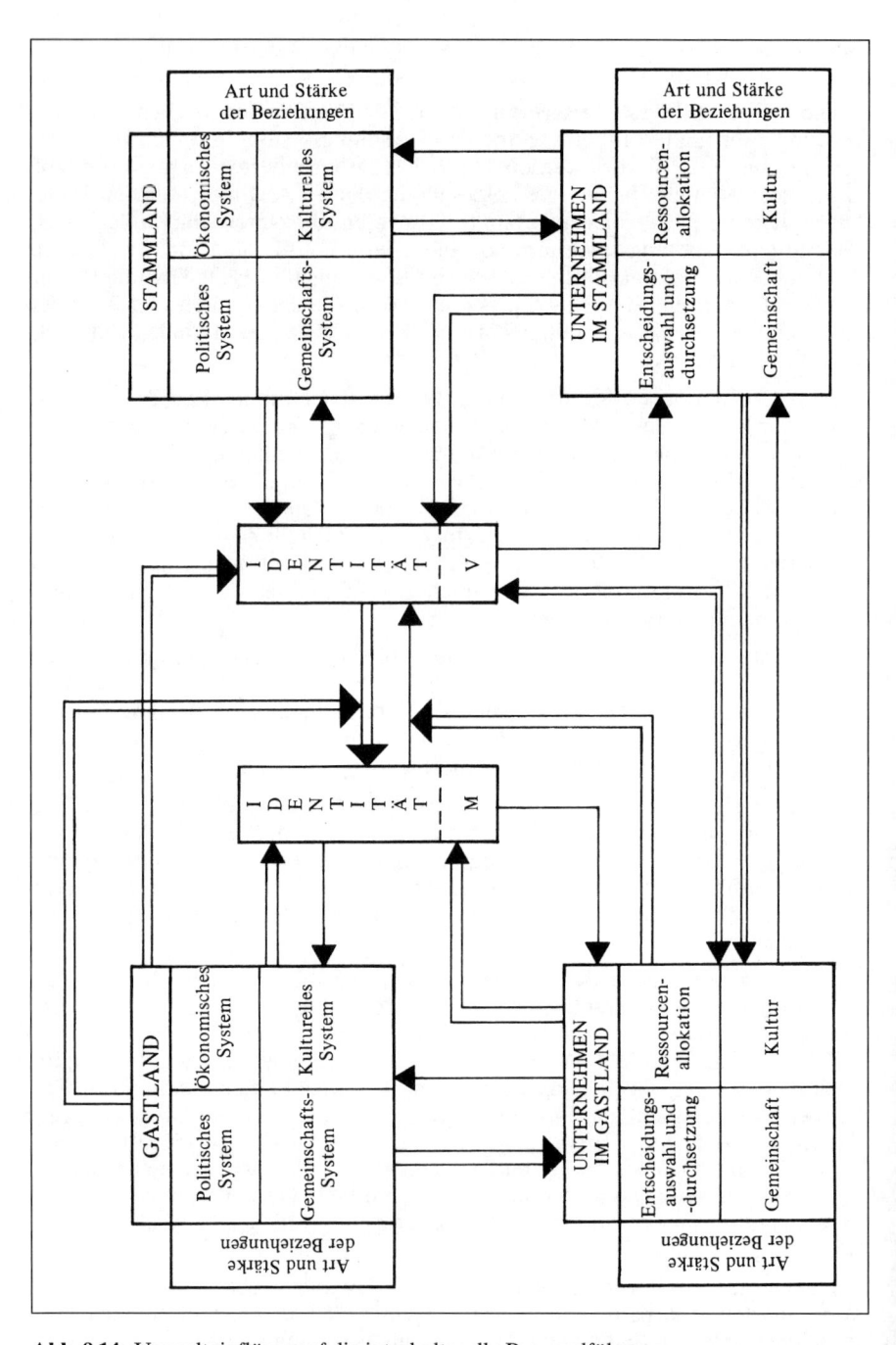

Abb. 8.14: Umwelteinflüsse auf die interkulturelle Personalführung

sprechen und mit seiner Identität nicht vereinbar sind. Da aus gesellschaftstheoretischer Perspektive nicht nur das Individuum von seiner Umwelt beeinflußt wird, sondern ein ständiger Produktions- und Reproduktionsprozeß zwischen Individuen und Umwelten stattfindet, muß auch diese Tatsache berücksichtigt werden. Auf dieser dritten Ebene der Analyse benötigen wir also eine Identitäts- und Kommunikationstheorie, die erklären kann, welcher Zusammenhang zwischen Gesellschaftssystem, Identität und Kommunikation besteht, insbesondere unter der hier konstitutiven Annahme, daß die Beteiligten im interkulturellen Führungsprozeß unterschiedlichsten Gesellschaften angehören und **in diesen** ihre primäre, sekundäre und berufliche Sozialisation genossen haben.

4 Schichtenmodell der Umweltdifferenzierung nach Dülfer

Nach Dülfer ist, wie oben bereits gesagt, die Umweltproblematik das konstitutive Element einer Lehre vom Internationalen Management. Sein Ziel ist es, den Fremdheitsgrad der Gastlandumwelt im Vergleich zur Stammlandumwelt in allen seinen Ausprägungen zu erforschen. Fremdheitsgrad soll kurz gesagt heißen: Das Fehlen von Informationen über die Umwelt des Gastlandes für den Entscheidungsträger im Gastland, wobei dieser Fremdheitsgrad je nach Strukturähnlichkeit zum Stammland variiert. Dülfer (1981 a) nimmt folgende Abstufungen des Fremdheitsgrades vor:

1. Umwelterscheinungen, die der Entscheidungsträger im Gastland von seinem Heimatland her kennt, nur in anderer Ausprägung (Bsp.: andere Rechte der Gewerkschaften u.a.m.).
2. Umwelterscheinungen, die es im Stammland nicht mehr gibt, aber die der Entscheidungsträger im Gastland aus der Geschichte seines Landes (Stammland) kennt (Bsp.: Analphabetismus).
3. Umwelterscheinungen, die im Stammland nicht existieren und nie existiert haben und die der Entscheidungsträger „vor Ort" gar nicht in seinem Erfahrungsschatz auffinden kann, ja die völlig seinem Bild der Wirklichkeit widersprechen (Bsp.: bestimmte handlungswirksame religiöse Überzeugungen).

Dülfer verfolgt nun folgende Ziele, um die Umwelteinflüsse theoretisch, empirisch und mit praktischen Hilfen für den Entscheidungsträger in fremden Ländern versehen darzustellen:

1. Theoretische Erfassung der verschiedenen Umwelten (Umweltsysteme).
2. Theoretische Darstellung der Elemente innerhalb der Umweltsysteme und zwischen den Umweltsystemen.
3. Empirische Erfassung der relevanten Umweltvariablen und ihrer Ausprägungen für bestimmte geographische Bereiche.
4. Darstellung der materiell-inhaltlichen Ursache-Wirkungszusammenhänge zwischen Umweltelementen und Handlungsalternativen des Entscheidungsträgers.

Um ein Modell zu erarbeiten, das diesen Ansprüchen genügt, versucht Dülfer, die Vorteile bestehender Theorien über Umweltdifferenzierung integrativ zu verarbeiten.

4.1 Dülfers Referenztheorien zur Erfassung der Umwelt

Um die Konstruktionsprinzipien von Dülfers Konzept der Umweltdifferenzierung nachvollziehen zu können, seien die von ihm rezipierten Theorien kurz beschrieben.

1. Länderkundlich-pragmatischer Ansatz

Dieser Ansatz kommt den Bedürfnissen der Praxis entgegen, indem die Umwelt aufgegliedert wird in einzelne Umweltelemente und ihre Wirkungen dargestellt werden, aus denen dann praktische Handlungsanleitungen abgeleitet werden können für das Handeln in fremden Kulturen. Die Aufgliederung und Abgrenzung der Umwelt erfolgt nicht theoretisch begründet, sondern i.d.R. nach Wissenschaftsdisziplinen geordnet (z.B.: kulturelle u. soziale, politische u. rechtliche, ökonomische u.ä.). Der Nachteil dieses Ansatzes ist, daß das, was als relevant in der Umwelt erachtet wird, aufgrund der kulturspezifischen Selbstverständlichkeiten des Auswählenden erfolgt. Da seine Auswahl nicht theoretisch begründet ist, ist sie kaum nachvollziehbar für Menschen mit einem anderen kulturellen Hintergrund. Der Vorteil dieses Ansatzes besteht darin, daß er materiell-inhaltliche Aussagen über Umweltwirkungen liefern kann, die dem Entscheidungsträger Handlungsrezepte und evtl. Handlungsalternativen aufzeigen können.

2. „Systemtheoretischer Ansatz"

Eine Variante dieses Ansatzes bedient sich zur Umweltgliederung systemtheoretischer Begriffe. Verdeutlicht wird der Systemcharakter dadurch, daß die Umwelt in Systeme gegliedert wird und diese sich überschneiden. Es wird aber weder erklärt, nach welchen theoretischen Prinzipien eine Umweltgliederung erfolgt, noch wird der Zusammenhang bzw. die Wirkungsweise der Elemente der Umweltsysteme deutlich. Unter theoretischem Aspekt besitzt dieser Ansatz die gleichen Nachteile wie der länderkundlich-pragmatische, erbringt aber nicht einmal materiell-inhaltliche Aussagen. Aus diesen Gründen ist es wissenschaftssystematisch gesehen nicht richtig, diesen Ansatz den Systemtheorien zuzuordnen, die, wie im 3. Abschnitt dargestellt, mehr leisten können.

3. Interaktionstheoretischer Ansatz

Die Beziehungen zwischen Unternehmung und Umwelt werden als Interaktionsbeziehungen betrachtet. Umwelt besteht in diesem Fall aus den Interaktionspartnern des Unternehmens. Die Auswahl der Interaktionspartner erfolgt danach, welcher Partner die notwendigen Ressourcen für die eigene Zielerreichung bereitstellen kann. Welche Interaktionspartner für das Unternehmen als besonders relevant erachtet werden, wird aufgrund formaler Merkmale wie Formalisierungsgrad, Intensität, Umfang der Reziprozität und Standardisierungsgrad der Interaktionsbeziehung angegeben. Erweitert wird diese Konzeption dadurch, daß nicht nur die direkten Interaktionsbeziehungen zur Umwelt als relevant für betriebliche Entscheidungen erachtet werden, sondern auch die indirekten Einflüsse (z.B. Konkurrenten) Berücksichtigung finden. Direkte Interaktionen und indirekte Beziehungen sind dann zusammengefaßt die Umwelt der Unternehmung, welche als Aufgaben-Umwelt oder auch als „wirtschaftliche Umwelt" bezeichnet werden kann.

Mit diesem Ansatz lassen sich somit die „wirtschaftliche Umwelt" und ihre interdependenten Beziehungen zur Unternehmung interpretieren, wobei eine materiell-inhaltliche „Füllung" der formalen Erklärungsvariablen notwendig ist. Nicht erklären lassen sich die Verhaltensweisen der Interaktionspartner in fremden Kulturen, die auf eine andere natürliche und kulturelle Umwelt zurückzuführen sind.

4. Der situativ-theoretische Ansatz

Dieser Ansatz betrachtet ein Unternehmen als offenes soziales System mit Zweckorientierung und soziotechnischen Subsystemen. Die Beziehung zur Umwelt ist in diesem Ansatz von großer Bedeutung; denn das betriebliche Handeln ist abhängig von der jeweiligen Situation bzw. dem Kontext, wobei die Ungewißheit über die Kontextvariablen ein großes Problem darstellt.

Nachteil dieses Ansatzes ist, daß eine theoretische Abgrenzung und Gliederung der Umwelt und somit auch Identifizierung von relevanten Umweltelementen nicht möglich erscheint, da Umwelt und Relevanz im Grunde nur fallweise bestimmt werden können. Somit kann es zu materiell-inhaltlichen Aussagen nur durch Fallanalyse kommen. Beachtenswert und in jeder Analyse berücksichtigenswert ist die Betonung des Kontextes für menschliches, also auch betriebliches Entscheidungshandeln.

4.2 Grundlegung des Schichtenmodells

Im situativen Ansatz wird der Informationsbeschaffung ein hoher Stellenwert eingeräumt, da nach dieser Auffassung dadurch Ungewißheit über die komplexe und dynamische Umwelt (Umweltsysteme) reduziert werden kann. Eine weitere Möglichkeit, worauf u.a. auch der interaktionstheoretische Ansatz hinweist, besteht darin, die Umwelt zu beeinflussen (modifizieren) und dadurch Ungewißheit zu reduzieren.

Diese formale Charakterisierung der Umwelt will Dülfer durch sein Schichtenmodell der Umweltdifferenzierung überwinden – durch Differenzierung und Integration von theoretischen, empirischen und praktisch-gestalterischen Aussagen.

Mit Hilfe des Schichtenmodells (Abb. 8.15) soll der Fremdheitsgrad der Gastlandumwelt erfaßt werden und zwar der Fremdheitsgrad aus der Sicht des Auslandsmanagers (M) oder -mitarbeiters (Dülfer, 1983 a, S. 13). Ziel ist es, durch eine Umweltgliederung, die Aussagen über die gegenseitige Verursachung von Umweltelementen aufstellen kann, dem Auslandsmanager (M) Entscheidungshilfen zu geben bzw. Hilfen zur Wahrnehmung von relevanten Umwelteinflüssen auf sein Entscheidungsfeld. Der Kern des Schichtenmodells besteht darin, daß Umweltsysteme nicht unverbunden nebeneinander stehen und so Wirkungen auf den Auslandsmanager auslösen, sondern daß Umweltelemente schichtenförmig übereinanderliegen und „stufenmäßige Verursachungen" von unten nach oben bewirken, wobei von oben nach unten auch eine Rückwirkung erfolgt. Der Entscheidungsträger (M) wird nun aber nicht nur dadurch von der Umwelt beeinflußt, daß das Verhalten seiner externen Interaktionspartner (Aufgabenumwelt, „wirtschaftliche Umwelt") durch die überlagernden Schichten beeinflußt ist, sondern auch von den einzelnen Schichten direkt (geschwungene Pfeile links).

```
                                              ┌──→ M
                              ┌──────────────────────┐
              ┌──  „Aufgaben – Umwelt"     ◄──►  Unternehmung
              │    (externe) Interaktionspartner    im Gastland
         ┌────┴──  rechtlich-politische Normen   ┐
         │         soziale Beziehungen und Bindungen │
         │         kulturell bedingte Wertvorstellungen │   Kultur
         │         Stand der Realitätserkenntnis und Technologie │  (man made)
natürliche Gegebenheiten                       ┘   Natur
```

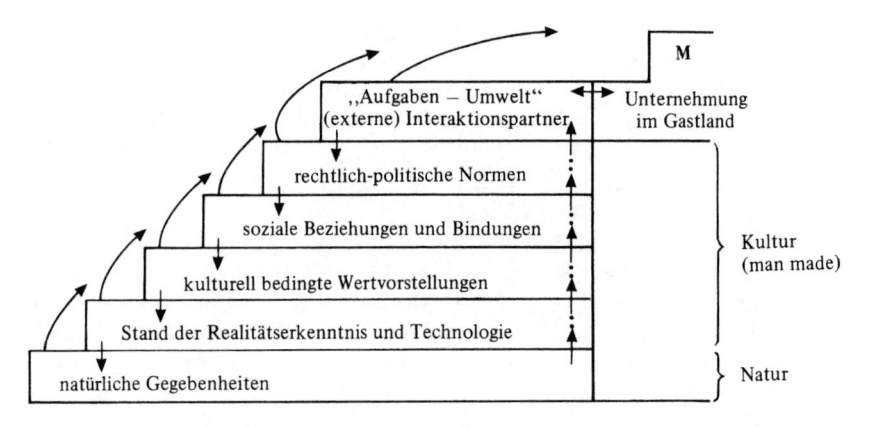

Abb. 8.15: „Schichtenmodell" der Umweltdifferenzierung nach Düller (1982, S. 57)

Im einzelnen wird von Dülfer (1981 a, S. 30) die „unterste, alle anderen Umwelterscheinungen tragende oder durchdringende Schicht" als „natürliche Gegebenheiten" bezeichnet. Hiervon wird die kulturelle (menschengemachte) Umwelt unterschieden, die alle anderen Schichten umfaßt:

- Verfahrenskenntnisse als „tragende Schicht der kulturellen Umwelt, ohne die die Natur nicht „bearbeitet" werden kann und die aufgrund von Ausbildung und Erziehung erworben werden";
- kulturell bedingte Wertvorstellungen, wie Religion, Einstellungen, Prinzipien, die sich erst aufgrund technischer und kommunikativer Verfahrenskenntnisse entwickeln können;
- soziale Beziehungen und Bindungen, die aus gemeinsamen Wertvorstellungen entstehen, wie Gruppen, Vereine usw.;
- rechtlich-politische Normen, die sich aufgrund sozialer Beziehungen und Bindungen bilden zwecks Abstimmung gegenseitigen Verhaltens.

Diese vier Schichten, die, wie die Pfeile anzeigen, sich jeweils von Stufe zu Stufe auch gegenseitig durchdringen, werden als globale oder auch restliche Umwelt bezeichnet.

Die darauf „aufbauende" Aufgabenumwelt besteht aus externen Interaktionspartnern, wie sie auch von der Interaktionstheorie, und zwar im Sinne von alleiniger Umwelt der Unternehmung, beschrieben wird.

Dülfer hat hiermit ein analytisches Instrumentarium vorgelegt, das es erlaubt, das Verhalten der Interaktionspartner (Aufgabenumwelt) als Verursachung tieferliegender, natürlicher und kultureller Schichten der Gastlandumwelt zu erfassen. Des weiteren kann analysiert werden, welchen Entscheidungsspielraum der Manager im Gastland im Vergleich zu seiner Stammländerfahrung besitzt. Dabei können die verschiedenen Schichten sowohl Entscheidungsrestriktionen für den Manager bedeuten als auch Entscheidungserweiterungen. Hierzu bedarf es der empirischen Überprüfung von Hypothesen über den Einfluß der verschiedenen Schichten untereinander und auf die Unternehmung.

Bezogen auf Personalprobleme heißt dies, auch jene Umwelteinflüsse zu untersuchen, die sich auf interne Interaktionsprozesse auswirken. Da Dülfer das Problem der Umweltberücksichtigung aus der Sicht des Entscheidungsträgers im

Besonders zu berücksichtigende Umwelt-Bedingungen / Länder	rechtlich-politische Normen				soziale Beziehungen und Bindungen				kulturell bedingte Wertvorstellungen				Verfahrenskenntnis				natürliche Gegebenheiten			
	E_{11}	E_{12}	E_{13}	E_{14}	E_{21}	E_{22}	E_{23}	E_{24}	E_{31}	E_{32}	E_{33}	E_{34}	E_{41}	E_{42}	E_{43}	E_{44}	E_{51}	E_{52}	E_{53}	E_{54}
Land A		X		X		X	X	X	X	X		X	X				X	X		X
Land B			X			X				X	X				X	X	X			
Land C		X	X		X		X	X	X	X	X	X		X		X	X		X	X
Land D		–	–	–	–	–	–	–												
Land E		–	–	–	–	–	–	–												
Land F		–	–	–	–	–	–	–												
Land G		–	–	–	–	–	–	–												
Land H		–	–	–	–	–	–	–												
Land I		–	–	–	–	–	–	–												

➡ Funktionen-Matrix Land C

Betrieblicher Entscheidungs-Bereich	E_{12}	E_{13}	E_{21}	E_{23}	E_{24}	E_{31}	E_{33}	E_{34}	E_{42}	E_{43}	E_{44}	E_{51}	E_{53}	E_{54}
Zielsystem		X				X		X	X					X
Organisationsstruktur	X	X		X		X	X	X	X	X	X			X
Beschaffung			X							X		X		
Personalwirtschaft				X			X		X	X	X		X	
Absatz	X				X		X	X		X	X	X		X
Finanzierung	X				X	X				X				

Abb. 8.16: Länder- und Funktionenmatrix nach Dülfer (1981a, S. 39)

Gastland betrachtet und aus dieser Sicht Unterschiede im Vergleich zum Stammland herausarbeiten will, will er auch nur die Einflüsse, die die Aufgabenumwelt einerseits und die natürliche und kulturelle Umwelt andererseits aufeinander und auf die Interaktionsprozesse in der Unternehmung ausüben, analysieren. Unter diesem Aspekt kann auch seine Länder- und Funktionenmatrix (Abb. 8.16) betrachtet werden; denn ein wesentliches Ziel von Dülfer ist die Aufstellung inhaltlich-materieller Aussagen über Umweltdifferenzen zwischen Stammland und Gastland.

Die Ländermatrix ist so aufgebaut, daß den verschiedenen Umweltschichten betriebliche Entscheidungsbereiche (E_{11}, E_{12} usw.) zugeordnet sind. Für die verschiedenen Länder muß nun angegeben werden, bei welchem Entscheidungsbereich welcher Umweltbeziehung welcher Unterschied zwischen Gast- und Stammland besteht. Aus dieser Ländermatrix kann nun der Auslandsmanager eine Funktionenmatrix erstellen, aus der er ersehen kann, welche Unterschiede in „seinem" Gastland im Vergleich zu „seinem" Stammland in welcher betrieblichen Funktion und welchem Entscheidungsbereich existieren.

Ein Beispiel mag dies verdeutlichen. Von Keller (1982, S. 7) berichtet von einem amerikanischen Projekt zu Beginn der fünfziger Jahre, einen Flughafen im südpazifischen Raum zu bauen. Für den Bau wurden männliche Inselbewohner rekrutiert und die Fähigsten unter ihnen zu Vorarbeitern gemacht. Eines Morgens lagen alle Vorarbeiter mit durchschnittener Kehle im Frühstücksraum. Die Erklärung dieses Phänomens: Rangunterschiede zwischen Gleichaltrigen waren bei diesem Inselvolk absolut tabuisiert. An diesem drastischen Beispiel kann die hilfreiche Verwendung von Länder- und Funktionenmatrix erläutert werden. Wenn in der Ländermatrix also unter „kulturell bedingte Wertvorstellungen" die Tabuisierung von Rangunterschieden zwischen Gleichaltrigen steht und dies dem Entscheidungsbereich E_{33}: „Führungskräfteauswahl" zugeordnet wird, so ist bei Aufstellung der Funktionenmatrix für Land C jedem Entscheidungsträger klar, daß es für die Führungskräfteauswahl eine Entscheidungsrestriktion gibt, die **unbedingt** beachtet werden muß.

Da Dülfer davon ausgeht, daß die verschiedenen Umweltsysteme nicht parallel wirken, sondern „genetisch miteinander verkoppelt" sind und Wechselwirkungen aufweisen, schlägt er für die Betrachtung der fremden Gastlandumwelt folgende Vorgehensweise vor (Dülfer, 1983 a, S. 14):

- Ausgangspunkt der Betrachtung sind die Rechtsnormen, da Unterschiede zum Stammland sehr leicht wahrzunehmen sind.
- Politische Ideologien, die diese Rechtsnormen legitimieren bzw. die politischen Normen legitimieren, sollen im nächsten Schritt angegangen werden, da ohne Kenntnis dieser Ideologien (Legitimationen) kein verstehbarer Zusammenhang hergestellt werden kann bezüglich der Handlungswirksamkeit dieser rechtlichen und politischen Normen.
- Die politischen Ideologien (Legitimationen) sind nur verstehbar aufgrund der Kenntnis der sozialen Gruppierungen: d.h. bspw., welche Gruppen im Gastland sind die „Pfeiler" der Legitimationsstützung?
- Wie weit politische Normen und ihre Legitimation wandelbar sind, läßt sich wiederum nur aus den „kulturell bedingten Werturteilen" ableiten.
- Die Wandlungsfähigkeit bzw. Entwicklung von kulturellen Wertvorstellungen hängt im hohen Maße davon ab, wie der „Stand der Realitätserkenntnis" sich entwickelt, einschließlich der Technologieentwicklung.

- Wie eine solche historische soziale Evolution vor sich geht, hängt auch entscheidend von den natürlichen Gegebenheiten ab und ihren Wechselwirkungen mit den kulturellen Faktoren der Umwelt.

Vergleicht man die Ziele Dülfers mit seinen Ausführungen zum Schichtenmodell, dann kann festgestellt werden:

Mit dem Schichtenmodell liegt ein analytisches Instrumentarium vor, mit dem die Umwelt theoretisch erfaßt und abgegrenzt werden kann, mit welchem Beziehungen zwischen Umweltsystemen theoretisch erklärt werden können und aufgrund dessen Aussagen aufgestellt werden können, die empirisch untersucht werden können. Des weiteren kann der Einfluß der genetisch differenzierten und integrierten Umwelt auf das Verhalten der externen Interaktionspartner und der internen Interaktionspartner (Management, Kapitalgeber, Mitarbeiter) dargestellt werden. Die Formulierung materiell-inhaltlicher Aussagen mit Hilfe der Länder- und Funktionsmatrix ist sicherlich aus pragmatischer Sicht zum heutigen Zeitpunkt gerechtfertigt, andererseits hat es den Anschein, als sei die Ableitung der Ländermatrix aus dem Schichtenmodell insofern nicht mehr ganz plausibel, da die genetische Verbundenheit der Schichten nicht mehr zum Ausdruck kommt.

4.3 Vergleich: Schichtenmodell und gesellschaftstheoretische Perspektive

Auf der theoretischen Ebene kann mit dem dargestellten gesellschaftstheoretischen Modell je nach Art und Stärke der gesellschaftlichen Subsysteme zueinander jede mögliche Entwicklung einer Gesellschaft erklärt werden. Mit dem Schichtenmodell können nur jene Gesellschaften angemessen analysiert werden, in denen die jeweiligen Schichten sich gegenseitig durchdringen, nicht aber jene, bei denen die ausdifferenzierten Subsysteme isoliert nebeneinander nach einer eigenen Handlungsrationalität funktionieren.

Bei der Umweltdifferenzierung gibt es nach dem Schichtenmodell lokalisierbare Umweltsysteme für die Unternehmung. Nach dem gesellschaftstheoretischen Modell muß je nach Untersuchungseinheit die Umwelt neu bestimmt werden. So ist bspw. bei der Untersuchungseinheit (soziales System) interkulturelle Personalführung auch die Unternehmung selbst Umwelt zum sozialen System „interkulturelle Personalführung".

Das Schichtenmodell ist aus der Perspektive des Entscheidungsträgers im Ausland konzipiert, um herauszufinden, was dieser Entscheidungsträger an fremden Umwelteinflüssen, die seine Entscheidungen beeinflussen, beachten muß. Nicht mehr Gegenstand der Untersuchung ist der Entscheidungsträger selbst mit seiner im Stammland erworbenen Identität, ebensowenig die Wirkung der Stammunternehmung auf den Entscheidungsträger und seine Mitarbeiter im Gastlandunternehmen.

Bezogen auf den Gegenstand der interkulturellen Personalführung wird aus beiden Theorien folgendes deutlich:
- Es genügt nicht, den Interaktionsprozeß Führer – Mitarbeiter zu analysieren.
- Eine differenzierte Umweltanalyse und die Wechselwirkung der Umweltelemente ermöglichen erst eine Abschätzung des Fremdheitsgrades einer bestimmten Umwelt. Der Fremdheitsgrad kann aber nur richtig erfaßt werden, wenn auch die „heimische" Umwelt einer Analyse unterzogen wird, um deren

Selbstverständlichkeiten explizit zu machen; aus all dem wird deutlich, daß der Prozeß der interkulturellen Personalführung wesentlich anfälliger für Störungen, Probleme usw. ist als der Prozeß der Personalführung mit Interaktionspartnern, die nur einer Kultur angehören.
- Der Interaktionsprozeß der interkulturellen Personalführung ist um so problematischer (störanfälliger), je größer der Fremdheitsgrad der beiden Kulturen zueinander ist.
- Dies bedeutet, daß die Beteiligten höchst widersprüchlichen Erwartungen ausgesetzt sind, die sie gemeinsam oder individuell in irgendeiner Weise handhaben und mit ihrer Identität in Einklang bringen müssen.

5 Sozialwissenschaftliche Theorien zum Zusammenhang von Identität und Gesellschaft

Bisher sind Umweltsysteme abgegrenzt worden und ihre möglichen Wirkungen auf zwischenmenschliches Handeln exemplarisch beschrieben worden. Betrachtet man beide Theorien zur Umweltdifferenzierung, dann ist unschwer zu erkennen, daß beide verdeutlichen, daß alle im Kontext interkulturelle Personalführung Handelnden erheblichen Problemen ausgesetzt sind. Ursache dieses Problemdrucks ist der Fremdheitsgrad, der die Länder aufgrund kultureller Andersartigkeit trennt und sich im Handeln der Menschen äußert. Im folgenden sollen Theorien dargestellt werden, die Erklärungen dafür liefern, welche Leistungen Interagierende (Führer und Mitarbeiter) erbringen müssen, um trotz dieses Fremdheitsgrades handlungsfähig zu bleiben, ohne Schaden an ihrer Identität zu nehmen.

5.1 Theorie der Identitätsbalance

Begriffe wie Identität, Selbst, Selbstkonzept u.a.m. sind in den Sozialwissenschaften weit verbreitet und bezeichnen i.d.R. gleiche oder ähnliche Sachverhalte. Als Identität wird ganz allgemein die Fähigkeit (manchmal auch Leistung) eines Individuums (Persönlichkeitssystems) bezeichnet, unterschiedliche Erwartungen aus den verschiedensten Lebenszusammenhängen zu integrieren und trotz vielfältiger und sich widersprechender Erwartungen Kontinuität und Konsistenz im Handeln zu zeigen.

Mit dem Konzept der Identitätsbalance haben insbesondere Krappmann, Habermas, Döbert/Nunner-Winkler, Döbert/Habermas/Nunner-Winkler und Klages Aussagen geliefert über die Anforderungen an die Identität des Individuums im Interaktionsprozeß, die Beziehung von sozialer Struktur (Gesellschaft) und Identitätsentwicklung und über den Zusammenhang von Identitätsformationen und Gesellschaftssystem.

Nach Abb. 8.14 sehen sich Vorgesetzter (V) und Mitarbeiter (M) im interkulturellen Personalführungsprozeß höchst unterschiedlichen Erwartungen ausgesetzt:
- Der Vorgesetzte soll den Erwartungen des Stammhauses, des Stammlandes, des Gastunternehmens, des Gastlandes, seiner Familie und seiner Freunde entsprechend handeln.

- Der Mitarbeiter soll ebenfalls den Erwartungen seines Landes, des Gastunternehmens, seiner Familie, Freunde usw. entsprechend handeln.

Diese Erwartungen, die in der Gegenwart an den Menschen herangetragen werden, bezeichnen Krappmann und Habermas als soziale Identität, d.h. die „horizontale Dimension" (Krappmann) bzw. die „Dimension des sozialen Raumes" (Habermas) der Identität. Es kann somit auch gesagt werden, aus der sozialen Identität resultieren die Erwartungen, die aufgrund der unterschiedlichen Rollen eines Menschen an ihn herangetragen werden und die er in irgendeiner Weise integrieren muß, um Identität zu wahren, d.h., um als ein kontinuierlich und konsistent Handelnder wahrgenommen zu werden.

Nach Abb. 8.14 sehen sich Vorgesetzter und Mitarbeiter aber auch Erwartungen ausgesetzt, die aus ihrer Lebensgeschichte resultieren. Diese Erwartungen, die in einer „vertikalen Dimension" (Krappmann) bzw. einer „Dimension der sozialen Zeit" (Habermas) an den Menschen herangetragen werden, sollen als personale Identität bezeichnet werden. Die Fähigkeit bzw. Leistung, zwischen den Anforderungen aus personaler und sozialer Identität zu balancieren, wird als die (Fähigkeit bzw.)Leistung der Identität bezeichnet. Identitätsbalance ist nach Krappmann und Habermas strukturelles Erfordernis jeglicher sozialen Interaktion, da soziale Situationen i.d.R. durch ambivalente Erwartungen gekennzeichnet sind. Um trotz divergierender Erwartungen aus den verschiedenen Identitätsdimensionen Identität wahren zu können, werden folgende Grundqualifikationen des Rollenhandelns (sozialen Handelns) angeführt (Krappmann, 1975, 1976):

1. **Rollendistanz** bezeichnet die Fähigkeit, sich von den Erwartungen aus einer bestimmten Rolle zu distanzieren, d.h. sie zu negieren, zu modifizieren und zu interpretieren. Auf die Identitätsbalance bezogen heißt das, die über die Rolle hinausgehenden Erwartungen aus den verschiedenen Dimensionen der Identität zu verdeutlichen.

2. **Ambiguitätstoleranz** ist die Fähigkeit eines Menschen, auch bei divergierenden Erwartungen und partieller Bedürfnisbefriedigung seine Identität zu wahren, d.h. Identitätsbalance zu halten.

3. Mit **Empathie** ist die Fähigkeit gemeint, sich in die Rolle anderer zu versetzen und aus ihrer Perspektive „die Welt" zu betrachten. Spezifizierter bedeutet Empathie dann rein kognitiv die Möglichkeit, die Erwartungen der Interaktionspartner zu übernehmen.

Diese allgemeinen Grundqualifikationen sind notwendig, um Identitätsbalance halten zu können, wobei es noch eine Reihe anderer Fähigkeiten gibt, die die Identitätsbalance beeinflussen bzw. anhand derer man messen kann, bis zu welchem Grad Menschen in der Lage sind, divergierende Erwartungen aus den verschiedenen Dimensionen der Identität zu integrieren und somit Identität zu wahren (vgl. Döbert/Nunner-Winkler, 1975, S. 77-80).

Je nach Unterschiedlichkeit der Erwartungen aus den verschiedenen Dimensionen der Identität kommt es in den verschiedenen Situationen zu unterschiedlichen Konflikten mit wechselnder Stärke. Aus der Rollentheorie sind folgende Mechanismen bekannt, um Intra- und Interrollenkonflikte anzugehen:

„1. für Intrarollenkonflikte
 a) unterschiedliches ‚role-involvement' verschiedener Positionsträger,

b) differentielle Macht der inkonsistente Forderungen stellenden Positionsträger,
c) differentielle Sichtbarkeit von einzelnen konformen bzw. devianten Handlungsmöglichkeiten,
d) Unterstützung durch Inhaber gleicher Position.
2. für Interrollenkonflikte
a) Segmentierung,
b) Sequentialisierung,
c) Wissen von der Vielzahl von Rollen"
(Döbert/Nunner-Winkler, 1975, S. 26).

Intrarollenkonflikte sind dadurch gekennzeichnet, daß unterschiedliche Rollensender („Erwartungstypen") an eine Rolle divergierende Erwartungen stellen. In unserem Fall kann dies für die Rolle Vorgesetzter bedeuten, Erwartungen der Mitarbeiter, Erwartungen der Unternehmensleitung im Stammland usw. zu managen. Diese verschiedenen Erwartungen können nun vom Rollenträger nach der Bedeutung der Rollensender ausgewertet werden und dementsprechend behandelt werden (Mechanismus 1a). Eine weitere Möglichkeit besteht darin, die Rollensender nach ihren Machtmöglichkeiten zu analysieren und dementsprechend zu handeln (Mechanismus 1b). Ein anderer Mechanismus (1c) besteht darin, die Erwartungen zu erfüllen, die besonders sichtbar sind. Weiterhin kann man sich mit anderen gleicher Position zusammenschließen und versuchen, divergierende Erwartungen gemeinsam einer Lösung zuzuführen bzw. abzuwehren (1d).

Als Interrollenkonflikte werden divergierende Erwartungen bezeichnet, die sich aus den verschiedenen Rollen einer Person ergeben. In unserem Fall können das sein: Vorgesetzter, Vater, ehemaliger Studentenführer einer sozialistischen Partei usw.

Der Mechanismus (2a) der Segmentierung besagt, daß die verschiedenen Erwartungen räumlich getrennt voneinander erfüllt werden. Wenn inkonsistente Erwartungen verschiedener Rollensender in zeitlicher Hinsicht, d.h. nacheinander erfüllt werden, spricht man von Sequentialisierung (2b).

Alle bisher beschriebenen Mechanismen zur Lösung von Rollenkonflikten bedeuten, daß Verhaltenserwartungen verletzt werden.

Auch wenn in vielen sozialen Konflikten der verschiedensten Gesellschaften diese hier beschriebenen Mechanismen der „Konfliktlösung" angewandt werden, so muß unter identitätstheoretischem Gesichtspunkt gesagt werden, daß der oben als „Wissen von der Vielzahl von Rollen" (2c) angeführte Mechanismus als vor den anderen ausgezeichnet gelten muß. Denn nur wenn der Mensch deutlich macht, daß er unterschiedliche Rollenverpflichtungen erfüllen muß, werden seine Interaktionspartner bereit sein, Abweichungen von ihren Erwartungen zu tolerieren, da ja auch sie erwarten können, daß Abweichungen toleriert werden aufgrund der Vielzahl ihrer eigenen Rollen. Somit ist auf einer höheren Stufe Intersubjektivität wiederhergestellt.

Zu fragen ist nun, in welchem Maße Menschen in der Lage sind, diese Integration ihrer Identität zu vollziehen: **Nur dann, wenn sie die Grundqualifikationen des Rollenhandelns in einem hohen Maße beherrschen.** So zeigen etwa die Untersuchungen Frenkel-Brunswiks, daß autoritäre Persönlichkeiten ein geringeres Maß an Amibiguitätstoleranz aufweisen. „Autoritäre können als Individuen interpretiert werden, die Angst haben, ihre Identitätsbalance zu verlieren, und sich daher an Stereotype klammern, um die sie verunsichernden Mehrdeutigkeiten zu vermeiden ... Wer nur bei voll komplementärer Bedürfnisbefriedigung zur Interaktion motiviert ist, ist gezwungen, von den Interaktionspartnern mehr zu verlangen, als sie mit Rücksicht auf ihre eigene Identitätsbalance zu geben vermögen" (Krappmann, 1976, S. 174).

Diese Aussagen verdeutlichen, daß autoritäre Persönlichkeiten als Vorgesetzte im interkulturellen Personalführungsprozeß als wenig geeignet erscheinen; denn mit zunehmendem Fremdheitsgrad der jeweiligen Kultur muß damit gerechnet werden, daß die auszuhaltenden Mehrdeutigkeiten der verschiedenen Situationen zunehmen. Wenn dann diese Mehrdeutigkeiten dadurch reduziert werden, daß stereotypes Verhalten an die Stelle von situationsadäquatem Handeln tritt, kann dies nur zu Lasten der interkulturellen Personalführung erfolgen mit negativen Folgen für Mitarbeiter und Unternehmen. Was geschieht jedoch, wenn die inländischen Mitarbeiter eines Gastunternehmens eine Identitätsformation aufweisen, welche autoritäres Verhalten begünstigt, ja, die aufgrund kultureller Überlieferung autoritäres Führungsverhalten fordert? Will man dieses Phänomen erhellen, muß man Theorien heranziehen, die einen Zusammenhang herstellen zwischen Identitätsentwicklung und Gesellschaftsentwicklung.

5.2 Theorie der Interdependenz von ontogenetischen Identitätsformationen und makrogesellschaftlichen Systemerfordernissen

Identitätsformationen sind von zwei Seiten her zu beschreiben. Zum einen kann gefragt werden: Welcher Gesellschaftstyp erfordert welche Identitätsformation des Menschen? Zum anderen kann gefragt werden: Welche Fähigkeiten benötigt der Mensch zur Aufrechterhaltung seiner Identität (Döbert/Nunner-Winkler, 1975; Klages, 1975; Schimank, 1985; Nunner-Winkler, 1985)? Im vorangegangenen Abschnitt haben wir Rollenkonflikte und ihre möglichen Lösungsausgänge als Ansatzpunkt gewählt. Solche Rollenkonflikte sind typisch für hochkomplexe Gesellschaften. Idealtypisch dargestellt erfolgt die Integration der Identität in hochkomplexen Gesellschaften als prinzipiengeleitete flexible Ich-Identität immer dann, wenn die Grundqualifikationen des Rollenhandelns hoch entwickelt sind. Prinzipiengeleitet handelt nach dieser idealtypischen Konstruktion, wer sein Handeln an universalistischen Prinzipien wie Gerechtigkeit, Gegenseitigkeit, Gleichheit der Menschenrechte und Würde des Menschen orientiert. Wichtiges Kriterium ist also die Orientierung an universalistischen im Gegensatz zu partikularistischen Prinzipien. Eine solche Identitätsformation soll als „prinzipiengeleitete flexible Ich-Identität" bezeichnet werden. Eine solche Ich-Identität ist nach dieser Theorie die optimale Organisation des Persönlichkeitssystems unter den Bedingungen hochkomplexer Gesellschaften. Den gleichen Sachverhalt meint Schimank (1985, S. 463), wenn er davon spricht, daß in „funktional differenzierten modernen Gesellschaften" eine „reflexiv-subjektivistische Identität" die optimale Organisation des Persönlichkeitssystems darstellt. Klages (1975) differenziert diese These dahingehend, daß er eine solche flexible Ich-Identität nur für die optimale Ausprägung der westlich-demokratischen Industriegesellschaften hält. Wenn die *prinzipiengeleitete flexible Ich-Identität* als optimale Lösung für hochkomplexe Gesellschaften betrachtet wird, so heißt dies nicht, daß alle Individuen in einer solchen Gesellschaft sich auf dieser Identitätsstufe befinden; denn Systemerfordernisse erzwingen ontogenetisch nicht automatisch die beste Lösung, wobei noch zu berücksichtigen ist, daß in einer Gesellschaft für verschiedene Individuen unterschiedliche Grade von Komplexität bewältigt werden müssen.

In traditionalen Gesellschaften sind die Anforderungen an das Individuum weniger komplex; denn i.d.R. wird das Handeln des Individuums an einer Rolle orientiert, d.h. die Identität wird somit über diese zentrale Rolle integriert. Das Individuum spielt diese Rolle nicht, es **ist** die Rolle. Eine solche Identitätsformation, die in idealtypischer Weise den Systemerfordernissen der traditionalen Gesellschaft entspricht, soll *Rollenidentität* genannt werden. In der ontogenetischen Entwicklung kann noch eine weitere Identitätsformation unterschieden werden, nämlich die natürliche Identität. Dieser Identitätsformation entspricht keine spezifische Gesellschaftsform, da auf dieser Stufe Verhaltenserwartungen noch gar nicht integriert werden, da Absichten anderer nur in den äußeren Konsequenzen erfahren werden. Insofern interessieren uns im folgenden nur die prinzipiengeleitete flexible Ich-Identität, die Rollenidentität und eventuelle Modifikationen beider.

Faßt man die bisherigen Ergebnisse zum Zusammenhang von Identitätsformation, Gesellschaftstyp, Grundqualifikationen und Wertorientierung zusammen, ergeben sich die folgenden vorläufigen Hypothesen:

- Der traditionalen Gesellschaft entspricht eine Rollenidentität mit Grundqualifikationen des Rollenhandelns, die kaum soziale Distanzierung von angesonnenen Erwartungen gestattet; die Lösung von möglichen Rollenkonflikten erfolgt durch Segmentierung der verschiedenen Lebensbereiche; eine positive Einstellung zu den gesellschaftlichen Institutionen ist typisch.

- Für hochkomplexe Gesellschaften (Industriegesellschaft, moderne Gesellschaft) werden folgende Identitätsausprägungen beschrieben:

a) Berufsrollenidentität mit Grundqualifikationen des Handelns, welche Distanzierung von Erwartungen, die aus der Berufsrolle resultieren, kaum zulassen, da alle Lebensbereiche von der Berufsrolle dominiert werden; eine positive Einstellung zu den gesellschaftlichen Institutionen ist typisch.

b) Berufsorientierte Ich-Identität mit ausgeprägter Entwicklung der Grundqualifikationen des Handelns, die soziale Distanzierung und nicht komplementäre Bedürfnisbefriedigung ermöglichen; eine klare Berufsperspektive ist verbunden mit prinzipiengeleiteter Handlungsorientierung; eine positive Einstellung zu gesellschaftlichen Institutionen ist typisch.

c) Die prinzipiengeleitete flexible Ich-Identität als eine typische Identitätsausprägung hochkomplexer Gesellschaften ist gekennzeichnet durch hochentwickelte Grundqualifikationen des Handelns; die Handlungsorientierung erfolgt in allen Lebensbereichen an universalistischen Prinzipien; eine flexible Berufsperspektive ist verbunden mit einer kritischen Einstellung zu gesellschaftlichen Institutionen.

Diese hier dargestellten „typischen" Identitätsausprägungen für verschiedene Gesellschaften sind hypothetischer Art und mit Vorsicht zu handhaben. Soll aber der konkrete Zusammenhang von gesellschaftlicher Umwelt und Identitätsentwicklung ermittelt werden, dann müssen Aussagen darüber formuliert werden, welche Identitätsentwicklung für welchen konkreten Zusammenhang von politischem System, ökonomischem System, sozial-kulturellem System und Gemeinschaftssystem wahrscheinlicher ist (vgl. Abschnitt 3.3). Da dieser konkrete Zusammenhang bisher wenig erforscht ist, soll eine kurze, eher spekulative Hypothesendarstellung genügen:

- Je mehr die genannten sozialen Subsysteme interpenetriert sind, desto eher ist eine **flexible Ich-Identität** als typische Identitätsausprägung wahrscheinlich, da in solchen Gesellschaften ein Systemerfordernis darin besteht, die divergierenden Handlungsrationalitäten der verschiedenen Subsysteme auf einem höheren Abstraktionsniveau kompatibel zu machen; **berufsorientierte Ich-Identitätsformen** scheinen dann wahrscheinlicher, wenn in dieser **interpenetrierten Gesellschaft** das ökonomische System die anderen Subsysteme stärker beeinflußt als umgekehrt;
- je mehr die sozialen Subsysteme einer Gesellschaft **isoliert** nebeneinanderstehen, desto mehr ist eine auf die unterschiedlichen Lebensbereiche bezogene, **segmentierte Rollenidentität** wahrscheinlich, wobei eine Integration der segmentierten Bereiche durch eine Hierarchisierung der Rollen in der Weise erfolgen kann, daß eine Berufsrollenidentität entwickelt wird;
- je mehr das ökonomische System die übrigen Subsysteme **dominiert**, desto wahrscheinlicher ist eine utilitaristisch orientierte **Berufsrollenidentität**, was zu „anomischer Desintegration führen (kann), zumal wenn die Organisation der gesamten Lebensführung um die Berufsrolle prekär wird" (Döbert/Nunner-Winkler, 1975, S. 149);
- je mehr das Gemeinschaftssystem die übrigen Subsysteme dominiert, desto wahrscheinlicher ist die **Rollenidentität** als typische Identitätsausprägung, da der Diskurs über die Angemessenheit von Ansprüchen und Erwartungen nicht institutionalisiert ist.

6 Abschließende Folgerungen für ausgewählte personalwirtschaftliche Problemfelder aus identitäts- und gesellschaftstheoretischer Perspektive

Nach der bisherigen Darstellung ergibt sich kurz gesagt folgender Zusammenhang zwischen Identitätsentwicklung und gesellschaftlicher Umwelt:

- Die Identität eines Menschen entwickelt sich in Auseinandersetzung mit seiner gesellschaftlichen Umwelt;
- je nach Gesellschaftstyp und Zusammenwirken der gesellschaftlichen Subsysteme (politisches, ökonomisches, sozial-kulturelles und Gemeinschaftssystem) sind die Chancen unterschiedlich verteilt für die Entwicklung einer bestimmten Identitätsformation;
- welche Identitätsformation ein Mensch aufweist, hängt in starkem Maße davon ab, ob er in „offenen sozialen Situationen" seine Identität selbst suchen und finden kann oder ob ihm eine bestimmte Identität zugewiesen wird;
- der Mensch ist nur in der Lage, in seinem Handeln Kontinuität und Konsistenz aufzuweisen, wenn dieses Handeln mit seiner Identität in Einklang zu bringen ist, d.h. wenn es sinnhaft in einen Gesamtzusammenhang integriert werden kann;
- je besser die Grundqualifikationen des Rollenhandelns ausgebildet sind, desto wahrscheinlicher ist die Entwicklung einer Ich-Identität und desto flexibler können inkonsistente Erwartungen und Ansprüche auf einem höheren Niveau sinnhaft integriert werden, ohne daß der Mensch handlungsunfähig wird und Schaden an seiner Identität nimmt.

6.1 Allgemeine Folgerungen für die interkulturelle Personalführung

Welche Folgerungen ergeben sich aus diesen Ergebnissen für eine identitätsorientierte interkulturelle Personalführung? Stimmt man der Auffassung zu, daß Internationale Unternehmen sich wie „gute Bürger" (Dribbusch, 1975, S. 139) verhalten sollen, dann kann die Ungewißhcitsreduktion über die Gastlandumwelt nicht schwerpunktmäßig darin bestehen, diese zu beeinflussen, sondern Ungewißheitsreduktion muß im wesentlichen erfolgen durch Informationsbeschaffung über die Gastlandumwelt und ihren Einfluß auf Identitätsentwicklung und Verhalten. Diese Informationen wiederum müssen umgesetzt werden in die zentrale (Stammhaus) und dezentrale (Gastlandunternehmen) personalwirtschaftliche Arbeit.

Aus allen bisherigen Untersuchungen geht hervor, daß die Fähigkeit des Auslandsmanagers (Führungskraft) zu flexiblem Handeln um so höher ausgeprägt sein muß, je höher der Fremdheitsgrad des betreffenden Landes zum eigenen Land ist. Der Fremdheitsgrad ist um so größer, je unterschiedlicher das Zusammenwirken der gesellschaftlichen Subsysteme ist. Hieraus folgt für eine identitätsorientierte interkulturelle Personalführung: Je größer der Fremdheitsgrad zwischen Stammland und Gastland, desto größer ist die Wahrscheinlichkeit, daß nur der Vorgesetzte erfolgreiche Personalführung leisten kann, bei dem die Grundqualifikationen des Rollenhandelns stark entwickelt sind und der somit über eine flexible Ich-Identität verfügt. Erfolgreiche Personalführung heißt, daß weder die Vorgesetzten selbst durch die Inkonsistenz von Erwartungen und die vielfältigen Ambiguitäten an ihrer Identität Schaden nehmen, noch daß der betriebswirtschaftliche Erfolg leidet, noch daß die Mitarbeiter leiden. Je geringer der Fremdheitsgrad zwischen Gastland und Stammland, d.h. je ähnlicher das Zusammenwirken der gesellschaftlichen Subsysteme, desto größer ist die Wahrscheinlichkeit, daß **auch** jene Vorgesetzte erfolgreiche Personalführung leisten können, deren Identitätsformation der vorherrschenden, typischen Identitätsformation des Gastlandes und des Stammlandes entspricht.

6.2 Spezielle personalwirtschaftliche Folgerungen anhand einer Fallinterpretation

Anhand einer Studie von Kumar/Steinmann (1981) sollen personalwirtschaftliche Probleme exemplarisch dargestellt und aus identitäts- und gesellschaftstheoretischer Perspektive konkrete Lösungsvorschläge skizziert werden.

Ausgangslage: Zwei mittelständische deutsche Unternehmen entsandten 1978 120 Fach- und Führungskräfte in vier Projektorte nach Saudi-Arabien. Von den 120 Entsandten waren 80 gewerbliche Fachkräfte, überwiegend Schachtmeister, die Vorgesetztenfunktion (Führer eines Bautrupps) gegenüber 10-30 Hilfskräften übernehmen mußten. Die Hilfskräfte rekrutierten sich aus Nachbarländern Saudi-Arabiens.

Personalbeschaffung und -auswahl:

Die Rekrutierung der Fach- und Führungskräfte erfolgte überwiegend aus den Stammunternehmen im Inland. Während für die höheren Führungskräfte Auslandserfahrung neben Fachqualifikation ein Auswahlkriterium war, bestand das Auswahlkriterium für Führungskräfte der unteren Ebene in der Fachqualifikation. Als Motivationsmittel für den Einsatz im Ausland wurde insbesondere das hohe Einkommen verwendet und psychischer Druck. Dies ging so weit, daß fähige Stammhausmitarbeiter angesprochen wurden, von denen man wußte, daß sie Geldprobleme hatten. Andere wurden damit unter Druck gesetzt, daß ihr Weiterkommen in der Firma „dieses Opfer" verlange.

Aus identitäts- und gesellschaftstheoretischer Perspektive muß solch eine Vorgehensweise abgelehnt werden. Vielmehr sind hiernach folgende Schritte notwendige Bestandteile der Personalbeschaffung und -auswahl:

Analyse des Gastlandes bzw. der gesellschaftlichen Umwelten der zukünftigen Mitarbeiter der auszuwählenden Führungskräfte. Im geschilderten Fall handelte es sich bei der gesellschaftlichen Umwelt der zukünftigen Mitarbeiter und externen Interaktionspartner um islamische Gesellschaften, bei denen das Gemeinschaftssystem, welches durch die Religion legitimiert wird, alle anderen Subsysteme dominiert. Dies hat i.d.R. zur Folge, daß eine Binnenmoral für Angehörige der Gemeinschaft (Gläubige) existiert und eine Außenmoral für Nichtangehörige der Gemeinschaft (Ungläubige).

Diese Aussagen verdeutlichen schon, daß in solch einer Gesellschaft die Handlungsselbstverständlichkeiten einer säkularisierten Industriegesellschaft westlichen Typs höchst unwirksam sind, ja daß die Erwartungen und Ansprüche des Gastlandes an das Verhalten der „Ausländer" identitätsbedrohend erscheinen müssen. Bei dieser Ausgangslage muß unter identitätstheoretischen Gesichtspunkten die Auswahl von Fach- und Führungskräften schwerpunktmäßig aufgrund sozialer Qualifikationen erfolgen. Konkret heißt dies, es müssen Menschen ausgewählt werden, die eine berufsorientierte oder flexible Ich-Identität besitzen, wobei insbesondere die Ambiguitätstoleranz hoch ausgebildet sein muß. Diese Auswahl kann beispielsweise in Form eines offenen Tiefeninterviews erfolgen, wie es bei Döbert/Nunner-Winkler (1975, S. 76-80) beschrieben wird, die einen Interviewleitfaden, bestehend aus folgenden Dimensionen, formuliert haben: Selbstvertrauen, Konformitätsneigung, Ambiguitätstoleranz, interpersonelles Vertrauen, Locus of Control, Entfremdung. Nur Menschen mit hoch ausgebildeten Grundqualifikationen des sozialen Handelns sind unter den geschilderten Bedingungen in der Lage, gesellschaftsbedingtes Verhalten der unterstellten Mitarbeiter aufgrund der Kenntnis des sozial-kulturellen Legitimationssystems zu verstehen (vgl. Kreutzers Profil globalisierungsrelevanter Einstellungen, 1989, S. 156, Abb. 42). Daß dies die ausgewählten Mitarbeiter der oben beschriebenen Unternehmen nicht konnten, geht aus der Beschreibung von Kumar/Steinmann eindeutig hervor. So berichten sie, daß zur Bezeichnung der Einheimischen Begriffe wie „Kameltreiber", „Muftis" u.ä.m. benutzt wurden. Ferner betonen sie, daß diese stereotypen Vorurteile, die schon aus dem Stammland mit in das Gastland gebracht wurden, sich durch den Kontakt zu ihren Mitarbeitern und anderen Einheimischen noch verstärkt haben.

Personalvorbereitung, -bildung, -entwicklung:
Wenn Vorurteile über das Gastland im Kontakt mit Mitarbeitern aus dem Gastland noch verstärkt werden, so zeigt dies, daß auch (!) die Vorbereitung, Bildung und Entwicklung des entsandten Personals nicht hinreichend erfolgt ist.

Die Vorbereitung in unserem Beispiel sah folgendermaßen aus:
- Ein Merkblatt wurde an alle zu Entsendenden verteilt. Dies enthielt eine Reihe „technischer" Hinweise über Kleidung, Freizeit usw. und den Hinweis über

vier Dinge (Alkohol, Schweinefleisch, Walkie-Talkie-Sprechgerät, Magazin „Playboy"), die in Saudi-Arabien verboten sind.

• Die Auslandsaspiranten bekamen die Möglichkeit, mit dem Personalleiter im Stammland zu sprechen.

• Eine weitere Möglichkeit (!) bestand darin, sich bei der zuständigen Auslandsabteilung über die örtlichen Verhältnisse zu informieren.

Aus gesellschafts- und identitätstheoretischer Perspektive kann es eine länder- und aufgabenadäquate Vorbereitung nur geben, wenn ihr eine systematische Personalentwicklungs- und -bildungsstrategie zugrunde liegt. Um allen potentiellen Auslandsmitarbeitern maximale Transparenz über ihre Karriereentwicklung im Unternehmen zu gewährleisten, sollten im Unternehmen eine oder mehrere Entsendungsstrategien entwickelt und offengelegt werden. Abb. 8.17 zeigt mehrere solcher Entsendungsstrategien. Offengelegte Entsendungsstrategien und Karriereentwicklungspläne mildern auch das Problem nach der Rückkehr der Auslandsmitarbeiter ins Stammland. Je nach Entsendungsstrategie kann systematisch und kontinuierlich Personalentwicklung betrieben werden. „Personenorientierte Maßnahmen" (Wahren, 1987) scheinen hier insbesondere zieladäquat zu sein. Diese Maßnahmen zielen insbesondere darauf, die Grundqualifikationen des sozialen Handelns zu verbessern. Diese können in Kommunikationstrainings vermittelt werden und zwar sowohl kognitiv (Wissen), emotional (Selbsterfahrung) als auch aktional (z.B. Rollenspiel). Im einzelnen zeigt folgende Zusam-

Abiturienten (Mittlere Reife)

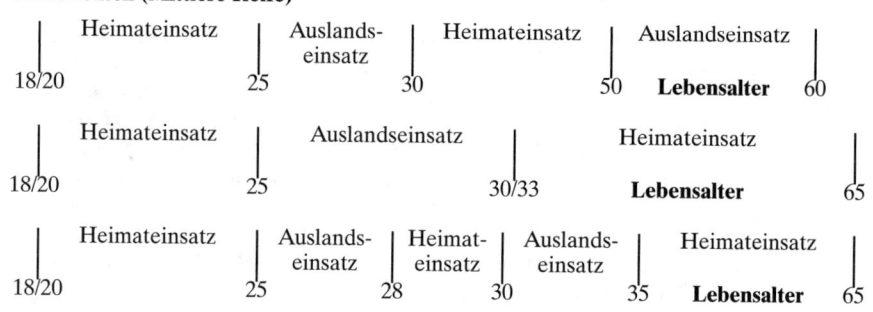

| Heimateinsatz | Auslands- einsatz | Heimateinsatz | Auslandseinsatz |
| 18/20 | 25 | 30 | 50 **Lebensalter** 60 |

| Heimateinsatz | Auslandseinsatz | Heimateinsatz |
| 18/20 | 25 | 30/33 **Lebensalter** 65 |

| Heimateinsatz | Auslands- einsatz | Heimat- einsatz | Auslands- einsatz | Heimateinsatz |
| 18/20 | 25 | 28 | 30 | 35 **Lebensalter** 65 |

Hochschulabsolventen

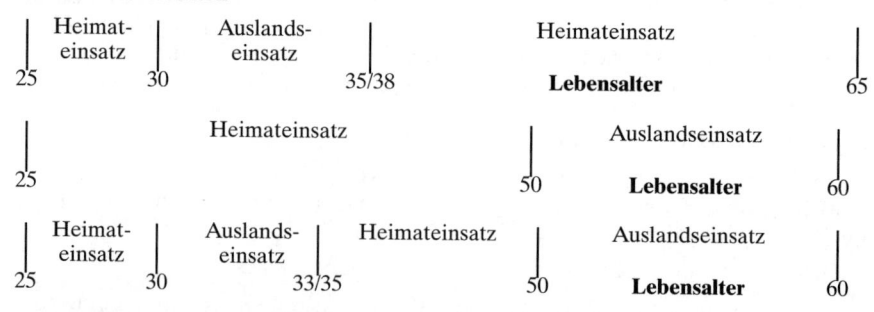

| Heimat- einsatz | Auslands- einsatz | Heimateinsatz |
| 25 | 30 | 35/38 **Lebensalter** 65 |

| Heimateinsatz | Auslandseinsatz |
| 25 | 50 **Lebensalter** 60 |

| Heimat- einsatz | Auslands- einsatz | Heimateinsatz | Auslandseinsatz |
| 25 | 30 | 33/35 | 50 **Lebensalter** 60 |

Abb. 8.17: Entsendungsstrategien nach Fritz/Gaugler (1983, S. 9)

menstellung (Abb. 8.18) einer Literaturauswertung von Wahren (1987, S. 200) die Fertigkeiten und Qualifikationen, die „trainiert" bzw. erworben werden sollen. Des weiteren sollten Gegenstand personenorientierter Maßnahmen gesellschafts-theoretische Länderstudien sein, die insbesondere den systematischen Zusammenhang von gesellschaftlichen Subsystemen (ökonomisches, politisches, sozial-kulturelles und Gemeinschaftssystem), Identitätsentwicklung und Verhalten aufzeigen. Hierbei ist insbesondere auch die Abhängigkeit der eigenen Handlungsselbstverständlichkeiten von dem Zusammenhang der Subsysteme der eigenen Gesellschaft zu analysieren.

I) *Verbale und non-verbale Fertigkeiten*
  (x) 1. Allgemeine Aspekte der Sprache (z.b. Probleme von Wahrnehmung und Sprache; Transformationslinguistik)
      2. Voraussetzungen für ein verständliches „Senden" (z.B. „vier Seiten der Nachricht")
  (x) 3. Psychologische Aspekte beim „Senden" (z.b. „Ich"- und „Du"-Botschaften)
      4. Körpersprache (Bedeutung, Formen, Funktionen usw.)
      5. Allgemeine Redequalifikation (das Kerngebiet der Rhetorik)

III) *Interaktive Fertigkeiten*
  (x) 6. Mut zu Selbstöffnung (Echtheit, Ausdruck von Gefühlen)
      7. Aufbau eines positiven Selbstbildes (Souveränität, Selbstsicherheit)
      8. Persönliches Wollen (Aktivität, Kontaktbereitschaft)
  (x) 9. Meinungsvielfalt und Zivilcourage
  (x) 10. Fähigkeit, sich in die Rolle des anderen zu versetzen
  (x) 11. Fähigkeit, unterschiedliche Rollen einzunehmen
  (x) 12. Fähigkeit, Verhaltensweisen – in Anpassung an den Kontext – zu verändern
  (x) 13. Direktheit im Verhalten
  (x) 14. Dialogfähigkeit (z.B. Kenntnis über das Führen hilfreicher Gespräche)
  (x) 15. Gesprächsführung in Gruppen (z.B. TZI-Regeln)
      16. Techniken der Moderation und Visualisierung (z.B. Metaplan)
  (x) 17. Fähigkeiten zum konstruktiven Umgang mit Konflikten (Konfliktbereitschaft und Toleranz)
  (x) 18. Fähigkeiten zum konstruktiven Umgang mit Kritik
  (x) 19. Fähigkeiten zum konstruktiven Umgang mit Problemen
  (x) 20. Fertigkeiten zur Anwendung von Feedback
  (x) 21. Fertigkeiten in der Metakommunikation
  (x) 22. Kenntnisse über die Probleme sozialer Beziehungen
  (x) 23. Fähigkeit zur Analyse von Kommunikationsprozessen

III) *(Soziale) kognitive Fertigkeiten*
      24. Kognitives Wissen über die Probleme der Wahrnehmung
  (x) 25. Sensibilität in der Aufnahme von Informationen (z.B. Sensibilität gegenüber Manipulation)
  (x) 26. Sensibilität für soziale Prozesse
  (x) 27. (aktives) Zuhören
  (x) 28. Zielorientiertheit
  (x) 29. Fähigkeit zur Antizipation

Abb. 8.18: Qualifikationen und Kenntnisse, die in „Kommunikationstrainings" erworben werden können. Zusammenstellung einer Literaturauswertung nach Wahren (1987, S. 200).

6.3 Die normative Verwertbarkeit gesellschafts- und identitätstheoretischer Erkenntnisse

Abschließend seien einige Anmerkungen zum Verhältnis der genannten Theorien zur *Ethik* angeführt. Nach der dargestellten Identitätstheorie wird die Entwicklung einer flexiblen Ich-Identität als anzustrebendes Ziel der Persönlichkeitsentwicklung betrachtet. Ziel sind also Menschen, die ihr Handeln an universalen Prinzipien orientieren. Andererseits ist es gerade den Erkenntnissen der beschriebenen Theorien zu verdanken, daß die Entwicklung einer prinzipiengeleiteten flexiblen Ich-Identität nur möglich ist, wenn die gesellschaftlichen Strukturen es zulassen. In allen Ländern der Welt gibt es gesellschaftliche Strukturen, die diese Entwicklung mal mehr, mal weniger, mal überhaupt nicht ermöglichen. Aus der Gesellschaftstheorie (vgl. Abschnitt 3) ist bekannt, daß gesellschaftliche Institutionen von Menschen gemacht und aufrechterhalten werden. Wenn das Bewußtsein der Menschen dafür verloren geht, daß sie die gesellschaftlichen Strukturen permanent produzieren und reproduzieren müssen, spricht man von einem verdinglichten Bewußtsein. Ethisches Ziel der hier beschriebenen Theorien ist es, zur Entverdinglichung des Bewußtseins beizutragen. Eine identitätsorientierte interkulturelle Personalführung auf der Grundlage der genannten Theorien kann nur dann erfolgreich sein, wenn eine an universalen Prinzipien orientierte Unternehmenskultur sowohl im Stammland- als auch im Gastlandunternehmen nicht nur „etabliert", sondern als Alltagskultur vorgelebt wird. Dies erfordert flexible Strukturen, die es ermöglichen, verdinglichtes Denken der Entverdinglichung zuzuführen, d.h. den Menschen erkennen zu lassen, daß er der Schöpfer der gesellschaftlichen Institutionen ist; denn Verdinglichung wirkt enthumanisierend. Dies erfordert auf allen Seiten, von allen Menschen in erster Linie den **Mut zum Verstehen**.

7 Literaturverzeichnis

Bergemann, N./Sourisseaux, A. L. J. (1992): Interkulturelles Management, Berlin 1992.
Bayer, W. F./Busse von Colbe, W./Lutter, M. (1975): Hg., Aktuelle Fragen multinationaler Unternehmen, Opladen 1975.
Berger, P. L./Luckmann, Th. (1970): Die gesellschaftliche Konstruktion der Wirklichkeit, Frankfurt 1970.
Coenenberg, A. S. u.a. (Hrsg.) (1993): Internationalisierung als Herausforderung für das Personalmanagement, Stuttgart 1993.
Copeland, L./Griggs, L. (1985): Going International, New York 1985.
Döbert, R./Habermas, J./Nunner-Winkler, G. (1980): Hg., Entwicklung des Ichs, Königstein/Ts. 1980.
Döbert, R./Nunner-Winkler, G.: Adoleszenzkrise und Identitätsbildung, Frankfurt 1975.
Dribbusch, F. (1975): Personalführung in multinationalen Unternehmen. In: Bayer, F., Busse von Colbe, W., Lutter, M., Hg., 1975, S. 135-148.
Dülfer, E. (1981a): Zum Problem der Umweltberücksichtigung im „Internationalen Management". In: Pausenberger, E., Hg., 1981, S. 1-44.
Derselbe (1981b): Auslandsmanagement in Schwellenländern. In: Wacker, W. H., Haussmann, H., Kumar, B., Hg., 1981, S. 437-458.
Derselbe (1982): Internationalisierung der Unternehmung – gradueller oder prinzipieller Wandel. In: Lück, W., Trommsdorff, V., Hg., 1982, S. 47-72.
Derselbe (1983a): Die spezifischen Personal- und Kommunikationsprobleme international tätiger Unternehmungen – eine Einführung. In: Ders., Hg. 1983b, S. 27-40.

8. Kap.: Identitätsorientierte interkulturelle Personalführung

Derselbe (1983b): Hg., Personelle Aspekte im Internationalen Management, Berlin 1983.
Derselbe (1989): Umweltbeziehung der international tätigen Unternehmung, in: HW Int., Sp. 2097-2111.
Derselbe (1991): Internationales Management in unterschiedlichen Kulturbereichen, München u. Wien 1991.
Dürkheim, E. (1977): Über die Teilung der sozialen Arbeit, Frankfurt 1977.
Engelhard, J. (1997): Interkulturelles Management, Wiesbaden 1997.
Frese, E. (1986): Unternehmungsführung, Landsberg am Lech 1986.
Fritz, J./Gaugler, E. (1983): Entsendung höherer Führungskräfte ins Ausland. In: Personal, H. 1, 1983, S. 6-9.
Habermas, J. (1973): Stichworte zur Theorie der Sozialisation. In: Ders., Kultur und Kritik, Frankfurt 1973.
Heinen, E. (1976): Wissenschaftsprogramm der entscheidungsorientierten Betriebswirtschaftslehre, München 1976.
Henzler, H. H. (1988): Hg., Handbuch strategische Führung, Wiesbaden 1988.
Hopfenbeck, W. (1989): Allgemeine Betriebswirtschaftslehre und Managementlehre, München 1989.
Kant, I. (1781): Kritik der reinen Vernunft, Hamburg 1956.
Keller, E., von (1982): Management in fremden Kulturen. Ziele, Ergebnisse und methodische Probleme der kulturvergleichenden Managementforschung, Bern, Stuttgart 1982.
von Kielmansegg, P., Graf: Legitimität als analytische Kategorie. In: PVS, 12, 1971, S. 367-401.
Klages, H. (1975): Die unruhige Gesellschaft. Untersuchungen über Grenzen und Probleme sozialer Stabilität, München 1975.
Krappmann, L. (1975): Soziologische Dimensionen der Identität, Stuttgart 1975.
Derselbe (1976): Neuere Rollenkonzepte als Erklärungsmöglichkeit für Sozialisationsprozesse. In: Familienerziehung, Sozialschicht, Schulerfolg, Weinheim 1976, S. 161-183.
Kreutzer, R.: Globale Marketing-Konzeption eines länderübergreifenden Marketing (Diss.), Mannheim 1989.
Kumar, B. (1993): Globalisierung und internationale Personalpolitik, in: WiSt H. 10 (1993), S. 486-490.
Kumar, B./Steinmann, H. (1981): Zum Problem des Auslandseinsatzes von Stammhaus-Mitarbeitern im Rahmen des Internationalen Projekt-Managements. In: Wacker, W. H., Haussmann, H., Kumar, B., Hg., 1981, S. 189-223.
Lück, W./Trommsdorf, V. (1982): Hg., Internationalisierung der Unternehmung als Problem der Betriebswirtschaftslehre, Berlin 1982.
Macharzina, K. (1984a): Hg., Diskontinuitätenmanagement, Berlin 1984.
Derselbe (1984b): Strategische Fehlentscheidungen in der internationalen Unternehmung als Folge von Informationspathologien. In: Macharzina, K., (Hg.), 1984a, S. 77-141.
Marr, R. (1983): Problemaspekte bei der Entwicklung eines Wissenschaftsprogramms des „Internationalen Management" – aus personalwirtschaftlicher Sicht. In: Dülfer, E., (Hg.), 1983b, S. 27-40.
Derselbe (1984): Betrieb und Umwelt. In: Kompendium der Betriebswirtschaftslehre, Bd. 1, München 1984, S. 47-110.
Marx, K. (1867): Das Kapital, Bd. I, MEW Bd. 23, Berlin 1970.
Mead, G. H. (1968): Geist, Identität und Gesellschaft, Frankfurt 1968.
Münch, R. (1980): Über Parsons zu Weber. Von der Theorie der Rationalisierung zur Theorie der Interpenetration. In: Zeitschrift für Soziologie, 9, 1980, S. 18-53.
Derselbe (1982): Soziologie der Politik, Opladen 1982.
Nunner-Winkler, G. (1985). Identität und Individualität. In: Soziale Welt, 36, 1985, H. 4, S. 466-482.
Parsons, T. (1951): The Social System, Glencoe 1951.
Pausenberger, E. (Hg.), (1981): Internationales Management, Stuttgart 1981.
Derselbe (1983): Die Besetzung von Geschäftsführerpositionen in ausländischen Tochtergesellschaften. In: Dülfer, E., Hg. 1983b, S. 41-60.
Popper, K. R. (1966): Logik der Forschung, Tübingen 1966.

Derselbe (1973): Objektive Erkenntnis. Ein evolutionärer Entwurf, Hamburg 1973.
Schimank, U. (1985): Funktionale Differenzierung und reflexiver Subjektivismus. Zum Entsprechungsverhältnis von Gesellschafts- und Identitätsform. In: Soziale Welt, 36, 1985, H. 11, S. 447-465.
Staehle, W. H. (1980): Management. Eine verhaltenswissenschaftliche Einführung, München 1980.
Sternberger, D. (1968): Legitimacy. In: Sills, D. L., Hg., International Encyclopedia of the Social Sciences, New York 1968.
Wacker, W. H./Haussmann, H./Kumar, B. (Hg.), (1981): Internationale Unternehmensführung, Berlin 1981.
Wahren, H.-K. (1987): Zwischenmenschliche Kommunikation und Interaktion in Unternehmen, Berlin, New York 1987.
Weber, M. (1972): Wirtschaft und Gesellschaft. Studienausgabe, Tübingen 1972.
Weber, W. u.a. (1997): Internationales Personalmanagement, Wiesbaden 1997.
Wolf, J. (1997): Internationales Personalmanagement, Wiesbaden 1997.

9. Kapitel:
Internationale Produktion

1 Problemstellung und Begriffsklärung

Die internationale Verflechtung der Weltwirtschaft hat in den zurückliegenden Dekaden extrem zugenommen. Dies resultiert nicht nur aus der Erweiterung des Absatz-, Beschaffungs- und Finanzierungshorizonts der Unternehmungen über Landesgrenzen hinaus, sondern vor allem und zunehmend auch aus der **kapitalmäßigen Verankerung in fremden Volkswirtschaften**. So entwickelte sich der Bestand deutscher Direktinvestitionen im Ausland von 84,5 Mrd DM im Jahre 1980 auf über 319 Mrd DM im Jahre 1993, was einer Steigerung von mehr als 277% entspricht. Die ausländischen Direktinvestitionen in der Bundesrepublik stiegen im gleichen Zeitraum um 111% von 93,9 Mrd DM auf 198,8 Mrd DM (Deutsche Bundesbank: ‚Die Kapitalverflechtung mit dem Ausland nach Ländern und Wirtschaftszweigen'; Beilage zu ‚Statistische Beihefte zu den Monatsberichten der Deutschen Bundesbank' Reihe 3, Zahlungsbilanzstatistik, April 1994. Einen umfassenden Überblick über die historische Entwicklung gibt Grünärml 1976, S. 117-134). Für 1996 wird die Summe der weltweit getätigten Direktinvestitionen auf 349 Mrd DM geschätzt (UNCTAD 1997).

Mit diesen Direktinvestitionen ist im allgemeinen der Aufbau (oder Kauf) von Produktionspotentialen verbunden. Da die grenzüberschreitende Initiierung von Fertigungsprozessen die Globalisierung aller Funktionsbereiche eines Unternehmens voraussetzt, ist die Aufnahme der Produktionstätigkeit in einem fremden Land Kern- und Schlußpunkt des Internationalisierungsprozesses: aus der nationalen wird eine internationale Unternehmung. (Pausenberger 1982, S. 118). Dies hat eine Vielzahl neuer Fragestellungen zur Folge:

● Mit dem Aufbau internationaler Produktionsstätten zur Belieferung aller und nicht nur der lokalen Absatzmärkte geht eine Änderung des Außenhandels einher. Der internationale Austausch von Gütern und Dienstleistungen findet nicht mehr nur – wie dies in der Vergangenheit primär der Fall war und in der traditionellen Außenhandelstheorie unterstellt wird – zwischen unabhängigen Marktpartnern und damit unternehmensextern statt. Die UN-Konferenz für Handel und Entwicklung (UNCTAD) spricht sogar davon, daß die Direktinvestition den Güterhandel als wichtigste Antriebsquelle der ökonomischen Integration abgelöst haben (UNCTAD 1997). Daraus ergibt sich, daß ein wesentlicher Teil des grenzüberschreitenden Handels zwischen den verschiedenen Volkswirtschaften – Schätzungen gehen von einem Drittel aus – heute unternehmensintern, zwischen den Subsystemen internationaler Unternehmungen erfolgt (Helleiner/Lavergne 1979, S. 297/308).

● Mit der Internationalisierung des Produktionssystems und damit der Extension der ökonomischen, rechtlichen und sozio-kulturellen Rahmenbedingungen sind zusätzliche, der national produzierenden Unternehmung unbekannte, ja wesensfremde Chancen und Risiken verbunden: Dem in erheblichem Umfang im Ausland gebundenen Kapital eröffnen sich unausgeschöpfte Absatzpotentiale, kostengünstigere Produktionsfaktoren und der Zugang zu neuen Technologien.

Vor diesem Hintergrund sind auf Grundlage einer Klassifizierung der vielfältigen realiter vorliegenden und theoretisch denkbaren Produktionssysteme die Voraussetzungen, Vorteile und Probleme einer Internationalisierung der Produktion anhand folgender Fragestellungen zu diskutieren:

- Was ist ‚internationale Produktion' und in welcher Form tritt sie auf?
- Wie läßt sich die Internationalisierung erklären bzw. welche Vorteile lassen sich mit einer Internationalisierung der Produktion realisieren?
- Was sind die Voraussetzungen einer Internationalisierung der Produktion, d.h. wann kompensieren die in den Gastländern vorliegenden positiven Rahmenbedingungen die erhöhte Risiko- und Konfliktbelastung eines solchen Produktionssystems?
- Welche Spezifika sind bei der Steuerung eines solchen Systems zu beachten?

1.1 Produktion

Ausgangspunkt für die Betrachtung der internationalen Produktion ist die Abgrenzung des Begriffs ‚Produktion', da in der Literatur mit diesem Terminus eine Vielzahl unterschiedlicher Inhalte verbunden werden (zur etymologischen Ableitung vgl. Lücke 1988, S. 310). Gemeinsam ist allen Definitionen die Auffassung, daß Produktion einen **Transformationsprozeß spezifischer Inputfaktoren in spezifische Outputgüter** umfaßt. Darüber hinausgehende Begriffsunterschiede resultieren primär aus der Einbeziehung bzw. dem Ausschluß bestimmter Güter (z.B. immaterieller Güter) bzw. bestimmter Produktionsabschnitte (z.B. der Urproduktion) aus der Menge der als Produktion bezeichneten Tätigkeiten, so daß zwischen einem engen und weiten Produktionbegriff differenziert werden kann.

Ein **enger Produktionsbegriffs** resultiert aus der Beschränkung auf bestimmte Eigenschaften der materiellen Beschaffenheit der zu erstellenden Leistungen bzw. auf die Einengung der Produktion auf bestimmte Transformationsprozesse. Ausgehend von der materiellen Beschaffenheit als Klassifikationskriterium, umfaßt ‚Produktion im engen Sinne' nur die Gewinnung bzw. die Be- und Verarbeitung von materiellen Gütern aufgrund von physikalischen, chemischen und biologischen Gesetzmäßigkeiten. Hier wird von Produktion im technischen Sinn, dem technischen Prozeß der Leistungserstellung, bzw. Fertigung, Fabrikation, Herstellung, Teilefertigung, Montage und Konfektion gesprochen (Wittmann 1988, S. 589; Schneeweiß 1989, S. 3; Hahn/Laßmann 1986, S. 6). Eine solche Abgrenzung erlaubt vor allem die Beschreibung der in Industrie- und Energiewirtschaftsunternehmen stattfindenden Kombinationsprozesse. Da diese Abgrenzung neben dem Kombinationsprozeß von Produktionsfaktoren auch die Gewinnung dieser Produktionsfaktoren umfaßt, ist die Urproduktion expliziter Begriffsbestandteil (Gutenberg nennt die Betriebe der Urproduktion Gewinnungsbetriebe. Vgl. Gutenberg 1976, S. 1). Der Produktionsbegriff läßt sich weiter einengen, indem nur die mit der materiellen Erzeugung verbundenen transformationsbezogenen Tätigkeiten als Produktion bezeichnet werden: Produktion wandelt materielle Einsatzstoffe in materielle Ausbringungen um (Scheper 1988, S. 256).

Der **Produktionsbegriffs wird erweitert**, wenn der Produktionsprozeß erst mit dem Verkauf der erstellten Güter als abgeschlossen angesehen wird. In diesem Fall gehören auch die Beschaffung, der Handel, der Transport, die Präsentation etc. zur Produktion (Linde 1988, S. 276). In diesem Sinne ist jedwede Schaffung wirtschaftlicher Werte Produktion, sie ist nicht mehr nur technischer, sondern wirtschaftlicher Natur und geschieht in sämtlichen Funktionsbereichen (Raffée 1974, S. 176; Flaherty 1989, S. 100). Ferner wird durch die Einbeziehung immaterieller Güter eine Anwendung des Produktionsbegriffs auf Versicherungs-, Dienstleistungs-, Verkehrsunternehmungen und Kreditinstitute möglich. In diesem Sinne ist Produktion der „(...) durch Menschen gelenkte Entstehungsprozeß von Produkten (Sachgüter, Energie und Dienstleistungen)." (Hahn/Laßmann 1986, S. 5). Jede Transformation von Inputfaktoren in höher- oder gleichwertige Outputgüter und somit jede Form innerbetrieblicher Leistungserstellung, sei es durch das grundsätzliche Zusammenwirken von Produktionsfaktoren und/oder die zusätzliche Bearbeitung von Inputfaktoren, unabhängig von der materiellen Beschaffenheit der Einsatzstoffe bzw. des Erzeugnisses ist Produktion (Kern 1980, S. 9a). Corsten unterscheidet drei Produktionsbegriffe: Die Produktion im **technischen Sinne** (Produktion als Faktorkombination), die Produktion als **Phase des Betriebsprozesses** (Produktion ist die Phase zwischen Beschaffung und Absatz) und die Produktion im **ökonomischen Sinne** (Produktion ist jegliche werteschaffende Erzeugung, d.h. die Bereitstellung von Wirtschaftsgütern zum Zwecke des Verbrauchs; vgl. Corsten 1985).

Die Untersuchung der internationalen Produktion bedingt die Verwendung eines weiten Produktionsbegriffs. Zur Produktion zählt damit auch die Planung und Steuerung des mit dem Produktionsprozeß verbundenen Güterflusses, d.h. die Logistik. Sie wird im internationalen Kontext als grenzüberschreitende Fertigungssteuerung verstanden, die die Organisation und Steuerung des gesamten Material-, Waren- und Informationsflusses umfaßt. (v. Müller 1990, S. 191; Weber/Kummer 1991, S. 776ff.; Heskett 1991, S. 115f.). Nur eine solche umfassende Abgrenzung erlaubt es, die Vielzahl der Ausgestaltungsformen einer internationalen Produktion und insbesondere ihrer komplexesten Form, der internationalen Verbundproduktion darzustellen.

1.2 Internationale Produktion als begriffskonstituierendes Merkmal internationaler Unternehmungen

Für das, was hier unter internationaler Produktion verstanden wird, existiert in der Literatur eine Vielzahl von Begriffen mit den unterschiedlichsten inhaltlichen Nuancen. So wird unter der Bezeichnung ‚**International Division of Labour**' bzw. ‚**New International Division of Labour**' oder ‚**Internationalen Arbeitsteilung**' sowohl die Spezialisierung einzelner Länder auf die Produktion jener Güter, deren Herstellung für sie vorteilhafter möglich ist als in anderen Ländern (Fröbel/Heinrichs/Kreye/Sunkel 1974, S. 248; Tharakan/Calfat 1988, S. 70), als auch die unternehmensinterne Verteilung des Produktionsprozesses verstanden (Fröbel/Heinrichs/Kreye 1977, S. 24-27). Letzteres wird auch als ‚**intracorporate international division of labour**' (Adám 1971, S. 350) bezeichnet, während Behrmann (Behrmann 1972, S. 1) den internationalen Handel zwischen den einzelnen Tochtergesellschaften einer Unternehmung als Kennzeichen der ‚**International Production**' herausstellt. Im Zusammenhang mit ‚**Global Manufacturing**' oder ‚**Globaler Fertigung**' wird insbesondere der Aspekt der weltweiten Koordination mehrerer Produktionsstätten innerhalb einer Gesamtorganisation hervorgehoben (Flaherty 1989, S. 96), während bei dem Konzept der ‚**Multiplant Production**' (Corey 1978, S. 66) der Zentralisierung von Beschaffungsfunktionen besondere

Bedeutung zugemessen wird. Häufig wird auch der Begriff ‚**Global Sourcing**' verwandt, der nach einer Auflistung der Business International Corporation folgende Inhalte aufweist (Business International Corporation 1971, S. 4 auch bei Adám 1972, S. 309ff.:

- the movement of components or semifinished goods from one part of the company's operations to another, e.g. for final assembly,
- the movement of finished goods from a plant to a sales point,
- the purchasing of products or services from non-company sources,
- the selection of the appropriate plant of a mayor supplier,
- the purchasing (or borrowing) of manpower and services,
- the location of production facilities in the best places to serve regional and global marketing need.

Weitere Termini, die mehr oder weniger Aspekte internationaler Produktion umfassen sind ‚**Intra-firm-trade**' („...exports from parent MNCs to affiliates abroad") (Lall 1978, S. 209), ‚**Offshore Sourcing**', („... reexport (of) components and finished products to the home market or other export markets") (Kotabe 1990, S. 623), International oder ‚**Multi-country-sourcing**' (die internationale Verteilung der Werkstoffproduktion mit dem Ziel einer optimalen Kostenwirtschaftlichkeit) (Pensel 1977, S. 145/146), ‚**Worldwide Sourcing**' (Adám 1971, S. 349ff.) und ‚**Supply Strategy**' (Fragen der Auswahl und Anordnung der Elemente des logistischen Systems innerhalb der einzelnen Länder des Tätigkeitsbereichs und deren Verknüpfung über die Grenzen hinweg) (Müller-Heumann 1972, S. 140/141).

Zusammenfassend kann festgehalten werden, daß eine **internationalisierte Produktion** immer dann vorliegt, wenn Produktionsprozesse komplet oder partiell, d.h. einzelne Produktionsstufen, grenzüberschreitend verlagert werden. Im Fall einer partiellen Verlagerung kommt der globalen Koordination der weltweiten Produktionsaktivitäten auf der Basis eines **internalisierten Bezugs von Vorprodukten** besondere Bedeutung zu; (Arnold 1989, S. 15/25; Kotabe/Omura 1989, S. 113) internationale Produktion wird zur internationalen Verbundproduktion. Hier werden nur die innerhalb der Unternehmensgrenzen liegenden Aktivitäten betrachtet, für die aus Transaktionskostengründen die Eigenfertigung effizienter ist als der Marktbezug. Es wird davon ausgegangen, daß die Verringerung der Fertigungstiefe in den einzelnen Standorten und deren Auslagerung nicht mit einer konzernexternen Verlagerung verbunden ist, sondern die Unternehmung eine eigene Produktion im Ausland aufbaut. Eine externe, ausländische Zulieferung von Teilen der Wertschöpfungskette reicht nicht aus, eine multinationale Unternehmungen bzw. eine internationale Verbundproduktion zu initiieren (Stevens 1990, S. 44).

Die Charakterisierung der Internationalen Produktion ist eng verbunden mit der inhaltlichen Klärung des Begriffs ‚**Internationale Unternehmung**'. Für diesen Unternehmenstypus finden sich in der wissenschaftlichen sowie populär-wissenschaftlichen Literatur vielfach auch die Termini supranational, transnational, multinational, multidomestic oder aber auch postnational. Häufig werden diese Adjektive ohne erkennbare inhaltliche Differenzierung parallel und synonym verwandt, zum überwiegenden Teil jedoch liegen unterschiedliche Abgrenzungsmerkmale und Betrachtungsperspektiven zugrunde, so daß sich die Inhalte erheblich unterscheiden.

So werden in einer **sozio-politischen Interpretation** Unternehmungen als ‚transnational' bezeichnet, „(...) in denen national geprägte Interessen eine untergeordnete Rolle spielen (...) Frei von Nationalgefühlen disponieren diese Konzerne im Interesse ihrer Kunden, Mitarbeiter und Eigentümer, die in vielen Ländern beheimatet sind. Der Umbau nationaler Unternehmen in transnationale Konzerne, (...) erweist sich somit als Facette, vielleicht sogar als Wegbereiter eines säkulären politischen Wandels: der möglicherweise schwindenden Bedeutung des Nationalstaates und dem Aufstieg eines Weltbürgertums." (Fehr 1989, S. 9). Um von einer internationalen Unternehmung **(aus ökonomischer Betrachtungsperspektive)** zu sprechen, werden häufig **strukturelle Mindestanforderungen** an die regionale Verteilung der Produktionsstätten oder aber bestimmte quantitative Mindestanteile an die Geschäftstätigkeit im Ausland gestellt. Daneben wird auch das **Verhalten der Unternehmensleitung** – insbesondere im Zusammenhang mit der in den letzten Jahren verstärkt geführten Globalisierungsdiskussion – oder aber bestimmte **Strategien** als begriffsbildend angesehen (Aharoni 1971, S. 27ff.; Colberg 1989, S. 19; Bartlett/Ghoshal 1990, S. 74). Nicht zuletzt existieren Abgrenzungen, die die oben genannten Termini zur Bezeichnung der einzelnen Stufen des Internationalisierungsprozesses (Sieber 1970, S. 414ff. und Bartlett/Ghoshal 1988, S. 56) und solche, die die Verteilung der Produktionspotentiale zur Begriffsbestimmung verwenden. So bezeichnen Ethier/Horn, die Unternehmen, die die einzelnen Stufen eines Produktionsprozesses in unterschiedliche Länder verteilt haben, als transnational und Unternehmungen, die Produktionsstätten gleicher Produktionsstufen parallel in mehreren Ländern besitzen als multinational (Ethier/Horn 1990, S. 27).

Wie bereits angedeutet, wird hier die **geographische Verteilung der Potentialstruktur** als begriffskonstituierendes Merkmal internationaler Unternehmungen angesehen: „Internationale Unternehmungen sind dadurch gekennzeichnet, daß sie ihre Aktionspotentiale auf mehrere (mindestens zwei) Staaten verteilt haben und mit Aktivitäten, die über den bloßen Vertrieb hinausgehen, in verschiedenen Volkswirtschaften integriert sind" (Pausenberger 1979, Sp. 2139). Rugman/ Lecraw/Booth formulieren anschaulich: „International production is the essence of multinationality" (Rugman/Lecraw/Booth 1987, S. 7). Aus dieser Festlegung ergibt sich als Spezifikum der internationalen Unternehmung die **dauerhafte Integration in fremde Volkswirtschaften**, was Auseinandersetzungen mit unterschiedlichen Rechts-, Wirtschafts- und Währungsordnungen impliziert (Dülfer 1981, S. 10ff.). Darüber hinaus ist die **Überwindung von natürlichen und künstlichen Transferbeschränkungen** eine unabdingbare Notwendigkeit für die Strukturierung eines internationalen Produktionssystems (Volkmann 1982, S. 21).

Zusammenfassend läßt sich festhalten, daß eine internationale Produktion nur in internationalen Unternehmungen erfolgen kann, ja internationale Unternehmungen erst konstituiert. Aufgrund der Heterogenität der Umwelt ergeben sich für die internationale Produktion daher zusätzliche natürliche, politisch-rechtliche, wirtschaftliche und sozio-kulturelle Bedingungen (Toyne 1989, S. 7) in jedem einzelnen Gastland. Es entsteht ein erweitertes und komplexer strukturiertes Entscheidungsfeld mit einem erhöhten Adaptionsbedarf der verlagerten Strukturen und Prozesse an die Gastlandspezifika. Dieser Anpassungsbedarf und die daraus resultierenden Dezentralisierungstendenzen stehen zudem in konfliktärer Beziehung zu der zur Steuerung der internationalen Produktion notwendigen, einheitlichen Leitung des Gesamtsystems.

2 Klassifikation der Produktionssysteme internationaler Unternehmungen

Grundlage einer vertiefenden Analyse der internationalen Produktion und der mit ihr verbundenen Probleme ist eine Klassifikation theoretisch strukturierbarer und real existierender Produktionssysteme. Als Kriterium wird dazu der **Zentralisierungsgrad der Produktion** herangezogen, wobei zwischen dem Ausmaß der geographischen **Zentralisierung der Produktionspotentiale** und der **Zentralisierung der Entscheidungskompetenz** differenziert wird. Erstere bezieht sich auf die materielle, räumliche Verteilung von Produktions- und Betriebsstätten. Die Festlegung der Entscheidungszentralisation ist dem nachgelagert und für die organisatorische Bewältigung heterogener Umwelten von instrumenteller Natur. Mit anderen Worten: Die geographische Struktur des Produktionssystems, verstanden als die Gesamtheit der zur Erstellung eines Produktes oder Produktionsprogramms erforderlichen Produktionspotentiale, ist der institutionelle Rahmen für die operative Steuerung des gesamten Produktionssystems. Die Festlegung dieses Rahmens ist ein Akt strategischer, aufbauorganisatorischer Gestaltung, der alle Probleme der Wahl und Einführung organisatorischer Regelungen zur dauerhaften Steuerung des Systems umfaßt (Grochla 1978, S. 42). Innerhalb dieses strukturellen Gerüstes, ist das Ausmaß der Entscheidungsdelegation, d.h. die Festlegungen über die Verteilung von Aufgaben, Kompetenzen und Verantwortung, eine instrumentelle Steuerungsgröße und hat damit derivativen Charakter (Welge 1980, S. 222ff.).

2.1 Zur Zusammensetzung von Produktionssystemen

Produktionssysteme setzen sich aus Produktionsprozeß und Produktionspotential zusammen. **Produktionspotentiale** umfassen Betriebsmittel, Personen und Kombinationen aus beiden. Grundsätzliches Kennzeichen dieser Potentiale ist ihre Fähigkeit, eine Umwandlung von Input in Output vorzunehmen (Hahn 1985, S. 13). Unter dem Begriff des **Produktionsprozesses** wird die zeitliche und räumliche Abfolge von „Aktionen bzw. Aktionsfolgen (Arbeitsabläufen, Operationsfolgen, Tätigkeitsfolgen), die von Potentialen (Menschen, Maschinen) an Aktionsobjekten durchgeführt werden, um Vor-, Zwischen- und/oder Endprodukte (...) herzustellen" (Hahn 1989, S. 7) verstanden. Wird von der Konzeption eines idealtypischen Produktionssystems gesprochen, findet der Terminus **Produktionskonzept** Verwendung. Eine **Produktionsstrategie** umfaßt die **Produktionskonfiguration** (Anzahl, Größe und Standort der Werk- und Produktionsanlagen, Auswahl des technologischen Unterbaus, der Ausrüstung, Materialien, Teile und Produkte, die in bestimmten Fertigungsstätten hergestellt werden sollen und die vertikale Spannweite des Produktionsprozesses) sowie die **Richtlinien zur Regelung von Alltagsroutinen** in geographisch gestreuter Geschäftseinheiten (Flaherty 1989, S. 99/100). In der Literatur findet sich desweiteren der Terminus **Produktionsstruktur**. Er beschreibt, auf welchen Stufen, aus welchen Rohstoffen und Zwischenprodukten ein Endprodukt hergestellt wird (Steven 1989, S. 292). **Produktionsstufen** bezeichnen die einzelnen Wertschöpfungsschritte eines Produktionsprozesses, die Anzahl der Produktionsstufen gibt die **Produktions- bzw. Fertigungstiefe** an.

9. Kap.: Internationale Produktion 415

Produktionsprozesse und -potentiale stehen nicht gleichgeordnet auf einer hierarchischen Ebene, sondern der Zentralisierungsgrad der Produktionsprozesse ist von der geographischen Verteilung der Potentiale abhängig. Abb. 9.1 verdeutlicht diesen Zusammenhang.

		POTENTIALE	
		international geographisch zentralisierter	international geographisch dezentralisierte
		Standort n=1	Standorte n>1
PROZESSE	geographisch zentralisiert	Weltmarktfabrik	Parallelproduktion
	geographisch dezentralisiert	---	Internationale Verbundproduktion

Legende: n = Anzahl der Standorte

Abb. 9.1: Der Zusammenhang zwischen Produktionspotential und -prozeß

2.2 Idealtypische Grundformen der Produktion nach dem Zentralisierungsgrad

2.2.1 Der geographische Zentralisierungsgrad der Produktionspotentiale als Klassifikationskriterium

Anhand der geographischen Zentralisierung der Produktionspotentiale lassen sich in Abhängigkeit von der Komplexität des Produktionsprozesses (ein- oder mehrstufig) die Grundformen internationaler Produktionssysteme ableiten. Der Begriff des **geographischen Zentralisierungsgrades** bezieht sich auf die materiellräumliche Verteilung der zur Erstellung eines Endproduktes notwendigen Produktionspotentiale und wird definiert als Anteil der an einem geographischen Ort konzentrierten Produktionspotentiale im Verhältnis zur Gesamtheit der Produktionspotentiale. Er ist ein Indikator für das Ausmaß der räumlichen Aggregation bzw. Disaggregation der zur Erzeugung eines Produktes bzw. eines Produktionsfaktors notwendigen Produktionspotentiale einer Unternehmung.

Da der Zentralisierungsgrad der einzelnen Funktionsbereiche eines Unternehmens nicht einheitlich ist, sondern durchaus differenziert sein kann (im Sinne eines Gesamtsystemoptimums sogar differenziert sein muß), werden im folgenden ausschließlich die aufbauorganisatorischen Gestaltungsmodelle des Produktionsbereichs betrachtet. Es wird die Frage beantwortet, welche idealtypischen Alternativen der geographischen Verteilung der Produktionspotentiale einer internationalen Unternehmung prinzipiell als Gestaltungsmuster zur Verfügung stehen und wie die Entscheidungsautonomie in diesen Gestaltungsmustern ausgeprägt ist.

Betrachtet werden sowohl ein- als auch mehrstufige Produktionsprozesse, wobei im Falle mehrstufiger Prozesse die geographische Dispersion jeder einzelnen Produktionsstufe untersucht wird. Zur Vereinfachung wird von der Annahme ausgegangen, daß sich der gesamte Produktionsprozeß aus den drei Bearbeitungs(Produktions-)stufen Rohstoffverarbeitung, Zwischen- und Endproduktfertigung zusammensetzt. Bestimmungsgröße einer einstufigen Produktion ist das Absatzprogramm der betrachteten Unternehmung. Aus überbetrieblicher Sicht kann daher durchaus ein mehrstufiger Produktionsprozeß vorliegen, die von der Unternehmung ausgeführten Handlungen zur Erstellung des von ihr abgesetzten Endprodukts umfassen jedoch nur einen Bearbeitungsschritt. Zusätzlich werden folgende vereinfachende Prämissen zugrunde gelegt:

- Es wird eine Unternehmung unterstellt, die ein homogenes Endprodukt produziert. Real existierende Mehrprodukt-Unternehmungen, die mehrere Produktionskonzepte parallel verfolgen, können als Aggregation mehrerer dieser Modell-Unternehmungen interpretiert werden. So ist es denkbar, daß ein Produkt bzw. eine Produktlinie zentral in einer Produktionsstätte, ein anderes Produkt in räumlich voneinander getrennten Produktionsstätten parallel hergestellt wird. Jede einzelne dieser Fertigungsformen entspricht einer spezifischen Ausprägung der idealtypischen Modell-Unternehmung.

- Die Gesamtheit der zur Erstellung des Endproduktes notwendigen objektbezogenen Handlungen und Transformationen von der Urproduktion bis hin zur Fertigstellung des Endproduktes wird gemäß obiger Definition als Produktionsprozeß bezeichnet.

2.2.2 Produktionskonzepte bei einstufiger integrierter Produktion

Die einstufige Produktion ist dadurch gekennzeichnet, daß an dem Urprodukt bzw. dem Ausgangsstoff nur ein Handlungsschritt bzw. eine Aktion, die manuell, maschinell oder automatisch sein kann, stattfindet.

Die Weltmarktfabrik:

Im Falle der Weltmarktfabrik gibt es nur eine einzige Faktorkombinationseinheit zur Erstellung eines spezifischen Endprodukts. Fröbel/Heinrichs/Kreye (1977, S. 24) gehen von einer engeren Definition der ‚Weltmarktfabrik' aus. Sie verstehen darunter die Zentralisierung eines Produktionsabschnittes in einem Gastland im Rahmen eines mehrstufigen Produktionsprozesses. Die Weltmarktfabrik weist daher den höchsten Grad an geographischer Zentralisierung auf. Die Bearbeitung ausländischer Märkte erfolgt via Export.

Die Parallelproduktion:

Begriffskonstituierend für die internationale Parallelproduktion ist die geographische Dezentralisierung der Produktion. Dabei kann zwischen der Regionalfabrik und der Landesfabrik unterschieden werden. Bei einer **Regionalfabrik** existiert eine Produktionsstätte für die Länder einer Region (Schrader 1990, S. 123). Sie kann daher als eine Form der begrenzten geographischen Dezentralisierung bezeichnet werden. Das gleiche Produkt wird an geographisch getrennten Orten autonom hergestellt, wobei alle Stufen der Wertschöpfungskette in diesen Produktionsstätten vertikal integriert sind. (Valtz 1964, S. 16) Dabei kann es zu einer gewissen Spezialisierung (Produktanpassung) der einzelnen Fabriken kommen. Im Fall der **Landesfabrik** existiert eine Produktionsstätte in jedem Landesmarkt, so daß die Versorgung der einzelnen Ländermärkte ausschließlich aus der lokalen Fertigung erfolgt (Colberg 1989, S. 99; Davidson 1982, S. 180; Helleiner/Lavergne 1979, S. 302 und Kotabe/Omura 1989, S. 113). Dieses Produktionskonzept wird daher insbesondere bei Produkten mit hohen Adaptionsnotwendigkeiten an lokale Bedingungen angewandt. Die Landesfabrik stellt die konsequenteste Anwendung der Parallelproduktion dar, indem idealtypischerweise n Produktionsstätten, an n Produktionsorten für n Auslandsmärkte etabliert werden. Mit anderen Worten: „All or most of the value chain is reproduced in every country" (Yip 189, S. 31. Er nennt dies eine ‚multi-domestic-strategy').

2.2.3 Produktionskonzepte bei mehrstufiger desintegrierter Produktion

Mehrstufige Produktionsprozesse setzen sich aus mehreren Bearbeitungsschritten zusammen. Von der Rohstoffgewinnung bis zur Fertigung des Endproduktes müssen mehrere klar trennbare Produktionsschritte durchgeführt werden. Maßstab für den Umfang und die Anzahl der Bearbeitungsschritte ist die Fertigungstiefe. Das Endprodukt setzt sich demzufolge aus mehreren Vorprodukten zusammen, die wiederum aus der Gewinnung und Kombination materieller und immaterieller Produktionsfaktoren entstehen. Soweit keine Aufspaltung des Produktionsprozesses in seine Wertschöpfungsstufen vorgenommen wird, gelten die Aussagen zur Problematik bei einstufiger Produktion. Für internationale Unternehmungen eröffnet jedoch gerade die Aufspaltung und partielle Verlagerung eines Produktionsprozesses Chancen, internationale Faktorkostendifferenzen zu nutzen, so daß die räumliche Verteilung der betrieblichen Prozesse Einfluß auf die Effizienz der Ressourceneinsätze ausübt.

Zentralisierung der Produktionsstufen: Die Autarkieproduktion

Das Alternativenspektrum für die Gestaltung und Internationalisierung mehrstufiger Produktionsprozesse reicht von der Autarkie- bis zur integrierten internationalen Verbundproduktion. Das Kennzeichen der **Autarkieproduktion** ist die Zentralisierung sämtlicher Produktionsstufen (trotz evtl. aufspaltbarem mehrstufigem Produktionsprozeß) in einer Betriebsstätte. Dort werden sämtliche Stufen des Produktionsprozesses durchlaufen. Erst wenn die einzelnen Produktionsschritte disaggregiert, singulär verlagert und die produktionswirtschaftliche Autarkie durch konzerninterne, vertikale Lieferungen ersetzt wird, liegt eine internationale Verbundproduktion vor.

Dezentralisierung einzelner Produktionsstufen: Die internationale Verbundproduktion

Die internationale Verbundproduktion wird weder in der Theorie noch in der Praxis einheitlich benannt. Vielmehr finden sich unterschiedliche Termini für identische oder ähnliche Tatbestände. So wird von ‚Verbundproduktion', ‚verbundener Produktion' oder ‚Kuppelproduktion', manchmal auch ‚Koppelproduktion' im allgemeinen dann gesprochen, wenn zwangsläufig gemeinsam erzeugte Güter in einem Produktionsprozeß dargestellt und diskutiert werden (Riebel 1988, S. 297). Zum Teil wird aber auch schon dann von verbundener Produktion gesprochen, wenn mehrere Produktarten mindestens einen Produktionsfaktor gemeinsam haben (Hummel 1976, Sp. 3082). Es wird aber auch die Zusammenfassung der Fertigung einzelner Produktgruppen zur rationelleren

Fertigung gleichartiger industrieller Endprodukte als Verbundproduktion bezeichnet (Brunner 1975, S. 280).

Um von Verbundenheit zu sprechen, bedarf es einer Bezugsgröße. Diese ergibt sich bei der Verbundproduktion aus der Zugehörigkeit der einzelnen geographisch getrennten Produktionsschritte zu demselben Produktionsprozeß (Ropella 1989, S. 193; Männel 1979, Sp. 2079ff.). Riebel spricht in diesem Fall von einer über ‚Wiedereinsatzgüter' verbundenen Produktion, so daß bei einem aus zahlreichen Komponenten bestehenden Endprodukt – bei Eigenfertigung dieser Bestandteile – ein ‚Verbund' einer Vielzahl von Produktionsprozessen vorliegt (Riebel 1988, S. 296).

Erfolgt im Falle einer Aufspaltung die geographische Dispersion der einzelnen Produktionsschritte grenzüberschreitend, entsteht eine **internationale Verbundproduktion** mit grenzüberschreitendem Ressourcentransfer von Vor-, Zwischen- und/oder Endprodukten. Im Ergebnis liegen leistungswirtschaftlich miteinander verbundene Fertigungen mit geringerer Fertigungstiefe als der Ursprungsprozeß in unterschiedlichen Standorten vor, d.h. es entstehen standortteilige Produktionsverbundsysteme (Ferdows 1989, S. 3) mit zyklisch-mehrstufige Güterbeziehungsstruktur. Die einzelnen Produktionsstätten können eine eigene Rechtspersönlichkeit besitzen, ihre Entscheidungsautonomie ist jedoch immer eingeschränkt. Durch die geographische Streuung der Produktionsstätten besitzen die Transportkosten einen dominanten Einfluß auf die unternehmenspolitischen Entscheidungen (Krugman/Venables 1995).

Die Darstellung und Ableitung der internationalen Verbundproduktion kann auch durch eine Kategorisierung der internationalen Produktionsstätten nach ihrer strategischen **Aufgabe** vorgenommen werden (Ferdows 1989, S. 8ff.). Folgende sechs Formen werden unterschieden:

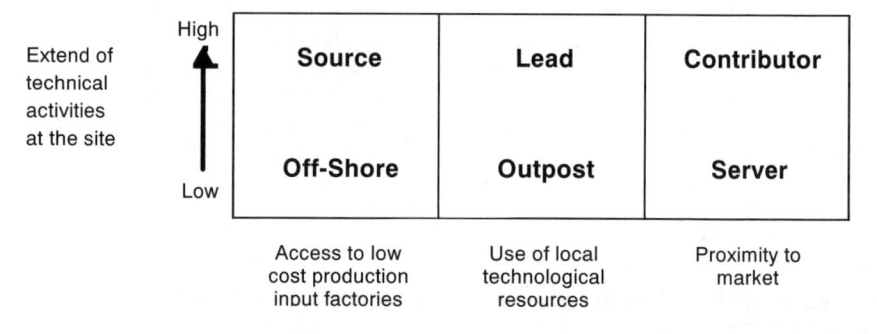

Extend of technical activities at the site	Source	Lead	Contributor
	Off-Shore	Outpost	Server
	Access to low cost production input factories	Use of local technological resources	Proximity to market

Abb. 9.2: Kategorisierung internationaler Produktionsstätten nach Ferdows

In **Off-shore-factories** werden primär (kosten-)günstige lokale Produktionsfaktoren genutzt, um Komponenten (oder Endprodukte) für die Stammlandfabrik herzustellen. Die lokale Produktionsstätte ist die verlängerte Werkbank der Mutter. Auch **Source-factories** werden gegründet um kostengünstig Inputfaktoren zu erlangen, dieser Typ Produktionsstätte ist jedoch für die Gesamtunternehmung bedeutsamer, da technologisch anspruchsvollere Produkte hergestellt werden. Bei **Server-factories** handelt es sich um Produktionsstätten, die aus

Gründen der Marktnähe im Ausland eröffnet, jedoch mit relativ geringem Engagement und Aufwand betrieben werden. **Contributer-factories** bedienen zwar auch regionale oder nationale Märkte, dabei entwickeln sie jedoch bereits selbständig Know-how für die Gesamtunternehmung. Die Hauptfunktion von **Outpost-factories** ist die Informationssammlung, während **Lead-factories** als ‚Partner' der Unternehmenszentrale in strategischer und produktionstechnischer Hinsicht angesehen werden. Sie können beispielsweise innerhalb der Unternehmung die einzigen Produzenten eines bestimmten Produkts sein, so daß bei ihnen das jeweilige Know-how gebündelt vorliegt.

Überträgt man diese Terminologie auf die internationale Verbundproduktion, so können die einzelnen Produktionsstätten aufgrund der Zielrichtung (Kostenreduzierung) als off-shore- oder source-factories bezeichnet werden. Die Technologieintensität als Abgrenzungskriterium der beiden Alternativen wird von Ferdows jedoch nicht operationalisiert. Er geht lediglich von einer hohen bzw. einer geringen Bedeutung für die Unternehmung aus. Aufgrund der zwischen den einzelnen Produktionsstufen eines Verbundproduktionssystems bestehenden Interdependenzen, ist für das Gesamtsystem jede einzelne Stufe unabdingbar. Die Produktionsstätten einer Verbundproduktion sind somit source-factories.

Durch das Auftreten grenzüberschreitender Lieferungen und konzernintern erstellter Zwischenprodukte wird die enge Verbindung der Verbundproduktion zur **Beschaffung** deutlich (was die Notwendigkeit eines weiten Produktionsbegriffs verdeutlicht): Die internationale Verbundproduktion umfaßt nämlich nicht nur den Throughput der betrieblichen Produktion, sondern eben auch die Inputgüter (Produktionsfaktoren) und die Outputgüter (Produktionsleistung). Der Produktionsbegriff muß somit auch Beschaffungsaktivitäten bzw. die Urproduktion einzelner Produktionsfaktoren umfassen. Eine Beschränkung allein auf die technische Kombination von Produktionsfaktoren wäre nicht in der Lage, Produktion im Sinne einer internationalen Verbundproduktion zu umschreiben (zumal in der angelsächsischen Literatur **procurement** erheblich weiter interpretiert wird als der Begriff ‚Beschaffung'; z.B. Corey 1978, S. XV. und Brooke/Remmers 1977, S. 134; zu dem weiten Feld der unter dem Begriff der Beschaffung subsumierten Aktivitäten vgl. Kraljic 1984, S. 3). Der Zusammenhang zwischen Verbundproduktion und der Beschaffungsfunktion wird durch eine Gegenüberstellung der fundamentaler Beschaffungsentscheidungen

- Beschaffung im In- oder Ausland,
- Eigen- oder Fremdbeschaffung,
- kurz- oder langfristige Beschaffung.

deutlich. Abb. 9.3 zeigt dies im Überblick.

1. Das Lieferkontingent wird in möglichst kurzen Zeitabständen von derjenigen Tochtergesellschaft bezogen, die zum günstigsten (Marktpreis) anbieten kann (Eigenbeschaffung). Präsenzvorteile der Tochtergesellschaften in lokalen Märkten werden als Kostenvorteile im Konzern realisiert. Möglich ist diese Strategie vor allem bei handelbaren Massengütern, die starken Preisschwankungen unterliegen.

2. Die Vorprodukte werden von ausländischen Tochtergesellschaften bezogen, die aufgrund der Spezifika der lokalen Produktionsfaktoren die benötigten Inputfaktoren kontinuierlich und kostenoptimal liefern können. In diesem Kontext ist die internationale Verbundproduktion zu sehen, sofern es sich um Vor- bzw. Zwischenprodukte handelt.

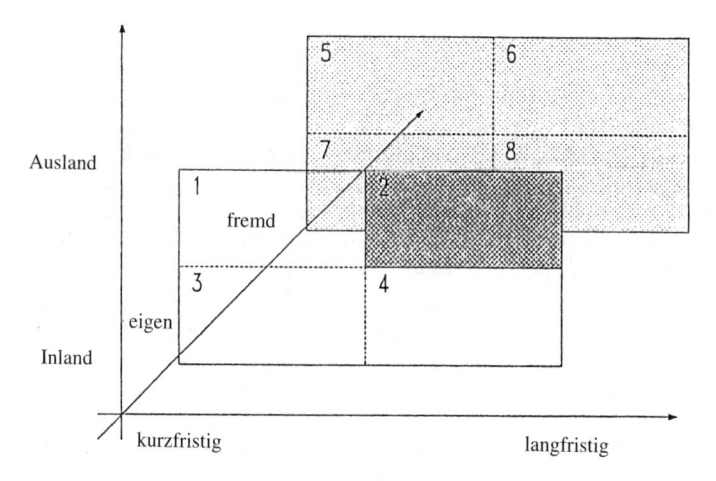

Abb. 9.3: Internationale Verbundproduktion und Beschaffungsstrategien

3. Die Beschaffung erfolgt fallweise von geographisch nahegelegenen Tochtergesellschaften. Diese Strategie eignet sich insbesondere als zusätzliche Beschaffungsalternative zum Spitzenausgleich.
4. Die Vorprodukt-Beschaffung erfolgt von inländischen Tochtergesellschaften, in denen bestimmte Fertigungsstufen bzw. -materialien bereitgestellt werden. Häufig findet diese Strategie bei standortbedingten Kapazitätsengpässen Anwendung, die durch die Gründung neuer Werke kompensiert werden.
5. Das Lieferkontingent wird in möglichst kurzen Zeitabständen jenem konzernexternen Lieferanten vergeben, der zum günstigsten Preis anbietet, d.h. es werden internationale Faktorkostenvorteile genutzt. Diese Strategie erscheint wiederum nur bei Massengütern möglich.
6. Die Lieferungen erfolgen aufgrund langfristiger Lieferkontrakte mit ausländischen Unternehmungen, die nicht zum Konzern gehören. In diese Kategorie fallen somit alle Formen der nicht-kapitalmässigen, langfristigen Bindung wie bspw. Kooperationen und strategische Allianzen. Auch wenn diese Formen zum Teil de facto Konzerneigenschaften aufweisen, werden sie im folgenden nicht den Formen der internationalen Verbundproduktion zugerechnet.
7. Die Beschaffung erfolgt fallweise von nationalen, konzernexternen Lieferanten. Vgl. Alternative 3.
8. Das Beschaffungskontingent wird mengen-, qualitäts- und sequenzgerecht über eine möglichst kurze Distanz fertigungssynchron angeliefert. Bei dieser Alternative handelt es sich somit um eine idealtypische Just-in-Time-Produktion, bei der zwar eine enge Zusammenarbeit zwischen Produzent und Lieferant gegeben ist, eine kapitalmässige Verflechtung jedoch nicht vorliegt. Kostenvorteile können aus dem Fehlen der Lagerhaltung und einer potentiell höheren Produktvielfalt resultieren.

2.3 Gestaltungsalternativen der internationalen Verbundproduktion

Weltmarktfabrik, Parallel- und internationale Verbundproduktion sind nur grobe Orientierungshilfen bei der Beantwortung der Frage, wie ein Produktionssystem grundsätzlich strukturiert sein kann. Für eine analytische Durchdringung des Phänomens der Internationalen Produktion und insbesondere der realiter bedeutsamen internationalen Verbundproduktion reicht diese Differenzierung nicht aus. Hier sind Modelle erforderlich, die die Struktur der internationalen Produktion formal erfassen.

2.3.1 Der Strukturierungsansatz von Leroy

Ausgangspunkt des Strukturierungsansatzes von Leroy ist die Fragestellung, wie die Verbreitung von (Produkt-) Innovationen in internationalen Unternehmungen vorgenommen werden kann und sollte (Leroy 1976, S. 3/4ff.). Er unterstellt, daß die Innovationsverbreitung eine notwendige Voraussetzung ist, die Wettbewerbsposition der Unternehmung zu erhalten bzw. auszubauen. Sein Ziel ist es „(...) to develop a framework that enables one to categorize and analyse the alternative strategies that a firm can employ as it decides on the country or countries in which to develop product technology or know-how, to manufacture the product under consideration, and to market this same product" (Leroy 1976, S. 7). Um dies zu erreichen, zeigt er elementare **Produkt-Markt-Entscheidungen** auf, aus denen die grundlegenden Handlungsmuster einer Marktbearbeitung konstruiert werden können. Diese umfassen die Wahl des geographischen Ortes für drei, Aktivitäten genannte Komplexe. Konkret bedeutet dies, daß für die folgenden Fragestellungen jeweils die Entscheidung zwischen Stamm- und Gastland getroffen werden muß.

1. Wo soll das Produkt-Know-how entwickelt werden?
2. Wo soll das Produkt abgesetzt werden?
3. Wo soll das Produkt hergestellt werden?

Aus den jeweiligen Antworten werden Basisstrategien einer Marktbearbeitung abgeleitet und **multinationale Produktstrategien** entwickeln, indem mehrere Basisstrategien zusammengestellt und intertemporal verknüpft werden. Eine solche multinationale Produktstrategie beschreibt „...the sequence of moves through time for a firm with a given product in terms of location of development and the various market and production centers" (Leroy 1976, S. 8).

Diese formale Umschreibung, Ableitung und Systematisierung des Internationalisierungsprozesses kann als eine erste Strukturierung des Produktionssystems einer internationalen Unternehmung interpretiert werden, da das Modell die wesentlichen Variablen international dezentralisierter Produktionssysteme umfaßt: mehrere durch Faktorkostenunterschiede gekennzeichnete Länder und einen prinzipiell aufteilbaren Produktionsprozeß (hier allerdings in der Form einer Trennung der Produktentwicklung und der Produktion als Kombinationsprozeß). Um Aussagen über alternative Strukturen treffen zu können, ist dieser Ansatz jedoch zu grob und methodisch unzureichend. Eine detailliertere Aufschlüsselung findet sich bei Kotabe und Omura.

2.3.2 Der Strukturierungsansatz von Kotabe und Omura

Der modelltheoretische Strukturierungsansatz grenzüberschreitender Produktionssysteme von Kotabe und Omura ist das Resultat einer Untersuchung des Beschaffungsverhaltens europäischer und japanischer internationaler Unternehmungen hinsichtlich jener Produkte, die auf dem US-Markt abgesetzt werden sollen. Ausgangspunkt ist die These, daß angesichts des globalen Wettbewerbs nur global standardisierte Produkte einen Welterfolg ermöglichen (Levitt 1983, S. 93; Ohmae 1987, S. 89). Dazu wird untersucht, welche ‚Beschaffungsstrategien' von internationalen Unternehmungen benutzt werden, und wie die Beschaffungsstrategie und der Grad der Produktstandardisierung den Erfolg der Unternehmung beeinflussen. Betrachtet werden nur die unternehmensinternen, internationalen Güterströme von Vor- (components) und Endprodukten (products).

Im Hinblick auf das von den untersuchten Unternehmen verfolgte Produktionskonzept werden zwei Alternativen unterschieden. Ein (älteres) polyzentrisches Konzept, bei dem die Produktionsaktivitäten in Form eines ‚country-by-country'-Modells durchgeführt wurden (dies entspricht im wesentlichen dem Konzept der Parallelproduktion bei voll-integrierten Produktionsprozessen). Ein aktuelleres, das dadurch gekennzeichnet ist, daß die Produktionsaktivitäten in verschiedenen Ländern stattfinden und daher grenzüberschreitend koordiniert und integriert werden müssen. Dies macht nach Kotabe/Omura Entscheidungen im Hinblick auf folgende vier Komplexe notwendig (Kotabe/Omura 1989, S. 114):

1. Produktionsstandortentscheidungen (Stamm- oder Gast-, Industrie- oder Entwicklungsland).
2. Phasen der Produktion (Komponenten- oder Endprodukterstellung).
3. Interne oder externe Komponentenbeschaffung.
4. Interne oder externe Montage der Vor- und Zwischenprodukte.

Aus der Kombination der Entscheidungen lassen sich – ähnlich wie in dem Modell von Leroy – alternative Strategien ableiten, die das Spektrum der ‚Sourcing'-Möglichkeiten aufzeigen. Als logischer Ausdruck läßt sich dieses Modell wie folgt formulieren:

$$C_{ij}A_{kl}, \text{ mit:}$$

C = Komponenten-‚Sourcing', d.h. Festlegung der Art und Weise der Beschaffung und Herstellung von Vor- und Zwischenprodukten.
A = Form der Endmontage
i = Orte, an denen die Vorprodukte erstellt bzw. beschafft werden: Stammland (1), Absatz-Land (2), Industrie-(3), Entwicklungsdrittländer (4).
j = Diese Variable drückt aus, ob die Komponenten unternehmens- bzw. konzernintern (Kotabe/Omura zählen dazu 100% Tochergesellschaften, Mehrheitsbeteiligungen und die Muttergesellschaft selbst) oder -extern gefertigt werden.
k = Montagestandorte für das Endprodukt (hinsichtlich der Alternativen vgl. i).
l = Mit der Spezifikation dieser Variablen wird festgelegt, ob das Endprodukt internehmensintern oder -extern montiert wird.

Zur Verdeutlichung dieser Systematik dient Abb. 9.4.

9. Kap.: Internationale Produktion 423

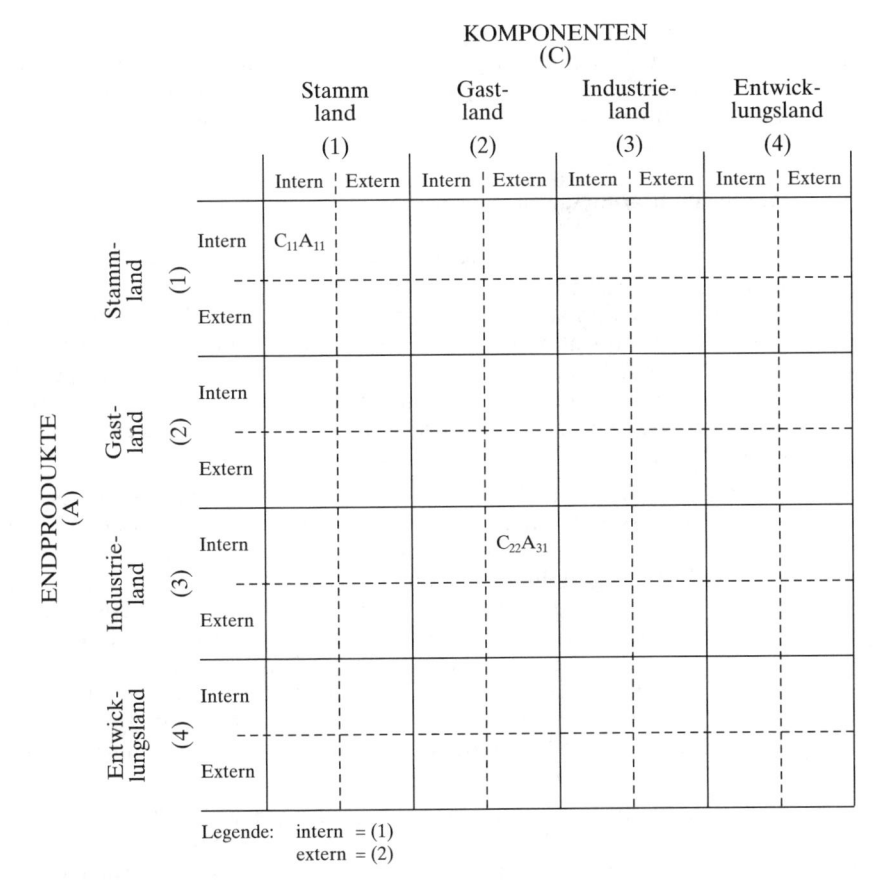

			KOMPONENTEN (C)							
			Stamm- land (1)		Gast- land (2)		Industrie- land (3)		Entwick- lungsland (4)	
			Intern	Extern	Intern	Extern	Intern	Extern	Intern	Extern
ENDPRODUKTE (A)	Stamm- land (1)	Intern	$C_{11}A_{11}$							
		Extern								
	Gast- land (2)	Intern								
		Extern								
	Industrie- land (3)	Intern			$C_{22}A_{31}$					
		Extern								
	Entwick- lungsland (4)	Intern								
		Extern								

Legende: intern = (1)
extern = (2)

Abb. 9.4: Alternative Produktionssysteme nach Kotabe/Omura

Exemplarisch zwei Gestaltungsmuster:

$C_{11}A_{11}$: Dieser Terminus umschreibt ein Produktionssystem, bei dem das Endprodukt von der jeweiligen Unternehmung im Stammland mit eigenen Komponenten hergestellt wird (C_{11}) und der Absatzmarkt via Export beliefert wird (A_{11}).

$C_{22}A_{31}$: In diesem Fall stammen die Komponenten (Kotabe/Omura betrachten eine interne Komponentenerstellung als gegeben, wenn mehr als 50% des Wertes von der jeweiligen Unternehmung erstellt werden) von externen Lieferanten aus dem Gastland (C_{22}), die Endprodukte werden in einem dritten Industrieland montiert, das Endprodukt wird von dort auf den Stammland-Markt exportiert (A_{31}).

Anhand der statistischen Auswertung ihrer Untersuchung, kommen Kotabe und Omura zu folgendem Fazit: „The extent of internal sourcing of major components is positively related to the product's market performance (...). Internal sourcing of major components appears to be the key determinant of the product's market performance" (Kotabe/Omura 1989, S. 125). Obgleich das Modell von Kotabe und Omura das Derivat einer auf einen anderen Untersuchungsgegenstand fokussierten Analyse ist, sind doch gegenüber Leroy eine Reihe von Verbesserungen zur Umschreibung des Phänomens der internationalen Produktion erkennbar und es ist die Möglichkeit gegeben, unterschiedliche Ausprägungen der grenzüberschreitenden Produktion strukturiert zu erfassen.

2.3.3 Der Strukturierungsansatz von Brenke

Intention des Ansatzes von Brenke ist es, das durch Direktinvestitionen generierte Netz leistungswirtschaftlicher Verflechtungen zwischen inländischen und ausländischen Produktionsstätten zu strukturieren (Brenke 1974, S. 12ff.). Dazu werden die Produktionsstätten als die Elemente eines Produktionssystems angesehen. Jedes Element (Produktionsstätte) übernimmt eine Reihe von spezialisierten Fertigungsaufgaben. Durch unternehmensinterne Lieferungen von Vor- und Zwischenprodukten entstehen Beziehungen zwischen den Elementen des Produktionssystems.

Die Abgrenzung zwischen Vor- und Endprodukt wird anhand des **unternehmensspezifischen Produkthorizontes** vorgenommen. Dieser Produkthorizont wird durch den Kreis von Erzeugnissen bestimmt, die von der Unternehmung für den Absatzmarkt bereitgestellt und die innerhalb der Unternehmung nicht mehr weiterverarbeitet werden. Die Produktionsstätten können zudem **homogene** und/oder **heterogene Beiträge zum Produktionsprogramm** liefern. Ein homogener Beitrag liegt vor, wenn ausschließlich Vorprodukte zur Weiterverwendung in anderen Systemteilen oder ausschließlich Endprodukte erstellt werden. Entsprechend wird von einem heterogenen Produktionsprogramm gesprochen, wenn sowohl End- als auch Vorprodukte in der einzelnen Produktionsstätte erstellt werden.

Wenn eine Produktionsstätte alle für die Erstellung eines Produkts notwendigen Vorprodukte selbst erstellt, liegt eine **elementeigene Autarkie** vor. In Analogie dazu besteht eine **Systemautarkie**, wenn die Unternehmung (als Summe aller Produktionsstätten) nicht auf die externe Beschaffung von Vorprodukten zurückgreift. Unselbständige Systemelemente sind daher jene Produktionsstätten, die ohne entsprechende Zulieferungen von unternehmensinternen oder externen Stellen ihren Produktionsaufgaben nicht nachkommen können. Hier wird

Art der Produktionsleistung Abhängigkeitssituation	Endproduktproduktion für Absatzmärkte	Vorproduktproduktion für andere Systemeinheitem	Endprodukt- und Vorproduktproduktion
Autark gegenüber Zulieferungen anderer Systemeinheiten	Selbständige Endproduktproduktion	Selbständige Vorproduktproduktion	Selbständige Mischproduktion
Abhängig von Zulieferungen anderer Systemeinheiten	Unselbständige Endproduktproduktion	Unselbständige Vorproduktproduktion	Unselbständige Mischproduktion

Abb. 9.5: Aufgabentypen von Produktionsstätten nach Brenke

9. Kap.: Internationale Produktion   425

die Nähe zu dem Ansatz von Kotabe/Omura deutlich. In deren Terminologie würde die Systemautarkie im Falle von j=1 vorliegen, während eine elementeigene Autarkie bei Kotabe/Omura nicht möglich bzw. vorgesehen ist. Abbildung 9.5 verdeutlicht die Zusammenhänge (Wilbert 1991, S. 447).

Typologie multinationaler Produktstrategien:

Folgende Prämissen legt Brenke der Typologisierung zugrunde: Es existieren zwei Systemelemente, zwei Länder, ein Endprodukt, ein Vorprodukt und somit ein zweistufiger Produktionsprozeß. Im einzelnen:

E_u ,   (u = 1,2,...,U; ≥ 2)   Anzahl der Produktionsstätten bzw. Systemelemente,
X_i ,   (i = 1,2,...,I)   Art (i) und Menge (X) der Endprodukte,
j_i ,   (j_i = 1,2,...,J_i) für Endprodukt i erforderliche Vorprodukte j und
PP   Produktionsprogramm.

Die formale Umschreibung eines Produktionssystems für den Fall der einstufigen Produktion lautet entsprechend:

$$PP_u = \sum_{i=1}^{I} X_{iu}$$

Dieser Ausdruck besagt, daß das Produktprogramm **einer Produktionsstätte** aus der Summe aller Endprodukte besteht. Liegt der Fall der **elementeigenen Autarkie** vor, so erweitert sich dieser Ausdruck:

$$PP_u = \sum_{i=1}^{I} \sum_{j_i=1}^{J_i} Xj_i u + \sum_{i=1}^{I} X_{iu}$$

Für den Fall, daß die Produktionsstätte ausschließlich Vorprodukte fertigt, die an andere Systemeinheiten abgegeben werden, ändert sich der Ausdruck wie folgt:

$$PP_u = \sum_{i=1}^{I} \sum_{j_i=1}^{J_i} Xj_i u + \sum_{u'=1}^{U} \sum_{i=1}^{I} \sum_{j_i=1}^{J_i} X j_i uu'$$

Erstellt die Systemeinheit zusätzlich noch Endprodukte für den Absatzmarkt und leistet sie insofern einen heterogenen Beitrag zum Produktionsprogramm, so bewirkt dies folgende formale Ergänzung:

$$PP_u = \sum_{i=1}^{I} \sum_{j_i=1}^{J_i} Xj_i u + \sum_{u'=1}^{U} \sum_{i=1}^{I} \sum_{j_i=1}^{J_i} X j_i uu' + \sum_{i=1}^{I} X_i u$$

Faßt man die Produktionsaufgaben der **einzelnen Systemeinheiten** zusammen, so ergibt sich folgendes Produktionsprogramm für das gesamte System bzw. die gesamte Unternehmung:

$$PP_S = \sum_{u=1}^{U} PP_u \qquad \text{oder:}$$

$$PP_S = \sum_{u=1}^{U} \left\{ \sum_{i=1}^{I} \sum_{j_i=1}^{J_i} Xj_iu + \sum_{u'=1}^{U} \sum_{i=1}^{I} \sum_{j_i=1}^{J_i} X j_i uu' + \sum_{i=1}^{I} X_iu \right\}$$

Die elementaren Grundtypen:

Ausgehend von der formal-logischen Darstellung des Produktprogramms einer Unternehmung bzw. Systemeinheit werden strukturelle Grundformen abgeleitet, mit deren Hilfe jedes real existierende, international dezentralisierte Produktionssystem umschrieben werden kann. Dazu werden folgende Prämissen zugrunde gelegt:

- Es existieren lediglich zwei Systemeinheiten (u=1 und u=2), von denen eine im Stamm- und die andere im Gastland lokalisiert ist,

- es wird **ein** Endprodukt gefertigt, zu dessen Herstellung **ein** Vorprodukt notwendig ist, es handelt sich somit um einen **zweistufigen Produktionsprozeß** und

- die Fertigungsstufen können sich entweder alle in einer Produktionsstätte befinden, parallel in beiden vorliegen oder aber vertikal getrennt sein.

Aus der Variation der Verteilung der Fertigungsstufen auf die einzelnen Produktionsstätten in den einzelnen Ländern ergeben sich die einzelnen Systemtypen. Wobei sich zwei grundsätzliche Typen unterscheiden lassen. Systemtyp A ist dadurch gekennzeichnet, daß die Endprodukterstellung nur in einer Produktionsstätte (und somit in einem Land) erfolgt, während beim Typ B die Endprodukterstellung in beiden Produktionsstätten möglich ist. Abb. 9.6 vermittelt einen Überblick über beide Reihen von Systemtypen. Zur Verdeutlichung sind zwei Systemtypen exemplarisch erörtert:

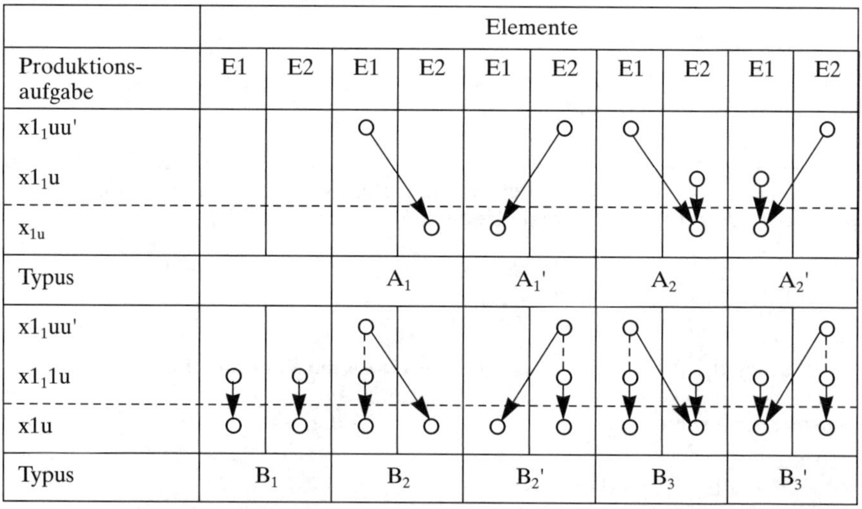

Produktions-aufgabe	Elemente									
	E1	E2	E1	E2	E1	E2	E1	E2	E1	E2
$x1_1uu'$										
$x1_1u$										
x_{1u}										
Typus	A_1		A_1'		A_2		A_2'			
$x1_1uu'$										
$x1_11u$										
$x1u$										
Typus	B_1		B_2		B_2'		B_3		B_3'	

Abb. 9.6: Grundlegende Systemtypen der international dezentralisierten Produktion nach Brenke

Typus A_1:
In diesem Fall liegt eine vollständige internationale Trennung der Vorproduktion von der Endproduktion vor. Die Vorprodukte werden in einer Produktionsstätte in Land 1 gefertigt, die Weiterverarbeitung erfolgt in Land 2.

Typus B_2':
Die Vorproduktion erfolgt ausschließlich in der Produktionsstätte E_2. Da sowohl Enderzeugnisse als auch Vorprodukte für andere Systemeinheiten hergestellt werden, liefert E_2 einen heterogenen Beitrag zum Gesamtprogramm der Unternehmung. Produktionsstätte E_1 ist dadurch gekennzeichnet, daß Endprodukte unselbständig erzeugt werden, da die notwendigen Vorprodukte nicht selbst gefertigt, sondern von der Produktionsstätte E_2 bezogen werden.

2.3.4 Ableitung eines Modells auf der Basis von Transferprozessen

Der Ansatz von Brenke ermöglicht zwar die Darstellung der wesentlichsten Grundformen einer internationalen Verbundproduktion in strukturierter Form, um jedoch die Motive, die zu solchen Strukturen führen, deutlicher analysieren zu können, ist eine Modifikation und Erweiterung notwendig (Klein 1993, S. 115ff.). Dazu wird die geographische Verteilung der einzelnen Produktionsstufen als strukturbestimmende Variable betrachtet. Dies bedingt folgende modelltheotischen Prämissen:

- Der gesamte Produktionsprozeß besteht aus **drei elementaren Produktionsstufen**; der Vor-, Zwischen- und Endproduktfertigung.
- Es wird ein **Zwei-Länder-Modell** (Stammland vs. Gastland) betrachtet.
- Die einzelnen räumlich verteilten **Produktionsstätten sind unter einheitlicher Leitung** zusammengefaßt und bilden einen Konzern, d.h. nur durch **konzerninterne Lieferungen und Leistungen** kann eine internationale Verbundproduktion begründet werden.
- Die betrachtete Unternehmung ist eine idealtypische **Ein-Produkt-Unternehmung**.

Zur Ableitung **morphologischer Grundmuster** dient zunächst Abb. 9.7, in der die alternativen leistungswirtschaftlichen Strukturen einer **nationalen Unternehmung**, die mittels einer Weltmarktfabrik produziert, aufgezeigt werden.

Eine Unternehmung des Typs 1a stellt den Prototyp **einer nationalen Unternehmung** dar. Sowohl die konzerninternen Produktionsaktivitäten als auch die (konzernexternen) Beschaffungs- und Absatzaktivitäten der Unternehmung werden im nationalen Umfeld getätigt. Alle weiteren Typen weisen demgegenüber in den konzernexternen Beziehungen entweder eine einseitige internationale Vorwärts- oder Rückwärtsorientierung bzw. eine nach beiden Seiten ausgerichtete Auslandsverflechtung auf. Ein **internationales Produktionssystem** entsteht nunmehr dadurch, daß mindestens eine der Wertschöpfungsstufen grenzüberschreitend verlagert wird. Bei vollständig verlagerter Produktion findet wiederum ein nationale, wenn auch im Gastland domizilierte Produktion statt. Hinsichtlich der konzernexternen Funktionen Beschaffung und Absatz stehen wiederum die bereits bei der nationalen Unternehmung vorgestellten Alternativen offen (vgl. Abb. 9.8).

Typ	Beschaffungsmarkt-	Lokalisierung der Produktionsstufen			Absatzmarkt-
		V	Z	E	
1a	S	S	S	S	S
2a	S	S	S	S	G
3a	S	S	S	S	SG
4a	G	S	S	S	S
5a	G	S	S	S	G
6a	G	S	S	S	SG
7a	SG	S	S	S	S
8a	SG	S	S	S	G
9a	SG	S	S	S	SG
Legende: S = Stammland; G = Gastland; SG = sowohl S als auch G; V = Vorproduktfertigung; Z = Zwischenproduktfertigung; E = Endproduktfertigung					

Abb. 9.7: Strukturierungsalternativen der Beschaffungs- und Absatzalternativen einer **nationalen** Unternehmung.

Typ	Beschaffung	Produktion (prinzipiell SG)	Absatz
1b	S	SG	S
2b	S	SG	G
3b	S	SG	SG
4b	G	SG	S
5b	G	SG	G
6b	G	SG	SG
7b	SG	SG	S
8b	SG	SG	G
9b	SG	SG	SG
Legende: Vgl. Abb. 2.12			

Abb. 9.8: Strukturierungsalternativen der Beschaffungs- und Absatzalternativen eines **internationalen** Produktionssystems.

Die alternativen Ausgestaltungsformen einer Produktion im Stamm- und Gastland (SG) determinieren die **Grundformen der internationalen (Verbund-) Produktionssysteme** (vgl. Abb. 9.9).

Für die einzelnen Produktionsstätten können sämtliche Produktionskonzepte (von der Parallel- bis zur Weltmarktfabrik) realisiert werden. Die Grundformen im einzelnen:

ad 1: Idealtypische nationale Unternehmung.

ad 2: Bearbeitungsschritte V und Z erfolgen im Stammland, die Endmontage im Gastland. Voraussetzung dieses Grundmodells ist die Möglichkeit des Transfers der Zwischenprodukte und die Bearbeitung/Montage im Gastland. Anwendungsrelevanz besitzt dieses Modell vor allem durch die Möglichkeit, gastlandspezifische Adaptionen des Endprodukts vorzunehmen. Lotz sieht diese Grundform dann als adäquat an, wenn lokale Anpassungsbedürfnisse nach regionalen Montagestätten verlangen (Lotz 987, S. 405).

Typ	Produktion		
	V	Z	E
1	S	S	S
2	S	S	G
3	S	G	S
4	S	G	G
5	G	S	S
6	G	S	G
7	G	G	S
8	G	G	G

Legende: Vgl. Abb. 2.12

Abb 9.9: Grundformen internationaler Produktionssysteme.

ad 3: Dieser Fall stellt die typische **Lohnveredelung** dar. Ein Vorprodukt wird in ein Gastland überführt und weiterverarbeitet. Die Endmontage erfolgt nach dem Rücktransfer des Zwischenprodukts wieder im Stammland.

ad 4: Dieses Grundmuster ist dadurch gekennzeichnet, daß lediglich die Vorproduktfertigung im Stammland, die Weiterverarbeitungsschritte und die Endmontage jedoch komplett im Gastland erfolgen.

ad 5: Die Vorproduktfertigung erfolgt im Gastland, die Weiterverarbeitungsschritte werden im Stammland vollzogen. Dieser Typus ist insbesondere im Bereich rohstoffintensiver Produktionsprozesse zu finden. Die auf der Bearbeitung der Rohstoffe basierenden ersten produktionstechnischen Bearbeitungsschritte werden im Land der Exploration durchgeführt, Weiterverarbeitung und Endproduktion erfolgen im Stammland.

ad 6: Diese Grundform ist eine inverse Lohnveredelung, (Technologieveredelung). Die Zwischenbearbeitungsschritte werden im Stammland belassen, die Herstellung der Vorprodukte und die Endmontage erfolgen im Gastland.

ad 7: Vor- und Zwischenprodukt werden im Gastland hergestellt, die Endmontage findet im Stammland statt. Anwendungsrelevanz gewinnt diese Form der Prozeßstrukturierung bei einer technologieintensiven Endprodukterstellung, bzw. wenn die Zwischenproduktfertigung produktionstechnisch eng mit dem lokal gefertigten Vorprodukt verbunden ist.

ad 8: Vollständige Verlagerung der Produktion ins Gastland.

2.4 Ausprägungsformen und Bestimmungsgründe der Entscheidungszentralisation in den idealtypischen Grundformen der Produktion

Die vorgestellten Produktionskonzepte bilden nur das strukturelle Gerüst, innerhalb dessen die **Delegation der Entscheidungskompetenz** eine Steuerungsgröße für die internationale Produktion ist. Konkret geht es um die Zuordnung von Entscheidungs- oder Leitungsaufgaben auf Personen (Delegation), Stellen und Abteilungen in ausländischen Tochtergesellschaften. Das Spektrum der Delegation umfaßt dabei das gesamte Spannungsfeld von Zentralisierung und Dezentralisierung. Mit der Festlegung der Entscheidungsautonomie wird das Ausmaß der Unabhängigkeit ausländischer Tochtergesellschaften determiniert. Dieses Problem des optimalen Autonomiegrades der Tochtergesellschaft wird in der Literatur unter der Bezeichnung **Mutter-Tochter-Beziehung** diskutiert (Heinen 1978, S. 32; Garnier 1984, S. 58).

Im kontextualen Zusammenhang mit internationalen Produktionssystemen stehen folgende zwei Fragen im Mittelpunkt, an denen sich das weitere Vorgehen ausrichtet:

- Welche Entscheidungsautonomie sollten die produktionswirtschaftlichen Subsysteme besitzen?

- Was sind die Bestimmungsgrößen dieser Autonomie (Neghandi 1987, S. 181)?

Das mögliche Ausmaß der Entscheidungszentralisierung bzw -dezentralisierung wird durch die Eckpunkte des Kontinuums zwischen Entscheidungszentralisation bei der Muttergesellschaft und Entscheidungsdezentralisation bei der Tochtergesellschaft gebildet (Daniels/Radebaugh 1989, S. 527; Corey 1978, S. 76). Voraussetzung ist jedoch, daß die globale Konzernstrategie durch eine einheitliche Leitung sichergestellt ist. Jede Erhöhung der Entscheidungsautonomie der Tochtergesellschaften ist mit der Gefahr verbunden, daß die einheitliche Leitung und damit die Einheitlichkeit der Unternehmenspolitik nicht mehr gewährleistet ist. Diese ist jedoch die fundamentale Voraussetzung für eine globale Konzernstrategie und damit unabdingbar für jedes Produktionssystem, „(...) um die auftretenden Zentrifugalkräfte zu bändigen und mögliche Synergieeffekte bei der Leistungserstellung und -verwertung zu realisieren" (Pausenberger 1981a, S. V). Es muß daher jenes Maß an Entscheidungsautonomie gefunden werden, das die Realisierung der Verbundeffekte und -erfordernisse durch eine einheitliche, system-koordinierende Leitung sichert, aber gleichzeitig die dezentralisierten Subsysteme in ihrer notwendigen Adaption an heterogene Umwelten nicht behindert.

Hinsichtlich der **Bestimmungsgrößen der Entscheidungsautonomie** gelten folgende Tendenzaussagen: Das Autonomieniveau der Tochtergesellschaft ist eher gering, wenn standardisierte Produkte vorherrschen, ein intensiver Leistungsaustausch vorliegt und die Tochtergesellschaft einen größeren als den regionalen Markt bedient. Im Umkehrschluß ist die Autonomie eher hoch, wenn die Tochtergesellschaft primär den lokalen Markt bedient (Welge 1989, Sp. 1548). Es kann ferner davon ausgegangen werden, daß unternehmensinterne Einflußgrößen in Richtung auf eine Zentralisierung wirken, während unternehmensexterne Größen einen Dezentralisierungsdruck ausüben (Garnier 1984, S. 80). Besondere Bedeutung kommt den externen Einflußgrößen **Zeit bzw. Entfernung** zu. Mit zunehmender **räumlicher Distanz** zwischen Mutter und Tochtergesellschaft verlängern sich die Informations- und Kommunikationswege, was wiederum zu einem Dezentralisierungsdruck auf die Leitungsorganisation führt: Je weiter die einzelnen Subsysteme von der Muttergesellschaft entfernt sind, desto autonomer werden sie tendenziell geführt. (Rall 1989, S. 1077). Ferner übt die Rationalisierung der Produktion (Garnier 1984, S. 79; Franko 1976; Stopford/ Wells 1972) Einfluß auf die Entscheidungsautonomie aus. Werden Produktionsstätten durch Restrukturierung stärker spezialisiert, um Standortvorteile, Größendegressionseffekte und Effizienzvorteile durch Know-how-Austausch aufzubauen und zu nutzen, so steigt die Notwendigkeit einer stärkeren Überwachung und Kontrolle der weltweiten Aktivitäten, was zwangsläufig eine verstärkte Zentralisierung zur Folge hat (Welge 1989, Sp. 1538). Auch mit dem Ausmaß der materiellen und immateriellen **leistungswirtschaftlichen Verflechtungen** zwischen Mutter- und Tochtergesellschaft steigt der Koordinations- und Integrationsbedarf und damit der Zentralisierungsdruck. Die dazu erforderliche zentrale Planung, Steuerung und Kontrolle macht eine Entscheidungszentralisierung unabdingbar, wobei insbesondere in großen, diversifizierten Unternehmungen der geographische Ort der Entscheidungszentralisierung nicht notwendigerweise im Stammland bei der Muttergesellschaft lokalisiert sein muß, sondern auch bei einer, für den jeweiligen Produktionsprozeß die Systemführerschaft besitzenden Tochtergesellschaft liegen kann. Der Umfang der konzerninternen Güter- und Dienstleistungsströme besitzt somit ausschlaggebende Bedeutung für die Autonomie der Tochtergesellschaft, da aufgrund der steigenden Bedeutung der einzelnen Subsysteme für das Gesamtsystem die individuellen Entscheidungsbefugnisse abnehmen müssen (Garnier 1982, S. 906; Garnier 1984, S. 75). Vor diesem Hintergrund kann für die einzelnen idealtypischen Produktionskonzepte der jeweils angemessene Grad an Entscheidungsdelegation abgeleitet werden, wobei

(1) das Produktionssystem so gestaltet sein sollte, daß Entscheidungen dort getroffen werden, wo die Verantwortung für die betreffende Problematik liegt: *„Placing responsibility where the problem is"* (Behrmann 1969, S. 65) und

(2) die Kommunikationswege möglichst kurz gehalten werden sollten, damit eine wirksame Kontrolle der Unternehmensaktivitäten stattfinden kann (Meffert/Althans 1982, S. 192ff.).

Für die idealtypischen Produktionskonzepte ergeben sich unter Zugrundelegung dieser Anforderungen folgende idealtypischen Verteilungen der Entscheidungskompetenz.

Die Weltmarktfabrik:

Aufgrund der konzeptinhärenten Merkmale der Weltmarktfabrik entfällt die Möglichkeit der Dezentralisierung der Entscheidungskompetenz weitestgehend. Lediglich ein Teil der Vertriebs-/Absatz- sowie der personalpolitischen Kompetenzen liegt bei den ausländischen Vertriebsgesellschaften.

Die Parallelproduktion:

Aufgrund der produktionswirtschaftlichen Autonomie dieser Produktionsstätten ist der gesamtsystembezogene Koordinationsbedarf gering. Die Fertigung eines Produkts an mehreren Standorten ermöglicht eine umfassende Verlagerung der Entscheidungskompetenz in die einzelnen Tochtergesellschaften. Steuerungs- und Entscheidungsbedarf besteht lediglich hinsichtlich der Distribution der parallel gefertigten Endprodukte, damit überlappende Belieferungen einzelner Exportmärkte durch mehrere Produktionsgesellschaften verhindert werden. Landesfabriken ermöglichen die ausgeprägteste Form der Dezentralisierung. In diesen Fällen ist es möglich, sämtliche Entscheidungskompetenzen auf die autarken, produktionswirtschaftlichen Einheiten zu übertragen.

Die Verbundproduktion:

Die Verbundproduktion weist aufgrund der räumlichen Trennung der einzelnen Produktionsstufen einen hohen Koordinationsbedarf auf. Wenn zwei oder mehr geographisch getrennte Produktionsstätten durch eine leistungswirtschaftliche

Beziehung verknüpft sind, ist eine vollständige Dezentralisierung der Entscheidungskompetenz wegen der grenzüberschreitenden Liefer- und Leistungsbeziehungen ausgeschlossen. Mit der geographischen Dezentralisierung der Produktionspotentiale muß eine Zentralisierung der Entscheidungskompetenz einhergehen. Zur friktionsfreien logistischen Steuerung im Sinne einer räumlich und zeitlich abgestimmten Zusammenführung von Vor-, Zwischen und Endprodukten bedarf es einer subsystemübergreifenden Koordination und Steuerung. Die Kommunikation sollte daher in Form einer strukturierten Vernetzung erfolgen. Übergeordnetes Ziel ist es dabei, jene Aufgaben vor Ort zu erledigen, die dort erledigt werden können (Subsidiaritätsprinzip). Der Informationsfluß wird dadurch auf das Wesentliche beschränkt, ohne die zielkonforme einheitliche Leitung zu gefährden.

Die zentrale Entscheidungs- und Führungsinstanz, die nicht zwingend bei der Muttergesellschaft organisatorisch verankert sein muß, sondern auch bei einer Tochtergesellschaft die für dieses Produkt weltweit die Kosten- und Ergebnisverantwortung trägt, liegen kann, hat schwerpunktmässig folgende Aufgaben zu erfüllen (Dreger 1985, S. 9/10):

- die generellen Richtlinien für die Beschaffung und Lagerhaltung zu erlassen,
- die Koordination der Vertriebs- und Produktionsinteressen zu gewährleisten,
- die systematische Liefermarkt- und Lieferantenanalyse vorzunehmen und
- die inner- und außerbetrieblichen Transportaktivitäten zu planen und zu koordinieren.

3 Vorteile und Voraussetzungen der Internationalisierung von Produktionssystemen

Welche Vorteile können generell durch ausländische Produktionspotentiale realisiert werden? Welche speziellen Vorteile bieten die einzelnen Grundformen der Produktion? Die Beantwortung dieser Fragen bedingt eine **Untersuchung der Internationalisierungsursachen**. Ein Problem, das in der Literatur kontrovers diskutiert wird und durch folgendes, immer noch gültige Zitat treffend umschrieben wird: „Aus einer schwer durchschaubaren Mischung von fertigungsökonomischen (optimale Betriebsgröße), absatzpolitischen (leichtere Marktzugänge), subventionstaktischen (Ansiedlungsprämien usw.) und betriebspolitischen („teile und herrsche") Erwägungen häufen sich (...) die Beispiele der Exterritorialisierung von Produktionsstätten" (Kern/Schumann 1984, S. 72).

Generell gilt, daß durch die Internationalisierung des Produktionssystems eine differenzierte Realisierung spezifischer Standortvorteile für jeden einzelnen Teilprozeß bzw. jede Produktionsstufe eines Produktionsprozesses möglich ist. Voraussetzung ist, die Produktionsprozesse bzw. Teile desselben werden so in der jeweils ‚günstigsten' Region plaziert, daß Lohn-, Energie-, Umwelt- und Transportkostenunterschiede realisiert werden können. Daneben kann aber auch die Kompensation externer Restriktionen oder Local-Content-Bestimmungen ursächlich für ein solches System sein. Den potentiellen Vorteilen stehen jedoch Faktoren gegenüber, die zu einer Kostenerhöhung führen (Sharman 1984, S. 6). Dazu zählen vor allem die Transport- und Lagerhaltungskosten sowie die Kosten der zusätzlichen Logistikleistungen. Vor diesem Hintergrund wird deutlich, daß im Hinblick auf die optimale geographisch-räumliche Allokation des

9. Kap.: Internationale Produktion

Produktionsprozesses jede Produktionsstufe auf ihre Kostenstruktur, d.h. insbesondere auf ihre Kapital- bzw. Arbeitsintensität hin untersucht werden muß, um eine Evaluierung der Verlagerungsvorteilhaftigkeit der betreffenden Stufe vornehmen zu können.

Im folgenden wird zwischen den Ursachen der Verlagerung kompletter, d.h. über alle Stufen der Wertschöpfungskette integrierter Produktionsprozesse (zentralisierte Produktionssysteme) und den Ursachen der Verlagerung einzelner Produktionsstufen (dezentralisierte Produktionssysteme) unterschieden. Bei einer **Verlagerung kompletter Produktionsprozesse** können sämtliche der im 1.Teil vorgestellten Produktionskonzepte (Weltmarkt-, Regional- und Landesfabriken) realisiert werden. Erfolgt eine **Verlagerung einzelner Produktions- bzw. Wertschöpfungsstufen**, so kann für jede einzelne Stufe eines solchermaßen disaggregierten Produktionsprozesses wiederum das gesamte Spektrum der Produktionskonzepte – von der Weltmarktfabrik bis hin zur Landesfabrik – realisiert werden. Die Unterscheidung zwischen einem zentralisierten und einem dezentralisierten Produktionssystem läßt sich durch eine Gegenüberstellung der jeweiligen Voraussetzungen und der jeweils möglichen Produktionskonzepte verdeutlichen. Abb. 9.10 zeigt diese Gegenüberstellung im Überblick.

Typus:	zentralisiertes Produktionssystem	dezentralisiertes Produktionssystem
Voraussetzung:	– ein- oder mehrstufige Produktionsprozesse – zentralisierte Produktionsstufen, d.h. – **alle** Wertschöpfungsstufen sind räumlich zusammengefaßt	– nur mehrstufige Produktionsprozesse – dezentralisierte Produktionsstufen, d.h. – **einige** Wertschöpfungsstufen sind räumlich verlagert
Produktionskonzepte:	**Für den gesamten Produktionsprozeß:** – Weltmarktfabrik – Parallelproduktion	**Für den gesamten Produktionsprozeß:** – Internationale Verbundproduktion **Für einzelne Produktionsstufen:** – Weltmarktfabrik – Parallelproduktion

Abb. 9.10: Zentralisierte und dezentralisierte Produktionssysteme

3.1 Die Verlagerung kompletter Produktionsprozesse

Werden komplette Produktionsprozesse verlagert, d.h. werden zentralisierte Produktionssysteme im Ausland errichtet, so kann dies in Form einer Weltmarktfabrik (Aufgabe der ursprünglichen Produktionspotentiale bzw. des Produktionsstandortes) oder aber einer Regional- bzw. Landesfabrik (Beibehaltung und Multiplizierung der Produktionspotentiale) erfolgen. Vorteile, die sich mit einer solchen Verlagerung realisieren lassen sind in ihrer positiven Wirkungsrichtung vorgestellt, d.h. ein die Zentralisierung fördernder Faktor wird nicht zusätzlich als dezentralisierungshemmend diskutiert.

3.1.1 Vorteile der Weltmarktfabrik

Größendegressionseffekte:

Die Vorteile zentralisierter Produktionssysteme ergeben sich primär aus Economies of Scale (Pausenberger 1992). Insbesondere in der Globalisierungs-Literatur wird die Konzentration der Produktion in einer ‚world-scale-plant' als optimale Alternative im Hinblick auf die Realisierung internationaler Größendegressionseffekte hervorgehoben (Davidson 1982, S. 177; Doz 1986, S. 20). Je stärker die Economies of Scale und je unbedeutender die Transportkosten sind, desto stärker ist die Tendenz zur geographischen Konzentration der Produktionspotentiale (Simon 1980, S. 1114; Juhl 1981, S. 678).

Bei den Größeneffekten können zwei Hauptformen der hier relevanten **statischen Skaleneffekte** (Statische Skaleneffekte beziehen sich auf die Produktionsmenge in einem bestimmten Zeitraum, während dynamische Skaleneffekte sich auf den Zeitablauf beziehen) unterschieden werden: Eine Fixkostendegression entsteht bei einer Zentralisierung der Produktion dadurch, daß mit der Erhöhung der Ausbringung die Fixkostenbelastung pro Stück sinkt **(Beschäftigungsdegression)**, d.h. eine konstante Höhe nicht-disponibler Kosten wird auf eine steigende Ausbringung verteilt. Nicht zu verwechseln ist diese Fixkostendegression mit der aus Lern- und Erfahrungseffekten resultierenden Senkung der Stückkosten. Die Erfahrungseffekte hängen von dem kumulierten Geschäftsvolumen (dynamische Skaleneffekte) ab, während Größendegressioneffekte von der aktuellen Kapazität (Betriebsgröße) und deren Auslastung bestimmt werden. Da diese Erfahrungseffekte auch in kleinen und räumlich nicht zusammenhängenden Produktionsstätten auftreten können, stellen sie kein spezifisches Argument für eine räumliche Zentralisierung dar. Bei der zweiten bedeutenden Form statischer Skaleneffekte handelt es sich um eine Verringerung der disponiblen Kosten bei steigender Ausbringung. Hierzu zählt vor allen die **Degression durch Betriebsgrößenvariation**, d.h. die Produktionskosten nehmen bei Vollauslastung der Kapazitäten mit wachsender Kapazität ab. Als Ursachen kommen dabei z.B. Verfahrensänderungen in Frage (Adam 1979, Sp. 950). Die Bedeutung der Größeneffekte muß jedoch in Relation zu den jeweils verfügbaren Produktionsfaktoren betrachtet werden. So kann der Fall eintreten, daß die Größeneffekte so hoch sind, daß Kostenvorteile aufgrund niedriger Faktorkosten im Ausland kompensiert oder sogar überkompensiert werden. Eine Verlagerung (zumindest die Eröffnung einer Landesfabrik) verbietet sich cet. par. in diesem Fall (Kogut 1985, S. 22).

Beschaffung, Technologietransfer und einheitliche Leitung:

Neben den genannten Größeneffekten fördern vor allem die Möglichkeit einer zentralen Beschaffung, der Verzicht auf einen grenzüberschreitenden und daher mit Friktionskosten belasteten Technologietransfer und die Möglichkeit einer direkten einheitlichen Leitung die Entscheidung zur Zentralisierung. Eine räumliche Zentralisierung ist ferner unumgänglich, wenn von der Unternehmung als Daten zu betrachtende externe Restriktionen (Boddewyn 1988, S. 347ff.) – wie z.B. sozio-kulturelle Größen – vorliegen.

Sozio-kulturelle Einflußgrößen:

Zu den sozio-kulturellen Eigenschaften gehören Assoziationen mit bestimmten, ursprungslandgebundenen Produkteigenschaften. Liegen solche Assoziierungsmuster vor (Bsp. „Made in ..."-Bezeichnungen), so bedingt dies eine stammlanddomizilierte Weltmarktfabrik und die exportorientierte Bearbeitung der Auslandsmärkte, wie es bei einigen Gütern des höherwertigen Konsumbedarfs idealtypisch vorzufinden ist. Die in zunehmendem Maße in den Blickpunkt der Öffentlichkeit tretenden Sicherheitsprobleme beim Transport von gefährlichen (umweltgefährdenden) Gütern – vor allem in der chemischen Industrie – sind weitere Ursachen voll-integrierter Produktionsprozesse in einzelnen Ländern oder Regionen (Flaherty 1989, S. 103).

3.1.2 Vorteile der Parallelproduktion

Die Vorteile einer räumlichen Dezentralisierung kompletter Produktionsprozesse werden ohne explizite Trennung in Regional- und Landesfabrik vorgestellt, da die Wirkungsrichtung dieser Vorteile in beiden Fällen identisch ist und lediglich die Wirkungsstärke variiert.

Dominante Ursachen einer Dezentralisierung der Produktionspotentiale in Form einer Duplizierung bzw. Multiplizierung der Produktionsstätten sind zum einen risikopolitische Überlegungen und zum anderen Nachfragepräferenzen. Darüber hinaus können die Eigenschaften des Produktprogramms positiven Einfluß auf eine Dezentralisierung ausüben.

Risikopolitische Überlegungen:

Die risikoreduzierende Wirkung einer Dezentralisierung wird dadurch hervorgerufen, daß sowohl durch die Erhöhung der absoluten Anzahl als auch durch die geographische Streuung der Produktionsstandorte ein durch die Portefeuille-Theorie erklärbarer Risikoausgleich erzielt werden kann. Dies geschieht u.a. dadurch, daß die Anfälligkeit gegenüber landesspezifischen Störungen geringer ist, wenn die Produktion auf mehrere Länder verteilt ist (Grunwald/Flamm 1985, S. 218; Dunning 1980, S. 10/11; Macharzina 1984, S. 10). Neben den politischen Risiken wie Streik, Enteignung oder aktuellen und potentiellen Importrestriktionen werden durch die Dezentralisierung **ökonomische Risiken**, die in Form von Wechselkursschwankungen (Broll/Zilcha 1991, S. 2ff.) auftreten, kompensiert. So können sich die Lohnstückkosten in Fremdwährung gerechnet entgegen dem Trend in Stammlandwährung entwickeln. Insbesondere die Entwicklung des $-Kurses (z.B. von dem temporären Höchststand des $ von ca. 3,30 DM/$ zu Beginn des Jahres 1985 bis auf ca. 1,40 DM/$ im Jahre 1995) hat fundamentale Auswirkungen auf die Produzenten, die in den Dollar-Raum exportieren. Eine Parallelproduktion hätte dazu geführt, daß in beiden Zeiträumen die Unternehmung unabhängig von der Wechselkursentwicklung hätte agieren können, da jeweils in den nationalen Märkten produziert und entsprechend auch fakturiert worden wäre.

Die theoretische Aussage, daß sich durch die risikoreduzierende Wirkung einer Verlagerung Vorteile erzielen lassen, erfährt allerdings keine empirische Bestätigung. Untersuchungen kommen vielmehr zu dem Ergebnis, daß eine Erhöhung der Umweltunsicherheit im allgemeinen eine Erhöhung der Zentralisierung zur Folge hat (Balakrishnan/Wernefelt 1986, S. 357/358; Fatehi-Sedeh/Safizadeh 1989, S. 5/6).

Nachfragepräferenzen und Sicherung der Marktstellung:

Neben den risikopolitischen Aspekten ist die Möglichkeit, durch eine Dezentralisierung den **Kundenpräferenzen** besser entsprechen zu können, eine wesentliche Ursache für die Verlagerung von Produktionspotentialen: Die Fabriken folgen dem Absatz (Behrens 1995, S. 74). Kundenpräferenzen generieren einen Adaptionsbedarf einzelner Produkte bzw. ganzer Produktionsprozesse an die jeweiligen Marktbedingungen. Sofern spezielle Kundenwünsche bei der Produktion berücksichtigt werden müssen und nach Fertigung und Auslieferung des Produkts ein weiterer Service notwendig ist, erscheint die Produktion vor Ort vorteilhaft, in einigen Fällen sogar unumgänglich. Die im Rahmen der Globalisierungsdiskussion häufig unterstellte weltweite Angleichung der Nachfragepräferenzen und technischen Standards schwächt allerdings die Notwendigkeit einer Dezentralisierung ab.

Auch die **Sicherung der Marktstellung** kann Ursache für eine Dezentralisierung der Produktionspotentiale sein. Nur wenn unter den gleichen Rahmenbedingungen gearbeitet wird wie die Konkurrenz, läßt sich eine Marktstellung auf Dauer sichern (Grünewald 1979, S. 72; Juhl 1981, S. 679; Ajami/Ricks 1981, S. 32). S.a. UNCTAD „World Investment Report 1997": „Marktzugang ist wichtiger als Lohnkosten". In diesem Zusammenhang sind auch die **Brückenkopf-Investitionen** zur Eroberung neuer Märkte zu sehen. Diese Investitionen bilden darüber hinaus die Grundlage für oligopolistische Reaktionen der (Stammland-) Konkurrenten – das **oligopolistische Parallelverhalten** – da diese zur Erhaltung der Wettbewerbsposition gleichfalls internationalisieren (müssen). Damit eng verbunden sind die sogenannten **Kielwasser- oder Follow-up-Investitionen**, also Direktinvestitionen, mit denen Unternehmen ihren Abnehmern ins Ausland folgen (um beispielsweise „Just-in-Time'-Anforderungen der Abnehmer zu genügen) bzw. die durchgeführt werden, um an der ‚scientific community' des Gastlandes zu partizipieren (Juhl 1980, S. 308; Ferdows 1989, S. 7).

Produktprogramm:

Ein weiterer Bestimmungsfaktor der Produktionsverlagerung, ist das Produktprogramm der jeweiligen Unternehmung. So ist eine Produktion am Ort der Nachfrage insbesondere bei **transportkostenempfindlichen Produkten** häufig unumgänglich. Sind die Transportkosten im Vergleich zu dem Gesamtwert pro Stück hoch, so ist in Abhängigkeit von der Gewinnspanne und Konkurrenzintensität eine Produktionsverlagerung sinnvoll.

Da auch die **Neuartigkeit des Produkts** in technologischer und funktionaler Hinsicht, d.h. der Lebenszyklus Einfluß auf die Struktur des Produktionssystems ausüben kann, ist tendenziell davon auszugehen, daß mit der Neuartigkeit eines Produkts die Notwendigkeit zur Zusammenarbeit mit der F+E-Abteilung positiv korreliert ist. Aufgrund des empirisch zu beobachtenden hohen Zentralisierungsgrades der F+E wird sich dann auch eine Zentralisierung der Produktion ergeben (Pausenberger 1992, Sp. 1064).

3.2 Die Verlagerung einzelner Produktionsstufen

Bis dato wurden jene Ursachen aufgezeigt, die zur Verlagerung kompletter Produktionsprozesse führen. Nunmehr werden jene Einflußgrößen diskutiert, die eine **partielle Verlagerung der Produktionsprozesse** – trotz des dabei steigenden logistischen Aufwands – vorteilhaft erscheinen lassen. Es sollte dabei nicht verkannt werden, daß dieser Teilschritt auch der Beginn einer voll-integrierten Produktion in dem betreffenden Land sein kann.

Zemtralisierung des Produktionsprozesse an einem Ort impliziert, daß der gesamte Prozeß der speziellen Faktorausprägung des jeweiligen Standortes unterliegt. Da jedoch die einzelnen Produktionsstufen unterschiedliche Arbeits- bzw. Kapitalintensitäten aufweisen, ergibt sich zwingend, daß einige Produktionsschritte – und damit der gesamte Produktionsprozeß – nicht kostenoptimal durchgeführt werden (Simon 1980, S. 1108; Kogut 1985, S. 18). Dieser Nachteil kann durch die Verlagerung einzelner Produktionsstufen überwunden, ja zu einem Vorteil werden, da differenziert Standortvorteile realisiert werden können. Dazu müssen in dem international verflochtenen Netz von Vor-, Zwischen- und Endproduktströmen die einzelnen Produktionsstufen gemäß ihren Bedürfnissen und Eigenschaften in jenem Ort plaziert werden, in dem – unter Berücksichtigung der Logistik- und Transferkosten – die jeweils kostenoptimale bzw. günstigste Produktionsmöglichkeit besteht.

Teilt man den Produktionsprozesses ‚in der Mitte', lassen sich ‚upstream' (manufacturing complex components) und ‚downstream-' (further processing and assembly) Aktivitäten unterscheiden (Kim 1986, S. 62). Die ‚downstream'-Aktivitäten sind im allgemeinen relativ arbeitsintensiv und weisen eine nur geringe Kapitalintensität auf, während die ‚upstream'-Operationen eine relativ hohe Kapital- und eine geringe Arbeitsintensität haben. Idealtypischerweise sollten die arbeitsintensiven Produktionsprozesse in Niedriglohnländer verlagert und die kapitalintensiven Prozesse in Länder mit komparativen Vorteilen auf technologischem Gebiet plaziert werden (Kogut 1985, S. 18 und Grunwald/Flamm 1985, S. 11). Das primäre Bestimmungskriterium für das Ausmaß und die Richtung einer Verlagerung ist somit die Ausnutzung von Faktorkostendifferenzen zwischen den einzelnen Standorten.

Wesentlich für die internationale Dislozierung des Produktionssystems ist, daß für jede einzelne Produktionsstufe das gesamte Spektrum alternativer Produktionskonzepte gewählt werden kann, so daß die Möglichkeit besteht, durch die Konzeption ausgewählter Produktionsstufen in Form einer Weltmarktfabrik, spezifische standortgebundene Faktorvorteile auszunutzen und gleichzeitig scale-economies zu realisieren (Casson 1990, S. 149). Zu beachten ist daher, daß im Falle von Zwischenprodukten diese standardisiert sein sollten, um in möglichst vielen Endprodukten Verwendung finden zu können. Hinsichtlich des Zentralisierungsgrades der einzelnen Produktionsstufen kann aus diesem Grund auf die Argumentation bei voll-integrierten Produktionsprozessen verwiesen werden.

3.2.1 Die Übertragung des Produktionsprozesses

Mit der Verlagerung eines Produktionsprozesses ist auch die Problematik des Technologietransfers, d.h. der Übertragung von Know-how für Produktionsprozesse verbunden. Dabei kann ein Verfahrenswechsel notwendig werden, damit diese Produktionsprozesse den Gastlandspezifika entsprechen, bzw. da aufgrund divergierender Faktorausstattungen eine unveränderte Implementierung unmöglich ist (Pausenberger u.a. 1982, S. 1047; Pausenberger 1981, S. 21ff., sowie Warnecke 1975, S. 1). Es handelt sich somit um die Wahl zwischen funktionsgleichen aber kostenverschiedenen Produktionsverfahren. Bei der Verlagerung eines Produktionsprozesses vom Stamm- in ein Gastland können prinzipiell zwei Vorgehensweisen gewählt werden:

- Technologieanpassung (geänderte Technologie/Fertigungsverfahren)
- Faktoranpassung (identische Technologie/Fertigungsverfahren)

Zum einen kann eine bereits im Stammland benutzte Technologie unverändert in das Gastland übernommen und die Produktionsfaktoren diesem Verfahren gemäß ausgewählt werden (Faktoranpassung). Handelt es sich um substitutionale Produktionsfunktionen, kann durch eine Faktoranpassung relativ einfach eine neue Minimalkostenkombination erreicht werden. Liegen jedoch limitationale Produktionsfunktionen vor, kann nur durch eine Änderung des Produktionsverfahrens die Vorteilhaftigkeit einer Verlagerung realisiert werden (Technologieanpassung). Ist nämlich keine Komplementarität zwischen den Technologieerfordernissen des im Ursprungsland benutzten Produktionsverfahrens und den Faktorverfügbarkeiten des Gastlandes gegeben oder kann durch eine Verfahrensänderung ein (kosten-)günstigerer Faktor genutzt werden, so muß das Produktionsverfahren (d.h. die Technologie) den Umweltausprägungen entsprechend geändert werden. Mit anderen Worten: Die Technologieanpassung stellt einen Übergang zu einem anderen Produktionsverfahren und damit zu einer anderen Produktionsfunktion dar.

Bei der Technologieanpassung lassen sich zwei Grundformen unterscheiden: Die **dimensionale Anpassung,** bei der eine Kapazitätserweiterung bei im Prinzip gleichen Verfahren vorgenommen wird, und die (bedeutsamere) **qualitative Anpassung**. Bei letzterer erfolgt eine Änderung der Faktoreinsatzkombination, d.h. zur Herstellung eines identischen Produkts werden unterschiedliche (arbeits- oder kapitalintensive) Verfahren angewandt. Drei Grundtypen von Produktionstechnologien können unterschieden werden:

- **traditionelle Verfahren** (arbeitsintensiv, geringer Ausbildungsstand der Beschäftigten, niedrige Produktivität),
- **mittlere/angepaßte Verfahren** (Höherentwicklung traditioneller und/oder Rückentwicklung moderner Verfahren bzw. durch Neuentwicklung) und
- **moderne Verfahren** (kapital- und ausbildungsintensiv, hohe Produktivität).

Bei der Produktion komplizierter Erzeugnisse ist die Möglichkeit eines Verfahrenswechsels weitestgehend ausgeschlossen, eine Anpassung an die lokalen Produktionsfaktoren ist somit nicht möglich. So werden trotz des immer geringer werdenden Anteils der direkten Arbeitskosten an den Gesamtkosten moderner Produktionsverfahren diese in Länder mit komparativen Lohnkostenvorteilen verlagert.

3.2.2 Bestimmungsgrößen der internationalen Verteilung verbundener Produktionssysteme

Die Entscheidung zur Verlagerung einzelner Produktionsstufen basiert primär auf der Verfügbarkeit bzw. den internationalen Kostendifferenzen der Produktionsfaktoren und weniger auf absatzmarktorientierten Motiven (Juhl 1981, S. 672; Siebert 1988, S. 2), wie dies bei der Verlagerung voll-integrierter Produktionsprozesse der Fall ist. Die **Faktorverfügbarkeit** als Bestimmungsgröße einer internationalen Verlagerung findet sich zumeist bei Direktinvestitionen im primären Sektor, während die **Faktorkostendifferenzen** wesentliche Bestimmungsgrößen der internationalen Verbundproduktion im produzierenden Sektor sind (Kogut 1985, S. 15). Das Ausmaß, in dem derartige Differenzen durch eine partielle Verlagerung realisiert werden können, ist von der Lohn-, Material- oder Anlagenintensität der einzelnen Produktionsstufen abhängig. Aus diesem Grund sind die bestimmenden, inputorientierten Determinanten einer partiellen Produktionsverlagerung – objektbezogene und dispositive Arbeit, sowie Werkstoffe und Betriebsmittel einzeln zu betrachten. Dabei darf nicht verkannt werden, daß limitationale Technologien eine solche isolierte Betrachtung im strengen Sinne nicht zulassen (Simon 1980, S. 1111).

Objektbezogene Arbeit:

Insbesondere das internationale Lohnkostengefälle ist häufig das auslösende Moment einer Verlagerung arbeitsintensiver Produktionsprozesse und -schritte – sofern ein Mindestmaß an Qualität und Präzision gesichert ist (Casson 1990, S. 147). Die lohnkosteninduzierten Verlagerungen von Produktionspotentialen bezeichnet Adám in einer historischen Betrachtung als „dritte Welle" von Direktinvestitionen. Die erste war durch die Nutzung natürlicher Ressourcen, die zweite durch Importsubstitution gekennzeichnet (Adám 1972, S. 349 u. 1974, S. 350; Leff 1974, S. 71). Durch fertigungstechnische Automatisierung lassen sich allerdings Flexibilitätsvorteile erzielen, die die Kostenvorteile einer Standortverlagerung in Niedriglohnländer ausgleichen oder überkompensieren können, so daß die Nichtverlagerung bzw. die Rückverlagerung der Produktion in die Ursprungsländer sinnvoll sein kann. Ungeachtet dieses Arguments ist die singuläre Betrachtung der absoluten Lohnkosten, (Bierich 1988, S. 836; James 1990, S. 82) incl. Personalzusatzkosten, Fehlzeiten, etc. jedoch nicht möglich, da das Lohnkostengefälle durch Produktivitätsunterschiede eine Relativierung erfährt. „Roughly 40% of any manufacturing-based competitive advantage derives from longterm changes in manufacturing structure (decision, for example, concerning the number, size, location, and capacity of facilities) and basic approaches in materials and work force management. Another 40% comes from mayor changes in equipment and process technology. The final 20% – no more – rests on conventional approaches to productivity improvement" (Skinner 1986, S. 56). Ursachen dieser Produktivitätsunterschiede sind neben dem Technologieniveau vor allem die Qualität der objektbezogenen Arbeit und des dispositiven Faktors. Darüber hinaus müssen das sozialpolitische Klima, die Arbeitsethik sowie die Effizienz der Transport- und Kommunikationsinfrastruktur betrachtet werden (Mefford 1986, S. 68).

Ein erster Schritt zur Objektivierung der Kausalitätsbeziehung zwischen niedrigen Lohnkosten und der Verlagerung von Produktionsprozessen besteht daher in der Betrachtung von Lohnstückkosten. Hier kann sich der Vorteil niedriger

Stundenlöhne in den Niedriglohnländer in einen Nachteil umkehren. Durch die Implementierung moderner Fertigungsverfahren und Methoden – insbesondere bei Neuinvestitionen – kann aber auch in Niedriglohnländern aufgrund der Mobilität und damit hohen Verfügbarkeit von Kapital eine vergleichbare Produktionstechnologie und damit vergleichbar hohe Produktivität erreicht werden (Bierich 1988, S. 830 und Mefford 1986, S. 80). Damit entscheiden bei gleichem Automatisierungsgrad aber wieder die Lohnkosten, so daß nur im Falle außerordentlich geringer Personal- oder Materialkosten weniger moderne Anlagen in Niedriglohnländern rentabler sind. Es besteht allerdings die Gefahr, daß „hightech plants that are unproperly organised and up adding about as many indirect technical and service workers as they remove unskilled direct workers from manual assembly tasks" (Done 1990, S. 18), so daß die Rentabilität nicht mehr gegeben sein muß.

Exemplarisch für inputinduzierte Produktionsverlagerungen ist die mexikanische „border industry" an der Grenze zu den USA. Amerikanische Unternehmungen haben seit ca. 1965 in sogenannte „maquiladoras" arbeitsintensive Fertigungen bzw. Fertigungsstufen ausgelagert. Das lohnveredelte Produkt wird reimportiert, ein lokaler Verkauf ist nur in Ausnahmefällen beabsichtigt, z.T. nicht einmal zulässig (Minogue 1989, S. 14; Yip 1989, S. 33). Probleme ergeben sich im Rahmen dieses Konzepts insbesondere aus einer sehr hohen Fluktuationsrate der Arbeitskräfte (bis zu 15% im Monat) und die dadurch entsprechend niedrige Arbeitseffizienz. Aber auch die unzulängliche bzw. überlastete Infrastruktur relativiert die Vorteile der Verlagerung und macht bspw. eine Just-In-Time-Belieferung unmöglich. Ihre besondere Bedeutung erlangen die „maquiladoras" dadurch, daß das amerikanische Zoll- und Steuerrecht (Grunwald/Flamm 1985, S. 13ff.; Lall 1978, S. 210/211) dieses Produktionskonzept begünstigt. Weitere Beispiele für die staatlich unterstützte Nutzung von Faktorkostendifferenzen sind die in vielen Entwicklungs- und Schwellenländern vorhandenen „Export-Processing-Zones" (Grunwald/Echavaria 1985, S. 206ff.; Grunwald/Delatour/Voltaire 1985, S. 78ff.) Diese werden eingerichtet für „ventures engaged in the manufacturing processing and assembly of export products from imported raw materials and components" (Adám 1974, S. 354). Empirische Betrachtungen zeigen jedoch das insgesamt geringe Ausmaß dieser auf kostenorientierten Motiven basierenden Direktinvestition (Simon 1980, S. 1107; Juhl 1981, S. 672). Zu den Anreizen müssen auch Subventionen gezählt werden, die von Gastlandregierungen gewährt werden. Im allg. sind diese Anreize von untergeordneter Bedeutung, da Subventionen zur Ansiedlung nur von kurz- bis mittelfristiger Wirkung sind und fundamentale Standortnachteile nicht auszugleichen vermögen.

Dispositiver Faktor:

Gegenüber der objektbezogenen Arbeit ist die Bedeutung des dispositiven Faktors für die Verlagerung einer Produktionsstufe dadurch gekennzeichnet, daß mit steigender Managementintensität des Produktionsprozesses die Vorteilhaftigkeit einer Verlagerung sinkt. Dies ist unter anderem darauf zurückzuführen, daß diese Leistungen nicht standardisierbar und daher nicht einfach zu transferieren sind. Die Lohnkostenvorteile der direkten Mitarbeiter können durch überproportional hohe Kosten der indirekten Mitarbeiter (zum Teil) aufgezehrt werden. (Bierich 1988, S. 838). Es muß allerdings beachtet werden, daß der dispositive Faktor den Einsatz der Produktionsfaktoren bestimmt und damit die Effizienz

9. Kap.: Internationale Produktion 441

der Nutzung festlegt; (Mefford 1986, S. 64) qualitative Inkompetenz kann nicht durch quantitativen Mehreinsatz kompensiert werden.

Werkstoffe und Betriebsmittel:
Bei den Produktionsfaktoren Werkstoffe und Betriebsmittel muß bei einem internationalen Kostenvergleich von den Bezugskosten ausgegangen werden. Darüber hinaus sind die Lieferfristen und die Lieferzuverlässigkeit sowie der technische Standard und die Qualität der benötigten Materialien zu berücksichtigen.

3.2.3 Der optimale Produktionsstandort

Führt man die Ausführungen zu den Alternativen der Übertragung eines Produktionsprozesses und den Bestimmungsgrößen des Zentralisierungsgrades zusammen, so lassen sich Aussagen über das optimale Gastland, d.h. den optimalen Produktionsstandort ableiten. **Kostenoptimal ist jener Standort, an dem die gesamten Stückkosten, die sich aus Faktor- und Anpassungskosten zusammen setzen, minimal sind.** Werden für eine gegebene Technologie die Stückkosten für das betreffende Produkt für alle potentiellen Standorte ermittelt, so kann im direkten Vergleich der kostengünstigste Standort bestimmt werden. Zur Verdeutlichung des Zusammenhangs zwischen Faktor- und Anpassungskosten dient Abb. 9.11.

Es wird ersichtlich, daß sich die Gesamtkosten aus den unterschiedlichen Verläufen der Anpassungs- und Faktorkosten (exemplarisch die Lohnkosten) ergeben. Es wird von folgenden Annahmen ausgegangen: Die Kosten der Verfahrensanpassung steigen überproportional mit dem Faktoranpassungsbedarf, wo-

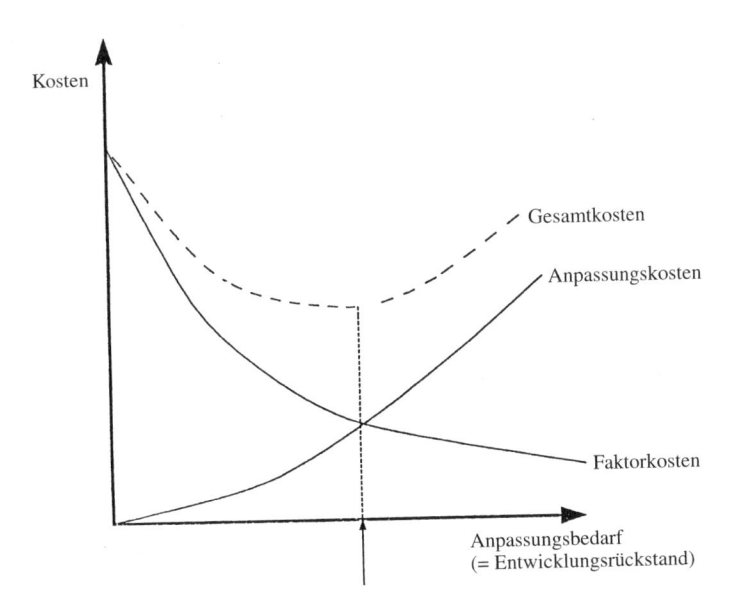

Abb. 9.11: Verhältnis von Faktor- und Anpassungskosten

bei der Anpassungsbedarf durch den Entwicklungsrückstand des betrachteten Landes determiniert wird. Gleichzeitig sinken mit zunehmendem Entwicklungsrückstand des betrachteten Landes die Faktorkosten (vor allem der Lohnsatz), während die durchschnittliche Arbeitsintensität steigt. „Das Verhältnis von Lohnsatzrückgang und Anpassungskostenanstieg muß größer als die Arbeitsproduktivität sein, damit eine Auslandsproduktion vorteilhaft ist." (Simon 1980, S. 1114). Dieser Zusammenhang kann durch eine statische Beispielrechnung vereinfacht dargestellt werden:

Im Stammland betrage der Lohnsatz l 10,– DM/h, der Arbeitskoeffizient a sei 0,5 h/Stück und entsprechend die Arbeitsproduktivität (als Inversion des Arbeitskoeffizienten) 2 Stück/h. Die Stückkosten berechnen sich wie folgt:

$$C = l \times a = 10,- \text{ DM/h} \times 0{,}5 \text{ h/Stück} = 5,- \text{ DM/Stück}$$

Bei einer Auslandsproduktion (mittels des gleichen Verfahrens) fallen zusätzlich Anpassungskosten c_A in Höhe von 2 DM/Stück an. Der Arbeitskoeffizient steige im Gastland auf 1,5 (h/Stück), entsprechend sinkt die Produktivität auf 2/3 Stück/h. Sinkt der Lohnsatz l auf 3,– DM/h, so dürfen die Anpassungskosten nicht stärker als um 0,5 DM/Stück steigen. Ansonsten würde die Auslandsproduktion unvorteilhaft. Die Stückkosten berechnen sich für diesen Fall wie folgt:

$$C = l \times a + c_A = 3,- \text{ DM/h} \times 1{,}5 \text{ h/Stück} + 2 \text{ DM/Stück} = 6{,}5 \text{ DM/Stück}$$

Zusammenfassend kann festgehalten werden, daß die Auslandsproduktion ihre Vorteilhaftigkeit verliert, wenn die Anpassungskosten stärker steigen als die Lohnkosten sinken. Sie wird daher umso eher präferiert, je arbeitsintensiver die Herstellung ist, je stärker der Lohnsatz mit dem Entwicklungstand abfällt und je geringer die Anpassungskosten sind.

Die Bestimmung des kostenoptimalen Standortes bei der zweiten Option zur Übertragung der Produktionsprozesse – Technologieanpassung – erfolgt ähnlich. Allerdings wird in diesem Fall nicht für ein gegebenes Produktionsverfahren der kostengünstigste Standort, sondern für einen Standort wird das (kosten-)**optimale Produktionsverfahren** ermittelt. Es wird die Frage beantwortet, welches Produktionsverfahren und damit welcher Automatisierungsgrad (traditionelle, moderne, mittlere Technologie) in dem jeweiligen Land gewählt werden sollte, um die komparativen Faktorkostenvorteile optimal ausnutzen zu können. Durch den Resultatevergleich dieser Rechnungen für mehrere potentielle Standorte läßt sich gleichfalls ein kostenoptimaler Standort für jede einzelne Fertigungsstufe ermitteln. Die Gegenüberstellung der Stückkosten für alle Standorte und für beide Vorgehensweisen ermöglicht es, den Standort mit dem absolut kostengünstigsten Verfahren zu ermitteln.

3.3 Grundzüge einer Theorie der internationalen Produktion

Wurden in den vorangegangenen Abschnitten empirische Bestimmungsgrößen der Verlagerung von Produktionspotentialen erörtert, so bleibt die Frage nach der theoretischen Erklärung der Internationalisierung der Produktion. Die theoretische Beschäftigung mit dem Phänomen der internationalen Unternehmung und damit der internationalen Produktion, ist in der deutschsprachigen Literatur durch die traditionelle Dichotomie von Betriebs- und Volkswirtschaftslehre gekennzeichnet. In der angelsächsischen Literatur findet sich demgegenüber eine umfassendere Betrachtungsperspektive, in der eine solche konzeptionelle Trennung nicht vorgenommen wird. (Zur theoretischen Auseinandersetzung mit dem Phänomen der Internationalisierung vgl. Meissner 1984, S. 136; Pausenberger 1989, S. 393 und Macharzina 1981, S. 33ff).

3.3.1 Bedeutung der Außenwirtschaftstheorie für die internationale Produktion

Die Außenwirtschaftstheorie, die bekanntermaßen Ursache-Wirkungs-Zusammenhänge zur Erklärung von Außen**handels**beziehungen aufzeichnet, spaltet sich in einen realen und einen monetären Teil (Rose 1989. Zur Darstellung der reinen Theorie vgl. Borchert 1987, S. 21ff.). Im Mittelpunkt der **monetären Außenwirtschaftstheorie** steht die Erklärung von Veränderungen der Zahlungsbilanz aufgrund des Marktmechanismus oder aber durch bewußte Eingriffe wirtschaftspolitischer Instanzen. Die **reale Außenwirtschaftstheorie** abstrahiert vom Geld und versucht die realwirtschaftlichen Zusammenhänge des Außenhandels zu erfassen. Ausgehend von Divergenzen in den relativen Preisen wird die optimale Allokation der Ressourcen erklärt. Das Erklärungsziel umfaßt daher die Frage nach den Bestimmungsgründen des Außenhandels, den Bestimmungsgründen des realen Austauschverhältnisses zwischen ex- und importierten Gütern und den Wohlfahrtseffekten des Freihandels.

Für die Internationale Produktion ist vor allem die Frage nach den Bestimmungsgründen des Außenhandels bedeutsam. Die primäre Bestimmungsgröße für die Aufnahme von Außenhandelsbeziehungen ist die **Nichtverfügbarkeit von Gütern** in einem Land. Das betreffende Land wird jene Güter importieren, für die zwar eine Nachfrage besteht, die es aber aufgrund der Nichtverfügbarkeit nicht produzieren kann. Diese Bestimmungsgröße erklärt den Handel mit funktionsungleichen Gütern. Der Handel mit funktionsgleichen Gütern läßt sich durch **Produktdifferenzierungen** erklären, die dazu führen, daß die Käufer Präferenzen gegenüber bestimmten Gütern entwickeln und diese daher bevorzugt erwerben (unvollkommene Märkte). Darüber hinaus kann es auch zu einer Situation kommen, in der ein grenzüberschreitender Handel stattfindet, obgleich es sich um **objektiv gleiche Produkte** handelt. In diesen Fällen sind **Preisdifferenzen** für die Aufnahme der Außenhandelsbeziehungen verantwortlich.

Die theoretischen Grundlagen der Erklärung des Außenhandels aufgrund von Preisdifferenzen finden sich bereits in der Theorie der absoluten Kosten von Adam Smith. Da ein Land einen absoluten Vorteil bei einem, oder aber auch bei allen Gütern besitzen kann, kommt es auf den komparativen Vorteil an, auf welches Gut sich ein Land spezialisieren wird. Diese Erweiterung durch David Ricardo zur Theorie der komparativen Kostenvorteile ist verschiedentlich ergänzt worden (zur Dynamisierung komparativer Vorteile vgl. Aggarwal/Ajimon 1990, S. 170):

- In der originären Form der Theorie der komparativen Kosten ist die **unterschiedliche Produktivität bei identischer Faktorausstattung** Ursache für den Außenhandel. Divergierenden Produktivitäten führen zu Divergenzen in den relativen Preisen, die wiederum komparative Kostenunterschiede widerspiegeln. Es handelt sich dabei um eine globale Faktorproduktivität, d.h. um das Verhältnis zwischen dem Produktionsergebnis und dem Einsatz aller Faktoren (Rose 1989, S. 311). Ein Land kann bei gleichem Einsatz einer Faktormenge von einem Gut mehr fertigen als ein anderes Land.

● Neben den Produktivitätsunterschieden können auch **unterschiedliche Faktorausstattungen** den Außenhandel initiieren. Diese, im Bezug zur Theorie der komparativen Kosten reziproke ceteris-paribus-Analyse, wird als Heckscher-Ohlin-Modell oder Faktorproportionen-Theorem bezeichnet. In diesem Modell sind zwei Länder in unterschiedlichem Maße mit Produktionsfaktoren ausgestattet. Die Produktionsfunktionen sind identisch, die Faktorproportionen jedoch unterschiedlich. Aus dieser Konstellation folgt, daß in jedem einzelnen Land der relativ reichhaltig vorhandene Faktor einen niedrigen Preis besitzt. Das Land wird sich daher auf die Produktion jenes Gutes spezialisieren, zu dessen Herstellung primär der kostengünstige Faktor Verwendung findet.

Von den Prämissen der realen Außenwirtschaftstheorie ausgehend – internationale Faktorimmobilität, vollständige Konkurrenz, Abstraktion von Zöllen und Transportkosten, Technologie als freies Gut – (Baldwin 1979, S. 40; Dunning 1980, S. 10; Helleiner/Lavergne 1979, S. 297), besteht für Unternehmungen kein Anlaß, ja keine Möglichkeit, ihre Faktorpotentiale international zu verteilen, da der freie Güterhandel bereits zu einer optimalen Ressourcenallokation führt. Diese Optimalsituation wird ausschließlich durch Im- und Exporte erreicht; eine Verlagerung von Produktionspotentialen ist nicht notwendig. Die Außenwirtschaftstheorie vermag es somit nicht, eine Erklärung für internationalisierte Faktorpotentiale zu geben; mit anderen Worten: „(I)n the classical model of static comparative advantage, there is no room for the ME at all" (Dunning 1973, S. 305. (ME = Multinational Enterprise).

Trotzdem wird diese Theorie häufig zur Erklärung der internationalen Produktion verwendet, indem die Prämisse immobiler Produktionsfaktoren verworfen wird (Grunwald/Flamm 1985, S. VII). Es treten allerdings Probleme bei der Integration dieser Überlegungen in den Modellansatz von Heckscher-Ohlin auf, da diese von identischen Produktionsfunktionen in den betrachteten Ländern ausgehen. Ein Verfahrenswechsel, der notwendig sein kann, um die Vorteile kostengünstiger Produktionsfaktoren zu realisieren, ist jedoch im allgemeinen mit einem Wechsel der Produktionsfunktion verbunden. Unproblematisch ist hingegen die Erklärung des Verfahrenswechsels bei den Modellprämissen von Ricardo, da die Vorteilhaftigkeit der Produktion im Ausland ja gerade auf einer variablen Produktionsfunktion beruht. Geringere Faktorkosten besitzen in diesem Modell jedoch keine Bedeutung.

In einer Erweiterung ist jedoch auch denkbar, daß es zu einer Erhöhung der Produktivität – dem Erklärungstatbestand bei Ricardo – bei identischen Verfahren kommt, indem man von einer intensitätsmässigen Anpassung der Produktionsfaktoren ausgeht. In Abb. 9.12 sind diese Sachverhalte und Ansätze kombiniert dargestellt. Variante (3) stellt die Nutzung geringer Faktorkosten bei einem geänderten Produktionsverfahren dar, so daß der Anteil des (kosten-)günstigen Faktors ansteigt und die Stückkosten entsprechend stark sinken.

Für die Erklärung internationaler Unternehmungen ist die Heckscher-Ohlin-Theorie – mit den Worten von Casson – eine *„blind alley"* (Casson 1990, S. 145). Die Möglichkeiten der Faktorsubstitution werden überbetont und der Einfluß anderer Standortfaktoren gleichzeitig vernachlässigt. Ferner ist diese Theorie auf

	T	l	k
(1) Heckscher-Ohlin	konstant	sinkt	sinken
(2) Ricardo	variabel*)	konstant	sinken
(3) Kombination	variabel*)	sinkt	sinken stark

Legende:
T = Technologie, l = Lohnsatz, k = Stückkosten,

*) verbunden mit einer steigenden Produktivität.

Abb. 9.12: Außenwirtschaftstheorien im Überblick

die Erklärung der Produktspezialisierung zwischen Branchen und nicht innerhalb einer Branche ausgerichtet, und die Fixierung auf Technologie und technologischen Fortschritt ist zu eng.

Die Außenwirtschaftstheorie kann somit in ihrer traditionellen Form, die Existenz internationaler Unternehmungen und damit der internationalen Produktion nur durch die Aufhebung einiger Prämissen und/oder der Einbeziehung zusätzlicher Annahmen erklären (Rugman 1980b, S. 25; Dunning 1979, S. 272/273). Dazu zählt die Berücksichtigung künstlicher (tarifärer und nicht-tarifärer Handelshemmnisse) und natürlicher Marktunvollkommenheiten. Internationale Unternehmungen sind dann „*vehicles which bypass bottlenecks to the international transfer and exchange of goods, materials and people*" (Rugman/Lecraw/ Booth 1987, S. 98; Rugman 1980a, S. 75). Diese ‚bottlenecks', d.h. Marktunvollkommenheiten sind ursächlich für die Existenz internationaler Unternehmungen. Ihren theoretischen Niederschlag finden sie in den zuerst im angelsächsischen Raum entwickelten Erklärungsansätzen der internationalen Unternehmung.

3.3.2 Die Theorien der internationalen Unternehmung im Überblick

Ein erster Schritt, das Erklärungsdefizit der traditionellen Theorie des internationalen Handels zu überwinden und zu einer Theorie der internationalen Unternehmung zu gelangen, stellen die Theorien der (ausländischen) Direktinvestition dar (Broll/Gilroy 1989, S. 22, 32 und 120). Bis zum Beginn der 60'er Jahre wurden Direktinvestitionen als internationale Kapitalbewegung angesehen und – in der einfachsten Form der Zinssatztheorie – durch die unterschiedlichen Zinssätze in den einzelnen Ländern erklärt: Der Produktionsfaktor Kapital wird aus Ländern mit einer niedrigen Realverzinsung in Hochzinsländer verlagert. Diese Betrachtungsperspektive gilt mittlerweile als überholt, da bei Direktinvestitionen nämlich – im Gegensatz zu Portfolioinvestitionen – das Kapital unter der (direkten) Kontrolle der Unternehmungen bleibt, was zur Folge hat, daß die Zielsetzung nicht ausschließlich auf die Maximierung der Kapitalverzinsung fixiert ist. Ausschlaggebend ist vielmehr die relative Profitabilität der verschiedenen Ressourcen in den einzelnen Ländern (Dunning 1973, S. 299; Braun 1988, S. 40).

Als Reflex auf die Erklärungsdefizite der Außenwirtschaftstheorie und der Theorie der internationalen Kapitalströme, insbesondere im Hinblick auf die gegenläufigen Kapitalbewegungen zwischen Ländern mit vergleichbaren Faktorproportionen und Ausstattungen, sowie den **unternehmensinternen Handel** mit Zwischenprodukten (Dunning 1988a, S. 2), sind Theorien der internationalen Unternehmung entwickelt worden. Diese Theorien umfassen volkswirtschaftliche **und** betriebswirtschaftliche Überlegungen. So muß nach Dunning eine Theorie der internationalen Unternehmung die um den unternehmensinternen Handel und die Annahme mobiler Produktionsfaktoren erweiterten Theorien der Faktorausstattung (Außenhandelstheorien) und Theorien, die sich mit dem Marktversagen auseinandersetzen umfassen (Dunning 1988a, S. 11). Letztere sind von Bedeutung, um nicht nur den Standort einer Direktinvestition zu erklären, sondern auch um die Frage zu beantworten, wieso dies unternehmensintern geschieht.

Aus der Vielzahl der seit dieser Zeit entwickelten Theorien sind im folgenden jene skizziert, die im Hinblick auf die internationale Produktion erklärungsrelevant sind (Kappich 1989, S. 24-44).

Die auf Hymer zurückgehende **monopolistische Vorteilstheorie** basiert auf der Kernthese, daß internationalisierungsfähige Unternehmungen spezifische Eigenschaften besitzen, die es ihnen ermöglichen, in einer fremden Umwelt gegenüber den lokalen Konkurrenten bestehen zu können (Hymer 1976). Aufgrund dieser ‚**monopolistic-advantages'** sind internationale Unternehmungen in der Lage, politische und ökonomische Risiken und die aus der geographischen Dispersion einzelner Unternehmensteile entstehenden überproportionalen Kommunikations- und Koordinationskosten sowie die Informationsmängel im Hinblick auf die Umweltbedingungen im Gastland zu kompensieren (Buckley 1975, S. 2). **Firmenspezifisch-monopolistische Vorteile** können aber auch aus **Besitzrechten** resultieren (wie z.B. firmenspezifische Technologie), die auf der **Minimierung von Transaktionskosten** basieren (Hierarchie-Vorteile) (Rugman/Lecraw/Booth 1986, S. 102). Letztere umfassen die aus der Konzernstruktur der internationalen Unternehmung resultierenden Größen- und Gestaltungsvorteile (Dunning 1988, S. 27) und jene Vorteile, die dadurch entstehen, daß die betreffenden Unternehmungen die Möglichkeit der Koordination und Optimierung weltweit gestreuter Potentiale nutzen können.

Zwar erlaubt die monopolistische Vorteilstheorie prinzipiell die Identifikation und Selektion jener Unternehmungen, die zu einer Internationalisierung fähig sind, jedoch kann nicht erklärt werden, zu welchem Zeitpunkt dies geschieht, wohin verlagert wird, welche Form der Direktinvestition gewählt wird und vor allem, wieso nur Teile des Produktionsprozesses verlagert werden. Als weitere Kritik an der Theorie des monopolistischen Vorteils wird häufig angeführt, daß internationale Unternehmungen nicht nur im Ausland investieren, um Vorteile auszunutzen, sondern auch um Vorteile zu generieren, z.B. zur Sicherung von Faktormärkten (Stein 1991, S. 59). Ferner werden in dieser Theorie keine Anpassungskosten berücksichtigt (Pausenberger 1982, S. 334), die Argumentation erscheint nur für den Zeitpunkt der erstmaligen Auslandsproduktion gültig (Buckley 1981, S. 70f.), es bleibt unklar wieso eine Auslandsproduktion profitabler ist und ‚cross investments', d.h. parallel verlaufende Investitionen einer Branche in ein Land und aus diesem Land heraus können nicht erklärt werden (Stein 1991, S. 60). Eine Betrachtung der monopolistischen Vorteile verdeutlicht darüber hinaus, daß es sich nicht, wie dies in der Regel unterstellt wird, um Vorteile handelt, die aus einer überlegenen Produktionstechnik resultieren, sondern daß trotz standardisierter Technik die Verlagerung vorgenommen wird.

Aus theoretischer Sicht liegt mit der monopolistischen Vorteilstheorie zwar eine Auflistung der **notwendigen unternehmensinternen Bedingungen** vor, es erfolgt jedoch keine Darstellung der externen Anreize (Motivationen), die als **hinreichende Bedingungen** für eine Theorie der internationalen Verbundproduktion angesehen werden müssen.

Die Theorie der Internalisierung

Die zur Theorie der Internalisierung zählenden Ansätze sind in Anlehnung an die volkswirtschaftliche ‚Theorie der Firma' von Coase (Coase 1937) entstanden. Diese, als Kritik an der neo-klassischen Ökonomie zu verstehende Theorie basiert auf der Erkenntnis, daß es künstliche und natürliche Marktunvollkommenheiten gibt und das es zu Effizienzsteigerungen kommen kann, wenn der (externe) Markt durch eine (interne) Hierarchie ersetzt wird.

Transaktionen finden bei der Übertragung von Gütern und Dienstleistungen statt. Da diese knappe Ressourcen sind, muß die Verteilung und Übertragung von Verfügungsrechten über diese Güter durch Verträge geregelt werden. Bei der Herstellung, Durchführung und Kontrolle der Verträge fallen Informations- und Kommunikationskosten an, die als Transaktionskosten bezeichnet werden. Im einzelnen sind dies Kosten für die Vertragsanbahnung, Vertragsvereinbarung, Überwachung und Durchführung sowie der Vertragsanpassung (Heinen 1991, S. 53). Vor diesem Hintergrund versucht der Transaktionskostenansatz die Frage zu beantworten, wie Tauschbeziehungen zwischen Wirtschaftssubjekten zustande kommen und welche Einflußgrößen die Art und Weise der Abwicklung bestimmen. Als Alternativen kommen in Betracht: Marktbeziehungen, Unternehmenskooperationen, hierarchisch strukturierte Unternehmungen und staatliche Institutionen. Im hier diskutierten Kontext sind die Extreme dieses Katalogs der Markt und die Hierarchie. Wo die Transaktionskosten des administrativen Gefüges (Organisationskosten der Hierarchie) – zu denen die Käufer- bzw. Verkäuferunsicherheit, die Kosten der Qualitätssicherung und die Kosten, die durch unvollständige Information hervorgerufen werden, zählen (Rugman/Lecraw/Booth S. 1986, S. 98) – geringer sind als die des Marktes, liegt ein Anreiz vor, diesen zu internalisieren (Williamson 1981, S. 1543; Rugman 1980, S. 369; Hennart 1982, S. 80ff.; Magee 1977a, S. 318; Buckley 1979, S. 10f.; Buckley 1981, S. 77).

Für die internationale Produktion ist die Internalisierungstheorie von besonderer Bedeutung, da explizit von Märkten für Zwischenprodukte ausgegangen wird, wozu allerdings auch Know-how, Erfahrung und Managementfähigkeiten gezählt werden (Casson u.a. 1986). Eine eigenständige Produktion für materielle Zwischenprodukte wird im Gastland dann aufgebaut, wenn die Transaktionskosten eines marktlichen Leistungsaustauschs höher sind als die Kosten eines internen Austauschs, zu denen vor allem die Organisations- und Kontrollkosten gehören (Braun 1988, S. 167). Zu den Kostenvorteilen, die eine unternehmensinterne Transaktion gegenüber einer externen über Märkte aufweisen kann und für internationale Produktionssysteme von besonderer Relevanz sind, gehören (Braun 1988, S. 174):

- Die Vermeidung der Gefahr opportunistischer Ausbeutung durch den Marktpartner,

- die Vermeidung der Gefahr des vorzeitigen Ausfalls des Marktpartners,
- die Vermeidung bzw. Verminderung von Qualitätskontrollen,
- die Überwindung von mangelndem Know-how bei lokalen Unternehmen.

Mit Hilfe der Internalisierungstheorie kann die Frage beantwortet werden, in welcher Form ein Auslandsengagement durchgeführt werden soll. Keine Erklärungsfähigkeit besitzt diese Theorie indessen dafür, warum die Nachteile einer **Produktion im Ausland** in Kauf genommen werden.

Makroökonomische Erklärungsansätze

Die Frage nach dem ‚Wo' einer Direktinvestition kann durch makroökonomische Determinanten bzw. auf solchen basierenden Erklärungsansätzen beantwortet werden. Exemplarisch dafür sind die Produkt-Lebenszyklus-Überlegungen von Vernon (Vernon 1966), der auf dem oligopolistischen Parallelverhalten basierende Erklärungsansatz von Knickerbocker (Knickerbocker 1973) und Kojima's makroökonomischer Ansatz (Kojima 1975).

Die **Theorie des internationalen Produktzyklus** von Vernon versucht eine generelle Beschreibung des Internationalisierungsprozesses unter Zugrundelegung eines Produktlebenszyklus (Vernon 1966, S. 195-204. In späteren Untersuchungen erweitert und aktualisiert Vernon seinen Ansatz, indem er Überlegungen zur Marktstruktur integriert. Vgl. Vernon 1979, S. 255. Vgl. auch Buckley 1975, S. 20). Aufgrund der sich beim Übergang von der Innovations- zur Wachstumsphase im Produktzyklus ändernden makroökonomischen Rahmenbedingungen wird eine Produktionsverlagerung in Länder mit einer ähnlichen Nachfragestruktur wie der des Stammland vorgenommen. Nähert sich der Produktzyklus der Reifephase, werden die Produktionsstätten verstärkt in Niedriglohnländer verlagert. Im Ergebnis liegt ein Phasenschema vor, das es erlaubt, die Fragen nach dem ‚Warum' und dem ‚Wann' (und partiell dem ‚Wo') einer Direktinvestition zu beantworten. Zwar ist es mit Hilfe der Produkt-Lebenszyklus-Theorie möglich, die Frage nach dem Grund der Internationalisierung zu beantworten, jedoch ist diese Erklärung für international verbundene Produktionssysteme nur von bedingtem Nutzen: „Although the IPC model has descriptive value, many authors have been critical of the explanatory power. A key deficiency relates to model's failure to explain the operational interdependence among affiliates of a multinational firm" (Kotabe/Omura 1989, S. 115). Darüber hinaus ist die Erklärungsfähigkeit dadurch eingeschränkt, daß sich die Zeiten der Innovationsführerschaft zusehends verkürzen und die Kenntnis des Produktzyklus Manager zu Entscheidungen veranlassen kann, die den modellinhärenten Automatismus verändern. Letztlich, und dies ist gleichzeitig das gewichtigste Defizit dieser Theorie: Das Zielsystem der Unternehmung wird nicht integriert. Die Tatsache, daß Unternehmungen Betriebsstätten parallel sowohl in Industrie-, als auch in Entwicklungsländern aufbauen, da unterschiedliche Ziele (günstige Komponentenfertigung einer internationalen Verbundproduktion, generelle Marktpräsenz) verfolgt werden, vermag diese Theorie nicht zu erklären.

Charakteristisch für oligopolistische Märkte ist die Notwendigkeit jedes Anbieters, die Aktionen der Konkurrenten in den eigenen Entscheidungen zu berücksichtigen bzw. zu antizipieren, um die eigene Wettbewerbsposition zu behaupten. In dieser gegenseitigen Beeinflussung der Oligopolisten wird eine Ursache der Internationalisierung gesehen: Die internationalen Aktivitäten eines Anbieters haben einen Nachahmungseffekt bei seinen Konkurrenten zur Folge: „...

oligopolists imitate each other by establishing subsidiaries in each other's markets" (Calvet 1981, S. 47). Mit Hilfe der **Theorie des oligopolistischen Parallelverhaltens** ist es somit möglich, Aussagen zu dem ‚Wer' einer Auslandsproduktion zu machen.

Vor dem Hintergrund des Ausmaßes und der Verbreitung japanischer Direktinvestitionen, entwickelte Kojima seinen **„macroeconomic approach to foreign direct investment"**. Er betont dabei die Unterschiede zwischen japanischen und amerikanischen Auslandsaktivitäten und zeigt die sich aus der jeweiligen Struktur ergebenden Wohlfahrtseffekte. Die Aktivitäten japanischer Unternehmen bezeichnet er als ‚trade-oriented', da die meisten Direktinvestitionen in Sektoren erfolgen, in denen Japan ursprünglich keine komparativen Vorteile besessen oder diese verloren hat (Soldner 1981, S. 88). Diejenigen Unternehmungen internationalisieren, die in ihrem Heimatmarkt einem verstärkten Wettbewerbsdruck ausgesetzt sind, und für die es daher lebensnotwendig ist, ihr Knowhow auf Auslandsmärkten auszunutzen. Die Unternehmungen stehen vor der Entscheidung, die Branche wechseln zu müssen oder aber in der gleichen Branche im Ausland aktiv zu werden.

Bei Kojima steht die Beurteilung bereits existierender Direktinvestitionen im Vordergrund; um jedoch eine Erklärung für die Vornahme von Direktinvestitionen zu ermöglichen, bedarf dieser Ansatz der Ergänzung durch die Ausführungen von Ozawa, der Ausmaß und Anstieg der (japanischen) Direktinvestitionen auf die Entwicklung makroökonomischer Determinanten zurückführt (er erwähnt insbesondere die Knappheit von Ressourcen; vgl. Ozawa 1979, S. 84-86).

Dunning wurde bei der Entwicklung seines **eklektischen Ansatzes** von der Intention geleitet, „(...) to offfer a holistic framework by which it is possible to identify and evaluate the significance of the factors influencing both the initial act of foreign production by enterprises and the growth of such production" (Dunning 1988a, S. 1). Sein Ansatz (Dunning 1973; Dunning 1979, S. 272; zur Kritik, insbesondere dem Vorwurf der Redundanz der monopolistischen Vorteile und deren Untrennbarkeit von den Standortvorteilen vgl. Itaki 1991, S. 450) ist daher eine Zusammenfassung der monopolistischen Vorteilstheorie, der Standorttheorie sowie der Internalisierungstheorie, so daß ein Rahmen für das Phänomen der internationalen Produktion geschaffen wird. Eine Internationalisierung wird entsprechend dann vorgenommen, wenn folgende Bedingungen erfüllt sind (Dunning 1980, S. 9):

- Damit eine Unternehmung im Ausland neben den lokalen Unternehmungen produzieren kann, muß sie ‚**ownership advantages'** besitzen, die die zusätzlichen Kosten kompensieren, die aus dem Agieren in heterogenen Umwelten resultieren.

- Die Realisierung dieser Vorteile ist unternehmensintern vorteilhafter als unternehmensextern **(Internalisierungstheorie)**.

- Es ist günstig, diese Vorteile in Verbindung mit ausländischen Produktionsfaktoren zu realisieren **(makroökonomische Standorttheorie)**. Diese standortspezifischen Variablen (country- oder location-specific-advantages) konkretisieren sich in ökonomischen (Menge, Preis und Qualität der Produktionsfaktoren) und nicht-ökonomische Größen (Politik und Kultur) eines Landes (Dunning 1986, S. 101).

Die Erklärungsfähigkeit aller bis dato vorgestellten Theorien und Ansätze beschränkt sich auf Phänomene allgemeiner Natur; sie erlauben es nicht, das Verhalten individueller Unternehmungen zu erklären (Dunning 1988, S. 1). Ferner lassen die vorgestellten Erklärungsansätze aufgrund

- der unterschiedlichen **ideologischen Standpunkte** der einzelnen Verfasser (Casson 1990a, S. 4)

- der **divergierenden Typen der internationalen Produktion** (ressourcen-orientierte, import-substituierende, export-orientierte, verbundproduktionsorientiert; Übersicht bei Soldner 1981, S. 82) und

- der **divergierenden Betrachtungsebene** (eine Theorie der internationalen Produktion kann makro-, meso- oder mikroökonomisch orientiert sein)

keine Homogenität in ihren Aussagen erkennen. Resümierend wird deutlich, daß die vorgestellten Ansätze und Theorien singulär nicht in der Lage sind, das Phänomen internationaler Produktionssysteme zu erklären. Ein geschlossenes Erklärungsmodell ist nur durch die Kombination standorttheoretischer Ansätze (basierend auf den unterschiedlichen komparativen Kostenstrukturen der einzelnen Länder) und mikroökonomischer Erklärungsansätze der internationalen Produktion möglich: Die Theorie der komparativen Kosten ermöglicht die Beantwortung der Frage nach dem ‚Wo' der Produktion (als Spezifizierung der Standorttheorie), während mittels des Transaktionskostenansatzes die Erklärung der Internalisierung des Güterflusses möglich ist. So sieht Buckley die Unternehmung als Instrument, mit dem standortungebundener Ressourcen (Technologie, Kapital, Management-Know-how) in Regionen transferiert wird, in denen dazu komplementäre, standortgebundene Ressourcen (Rohstoffe, billige Arbeitskräfte) vorliegen. Aus dieser Kombination von ‚ownership-advantages' mit ‚location-specific-advantages' resultieren die Wettbewerbsvorteile international produzierender Unternehmungen (Buckley 1981, S. 78).

3.4 Entscheidungsmodelle der Auslandsproduktion

Kosten, in ihrer absoluten Höhe als auch in ihrer Entwicklung sind für die Etablierung einer Verbundproduktion von ursächlicher Bedeutung. Daher sind im folgenden Entscheidungsmodelle der Internationalisierung vorgestellt, in denen die (Produktions-) Kosten die maßgeblichen Bestimmungsgrößen der Internationalisierung darstellen.

Der Ansatz von Hirsch

Ausgangspunkt des Ansatzes von Hirsch (Hirsch 1976, S. 258ff.) ist die Frage, unter welchen Bedingungen eine Unternehmung einen Auslandsmarkt durch Exporte, via Lizenzvergabe oder durch Direktinvestitionen bedient. Mit Hilfe eines analytischen Rahmens wird versucht, konkrete Bedingungen für die jeweilige Vorteilhaftigkeit einer Lizenz-, Export- oder Direktinvestitionsstrategie zur Bearbeitung von Auslandsmärkten abzuleiten. Dem Ansatz liegen folgende Parameter zugrunde:

- C_a; C_b (costs of production), Produktionskosten in Land A bzw. B.

- M (export marketing costs), exportbedingte Marketingkosten (Versicherungen, Transportkosten, Zölle etc.).

9. Kap.: Internationale Produktion 451

- A (additional costs to multinational firms), zusätzliche Informationskosten aufgrund der grenzüberschreitenden Aktivitäten internationaler Unternehmungen.

- D (knowledge dissipation costs), potentielle Kosten, die durch die Diffusion unternehmensspezifischen Know-hows bei einer Lizenzvergabe an Dritte entstehen können.

- Alle Variablen sind **Gegenwartswerte**; das Modell geht von einer Zeitpunktbetrachtung aus.

Die Wahl der Form der Marktbearbeitung läßt sich durch folgende Entscheidungsregeln, die allerdings nur bei der Eigenproduktion und der erstmaligen Entscheidung zur Aufnahme der Produktion Gültigkeit besitzen, ableiten:

- Export nach Land B: 1. $C_a + M < C_b + A$ und 2. $C_a + M < C_b + D$
- Lizenzvergabe: 1. $C_b + D < C_b + A$ und 2. $C_b + D < C_a + M$
- Direktinvestition in Land B: 1. $C_b + A < C_a + M$ und 2. $C_b + A < C_b + D$

Der Ansatz versucht die Eintrittsstrategie in einen ausländischen Markt zu erklären. Unbeantwortet läßt er jedoch die Frage nach der Produktions-, Standort- und Beteiligungsstrategie. Soll z.B. der Stammlandmarkt beliefert werden, so stellen sich der Unternehmung drei Produktionsalternativen (Rugman/Lecraw/Booth 1986, S. 124):

- Produktion im Stammland,
- Auslandsproduktion,
- Lizenzvergabe an einen ausländischen Hersteller.

Sieht man die jeweils erzielbaren Umsätze als fix an, so basiert die Wahl der Handlungsalternative zum einen auf den **unterschiedlichen Produktionskosten** in den Standortalternativen und zum anderen auf den **spezifischen Kosten** der internationalen Unternehmung. Die Parameter sind in Analogie zum originären Ansatz von Hirsch:

- C_a Produktionskosten im Stammland,
- $(C_b + M + A)$ Kosten bei der Stammlandbelieferung durch Auslandsproduktion und Reimport des Endproduktes,
- $(C_b + M + D)$ Kosten bei einer Lizenzvergabe und Reimport des Endproduktes ins Stammland (M stellt hier nicht die export-, sondern die importbedingten Marketingkosten dar).

Die Wahl der Form der Marktbearbeitungsstrategie läßt sich wiederum anhand folgender Entscheidungsregeln ableiten:

1. Produktion im Stammland: $C_a < C_b + M + A$ und $C_a < C_b + M + D$
2. Auslandsproduktion
 und Reimport: $C_b + M + A < C_a$ und $C_b + M + A < C_b + M + D$
3. Lizenzvergabe: $C_b + M + D < C_b + M + A$ und $C_b + M + D < C_a$

Sind beispielsweise die Kosten der Auslandsproduktion zuzüglich der importbedingten Marketingkosten und der Informationskosten geringer als die Produktionskosten im Stammland, und sind gleichzeitig die Kosten der Lizenzvergabe höher als die der Auslandsproduktion, so wird das Stammland via Auslandsproduktion mit anschließendem Reimport versorgt.

Der Ansatz von Rugman (Rugman 1981, S. 53-73)
Erklärt das Modell von Hirsch die Auslandsproduktion, d.h. eines kompletten Produktionsprozesses bzw. der Endfertigung durch eine Zeitpunktbetrachtung, so geht Rugman von einer Zeitraumbetrachtung aus. Die Wahl zwischen Direktinvestition, Export und Lizenzvergabe ist eine Reaktion auf **Kostenänderungen**, die eine Funktion unternehmungs- und länderspezifischer Faktoren sind. Da sich diese im Zeitablauf ändern, ergibt sich eine typische Abfolge von Internationalisierungsstrategien. Diese Dynamisierung erreicht Rugman, indem er seinen Ansatz auf der „net present value method" (NPV) aufbaut. Dazu trifft er folgende Annahmen:

- C_t normale Produktionskosten im Stammland, konstant,
- C_{ta} Produktionskosten im Ausland, gleichfalls konstant,
- R_t Gesamterlöse durch den Verkauf des Produktes, für alle Handlungsalternativen gleich, gegeben und im Zeitablauf konstant,
- M_{ta} exportbedingte Marketingkosten,
- A_{ta} durch Direktinvestitionen bedingte Informationskosten,
- D_{ta} potentielle Diffusionskosten bei Lizenzvergabe.
- M, A, D fallen im Zeitablauf.
- In Periode 1 gilt M < A < D.

Folgende Entscheidungsregeln gibt Rugman zur Wahl der Auslandsmarktbearbeitungsmethode an:

Export (NPVE): $\dfrac{R_t - C_t - M_{ta}}{(1+r)^t}$ **DI (NPVF):** $\dfrac{R_t - C_{ta} - A_{ta}}{(1+r)^t}$

Lizenz (NPVL): $\dfrac{R_t - C_{ta} - D_{ta}}{(1+r)^t}$

Die Entscheidung fällt unter folgenden Bedingungen auf

Export, wenn gilt: NPVE > NPVF und NPVE > NPVL
Lizenz, wenn gilt: NPVL > NPVF und NPVL > NPVE
DI, wenn gilt: NPVF > NPVL und NPVE > NPVE

Zur Abfolge der Internationalisierungsstrategien vermerkt Rugman: „Given the conditions assumed here (M < A < D) this sequence of entry mode is most likely to be exporting, followed later by FDI and ultimately by licensing" (Rugman 1981, S. 60).

Im Rahmen internationaler Produktionssysteme und insbesondere wenn ein Teil der Inputgrößen einer Produktionsstufe grenzüberschreitend und konzernintern transferiert werden muß, sind die Anforderungen an die Flexibilität (hinsichtlich Produktionszeit und -menge) größer als im rein nationalen Umfeld. Der Ausfall einer Produktionseinheit durch interne und externe Restriktionen (Streiks, Transferbehinderungen, etc.) muß entweder durch erhöhte Lagerbestände (erhöhte Kapitalbindungskosten) oder eine erhöhte Flexibilität jeder einzelnen Produktionsstätte kompensiert werden. Diese potentiellen Anpassungsvorgänge an sich ändernde konzerninterne Nachfrageänderungen müssen bereits bei der originären Standort- und Verfahrenswahl berücksichtigt werden. In den dargestellten Ansätzen bleiben jedoch die sich aus Veränderungen der genannten Kosteneinflußgrößen ergebenden Änderungen der Produktionskosten (anpassungsbedingte Kostenänderungen) jedes einzelnen Standortes unberücksichtigt. Unberührt davon bleibt die in den Ansätzen vorgenommene Unterstellung, daß die spezifischen Kosten der Direktinvestition, des Exports und der Lizenzvergabe im Zeitablauf sinken. Als Entscheidungshilfe für die regionale Potentialstrukturplanung eines internationalen Verbundsystems sind die Modelle von Hirsch und Rugman daher nur bedingt geeignet, zumal sie für die Verlagerung kompletter Produktionsprozesse oder die Endfertigungsstufe eines bestimmten Produktes konzipiert sind und somit nur einen Teil der morphologischen Grundmuster internationaler Produktionssysteme erklären können.

Integration kostentheoretischer Erkenntnisse in die Entscheidungsmodelle zur Auslandsproduktion

Um potentielle Produktionsstandorten vergleichen zu können, müssen die durch Nachfrageänderungen verursachten **Anpassungskosten** in das Entscheidungskalkül integriert werden. Ausgangspunkt dazu ist die Gesamtkostenkurve in jedem Standort, wobei die Auslandsproduktion durch zusätzliche Kosten (vgl. Kostenkategorie A im Modell Hirsch/Rugman) gekennzeichnet ist. Zu den **outputunabhängige Produktionskosten** zählen die Kosten der Koordination und Kontrolle (abhängig von der Betriebsgröße) und die **Kosten des Aufbaus der Direktinvestition** (Informationskosten, im wesentlichen betriebsgrößenunabhängig). Die **Kosten der Direktinvestition** K_{di} ergeben sich als Differenz zwischen den Kosten der gleichen Investition im Inland und im Ausland. Sie sind unter anderem durch den Informationsbedarf, der durch die Unvertrautheit mit dem ausländischen Markt hervorgerufen wird, bedingt. Ihre Ermittlung gestaltet sich einfacher als die der **Koordinations- und Kontrollkosten** K_{ko}, da letztere auch im nationalen Umfeld anfallen, und daher der auf die ausländische Produktionsstätte entfallende Anteil separiert werden muß. Die Vertrautheit mit der ausländischen Umwelt nimmt im Zeitablauf zu, beide Funktionen fallen daher im Zeitablauf (vgl. hierzu auch die Kosten A_{ta} im Ansatz von Giddy/Rugman). Die mit der ausländischen Direktinvestition verbundenen zusätzlichen Informationskosten K_{di} sinken allerdings schneller als die Koordinations- und Kontrollkosten K_{ko}, da diese auch die laufenden Kosten der Steuerung der ausländischen Produktionseinheit umfassen. Aggregiert man die Kostenfunktionen, so ergibt sich die Funktion K_{ou}, die die outputunabhängige Mehrkostenbelastung einer Auslandsproduktion gegenüber der Stammlandproduktion im Zeitablauf darstellt. Abb. 9.13 faßt dies zusammen.

Zu den **outputabhängigen Produktionskosten** zählen die direkten Produktionskosten (Einflußgrößen sind Menge, Preis und Betriebsgröße) und die Zusatzkosten des Exports. Diese Zusatzkosten sind nicht identisch mit den Kosten M im Ansatz von Hirsch, da für konzerninterne Transfers keine Marketingkosten anfallen. Die Wirkungsrichtung ist in diesen Fällen, im Gegensatz zu der stets kostenerhöhenden Wirkung der outputunabhängigen Größen, nicht ex ante festlegbar, da bei einer Substitution von teuren durch günstigere Faktoren die Kosten der Produktionsfaktoren niedriger als im Stammland sein können und es im Gastland zu niedrigeren durchschnittlichen Gesamtkosten als im Stammland kommen kann: Die Faktorkosten kompensieren die Mehrkosten aufgrund der

454   Teil B: Funktionale Ansätze

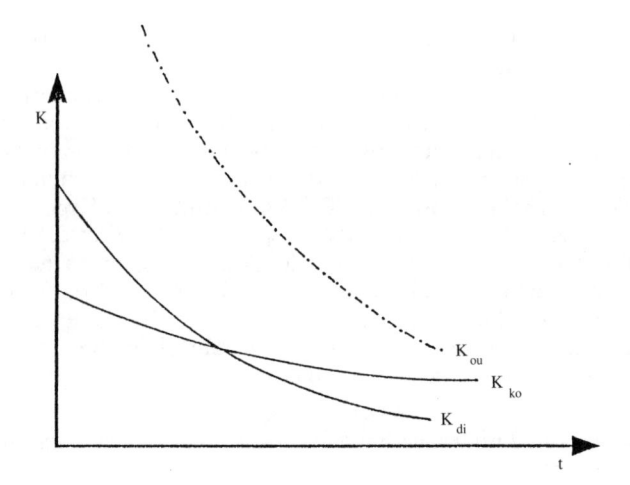

Abb. 9.13: Outputunabhängige Zusatzkosten der Auslandsproduktion

Auslandsverlagerung, d.h. **die outputabhängigen Kostenvorteile kompensieren die outputunabhängigen Kostennachteile**. Lediglich die Zusatzkosten des grenzüberschreitenden Transfers sind als outputabhängige Größen ex ante kostenerhöhend.

Um eine **Gesamtkostenfunktion** der Auslandsproduktion ableiten zu können, ist für jeden Einzelfall die Kombination der outputunabhängigen (Informations- und Kontrollkosten) und der outputabhängigen Kosten (Faktorkosten) erforderlich. In Abb. 9.14 sind sämtliche outputabhängigen Einflußgrößen der Kostenstruktur einer ausländischen Produktionsstätte exemplarisch berücksichtigt.

Die gesamte Kostendifferenz ΔK_3 setzt sich aus der dargestellten Differenz ΔK_1 und der geänderten Faktoreinsatzrelation und -intensität ΔK_2 bei der Aus-

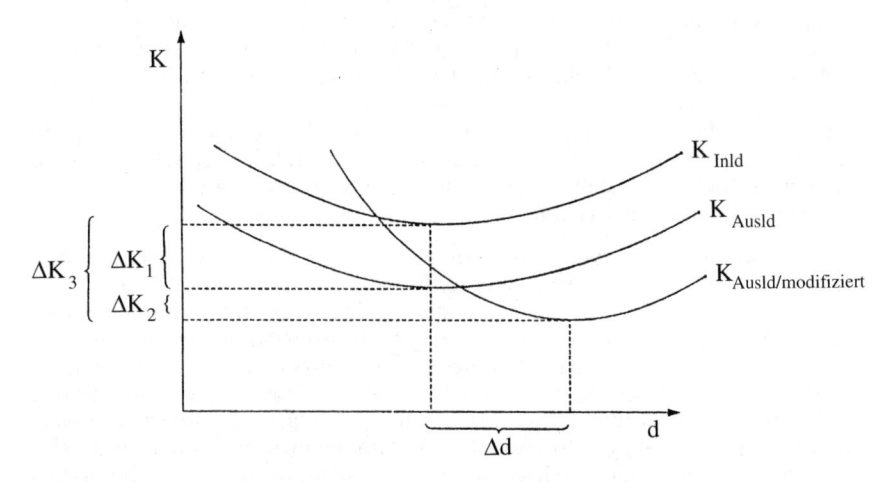

Abb. 9.14: Die Kostenstruktur einer internationalen Produktion

landsproduktion zusammen. Damit verbunden ist ein von der heimischen Produktionsfunktion unterschiedlicher Funktionsverlauf, da bei limitationalen Produktionsfunktionen Faktorrelationsänderungen gleichzeitig Produktionsverfahrensänderungen bedingen. Dies wird deutlich in der Intensitätsänderung Δd, die aus dem geänderten Produktionsverfahren, das aufgrund der günstigeren Faktorausstattung im Gastland gewählt wurde, oder aus den unterschiedlichen Verbrauchsfunktionen für lokale Verbrauchsfaktoren resultiert, so daß sich eine unterschiedliche Optimalintensität und damit – bei gleicher Laufzeit – eine veränderte Ausbringungsmenge ergibt.

Kostentheoretische Erklärung der Verlagerung bei Ausweitung der Beschäftigung

Die Entscheidung zur Internationalisierung kann nicht ohne Berücksichtigung der Kostenverläufe bei einer Produktionsausweitung getroffen werden. Die Anpassungsprozesse der traditionellen Kostentheorie bei geänderten Nachfragestrukturen können daher auch zur Analyse und Erklärung der Internationalisierung benutzt werden. Dazu werden folgende Prämissen unterstellt:

- Die Verlagerung bereits vorhandener Produktionsprozesse ins Ausland unter Aufgabe des Standortes im Stammland wird ausgeschlossen.

- Es wird **eine** Leistungsart betrachtet, die im Inland durch die Kostenfunktion k_i und im Ausland durch k_a charakterisiert ist.

- Eine quantitative Anpassung im Stammland wird ausgeschlossen.

Kommt es zu einer Nachfrageerhöhung, wird die Unternehmung zunächst versucht sein, eine Ausweitung der Produktion durch die zeitliche Anpassung der nationalen Fertigung oder durch den Aufbau funktionsgleicher Produktionspotentiale im Gastland (quantitative Anpassung) durchzuführen. Unterstellt man eine zunächst kostenungünstigere Produktion im Gastland, so wird die nationale Fertigung bis zur maximalen Einsatzzeit m_{io} ausgeweitet. Eine weitere Erhöhung der produzierten Menge ist nur durch die Erhöhung der Intensität oder das Ausweichen auf die neue, ausländische Anlage möglich. Auch eine zeitliche Anpassung wird im Stammland zu einer exponentiellen Steigerung der Gesamtkosten führen, da aufgrund der Abgeltung von Überstunden bzw. der Neueinstellung von Arbeitskräften und der verlängerten Laufzeit der Aggregate die Gesamtkosten exponentiell ansteigen, bis die absolute Kapazitätsgrenze m_{im} erreicht ist. Ab einer bestimmten Outputmenge ($m_{kritisch}$) kommt es zu dem Übergang von der heimischen zur ausländischen Produktion (unter Beibehaltung des alten Produktionsstandortes), da ab dieser Menge die zusätzlich anfallenden Kosten im Stammland die Zusatzkosten im Gastland übersteigen. Intensität und zeitliche Anpassung im Stammland werden so lange erhöht, bis die Grenzkosten der nationalen Fertigung die Höhe der variablen Stückkosten der ausländischen Fertigung erreicht haben. Liegt diese Situation vor, so wird die ausländische Produktionsstätte die Belieferung des lokalen Marktes übernehmen. Abb. 9.15 verdeutlicht dies.

Die Kostensenkung bei der Auslandsproduktion führt nicht zu einer sukzessiven Abfolge von Internationalisierungsstufen, sondern die Internationalisierung basiert auf dem produktionstechnisch bedingten, späteren Eintreten der Kostenprogression bei einer Beschäftigungsausweitung. Da die durch Direktinvestitionen bedingten Informationskosten (vgl. D_{ta} bzw. A_{ta}) im Zeitablauf sinken, erhöht sich die Vorteilhaftigkeit der Auslandsproduktion weiter.

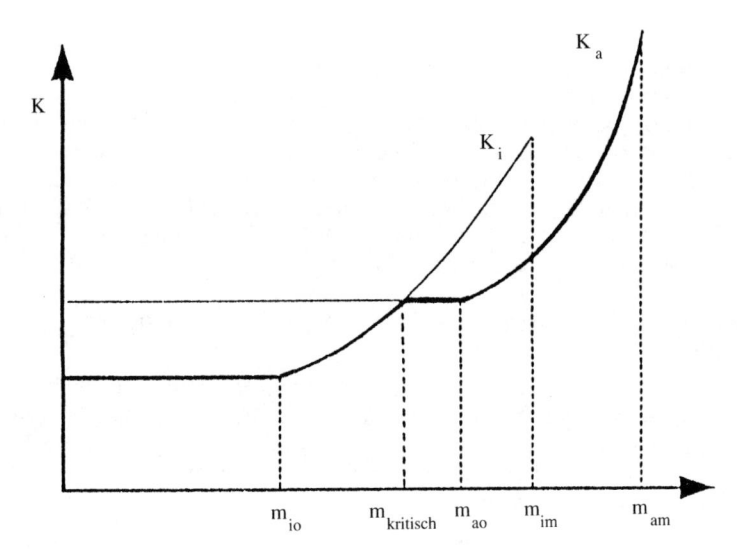

Abb. 9.15: Kostenverlauf bei Produktionsverlagerung

4 Spezifika der Implementierung und Steuerung internationaler Produktionssysteme

4.1 Voraussetzungen international verbundener Produktionssysteme

Der Implementierung eines internationalen Verbundsystems können zwei Formen von Restriktionen entgegenstehen: Faktoren, die eine Auslandsinvestition grundsätzlich unterbinden, oder aber die nach Maßgabe des zugrundeliegenden Bewertungskalküls betriebswirtschaftlich nicht sinnvoll sind. Beide Formen lassen sich auf zwei Ursachenkomplexe zurückführen. Unternehmensintern ist dies die Notwendigkeit, den Produktionsprozeß in transferierbare Teilprozesse aufspalten zu müssen, ohne gleichzeitig den leistungswirtschaftlichen Zusammenhang des Gesamtprozesses zu gefährden (produktionstechnische Voraussetzung) (Casson 1990, S. 146). Unternehmensextern muß der ungehinderte Transfer materieller und immaterieller Güter über Staatsgrenzen hinweg gewährleistet sein. Daher werden jene Bestimmungsgrößen vorgestellt, die die grenzüberschreitende Lieferung von Gütern und Leistungen erschweren oder unterbinden.

4.1.1 Unternehmensinterne Voraussetzungen

Die Möglichkeit einer internationalen Produktion wird wesentlich durch die produktionstechnischen Eigenschaften des jeweiligen Fertigungsprozesses bestimmt. Dazu zählt die Teilbarkeit oder **Disaggregationsfähigkeit des Produktionsprozesses** und die **Transferierbarkeit** sowohl jedes einzelnen Bearbeitungsschrittes als auch des jeweils erstellten Produkts. Die erste, grundsätzliche Voraussetzung für eine partielle Produktionsverlagerung ist die produktionstechnische **Teilbarkeit** des Produktionsprozesses. Zur Initiierung eines internationalen Produktionsverbunds muß der Produktionsprozeß nicht nur teilbar sein, sondern die einzelnen Fertigungsschritte (Wertschöpfungsstufen) müssen auch grenzüberschreitend verlagert werden können, d.h. die produktionstechnische **Transferierbarkeit des Produktionsprozesses** muß gewährleistet sein. Einschränkungen dieses Transfers ergeben sich nicht nur aus externen Restriktionen – in Form von legislativen Eingriffen in die Dispositionsfreiheit der Unternehmungen, sondern vor allem aus den produktionstechnischen Umweltbedingungen. Ist die Produktion beispielsweise an besondere, regionale, chemisch-physikalische Eigenschaften bzw. klimatische Verhältnisse gebunden (z.B. Exploration), so wird dadurch die Transfermöglichkeit eingeschränkt. Dabei ist nicht die produktionstechnisch-authentische Übertragung der Maßstab für die Transferierbarkeit, sondern es muß vielmehr die Möglichkeit untersucht werden, ein in **Funktion und Eigenschaft identisches Produkt** in dem ausländischen Produktionsstandort zu erzeugen. Häufig kann erst durch eine Anpassung bzw. Veränderung des Produktionsprozesses die an das Auslandsengagement geknüpfte Zielsetzung – wie die Nutzung von Faktorkostendifferenzen – erfüllt werden. Ohne Anpassung würde keine Komplementarität zwischen den Technologieerfordernissen des Produktionsprozesses und den Faktorverfügbarkeiten im Gastland gegeben sein (Flaherty 1989, S. 114).

Die **physische Transferierbarkeit der erzeugten Vor-, Halb- und Fertigprodukte** ist eine weitere Voraussetzung für die Implementierung eines solchen Produktionssystems. Beschränkungen des Transfers können durch externe Restriktionen, wie staatliche Eingriffe (s.u.) oder aber durch Produkteigenschaften hervorgerufen werden. Letztere können im allgemeinen durch einen hohen technologischen Aufwand kompensiert werden, dies ist jedoch zumeist mit extrem hohen Kosten verbunden. Ein Transport läßt sich in dieser Situation ökonomisch nicht mehr rechtfertigen (zu den Transportkosten als treibendem Motor der Globalisierung vgl. Krugman/Venables 1995). Daher sind die physikalisch-technischen Eigenschaften des Produktes die primäre Bestimmungsgrößen der Transportfähigkeit: Die materielle Beschaffenheit des betreffenden Produkts muß einen physischen Transport ermöglichen. So kann allein die physische **Größe bzw. das Gewicht** eines Vor-, Zwischen oder Endprodukts die Verlagerung der kompletten Produktion an den Ort des Verbrauchs zwingend erforderlich machen. Dies gilt sowohl für den Anlagenbau als auch für die Mehrfachfertigung von Serien- und Massenprodukten. Bei letzteren bestimmen wiederum die jeweiligen Wert/Gewicht bzw. Volumen/Wert-Relationen, wie und in welcher Weise verlagert wird (Vernon 1966, S. 202ff.; Casson 1990, S. 149). Ist die **Haltbarkeit** der Produkte, die als Inputfaktor eines nachgelagerten Produktionsschrittes dienen, begrenzt, so ist ein zeitintensiver Transport ausgeschlossen. Die Weiterverarbeitung muß am Ort der Erzeugung stattfinden. Der eng mit der Haltbarkeit verbundene Aspekt der physischen **Empfindlichkeit** (z.B. Zerbrechlichkeit) eines Produktes kann gleichfalls den Transport unterbinden und somit die Etablierung eines dezentralen Produktionssystems verhindern. Ist das erzeugte Produkt nicht oder nur in geringem Maße **speicherbar**, so schließt dies die Übertragung und den Transport des betreffenden Gutes und damit die Verlagerung der nachgelagerten Produktionsstufe aus. Dies trifft insbesondere bei der Zeitgleichheit von Produktion und Konsumption von Dienstleistungen zu.

4.1.2 Unternehmensexterne Voraussetzungen

Der friktions- und interventionsfreie Transfer von Vor- und Zwischenprodukten ist eine fundamentale Voraussetzung für jede Form international verbundener Produktion. Realiter liegt jedoch eine Vielzahl politisch-rechtlicher Restriktionen vor, die diesen Güterfluß einschränken oder verhindern. Solche Restriktionen, die nicht auf den produktionstechnischen Eigenschaften des Produktionsprozesses basieren, werden unter dem Terminus ‚**Transferrestriktionen**' zusammengefaßt. Generell kann zwischen natürlichen und künstlichen Transferrestriktionen unterschieden werden. Zu den **natürlichen Transferrestriktionen** zählen die aus klimatischen, technischen und sozio-kulturellen Umweltkonstellationen resultierenden Einflußgrößen, die einen Gütertransfer unmöglich machen. Die Bedeutung sozio-kultureller Faktoren für den Transfer von (materiellen) Gütern ist gegenüber den klimatisch-technischen Faktoren nur gering, während der Einfluß dieser Größen auf die Implementierung und Strukturierung eines Produktionsprozesses im Ausland erheblich ist. So müssen in diesem Zusammenhang u.a. Fragen des sozialen Umfeldes (Arbeitsdisziplin und Arbeitsverständnis der lokalen Mitarbeiter) berücksichtigt werden (Toyne 1989, S. 6).

Im Mittelpunkt **künstlicher Transferrestriktionen** stehen politisch-legislativ und -administrativ determinierte Interventionen des jeweiligen Stamm- bzw. Gastlandes. Sie sind die dominanten unternehmensexternen Bestimmungsgrößen für die Struktur und Funktionsweise internationaler Produktionssysteme. Nicht nur, daß die Existenz solcher Restriktionen die Etablierung solcher Systeme behindert, allein die Möglichkeit ihrer plötzlichen Einführung, Verstärkung oder aber auch Aufhebung bedingt ein zusätzliches unternehmerisches Risiko (Colberg 1989, S. 55; Chernotsky 1987, S. 50/53). Die Gründe, die Gastländer bewegen künstliche Restriktionen zu etablieren (Globerman 1988, S. 43 und van den Bulcke 1988, S. 34) liegen in ökonomischer Hinsicht in der Kontrolle der Ressourcenallokation und in sozio-kultureller Hinsicht in der Ausprägung des gesellschaftlichen Wertesystems. Ergänzt werden diese Ursachen durch politisch-fundierte Motive. Die regulierenden Einflüsse können dabei durch ein vielschichtiges Instrumentarium vorgenommen werden (Onkvist/Shaw 1988, S. 66; Weck-Hannemann 1990, S. 3f.). So besteht auf makroökonomischer Ebene die Möglichkeit via Kontingentierungen, Verbote, Steuern und Tarife (Zölle), Einfluß auf die Güterströme zu nehmen. Auf mikroökonomischer Ebene kann durch Auflagen im Hinblick auf den Eigenkapitalanteil und evtl. Local-Content-Bestimmungen Einfluß auf die Transferprozesse genommen werden. Zusätzlich wird der Transfer häufig durch staatliche Preisvorschriften für Vor- aber auch Endprodukte erschwert, so daß Preissteigerungen nicht auf die Kunden abgewälzt werden können. Neben diesen Restriktionen sind aber auch die positiven Sanktionierungen (Subventionen etc.) zu betrachten. So können Stammlandinterventionen direkt zu komparativen Vorteilen einzelner Unternehmungen führen, die es ihnen erlauben, auf dem Weltmarkt zu konkurrieren. Die Parallelität von Restriktionen und Anreizen wird eine Evaluierung allerdings extrem erschwert (Aggarwal/Agmon 1990, S. 166; van den Bulcke 1988, S. 33).

Bedeutung der Transferrestriktionen für die Implementierung internationaler Produktionssysteme

Die Bedeutung von Transferrestriktionen für die Internationalisierung ist in einer Vielzahl empirischer Studien überprüft worden, wobei häufig festgestellt wurde, daß die Überwindung von Handelshemmnisse den Hauptgrund für Direktinvestitionen darstellen (Perlitz 1978, S. 105ff.; Jahrreiß 1984, S. 278ff.). Der Aufbau von Handelshemmnissen führt in der Regel zu Landesfabriken und wird von internationalen Unternehmungen ambivalent beurteilt. So können horizontal integrierte internationale Unternehmungen (Unternehmungen mit Landesfabriken) als Promotoren von Transferrestriktionen auftreten: Nationale Unternehmungen profitieren von Transferrestriktionen nur in ihrem Stammlandmarkt, für ihren Export sind sie auf einen (relativ) freien Welthandel angewiesen. Dieser Export entfällt bei internationalen Unternehmungen mit Landesfabriken. Sie sind mit ihren lokal gefertigten Produkten in den lokalen Märkten aktiv und profitieren daher in weitaus höherem Maße als nationale Unternehmungen von Handelshemmnissen (Hillmann/Ursprung 1989, S. 1/2). Anders die vertikal integrierte Unternehmung. Für sie ist der interventionsfreie Handel eine fundamentale Voraussetzung und Notwendigkeit.

Generell gilt, daß bei einer **interventionsfreien Weltwirtschaft** einzig Kosten- und Ertragsfaktoren Ausmaß und Richtung der Verlagerung bestimmen würden, d.h. Produktivitäts- und Wechselkurseffekte, Abgabenbelastungen sowie die Nutzung internationaler Faktorkostendifferenzen wären die Einfluß- und Bestimmungsgrößen. Bei der realiter vorliegenden **protektionistisch-strukturierten Weltwirtschaft** und den damit verbundenen Transferrestriktionen werden diese Einflußgrößen durch politisch-legislative Restriktionen und Subventionen ergänzt.

4.2 Die Faktorverfügbarkeit im internationalen Kontext

Die Basis jeglicher produktiver Tätigkeit ist die Verfügbarkeit der benötigten Produktionsfaktoren. Verfügbarkeit ist jedoch nur eine notwendige, aber keine hinreichende Voraussetzung einer Auslandsproduktion. Sie schränkt lediglich das Entscheidungsfeld ein, so daß Verfügbarkeitsdefizite in ausländischen Standorten potentielle Restriktionen einer Produktionsprozessverlagerung (Übersicht bei Hesse 1988) und damit Bestimmungsgrößen der Verlagerung sind. Zu unterscheiden ist zwischen Defiziten, die aus der Sicht der Unternehmung als kompensierbar angesehen werden können (z.B. durch unternehmensinternen Know-how-Transfer) und solchen, die unüberwindbare Restriktionen der Aufnahme produktiver Tätigkeiten darstellen, wie z.B. bestimmte Umweltbedingungen. **Nicht-kompensierbare Verfügbarkeitsdefizite** bewirken das Ausscheiden des potentiellen Produktionsstandortes aus dem Alternativenspektrum. Bei der Beurteilung der verbleibenden potentiellen Standorte stellen Ausmaß und Grad der Kompensierbarkeit von Verfügbarkeitsdefiziten ein bedeutsames, zum Teil ausschlaggebendes Entscheidungskriterium dar. Zu unterscheiden ist ferner zwischen generellen und speziellen Verfügbarkeitsdefiziten. **Spezielle Verfügbarkeitsdefizite** zeichnen sich dadurch aus, daß die Produktionsfaktoren nicht in der von der Unternehmung benötigten und/oder gewünschten Qualität und Quantität vorliegen, während bei **generellen Verfügbarkeitsdefiziten** diese Faktoren überhaupt nicht vorhanden sind.

4.2.1 Generelle Verfügbarkeitdefizite von Produktionsfaktoren

Generelle Verfügbarkeitsdefizite resultieren primär aus der natürlichen Ausstattung der potentiellen Gastländer. Für die Aufnahme der Produktion müssen sämtliche von der Unternehmung zur Aufrechterhaltung bzw. Ingangsetzung des Produktionsprozesses benötigten Produktionsfaktoren lokal vorhanden sein oder aber importiert werden können. Dabei kann auch der Entwicklungsstand einer Volkswirtschaft Einfluß ausüben: „Das Unvermögen heimischer Unternehmen, bestimmte Güter zu produzieren, läßt sich nicht immer auf natürliche Gegebenheiten zurückführen. Häufig ist es Ausdruck dafür, daß sich der Entwicklungsstand oder aber der Entwicklungsprozeß der heimischen Volkswirtschaft von dem anderer Volkswirtschaften unterscheidet" (Hesse 1988, S. 368). Ist die Verfügung und Erlangung bestimmter Produktionsfaktoren prinzipiell ausgeschlossen, d.h. besteht keine Möglichkeit diese Faktoren in dem betreffenden Gastland zu erhalten bzw. durch andere lokal verfügbare Inputfaktoren zu substituieren und ist die Beschaffung adäquater (d.h. gleicher oder substituierender) Faktoren auch nicht via unternehmensinternem oder -externem Import möglich, liegt ein **nicht-kompensierbares Verfügbarkeitsdefizit** vor. Sind die Defizite durch nationale Faktorsubstitution oder internationalen Faktortransfer zu beheben, existiert ein **kompensierbares Verfügbarkeitsdefizit**.

nicht-kompensierbare Verfügbarkeitsdefizite:

Dieser Extremfall wirkt als Ausschlußkriterium für die Vornahme einer Produktionsverlagerung in das betreffende Land. Zurückführen lassen sich nicht-kompensierbare Defizite auf die physikalisch-technischen Besonderheiten der betreffenden Standorte bzw. Produktionsverfahren. So stellt die Transportunfähigkeit unverzichtbarer Inputfaktoren, z.B. von Betriebsmitteln oder Werkstoffen, eine solche physikalische Besonderheit dar. Eine Transportunfähigkeit kann aber auch dazu führen, daß der Internationalisierungsprozeß initiiert wird. So erfolgt beispielsweise bei Industriegasen zumeist kein Export, sondern die Produktion vor Ort. Da tendenziell davon ausgegangen werden kann, daß ausländischer Produktionsstätten langfristig angelegt sind, muß aufgrund der engen zeitlichen und materiellen Verzahnung von Produktions- und Beschaffungsplanung die **langfristige Verfügbarkeit** der Produktionsfaktoren betrachtet werden, d.h. die Nicht-Kompensierbarkeit ist eine abhängige Variable des mit dem Verlagerungsprojekt verbundenen Planungszeitraumes. Dies bedeutet, daß temporäre, generelle Nicht-Verfügbarkeiten unter bestimmten Voraussetzungen (Lagerfähigkeit der Produktionsfaktoren) nicht oder nur eingeschränkt restriktiv wirken (zur temporären Nicht-Verfügbarkeit vgl. Rose 1981, S. 258).

kompensierbare Ausstattungdefizite:

Im Gegensatz zu langfristigen Ausstattungsdefiziten eines Gastlandes, die primär auf einen Mangel an natürlichen Ressourcen, klimatischen Besonderheiten etc. zurückzuführen sind, bestehen bei den kurz- und mittelfristigen Defiziten, die durch konjunkturelle Disparitäten, Mißernten, Streiks und unterschiedliche Entwicklungsstadien der Volkswirtschaft hervorgerufen werden, Kompensationspotentiale (unternehmensinterner und -externer Import). Die Kompensation eines Verfügbarkeitsdefizits kann natürlich auch zu einer verstärkten Internationalisierung durch Ausweitung der Fertigungstiefe im Gastland führen. Somit können nur langfristige, aufgrund der beschränkten bzw. ausgeschlossenen Transportfähigkeit des speziellen Produktionsfaktors nicht-kompensierbare Verfügbarkeitsdefizite die Vornahme von Direktinvestition verhindern.

4.2.2 Probleme spezieller Verfügbarkeitsdefizite

Spezielle Verfügbarkeitsdefizite zeichnen sich dadurch aus, daß die zur Initiierung und Aufrechterhaltung des verlagerten Produktionsprozesses benötigten Produktionsfaktoren nach **Quantität** und **Qualität** nicht bereitgestellt werden können. Charakteristisch für diese Form von Verfügbarkeitsdefiziten ist daher der explizite Bezug auf die spezifischen Bedürfnisse der einzelnen Unternehmung und des einzelnen Produktionsprozesses; die unternehmensspezifische Nachfragestruktur determiniert die Nicht-Verfügbarkeit. Auch hier kann zwischen kompensierbar und nicht-kompensierbar unterschieden werden.

Nicht-kompensierbare Ausstattungsdefizite:
Die Ausführungen zu den nicht-kompensierbaren, generellen Defiziten gelten analog. Die Produktionsfaktoren können zwar in dem betreffenden Land vorhanden sein, ihre Spezifika entsprechen jedoch nicht den notwendigen quantitativen und qualitativen Anforderungen. Damit ein Ausschlußkriterium für die Produktionsverlagerung vorliegt, muß auch die intertemporale bzw. internationale Substitution/Kompensation ausgeschlossen sein. Wie aus Abb. 9.16 ersichtlich ist, verhindern somit beide Formen der Nicht-Kompensierbarkeit die Verlagerung der Produktion.

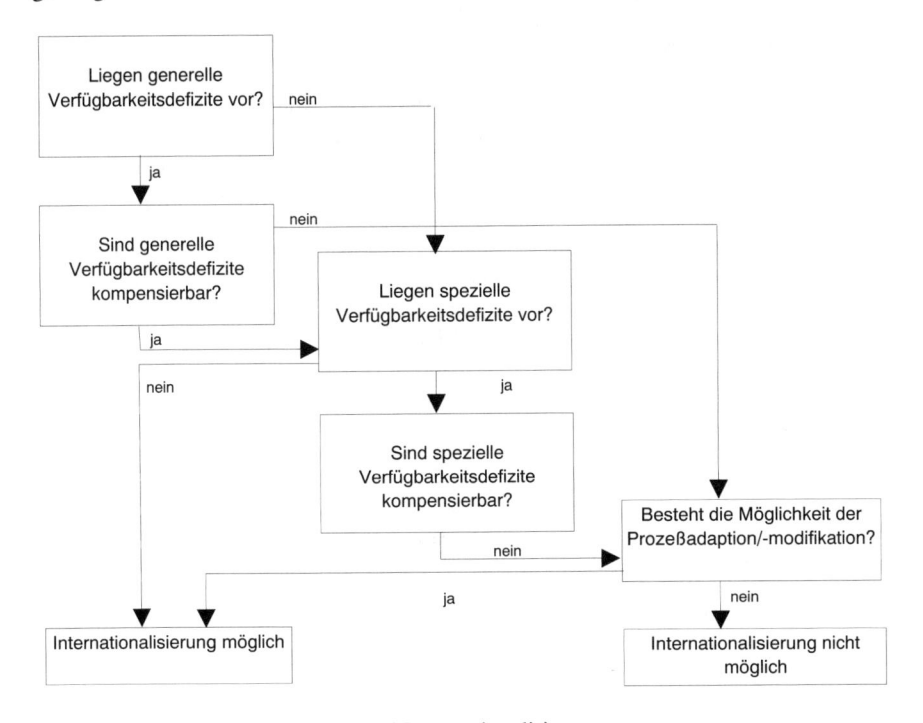

Abb. 9.16: Verfügbarkeitsdefizite und Internationalisierung

Kompensierbare Ausstattungsdefizite:

Sind die benötigten Produktionsfaktoren in dem betrachteten Gastland zwar vorhanden, lassen ihre quantitativen und qualitativen Abweichungen eine direkte Verwendung in dem Produktionsprozeß jedoch nicht zu, so können diese Ausstattungsdefizite durch die grenzüberschreitende Belieferung mit den entsprechenden Produktionsfaktoren kompensiert werden. Es besteht jedoch die Möglichkeit, generelle Verfügbarkeitdefizite in einem ersten Schritt durch einen grenzüberschreitenden Transfer ähnlicher Inputfaktoren zu kompensieren. Mögliche spezielle Verfügbarkeitsdefizite können dann durch Verfahrensanpassungen eliminiert werden.

Interessanter und bedeutender ist die Modifikation und Adaption des Produktionsprozesses durch die Substitution von Produktionsfaktoren. Ist dies ausgeschlossen, z.B. im Falle einer limitationalen Produktionsfunktion, so ist die Verlagerung in das betreffende Gastland unmöglich. Unterstellt man jedoch die prinzipielle Kompensationsmöglichkeit, so sind zwei Richtungen bzw. Formen der zu kompensierenden Defizite denkbar: Qualität und Quantität. Liegen zwischen verschiedenen Standorten qualitative Unterschiede der einzelnen Produktionsfaktoren vor, so übt dies einen gravierenden Einfluß auf die Richtung der Prozeßverlagerung aus. Handelt es sich um substitutionale Produktionsfunktionen, gibt es folgende Kompensationsbeziehungen:

- **lineare Kompensation qualitativer Faktordifferenzen**
  Der ersetzende Produktionsfaktor besitzt die gleichen Qualitätsmerkmale wie der zu ersetzende. Unter qualitativen Gesichtspunkten besteht kein Anlaß, den ursprünglichen Produktionsfaktor durch einen anderen zu ersetzen.

- **progressive Kompensation qualitativer Faktordifferenzen**
  Der lokal verfügbare Faktor übertrifft die qualitativen Eigenschaften des ursprünglichen Produktionsfaktors und ist daher ein höherwertiger Ersatz.

- **regressive Kompensation qualitativer Faktordifferenzen**
  In diesem Fall kann der ersetzende Faktor nur unter Inkaufnahme qualitativer Verschlechterungen als Substitut eingesetzt werden. Wenn überhaupt, so sollte diese Vorgehensweise nur kurzfristig, zur Überbrückung temporärer Lieferengpässe, angewandt werden. Hier ist die Wirkung qualitativer Schwankungen auf die Nachfrage zu beachten. Restriktive Qualitätsnormen seitens der Abnehmer verhindern zumeist diese Form der Faktorsubstitution.

Die **quantitativen Faktorunterschiede** konkretisieren sich in der Austauschrelation der einzelnen Faktoren, d.h. die Substitution einzelner Inputfaktoren bewirkt eine Änderung des mengenmässigen Faktoreinsatzverhältnisses. Neben den daraus resultierenden **direkten Materialverbrauchsänderungen** ergeben sich weitere Degressions- bzw. Progressionseffekte hinsichtlich der mit der Inputmenge korrelierten Kosten. Die Änderungen der Kostenstruktur aufgrund der primären Variation der Mengenkonstellation sind die Determinanten der Produktionsverlagerung. Diese produktionswirtschaftlichen Strukturen dienen als Gerüst der durch Kostenvergleiche durchzuführenden Verlagerungsentscheidung. Die quantitativen Substitutionsbeziehungen können in den folgenden drei Varianten auftreten.

- **linear:**
  Es wird bei gleichem Output-Niveau der gleiche (mengenmässige) Input wie der des ursprünglichen Faktors verbraucht. Die Vorteilhaftigkeit einer Verlagerung ergibt sich aus der monetären Bewertung der betreffenden Faktoren.
- **überlinear:**
  Zur Substitution bedarf es einer größeren Menge des betreffenden Faktors.
- **unterlinear:**
  Der ursprüngliche Faktor kann durch eine geringere Menge des alternativen Produktionsfaktors ersetzt werden, d.h. bei konstantem Output sinkt die Inputmenge eines oder mehrerer Produktionsfaktoren.

4.3 Die Koordination und Steuerung eines internationalen Produktionssystems

Zu den operative Fragestellungen internationaler Produktionssysteme zählt die kurzfristige **Produktionsdurchführungsplanung**, die wiederum folgende Teilpläne umfaßt: Die **Produktionsaufteilungsplanung** ist durch die internationale Verteilung der Produktionsstufen vorbestimmt. Gleiches gilt für die **Auftragsgrößenplanung**, da die Größe (Umfang) und die Reihenfolge der Fertigungsaufträge zu großen Teilen durch die aufbauorganisatorische Gestaltung der Kapazitäten determiniert ist. Damit eng verbunden ist die **zeitliche Produktionsverteilungsplanung**, die bei internationaler Produktion die Abstimmung der Produktionsmengen mit den Bedarfsmengen der nachgelagerten Produktionsstufen zu gewährleisten hat: Aufgrund der dargestellten erhöhten Unsicherheit des grenzüberschreitenden Transfers scheidet eine fertigungssynchrone Vorproduktfertigung zumeist aus; der Aufbau von Lagern wird notwendig. Die zeitliche Produktionsverteilungsplanung wird dadurch auf die **Materialbereitstellungsplanung** als operative Steuerungsgröße reduziert.

Bei den hier betrachteten operativen Fragestellungen steht somit die Koordination und Steuerung des (aufbauorganisatorisch festgelegten) Verbundsystems im Vordergrund. Unter ‚Koordination' ist dabei der Austausch und die Verwendung von Informationen zur Flankierung und Unterstützung des Fertigungsprozesses (Flaherty 1989, S. 106) und unter ‚Steuerung' die detaillierte Festlegung und Veranlassung zur Durchführung des Entscheidungsergebnisses zu verstehen (Hahn 1985, S. 31). Die dabei zu lösenden Probleme bestehen in der Schwierigkeit, ein dezentrales Organisationsgebilde zentral zu steuern. Mit anderen Worten: Das richtige Material und die richtige Information müssen in der richtigen Qualität und Quantität zur richtigen Zeit am richtigen Ort sein. **Die Steuerungsaufgabe eines internationalen Produktionssystems konkretisiert sich daher in der effizienten Übermittlung von Informationen.** Daraus ergibt sich das Kernproblem: die Notwendigkeit eines effizienten Informationsmanagement über **räumliche** und **kulturelle Distanzbarrieren** hinweg. Diese läßt die Komplexität der Koordinationsaufgaben aufgrund der zusätzlichen Kommunikations- und Informationsbedürfnisse um ein vielfaches steigen und führt dazu, daß steuerungsrelevante Daten häufig nur in zeitlich, qualitativ und/oder quantitativ unzureichendem Maße vorliegen (Angermeyer 1990, S. 177). Die grenzüberschreitende, zwischenbetriebliche Koordination erhöht die Transaktionskosten.

4.3.1 Die Rahmenbedingungen der Koordination und Steuerung im internationalen Kontext

Zu den Rahmenbedingungen der Koordination und Steuerung zählt die Umweltheterogenität als externe und die allgemeinen Steuerungsinstrumente als interne Bestimmungsgrößen.

Die externen Bedingungen: Die Umweltheterogenität

Die Umweltheterogenität wirkt über die Größen Information und Kommunikation auf die Koordination und Steuerung der internationalen Produktion. **Informationen** sind zweckorientiertes Wissen, (Wittmann 1980, Sp. 894) das unumgänglich ist, damit die klassischen Produktionsfaktoren sinnvoll kombiniert werden können (Picot 1988, S. 4). **Kommunikation** ist Informationsübermittlung (Wittmann 1980, Sp. 894). Information und Kommunikation treten somit immer gemeinsam auf (Gaugler 1987, Sp. 1128f.). Aus der Notwendigkeit dezentralisierte Aktivitäten zu koordinieren, besteht die Kommunikationsaufgabe in der grenzüberschreitenden informationellen Verbindung der Aufgabenträger. Die dabei übermittelten Informationen müssen das **relevante** Wissen umfassen, das die Unternehmung zur Koordination und Steuerung des internationalen Gesamtsystems benötigt. Kommunikationsprobleme resultieren im internationalen Kontext insbesondere aus zwei Störfaktoren. Zum einen aus der geographischen und zum anderen aus der kulturell-kognitiven Distanz.

Der Einfluß der **räumlichen Entfernung** auf die Steuerung internationaler Produktionssysteme ist offensichtlich: Die Entscheidungsträger in den einzelnen Produktionsstätten sind häufig geographisch sehr weit voneinander entfernt, wodurch der notwendigerweise grenzüberschreitende Kommunikationsfluß erschwert wird und vornehmlich unpersönlich abläuft bzw. ablaufen muß. Die Folgen dieser ‚**Distanzbarriere**' (Colberg 1989, S. 44/45, 137) sind erhöhte Transport- und Kommunikationskosten, verlängerte Reaktionszeiten und die Gefahr, daß der Informationsfluß ganz verhindert wird. Die grundsätzlich auch durch Kommunikationstechnologien nicht zu kompensierende Entfernungsproblematik wird am Beispiel der unterschiedlichen Zeitzonen deutlich. Sind die einzelnen Produktionsstätten global verteilt, kann sich das ‚Zeitfenster', in dem eine direkte Kommunikation zwischen Zentrale und Produktionsstätte bzw. den Produktionsstätten untereinander möglich ist, deutlich reduzieren. Im Extremfall ist eine direkte Kommunikation zwischen den einzelnen Produktionsstätten zeitlich überhaupt nicht mehr möglich.

Restriktive Einflüsse auf den Kommunikationsprozeß und damit auf die zielkonforme Umsetzung der Steuerungsimpulse gehen neben der räumlichen Distanz vor allem von der **kulturell-kognitiven Distanz** aus. Sie konkretisiert sich in Unterschieden zwischen Ländern hinsichtlich allgemeiner Kontextfaktoren wie Sprache, Verhalten, etc. Durch diese Unterschiede können subtile, nicht beabsichtigte Interpretationsschwierigkeiten auftreten, so daß die intendierte Wirkung der Information ausbleibt. Mit der Zunahme der Ungleichheit der kognitiven Strukturen zwischen den Kommunikationspartnern sinkt die Qualität der Informationsübertragung (Schierenbeck 1973, S. 347).

Die kulturellen Unterschiede führen nicht nur zu differierenden Produktanforderungen innerhalb eines international tätigen Unternehmens, sondern auch zu erhöhter Komplexität. Insbesondere Führungsentscheidungen werden komplexer und schwieriger, da sich die Mitarbeiter im Hinblick auf ihre Handlungsweisen, Wahrnehmungen, Überzeugungen, Einstellungen, Motive und Antriebe unterscheiden (Pausenberger 1983, S. 42). Ist nämlich den Informationsempfängern der Beziehungsaspekt der übermittelten Daten (Informationen) nicht bekannt, so führt dies zu Fehlinterpretationen und letztlich zu Fehlentscheidungen: Informationen werden bewußt oder unbewußt falsch verstanden, und es treten ungewollte Reaktionen bei den Informationsempfängern auf. Um dies zu verhindern, gilt es, primär die Sprachproblematik zu bewältigen. Der kulturell-kognitive Faktor hat somit maßgeblichen Einfluß auf das implementierte Führungsmodell und die damit verbundenen Management-Techniken. Zum friktionsfreien Zusammenwirken der einzelnen Subsysteme bedarf es daher einer großen personalpolitischen Sensibilität, die den mentalen Charakteristika der Mitarbeiter in den einzelnen Produktionsstätten Rechnung trägt.

Die internen Bedingungen: Die Instrumente zur Steuerung ausländischer Tochtergesellschaften

Generell lassen sich personenorientierte, technokratische und strukturelle Koordinationsinstrumente unterscheiden (in Anlehnung an Welge 1980, der diese Koordinationsinstrumente als Elemente von Führungsmodellen ansieht). Dieser Dreiteilung liegt die Vorstellung zugrunde, daß eine Integration differenzierter Entscheidungsprozesse durch unterschiedliche Regelungsarten durchgeführt werden kann. Die Koordination kann durch **persönliche Kommunikation** zwischen den Entscheidungsträgern (z.B. in Form von persönlicher Weisung) oder aber über abstrakte Mechanismen erfolgen, deren Urheber dem einzelnen nicht bekannt sind (technokratischen Koordinationsinstrumenten). Im Fall der Koordination durch Ausschüsse, Teams, Organisationsstrukturen, Profit-Center, usw. wird von **strukturellen Koordinationsinstrumenten** gesprochen.

Hinsichtlich internationaler Produktionssyteme gilt, daß die strukturellen Steuerungsinstrumente – im Rahmen internationaler Produktion die morphologischen Grundmuster – den organisatorischen Rahmen für die differenzierte Ausgestaltung der technokratischen Steuerungsinstrumente setzen. Die Umsetzung der technokratischen Instrumente geschieht durch Planung und Formalisierung in diesen strukturellen Grundmustern. Wie gezeigt, unterliegt die grenzüberschreitende Kommunikation vielfältigen Restriktionen. Zur effizienten Übermittlung und Umsetzung bedarf es daher zusätzlich zu den technokratischen Instrumenten (Berichtswesen, Planung, etc.) auch personalpolitischer Steuerungsinstrumente, wozu u.a. die Entsendung von Führungskräften zu der betreffenden Tochtergesellschaft/Betriebsstätten zählt (Pausenberger 1983 und 1987).

4.3.2 Die Spezifika der Koordination und Steuerung international verbundener Produktionssysteme

Die Koordination und Steuerung eines international verbundenen Produktionssystems unterscheidet sich in vielerlei Hinsicht von der Steuerung einer mit der Muttergesellschaft leistungswirtschaftlich unverbundenen Tochtergesellschaft. Steht in letzterem Fall vor allem die Beurteilung der Geschäftsentwicklung im Mittelpunkt, so müssen bei einer Verbundproduktion die einzelnen Produktionsstätten auch produktionstechnisch und -planerisch verbunden werden, da sich nur durch eine genaue Abstimmung zwischen den einzelnen Teilen des Verbundsystems unnötige Lager-, Kapazitätsleer- und Friktionskosten vermeiden lassen (Kuhlen/Finke 1988, S. 316). Um diesem Steuerungsbedarf gerecht zu werden, ist ein zwischen- und innerbetriebliches **Informationsmanagement** notwendig, das die diversen Teilaktivitäten in den einzelnen Produktionsstätten verkettet und integriert. Alle Betriebsteile müssen mit breitgefächerten und identischen Informationen versorgt werden, denn vom Umfang, der Präzision und Sicherheit der verwendeten Information hängt der Erfolg der Planung und der Plandurchführung ab (Kuhlen/Finke 1988, S. 316). Liegen zwischen den einzelnen Tochtergesellschaften keine leistungswirtschaftlichen Verflechtungen vor, so können die Informationswege in Form eines Zentralsystems zwischen Mutter- und Tochtergesellschaft strukturiert sein. Ein Informations- und Kommunikationssystem für die Verbundproduktion kann seine Aufgabe jedoch nur dann erfüllen, wenn der Informationsfluß sowohl von der Tochter zur Mutter als auch in umgekehrter Richtung stattfindet. Das Informationssystem muß so konzipiert sein, daß die Informationsbedürfnisse aller Tochtergesellschaften im Hinblick auf den Gesamtkonzern erfüllt werden.

4.3.2.1 Informationsmanagement als Grundlage der Koordination

‚Informationsmanagement' umfaßt alle „Aufgaben, Prinzipien, Methoden und Techniken der Planung, Steuerung, Kontrolle und Organisation technisch unterstützter Information und Kommunikation" (Krüger/Pfeiffer 1987, S. 28. **Informations- und Kommunikationssysteme** sind damit institutionalisierte aufbau- und ablauforientierte Regelwerke, deren Aufgabe die systematische Gewinnung, Erfassung, Speicherung, Verarbeitung und Übermittlung von entscheidungsrelevanten Daten über Alternativen und Bedingungen der globalen Geschäftsprozesse über die gesamte Wertschöpfungskette ist (Krüger 1984, S. 166). Sie dienen der Abbildung der Leistungsprozesse und Austauschbeziehungen im Betrieb sowie zwischen dem Betrieb und seiner Umwelt (Kuhlen/Finke 1988, S. 314).

Die Informationsinhalte spalten sich in das **Prozeßdatenmanagement** und das Management externer und interner **Berichtsdaten** auf. Informations- und Kommunikationssysteme, die sich auf Berichtsdaten beziehen, sind im wesentlichen als ‚Einbahnsysteme' konzipiert, d.h. die Berichterstattung erfolgt von den Tochtergesellschaften zur Mutter. Der Informationsfluß in entgegengesetzte Richtung ist bei solchen Systemen nur schwach ausgeprägt und dient im allgemeinen nur der Übermittlung reiner Strukturdaten (Berichtsänderung, Kontenplanänderungen, etc.). Diese Systeme dominieren die Steuerung ausländischer Tochtergesellschaften ohne leistungswirtschaftliche Verflechtungen (Bartlett/Ghoshal 1990, S. 201). Prozeßdaten sind demgegenüber Daten, die zur Durchführung der funktionalen und leistungswirtschaftlichen Prozesse des Unternehmens benötigt werden. Hierzu gehören neben den Daten zur Vertriebssteuerung vor allem detaillierte Produktionsdaten. Diese zur Steuerung unabdingbaren Daten besitzen gegenüber den Berichtsdaten den Vorteil, daß die Währungs-, d.h. hier vor allem die Umrechnungsproblematik entfällt, und die unterschiedlichen ökonomischen Rahmenbedingungen keinen Einfluß auf ihren Aussagegehalt (sehr wohl jedoch auf ihre Gewinnung) ausüben. Dadurch reduzieren sich gegenüber den Berichtsdaten die Interpretationsprobleme. Die Bewegung, Übermittlung und Auswertung von Prozeßdaten stellt jedoch sehr hohe Anforderungen an die Möglichkeiten des Informations- und Kommunikationssystems, von dem Tages-, wenn nicht sogar Augenblicksgenauigkeit („real time") verlangt wird.

Das Informationsangebot im internationalen Kontext

Zur Steuerung und Koordination einer internationalen Produktion ist eine **systemübergreifende Entscheidungsinstanz** und eine **strukturierte Vernetzung** der institutionalisierten Kommunikations- und Informationswege notwendig, die parallel zu den leistungswirtschaftlichen Güterströmen vorliegen müssen. Die Maximierung der Informationseffizienz setzt dabei eine laufende Optimierung des Verhältnisses von Informationskosten zu Informationsnutzen voraus (Macharzina 1987, Sp. 1218). Durch umfassende Informationsbedarfsanalysen und systematische Kosten-Nutzen-Analysen müssen adäquate Entscheidungsgrundlagen sichergestellt und eine drohende Datenflut (bei gleichzeitigem Informationsmangel) eingegrenzt werden. Nur so wird die Gefahr vermieden, daß der Datenempfänger nicht in der Lage ist, die tatsächlich entscheidungsrelevanten Daten herauszufiltern. Um diese Erfordernisse des Informationsmanagement zu erfüllen, ist es notwendig, zunächst den Informationsbedarf und das verfügbare Informationsangebot (Picot/Franck 1988, S. 609) zu erfassen, zu systematisieren und gegenüberzustellen. „The extend and the level of sophistication of the communication links in an international network of factories has thus less to do with the number in the network or the geographical spread of the factories and mere with variety of strategic roles assigned to the factories" (Ferdows 1989, S. 17).

Die **Informationsbedarfsanalyse** umfaßt nicht nur das Erkennen und Abgrenzen des führungsrelevanten Informationsbedarfs, sondern auch Form und Ausmaß des Informationsaustauschs sowie die Aufbereitung und Analyse der verfügbaren Daten. Das **Informationsangebot** wird durch eine Vielzahl von Einflußfaktoren beschränkt. Es unterliegt technischen, vor allem aber kulturellen Restriktionen, die sich aus der geographischen Verteilung der einzelnen Produktionsstätten ergeben und in Form von Informationslücken und -verzerrungen auftreten, so daß keine Komplementarität zwischen Informationsbedarf und -angebot besteht. Die Koordination und Steuerung kann nur suboptimal vorgenommen werden. Diese Beschränkung des Informationsangebots geht im internationalen Kontext auf zwei Ursachen zurück: auf Mängel in den Informationsinhalten oder auf Schwierigkeiten beim Informationstransfer. Probleme im Hinblick auf die **Informationsinhalte** bestehen insbesondere bei **Berichtsdaten.** Hier verursachen neben den unterschiedlichen Rechnungslegungsvorschriften unterschiedliche Währungen und deren schwankende Wechselkurse Interpretations- und Vergleichsprobleme. Aber auch die Vergleichbarkeit der für ein Produktionssystem unabdingbaren **Prozeßdaten** ist im internationalen Kontext nicht immer gewährleistet: Informationen können zu langsam übermittelt werden (Transferproblem), sind unvollständig oder inkorrekt oder aber enthalten mehrdeutige Formulierungen (Schierenbeck 1973, S. 349). Erschwert wird die grenzüberschreitende Informationsübermittlung zudem dadurch, daß die inhaltlich oder aber auch formal identische Übertragung der produktionstechnischen Steuerungsdaten von einem Standort zu einem anderen häufig nicht möglich ist, da sich die Verfahrenstechniken – durch unterschiedliche technische Spezifikationen (Maschinenjahrgänge, Kapazitätsengpässen u.ä.) und Ablaufprozesse vor Ort – unterscheiden. All dies hat zur Folge, daß sich der Aussagegehalt der Daten ändert. Da die Steuerungsdaten am Ursprungs- und am Empfangsort jedoch absolut identisch sein müssen, ist ein ständiger Abgleich der Datenbestände gleichen Inhalts notwendig, um Abweichungen und daraus resultierende Fehlsteuerungen zu vermeiden.

Bedeutsamer als die Informationsprobleme aufgrund divergierender Informationsinhalte sind für die internationale Produktion jene Kommunikationsprobleme, die sich aufgrund des **Informationstransfers** ergeben. Die Ursachen für diese Probleme liegen in den differenzierten Führungsstrukturen der einzelnen Produktionsstätten und einzelstaatlichen Beschränkungen des grenzüberschreitenden Datenaustauschs. Der ungehinderte Transfer von Informationen wird häufig unterbunden, da er von den betreffenden Staaten als Bedrohung ihrer (ökonomischen) Unabhängigkeit empfunden wird (Grub/Settle 1986, S. 277). Das rechtliche Regelungsgefälle zwischen einzelnen Staaten kann daher möglicherweise Einfluß auf die Struktur eines internationalen Verbundsystems ausüben (Samiee 1984, S. 144f.). Darüber hinaus resultiert aus der Entfernungsproblematik die Notwendigkeit, zwischen Kosten und Qualität der Information – insbesondere im Hinblick auf die Übertragungsschnelligkeit – abzuwägen.

Informationssysteme als Steuerungsinstrumente

Aus den vorangegangenen Ausführungen können folgende generellen Anforderungen an ein Informations- und Kommunikationssystem für internationale Produktionssysteme abgeleitet werden: Ein solches System muß

- **entscheidungsrelevante Daten** für die ausführenden Stellen und für die Entscheidungsträger in einer
- **sinnvollen Form** zur Verfügung stellen bzw. aufbereiten, ohne daß
- **Informationslücken oder -verzerrungen** auftreten.
- Art und Umfang dieser Daten müssen sich nach dem **Zweck** richten, dem ihre spätere Verwendung dient.

Der **Verwendungszweck** ist für die Produktion zweigeteilt; zum einen besteht er in **Anweisungen** an die einzelnen Produktionsstellen und zum anderen in der **Ausführungskontrolle** dieser Anweisungen. Daher muß das Informationssystem feste Regeln hinsichtlich des Informationsaustauschs zwischen den Produktionsstätten untereinander sowie zwischen diesen und der zentralen Koordinationsstelle umfassen (Schierenbeck 1973, S. 349). Die Konzeption eines solchen Systems ist in Anlehnung an die jeweilige morphologische Grundstruktur auszurichten; d.h. der **Aufbau des Informationswesens muß kongruent zur Organisationsstruktur** sein. Daraus folgt aber auch, daß das Informationssystem ein integraler Bestandteil der Führungsstruktur und des Führungskonzepts ist.

Eine für Berichtsdaten geeignete Struktur stellt die Informations- bzw. Berichtspyramide dar. Hier ist der Informationsfluß nicht logisch auf einen zentralen Informationspool gerichtet, sondern erfolgt von jeder Stufe jeweils an die nächst höhere. Die Informationen werden dabei von Stufe zu Stufe immer mehr verdichtet. Die unterschiedlichen Informationsebenen ermöglichen den Einsatz spezieller, effizienter Algorithmen und Heuristiken auf jeder Stufe. Im Rahmen einer internationalen Produktion muß der Informationsfluß demgegenüber von einem **zentralen Informations- und Steuerungspool** an jede einzelne Produktionsstätte und von dort sowohl an die im Wertschöpfungsprozeß folgende Produktionsstätte als auch zurück an die zentrale Instanz erfolgen. Durch dieses Vorgehen entfällt die Gefahr des Ausfilterns von Informationen, und auf jeder Ebene liegen die dort benötigten Daten in einer zeitlich und inhaltlich optimal aggregierten Form vor.

Zusammenfassend können folgende Anforderungen an ein Informations- und Kommunikationssystem für die internationale Produktion formuliert werden (Lotz 1987, S. 430):

- **Zielbezogenheit:**
  Mittels des Informations- und Kommunikationssystems müssen die erforderlichen Planungs-, Steuerungs- und Kontrollfunktionen ermöglicht werden.

- **Ganzheitlichkeit/Vollständigkeit:**
  Informations- und Kommunikationssysteme müssen sämtliche steuerungs- und kontrollrelevanten Daten umfassen.

- **Widerspruchsfreiheit:**
  Die betreffenden Systeme müssen kongruent zum gesamtunternehmensbezogenen Zielsystem, den Führungsgrundsätzen sowie dem Planungs- und Organisationssystem sein.

- **Flexibilität, Aktualität, Wirtschaftlichkeit und Operationalität:**
  Operationalität bedeutet in diesem Zusammenhang, daß nicht die Technik im Zentrum der Konzeption steht, sondern die Aufgaben, Eigenarten und Anforderungen des jeweiligen Produktionssystems.

Es besteht zwar die Notwendigkeit, Informationssysteme zur Koordination einer Verbundproduktion einzusetzen, zur Steuerung eines solchen Produktionssystems sind sie jedoch nicht hinreichend. Der Einsatz von Informationssystemen ist kein autonomes Steuerungsinstrument, sondern ist lediglich ein Hilfsmittel der technokratischen Steuerung. Internationale Produktionssysteme können nur durch den aufeinander abgestimmten Einsatz aller Instrumente (strukturell, personell und technokratisch) effizient gesteuert werden.

4.3.2.2 Die Konnexion der Steuerungsinstrumente

Ausgangspunkt der Steuerung internationaler Produktionssysteme ist der **strukturelle Rahmen**, innerhalb dessen die Produktionsprozesse optimal zu koordinieren sind. Für diese Koordinationsaufgabe wird das technische Instrument der Planung eingesetzte. Planerstellung, -implementierung und -kontrolle werden wesentlich durch den Einsatz von Informationssystemen unterstützt und optimiert. Informationssysteme dienen somit der Überwindung der räumlichen Distanzbarriere. Mögliche Konfliktfelder, die dadurch entstehen, daß das Technologiegefälle zwischen Mutter und Tochtergesellschaft zu groß ist, als daß der Know-how-Transfer mit ausreichender Zuverlässigkeit stattfinden könnte, können durch den Einsatz **personeller Instrumente** kompensiert werden, so daß kulturell-kognitive Problemfelder gelöst werden können. Insbesondere durch die persönliche Kommunikation ist es möglich, Unklarheiten zu beseitigen, Mißverständnisse auszuräumen und Entscheidungen transparent zu machen (Dobry 1982, S. 130). Dies trifft besonders für die internationale Produktion zu, da eine Entsendung von Führungskräften immer dann empfehlenswert erscheint, wenn intensive Kommunikationsprozesse zwischen den Teileinheiten des Konzerns ablaufen. Erst der Wirkungsverbund des gesamten, interdependenten Steuerungsinstrumentariums erlaubt die zielkonforme Planung, Koordination und Steuerung internationaler Produktionssysteme. Abb. 9.17 zeigt diese Zusammenhänge strukturiert auf.

	Variabilität im Rahmen der operativen Steuerung	
	fix ◄──────────────────────────► variabel	

Strukturelle Instrumente	Ausprägung je nach morphologischem Grundmuster	
Technokratische Instrumente (+ Informationssysteme)	Zielvorgaben für alle Produktionsgesellschaften in Planvorgaben fixiert. Umsetzung kann individuell geregelt werden. Informationssysteme leisten Unterstützungsfunktion für den Informationstransfer	
Personelle Instrumente		In und für jede Produktionsstätte individuell regelbar, je nach Erfordernis des kulturell-kognitiven Umfeldes, Hilfsmittel der Umsetzung

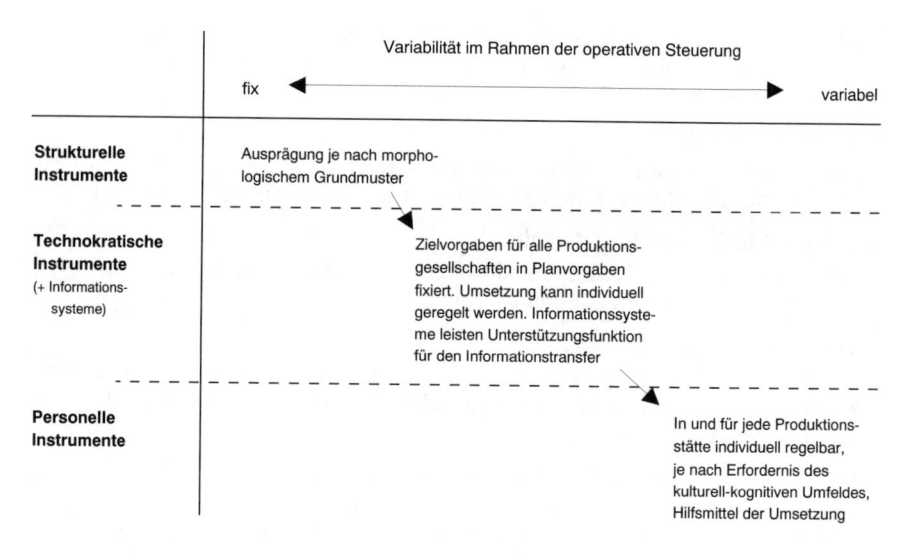

Abb. 9.17: Das Steuerungssystem einer internationalen Produktion

5 Zusammenfassung

In den vorangehenden Ausführungen wird das Phänomen der internationalen Produktion beschrieben, erklärt und die Spezifika der Implementierung sowie Steuerungsprobleme aufgezeigt. Dazu wird zunächst der Begriff der internationalen Produktion festgelegt und der Zusammenhang zum Phänomen der internationalen Unternehmung aufgezeigt. Anschließend werden die Grundformen der regionalen Gestaltung eines Produktionssystems in diesen Unternehmungen anhand des geographischen Zentralisierungsgrades der Produktionspotentiale abgeleitet. Ergänzend sind die Alternativen und Determinanten der Entscheidungszentralisierung in den einzelnen Grundformen dargestellt, wobei sich zeigt, daß die Entscheidungskompetenz bei einer international verbundenen Produktion aufgrund der leistungswirtschaftlichen Verflechtungen zentralisiert sein muß und die Koordination und Steuerung in Form einer strukturierten Vernetzung erfolgen sollte.

Bei der Analyse der Vorteile und Voraussetzungen international dezentralisierter Produktionssysteme muß zwischen den Verlagerungsursachen vollintegrierter Produktionsprozesse und der Verlagerung einzelner Produktionsstufen unterschieden werden. Bestimmen im allgemeinen Größeneffekte, risikopolitische Überlegungen, Nachfragepräferenzen und die Spezifika des Produktprogramms den Zentralisierungsgrad vollintegrierter Produktionsprozesse, so basiert die Verlagerung einzelner Produktionsstufen primär auf der Faktorverfügbarkeit und den Faktorkosten. In diesem Zusammenhang kommen den Lohn- und Anpassungskosten an heterogene Umwelten eine besondere Bedeutung zu. Es zeigt sich, daß die Auslandsproduktion ihre Vorteilhaftigkeit verliert, wenn aufgrund heterogener Umwelten die Anpassungskosten pro Ausbringungseinheit stärker steigen, als die Lohnkosten pro Ausbringungseinheit sinken.

9. Kap.: Internationale Produktion

Eine Betrachtung der theoretischen Erklärungsansätze der internationalen Produktion macht deutlich, daß die traditionelle, neoklassische Theorie des Außenhandels – die davon ausgeht, daß einzelne Länder aufgrund ihrer Faktorausstattung bestimmte Güter absolut und/oder relativ kostengünstiger fertigen können als andere Länder – die internationale Verteilung der Produktionspotentiale nicht erklären kann. Die durch internationale Unternehmungen dokumentierte neue Dimension des internationalen Güterhandels, bleibt in diesen Ansätzen unberücksichtigt. Aber auch die Theorien der internationalen Unternehmung sind singulär nicht in der Lage, internationale Produktionssysteme zu erklären. Dazu ist vielmehr eine Konnexion makroökonomischer Produktionsaufteilungsansätze und mikroökonomischer Erklärungsansätze der internationalen Produktion notwendig.

Die Etablierung eines dezentralen Produktionssystems hängt von spezifischen unternehmensexternen und -internen Voraussetzungen ab. Extern müssen die durch natürliche und künstliche Restriktionen geprägten Umwelten die für eine Produktionsverlagerung erforderlichen Transferprozesse prinzipiell ermöglichen. Unternehmensintern müssen die produktionstechnischen Voraussetzungen einer internationalen Verbundproduktion gegeben sein. Internationale Produktionssysteme können nur dann etabliert werden, wenn neben der Aufspaltbarkeit des Produktionsprozesses in mehrere Teilschritte/-prozesse die Übertragbarkeit des Prozesses (in verfahrenstechnischer Hinsicht) und des (Zwischen)-Produkts gewährleistet ist. Im internationalen Kontext kommt weiterhin der Verfügbarkeitsproblematik eine Schlüsselfunktion für die Strukturierung dezentraler Produktionssysteme zu. Liegen nicht-kompensierbare Verfügbarkeitsdefizite vor, so entfällt die Möglichkeit der Verlagerung. Sind die Produktionsfaktoren im Gastland hingegen in anderen Quantitäten oder Qualitäten verfügbar (kompensierbare Verfügbarkeitsdefizite), so wird dadurch die Verlagerungsentscheidung wesentlich beeinflußt. Durch die Verfügbarkeit der Produktionsfaktoren wird Ausmaß und Richtung des geographischen Zentralisierungsgrades der internationalen Produktion bestimmt.

Generell kann festgehalten werden, daß die Internationalisierung den Entscheidungs- und Gestaltungsspielraum, der für die Optimierung der Produktionsstruktur zur Verfügung steht, vergrößert. Diese Vergrößerung hat zwei Ursachen: Zum einen werden durch die Internationalisierung (Produktions-)Faktoren variabel, die im nationalen Kontext Daten sind. Beispielsweise werden Lohnkosten, die national für eine bestimmte Form der Arbeit als konstant angesehen werden müssen, durch die Internationalisierung disponibel. Erst durch die Standortentscheidung werden sie fix. Die Internationalisierung bewirkt aber auch, daß ein bereits vorhandenes Alternativenspektrum erweitert wird, indem zusätzliche, funktionsgleiche aber kostenverschiedene Produktionsfaktoren zur Verfügung stehen. **Die traditionelle Festlegung, daß eine Reihe von Kosteneinflußgrößen außerhalb des betrieblichen Entscheidungsfeldes liegen** (Busse von Colbe/Laßmann 1988, S. 215), **wird durch die Internationalisierung relativiert**. Durch sie ist es daher möglich, Produktionsprozesse, die im nationalen Umfeld als unveränderbar anzusehen sind, kostenoptimal umzustrukturieren.

Bei den mit einer internationalen Produktion einhergehenden operativen Fragestellungen handelt es sich primär um Fragen der Koordination und Steuerung eines solchen Systems. Zur Realisierung der mit einer internationalen Produktion verbundenen Ziele ist eine Konnexion der technokratischen, personellen und strukturellen Steuerungsinstrumente notwendig.

Abschließend kann festgehalten werden, daß es durch die Etablierung international verbundener Produktionssysteme möglich ist, internationale Kostenvorteile in einem weitaus größeren Umfang zu nutzen, als dies durch die Verlagerung voll-integrierter Produktionsprozesse der Fall ist. Dieser Effekt ergibt sich aufgrund des erweiterten Alternativenspektrums und Entscheidungsraums im internationalen Kontext, so daß die Kostenstruktur für jede einzelne Produktionsstufe individuell optimiert werden kann.

6 Literaturverzeichnis:

Adam, Dietrich (1979): Kostendegression und -progression. In: Handwörterbuch der Produktion, hrsg. von W. Kern, Stuttgart, Sp. 939-955.
Adám, György (1971): New trends in international business: Worldwide sourcing and dedomiciling. In: Acta Oeconomica, Vol. 7, S. 349-367.
Adám, György (1972): Some implications and concomitants of worldwide sourcing. In: Acta Oeconomica, Vol. 8, S. 309-323.
Adám, György (1974): Neue Tendenzen in der internationalen Ökonomie: Industrieverlagerung und weltweite Produktion. In: Kreye, Otto (Hrsg.): Multinationale Konzerne. München, S. 130-155.
Aggarwal, Ray; Agmon, Tamir (1990): The international success of developing country firms: Role of government-directed comparative advantage. In: Management International Review, Vol. 30, Nr. 2, S. 163-180.
Aharoni, Yair (1971): On the definition of a multinational corporation. In: Quarterly Review of Economics and Business. Vol. 11, No. 3, S. 27-37.
Ajami, Riad A.; Ricks, David A. (1981): Motives of non-american firms investing in the United States. In: Journal of International Business Studies, Vol. 12, No. 3 (Winter), S. 25-34.
Albach, Horst (1979): Zur Verlagerung von Produktionsstätten ins Ausland. In: ZfB, 49. Jg., S. 945-952.
Angermeyer, Hans Christoph (1990): Informationsmanagement als organisatorische Aufgabe. In: ZfO, 59. Jg., Nr. 3, S. 176-180.
Arnold, Ulli (1989): Global sourcing – An indispensable element in worldwide competition. In: Management International Review, Vol. 29, H. 4, S. 14-28.
Arnold, Ulli (1990): ‚Global Sourcing' – Ein Konzept zur Neuorientierung des Supply-Managements von Unternehmen. In: Welge, Martin K. (Hrsg.): Globales Management. Erfolgreiche Strategien für den Weltmarkt. Stuttgart, S. 49-71.
Balakrishnan, S.; Wernerfelt, B. (1987): Technical change, competition and vertical integration. In: Strategic Management Journal, Vol. 7, No. 4 (Juli/August), S. 347-359.
Baldwin, Robert E. (1979): Determinants of trade and foreign investment: further evidence. In: Review of Economics and Statistics, No. 1, S. 40-48.
Bartlett, Cristopher A.; Ghoshal, Sumantra (1988): Organizing for worldwide effectiveness: The transnational solution. In: California Management Review. Vol. 31, No. 1 (Fall), S. 54-74.
Bartlett, Cristopher, A.; Ghoshal, Sumantra (1990): Internationale Unternehmensführung. Innovation, globale Effizienz, differenziertes Marketing. Frankfurt a.M., New York.
Behrens, Bolke (1995): Globale Spieler. In: WiWo, 50. Jg., Nr. 52, v. 21.12.1995, S. 72-74.
Behrmann, Jack N. (1969): Some patterns in the rise of the multinational enterprise. Chapel Hill, N.C.
Behrmann, Jack N. (1972): Sharing international production through the multinational enterprise and sectoral integration. In: Law and Policy in International Business, No. 1., S. 1-36.
Beuttel, Wilfried (1981): Produktbezogene Entscheidungen für Auslandsmärkte: eine empirische Darstellung. München.

9. Kap.: Internationale Produktion 473

Bierich, Marcus (1988): Fertigungsstandorte im internationalen Vergleich. In: ZfbF 40. Jg., Nr. 9, S. 824-843.
Boddewyn, Jean J. (1988): Political aspects of MNE theory. In: Journal of International Business Studies, Vol. 19, No. 3 (Fall), S. 341-363.
Bonart, Thomas (1993): Fertigung im Zielland oder Export aus dem Stammland? In: WiSt H. 10, 1993, S. 540-544.
Borchert, Manfred (1987): Außenwirtschaftslehre. Theorie und Politik. 3. Aufl. Wiesbaden.
Braun, Gerhard (1988): Die Theorie der Direktinvestition. Köln.
Brenke, Michael (1974): International dezentralisierte Produktionssysteme – Eine Untersuchung zu ihren Grundlagen und zu ihrer fertigungswirtschaftlichen Problematik. Diss. Köln.
Brenke, Michael (1979): Dezentralisierung der Produktion, internationale. In: Handwörterbuch der Produktionswirtschaft, hrsg. von Werner Kern. Stuttgart, Sp. 406-415.
Broll, Udo; Gilroy Bernhard M. (1989): Außenwirtschaftstheorie. Einführung und Neuere Ansätze. München.
Broll, Udo; Zilcha, Itzhak (1991): International production, investments and borrowing with exchange rate risk and future markets. Sonderforschungsbereich 178 ‚Internationalisierung der Wirtschaft' Serie II, Nr. 148, August 1991, Universität Konstanz.
Brooke, Michael Z.; Remmers, H. Lee (1977): The international firm. London.
Brunner, Franz J. (1975): Wettbewerbsbeschränkungen durch Verbundfertigung und Rationalisierung. In: Rationalisierung, 26. Jg., Nr. 11/12, S. 280-282 u. 301-304.
Buckley, Peter J. (1975): Alternative theories of the multinational enterprise. University of Reading Discussion Papers in International Investment and Business Studies, No. 23, April.
Buckley, Peter J. (1979): Overseas production and exporting by the world's largest enterprises: A study in sourcing policy. In: Journal of International Business Studies, Vol. 10, No. 2 (Summer), S. 9-20.
Buckley, Peter J. (1981): A critical review of theories of the multinational enterprise. In: Außenwirtschaft, 36. Jg., H. 1, S. 70-87.
Buckley, Peter J.; Casson, M.C. (1976): The future of the multinational enterprise. London.
Bühner, Rolf (1988): Technologieorientierung als Wettbewerbsstrategie. In: ZfbF, 40. Jg., Nr. 5, S. 387-406.
Bulcke, Daniel van den (1988): Deregulation of foreign direct investment in developing countries. In: Bulcke, Daniel van den (Hrsg.): Recent trends in international development. Antwerpen, S. 29-63.
Business International Corporation (ed.) (1971): Solving worldwide sourcing problems. Management Monographs No. 53, New York.
Busse v. Colbe, Walther; Laßmann, Gert (1988): Betriebswirtschaftstheorie Bd. 1, 4. Auflg., Berlin, Heidelberg, New York.
Calvet, A.L. (1981): A synthesis of foreign direct investment theories and theories of the multinational firm. In: Journal of International Business Studies, Vol. 12, No. 1 (Spring/Summer), S. 43-59.
Casson, M.C. (1979): Alternatives to the multinational enterprise. London.
Casson, M.C.; u.a. (1986): Multinationals and world trade: Vertical integration and the division of labour in world industries. London.
Casson, Mark (1990): Multinationals and intermediate product trade. In: Casson, Mark (Editor): Multinational corporations, Brookfields/Vermont, S. 144-171.
Casson, Mark (1990a): Multinational corporations. Brookfields/Vermont.
Chernotsky, Harry (1987): The american connection: Motives for japanese foreign direct investment. In: The Columbia Journal of World Business, Vol. 22, No. 4 (Winter), S. 47-54.
Coase, R.H. (1937): The nature of the firm. In: Economica, Vol. 4, No. 4, S. 386-405.
Colberg, Wolfgang (1989): Internationale Präsenzstrategien von Industrieunternehmen. Kieler Schriften zur Finanzwirtschaft, Band 6, Kiel.
Corey, E. Raymond (1978): Procurement management: Strategy, organisation and decision-making. Boston (Mass.).
Corsten, Hans (1985): Die Produktion von Dienstleistungen. Bern.

Daniels, John D.; Radebaugh, Lee H. (1989): International business. Environments and operations. 5th edition. Reading (Mass.).
Davidson, William H. (1982): Global strategic management. New York.
Dean, Edwin; u.a. (1986): Productivity and labour costs trends in manufacturing, 12 countries. In: Monthly Labor Review, Vol. 109, No. 3 (March), S. 3-10.
Dobry, Arndt (1982): Die Steuerung ausländischer Tochtergesellschaften. Eine theoretische und empirische Untersuchung ihrer Grundlagen und Instrumente. Diss. Gießen.
Done, Kevin (1990): A ‚lean' revolution in car making. In: Financial Times v. 17.09.1990, S. 18.
Doz, Y. (1986): Strategic Management in multinational companies. Oxford.
Dreger, Wolfgang (1985): Zentrale Verantwortung für Material und Energie. Eine Maßnahme im Zeichen des Ressourcen Management. In: Rupper, Peter; Scheucher, Roland H. (Hrsg.): Produktionslogistik. Gestaltung von Material- und Informationsflüssen in der Produktion. Zürich, S. 9-16.
Dülfer, Eberhard (1981): Zum Problem der Umweltberücksichtigung im ‚Internationalen Management'. In: Pausenberger, E. (Hrsg.): Internationales Management. Stuttgart, S. 1-44.
Dunning, John H. (1973): The determinants of international production. In: Oxford Economic Papers, Vol. 25, November, S. 289-336.
Dunning, John H. (1977): Trade, location of economic activity and the MNE: A search for an eclectic approach. In: Ohlin, B.; u.a. (Hrsg.): The international allocation of economic activity. London, S. 395-418.
Dunning, John H. (1979): Explaining changing patterns of international production: In defence of the eclectic theory. In: Oxford Bulletin of Economics and Statistics, Vol. 41, No. 4 (Nov.), S. 269-295.
Dunning, John H. (1980): Toward an eclectic theory of international production: Some empirical tests. In: Journal of International Business Studies, Vol. 11, No. 1 (Spring), S. 9-31.
Dunning, John H. (1986): The investment development cycle and third world multinationals. In: Khan, K.M. (Ed.): Multinationals of the South: New actors in the international economy. London.
Dunning, John H. (1988): Explaining international production. London u.a.
Dunning, John H. (1988a): The eclectic paradigm of international production: A restatement and some possible extensions. In: Journal of International Business Studies, Vol. 19, No. 1 (Spring), S. 1-31.
Dunning, John H.; Rugman, Alan M. (1985): The influence of Hymer's dissertation on the theory of foreign direct investment. In: AER, Vol. 75, No. 2, S. 228-232.
Ethier, Wilfried J.; Horn, Henrik (1990): Managerial control of international firms and patterns of direct investment. In: Journal of International Economics, Vol. 28, S. 25-45.
Fandel, Günter (1989): Zum Stand der betriebswirtschaftlichen Theorie der Produktion. In: ZfB, 59. Jg., H. 1, S. 86-111.
Fatehi-Sedek; K: Safizadeh, M.H. (1989): The association between political instability and flow of foreign direct investment. In: Management International Review, Vol. 29, Nr. 4, S. 4-13.
Ferdows, Kasra (1989): Mapping international factory networks. In: Ferdows K. (Ed.): Managing international manufacturing. Elsevier Science Publishers B. V. (North-Holland).
Fehr, Benedikt (1989): Was die Übernahmewelle treibt. FAZ v. 17.04.1989, Nr. 162, S. 9.
Feichtinger, G.; Kistner, Klaus-Peter; Luhmer, A. (1988): Ein dynamisches Modell des Intensitätssplittings. In: ZfB, 58. Jg., H. 11, S. 1242-1258.
Flaherty, Therese M. (1989): Die Koordination globaler Fertigungsprozesse. In: Porter, Michael E. (Hrsg.): Globaler Wettbewerb – Strategien der neuen Internationalisierung. Wiesbaden, S. 95-125.
Franko, Lawrence G.: (1976): The european multinationals. A renewed challange to american and british big business. Stanford (Conn.).
Fröbel, Folker; Heinrichs, Jürgen; Kreye, Otto (1977): Die neue internationale Arbeitsteilung. Reinbek bei Hamburg.

Fröbel, Folker; Heinrichs, Jürgen; Kreye, Otto; Sunkel, Osvaldo (1974): Internationalisierung von Kapital und Arbeitskraft. In: Kreye, Otto (Hrsg.): Multinationale Konzerne. München, S. 236-270.
Garnier, Gerard (1982): Context and decision making autonomy in the foreign affiliates of U.S. multinational corporations. In: Academy of Management Journal, Vol. 25, No. 4, S. 893-908.
Garnier, Gerard (1984): The autonomy of foreign subsidiaries: Environmental and national influences. In: Journal of General Management, Vol. 10, No. 1, S. 57-82.
Gaugler, E. (1987): Information als Führungsaufgabe. In: Kieser, A. u.a. (Hrsg): Handwörterbuch der Führung. Stuttgart, Sp. 1127-1137.
Giddy, J.; Rugman, Alan M. (1979): A model of trade, foreign direct investment and licencing. Columbia University, Graduate School of Business, Research Working Paper No. 274 A, New York.
Giersch, H. (1974): The international division of labor: Problems and perspectives. Tübingen.
Globerman, Steven (1988): Government policies toward foreign direct investment: Has a new era dawned? In: The Columbia Journal of World Business, Vol. 22, No. 3 (Fall), S. 41-49.
Grochla, Erwin (1978): Elemente der organisatorischen Gestaltung. Reinbek bei Hamburg.
Grub, P. D.; Settle, S. R. (1986): Transborder data flows: an endangered species? In: Grub, P.D. u.a. (Hrsg.): The multinational enterprise in transition. 3. Aufl., Princeton (N.J.), S. 276-290.
Grünärml, Frohmund (1976): Ursprung und Entwicklungstendenz der ‚internationalen Produktion' – dargestellt unter besonderer Berücksichtigung amerikanischer auswärtiger Direktinvestitionen. In: Jahrbücher für Nationalökonomie und Statistik, Bd. 191, H. 1/2, S. 117-152.
Grünewald, Herbert (1979): Auslandsinvestitionen im Strukturwandel der Weltwirtschaft. In: ZfbF, 31. Jg., H. 1, S. 67-75.
Grunwald, Joseph; Delatour, Leslie; Voltaire, Karl (1985): Foreign Assembly in Haiti. In: Grunwald, J.; Flamm, K. (Ed.): The global factory. Foreign assembly in international trade. Washington D.C, S. 180-205.
Grunwald, Joseph; Echavaria Juan José (1985): Assembly activities in Colombia. In: Grunwald, J.; Flamm, K. (Ed.): The global factory. Foreign assembly in international trade. Washington D.C, S. 206-216.
Grunwald, Joseph; Flamm, Kenneth S. (Ed.) (1985): The global factory. Foreign assembly in international trade. Washington D.C..
Günter, Bernd (1985): Local Content – eine Herausforderung für das internationale Marketing. In: Marketing ZfP, H. 4, Nov., S. 263-274.
Gutenberg, Erich (1976): Grundlagen der Betriebswirtschaftslehre. Bd. 1: Die Produktion. 22. Aufl., Berlin, Heidelberg, New York.
Hahn, Dietger (1975): Produktionsverfahren (Produktionstypen). In: Handwörterbuch der Betriebswirtschaft, hrsg. v. Erwin Grochla u. Waldemar Wittmann, 2. Bd., 4. Aufl., Stuttgart.
Hahn, Dietger (1996): Planungs- und Kontrollrechnung – PuK. 5. Aufl. Wiesbaden.
Hahn, Dietger (1989): Produktionsprozeßplanung, -steuerung und -kontrolle – Grundkonzepte und Besonderheiten bei spezifischen Produktionstypen. In: Hahn, Dietger; Laßmann, Gert (Hrsg.): Produktionswirtschaft – Controlling industrieller Produktion. Band 2: Produktionsprozesse. Grundlegung zur Produktionsprozeßplanung, -steuerung und -kontrolle und Beispiele aus der Wirtschaftspraxis. Heidelberg, S. 5-237.
Hahn, Dietger; Laßmann, Gert (1986): Produktionswirtschaft. Controlling industrieller Unternehmungen. Band 1. Heidelberg, Wien.
Hahn, Dietger; Laßmann, Gert (Hrsg.) (1989): Produktionswirtschaft – Controlling industrieller Produktion. Band 2: Produktionsprozesse. Grundlegung zur Produktionsprozeßplanung, -steuerung und -kontrolle und Beispiele aus der Wirtschaftspraxis. Heidelberg.

Hedlund, G. (1981): Autonomy of subsidiaries and formalization of headquarter-subsidiary relationships in Swedish MNCs. In: Otterbeck, L. (Hrsg): The management of headquarter-subsidiary relationships in multinational corporations. Stockholm, S. 25-78.
Heinen, Edmund (1978): Betriebswirtschaftliche Führungslehre. Wiesbaden.
Heinen, Edmund (1991): Industriebetriebslehre als entscheidungsorientierte Unternehmensführung. In: Heinen, E. (Hrsg.): Industriebetriebslehre 9. Auflg., Wiesbaden, S. 1-72.
Helleiner, G.K.; Lavergne, R. (1979): Intra-firm trade and industrial exports to the United States. In: Oxford Bulletin of Economics and Statistics, Vol. 41 (Sonderheft 1979), S. 297-311. Auch in Casson, M. (ed.): Multinational Corporations. Brookfields/Vermont, S. 337-351.
Hennart, Jean-Francois (1982): A theory of multinational enterprise. Ann Arbor (Mich.)
Hennart, Jean-Francois (1989): Can the ‚new forms of investment' substitute for the ‚old forms'? A transaction costs perspective. In: Journal of International Business Studies, Vol. 20, Nr. 2, S. 211-234.
Heskett, James L: (1991): Trends in market-responsive logistics strategies. In: Die Unternehmung 45. Jg., Nr. 2, S. 115-118.
Hesse, Helmut (1988): Außenhandel I: Determinanten. In: Handwörterbuch der Wirtschaftswissenschaft (HdWW) Bd. 1, hrsg. von Albers, Willi u.a., Stuttgart, New York u.a., S. 364-388.
Hillmann, Arye L.; Ursprung, Heinrich W. (1989): The multinational firm and international trade policy. Sonderforschungsbericht 178 „Internationalisierung der Wirtschaft". Serie II, Nr. 88, Universität Konstanz, Oktober 1989.
Hirsch, Seev (1976): An international trade and investment theory of the firm. In: Oxford Economic Papers, Vol. 28, No. 2, S. 258-270.
Hoffmann, Rolf (1979): Überlegungen und Erfahrungen zur Verlegung von Produktionsstätten ins Ausland – am Beispiel der deutschen Bekleidungsindustrie. In: ZfB, 49. Jg., H. 10, S. 939-944.
Hood, Neil; Young, Stephen (1979): The economics of multinational enterprises. London.
Hummel, Siegfried (1976): Produktion, verbundene. In: Handwörterbuch der BWL, hrsg. v. Erwin Grochla u. Waldemar Wittmann, 4. Aufl., Stuttgart, 2. Bd., Sp. 3081-3090.
Hymer, S. (1976): The international operations of national firms: A study of direct foreign investment. Cambridge (Mass.).
Itaki, Masahiko (1991): A critical assessment of the eclectic theory of the multinational enterprise. In: Journal of International Business Studies, Vol. 22, Nr. 3, S. 445-460.
Jacquemin, Alexis (1989): International and multinational strategic behaviour. In: Kyklos, Vol. 42, Nr. 4, S. 495-513.
Jahrreiß, W. (1984): Zur Theorie der Direktinvestition im Ausland. Berlin/München.
James, Barrie (1990): Reducing the risks of globalization. In: Long Range Planning, Vol. 23, No. 1, S. 80-88.
Juhl, Paulgeorg (1979): On the sectoral patterns of West German manufacturing investment in less developed countries. The impact of firm size, factor intensities and protection. In: Weltwirtschaftliches Archiv, Bd. 115, S. 508-520.
Juhl, Paulgeorg (1980): Industrielle Vorwärtsverflechtung und grenzüberschreitende Follow-up-Investitionen. In: Konjunkturpolitik, 26. Jg., H. 5, S. 308-320.
Juhl, Paulgeorg (1981): Ansatzpunkte einer allgemeinen Theorie der absatzmarktorientierten Auslandsinvestition. In: ZfB, 51. Jg., H. 7, S. 672-691.
Juhl, Paulgeorg (1988): Institutionelle Strategien der Unternehmen zur Bewältigung politischer Risiken für Direktinvestitionen und Exporte. In: BFuP, 40. Jg., Nr. 4, S. 368-381.
Kappich, Lothar (1989): Theorie der internationalen Unternehmenstätigkeit. München.
Kern, Horst; Schumann, Michael (1984): Rationalisierung und industrielle Produktion. München.
Kern, Werner (1980): Industrielle Produktionswirtschaft. Stuttgart.
Kim, Ken u.a. (1986): An empirical study of the transnational production sharing of the Asian NICs with Japan. In: Journal of International Business Studies, Vol. 17, No. 2 (Summer), S. 117-130.

Kim, W. Chan (1986): Global production sharing: An empirical investigation of the pacific electronic industry. In: Management International Reviev, Vol. 26, H. 2, S. 62-70.
Kimura, Yui (1989): Firm-specific advantages and foreign direct investment behavior of firms: The case of japanese semiconductor firms. In: Journal of International Business Studies, Vol. 20, No. 2, (Summer), S. 296-314.
Klein, Hartmut Jürgen (1993): Internationale Verbundproduktion. Integrierte Produktionssysteme internationaler Unternehmungen. Gießen.
Klein, Michael W.; Welfens, Paul, J.J. (1992): Multinationals in the new europe and global trade. Berlin u.a.
Knickerbocker, F. (1973): Oligopolistic reaction and multinational enterprises. Boston.
Kogut, Bruce (1985): Designing global strategies: Comparative and competitive value-added chains. In: Sloan Management Review, Vol. 26, No. 4 (Summer), S. 15-28.
Kojima, Kiyoshi (1975): A macroeconomic theory of foreign direct investment. In: C. Fred Bergstein (Hrsg.): Toward a new world trade policy. Lexington, S. 75-104.
Kojima, Kiyoshi (1978): Direct foreign investment. London.
Kotabe, Masaaki (1990): The relationship between offshore sourcing and innovativeness of U.S. multinational firms: An empirical investigation. In: Journal of International Business Studies, Vol. 21, Nr. 4 (Winter), S. 623-638.
Kotabe, Masaaki; Omura, Glenn (1989): Sourcing strategies of european and japanese multinationals: A comparison. In: Journal of International Business Studies, Vol. 20, Nr.1 (Spring), S. 113-130.
Kraljic, Peter (1984): From purchasing to supply management. In: The McKinsey Quarterly. Spring, S. 2-17.
Krüger, Wilfried (1984): Organisation der Unternehmung. Stuttgart u.a.
Krüger, Wilfried; Pfeiffer, Peter (1987): Strategisches Management von Informationen. Formulierung und organisatorische Umsetzung der Informationsstrategie. In: Office Management, H. 10, S. 28-34.
Krugman, Paul; Venables, Anthony (1995): Globalization and the inequality of nations. In: The Quarterly Journal of Economics, Nr. 4, 1995
Kuhlen, Rainer; Finke, Wolfgang F. (1988): Informationsressourcen-Management. Informations- und Technologiepotentiale professioneller für die Organisation verwerten. 1. Teil. In: ZfO, 57. Jg, H. 5, S. 314-323.
Lall, Sanjaya (1978): The pattern of intra-firm exports by US-multinationals. In: Oxford Bulletin of Economics and Statistics. Vol. 40, August, S. 209-222.
Lall, Sanjaya (1980): Monopolistic advantages and foreign involvement by US manufacturing industries. In: Oxford Economic Papers, Vol. 32, March, S. 102-122.
Leff, Nathanael H. (1969): Investment in the LDC's. The next wave. In: Columbia Journal of World Business, Vol. 4, Nov./Dez., S. 44.
Leff, Nathaniel H. (1974): International sourcing strategy. In: Columbia Journal of World Business, Vol. 9, Fall, S. 71-79.
Leontief, Wassily (1951): The structure of the american economy, 1919-1939. New York.
Leroy, Georges (1976): Multinational product strategies. A typology for analysis of worldwide product innovation and diffusion. New York.
Levitt, T. (1983): The globalization of markets. In: Harvard Business Review, Vol. 61, H. 3, S. 92-102.
Linde, Robert (1988): Produktion II: Produktionsfunktionen. In: Handwörterbuch der Wirtschaftswissenschaft, hersg. von Willi Albers u.a., Bd. 6, Stuttgart, New York u.a., S. 276-295.
Lotz, Karl H. (1987): Information und Kommunikation im Strategiekontext internationaler Unternehmungen. Eine vergleichende Fallstudie. Frankfurt/a.M., Bern, u.a.
Lücke, Wolfgang (1988): Produktion IV: Produktionsplanung. In: Handwörterbuch der Wirtschaftswissenschaft (HdWW), hrsg. von Willi Albers u.a., Bd. 6, Stuttgart, New York u.a., S. 310-323.
Lüder, Klaus (1982): Strategische Standortplanung transnationaler industrieller Großunternehmungen. In: Lück, Wolfgang; Trommsdorf, Volker (Hrsg.): Internationalisierung der Unternehmung. Berlin, S. 415-438.

Macharzina, Klaus (1981): Entwicklungsperspektiven einer Theorie internationaler Unternehmenstätigkeit. In: Wacker; Haussmann; Kumar (Hrsg.), Internationale Unternehmensführung. Berlin, S. 33-56.

Macharzina, Klaus (1984): Bedeutung und Notwendigkeit des Diskontinuitätenmanagement bei internationaler Unternehmenstätigkeit. In: Macharzina, K. (Hrsg.): Diskontinuitätenmanagement. Strategische Bewältigung von Strukturbrüchen bei internationaler Unternehmenstätigkeit. Berlin, S. 1-19.

Magee, S. P. (1977): Multinational corporations, the industry cycle and development. In: Journal of World Trade Law. Vol. 11, Nr. 4, S. 297-321.

Magee, S. P. (1977a): Information and the multinational corporation: An appropriability theory of direct foreign investment. In: Bhagwati, J. N. (Hrsg.): The new international economic order: The north-south debate. Cambridge (Mass.), London, S. 317-340.

Männel, Wolfgang (1979): Verbundwirtschaft. In: Handwörterbuch der Produktionswirtschaft, hrsg. von Werner Kern. Stuttgart, Sp. 2077-2093.

Meffert, Heribert; Althans, Jürgen (1982): Internationales Marketing. Stuttgart.

Mefford, Robert (1986): Determinants of productivity differences in international manufacturing. In: Journal of International Business Studies, Vol. 17, No.1 (Spring), S. 63-82.

Meissner, Hans Günter (1984): Zur Internationalisierung der Betriebswirtschaftslehre. In: Mazanec, Josef; Scheuch, Fritz (Hrsg.): Marktorientierte Unternehmensführung: Wissenschaftliche Tagung des Verbandes der Hochschullehrer für Betriebswirtschaftslehre an der Wirtschaftsuniversität Wien im Jahre 1983. Wien, S. 135-150.

Minogue, Raymond (1989): The maquiladora option in Mexico. In: The International Executive, Vol. 31, Nr. 3, S. 14-17.

Müller, Angela (1988): Pufferbildung und Termineinhaltung im Rahmen der kurzfristigen Produktionsplanung bei Werkstattfertigung. In: ZfbF, 40. Jg., Nr. 5, S. 422-446.

Müller, Detlef von (1990): Logistik – Eine aktuelle organisatorische Herausforderung. Zeit als Wettbewerbsfaktor. In: ZfO, 59. Jg., Nr. 3, S. 191/192.

Müller-Heumann, G. (1972): Die Programmpolitik der internationalen Unternehmung. Meisenheim am Glan.

Neghandi, Anant R. (1987): International Management. Boston u.a.

Nevis, Edwin C. (1983): Cultural assumptions and productivity: The United States and China. In: Sloan Management Review, Vol. 24, No. 3 (Spring), S. 17-29.

Ohlin, B. u.a. (1977) (Hrsg.): The international allocation of economic activity. London.

Ohmae, Kenichi (1985): Die Macht der Triade. Wiesbaden.

Ohmae, Kenichi (1987): The triad world view. In: The Journal of Business Strategy, Nr. 4, S. 89.

Onkvist, Sak; Shaw, John J. (1988): Marketing barriers in international trade. In: Business Horizons, Vol. 31, No. 3 (May/June), S. 64-72.

Ozawa, Terutomo (1979): International investment and industrial structure: New theoretical implications from the japanese experience. In: Oxford Economic Papers, Vol. 31, No. 1, S. 72-91.

Parry, Thomas G. (1985): Internationalisation as a general theory of foreign direct investment: A critique. In: Weltwirtschaftliches Archiv, Bd. 121, H. 3, S. 564-569.

Pausenberger, Ehrenfried (1979): Internationale Unternehmungen. Stichwort in Gablers Wirtschaftslexikon, 1. Bd., 10. Aufl., Wiesbaden, Sp. 2139-2142.

Pausenberger, Ehrenfried (1981): Finanzpolitik internationaler Unternehmungen: Notwendigkeit und Grenzen der Zentralisierung. In: Wacker, W. H.; Haussmann, H.; Kumar, B. K. (Hrsg.): Internationale Unternehmensführung. Managementprobleme international tätiger Unternehmen. Berlin, S. 177-190.

Pausenberger, Ehrenfried (Hrsg.) (1981a): Internationales Management. Ansätze und Ergebnisse betriebswirtschaftlicher Forschung. Stuttgart.

Pausenberger, Ehrenfried (1982): Die internationale Unternehmung: Begriff, Bedeutung und Entstehungsgründe. In: WISU, 11. Jg., Nr. 3, S. 118-123, Nr. 7, S. 332-336 und Nr. 8, S. 385-388.

Pausenberger, Ehrenfried (1983): Die Besetzung von Geschäftsführerpositionen in ausländischen Tochtergesellschaften. In: Dülfer, E. (Hrsg.): Personelle Aspekte im internationalen Management. Berlin, S. 41-59.
Pausenberger, Ehrenfried (1987): Unternehmens- und Personalentwicklung durch Entsendung. In: Personalführung, H. 11/12, S. 852-856.
Pausenberger, Ehrenfried (1989): Plädoyer für eine ‚Internationale Betriebswirtschaftslehre'. In: Kirsch, Werner; Picot, Arnold (Hrsg.): Betriebswirtschaftlehre im Spannungsfeld zwischen Generalisierung und Spezialisierung. Festschrift zum 70. Geburtstag von E. Heinen. Wiesbaden, S. 383-396.
Pausenberger, Ehrenfried (1992): Organisation der internationalen Unternehmung. In: Handwörterbuch der Organisation, 3. Auflg., hrsg. von Erich Frese, Stuttgart, Sp. 1052-1066.
Pausenberger, Ehrenfried; Giesel, Franz; Volkmann, Bernhard (1979): Organisation des Planungsprozesses in international tätigen Unternehmen. In: ZfbF, 31. Jg., H. 1., S. 20-37.
Pensel, Jens (1977): Die Produktions- und Investitionspolitik der internationalen Unternehmung – Erklärungsansätze und Entscheidungsmodelle multinationaler Unternehmensstrategien. Berlin.
Perlitz, M. (1978): Absatzorientierte Internationalisierungsstrategien. Habilitationsschrift, Bochum
Perridon, Louis; Rössler, Martin (1980): Die Wandlung betrieblicher Organisationsstrukturen im Verlauf des Internationalisierungsprozesses. In: WiSt, 9. Jg., H. 6, S. 257-262.
Pflieger, G. F.; Schmidt, J.; Boada, T. (1976): Technologieanpassung bei einer Auslandsproduktion. In: Werkstattechnik. Zeitschrift für industrielle Fertigung. 66. Jg., Nr. 5, S. 561-564.
Picot, Arnold; Franck E. (1988): Die Planung der Unternehmensressource Information (I) und (II). In: WISU, 17. Jg., H. 10, S. 544-549 und H. 11, S. 608-614.
Porter, Michael E. (1989): Globaler Wettbewerb. Strategien der neuen Internationalisierung. Wiesbaden.
Porter, Michael E. (1989a): Wettbewerbsvorteile (Competitive Advantage). Frankfurt.
Raffée, Hans (1974): Grundprobleme der Betriebswirtschaftslehre. Göttingen.
Rall, Wilhelm (1989): Organisation für den Weltmarkt. In: ZfB 59. Jg., S. 1074-1089.
Riebel, Paul (1988): Produktion III: einfache und verbundene. In: Handwörterbuch der Wirtschaftswissenschaft, hrsg. von Willi Albers u.a., Bd. 6, Stuttgart, New York u.a., S. 295-310.
Ropella, Wolfgang (1989): Synergie als strategisches Ziel der Unternehmung. Berlin, New York.
Rose, Klaus (1989): Theorie der Außenwirtschaft. 10. Aufl. München.
Rugman, Alan M. (1980): Internalisation as a general theory of foreign direct investment: A reappraisal of the literature. In: Weltwirtschaftliches Archiv, Bd.114, No. 2, S. 365-379.
Rugman, Alan M. (1980a): Internalization theory and corporate international finance. In: California Management Review, Vol. 23, No. 2, S. 73-79.
Rugman, Alan M. (1980b): A new theory of the multinational enterprise: Internationalization versus internalization. In: The Columbia Journal of World Business, Vol. 15, No. 1, S. 23-29.
Rugman, Alan M. (1981): Inside the Multinationals. London.
Rugman, Alan; Lecraw, Donald J.; Booth, Laurence D. (1987): International business. Firm and environment. 2nd. Printing, Singapur.
Samiee, S. (1984): Transnational data flow constraints: a new challenge for multinational corporations. In: Journal of International Business Studies. Spring/Summer, S. 141-150.
Scheper, Wilhelm (1988): Produktion I: Produktionstheorie. In: Handwörterbuch der Wirtschaftswissenschaft, hrsg. von Willi Albers u.a., Bd. 6, Stuttgart, New York u.a., S. 256-276.
Schierenbeck, Henner (1973): Probleme der Kommunikation bei internationalen Unternehmungen – personalpolitische und aufbauorganisatorische Aspekte ihrer Bewältigung. In: ZfO, 42. Jg., Nr. 6, S. 346-351.

Schneeweiß, Christoph (1989): Einführung in die Produktionswirtschaft. 3. Auflg., Berlin, Heidelberg, New York.

Schneider, Kurt (1973a): Probleme der Organisation der Leitung internationaler Unternehmungen. In: Schneider, Kurt (Hrsg.) Die internationale Unternehmung. Meisenheim.

Schrader, Jürgen (1990): Der europäische Binnenmarkt aus der Sicht eines internationalen Unternehmens. In: Drumm, H. J.; Böcker, F. (Hrsg.): Die Europäische Herausforderung. Strategien für den Binnenmarkt. Berlin, S. 121-125.

Seidensticker, Gerd (1979): Gedanken zur Verlegung von Produktionsstätten in das kostengünstige Ausland. In: ZfB, 49. Jg., H. 10, S. 933-939.

Sharman, Graham (1984): The rediscovery of logistics. In: The McKinsey Quarterly. Autumn, S. 2-16.

Sieber, Eugen H. (1970): Die multinationale Unternehmung: Der Unternehmenstyp der Zukunft? In: ZfbF, 22. Jg., S. 414-438.

Siebert, Horst (1988): Anpassungsprobleme in einer offenen Volkswirtschaft. Sonderforschungsbericht 178 „Internationalisierung der Wirtschaft". Serie II, Nr. 50 (April), Universität Konstanz.

Simon, Hermann (1980): Zur Vorteilhaftigkeit von Auslandsinvestitionen. In: ZfB, 50. Jg., H. 10, S. 1104-1127.

Skinner, C. Wickham (1964): Management of international production. In: Harvard Business Review, Vol. 42, No. 5 (Sep./Oct.), S. 125-136.

Skinner, Wickham (1986): The productivity paradox. In: Harvard Business Review, Vol. 64, Nr. 4 (July/August), S. 55-59.

Soldner, Helmut (1981): Neuere Erklärungsansätze internationaler Unternehmensaktivitäten. In: Wacker, W.H., u.a. (Hrsg.): Internationale Unternehmensführung (Festschrift für E.H. Sieber) Berlin, S. 71-94.

Stein, Ingo (1992): Die Theorien der Multinationalen Unternehmung. In: Schoppe, S. G. (Hrsg.) Kompendium der Internationalen Betriebswirtschaftslehre. 2. Aufl., München/Wien, Kap. 2, S. 49-151.

Steven, Marion (1989): Hierarchische Produktionsplanung für flexible Fertigungssysteme. In: ZfbF, 41. Jg., H. 12, S. 1029-1047.

Stevens, Candice (1990): Technoglobalism vs. technonationalism: The corporate dilemma. In: Columbia Journal of World Business, 25. Jg., Nr. 3, S. 42-49.

Stopford, John H.; Wells, Louis T. Jr. (1972): Managing the multinational enterprise. Organization of the firm and ownership of the subsidiaries. London.

Teece, D. J. (1986): Transaction cost economics and the multinational enterprise. In: Journal of Economic Behavior and Organization. Vol. 7, Nr. 1, S. 21-45.

Tharakan, P. K. M.; Calfat, G. (1988): The role of services in the new international division of labour. In: van den Bulcke, D. (Hrsg.): Recent trends in international development: Direct investment, services and human rights. State University of Antwerpen, S. 69-102.

Toyne, Brian (1989): International exchange: A foundation for theory building in international business. In: Journal of International Business Studies, Vol. 20, No. 1 (Spring), S. 1-17.

Unctad (Hrsg.) (1997): World Investment Report 1997. Genf.

Valtz, Robert; u.a. (1964): The case of the multiplant manufacturer. In: Harvard Business Review, Vol. 42, No. 2 (March/April), S. 12-30 u. 176-182.

Vernon, R. (1966): International investment and international trade in the product cycle. In: The Quarterly Journal of Economics. Vol. 80, S. 190-207.

Vernon , R. (1979): The Product Cycle Hypothesis in a new international environment. In: Oxford Bulletin of Economics and Statistiks. Vol. 41, No. 4, S. 255-267.

Volkmann, Bernhard (1982): Technologieübertragung in internationalen Unternehmungen. Diss. Gießen.

Wacker, W. H.; Haussmann, H.; Kumar, B.K. (Hrsg.) (1981): Internationale Unternehmensführung. Managementprobleme international tätiger Unternehmen. Festschrift zum 80. Geburtstag von E. H. Sieber, Berlin.

Warnecke, H. J. (1975): Anpassungsmöglichkeiten industrieller Produktionsverfahren an die Situation in Entwicklungsländern. Institut für Produktionstechnik und Automatisierung. Stuttgart.

Weber, Jürgen; Kummer, Sebastian (1991): Aspekte des betriebswirtschaftlichen Managements der Logistik. In: DBW, 50 Jg., Nr. 6, S. 775-785.

Weck-Hannemann, Hannelore (1990): Politische Ökonomie des Protektionismus: Ein institutioneller Ansatz. Sonderforschungsbereich 178 „Internationalisierung der Wirtschaft" Serie II, Nr. 109, Universität Konstanz, Juli.

Welfens, Paul J.J. (1992): Internalization of production and european integration: free trade in goods, technology and assets? In: Klein/Welfens (Hrsg.): Multinationals in the new europe and global trade. Berlin u.a., S. 9-61.

Welge, Martin (1980): Management in deutschen multinationalen Unternehmungen. Stuttgart.

Welge, Martin K. (1989): Mutter-Tochter-Beziehungen. In: Handwörterbuch Export und Internationale Unternehmung, hrsg. von Klaus Macharzina und Martin K. Welge, Stuttgart, Sp. 1537-1552.

Wilbert, Hetmar (1992): Betriebliche und internationale Produktion und Produktionsplanung. In: Schoppe, S. G. (Hrsg.), Kompendium der Internationalen Betriebswirtschaftslehre. 3. Aufl., München/Wien, Kap. 10, S. 439-469.

Williamson, O. E. (1981): The modern corporation: Origins, evolutions, attributes. In: Journal of Economic Literature. Vol. 19, December, S. 1537-1568.

Wittmann, Waldemar (1980): Information. In: Grochla, E. (Hrsg.): Handwörterbuch der Organisation. 2. Aufl., Stuttgart, Sp. 894-904.

Wittmann, Waldemar (1988): Betriebswirtschaftslehre. In: Handwörterbuch der Wirtschaftswissenschaft, hrsg. von Willi Albers u.a., Bd. 1, Stuttgart u.a., S. 585-609.

Yip, George S. (1989): Global strategy ... In a world of nations? In: Sloan Management Review, Vol. 30 (1989), Fall, S. 29-41.

Zejan, Mario C. (1989): Intra-firm trade and swedish multinationals. In: Weltwirtschaftliches Archiv, Band 125 (1989), H. 4, S. 814-833.

10. Kapitel:
Internationales Beschaffungsmarketing (Global Sourcing)

1 Einführung

Beschaffungsmarketing als Analyse, Planung und Kontrolle aller auf die potentiellen Beschaffungsmärkte ausgerichteten Unternehmensaktivitäten zur Steuerung der Lieferanten einerseits und zur Verwirklichung der Unternehmensziele andererseits gewinnt im Inlandsgeschäft mehr und mehr an Dominanz (vgl. z.B. Biergans 1986; Hammann/Lohrberg 1986; Leenders/Blenkhorn 1989; Jetter 1990). Obwohl die formalen Prinzipien des Beschaffungsmarketing in jedem Land gültig sind, trifft das international tätige Unternehmen des öfteren auf **verschiedene Umwelten** (Sprache, Rechtsordnung, Währung, Klima usw.), die eine **qualitative Anpassung** der Beschaffungsmarketing-Konzeptionen erforderlich machen.

Die Einbeziehung von ausländischen Beschaffungsmärkten erfordert von einem internationalen Unternehmen nicht nur eine Vervielfachung der im Binnenmarkt realisierten Beschaffungsaktivitäten, sondern auch eine umfassende und konsequente organisatorische sowie methodische Umstellung des gesamten Beschaffungsprozesses. Das macht eine umfassende Sichtweise erforderlich, die landesspezifisches und länderübergreifendes Denken und Handeln sowie die Vielfalt von Varianten zur Erschließung von internationalen Beschaffungsmärkten berücksichtigt. Die Einbeziehung grenzüberschreitender Aktivitäten und die damit verbundenen Lösungen der mannigfaltigen Problemstellungen bilden das wichtigste Merkmal des internationalen Beschaffungsmarketing (vgl. Arnold 1991, S. 66f.; Moore 1992, S. 26f.; Werner 1991, S. 22). **Unter internationalem Beschaffungsmarketing soll demnach eine Konzeption zur marktorientierten, umweltangepaßten, politisch und kulturell sensiblen Koordinierung und Steuerung weltwirtschaftlicher Beschaffungsprozesse verstanden werden.** Dabei werden verschiedene Intensitätsgrade der internationalen Beschaffungstätigkeit bezüglich der Anzahl der zu bearbeitenden ausländischen Beschaffungsmärkte, des Importanteils am Gesamtbeschaffungsvolumen und des Ausmaßes, mit dem Beschaffungsfunktionen im Ausland (Einkäufer im Ausland; Einkaufsorganisation im Ausland usw.) ausgeübt werden, berücksichtigt.

2 Initialfaktoren und Zielsetzungen internationaler Beschaffung

Mit dem Ausbau von internatinalen Beschaffungsaktivitäten können für ein gebietsansässiges Unternehmen verschiedene Motive verbunden sein. Die nachfolgend angeführten Gründe, die einem Auslandsengagement zugrundegelegt werden können, sind je nach der Konstellation der determinierenden Einflußfaktoren von unterschiedlicher Relevanz:

- Langfristige Sicherstellung der Verfügbarkeit einzelner Beschaffungsobjekte (Bloech 1992, S. 39). Das Streben nach **Versorgungssicherheit** erfordert bei ausgeschöpften Binnenmärkten in zunehmendem Maße eine weltweite Ausrichtung der Beschaffungsmarktbearbeitung, weil eine Vielzahl von Beschaffungsobjekten nur noch auf ausländischen Märkten vorhanden ist.

- Abbau der Abhängigkeit von einem Beschaffungsmarkt und somit **Risikostreuung** durch Gewinnung zusätzlicher Märkte und Lieferanten im Ausland (vgl. Friedl 1990, S. 102). Insbesondere können saisonale Angebotsschwankungen des Binnenmarktes kompensiert werden.

- Ausnutzung von **Kostensenkungspotentialen** auf internationalen Beschaffungsmärkten (vgl. Piontek 1991a, S. 56). Das Streben nach kostengünstigeren Beschaffungsquellen erfordert die Suche nach Möglichkeiten zur Beschaffung billigerer aber qualitativ gleichwertiger Beschaffungsobjekte. Ausländische Lieferanten können des öfteren durch Kostenvorteile (Löhne, Rohstoffe, Steuern etc.) inländische Konkurrenten preispolitisch unterbieten.

- Stabilisierung der Beschaffungspreispolitik oder gar Vergrößerung des preispolitischen Spielraums auf dem Binnenmarkt und **Kompensation von Wechselkursschwankungen** durch Einkauf in den betreffenden Ländern.

- Verbesserung der Beschaffungsobjektqualität durch größere Auswahlmöglichkeiten. Internationale Beschaffungsaktivitäten unterstützen diese Unternehmen im Streben nach einer hohen **Beschaffungsqualität**, wodurch die Kongruenz zwischen den Leistungen der Beschaffungsobjekte und den Ansprüchen der Bedarfsträger vielfach verbessert wird.

3 Problemfelder eines internationalen Beschaffungsmarketing

Die Bearbeitung mehrerer Beschaffungsmärkte bringt nicht nur vermehrte, sondern auch komplexere und andersartige Probleme und Aufgabenstellungen mit sich (siehe Abb. 10.1). Darüber hinaus sind technische, organisatorische aber auch finanzielle Fragen viel stärker zu berücksichtigen, als dieses noch im nationalen Beschaffungsmarkt der Fall ist. Das internationale Beschaffungsmarketingkonzept erfordert deshalb eine sehr viel längerfristige und mehr strategische Orientierung als die Beschaffung im Inland. Die Gründe sind dafür u.a.:

- Erhebliche **Kosten** im Zusammenhang mit den Aktivitäten der internationalen Beschaffungsmarktforschung (vgl. Blom 1982, S. 106f.).

- Die Höhe der notwendigen **Investitionen** bei Auslandsaktivitäten, wie beispielsweise bei der Einrichtung einer Auslandsbeschaffungsabteilung.

- Die erforderliche **Dauer bei der Abwicklung** einer Auslandsbeschaffung, die einer Just-in-time Beschaffung häufig entgegenwirkt.

Ein kurzfristiger Rückzug aus einem internationalen Beschaffungsengagement verschließt in der Regel die Möglichkeit einer späteren Verstärkung der internationalen Beschaffung. Internationales Beschaffungsmarketing erfordert demnach neben einer langfristigen Orientierung auch eine systematische Entscheidungsvorbereitung.

Vorteile durch	Gegenläufige Tendenzen	Erforderliche Maßnahmen im Einkauf
technische Harmonisierung (z.B. Normen)	Vereinheitlichung durch Technik zu langsam. Mindestharmonisierung wird angewendet.	Verbände und Politiker zum Vorantreiben der Harmonisierung ermutigen.
	Innerbetriebliche Normen halten frühere staatliche Normen aufrecht.	Technische Auswirkungen der Deregulierung auf eigene Produkte systematisch verfolgen.
schärferen Wettbewerb	Bisherige Lieferanten gründen Tochtergesellschaften in den übrigen europäischen Staaten. Fusionen oder Kooperationen zwischen bisherigen Wettbewerbern.	Einschaltung neuer, kompetenter Lieferanten aus anderen EU-Staaten. Durch Kostenanalyse Angebote bisheriger Lieferanten auf Kostenniveau der neuen Produktionsstätten sicherstellen.
	Einkäufer erkennen die Marktmöglichkeiten nicht.	Systematisch Einkaufserfolg für gleichartige Komponenten verfolgen.
größeren Markt	Kapazitätsengpässe bei Investitionsgütern.	Rechtzeitig neue Maschinen und Anlagen bestellen. Kapazitäten früh bei Werkzeugmachern reservieren.
	Kapazitätsengpässe bei Produktionsmaterial.	Neue Lieferanten qualifizieren. Bisherige Lieferanten zu kostensenkenden Investitionen in anderen EU-Staaten motivieren. Angebote von außerhalb der EU nutzen.
schnellen Transport	Verkehrsnetz wächst nicht mit.	Einkaufsverträge auf „ab Werk" Basis. Kostengünstige Spediteure einschalten. Transportwege vor Kaufabschluß prüfen.

Abb. 10.1: Erforderliche Beschaffungsmaßnahmen innerhalb der internationalen Beschaffung; Quelle: Jetter, 1990, S. 40

4 Konzeption eines internationalen Beschaffungsmarketing

Die Vorstellung, internationales Beschaffungsmarketing erschöpfe sich in einer lediglich räumlichen Ausdehnung der Beschaffungsmarktaktivitäten, greift zu kurz. Vielmehr muß sich ein global orientiertes Beschaffungsmarketing aus der strategischen Aufgabenstellung des Materialmanagement ergeben (vgl. Arnold 1991, S. 67f.). Strategische Ausrichtung der Beschaffungsaktivitäten und internationale Beschaffungsmarktbearbeitung sind dementsprechend Korrelate.

4.1 Strategische Orientierung der internationalen Beschaffungsaktivitäten

Strategische Orientierung bedeutet in diesem Zusammenhang die umfassende, funktionsübergreifende Ausrichtung der Beschaffungsaktivitäten zur Sicherung der Erfolgspotentiale des Unternehmens. Zentrale Aufgabe ist es, die Marktchancen heterogener Umwelten insgesamt zu erschließen (vgl. Pekayvaz 1985, S. 67f.) sowie spezifische Risiken rechtzeitig zu erkennen und zu handhaben (vgl. Piontek 1991b, S. 175f.). Hierbei ist es erforderlich, die Beschaffungsführung in die Unternehmenspolitik (vertikal) einzubinden und eine enge horizontale Abstimmung mit den übrigen Teilpolitiken (z.B. Produktion, Absatzmarketing) zu suchen. Die Beschaffungsführung muß mit ihren internen und externen Handlungsmöglichkeiten strategische Optionen für das gesamte Unternehmen öffnen (vgl. hierzu auch Katzmarzyk 1988, S. 122f.). Strategische Dimensionen sind hierbei (vgl. Arnold 1991, S. 67):

- Ansatzpunkt **Materialbedarf** mit dem Ziel, die Integrationsfähigkeit von Inputgütern zu verbessern (produkt- und prozeßbezogene Systemfähigkeit). Dazu gehört zunehmend auch die Aufgabe der Abfallvermeidung bzw. -verwertung.

- Ansatzpunkt **Marktseitenverhältnis** mit dem Ziel, die Position als Nachfrager gegenüber den Lieferanten zu verbessern und ggf. eine Alleinstellung und exklusive Behandlung im Hinblick auf Qualitäten und/oder Konditionen zu erreichen. Hier wird also die vertikale Struktur der Austauschbeziehungen zum Gegenstand strategischen Handelns.

- Ansatzpunkt **Lieferant** mit dem Ziel, die Problemlösungsfähigkeit der Zulieferanten zur Erzielung eigener Wettbewerbsvorteile zu erschließen. Damit sind vor allem Qualitäts- und Zeitvorteile gemeint.

- Ansatzpunkt **Nachfrageseite** mit dem Ziel, horizontale Verbundeffekte auszuschöpfen. Dazu zählen Beschaffungskooperationen und strategische Beschaffungsallianzen.

4.2 Internationale Beschaffungsmarktbearbeitung

Hiermit ist die systematische Ausdehnung der Beschaffungspolitik auf internationale Beschaffungsquellen gemeint. Es ist sogar vorstellbar, daß beschaffungspolitische Ziele den ersten Schritt zu einer Internationalisierung eines Unternehmens bewerkstelligen. Dabei müssen jedoch die strategischen Aufgabenstellungen der Beschaffungsführung in einen internationalen Transaktionsrahmen gestellt werden (vgl. Arnold 1991, S. 68). Die Etablierung enger Transaktionsbeziehungen erfordert jedoch erhebliche Investitionen. Diese sind zwar längerfristig unter dem Gesichtspunkt einer späteren Amortisation sinnvoll, führen aber dazu, daß der Beschaffer sich aufgrund dieser zunächst hohen Kosten lieber an inländisch bekannte Lieferanten bindet und auch im Laufe der Zeit günstigere ausländische Partner am Markt nicht mehr berücksichtigt (vgl. Piontek 1991a, S. 57). Anstatt zum jeweils günstigsten Transaktionspartner zu wechseln, verhalten sich die Beschaffer aus Sicherheitsgründen oft risikoavers. Die Vorteile enger Transaktionsbeziehungen und dadurch **geringer Transaktionskosten** (vgl. hierzu insbesondere Williamson 1981) werden langfristig durch erhöhte nicht ausgenutzte Kostensenkungspotentiale überkompensiert. Die Erfahrung aus bisherigen Auslandsaktivitäten lehrt, daß langfristig Anreize für den Beschaffer zur Ausschöpfung von Kostensenkungspotentialen verschwinden und erhöhte Preise der inländischen Transaktionspartner bereitwillig akzeptiert werden.

Eine weitere Aufgabenstellung der Beschaffungsführung innerhalb eines internationalen Transaktionsrahmens besteht sicherlich in der Unterstützung der eigenen Technologieforschung. Hierbei können sowohl aktuelle als auch potentielle ausländische Lieferanten als ständige Informationsquelle dienen (vgl. Cavinato 1984, S. 206). So richten Unternehmen häufig in verschiedenen Auslandsmärkten Beschaffungsbüros ein, um besser und schneller über technologische Veränderungen informiert zu werden.

Wenn die Geschäftsleitungen die Vorteile stärkerer internationaler Leistungsverflechtungen einzusehen beginnen, wird dies Konsequenzen für die Strukturorganisation der Unternehmen haben. Die Möglichkeiten internationaler Beschaffungsmärkte können nur dann ausgeschöpft werden, wenn die Beschaffer stärker in den ausländischen Märkten präsent sind. Für die eigenen Marketingchancen ist es wichtig, eine Insider-Postition in ausländischen Zielmärkten aufzubauen, um Akzeptanzprobleme bei Politikern, Verwaltungen und schließlich auch bei Käufern lösen zu können. Internationales Beschaffungsmarketing kann als eine Unternehmensteilpolitik aufgefaßt werden, die dazu beiträgt, in einem bisher nicht bearbeiteten Zielmarkt einen strategischen Brückenkopf zu bilden. Mit Hilfe der Präsenz im Beschaffungsmarkt kann ein später eingeplanter Eintritt in die Absatzmärkte sorgfältig und systematisch vorbereitet werden.

4.3 Formen von ausländischen Beschaffungsaktivitäten

Die theoretische Darstellung der möglichen Hauptarten einer Betätigung gebietsansässiger Unternehmen auf ausländischen Beschaffungsmärkten erfolgt mit eindeutiger Beschaffungs(markt)-Präferenz aus der Sicht des Herstellers. Abb. 10.2 strukturiert die Formen der ausländischen Beschaffungsaktivitäten.

Beim **indirekten Import** wird ein Importeur (Händler, Überseehaus etc.) eingeschaltet, der i.d.R. alle mit der Einfuhr zusammenhängenden Funktionen wie Transport, Lagerhaltung, Beratung usw. übernimmt. Aus der Übernahme der mit der Funktionsausübung verbundenen Risiken leiten die Importeure ihre Existenzberechtigung ab (vgl. Kulhavy 1986, S. 14).

Die klassische Form der internationalen Beschaffung ist der **direkte Einkauf**. Hier stellt das Unternehmen einen direkten Kontakt mit seinen ausländischen Partnern (Exporteure, Vertreter, Großhändler) her. Im Vergleich zum indirekten Import besteht beim direkten Import weitaus mehr die Möglichkeit der Einfluß-

Ausländische Beschaffungsaktivitäten	Ausprägungsform
Import	– Indirekter Import – Direkter Import – Sonderform des Imports z.B. Importgemeinschaft
Vertragliche Kooperation ohne Kapitalbeteiligung	– Franchise-Verträge – Management-Verträge – Contract Manufacturing
ausländische Beschaffungsmarktbearbeitung mit direkter Kapitalbeteiligung	– Einkaufsniederlassung – Tochtergesellschaft – Joint Venture
Warentauschgeschäft	– Bartergeschäft – Kompensationsgeschäft (mindestens ein Dritter beteiligt) – Rückkaufgeschäft – Parallelgeschäft

Abb. 10.2: Formen der ausländischen Beschaffungsaktivitäten

nahme auf das Beschaffungsgeschehen, da auf dem Weg vom ausländischen Unternehmen zum inländischen Beschaffer keine fremden bzw. nur im Sinne der Beschaffungsmarketing-Zielsetzung mittragenden Organe im In- oder Ausland eingeschaltet werden (vgl. Walldorf 1987, S. 29).

Das Hauptmerkmal des direkten Imports ist demnach die Möglichkeit zur unmittelbaren Einflußnahme auf das Beschaffungsgeschehen in einem Auslandsmarkt, insbesondere durch eigenständige, individuelle Kontaktanbahnung, Marktbearbeitung, Auftragsabwicklung und Lieferantensteuerung.

Die sogenannten **Importgemeinschaften** oder **Importkooperationen** gelten als Sonderform des Imports. Es handelt sich hier um Zusammenschlüsse verschiedener Beschaffer, die gleiche Bedürfnisse haben, die gleiche Zielgruppen ansprechen oder aber ein größeres, abgerundeteres Beschaffungsvolumen im Ausland (und damit größere Preisnachlässe) realisieren wollen (vgl. Harlander/Platz 1989, S. 63).

Von den Mitgliedsfirmen einzelner Formen der Importkooperation können die folgenden Größenvorteile (= economies of large scale) angestrebt werden (vgl. Hammann/Lohrberg 1986, S. 151f.; Walldorf 1987, S. 40f.):

- Economies of large scale **buying**
  [Preisvorteil bei gemeinschaftlicher Beschaffung sowie Kostenvorteile (Konditionen) für die einzelnen Partnerfirmen, wenn diese mit Firmen Verträge abschließen, mit denen ein kooperatives Rahmenabkommen getroffen worden ist.]

- Economies of large scale **information**
(Größenvorteile durch Einrichtung einer gemeinsamen Beschaffungsmarktforschungsabteilung, gemeinsame Durchführung von Beschaffungsmarktforschungsprojekten, Nutzung der Partnererfahrungen etc.)
- Economies of large scale **transport**
[Kosteneinsparungen im Bereich der Beschaffungslogistik (gemeinsame Lagerhaltung, Bezug etc.)]
- Economies of large scale **communication**
(Größenvorteile durch gemeinsame Beschaffungswerbung – evtl. gekoppelt mit Messeteilnahmen oder ähnlichen Schritten in der Fachöffentlichkeit.)
- Economies of large scale **range**
(Größenvorteile durch ein gemeinsam getragenes Beschaffungsvolumen, wodurch Aufträge vergeben werden können, deren Erfüllung die Leistungsfähigkeit einzelner Mitglieder weit übersteigt. Das sich ergänzende Beschaffungsvolumen steigert die Beschaffungschancen der einzelnen Partnerfirmen.)
- Economies of large scale **financing**
(Größenvorteile bei der Importfinanzierung durch z.B. günstigere Bankkonditionen als bei individuellem Vorgehen.)

Bei **Franchise-Verträgen** gewährt ein ausländischer Franchisegeber einem inländischen Franchisenehmer gegen Bezahlung einer Franchisegebühr das Recht, seinen Markennamen zu verwenden. Von der so erzielten Unternehmensidentität (Corporate Identity) profitiert der Beschaffer, weil er am Image des potenten Franchisegebers partizipiert (vgl. Espejo 1989, S. 15).

Management-Verträge ermöglichen für die Zeit der Aufbau– und/oder Anlaufphase von Anlagen, Führungspersonal zur Verfügung zu stellen (vgl. Berekoven 1985, S. 46). Verträge dieser Art kommen häufig dort zustande, wo der Beschaffer nicht in der Lage ist, die Anlagen selbst in Betrieb zu setzen und zu warten.

Das generelle konstitutive Merkmal bei **Contract Manufacturing** ist, daß einem Lieferanten, der in einem fremden Wirtschaftsgebiet ansässig ist, auf vertraglicher Basis von einem gebietsfremden Beschaffer bestimmte Stufen der Herstellung seines Erzeugnisses übertragen werden (vgl. Walldorf 1987, S. 48). Verlagerung und Reexport in das Wirtschaftsgebiet des Kontraktgebers sind immer dann sinnvoll, wenn entsprechende Vergünstigungen gegeben sind, wie z.B.:

- **Kostenvorteile** (Löhne, Rohstoffe etc.)
- **Überwindung von Exportrestriktionen** im Gastland
(da hierdurch in erster Linie Arbeitsplätze erhalten und geschaffen werden und zudem noch Devisen ins Land kommen, erfahren die im Gastland erstellten Erzeugnisse eine administrativ bevorzugte Behandlung.)
- **Imagevorteile** für den eigenen Produktwert
(z.B. Produkt besteht aus high-tech Komponenten, die in Japan erstellt worden sind.)

Strebt ein Unternehmen eine vollständige Kontrolle über seine Auslandsniederlassung an, so ist ein **hundertprozentiges Eigentum** erforderlich. **Einkaufsniederlassungen** können dabei in der Form einer Zweigniederlassung oder als selbständige **Tochtergesellschaft** betrieben werden. Dem Vorteil des Alleineigentums und der dadurch gegebenen Vermeidung von Interessenkonflikten steht der große Nachteil des Enteignungsrisikos entgegen (vgl. Kulhavy 1986, S. 27).

Für eine nur anteilsmäßige Auslandsbeteiligung bietet sich die Beschaffung über ein **Joint Venture** an. Hier gründen Unternehmen aus zwei verschiedenen Ländern gemeinsam ein drittes Unternehmen, dessen Standort in der Regel im Land eines der Beteiligten liegt (vgl. Berekoven 1985, S. 48). International tätige Unternehmungen mit Joint-Venture-Engagements haben über die mit der Auslandsbearbeitung ohnehin verbundenen Probleme hinaus noch diejenigen der Abstimmung der Beschaffungspolitik mit ihrem Beteiligungspartner.

Auch bei noch so guter vertraglicher Absprache ist die Gefahr von Konflikten dadurch gegeben, daß die Partner unterschiedliche Vorstellungen über einzuschlagende Beschaffungsstrategien bzw. die Verwendung erwirtschafteter Kosteneinsparungen entwickeln (vgl. Baer 1990, S. 32).

Unter den Formen der Auslandsmarktbearbeitung nehmen die **Warentauschgeschäfte** (Barter Trade, Gegen-, Kompensationsgeschäfte, Counter Purchase) eine Sonderstellung ein. Sie sind trotz der inzwischen entwickelten Verfeinerungen in der Abwicklungstechnik im Grunde die älteste und primitivste Form des (internationalen) Handels.

Warentauschgeschäfte können eine Vielzahl von Formen annehmen; wesentlichstes Kennzeichen all dieser Praktiken ist jedoch, daß sie mehr oder weniger explizit eine Kombination zwischen Import- und Exportgeschäften darstellen.

Nach der Art der gehandelten Güter, den finanziellen Vereinbarungen und der bis zum Abschluß der Transaktionen benötigten Zeit lassen sich vier Grundarten von Warentauschgeschäften unterscheiden. Hierbei handelt es sich um Barter-, Kompensations-, Rückkauf- und Parallelgeschäfte (vgl. Jalloh 1992, S. 16f.; Schuster 1986, S. 354f.).

Nach der Art der gehandelten Güter, den finanziellen Vereinbarungen und der bis zum Abschluß der Transaktionen benötigten Zeit unterscheidet man folgende Geschäfte:

- **Bartergeschäfte:** Transaktionen einer unbegrenzten Zahl von Produkten, wobei kein Dritter außer Importeur und Exporteur beteiligt ist; ein einmaliger und nach kurzer Zeit abgeschlossener Vorgang;
- **Kompensationsgeschäfte:** Ein Dritter verpflichtet sich, die gelieferte Ware abzunehmen);
- **Rückkaufgeschäfte:** Anlagen, Ausrüstungen oder Technologien werden geliefert, mit denen Güter, die als Zahlung zurückgeliefert werden, erzeugt werden; die Vertragslaufzeit ist notwendigerweise länger;
- **Parallelgeschäfte:** Die Zurückzahlung von gelieferten Gütern, Technologien oder Dienstleistungen erfolgt innerhalb einer festgelegten Frist aus einer Liste auszuwählender Güter, die nicht mit der importierten Technologie erzeugt wurden.

4.4 Marktauswahl und -segmentierung

Ausgehend von der Intention einer internationalen Beschaffung stellt sich für ein Unternehmen vor dem Hintergrund der Ländervielzahl das Entscheidungsproblem der Auswahl der den Beschaffungszielen entsprechenden optimalen Beschaffungsmärkte. Die sich aus dem Selektionsprozeß ergebende Beurteilung einzelner Länder als potentielle Beschaffungsmärkte basiert letztlich entscheidend auf (vgl. Harlander/Platz 1989, S. 133; Friedl 1990, S. 216f.)

- dem dort vorhandenen **Angebotsvolumen** (nach differenzierten Teilmärkten),
- den dort bei einzelnen Lieferantensegementen gegebenen **Beschaffungsvoraussetzungen** (Qualität, Kosten, Preisakzeptanz etc.),
- den dort bei einzelnen Lieferantensegmenten gegebenen risikoarmen Beschaffungsrealisierungen **(Versorgungssicherheit)**,
- den damit zusammenhängenden **Konsequenzen für das Gesamtunternehmen** (Kosten-, Deckungsbeitragssituation, Wettbewerbsfähigkeit etc.).

Generell können bei der Selektion der Ländergruppen folgende vier Stufen unterschieden werde:

1. Stufe

Innerhalb der Marktsegementierung muß zunächst einmal darauf abgestellt werden, solche Ländersegmente zu bilden, die jeweils ein homogenes Niveau der allgemeinen Liefervoraussetzungen aufweisen bzw. solche herauszufiltern, deren Liefervoraussetzungen für einen Markterfolg nicht ausreichend scheinen (vgl. Blom 1982, S. 131f.).

2. Stufe

Im Rahmen der Präselektion muß eine länderspezifische Analyse der politischen und ökonomischen Risikosituation und -entwicklung erfolgen. Hierzu dienen sogenannte „country-ratings" (vgl. Waldorf 1987, S. 283) zur Beurteilung, Beobachtung und Kontrolle der Ländermärkte. Abb. 10.3 gibt einen Überblick über ausgewählte Länderrisiko-Indizes (vgl. auch Abschnitt 3.4.1 in Kapitel 12).

3. Stufe

Aus der Zahl der in der Grobauswahl selektierten Länder sind dann jene zu isolieren, in denen aufgrund ökonomischer Kriterien ein Markteintritt lohnt (vgl. Hammann/Lohrberg 1986, S. 152).

4. Stufe

Auf der letzten Stufe erfolgt für jedes der in der 2. Stufe ausgewählten „A-Länder" eine weiterführende Analyse segmentspezifischer Erfolgschancen. Dadurch sollen endgültige Aufschlüsse gegeben werden, welchem Land welcher Platz in der Rangfolge zugemessen werden soll. Dem schließt sich die gezielte Erarbeitung von Beschaffungsinstrumenten für einen ausländischen Beschaffungsmarkt in bezug auf die Beschaffungsziele an (vgl. Pfisterer 1986, S. 101f.).

Im Rahmen der einzelnen Selektionsstufen können sowohl heuristische als auch analytische Verfahren zum Zuge kommen (vgl. hierzu Meffert/Althans 1982, S. 308; Stahr 1979, S. 152).

Nach der Selektion der Länderauswahl kann sich die Marktsegmentierung – ausgehend von einem konkreten Beschaffungsobjekt-/Länderfall – in folgenden Schritten vollziehen (vgl. Pekayvaz 1985, S. 76f.):

Index-Beschreibung	Herkunft bzw. Unterindizes und Zahl der Kriterien	Erfaßte Risiken
Economist Intelligence Unit (EIU)	The Economist	Bonität
Business Environment Risk Information: BERI-Geschäftsrisikoindex	BERI-Institute, Univ. of Delaware ORI (Operation Risk Index) − 15 PRI (Political Risk Index) − 10 R-Factor (Repayment Faktor) − 16	Alle Länderrisiken
Euromoney-Index	Euromoney-Magazin	Bonität
mm-Ländertest	Politische Stabilität − 8 Binnenwirtschaft − 11 Außenwirtschaft − 11	Alle Länderrisiken
ESI-Indikator (Economic Survey International)	Ifo-Institut, München	Alle Länderrisiken
Institutional Investor-Index	Institutional Investor Magazine, New York	Bonität
BI Country Ratings	Business International Corporation	Alle Länderrisiken
FORELEND-Index: Forecast of Country Risk for International Lenders (BERI-Institute)	(LR = Lender Risk) LRquan (quantitativer Index) − 9 LRqual (qualitativer Index) − 11 LRenvir (sozialer Index) − 26	Zahlungsfähigkeit
Konzept der Commerzbank	Commerzbank, Ffm	i.w.S. alle Länderrisiken

Abb. 10.3: Überblick über ausgewählte Länderrisiko-Indizes
Quellen: Espejo, E. A. 1989, S. 27, Meyer, M. 1987, S. 86ff. und Quack, H. 1995, S. 101

(1) Erarbeitung von generellen beschaffungsobjektgruppen- und landesspezifischen Kriterien, nach denen ein Beschaffungsmarkt in Teilmärkte untergliedert werden könnte, einschließlich der Untersegmente bzw. Lieferantengruppen (Cluster).

(2) Festlegung der Segmentierungsbasis durch Untersuchung der einzelnen Kriterien im Hinblick auf deren Bedeutung für das Beschaffungsvolumen.

(3) Anwendung des durch Festlegung der Segmentierungsbasis festgelegten Kriterienkatalogs,

3.1 Definition der Cluster-Konstellation,
3.2 Festlegung der einzelnen Segmentprofile.
(4) Beschaffungssegment- bzw. lieferantengruppenspezifische Ermittlung von
4.1 Beschaffungsmarktpotential,
4.2 Beschaffungsmarktvolumen,
4.3 Beschaffungsmarktbesonderheiten (Monopol-Anbieter, Verwendungsrestriktionen, Ausfuhrverbote etc.),
4.4 Erwartungen in bezug auf die Beschaffungswirtschaftlichkeit (Kosten, Deckungsbeiträge etc.).
(5) Beschaffungsmarktsegment- bzw. Lieferantengruppenunterscheidung als Basis für die Planung, Gestaltung und Umsetzung der Beschaffungsmarketingstrategien bzw. den Instrumenteneinsatz.

Der ausgewählte Beschaffungsmarkt ließe sich dann nach folgenden Kriterien segmentieren (vgl. Hammann/Lohrberg 1986, S. 45f.):

(1) Geographische Kriterien.
(2) Struktur des Beschaffungsmarktes,
d.h. Aufbau und Wirkungsweise des jeweiligen Marktes einschließlich der beteiligten Lieferanten, Mitnachfrager und Beschaffungsmittler.
(3) Marktentwicklung,
d.h. mittel- bis langfristige Projektion des Potentials bzw. Volumens des Beschaffungsmarktes.
(4) Lieferantenverhalten,
d.h. Marktverhaltensweisen der effektiven und potentiellen Lieferanten.
(5) Bisherige Lieferantenbeziehungen,
 – Aktiv-Lieferant,
 – Bedeutung des Lieferanten,
 – ehemaliger Lieferant (Passiv-Lieferant),
 – Kontakt besteht bereits (Alt-Lieferant),
 – Erstkontakt wurde angestrebt.
(6) Konkurrentenverhalten,
d.h. Marktverhaltensweisen der Mitnachfrager.
(7) Mittlerverhalten,
d.h. Marktverhalten der Beschaffungsmittler (insbesondere der Handelsbetriebe).
(8) Umweltrestriktionen,
d.h. Beschränkungen des eigenen Beschaffungsverhaltens durch die gesamtwirtschaftliche Entwicklung, die Rechtsordnung, das ökologische Umfeld usw.

5 Internationale Beschaffungsmarktforschung

Unter Beschaffungsmarktforschung wird die planvolle und systematische Erfassung der Bedingungen und Vorgänge auf den Beschaffungsmärkten eines Unternehmens verstanden (vgl. Stangl 1986; Lohrberg 1978). Der Gegenstand der Beschaffungsmarktforschung ist abhängig von der Art der angestrebten oder verwirklichten Geschäftsbeziehungen im Ausland. Dabei ergibt sich eine stark unterschiedliche Aufgabe der Beschaffungsmarktforschung, die sich in der Spanne zwischen der Eröffnung ganz neuer Geschäftsbeziehungen mit einem bis dahin nicht bekannten Lieferanten in einem für das Unternehmen bis dato unbekannten Land und der Beschaffung eines bekannten Produktes in einem auch ansonsten bekannten Auslandsmarkt bewegt.

Die Ziele der Beschaffungsmarktforschung haben den Charakter von Subzielen der Beschaffung, deren Ziele wiederum aus dem gesamten Zielsystem des Unternehmens abgeleitet werden können. Im einzelnen handelt es sich um (vgl. Hapke 1990, S. 15):

- Die Verbesserung der Markttransparenz internationaler Märkte.

- Die Versorgung der Entscheidungsträger mit sachdienlichen Informationen aus den ausländischen Beschaffungsmärkten.

- Die langfristige Sicherstellung einer optimalen Versorgung (Erschließung neuer Beschaffungsquellen, Erkennung von Substituten für Einsatzgüter, Vermeidung von Lieferengpässen) durch Erweiterung des Beschaffungsradius.

- Rechtzeitiges Erkennen der zukünftigen Entwicklung in den sich teilweise gegenseitig beeinflussenden Beschaffungsmärkten. Die Gewinnung zukunftsgerichteter Informationen.

Die hauptsächlichen Unterschiede zwischen Binnen- und Auslands-Beschaffungsmarktforschung sind wie folgt festzuhalten:

- **Wechselnde Umweltsituationen** des ausländischen Beschaffungsmarktes bedingen eine ständige Variation des Informationsbedarfs (unterschiedliche Relevanz von Informationen in verschiedenen Ländern) und machen Anpassungen im computergestützten Methodeneinsatz (vgl. Piontek 1990b, S. 44; Piontek 1992, S. 45) und in der Durchführung des Erhebungsprozesses erforderlich.

- Häufig sind beschaffungsobjektbezogene Primärinformationen gerade aus entfernten bzw. wenig entwickelten Anbieterländern nicht erhoben, während gesamtwirtschaftliche und politische Sachverhalte im Wege der Sekundärforschung bereits gewonnen worden sind. Aber auch das Sekundärmaterial ist häufig unvollständig und ungenau (Blom 1982, S. 131f.).

- Das **Kostenmoment** spielt bei der ausländischen Beschaffungsmarktforschung eine oft viel größere Rolle als bei der inländischen Beschaffungsmarktforschung. Da von ausländischen Märkten in der Regel weitaus weniger bezogen wird als im Inland und demnach die Relation Kosten der Beschaffungsmarktforschung und realisiertes Beschaffungsvolumen ein weitaus ungünstigeres Verhältnis wiedergibt als dies der Fall bei inländischen Beschaffungen ist, wird das Unternehmen häufig gezwungen, eine direkte Untersuchung spezieller Beschaffungsmarktfaktoren auf einzelnen Beschaffungsmärkten zu unterlassen.

- Die von Land zu Land variierenden Verhältnisse verlangen oft, daß von Auslandsmarkt zu Auslandsmarkt eine neue **Verfahrenskombination der Beschaffungsmarktforschungsmethoden** vorgenommen wird (vgl. Walldorf 1987, S. 262). Außerdem berührt die Beschaffungsmarktforschung im Ausland Bereiche, die, da sie zu Selbstverständlichkeiten und Gewohnheiten des Inländers gehören, nicht näher von ansässigen Unternehmen untersucht worden sind.

Die **Bereiche der Beschaffungsmarktforschung** lassen sich folgendermaßen klassifizieren (vgl. Blom 1982, S. 131f.; Pekayvaz 1985, S. 76f.; Harlander/Platz 1989, S. 30f.; Hapke 1990, S. 14f.):

- **Marktökonomische Gesichtspunkte:**

Die Beschaffungsmöglichkeiten des Unternehmens im Ausland hängen vom Angebot der Marktgegenseite, von der Nachfrage der konkurrierenden Unternehmen der eigenen Marktseite (Beschaffungskonkurrenz im Aus- und Inland) und schließlich von den in den Beschaffungsweg eingeschalteten Institutionen ab. Daraus abgeleitet kann die Beschaffungsmarktforschung unter marktökonomischen Gesichtspunkten gegliedert werden in die Erforschung des Angebots, in die Erforschung des Bedarfs der Mitnachfrager – auch des Nachfragebedarfs aus anderen substituierenden Industriezweigen – und in die Erforschung der Beschaffungswege im Aus- und Inland.

- **Untersuchungsmethode**

Es sind ferner zwei grundverschiedene Betrachtungsweisen der Beschaffungsmärkte möglich. Sofern das Erkenntnisinteresse die Grundstruktur eines Beschaffungsmarktes zu einem bestimmten Zeitpunkt ist, spricht man von Marktanalyse. Liegt das Erkenntnisinteresse zeitlich weiter gefaßt, also auf Zeiträume ausgerichtet, wird von Marktbeobachtung gesprochen. In bezug auf die internationale Beschaffung sind dazu z.T. mühsame Informationssammlungen erforderlich, um die landesinternen oder die „importierten" Ursachen der Marktänderungen ermitteln zu können.

- **Regelmäßigkeit**

In der internationalen Beschaffung werden wegen der oft hohen Bedeutung häufig sowohl fallweise als auch kontinuierliche Beschaffungsforschungen parallel angewendet. Dabei bestimmt die jeweils gewählte Strategie (Grundversorgung aus dem Ausland oder Deckung des Zusatzbedarfs aus dem Ausland), in welcher Form Beschaffungsmarktforschung zu betreiben ist.

- **Intensität**

Bei der Betrachtung der Intensität der Bemühungen im Rahmen der Beschaffungsmarktforschung gelangt man zur Unterscheidung zwischen der Untersuchung der Märkte in der eigenen Fertigungsstufe (Eigenmärkte) oder, darüber hinausgehend, der Untersuchung der Märkte, die den eigenen Märkten im Veredelungsprozeß vorgelagert sind (Vormärkte).

- **Informationsspektrum**

Hinsichtlich des von der Beschaffungsmarktforschung zu deckenden Informationsbedarfs kann zwischen produkt- bzw. lieferantenbezogenem und länderbezogenem Informationsbedarf unterschieden werden:
  - Das Informationsbedürfnis bezogen auf die Produkte erstreckt sich auf Bestandteile, Qualität, Herstellungsverfahren, Eigenschaften und Verwendungsmöglichkeiten.
  - Die lieferantenbezogenen Informationen umfassen Größe (Umsatz), Produktionsprogramm, Kundenkreis, Auftragslage, Kapazitäten.
  - Die länderbezogenen Informationen schließlich sind ausgerichtet auf die Anzahl und Größe des Beschaffungsgebietes, Infrastruktur, Wirtschaftssystem, Außenhandelsvolumina, Verschuldung, Handelshemmnisse und durch die ethnologische Zusammensetzung des Landes bedingte Besonderheiten.

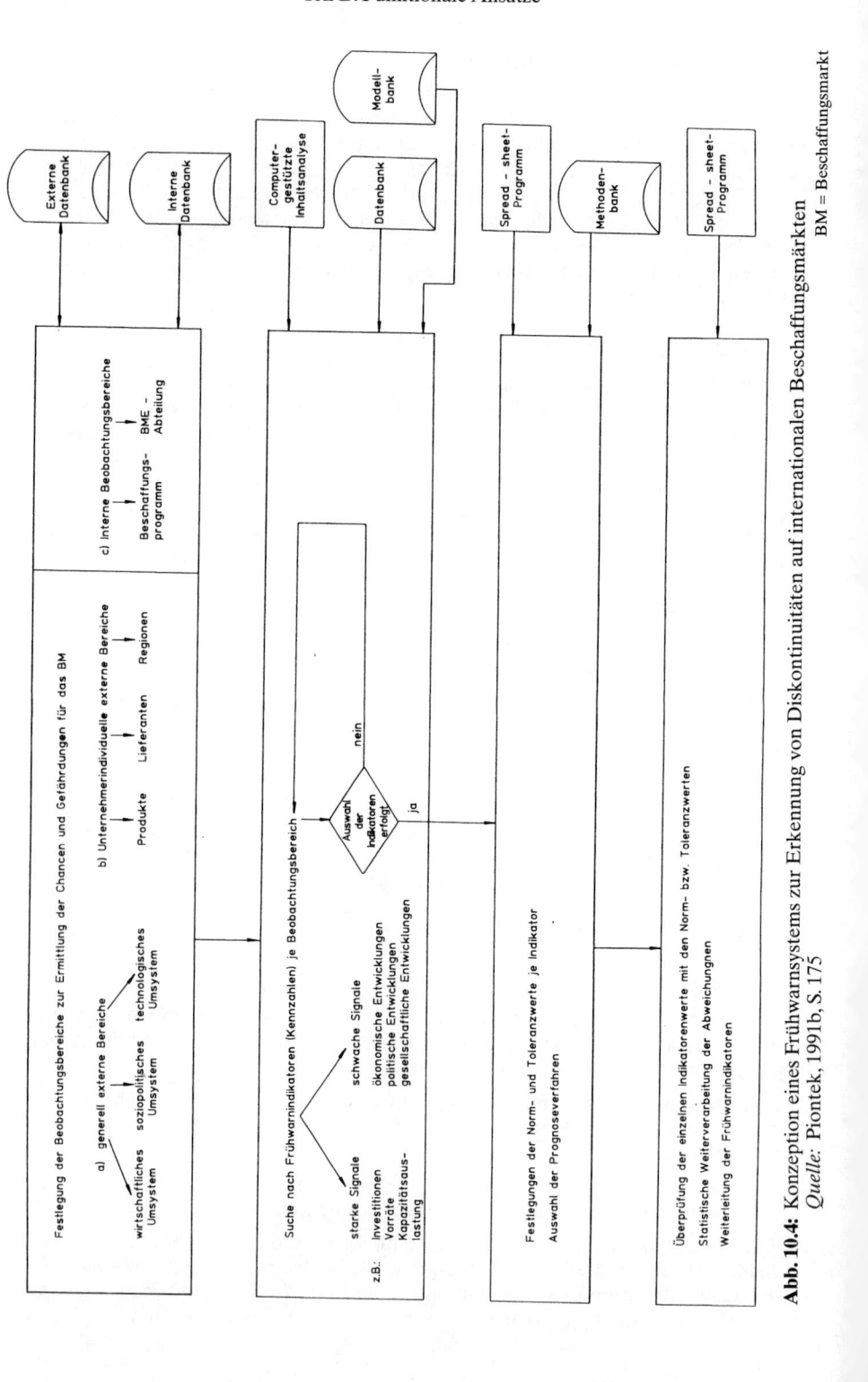

Abb. 10.4: Konzeption eines Frühwarnsystems zur Erkennung von Diskontinuitäten auf internationalen Beschaffungsmärkten
Quelle: Piontek, 1991b, S. 175

BM = Beschaffungsmarkt

Früherkennungssysteme nehmen eine besondere Stellung im Rahmen der Beschaffungsmarktforschung ein (vgl. Piontek 1991b, S. 175f.). Durch ihren Einsatz sollen Entstehung und Entwicklung bestimmter Risiken auf den Beschaffungsmärkten rechtzeitig erkennbar und abschätzbar werden. Ihre Anwendung soll dazu dienen, Trends auf dem Auslandsmarkt, z.b. im Lieferantenserviceniveau, möglichst vor der Beschaffungskonkurrenz, zu erkennen. Dadurch kann sich die Unternehmung frühzeitig auf Bedrohungen bzw. Chancen auf dem ausländischen Beschaffungsmarkt einstellen (Abb. 10.4).

6 Einsatz der Beschaffungsmarktinstrumente auf Auslandsmärkten

Die internationale Beschaffungspreispolitik orientiert sich an den Gewinnspannen der Lieferanten in den verschiedenen Ländern (vgl. Harlander/Platz 1989, S. 103f.) und an den dort herrschenden Preisrelationen. In der Regel ist deshalb eine Differenzierung in den Preisverhandlungen in Anpassung an die von Land zu Land unterschiedlichen Marktverhältnisse notwendig. Überhaupt verlangt die Preispolitik auf internationalen Beschaffungsmärkten einen viel komplexeren Planungsaufwand (vgl. Fieten 1991, S. 57f.):

- Die Lieferantenvielfalt ist im Ausland wenig transparent und schwierig zu verfolgen.
- Der Beschaffer kann weniger die Endpreise beeinflussen, weil viele externe Umweltdeterminanten (z.B. staatliche Restriktionen, hohe Inflationsraten) diese mitbestimmen.
- Der Beschaffer hat i.d.R. wenig Informationen über die Kostenstruktur bzw. Gewinnspannen der ausländischen Lieferanten zur Verfügung.

Preispolitische Möglichkeiten des Beschaffers werden grundsätzlich durch zwei Einflußbereiche bestimmt:

Zum einen wird der Entscheidungsrahmen durch die Kostenstruktur des Lieferanten und zum anderen durch die Nachfragemacht bzw. Ausweichmöglichkeiten des Beschaffers geprägt. Eine sinnvolle und realistische Beschaffungspreispolitik kann erst dann festgelegt werden, wenn aufgrund der Marktdaten (Nachfrage-Angebotsmacht, Marktelastizitäten) und der Kostensituation der Lieferanten der tatsächliche Entscheidungsspielraum im Bereich der Preisgestaltung ermittelt worden ist.

Aufgabe der Beschaffungskommunikation muß sein, die persönlichen Kommunikationsbeziehungen zu den Marktpartnern zu koordinieren und transparent zu halten, um Unklarheiten und Widersprüche zu vermeiden, die sich aus einer möglichen Kontaktvielfalt ergeben können. Nicht zuletzt wird durch die Handhabung der Koordination das Image des Beschaffers bei seinen Marktpartnern entscheidend geprägt. Da die Vielfalt der persönlichen Kommunikationsbeziehungen kaum erschöpfend dargestellt werden kann, werden hier nur zwei wichtige Kommunikationsfälle genannt, die zugleich differenzierte Gestaltungsmöglichkeiten eröffnen (vgl. Peemöller 1970, S. 963f.):

- Persönliche oder telefonische Anfrage zur Gewinnung von Informationen und zur Kontaktanbahnung.

- Persönliche oder telefonische Einholung von Angeboten und Erläuterungen dazu.

Beide Kommunikationsarten sind aufgrund von Sprachbarrieren, kulturellen Bedingungen (Bildung, Religion, Sitten, Mentalität) gestört. Deswegen ist die Ausbildung von internationalen, mehrsprachigen Einkäufern notwendig (Baer 1990, S. 32f.).

Auch die Präsenz auf internationalen Messen und Ausstellungen hat größere Bedeutung. Neben dem Ansprechen der Lieferanten können Informationen über die neuesten Tendenzen gesammelt werden oder die Nachfragekonkurrenz beobachtet werden.

Mit zunehmender Internationalisierung der Beschaffung steigt der Grad der Entscheidungsfreiheit bei der Wahl der Bezugswege. Hierbei kann man zwischen betriebseigenen Bezugsorganen (Importabteilung, Einkaufsbüros im Ausland) und betriebsfremden Bezugsorganen unterscheiden (z.B. Importhändler, Importvertreter etc.). Für die Entscheidung über den Bezugsweg müssen die Beschaffungsziele, die innerbetrieblichen Voraussetzungen und die Einflüsse der Umwelt (Distributionsinfrastruktur vom Ausland zum Inland) berücksichtigt werden. Die Beschaffungslogistik, die sich mit den optimalen Lagerstandorten und der Transportmittelwahl beschäftigt, kann mit quantitativen Methoden des Operations Research behandelt werden (vgl. Tempelmeier 1983).

Unter Qualitätspolitik ist ein zielorientierter Ausbau der beschaffungswirtschaftlichen Aktionsparameter Güte oder Materialart zu verstehen. In diesem Sinne ist es Absicht der Qualitätspolitik, die Materialart als flexiblen Faktor in das Marktgeschehen einzubringen. Eine solche Variabilität ist aber nur möglich, wenn die Produktionsgegebenheiten nicht als unveränderlich aufgefaßt werden. Marktorientierte Materialwirtschaft berücksichtigt neben den Anforderungen des Betriebes, die durch eine gewisse technische Bandbreite bestimmt sind, die Angebotsalternativen auf dem internationalen Beschaffungsmarkt. Demzufolge hat die Qualitätspolitik ihr Instrumentarium auf den internationalen Produktions- und Marktmöglichkeiten aufzubauen (vgl. Carvinato 1984, S. 46f.).

Bekanntlich sind die auf dem Weltmarkt dominierenden Staaten in zunehmendem Maße bemüht, der internationalen Vereinheitlichung Rechnung zu tragen. Durch diese Art der internationalen Standardisierung wird die Vielfalt technisch denkbarer Lösungen drastisch reduziert. Dadurch (vgl. Harlander/Platz 1989, S. 76)

- vereinfacht Normung die Beschaffung, da sie durch Kurzbezeichnungen Materialien exakt bestimmt;
- beschleunigt Normung die Beschaffung, da sie die Kommunikation verbessert und den Servicegrad der Produktion gegenüber steigert;
- reduziert Normung die Kosten der Beschaffung, da die Fertigung hoher Stückzahlen zu einer Kostendegression und geringeren Einkaufskosten führt;
- vereinfacht Normung den Materialeingang und die Materialprüfung, da sie eine Standardisierung der Prüfgeräte der Beschaffung nach sich zieht;
- verringert Normung die Lagerhaltung, da Materialbeschränkungen möglich werden;
- vereinfacht Normung die Lagerhaltung, da standardisierte Lagereinrichtungen und -techniken Verwendung finden können.

7 Ansatz zur Kontrolle der Beschaffungswirtschaftlichkeit auf Auslandsmärkten

Für eine Eindämmung und eine Reduzierung der Beschaffungskosten auf Auslandsmärkten reichen „ex-post"-Kontrollen, ob nämlich der vorgegebene Kalkulationswert eingehalten worden ist, nicht mehr aus. Im Hinblick auf die spezifischen Erfordernisse ist es daher notwendig, ein Controlling zu entwickeln, das auch eine „ex-ante-" Koordination zu leisten imstande ist (vgl. Katzmarzyk 1988). Das Beschaffungscontrolling kann dabei als wichtiges Instrument angesehen werden, das sich die erforderlichen Planungs-, Steuerungs- und Kontrollinformationen selbst beschafft und als ein Subsystem des internationalen Beschaffungssystems interpretiert werden kann (vgl. Arnold 1982, S. 82). Eine aktive Analyse der Beschaffungskosten setzt voraus, daß Aussagen über die Kostenwirtschaftlichkeit der ausländischen Beschaffungssegmente getroffen werden können. Auf ihrer Basis kann die Planung der Kostensenkungsaktivitäten erfolgen (vgl. Hammann 1989, S. 18; Heuer 1988, S. 265; Hildebrandt 1989, S. 266).

Sämtliche Kostensenkungspotentiale sollen dabei aufgezeigt werden, um anschließend durch die Beschaffungsmarketinginstrumente ausgeschöpft zu werden. Daher ist es notwendig, die Beschaffungskosten so aufzugliedern, daß selektive Beschaffungsentscheidungen möglich sind. Im Gegensatz zur herkömmlichen Kostenrechnung ist es deshalb notwendig, nicht nur die Materialien als Bezugsgröße für die Beschaffungskosten zu nehmen, sondern auch die Gebiete und die Länder bzw. die Einkäufer und Lieferanten in den Gebieten/Ländern. Dabei ist sicherzustellen, **daß möglichst viele Kosten als Einzelkosten den ausländischen Beschaffungssegmenten zugerechnet werden** können. Die Verdichtung bzw. Aggregation der Kosten läuft über das in Abbildung 10.5 aufgezeigte Schema ab.

Neben den eindimensionalen Segmentanalysen auf den Auslandsmärkten (z.B. Lieferant-Gebiet-Land) können mehrdimensionale hinzukommen, d.h. es sollen bestimmte Beschaffungsteilsegmente im Rahmen anderer Segmente untersucht werden. Die mehrdimensionalen Verdichtungen können nachvollzogen werden (siehe Abb. 10.5). Beispielsweise lauten die Verdichtungsschritte 3-11-18-46-53 für die Segmentrechnung:

Lieferant – Material
↓
Lieferantentyp – Gebiet – Material
↓
Lieferantentyp – Land – Material
↓
Lieferantentyp – Land
↓
Lieferantentyp
↓
Gesamt

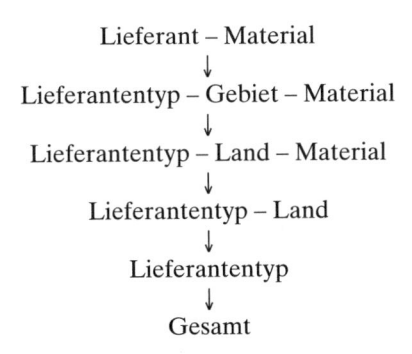

Eine derart differenzierte Beschaffungssegmentrechnung stellt sicher, daß der Beschaffer bei der Auslandsbeschaffung die relevanten Informationen zur Ausschöpfung von Kostensenkungspotentialen erhält.

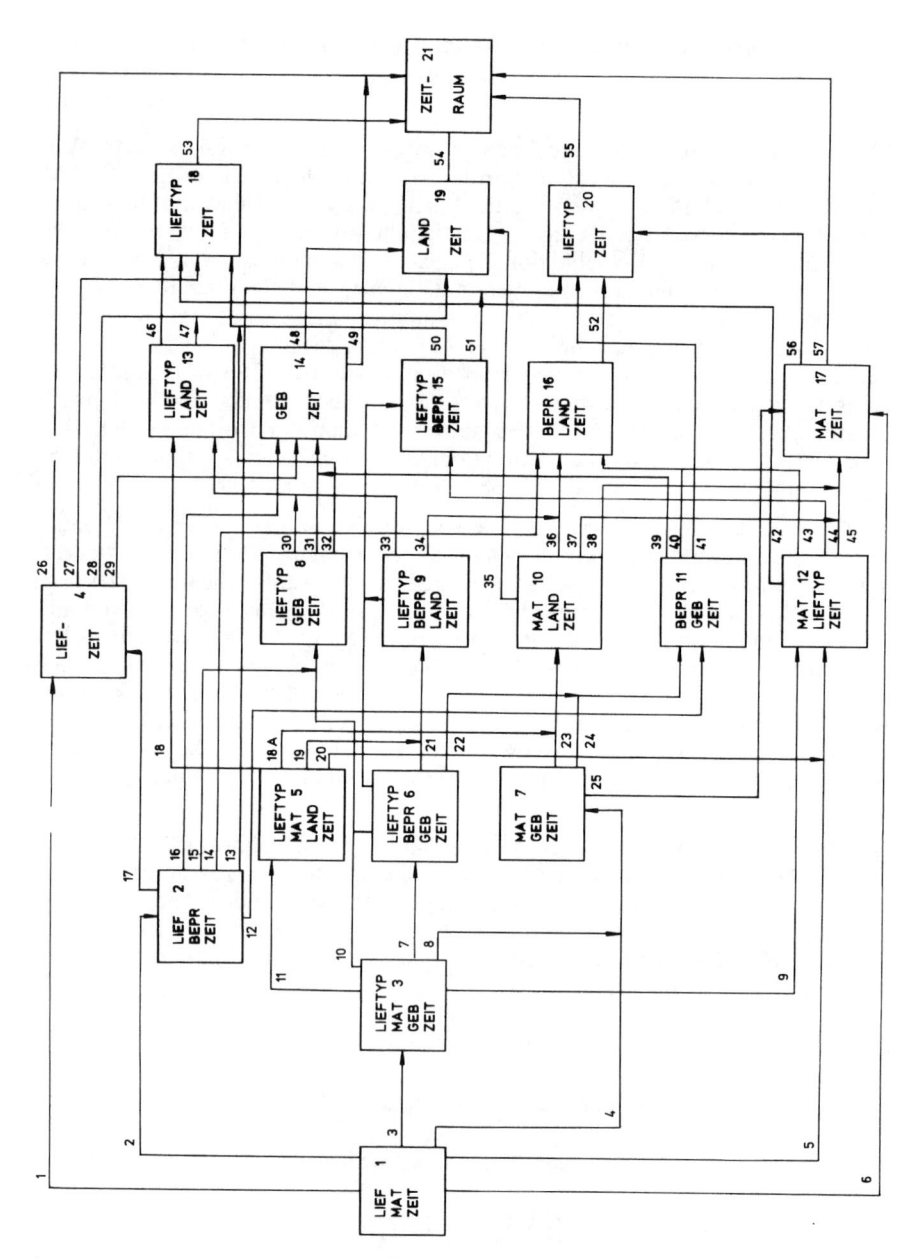

(MAT = Material; LIEF = Lieferant; GEB = Gebiet; BEPR = Beschaffungsprogramm; LIEFTYP = Lieferantentyp)

Abb. 10.5: Ablaufschema der Verdichtungen auf den Beschaffungsmarktteilsegmenten
Quelle: Piontek, 1991b, S. 432

Das beschaffende Unternehmen muß begreifen, welche Kosten bei der Auslandsbeschaffung segmentspezifisch entstehen. Erst dann kann es versuchen, die Kostenstruktur zu verändern und insbesondere für die Elimierung der Kosten (z.b. erhöhte Preise, die in den Verhandlungen ohne weiteres gebilligt werden) zu sorgen. Kosteninformationen dienen letztendlich als Mittel, um ein effizienteres Beschaffungsmarketing auch im „Auslandsgeschäft" zu realisieren und einen wettbewerbsmäßigen Vorsprung zu erzielen.

8 Resümee

Beschaffungsstrategien können, sofern sie die Internationalisierung als neue Dimension berücksichtigen, noch mehr als in der Vergangenheit zu einer der Schlüsselgrößen für eine erfolgreiche Unternehmenstätigkeit in einem sich wandelnden internationalen Umfeld werden. Durch das internationale Beschaffungsmarketing kann dann ein Unternehmen Wettbewerbsvorteile erschließen und absichern, allerdings nur dann, wenn das **Supply Management** als aktiver Teil der Unternehmenspolitik betrachtet wird.

Hieraus resultiert die Notwendigkeit der Schaffung einer mehrstufigen Beschaffungsorganisation in der internationalen Unternehmung, in der beschaffungspolitische Grundsatzentscheidungen in Anlehnung an die idealtypischen Führungskonzepte von Heeman/Perlmutter (1979) **„ethnozentrisch"** von der Muttergesellschaft, Beschaffungsentscheidungen zur Deckung des lokalen Bedarfs **„polyzentrisch"** und Beschaffungsentscheidungen, bei denen Konzernverbundvorteile zu erwarten sind, **„geo- oder regiozentrisch"** getroffen werden.

9 Literaturverzeichnis

Arnold, U.: Versorgungsstrategie international ausrichten, in: Beschaffung aktuell 3/1991, S. 66-68
Arnold, U.: Strategische Beschaffungspolitik, Frankfurt am Main/Bern 1982
Baer, R.: International einkaufen – Risiken und Chancen, in: Beschaffung aktuell 7/1990, S. 32-34
Berekoven, L.: Internationales Marketing, 2. Aufl., Herne-Berlin 1985
Biergans, B.: Zur Entwicklung eines Marketing-adäquaten Ansatzes und Instrumentariums für die Beschaffung, 2. Aufl., Köln 1986
Bloech, J.: Kriterien zur Planung industrieller Beschaffungspotentiale, in: Zeitschrift für Planung, Bd. 3, Heft 1, 1992, S. 35-42
Blom, F.: Beschaffungsmarktforschung, Wiesbaden 1982
Cavinato, J.: Purchasing and Materials Management, New York u.a. 1984
Espejo, E.A.: Marketingaspekte in Entwicklungsländern, München 1989
Friedl, B.: Grundlagen des Beschaffungscontrolling, Berlin 1990
Fieten, R.: Internationalisierung als Herausforderung, in: Beschaffung aktuell, 3/1991, S. 57-59
Hammann, P.: Elemente eines kosten- und funktionsorientierten Beschaffungscontrolling, in: Steffen, R./Wartmann, R. (Hrsg.), Kosten und Erlöse, Orientierungsgrößen der Unternehmenspolitik, Stuttgart 1990, S. 113-135
Hammann, P./Lohrberg, W.: Beschaffungsmarketing, Stuttgart 1986

Hapke, W.: Beschaffungsmarktforschung im Ausland, in: Beschaffung aktuell, Jg. 1991, S. 14-16
Harlander, N./Platz, G.: Beschaffungsmarketing und Materialwirtschaft, 3. Aufl., Stuttgart 1989
Heeman, D.A./Perlmutter, H.V.: Multinational Organizational Development, Reading 1979
Heuer, M.F.: Kontrolle und Steuerung der Materialwirtschaft, Wiesbaden 1988
Hildebrandt, H.: Zur Entwicklung und Überprüfung zieladäquater Beschaffungsmaßnahmen des Investitionsgüterbereiches Maschinelle Anlagen, Köln 1989
Jalloh, B.: Countertrade als Einkaufsinstrument – Phänomen im Welthandel, in: Beschaffung aktuell, 7/92, S. 16-19
Jetter, O.: Einkaufsmanagement, Qualitätsprodukte kostengünstig einkaufen in Europa und weltweit, Landsberg/Lech 1990
Katzmarzyk, J.: Einkaufscontrolling in der Industrie, Frankfurt/Main 1988
Kulhavy, E.: Internationales Marketing, Linz 1986
Leenders, M.R./Blenkhorn, D.L.: Reserve Marketing, Frankfurt 1989
Lohrberg, W.: Grundprobleme der Beschaffungsmarktforschung, Bochum 1978
Meffert, H./Althans, J.: Internationales Marketing, Stuttgart 1982
Meyer, M.: Die Beurteilung von Länderrisiken der internationalen Unternehmung, Berlin 1987
Moore, P.: Auch der Einkäufer muß sich seine Märkte schaffen, in: Beschaffung aktuell, 7/92, S. 26-27
Pekayvaz, B.: Strategische Planung in der Materialwirtschaft, Frankfurt a.M.-Bern-New York 1985
Peemöller, J.: Beschaffungswerbung, in: Behrens, K.-Chr. (Hrsg.), Handbuch der Werbung, Wiesbaden 1970, S. 963-968
Pfisterer, J.: Beschaffungskontrolle, Köln 1986
Piontek, J.: Expertensysteme im Beschaffungsmarketing, in: Beschaffung aktuell, 4/92, S. 44-49
Piontek, J.: Anlagenbeschaffung – Stiefkind des Beschaffungsmarketing, in: Beschaffung aktuell, 9/1991a, S. 56-59
Piontek, J.: Die Entwicklung eines Informations- und Kommunikationssystems für das Beschaffungsmarketing in Industriebetrieben, Frankfurt/Main u.a. 1991b
Piontek, J. (1990): Für marktgerechtes Entscheiden – Beschaffungsmarketing-Informations- und Kommunikationssysteme, in: Beschaffung aktuell, 11/90, S. 68-69
Quack, H.: Internationales Marketing, München 1995
Schuster, F.: Das Kompensationsgeschäft als modernes Marketinginstrument, in: WISU/7, S. 354-360
Stahr, G.: Auslandsmarketing, Band I u. II, Stuttgart 1979
Stangl, U.: Beschaffungsmarktforschung – Ein heuristisches Entscheidungsmodell, Köln 1986
Tempelmeier, H.: Quantitative Marketing-Logistik, Berlin u.a. 1983
Walldorf, E.G.: Auslandsmarketing, Stuttgart 1987
Werner, H.: Global sourcing trifft Zeitgeist, in: Beschaffung aktuell, 1/91, S. 22-25
Williamson, O. E.: The Modern Corporation: Origins, Evolution, Attributes, in: Journal of Economic Literature, 12/81, S. 1537-1568

11. Kapitel:
Internationales Marketing – Management

1 Grundlagen

1.1 Wesen des internationalen Marketing

Auch wenn eine quasi-inflationäre Entwicklung der Wortschöpfung mit Endungen „Marketing" seit Anfang der 90er Jahre zu verzeichnen ist, hat sich das Internationale Marketing mittlerweile neben Konsum- und Investitionsgüter – sowie Dienstleistungs- und Social Marketing fest etabliert.

So ist in vielen Unternehmen ein Ressort „Internationales Marketing" bereits zu einer Selbstverständlichkeit geworden.

Das internationale Marketing stellt kein grundverschiedenes Marketingproblem dar. Sein zentrales Unterscheidungsmerkmal zum nationalen Marketing jedoch, die grenzüberschreitende Aktivität, bringt Gegebenheiten mit sich, die berücksichtigt werden müssen, um optimale Marketing-Strategien und -Instrumente erarbeiten zu können.

Verwendet man die Sprache Kotlers (1982), so können diese Gegebenheiten als die „internationale Marketing-Umwelt" bezeichnet werden.

Die Berücksichtigung der Marketing-Umwelt als Ausgangspunkt jeglicher strategischer und instrumentaler Überlegung kennzeichnet das internationale genauso wie das nationale Marketing. Sie resultiert aus der führungspolitischen **Marketing-Grundhaltung**, wonach **Unternehmen vom Markt her zu führen** sind.

Die für die international tätige Unternehmung und somit für das internationale Marketing relevante Marketing-Umwelt läßt sich durch ihre Dimensionen kennzeichnen:
(1) sie kann inlandsbezogen oder auslandsbezogen sein,
(2) sie kann unternehmensintern oder unternehmensextern sein.

Nicht alle der in Abb. 11.1 und 11.2 genannten Merkmale müssen immer überprüft werden.

Beabsichtigt etwa ein Unternehmen, einen bestimmten Markt zu erschließen, so könnte ein einziges augenfälliges Merkmal bereits so gewichtig sein, daß eventuelle Marktchancen als nicht gegeben erscheinen.

„Wer also beispielsweise Kühlerfrostschutzmittel im Sudan verkaufen wollte, für den genügt mutmaßlich ein Blick auf die dortigen Temperaturverhältnisse, um ihn von seiner Absicht Abstand nehmen ... zu lassen" (Berekoven, 1985, S. 65).

Internationale Marketing-Umwelt	inlandsbezogen	auslandsbezogen

unternehmensintern	– Unternehmens-Oberziele
	  • Gewinnmaximierung
	  • Wettbewerbsfähigkeit
	  • Ansehen
	  • Umweltschutz... u.a.
	– Finanzkraft
	– Produktmerkmale
	– Personal (Know how)
	– Produktionskapazität
		– Vorhandensein von Auslandsfilialen
		– Auslandserfahrung im allgemeinen

unternehmensextern	– Staatliche Regelungen
	  • Exportbeschränkungen
	  • Zollgesetze
	  • Umweltschutz (z.B. Katalysator, Treibstoffe)
	  • Lebensmittel
	  • Arzneimittel
	– Distribution
	  • Exporthändler
	  • Exportvertreter
	  • Spediteure
	– Organisationen im Dienste des Außenhandels
		(in Abb. 11.2 detailliert aufgelistet)
		– Staatliche Regelungen bzw. Gesetzliche Bestimmungen
		– Makroökonomische Umwelt
		– Demographische Faktoren
		– Technische Umwelt
		– Geographische Umwelt
		– Kulturelle Umwelt
		– Marktbedingungen
		– Außenhandelsrisiken

Abb. 11.1: Marketing-Umwelt der international tätigen Unternehmung

- Staatliche Regelungen bzw. gesetzliche Bestimmungen
  - Subventionen
  - Importbeschränkungen
  - technische Normen
  - Zollgesetzte
  - Steuergesetze
  - Nahrungsmittelgesetz
  - Betäubungsmittelgesetz
- Makroökonomische Umwelt
  - BSPm
  - Pro-Kopf-Einkommen
  - Export- und Importquote
  - Inflationsrate
  - Arbeitslosenquote
  - Anteil der in der Landwirtschaft Beschäftigten
- Demographische Faktoren
  - Einwohnerzahl
  - Frauen-, Männeranteil
  - Altersstruktur
  - Familiengröße
- Technische Umwelt
  - Transportbezogene Infrastruktur
  - Radio-/TV-Besitz
  - Telekommunikation (Telefon, Fax, E-Mail ... u.a.)
  - Strom-/Wasserversorgung
- Geographische Umwelt
  - Entfernung des Ziellandes vom Inland
  - Transportwege zum Zielland
  - Klimatische Verhältnisse
- Kulturelle Umwelt
  (verstanden als die Summe der typischen Lebensformen einer menschlichen Population)
  - Sprachen, Dialekte
  - Sitten, Bräuche
  - Religionen, Glauben, Aberglauben
  - Musik, Folklore
  - Bildung
  - Bedeutung der Familie, u.a.
- Marktbedingungen
  (a) Konsumenten
    - Konsumgewohnheiten
    - Kaufverhalten
    - Einstellung gegenüber Importgütern
    - Kaufkraft
  (b) Konkurrenz
    - einheimische Wettbewerber
    - ausländische Wettbewerber
  (c) Marktgrößen
    - Marktpotential
    - Marktvolumen
    - Absatzvolumen
  (d) Distribution
    - vorhandene Distributionsorgane des Ziellandes
- Außenhandelsrisiken
  (a) Politische Risiken
    - Devisenausfuhrbeschränkung
    - Verstaatlichung
    - Soziale Unruhen
    - Bewegungsfreiheit im Gastland
    - Gewerkschaft
  (b) Wirtschaftliche Risiken
    - Zahlungsrisiko
    - Transportrisiko
    - Währungsrisiko
  (c) Rechtliche Risiken
    - Bestimmungen entsprechend den INCOTERMS

Abb. 11.2: Detaillierte Auflistung der unternehmensexternen auslandsbezogenen Marketing-Umwelt (vgl. Abb. 11.1)

1.2 Bedeutung des internationalen Marketing

1978 wurden 22,4% des bundesdeutschen BSP durch Export realisiert; 1988 betrug die Exportquote 32,3%.

Bedingt insbesondere durch die Bemühungen zur Befriedigung des Nachholbedarfs in den Neuen Bundesländern (NBL) nach der Wiedervereinigung im Jahre 1990 hat zwar die Exportquote abgenommen (1991: 25,1%; 1992: 23,6% und 1993: 22,0%). Die Zahlen von 1994 und 1995, nämlich 26,4% bzw. 27,0%, lassen jedoch wieder ein deutliches Anzeichen für einen zunehmenden Anteil der Exporttätigkeit am BSP erkennen.

Diese Zahlen entsprechen auch dem Sachverhalt, daß in bestimmten Sektoren – z.B. Kfz-Markt – in den NBL eine offensichtliche Marktsättigung eingetreten ist; man denke etwa an die überfüllten Parkplätze der Plattenbausiedlungen: Ein Bild, das vor 1990 nicht „realexistierend" war.

Diese Sättigung inländischer Märkte zwingt die Unternehmen erneut zu einem verstärkten going international. Hinzu kommt die immer enger werdende Verflechtung der Weltmärkte, in die nicht zentral einzumischen sich die bundesdeutsche Wirtschaft nicht erlauben kann, wenn sie nicht an den Rand des globalen Geschehens gedrängt werden will.

Aufgrund dieser exponierten Stellung der internationalen Märkte für die Bundesrepublik Deutschland ist es nicht verwunderlich, daß die „internationale Ausrichtung" mittlerweile zu einem Pflichtbestandteil des Ausbildungsprofils an deutschen wirtschaftswissenschaftlichen Fakultäten geworden ist.

Sogar die auf Bundesebene noch relativ unbekannten ostdeutschen Hochschulen pflegen inzwischen einen regen Studenten- und Professorenaustausch mit Ländern aus West- und Osteuropa sowie mit den USA.

Auch die Anzahl der deutschsprachigen Monographien zum Thema „Internationales Marketing" ist in den 90er Jahren ständig gewachsen, so daß deren Aufzählung – wie dies in den bisherigen Auflagen des vorliegenden Buches erfolgt ist (z.B. 3. Aufl., S. 474) – nicht mehr gerechtfertigt erscheint. Gleiches gilt hinsichtlich der französischen Publikationen.

Geblieben ist jedoch die führende Position der US-amerikanischen Autoren, obwohl (oder gerade weil?) die Importausgaben ihres Landes weiterhin dessen Exporteinnahmen übersteigen. (vgl. World Bank, 1992, S. 631).

1.3 Strategische Entscheidungsgrundlagen im internationalen Marketing

1.3.1 Die Ableitung eines grundlegenden strategischen Konzeptes für das internationale Marketing

Ausgehend von der Marketing-Umwelt und den Unternehmensoberzielen wie Gewinnerzielung, gesundes Wachstum, Arbeitsplatzerhaltung u.a., muß sich eine auf Erfolg angelegte Marketing-Aktivität strategische – d.h. langfristige und umfassende – Orientierungsgrundlagen zurechtlegen.

Dies kann dadurch erfolgen, daß in einem ersten Schritt eine informatorische Basis geschaffen wird, die aus Informationen über die gesamte Marketing-Umwelt besteht.

Die Beschaffung und Analyse der notwendigen Daten obliegen der internationalen Marktforschung.

Die Ergebnisse der Informationsanalyse werden in einem zweiten Schritt für die Entwicklung eines Weltmarkt-Konzeptes, d.h. einer länderübergreifenden Strategie, herangezogen.

Die Erarbeitung dieses **Weltmarkt-Konzeptes** vollzieht sich in zwei Stufen:

- In einer ersten Stufe geht es zunächst darum, ein Orientierungssystem zu formulieren, womit die Stoßrichtungen marktstrategischen Vorgehens fixiert werden;

- aufbauend auf diesem Orientierungssystem werden in der zweiten Stufe die eigentlichen Basisstrategien festgelegt.

Das geschaffene Weltmarkt-Konzept dient nun als Grundlage für den Entwurf von Marketing-Konzepten und für die Gestaltung des internationalen Marketing-Mix (Abb. 11.3).

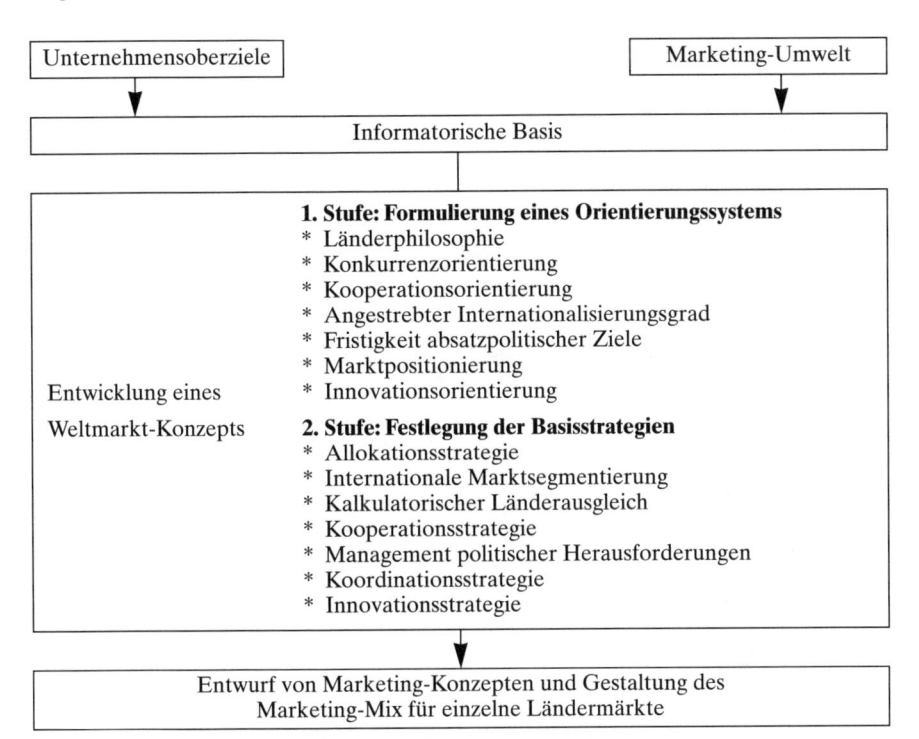

```
┌─────────────────────────┐                    ┌─────────────────────────┐
│ Unternehmensoberziele   │                    │    Marketing-Umwelt     │
└───────────┬─────────────┘                    └───────────┬─────────────┘
            ▼                                              ▼
┌─────────────────────────────────────────────────────────────────────────┐
│                         Informatorische Basis                           │
└─────────────────────────────────────────────────────────────────────────┘

┌─────────────────────┬───────────────────────────────────────────────────┐
│                     │ 1. Stufe: Formulierung eines Orientierungssystems │
│                     │    * Länderphilosophie                            │
│                     │    * Konkurrenzorientierung                       │
│                     │    * Kooperationsorientierung                     │
│                     │    * Angestrebter Internationalisierungsgrad      │
│                     │    * Fristigkeit absatzpolitischer Ziele          │
│ Entwicklung eines   │    * Marktpositionierung                          │
│                     │    * Innovationsorientierung                      │
│ Weltmarkt-Konzepts  │ 2. Stufe: Festlegung der Basisstrategien          │
│                     │    * Allokationsstrategie                         │
│                     │    * Internationale Marktsegmentierung            │
│                     │    * Kalkulatorischer Länderausgleich             │
│                     │    * Kooperationsstrategie                        │
│                     │    * Management politischer Herausforderungen     │
│                     │    * Koordinationsstrategie                       │
│                     │    * Innovationsstrategie                         │
└─────────────────────┴───────────────────────────────────────────────────┘
                                      ▼
┌─────────────────────────────────────────────────────────────────────────┐
│      Entwurf von Marketing-Konzepten und Gestaltung des                 │
│            Marketing-Mix für einzelne Ländermärkte                      │
└─────────────────────────────────────────────────────────────────────────┘
```

Quelle: Segler, K., 1986, S. 35 (modifiziert)

Abb. 11.3: Strategisches Konzept für das internationale Marketing

1.3.2 Internationale Marktsegmentierung

Die **Marktsegmentierung**, d.h. die Aufspaltung eines Gesamtmarktes (z.B. Weltmarkt, Europa-Markt) mittels geeigneter Kriterien **in relativ homogene Teilmärkte**, stellt im internationalen Marketing eine unerläßliche Grundlage der Marktwahl und -bearbeitung dar.

Dabei erfolgt eine Segmentierung auf zwei Stufen: auf der ersten Stufe geht es um die Aufteilung des Gesamtmarktes zwecks Auswahl attraktiver Ländergruppen; auf der zweiten Stufe geht es darum, die ausgewählten Ländergruppen in möglichst homogene Nachfragesegmente aufzuspalten.

Traditionell werden in der ersten Stufe **länderspezifische** Merkmale bzw. Kriterien herangezogen (Kulhavy, 1981, S. 85f.):

- geographische Merkmale:
  - Europa, Asien, Afrika, Amerika, Australien,
  - Größe des Landes in km²,
  - Binnenländer und Küstenländer,
  - Gebirgsländer und Tiefländer,
  - heiße, gemäßigte und kalte Länder,
  - Rohstoffvorkommen;
- sozio-demographische Merkmale:
  - Einwohnerzahl,
  - Besiedlungsdichte,
  - Altersstruktur der Bevölkerung,
  - Sprache,
  - Urbanisierungsgrad,
  - Vorhandensein von Arbeitskraftreserven;
- politische Merkmale:
  - politische Stabilität,
  - Gesellschaftsordnung;
- rechtliche Merkmale:
  - gesetzliche Vorschriften im allgemeinen,
  - Außenhandelsgesetze,
  - Steuergesetze;
- wirtschaftliche Merkmale:
  - Bruttosozialprodukt,
  - Pro-Kopf-Einkommen,
  - Inflationsrate,
  - Arbeitskräftekosten,
  - Außenhandelsstruktur,
  - Infrastruktur;
- Länderrisiken.

(vgl. Abb. 11.9)

Auf der zweiten Stufe, d.h. bei der Bildung von Zielgruppen innerhalb der ausgewählten Ländergruppen, können sämtliche im Rahmen des nationalen Marketing bekannten **marktspezifischen** Segmentierungskriterien herangezogen werden. Bekanntlich hängen dabei die Kriterien davon ab, ob es sich bei den Zielgruppen um Konsumenten oder industrielle Abnehmer handelt.

Traditionell wird der Konsumenten-Markt hauptsächlich mittels sozio-demographischer und ökonomischer Kriterien, wie z.B. Alter, Geschlecht, Berufsgruppe, Einkommensklasse usw. segmentiert.

Die Unzulänglichkeit dieser Methode drückt Baux (1987, S. 123) mit folgenden Worten aus: „Deux cadres supérieurs du même âge habitant tous deux Paris, mariés, avec deux enfants ... n'ont pas forcément les mêmes habitudes de consommation!" (Zwei gleichaltrige leitende Angestellte, beide wohnhaft in Paris, verheiratet, mit je zwei Kindern ... haben nicht unbedingt die gleichen Konsumgewohnheiten).

Aus dieser Erfahrung sind die Lebensstil-Studien entstanden, die vor allem in den USA entwickelt und vorangetrieben wurden.

Diese Studien betreffen drei Bereiche:

- Einstellung zu einem bestimmten Konsumprodukt,

A. Consumer Markets
  1. Demographic Factors (age, income, sex, etc.)
  2. Socioeconomic Factors (social class, stage in the family life cycle)
  3. Geographic Factors
  4. Psychological Factors (lifestyle, personality traits)
  5. Consumption Patterns (heavy, moderate, and light users)
  6. Perceptual Factors (benefit segmentation, perceptual mapping)
  7. Brand-Loyalty Patterns
B. Industrial Markets
  1. End Use Segments (identified by SIC code)
  2. Product Segments (based on technological differences or production economics)
  3. Geographic Segments (defined by boundaries between countries or by regional differences within them)
  4. Common Buying Factor Segments (cut across product/market and geographic segments)
  5. Customer Size Segments

Quelle: Jain, S. C., 1985, S. 223
Erläuterung: SIC = Standard Industrial Classification

Abb. 11.4: Marktspezifische Segmentierungskriterien zur Bildung von Zielgruppen

- psychographische Variablen der Persönlichkeit,
- AIO-Studie (Activity, Interest, Opinions), die den Einfluß der Umwelt stärker als die beiden ersteren berücksichtigt (Baux, 1987, S. 123f.).

Eine Weiterentwicklung dieser Lebensstil-Studien für das internationale Marketing stellen beispielsweise die Euro-Styles dar (Absatzwirtschaft, 5/1989, S. 84f.; Marketing Journal, 2/1989, S. 106f.).

Es handelt sich hier um eine europaweite Verbrauchertypologie, die durch eine Zusammenarbeit des französischen CCA – Centre de Communication Avancé – und des EUROPANEL entstanden ist. Letzteres ist ein Zusammenschluß von Marktforschungsinstituten aus 15 Ländern Europas, wobei die Bundesrepublik Deutschland durch die Nürnberger GfK sowie ihr Tochterunternehmen G & I vertreten ist.

Die Rohdaten für die Bildung und Beschreibung der Euro-Styles lieferten insgesamt 24 000 schriftliche Befragungen repräsentativer Stichproben der Erwachsenen-Bevölkerung aus 15 europäischen Ländern. Die Einzelinformationen über Konsum-, Einkaufs-, und Mediagewohnheiten, Besitzstand sowie über Einstellung zu Werbung und Verpackung wurden mittels multivariater Analysemethoden verdichtet und ergaben ein System von insgesamt 6 Grundmentalitäten und 16 europaweit gültigen Kosumentensegmenten bzw. -typen, die in Anlehnung an den Begriff „Lifestyle" und aufgrund ihres europäischen Bezugs als Euro-Styles benannt wurden.

Die Euro-Styles lassen sich am besten in einem Koordinatensystem darstellen, wobei die Achsen die Ausprägungen von drei extrahierten Hauptfaktoren zum Ausdruck bringen:

(1) Bewegung/Baharrung (modern, aufgeschlossen gegenüber Neuerungen und Abenteuern, beweglich/konservativ, Wunsch nach Sicherheit und Tradition, etabliert);

(2) Güter/Werte (materialistisch, konsum- und genußorientiert, Streben nach materiellen Werten/geistig orientiert, Suche nach immateriellen Werten, Streben nach puritanischer Enthaltsamkeit, Suche nach „dem tiefen Sinn");
(3) rational/emotional (Denken und Planen, Rationalität, Überzeugung ist gefragt/gefühls- und gemütsbetont, impulsiv, emotional, Verführung ist angezeigt).

In der folgenden zweidimensionalen Abbildung werden nur die beiden ersten Faktoren berücksichtigt. Die beziehungsreichen Bezeichnungen der einzelnen Euro-Styles deuten auf die allgemeine Einstellung und das Konsumverhalten der dahinterstehenden Personen hin.

Quelle: Absatzwirtschaft, 5/1989, S. 85

Abb. 11.5: Graphische Darstellung der Euro-Styles

1.3.3 Internationaler Produktlebenszyklus

Im Laufe des Produktlebenszyklus verändert sich eine Reihe von ökonomischen Größen wie Umsatzverlauf, Gewinn und Verlust, Anzahl und Verhalten der Wettbewerber, Anzahl und Verhalten der Abnehmer u.a.

Diese Veränderungen bedingen, daß der marketingpolitische Einsatz in den einzelnen Phasen – Einführung, Wachstum, Reife, Sättigung und Rückgang – entsprechend variiert wird.

Kriterien	Phasen				
	Einführung	Wachstum	Reife	Sättigung	Rückgang
Umsatz (U) Gewinn (G) Zeit (t)	*(Diagramm: U- und G-Kurven über die Phasen)*				
Anbieter	Monopolähnliche Stellung des Pionierunternehmens	Konkurrenz tritt als Nachahmer auf den Markt	Konservative Anbieter kommen hinzu	Einige dynamische, überwiegend jedoch konservative Unternehmen	Meist nur dynamische Unternehmen, die sich behaupten können
Nachfrager	Innovatoren	Frühadopter	Frühe Mehrheit	Späte Mehrheit	Nachzügler
Produkt	Einführung	Modifikation	Differenzierung	Modifikation, Differenzierung, Diversifikation	Diversifikation, Elimination
Preis	Befristete Hoch- bzw. Niedrigpreispolitik	Sukzessive Senkung bzw. Erhöhung des Preises	Preissenkung, weil polypolähnliche Situation	Preissenkung weil Nachfrage sehr elastisch	Mäßige Zunahme der Nachfrage bei starker Preissenkung bzw. starke Abnahme der Nachfrage bei geringer Preiserhöhung
Distribution	selektiv	intensiv	intensiv	selektiv	selektiv
Kommunikation	intensive Werbung für den Neuling!	gleiche Intensität auf breiter Basis	Werbung zielt auf Kundentreue	- dito -	reduziert

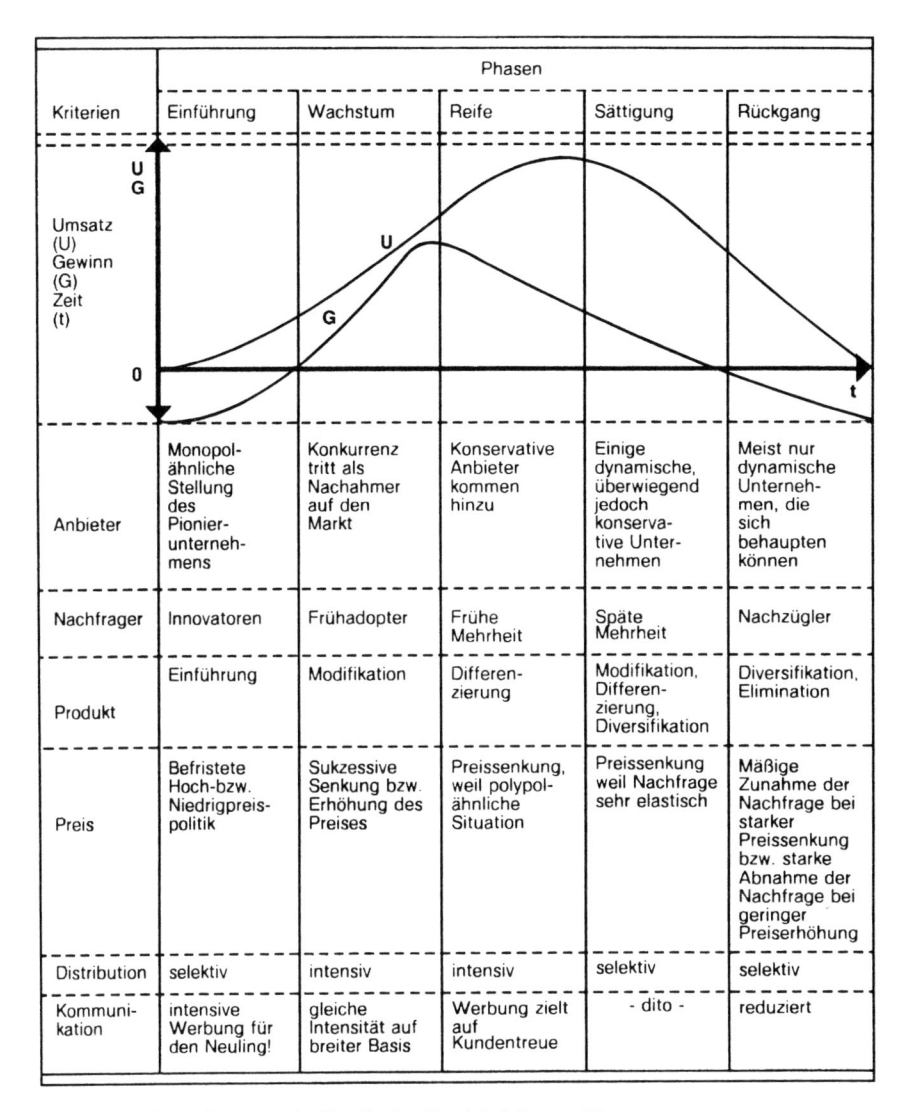

Abb. 11.6: Veränderungen im Laufe des Produktlebenszyklus

Will ein international operierendes Unternehmen die Analyse von Produktlebenszyklen als strategische Grundlage heranziehen, so muß es dieses Konzept im internationalen Kontext betrachten. Ein und dasselbe Produkt kann sich nämlich aufgrund verschiedener Bedingungen – Markteinführungszeitpunkt, internationaler Wettbewerb, Entwicklungsstand der jeweiligen Nationen u.a. – von Land zu Land zur gleichen Zeit in verschiedenen Lebenszyklusphasen befinden.

Phasen Länder	Einführung	Wachstum	Reife	Abstieg
Bundesrepublik Deutschland		z	y	x
EU-Länder	z	y	x	
USA und Japan	z	y		x
OPEC-Staaten		x, y		
Entwicklungsländer	y	x		

Quelle: Meissner, H. G., 1988, S. 113 (verbessert)

Abb. 11.7: Weltweit unterschiedliche Positionen im Produktlebenszyklus

Aus der obigen Matrix läßt sich beispielsweise entnehmen, daß sich das Produkt y in der Bundesrepublik bereits in der Reifephase befindet, während es in den Entwicklungsländern gerade auf den Markt gebracht wird, wie dies etwa bei bestimmten Kfz-Typen der Fall ist.

Das international tätige Unternehmen muß demnach die einzelnen Lebenszyklen miteinander vergleichen, um eine optimale Allokation der Ressourcen im Hinblick auf Produktpolitik, Werbung, Verkaufsförderung, Distribution u.a. vornehmen zu können.

Für einen französischen Likör-Hersteller ergab sich zum Beispiel der folgende Vergleich:

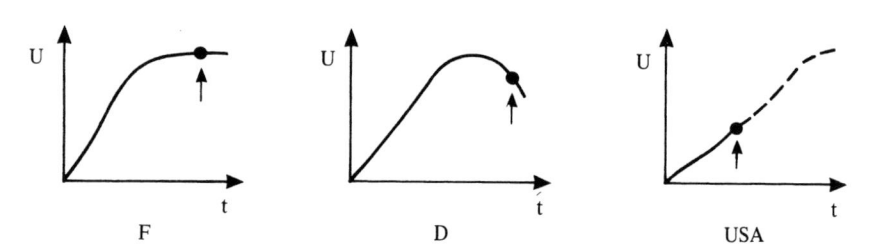

Quelle: Usunier, J. C., 1988b, S. 66

Abb. 11.8: Vergleich der länderspezifischen Produktlebenszyklen eines französischen Likörs

Die aus diesem internationalen Vergleich gezogene Konsequenz war die Erhöhung des Marketing-Budgets für den amerikanischen Markt auf Kosten des stabilen französischen bzw. des rückläufigen deutschen Marktes (Usunier, 1988b, S. 67).

Stünden jedoch noch ausreichende Finanzmittel zur Verfügung, so wären beispielsweise auf dem deutschen Markt andere Marketingmaßnahmen denkbar, wie Produkt-Relaunch mittels Produktmodifikation, Erschließung neuer Marktsegmente u.a.

1.3.4 Länder-Portfolio-Analyse

Im Mittelpunkt des Portfolio-Ansatzes steht die Überlegung, daß der Geschäftserfolg einerseits von der Marktattraktivität, andererseits von dem Risikopotential des Marktes abhängt.

Von daher kann die Länder-Portfolio-Analyse als Entscheidungsgrundlage bei der Erschließung neuer Märkte u.a. herangezogen werden.

Während die Attraktivität eines Auslandsmarktes vor allem im Nachfragevolumen und im Marktwachstum besteht, wird der Grad des Risikopotentials üblicherweise aus einer Länderrisikoanalyse abgeleitet (vgl. u.a. Stahr, G., 1991, S. 243ff.).

Die gleichzeitige Betrachtung des Risikopotentials und der Marktattraktivität läßt sich anschließend in einer Ländermatrix darstellen, um so ein vergleichendes Bild der zu erschließenden Märkte zu erhalten.

Art des Risikos \ Intensität des Risikos	G_I	unbeachtlich 0,1	normal 0,3	beachtlich 0,5	sehr beachtlich 0,7	extrem 0,9
Wirtschaftliches Risiko	0,3	●			●	
Prozeßführungsrisiko	0,05	●			●	
Politisch-soziales Risiko	0,3			●	●	
Währungsrisiko	0,1			●		●
Transferrisiko	0,1		●			●
Substitutionsrisiko	0,05	●				●
Transport- und Lagerrisiko	0,1		●	●		

— EU-Land
— — Entwicklungland

Entscheidungsregel:

(1) Wenn eine der I Risikointensitäten ≥ 0,7, ist der Markteintritt zu risikoreich.

(2) Wenn $\sum_{i=1}^{n} R_I \cdot G_I \geq 0,5$, ist der Markteintritt zu risikoreich.

Quelle: Meffert, H./Althans, J., 1982, S. 74

Abb. 11.9: Punktbewertungsverfahren zur Länderrisikoanalyse

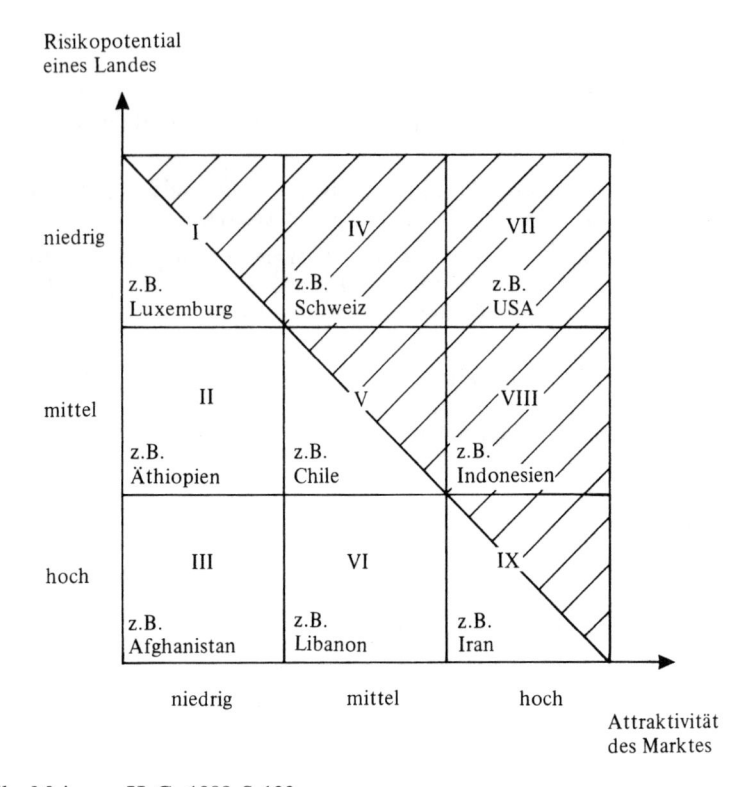

Quelle: Meissner, H. G., 1988, S. 133

Abb. 11.10: Weltmarktorientiertes Länder-Portfolio

1.3.5 Markterschließungs- und -bearbeitungsstrategien

Eine wichtige Entscheidung im Rahmen der Basisstrategien des internationalen Marketing bezieht sich auf die Frage, inwieweit für die Erschließung und Bearbeitung von Auslandsmärkten ein standardisiertes oder ein differenziertes Vorgehen möglich und erfolgversprechend ist.

Levitt stellte diese Thematik bereits in den 60er Jahren in den Mittelpunkt seiner marketingstrategischen Überlegungen.

Demnach steht das international agierende Unternehmen vor dem Entscheidungsdilemma, ob es beispielsweise

- seine im Inland bereits erfolgreichen *Produkte* unverändert (**Standardisierung**) oder länderspezifisch differenziert (**Differenzierung**) auf dem Weltmarkt anbieten soll;
- eine einheitliche oder eine differenzierte *Personalpolitik* verfolgen soll.

Die gewählten Beispiele lassen erkennen, daß grundsätzlich zwischen zwei Standardisierungsfeldern unterschieden werden kann, nämlich

- Marketing-Mix-Standardisierung und
- Marketing-Prozeß-Standardisierung.

11. Kap.: Internationales Marketing-Management

Im Mittelpunkt der Prozeßstandardisierung steht die Frage, inwiefern Vorgehensweisen zur Entwicklung, Durchsetzung, Koordination und Kontrolle von Marketing-Maßnahmen standardisiert werden können und sollen. Das gilt auch für Maßnahmen der Personalauswahl und -entwicklung sowie F & E-, Produktions-, Beschaffungs- und Logistikprozesse.

Bei der Marketing-Mix-Standardisierung aus heutiger Sicht geht es in erster Linie um die Fragestellung, in welchem Maße die Marketinginstrumente international vereinheitlicht werden können sowie welche Vor- und Nachteile diese Vereinheitlichung (Standardisierung) gegenüber der Differenzierung aufweist.

Vor diesem Hintergrund ergeben sich folgende strategische Konstellationen:

Marketing-Mix \ Marketing-Prozeß	differenziert	standardisiert
differenziert	Volldifferenzierung	Marketing-Prozeß-Standardisierung Marketing-Mix-Differenzierung
standardisiert	Marketing-Prozeß-Differenzierung/ Marketing-Mix-Standardisierung	Vollstandardisierung

Abb. 11.11: Strategische Optionen der Marktbearbeitung

Obwohl es sicherlich sinnvoll wäre, die Praxisrelevanz und die Vorteilhaftigkeit der einzelnen Optionen kritisch zu durchleuchten, stellt weiterhin die Marketing-Mix-Standardisierung vs. -Differenzierung den hauptsächlich diskutierten Bereich dar.

Während der Standardisierung durch die Möglichkeit der Massenproduktion eine kostensenkende Wirkung zugesprochen wird, preisen die Befürworter der Differenzierung deren Eignung, länderspezifische Eigenschaften zu berücksichtigen und somit einen höheren Erlös zu erzielen.

Eine nähere Analyse der jeweiligen Wirkungen zeigt jedoch, daß beide Strategien sowohl Kostensenkungs- als auch Erlöserhöhungspotentiale besitzen, wie dies aus der Abb. 11.12 zu entnehmen ist.

Während in Forschung und Lehre die Bedeutung des Standardisierung-Differenzierung-Dilemmas stets hervorgehoben wird, scheint man in der Praxis etwas unbefangener mit diesem Problem umzugehen. So berichtet Wiklund (1988, S. 13): „Vor Produktänderungen und ‚Sondermodellen für den Export' sei gewarnt .... Nach meinen Erfahrungen gilt das Interesse der ausländischen Händler, Abnehmer und Endverbraucher gerade dem unveränderten Produkt; modifizierte Angebote sind häufig nicht erwünscht".

	Kostensenkungs- und Erlöserhöhungspotentiale von	
	Standardisierung	Differenzierung
KSP	Verringerung von Planungs- und Entwicklungskosten	Anpassung der Produktqualität nach unten
	Effektivere Koordination und Kontrolle	Verringerung von Serviceproblemen
	Zeitersparnis	Einsparungen in der Forschung und Entwicklung
	Problemloser Transfer von Personal	
EEP	Einheitliches Produkt- und Firmenimage	
	Nutzung von Ausstrahlungseffekten	Erhöhung von Kauf- und Preisbereitschaft durch Anpassung an Kundenbedürfnisse
	Erleichterung des Know-how Transfers	Möglichkeit der Bedienung von Randmärkten
	Chance zur Homogenisierung von Ländermärkten	
	Durchsetzung eines dominanten Designs	

Übergreifende Aspekte der Standardisierung:
Der Imitation von Ideen und Konzepten durch die Konkurrenten wird rechtzeitig ein Riegel vorgeschoben
Drei Basisrisiken:
1. Hemmung innovativer Prozesse
2. Gefahr von Mutter-Tochter-Konflikten
3. Gefahr eines weltweiten Maxi-Flops (Bsp.: Das neue Coca Cola)

Quelle: Segler, K., 1986, S. 213

Abb. 11.12: Kostensenkungs- und Erlöserhöhungspotentiale der Standardisierung und Differenzierung

2 Auslandsmarktforschung

2.1 Wesen und Bedeutung der Auslandsmarktforschung

Die Informationsbeschaffung ist für das Marketing – als Führung des Unternehmens vom Markt her – eine grundlegende Notwendigkeit.

Die Marketing-Umwelt, die die in Frage kommenden Informationsbereiche beinhaltet, gilt für das internationale Marketing ebenso wie für das nationale Marketing als Ausgangspunkt. Auch in den angewandten Methoden der Informationsgewinnung unterscheiden sich beide Marketingbereiche grundsätzlich nicht.

Erfahrungsgemäß ist jedoch die Auslandsmarktforschung komplizierter und umfassender. Dies liegt in der Natur der Sache selbst begründet, denn es handelt sich ja für den Marktneuling um fremde und eventuell geographisch entfernte Länder.

11. Kap.: Internationales Marketing-Management 517

Seine Erfahrungen mit der komplexen Marketing-Umwelt des Ziellandes sind in der Regel nicht annähernd vergleichbar mit denen von einheimischen bzw. bereits ansässigen ausländischen Konkurrenten.

Wegen dieser Komplexität ist die Auslandsmarktforschung eine unabdingbare Voraussetzung für eine erfolgreiche internationale Tätigkeitkeit der Unternehmung.

Hinzu kommt, daß für bestimmte industrielle Investitionsgüter wie beispielsweise Kernkraftwerke der Markt zwangsläufig auf internationaler Ebene angesiedelt ist.

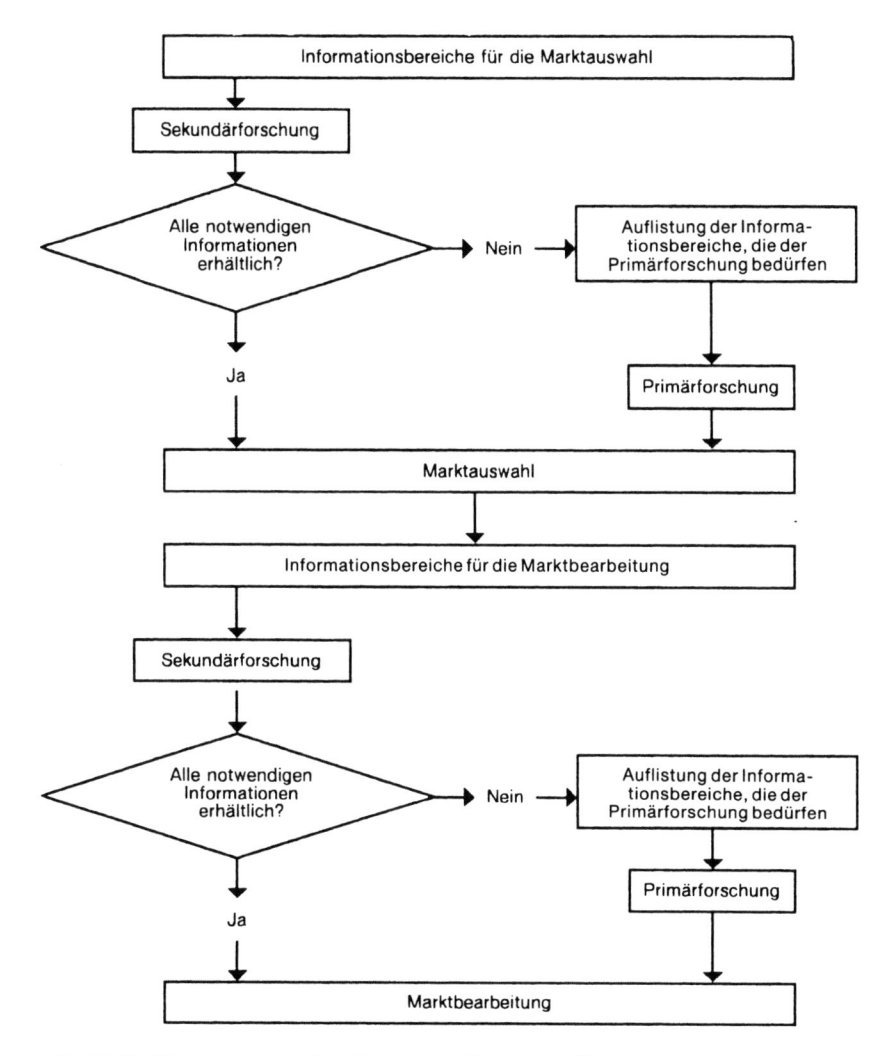

Abb. 11.13: Vorgehensweise bei der Informationsbeschaffung

2.2 Gegenstand, Quellen und Methoden der Informationsgewinnung

Das internationale Marketing weist zwei Hauptproblemfelder aus:
(1) die Marktauswahl und
(2) die Marktbearbeitung.

Dementsprechend läßt sich die Vorgehensweise der Informationsbeschaffung (wie in Abb. 11.13 dargestellt) handhaben.

Zum Zwecke der Marktauswahl kommen u.a. folgende Informationsbereiche in Betracht:

(1) Liste der größten Abnehmerländer deutscher Erzeugnisse,
(2) Importvolumen der interessierenden Länder,
(3) Marktpotential,
(4) Geographische/klimatische Verhältnisse,
(5) Außenhandelsrisiken,
(6) Kulturelle Merkmale.

Für die Marktbearbeitung sind zusätzliche Informationen über Nachfrager, Wettbewerber und mögliche Marktentwicklungen notwendig, die zunächst auch über Sekundärquellen eruiert werden sollten.

Möglichkeiten zur Beschaffung von Sekundärinformationen sind in der folgenden Übersicht aufgeführt. Eine detaillierte Auflistung der externen Quellen ist im **Anhang** zu diesem Kapitel zu finden.

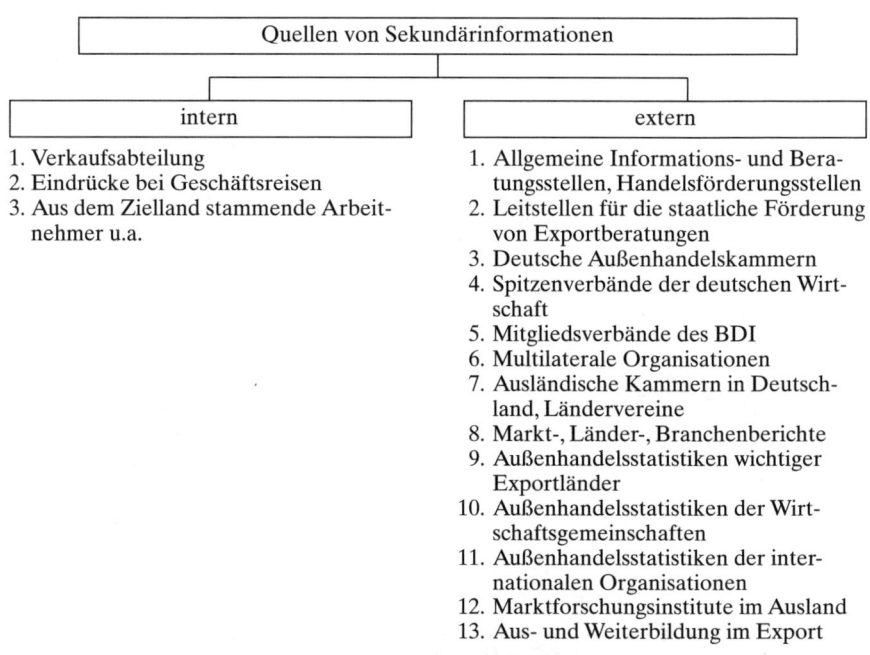

Quellen von Sekundärinformationen	
intern	extern
1. Verkaufsabteilung 2. Eindrücke bei Geschäftsreisen 3. Aus dem Zielland stammende Arbeitnehmer u.a.	1. Allgemeine Informations- und Beratungsstellen, Handelsförderungsstellen 2. Leitstellen für die staatliche Förderung von Exportberatungen 3. Deutsche Außenhandelskammern 4. Spitzenverbände der deutschen Wirtschaft 5. Mitgliedsverbände des BDI 6. Multilaterale Organisationen 7. Ausländische Kammern in Deutschland, Ländervereine 8. Markt-, Länder-, Branchenberichte 9. Außenhandelsstatistiken wichtiger Exportländer 10. Außenhandelsstatistiken der Wirtschaftsgemeinschaften 11. Außenhandelsstatistiken der internationalen Organisationen 12. Marktforschungsinstitute im Ausland 13. Aus- und Weiterbildung im Export

Quelle: Wiklund, E., 1988, S. 163 (für die externen Quellen)

Abb. 11.14: Informationsquellen der internationalen Sekundärforschung

Erst wenn die notwendigen Daten nicht durch Sekundärforschung ermittelt werden können, kommt eine Primärforschung, etwa im Bereich der Konsumenten, Absatzorgane oder Behörden des Ziellandes, in Frage.

Abgesehen von den Aufwendungen zeitlicher und finanzieller Art sind Primärforschungen im Ausland vor allem mit Problemen kultureller Art, wie Sprachen, Dialekte, Mißtrauen gegenüber Fremden u.a. verbunden.

Einem Auslandsmarktforscher, der den Fragebogen-Entwurf unter Berücksichtigung der gängigen Interview-Techniken aufgestellt hat, ist es demnach zu empfehlen, die endgültige Fassung und die Übersetzung gemeinsam mit Einheimischen (z.B. Kollegen, Gymnasiallehrern) vorzunehmen.

Auch für die Durchführung der Interviews – insbesondere bei breiten Konsumentengruppen – sollten geschulte einheimische Personen eingesetzt werden.

2.3 Organisation der internationalen Marktforschung

Bei der Organisation der internationalen Marktforschung geht man zunächst von der Fragestellung aus, ob die anfallenden Arbeiten von der eigenen Marktforschungsabteilung – falls vorhanden – oder durch Marktforschungsinstitute durchgeführt werden sollen.

Hat man sich für die zweite Alternative entschieden, so muß noch geklärt werden, ob ein in der Bundesrepublik oder ein im Zielland ansässiges Marktforschungsinstitut zur Durchführung der Arbeiten beauftragt werden soll.

Die Wahl zwischen den insgesamt möglichen drei Alternativen kann mit Hilfe adäquater Kriterien erfolgen (Abb. 11.15).

3 Internationale Produktpolitik

3.1 Wesen der internationalen Produktpolitik

Die **Produktpolitik** kann als das **Zentralelement des Marketing** bezeichnet werden, denn alle anderen Marketinginstrumente – *Kontrahierungs-, Distributions-* und *Kommunikationspolitik* – drehen sich um das Produkt.

Bekanntlich lassen sich die produktpolitischen Aktivitätsparameter in **Produktmodifikation, -differenzierung, -diversifikation und -elimination** unterteilen.

Ein Unternehmen, das einen ausländischen Markt erschließen will, steht zunächst vor der grundsätzlichen Entscheidung, entweder das Produkt unverändert anzubieten (Standardisierung), oder für das Zielland eine andere Variante zu produzieren. Letztere Lösung entspricht, wie in Abb. 11.16 dargestellt, der Produktdifferenzierung.

Bei einer **Standardisierung** wird beispielsweise A1 sowohl im Stammland als auch im Zielland angeboten; bei einer **Differenzierung** wird für das Zielland eine modifizierte Variante A2 hergestellt.

Außer der **Produktdifferenzierung** ist auch eine Produktdiversifikation denkbar. Im Rahmen der internationalen Produktpolitik würde dies bedeuten, daß

Organisation / Kriterien	Eigene Abteilung	Institut im Inland	Institut im Zielland
Zugang zu den Informationsquellen	– begrenzte Möglichkeit – event. keine Erfahrung – Probleme bei der Befragung der eigenen Konkurrenz	gut, falls das Institut über ausreichende Kontaktstellen im Ausland verfügt	im allgem. sehr gut
Vielfalt der herangezogenen Informationsquellen	im allgem. unvollkommene Info. über die Quellen im Ausland	im allgem. gut	im allgem. sehr gut
Qualität, Zuverlässigkeit der Information	Sprachbarrieren können zu falschen Interpretationen führen	Sprachbarrieren können zu falschen Interpretationen führen	sehr gut
Anpassung der Marktforschungsaktivitäten an die Bedürfnisse des Unternehmens	sehr gut	sehr gut	schwach
Überwachung der Arbeiten durch das Unternehmen	sehr gut	gut	schlecht
Kosten der Marktforschung	– im allgem. gering – Kosten vor allem durch event. erforderliche Auslandsaufenthalte	hohe Kosten	von Land zu Land verschieden

Quelle: De Leersnyder, 1986, S. 94 (modifiziert)

Abb. 11.15: Kriterien für die Wahl der Marktforschungs-Durchführungsorganisation

ein völlig andersartiges Produkt nur für einen bestimmten Auslandsmarkt bzw. für bestimmte Auslandsmärkte hergestellt wird. Dazu ein Beispiel:

Ein international aktives Textilunternehmen, das bisher nur Stoffe hergestellt hat, produziert nun Kernseife, die für attraktive Märkte in der Dritten Welt bestimmt ist.

Fernerhin gehört die **Produkteliminierung** auch zu den produktpolitischen Instrumenten, die im internationalen Kontext relevant sind.

Das zentrale Problem der internationalen Produktpolitik besteht in der Entscheidung, ob und wann bestimmte Instrumente eingesetzt werden sollen bzw. müssen.

Die Marketing-Umwelt (Abb. 11.1 und 11.2) kann als Ansatzpunkt für die Problemlösung herangezogen werden.

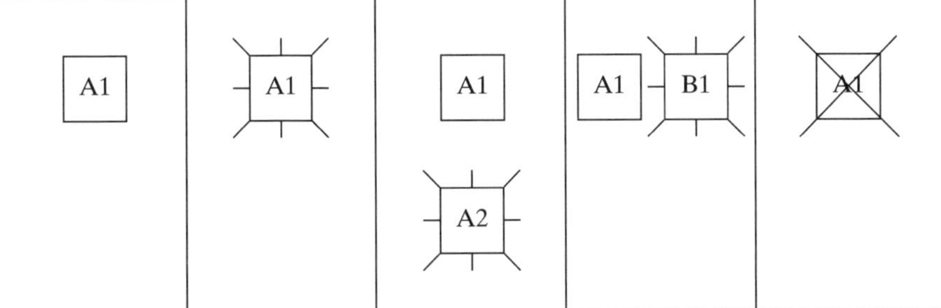

11. Kap.: Internationales Marketing-Management 521

Bisheriges Produkt	Modifikation	Differenzierung	Diversifikation	Elimination
A1	A1	A1 / A2	A1 — B1	A1 (eliminiert)
A1 = Vollmilch (0,5 L, weiße Verpackung)	A1 mit neuen Eigenschaften; z.B.: Verpackung ist nicht mehr weiß, sondern grün. (**Merke:** Das Produkt mit der weißen Verpackung wird nicht mehr produziert!)	A1 bleibt, wie es ist, und eine Variante A2 wird hinzugenommen z.B.: * A1 = 0,5 L A2 = 1 L * A1 = weiße Verpackung A2 = gelbe Verpackung * A1 = Vollmilch A2 = fettarme Milch	z.B.: A1 = Vollmilch B1 = Bockwurst	d.h. endgültige Einstellung der Produktion von A1

Abb. 11.16: Aktionsparameter der Produktpolitik

3.2 Marketing-Umwelt und Gestaltung der internationalen Produktpolitik

3.2.1 Produktgestaltung aufgrund der unternehmensinternen Marketing-Umwelt

Unternehmensintern steht bekanntlich das Ziel der Gewinnerzielung an oberster Stelle. Weitere Ziele wie Marktanteil, Sicherheit, Wachstum oder Ansehen in der Öffentlichkeit sind auch mit dem Gewinnstreben verbunden. Sie ermöglichen die notwendige Erlöserhöhung, die bei entsprechender Kostenrationalität die angestrebte Gewinnmaximierung realisieren läßt.

Unter diesem unternehmensinternen Gesichtspunkt sollen nun die einzelnen Formen der Produktgestaltung erörtert werden.

Produktdifferenzierung

Wird das Produkt unverändert auf dem Weltmarkt angeboten, so erlaubt die dadurch mögliche Erhöhung der Auflagengröße bis zur optimalen Produktionsmenge eine Kostendegression im Sinne der „economies of large scale".

Die notwendigen Veränderungen im Rahmen einer Differenzierung verursachen dagegen grundsätzlich Mehrkosten, etwa durch

- Planungs- und Entwicklungskosten,
- zusätzliches Material,
- zusätzliche Produktionsanlagen,
- zusätzliches Personal ... u.a.

Aus Kostengründen erscheint es also zunächst naheliegend, das Produkt unverändert im Zielland anzubieten.

Diese Folgerung bedarf jedoch insofern der Relativierung, als eventuell notwendige Variationen des Stammproduktes zum Zwecke der Differenzierung kostensenkend wirken können.

Dies ist etwa der Fall bei einer Anpassung der Produktqualität „nach unten" (Segler, 1986, S. 212).

Eine „Qualitätsanpassung nach unten" erweist sich dann als sinnvoll, wenn die Anforderungen des Ziellandes an die Produktqualität nicht so hoch liegen wie in der Bundesrepublik.

Das Angebot einer angepaßten (minderwertigeren) Variante trägt hier zur Kostensenkung bei.

Neben diesem Kostensenkungs-Effekt erwartet man aber auch von der Differenzierung im Sinne der „angepaßten Technologie" einen Erlöserhöhungs-Effekt.

Man denke an die *angepaßte Technologie*, die den Bedürfnissen und dem technischen Know-How vieler Entwicklungsländer eher entspricht und in diesen Ländern somit eher Nachfrage findet.

Die Entscheidung zur Differenzierung soll jedoch erst nach einer genauen Studie der anvisierten Auslandsmärkte getroffen werden. So sind es gerade die Entwicklungsländer, insbesondere die ehemaligen Kolonien, die in vielen Fällen die unveränderte „moderne" Stammlandversion haben wollen!

Außerdem kann auch durch eine Standardisierung ein Erlöserhöhungseffekt erzielt werden.

Als Fazit kann man festhalten, daß das unternehmensinterne Ziel der Kostensenkung bzw. Erlöserhöhung durch Standardisierung bzw. Differenzierung nur unter Berücksichtigung unternehmensexterner Faktoren der Marketing-Umwelt verwirklicht werden kann (im obigen Beispiel: Berücksichtigung der Wünsche der Abnehmer).

Produktdiversifikation

Die Diversifikation als Innovation ist mit hohen Kosten verbunden, zumal wenn das neue Produkt nicht im bisherigen Erfahrungsbereich des Unternehmens liegt.

Fallen jedoch die Ergebnisse einer Wirtschaftlichkeitsanalyse – etwa mittels Break-even-Analyse oder Pay-off-Rechnung – positiv aus, so trägt die Diversifikation zur Sicherung des Überlebens und des Wachstums der Unternehmung bei.

Produktelimination

Die Erreichung der Degenerationsphase im Produktlebenszyklus und die damit verbundenen Umsatz- und Gewinneinbrüche, aber auch negative Ergebnisse aus

Umsatzstruktur- und Deckungsbeitragsanalysen sind mögliche Gründe, die den Schritt zur Produktelimination rechtfertigen.

Aufgrund weiterer Rentabilitätsanalysen wird das Unternehmen entscheiden, ob das Produkt auf allen Absatzmärkten gleichzeitig oder schrittweise eliminiert werden soll.

3.2.2 Produktgestaltung aufgrund der unternehmensexternen Marketing-Umwelt

Von vorherrschender Bedeutung sind hier vor allem die vielfältigen Faktoren im Rahmen der auslandsbezogenen unternehmensexternen Marketing-Umwelt (Abb. 11.2).

Anhand ausgewählter Beispiele soll im folgenden dargelegt werden, inwiefern diese Faktoren die internationale Produktpolitik beeinflussen.

Produktdifferenzierung

(1) Staatliche bzw. gesetzliche Bestimmungen, aber auch die technische Umwelt können dazu führen, daß das Unternehmen das Produkt nur modifiziert im Zielland anbieten kann. Dadurch entsteht eine Produktdifferenzierung, denn die ursprüngliche Version wird ja weiterhin im Ursprungsland angeboten.

Elektrogeräte für den US-Markt müssen beispielsweise auf 110 V/60 Hz umgerüstet werden, falls der deutsche Hersteller seine Erzeugnisse bisher nur für den deutschen Markt (220 V/50 Hz) produziert hat.

Elektrogeräteproduzenten können die eventuell teuere Differenzierung dadurch vermeiden, indem sie ihre Erzeugnisse von Anfang an mit einem umschaltbaren System versehen, wie dies etwa bei vielen Rasier- und Föngeräten bereits der Fall ist. (Der Gebrauchswert steigt dadurch auch für reisefreudige Kunden im Stammland).

(2) Der demographische Faktor Familiengröße nimmt in vielen Ländern – insbesondere der Dritten Welt – ein ganz anderes Ausmaß als in der Bundesrepublik an.

Muß sich ein deutscher Zahnpasta-Hersteller auf einem dieser Märkte mit der Konkurrenz auseinandersetzen, so kann er durch das Angebot einer angepaßten Familienpackungsgröße die Konsumenten für sich gewinnen.

(3) Vor allem der Zwang zur Produktdifferenzierung aufgrund der kulturellen Umwelt wird von Autoren verschiedener Nationen gleichermaßen immer wieder betont. Kulturelle Unterschiede bedingen Divergenzen in den Bereichen Wohnung, Ernährung, Kleidung, Farbassoziationen u.v.a.

Während die Farbe grün im westeuropäischen Raum mit „Hoffnung", „Natur" oder „Jugend" assoziiert wird, ist sie für einige Länder Süd-Ost-Asiens ein Symbol für Krankheit. Die Nicht-Beachtung solcher Unterschiede kann zu geschäftlichen Mißerfolgen führen, wie das in der amerikanischen Literatur fast klassisch gewordene Malaysia-Beispiel zeigt (Abb. 11.17, letzter Absatz).

Selbst innerhalb eines Kulturkreises lassen sich Unterschiede feststellen, die im Hinblick auf die Produktgestaltung relevant sind, wie dies etwa im westeu-

Colors Communicate

Hong Kong is a city inclined towards red; in Thailand the color is yellow; India tends toward reds and oranges. These are not political colors, but colors that connote a fusion of religious beliefs.

To the Chinese, red is very lucky, but a Thai prefers yellow as a lucky color. The combination of blue, black and white is, to the Chinese, suggestive of a funeral. The whole idea of color to an Asian is coupled with beliefs. And the social strata does not necessarily indicate color preference, but more forcefully the religious belief and the local beliefs of the population.

Far too many Western businessmen believe that most Asians have become Westernized in their outlook. This is true in part. But Westernization and education do not usually completely replace the culture and beliefs of an Asian's forefathers. They do tend merely to make a more intricate alliance between his culture and religious bonds. The approach required to sell an Asian any commodity must retain the basic formula of catering to national pride, acknowledging equality and understanding the Asian's beliefs.

Color is a touchy thing. Advertisers are advised to take into consideration the religious and superstitious beliefs connected with color before using them. The color combinations of green and purple are acceptable throughout Asia. These colors are supposedly attributed to the time when religious leaders wore these colors.

A prominent international manufacturer of water-recreation products learned an expensive lesson recently in Malaysia. Its home office received heated requests from its Malaysian distributors to stop shipments on all products colored green. The distributors reported that numerous customers associated the firm's colors of green with the jungle and illness. As many illiterate customers purchase strictly by color appeal in this area of the world, it was obvious that the eye – and not the advertising – was the key to expanding product sales.

Quelle: Printer's Ink, February 21, 1964, p. 53; entnommen aus Cateora, Ph. R. and Hess, J. M. 1971, S. 114

Abb. 11.17: Interkulturelle Unterschiede bei Farbassoziationen

ropäischen Raum bezüglich der Eß- und Trinkgewohnheiten von Franzosen und Deutschen der Fall ist.

Fernerhin können sogar intranational – d.h. in einzelnen Ländern – wichtige Unterschiede im Konsumentenverhalten vorliegen, die auf die Existenz von Subkulturen zurückzuführen sind und deren Berücksichtigung, zumindest für Anbieter bestimmter Produkte, erfolgsbestimmend ist.

Bekannte Beispiele sind u.a.:

- Belgien, in dem ca 40% flämisch sprechende Flamen und 60% französisch sprechende Wallonen wohnen;
- Kanada mit seinen 70% Anglo- und 30% Frankokanadiern.

Wie unterschiedlich die dadurch bedingten Konsumgewohnheiten sind, zeigen empirische Untersuchungen, wie sie Schaninger/Bourgeois/Buss (1985) in Kanada durchgeführt haben: Es konnte u.a. festgestellt werden, daß Anglokanadier doppelt so häufig Bohnenkaffee wie Frankokanadier trinken und daß 70% der Anglo- aber nur 30% der Frankokanadier eine Frittierpfanne besitzen.

(4) Wenngleich die Produktdifferenzierung von Fall zu Fall als unumgänglich erscheint, so gibt es jedoch eine Fülle von Erzeugnissen, die der Modifikation nicht bzw. nur in geringem Ausmaß bedürfen, um auf ausländischen Märkten zu reüssieren. Dabei handelt es sich in erster Linie um Investitionsgüter, aber auch um viele Konsumgüter, die in jedem Warenhaus zu finden sind.

Produktdiversifikation

Der Gang zur Diversifikation aufgrund der unternehmensexternen Umwelt kann sowohl eine Internationale Unternehmung als auch einen Neuling im internationalen Geschäft betreffen.

Eine Internationale Unternehmung wird sich dann zu diesem Schritt entscheiden, wenn sie feststellt, daß auf dem Auslandsmarkt ein Bedarf an bestimmten Erzeugnissen besteht, die ganz anderer Art als ihre bisherigen Produkte sind.

Dazu ein fiktives Beispiel: Ein u.a. nach Afrika exportierender Fahrradhersteller produziert nun für den afrikanischen Markt Kernseife.

Ein Unternehmen, das bisher nur für den Inlandsmarkt produziert hat und nun international aktiv werden möchte, wird sich zur Diversifikation entscheiden, falls seine bisherigen Produkte keine Marktchancen im gewünschten Zielland haben.

Zum Beispiel: Ein deutscher Textilproduzent stellt fest, daß er in Indien nicht etwa seine Stoffe, wohl aber Wachskerzen verkaufen kann.

Produktelimination

Unternehmensexterne Gründe, die im internationalen Marketing eine Elimination von Produkten bzw. Produktgruppen notwendig machen, können inlands- und auslandsbezogen sein. Dabei handelt es sich um mögliche Veränderungen von

- gesetzlichen Bestimmungen, z.B. Lebensmittelgesetze, Abgasvorschriften,
- makroökonomischen Größen, z.B. Inflation,
- staatlichen Regelungen, z.B. Zölle,
- politischen Risiken, z.B. Bürgerkriege u.a.

Gesetzliche Bestimmungen können zwar lediglich eine Variation des Produktes erforderlich machen. Wenn jedoch die notwendigen Veränderungen am Produkt aus Rentabilitätsgesichtspunkten als nicht vertretbar erscheinen, bleibt dem Unternehmen nur der Schritt zur Elimination übrig.

Andere Umweltveränderungen hingegen können von vornherein einen weiteren erfolgreichen Absatz des Produktes auf den betroffenen Märkten aussichtslos werden lassen.

3.2.3 Produktgestaltung aufgrund der gesamten Marketing-Umwelt (Markenpolitik)

Insbesondere die Markenpolitik muß stets unter dem Aspekt der gesamten Marketing-Umwelt erfolgen.

(1) Unternehmensintern gilt es, ein einheitliches Erscheinungsbild auf Weltebene zu schaffen, welches dem Ziel einer weltweit geltenden Corporate Identity entspricht.

Außerdem werden durch eine einheitliche Marke auf allen Ländermärkten Wettbewerbsvorteile durch die daraus resultierenden Kostensenkungs- und Erlöserhöhungseffekte erzielt.

Allerdings bringt die Etablierung einer Weltmarke auch Nachteile mit sich. Hierzu zählt vor allem die Markenpiraterie, die häufig bei Weltmarken zu beobachten ist. Man denke etwa an auf dem Markt auftauchende Imitationen von Rolex-Uhren oder Lacoste-Bekleidungen!

(2) Unternehmensextern sind es rechtliche und kulturelle Aspekte, die einer Marken-Standardisierung im Wege stehen bzw. eine Differenzierung der Markierung erforderlich machen. Dazu einige Beispiele:

- Viele deutsche Unternehmen haben nach dem Zweiten Weltkrieg ihre Markenrechte im Ausland verloren. So ist beispielsweise das Persil in Frankreich kein Henkel-Persil [Henkel KGaA (Hrsg.), 1987, Heft 20, S. 54]. Henkel-Persil-treue Konsumenten sollten dort die Marke Le Chat bzw. Le Chat Megaperls kaufen.
- Ein Produkt, auf dem eine Kirche mit christlichem Kreuz zu sehen ist, wird sich kaum in islamischen Ländern verkaufen lassen.
- Die Wortmarke Coca-Cola muß auf bestimmten Märkten in die jeweilige Landesschrift übersetzt werden:

Coca-Cola Company Products at Home in 138 Countries

Coca-Cola in Amharic	Coca-Cola in Bengali	Sprite in Thai
Fanta in Amharic	Fanta in Bengali	Coca-Cola in Turkish
Sprite in Amharic	Coca-Cola in Chinese	Fanta in Japanese
Coca-Cola in Arabic	Fanta in Chinese	Sprite in Japanese
Coca-Cola in Cyrillic	Coca-Cola in Japanese	Coca-Cola in Thai
Coca-Cola in Greek	Coke in Japanese	Fanta in Thai
Coca-Cola in Hebrew	Coca-Cola in South Korean	

Quelle: Cateora, Ph. R./Hess, J. M., 1971, S. 120

Abb. 11.18: Coca-Cola-Markierung in verschiedenen Ländern

- Die Marke „Nova" von Chevrolet konnte in Spanien und in südamerikanischen Ländern nicht beibehalten werden, denn dort heißt „no va": „es funktioniert nicht" (Kotler, Ph., 1982, S. 696).

4 Internationale Preispolitik

4.1 Kostenorientierte Preisbildung

Die für die internationale Preispolitik relevanten Kosten können aus verschiedenen Gründen und an verschiedenen Stellen anfallen:
- Grundmodellkosten
- Kosten für eventuelle Produktvariationen
- Kosten für Export-Verpackungen
- Exportgemeinkosten (Telefon, Telefax u.a.)
- Kosten der Auslandsmarktforschung
- Frachtkosten
- Versicherungskosten
- Zölle, Gebühren, Steuern
- Zinsen aufgrund längerer Zahlungsfristen
- Distributionskosten u.a.

Je nachdem ob der Hersteller auf Vollkosten- oder Teilkostenbasis kalkuliert, ergeben sich verschiedene Höhen des Ausgangspreises (Verkaufspreis des Herstellers).

Ab diesem Ausgangspreis läßt sich der Exportpreis unter Berücksichtigung der möglichen Rabatte, Skonti und Lieferbedingungen, wie in Abb. 11.19 dargestellt, berechnen (vgl. Jahrmann, 1988, S. 180-181; Walldorf, 1987, S. 528).

Der Exporthändler schließt bei CIF eine Versicherung mit FPA-Deckung und bei EX QUAY eine mit voller Deckung ab. Dieses Beispiel zeigt, daß die Kosten auch von den Kontrahierungsbedingungen abhängig sind. (Vgl. Kap. 14, Abs. 2.2.3 in diesem Buch).

Es handelt sich hier also um den Differenzbetrag zwischen den Kosten der vollen Deckung und der Mindestdeckung (FPA).

4.2 Konkurrenzorientierte Preisbildung

Will sich ein Unternehmen an Konkurrenzpreisen orientieren, so muß es zunächst wissen, um welchen Preis es sich bei dem Wettbewerber handelt:
- Ist der Listenpreis der Konkurrenz ein FOB- oder ein CIF-Preis?
- Gewährt die Konkurrenz Rabatt auf den Listenpreis; wenn ja, in welcher Höhe? u.a.

Falls aufgrund solcher Vergleiche die eigenen Erzeugnisse teurer als die der Konkurrenz sind, so muß vor einer eventuellen Anpassung des Preises nach unten zunächst überprüft werden, ob der höhere Preis von den Kunden akzeptiert wird. Das Image des Unternehmens und die Qualität seiner Produkte können durchaus den Preisunterschied vor den Augen der Abnehmer rechtfertigen bzw. selbstverständlich erscheinen lassen.

Bei der Konkurrenzorientierung spielt außerdem die verfolgte Strategie eine wichtige Rolle.

- Bei einer defensiven Strategie paßt sich das Unternehmen an die Preise der bereits etablierten Konkurrenz an. Diese „Me-too"-Strategie wird insbesondere bei einer Marktsicherung verfolgt.
- Im Falle einer aggressiven Strategie, die insbesondere zum Zwecke der Markterschließung verfolgt wird, unterscheidet man zwischen Abschöpfungs- und Penetrationsstrategie.

Verkaufspreis des Herstellers
− Mengenrabatt/Exportrabatt

= Zieleinstandspreis des Exporthändlers
− Skonto

= Bareinstandspreis
+ Bezugskosten
+ Handlungskosten (Betriebskosten)
+ Exportverpackungskosten gemäß Beförderungsmittel

= Selbstkosten ab Lager, exportverpackt
+ Gewinnzuschlag des Exporthändlers

= Verkaufspreis ab Lager
+ Transportkosten ab Lager bis zum Ladeplatz Bahn/LKW

= Verkaufspreis FOR/FOT **(free on rail/free on truck)**
+ Transportkosten ab Ladeplatz bis Verschiffungshafen
+ Transportversicherung bis Verschiffungshafen
+ Abladekosten am Kaischuppen/Längsseite Seeschiff

= Verkaufspreis FAS **(free alongside ship)**
+ Lagergeld, Hafengebühren und Umschlagskosten auf das Schiff
+ Provision für Seehafenspediteur
+ Kosten der Ausfuhrabfertigung wie Porti, Telephon etc.

= Verkaufspreis FOB **(free on board)**
+ Seefracht bis Bestimmungshafen
+ Seeversicherung mit Mindestdeckung FPA **(free particular average)***
+ Kosten für Dokumente/Konossementskosten

= Verkaufspreis CIF **(cost, insurance, freight)**
+ Löschkosten im Bestimmungshafen
+ Kosten der Verbringung an Land
+ Hafengebühren im Bestimmungsland
+ Einfuhrzoll
+ Differenzbetrag zur Seeversicherung mit voller Deckung (All Risks)*

= Verkaufspreis ab Kai verzollt **(EX QUAY duty paid)**

* Bei einer Lieferbedingung CIF trägt der Verkäufer (hier der Exporthändler) alle Gefahren, bis die Ware im Verschiffungshafen die Reling des Schiffes überschritten hat. Im Falle einer Lieferbedingung EX QUAY jedoch trägt er alle Gefahren, bis die Ware am Kai des Bestimmungshafens zur Verfügung gestellt wird. (Zu den Versicherungsmodalitäten vgl. Kapitel 14 und 15 dieses Buches).

Abb. 11.19: Grundschema der Exportkalkulation bei einem Transport auf dem Seeweg

Bei der **Abschöpfungsstrategie** (Hochpreispolitik, **Skimming**) wird ein hoher Preis gesetzt, bis die Kaufkraft derjenigen Konsumenten, die bereit sind, diesen hohen Preis zu zahlen (Konsumentenrente), abgeschöpft worden ist.

Mit zunehmender Erschließung des Marktes wird dann der Preis sukzessive gesenkt, um untere Kaufkraftebenen abzuschöpfen. Die Preissenkung kann aber auch aufgrund eines aufkommenden Konkurrenzdruckes erfolgen.

Von daher ist die Abschöpfungsstrategie bei monopolähnlichen Marktverhältnissen oder bei Prestigeprodukten besonders wirksam.

Bei der **Penetrationsstrategie** (Niedrigpreispolitik, Dumping) wird mit einem niedrigen Preis begonnen, der dann sukzessive erhöht wird.

Das Ziel besteht hier offensichtlich darin, den fremden Markt trotz bestehender Konkurrenz möglichst schnell zu erschließen.

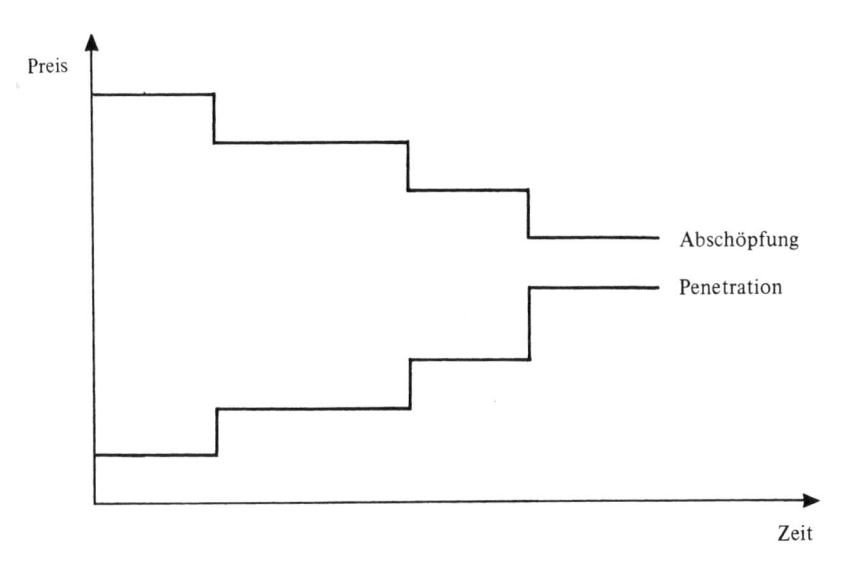

Quelle: Kulhavy, E., 1986, S. 211

Abb. 11.20: Aggressive Preisstrategien

4.3 Nachfrageorientierte Preisbildung und internationale Preisdifferenzierung

Im Falle einer nachfrageorientierten Preisbildung richtet sich die Preispolitik an Marktdaten wie Kaufkraft und Produktnutzenvorstellungen der Käufer u.a. aus.

Die Berücksichtigung solcher Marktdaten, die von einem Land zum anderen sehr stark variieren dürften, macht eine internationale Preisdifferenzierung unumgänglich.

Eine preisliche Differenzierung liegt dann vor, wenn der Preis eines Gutes je nach
- Abnehmern,
- Zeitpunkt des Kaufes,

- Abnahmemenge,
- Regionen bzw. Ländern sowie
- Verwendungszweck

festgelegt wird.

Von daher können für das gleiche Produkt unterschiedliche Preise gefordert werden, und zwar

(1) von verschiedenen Kunden (-Gruppen) zur gleichen Zeit – kundengruppenbezogene Preisdifferenzierung; z.b.: niedrigere Preise für Entwicklungsländer,
(2) von gleichen Kunden (-Gruppen) zu verschiedenen Zeiten – zeitliche Preisdifferenzierung; z.B.: niedrige Preise in der Einführungsphase und stufenweise Erhöhung,
(3) von gleichen Kunden zu gleichen Zeiten aber für unterschiedliche Mengen – mengenbezogene Preisdifferenzierung; z.B.: Mengenrabatt,
(4) von gleichen Kunden zu gleichen Zeiten, aber für unterschiedliche Verwendungszwecke – verwendungsbezogene Preisdifferenzierung; z.b.: Wiederverkäuferpreise bzw. Händlerrabatt

(Berekoven, 1985, S. 183).

In dieser Klassifizierung ist allerdings eine im internationalen Marketing auch relevante Preisstrategie nicht berücksichtigt, und zwar die Preisdifferenzierung im Laufe des Produktlebenszyklus (vgl. Abb. 11.6; vgl. auch die Produktlebenszyklusdarstellung in Abb. 2.3 dieses Buches). Hierbei werden nämlich auch unterschiedliche Preise gefordert, und zwar

(5) von verschiedenen Kunden zu verschiedenen Zeiten; z.B.: hoher Preis für Innovatoren in der Einführungsphase, niedrigere Preise für Nachzügler in der Sättigungsphase (Skimming).

Von daher sei die folgende systematisierende Darstellung vorgeschlagen:

Zeit \ Kunden	gleich	verschieden
gleich	(3) mengenbezogene Differenzierung (4) verwendungsbezogene Differenzierung	(1) Kundengruppen- bzw. länderbezogene Differenzierung
verschieden	(2) zeitliche Differenzierung	(5) produktlebenszyklusbezogene Differenzierung

Abb. 11.21: Internationale Preisdifferenzierung

Im Internationalen Marketing stellt die kundengruppen- bzw. länderbezogene Preisdifferenzierung den hauptsächlich diskutierten Bereich dar. Hierbei wird der Preis nach den spezifischen Besonderheiten einzelner nationaler Märkte festgelegt.

Im Gegensatz zu anderen Komponenten des Marketing-Mix verursacht die Preisdifferenzierung auf den ersten Blick außer der Änderung von Preisschildern und deren Bekanntgabe gegenüber der Kundschaft keinen weiteren Aufwand. Hinzu kommt der Vorteil, daß ihre Wirkung auf der Ertragsseite viel schneller als bei den anderen Marketing-Instrumenten einsetzt.

Die länderbezogene Preisdifferenzierung geht aber auch mit Gefahren einher, die mitberücksichtigt werden müssen:

- Mobile Abnehmer – Geschäftsreisende, Urlauber – können die internationalen Preisunterschiede feststellen und dadurch verunsichert bzw. verärgert werden, falls sie bei sich zu Hause für das gleiche Produkt mehr zahlen müssen als im benachbarten Ausland.
Z.B.: Schweizer Uhren sind in der Schweiz erheblich billiger als in der Bundesrepublik.
- Gefahr der Reimportgeschäfte und der unternehmensinternen Konkurrenz.
Z.B.: Ein japanischer Fernseh- und HiFi-Gerätehersteller verfügte über ein Filialnetz in Europa. Aufgrund der praktizierten Preisdifferenzierung verkaufte die im Einkauf begünstigte deutsche Filiale an französische Abnehmer und wurde somit zur Konkurrenz für die französische Filiale (Usunier, 1988b, S. 74)

5 Internationale Distributionspolitik

5.1 Direkter vs. indirekter Export und Distributionswege

(1) Als **direkten Export** bezeichnet man die Ausfuhr von Waren durch den Hersteller selbst.

Dies setzt außer der guten Kenntnis des Zielmarktes und dem Vorhandensein guter Geschäftsbeziehungen zu den direkten Abnehmern eine unternehmensinterne Exportabteilung voraus.

Aufgabe der Exportabteilung ist es,

- die Exportgeschäfte durchzuführen (z.B. Auftragsabwicklung),
- die Tätigkeit von Absatzmittlern (Reisenden, Handelsvertretern, Kommissionären) sowie von Verkaufsniederlassungen im Ausland zu koordinieren und zu überwachen.

Es ist daraus ersichtlich, daß der direkte Export eine gewisse Kapitalkraft voraussetzt.

Für Unternehmen, die sich die teure eigene Exportorganisation nicht leisten können (weil sie z.B. kleine bzw. mittelständische Betriebe sind) oder wollen (weil sie z.B. nur sporadisch exportieren), gibt es die Möglichkeit, Exportgemeinschaften mit anderen am Direktexport interessierten Herstellern (z.B. in Form von BGB-Gesellschaften) zu gründen.

Ist dies nicht möglich, müssen sie den Weg des indirekten Exportes wählen.

(2) Ein **indirekter Export** liegt dann vor, wenn der Hersteller seine Waren an einen im Inland ansässigen Exporthändler verkauft.
Aber auch der Verkauf an ein inländisches, exportierendes Produktionsunternehmen zählt zum indirekten Export (z.B. die HELLA KG Lippstadt – u.a. Scheinwerferhersteller – liefert an die stark exportorientierte Automobilindustrie).

Der wesentliche Unterschied zum direkten Export liegt darin, daß sich der indirekte Exporteur nur auf die Produktion konzentriert und somit den mit der Organisation des Außenhandelsgeschäftes verbundenen hohen Kapitalbedarf vermeidet.

Anders gesagt: Für den indirekten Exporteur gestaltet sich der Export unter Distributionsaspekten wie ein normales Inlandsgeschäft.

(3) Direkter und indirekter Export unterscheiden sich also in der Art der ihnen zur Verfügung stehenden **Distributionswege**:

- der direkte Export kann sich sowohl der direkten als auch der indirekten Distribution bedienen;
- beim indirekten Export hingegen besteht nur die Möglichkeit der indirekten Distribution, denn hierbei übernimmt ja der Exporthändler (E) die Ausfuhr.

Die folgende Übersicht zeigt die möglichen Distributionswege und die beteiligten Distributionsorgane bei direktem und indirektem Export.

Export Distribution	direkt (Ausfuhr durch H)	indirekt (Ausfuhr durch E)
direkt (d.h. eigene Absatzorgane des H)	* Mitglieder der GF * RS * Verkaufsniederlassungen im Ausland (VN)	
indirekt (d.h. fremde Absatzorgane)	* HV, KO * Messen und Ausstellungen im Ausland (MA) * I, GH, EH * FS	* E * I, GH, EH

Legende:
H = Hersteller; E = Exporthändler; GF = Geschäftsführung; RS = Reisender; HV = Handelsvertreter; KO = Kommissionär; I = Importhändler; GH = Großhändler; EH = Einzelhändler; FS = Franchisenehmer.

Abb. 11.22: Distributionswege und -organe beim direkten und indirekten Export

Berücksichtigt man, ob sich die eingesetzten Distributionsorgane im In- oder Ausland befinden und in welcher Position sie zwischen Hersteller (H) und Endabnehmer (K) stehen, ergibt sich die folgende Darstellung.

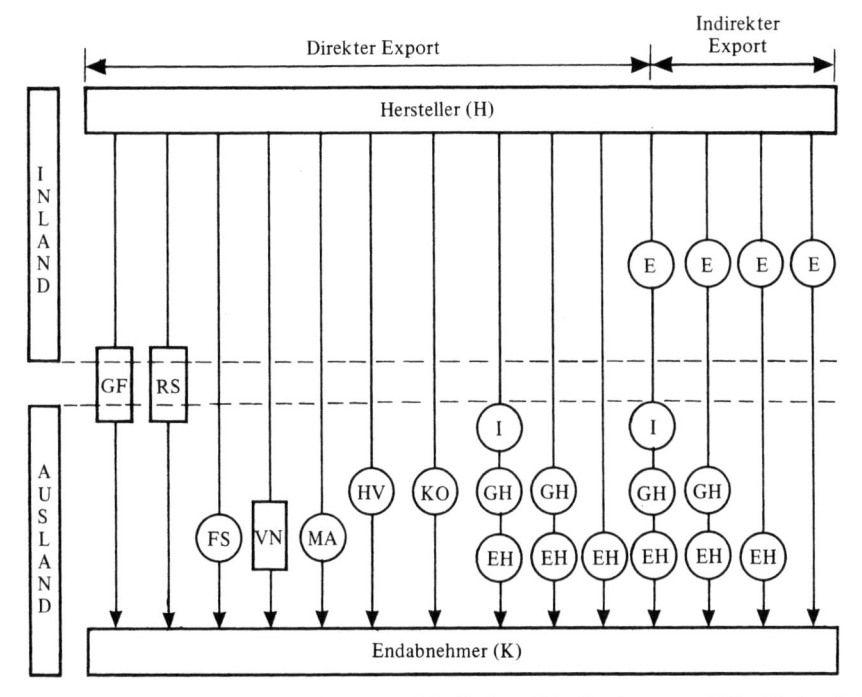

Legende: □ direkter Distributionsweg; O indirekter Distributionsweg; VN = Verkaufsniederlassung; MA = Messen und Ausstellungen (vgl. Legende 11.22).

Abb. 11.23: Direkter und indirekter Export unter Berücksichtigung der Standorte der Distributionsorgane

5.2 Wahl des optimalen Distributionsweges

Für die internationale Distributionspolitik gelten zunächst die gleichen Kriterien wie bei der Wahl des Distributionsweges im Inlandsmarkt.

Hinzu kommen Bestimmungsfaktoren, die unmittelbar mit der Internationalität der Distributionsentscheidung zusammenhängen, insbesondere in bezug auf die vorhandenen Distributionsmöglichkeiten und die länderspezifischen gesetzlichen Bestimmungen. Dazu einige Beispiele:

- Bei Devisenbeschränkungen müssen staatliche Stellen in den Vertrieb eingeschaltet werden.
- Für viele Unternehmen ist in Japan die Einschaltung von „Sogo Shoshas" der einzige Weg zur Markterschließung.
- In Saudi-Arabien ist der Handel auf Gesellschaften beschränkt, die in einheimischem Besitz sind (Segler, 1986, S. 222). Sogenannte „Sponsoren" müssen eingeschaltet werden.

Von daher ergibt sich ein Kriterienkatalog für die Wahl des Distributionsweges im internationalen Marketing, wie in der Abb. 11.24 dargestellt.

1. Produktbezogene Faktoren
- Erklärungsbedürftigkeit
- Bedarfshäufigkeit
- Lagerfähigkeit
- Transportfähigkeit (Größe, Gewicht, Empfindlichkeit)

2. Konsumentenbezogene Faktoren
- Marktvolumen insgesamt
- Geographische Verteilung (z.B. Stadt – Land)
- Kaufgewohnheiten
- Aufgeschlossenheit gegenüber Vertriebsmethoden

3. Konkurrenzbezogene Faktoren
- Anzahl der Konkurrenten
- Art der Konkurrenzprodukte
- Vertriebswege der Konkurrenten
- Wettbewerbsdruck im bisherigen Vertriebsweg
- Wettbewerbsdruck durch andere Vertriebswege

4. Unternehmensbezogene Faktoren
- Größe
- Finanzkraft
- Art der Produkte
- Internationalisierungsphilosophie
- Strategische Ausrichtung
- Strategische Bedeutung des betreffenden Ländermarktes

5. Absatzmittlerbezogene Faktoren
- Art und Anzahl der Absatzmittler
- Standort und Verfügbarkeit der Handelsbetriebe
- Art und Umfang des durch die Handelsbetriebe erreichten Marktes
- Fähigkeit zur Übernahme der erforderlichen Handelsfunktionen
- Vertriebskosten

6. Soziale und rechtliche Faktoren
- Öffentliche Meinung; Wertvorstellungen bzw. -änderungen
- Bestehende Vertriebsbindungen
- Vertriebsvorbehalte bestimmter Geschäftsnormen (z.B. Apotheken in Deutschland)
- Diskriminierungs- bzw. Boykottverbot

Quelle: Meffert, H./Bolz, I., 1994, S. 214-215

Abb. 11.24: Entscheidungskriterien bei der Wahl des internationalen Distributionsweges

Sind im Zielland mehrere Absatzorganalternativen vorhanden, so kann man durch eine Überprüfung vor Ort oder durch briefliche Korrespondenz ermitteln, inwiefern diese in das allgemeine Konzept des Unternehmens passen.

Welche Informationen über die „Kandidaten" im allgemeinen erforderlich sind, zeigt das folgende Schreiben eines amerikanischen Herstellers an verschiedene spanische Distributionsorgane:

Sample Letter
To Prospective Distributor

Name
Address
Gentlemen: Re: Representation in Spain

Your name has been suggested as a possible distributor for our line of products described in the enclosed catalogue sheets. We believe that our products have a large potential market in your country and we are anxious to discuss selling arrangements with you.
Please give us the following information on your company and number your replies as follows:
1. A list of the products you now sell.
2. Names and addresses of all the companies you represent.
3. How many salesmen do you have?
4. How many branch offices?
5. A list of banking and trade references.
6. The exact territory in which your salesmen make personal calls.
7. Names of the officials of your company.
8. Date your company was started.
9. Can you correspond with us in our language?
10. Have you had any experience selling products similar to ours?
Our products are sold outright to the foreign distributor for resale to his customers.
Your letter will have our careful attention and if satisfactory arrangements can be made we will send you our export prices, terms and complete selling information together with our selling arrangement.
                    Sincerely yours,

Quelle: Keegan, W. J., 1974, S. 322

Abb. 11.25: Erforderliche Informationen über die zur Wahl stehenden Distributionsorgane im Ausland

5.3 Standardisierung vs. Differenzierung des Distributionsweges

Aufgrund der länderspezifischen Besonderheiten (Bedeutung des Landes als Absatzmarkt; Vorhandensein von adäquaten Distributionswegen u.a.) erweist sich die internationale Distribution als ein Bereich, in dem der Differenzierung der Vorrang gegeben werden muß.

Ein deutscher Hersteller der Nahrungsmittelbranche hat sogar auf dem europäischen Markt mit z.T. stark voneinander differierenden Handelsstrukturen zu tun, die ein differenziertes Vorgehen erforderlich machten (vgl. Abb. 11.26).

Eine Möglichkeit, trotz unterschiedlicher Handelsstrukturen eine Standardisierung zu verwirklichen, besteht noch am ehesten darin, einen eigenen Auslandsvertrieb aufzubauen.

Dies ist aber in der praktischen Distributionspolitik der Nahrungsmittelbranche so gut wie unmöglich.

Hier entscheidet man sich in der Regel für verschiedene Distributionswege und -organe, und zwar unabhängig davon, inwiefern die Bedeutung des jeweiligen Landes als Absatzmarkt ein eigenes Vertriebsnetz rechtfertigt.

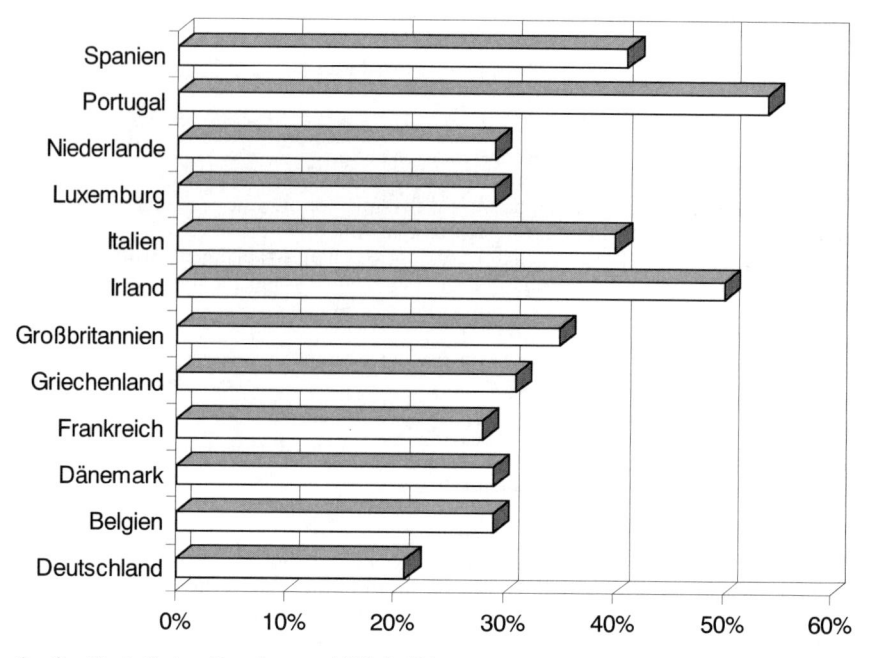

Quelle: Statistisches Bundesamt, 1995, S. 123

Abb. 11.26: Anteil des Bereiches Nahrungs- und Genußmittel am gesamten Einzelhandel

6 Internationale Kommunikationspolitik

Wie beim Kommunikations-Mix im nationalen Marketing stehen der Internationalen Kommunikationspolitik auch drei Hauptinstrumente zur Verfügung: Werbung, Verkaufsförderung (Sales Promotion) und Öffentlichkeitsarbeit (Public Relations).

6.1 Internationale Werbepolitik

Von allen Marketinginstrumenten wird zwar der Kommunikationspolitik – und somit auch der Werbepolitik – die größte Standardisierungsfähigkeit zugesprochen. Eine Reihe von Marketing-Umwelt-Faktoren läßt jedoch auch hier eine Differenzierung als die sinnvollere Lösung erscheinen.

Eine Systematik für die diesbezügliche Erörterung der werbepolitischen Entscheidungsfelder erhält man dadurch, daß die zentralen Variablen der Werbekonzeption in den Mittelpunkt der Beurteilung gestellt werden.

Bei den Variablen handelt es sich um: Werbeetat, Produkt, Zielgruppe, Copy-, Werbemittel- und Werbeträger-Strategie.

Folgende Aussagen über die Standardisierungs- bzw. Differenzierungsentscheidungen lassen sich beispielsweise aufstellen (Cateora/Hess, 1971, S. 715f.; Berekoven, 1985, S. 166):

(a) Werbeetat

- Je geringer der Werbeetat, desto eher wird eine Standardisierung angestrebt, denn eine Differenzierung verursacht Mehrkosten, z.b. durch die erforderliche Neugestaltung der Anzeige. Diese Aussage muß allerdings dahingehend relativiert werden, daß die Belegung bestimmter Medien in bestimmten Ländern unterschiedlich teuer ist; so betrugen Anfang der 80er Jahre die TV-Werbeaufwendungen pro Kopf in den USA 56,85 $ und in der BRD ca. 8,45 $ (Segler, K., 1986, S. 220).

(b) Produkt

- Je eindeutiger die Verwendung des Produktes – z.B. Benzin –, desto einheitlicher kann die Werbebotschaft gehalten werden.
- Je neuartiger das Produkt für einen Ländermarkt im Vergleich zu anderen Ländermärkten ist – z.b. aufgrund verschiedener Einführungszeitpunkte –, desto unterschiedlicher muß von Land zu Land argumentiert werden.
- Je breiter die Verwendungsmöglichkeit des Produktes ist, desto wahrscheinlicher die Notwendigkeit der Differenzierung der Werbebotschaft.
- Je verbreiteter die Produktkategorie in den jeweiligen Märkten bereits ist, desto differenzierter muß von Land zu Land geworben werden, um sich vom Wettbewerber abzuheben.
- Je mehr das Produkt eine weltweite Originalität oder Spezialität darstellt bzw. darstellen soll, desto einheitlicher kann der Werbeinhalt von Land zu Land gehalten werden.

(c) Zielgruppe

- Je ähnlicher die relevanten Zielgruppen in ihren Wertvorstellungen sind (vgl. z.B. „Euro-Styles", Abb. 11.5), desto wahrscheinlicher ist der Erfolg einer einheitlichen Werbebotschaft.

(d) Copy-Strategie

Bei der Copy-Strategie geht es um die Fixierung der Werbebotschaft in bezug auf
- Verbrauchernutzen, -vorteil (Consumer-Benefit), d.h. Nutzen, den das Produkt dem Konsumenten stiftet;
- Begründung, Beweisführung (Reason-Why), d.h. Beweis bzw. Glaubhaftmachung des angeführten Consumer-Benefit;
- Grundton der Werbung (Tonality), d.h. das Flair, das die Werbung ausstrahlen soll, z.B. jung, sportlich, konservativ, rustikal, erotisch ...

- Je unterschiedlicher von Land zu Land der **Verbrauchernutzen** ist, desto notwendiger ist die Differenzierung der Produktpositionierung bzw. der Unique Selling Proposition (USP).

  Dazu ein Beispiel: Um den US-Markt zu erschließen, mußte das französische Mineralwasser Perrier als „kohlensäurehaltiges Luxusmineralwasser für Cocktails" positioniert werden, da der französische Verbrauchernutzen „Mineralwasser für jeden Durst" den US-Amerikanern fremd ist (Baux, Ph., 1987, S. 396).

- Je unterschiedlicher der Produktanspruch von Land zu Land ist, desto differenzierter muß der **Reason-Why** gehalten werden.

Ist z.B. im Land A der Produktanspruch höher angesiedelt als in den übrigen Ländern, so muß der Reason-Why in A eine größere Bedeutung erhalten, um in der Werbung überzeugen zu können.

- Je größer die interkulturellen Unterschiede sind, desto differenzierter muß die **Tonality** gehalten werden.

Erklärung: Je nach Produkt und Zielgruppe wird die Tonality eher jung, sportlich, erotisch usw. gestaltet werden. Die zuletzt erwähnte Ausprägung zeigt, daß das, was in Frankreich oder in der Bundesrepublik möglich ist, nicht unbedingt im – beispielsweise – Iran durchsetzbar ist.

- Je unterschiedlicher die die Werbung betreffenden Gesetzgebungen sind, desto notwendiger ist die Differenzierung der Werbebotschaft.

Dazu ein Beispiel: In Großbritannien verbietet der „Cigarette-Advertising-Code", daß der Raucher als eine besonders mutige Person dargestellt wird. So kann dort die MARLBORO-Werbung nicht mit der uns bekannten Tonality vom „mutigen Cowboy" gestaltet werden.

(e) Werbemittelstrategie

- Je unterschiedlicher die Verfügbarkeit von Werbemitteln wie Zeitschriften- und Zeitungsanzeigen, Funk- und TV-Spots, Film, Warenproben u.a. von Land zu Land sind, desto zwingender ist die Differenzierung der Werbung.

(f) Werbeträger-Strategie (Media-Strategie)

- Je unterschiedlicher die internationalen Mediastrukturen sind, desto differenzierter muß die Werbegestaltung erfolgen.

Erklärung: Tageszeitungen, Zeitschriften, Rundfunk, Fernsehen, Kinos und Plakate weisen auf internationaler Ebene in bezug auf ihre
- technische und rechtliche Verfügbarkeit,
- Einschaltkosten,
- Inanspruchnahme durch die Zielgruppen u.a.

zum Teil erhebliche Unterschiede auf. Die Internationale Mediaplanung muß demnach diese Divergenzen berücksichtigen.

Zusammenfassung

Althans (1982), der die Übertragbarkeit von Werbekonzeptionen auf internationale Märkte empirisch untersucht hat, stellte eine Liste von Gründen für und wider die Standardisierung von europaweiten Werbekampagnen auf, die zur Untermauerung der obigen Ausführungen in der folgenden Abb. 11.27 wiedergegeben wird.

Gründe, die für eine Standardisierung sprechen	Gründe, die gegen eine Standardisierung sprechen
1. Reduzierung der Planungs- und Entwicklungskosten 50%	1. Ungenügende Berücksichtigung länderspezifischer Besonderheiten, zu unterschiedliche Mentalitäten 53%
2. Schaffung eines einheitlichen Produkt- und Firmenimage in allen bearbeiteten Märkten 38%	2. Zu große Unterschiede in der Medienlandschaft 25%
3. Erleichterung der Planung durch einheitliche Zielsetzung 31%	3. Ungenügende Berücksichtigung unterschiedlicher Produktgebrauchsbedingungen 22%
4. Vereinfachung von Koordination und Kontrolle 31%	4. Unterschiedliche Produktpositionierung bedingt differenzierte länderspezifische Werbung 22%
5. Ähnlichkeit der Zielgruppen 13%	
6. Ähnlichkeit der Produktpositionierung 9%	5. Unterschiedliche Phasen im Produktlebenszyklus 19%
7. Ausnutzung guter Ideen, Knowhow Transfer 9%	6. Notwendige zentrale Kontrolle und Koordination schwierig 16%
8. Zentralisierungstendenzen im Management internationaler Unternehmen 6%	7. „Not-invented-here"-Abwehrhaltung von Auslandsagentur und -kunde 13%
9. Sonstige Gründe (steigende Mobilität der Konsumenten, Internationalisierung des Wettbewerbs, Ausnutzung des Media-Overlapping, Aufkommen von Satelliten-TV) 16%	8. Gefahr, als „Multi" gesehen zu werden 6%
	9. Sonstige Gründe (Chauvinismus, schlechte Honorare, unterschiedliche Distributionsformen, begrenzte Kenntnis regionaler Märkte seitens der Zentralagentur) 19%
10. „keine" 3%	10. angebliche Kosteneinsparungen sind geringer als angenommen 6%

Quelle: Althans, J., 1982, S. 161

Abb. 11.27: Gründe für und wider die Standardisierung von Werbekampagnen auf europäischer Ebene

6.2 Internationale Verkaufsförderung (Sales-Promotion)

Die Verkaufsförderung – VKF – kann auf drei verschiedene Zielgruppen gerichtet sein:

- Verkaufsinnen- und -außendienst (Verkaufs- bzw. Sales Force-Promotion),
- Handel (Händlerpromotion) und
- Endverbraucher (Consumer-Promotion).

In den letzten Jahren hat die Verkaufsförderung, nicht zuletzt aufgrund einer gewissen Sättigungserscheinung seitens der Werbung, zunehmend an Bedeutung gewonnen.

Der Bedeutungsgrad variiert jedoch von Land zu Land. Gründe dafür sind u.a.

- unterschiedliche Möglichkeit und Bereitschaft des Handels zur kooperativen Förderung des Abverkaufs;
- unterschiedliche Beliebtheit der VKF-Maßnahmen bei den Endverbrauchern;

- unterschiedliche rechtliche Bestimmungen, z.B. über Warenproben, Muster und Zugaben;
- der im Vergleich zur Werbung und zu Public Relations kurzfristige Charakter von VKF-Maßnahmen.

Die Gründe sprechen für die Differenzierung als die geeignetere Handhabung der internationalen Verkaufsförderung.

Dies kann in der Weise erfolgen, daß die Gestaltung und Durchführung der VKF-Maßnahmen an die ausländischen Tochtergesellschaften bzw. Vertretungen delegiert wird.

Wie bei der Differenzierung anderer Marketing-Instrumente sind es auch hier die hohen Kosten, die dieser Problemlösung im Wege stehen können.

Es gibt jedoch verschiedene Möglichkeiten, um die VKF-Kosten in Grenzen zu halten:

- So können sich beispielsweise die deutschen Tochtergesellschaften bzw. Auslandsvertretungen zusammenschließen und eine „deutsche Woche" in ausgewählten Warenhäusern des Gastlandes veranstalten.
- Insbesondere im Hinblick auf die Teilnahme an Messen und Ausstellungen im Ausland erweist sich der Zusammenschluß der dort tätigen deutschen Firmenvertretungen als der einzig gangbare Weg der Kostenbegrenzung.

Messen und Ausstellungen sind vor allem im Geschäftsverkehr mit dirigistischen Staaten sowie mit fernen Ländern – z.B. Australien – von zentraler Bedeutung. Sie verschaffen den dortigen Konsumenten sowie Entscheidungsträgern in Wirtschaft und Verwaltung die Gelegenheit, deutsche Firmen und Erzeugnisse sowie die von ihnen angebotenen Problemlösungen quasi „vor Ort" kennenzulernen.

Die Bundesrepublik Deutschland fördert seit Jahren mit öffentlichen Mitteln die Teilnahme an Firmengemeinschaftsausstellungen auf mehr als hundert ausländischen Messen.

Interessierte Unternehmen können sich an ihre örtliche Industrie- und Handelskammer oder direkt an den Ausstellungs- und Messeausschuß der deutschen Wirtschaft e.V. Köln (AUMA) wenden (Adresse im Anhang).

Die Förderung besteht darin, daß der Staat bestimmte Kosten – Miete für Ausstellungsstand sowie laufende Betriebs- und Versicherungskosten – teilweise übernimmt.

6.3 Internationale Public Relations (PR)

Mit zunehmendem Internationalisierungsgrad einer Unternehmung steigt die Gefahr, daß sie und ihre Erzeugnisse in die öffentliche Kritik geraten und gar zum Ziel von zum Teil feindlichen Vorwürfen und Angriffen werden.

Die Folge liegt auf der Hand, nämlich die Schädigung des Unternehmensimages in der Öffentlichkeit.

Auf die Dauer lassen sich die Produkte jedoch nur verkaufen, wenn das Unternehmen einen guten Ruf hat.

Dieser knappe Abriß der Ausgangslage mag die vitale Bedeutung der Public Relations als „Öffentlichkeitsarbeit" verdeutlichen.

Vor diesem Hintergrund läßt sich das Wesen der Internationalen Public Relations skizzieren, indem auf zwei sich aufdrängende Fragen geantwortet werden soll:

a) Warum steigt die Gefahr der öffentlichen Kritik mit zunehmender Internationalisierung? Dies stellt gewissermaßen die „Diagnose" dar.

b) Welche Instrumente stehen den Unternehmen zur Verfügung, um die Gefahr nicht aufkommen zu lassen bzw. abzuwenden? Parallel zur obigen Matapher handelt es sich hier um die „Therapie".

Zu a)

Die Gründe für die zunehmende Kritik können zum einen als unternehmensintern und zum anderen als unternehmensextern klassifiziert werden.

Interne Ursachen gehen unmittelbar vom Unternehmen bzw. von seiner Branche aus, z.B.:

- Aufgrund seines internationalen Engagements kann man ihm im Inland vorwerfen, es verlagere die Produktion ins Ausland und vernichte dadurch inländische Arbeitsplätze. Im Gastland hingegen könnte es dazu kommen, daß ihm nachgesagt wird, es beherrsche die einheimische Wirtschaft.

- Aufgrund eines negativen Ereignisses in seiner Branche könnte es das Opfer einer globalen Schuldzuweisung der internationalen Öffentlichkeit werden.
  So litt beispielsweise die gesamte chemische Industrie unter den Umweltkatastrophen bei Hoffmann-La-Roche und Sandoz.

- Notwendige Unternehmenszusammenschlüsse im Hinblick auf die Technologieentwicklung und die Sicherung der internationalen Wettbewerbsfähigkeit können mißverstanden werden.
  Ein Beispiel ist der Daimler-Benz-Konzern, dem wegen seiner Struktur international nachgesagt wird, er engagiere sich im Militärgeschäft, und das zu einer Zeit, in der weltweit auf Abrüstung gedrängt wird.

- Mit steigender Anzahl der erschlossenen Auslandsmärkte steigt die Anzahl der potentiellen Kritiker des Unternehmens.

Gleichzeitig erhöht sich die Wahrscheinlichkeit für das Auftreten eines der oben aufgezählten Ereignisse.

Unter externen Ursachen verstehen wir solche, die unmittelbar mit dem jeweiligen Gastland zusammenhängen, wie zum Beispiel:

- Eventuelle nationalistische Einstellung der Bevölkerung oder der meinungsbildenden Gruppierungen im Gastland, die dazu führt, daß dem Internationalen Unternehmen mit Mißtrauen oder gar mit Feindschaft begegnet wird.
  In Ländern der Dritten Welt beispielsweise geht diese nationalistisch-protektionistische Bestrebung vor allem von den einheimischen Unternehmen aus. Ihre Motive liegen auf der Hand: Sie wollen „ihren" Heimatmarkt für sich allein behalten und die Anwesenheit des MNU empfinden sie als Bedrohung ihrer aktuellen sowie langfristigen unternehmerischen Existenz.

- Die politische Praxis bzw. der Demokratisierungsprozeß im Gastland entsprechen nicht bzw. noch nicht dem westlichen Demokratieverständnis.

Engagiert sich das Unternehmen in einem solchen Land, so könnten ihm bestimmte Gruppierungen vorhalten, es unterstütze mit seiner Präsenz die Aufrechterhaltung des dortigen Unrechtsregimes.

Zu b)

Wie gezeigt wurde, kann der Ruf des Internationalen Unternehmens von Land zu Land aus unterschiedlichen Gründen tangiert werden.

Im allgemeinen jedoch richtet sich der Einsatz von internationalen PR-Maßnahmen auf folgende Ziele und Zielgruppen:

- Herstellung und Pflege guter Beziehungen zu dem **meinungsbildenden Bereich** im Gastland. Dazu gehören insbesondere Politiker, Journalisten, Wissenschaftler und eventuell kirchliche Würdenträger.
- Unterrichtung des **wirtschaftlichen Bereiches** über die Entwicklung und Pläne des Unternehmens. Zu diesem Bereich gehören die Kunden, Lieferanten, Aktionäre und Mitarbeiter.
- Herstellung guter Kontakte zum **sozialen Bereich**, d.h. zu Gewerkschaften, politischen Parteien, Vereinen und Verbänden, Schulen und Hochschulen.
- Information der **breiten Öffentlichkeit**.

Vor allem diese Zielgruppen wird das Unternehmen in seiner Selbstdarstellung darauf hinweisen, daß es sich die Interessen des Gastlandes zu eigen macht, indem es Arbeitsplätze schafft, zur wirtschaftlichen Entwicklung und zum technischen Fortschritt beiträgt. Ziel der Kommunikationsanstrengungen ist es auch, das Vertrauen der relevanten Öffentlichkeit in die Kompetenz und in das Verantwortungsgefühl der Unternehmung zu stärken.

Ferner wird das Unternehmen bestrebt sein, bei der Darstellung seiner Personalstruktur die besondere Bedeutung einheimischer Führungskräfte für den bisherigen und zukünftigen Unternehmenserfolg herauszustellen. Bei dieser Gelegenheit wird der Entscheidungsspielraum der örtlichen Führungs-Crew unterstrichen, um den Eindruck eines von der Zentrale ferngesteuerten Unternehmens nicht aufkommen zu lassen.

Zur Erreichung der PR-Ziele steht dem Unternehmen eine Vielzahl von Instrumenten zur Verfügung:

- Mitarbeiterinformation mittels lokaler und internationaler Hauszeitschriften, -zeitungen und Filme; es darf nicht vergessen werden, daß Mitarbeiter eine wesentliche Rolle als Botschafter der Unternehmung in ihrer jeweiligen sozialen Umgebung spielen. Von daher sollen die hausinternen Informationen gleichzeitig die Identifikation der Mitarbeiter mit der Unternehmung fördern.
- Geschäftsberichte und Jubiläumsschriften eignen sich zur direkten Ansprache ausgewählter Zielgruppen. In Geschäftsberichten können die Besonderheiten des Gastlandes oder die Bedeutung der lokalen Tochtergesellschaft für andere Unternehmen usw. hervorgehoben werden.
- Medien-Arbeit; d.h. lokale, nationale und internationale Pressekonferenzen, persönliches Auftreten von Führungskräften in Radio- und TV-Sendungen, redaktionelle Berichte in allen Medien (verschleierte Werbung!) sowie die Herstellung und Pflege der für all diese Aktionen notwendigen guten Kontakte zu Journalisten.

Es darf nicht vergessen werden, daß es die Journalisten bzw. die Medien sind, die das öffentliche Interesse auf viele für das Unternehmen positive oder negative Vorkommnisse lenken.

- Tage der offenen Tür und Betriebsbesichtigungen; sie können sich an alle Interessierten richten und erlauben den Teilnehmern, das Innenleben des Unternehmens vor Ort kennenzulernen.

- Sponsoring im Sozial-, Sport-, Kultur- und Freizeitbereich; z.B.:
  - Das Unternehmen organisiert in den eigenen Räumen eine Ausstellung der Werke von nationalen Nachwuchskünstlern (Unternehmens-PR).
  - Die Firma Adidas plazierte Adidas-Schuhe in „Rocky IV", einem sehr stark ans Nationalgefühl der US-Amerikaner appellierenden Kinofilm (Produkt-PR).

- Herstellung und Pflege guter Beziehungen zu kirchlichen Würdenträgern; der Einfluß der Kirche und der Kirchenrepräsentanten auf die öffentliche Meinung kann in bestimmten Ländern sehr beachtlich sein. Spenden an kirchliche Institutionen und die Förderung karitativer Projekte der Kirche helfen, die gute Beziehung aufrechtzuhalten.

- Kontaktpflege zu Regierungsmitgliedern und anderen Politikern des Gastlandes; die dafür sich bietenden Gelegenheiten, die die zuständigen Führungskräfte des Unternehmens nach Möglichkeit wahrnehmen sollten, sind: Empfänge der deutschen Botschaft, Bälle und Galaabende, Konzerte, Vereine, Freizeitclubs u.a.

- Fachseminare, Informationsveranstaltungen und -broschüren für Schulen und Hochschulen; dadurch kann das Unternehmen der kritischen Jugend die Probleme einer Internationalen Unternehmung näher bringen, z.B. die Notwendigkeit von Unternehmenszusammenschlüssen im Hinblick auf die Technologieentwicklung usw.

7 Internationales Marketing-Mix

Im Mittelpunkt internationaler **Marketing-Mix**-Entscheidungen steht das Bemühen um eine **optimale Kombination von absatzpolitischen Instrumenten zur bestmöglichen Erreichung des Marketing-Ziels in den jeweiligen Ländermärkten.**

Dies ist freilich leichter gesagt als getan, denn schon auf nationaler Ebene erweist sich die Zusammenstellung des optimalen Marketing-Mix aus den vier Submixes als ein sehr komplexes Problem.

„Geht man z.B. von 9 Marketinginstrumenten aus und läßt jeweils nur 6 unterschiedliche Ausprägungsformen zu, ergeben sich bereits $6^9 = 10\,077\,696$ unterschiedliche Marketingmix-Alternativen" (Meffert, 1989, S. 120).

Internationales Marketing jedoch bedeutet, daß strategische Marketing-Mix-Entscheidungen nicht in erster Linie ländermäßig isoliert, sondern soweit wie möglich länderübergreifend zu gestalten sind.

Von daher steht hier wieder einmal das Standardisierungs-Differenzierungs-Problem im Mittelpunkt der Diskussion.

Um die relevanten Alternativen aufzuzeigen, soll im folgenden der Ansatz von Keegan (1974) dargestellt werden.

Keegan machte fünf mögliche Alternativstrategien aus, indem er die Marketinginstrumente Produkt- und Kommunikationspolitik drei bzw. zwei Ausprägungsformen annehmen ließ.

Produkt- politik Kommuni- kationspolitik	unverändert	modifiziert	völlig neu
unverändert	z. B. Pepsi-Cola weltweit	z.B. Anpassung von Esso-Kraftstoffen an Klimaverhältnisse unter Beibehaltung der Werbebotschaft „Put a Tiger in Your Tank"	z.B. Entwicklung von Nahrungsmitteln mit hohem Eiweißgehalt für Entwicklungsländer
modifiziert	z.B. – Positionierung des Mineralwassers Perrier in der amerikanischen Werbung als Luxus-Mineralwasser für Cocktails – Allrad-Fahrzeuge in Europa als Freizeitautos, in Entwicklungsländern als Nutzfahrzeuge werblich positioniert	z.B. Renault 5 wurde für den US-Markt modifiziert und werblich, anders als in Frankreich, als „fröhlich und gar etwas verrückt" positioniert.	

Quelle: In Anlehnung an Keegan, W. J., 1974, S. 227f.

Abb. 11.28: Produkt-Kommunikations-Mix

Keegan's Verdienst ist es, die komplexe Entscheidungsfindung durch eine klare Strukturierung zu erleichtern.

In Anbetracht der bereits erwähnten Vielzahl von Kombinationsmöglichkeiten im Marketing-Mix stellt jedoch die Beschränkung auf die beiden Bereiche Produkt und Kommunikation eine extreme Vereinfachung der Realität dar, zumal die Kommunikation nur mit zwei Ausprägungsformen versehen wurde.

Trotzdem kann die Keegan'sche Strukturierung – eventuell modifiziert – als Vorgehensweise für die Strategiefindung in der Praxis herangezogen werden, denn Ausgangspunkt der in der Marketingpraxis üblichen Arbeitsweise sind nicht alle möglichen denkbaren Alternativen, sondern die im Inland bzw. die in mit dem Zielland vergleichbaren Ländern bereits praktizierten erfolgreichen Kombinationen.

Anhang zu Abschnitt 2: Auslandsmarktforschung
(Quelle: Wiklund, E., 1988, S. 163-174)
– ergänzt und aktualisiert 1997 –

Die Vielzahl der für den Exporteur verfügbaren Informationsquellen soll hier kurz im Überblick dargestellt werden.

Informationen auf der Ebene des Unternehmens: Persönliche Kontakte mit Vertretern, Lieferanten, Kunden, anderen Unternehmen mit Auslandserfahrung

Regionale Informationsquellen (Kammerbezirk, Bundesland): Banken, Speditionen, Fluggesellschaften, Berater, Handwerkskammern, Wirtschaftsverbände, Industrie- und Handelskammern, Wirtschaftsministerien der Bundesländer

Landesweite Informationsstellen: Bundesstelle für Außenhandelsinformationen (BfAI), Bundesminister für Wirtschaftliche Zusammenarbeit (BMZ), Spitzenverbände der deutschen Wirtschaft, Leitstellen für Exportberatung, wissenschaftliche Institute, Exporthäuser, Ländervereine, ausländische Botschaften in der BRD, internationale Messen in der BRD, Fachverlage

Informationsstellen im Ausland: Deutsche Auslandshandelskammern, Handelsförderungsstellen, deutsche Botschaften, multilaterale Organisationen, internationale Messen im Ausland, Marktforschungsinstitute

Adressensammlung

1. Allgemeine Informations- und Beratungsstellen, Handelsförderungsstellen
2. Leitstellen für die staatliche Förderung von Exportberatungen
3. Deutsche Auslandshandelskammern
4. Spitzenverbände der deutschen Wirtschaft
5. Mitgliedsverbände des BDI
6. Multilaterale Organisationen
7. Ausländische Kammern in Deutschland, Ländervereine
8. Markt-, Länder-, Branchenberichte
9. Außenhandelsstatistiken wichtiger Exportländer
10. Außenhandelsstatistiken der Wirtschaftsgemeinschaften
11. Außenhandelsstatistiken der Internationalen Organisationen
12. Marktforschungsinstitute im Ausland
13. Aus- und Weiterbildung im Export

1a. Informations- und Beratungsstellen

Bundesstelle für Außenhandelsinformation (BfAI)
Agrippastr. 87-93, Postfach 10 05 22
50676 Köln
Tel.: 02 21/20 57-0
Telex: 8 882 735

Bundesminister für wirtschaftliche Zusammenarbeit (BMZ)
Karl-Marx-Str. 4-6
53113 Bonn
Tel.: 02 28/5 35-1
Telex: 8 869 452

Statistisches Bundesamt
65180 Wiesbaden
Tel.: 06 11/75 24 05
Fax: 06 11/72 40 00

Bundesverwaltungsamt
50728 Köln
Tel.: 02 21/75 80
Telex: 02 21/7 58 28 23

Bundesamt für gewerbliche Wirtschaft (BAW)
Frankfurter Str. 29-31
Postfach 51 71
65760 Eschborn
Tel.: 0 61 96/40 41
Telex: 415 603

Deutsche Finanzierungsgesellschaft für Beteiligungen in Entwicklungsländern mbH (DEG)
Belvederestr. 40
Postfach 45 03 40
50933 Köln
Tel.: 02 21/49 86-1
Telex: 8 881 949 und 8 883 470

Deutscher Industrie- und Handelstag (DIHT)
Adenauerallee 148
Postfach 14 46
53113 Bonn
Tel.: 02 28/1 04-0
Telex: 886 805

Deutscher Handwerkskammertag
Johanniterstr. 1
53113 Bonn
Tel. 02 28/5 45-1
Telex: 886 338

Rationalisierungs-Kuratorium der deutschen Wirtschaft (RKW) e.V.
Düsseldorfer-Str. 40
Postfach 58 67
65760 Eschborn
Tel.: 0 61 96/49 51
Telex: 418 362

Deutsche Gesellschaft für Technische Zusammenarbeit (GTZ) GmbH
Dag-Hammarskjöld-Weg 1,
Postfach 51 80
65760 Eschborn
Tel.: 0 61 96/79-0
Telex: 415 230

Institut für Auslandsbeziehungen
Charlottenplatz 17
70173 Stuttgart
Tel.: 07 11/22 25-0
Telex: 723 772

Carl Duisberg Centren GmbH
Hansaring 49-51
50670 Köln
Tel.: 02 21/16 26-2 50
Telex: 8 881 330

Clearingstelle „Ausbildungsmaßnahmen für Entwicklungländer"
Carl Duisberg Gesellschaft
Hohenstaufenring 30-32

Postfach 19 03 25
50674 Köln
Tel.: 02 21/20 98-5 88
Telex: 8 881 762

Deutsche Stiftung für internationale Entwicklung (DSE)
Zentrale Dokumentation
Hans-Böckler-Straße 5
Postfach 30 03 80
53225 Bonn
Tel.: 02 28/40 01-0
Telex: 886 710

Verband deutscher Adreßbuchverleger e.V.
Ritterstraße 17-19
40213 Düsseldorf
Tel.: 02 11/32 09 09
Telex: 8 587 075

Arbeitsgemeinschaft Exportzeitschriften
Ottostr. 7a
96047 Bamberg
Tel.: 09 51/2 26 72

1b. Handelsförderungsstellen

Volksrepublik China
Botschaft der Bundesrepublik Deutschland
Handelsförderungsstelle
5, Dongzhimenwai Street,
Chaoyang District
Beiying
Telex: 210 550 aapkh cu

Polen
Botschaft der Bundesrepublik Deutschland
Handelsförderungsstelle
ul. Dabrowiecka 30
PL-03-932 Warschau
Telex: (815) 479 hfs pl

Rumänien
Botschaft der Bundesrepublik Deutschland
Handelsförderungsstelle
Strada Rabat 21
R-7000 Bukarest
Telex: 011 292 aabkb r

Tschechien
Botschaft der Bundesrepublik Deutschland
Handelsförderungsstelle
Vlaŝká 19, Mala Strana

ČS-1 18 00 Prag 1
Telex: 122 814 aapg

Rußland
Botschaft der Bundesrepublik
Deutschland
Handelsförderungsstelle
b. Grusinskaja Ulica 17
Moskau 12 32 42
Telex: 0 064 413 411 aamsk su

Ungarn
Botschaft der Bundesrepublik
Deutschland
Handelsförderungsstelle
Izso utca 5
H-1440 Budapest
Telex: (0061) 225 951 aabv h

2. Leitstellen für die staatliche Förderung von Exportberatungen

Wirtschaftsbereich Handwerk
Zentralverband des Deutschen
Handwerks
Johanniterstr. 1
53113 Bonn
Tel.: 02 28/5 45-1
Telex: 886 338

Wirtschaftsbereich Industrie
Bundesverband der Deutschen
Industrie e.V.
Gustav-Heinemann-Ufer 84-88
50968 Köln
Tel.: 02 21/3 70 81
Telex: 08 882 601

Deutscher Industrie- und Handelstag
Adenauerallee 148
53113 Bonn
Tel.: 02 28/10 41
Telex: 886 805 DIHT d

**Bundesverband der
Selbständigen e.V.
Deutscher Gewerbeverband**
Coburger Str 1a
53113 Bonn
Tel.: 02 28/23 20 26-28
Telex: 8 869 466 bdsd

**Wirtschaftsbereich Groß-/Außenhandel
Bundesbetriebsberatungsstelle
für den Deutschen Groß- und
Außenhandel GmbH**
Kaiser-Friedrich-Str. 13
Postfach 12 28
53113 Bonn
Tel.: 02 28/21 39 58 und 22 55 50

**Wirtschaftsbereich Einzelhandel
Leitstelle für die Gewerbeförderungsmittel des Bundes
im Einzelhandel**
Sachsenring 89
50677 Köln
Tel.: 02 21/32 82 10
Telex: 8 881 443

**Wirtschaftsbereich Verkehrsgewerbe
Zentralarbeitsgemeinschaft des
Straßenverkehrsgewerbes**
Breitenbachstr. 1
60487 Frankfurt a.M.
Tel.: 0 69/77 57 19
Telex: 0 411 672

**Wirtschaftsbereich Gastgewerbe
Interhoga**
Kronprinzenstr. 46
Postfach 20 02 10
53173 Bonn
Tel.: 02 28/36 20 16-19
Telex: 885 489

**Wirtschaftsbereich Reisebürogewerbe
Deutscher Reisebüroverband e.V.**
Gärtnerweg 3
60322 Frankfurt a.M.
Tel.: 0 69/55 08 06-7
Telex: 0 411 413

**Wirtschaftsbereich Handelsvertreter, Handelsmakler
Unternehmensberatung für die
Wirtschaft GmbH**
Landgrafenstr. 16
10787 Berlin
Tel.: 0 30/2 61 18 26

3. Deutsche Auslandshandelskammern

Ägypten
German-Arab Chamber of
Commerce
P.O.B. 385
Kairo/Ägypten
Tel.: 0 02 02/75 17 37, 74 17 54
Telex: 93 671 gac un

Argentinien
Cámara de Industria y
Comercio Argentin Alemana
Calle Maipú 521/VI.
1006 Buenos Aires/Argentinien
Tel.: 0 05 41/3 92-76 41
3 92-24 40, 3 92-62 93
Telex: 1/7345 daihk ar

Australien
German Australian Chamber of
Industry and Commerce
G.P.O. Box 42 47
Syndney, N.S.W. 2001/Australien
Tel.: 0 06 12/29 39 96, 29 39 98,-99
Telex: 25 987 gercom aa

Zweigstelle:
- Hoechst House, 5th Floor
  606 St. Kilda Road
  Melbourne,
  Vic. 3004/Australien
  Tel.: 0 06 13/51 55 04, 51 58 26
  Telex: 25 987

Belgien-Luxemburg
Chambre de Commerce
DELBELUX
Rue du Commerce 20-22
bte 11
B-1040 Brüssel/Belgien
Tel.: 0 03 22/5 11 38 36
Telex: 26 097 dblux b

Zweigstellen:
- Chambre de Commerce
  DEBELUX
  Rue Alcide de Gaspari 7
  L-Luxemburg-Kirchberg
  Tel.: 0 03 52/43 58 53, 43 64 51
- DEBELUX Handelskammer
  Cäcilienstr. 46
  50667 Köln
  Tel.: 02 21/21 39 86, 21 75 00
  Telex: 8 882 453 dblx d

Bolivien
Cámara Boliviano-Alemana
Casilla 2722
La Paz/Bolivien
Tel.: 32 75 96, 37 01 66
Telex: 2 298 db ihk bv

Brasilien
Cámara de Comércio e
Indústria Brasil-Alemanha

- Caixa Postal 3 04 26
  01000 São Paulo-SP/
  Brasilien
  Tel.: 00 55 11/2 82-75 55
  Telex: 1 132 455 caba br
- Caixa Postal 17 90-ZC-00
  20 000 Rio de Janeiro/
  Brasilien
  Tel.: 00 55 21/2 31-17 38, 2 24-21 23
  Telex: 021/30 589 caba br

- Caixa Postal 20 95
  90 000 Porto Allegro/
  Brasilien
  Tel.: 0 05 55 12/24 50 19, 24 75 22, 24 41 84
  Telex: 511 482 audc br

Chile
Cámara Chileno-Alemana
Casilla 99 80
Santiago de Chile/Chile
Tel.: 6 44 94
Telex: 240 503 dcihk cl

Ecuador
Cámara de Industrias y
Comercio Ecuatoriano-Alemana
Casilla 37 31
Quito/Ecuador
Tel.: 5 47-3 06, 5 48-7 70
Telex : 2 727 deihkq ed

Finnland
Deutsch-Finnische Handelskammer
Postfach 83
SF-00101 Helsinki 10/Finnland
Tel.: 00 35 80/6 94-05 04,
6 94-05 06
Telex: 124-202 dfhk sf

Frankreich
Chambre Officielle FrancoAllemande de Commerce
et d'Industrie
18, Rue Balard
F-75015 Paris/Frankreich
Tel.: 0 03 31/5 75-62 56
Telex: 203 738

Offizielle Deutsch-Französische
Industrie- und Handelskammer
Grabenstr. 11a
40213 Düsseldorf
Tel.: 02 11/8 43 31-33
Telex: 8 582 476

Griechenland
Deutsch-Griechische Handelskammer
Dorileouu Str. 10-12/IV
GR-11521 Athen/Griechenland
Tel.: 0 03 01/6 44 45 02, 6 44 45 24,
6 44 454 46
Telex: 214 102

Zweigstelle:
- Zweigstelle Nord-Griechenland
  POB 1 08 91
  GR-54110 Thessaloniki/
  Griechenland
  Tel.: 00 30 31/22 53 41, 22 53 66
  Telex: 410 140 dght gr

Großbritannien
German Chamber of Industry
and Commerce
12/13 Suffolk Street
St. James's
London SW1Y4HG/Großbritannienn
Tel.: 0 04 41/9 30 72 51
Telex: 919 442 german g

Guatemala
Cámara GuatemaltecoAlemana
Apartado Postal 11 63
Guatemala, C.A./Guatemala
Tel.: 00 50 22/68 13 97, 68 29 71
Telex: 5 553 camgu

Indien
The Indio-German
Chamber of Commerce
P.O.B. 1 10 92
Bombay-40 00 20/Indien
Tel.: 00 91 22/21 61 31, 21 61 18
Telex: 0 114 254 igcc in

Zweigstellen:
– P.O.B. 25 04
 Calcutta-70 00 01/Indien
 Tel.: 24 32 74, 21 30 15
 Telex: 021-2 908 igcc in

– G.P.O. B.252
 New Delhi-11 00 01/Indien
 Tel.: 4 41 51, 4 06 45, 4 64 91
 Telex: 031-3 578 igcc in

– P.O.B. 14 92
 Madras-60 00 86/Indien
 Tel.: 7 64 98

– C-3 Unity Building,
 J. C. Road
 Bangalore-56 00 02/Indien
 Tel.: 2 63 41

Verbindungsbüro:
– Deutsch-Indische Handelskammer
 Oststr. 84
 40210 Düsseldorf
 Tel.: 02 11/36 05 97, 36 05 98
 Telex: 8 851 496 igcc d

Indonesien
Perkumpulan Ekonomi
Indonesia-Jerman
P.O. Box 31 51 Jkt.
Jakarta/Indonesien
Tel.: 58 49 04
Telex: 45 769 ekonid

Iran
Offizielle Deutsch-Iranische
Industrie- und Handelskammer
P.O.B. 41/18 46
1 41 55 Teheran/Iran
Tel.: 00 98 21/ 62 11 23, 62 88 27
Telex: 213 252 dihk ir

Irland
German Irish Chamber of
Industry and Commerce
46, Fitzwilliam Square
Dublin 2/Irland
Tel.: 00 35 31/ 78 93 44
78 94 04, 76 29 34, 76 29 72, 76 25 38,
76 25 95
Telex: 91 133 gici ei

Italien
Camera di Comercio Italo-Germanica
Via Napo Torriani 29
I-2 01 24 Mailand/Italien
Tel.: 0 03 92/26 51, -52, -53
Telex: 311 202 dicam mi

Zweigstelle:
– Via Rubicone 27
 I-10 01 98 Rom/Italien
 Tel.: 0 03 96/85 54 08

Japan
Zainichi Doitsu Shoko Kaigisho
Central P.O. Box 5 88
Tokyo 1 00-91/Japan
Tel.: 0 08 13/5 81-98 81, 83
Telex: 26 229 gerhaka j

Zweigstelle:
– Nakanoshima Center Bldg.
 P.O. Box 61
 Osaka 5 30/Japan
 Tel.: 0 08/16/4 47-00 21

Institut für Marktberatung bei
der Deutschen Industrie- und
Handelskammer in Japan
Central P.O. B. 5 88
Tokyo 1 00-91/Japan

Kanada
Canadian German Chamber of
Industry and Commerce Inc.
2015 Peel Street, Suite 11 10
Montreal, Que. H3A 1T9/Kanada
Tel.: 00 15 14/8 44-30 51
Telex: 524 455 deukan hk mtl

Zweigstellen:
– 480 University Ave., Suite 14 10
 Toronto, Ont. M5G1V6/Kanada
 Tel.: 00 14 16/5 98-33 55
 Telex: 623 581 deukan hk tor
 1330 Scotia Place

1 00 60 Jasper Avenue
Edmonton, Alta, T5J3R8/Kanada
Tel.: 00 14 03/4 20-66 11
Telex: 3 741 662 deukan hk
edm

Kolumbien
Cámara de Comercio
Colombo-Alemana
Apartado Aéreo 9 15 27/28
Bogotá/Kolumien
Tel.: 2 36 79 71, 2 56 51 82
Telex: 45 403 ccal

Korea
Korean German Chamber
of Commerce and Industry
C.P.O. Box 49 63
Seoul 100/Republik Korea
Tel.: 0 08 22/7 76-15 46, -49
Telex: 22 640 dkihk

Mexiko
Cámara Mexikano-Alemana
de Comercio e Industria A. C.
Apartado Postal M-94 50, Centro
06000 México D. F./Mexiko
Tel.: 0 05 25/5 96-50-44
Telex: 1 771 226 dehame

Niederlande
Nederlands-Duitse Kamer
van Koophandel
Postbus 8 05 33
25 08 GM's-Gravenhage/
Niederlande
Tel.: 00 31 70/65 19 55
Telex: 32 138

Deutsch-Niederländische
Handelskammer
Freiligrathstr. 25
40479 Düsseldorf
Tel.: 02 11/48 45 91
Telex: 8 584 980

Nigeria
Delegate of German Industry
and Commerce
P.O.B. 5 13 11
Ikoyi-Lagos/Nigeria
Tel. 00 23 41/61 97 51
Telex: 21 828 deutbk ng

Norwegen
Den Tykse Delegat for Handel
og Industri i Norge–Drammensveien 40
Oslo 2/Norwegen
Tel.: 0 04 72/44 70 79
Telex: 72 504 delno in

Österreich
Deutsche Handelskammer
in Österreich
Postfach 1 07
A-1103 Wien/Österreich
Tel.: 0 04 32 22/55 45 65, -68
Telex: 112 121 dehaka a

Zweigstelle:
– Getreidegasse 13
  A-5020 Salzburg/Österreich
  Tel.: 00 43 62 22/4 79 52
  Telex: 0 633 886 dhksbg a

Paraguay
Cámara de Commercio
Paraguayo-Alemana
Casilla de Correo 919
Asunción/Paraguay
Tel.:4 65 94
Telex: 123 krauch srts py

Peru
Cámara Peruano-Alemana
Casilla 27 22
Lima/Peru
Tel.: 28 83 01, 27 85 06
Telex: 25 651 camperal pe

Portugal
Cámara de Comércio Luso-Alemaña
Apartado 1967
10 06 Lissabon/Portugal
Tel.: 00 35 11/77 25 87, 77 81 68
Telex: 16 469 comali p.

Zweigstelle:
– Av. dos Aliados, 211, 5-Esq., Sala E
  Porto/Portugal
  Tel.: 0 03 51 29/31 61 12

Saudi-Arabien
German-Saudi-Arabien Liaison
Office for Economic Affairs
P.O. Box 89 74
Riyadh/Saudi-Arabien
Tel.: 00 96 61/ 4 77 74 45, 4 76 12 99
Telex: 202 297 aariad sj

Schweden
Tysk-Svenska Handelskammaren
Box 12 23
S-11182 Stockholm/Schweden
Tel.: 0 04 68/21 75 54, 21 75 61, 21 75 69

Schweiz
Handelskammer Deutschland-Schweiz
Talacker 41
CH-8001 Zürich/Schweiz
Tel.: 0 04 11/2 21 37 02
Telex: 812 684 deuha ch

Spanien
Cámara de Comercio
Alemana para España
Calle Pio XII, 26
Madrid-1/Spanien
Tel.: 0 03 41/2 75 40 00
Telex: 42 989 haka e

Zweigstelle:
- Calle Córcega 3 01-3 03
  Barcelona-8/Spanien
  Tel.: 0 03 43/2 37 38 83, 2 18 82 62
  Telex: 50 615 haka e

Südafrika
S. A.-German Chamber of Trade
and Industry Ltd.
P.O. Box 9 10 04
2006 Johannsburg/Südafrika
Tel.: 00 27 11/7 26-72 00, -01, -02, -03
Telex: 4-24 402

Taiwan
German Trade Office Grand Hotel,
Jade Phoenix Bldg. 15 16-17
Taipei/Taiwan
Tel.: 02-5 96 42 71
Telex: 26 226 gertrade tw

Thailand
German-Thai Chamber of Commerce
P.O. Box 17 28
Bangkok/Thailand
Tel.: 2 33 91 13
Telex: 82 836 gtcc th

Tunesien
Chambre Tuniso-Alemande
de l'Industrie et du Commerce
11, Rue Med Ali Tahir
Tunis-Mutuelleville/Tunesien
Tel.: 00 21 61/28 38 91
Telex: 13 680 ctual tn

Uruguay
Cámara de Comercio
Uruguayo-Alemana
Casilla de Correo 14 99
Montevideo/Uruguay
Tel.: 95 35 21, 95 37 58
Telex: 811 reholm uy

USA
German American Chamber
of Commerce
666 Fifth Avenue
New York, N.Y. 1 01 03/USA
Tel.: 00 12 12/9 74-88 30
Telex: 234 209 gacc ur

- 77 East Monroe Street, Suite 604
  Chicago, Ill. 6 0ß6 03/USA
  Tel.: 00 13 12/7 82-85 57
  Telex: 70 94 05 ahk usa cgo ud
- 3250 Wilshire Blvd., Suite 2212
  Los Angeles, Ca. 9 00 10/USA
  Tel.: 00 12 13/3 81-22 36, -37
  Telex: 194 887 gacc la lsa
- 465 California Street
  San Francisco, Cal. 9 41 04/USA
  Tel.: 00 14 15/3 92-22 62

Zweigstellen:
- Peachtree Center,
  Harris Tower, Suite 2701
  233 Peachtree Street, N.E.
  Atlanta, Ga. 3 03 03/USA
  Tel.: 00 14 04/5 77-72 28
- 2 Houston Center, Suite 3418
  Houston, Texas 7 70 10/USA
  Tel.: 00 17 13/6 58-82 30
- 1 Farragut Square South
  Washington, D.C. 20006/USA
  Tel.: 00 121 02/3 47-02 47

Venezuela
Cámara de Comercio e
Industria Venezolano-Alemana
Apartado 6 12 36
Caracas-106/Venezuela
Tel.: 0 05 82/38 72 20, 38 72 23
Telex 29 691 cciva ve

4. Spitzenverbände der deutschen Wirtschaft

Bundesverband der Deutschen Industrie e.V. (BDI)
Gustav-Heinemann-Ufer 84-88
Postfach 51 05 48
50968 Köln
Tel.: 02 21/37 08-1
Telex: 88 836 01

Deutscher Industrie- und Handelstag (DIHT)
Adenauerallee 148,
Postfach 14 46
53113 Bonn
Tel.: 02 28/1 04-0
Telex: 886 805

Zentralverband des Deutschen Handwerks (ZDH)
Johanniterstr. 1
53113 Bonn
Tel.: 02 28/5 45-1
Telex: 886 338

Bundesverband des Deutschen Groß- und Außenhandels e.V. (BGA)
Kaiser-Friedrich-Str. 13,
Postfach 13 49
53113 Bonn
Tel.: 02 28/21 80 57, -59
Telex: 886 783

Bundesverband des Deutschen Exporthandels e.V.
Gotenstr. 21
20097 Hamburg
Tel.: 0 40/23 60 16 25, -24
Telex: 2 162 388

Ausstellungs- und Messe-Ausschuß der Deutschen Wirtschaft e.V. (AUMA)
Lindenstr. 8
50674 Köln
Tel.: 02 21/21 90 91

Hauptgemeinschaft des Deutschen Einzelhandels e.V. (HDE)
Sachsenring 89
50677 Köln
Tel.: 02 21/33 98-0
Telex: 8 881 443

Centralvereinigung Deutscher Handelsvertreter- und Handelsmakler-Verbände (CDH)
Geleniusstr. 1
50931 Köln
Tel.: 02 21/51 40 43, -44
Telex: 8 881 743

Bundesverband deutscher Banken e.V.
Mohrenstr. 35-41
Postfach 10 02 46
50670 Köln
Tel.: 02 21/1 66 31
Telex: 8 882 730

Deutscher Sparkassen- und Giroverband e.V.
Simrockstr. 4, Postfach 14 29
53113 Bonn
Tel.: 02 28/20 41
Telex: 886 709

Bundesverband der Deutschen Volksbanken und Raiffeisenbanken e.V. (BVR)
Heussallee 5, Postfach 12 04 40
53113 Bonn
Tel.: 02 28/50 91
Telex: 886 779

Gesamtverband der Deutschen Versicherungswirtschaft e.V.
Ebertplatz 1
50668 Köln

Tel.: 02 21/77 64-0
Telex: 8 885 255

Zentralarbeitsgemeinschaft des Straßenverkehrsgewerbes (ZAV) e.V.
Breitenbachstr. 1
60487 Frankfurt/Main
Tel.: 0 69/77 57 19
Telex: 411 627

Bundesverband Spedition und Lagerei e.V. (BSL)
Weberstr. 77, Postfach 13 60
53113 Bonn
Tel.: 02 28/21 00 95, -97
Telex: 886 345

Verband Deutscher Reeder e.V. (VDR)
Esplanade 6, Postfach 30 58 40
20354 Hamburg
Tel.: 0 40/3 50 97-1
Telex: 211 407

Zentralausschuß der Werbewirtschaft e.V. (ZAW)
Villichgasse 17
Postfach 20 06 47
53177 Bonn
Tel.: 02 28/35 10 25
Telex: 885 608

ADM-Arbeitskreis Deutscher Marktforschungsinstitute e.V.
Theodor-Burgschmiet-Str. 2
90419 Nürnberg
Tel.: 09 11/3 95-2 31
Telex: 622 028

Bundesverband Deutscher Unternehmensberater BDU e.V.
Fachgruppe Außenwirtschaftsberatung
Gotenstr. 161
53175 Bonn
Tel.: 02 28/37 90 01
Telex: 8 869 494

Verband Beratender Ingenieure e.V. (VBI)
Zweigertstr. 37-41
Postfach 10 22 42
45130 Essen
Tel.: 02 01/79 20 44
Telex: 857 799

Verband unabhängig beratender Ingenieurfirmen e.V. (VUBI)
Winston-Churchill-Str. 1
Postfach 12 04 64
53113 Bonn
Tel.: 02 28/21 70 64, -65
Telex: 886 551

5. Mitgliedsverbände des Bundesverbandes der Deutschen Industrie e.V. (BDI)

Verband der Automobilindustrie e.V. (VDA)
Westendstr. 61
Postfach 17 42 49
60325 Frankfurt/Main
Tel.: 0 69/ 7 57 01
Telex: 411 293

Hauptverband der Deutschen Bauindustrie e.V.
Abraham-Lincoln-Str. 30
Postfach 29 66
65189 Wiesbaden
Tel.: 0 61 21/77 21
Telex: 4 186 147

Bundesverband Bekleidungsindustrie e.V.
Mevissenstr. 15
50668 Köln
Tel.: 02 21/7 74 40
Telex: 8 883 363

Wirtschaftsvereinigung Bergbau e.V.
Zitelmannstr. 9-11
Postfach 12 02 80
53113 Bonn
Tel.: 02 28/23 10 81, -85
Telex: 8 869 566

Verband der Chemischen Industrie e.V.
Karlstraße 21
60329 Frankfurt/Main
Tel.: 0 69/25 56-0
Telex: 411 372

Verband der Cigarettenindustrie
Harvestehuder Weg 88
20149 Hamburg
Tel.: 0 40/44 16 61
Telex: 215 044

Bundesverband Druck e.V.
Biebricher Allee 79
Postfach 18 69
65187 Wiesbaden
Tel.: 0 61 21/8 03-0
Telex: 4 186 888

Wirtschaftsverband Eisen, Blech und Metallverarbeitende Industrie e.V. (EBM)
Kaiserswerther Str. 135
Postfach 32 12 30
40474 Düsseldorf
Tel.:02 11/45 49 30
Telex: 8 584 985

Wirtschaftsvereinigung Eisen- und Stahlindustrie
Breite Str. 69, Postfach 87 05
40213 Düsseldorf
Tel.: 02 11/82 91
Telex: 8 582 286

Zentralverband der Elektrotechnischen Industrie e.V. (ZVEI)
Stresemannallee 19
Postfach 70 09 69
50596 Frankfurt/Main
Tel.: 0 69/6 30 21
Telex: 411 035

Wirtschaftsverband Erdöl- und Erdgasgewinnung e.V.
Brühlstr. 9
30169 Hannover
Tel.: 05 11/32 60 16, -17
Telex: 921 462

Bundesvereinigung der Deutschen Ernährungsindustrie e.V.
Rheinallee 18
53173 Bonn
Tel.: 02 28/35 10 51, -53
Telex: 885 679

Verband der Deutschen Feinmechanischen und Optischen Industrie e.V.
Pipinstr. 16
50667 Köln
Tel.: 02 21/21 94 58
Telex: 8 882 226

Deutscher Gießereiverband (DGV)
Sohnstr. 70, Postfach 87 09
40237 Düsseldorf
Tel.: 02 11/6 87 11
Telex: 8 586 885

Bundesverband Glasindustrie und Mineralfaserindustrie e.V.
Stresemannstr. 26
Postfach 83 40
40210 Düsseldorf
Tel.: 02 11/16 21 91
Telex: 8 587 686

Arbeitsgemeinschaft Hauptverband der Deutschen Holzindustrie und verwandter Industriezweige e.V. Vereinigung Deutscher Sägewerksverbände e.V.
An den Quellen 10
Postfach 29 28
65183 Wiesbaden
Tel.: 0 61 21/3 93 05
Telex: 4 186 631

Arbeitsgemeinschaft Industriegruppe
Messezentrum
90489 Nürnberg
Tel.: 09 11/8 66 88, -89
Telex: 626 271 über Messezentrum

Wirtschaftsverband der deutschen Kautschukindustrie e.V. (WdK)
Zeppelinallee 69
Postfach 90 10 60
60487 Frankfurt/Main
Tel.: 0 69/79 36-0
Telex: 411 254

Arbeitsgemeinschaft Keramische Industrie e.V.
Friedrich-Ebert-Anlage 38
Postfach 97 01 71
60325 Frankfurt/Main
Tel.: 0 69/74 06 17
Telex: 4 189 085

Gesamtverband kunststoffverarbeitende Industrie e.V. (GKV)
Am Hauptbahnhof 12
60329 Frankfurt/Main
Tel.: 0 69/23 36 57, -58
Telex: 411 222

Bundesverband der Deutschen Luftfahrt-, Raumfahrt- und Ausrüstungsindustrie e.V. (BDLI)
Konstantinstr. 90
53179 Bonn
Tel.: 02 28/33 00 11
Telex: 885 528

Verband Deutscher Maschinen- und Anlagenbau e.V. (VDMA)
Lyoner Str. 18, Postfach 71 01 09
60528 Frankfurt/Main
Tel.: 0 69/66 03-0
Telex: 411 321 und 413 152

Wirtschaftsvereinigung Metalle e.V.
Tersteegenstr. 28
Postfach 87 06
40474 Düsseldorf
Tel.: 02 11/43 43 31
Telex: 8 584 721

Mineralölwirtschaftsverband e.V.
Steindamm 71
20099 Hamburg
Tel.: 0 40/28 54-1
Telex: 2 162 257

Verband Deutscher Papier- fabriken e.V. (VDP)
Adenauerallee 55
53113 Bonn
Tel.: 02 28/22 20 21
Telex: 886 767

Hauptverband der Papier, Pappe und Kunststoffe verarbeitenden Industrie (HPV) e.V.
Arndtstr. 47
60325 Frankfurt/Main
Tel.: 0 69/75 10 38, -39
Telex: 411 925

Verband der Deutschen Schiffbauindustrie e.V.
An der Alster 1
20099 Hamburg
Tel.: 0 40/24 62 05
Telex: 2 162 496

Arbeitsgemeinschat Schuhe/Leder
Waldstr. 44
63065 Offenbach
Tel.: 06 11/81 62 72
Telex: 4 152 695

Wirtschaftsverband Stahlbau und Energietechnik (SET)
Ebertplatz 1
50668 Köln
Tel.: 02 21/7 73 10
Telex: 8 885 373

Wirtschaftsverband Stahlverformung e.V.
Goldene Pforte 1
Postfach 40 09
58093 Hagen
Tel.: 0 23 31/5 10 41, -45
Telex: 823 806

Bundesverband Steine und Erden e.V.
Friedrich-Ebert-Anlage 38
Postfach 97 01 71
60325 Frankfurt/Main
Tel.: 0 69/74 06 17
Telex: 4 189 085

Gesamtverband der Textilindustrie in der Bundesrepublik Deutschland – Gesamttextil – e.V.
Schaumainkai 87
60596 Frankfurt/Main
Tel.: 0 69/63 80 35
Telex: 411 034

Deutsche Verbundgesellschaft e.V.
Ziegelhauser Landstr. 5
69120 Heidelberg
Tel.: 0 62 21/4 50 17
Telex: 461 849

Wirtschaftsvereinigung Ziehereien und Kaltwalzwerke
Kaiserswerther Str. 137

40474 Düsseldorf
bzw. Postfach 87 07
40474 Düsseldorf
Tel.: 02 11/45 64-2 46
Telex: 8 584 945

Verein der Zuckerindustrie
Am Hofgarten 8, Postfach 25 45
53113 Bonn
Tel.: 02 28/22 85-0
Telex: 886 718

6. Multilaterale Organisationen

Weltbank (Internationale Bank
für Wiederaufbau und Entwicklung)
1818 H Street, N. W.,
Washington, D.C. 20433, USA

Europa-Büro:
66, Avenue d'Jéna
F-75116 Paris

IDA (Internationale Entwicklungsorganisation)
1818 H Street N.W.,
Washington, D.C. 20433, USA

IFC (Internationale FinanzCorporation)
1818 H Street, N. W.,
Washington, D.C. 20433, USA

ADB (Asiatische Entwicklungsbank)
2330 Roxas Boulevard
P.O. Box 789, Metro Manila,
Philippinen

IDB (Interamerikanische
Entwicklungsbank)
808-17th Street, N. W.,
Washington, D.C. 20577, USA

Afrikanische Entwicklungsbank
(Afr. EB) bzw. Afrikanischer
Entwicklungsfonds (AFR. EF)
BP No. 1387, Abidjan 01, Elfenbeinküste

United Nations
1, United Nations Plaza
New York, N. Y. 10017, USA

Europa-Büro:
Palais des Nations
CH-1211 Genf 10

UNDP (United Nations
Development Programme)
One United Nations Plaza,
New York, N. Y. 10017, USA

FAO (Food and Agriculture Organization
of the United Nations)
Via delle Terme di Caracalla
I-00100 Rom, Italien

ILO (International Labour
Organization),
4 Route des Morillons
CH-1211 Genf 22, Schweiz

UNESCO (United Nations Educational,
Scientific and Cultural Organization)
Place de Fontenoy 7
F-75700 Paris, Frankreich

UNIDO (United Nations Industrial
Development Organization)
Wagramer Str. 5, A-1400 Wien,
Österreich

Kölner Büro:
Unter Sachsenhausen 10-26
Postfach 10 20 65
50667 Köln
Tel: 02 21/12 04 51

EG-Kommission
200, Rue de la Lois
B-1049 Brüssel

Bonner Büro:
Zitelmannstr. 22
53113 Bonn

Berliner Büro:
Kurfürstendamm 102
10711 Berlin

EEF (Europäischer Entwicklungsfonds)
200, Rue de la Lois
B-1049 Brüssel, Belgien

Europäischer Regionalfonds
200, Rue de la Lois
B-1049 Brüssel, Belgien

EIB (Europäische Investitionsbank)
100, Boulevard Konrad
Adenauer,
L-1020 Luxemburg/Luxemburg

ZIE (Zentrum für Industrielle
Entwicklung)
28, Rue de l-Industrie
B-1040 Brüssel/Belgien

7. Ausländische Kammern, Ländervereine und zwischenstaatliche Gesellschaften in der Bundesrepublik Deutschland

Afrika-Verein
Neuer Jungfernstieg 21
20354 Hamburg
Tel.: 0 40/34 30 51, -53

**American Chamber of
Commerce in Germany**
Rossmarkt 12
60311 Frankfurt/Main
Tel.: 0 69/28 34 01

Australian-Neuseeland-Verein e.V.
Neuer Jungfernstieg 21
20354 Hamburg
Tel.: 0 40/3 56 25 51

**Deutsch-Belgisch-Luxemburgische
Gesellschaft e.V.**
Christophstr. 37
50670 Köln

**Deutsch-Brasilanische
Gesellschaft e.V.**
Schumannstr. 2b
53113 Bonn
Tel.: 02 28/22 45 07

Deutsch-Chinesische Gesellschaft
Büchelstr. 53B
53227 Bonn
Tel.: 02 28/6 89 00

Deutsch-Englische Gesellschaft e.V.
Duisburger Str. 11a
40477 Düsseldorf
Tel.: 02 11/40 13 87

Deutsch-Finnische-Vereinigung e.V.
Breite Str. 6-8
23552 Lübeck
Tel.: 04 51/7 36 60

**Arbeitskreis Deutsch-Französische
Gesellschaft/Cercle de Travail
des Associations
Franco-Allemandes e.V.**
Schillerstr. 11
55116 Mainz

**Deutsch-Französisches Büro
für Unternehmenskooperation**
Oberländer Ufer 84-88
50968 Köln
Tel.: 02 21/3 70 84 56

**Hong Kong Trade Development
Council**
Bockenheimer Landstr. 51-53
60325 Frankfurt/Main
Tel.: 0 69/72 56 10, 72 59 10

Indische Technische Handelsberatung
Immermannstr. 59
40210 Düsseldorf
Tel.: 02 11/35 92 77, 25 61 04

**Deutsch-Indonesische
Gesellschaft e.V.**
Lortzingstr. 72
50931 Köln
Tel.: 02 21/41 34 30

**Deutsch-Iranische
Handelskammer e.V.**
Mittelweg 151
20148 Hamburg
Tel.: 0 40/44 08 47

**Deutsch-Israelische Wirt-
schaftsvereinigung e.V.**
Steffanieweg 5
40593 Düsseldorf
Tel.: 02 11/70 40 72
Fax: 02 11/70 40 71

Deutsch-Irische Gesellschaft
Postfach 518
53113 Bonn

**Italienische Handelskammer
für Deutschland**
Freiherr-vom-Stein-Str. 9
60323 Frankfurt/Main
Tel.: 0 69/72 77 47, 72 67 67

**Japanische Industrie- und Handels-
kammer zu Düsseldorf e.V.**
Schadowstr. 39
40212 Düsseldorf
Tel.: 02 11/36 90 01

Deutsch-Japanisches Wirtschaftsbüro
Schadowstr. 25
40212 Düsseldorf
Tel.: 02 11/32 78 65

**Verband der Deutsch-Japanischen
Gesellschaft in der Bundesrepublik
und West-Berlin**
Schadowstr. 25
40212 Düsseldorf
Tel.: 02 11/32 73 32

**Deutsch-Japanisches Wirtschaftsbüro
Hamburg**
Frauenthal 11
20149 Hamburg
Tel.: 0 40/44 171 74

Deutsch-Kanadische-Gesellschaft e.V.
Brandestr. 11
30169 Hannover-Waldhausen
Tel.: 05 11/83 28 17

**Ibero-Amerika Institut für Wirtschafts-
forschung der Universität Göttingen**
Gosslerstr. 1B
37073 Göttingen
Tel.: 05 51/39 81 72

Ibero-Amerika Verein e.V.
Alsterglacis 8
20354 Hamburg
Tel.: 0 40/41 20 11

Deutsch-Madagassische Gesellschaft e.V.
Heinestraße 15
60322 Frankfurt am Main
Tel./Fax: 069/550658

Deutsch-Niederländische Gesellschaft
Sentmaringer Weg 61
48151 Münster

Deutsch-Norwegische Gesellschaft
Eichenhain 8
48155 Münster
Tel.: 02 51/31 42 63

Ostasiatischer Verein e.V.
Neuer Jungfernstieg 21
20354 Hamburg
Tel.: 0 40/3 56 25 57

Ost- und Mitteleuropa Verein e.V.
Ferdinandstr. 36
20095 Hamburg
Tel.: 040/338945

Deutsche Gesellschaft für Osteuropakunde e.V.
Schaperstr. 30
10719 Berlin
Tel.: 0 30/24 41 72

Deutsch-Portugiesische Gesellschaft
Rethelstr. 150
40237 Düsseldorf
Tel.: 02 11/62 60 71

Deutsch-Rwandesische Gesellschaft e.V.
Königswinterer Str. 242-252
53227 Bonn
Tel.: 02 28/4 13 35, 4 10 05

Amtliche Spanische Handelskammer für Deutschland
Schaumainkai 83
60596 Frankfurt/Main
Tel.: 0 69/63 80 31

Schwedische Handelskammer in der Bundesrepublik Deutschland e.V.
Am Bonneshof 28
40474 Düsseldorf
Tel.: 02 11/45 20 74

Deutsch-Thailändische Gesellschaft e.V.
Koblenzer Str. 89
53177 Bonn
Tel.: 02 28/25 16 73

Türkisch-Deutsche Handelskammer
Savignystr. 80
60325 Frankfurt/Main
Tel.: 0 69/74 54 87

Tunesisch-Deutsche Kammer für industrielle Entwicklung
Mechenheimer Allee 87
53179 Bonn
Tel.: 02 28/65 69 69

8. Markt-, Länder-, Branchenberichte

Bundesstelle für Außenhandelsinformation (BFAI)
Agrippastr. 87-93
Postfach 10 05 22
50676 Köln
Tel.: 02 21/20 57-0
– Marktinformationen:
  Reihe A – Länder
  Reihe B – Branchen
– Mitteilungen (BM)
– Rechtsinformationen (RI)
– Zollinformationen
  (länderweise)

Bundesverband der Deutschen Industrie (BDI)
Oberländer Ufer 84/88
50968 Köln
Tel.: 02 21/37 08-1
Markt-, Länder und
Branchenberichte

Business International S.A.
12/14 Chemin Rieu
CH-1211 Genf 17/Schweiz
Tel.: 0 22/47 53 55
– Forecasts for 30
  World Markets
– Research Reports

Centrale Marketinggesellschaft der Deutschen Agrarwirtschaft (CMA)
Koblenzer Str. 148
53177 Bonn
Tel.: 02 28/84 70

– Grundlagen-Marktberichte
– Spartenberichte
– Agrar-Exportbrief

Economist Intelligence Unit
27, St. James' Place
London SW 1 A INT
Tel.: 01-4 93 67 11
– Quarterly Economic
  Reviews
– European Trends
– Marketing in Europe

ERC Statistics International
London SW1Y5DY
125 Pall Mall P.O. Box 67
Tel.: 01-9 30 47 64
- European Data Monitor
- Special Monitor
- Euro-Forecast Studies
- European Marketing
  Data and Statistics

Frost & Sullivan Inc.
106 Fulton Street
New York, N. Y. 10038/USA
- United States and
  European Reports

GFK Gesellschaft für Konsumforschung,
Nürnberg (Hrsg.)
Verlag moderne industrie
Justus-von-Liebig-Str. 1
8910 Landsberg
Tel.: 0 81 91/1 25-2 73
- Europa Basismarktdaten

Gower Press Ltd.
P.O. Box 5
Epping, Surrey, CM 6 4BV
England
- European Directory of
  Market Research Surveys

HWWA – Institut für Wirtschaftsforschung
Neuer Jungfernstieg 21
20354 Hamburg
Tel.: 0 40/3 56 21
Markt-, Länder- und Branchenberichte

Institut für Wirtschaftsforschung ETH Zürich
Scheuchzerstr. 68
CH-8006 Zürich
Tel.: 01/ 26 67 92
- Berichte der Konjunkturforschungsstelle

International Trade Centre
Palais des Nations
CH-1211 Genf 10
- Market Surveys
- Market Briefs

London Chamber of Commerce and Industry
69 Cannon Street
London EC 4N 5 AB
Tel.: 01-2 48 44 44
- European Market Reports

OECD Publications Office
2, Rue André-Pascal
F-75775 Paris
Verlag Weltarchiv GmbH
Neuer Jungfernstieg 21
20354 Hamburg
Tel.: 0 40/3 56 25 00
Librerie Payot, 6, Rue Grenus
CH-1211 Genf 11
Tel.: 0 22/31 89 50
- Länderberichte
  (OECD Economic Surveys)
- National Accounts of
  OECD Countries
- IECD Economic Outlook

Predicasts Inc.
University Research Centre
11001 Cedar Avenue
Cleveland, Ohio 44106/USA
- World Casts (Regional)
- World Casts (Products)

Schweiz. Zentrale für Handelsförderung
Stampfenbachstraße 85
CH-8035 Zürich
Tel.: 01/60 22 50
und
Office Suisse d'Expansion
Commerciale
18, Rue Bellefontaine
CH-1001 Lausanne
Tel.: 0 2120 32 31
- Länder-Dokumentation
  (Fiches Documentaires)
- Wirtschaftliche
  Mitteilungen
- Internationale
  Ausschreibungen

Statistisches Bundesamt (Hrsg.)
65180 Wiesbaden
Tel.: 06 11/75 24 05
Fax: 06 11/72 40 40

- Länderberichte
- Länderkurzberichte
- Int. Monatszahlen

U.S. Department of Commerce
Nat. Technical Information
Service, 5285 Port Royal Rd.
Springfield, Va 22161/USA
U.S. Government Printing Office
Superintendent of Documents
Washington, D.C. 20402/USA
- Foreign Market Reports Service
- Foreign Economic Trends
- Overseas Business Reports

11. Kap.: Internationales Marketing-Management

9. Außenhandelsstatistiken wichtiger Exportländer

Bundesrepublik Deutschland:
Statistisches Bundesamt
65180 Wiesbaden
Tel.: 06 11/75 24 05
Fax: 06 11/72 40 40
– Fachserie G:
  Außenhandel Reihe 1-7
– Warenverzeichnis f.d.
  Außenhandelsstatistik

Schweiz:
Eidgen. Oberzolldirektion
Abt. Handelsstatistik
Monbijoustraße 40
CH-3003 Bern
Tel.: 0 61/61 65 92
– Monatsstatistik
– Jahresstatistik
– Jahresbericht

Großbritannien:
Central Statistical Office
Great George Street
London SW 1 P 3 AD
– Overseas Trade Statistics
  of the United Kingdom
– Bill of Entry Service
  (Export and Imports)

Vereinigte Staaten:
U.S. Department of Commerce,
Washington D.C.
Superintendent of Documents
U.S. Government Printing Office
Washington, D.C. 20402/USA
– Import Statistics
– Export Statistics
– Foreign Trade Reports

Frankreich:
Direction Générale des Douanes
192, Rue St. Honoré
F-75 Paris 1er
– Statistiques du Commerce Extérieur

Japan:
Ministry of Finance
Customs Bureau
2-2 Chome Kasumigaseki
Chioda-Ku. Tokio
– Trade of Japan
  (Countries by Commodity)

Andere Länder:
Department of Industry
Statistics of Marketing
Intelligence Library

Export House 50 Ludgate Hill
London EC 4M AU
– National Statistical Offices of Overseas
  Countries (Adressen der statistischen
  Ämter von etwa 150 Ländern)

10. Außenhandelsstatistiken der Wirtschaftsgemeinschaften

Europäische Union (EU)
Verlag Bundesanzeiger
Postfach 10 05 34
50445 Köln
Tel.: 02 21/2 02 90
Fax: 02 21/2 02 92 78
Amt für Amtliche Veröffentlichungen
der Europäischen Union
Case Postale
L-1003 Luxemburg
– Analytische Übersichten des
  Außenhandels der EU

Asociation Latinoamericana de Libre Comercio Comité
Ejecutivo
Cebollati 1461
Montevideo, Uruguay
– Comercio Intrazonal

Organisation of American States,
Washington
Inter-American Statistical Institute
17th and Constitution Ave
Washington D. C. 20006
– America en cifras

11. Außenhandelsstatistiken der Internationalen Organisationen

Vereinte Nationen
(UN Statistical Office)
a) United Nations Publication
   Sales Section
   Palais des Nations
   CH-1211 Genf 10
b) A. HORN, Buchhandlung
   Postfach 21 63
   Spiegelgasse 9
   6200 Wiesbaden
c) Librairie Payot
   6, Rue Grenus
   CH-1211 Genf 11
   Tel.: 0 22/31 89 50
– World Trade Annual
– Supplement to World Trade Annual
– Commodity Trade Statistics

- Yearbook of International Trade Statistics

OECD
Adressen s. oben (8. Markt-, Länder-, Branchenberichte)
- Foreign Trade Statistics Bulletins: Series A, B, C
- Main Economic Indicators
- Economic Outlook

Food and Agricultural Organisation (FAO)
Via delle Terme di Caracalla
I-00100 Rom
- Trade Yearbook

WTO, Ville le Boca
Palais des Nations
CH-1211 Genf 10
- International Trade

Internationale Monetary Fund (IMF)
700, 19th Street
Washington, D. C. 20431/USA
- Directions of Trade
- International Financial Statistics

Europe Publications Ltd.
18, Bedford Square
London WC 1 B3 JN
- The European Yearbook

Euroguide International S.A.
Postfach 4 65
Luxemburg
- Euroguide – Ecyclopädia of all European Markets

Gower Press
Barlow Publishing Co.
P.O.Box 5
Epping, Surrey, CM 6 4 BV
- Sources of European Economic Information

12. Marktforschungsinstitute im Ausland

European Society for Opinion and Marketing Research ECOMAR
Raadhuisstraat 15
Amsterdam
Tel.: 0 20/22 86 68
„Marketing Research in Europe"

The Market Research Society
51, Charles Street
London W1 X PA
„International Directory of Market Research Organisations"

International Research Associates INRA
1270 Avenue of the Americas
New York
Tel.: 2 12/5 81-20 10

Institut für Demoskopie Allensbach GmbH
Radolfzellerstr. 8, Postfach 1 60
7753 Allensbach
Tel.: 0 75 33/7 77

SCOPE
Frankenstraße 9
CH-6002 Luzern
Tel.: 0 41/22 64 65

CBD Research Ltd.
154, High Street
Beckenham, Kent
England
„Marketing and Management – A World Register of Organisation"

13. Aus- und Weiterbildung im Export

Export-Akademie Baden-Württemberg
Pestalozzistr. 65
72762 Reutlingen
Tel.: 0 71 21/2 71-2 15

Europäisches Institut für Außenhandel, Basel (ELAB)
Schweizer Mustermesse
CH-4021 Basel/Schweiz
Tel.: 0 61/26 20 20

Universität Hamburg
Institut für Außenhandel und Überseewirtschaft
Max-Brauer-Allee 60
22765 Hamburg
Tel.: 0 40/41 23-55 48
Fax: 0 40/41 23-61 15

Universität Erlangen-Nürnberg
Institut für Exportforschung an der Wirtschafts- u. Sozialwissenschaftlichen Fakultät
Findelgasse 9
90402 Nürnberg
Tel.: 09 11/20 31 91

Hochschule für Welthandel
Franz-Klein-Gasse 1
A-1190 Wien
Tel.: 02 22/3 47 54 10

Hochschule St. Gallen
Dufourstraße 50
CH-9000 St. Gallen
Tel.: 0 71/23 31 35

Akademie für Welthandel
Börsenplatz
60313 Frankfurt/Main
Tel.: 0 69/2 19 71

Deutsche Außenhandels- und Verkehrsschule
Marktstraße 2
28195 Bremen
Tel.: 04 21/32 01 08

Rationalisierungs-Kuratorium der Deutschen Wirtschaft RKW
Gutleutstraße 163-167
60327 Frankfurt/Main
Tel.: 0 69/23 04 51

Schweizerische Zentrale für Handelsförderung
Stampfenbachstraße 85
CH-8035 Zürich
Tel.: 01/60 22 50

Berliner Institut für Weiterbildung von Führungskräften in der Wirtschaft e.V.
Kurfürstendamm 45
10719 Berlin
Tel.: 0 30/8 83 15 17

Institut für Wirtschaftsförderung AG
Löwenstraße 33
CH-8022 Zürich
Tel.: 01/27 40 55

Institut für Auslandsbeziehungen
Referat Informationsseminare
Charlottenplatz 17
70173 Stuttgart
Tel. 07 11/22 17 66

Handelshochschule Leipzig (HHL)
Jahnallee 59
04109 Leipzig
Tel.: 03 41/98 51 60
Fax: 03 41/4 77 32 43

Euro Business College
Raboisen 96
20095 Hamburg
Tel.: 040/327472
Fax: 040/337194

8 Literaturverzeichnis

Albaum, G. et al.: International Marketing and Export Management, Wotzingham 1994
Althans, J.: Die Übertragbarkeit von Werbekonzeptionen auf internationale Märkte – Analyse und Exploration auf der Grundlage einer Befragung bei europaweit tätigen Werbeagenturen, Frankfurt/M. et al 1982
Backhaus, K.; Büschken, J.; Voeth, M.: Internationales Marketing, Stuttgart 1996
Bauer, E.: Internationale Marktforschung, München 1995
Baux, Ph.: Marketing – une approche de Mega-Marketing, Paris 1987
Berekoven, L.: Internationales Marketing, 2. Aufl., Herne/Berlin 1985
Bidlingmaier, J.: Marketing, Bd. 2, Reinbek 1973
Carson, D.: International Marketing – A Comparative Systems Approch, New York et al 1967
Cateora, Ph. R.; Hess, J. M.: International Marketing, Homewood/Illinois 1971
Czinkota, M. R.; Ronkainen, I. A.: International Marketing, 4th ed., Fort Worth 1995
De Leersnyder, J.-M.: Marketing international, 2e éd., Paris 1986
Essawy, M. A.: Internationales Marketing in Entwicklungsländern (Diplom-Arbeit), Wirtschafts- und Sozialwissenschaftliche Fakultät der Universität Augsburg, 1988
Fayerweather, J.: International Marketing, 2nd ed., Englewood Cliffs et al 1970
Griffin, T.: International Marketing Communications, Oxford 1994
Groves, L. W. J.: International Marketing Research, Oxford 1994
Helfer, J. P.; Orsoni, J.: Marketing, Paris 1988
Hüttner, M.: Grundzüge der Marktforschung, 4. Aufl., Berlin 1989
Hummel, Th. R.: Internationales Marketing, München 1994
Jahrmann, F.-U.: Außenhandel, 5. Aufl., Ludwigshafen/Rh. 1988
Jain, S.C.: Marketing Planning and Strategy, 2nd ed., Cincinnati et al 1985
Keegan, W. J.: Multinational Marketing Management, Englewood Cliffs et al 1974
Kotler, Ph.: Marketing-Management – Analyse, Planung und Kontrolle, 4. Aufl., Stuttgart 1982
Kramer, H. E.: International Marketing – Methodological Excellence in Practice and Theory, in: Management International Review – MIR – Vol 29, 1989/2, S.59-65
Kreutzer, R.: Global Marketing – Konzeption eines länderübergreifenden Marketing, (Diss.) Mannheim 1989
Kulhavy, E.: Internationales Marketing, 3. Aufl., Linz 1986
Levitt, Th.: Exploit Product Life Cycle. In: Harvard Business Review, 43.49; 6/1965, S. 75-86.
Lynch, R.: Cases in European Marketing, London 1993
Meffert, H.: Marketing – Grundlagen der Absatzpolitik, 7. Aufl., Wiesbaden 1989
Derselbe; Althans, J.: Internationales Marketing, Stuttgart et al 1982
Derselbe; Bolz, J.: Internationales Marketing-Management, 2. Aufl., Stuttgart et al 1994
Meissner, H. G.: Außenhandels-Marketing, Stuttgart 1981
Derselbe: Strategisches Internationales Marketing, 2. Aufl., München 1995
Derselbe: Strategic International Marketing, Berlin et al 1990
Meyer, C. W.: Internationales Marketing, in: Dittmar, W. G. et al (Hrsg.), 1979, S. 151-282
Miracle, G. E.; Albaum, G. S.: International Marketing Management, Homewood/Illinois 1970
o.V.: Marketing-Ausbildung – Theorie und Praxis an deutschen Hochschulen, in: Absatzwirtschaft, 2/1989, S. 80-89
o.V.: Instrumente für das Euromarketing, in: Absatzwirtschaft, 5/1989, S. 84-87
o.V.: Euro-Styles – eine europaweite „Landkarte" mit 16 soziokulturellen Typen, in: Marketing Journal, 2/1989, S. 106-111
Paliwoda, S.: International Marketing, 2nd ed., Oxford 1994
Quack, H.: Internationales Marketing, München 1985
Sachs, R.: Leitfaden Außenwirtschaft, 4. Aufl., Wiesbaden 1985
Schaninger, C. M./Bourgeois, J. C./Buss, W. C.: French-English Canadian Subcultural Consumption Differences, in: Journal of Marketing, Vol. 49, 1985, S. 82-92

Segler, K.: Basisstrategien im Internationalen Marketing, Frankfurt et al 1986
Stahr, G.: Internationales Marketing, Ludwigshafen 1991
Statistisches Bundesamt (Hrsg.): Statistisches Jahrbuch 1997 für das Ausland, Wiesbaden 1997
Takeuchi, H.; Porter, M. E.: Die drei Aufgaben des Internationalen Marketing im Rahmen einer globalen Unternehmensstrategie, in: Porter, M. E. (Hrsg.): Globaler Wettbewerb – Strategien der neuen Internationalisierung, Wiesbaden 1989, S. 127-164
Terpstra, V.: International Marketing, 2nd ed., Hinsdale/Illinois 1978
Terpstra, V.; Sarathy, R.: International Marketing, 6th ed., Fort Worth et al. 1994
Thorelli, H. B. (ed.): International Marketing Strategy, Harmondsworth/Middlesex 1973
Usunier, J.-C.: Environnement international et gestion de l'exportation, 3e éd., Paris 1988 (1988a)
Usunier, J.-C.: Management international, 3e éd., Paris 1988 (1988b)
Usunier, J.-C.: International Marketing – A Cultural Approach, New York et al. 1993
Usunier, J.-C.; Walliser, B.: Interkulturelles Marketing – Mehr Erfolg im internationalen Geschäft, Wiesbaden 1993
Walldorf, E. G.: Auslandsmarketing – Theorie und Praxis des Auslandsgeschäfts, Wiesbaden 1987
Wiklund, E.: Export-Marketing mit Gewinn, Hamburg et al. 1988
World Bank: World Tables 1997, Washington, D. C. 1997
Zentes, J.: Internationales Marketing, in: Tietz, B. et al. (Hrsg.), HdWB des Marketing, 2. Aufl., Stuttgart 1995, Sp. 1031-1045

12. Kapitel:
Investitionsrechnungsmethoden bei Auslandsdirektinvestitionen

1 Einleitung

Der folgende Beitrag stellt die *Besonderheiten in der Investitionsrechnung* dar, die sich bei der Bewertung eines Investitionsprojektes im Ausland ergeben (zu den Entstehungsgründen von Direktinvestitionen bzw. Multinationalen Unternehmen vgl. das Kapitel 2: „Die Theorien der Multinationalen Unternehmung"). Diese liegen weniger in der mathematischen Formulierung des Entscheidungsmodells. Die in der Literatur zur Investitionstheorie entwickelten Investitionsrechnungsmethoden bei Unsicherheit können ohne besondere Modifikation für die Evaluierung von Auslandsinvestitionen herangezogen werden. Gegenüber der nationalen Investitionsentscheidung lassen sich grob die folgenden drei Besonderheiten anführen:

- Eine Identifikation der relevanten Zahlungsströme. So läßt sich beispielsweise eine projektbezogene und eine investorbezogene Betrachtungsweise unterscheiden.

- Eine Identifikation der relevanten Risikoquellen. Das Währungs- und das politische Risiko müssen zusätzlich in das Investitionskalkül aufgenommen werden.

- Die Prognose der Daten im internationalen Kontext. Im allgemeinen ist mit einem Investitionsprojekt im Ausland eine geringere Umweltvertrautheit und ein höherer Unvollkommentheitsgrad der Information verbunden. Das Spektrum möglicher Zukunftslagen erweitert sich. Insbesondere die Prognose von Wechselkursen und politischen Eingriffen in die Unternehmenstätigkeit ist sehr schwer bzw. fast unmöglich.

Festzuhalten bleibt also zunächst, daß **die internationale Investitionsrechnung sich nicht durch besondere mathematische Verfahren, sondern durch das Ausmaß der Schwierigkeiten bei der Aufbereitung der Daten bzw. der Erfassung der Komplexität der Umweltzustände unterscheidet.**

So werden zunächst anhand eines Beispiels die typischen, mit einer Auslandsdirektinvestition verbundenen Zahlungsströme dargestellt. Es folgt eine Beschreibung der Risiken, die mit einem grenzüberschreitenden Investitionsprojekt verbunden sind. Hierbei wird auch auf Maßnahmen der Risikopolitik eingegangen, da diese in der Investitionsrechnung berücksichtigt werden können. Anschließend erfolgt eine Beurteilung der bekanntesten politischen Prognosemodelle und der Möglichkeit der Vorhersage von Wechselkursentwicklungen. Im abschließenden Teil wird dann auf die Investitionsrechnungsmethoden bei Unsicherheit, also auf das Korrekturverfahren, die Sensitivitätsanalyse, das Entscheidungsbaumverfahren und die Risikoanalyse im internationalen Kontext eingegangen.

Der Bewertung des Investitionsprojektes soll die Zielsetzung der langfristigen Gewinnmaximierung zugrundegelegt werden. Der Gewinn ergibt sich aus der Differenz aller Ein- und Auszahlungsströme (cash-flows), die mit der betrachteten Auslandsinvestition verbunden sind. Das Ziel Gewinnmaximierung ist unter investitionstheoretischen Gesichtspunkten am ehesten mit dem **Ziel „Maximierung des Kapitalwertes"** kompatibel. Dementsprechend soll die Kapitalwertmethode als Basis der Investitionsrechnungsmethode bei Unsicherheit herangezogen werden.

Das Risikokonzept, mit dem im Rahmen dieses Beitrages operiert werden soll, ist das folgende: Risiko liegt vor, wenn die Wahrscheinlichkeit besteht, daß das tatsächlich eintretende Ergebnis von dem vom Entscheidungsträger erwarteten abweicht. Ob nur negative Abweichungen oder die gesamte Streuung um den Erwartungswert als Risiko aufgefaßt wird, soll hier offen bleiben. Dies ist ein Problem der Entscheidungstheorie. Die Investitionsrechnungsmethoden sollen also neben der Ermittlung eines Gewinnwertes auch Angaben über mögliche Abweichungen von diesem machen. Wie später zu sehen ist, wird dies nur durch die Risikoanalyse in befriedigender Weise erfüllt.

Von den zahlreichen Aufgaben der Investitionsrechnung (Wahlproblem, optimaler Ersatzzeitpunkt, Investitionsprogrammplanung etc.) soll hier nur die Beurteilung der absoluten Vorteilhaftigkeit eines Investitionsprojektes erläutert werden. Auf die Probleme, die mit dieser isolierten Betrachtungsweise verbunden sind, wird im Verlauf des Textes noch eingegangen.

Die Berücksichtigung von (Ertrag-)Steuern in der Investitionsrechnung ist wegen ihres hohen Gewinnanteils mit häufig über 50 vH einerseits unerläßlich, andererseits aber kaum zufriedenstellend zu gestalten. Denn der steuerlich relevante Gewinnbegriff hat mit dem Zahlungsüberschuß der Investitionsrechnung nur wenig gemeinsam.

Um das Modell möglichst einfach zu gestalten, soll von den Besonderheiten der Finanzbuchhaltung, der Kostenrechnung und des Steuerrechts abstrahiert werden, zumal diese auch von Land zu Land unterschiedlich sind. Der für die Ertragsteuer maßgebliche Gewinn in diesem Modell ist der um Abschreibungen verminderte Zahlungsüberschuß der Periode.

Wenn von „Kosten" und „Erlösen" die Rede ist, so werden diese als in derselben Periode zahlungswirksam unterstellt.

2 Die entscheidungsrelevanten Zahlungsströme einer Auslandsdirektinvestition

2.1 Ein Beispiel

Um die mit einem Investitionsprojekt im Ausland verbundenen cash flows anschaulicher darstellen zu können, soll von folgendem Beispiel ausgegangen werden:

- **Investition:** Ein Unternehmen aus Land A, UA, plant die Gründung einer 100%igen Tochtergesellschaft TB im (Entwicklungs-)land B (die nachfolgenden Überlegungen können ohne weiteres auf andere Formen von Direktinvestitionen, wie z.B. eine Unternehmensakquisition, den Aufbau einer eigenen Handelsniederlassung, die Errichtung eines Montagewerkes etc. übertragen werden).

- Mutter- und Tochterunternehmen sind **Kapitalgesellschaften**.
- **Produktion und Absatz:** Für die Produktion können gebrauchte Anlagen der Muttergesellschaft weiterverwendet werden. Diese müssen, auch wenn sie einen Buchwert von Null besitzen, zum Zweck der Investitionsrechnung mit den Opportunitätskosten ihrer alternativen Verwendung, also dem in Land B erzielbaren Marktpreis bewertet werden.

  Für die Produktion und Distribution steht in Land B eine stillgelegte Betriebsanlage zur Verfügung, die UA erwerben könnte. TB soll sowohl den lokalen Markt bedienen als auch in weitere Länder exportieren. Diese Exporte wurden bislang von Land A aus abgewickelt. UA liefert an TB Teile, die für die Produktion benötigt und zu Transferpreisen verrechnet werden.

- **Finanzierung:** Für die Finanzierung der Betriebsanlage stellt die Regierung von Land B als Investitionsanreiz einen subventionierten Kredit zur Verfügung, der die Hälfte der Ausgaben deckt. Die Zinsen sind jährlich zu entrichten, das Kapital ist am Ende der fünfjährigen Laufzeit zurückzuzahlen.

  Die andere Hälfte wird über einen Kredit der Muttergesellschaft UA an TB finanziert. Das Kapital hierfür wird am Euro-Geldmarkt aufgenommen.

- **Besteuerung:** Auf den bei den abgeschriebenen Anlagen erzielten Buchgewinn in der Mutterbilanz müssen nach Abzug von Transport- und Installationskosten gewinnabhängige Körperschaftsteuern gezahlt werden.

Um die Quellen der Kapitalrückführung zu streuen (dies ist eine risikopolitische Maßnahme, auf die in Abschnitt 3.5 noch näher eingegangen wird), wählt UA folgende Strategie: Zunächst wird ein bestimmter Prozentsatz vom Umsatz als Lizenz- und Patentgebühren sowie Beiträge zum Gruppenmanagement an die Muttergesellschaft überführt. Diese Zahlungen vermindern als Betriebsausgaben den steuerpflichtigen Gewinn von TB. Auf der anderen Seite werden dafür in Land A Körperschaftsteuern erhoben. Das gleiche gilt für die Gewinne der Muttergesellschaft aus den Exporten von Teilen an TB.

Das steuerpflichtige Einkommen der Tochter wird durch die Zinszahlungen an die Muttergesellschaft gemindert. Der verbleibende Gewinn unterliegt der Körperschaftsteuer in Land B. Aufgrund eines Doppelbesteuerungsabkommens zwischen Land A und Land B werden in B besteuerte Gewinne in A nicht weiter belastet. Vom Gewinn werden zunächst die Kredite von UA an TB getilgt. Der Rest wird in Form von Dividenden überführt. Dafür wird in Land B eine Quellenabzugsteuer erhoben.

2.2 Projektbezogene vs. investorbezogene Betrachtungsweise

Wie in der Einleitung bereits erwähnt, läßt sich die Vorteilhaftigkeit eines Investitionsprojektes aus zwei unterschiedlichen Blickwinkeln beurteilen.

- Die **projektbezogene Analyse** untersucht die wirtschaftliche Vorteilhaftigkeit aus der Sicht der Tochtergesellschaft. Grundlage der Betrachtung sind die in der Landeswährung erwirtschafteten cash flows.
- Die **investorbezogene Betrachtungsweise** beurteilt ein Investitionsprojekt aus der Sicht der Muttergesellschaft. Die Investitionsrechnung erfolgt auf Basis der an die Obergesellschaft zurückfließenden Zahlungsüberschüsse.

Die Ergebnisse beider Betrachtungsweisen können erheblich voneinander abweichen. Die Gründe hierfür liegen u.a.

- in den politischen und Währungsrisiken, die die Höhe der Zahlungsströme (in der Heimatwährung) und ihre zeitliche Struktur erheblich beeinflussen können
- in der zusätzlichen Besteuerung im Tochter- und Mutterland bei allen Arten der Gewinnrückführung
- in der Art der Finanzierung des Projektes und der Rückführung des Kapitals
- in den verschiedenen Arten der vorgezogenen Gewinnverlagerung durch Transferpreise, Lizenzgebühren, Patente etc.
- in den Opportunitätsgewinnen durch suventionierte Anleihen.

Diese Unterschiede werden im weiteren Verlauf des Beitrages noch näher erläutert.

Für die projektbezogene Betrachtungsweise spricht in erster Linie das Konzept der Multinationalität. Große Multinationale Unternehmen haben meist eine langfristige Sichtweise bzgl. ihrer Weltmarktstrategien. Im Ausland erwirtschaftete Erträge werden reinvestiert, wenn die Rendite mindestens genauso hoch ist wie im Mutterland oder in einem Drittland. Deshalb stellen blockierte (also zum Transfer an die Obergesellschaft nicht freigegebene Beträge, vgl. Abschnitt 3.2.2.1) oft kein größeres Problem dar. Reinvestitionen garantierten eine teilweise Realwerterhaltung bei Abwertung bzw. Kaufkraftverlust einer Währung. Die Rückführung von Gewinnen an das Stammhaus ist zudem oft nicht die gewinnmaximale Strategie. Gewinnverlagerungen in steuerlich günstigere Standorte bzw. aus abwertungsbedrohten Ländern in jene, bei denen eine Aufwertung der Heimatwährung erwartet wird, erfolgen weltweit über Transferpreise, Anleihen von Subsystem zu Subsystem etc., und maximieren den Gesamtgewinn des internationalen Netzwerkes von Tochtergesellschaften. Zudem werden oft im Rahmen eines zentralen Cash-Management weltweit Fremdwährungsforderungen zunächst gegen Fremdwährungsverbindlichkeiten ausgeglichen (Netting), so daß allerhöchstens die Spitzen (net exposure) an die Muttergesellschaft zurückfließen. Schließlich bestehen, wie später noch zu sehen ist, investorbezogene cash flows eher aus finanzwirtschaftlichen (bspw. bei der Kapitalrückführung) als aus operativen Größen, was man als eine Verletzung des Prinzips der Investitionsrechnung auffassen kann, da beide Arten vermischt werden.

Nichtsdestoweniger wird in der einschlägigen Literatur fast ausschließlich der investorbezogene Ansatz verwendet. So argumentiert Shapiro (Shapiro, 1978, S. 8):

„According to economic theory thought, the value of a project is detemined by net present value of future cash flows which are or can be used to pay dividends and interest, amortize the firms's debt and be reinvested."

Die projektbezogene Evaluierung soll lediglich der Kontrolle dienen, ob das Investitionsprojekt mindestens die risikofreie Verzinsung staatlicher Wertpapiere (von denen angenommen wird, daß sie einen Inflationsratenzuschlag enthalten) erwirtschaftet. Alsdann wird die Vorteilhaftigkeit aus der Sicht der Mutter geprüft. Folks (Folks, 1981, S. 139) spricht von einem „two stage or double hurdle approach", da Projekte, die eine lokale Vorteilhaftigkeit aufweisen, sich aus investorbezogener Sicht als unvorteilhaft erweisen können.

Zwei Cash-flow-Betrachtungsweisen können den investorbezogenen Ansatz ergänzen:

- Der Investitionsrechnung können „normalized cash flows" zugrundegelegt werden, also hypothetische Zahlungen, die an die Muttergesellschaft zurückfließen *könnten*. Wie dies im konkreten Fall dann gehandhabt wird, hängt von den Entscheidungen des zentralen Cash Managements ab (Folks, 1981).
- Das Investitionsprojekt sollte ferner auf der Basis der „incremental cash flows" bewertet werden.

„In general, incremental cash flows to the parent can be found by subtracting world-wide parent company cash flows (without the investment) from past investment parent cash flows" (Shapiro, 1978, S. 7).

Letzteres Konzept beinhaltet beispielsweise, daß die bisherigen Exporte aus Land A, die durch das Investitionsprojekt in Land B nun ersetzt werden, von den cash flows an die Muttergesellschaft subtrahiert werden müssen. Ferner sind Interdependenzen zum gesamten internationalen Investitionsprogramm des Unternehmens UA in das Kalkül mitaufzunehmen. Diese können in Synergieeffekten sowie in Rationalisierungs- und Verbundvorteilen in allen Bereichen des Unternehmens (Beschaffung, Finanzierung, Marketing, etc.) liegen und sind nur schwer zu quantifizieren. Festzuhalten bleibt, daß innerhalb der investorbezogenen Betrachtungsweise nicht nur die tatsächlich zurückfließenden cash flows, sondern sämtliche mit dem Projekt verbundenen Veränderungen in den Zahlungsströmen, unabhängig davon, ob sie nun letztendlich an die Obergesellschaft gehen oder nicht, berücksichtigt werden.

Nachfolgend soll anhand des in 2.1 skizzierten Beipiels der Unterschied zwischen der projektbezogenen und der investorbezogenen Betrachtungsweise verdeutlicht werden.

2.3 Der Kapitalwert aus der Sicht der Tochtergesellschaft

Unter Zugrundelegung des Beispiels aus Abschnitt 2.1 ergeben sich die cash flows der Tochter aus folgenden Bestandteilen:

- **Anschaffungsausgaben,** bestehend aus den Ausgaben für die Betriebsanlage, Maschinen-, Transport- und Installationskosten.
- Jährliche **Zahlungsüberschüsse**. Diese sind in mehreren Schritten zu berechnen.

– Zunächst sind die jährlichen Erlöse zu ermitteln. Die ergeben sich aus lokalem Absatz und aus den Exporten. Neben Preis- und Absatzprognosen sind auch Wechselkursprognosen bezüglich der Währungen der Exportländer zu treffen. Wie später (vgl. Abschnitt 3.3.1) anhand des Konzeptes des economic exposure noch zu zeigen ist, sind die drei Größen interdependent.

– Um den steuerpflichtigen Gewinn im Sinne dieses Modells zu erhalten, muß man vom Erlös die folgenden Posten subtrahieren:

· Lizenz- und Patentgebühren sowie Beiträge zum Gruppenmanagement, die üblicherweise als Prozentsatz vom Umsatz berechnet werden.

- Fixe und variable Kosten der Produktion und des Absatzes. Bei der Kalkulation ist zu beachten, daß die einzelnen Kostenarten unterschiedlichen Inflationsraten unterworfen sein können.
- Zahlungen an die Muttergesellschaft für die Lieferung von Teilen
- Zinszahlungen an die Muttergesellschaft
- Abschreibungen

– Subtrahiert man vom Gewinn die Körperschaftsteuern, erhält man das Nettoeinkommen.

– Die jährlichen Zahlungsüberschüsse setzen sich aus Nettoeinkommen **und** Abschreibungen zusammen.

• **Endwert:** Da der Planungszeitraum nicht die gesamte wirtschaftliche Nutzungsdauer des Projektes umfassen kann, ist ein Endwert zu schätzen. Gemäß Shapiro (Shapiro, 1982, S. 416) gibt es drei verschiedene Ansätze:

– Der erste geht davon aus, daß das Investitionsprojekt liquidiert wird, und versucht, den hypothetischen Verkaufspreis (Liquidationserlös) zu bestimmen.

– Der zweite Ansatz ermittelt den Marktwert des Unternehmens zu dem Zeitpunkt, an dem der Planungszeitraum endet. Dies geschieht durch die Diskontierung der zukünftig erwarteten cash flows. Meist wird so verfahren, daß der letzte Zahlungsüberschuß innerhalb des Planungszeitraumes als Prognosewert für die zukünftigen cash flows gewählt wird.

– Der dritte Ansatz versucht einen Break-even-Endwert zu ermitteln, der das Projekt vorteilhaft werden läßt, um diesen dann als Vergleichskriterium zu den zukünftig erwarteten diskontierten Zahlungsüberschüssen verwenden zu können.

Für die zweite Betrachtungsweise sprechen der Going Concern Charakter und die bessere Vergleichbarkeit mit anderen Investitionsprojekten. Trotzdem ist diese Lösung nicht befriedigend. Auf eine detaillierte anfängliche Kalkulation der cash flows innerhalb des Planungszeitraumes erfolgt eine sehr grobe Annäherung zukünftiger Zahlungsströme durch eine Extrapolation des letzten Überschusses. In diesem Zusammenhang stellt sich auch die Frage nach dem optimalen Planungshorizont, die vor allem beim Wahlproblem eine besondere Bedeutung erlangt. Das Zeithorizontproblem wird von Folks so formuliert:

„Clearly, the horizon date must be sufficiently far into the future to cover the time horizon of any particular funding programs tied to the project, but also sufficiently close to the present to allow the projection of all realistic economic and political scenarios." (Folks, 1981, S. 149).

Eiteman und Stonehill (1979, S. 149) schlagen vor, für alle Projekte den gleichen Planungshorizont zu verwenden. Dies kann jedoch beim Wahlproblem zu Verzerrungen führen, da die Kapitalwerte unterschiedlich schnell ansteigen. Beispielsweise können Produktlebenszyklen aufgrund verschieden hoher Marktwiderstände in den einzelnen Ländern unterschiedlich verlaufen. Bei einem einheitlichen Planungshorizont können sich demnach einige Projekte in der Wachstums- und andere in der Reifephase befinden. Eine Projektion des letzten Zahlungsüberschusses über die Restzeit kann in diesem Fall zu einer erheblichen Benachteiligung einiger Projekte führen. Auf der anderen Seite nimmt die Prognosequalität sowohl bei den Zahlungsströmen als auch bei den potentiellen Risiken beim Auslandsengagement sehr rasch ab, so daß der Planungshorizont auch nicht allzu weit ausgedehnt werden kann. So verbleibt in Ermangelung einer besseren

12. Kap.: Investitionsrechnungsmethoden bei Auslandsdirektinvestitionen 571

Lösung das vorgeschlagene Verfahren des einheitlichen Planungszeitraumes als das beste. Sind jedoch Projekte zu beurteilen, bei denen über den Planungshorizont hinaus noch erhebliche Gewinnsteigerungen zu erwarten sind, so muß eine Verlängerung des Planungszeitraumes in Betracht gezogen werden.

Der Kapitalwert aus projektbezogener Sicht wird demnach folgendermaßen berechnet:

$$\begin{aligned}
C_0 = &-a_0 \\
&+ \sum_{t=1}^{n} \frac{1}{(1+c_s)^t} \Bigg(\Bigg[\sum_{i=1}^{e} (x_{it} \cdot (p_{it} - r_{it}) \cdot WK_{Bit} + x_{Bt} \cdot p_{Bt})(1-a_t) \\
&\qquad - \sum_{l=1}^{g} \sum_{i=1}^{e} x_{it} \cdot k_{lI} (1+d_{lt})^{t-1} \\
&\qquad - \sum_{l=1}^{g} K_{lI} (1+d_{lt})^{t-1} \\
&\qquad - A_t \\
&\qquad - Z_t \\
&\qquad - \sum_{m=1}^{h} q_{mt} \cdot f_{mt} \Bigg] (1 - s_{KB}) \\
&\qquad + A_t \Bigg) \\
&+ EW_n \frac{1}{(1+c_s)^n}
\end{aligned}$$

wobei:
$$\begin{aligned}
EW = &\; ASF(u, c_s) \cdot \sum_{i=1}^{e} \big[(x_{in}(p_{in} - r_i) \cdot WK_{Bin} \\
&+ x_{Bn} \cdot p_{Bn})(1-a_n) - \sum_{l=1}^{g} K_{lI}(1+d_{ln})^{n-1} \\
&- \sum_{l=1}^{g} \sum_{i=1}^{e} x_{in} k_{lI} (1+d_{ln})^{n-1} \sum_{m=1}^{h} q_{mn} \cdot f_{mn} \big] (1-s_{KB})
\end{aligned}$$

Da die Maschinen bis Zeitpunkt n abgeschrieben werden und auch das Kapital bis dahin vollständig an die Muttergesellschaft zurückgezahlt wurde, werden beide Größen bei der Berechnung des Endwertes nicht mehr berücksichtigt.

Indizes

t	Periodenindex $t = 1(1)n$
i	Länderindex $i = 1(1)e$
l	Kostenartenindex $l = 1(1)g$
m	Teileartenindex $m = 1(1)h$
C_o	Kapitalwert in Währung B

Plandaten

a_o	Anschaffungsausgaben in Währung B
x_{it}	erwartete Absatzmenge in Land i in Periode t
x_{Bt}	erwartete Absatzmenge in Land i in Periode t
p_{it}	Preis in Land i in Periode t in Währung i
p_{Bt}	Preis in Land B in Periode t in Währung B
WK_{iBt}	erwarteter Wechselkurs zwischen der Währung i und Währung B in Periode t (Preisnotierung)
k_{l1}	variable Kosten der Kostenart l in Währung B in Periode 1
K_{l1}	fixe Kosten der Kostenart l in Währung B in Periode 1
A_t	Abschreibungen in Periode t in Währung B
Z_t	Zinszahlungen an die Muttergesellschaft in Periode t in Währung B
q_{mt}	Menge an Teilen der Art m, die von der Muttergesellschaft in Periode t geliefert werden.
f_{mt}	Transferpreis für Teile der Art m in Periode t in Währung B
r_{it}	Transportstückkosten in Periode t in Land i in Währung B
EW_n	Endwert im Zeitpunkt n
c_s	versteuerter Kalkulationszins (vgl. dazu Abschnitt 2.5)
a_t	Prozentsatz vom Umsatz, der in Periode t als Patent- und Lizenzgebühren sowie Beiträge zum Gruppenengagement an die Muttergesellschaft transferiert wird.
d_{lt}	erwartete Inflationsrate der Kostenart l in Periode t
s_{KB}	Körperschaftsteuersatz in Land B
u	Restlebensdauer des Projektes nach Periode n
$ASF\ (u, c_s)$	Barwertfaktor für u Perioden bei Kalkulationszins c_s

2.4 Der Kapitalwert aus der Sicht der Muttergesellschaft

Die investorbezogene Betrachtungsweise umfaßt sowohl die **Zahlungen**, die an die Muttergesellschaft gehen, als auch die, die als solche bewertet werden. In dem Beispiel aus Abschnitt 2.1 bestehen sie aus:

- den jährlichen **Zins- und Tilgungszahlungen** der Tochtergesellschaft an das Mutterhaus. Werden keine besonderen risikopolitischen Maßnahmen ergriffen, unterliegen sie dem Wechselkursrisiko;

- **Lizenzgebühren, Patenten und Beiträgen zum Gruppenmanagement,** die als Prozentsatz des lokalen Umsatzes berechnet werden. Auch sie unterliegen dem Wechselkursrisiko;

- **Gewinnen aus Exporten von Teilen** an TB. Werden die Transferpreise auf Basis der Währung des Landes A berechnet, besteht hier kein Wechselkursrisiko;

- **Dividendenzahlungen** der Tochter an UA. Diese unterliegen in Land B zunächst der Quellenabzugsteuer und bei der Überführung dem Wechselkursrisiko;

- **verminderten Exporten.** Diese stellen die Opportunitätskosten der Direktinvestition dar, da UA bislang die Exportländer von TB selber beliefert hat. Zu beachten ist, daß Exportplattformen im Ausland oft errichtet werden, um stagnierende Exporte zu stabilisieren. Des weiteren ist bei der Schätzung der Größe „verminderte Exporte" zu berücksichtigen, daß mit dem Einstellen der Produktion und dem Export in Land A nicht mehr weiter verwendete Maschinen wertlos werden, Abfindungen an nicht mehr weiter beschäftigte Mitarbeiter bezahlt werden müssen etc.;

- **Zinssubventionen.** Diese gelten als Einzahlung an die Muttergesellschaft, da diese sonst höhere Finanzierungskosten hätte. Mit anderen Worten: Sind die Zinsen für den subventionierten Kredit niedriger als die Kapitalkosten der Mutter, so weist die Finanzinvestition einen positiven Kapitalwert auf, der als Einzahlung in die Kalkulation mit aufzunehmen ist. Man erhält ihn, indem man die Zahlungsreihe der Finanzinvestition mit dem Kalkulationszins der Muttergesellschaft diskontiert;
- den **Anschaffungsausgaben**: Diese entsprechen denen der projektbezogenen Betrachtungsweise. Hinzu kommt, daß auf den Buchgewinn der gebrauchten Anlagen nach Abzug von Transport- und Installierungskosten noch Körperschaftsteuern anfallen;
- dem **Endwert**. Hier soll so verfahren werden, daß der Endwert in Periode n (aus der projektbezogenen Kalkulation) mit dem Wechselkurs der Periode n multipliziert wird. Diese Vorgehensweise unterstellt die Gültigkeit der Kaufkraftparitätentheorie: künftige Inflationsraten (die bei der projektbezogenen Betrachtungsweise im Kalkulationszins, also der Rendite staatlicher festverzinslicher Wertpapiere, berücksichtigt werden, vgl. Abschnitt 2.5) werden durch Wechselkursänderungen kompensiert.

Außerdem müssen noch Quellenabzug- und Körperschaftsteuern auf die Dividendenausschüttung berechnet werden. Dies soll anhand eines kombinierten Steuersatzes erfolgen.

Der Kapitalwert aus investorbezogener Sicht läßt sich nun folgendermaßen berechnen:

$C_0 = -a_0$
(Anschaffungsausgaben unter Berücksichtigung von Körperschaftsteuern auf Nettobuchgewinn der gebrauchten Maschinen)

$+ \sum_{t=1}^{n} \frac{1}{(1+c_s)^t} \sum_{i=1}^{e} (x_{it} \cdot (p_{it} - r_{it}) WK_{Bit} + x_{Bt} \cdot p_{Bt}) a_t \cdot WK_{ABt} (1 - s_{KA})$
(Lizenz- und Patentgebühren sowie Beiträge zum Gruppenmanagement als Prozentsatz a_t vom Umsatz nach Abzug der Körperschaftsteuer des Landes A)

$+ \sum_{t=1}^{n} \frac{1}{(1+c_s)^t} S_t \cdot WK_{ABt}$
(jährlicher Schuldendienst der Tochter an die Mutter)

$+ \sum_{t=1}^{n} \frac{1}{(1+c_s)^t} \sum_{m=1}^{h} q_{mt} (f_{mt} \cdot WK_{ABt} - k_{vmt}) (1 - s_{KA})$
(Gewinne aus der Lieferung von Teilen an TB nach Abzug von Körperschaftsteuer des Landes A)

$$+ \sum_{t=1}^{n} \frac{1}{(1+c_s)^t} \Bigg(\Bigg[\sum_{i=1}^{e} (x_{it} \cdot (p_{it} - r_{it}) \cdot WK_{Bit} + x_{Bt} \cdot p_{Bt}) (1 - a_t)$$

$$- \sum_{l=1}^{g} \sum_{i=1}^{e} x_{it} \cdot k_{l1} (1 + d_{lt})^{t-1} - \sum_{l=1}^{g} K_{l1} (1 + d_{lt})^{t-1}$$

$$- A_t - Z_t - \sum_{m=1}^{h} q_{mt} \cdot f_{mt} \Bigg] (1 - s_{KB})$$

$$+ A_t \Bigg) (1 - s_{QB}) \cdot WK_{ABt}$$

[als Dividende überführte Gewinne (Nettoeinkommen und vediente Abschreibungen) nach Abzug von Quellensteuern in Land B]

$+ KW_s$
(Kapitalwert der Zinssubvention)

$+ EW (1 - s_{KOM}) \cdot WK_{ABn} \cdot \dfrac{1}{(1+c_s)^n}$
(versteuerter Endwert)

$+ \sum_{t=1}^{n} \dfrac{1}{(1+c_s)^t} EX_t$
[verminderte (entgangene) Exporte]

Zusätzliche Symbole:

s_{KOM} kombinierter Steuersatz für den Endwert: Köperschaft- und Quellenabzugsteuern
s_{kA} Körperschaftsteuersatz in Land A
s_{QB} Quellenabzugsteuersatz in Land B
WK_{ABt} erwarteter Wechselkurs zwischen den Währungen der Länder A und B in Periode t
EX_t entgangene Exporte in Periode t in der Währung des Landes A
k_v variable Stückkosten der Fertigung von Teilen in Land A in Währung des Landes A
S_t Zins- und Tilgungszahlungen an UA in Periode t in Währung B

Vergleicht man diese Formel mit der aus Abschnitt 2.3, so lassen sich zusammenfassend folgende Unterschiede feststellen:

- Überführte Gewinne, der Buchgewinn der gebrauchten Maschinen und der Endwert werden zusätzlich besteuert.
- Die Zinszahlungen, die Lizenzgebühren, die Patente, die Beiträge zum Gruppenmanagement und die Exporterlöse aus der Lieferung von Teilen stellen für die Tochter Auszahlungen, für die Mutter Einzahlungen dar.
- Fast alle in der investorbezogenen Formel aufgeführten Zahlungen unterliegen politischen und Währungsrisiken.
- Als zusätzliche Entscheidungsgrößen gegenüber der projektbezogenen Betrachtungsweise kommen der Kapitalwert der Zinssubvention und die verminderten Exporte hinzu.

Die teilweise recht komplexen Zusammenhänge sollen in Abb. 12.1 noch einmal dargestellt werden.

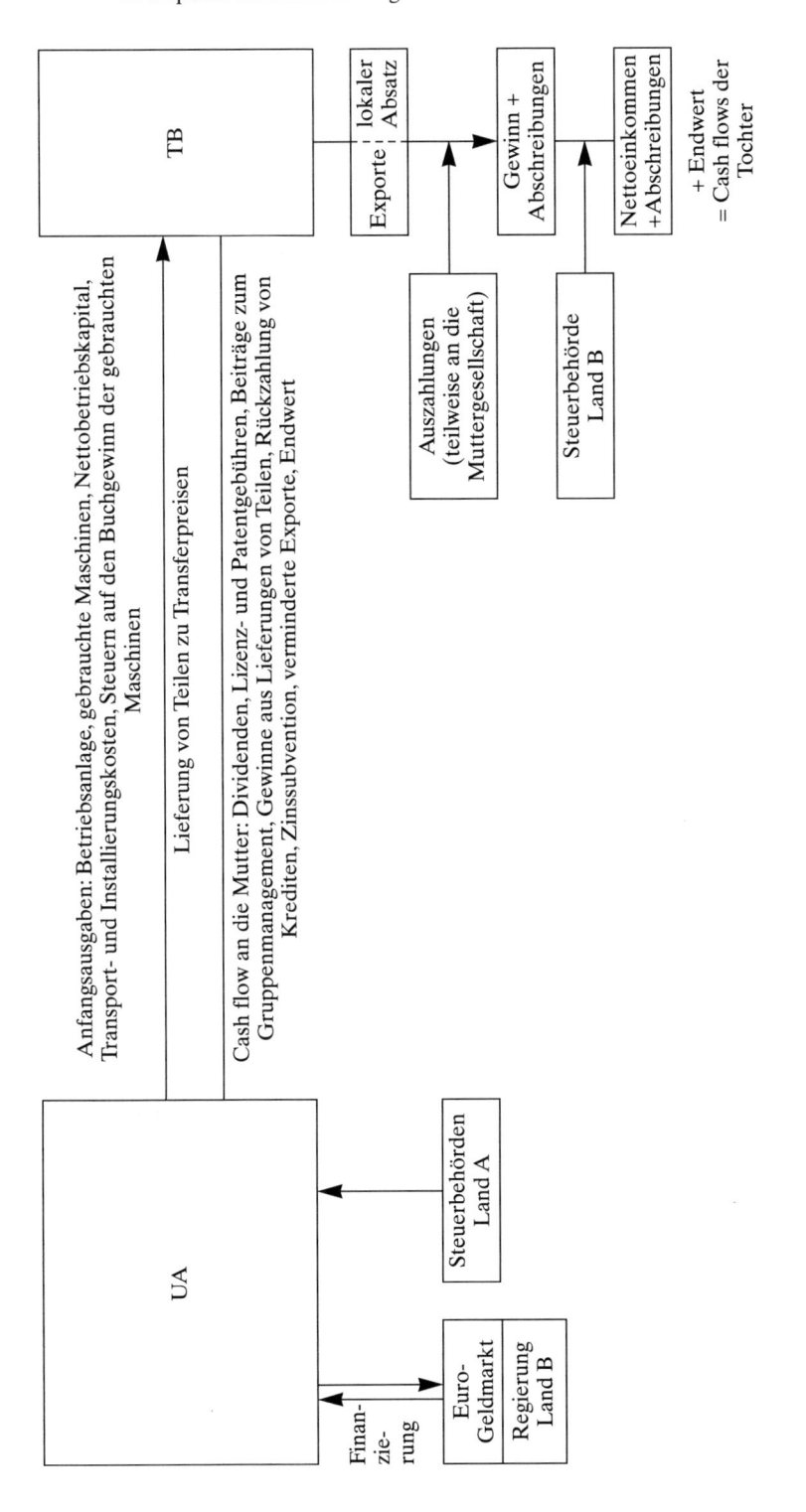

12. Kap.: Investitionsrechnungsmethoden bei Auslandsdirektinvestitionen 575

Abb. 12.1: Die Zahlungsströme einer Auslandsdirektinvestition

Boxes and flows:

- **UA** (Muttergesellschaft, Land A)
- **TB** (Tochter, Land B)
- **Steuerbehörden Land A** → UA
- **Steuerbehörde Land B** → Gewinn + Abschreibungen
- **Finanzierung** ← **Euro-Geldmarkt / Regierung Land B**

Von UA zu TB:
- Anfangsausgaben: Betriebsanlage, gebrauchte Maschinen, Nettobetriebskapital, Transport- und Installierungskosten, Steuern auf den Buchgewinn der gebrauchten Maschinen
- Lieferung von Teilen zu Transferpreisen

Von TB zu UA:
- Cash flow an die Mutter: Dividenden, Lizenz- und Patentgebühren, Beiträge zum Gruppenmanagement, Gewinne aus Lieferungen von Teilen, Rückzahlung von Krediten, Zinssubvention, verminderte Exporte, Endwert

Von TB ausgehend:
- Exporte
- lokaler Absatz → Gewinn + Abschreibungen
- Auszahlungen (teilweise an die Muttergesellschaft) → Gewinn + Abschreibungen
- Gewinn + Abschreibungen → Nettoeinkommen + Abschreibungen

Nettoeinkommen
+ Abschreibungen
+ Endwert
= Cash flows der Tochter

2.5 Die Wahl des Kalkulationszinses

Die Bestimmung des adäquaten Kalkulationszinses ist eines der schwierigsten Probleme innerhalb der Investitionstheorie. Die für den nationalen Bereich ohnehin schon zahlreichen alternativen Möglichkeiten und der Streit um den „richtigen" Diskontierungsfaktor (vgl. z.B. Perridon/Steiner, 1986, S. 72ff.) werden im internationalen Kontext noch durch eine Reihe zusätzlicher Fragen ergänzt, von denen hier nur einige kurz skizziert werden können (vgl. z.b. Naumann-Etienne, 1974; Stehle, 1982; Shapiro, 1975, 1978; Folks, 1981):

- Geht man von einem nach Fremd- und Eigenkapitalanteilen gewichteten **Kapitalkostensatz** aus, so ist zunächst strittig, ob die weltweiten Kapitalkosten der Muttergesellschaft oder die projektspezifischen Kapitalkosten verwendet werden sollen. Internationale Kapitalmärkte sind durch Transferrestriktionen beim Kapitalverkehr, Zuteilungsbeschränkungen bei lokalen Krediten etc. segmentiert. Deshalb kann nicht mehr von der Prämisse einer zentralen Finanzierung ausgegangen werden, die den gleichen durchschnittlichen Kapitalkostensatz für alle Projekte mit gleichem Geschäftsrisiko rechtfertigen würde.

  Auf der anderen Seite ist jedoch einzuwenden, daß Multinationale Unternehmen segmentierte Kapitalmärkte durch systeminterne Anleihen, Transferpreise etc. umgehen können.

- Bei der **Bewertung des Eigenkapitals**, das von der Mutter eingebracht wird, herrschen gegensätzliche Meinungen bezüglich der Bewertung der zusätzlichen Risiken einer Auslandsdirektinvestition.

  Beispielsweise wird innerhalb des Capital Asset Pricing Model nur das nicht diversifizierbare, systematische Risiko bewertet. Auslandsrisiken gelten nach Meinung vieler Autoren jedoch als unsystematisch, durch internationale Diversifikation also diversifizierbar (vgl. dazu Abschnitt 6 des Kapitels 2: „Die Theorien der Multinationalen Unternehmen"). Es stellt sich also die Frage, ob das höhere Risiko des Auslandsengagements nicht durch Portfoliomischung (über-)kompensiert werden kann. Eigenkapitalgeber profitieren von diesen internationalen Diversifikationseffekten, sofern sie selber keinen Zugang zu segmentierten internationalen Kapitalmärkten haben. Folglich müßten diese zusätzlichen Risikoreduktionsmöglichkeiten in der Renditeforderung berücksichtigt werden (vgl. zu den Tests dieser Zusammenhänge: Frankel, 1979; Agmon/Lessard, 1977; Severn, 1974). Unter Annahme der Gültigkeit dieser Zusammenhänge gibt es eine weitverbreitete Übereinstimmung darüber, daß die Risiken einer Direktinvestition nicht im Kalkulationszins, sondern in den Zahlungsströmen berücksichtigt werden sollen.

Bezogen auf das Beispiel wird die Wahl der folgenden Diskontierungsfaktoren empfohlen:

- Für die projektbezogene Betrachtungsweise soll ein Kalkulationszins gelten, der eher Opportunitätskostencharakter hat. Das Projekt soll mindestens die Rendite festverzinslicher Wertpapiere mit gleicher Laufzeit erbringen. Auf diese Weise berücksichtigt man auch die erwartete Inflationsrate, da diese im Nominalzins enthalten ist. Eine alternative Vorgehensweise wäre die von Eiteman/Stonehill vorgeschlagene. Als Kalkulationszins empfehlen sie, die Rendite zu wählen, „which would be required by local investors for projects of the same business and financial class" (Eiteman/Stonehill, 1979, S. 269) – zweifelsohne eine Referenz an **Modigliani/Miller**. Beide Vorgehensweisen berücksichtigen nicht die Art der Finanzierung des Projektes. Sie sollen auch nur als grober Maßstab dienen, um die lokale Vorteilhaftigkeit zu überprüfen.

• Aus investorbezogener Sicht sollte ein nach Eigen- und Fremdkapitalanteilen gewichteter, projektspezifischer Kapitalkostensatz gewählt werden. Hierbei ist zu beachten, daß die subventionierte Anleihe als Finanzierungsform bereits durch den Kapitalwert der Zinssubvention berücksichtigt wurde. Der Kapitalkostensatz setzt sich also zusammen aus dem Euro-Geldmarkt-Zinssatz und einem risikofreien Eigenkapitalkostensatz, der auf den Wert der gebrauchten Maschinen bezogen wird. Werden zur Finanzierung des Nettobetriebskapitals (Forderungen + Kasse – Verbindlichkeiten) noch lokale Kredite seitens der Tochter aufgenommen, so sind auch die Sollzinsen miteinzubeziehen. Zudem sollen bei beiden Diskontierungsfaktoren anhand eines „versteuerten Kalkulationszinses" die steuerlichen Auswirkungen der Kapitalbindung berücksichtigt werden: Dem Investor entstehen verminderte Habenzinsen (durch eine entgangene alternative Anlagemöglichkeit) oder erhöhte Sollzinsen (falls eine Fremdkapitalaufnahme zur Finanzierung nötig ist). Fremdkapitalzinsen vermindern als Aufwand den steuerpflichtigen Gewinn, Zinserträge müßten versteuert werden. Der „versteuerte Kalkulationszinsfuß" c_s ergibt sich aus c (1-s), wobei jeweils der für die betreffende Unternehmung (UA oder TB) gültige Ertragsteuersatz verwendet wird.

3 Das Risikoprofil einer Auslandsdirektinvestition

3.1 Allgemeines

Die Risiken, die bei der Vornahme einer Direktinvestition entstehen, können sich sowohl durch ihre Art (Wechselkursrisiko) als auch durch ihr Ausmaß (politische Risiken, Inflationsrisiken, Geschäftsrisiken) von denen einer reinen Inlandsinvestition ohne internationales Engagement (bspw. Exporte) unterscheiden. Die investitionstheoretische Betrachtungsweise erfordert es, nur die Risikoquellen zu erfassen, die auf die Höhe der relevanten Zahlungsströme (vgl. Abschnitt 2.1.2.4) sowie auf ihre zeitliche Struktur einen Einfluß haben können. Bilanzielle Bewertungsverluste durch Wechselkursschwankungen (translation risk) werden also nicht betrachtet. Ebensowenig werden die Risiken miteinbezogen, die im Inland entstehen können.

So beginnt dieser dritte Abschnitt mit einer Beschreibung der möglichen Risiken einer Auslandsdirektinvestition. Diese werden unterteilt in politische Risiken und Währungsrisiken (Wechselkurs-, Inflationsrisiken). Der Darstellung liegt jeweils die Fragestellung zugrunde, inwiefern diese Risiken die erwarteten cash-flows des Investitionsprojektes verändern können.

Im Anschluß daran erfolgt eine Diskussion der Methoden, mit der die Wahrscheinlichkeiten des Eintritts dieser Risiken eingeschätzt werden können.

Abschließend wird noch auf einige risikopolitische Maßnahmen bei Direktinvestitionen eingegangen.

3.2 Das politische Risiko

3.2.1 Behandlung des Begriffs in der Literatur

Die in der Literatur gegebenen Definitionen sind von unterschiedlicher Relevanz für die investitionstheoretische Betrachtungsweise. Balleis (1984, S. 86ff.) unterscheidet **zwei Autorengruppen**: *Die einen* sehen das Risiko in der politischen Instabilität, also in der Möglichkeit des politischen Wandels, unabhängig von der direkten Relevanz für das Unternehmen. Die *anderen* sehen es in allen Ereignissen, die die Erlöse des Unternehmens reduzieren oder unmöglich machen. Es liegt auf der Hand, sich dieser Meinung anzuschließen. Politische Instabilität ist nicht immer verbunden mit politischem Risiko, sie kann es jedoch implizieren. Die Möglichkeit einer aus instabilen Verhältnissen resultierenden Veränderung des politischen Umfeldes kann aber auch das Unternehmen entweder gar nicht berühren oder es sogar begünstigen. Während Castros Machtübernahme in Kuba 1959 zu einer Enteignungswelle führte, verbesserte der Sturz des Peronistischen Regimes in Argentinien das Investitionsklima beträchtlich. Beiden Ereignissen gingen Phasen extremer politischer Instabilität voraus. Ein Machtwechsel kann auch zum Austausch elitärer Gruppierungen führen, ohne daß die Wirtschaftspolitik eines Landes in irgendeiner Weise verändert wird. Bei der Risikobetrachtung ist also die Wahrscheinlichkeit zu betrachten, mit der ein bestimmtes Ereignis eintreten kann, und die Wahrscheinlichkeit, daß das Unternehmen von diesen Ereignissen berührt wird, indem bspw. das wirtschaftliche Handeln irgendwelchen unerwarteten Restriktionen unterworfen wird. Die Möglichkeit der Verbesserung des Geschäftsklimas ist jedoch nur dann als Risiko anzusehen, wenn man die Standardabweichung als Risikomaß nimmt, die auch positive Abweichungen umfaßt (vgl. Abschnitt 1). Es wird oft betont, daß politische Veränderungen auch die Chance höherer Gewinne beinhalten.

Zu der zweiten Gruppe von Autoren gehört Robock. Drei Voraussetzungen müssen seiner Meinung nach gegeben sein, damit man von politischem Risiko sprechen kann:

(1) Es müssen Diskontinuitäten in der Unternehmenswelt auftreten.

(2) Diese Diskontinuitäten lassen sich nur schwer antizipieren.

(3) Sie sind das Resultat politischer Veränderungen.

Außerdem fügt er noch hinzu, daß diese Diskontinuitäten Auswirkungen auf den Gewinn oder andere unternehmerische Ziele haben müssen. Verändern sie die Unternehmenswelt nicht, stellen sie kein Risiko dar. Ebensowenig ist dies der Fall, wenn diese Veränderungen kontinuierlich geschehen, denn dann sind sie vorhersehbar und damit kalkulierbar. In diesen Fällen, wie bspw. bei Änderungen in der Steuergesetzgebung, ist die Grenze zwischen politischem Risiko und Geschäftsrisiko nicht eindeutig (Robock, 1971).

Robock führte auch die Begriffe mikroökonomisches und makroökonomisches politisches Risiko in die Literatur ein. Makroökonomische Risiken betreffen alle ausländischen Unternehmen, während von mikroökonomischen Risiken nur Firmen erfaßt werden, die spezielle Charakteristika aufweisen oder sich auf bestimmten Geschäftsfeldern betätigen. Als Beispiel für makroökonomische Risiken soll erneut auf die umfassenden Enteignungen in Kuba 1959/60 hingewiesen werden. Bezüglich der mikroökonomischen Risiken läßt sich beobachten, daß

- Sektoren der extraktiven Industrie und des Dienstleistungssektors besonders betroffen sind,
- die Gefahr mit fortgeschrittenem Technologiestand abnimmt, da es an ausgebildeten lokalen Managern fehlt,
- Joint-Ventures mit lokalen Unternehmen trotz gegenteiliger Auffassung nicht schützen,
- große Unternehmen eher betroffen sind, da ihr ökonomischer Nutzen höher ist,
- ein hohes politisches Risiko besteht, wenn ganze Industriezweige in ausländischen Händen sind und das Inland mit der Zeit genügend Kapital und Know-How akkumuliert hat.

Zusammenfassend soll der Risikobegriff auf die Zwecke der Investitionsrechnung bezogen werden: *Ein Investor ordnet einer Investitionsalternative im Ausland als Beurteilungskriterium den erwarteten Gewinn, der sich aus seinen Kalkulationen ergibt, zu. Die Höhe des Gewinns kann durch unvorhergesehene oder schwer vorhersehbare Eingriffe seitens der Gastlandregierung in die Geschäftstätigkeit vom Erwartungswert abweichen. Diese Eingriffe können das Resultat von Veränderungen in der politischen Machtkonstellation oder von Änderungen in der Politik der bestehenden Regierung sein. Sie haben unterschiedliche Auswirkungen auf die Zielgröße und ihnen können unterschiedliche Eintrittswahrscheinlichkeiten zugeordnet werden. Darin liegt das politische Risiko einer Auslandsdirektinvestition begründet.*

3.2.2 Die Ausprägung des politischen Risikos

Bei der Behandlung der Ausprägungen des politischen Risikos, also der letztendlichen Auswirkung auf die Geschäftstätigkeit, lassen sich zwei Gruppen unterscheiden. Die eine umfaßt die Aktionen, die die Dispositionsfreiheit des betreffenden Unternehmens einschränken, und die andere beinhaltet den Gefahrenkomplex Enteignung, Nationalisierung und Konfiszierung (vgl. Balleis, 1984, S. 126ff.).

Einige Aktionen der ersten Gruppe werden auch unter dem Begriff „schleichende Enteignung" subsumiert. Hinter dieser Bezeichnung verbirgt sich die Vorstellung, daß die Beeinträchtigung der Geschäftstätigkeit durch staatliche Eingriffe zu großen Verlusten und letztendlich zur Aufgabe der Geschäftstätigkeit führt, was einer Enteignung oft gleichkommt.

Die vorliegende Betrachtung der Risikoausprägungen ist eine Zusammenfassung der Behandlung dieser Thematik in der Literatur. Sie erhebt keinen Anspruch auf Vollständigkeit. Des weiteren wurde in Abschnitt 3.2.1 bereits auf die Begriffe mikroökonomisches und makroökonomisches Risiko eingegangen. Hier sei noch einmal betont, daß das Risiko einer Auslandsdirektinvestition von der Art des Projektes, von den Eigentumsverhältnissen, von den Produktlinien sowie dem Produktions- und Absatzprogramm, von der eingesetzten Technologie und von der Politik des betreffenden Gastlandes und des Investorlandes abhängt. Die spezifischen Eigenschaften des Landes, des Industriezweiges und des Betriebes bestimmen also Art und Ausmaß des möglichen Risikos.

3.2.2.1 Eingriffe in die Disposititonsfreiheit des Unternehmens

Hierunter werden alle die Restriktionen verstanden, die die Unternehmenstätigkeit beeinträchtigen. Im Gegensatz zur Enteignung sind diese Risiken nicht versicherbar. Ihre Auswirkungen sind von größerer Bedeutung als die meisten Überlegungen zur politischen Stabilität eines Landes, da sie im täglichen Geschäftsleben auftauchen können, während die Enteignung oft erst das Ergebnis eines (meist) vorhersehbaren radikalen politischen Wandels ist.

Der erste Komplex innerhalb dieser Gruppe umfaßt sämtliche Arten von **Transferbeschränkungen** in das und aus dem Gastland. Die wichtigste davon ist das Konvertierungs- und Transferrisiko von Währungen:

„Die Umwechselmöglichkeitsrisiken bestehen darin, daß die Zentral(National)bank eines Landes die Umwechslung ihrer Inlandswährung in eine konvertierbare, frei in andere Währungen umwandelbare Valuta wie US-$, DM oder Schweizer Franken (Sfr) usw., nicht gestattet (Konvertierungsverbot), oder darin, daß eine solche Zentralbank, z.b. der Banco do Brasil, die Konvertierung von Cruzeiros in US $ zwar zulassen, diese US-$ jedoch blockieren, ihre Abdisposition, ihren Transfer (zunächst) verbieten kann" (Lipfert, 1981, S. 67).

Betroffen von diesem Risiko sind die erwirtschafteten Gewinne, aufgeteilt in Dividenden, Managementkosten, Lizenzgebühren etc., sowie das von der Muttergesellschaft aufgebrachte Kapital samt Zinsen, das zur Verfügung gestellt wurde.

Es gibt jedoch auch die Abstufungen innerhalb dieser Transferbeschränkungen. Die Rückführung von Gewinnen an die Muttergesellschaft (Repatriierung) kann auch lediglich teilweise zugelassen oder besteuert werden. Auch die Verordnung künstlicher Umwechselpreise ist möglich. So wurde in Venezuela im Februar 1983 ein dreigespaltener Wechslkurs eingeführt, um Kapitalflucht zu verhindern und das Importvolumen zu beschränken. Dabei wurde die konstant gehaltene Parität zum Dollar aufgelöst in eine Rate für wichtigere und eine für weniger wichtige Importgüter und der dritte Wechselkurs wurde über den freien Markt bestimmt. Er sank binnen weniger Monate von Bolivares 4,90/$ auf Bolivares 15/$. Dies kommt einer Transferbeschränkung gleich.

Konvertierungs- und Transferbeschränkungen treten im Rahmen von Devisenbewirtschaftungsmaßnahmen auf. Sie sind meistens auf Defizite in der Leistungs- bzw. Kapitalverkehrsbilanz zurückzuführen und versuchen, den Ausfluß knapper Devisen zu verhindern. Neben den oben angeführten Beschränkungsmöglichkeiten ist die Dauer des Transferverbotes ein weiterer Freiheitsgrad staatlicher Eingriffe. Inwieweit Transferbeschränkungen zu Verlusten führen, hängt davon ab, wie die blockierten Mittel eingesetzt bzw. verzinst werden und wie stark die Abwertung während der Restriktionsdauer ist. Fest steht, daß ein größerer Fremdwährungsbetrag zum Zeitpunkt der Aufhebung dem Wechselkursrisiko ausgesetzt ist. Die Auswirkungen auf den Kapitalwert unter verschiedenen Annahmen werden in den Abschnitten 4.2.2.1.1 sowie 4.2.2.1.2 untersucht.

Transferbeschränkungen beziehen sich jedoch nicht nur auf die Repatriierung von Gewinnen und die Rückführung von Kapital. So können Importrestriktionen auf Güter erhoben werden, die die im Ausland tätige Unternehmung für den Produktionsprozeß benötigt. Oft findet sich kein angemessener inländischer Ersatz. Das gleiche gilt für den Transfer von Personal, Maschinen und Know-How.

Beschränkungen kann es auch beim Export in andere Länder geben. Beim Verbot von Know-How-Transfer wird der Muttergesellschaft untersagt, Entgelte für geleistete Dienste (meist Beratung im Maschinen- und Anlagenbau sowie im Produktmanagement) in Rechnung zu stellen bzw. müssen diese wie Gewinne versteuert werden. Die Transferbeschränkung von Personen aus dem Mutterland wiegt um so schwerer, wenn nicht genügend qualifiziertes Personal im Inland zur Verfügung steht bzw. wenn die Lernkurve flach ist.

Diese zweite Gruppe von Beschränkungen führt dazu, daß die Kosten dadurch steigen bzw. der Erlös dadurch sinkt, daß

- man auf teurere Produktionsfaktoren umsteigen muß,
- die Produktion evtl. gar nicht möglich ist, weil einige dieser Produktionsfaktoren gar nicht erhältlich sind,
- Absatzeinbußen hingenommen werden müssen, wenn auf den Export in Drittländer oder ins Mutterland verzichtet werden muß,
- die Produktivität und/oder die Qualität der hergestellten Erzeugnisse sinkt, weil das Personal nicht den Produktionsanforderungen genügt, bzw. höhere Anpassungskosten hingenommen werden müssen.

Diese Auswirkungen auf die Kosten- und Erlösseite müssen in den Zahlungsströmen berücksichtigt werden. Es ist jedoch zu beachten, daß das Transferrisiko Ausfluß von unvollkommenen Informationen über derartige Eingriffe während der Planungsperiode ist, also nicht auftritt, wenn diese Ereignisse vorhersehbar sind, da man sich in diesem Fall auf sie einstellen kann.

Der zweite Komplex innerhalb dieser Gruppe umfaßt **direkte Eingriffe in das Betriebsgeschehen und in den Wettbewerb**. So können Unternehmen veranlaßt werden, Führungspositionen mit einheimischen Arbeitnehmern zu besetzen. Beim Arbeitskampf kann das Übergewicht der Arbeitnehmer gefördert werden. Dies schlägt sich nieder in höheren Löhnen und in Verboten von Personalentlassungen bei Beschäftigungsrückgängen oder bei Versuchen, die Produktivität zu steigern. Die Maßnahmen können bis zum Streikaufruf oder zum Boykott der Produkte des Unternehmens führen. Die Arbeitsniederlegung kann auch von Lohnfortzahlungsverpflichtungen begleitet werden. Veränderungen in der Steuergesetzgebung können ebenfalls zu großen Gewinneinbußen führen. Ausländische Unternehmen können mit diskriminierenden Sondersteuern und überhöhten Gebühren für Inanspruchnahme staatlicher Dienstleistungen belastet werden. Die Besteuerung ist dabei oft so hoch, daß man hier schon von schleichender Enteignung sprechen kann, denn langfristig sind keine Gewinne mehr möglich. Fiskalpolitische Gefahren entstehen auch durch die Reduktion öffentlicher Zuwendungen. Hinzu kommt, daß die Unternehmung oft hilflos der Willkür der Behörden ausgesetzt ist.

Staatliche Verordnungen und Kontrollen können das Investitionsprojekt ebenfalls benachteiligen. Dazu zählen verschärfte Umweltschutzauflagen, ein erhöhter Bürokratieaufwand bei der Abwicklung diverser Transaktionen einschließlich der Notwendigkeit von Sondergenehmigungen, die Festsetzung von Transferpreisen, die das Gastland steuerlich begünstigen und die Verordnung, daß das betreffende Unternehmen an Joint Ventures nur in der Minderheit beteiligt sein kann.

Die Regierung kann auch direkt in den Absatzmarkt eingreifen. Eines der größten Risiken durch staatliche Eingriffe sind Preisstopps, vor allem bei höheren Inflationsraten. Diese Preisfestsetzungen reichen oft nicht aus, um noch in die Gewinnzone zu kommen. Eine andere Art preispolitischer Wettbewerbsverzerrungen stellen staatliche Unternehmen dar, die zu Dumping-Preisen verkaufen. Ebenso können Marktanteile und Produkteigenschaften verordneten Restriktionen unterworfen werden. Von der Beschaffungsseite her kann es weitere Beschränkungen geben, wie z.B. bei der Zuteilung von Rohstoffen und lokalen Krediten.

Zu direkten Eingriffen kann es auch bei der Produktionsstruktur des Unternehmens kommen. Wie Thomée (1979) darlegt, kann es in mehreren Phasen geschehen: Zunächst wird der Import von Teilen erschwert, um die nationale Produktion auszuweiten. Ein gänzliches Verbot von Zulieferungen in der nächsten Phase erzwingt die vollständige Herstellung im Gastland. Schließlich kann die Ausweitung der Produktion erzwungen werden, damit durch Exporte die Devisenposition des Landes verbessert wird. Die unfreiwillige Ausweitung des Produktionsvolumens kann zum Absinken der Rentabilität bis hin zu erheblichen Verlusten führen, wenn die höheren Materialpreise im Inland nicht durch ausreichende Verkaufspreise im Export gedeckt werden können, bzw. wenn für die Kapazitätsausweitung ganz einfach das erforderliche Investitionspotential fehlt.

Negative Einflüsse auf die Geschäftstätigkeit können auch die einseitige Auflösung oder Veränderung von Verträgen seitens der Gastlandregierung haben. Meistens findet der Investor in solchen Fällen auch keinerlei Unterstützung durch ein internationales Rechtssystem. Die Modifizierung von Vereinbarungen wird von den Regierungen damit begründet, daß sie den nationalen Interessen diene.

Diesen Komplex abschließend soll der Begriff „schleichende Enteignung" näher definiert werden. Robock definiert ihn als „restrictive government actions that steadily and gradually curtail the freedom of management in operating a business" (Robock, 1971, S. 13). So gesehen gehören alle oben aufgeführten Maßnahmen dazu, solange eine gewisse Systematik erkennbar ist. Sie führen dazu, daß der nationale Anteil am Nutzen dieses Unternehmens erhöht, dem Investor jedoch die Fortführung der Geschäftstätigkeit gestattet wird. Die Auswirkungen dieser Eingriffe auf die Zahlungsströme sind ähnlich wie die des ersten Komplexes. Auch hier gilt, daß das Risiko in der Unvorhersehbarkeit begründet ist.

3.2.2.2 Eingriffe in das Eigentum

Die zweite Gruppe umfaßt die Maßnahmen, die typischerweise als das politische Risiko angesehen werden. Im folgenden soll eine Klärung der Begriffe Enteignung, Nationalisierung und Konfiszierung vorgenommen werden.

In allen drei Fällen erfolgt ein Eingriff in das Betriebsgeschehen durch Aufhebung der Eigentumsverhältnisse bzw. der eigenverantwortlichen Geschäftstätigkeit. Während die Enteignung direkt gegen bestimmte Unternehmen gerichtet ist, betrifft die Nationalisierung ganze Unternehmensgruppen bzw. Wirtschaftssektoren und die Konfiszierung die gesamte Wirtschaft. Die Enteignung ist in der Regel ein souveränes Recht der betreffenden Regierung, wenn sie dem öffentlichen Interesse dient. Auch die Nationalisierung ist oft verfassungsrechtlich festgelegt, während die Konfiszierung im allgemeinen nur nach Revolutionen erfolgt. Mit Entschädigungszahlungen ist bei Enteignungen und meistens auch bei Nationalisierungen zu rechnen, während sie bei der Konfiszierung ausbleiben. Als Begründung für alle drei Maßnahmen werden die nationale Sicherheit (vor allem bei Rüstungsindustrien), die Verwirklichung von Entwicklungszielen, die

Ausbeutung von Ressourcen im nationalen Interesse und die Deckung des Devisenbedarfs durch eigene Exporte genannt. Enteignung von Feindvermögen findet bei Unternehmen aus den Ländern statt, die mit dem betreffenden Staat in Konflikt geraten sind, entweder als Faustpfand oder um diese zu schädigen. Das Fehlverhalten von Unternehmen (Verstoß gegen Gesetze, Korruption) kann auch Enteignungsursache sein. Eine eindeutige begriffliche Abgrenzung zwischen diesen drei Begriffen gibt es nicht.

Um die Auswirkungen dieser Maßnahmen auf das Investitionsrechnungsergebnis zu erfassen, müssen die genauen Verlustquellen untersucht werden. Alle drei Maßnahmen führen zu einem abrupten Abbruch der Nutzungsdauer; allerdings ist die Ankündigung solcher Maßnahmen in vielen Fällen der technischen Durchführung weit voraus. Während die Konfiszierung in jedem Fall zum Totalverlust führt, können sich bei den beiden anderen Maßnahmen verschiedene Arten der Verluste aus Vergütung ergeben. So läßt sich unterscheiden zwischen:

- *Verlusten durch Bewertung:* Von der Problematik der exakten Unternehmensbewertung ganz abgesehen ist der subjektive Wert für den Eigentümer immer höher als der objektive. Hinzu kommt die Subjektivität des Gutachters. Wird die Bewertung nach ertragsteuerlichen Gesichtspunkten durchgeführt, rächen sich hohe Abschreibungen in der Vergangenheit. Oft gehen Entschädigungsverhandlungen einher mit Forderungen nach Steuernachzahlungen, unter Einberechnung von hohen Zinsen.

- *Verlusten aus verspäteter Vergütung:* Sie ergeben sich durch die entgangene Verzinsung, Währungsabwertung und Liquiditätseinbußen (verminderte Haben- bzw. erhöhte Soll-Zinsen).

- *Verlusten aus der Art der Vergütung:* Beispielsweise kann diese statt ausgezahlt in Schuldverschreibungen umgewandelt werden, wobei nur die Zinsen transferiert werden dürfen.

- *Verlusten aus Transfer:* Entweder unterbleibt dieser oder er wird verzögert. Eingebrachte Kapitalien werden im günstigsten Fall zum Tageskurs bewertet.

Das Risiko besteht also in diesem Fall darin, daß die Vergütung vom berechneten Wert des Investitionsprojektes ab dem Enteignungszeitpunkt abweicht. Zu beachten ist hier jedoch, daß das Unternehmen über den Planungshorizont hinaus weitere Zahlungsüberschüsse hervorbringen kann. Streng genommen läßt sich die genaue Verlusthöhe nur durch eine exakte Unternehmensbewertung ermitteln. Gemäß Loscher (1984) bleiben Enteignungen dann ohne Konsequenzen, wenn die Vergütung in Höhe des eingesetzten Kapitals samt einer angemessenen Rendite erfolgt. Für unsere Zwecke soll jedoch das Risiko die Höhe annehmen, die sich aus der Differenz zwischen den diskontierten Zahlungsüberschüssen ab dem Enteignungszeitpunkt und der Entschädigung ergibt. Abb. 12.2 gliedert die politischen Risiken nach ihren Auswirkungen auf die Bestandteile des cash flow.

Cash-flow-Bestandteile bzw. cash-flow-Struktur	Produktions- und Absatzmenge	Preissetzung	Kosten	Zu versteuernder Gewinn im Inland	Gewinnrückführung an die Muttergesellschaft		Nutzungsdauer und Endwert
					Höhe	Zeitliche Struktur (Zins- und Wechselkurseffekte)	
politische Risiken	• Exportbeschränkungen • Importrestriktionen von Gütern, die für den Produktionsprozeß benötigt werden • Eingriffe in den Arbeitskampf • begrenzte Zuteilung von Rohstoffen • Festsetzung von Markanteilen und Produkteigenschaften • bürokratische Hindernisse • Eingriffe in den Wettbewerb durch Begünstigung lokaler Unternehmen oder durch Boykottaufrufe	• Preisstopps	• Importrestriktionen von Gütern, die für den Produktionsprozeß benötigt werden • Transferbeschränkungen von Personen • Eingriffe in den Arbeitskampf • Reduktion öffentlicher Zuwendungen • bürokratische Hindernisse • verschärfte Umweltschutzauflagen • begrenzte Zuteilung von Rohstoffen, Krediten • erzwungene Erweiterung der nationalen Fertigungstiefe	• diskriminierende Steuern	• Konvertierungs- und Transferverbote bzw. -beschränkungen von Währungen • Verbot von entgeltlichem Know-how-Transfer • Verbot von Importen von Vorprodukten der Muttergesellschaft • erhöhte Besteuerung der Gewinnrückführung	• zeitlich begrenzte Konvertierungs- und Transferverbote bzw. -beschränkungen von Währungen • Importbeschränkungen von Vorprodukten der Muttergesellschaft	• Konfiszierung • Nationalisierung • Enteignung bei unterschiedlichen Arten von Vergütungen

Abb. 12.2: Die Auswirkungen politischer Risiken auf die Zahlungsströme einer Auslandsdirektinvestition

3.3 Währungsrisiken

Der Wert einer Währung ergibt sich aus der inländischen Inflationsrate (innerer Wert) und aus dem Verlauf des Wechselkurses (äußerer Wert). Beide Entwicklungen sind nicht unabhängig voneinander (Stichwort: Kaufkraftparitätentheorie), der Grad des Zusammenhanges ist jedoch umstritten. Soweit dies möglich ist, werden Devisenkursrisiken und Inflationsrisiken zunächst isoliert und anschließend kombiniert betrachtet (vgl. zu den hier folgenden Ausführungen das Kapitel 1).

3.3.1 Das Devisenkursrisiko

Die übliche Definition des Devisenkursrisikos als das Schwanken von Wechselkursen um einen erwarteten Mittelwert (bzw. als Streuung um einen Erwartungswert) ist für die investitionstheoretische Betrachtungsweise wenig geeignet. Wie später noch dargelegt wird, kann ein Abweichen des Wechselkurses in eine bestimmte Richtung simultan positive und negative Einflüsse auf die diskontierten Zahlungsüberschüsse haben.

Eine problemorientierte Definition muß sich also an der Zielgröße, dem Kapitalwert, orientieren. Der Entscheidungsträger berechnet bestimmte Erwartungswerte bezüglich der Wechselkurse aller für das Investitionsprojekt relevanten Währungen. Diesen Wechselkursen läßt sich ceteris paribus ein Erwartungswert des Kapitalwertes zuordnen. Weichen die Umwechselpreise jedoch von den Erwartungen ab, so ergeben sich positive und negative Auswirkungen auf den Ergebniswert. Folglich läßt sich das Wechselkursrisiko definieren als die *Wahrscheinlichkeit des Abweichens des Kapitalwertes vom Erwartungswert aufgrund von Änderungen in den Währungsparitäten zwischen den für Auslandsdirektinvestitionen relevanten Währungsräumen.*

Genauer beschrieben wird das Wechselkursrisiko durch den Begriff des „exposure". Exposure läßt sich zum einen definieren als eine offene Fremdwährungsposition, die dem Devisenkursrisiko ausgesetzt ist, zum anderen als „the possibility, that a company will loose or gain because of a change in exchange rates" (Eiteman/Stonehill, 1979, S. 75).

Für unsere zahlungsstromorientierte Betrachtungsweise kommen zwei Exposure-Kategorien in Betracht: das transaction und das economic exposure. Leider ist die Unterscheidung zwischen beiden Arten in der Literatur nicht einheitlich. Die hier dargestellte Charakterisierung orientiert sich an den Zwecken der Investitionsrechnung.

Das **transaction exposure** bezieht sich auf laufende, fest kontrahierte Fremdwährungszahlungen, die sich in den Bereichen Absatz, Beschaffung und Finanzierung ergeben. Zumeist wird dem transaction exposure ein kurz- bis mittelfristiger Zeithorizont zugeordnet.

Das **economic exposure** ist das Potential zukünftiger Gewinne oder Verluste, die durch Veränderungen von Wechselkursen hervorgerufen werden. Diese Kursänderungen können die zukünftigen Zahlungsströme dergestalt beeinflussen, daß sie Änderungen in den zukünftigen Preisen, Kosten und Absatzmengen zur Folge haben.

Das Konzept des economic exposure führt einen neuen Aspekt in die Devisenkursrisikoproblematik ein, nämlich ein durch Wechselkursänderungen induziertes Wettbewerbsrisiko. Nehmen wir das Beispiel aus Abschnitt 2.1: Eine Aufwertung der Währung des Landes B gegenüber den Währungen der Exportländer verschlechtert die Wettbewerbsposition von TB. Hält sie die Exportpreise konstant, sinken die Exporterlöse. Eine Preiserhöhung hat entsprechende Mengenrückgänge zur Folge. Der Mengeneffekt wiederum hängt jedoch auch von anderen Einflußgrößen ab, die folgerichtig Bestandteil des economic exposure sind. Beispielsweise bestimmt die Preiselastizität der Nachfrage in den Importländern den Preisdurchsetzungsspielraum von TB. Diese kann wiederum eine Funktion des Produktdifferenzierungsgrades, der Marktsegmentierung, der Phase im Produktlebenszyklus oder der Marktmacht des Unternehmens sein.

Eine Aufwertung kann jedoch auch positive Effekte haben, wenn TB aus den gleichen Ländern Rohstoffe importiert und sie in B verarbeitet. Der Kostensenkungseffekt eröffnet Spielräume für Preisstrategien und stärkt die Wettbewerbsposition gegenüber inländischen Konkurrenten, sofern diese ihre Rohstoffe nicht auch aus diesen Quellen beziehen.

Gesamtwirtschaftlich gesehen kann die Aufwertung eine stabilisierende Wirkung auf das inländische Preisniveau (Land B) haben, wenn der Grad der Auslandsverflechtung von Land B entsprechend hoch ist. Die kalkulierten Kosteninflationsraten können also geringer ausfallen als erwartet. Auf der anderen Seite können wechselkursbedingte Exportrückgänge des Landes B zu einem fallenden Volkseinkommen und mithin zu einem allgemeinen Nachfragerückgang führen. Dieser ist wiederum abhängig von der Einkommenselastizität der Nachfrage.

Das economic exposure wird auch durch den Grad des Engagements in den einzelnen Ländern sowie durch die Flexibilität in der Produktion bestimmt. Der Nettoeffekt des oben beschriebenen Aufwertungsfalles hängt logischerweise von der Verteilung des Absatzes zwischen dem lokalen Markt und den Exportmärkten ab. Des weiteren spielt die Substitutionalität der Produktionsfaktoren zwischen lokalen Bezugsquellen und Importen eine große Rolle. Besitzt das Unternehmen TB die nötige Flexibilität, so wird es im Aufwertungsfall seine Marketingaktivitäten eher ins Inland verlagern, während es die Rohstoffe eher im Ausland bezieht.

Die Aufwertung der Währung des Landes B kann auch zur Folge haben, daß nun ausländische Exporteure auf dem Inlandsmarkt von TB zu potentiellen Wettbewertbsvorteilen gelangen. Die Marktanteilseffekte in Land B sind jedoch abhängig von der Fähigkeit der Exporteure, diese Vorteile umzusetzen (dies ist beispielsweise bei ausgelasteten Kapazitäten schwer möglich), sowie von den Reaktionsmöglichkeiten von TB.

Ordnet man nun im Rahmen der Investitionsrechnung unterschiedlichen Wechselkursszenarien unterschiedliche Zahlungsströme zu, so sind nicht nur die Effekte einer Umwechselpreisänderung, sondern auch die sich daraus ergebenden optimalen Strategien bzgl. der Preissetzung, der Beschaffungspolitik und der Verlagerung von Marketingaktivitäten ins Kalkül aufzunehmen. Abb. 12.3 zeigt noch einmal einige mögliche Auswirkungen von Wechselkursänderungen auf Kosten und Erlöse.

Die meisten Formen der Gewinnrückführung der Tochtergesellschaft an die Muttergesellschaft werden üblicherweise zum transaction exposure gezählt. Das heißt, die absolute Höhe der (meist fest kontrahierten) Zahlungen ändert sich

Cash-flow categories	Relevant economic factors	Devaluation impact	Revaluation impact
Revenue		*Parent-currency revenue impact*	*Parent-currency revenue impact*
Export sales	Price sensitive demand	Increase (++)	Decrease (−−)
	Price insensitive demand	Slight increase (+)	Slight decrease (−)
Local sales	Weak prior import competition	Sharp decline (−−)	Increase (++)
	Strong prior import competition	Decrease (−) (less than devaluation %)	Slight increase (+)
Costs		*Parent-currency cost impact*	*Parent-currency cost impact*
Domestic inputs	Low import content	Decrease (−−)	Increase (++)
	High import content/inputs used in export or import competing sectors	Slight decrease (−)	Slight increase (+)
Imported inputs	Small local market	Remain the same (0)	Remain the same (0)
	Large local market	Slight decrease (−)	Slight increase (+)

Quelle: Shapiro, 1977, S. 188.

Abb. 12.3: Einfluß von Wechselkursänderungen auf Kosten und Erlöse (bei gleicher Gewinnhöhe im Gastland) mit dem Verlauf des Wechselkurses der Währungen beider Länder. So kann es also beispielsweise vorkommen, daß die Rückzahlung von Krediten von der Tochter- an die Muttergesellschaft in Landeswährung nicht mehr dem vollen Wert in der Kreditwährung entspricht. Je höher die Abwertung der Gastlandwährung ist, desto geringer sind die Rückflüsse an die Muttergesellschaft in ihrer Währung.

Die Unterschiede zwischen transaction und economic exposure sind noch einmal in Abb. 12.4 zusammengefaßt.

Transaction Exposure	Economic Exposure
1. Contract-specific	General; relates to the entire investment
2. Cash flow losses due to an exchange rate change are easy to compute. Simple financial accounting techniques can be used to compute losses due to transaction exposure.	Opportunity losses caused by an exchange rate change are difficult to compute. A good variance accounting is needed to isolate the effect of exchange rate change on sales volume, costs, and profit margins.
3. Firms generally have some policies to cope with transaction exposure.	Firms generally do not have policies to cope with economic exposure
4. Avoidance sometimes requires third-party cooperation (e.g., changing invoice currency)	Avoidance requires good strategic planning (e.g., choice of markets, products, etc.)
5. The duration of exposure is the same as the time period of the contract	The duration of exposure is the time required for the restructuring of operations through such means as changing products, markets, sources and technology
6. Relates to nominal contracts whose value is fixed in foreign currency terms.	Relates to cash flow effects through changes in cost, price and volume relationships.
7. The only source of uncertainty is the future exchange rate.	The many sources of uncertainty include the future exchange rate, and its effect on sales, price and costs.
8. **A summary definition:** Transaction exposure is an uncertain domestic currency value of a cash flow which is **known and fixed** in foreign currency terms; e.g., a foreign currency receivable	Economic exposure is an uncertain domestic currency value of a cash flow whose value is **uncertain** even in foreign currency terms; e.g., cash flows from a foreign subsidiary.

Quelle: Srinivasulu, 1981, S. 15.

Abb. 12.4: Wesentliche Merkmale des Transaction und des Economic Exposure

Die Qualität des Wechselkursrisikos wird auch durch die unterschiedlichen Wechselkurssysteme bestimmt. Unbegrenzt sind die Schwankungsbreiten der Kurse im Floating, dem z.B. der US-Dollar angehört. Das Europäische Währungssystem hatte dagegen Veränderungsbandbreiten von ± 2¼% um den jeweiligen Leitkurs (vgl. Kapitel 1). Das EWS floatete also als Gruppe gegenüber anderen Floating-Währungen. Die dritte Gruppe wird von Währungen gebildet, die sich bilateral an einer anderen Währung orientieren, und ihr gegenüber auf- bzw. abgewertet werden. Leitwährung ist hier vor allem der US-Dollar, dem sich 40 Währungen fest anschließen. Sie floaten mit ihm wiederum gegenüber dem EWS. Plant ein deutscher Unternehmer eine Direktinvestition in Brasilien, so muß er also die Möglichkeit der (politisch herbeigeführten) Abwertung des Cruzeiro gegenüber dem Dollar und dessen Schwankungen gegenüber der DM in seine Wechselkursrisikoüberlegungen mitaufnehmen.

3.3.2 Das Inflationsrisiko

Ähnlich wie beim Devisenkursrisiko muß auch das Inflationsrisiko auf die Zwecke der Investitionsrechnung bezogen werden. Inflation soll hier definiert werden als ein fortlaufender, von der Unternehmung nicht beeinflußbarer Anstieg der Preise von Gütern und Diensten. Ein Risiko besteht jedoch erst dann, wenn es zu Abweichungen von der erwarteten Inflationsrate kommen kann, und diese Abweichungen einen Einfluß auf den cash flow, also auf die Zahlungs**überschüsse** haben.

Inflationären Tendenzen auf der Kostenseite kann mit einer Überwälzung der Kosten auf die Absatzseite oder mit einer Substitution der Beschaffungsquellen von Produktionsfaktoren begegnet werden. Das Ausmaß des Inflationsrisikos hängt also nicht nur von den schwer vorhersehbaren Trendabweichungen, sondern auch von den Reaktionsmöglichkeiten des Unternehmens ab. Beide Determinanten sind im Investitionskalkül dergestalt mitaufzunehmen, daß unterschiedlichen Inflationsratenszenarien jeweils die entsprechenden optimalen preis- und beschaffungspolitischen Handlungsalternativen zugeordnet werden.

Die klassischen Inflationsprobleme wie die Substanzwerterhaltung oder die Besteuerung von Scheingewinnen bei historischen Abschreibungssätzen, die nicht am Wiederbeschaffungswert bemessen werden, entfallen bei einer zahlungsstromorientierten Betrachtung. Abstrahiert man von beschaffungspolitischen Gesichtspunkten bei sich stark verteuernden Produktionsfaktoren, so verbleibt als Hauptrisiko die Gefahr, daß die tatsächlich realisierten Zahlungsüberschüsse vom Erwartungswert abweichen, weil Absatzpreise und Kosten unterschiedlichen inflationären Tendenzen unterworfen sind. Ähnlich wie bei der Berücksichtigung politischer Risiken ist auch hier zu beachten, daß nur die Preissteigerungsraten der Produktionsfaktoren und die Preisentwicklung auf den Märkten ins Kalkül gezogen werden müssen, die für das betreffende Unternehmen von Relevanz sind. Die Inflationsempfindlichkeit der Tochtergesellschaft setzt sich mithin zusammen aus der individuellen Entwicklung ihrer Kostenarten, dem relativen Gewicht dieser Kostenarten innerhalb der Gesamtkosten, das sich aus der länderspezifischen Kosten- und Produktionsstruktur ergibt, sowie den länderbedingten Besonderheiten der Inflation. Das Risiko resultiert dann aus der mangelnden Möglichkeit, die Kosten auf die Preise überzuwälzen.

Um einen realen Gewinn erwirtschaften zu können, müssen die inflationären Tendenzen auf der Kostenseite in den Absatzpreisen vorweggenommen werden. Mit anderen Worten: die Preise müssen schneller steigen als die Kosten, um die zeitliche Verschiebung von Produktion und Absatz auszugleichen. Kritisch wird es, wenn der Preis zum entscheidenden Kriterium für die Wettbewerbsfähigkeit des Unternehmens wird. Je homogener die Güter einer Branche sind, desto höher ist die Preiselastizität der Nachfrage. So müssen zunächst alle Kostensenkungspotentiale wie beispielsweise technischer Vorsprung, Rationalisierung oder die Ausnutzung des internationalen Erfahrungskurveneffektes in Betracht gezogen werden. Doch langfristig sind der Kostensenkung Grenzen gesetzt. Folglich ist im Rahmen der Investitionsrechnung als Voruntersuchung zu prüfen, bei welchem Erlös noch reale Gewinne erwirtschaftet werden (bspw. im Rahmen von Sensitivitätsanalysen, vgl. Abschnitt 4.2.2.2), was die Informationsproblematik auf die Absatzseite verlagert. In einem weiteren Schritt muß geprüft werden, ob die erforderlichen Preis-Mengen-Kombinationen realistisch sind.

Nicht alle Produkte haben die gleiche Chance, Kostensteigerungen im Preis zu absorbieren, ohne daß Absatzeinbußen eintreten. Wichtige Einflußfaktoren sind hier erneut der Differenzierungs- und Segmentierungsgrad, die Phase im Produktlebenszyklus sowie die Marktform, in der das Unternehmen operiert. Besonders kritisch ist auch die bereits in Abschnitt 3.2.2.1 angesprochene Situation eines staatlich verordneten Preisstopps, die keine Überwälzungsmöglichkeiten läßt.

Wird das Projekt teilweise durch lokale Kredite finanziert, so ergibt sich bei Inflation die Gefahr stark steigender Zinssätze. Dies ist bei der Bestimmung des Kalkulationszinsfußes zu berücksichtigen.

3.3.3 Kombinierte Betrachtung der Inflations- und Wechselkursentwicklung

Isoliert gesehen muß Inflation nicht unbedingt zu einer Gefahr für den Unternehmenserfolg werden, wie das Beispiel Mexiko zeigt. Der mexikanische Peso hatte über 20 Jahre lang eine feste Parität zum Dollar, die im September/Oktober 1976 aufgegeben wurde, wobei der Wechselkurs von 12,50 auf 28,00 Pesos/Dollar abrutschte. Unternehmen, die es geschafft hatten, vor diesem Zeitpunkt die Erlöse stärker steigen zu lassen als die Kosten (beispielsweise über einen hohen Anteil importierter Produktionsfaktoren), konnten den vollen Inflationsgewinn in Hartwährung umtauschen.

Dies ist jedoch eher ein Ausnahmefall. In der Regel werden höhere Inflationsraten im Ausland durch Wechselkursänderungen am freien Markt oder durch politische Entscheidungen (Abwertungen) ausgeglichen. Allerdings geschieht dies nicht in der Form, daß sich der innere und der äußere Wert einer Währung jederzeit genau entsprechen (Kaufkraftparität). Dies ist, wenn überhaupt, erst auf längere Sicht der Fall. Kurz- und mittelfristig kann das Ausmaß der Inflation(-sratenunterschiede) stärker sein als die Währungsabwertung und umgekehrt. Gegenwärtig kann weder die Kaufkraft-Paritätentheorie noch eine andere Wechselkurstheorie Allgemeingültigkeit beanspruchen.

Um die kombinierte Wirkung von Inflations- und Wechselkursentwicklungen besser darstellen zu können, soll von folgendem Modell ausgegangen werden, das auf dem Beispiel in Abschnitt 2.1 aufbaut:

- Es gilt die Kaufkraftparitätentheorie zwischen allen Währungen der Länder, in denen die Unternehmensgruppe (UA, TB) operiert.

- In Land A herrscht eine Inflationsrate von Null.

- Für alle Kostenarten gilt die gleiche Inflationsrate. TB kann diese auf die Preise abwälzen.

- Inflation und Wechselkursentwicklung haben keine Auswirkungen auf die Wettbewerbsposition, genauer gesagt, auf die Absatzmenge.

Geht man von diesen Prämissen aus, dann ändert sich der Kapitalwert weder aus der Sicht der Tochtergesellschaft noch aus der Sicht der Muttergesellschaft. Die Inflationsratenunterschiede zwischen allen Ländern werden durch die Wechselkursentwicklungen ausgeglichen. Folglich kann es keine Währungsrisiken geben.

Nun lassen sich aber auch die Gründe formulieren, warum es zu Abweichungen vom Erwartungswert des Kapitalwertes kommen kann:

(1) Abweichungen von der Kaufkraftparitätentheorie: Hierbei kann sich ceteris paribus eine Zunahme des Kapitalwertes ergeben, wenn die Abwertungsrate die Inflationsrate nicht übersteigt. Bei einer Inflationsrate von 10% bei Preisen und Stückkosten steigt auch der Stückgewinn um 10%. Eine Abwertung von 5% läßt den Gewinn in der Währung des Mutterlandes um 4,5% steigen. Ein umgekehrter Effekt ergibt sich, wenn die Abwertung die Inflationsrate übersteigt.

(2) Die Gewinnsteigerung entspricht nicht der Inflationsrate. Dies kann mehrere Ursachen haben. Preise und Kosten können durch langfristige Verträge oder durch staatlich verordnete Preisstopps fixiert sein. Die einzelnen Kostenarten können unterschiedliche Inflationsraten aufweisen. So kann es trotz Gültigkeit der Kaufkraftparitätentheorie zu Abweichungen beim Kapitalwert kommen.

(3) Inflation und Wechselkursentwicklungen führen zu Absatzeinbußen oder -zunahmen. Dies kann sowohl mit als auch ohne Gültigkeit der Kaufkraftparitätentheorie geschehen. Im letzteren Fall verändern sich die terms of trade zu den Im- und Exportländern.

Die Prämisse der Preisniveaustabilität in Land A kann übrigens aufgehoben werden, wenn die Inflationsrate in der Kapitalwertformel berücksichtigt wird.

Das vorgestellte Modell verdeutlicht, welchen Diskontinuitäten die Auslandsdirektinvestition ausgesetzt ist. Die Kaufkraftparitätentheorie gilt, wenn überhaupt, nur langfristig. Ein eindrucksvolles Beispiel liefert die Bewegung des US-Dollar in den letzten Jahren, die vor dem März 1985 oberhalb der Kaufkraftparität zu anderen Währungen von wichtigen Industrieländern und danach unterhalb verlief. Diese Entwicklung löste wechselkursinduzierte Direktinvestitionen in die USA und, nach einigem Zögern, Exporte in die andere Richtung aus.

3.4 Projektspezifische Prognose und Einschätzung der Risiken

In den bisherigen Abschnitten wurden die ersten drei Schritte behandelt, die zur Durchführung einer risikoadjustierten internationalen Investitionsrechnung nötig sind:

1. Die Identifizierung der entscheidungsrelevanten Zahlungsströme und die Formulierung von Investitionsmodellen.
2. Die Identifizierung möglicher Risikoquellen, die mit dem Auslandsengagement verbunden sind.
3. Die Einschätzung quantitativer Auswirkungen auf den cash flow.

Diese drei Stufen reichen für die Durchführung von Sensitivitätsanalysen und für das Korrekturverfahren bereits aus (vgl. dazu 4.1 und 4.2). Bei den anderen Investitionsrechnungsmethoden bei Unsicherheit ist jedoch die Ermittlung von Eintrittswahrscheinlichkeiten unabdingbar. In diesem Abschnitt soll aufgezeigt werden, welche Möglichkeiten dem Investor hierfür bei der Prognose und Einschätzung von politischen und von Wechselkursrisiken zur Verfügung stehen.

3.4.1 Einschätzung und Prognose politischer Risiken

Beim Versuch der Informationsbeschaffung zur Beurteilung politischer Risiken wird das betreffende Unternehmen v.a. in Entwicklungsländern auf erhebliche Hindernisse stoßen. Informationsmaterial wird oft nicht weitergeleitet, aus politischen Gründen zensiert oder beschönigt, um die Attraktivität des Landes zu erhöhen. Erhebungen erfolgen unregelmäßig oder nur in mehrjährigen Abständen bzw. liegen schon sehr weit zurück. Die Vergleichbarkeit von Informationen in mehreren Ländern ist aufgrund unterschiedlicher Erhebungsmethoden, Basisjahre etc. schwierig. Bei heiklen Problemen erfolgen oft widersprüchliche Aussagen lokaler Instanzen.

Informationen sind meist auch nicht strategie-, firmen- und branchenspezifisch genug. So bleibt oft nur der Weg der Primärforschung, die jedoch ähnlichen Hindernissen unterworfen sein dürfte. Mögliche Informationsquellen sind im folgenden Schaubild aufgeführt.

Source	Percentage of companies relying on source
Regional managers	69
Headquarters personnel	65
Banks	45
Consultants	27
Business magazines	25
Other firms	23
Agents, outside counsel	22
US embassies	17
Domestic government agencies	17
Professional journals	14
Trade associations	13
International organizations	11
Media	10
Academics	9
Journalists	8
American chambers of commerce	8

Quelle: Prast/Lax, 1982, S. 190.

Abb. 12.5: Quellen der Primärforschung zur Einschätzung politischer Risiken

Zur Datenanalyse steht dem Unternehmen die Möglichkeit offen, selber Zeitreihenanalysen, Trendextrapolationen, Delphi-Befragungen oder Prognosen anhand der Szenario-Technik durchzuführen.

Daneben existiert aber auch eine ganze Reihe von akademischen und kommerziellen **Indikatoren** oder **Länderrisikomodellen**, von denen nachfolgend einige für den Zweck dieser Arbeit geprüft werden sollen.

Pott (1983) unterteilt in drei Gruppen:

1) Die *demographischen und ökonometrischen Indikatoren* errechnen sich über politische, soziokulturelle und wirtschaftliche Vergangenheitsdaten. Werden diese über einen längeren Zeitraum ermittelt, so lassen sich Regressionsanalysen und Trendextrapolationen vornehmen. Der *Political System Stability Index (PSSI)* beispielsweise mißt politische Instabilität über drei gleichgewichtige Komponenten: einen sozioökonomischen Index, einen societal conflict index, der das Ausmaß an Konflikten in einem Land darstellt, und einen governmental processes index, der die Kapazität der Regierung zur Konfliktlösung darstellt. Die Gewichtung kann allerdings durch den potentiellen Investor modifiziert werden. Jeder dieser Indices wird durch eine Anzahl untergeordneter Indikatoren erfaßt, wie sich aus Abb. 12.6 ersehen läßt. Diese werden standardisiert und addiert, so daß man die drei component scores erhält. Durch weitere Addition erhält man den PSSI-Wert eines Landes.

Der *Knudsen-Expropriationsindikator* geht davon aus, daß die „national propensity to expropriate" abhängig ist vom Frustrationsniveau eines Landes und von der Sündenbockfunktion der ausländischen Investoren. Das Frustrationsniveau ergibt sich aus der Diskrepanz zwischen erhofftem Lebensstandard einerseits sowie dem erreichten und erwarteten andererseits. Um dies zu messen, wird eine Reihe sozioökonomischer Variablen zugrundegelegt. Die Sündenbockfunktion ausländischer Investoren ergibt sich aus der Bedeutung der Direktinvestitionen für das Land. Abb. 12.7 skizziert die Komponenten dieses Indikators.

2) Zu den *per Befragung ermittelten Indikatoren* zählt der in der Praxis weit verbreitete *Business Environment Risk Index (BERI)*. Er wird von F. T. Haner seit 1972 dreimal jährlich publiziert und beschreibt das Investitionsklima eines Landes. Der Prognosehorizont wird auf 6 bis 12 Monate angegeben.

Der BERI-Index besteht aus 15 Faktoren, die jedoch nicht ausschließlich politische Unwägbarkeiten begründen, sondern auch allgemein auf wirtschaftliche Gegebenheiten eingehen (vgl. Abb. 12.8). Die Faktoren sind unterschiedlich gewichtet und werden durch ein Panel von Experten bewertet. Die Werte (zwischen 0 und 4) werden mit den Gewichten multipliziert und zum Index aufaddiert. Je höher der Punktwert, desto besser ist das Investitionsklima in den Augen der Gutachter, die sich aus Rechtsanwälten, Managern aus Banken, Industrie, Behörden sowie Mitarbeitern an Universitäten zusammensetzen. Die Befragung erfolgt nach der Delphi-Methode.

Neben den Hauptindikatoren werden auch Subindikatoren gebildet, die speziell auf die politischen, operativen, finanziellen und nationalen Gegebenheiten ausgerichtet sind. Sie sollen dem speziellen Informationsbedürfnis des Investors dienen, der die Gewichtung auch individuell verändern kann.

3) Zu den *gemischten Indikatoren* zählt der *Investitionsklima-Indikator der Zeitschrift „Business International"*. Jährlich werden Investitionschancen und -risiken in 57 Ländern über 34 Kriterien ermittelt. Von diesen Kriterien bezieht sich etwa die Hälfte auf Vergangenheits- und die andere auf Zukunftsdaten. Die Kriterien sind auszugsweise in der vorstehenden Tabelle wiedergegeben.

594   Teil B: Funktionale Ansätze

```
Political System Stability Index
├── Socioeconomic Characteristics Index
│   ├── Ethnolinguistic Fractionalization
│   ├── GNP Growth per Capita
│   └── Energy Consumption per Capita
├── Societal Conflict Index
│   ├── Public Unrest Index
│   │   ├── Riots
│   │   ├── Demonstrations
│   │   └── Government Crises
│   ├── Internal Violence Index
│   │   ├── Armed Attacks
│   │   ├── Assassinations
│   │   ├── Coup d'Etats
│   │   └── Guerrilla Warfare
│   └── Coercion Potential Index
│       └── Internal Security Forces per 1,000
└── Governmental Processes Index
    ├── Poltical Competition Index
    ├── Legislative Effectiveness
    ├── Constitutional Changes per Year
    └── Irregular Chief Executive Changes
```

INDICATOR LEVEL

Quelle: Haendel, 1979, S. 108.

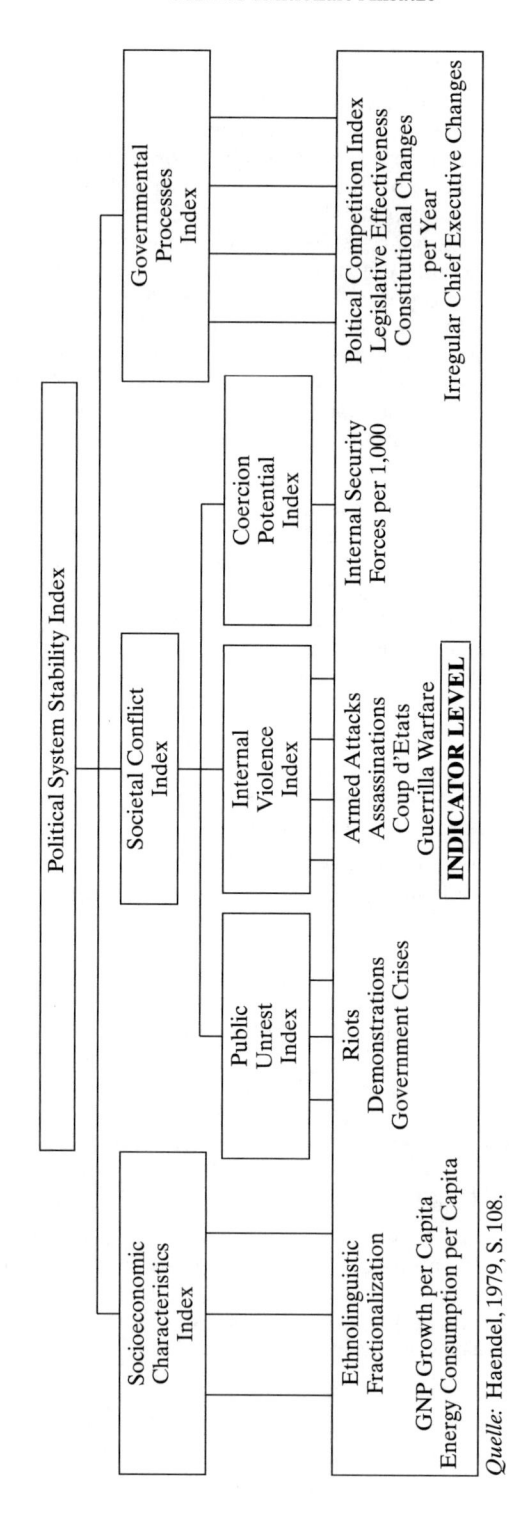

Abb. 12.6: Political System Stability Index

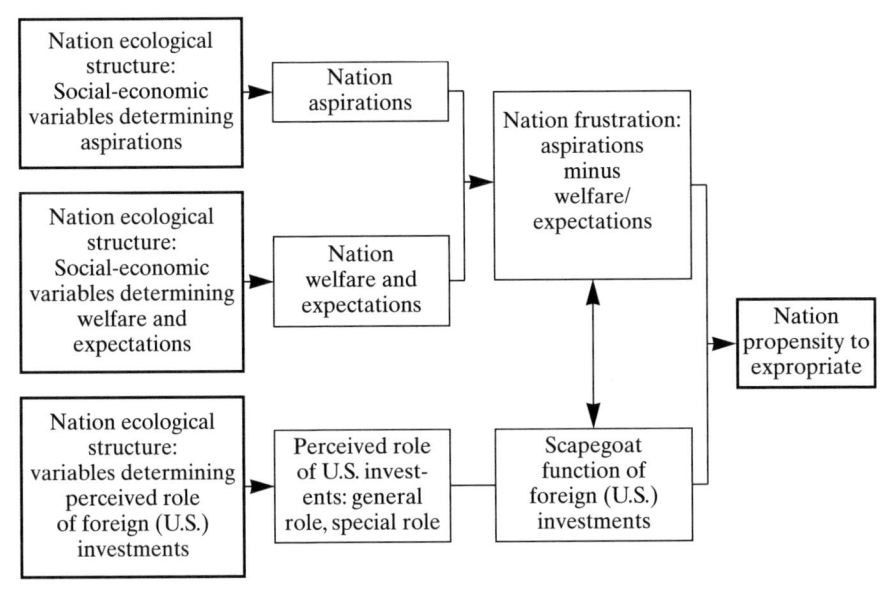

12. Kap.: Investitionsrechnungsmethoden bei Auslandsdirektinvestitionen   595

```
┌─────────────────────┐
│ Nation ecological   │
│ structure:          │     ┌──────────────┐
│ Social-economic     │────▶│    Nation    │
│ variables determining│     │  aspirations │─────┐
│ aspirations         │     └──────────────┘     │     ┌──────────────┐
└─────────────────────┘                           └───▶│ Nation frust-│
                                                       │ ration:      │
┌─────────────────────┐                                │ aspirations  │
│ Nation ecological   │                                │   minus      │
│ structure:          │     ┌──────────────┐           │ welfare/     │
│ Social-economic     │────▶│    Nation    │──────────▶│ expectations │
│ variables determining│     │ welfare and  │           └──────────────┘
│ welfare and         │     │ expectations │                  ▲         ┌──────────────┐
│ expectations        │     └──────────────┘                  │         │    Nation    │
└─────────────────────┘                                       │      ──▶│propensity to │
                                                              ▼         │  expropriate │
┌─────────────────────┐                                                  └──────────────┘
│ Nation ecological   │     ┌──────────────┐     ┌──────────────┐
│ structure:          │     │Perceived role│     │  Scapegoat   │
│ variables determining│────▶│of U.S. invest-│───▶│ function of  │
│ perceived role      │     │ents: general │     │ foreign (U.S.)│
│ of foreign (U.S.)   │     │role, special role│  │ investments  │
│ investments         │     └──────────────┘     └──────────────┘
└─────────────────────┘
```

Quelle: Haendel, 1979, S. 103
Note: Fat line denotes measurable entities

Abb. 12.7: Der Knudsen-Expropriationsindikator

Criteria	Weights				
	totaly	political	operations	financial	nationalism
(1) Political stability	3	6			
(2) Economic growth	2.5		5		
(3) Currency convertibility	2.5		5	5	5
(4) Labour cost/productivity	2		3		
(5) Long-term loans/venture capital	2			5	
(6) Short-term credit	2			5	
(7) Attitude towards the foreign investor and profits	1.5	5			8
(8) Nationalization	1.5	5			8
(9) Monetary inflation	1.5	3		3	
(10) Balance of payments	1.5	3		3	
(11) Enforceability of contracts	1.5		4	2	
(12) Bureaucratic delays	1	3		2	4
(13) Communications: Telex, telephone, mail, air, local	1		3		
(14) Local management and partners	1		2		
(15) Professional services and contractors	0.5		3		
Total	25	25	25	25	25

[a] Rating conditions: Superior = 4, above average = 3, acceptable = 2, poor = 1, unacceptable = 0.

Quelle: Pott, 1983, S. 170.

Abb. 12.8: Kriterien des Business Environment Risk Index (BERI) und ihre Gewichtung

596 Teil B: Funktionale Ansätze

Subindikator	Anzahl der Kriterien	Kriterienbeispiele	Maximale Punktzahl
Politisch-rechtlich-sozialer Subindikator	10	politische Stabilität, Nationalisierungsgefahr, Wahrscheinlichkeit staatlicher Eingriffe	100
Wirtschaftlicher Subindikator	10	Marktgröße, Pro-Kopf-Einkommen, Wachstum des Bruttosozialproduktes in den nächsten 5 Jahren	100
Finanz- und Währungs-Subindikatoren	10	Inflationsrate in den nächsten 3 Jahren, Entwicklung der Zahlungsbilanz, Währungskonvertibilität	100
Energieversorgungssubindikatoren	4	Abhängigkeit von Ölimporten, alternative Energiequellen in den nächsten 10 Jahren	40

Quelle: Pott, 1983, S. 188.

Abb. 12.9: Der Business International Index (Investitionsklima – Indikator)

Der Verwendung dieser Indikatoren für die Bestimmung von Auswirkungen und Wahrscheinlichkeitsverteilungen politischer Risiken sind Grenzen gesetzt:

- Zum einen gehen sie von der Annahme aus, daß das Risiko für jede Firma in einem Land gleich ist. Auf die Unterscheidung zwischen mikroökonomischen und makroökonomischen Risiken wurde bereits hingewiesen (vgl. Abschnitt 3.2.1).

- Bei den Indices wird oft eine multidimensionale Risikofunktion zu einer einheitlichen Risikoskala aggregiert. Damit wird weder die strukturelle Vielfalt noch die zeitliche Verteilung des Risikos erfaßt.

  Bei einigen Verfahren mögen diese groben, umfassenden Indikatoren reichen. So wird in der Praxis oft bei höheren BERI-Index-Werten die gewünschte payback-Periode verkürzt oder die geforderte Mindestrendite über den Kalkulationszinssatz erhöht.

- Die Indikatoren messen politisches Risiko. Eine Bewertung in dem Sinne, daß die Auswirkungen auf die cash flows geschätzt werden, kann nur vom Unternehmen selber durchgeführt werden. Die Indikatoren können die Einschätzung projektspezifischer Risiken nicht ersetzen.

- Sofern die Indikatoren das Investitionsklima messen, sind sie für eine Prognose politischer Risiken nicht geeignet. Das Investitionsklima beschreibt einen Zustand und berücksichtigt nicht, daß das Risiko in der politischen Veränderung liegt. Die abrupte, kaum vorhersehbare Änderung der Daten kann trotz gegenwärtiger, günstiger Machtverhältnisse den langfristigen Erfolg gefährden.

- Bei der Messung der politischen Instabilität ist zu beachten, daß diese nicht unbedingt zu politischem Risiko führen muß (vgl. Abschnitt 3.2.1).

- Schließlich lassen diese Indikatoren offen, ob ein erhöhtes Risiko sich beispielsweise in erhöhten Steuern, Eingriffen in den Arbeitskampf oder Enteignungen niederschlägt.

Zu einer befriedigenden politischen Analyse sollte der Investor ein Modell formulieren, welches ein politisches System möglichst entscheidungsrelevant beschreibt. Anhand dieses Modells sollten Aussagen über Ausmaß und Wahrscheinlichkeit politischer Risiken getroffen werden. Sie bestehen aus einer Anzahl unabhängiger Variablen (Faktoren), die der Ursachenebene des politischen Risikos zugeordnet werden können, und aus resultierenden abhängigen Variablen, die die Ausgestaltung des Risikos repräsentieren. Der Ansatz von Knudsen (1974) geht am ehesten in diese Richtung. Allerdings bezieht er sich nur auf Enteignungswahrscheinlichkeiten. Nachfolgend soll ein Modell von Root dargestellt und teilweise ergänzt werden.

Root stellt ein Konzept vor, in dem die kritischen unabhängigen Variablen zueinander in Beziehung gebracht werden, um das resultierende wahrscheinlichste Ergebnis zu erhalten. Diese Variablen werden vom Entscheidungsgremium selbst ausgewählt, wobei sämtliche Informationen, die der Unternehmung zugänglich sind, sowie die Erfahrung und Intuition der Manager in die Modellbildung miteinfließen. Für die Auswahl der Variablen können sowohl die Kriterienkataloge der vorgestellten Indikatoren als auch die Einzelbewertungen als Orientierung dienen.

Root unterteilt die Risiken in politisch-wirtschaftliche und politisch-soziale, wobei die Trennung nicht überschneidungsfrei ist. Zur ersten Gruppe zählen beispielsweise Transfer- und operationale Risiken, zur zweiten Eingriffe in das Eigentum der Unternehmung. Analog zählen zu den Ursachen der ersten Risikogruppe wirtschaftliche und zur zweiten Gruppe soziale Veränderungen.

Als weitere Komponente wird ein Verhaltensmodell für die politische Elite aufgestellt. Es besteht aus Annahmen darüber, welche Fähigkeiten sie zur Reaktion auf soziale Veränderungen besitzt und wie sie reagiert. Schließlich folgen Annahmen über die Ausgestaltung der Reaktion in Form von Gesetzen, Verordnungen etc.

Das Konzept von Root wird in Abb. 12.10 skizziert.

Zur Analyse des politisch-wirtschaftlichen Risikos empfiehlt er die Verwendung ökonomischer Teilmodelle wie Zahlungsbilanz-, Stabilitäts- und Devisenmarktmodelle. Ein Wirkungszusammenhang könnte folgendermaßen aussehen: Expansive Fiskal- und Geldpolitik führen zu Inflation, diese wiederum zu abnehmender Wettbewerbsfähigkeit, Zahlungsbilanzdefiziten und Abnahme der Währungsreserven. Die Reaktion der Regierung, also die abhängige Variable, könnte im Bereich der Währungstransferrestriktionen liegen. Das Schaubild 12.11 zeigt mögliche wirtschaftliche Indikatoren, die zur Beurteilung des politisch-wirtschaftlichen Risikos herangezogen werden können.

Die Prognose politisch-sozialer Verhältnisse erfordert die Bildung eines Teilmodells, das die gesellschaftlichen Strukturen in relevanter Weise widerspiegelt. Als Anhaltspunkt für die Modellbildung soll die Übersicht 12.12 von Balleis dienen.

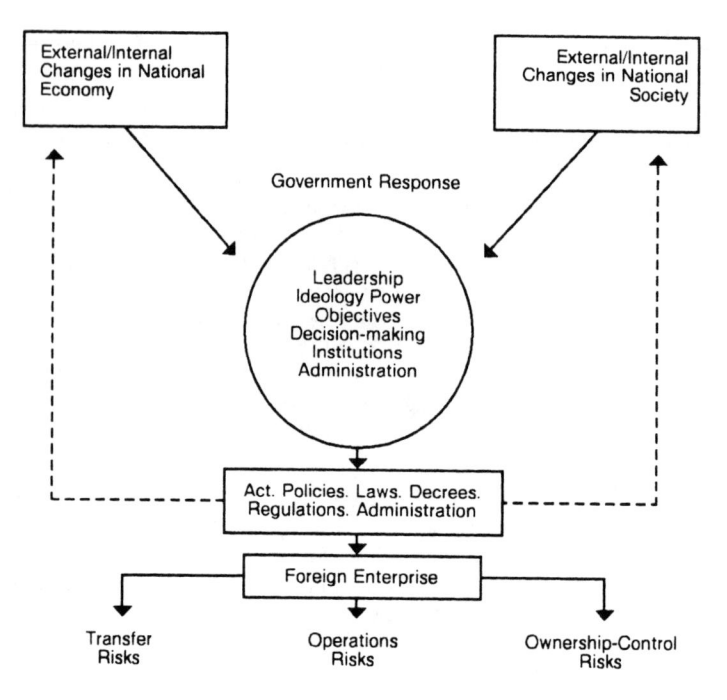

Quelle: Root, 1973, S. 359.

Abb. 12.10: Das politische Prognosemodell von Root

Wirtschaftliche Indikatoren	
Binnenwirtschaftliche	**Außenwirtschaftliche**

1) Bruttosozialprodukt/Bruttoinlandsprodukt pro Einwohner
2) Volumen der explorierbaren und benötigten Rohstoffe
3) Wirtschaftspolitische Indikatoren
  – Inflationsrate
  – Wachstumsrate der Geldmenge
  – Arbeitslosenquote
  – Staatsverschuldung
  – Struktur öffentlicher Ausgaben
4) Investitionsquote
	1) Zahlungsbilanzindikatoren
	  – Salden der Teilbilanzen
	  – Import-/Exportquote sowie -struktur
	2) Auslandsverschuldung
	  – Auslandsverschuldungsquote (= Auslandsverschuldung: Bruttosozialprodukt)
	  – Schuldendeckungsquote (= Auslandsverschuldung: Exporteinnahmen)
	  – Schuldendienstquote (= Zins und Tilgungsleistungen: Exporteinnahmen)

Quelle: Büschgen, 1986, S. 150ff.

Abb. 12.11: Wirtschaftliche Indikatoren zur Beurteilung politisch-wirtschaftlicher Risiken

Ethno-linguistische und demographische Strukturmerkmale	
ethno-linguistische Strukturmerkmale	demographische Strukturmerkmale
– sprachliche Zersplitterung; – ethnische Minderheiten; – religiöse Zersplitterung; – Durchschneidung ethnischer Gruppen durch willkürliche Grenzen; – rassische Diskriminierung; – religiöse Gruppen mit Expansionsgeist;	– hohe Bevölkerungsdichte; – Geburtenrate übersteigt Wirtschaftswachstum; – hohe Urbanisierungsrate;

Sozio-ökonomische und staatliche Strukturmerkmale	
sozio-ökonomische Strukturmerkmale	staatliche Strukturmerkmale
– ungleiche Einkommens- und Vermögensverteilungen; – Bruttosozialprodukt pro Kopf der Bevölkerung; – Landreform;	– leistungsschwache Regierung; – radikal linke Regierung; – Regierung verstößt gegen die grundlegenden Interessen der Bevölkerung; – Unterbindung einer vertikalen Mobilität; – Struktur und Stärke des Militärs; – Zersplitterung der Macht;

Quelle: Balleis, 1984, S. 108.

Abb. 12.12: Politische Risiken, die in der Struktur des Landes begründet sind

Die Bildung derartiger Modelle mag aufwendig sein, aber sie hat auch etliche Vorteile.

- Entscheidungsrelevante Informationen werden sinnvoll miteinander verknüpft. So entsteht nicht die Gefahr, daß einige Daten überbewertet werden.
- Die multivariate Analyse macht die Einschätzung verschiedener Länder vergleichbar. Außerdem können Veränderungen von Variablen leicht integriert werden. Dadurch kann der dynamische Charakter des Risikos erfaßt werden.
- Die Modelle führen zu einer formalen Aufzählung von Variablen, von denen einige bei intuitiven Einschätzungen vielleicht übersehen worden wären.
- Die Modelle können auf die Risikosensitivität der Unternehmung gegenüber politischen Veränderungen abgestimmt werden. Eine Unternehmung, die im- und exportiert, wird von Handelsbarrieren anders berührt als eine, die nur lokal bezieht und absetzt.

Das Risiko kann allgemein viel unternehmensspezifischer erfaßt werden als bei den verallgemeinernden, kurzfristig geltenden Indikatoren. Allerdings werden die Schwierigkeiten der Prognose nicht aufgehoben, da die politischen Unwägbarkeiten vor allem mit der zeitlichen Distanz zunehmen. Root grenzt den Prognosezeitraum des Modells auf 5 Jahre ein. Aber zumindest wird die Forderung erfüllt, das Risiko durch ausreichende Informationsnachfrage einzugrenzen.

3.4.2 Möglichkeiten der Wechselkursprognosen

Ein hoher Grad der Unsicherheit besteht auch bei der Vorhersage von Wechselkursen, jedoch ist sie für die internationale Investitionsrechnung unabdingbar. Wie in Abschnitt 3.3 dargelegt wurde, bestimmen Wechselkurse nicht nur die Höhe der Zahlung an die Muttergesellschaft über die Umwechselpreise, sondern auch die Wettbewerbsposition der Auslandstochter.

Im gleichen Zusammenhang wurde auf die unterschiedliche Qualität von Wechselkursrisiken innerhalb der unterschiedlichen Währungssysteme hingewiesen. Diese bestimmen auch die Prognosemöglichkeiten. Während es für frei floatende Währungen eine Reihe ökonomischer Theorien über die Bestimmung des Wechselkurses gibt, müssen bei fixierten oder in Bandbreiten schwankenden Wechselkursen (bilaterale Orientierungen, EWS) politisch herbeigeführte Paritätenänderungen vorhergesagt werden.

Beim Versuch, eine Vorausschau über die **Tendenz frei schwankender Devisenkurse** zu treffen, kann die Betrachtung der wichtigsten Determinanten des Wechselkurses Anhaltspunkte liefern. Zu ihnen zählen Inflationsraten(-unterschiede), internationale Zinssatzdifferenzen, Geldmengenangebot und -nachfrage, Einkommensentwicklung, Notenbankpolitiken, Spekulationen und Erwartungen. Einige Einflußfaktoren wirken kurz-, andere langfristig auf den Wechselkurs ein.

Fünf volkswirtschaftliche **Wechselkurstheorien** herrschen vor, ohne daß eine allgemein anerkannt wäre. Die bekannteste unter ihnen ist die bereits in Abschnitt 3.3 angesprochene (1) **Kaufkraftparitätentheorie**. Gewisse Übereinstimmung besteht bezüglich ihrer langfristigen Gültigkeit. Das kurzfristige Auseinanderklaffen von Inflationsraten und Wechselkursentwicklungen ist auf Verzögerungen bei Preisanpassungen, Absorption von Devisenkursänderungen in den Gewinnmargen beim internationalen Warenverkehr, Interventionen durch Notenbanken, Devisenbewirtschaftungsmaßnahmen, den Einfluß des internationalen Kapitalverkehrs sowie Spekulationen zurückzuführen. Die langfristige Gültigkeit nützt für Prognosezwecke wenig, wenn kurzfristige Abweichungen bspw. die Höhe der jährlich an die Muttergesellschaft zu überweisenden Gewinne beeinflussen. Dennoch schlägt beispielsweise Lessard vor, operative cash flows über die Kaufkraftparitätentheorie zu bewerten und damit zu prognostizieren: „Of course, purchasing power parity does not hold exactly ... However, there is little evidence for major currencies subject to market forces that deviations from these key relationships are persistent or that they can be foreseen" (Lessard, 1981, S. 125). Somit wird das Prognoseproblem auf die Preisänderungsraten verschoben, die nach seinem Dafürhalten vom Unternehmen leichter vorherzusagen sind. Er räumt jedoch ein, daß unter dem Gesichtspunkt der langfristigen Gültigkeit der Kaufkraftparitätentheorie seine „valuation based on these equilibrium tedencies ... quite robust for single point expected cash flow estimates" ist (Lessard, 1981, S. 125). Kurzfristige Abweichungen sollten seiner Meinung nach bei der Schätzung der lokalen cash flows der Tochtergesellschaft berücksichtigt werden. Auf diese Weise wird jedoch nicht das transaction exposure der Gewinnrückführung an die Muttergesellschaft, also die Umwechselpreisrisiken, beachtet.

Auf die weiteren Theorien sei nur kurz eingegangen. Der (2) **Fisher-Effekt** besagt, daß die Realzinsen weltweit gleich hoch sind und lediglich unterschiedliche

Inflationserwartungen zu abweichenden Nominalzinsen führen. Seine Gültigkeit liegt eher im kurzfristigen Bereich. Der (3) **internationale Fisher-Effekt** prognostiziert eine Abwertung der höher verzinslichen Währung in Höhe der Zinssatzdifferenz zwischen den betreffenden Ländern.

Die (4) **Zins(satz)paritätentheorie** schließlich besagt, daß diese Zinssatzdifferenz dem Swapsatz entspricht. Voraussetzung hierfür ist, daß dies an den nahezu vollkommenen Devisenmärkten durch kursgesicherte Zinsarbitrage sichergestellt wird. Gemäß der (5) fünften Theorie ist der **Terminkurs** einer Währung die beste **Prognose** für den **Kassakurs** dieser Währung zu diesem Termin. Die bereits mehrfach überprüfte Effizienz der Devisenmärkte hat zur Folge, daß alle relevanten Informationen sich sofort in den Kursen widerspiegeln. So ist auch der Terminkurs Ergebnis der Erwartungen der Marktteilnehmer, der Erwartungswert der Abweichungen des Kassakurses vom Terminkurs beträgt Null. Eine tatsächlich eintretende Abweichung ist auf neu hinzugekommene und im Kassakurs verarbeitete Informationen zurückzuführen. So ist der Erfolg einer Kursprognose abhängig von der Fähigkeit, diese Informationen zu antizipieren.

Die fünf angesprochenen Theorien hängen dergestalt miteinander zusammen, daß alle vorkommenden Größen interdependent sind. Die Änderung einer Variable führt an den effizienten Devisenmärkten zu recht schnellen Anpassungsvorgängen. Auf die Effizienzthese des Devisenmarktes stützt sich auch die **Random Walk Hypothese**: Da alle verfügbaren Informationen sofort in die Kursbildung eingehen, folgt die Kursentwicklung einem nicht vorhersehbaren stochastischen Zufallsprozeß. Somit ist der aktuelle Kassakurs die beste Kursprognose, die Kursveränderung ist eine normalverteilte Zufallsvariable mit einem Erwartungswert von Null. Aus der Kursentwicklung der Vergangenheit lassen sich keine Prognosen erstellen.

Langfristig gilt für das Random-Walk-Modell eine Gleichgewichtshypothese: der Kassakursverlauf folgt einem Trend. Dieser könnte beispielsweise über die Kaufkraftparitätentheorie bestimmt werden.

Nun wäre es aber ein Trugschluß zu glauben, die Konstruktion eines Prognosemodells aus kurz- und langfristigen Wechselkurstheorien könne befriedigende Ergebnisse liefern. Ein potentieller Investor wird um eine Wechselkursprognose nicht herumkommen. Dies unterstreicht die Bedeutung von Sensitivitätsanalysen (vgl. Abschnitt 4.2.2). Hier kann der Investitionserfolg bei einer Streuung möglicher Wechselkurse innerhalb einer gewissen Bandbreite getestet werden.

Bei fixierten Wechselkursen besteht die Prognoseaufgabe darin, Zeitpunkt und Ausmaß einer institutionellen (also bspw. durch Regierungen oder Zentralbanken herbeigeführten) Änderung der Währungsparitäten vorherzusagen. Die Prognose wird dadurch erschwert, daß Abwertungsabsichten nie bekanntgegeben werden, um so spekulative Geldflüsse zu vermeiden. Teilweise wird sogar davon ausgegangen, daß ein Eingriff um so wahrscheinlicher ist, je energischer er bestritten wird.

Da derartige Interventionen das Ergebnis ökonomischer Spannungen und Ungleichgewichte sind, empfiehlt es sich hier, die wichtigsten wirtschaftlichen Parameter zu analysieren. Dazu zählen einzelne Posten der Zahlungsbilanz, Inflationsratendifferenzen, das Wachstum der Geldmenge, der Synchronisationsgrad der Konjunkturzyklen, die Entwicklung der internationalen Währungsreserven, die Abweichungen des offiziellen Wechselkurses vom Schwarzmarktkurs, der Grad der Staatsverschuldung sowie die Art und Weise, wie die Regierung die bestehenden wirtschaftlichen Probleme des Landes angeht. Diese Daten decken allerdings kaum den Planungszeitraum der Investitionsrechnung ab. So gilt es auch hier, die Bedeutung von Sensitivitätsanalysen zu unterstreichen, beispielsweise zur Ermittlung einer kritischen Abwertungsrate.

3.5 Die Einbeziehung risikopolitischer Maßnahmen in das Investitionskalkül

Risikopolitische Maßnahmen können die mit einer Auslandsdirektinvestition verbundenen Risiken einschränken. Für die investitionstheoretische Betrachtungsweise läßt sich daraus ableiten, daß durch die Berücksichtigung der Wirkungen dieser Maßnahmen auf die Zahlungsströme und die Verrechnung ihrer Kosten "Quasi-Sicherheitsäquivalente" für die Investitionsrechnung geschaffen werden können.

Aus der Fülle risikopolitischer Maßnahmen, von denen je nach Unternehmenstyp und Land jeweils nur eine Teilmenge relevant ist, sollen hier nur einige beispielhaft untersucht werden. Fest steht, daß Auslandsrisiken durch keine dieser Aktionen vollständig ausgeschaltet werden können.

Man unterscheidet zwischen ursachen- und wirkungsbezogener Risikopolitik. Erstere ist dadurch gekennzeichnet, daß sie die Wahrscheinlichkeitsverteilung möglicher Handlungsergebnisse durch eine Verringerung der Schadenswahrscheinlichkeit verändern soll. Letztere versucht, die Wirkung von Verlusten bzw. den Schaden nach Eintritt des Risikos einzudämmen.

Zur ersten Gruppe zählen neben einem umfassenden Informationsgewinnungs- und -verarbeitungsprozeß auch Maßnahmen zur Zielanpassung. Sie werden auch als good-citizenship-policy bezeichnet (Lipfert, 1981, S. 23). Durch eine möglichst hohe Übereinstimmung der Maßnahmen der Unternehmung mit den Zielvorstellungen des Gastlandes kann eine feindliche Haltung abgebaut und ein Großteil des politischen Risikos vermindert werden.

Zu diesen Maßnahmen zählen beispielsweise:

- Die Miteinbeziehung lokaler Partner in den Beschaffungsprozeß bei gleichzeitiger Verringerung von Importen. Dies führt zu Beschäftigungseffekten im Gastland und vermeidet Devisenverluste.
- Der Verzicht auf absatzstrategische Ziele wie z.B. Marktbeherrschung. Dadurch wird die staatliche Wettbewerbspolitik unterstützt.
- Die Ausweitung der Exporttätigkeiten, die zu Deviseneinnahmen im Gastland führt.
- Die Berücksichtigung lokaler Interessen in der Personalpolitik, bspw. durch die Einstellung einheimischer Führungskräfte.

Alle diese Maßnahmen haben Auswirkungen auf Preise, Mengen und Kosten. Diese sind in den cash flows zu berücksichtigen.

Im Bereich der Finanzierung gehört die Aufnahme lokaler Kredite zur ursachenbezogenen Risikopolitik. Dadurch treten Wechselkurs- und Transferrisiken erst gar nicht auf. Allerdings sind hier oft höhere Zinskosten in der Investitionsrechnung anzusetzen. Zudem ist diese Möglichkeit häufig nicht gegeben, da die Gastlandregierungen inländische Kredite begrenzen, um die Devisenzuflüsse zu erhöhen, oder weil kein funktionsfähiger Kapitalmarkt existiert.

Zu dem Maßnahmen der wirkungsbezogenen Risikopolitik zählen z.B. die zahlreichen Möglichkeiten der Devisenkurssicherung. Betrachtet werden soll hier das Devisentermingeschäft. Theoretisch können die Zahlungen an die Muttergesellschaft kursgesichert werden, vorausgesetzt, dies ist für die betreffende Währung möglich. Shapiro schlägt folgerichtig vor, im Rahmen der Investitionsrechnung die lokalen cash flows mit dem Terminkurs des jeweiligen Rückzahlungsjahres zu multiplizieren (Shapiro, 1982, S. 407). Diese investitionstheoretische Betrachtungsweise weist jedoch einige Schwächen auf:

- Die Fristigkeit an den Terminmärkten (fünf Jahre) ist im allgemeinen kleiner als der Planungshorizont.

- Die Zahlungsüberschüsse sind keineswegs fixiert und gerade in der Anfangsphase der Investition sehr schwer vorhersagbar. Die Durchführung einer Kurssicherung für einen in fünf Jahren zu erwartenden Zahlungsbetrag ist also recht problematisch.

- Gesichert wird, wenn überhaupt, nur das net exposure. Fremdwährungsforderungen und -verbindlichkeiten werden zunächst weltweit miteinander ausgeglichen und nur die Spitzen kursgesichert.

- Schließlich wurde bereits bei der Beurteilung der investorbezogenen Betrachtungsweise (vgl. Abschnitt 2.2) dargelegt, daß im Ausland erwirtschaftete Zahlungsüberschüsse nicht unbedingt an die Muttergesellschaft zurückfließen müssen.

Auch zur Eindämmung des Konvertierungs- und Transferrisikos stehen einige risikopolitische Maßnahmen zur Verfügung. So lassen sich in einigen Fällen mit den Gastlandregierungen künstliche Wechselkurse vereinbaren. Des weiteren empfiehlt sich eine Entbündelung von Transfergründen (Lipfert, 1981, S. 68) in Dividenden, Fremdkapitalrückführung, Lizenzgebühren etc., da diese Zahlungen in unterschiedlichem Ausmaß von Restriktionen bedroht sind. Die Kosten dieser Maßnahmen ergeben sich aus der zusätzlichen Besteuerung der einzelnen Gewinnrückführungsquellen gegenüber der günstigsten Alternative.

Kapitalanlagen der Muttergesellschaften in Weichwährungsländern lassen sich beispielsweise über einen devisenkursrisikofreien Credit-Swap absichern. In diesem Fall sind oft die prohibitiv hohen Kapitalkosten dieses Swapgeschäftes in den Kalkulationszins einzubauen (vgl. dazu Lipfert, 1982). Abschließend sei hier noch auf die Möglichkeit der Versicherung von politischen Auslandsrisiken durch staatliche Einrichtungen verwiesen. In Deutschland ist dies beipielsweise über die **Hermes Kreditversicherungs-AG** oder die **Treuarbeit AG** zumindest teilweise möglich (vgl. hierzu Kap. 14). Bei der Evaluierung dieser Risiken sind die Versicherungsgebühren in die Zahlungsströme mitaufzunehmen.

4 Die Eignung der Investitionsrechnungsmethoden bei Unsicherheit für die Berücksichtigung der Risiken einer Auslandsdirektinvestition

Das Korrekturverfahren, das Entscheidungsbaumverfahren, die Sensitivitätsanalyse und die Risikoanalyse eignen sich in unterschiedlichem Maße für unterschiedliche Teilaspekte der investitionsrechnerischen Bewertung von Auslandsprojekten. Nachfolgend werden die Einsatzmöglichkeiten anhand des in Abschnitt 2.1 dargestellten Beispiels sowie der Diskussion in der einschlägigen Literatur erörtert.

4.1 Korrekturverfahren

4.1.1 Methode

Beim Korrekturverfahren werden nach dem Prinzip der kaufmännischen Vorsicht Zuschläge auf den Kalkulationszinsfuß und die Auszahlungen des Investitionsprojektes bzw. Abschläge auf die Einzahlungen und die Nutzungsdauer erhoben. Mit dieser Methode soll der Unsicherheit der Daten auf eine Weise Rechnung getragen werden, die den Planungsaufwand des Entscheidungsträgers nicht zu hoch werden läßt. Oft stehen der genaueren Aufbereitung von Daten auch erhebliche Kosten gegenüber.

Bei der **Adjustierung des Kalkulationszinses** gibt es mehrere Möglichkeiten. Neben dem uniformen Risikozuschlag kann man auch die Zinssätze im Zeitablauf anheben. Das politische Risiko läßt sich direkt über einen der zahlreichen Indikatoren (vgl. Abschnitt 3.4.1) in den Zinsfuß einbauen. Dieses Vorgehen ist in der Praxis sehr beliebt. Der Indexwert wird dabei oft über eine einfache Formel zum Risikozuschlag umgerechnet. Der Kalkulationszins ergibt sich dann aus der Summe der gewichteten Kapitalkosten sowie den Zusätzen für Geschäftsrisiko und politisches Risiko. Der Vorteil dieses Verfahrens liegt darin begründet, daß es eine relative Vergleichbarkeit der Länderrisiken ermöglicht.

Ein weiteres Beispiel für die Berücksichtigung von Risikozuschlägen im Abzinsungsfaktor ist die folgende Tabelle von Pryor, der zusätzlich zu der investitionstheoretischen Mindestrendite Aufschläge für politische Risiken, Währungsrisiken und erhöhte Managementkosten miteinbezieht.

	U.S. Operations	Country A Operations	Country B Operations	Country C Operations
U.S. financial goal	12%	12%	12%	12%
Compensation for political risk	–	–	2	5
Compensation for currency risk	–	1	2	25
Absentee management factor	–	1	–	2
Compensatory financial goal	12%	14%	16%	44%

Quelle: Pryor, 1965, S. 134.

Abb. 12.13: Beispiel für Risikozuschläge auf den Kalkulationszins

In diesem Zusammenhang soll auf die „adjusting cash flow vs. adjusting discount rate"-Diskussion, die in fast allen einschlägigen amerikanischen Lehrbüchern und Texten auftaucht, eingegangen werden. In Abschnitt 2.5 wurden bereits einige Argumente gegen die Veränderung des Zinsfußes vorgetragen. Weitere Mängel dieser Methode sind die folgenden:

- Die Erhöhung des Kapitalkostensatzes spiegelt weder das wahre Risikoausmaß noch seine zeitliche Struktur noch seine genauen Auswirkungen auf die Zahlungsströme wider.

- Die Kombination sämtlicher Risiken zu einem Diskontierungsfaktor führt zu einem großen Informationsverlust.
- Politische Risiken bedrohen oft das gesamte Projekt und nicht nur die jährlichen cash flows. So führt eine Enteignung beispielsweise zu einer Beendigung der Lebensdauer, der Verlust ist abhängig von der Höhe der Kompensation. Enteignungen in fünf Jahren sind wahrscheinlicher, aber auch weniger verlustträchtig als in zwei Jahren. Das Ausmaß von Transferrisiken ist abhängig von den Reinvestitionsmöglichkeiten, den Sicherungsmaßnahmen und der Finanzierungsform. Die politische Unsicherheit kann sich nur auf zukünftige Perioden beziehen, denn andernfalls würde eine Investition gar nicht durchgeführt werden. Ein erhöhter uniformer Kalkulationszins aber belastet die ersten cash flows zu stark und die letzten zu schwach.
- Ein Risikozuschlag für das Währungsrisiko verkennt das Konzept des economic exposure. Weicht der Wechselkurs vom Erwartungswert ab, so kann dies sowohl positive als auch negative Auswirkungen auf den cash flow haben. Die Adjustierung berücksichtigt nur letztere.

Nach Shapiro lassen sich drei Arten der **cash flow Adjustierung** unterscheiden (1982):

1) Die im folgenden Abschnitt 4.1.2 diskutierte erste Möglichkeit ist die *Kürzung der Zahlungsströme um die Versicherungskosten für politisches Risiko und Währungsrisiko*. Diese Methode erfaßt jedoch nicht das Risikoausmaß.

2) Bei der *Wahl von Sicherheitsäquivalenten* gibt der Entscheidungsträger für jede Periode die Höhe eines hypothetischen sicheren Zahlungsüberschusses an, die er dem unsicheren cash flow gleichsetzen würde. Diese Bewertung läßt sich über die Multiplikation der jährlichen Jahresüberschüsse mit einem Faktor $0 \leq a \leq 1$ vornehmen. Mit diesem Konzept wird bereits die Risikopräferenz des Entscheidungsträgers in die Investitionsrechnung eingebaut.

3) Die dritte Möglichkeit ist die *Adjustierung der Erwartungswerte* der jährlichen cash flows. Hierbei lassen sich mehr und auf genauere Weise Informationen über die speziellen Auswirkungen der Risiken unterbringen als im Zinsfuß. Shapiro weist darauf hin, daß der Erwartungswert um ausländische, unsystematische Risiken gekürzt wird. Dies ist solange gerechtfertigt, wie das systematische Risiko dieses Projektes unverändert bleibt. Da wegen der bereits angesprochenen Diversifikationseffekte das weltweite systematische Risiko sogar niedriger zu sein scheint (vgl. Abschnitt 2.5 sowie Kap. 2, Abschnitt 6), das nationale systematische Risiko aber bereits im Kalkulationszinsfuß enthalten ist, „this approach underestimates rather than overestimates, the present value of a project to the parent corporation" (Shapiro, 1982).

Die Kritik an der Kürzung von Zahlungsüberschüssen soll mit Zenoff und Zwick formuliert werden:

„The fact that the investor is uncertain regarding the project's outcome implies that results ultimately may be less favourable or more favourable than originally assumed. Therefore, understating the present value of risky opportunities is a means of avoiding, not of evaluating it" (Zenoff/Zwick, 1969, S. 159).

Die generelle Kritik am Korrekturverfahren bezieht sich auf das wenig analytische Vorgehen bei der Bewertung des Risikos, die übertrieben pessimistische und risikoscheue Haltung sowie auf die Gefahr, daß bei einer Bewertung des

Projektes durch mehrere Personen, die jede für sich weitere individuelle Abschläge vornehmen, eine Alternative totgerechnet wird. Außerdem erfolgt die Korrektur oft bei Größen, die nicht so unsicher sind (bspw. Zahlungsüberschüsse) und setzt beim Investitionsplaner die Fähigkeit voraus, die Auswirkungen unsicherer Größen auf die gesamte Zahlungsreihe transformieren zu können. Schließlich wird angeführt, daß Daten durch Abschläge bzw. Zuschläge keineswegs sicherer werden. Eine Bewertung des Risikos im Sinne des zugrundeliegenden Risikokonzeptes (vgl. Abschnitt 1), in dem unsicheren Tatbeständen und ihren quantitativen Auswirkungen auf die Zahlungsströme Wahrscheinlichkeiten zugeordnet werden, findet hier nicht statt. Ebensowenig erhält man quantitative Angaben über das Risiko in Form von Abweichungen vom erwarteten Ergebnis.

4.1.2 Kürzung der Zahlungsüberschüsse um die Kosten risikopolitischer Maßnahmen

Das bereits in Abschnitt 3.4 angesprochene Konzept geht auf Nathason und Stonehill zurück. Die jährlichen cash flows sollen demnach mit den „cost of program of uncertainty absorption" (Stonehill/Nathason, 1968, S. 46) belastet werden, unabhängig davon, ob diese Maßnahmen in Anspruch genommen werden oder nicht. Diese (sicheren) Kosten könnten auch dem Erwartungswert des Verlustes im Falle unterlassener Risikopolitik gegenübergestellt und der niedrigere der beiden Werte dann von den Zahlungsströmen subtrahiert werden.

Wie bereits in Abschnitt 3.5 erwähnt, erhält man über diesen Ansatz kein Sicherheitsäquivalent, da Auslandsrisiken sich durch keine Maßnahme voll abdecken lassen. Allerdings ist diese Methode einer auf subjektiven Einschätzungen beruhenden groben Kürzung von Zahlungsüberschüssen überlegen. Zudem bietet der Vergleich von Kosten und Erwartungswert des Verlustes eine Entscheidungshilfe, die die investitionsrechnerische Evaluierung des Projektes ergänzen kann.

4.2 Sensitivitätsanalysen

4.2.1 Methode

Sensitivitätsanalysen ergänzen die Investitionsrechnung, indem sie versuchen, einen Zusammenhang zwischen ihren Inputgrößen und der Outputgröße darzustellen. Mit anderen Worten, sie „fragen danach, wie empfindlich Outputgrößen der Investitionsvorhaben auf Veränderungen einer oder mehrerer Inputgrößen reagieren" (Kruschwitz, 1985, S. 181). Dabei können **zwei Herangehensweisen** unterschieden werden:

- Die **erste** wird als Verfahren der kritischen Werte bezeichnet. Untersucht wird, inwieweit sich der Wert der vorgegebenen Inputgröße(n) verändern kann, ohne daß die Outputgröße ein vorgegebenes Niveau unterschreitet. Betrachtet werden hierbei die als besonders unsicher geltenden Variablen. Die Wirtschaftlichkeit des Investitionsprojektes gilt als umso gesicherter, je weiter ihr erwarteter Ausprägungsbereich vom kritischen Wert entfernt ist.

- Die **zweite** mögliche Fragestellung innerhalb der Sensitivitätsanalyse lautet: Wie ändert sich das Investitionsrechnungsergebnis bei einer festgelegten Abweichung einer oder mehrerer Inputgrößen vom ursprünglich prognostizierten Wert?

Dem Verfahren der kritischen Werte kommt in der Literatur die größte Bedeutung zu. Durch Variation mehrerer Größen erhält man kritische Wertekombinationen. Bei n Variablen erhält man für jede mögliche Zusammensetzung eine (n-1) dimensionale kritische Punktmenge, bei n = 2 bspw. eine kritische Linie und bei n = 3 eine kritische Fläche. Die ausgewählten Größen werden jeweils ceteris paribus, also unter Konstanthaltung der Restgrößen, variiert.

Bei Veränderung einer Größe läßt sich das Verfahren durch die folgenden Schritte skizzieren:

1. Wahl der als unsicher erachteten Variablen.
2. Formulierung eines Investitionsmodelles, das geeignet ist, die Outputgröße (hier: den Kapitalwert) in Abhängigkeit von der betrachteten Variablen darzustellen.
3. Vorgabe des Niveaus der Outputgröße, das nicht unterschritten werden soll.
4. Auflösung des Modelles nach der Inputgröße und Berechnung des kritischen Wertes.

Für den Fall, daß mehrere Größen verändert werden sollen, muß das entsprechend formulierte Investitionsmodell jeweils nach einer dieser Größen aufgelöst werden. Für jede alternative Kombination der n − 1 verbleibenden Inputgrößen erhält die n-te einen neuen kritischen Wert.

Bei der zweiten Fragestellung bleiben die ersten beiden Schritte unverändert. Die weiteren Schritte lauten:

3. Festlegung der Höhe der Abweichung der Variablen vom ursprünglichen Wert. Hier kann zum Beispiel von der Dreiteilung pessimistischer, normaler und optimistischer Schätzungen ausgegangen werden.
4. Ermittlung der Änderung der Outputgröße aufgrund der in Punkt 3 bestimmten Schwankungsbreite.

4.2.2 Internationale Sensitivitätsanalysen

Bei der nun folgenden Betrachtungsweise der Sensitivität des in Abschnitt 2.1 dargestellten Investitionsprojektes wird die investorbezogene Betrachtungsweise zugrundegelegt. Anhand der Kapitalwertformel wird die Durchführung von Sensitivitätsanalysen zunächst für politische und anschließend für Währungsrisiken dargestellt.

4.2.2.1 Sensitivitätsanalysen zur **Beurteilung des politischen Risikos**

Es hat wenig Sinn, für einzelne politische Maßnahmen wie z.B. Steuererhöhungen oder Preisstopps kritische Werte zu berechnen (in diesem Fall also den kritischen Steuersatz oder die kritische Preisfestsetzung, die den Kapitalwert das geforderte Mindestniveau unterschreiten läßt). Sinnvoller ist beispielsweise folgendes Vorgehen: Es werden drei Maßnahmenpakete mit möglichen politischen Eingriffen des Staates identifiziert, die sich durch unterschiedliche Intensität auszeichnen. Dies könnte folgendermaßen aussehen:

- **Maßnahmenpaket 1:** Konvertierungs- und Transferbeschränkungen auf unbestimmte Zeit. Dies ist z.b. sehr wahrscheinlich, wenn sich die Leistungsbilanzsituation in Land B verschlechtert.

- **Maßnahmenpaket 2:** Zusätzlich zu 1 erfolgen direkte Eingriffe in den Wettbewerb und in das Betriebsgeschehen:
  - Preisstopps auf dem Inlandsmarkt
  - Erhöhung der Quellenabzugsteuer und der Körperschaftsteuer
  - Eingriffe in den Arbeitskampf (Aufruf zu zahlreichen Streiks) sowie Begünstigungen der einheimischen Konkurrenz. Diese Maßnahmen führen zu Absatzeinbußen auf allen Märkten.

- **Maßnahmenpaket 3:** Enteignung mit Entschädigung, die in Jahresraten bezahlt wird.

Diesen unterschiedlichen Maßnahmenbündeln können auch Wahrscheinlichkeiten zugeordnet werden. Dies kann jedoch höchstens als eine ergänzende Information zu den Sensitivitätsanalysen verstanden werden.

Für Maßnahmenpaket 1 und 3 bietet sich gemäß der ersten Fragestellung das Verfahren der kritischen Werte an. In den Abschnitten 4.2.2.1.1 und 4.2.2.1.3 werden Verfahren dargestellt, die die kritische Transferbeschränkungswahrscheinlichkeit sowie die kritische Enteignungswahrscheinlichkeit ermitteln. Maßnahmenpaket 2 läßt sich am besten mit der zweiten Fragestellung behandeln. Dies wird in Abschnitt 4.2.2.1.2 diskutiert.

4.2.2.1.1 Bestimmung der **kritischen Transferbeschränkungswahrscheinlichkeit** (Darstellung in Anlehnung an Shapiro, 1982, S. 431ff.)

Da die Wahrscheinlichkeit eines Transferstopps von Kapital an die Muttergesellschaft sehr schwer vorhersehbar ist, schlägt Shapiro vor, für jede Periode eine break-even-Wahrscheinlichkeit zu ermitteln. Ist die geschätzte Wahrscheinlichkeit kleiner als dieser kritische Wert, so wird der Kapitalwert das gewünschte Mindestniveau übersteigen. Dieser Vergleich ist für den Entscheidungsträger einfacher als eine genaue Einschätzung politischer Verhaltensweisen. Liegt der kritische Wert beispielsweise bei 0,4, so ist es müßig, nachzuforschen, ob die tatsächliche Beschränkungswahrscheinlichkeit bei 0,3 oder 0,2 liegt.

Bei Transferverboten von Kapital muß eine Annahme darüber getroffen werden, in welcher Höhe die blockierten Mittel verzinst werden. Der Investor hat beispielsweise die Möglichkeit, staatliche Wertpapiere zu erwerben oder eine Erweiterungsinvestition an seinem eigenen Projekt zu tätigen. Beträgt nun die Wahrscheinlichkeit eines Transferverbotes in der betrachteten Periode b_z ($0 \leq b_z \leq 1$), so wird der Anteil ($1 - b_z$) der blockierungsbedrohten Mittel so behandelt, als sei er frei transferierbar, während Anteil b_z mit der Rendite r_B für die Restlaufzeit $n - z$ reinvestiert wird (beides ab Periode z). Shapiro geht davon aus, daß die blockierten Mittel in Periode n wieder zur freien Verfügung stehen.

In Anlehnung an Shapiro erhält man, bezogen auf das Beispiel in Abschnitt 2.1, folgende Formel:

12. Kap.: Investitionsrechnungsmethoden bei Auslandsdirektinvestitionen

$$C_0 = -a_0 + KW_s + EW_n (1 - s_{KOM}) \cdot WK_{ABn} \cdot \frac{1}{(1+c_s)^n}$$

$$+ \sum_{t=1}^{n} \frac{1}{(1+c_s)^t} EX_t$$

$$+ \sum_{t=1}^{z-1} \frac{B_t \cdot WK_{ABt}}{(1+c_s)^t} + (1-b_z) \sum_{t=z}^{n} \frac{B_t \cdot WK_{ABt}}{(1+c_s)^t}$$

$$+ b_z \sum_{t=z}^{n} \frac{(1+r_B)^{n-z} \cdot B_t \cdot WK_{ABn}}{(1+c_s)^n} \stackrel{!}{=} 0$$

Zusätzliche Symbole:

B_t blockierungsgefährdete cash flows in Periode t in Währung des Landes B, bestehend aus Patent- und Lizenzgebühren, Beiträge zum Gruppenmanagement, Schuldendienst der Tochter an die Mutter, Gewinne aus der Lieferung von Teilen sowie der als Dividende zu überführende Gewinn.

r_B Rendite der Wiederanlage blockierter Mittel in Land B

z Index der Periode, für die die kritische Enteignungswahrscheinlichkeit berechnet wird

b_z Enteignungswahrscheinlichkeit in Periode z

Die Formel ist folgendermaßen zu interpretieren: Bis zum Beginn der betrachteten Periode z, also bis z – 1, ist die Überführung des Kapitals gesichert (fünfter Summand der Kapitalwertformel; die ersten vier Summanden werden vom Transferrisiko nicht berührt). In Periode z besteht die Wahrscheinlichkeit (1 – b_z), daß blockierungsbedrohte Mittel dennoch frei transferiert werden können (sechster Summand). Mit einer Wahrscheinlichkeit von b_z erfolgt ein Transferverbot, das bis Periode n gilt. Das blockierte Kapital wird also (n – z) Perioden zum Zins r_B angelegt. In Periode n wird das akkumulierte Kapital zum Wechselkurs WK_{ABn} an die Muttergesellschaft überführt.

Löst man die Formel nach b_z auf, so erhält man die kritische Wahrscheinlichkeit b_z^*.

$$b_z^* = \frac{\sum_{t=1}^{n} \frac{B_t \cdot WK_{ABt}}{(1+c_s)^t} + S_0}{\sum_{t=z}^{n} \frac{B_t \cdot WK_{ABt}}{(1+c_s)^n} - \sum_{t=z}^{n} \frac{(1+r_B)^{n-t} \cdot B_t \cdot WK_{ABn}}{(1+c_s)^n}}$$

Mit dieser Formel wird nun für jede Periode z eine kritische Wahrscheinlichkeit berechnet.

S_0 ist der Nettogegenwartswert aller Zahlungsströme, die von einer Blockade nicht berührt werden, also die Anschaffungsausgaben, der Kapitalwert der Zinssubventionen, die verminderten Exporte und der Endwert. S_0 ist üblicherweise kleiner Null.

Im Zähler steht der Kapitalwert des Projektes, der sich ohne einen Transferstopp ergeben würde. Der erste Summand im Nenner stellt den Nettogegenwartswert aller Zahlungen im Zeitpunkt z ohne Blockade der Kapitalrückführung dar. Der zweite Summand berechnet den Vermögensendwert aller blockierten und mit r_B verzinsten Mittel, umgetauscht zum Wechselkurs WK_{ABn} und abgezinst auf den Entscheidungszeitpunkt.

Je größer die Differenz im Nenner, desto höher ist der Schaden, der durch den Transferstopp verursacht wird. Er ergibt sich aus den Währungsumtauschverlusten (für den Fall, daß die Währung des Landes B gegenüber der Währung des Landes A abgewertet wird) und aus den Verzinsungsverlusten, die über den Aufzinsungsfaktor im Zähler und über den Diskontierungsfaktor berechnet werden.

Ist diese Differenz für eine betrachtete Periode z größer als der Kapitalwert, so existiert eine kritische Transferbeschränkungswahrscheinlichkeit b_z ($0 < b_z < 1$), die zu einem negativen Kapitalwert führt. Diese nimmt mit steigendem z ab, da die Verluste um so geringer sind, je weiter der Transferstopp in der Zukunft liegt.

Ist diese Differenz kleiner als der Kapitalwert oder aufgrund von Währungs- und Zinsgewinnen durch die Blockade gar negativ, so existiert **keine** kritische Wahrscheinlichkeit bz, die die Vorteilhaftigkeit des Investitionsprojektes gefährdet.

Die Analyse kann auch dahingehend verfeinert werden, daß nur Transferrestriktionen bestimmter Zahlungen untersucht werden. Hierbei ist die Möglichkeit der Umschichtung von Zahlungsgründen (beispielsweise über eine Erhöhung der Transferpreise) in das Investitionskalkül aufzunehmen.

Die Sensitivitätsanalyse kann jedoch auch gemäß der zweiten Fragestellung durchgeführt werden. Hierbei wird für jede Periode die Wahrscheinlichkeit geschätzt, mit der eine solche Maßnahme ergriffen wird. Das Risikoausmaß ergibt sich dann aus der Differenz der Kapitalwerte mit und ohne Berücksichtigung von Transferbeschränkungswahrscheinlichkeiten. Bei Währungs- und Verzinsungsverlusten ist diese Differenz negativ.

4.2.2.1.2 Berechnung der **Sensitivität von Eingriffen in das Betriebsgeschehen**

Sollen die Auswirkungen mehrerer Maßnahmen untersucht werden (wie die Maßnahmen des Maßnahmenpaketes 2), so empfiehlt sich hier die Herangehensweise gemäß der zweiten Fragestellung. Im einzelnen umfaßt dies also die folgenden Schritte:

1. Schätzung der Auswirkungen des Einfrierens von Verkaufspreisen auf den Erlös.

2. Schätzung der Auswirkungen von Eingriffen in den Arbeitskampf und in den Wettbewerb auf die Produktions- und Absatzmenge. Auf der Produktionsseite müssen Einbußen aufgrund der häufigen Betriebsunterbrechungen hingenommen werden. Beeinträchtigungen auf der Absatzseite ergeben sich aufgrund der direkten Bevorzugung der Konkurrenz (bspw. durch Subventionen oder Boykottaufrufe) und durch den Verlust an akquisitorischem Potential durch lange Lieferfristen, häufige Nichtverfügbarkeit und Qualitätsabstriche.

3. Schätzung der Auswirkungen der Steuererhöhungen auf das Bruttoeinkommen und auf die Dividendenausschüttung.

4. Schätzung der Wahrscheinlichkeiten eines Transferstopps in jeder Periode und Berechnung der Auswirkungen auf die investorbezogenen Zahlungsströme.

5. Berechnung des Kapitalwertes.

Bei den ersten vier Schritten kann man beispielsweise von einer Dreiteilung in pessimistische, normale und optimistische Schätzung ausgehen, um im fünften Schritt die drei entsprechenden Kapitalwerte zu erhalten. Ferner lassen sich darüber hinaus durch die Variation einzelner Variablen die besonders kritischen Größen ermitteln.

4.2.2.1.3 Bestimmung der **kritischen Enteignungswahrscheinlichkeit** (Darstellung in Anlehnung an Shapiro, 1982, S. 426ff.)

Die folgende Betrachtungsweise erfolgt analog zu den Ausführungen in Abschnitt 4.2.2.1.1. Erfolgt eine Enteignung in Periode z, so beträgt der Kapitalwert:

$$C_0 = S_0 + \sum_{t=1}^{z-1} \frac{Z_t}{(1+c_s)^t} + \frac{E_z}{(1+c_s)^z}$$

Hierbei bedeuten:

S_0 (in Währung A): Kapitalwert aller Zahlungsströme, die von einer Enteignung nicht berührt werden. Im Beispiel aus Abschnitt 2.1 wären dies die verminderten Exporte und die Anschaffungsausgaben **ohne** die Ausgaben für die Betriebsanlage. Es wird davon ausgegangen, daß im Fall einer Enteignung der subventionierte Kredit nicht an die Regierung zurückgezahlt wird. Folglich ist auch der Kapitalwert der Zinssubvention in S_0 nicht enthalten. Die Nichtrückzahlung des Krediets schlägt auf die Höhe der Kompensationszahlung seitens der Regierung durch.

Z_t (in Währung A): Alle Zahlungsströme, die von einer Enteignung berührt werden können.

E_z (in Währung A): Der auf Periode z bezogene Kapitalwert der Entschädigungszahlungen. In dieser Größe wird berücksichtigt, daß die Kompensationszahlungen auch in den Perioden t > z erfolgen können.

c_s: versteuerter Kalkulationszins.
t: Zeitindex (Laufindex).
z: Index der betrachteten Enteignungsperiode.

Das Wechselkursrisiko soll hier nicht betrachtet werden. Aus diesem Grund sind alle Größen in der Währung des Landes A angegeben.

Will man nun die Break-even-Wahrscheinlichkeit einer Enteignung in Periode z messen, bei der das Projekt seine Vorteilhaftigkeit nicht mehr erreicht, so geht man wiederum von folgender Formel aus:

$$C_0 = S_0 + \sum_{t=1}^{z-1} \frac{Z_t}{(1+c_s)^t} + (1-e_z) \sum_{t=z}^{n} \frac{Z_t}{(1+c_s)^t} + e_z \frac{E_z}{(1+c_s)^t} \stackrel{!}{=} 0$$

Der zweite Summand stellt den Kapitalwert aller Zahlungen **vor** der betrachteten Enteignungsperiode z dar. Mit einer Wahrscheinlichkeit $(1 - e_z)$ wird nicht enteignet, alle Zahlungen bis zum Projektende n fließen an die Muttergesellschaft (dritter Summand). Die Wahrscheinlichkeit einer Enteignung beträgt e_z, der erwartete Kapitalwert aller Kompensationszahlungen beträgt dann E_z (vierter Summand). Die kritische Wahrscheinlichkeit e_z^* beträgt somit:

$$e_z^* = \frac{\sum_{t=1}^{n} \frac{Z_t}{(1+c_s)^t} + S_0}{\sum_{t=z}^{n} \frac{Z_t}{(1+c_s)^t} - \frac{E_z}{(1+c_s)^t}}$$

Die Interpretation dieser Formel ist die gleiche wie bei der Betrachtung der kritischen Transferwahrscheinlichkeit (vgl. 4.2.2.1.1).

Eine andere Art von Sensitivitätsanalysen ist die Ermittlung des **kritischen Enteignungszeitpunktes**. Hierbei ist für jede betrachtete Periode z zu überprüfen, ob

$$C_0 = S_0 + \sum_{t=1}^{z-1} \frac{Z_t}{(1+c_s)^t} + \frac{E_z}{(1+c_s)^t} > 0$$

Der Zeitpunkt, in dem C_0 größer Null wird, ist der kritische Enteignungszeitpunkt. Eine Enteignung gefährdet dann nicht mehr die Vorteilhaftigkeit des Projektes.

4.2.2.2 Sensitivität gegenüber **Währungsrisiken**

Als Währungsrisiken wurden in Abschnitt 3.3 Inflations- und Wechselkursrisiken identifiziert. Im nachfolgenden Modell sollen alle kritischen Wertekombinationen zwischen Kosteninflationsraten und Abwertungsraten der Währung des Landes B ermittelt werden, die zu einem Kapitalwert C_0 gleich Null führen. Die Kapitalwertformel wird hierbei gegenüber Abschnitt 2.4 erheblich vereinfacht, um die Darstellung übersichtlich zu gestalten:

$$C_0 = S_0 + \sum_{t=1}^{n} \frac{1}{(1+c_s)^t} \cdot \frac{WK_{AB1}}{(1+w)^{t-1}} \cdot (E_t \cdot a_t + S_t + G_t)$$

(Lizenz- und Patentgebühren, Beiträge zum Gruppenmanagement, Schuldendienst an die Mutter sowie Gewinne aus der Lieferung von Teilen, alle Größen nach Steuern).

$$+ \sum_{t=1}^{n} \frac{1}{(1+c_s)^t} \cdot \frac{WK_{AB1}}{(1+w)^{t-1}} \left(\left[E_t(1-a_t) - \sum_{l=1}^{g}(k_{ll} \cdot x_t + K_{ll}) \cdot (1+g)^{t-1} - A_t - Z_t - L_T \right] (1-s_{KB}) + A_t \right)(1-s_{QB})$$

(Als Dividende überführter Gewinn).

$$+ \frac{1}{(1+c_s)^n} \frac{WK_{ABn}}{(1+w)^{n-1}} \cdot ASF(u, c_s) \cdot [E_n(1-a_n)$$

$$- \sum_{l=1}^{g} (k_{l1} \cdot x_n + K_{l1})(1+g)^{n-1} - L_T](1-s_{KB})(1-s_{KOM})$$

(Versteuerter Endwert).

Zusätzliche Symoble:

S_0 (in Währung B): Kapitalwert aller Zahlungsströme, die nicht vom Währungsrisiko erfaßt werden: Anschaffungsausgaben, verminderte Exporte, Kapitalwert der Zinssubvention

E_t (in Währung B): Erlöse aus Exporten und lokalem Absatz in Periode t.

G_t (in Währung B): Gewinne aus Lieferungen von Teilen in Periode t.

L_t (in Währung B): Erlöse aus Lieferungen von Teilen in Periode t.

WK_{AB1} (WK_{ABn}): Wechselkurs zwischen den Währungen der Länder A und B in Periode 1 (n).

w: Jährliche Abwertungsrate der Währung B gegenüber Währung A.

g: Jährliche Kosteninflationsrate der Währung B.

Setzt man alle erforderlichen Daten in die Formel ein, so erhält man ein Polynom (n – 1)-ten Grades in Abhängigkeit von w und g, das folgendes Aussehen hat:

$$0 \stackrel{!}{=} -a + \sum_{t=1}^{n-1} \frac{b_t - c_t(1+g)^t}{(1+w)^t}$$

(a, b_t, c_t, Parameter).

Setzt man für g eine erwartete Inflationsrate ein, so ähnelt die Ermittlung der kritischen Abwertungsrate der Errechnung eines internen Zinses. Es wird ein Wertepaar (w_1/w_2) ermittelt, wobei w_1 zu einem negativen und w_2 zu einem positiven Kapitalwert führt. Durch Interpolation wird dann die kritische Abwertungsrate w* festgestellt. Ermittelt man nun alternative kritische Wertepaare (w*/g*), so erhält man eine Isosensitivitätslinie. Sie ist in Abb. 12.14 eingezeichnet. Auf ihr liegen alle Wertepaare von jährlichen Inflations- und jährlichen Abwertungsraten, die zu einem Kapitalwert von $C_0 = 0$ führen. Ab einer Abwertungsrate von w_D^* kann die Vorteilhaftigkeit des Projektes nur noch mit einer Kostendeflation aufrechterhalten werden. Ebenso gibt es ab g_D^* keine Abwertungsrate, für die das Polynom eine Lösung aufweist.

Alle g*/w*-Kombinationen oberhalb der Isosensitivitätslinie ergeben einen positiven, alle Kombinationen unterhalb einen negativen Kapitalwert. Trotz der zahlreichen vereinfachenden Annahmen ist diese Graphik als grobe Annäherung eine gute Entscheidungshilfe. Liegen beispielsweise sowohl die optimistische als auch die normale und die pessimistische Schätzung im Bereich $C_0 > 0$, so ist es müßig zu überlegen, welches die genauen Werte für die Kombination sein könnten. Außerdem können die Werte auf der Linie mit denen verglichen werden, die

Kosteninflationsrate g (in %)

g_D^*

$C_0 < 0$

$C_0 > 0$

$C_0 = 0$

0   w_D^* w

Währungsabwertungsrate w (in %)

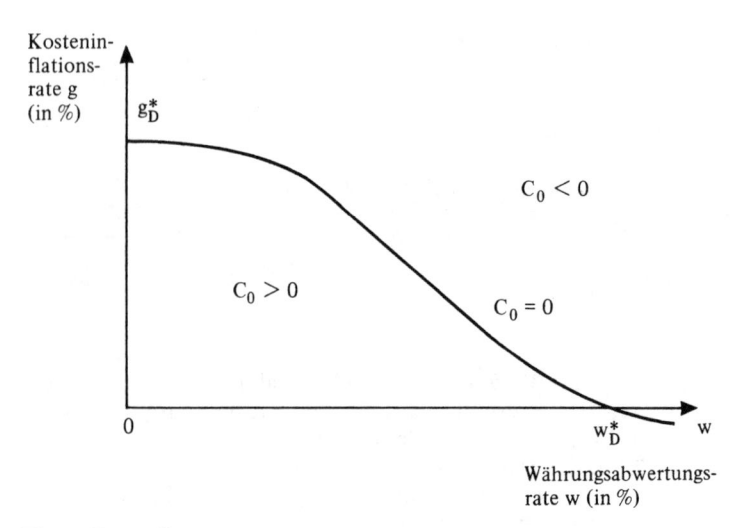

Quelle: Eigene Darstellung

Abb. 12.14: Isosensitivitätslinie von Kosteninflations- und Währungsabwertungsraten

sich über die Kaufkraftparität ergeben würden. Demnach müßte die Inflationsratendifferenz zwischen den Ländern A und B dem Wert von w* entsprechen.

Das Inflationsrisiko wird in diesem Ansatz überbewertet, da hier die Absatzpreise unverändert bleiben, also nicht auf die Kosteninflation reagieren. Das Wechselkursrisiko wird hier auf die Währung des Landes B beschränkt, die Umwechselpreise der Währungen der Exportländer gehen als sichere Größe in die Berechnung ein. Folglich werden auch sämtliche Auswirkungen von Wechselkursänderungen auf die Wettbewerbsposition der Tochtergesellschaft vernachlässigt.

Die Sensitivitätsanalyse läßt sich durch Berücksichtigung einiger dieser Tatbestände noch verfeinern. Beispielsweise lassen sich kritische Kombinationen aus Kosteninflationsrate, Preisinflationsrate und Abwertungsrate ermitteln. Allerdings werden die Ergebnisse mit zunehmender Differenzierung der Analyse immer unüberschaubarer.

4.2.2.3 Beurteilung des Verfahrens

Mehrfach wurde deutlich, daß die partialanalytische Betrachtungsweise der Sensitivitätsanalyse unbefriedigend ist. Dieses realitätsferne Vorgehen gilt v.a. für das Verfahren der kritischen Werte. Eine gleichzeitige Berücksichtigung aller Auslandsrisiken ist hier nicht möglich.

Die Sensitivitätsanalyse gibt zwar einen Einblick in die Auswirkungen der Unsicherheit, eine Entscheidungshilfe stellt sie aber nicht unbedingt dar. Bezogen auf die Berechnungen in Abschnitt 4.2.2.2 läßt sich beispielsweise sagen, daß die Unsicherheit ohne Bedeutung ist, wenn die erwartete pessimistischste Wertekombination unterhalb der Isosensitivitätslinie liegt. Liegt sie jedoch oberhalb, so weiß der Entscheidungsträger nur, daß die Unsicherheit von Bedeutung ist, aber nicht, wie er sich entscheiden soll.

Sollen mehr als zwei kritische Werte ermittelt werden, so werden die Rechnungen immer unübersichtlicher und die Ergebnisse immer weniger informativ. Das bedeutet, daß das Verfahren auf zwei unsichere Variable beschränkt bleibt.

Sensitivitätsanalysen berücksichtigen das Risiko nicht so, daß unsichere Tatbestände, die zu Abweichungen im Kapitalwert führen können, Wahrscheinlichkeiten zugeordnet werden. Sie genügen demnach also nicht den risikotheoretischen Ansprüchen, die in Abschnitt 1 erhoben wurden. Sie sind nur ein Hilfsverfahren, das (beispielsweise durch Ermittlung kritischer Wahrscheinlichkeiten) versucht, einen Einblick in die „Struktur der Sicherheitsspielräume" (Kilger, 1977, S. 156) zu ermöglichen.

4.3 Das Entscheidungsbaumverfahren

4.3.1 Methode

Das Entscheidungsbaumverfahren ermöglicht im Gegensatz zu den bisherigen Methoden eine Miteinbeziehung umweltabhängiger Folgeerscheinungen bzw. -maßnahmen in das Investitionskalkül. Unter Beachtung sämtlicher Umweltlagen kann die optimale Entscheidungsfolge ermittelt werden.

Ausgehend von einer ursprünglichen Investitionsentscheidung werden je nach Umweltzustand weitere Investitionen, Desinvestitionen oder andere Maßnahmen vorgenommen. Diese Handlungsabläufe werden in einem Entscheidungsbaum dargestellt. Entscheidungsereignisse werden dabei durch einen **Entscheidungsknoten**, der Eintritt eines Umweltzustandes durch einen **Zufallsknoten** dargestellt. Am Ende jeder Teilperiode führt die Abfolge von Ereignissen und Entscheidungen zu einem Resultat, das in einem **Ergebnisknoten** festgehalten wird. Eine vierte Art von Knoten ergibt sich, wenn eine Entscheidung auf ein bestimmtes Ergebnis folgt.

Neben den Knoten gibt es auch zwei Arten von Kanten. Die eine kennzeichnet alternative Entscheidungen und die andere alternative Zustände.

Die Aufstellung eines Entscheidungsbaumes erfolgt in den folgenden drei Schritten:

1) Zunächst muß seine *Struktur* bestimmt werden. Zu diesem Zweck werden Entscheidungszeitpunkte, Entscheidungsalternativen, Zufallsergebnisse und alternative Umweltzustände bestimmt.

2) Für jede Entscheidungsalternative, die sich aufgrund von Ergebnissen oder Umweltlagen ergibt, müssen die *quantitativen Auswirkungen* in Form der relevanten Zahlungsströme prognostiziert werden. Zudem müssen Wahrscheinlichkeiten für alle alternativen Umweltzustände geschätzt werden.

3) Festlegung der *optimalen Entscheidungsalternative in der ersten Teilperiode* des Entscheidungsbaumes mittels des Erwartungswertes des Kapitalwertes. Dies geschieht über das sogenannte rollback-Verfahren, bei dem rückwärts vom Ende des Planungszeitraumes an jeweils die Teilalternative gewählt wird, die den maximalen Teilerwartungswert (bezogen auf eine Teilperiode) verspricht.

Bezogen auf die Analyse des Beispiels aus Abschnitt 2.1 ließen sich als Umweltzustände die drei politischen Maßnahmenbündel, unterschiedliche Wechselkursszenarien und unterschiedliche Inflationsratenbündel in den Entscheidungsbaum einbauen. Doch hier werden bereits die Grenzen dieses Verfahrens sichtbar. Theoretisch wäre es natürlich möglich, in die Struktur des Entscheidungsbaumes sämtliche Kombinationen aller Risikoquellen zu integrieren. Praktisch ist dies jedoch bei mehr als einer Inputgröße nicht mehr durchführbar. Die Entscheidungsknoten können Maßnahmen risikopolitischer Art, Desinvestitionen und Verlagerungsinvestitionen in Nachbarländer sowie die taktische Verlagerung von Zahlungsströmen (Transferpreisvariationen, Leading und Lagging etc.) enthalten. Den Ergebnisknoten werden dann die diesen Entscheidungen zurechenbaren, bis zum entsprechenden Anfangszeitpunkt der Teilperiode diskontierten cash flows zugeordnet.

Die Risiken der Auslandsdirektinvestition werden hier in der Weise berücksichtigt, daß ab der Ursprungsentscheidung alle alternativen Zukunftslagen ins Auge gefaßt werden. Eine Bewertung des Risikos findet nicht statt. Vielmehr setzt das rollback-Verfahren mit der Verwendung des Erwartungswerts des Kapitalwertes beim Entscheidungsträger risikoneutrales Verhalten voraus. So liegen die Vorteile dieser Methode eher in der Offenlegung der Struktur der Risikoquellen. Für die drei oben erwähnten Risikogruppen, also Wechselkursverläufe, Inflationsratenentwicklungen und politische Szenarien, ließen sich unter ceteris paribus Bedingungen drei Entscheidungsbäume aufstellen, die insgesamt ein umfassendes Bild ergeben. Eine befriedigende Aggregation kann jedoch erst im Rahmen einer Risikoanalyse erfolgen (vgl. Abschnitt 4.4). Sie erlaubt auch die Miteinbeziehung ganzer Wahrscheinlichkeitsverteilungen und somit eine Bewertung des Risikos.

Entscheidungsbäume ermitteln optimale Entscheidungen in Anbetracht einer Menge an identifizierten Umweltzuständen in jeder Periode. Die getroffene Entscheidung ist die, die zwar nicht gewinnmaximal ist, aber allen alternativen zukünftigen Entwicklungen am besten Rechnung trägt. So wird dem Aspekt der Flexibilität hier Rechnung getragen. *Flexibilität* in der Investitionsplanung bedeutet, daß ein Unternehmen (oder Teile des Unternehmens) sich verschiedenen Datenkonstellationen, denen nur Wahrscheinlichkeiten zugeordnet werden können, anpassen kann. Dadurch wird zwar beim Eintreten einer speziellen Datensituation nicht das optimale Ergebnis erzielt, da die Entscheidung nicht spezifisch auf diesen Umweltzustand ausgerichtet ist, aber im Hinblick auf die Gesamtheit der als unsicher erachteten Daten ist die höchste Reaktionsfähigkeit gewährleistet. Das Konzept der Flexibilität ist jedoch eher in der Investitionsprogrammplanung (beispielsweise bei der Entscheidung über das weltweit optimale Produktionssystem) als bei der Bewertung einer einzelnen Investition anwendbar. Die Handlungsalternativen bei einem isoliert betrachteten Investitionsprojekt sind zu beschränkt, als daß eine sinnvolle Bewertung der Flexibilität erfolgen könnte. So ist der über das rollback-Verfahren ermittelte Kapitalwert eher das passive Ergebnis einer mit Wahrscheinlichkeiten bewerteten Fülle an verzweigten Umweltzuständen.

Werden keine Entscheidungsknoten in den Entscheidungsbaum eingebaut, so erhält man einen *Zustandsbaum*, wie er im nächsten Kapitel beschrieben wird. Zustandsbäume dieser Art bilden beispielsweise die Grundlage flexibler Investitionsprogrammplanungsmodelle. Bezogen auf die Einzelbewertung bleibt die Möglichkeit, über das rollback-Verfahren den Erwartungswert des Kapitalwertes unter Berücksichtigung der vollständigen Risikostruktur der Zukunft zu berechnen, ohne daß die Höhe des Risikos bekannt wird. Die hier angewandte Rückwärtsrechnung unterscheidet sich vom rollback-Verfahren bei Entscheidungsbäumen dergestalt, daß die Teilkapitalwerte aller Umweltzustände mit ihren Wahrscheinlichkeiten gewichtet werden, während im anderen Fall nur der höchste Ergebniswert einer Entscheidung in die Berechnung eingeht und alle anderen Entscheidungskanten weggestrichen werden.

Durch einen Vergleich mit einem „flexiblen" Entscheidungsbaum, der also auch Entscheidungsknoten enthält, können die Kosten der Flexibilität ermittelt werden.

4.3.2 Der Stobaugh-Zustandsbaum

Ein in der einschlägigen Literatur viel beachteter Ansatz ist der 1969 von Stobaugh entwickelte Zustandsbaum, dessen Struktur aus unterschiedlichen politischen Szenarien besteht. Er gilt nur für die Dauer eines Jahres, und zwar für das Jahr, in dem ein Regierungswechsel erwartet wird. Für die Folgejahre wird kein Wandel in den politischen Maßnahmen erwartet. So wie es bereits im letzten Abschnitt dargestellt wurde, bewertet Stobaugh diesen Entscheidungsbaum „as an aid in clarifying what the possible results might be" (Stobaugh, 1969, S. 107), also als Einblick in die Risikostruktur. Die ermittelten Wahrscheinlichkeiten können jedoch als Grundlage für eine Risikoanalyse dienen.

Beispielhaft soll dieser Zustandsbaum in Abb. 12.15 für die Erfassung einiger in Abschnitt 3.2.2 dargestellten politischen Risiken dargestellt werden. Die Wahrscheinlichkeiten lassen sich beispielsweise über das in Abschnitt 3.4.1 vorgeschlagene Verfahren schätzen. Jedem alternativen Verlauf von Knoten wird ein Kapitalwert zugeordnet. Dieser wird beispielsweise im Fall eines Regierungswechsels und einer anschließenden Enteignung ohne Entschädigung auf $C_0 = -6$ veranschlagt. Die Wahrscheinlichkeit für einen Eintritt dieses Zustandes beträgt $0{,}7 \times 0{,}3 \times 0{,}2 = 0{,}042$.

Der Erwartungswert des Kapitalwertes unter Berücksichtigung aller Zustände beträgt 9,042.

Um von einem Zustandsbaum zu einem Entscheidungsbaum zu gelangen, müßten den einzelnen politischen Maßnahmen alternative Reaktionsmöglichkeiten zugeordnet werden. Man erkennt, daß dies die Komplexität des Entscheidungsbaumes merklich erhöhen würde.

Der ermittelt Kapitalwert, der sich dann aus der Wahl der jeweils für jeden Zustand optimalen Handlungsalternativen errechnen würde, enthält keine Angaben über das Risikoausmaß. So kommt Zustands- und Entscheidungsbäumen eher ein darstellender als bewertender Charakter zu.

```
                                    Zusätzlich Preisstopps, Steuererhöhungen
                                    und Eingriffe in Wettbewerb und Arbeits-
                                    kampf 0,7              C₀ = 5
                                                                        w = 0,245
                     Transferstopp 0,5

                                    keine weiteren politischen
                                    Eingriffe 0,3          C₀ = 7
                                                                        w = 0,105
Regierungswechsel    Keine Änderung in den politischen
      0,7            Maßnahmen 0,2                         C₀ = 24,91
                                                                        w = 0,14
                                    mit Entschädigung 0,8  C₀ = 4
                                                                        w = 0,168
                     Enteigung 0,3

                                    ohne Entschädigung 0,2 C₀ = – 6
                                                                        w = 0,042
                     Transferstopp 0,8                     C₀ = 7
                                                                        w = 0,24
kein Regierungs-
wechsel 0,3

                     keine Änderungen
                     in den politischen
                     Maßnahmen 0,2                         C₀ = 24,91
                                                                        w = 0,06

                                                                        Σ = 1,000

E (C₀) = 0,245 · 5+0,105 · 7+0,14 · 24,91+0,168 · 4+0,042 · (–6)+0,24 · 7+0,06 · 24,91 = 9,042
```

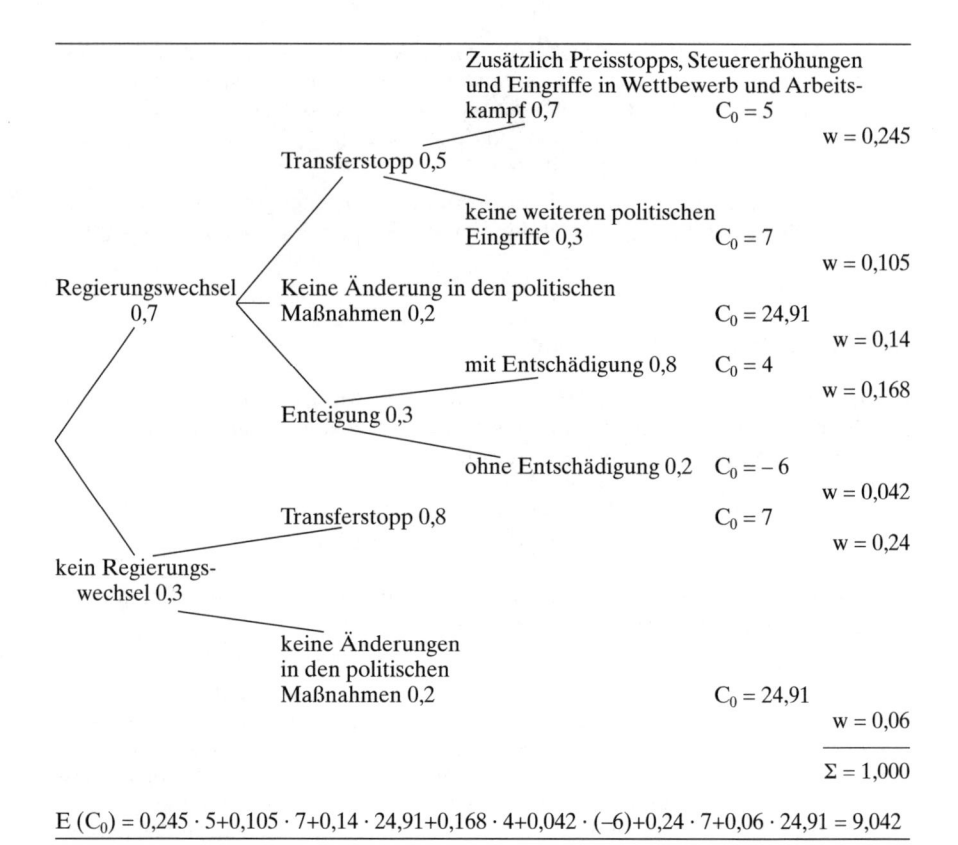

Abb. 12.15: Zustandsbaum zur Erfassung politischer Risiken

4.4 Risikoanalysen

4.4.1 Methode

Risikoanalysen entsprechen am ehesten sowohl dem eingangs dargestellten Risikokonzept als auch der zugrundeliegenden Vorstellung über die Risikoberücksichtigung in den Investitionsrechnungsmethoden. Sinn und Zweck dieses Verfahrens ist die Generierung einer Wahrscheinlichkeitsverteilung für das Investitionsentscheidungskriterium (z.B. den Kapitalwert). Dadurch wird beabsichtigt, „ein klares Bild des relativen Risikos und der Wahrscheinlichkeit zu geben, den geschätzten Wert zu überschreiten oder nicht zu erreichen" (Hertz, 1977, S. 162).

Die Ergebnisgröße des Entscheidungskriteriums wird als Funktion ihrer stochastischen Inputgrößen verstanden, die durch Zufallsvariable mit bekannter Verteilung definiert sind, wobei die in den Wahrscheinlichkeitsraum aufgenommenen Umweltzustände Einflußgrößen dieser Verteilungen sind. Auf das Beispiel aus Abschnitt 2.1 bezogen bedeutet dies, daß beispielsweise der Kapitalwert des Projektes u.a. abhängig ist von der nicht sicher vorhersagbaren jährlichen Abwertungsrate von Währung B, die wiederum von dem zugrundeliegenden Umweltzustand (beispielsweise einer bestimmten Konstellation wirtschaftlicher Indikatoren) abhängt.

Neben der quantitativen Darstellung des mit der Entscheidung verbundenen Risikos durch die Wahrscheinlichkeitsverteilung der Ergebnisgröße bezweckt die Risikoanalyse eine Risikominderung durch genauere Datenprognosen. Dabei wird die Überlegenheit der Aufschlüsselung einer Prognose in mögliche Umweltzustände, ihre Eintrittswahrscheinlichkeiten und ihre Ergebniswerte über grobe Durchschnittsschätzungen betont.

Wahrscheinlichkeitsverteilungen dieser Art enthalten immer noch mehr Informationen als diese sogenannten „best estimates". Außerdem wird hier die Unsicherheit nicht verschwiegen, sondern voll aufgedeckt und in die Planung integriert.

Folgende Schritte lassen sich bei der Risikoanalyse unterscheiden:

(a) Konstruktion des Entscheidungsmodells

Hier läßt sich das in den letzten Abschnitten entwickelte Kapitalwertmodell nach problemorientierter Modifizierung anwenden. Im Hinblick auf die anstehende Risikoanalyse lassen sich folgende Arten von Komponenten des Modells unterscheiden:

- **Aktionsparameter** werden durch den Entscheidungsträger geplant und zum Entscheidungszeitpunkt festgelegt. Dies kann bei der Projektanalyse von TB bspw. die Transferpreisgestaltung, die Art der Finanzierung oder der Prozentsatz für Lizenzgebühren etc. sein.
- **Deterministische Größen** sind entweder bekannt oder innerhalb enger Grenzen einschätzbar. Dies wären bezogen auf unser Beispiel die verminderten Exporte und die Anschaffungsausgaben.
- **Stochastische Variablen** sind die Größen, für die sich nur stetige oder diskrete Wahrscheinlichkeitsverteilungen ermitteln lassen. Dies können beispielsweise Inflationsraten für Absatzpreise und Kosten, Wechselkursverläufe, Intensitätsgrade politischer Eingriffe etc. sein.
- Schließlich tauchen noch **sonstige Planungsgrößen** auf. Ein Beispiel dafür ist der Kalkulationszinssatz.

Durch Variation von Komponenten aus der ersten und der vierten Gruppe erhält man unterschiedliche Ausprägungen des Kapitalwertmodells. Derartige Sensitivitätsanalysen können die Risikoanalyse sinnvoll ergänzen, wobei jedoch durch den Rechenaufwand Grenzen gesetzt sind.

Bei den stochastischen Variablen stellt sich die Frage nach dem optimalen Detaillierungsgrad. So läßt sich beispielsweise die Inputgröße Absatzmenge zerlegen in Marktvolumen und Marktanteil, sofern sich für beide Teilgrößen getrennte Wahrscheinlichkeitsverteilungen ermitteln lassen. Es läßt sich jedoch nicht genau sagen, wann dieser Punkt erreicht ist. Bezüglich des Informationsangebotes bei der Beurteilung von Auslandsdirektinvestitionen läßt sich jedenfalls feststellen, daß dieses keinen besonders hohen Detaillierungsgrad zuläßt.

(b) Identifizierung der stochastischen Variablen

Beispielsweise können für folgende Größen Wahrscheinlichkeitsverteilungen aufgestellt werden:

- Die jährliche **Inflationsrate** bei den inländischen Kosten.
- Der **Enteignungszeitpunkt** innerhalb des engeren Planungshorizontes. Auch die Möglichkeit einer ausbleibenden Enteignung kann in den Wahrscheinlichkeitsraum aufgenommen werden.
- Zeitpunkt eines **Transferstopps** von Kapital an die Muttergesellschaft.
- Die jährliche **Abwertungsrate** von Währung A gegenüber Währung B.

Natürlich ist dies nur ein Teilausschnitt aus dem Risikoprofil von TB. Weitere mögliche stochastische Inputgrößen können sein: Absatzmenge, unterschiedliche Klassen von staatlichen Eingriffen in die Unternehmenstätigkeit (wobei diese Klassen sich entweder gegenseitig ausschließen oder je nach Intensität der politischen Maßnahmen aufeinander aufbauen), Wettbewerbsrisikoklassen (unterschiedliche Grade an Qualitätseinbußen, Produktionsstillstände etc.) usw. Mit dem Dateninput steigt jedoch der Rechenaufwand. Deshalb sollten zusammenhängende Größen möglichst aggregiert werden. Zudem richtet sich die Vorgehensweise bei der Variablenauswahl nach der Risikosituation. Folgendes Schema ist in der Praxis recht beliebt:

Risikosituation	Ausgestaltung der Risikoanalyse
bekannter Markt/ bekanntes Verfahren	keine Risikoanalyse
bekannter Markt/ neues Verfahren	Risikoanalyse mit den unsicheren Inputgrößen: Produktions-(Absatz-)mengen, Investitionsausgaben, variable Stückkosten, ausgabenwirksame Fixkosten (gegebenenfalls zusätzlich: Inbetriebnahmezeitpunkt)
neuer Markt/ bekanntes Verfahren	Risikoanalyse mit den unsicheren Inputgrößen: Produktpreise, Absatzmengen
neuer Markt/ neues Verfahren	Risikoanalyse mit den unsicheren Inputgrößen: Produktpreise, Absatzmengen, Investitionsausgaben, variable Stückkosten, ausgabenwirksame Fixkosten (gegebenenfalls zusätzlich: Inbetriebnahmezeitpunkt)

Quelle: Blohm, Hans; Lüder, Klaus, 1983, S. 204.

Abb. 12.16: Auswahlkriterien für den Einsatz von Risikoanalysen

Schließlich unterscheiden sich Inputgrößen bezüglich der Empfindlichkeit des Kapitalwertes hinsichtlich ihrer Variation. All diese Kriterien müssen bei der Selektion berücksichtigt werden.

(c) Ermittlung von Wahrscheinlichkeitsverteilungen für die ausgewählten Variablen

Die im Rahmen einer Risikoanalyse generierten Wahrscheinlichkeitsverteilungen der stochastischen Inputgrößen basieren fast ausschließlich auf subjektiven Schätzungen. „Würde man fordern, daß Risikoanalysen nur auf der Grundlage objektiver Wahrscheinlichkeitsverteilungen für die Inputgrößen durchgeführt werden, so würde man sie praktisch verbieten" (Kruschwitz, 1980, S. 803). Die Voraussetzungen für das Vorliegen objektiver Wahrscheinlichkeiten, also eine genügend hohe Anzahl von zurückliegenden Ereignissen gleicher Art, die unter konstanten Bedingungen und ohne Regeln auftreten, sind bei Investitionsentscheidungen, und insbesondere bei Auslandsdirektinvestitionsentscheidungen, nicht gegeben.

Der Aktionsraum bei der Ermittlung von Wahrscheinlichkeitsverteilungen für die einzelnen Variablen umfaßt die folgenden Punkte:

- Prognosemodelle zur Ermittlung von Wahrscheinlichkeiten wurden in den Abschnitten 3.4.1 und 3.4.2 bereits ausführlich erörtert. Zudem lassen sich diese Wahrscheinlichkeitsurteile noch durch Zustandsbäume, wie sie in Abschnitt 4.2.2 vorgestellt wurden, ergänzen. Da man oft nur für die ersten Perioden Wahrscheinlichkeiten angeben kann, bietet sich für den weiteren Verlauf der Einsatz von Trendrechnungen (z.B. Exponential Smoothing) an. Auch eine Ausweitung von Zustandsbäumen aller Variablen auf den Gesamtplanungszeitraum ist möglich, wenn auch aufwendig.

- Bezüglich der Abbildung von Glaubwürdigkeitsurteilen auf einen Verteilungstyp gibt es die folgenden Möglichkeiten:

  – **A priori Festlegung des Verteilungstyps** (z.B. Normalverteilung oder Beta-Verteilung). Hier beschränkt sich die Prognose auf die Schätzung der Verteilungsparameter, also bspw. des Erwartungswerts μ oder der Standardabweichung σ bei der Normalverteilung. Diesem Vorteil steht die Tatsache gegenüber, daß nicht geprüft werden kann, ob die gesuchte Verteilung sich durch den standardisierten Verteilungstyp, der ohnehin oft sehr realitätsfern ist, annähern läßt.

  Wird keine normierte Verteilung zugrundegelegt, so gibt es zwei Möglichkeiten, die Wahrscheinlichkeitsurteile zu quantifizieren:

  – Eine **kontinuierliche Verteilung** kann zum einen dadurch gewonnen werden, daß eine Häufigkeitsverteilung konstruiert wird (direkte Schätzung) und zum anderen dadurch, daß eine Gewichtsdichtefunktion ermittelt wird. Im ersten Fall läßt sich die in der Praxis recht beliebte **Dreipunktschätzung** anwenden. Dabei kann, bezogen auf das zugrundeliegende Beispiel, danach gefragt werden, welche Inflationsrate auf keinen Fall unterschritten (Wahrscheinlichkeit = 1), überschritten (Wahrscheinlichkeit = 0) oder mit ebenso großer Wahrscheinlichkeit über- und unterschritten (Median, Wahrscheinlichkeit = 0,5) wird. Durch lineare Interpolation zwischen diesen drei (oder mehr!) Punkten erhält man die Häufigkeitsverteilung. Im anderen Fall ordnet man einzelnen Werten aus einem vorher eingegrenzten Wertebereich Gewichte aus einem Gewichtevorrat zu und erhält die *Gewichtsdichtefunktion* durch Interpolation. Durch die Beziehung

  $$w_j = g_j / \sum_j g_j$$

  können Gewichte in Wahrscheinlichkeiten umgewandelt werden, wobei w_j = Wahrscheinlichkeit für einen Umweltzustand oder Ereignis j und g_j = Gewicht, das diesem Umweltzustand/Ereignis zugeordnet wird.

  – Eine **diskrete Verteilung** erhält man, indem einzelnen erwarteten Werten Wahrscheinlichkeiten zugeordnet werden. Hierbei lassen sich auch Intervallklassen bilden.

Allgemein gilt für die Eingrenzung des Wertebereichs, daß mit steigender Unsicherheit das gesamte Spektrum möglicher Werte betrachtet werden muß. Diese Notwendigkeit wird sich im Fall einer Auslandsdirektinvestitionsentscheidung sehr häufig ergeben. Zudem ist die Spannbreite des Wertebereichs abhängig vom Vertrauen in die Qualität der eigenen Schätzung. Es bestehen weiterhin die Freiheitsgrade, für jede Periode eine neue Wahrscheinlichkeitsverteilung für jede Variable zu ermitteln, oder diese für den gesamten Planungszeitraum gelten zu lassen. Im ersten Fall hätten wir bei n Perioden und m Variablen n · m Verteilungen.

- Zwei Problemkreise sollen noch angesprochen werden. Der erste betrifft das Vorliegen stochastischer Abhängigkeiten zwischen den zu betrachtenden Variablen. Ein möglicher Zusammenhang, der hier jedoch nicht betrachtet werden soll, ergibt sich allein schon über die Preis-Absatz-Funktion. Derlei Abhängigkeiten lassen sich über Korrelationskoeffizienten oder bedingte Wahrscheinlichkeiten in das Modell einbauen. Im zugrundeliegenden Beispiel soll eine stochastische Abhängigkeit zwischen Inflation und Abwertungsrate bestehen. Des weiteren besteht ein Zusammenhang zwischen dem Enteignungs- und dem Blockierungszeitpunkt in der Form, daß der zweite nicht mehr nach dem ersten erfolgen kann.

Das zweite Problem tritt auf, wenn große Abweichungen innerhalb des Expertenpanels bezüglich der Wahrscheinlichkeitsurteile herrschen. In diesem Fall läßt sich eine Wahrscheinlichkeitsverteilung in der Form ermitteln, daß den Experten Glaubwürdigkeitsziffern zugeordnet werden.

(d) Ermittlung der Verteilung des Entscheidungskriteriums aus den Einzelverteilungen der Variablen

Hier lassen sich zwei Vorgehensweisen unterscheiden: Die **analytische Risikoanalyse** berechnet Erwartungswert und Varianz der Ergebnisverteilung durch rechnerische Zusammenfassung der Einzelparameter. In diesem Fall ist es von Vorteil, bereits normierte Verteilungen zu verwenden.

Weitaus bedeutender ist die **simulative Risikoanalyse**. Die Wahrscheinlichkeitsverteilung für den Kapitalwert wird dergestalt erzeugt, daß die Ausprägungen der unsicheren Variablen durch Folgen von simulierten Zahlen ermittelt werden. Dabei werden durch einen Zufallsgenerator gleichverteilte Pseudo-Zufallszahlen erzeugt (Monte Carlo Simulation), deren Häufigkeitsverteilung der der betrachteten Inputgrößen entspricht.

Der Ablauf erfolgt also, indem die simulierte Zahl im Wertebereich zwischen 1 und 100 an die Häufigkeitsverteilung einer stochastischen Variablen gelotet wird. Dadurch erhält man die dieser Zahl korrespondierende Ausprägung des Inputwertes. Diesen setzt man nun in die Kapitalwertformel ein. Nachdem durch ähnliches Vorgehen auch alle anderen unsicheren Größen simuliert wurden, wird der diesem Simulationslauf zugehörige Kapitalwert berechnet. Dieses Stichprobenverfahren wird so lange wiederholt, bis sich eine einigermaßen stabile Verteilung des Kapitalwertes ergibt. Die genauen Schritte werden anhand des Beispiels aus Abschnitt 2.5 erläutert.

(e) Interpretation der ermittelten Ergebnisverteilung

Dies soll ausführlich im nachfolgenden Beispiel geschehen.

4.4.2 Risikoanalyse nach Hertz

Nachfolgend soll anhand des Beispiels aus Abschnitt 2.5 eine simulative Risikoanalyse in Anlehnung an Hertz (1964) skizziert werden.

Die stochastischen Größen sind im letzten Abschnitt identifiziert worden. Die Generierung der Häufigkeitsverteilungen könnte folgendermaßen erfolgen:

- Bei der Gewinnung der Verteilung der möglichen **Inflationsraten** wird eine Drei-Punkt-Schätzung angewendet. Der Median wird mit 60% p.a. beziffert, die niedrigst mögliche Inflationsrate wird mit 40% p.a., die höchste mit 100% p.a. beziffert.

- Die möglichen **Enteignungszeitpunkte** werden als diskrete Verteilung dargestellt; dabei werden folgende Wahrscheinlichkeiten prognostiziert:

	i =	1. J.	2. J.	3. J.	4. J.	5. J.	k E
Dichtefunktion	$f_i =$	0	0	0,2	0,3	0,3	0,2
Häufigkeitsverteilung	$\Sigma_i f_i =$	0	0	0,2	0,5	0,8	1,0

(kE = keine Enteignung)

- Die **Blockierungszeitpunkte** werden analog geschätzt. Bei den Simulationsläufen ist zu beachten, daß die Enteignungszeitpunkte immer vor den Blockierungszeitpunkten liegen. Ansonsten sind beide Ereignisse unabhängig voneinander.

	i =	1. J.	2. J.	3. J.	4. J.	5. J.	k B
Dichtefunktion	$f_i =$	0,05	0,1	0,2	0,25	0,3	0,1
Häufigkeitsverteilung	$\Sigma_i f_i =$	0,05	0,15	0,35	0,6	0,9	1,0

(kB = keine Blockade)

- Die Wahrscheinlichkeitsverteilung für die **Abwertungsraten** wird in Intervallen gebildet.

	$w_i =$	10–20%	21–30%	31–40%	41–60%	61–100%
Dichtefunktion	$f_i =$	0,05	0,15	0,2	0,4	0,2
Häufigkeitsverteilung	$\Sigma_i f_i =$	0,05	0,2	0,4	0,8	1,0

Im nächsten Schritt muß eine Zuordnungsrelation zwischen den simulierten Zufallszahlen und den Häufigkeitsverteilungen hergestellt werden. Der Wertebereich der Zufallszahlen liegt zwischen 1 und 100. Außer bei den Inflations- und Abwertungsraten wird bei **jedem** Durchlauf für **jede** Variable eine neue Zufallszahl verwendet. Um die stochastische Abhängigkeit zwischen Inflations- und Abwertungsrate zu berücksichtigen, wird hier eine gemeinsame Zufallszahl verwendet. Da die Häufigkeitsverteilungen entgegengesetzt verlaufen, wird von den generierten Zufallszahlen für die Inflationsrate jeweils das Komplement gebildet. Mit anderen Worten: Wird im Simulationslauf m die Zufallszahl z_m erzeugt, so wird diese auf die Häufigkeitsverteilung der Abwertungsraten angewandt, das Komplement 100 − z_m gilt für die Häufigkeitsverteilung der Inflationsraten. Man erhält so einen annähernd gleichgerichteten Verlauf von Inflations- und Abwertungsraten. Die Häufigkeit ergibt sich bei jedem Simulationslauf aus dem Quotienten $z_m/100$.

Die Zuordnung der Zufallszahl zur erwarteten Inflationsrate erfolgt auf graphischem Wege durch das Lot. Für die beiden diskreten Verteilungen (Blockierungs- und Enteignungszeitpunkte) gilt der Wert, in dessen Bereich die Zufallszahl fällt, wobei die Bereichsobergrenze miteinbezogen wird.

Bei der Intervallverteilung (Abwertungsraten) muß eine Zuordnung über die folgende Transformation erfolgen:

$$W_j = \frac{O_j - U_j}{OZ_j - UZ_j} (Z_j - UZ_j) + U_j$$

wobei

$O_j(U_j)$: obere (untere) Grenze des Wertebereiches j
$OZ_j (UZ_j)$ obere (untere) Grenze der dem Wertebereich j zugeordneten Zufallszahl
Z_j erzeugte Zufallszahl im Wertebereich j

Werden nun im ersten Simulationslauf beispielsweise die Zufallszahlen 32, 53 und 49 gezogen, so wird der zugehörige Kapitalwert auf der Basis folgender Daten berechnet:

Art der Inputgröße	Zufallszahl	Transformation	Wert
Abwertungsrate	32	$W_j =$	36(%)
Inflationsrate	100 − 32 = 68	per Lot	26(%)
Enteignungszeitpunkt	53	5. Abschnitt	5 (Jahr)
Blockierungs-Zeitpunkt	49	4. Abschnitt	4 (Jahr)

Hätte der Simulationslauf einen Enteignungszeitpunkt ergeben, der vor dem Blockierungszeitpunkt liegt, hätte letzterer logischerweise keine Gültigkeit.

Auf der Basis der simulierten Daten wird der Kapitalwert des Projektes berechnet. Hierbei sind zusätzliche Annahmen über die Höhe der Kompensationszahlungen im Enteignungsfall und über die Höhe der Verzinsung des blockierten Kapitals zu treffen. Die Simulation wird so lange wiederholt, bis sich eine stabile Verteilung der Kapitalwertfunktion ergibt. Die Simulation ist noch einmal in Abb. 12.17 dargestellt.

Erhält man nun hundert Einzelergebnisse für den Kapitalwert, so läßt sich beispielsweise auf folgende Weise eine Häufigkeitsverteilung generieren.

Kapitalwertintervall	20 − 15	15 − 10	10 − 5	5 − 0	0 − ·/. 5
Anzahl von Ergebnissen	10	30	40	15	5
relative Häufigkeiten	0,1	0,3	0,4	0,15	0,05
kumulierte Häufigkeiten	0,1	0,4	0,8	0,95	1,0

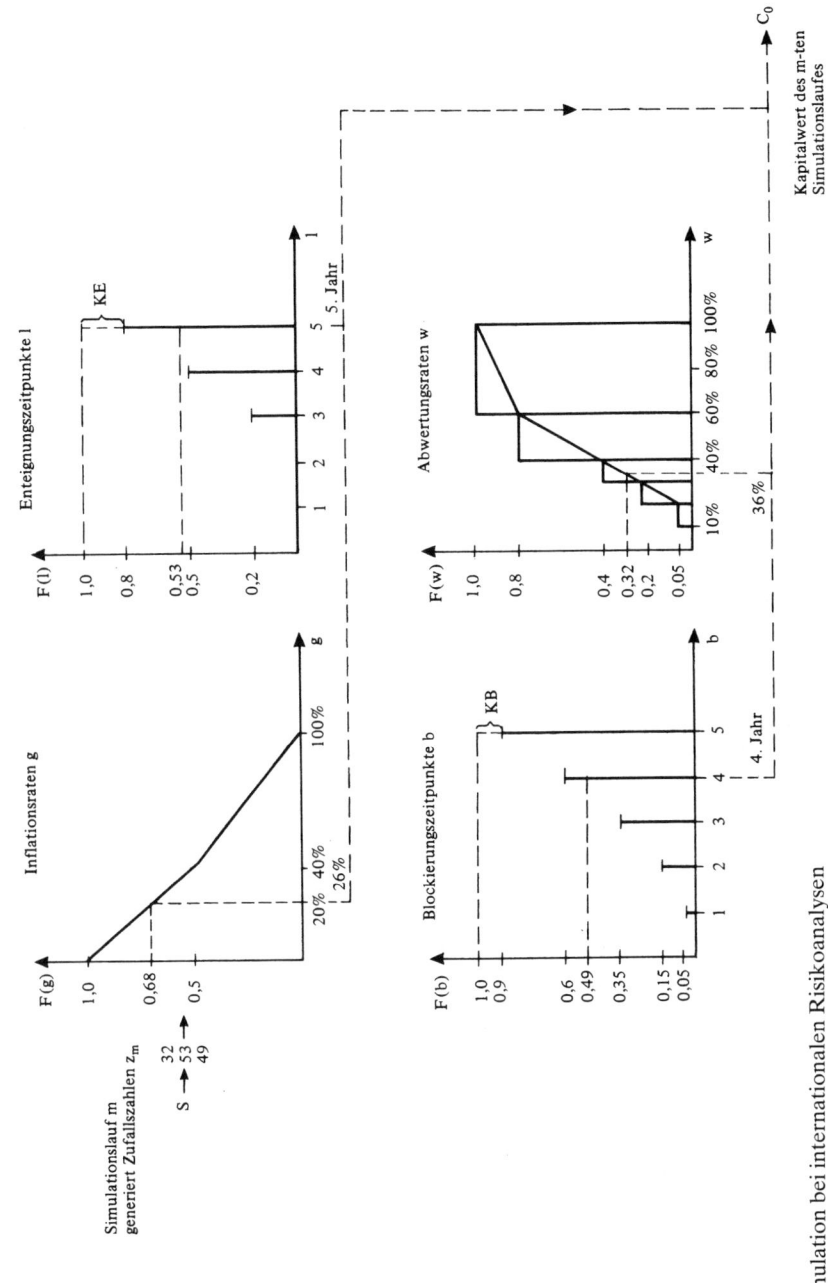

12. Kap.: Investitionsrechnungsmethoden bei Auslandsdirektinvestitionen 625

Abb. 12.17: Simulation bei internationalen Risikoanalysen

Die Häufigkeitsverteilung wird in Abb. 12.18 dargestellt:

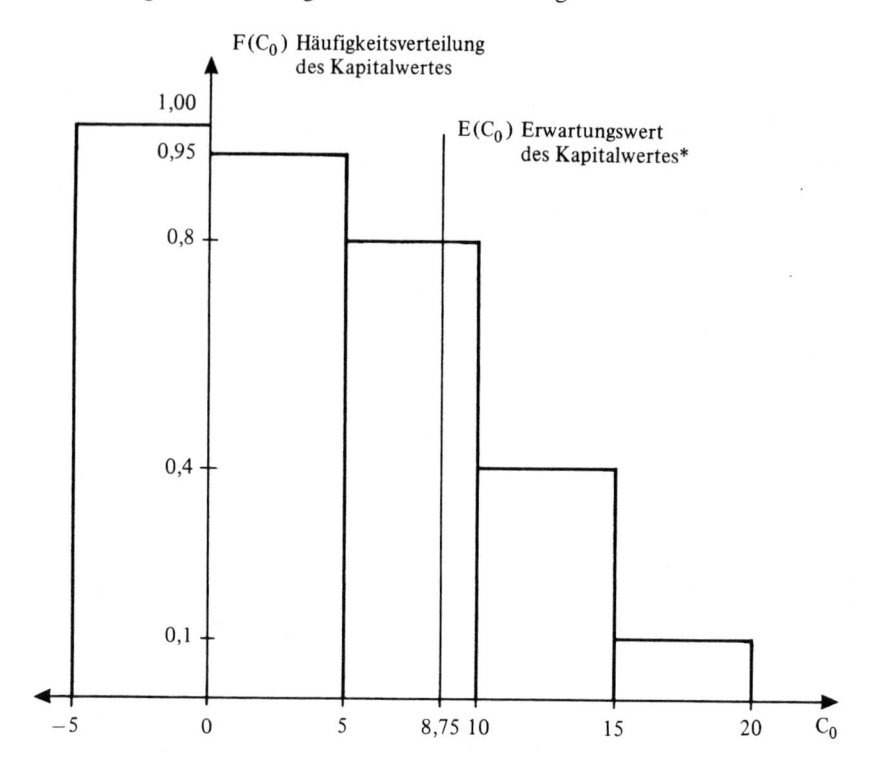

Abb. 12.18: Häufigkeitsverteilung des Kapitalwertes bei Risikoanalysen

Anhand der Einzelergebnisse können jetzt auch der Erwartungswert des Kapitalwertes und die Standardabweichung (als ein mögliches Risikomaß) berechnet werden. Als Annäherung sollen hier für die Ermittlung beider Größen die Intervallmitten genommen werden. Man erhält als Erwartungswert $\mu = 8{,}75$ und als Standardabweichung $\sigma = 4{,}97$.

Anhand dieser Daten ist nun eine Analyse des Projektes möglich, die über die Grenzen der anderen Investitionsrechnungsmethoden hinausgeht. Der Entscheidungsträger kann abwägen, ob ein erwarteter Gewinn von 8,75 seinen Vorstellungen entspricht und ob er bereit ist, ein Risiko von 4,97 in Kauf zu nehmen (nimmt man die Standardabweichung als Risikomaß). Zu bedenken ist auch, daß die Verlustwahrscheinlichkeit lediglich 0,05 beträgt. Die Wahrscheinlichkeit dafür, daß der erwartete Gewinn nicht erreicht wird, ist kleiner als 0,2.

Diese Daten können nun mit der subjektiven Risikonutzenfunktion des Entscheidungsträgers verglichen werden. Gegenüber den anderen Investitionsrechnungsmethoden weist die Risikoanalyse folgende Vorteile auf.

- Zum ersten Mal können hier sämtliche Risikokategorien gleichzeitig beachtet werden. Ein Ausbau des Beispiels auf andere Risikoquellen (wie z.B. unvorhergesehene Abweichungen der Währungsparitäten zu den Importländern und die Berücksichtigung der Auswirkungen auf die Absatzmenge) ist ohne weiteres möglich. Dies erhöht zwar die Komplexität der Berechnung des Kapitalwertes, **nicht jedoch die Komplexität der Ergebnisse**. Man erhält nach wie vor die relativ leicht zu interpretierende Häufigkeitsverteilung des Kapitalwertes.

- Zum ersten Mal werden alle verfügbaren Informationen verwertet. Durch Miteinbeziehung von Wahrscheinlichkeitsverteilungen wird das Risiko direkt in die Berechnung des Kapitalwertes integriert. Außerdem wird hier das Zusammenwirken mehrerer Risikoarten berücksichtigt, was gegenüber den anderen Investitionsrechnungsmethoden neue, meist unangenehme, Erkenntnisse bringen kann.

- Dieses Verfahren ist das einzige, mit dem das Risiko einer Auslandsdirektinvestition gemäß dem in Abschnitt 1 dargestellten Risikokonzept bewertet werden kann. Die Abweichung von Einzelergebnissen vom erwarteten Wert wird hier eindeutig dem Einzelrisiko zugerechnet.

Simulative Risikoanalysen lassen sich mit vertretbarem Aufwand per Computer durchführen. Sie kommen also auch für kleinere und mittlere Unternehmen in Frage, wobei Prognosedaten aus Bilanzen, Erfolgsrechnungen und Kapitalflußrechnungen vergangener Perioden gewonnen werden können (vgl. Bircher, Hubschmidt, Baetschmann, 1978). Sie erfreuen sich in der Praxis großer Beliebtheit.

Als Nachteil kann die unrealistische Prämisse angeführt werden, daß alle Ereignisse zufällig auftreten, also nicht kontrollierbar sind. Aber insbesondere das Enteignungsrisiko läßt sich durch risikopolitische Maßnahmen eindämmen.

5 Zusammenfassung

Ziel dieses Beitrages ist es, die Besonderheiten bei der investitionsrechnerischen Bewertung der absoluten Vorteilhaftigkeit einer Auslandsdirektinvestition aufzuzeigen.

- Dabei bleibt zunächst festzuhalten, daß eine Evaluierung des Investitionsprojektes aus **projektbezogener** und aus **investorbezogener Sicht** möglich ist. Beide Ergebnisse können erheblich voneinander abweichen. Der Kapitalwert aus der Sicht der Muttergesellschaft sollte letztendlich als Entscheidungskriterium, der aus der Sicht der Tochtergesellschaft lediglich zu Kontrollzwecken verwendet werden.

- Spezifische Auslandsrisiken stellen **politische** und **Währungsrisiken** dar.

   Bei den politischen Risiken ist sorgsam zu überprüfen, ob das Investitionsprojekt von ihnen erfaßt werden kann. Bei den Wechselkursrisiken sind gemäß dem Konzept des economic exposure alle auf unvorhergesehene Wechselkursänderungen zurückzuführenden Abweichungen des Kapitalwertes vom erwarteten Ergebnis zu berücksichtigen. Dies beinhaltet auch mögliche Veränderungen der Wettbewerbsposition der Tochter.

- Problematisch ist die **projektspezifische Einschätzung** und Prognose der Risiken.

Die zahlreichen **Länderrisikoindikatoren** sind nur bedingt brauchbar. Die Unternehmung sollte ein eigenes Prognosemodell entwickeln, das auf das zu betrachtende Investitionsprojekt abgestimmt ist. Nahezu unmöglich sind Wechselkursprognosen. In Ermangelung einer besseren Lösung wird vorgeschlagen, auf die traditionelle Kaufkraftparitätentheorie zurückzugreifen.

- Die vier gängigen Investitionsrechnungsmethoden bei Unsicherheit eignen sich, ähnlich wie bei der nationalen Investitionsrechnung, unterschiedlich gut für die Bewertung von Direktinvestitionen:

Auf das **Korrekturverfahren** sollte wegen seiner zahlreichen Schwächen ganz verzichtet werden. Lediglich die Variante, Zahlungsströme um die Kosten risikopolitischer Maßnahmen zu kürzen, hat eine gewisse Berechtigung. Des weiteren sollte eine Adjustierung nicht am Kalkulationszinsfuß, sondern an den Zahlungsströmen vorgenommen werden.

Sensitivitätsanalysen sollten auf jeden Fall als Ergänzung herangezogen werden. Dies ist vor allem dann wichtig, wenn, wie beispielsweise bei der Entwicklung von Wechselkursen, besonders unsichere Größen berücksichtigt werden müssen.

Das **Entscheidungsbaumverfahren** vermittelt dem Entscheidungsträger einen systematisierten Überblick über Umweltzustände, Reaktionsmöglichkeiten und die daraus zu erwartenden Ergebnisse. Ab einer gewissen Komplexität der Daten wird dieses Verfahren jedoch unübersichtlich.

Die beste Investitionsrechnungsmethode bei Unsicherheit ist die **Risikoanalyse**. Das Ergebnis wird unabhängig von der Menge an eingebrachten Informationen auf zwei gut interpretierbare Größen reduziert: Den Erwartungswert des Kapitalwertes und die Varianz.

6 Literaturverzeichnis

1. Allgemeine Literatur

Dissertationen, die sich direkt mit dem Thema beschäftigen, sind:

Mrotzek, Rüdiger: Bewertung direkter Auslandsinvestitionen mit Hilfe betrieblicher Investitionskalküle, Wiesbaden 1989
Pensel, Jens: Die Produktions- und Investitionspolitik der Internationalen Unternehmung, Diss., Berlin 1977
Pomper, Claude L.: International Investment Planning, in: Studies in mathematical and managerial economics, Hrsg. H. Theil, Amsterdam, New York, Oxford 1976
Pursch Lee, Kee Dug: Flexible Direktinvestitionsplanung im Ausland, Frankfurt am Main, Bern, New York 1983
Seidel, Heinrich: Erschließung von Auslandsmärkten, Berlin 1977

Außerdem beschäftigen sich die folgenden Lehrbücher mit diesem Thema:

Eiteman, David K./Stonehill, Arthur I.: Multinational Business Finance, 2. Aufl., Reading, Massachusetts 1979
Levi, Maurice: International Finance, Auckland, Bogota, Guatemala et al. 1983
Rodriguez, Rita M./Carter, E. Eugene: International Financial Management, 1. Aufl., Englewood Cliffs, New Jersey 1976
Salera, Virgil: Multinational Business, Boston 1969
Shapiro, Alan C.: Multinational Financial Management, Boston, Massachusetts 1982

Weston, J. Fred/Sorge, Bart W.: International Managerial Finance, Homewood, Illinois u. Georgetown, Ontario 1972
Zenoff, David B./Zwick, Jack: International Financial Management, Englewood Cliffs, New Jersey 1969

Folgende Aufsätze gehen in breiterem Rahmen auf die Problematik ein:

Kormann, Hermut: Wirtschaftlichkeitsanalyse von Investitionsvorhaben im Ausland, in: ZfB, Nr. 5, 1983, S. 460-468
Lessard, Donald R.: Evaluating international projects: an adjusted present value approach, in: Capital Budgeting under Conditions of Uncertainty, Hrsg.: R. L. Crum; F. G. J. Derkinderen, Boston, Den Haag, London 1981 (Nijenrode studies in business, Nr. 5), S. 118ff.
Shapiro, Alan C.: Capital Budgeting for the Multinational Corporation, in: Financial Management, Spring 1978, S. 7ff.
Simon, Hermann: Zur Vorteilhaftigkeit von Auslandsinvestitionen, in: ZfB, Jg. 10, 1980, S. 1104ff.
Spieker, Wolfgang: Der Einsatz der Investitionsrechnung bei Auslandsinvestitionen, in: ZfB, Nr. 10/11, 1980, S. 1032ff.
Stehle, Richard: Internationales Finanzmanagement, in: Internationale Betriebswirtschaftslehre, Hrsg. Horst Albach, ZfB Ergänzungsheft 1, Wiesbaden 1981, S. 67ff.
Stonehill, Arthur/Nathason, Leonard: Capital budgeting and the multinational corporation, in: California Management Review, Summer 1968, S. 39ff.

2. Spezialliteratur zu einzelnen Abschnitten

Abschnitt 1

Hahn, Oswald: Absicherung von Investitionsrisiken im Ausland, in: International Finance Management, Nr. 8, Hrsg. A. H. Swinne, Frankfurt am Main 1983
Hax, Herbert: Investitionstheorie, 4. Aufl., Würzburg, Wien, 1979
Jacob, Herbert: Investitionsrechnung, in: Allgemeine Betriebswirtschaftslehre, Hrsg. H. Jacob, 4. Aufl., Wiesbaden 1981
Kern, Walter: Grundzüge der Investitionsrechnung, Stuttgart 1976
Kortüm, Bernd: Zum Entscheidungsprozeß bei privaten Auslandsinvestitionen, Frankfurt am Main 1972
Meissner, Hans Günther/Gerber, Stephan: Die Auslandsinvestition als Entscheidungsproblem, in: BFuP, Jg. 3, 1980, S. 217ff.
Neubürger, Claus W.: Risikobeurteilung bei strategischen Unternehmensentscheidungen, Stuttgart 1980
Seelbach, Horst: Entscheidungskriterien der Wirtschaftlichkeitsrechnung, in: ZfB, Mai 1965, S. 302ff.
Spieker, Wolfgang: (1980)
Stehle, Richard: (1981)
Streitferdt, Lothar: Grundlagen und Probleme der betriebswirtschaftlichen Risikotheorie, Wiesbaden 1973
Wälchi, Hans: Investieren ohne Risiko?, Zürich 1975

Abschnitt 2.1: Beispiele dieser Art werden in folgenden Lehrbüchern durchgerechnet:

Eiteman, David K./Stonehill, Arthur I.: (1979)
Levi, Maurice: (1983)
Rodriguez, Rita M./Carter, E. Eugene: (1976)
Salera, Virgil: (1969)
Shapiro, Alan C.: (1982)
Weston, J. Fred/Sorge, Bart W.: (1972)
Zenoff, David B./Zwick, Jack: (1969)

Abschnitt 2.2, 2.3, 2.4 zusätzlich zu Abschnitt 2.1.:

Folks, William R.: Critical Assumptions in evaluating foreign investment projects, in: Capital Budgting under Conditions of uncertainty, Hrsg.: R. L. Crum u. F. G. J. Derkinderen, Boston, Den Haag, London 1981 (Nijenrode studies in business, Nr. 5), S. 138ff.
Gaddis, Paul O.: Analyzing overseas investments, in: Harvard Business Review, May/June 1966, S. 115ff.
Gordon, Sara L./Francis, Lees A.: Multinational capital budgeting: Foreign investment under subsidy, in: California Management Review, Fall 1982, S. 22ff.
Lessard, Donald R.: (1981)

Abschnitt 2.5

Agmon, Tamir/Lessard, Donald R.: Investor recognition of corporate international diversification, in: Journal of Finance, Sept. 1977, S. 1049ff.
Folks, William R.: (1981)
Frankel, Jeffrey A.: The diversifiability of exchange risk, in: Journal of International Economics, Jg. 9, 1979, S. 379ff.
Naumann-Etienne, Ruediger: A framework for financial decisions in multinational corporations, in: Journal of Financial and Quantitative Analysis, Nov. 1974, S. 859ff.
Perridon, Louis/Steiner, Manfred: Finanzwirtschaft der Unternehmung, 4. Aufl., München 1986
Severn, Alan K.: Investor evaluation of foreign and domestic risk, in: Journal of Finance, May 1974, S. 545ff.
Shapiro, Alan C.: Evaluating financial costs for multinational subsidiaries, in: Journal of International Business Studies, Fall 1975, S. 25ff.
Shapiro, Alan C.: Financial structure and cost of capital in the multinational corporation, in: Journal of Financial and Quantitative Analysis, June 1978, S. 211ff.
Stehle, Richard: (1981)
Süchting, Joachim: Finanzmangement, 2. Aufl., Wiesbaden 1978

Abschnitt 3.2.1

Balleis, Siegfried M.: Die Bedeutung politischer Risiken für ausländische Direktinvestitionen, Diss., Nürnberg 1984
Kobrin, Stephen J.: When does political instability result in increased investment risk?, in: Columbia Journal of World Business, Jg. 13, 1978, Nr. 3, S. 113ff.
Prast, W. G./Lax, Howard L.: Political risk as a variable in TNC decision-making, in: Natural resource forum, Jg. 6, 1982, S. 183ff.
Robock, Steven H.: Political risk: identification and assessment, in: Columbia Journal of World Business, Jul/Aug 1971, S. 6-20
Sethi,S. Prakash/Luther, K. A. N.: Political analysis and direct foreign investment, in: California Management Review, Winter 1986, S. 57ff.

Abschnitt 3.2.2

Brewer, Thomas L.: Political risk assessment for foreign direct investment decisions, in: Columbia Journal of World Business, Spring 1981, S. 5-29
Büschgen, Hans E.: Internationales Finanzmanagement, Frankfurt am Main 1986
Eiteman, David K./Stonehill, Arthur I.: (1979)
Hahn, Oswald: (1983)
Lipfert, Helmut: Management von Währungsrisiken, in: WISU, 1981, Nr. 2, S. 66ff und WISU, 1981, Nr. 3, S. 119ff.
Lloyd, Bruce: The identification and assessment of political risks in the international environment, in: London Business School Journal, Spring 1975, Nr. 5, S. 2ff.
Loscher, Georg: Das politische Risiko bei Auslandsinvestitionen, Diss., Uni München, München 1984
Thomée, F.: Gefährdung des Investitionserfolges durch Inflation und Änderung von Währungsparitäten, in: SzU, Hrsg. Herbert Jacob, Bd. 26, Wiesbaden 1979, S. 60ff.

12. Kap.: Investitionsrechnungsmethoden bei Auslandsdirektinvestitionen

Abschnitt 3.3.1

Duhnkrack, Thomas: Zielbildung und Strategisches Zielsystem in der Internationalen Unternehmung, Diss. Universität Hamburg 1984, Göttingen 1984
Dunn, Jr., Robert M.: Flexible exchange rates and oligopoly pricing, in: Journal of Political Economy, Jan/Feb 1970, S. 140ff.
Eilenberger, Guido: Finanzierungsentscheidungen multinationaler Unternehmungen, Würzburg, Wien 1980
Eiteman, David K./Stonehill, Arthur I.: (1979)
Kersch, Annette: Wechselkursrisiken, internationaler Handel und Direktinvestitionen, Hamburg 1987
Kohlhagen, Steven W.: Exchange rate changes, profitability, and direct foreign investment, in: Southern Economic Journal, July 1977, S. 43ff.
Levich, Richard M./Clas, G. Wihlborg: Exchange Risk and Exposure, Lexington, Toronto 1980
Lipfert, Helmut: Management von Währungsrisiken, in: WISU, 1981, Nr. 2, S. 66ff., und WISU, 1981, Nr. 3, S. 119ff.
Lipfert, Helmut: Währungsrisiko – Management, deutschsprachige Originalfassung eines Beitrages zum Handbook of German Business Management, unveröffentlichtes Vorlesungsmanuskript, Hamburg 1984
Rodriguez, Rita M./Carter, E. Eugene (1976):
Shapiro, Alan C.: Developing a profitable exposure management system: the proactive approach, in: Business International, Money Report, June 17, 1977, S. 187ff.
Shapiro, Alan C.: Evaluation and control of foreign operations, in: The International Journal of Accounting, 1978, Nr. 1, S. 83ff.
Shapiro, Alan C.: Exchange rate changes, inflation and the value of the multinational corporation, in: Journal of Finance, Jg. 30, 1975, Nr. 2, S. 485-502
Srinivasulu, S. L.: Strategic response to foreign exchange risks, in: Columbia Journal of World Business, Spring 1981, S. 13ff.
Wentz, Rolf Christian: Wechselkursrisikokonzepte und Devisenkurssicherung, in: ZfB, Jg. 10, 1979, S. 907ff.

Abschnitt 3.3.2

Jacob, Herbert: Preispolitik, Wiesbaden 1963
Lauper, Peter E.: Auswirkungen inflationärer Tendenzen auf das Investitionsverhalten der multinationalen Unternehmung, Diss. Universität Lausanne, Basel 1977

Abschnitt 3.3.3

Hauser, Heinz: Währungsrisiken: Inflation, Zinssätze und Wechselkurse, in: Außenwirtschaft, Heft II/III, 1982, S. 183ff.
Thomée, F.: (1979)

Abschnitt 3.4.1

Büschgen, Hans E.: (1986)
Haendel, Dan: Foreign Investments and the Management of Political Risks, Boulder, Colorado 1979
Haner, F. T.: Rating Investment Risks Abroad, in: Business Horizons, April 1979, pp. 18-23
Kennedy, John Whitcomb: Risk assessment for US-affiliates based in less developed countries, in: Columbia Journal of World Business, Summer 1984, S. 76ff.
Knudsen, Harald: Explaining the National Propensity to Expropriate: An Ecological Approach, in: Journal of International Business Studies, Spring 1974, pp. 51-71
Kormann, Hermut: (1980)
Loscher, Georg: (1984)
Pott, Phillipp: Direktinvestitionen im Ausland, München 1983
Prast, W. G./Lax, Howard L.: (1982)

Root, Franklin R.: Analyzing political risks in international business, in: The Multinational Enterprise in Transition, Hrsg. A. Kapoor, Phillip D. Grub, 2. Aufl., Princeton, New Jersey 1973, S. 354ff.
Sethi, S. Prakash/Luther, K. A. N.: (1986)

Abschnitt 3.4.2

Dufey, Gunter/Giddy, Ian H.: International financial planning, in: California Management Review, Fall 1978, S. 69ff.
Eiteman, David K./Stonehill, Arthur I.: (1979)
Lessard, Donald R.: (1981)
Lipfert, Helmut: (1981)

Abschnitt 3.5

Hahn, Oswald: (1983)
Lipfert, Helmut: (1981)
Lipfert, Helmut: Swapgeschäfte der Unternehmung, in: WISU, 1982, Nr. 5, S. 228ff., WISU, 1982, Nr. 6, S. 282ff., WISU, 1982, Nr. 9, S. 434ff.
Lipfert, Helmut: (1984)
Loscher, Georg: (1984)
Rodriguez, Rita M./Carter, E. Eugene: (1976)

Abschnitt 4 allgemein

Blohm, Hans/Lüder, Klaus: Investition, 5. Aufl., München 1983
Hax, Herbert: (1979)
Jacob, Herbert: (1981)
Jacob, Herbert: Zum Problem der Unsicherheit bei Investitionsentscheidungen, in: ZfB, 1967, Nr. 3, S. 153ff.
Kern, Walter: Grundzüge der Investitionsrechnung, Stuttgart 1976
Kruschwitz, Lutz: Investitionsrechnung, 2. Aufl., Berlin/New York 1985

Abschnitt 4.1

Brewer, Thomas L.: (1981)
Eiteman, David K./Stonehill, Arthur I.: (1979)
Haendel, Dan: (1979)
Ohne Verfasser: Applying a country risk index to the capital investment decision: one firm's experience, in: Business International Money Report, Oct. 10, 1980, S. 325ff.
Pryor, M. H. Jr./Millard H.: Planning in a worldwide business, in: Harvard Business Review, Jan/Feb 1965, S. 130-139
Stonehill, Arthur/Nathason, Leonard: (1968)
Shapiro, Alan C.: (1982)
Zenoff, David B./Zwick, Jack: (1969)

Abschnitt 4.2.1

Kilger, Wolfgang: Kritische Werte in der Investitions- und Wirtschaftlichkeitsrechnung, in: Lüder, Klaus (Hrsg.), Investitionsplanung, München 1977, S. 145ff.
Perlitz, Manfred: Sensitivitätsanalysen für Investitionsentscheidungen, in: ZfbF-Kontaktstudium, Nr. 31, 1979, S. 41ff.

Abschnitte 4.2.2.1.1 u. 4.2.2.1.3

Pensel, Jens: (1977)
Shapiro, Alan C.: (1982)

Abschnitt 4.3.1

Jacob, Herbert: Zur Bedeutung von Flexibilität und Diversifikation bei Realinvestitionen, in: Unternehmenstheorie und Unternehmensplanung, Festschrift für H. Koch, Hrsg. W. Melwig, Wiesbaden 1979, S. 31ff.

Stobaugh, Robert B. Jr.: How to analyze foreign investment climates, in: Harvard Business Review, Sep/Oct 1969, S. 100ff.

Wheelwright, Steven C.: Applying decision theory to improve corporate management of currency-exchange risks, in: California Management Review, Summer 1975, S. 41ff.

Abschnitt 4.4

Bircher, Bruno; Hubschmidt, Heinz; Baetschmann, Hansruedi: Besser entscheiden für Auslandsmärkte, in: Management-Zeitschrift, Nr. 4, 1978, S. 202-208

Hertz, David B.: Risk Analysis in Capital Investment, in: Harvard Business Review, 1964, Nr. 1, S. 95ff.

Jandt, Jürgen: Investitionsentscheidungen bei unsicheren Erwartungen mittels Risikoanalyse, in: Wirtschaftsstudium, Nov. 1986, S. 543ff.

Köhler, Richard; Uebele, Herbert: Risikoanalyse bei der Evaluierung absatzorientierter Projekte, in: Wirtschaftsstudium, März 1983, S. 119ff.

Kruschwitz, Lutz: Bemerkungen zur Risikoanalyse aus theoretischer Sicht, in: ZfB, 1980, Nr. 7, S. 800ff.

Perlitz, Manfred: Risikoanalyse für Investitionsentscheidungen, in: ZfbF-Kontaktstudium, Nr. 31, 1979, S. 41ff.

Seidel, Heinrich: Erschließung von Auslandsmärkten: Auswahlkriterien, Handlungsalternativen, Entscheidungshilfen. Berlin 1977.

Staehelin, E.: Investitionsrechnung, 9. Aufl., Zürich 1998.

13. Kapitel:
Multilateraler Investitionsschutz und multilaterale Finanzierungsmechanismen

Die Eingliederung der Entwicklungsländer in die Weltwirtschaft durch Ausweitung des Ausfuhren und in jüngster Zeit vermehrt durch Investitionen von Unternehmen ist vorzugsweise jenen Staaten gelungen, die privatem Eigentum Rechtsschutz bieten und die sich durch eine marktwirtschaftliche Ordnung auszeichnen. Diese Bedingungen zu schaffen, ist Aufgabe der Entwicklungsländer selbst. Industrieländer können im Rahmen der bi- und multilateralen Entwicklungszusammenarbeit derartige Anstrengungen in den Entwicklungsländern bestenfalls anregen und /oder unterstützen.

In jüngster Zeit finden multilaterale Regelungen zur Liberalisierung der Außenwirtschaftsbeziehungen und vor allem des Kapitalverkehrs und zur Gestaltung weltweit günstiger Rahmenbedingungen für grenzüberschreitende Auslandsinvestitionen besondere Aufmerksamkeit. Erwartet wird von der Vereinbarung internationaler Abkommen eine stärkere Disziplinierung der Wirtschaftspolitik mit der Folge, daß die nach den Erkenntnissen der Internationalen Betriebswirtschaftslehre erforderlichen Mindestbedingungen für grenzüberschreitende Unternehmenskooperationen entstehen, und dies soll vor allem für die Garantie des Eigentums und für die Herbeiführung einer marktwirtschaftlichen Ordnung gelten. In der Tat enthalten die bestehenden Abkommen derartige Verpflichtungen. Daß sie eingelöst werden, ist durchaus wahrscheinlich, zwingen doch Offenlegungs- und Streitschlichtungsverfahren zu einem vereinbarungskonformen Verhalten der Unterzeichnerstaaten. Ein aus der Sicht der Unternehmen wichtiger Nebeneffekt ergibt sich aus den mit der Stabilisierung der Wirtschaftspolitik unmittelbar anfallenden Vorteilen für die Planung und für das Management von Auslandsinvestitionen in Entwicklungsländern. Multilaterale Einrichtungen bieten bei Bedarf auch Netzwerke an, durch die anderweitig nicht verfügbare Informationen mit geringem Aufwand erschlossen werden können. Zudem besteht der Zugang zu zusätzlichen Garantien, Krediten und technischer Beratung durch multilaterale Agenturen.

Damit diese Vorteile von den Unternehmen als solche gewertet und bei der Planung und Durchführung von Auslandsinvestitionen in Entwicklungsländern wirksam werden, muß das bestehende Instrumentarium mit den Entscheidungskriterien und -verfahren kooperationsinteressierter Unternehmen vereinbar sein. Dies trifft weitestgehend zu, wie eine Analyse der Zielsetzung, der Anknüpfungspunkte, der Voraussetzungen für die Inanspruchnahme und die Antragsverfahren multilateraler Förderungseinrichtungen und eine Untersuchung des Geltungsbereichs multilateraler Abkommen erkennen läßt.

Die derzeit angekündigten Erweiterungen multilateraler Regelwerke für die Außenwirtschaft um soziale Kriterien und die Bereitschaft multilateraler Förderungseinrichtungen, ökologische Kriterien bei der Vergabe von Krediten an private grenzüberschreitende Kooperationen zwingend zu beachten, entsprechen den Vorstellungen von einer nachhaltigen Entwicklung und orientieren sich an Vorstellungen, denen zufolge auch die Unternehmen langfristig aus sozialer Stabilität und aus der Erhaltung der natürlichen Umwelt Vorteile erzielen. Mehr als fraglich ist, ob nicht dadurch Allokationsverzerrungen ausgelöst werden und die

Entscheidungskompetenz der Unternehmen eingeschränkt wird. Die zusätzlichen Auflagen wirken kontraproduktiv, wenn die betroffenen Unternehmen andere, weil billigere und mit weniger Kriterien befrachtete Förderungen vorziehen und sich damit den ihnen zugedachten Verpflichtungen entziehen können. Zweckmäßiger wäre es, die multilateralen Vereinbarungen über die Außenwirtschaft als ein Instrument zur Liberalisierung des Waren- und Kapitalverkehrs zu gestalten. Aufgabe der Entwicklungsländer und der öffentlichen Entwicklungszusammenarbeit der Industrieländer ist es, durch eine armutsoriente und ökologisch ausgewogene Wirtschafts- und Entwicklungspolitik soziale und ökologische Schäden gar nicht erst eintreten zu lassen.

1 Rechtsschutz und markwirtschaftliche Rahmenbedingungen in den Entwicklungsländern – Voraussetzungen für die Integration in die Weltwirtschaft

1.1 Die Eingliederung der Entwicklungsländer in die Weltwirtschaft

Die neunziger Jahre sind gekennzeichnet durch **Globalisierung und fortschreitende Integration in die Weltwirtschaft**. Dies gilt auch für die **Entwicklungsländer**.

Nach Angaben des IWF hat sich der Anteil der **Exporte** am Bruttosozialprodukt der Entwicklungsländer in den letzten zehn Jahren um 1,2 vH jahresdurchschnitttlich erhöht. Die Wachstumsrate von durchschnittlich 8 vH für die Ausfuhren der Entwicklungsländer erreicht das Zweifache der Zunahme der Exporte der Industrieländer zwischen 1987 und 1994. Noch deutlicher zeigt sich die Verflechtung an der Veränderung der ausländischen **Investitionen** in Entwicklungsländern (Global Economic Prospects 1996, S. 20).

Entwicklung des Außenhandels der Entwicklungsländer

Der Wert der Exporte aus Entwicklungsländern hat sich zwischen 1984 und 1994 fast doppelt so stark erhöht wie der Wert der Exporte aus Industrieländern. Das Erscheinungsbild der Gruppe der Entwicklungsländer weist jedoch große regionale Unterschiede auf.

So stieg von 1990 bis 1994 bei steigendem Welthandel der Wert ostasiatischer Exporte deutlich und der lateinamerikanischer Länder immerhin noch leicht überdurchschnittlich, während die Exporte aus den afrikanischen Entwicklungsländern sogar sanken. Somit konnten Lateinamerika (von 4,3 vH auf 4,5 vH) und Asien (von 21,9 vH auf 27,0 vH) ihre Anteile am Welthandel erhöhen. Gleichzeitig sank der Anteil afrikanischer Exporte am Volumen des weltweiten Exports von 3,9 vH auf 2,9 vH. Der gesamte Kontinent Afrika fiel damit in der Bedeutung hinter China (1,8 vH bzw. 3,0 vH) zurück.

1995 und 1996 konnte der Welthandel erneut gesteigert werden, und in beiden Jahren verzeichneten die Entwicklungsländer Zuwachsraten, die oberhalb der Zunahmerate für den gesamten Welthandel lagen. Die südostasiatischen Schwellenländer konnten erneut ihre starke Stellung im

Welthandel ausbauen und stehen in der Rangliste der wichtigsten Exportnationen unmittelbar hinter den großen und ausfuhrstarken Industrieländern.

Die Zahlen für die Direktinvestitionen bringen zum Ausdruck, daß die **Entwicklungsländer Kapitalverflechtungen** als Ergänzung für die Zusammenarbeit durch den Handel **begrüßen.** Der Transfer von Kapital wird vor allem deshalb gewünscht, weil darin die Übermittlung von technischen und managementbezogenen Kenntnissen zum Auf- und Ausbau von Produktionsanlagen und zur Erschließung neuer Märkte eingeschlossen sein kann. Damit werden Fähigkeiten in den Unternehmen in Entwicklungsländern geschaffen oder verstärkt, die die Voraussetzungen dafür bieten, sich zu spezialisieren und dadurch das Wachstum zu erhöhen. Den Entwicklungsländern ist zudem nicht verborgen geblieben, daß der Ausweitung der staatlichen Entwicklungszusammenarbeit der Industrieländer zu vergünstigten Konditionen in den nächsten Jahren enge Grenzen gesetzt sind und daß sich in den osteuropäischen Transformationsstaaten „neue" Entwicklungsländer auftun. Diese Staaten werben in Konkurrenz zu den Entwicklungsländern herkömmlicher Definition um öffentliche Entwicklungszusammenarbeit sowie um ausländisches Kapital und damit verbundenen Technologietransfer, so daß es geboten erscheint, Direktinvestitionen anzuregen.

Wenn von **Förderungsbedarf in den Entwicklungsländern** gesprochen wird, so liegt dies im wesentlichen daran, daß nicht alle Staaten privatwirtschaftliche Kooperationen mit Unternehmen in den Industrieländern begründen konnten:

- Sowohl als Handelspartner wie auch als Standorte für Auslandsinvestitionen und seit kurzem auch für Portfolioinvestitionen haben sich die südostasiatischen Schwellenländer und die lateinamerikanischen Entwicklungsländer hervortun können.

- Ungleich verteilt sind die Fortschritte in den Ländern mit mittleren Einkommen: Staaten, die ihre Volkswirtschaft geöffnet haben und wirtschaftspolitische Reformen zur Stärkung der Lenkungsfunktion von Preisen und Märkten durchgeführt haben, konnten Zuwachsraten bei den Ausfuhren verzeichnen und einen nachhaltigen privatwirtschaftlichen Ressourcenzustrom melden. Demgegenüber waren Länder, die ungünstige Investitionsbedingungen vor allem als Folge von staatlichen Eingriffen in die Märkte boten, nicht in der Lage, sich als Handelspartner und als Zielorte für ausländische Investitionen durchzusetzen.

- Zurückgefallen sind die ärmsten Entwicklungsländer sowohl als Handelspartner als auch als Standorte für ausländische Kapitalanleger: kleine Märkte, eine schlechte Faktorausstattung und/oder wirtschaftspolitische Defizite haben die Leistungsfähigkeit der Unternehmen eingeschränkt und Anstrengungen zur Erhöhung der Wettbewerbsfähigkeit durchkreuzt.

Unstreitig ist in den Entwicklungsländern mit geringer Integration in die Weltwirtschaft, daß derartige Kapitalanlagen von ausländischen Unternehmen vorgenommen werden, wenn die Investitionen einen zusätzlichen **Ertrag** erbringen und wenn sie die Verwirklichung unternehmerischer Zielsetzungen wie die Ausweitung des Absatzes oder den Zugriff auf Produktionsfaktoren gewährleisten. Herauszufinden, wie dabei zu entscheiden ist und wie die betrieblichen Maßnahmen ausfallen sollten, ist Gegenstand der Internationalen Betriebswirtschaftslehre, deren Erkenntnisse die Entwicklungsländer bei der Gestaltung von Rahmenbedingungen für ausländische Investoren berücksichtigen müssen.

1.2 Rahmenbedingungen in den Entwicklungsländern als Voraussetzung für ausländische Investitionen

Bei kurzfristiger Sichtweise der in Entwicklungsländern investierenden Unternehmen aus Industrieländern bieten sich auch auf **geschützten Märkten** hohe Erträge; werden zusätzlich Subventionen geboten, gibt es aus der Sicht ausländischer Unternehmen einen zusätzlichen Grund, Standortvorteile zu vermuten und vermehrt Kapital in diese Länder zu leiten. Dabei wird allerdings verkannt, daß die Förderungsmaßnahmen die Unternehmen von der Verpflichtung befreien, Produktionsfaktoren entsprechend den Preis- und Ertragsentwicklungen auf dem Weltmarkt einzusetzen. Infolgedessen führen die abgeschirmten Märkte und die Subventionen auch dazu, daß die Unternehmen nicht die Kriterien internationaler Wettbewerbsfähigkeit bei der Kombination der Produktionsfaktoren und bei der Gestaltung der angebotenen Güter beachten und auf die aus der Spezialisierung und der Arbeitsteilung herrührenden Vorteile verzichten.

Mit Blick auf die langfristigen Vorteile für die Unternehmen ist es deshalb zweckmäßig, die **Lenkungsfunktion der Preise und Märkte in den Entwicklungsländern** zu stärken und die **Außenwirtschaftsbeziehungen zu liberalisieren**. Aufgabe des Staates muß es zudem sein, den **Rechtsschutz für das Eigentum** zu garantieren und den Freiraum für unternehmerische Anpassungen zu schaffen und zu erhalten. Damit werden zum einen die für die Investitionen notwendigen Schutzrechte und zum anderen günstige Bedingungen in den Unternehmen für rentabilitätsbezogene Entscheidungen über den Einsatz der Produktionsfaktoren und über die Anpassungen an die Marktveränderungen geschaffen. Offene Volkswirtschaften zwingen zudem ständig dazu, die Allokationsentscheidungen mit Blick auf die Veränderungen auf dem Weltmarkt

---

Die Bedeutung multilateraler Regelungen und Förderinstrumente für den Umfang von Direktinvestitionen in Entwicklungsländern

Daß die Direktinvestitionen von ausländischen Unternehmen in den Entwicklungsländern seit dem Beginn der neunziger Jahre ausgeweitet wurden, führt die Weltbank auf die grundlegenden Änderungen der Politik dieser Staaten zurück. Waren in den früheren Jahrzehnten unvorhersehbare Eingriffe in die Rechte des Eigentümers und in die Betriebsführung weit verbreitet, so ist seit den neunziger Jahren ein Sinneswandel auszumachen. Die Politik der Anlageländer ist darauf ausgerichtet, in- und ausländischen Investoren Rahmenbedingungen zu gewähren, die hohe Renditen in Aussicht stellen und die Einhaltung der Rechte der Eigentümer versprechen. Diese Politik geht Hand in Hand mit dem Beitritt der Entwicklungsländer zu multilateralen Abkommen, die handelsstörende Eingriffe untersagen und die das geistige Eigentum schützen. Hervorgehoben werden in diesem Zusammenhang die Entschließungen von Marrakesch, Richtlinien der Weltbank, Grundsatzerklärungen der Asiatisch-Pazifischen Wirtschaftszone, vertraglich zugesicherte Verpflichtungen der Mitgliedstaaten der Nordamerikanischen Freihandelszone, das 4. AKP-EU-(Lomé-)Abkommen und der Mercosur Vertrag. Die Einführung von Streitschlichtungsverfahren und die Einrichtung von Institutionen zur Bereinigung von Streitfällen werden positiv bewertet.

World Bank, Global Economic Prospects and the Developing Countries, 1996, Washington, D.C. 1996, S. 11f.

---

auszurichten, und stellen so sicher, daß die Vorteile internationaler Arbeitsteilung ausgeschöpft werden können.

Deutlicher als der Handel zeigen die Entscheidungen über Direktinvestitionen durch die Unternehmen die Grenzen aller **staatlicher nicht an den Allokationskriterien ausgerichteter Förderungsmaßnahmen**: Hohe Subventionen sind für sich genommen kein Investitionen anregendes Motiv, sondern werden als Prämien für ansonsten schlechte Rahmenbedingungen gedeutet und können Kapitalanlagen erschweren. Die angebotenen Erleichterungen werden zudem oft entwertet durch staatliche Auflagen, die bei der Inanspruchnahme erfüllt werden müssen, wie beispielsweise die Bereitstellung von Arbeitsplätzen ohne Rücksicht auf den Bedarf des einzelnen Unternehmens, die Vornahme der Investitionen in Regionen, die aus der Sicht der Unternehmen ohne die Förderung nicht aufgesucht werden, oder die Verpflichtung, Leistungen für den Schutz der Umwelt oder für die Ausbildung von Einheimischen über den aus der Tätigkeit des Unternehmens ableitbaren Bedarf hinaus vorzunehmen. Einwänden der Unternehmen mit Blick auf die dadurch entstehenden Rentabilitätsverluste wird entgegengehalten, daß aus der Sicht des Investitionsstandortes die Auflagen notwendig sind, weil die dem Land entstehenden Kosten für die Förderung wieder ausgeglichen werden müsssen.

Ein Vergleich der Investitionsförderung durch günstige Rahmenbedingungen oder staatliche Maßnahmen in Verbindung mit Auflagen für die Inanspruchnahme aus der Sicht der investitionswilligen Unternehmen kommt zu dem Ergebnis, daß eine dauerhafte und enge Integration der Entwicklungsländer in die Weltwirtschaft durch Direktinvestitionen und – damit verbunden – Technologietransfer, von den Entwicklungsländern Reformen verlangt, die ein **günstiges Investitionsklima** schaffen und die für eine grenzüberschreitende Kooperation üblichen Eigentums- und Transferrisiken gering halten (Bachmann, Kaku 1994, S. 14). Diese Voraussetzungen herbeizuführen, ist Aufgabe der Regierungen der Entwicklungsländer bei der Formulierung wirtschaftspolitischer Ziele, bei der Einrichtung von Instanzen und der Einsetzung von Regelwerken.

1.3 Multilaterale Maßnahmen zur Förderung der Arbeitsteilung zwischen Entwicklungs- und Industrieländern

Allenfalls unterstützend und ergänzend zu den Eigenanstrengungen können **Fördermaßnahmen der Industrieländer** Investitionen in Entwicklungsländern anregen. Bilaterale Maßnahmen umfassen Garantien und Bürgschaften sowie den Abschluß von Verträgen mit Entwicklungsländern über den Schutz von Kapitalanlagen. Für den Fall von Finanzierungsengpässen oder von unzureichender personeller Ausstattung kooperationswilliger Unternehmen werden darüber hinaus finanzielle Hilfen oder Niederlassungs- und Technologieprogramme angeboten, die das für eine Kooperation fehlende Kapital und/oder Wissen vermitteln sollen. Integrierte Beratungsdienste, die technische öffentliche Entwicklungszusammenarbeit und der Politikdialog können dazu verhelfen, die Fähigkeiten von Unternehmen in den Entwicklungsländern und die Rahmenbedingungen zu schaffen, ohne die üblicherweise eine Zusammenarbeit für Unternehmen aus den Industrieländern nicht oder nur in Ausnahmefällen möglich ist.

Multilaterale Institutionen haben das Schwergewicht auf die Vereinbarung von gleichlaufenden Politiken zur Liberalisierung der Außenwirtschaftsbeziehungen und zur Schaffung von günstigen Rahmenbedingungen in den einzelnen Staaten gelegt. Daneben gibt es in Konkurrenz zu den bilateralen Maßnahmen Finanzierungs- und Garantieprogramme.

2 Die Gestaltung der Rechtsordnung und der Rahmenbedingungen für ausländische Investitionen in Entwicklungsländern unter dem Einfluß multilateraler Regelwerke

Weitaus weniger bekannt als die bilateralen Abkommen zur Förderung von Investitionen in Entwicklungsländern (die Zahl der Verträge einschließlich der Abkommen auf regionaler Ebene wird weltweit auf 600 geschätzt) sind die multilateralen Abkommen und Einrichtungen. Galt es zunächst, durch gemeinsame Verhandlungen der Entwicklungsländer unter dem Schutzschirm einer weltweiten Organisation (z.B. UN oder Weltbank) ein Gegengewicht zu der starken Ausgangsposition einzelner Industrieländer zu bilden und die Macht ausländischer Unternehmen in den Entwicklungsländern zu kontrollieren, so werden heute multilaterale Abkommen als ein Instrument angesehen, das geeignet ist, weltweit günstige Rahmenbedingungen für ausländische Investitionen zu schaffen und damit eine der Voraussetzungen für die Globalisierung der Unternehmen entsprechend den Forderungen der Internationalen Betriebswirtschaftslehre zu erfüllen.

2.1 Traditionelle Vorstellungen von multilateralen Abkommen: „Investitionsbremse" wegen der Betonung der Interessen der Entwicklungsländer

Wenn bislang multilaterale Abkommen zur Förderung von Direktinvestitionen bei Unternehmen in den Industrieländern nicht besondere Aufmerksamkeit erfuhren, so lag dies vor allem daran, daß die Verträge im Ruf standen, **weniger an den Interessen investitionswilliger Unternehmen als an den entwicklungspolitischen Zielen ausgerichtet zu sein**. Diese Einschätzung gründete sich unter anderem darauf, daß diese Verträge vielfach explizit die Interessen der Entwicklungsländer bei der Kontrolle Multinationaler Unternehmen zu definieren anstrebten und nicht immer ausdrücklich betriebswirtschaftliche Erfordernisse investitionswilliger Unternehmen erfüllten.

Vorbehalte gegen den investitionsfördernden Charakter multilateraler Abkommen gründeten sich zudem auf die Vorstellung, daß **länderspezifische Erfordernisse** bei der Zusammenfassung von Verhandlungspositionen der Industrie- und Entwicklungsländer **vernachlässigt** werden. Der Zwang, zunächst in der

Gruppe der Entwicklungsländer und in einer zweiten Runde zwischen allen Staaten Einvernehmen erzielen zu müssen, ist nach Ansicht der Kritiker multilateraler Regelwerke bestenfalls dazu geeignet, ein Verhandlungsergebnis zu erzielen, das sich auf für alle Staaten gleichermaßen konsensfähige Maßnahmen beschränkt und die Vereinbarung spezifischer Maßnahmen hintanzustellen, die den besonderen Belangen von in Entwicklungsländern investierenden ausländischen Unternehmen Rechnung trägt.

2.2 Perspektiven für das nächste Jahrtausend: Liberalisierung des Kapitalverkehrs durch multilaterale Vereinbarungen

Die Kritiker multilateraler Abkommen schätzen insgesamt die Gefahren gering ein, die daraus entstehen können, daß bilaterale Abkommen Sonderregelungen für einzelne Staaten festschreiben und damit Bemühungen einzelner Länder unterstützen, gegen die Grundsätze der Nichtdiskriminierung, der Gleichbehandlung und der offenen Grenzen zu verstoßen. Denn durch die **zweiseitigen Verträge kann ein „Flickenteppich" entstehen, der – weil bilateral vereinbart – weltwirtschaftliche Arbeitsteilung und Spezialisierung erschwert,** wie ein Blick auf den Stand der Marktöffnung und der Angleichung der Rahmenbedingungen in den Industrie- und in den Entwicklungsländern zeigt (Kommission der Europäischen Gemeinschaften 1995, S. 5).

Vielerorts – und dies hat auch bei internationalen Verhandlungen seinen Niederschlag gefunden – setzt sich die Hoffnung durch, eine viele Staaten übergreifende Vereinbarung könne besser als bilaterale Vereinbarungen die Durchsetzung von Freiheit des Wirtschaftsverkehrs, der Beseitigung von Diskriminierungen und die Umsetzung der Inländergleichbehandlung gewährleisten. Diese Einschätzung geht hervor aus einer Analyse sowohl der Vorstellungen über die Gestaltung der Rahmenbedingungen für eine offene Außenwirtschaft als auch aus einer Untersuchung der Maßnahmen für die Umsetzung dieser Vorstellungen.

2.2.1 Sicherung des Rechtsschutzes und Schaffung geeigneter Rahmenbedingungen

Die Vereinbarung der Internationalen Welthandelsorganisation WTO im Abkommen von Marrakesch bietet **Schutz vor quantitativen Handelsbeschränkungen.** Quoten für Importe und Exporte sowie Regelungen für die Verwendung inländischer Produkte sind in einer den Vertragsstaaten zugestandenen Übergangszeit zu beseitigen. Den Entwicklungsländern ist mehr Zeit eingeräumt, diese Bestimmungen umzusetzen, als den Industrieländern.

Durch das Abkommen der WTO von Marrakesch soll zudem gewährleistet werden, daß geistiges Eigentum [Urheberrechte, Handelsmarken, Muster (industrial designs), Herkunftsbezeichnungen und Patente] vor dem Zugriff Dritter geschützt sind. Ausnahmen sind allenfalls zulässig, wenn Gesundheit und Ernährung oder andere wichtige nationale Interessen einzelner Länder beeinträchtigt sind.

TRIMs Trade-Related Investment Measures –
Handelsbezogene investitionspolitische Maßnahmen
TRIPs Trade-Related Aspects of Intellectual Property Rights
–
Handelsbezogener Schutz geistigen Eigentums

Bereits in der Erklärung von Punta del Este kamen die Mitgliedsstaaten des GATT (General Agreement on Tariffs and Trade) überein, auch diese beiden Themengebiete in die weiteren Verhandlungen einzubeziehen. Jedoch wurden erst 1994 mit Abschluß der Uruguay-Runde – inzwischen unter dem Namen Welthandelsorganisation (WTO) – Vereinbarungen kodifiziert.

Durch die TRIPs-Übereinkunft soll sichergestellt werden, daß geistiges Eigentum ausreichend vor dem Zugriff Anderer geschützt ist, ohne dabei zum Handelshemmnis zu werden. Es wurden Regelungen bezüglich Urheberrechten, Handelsmarken, Mustern (industrial designs), Herkunftsbezeichnungen und Patenten getroffen. Dabei dürfen die Mitgliedsländer unter bestimmten Voraussetzungen weiterhin auf diesen Gebieten aktiv werden, wenn die Bereiche Gesundheit und Ernährung oder andere wichtige nationale Interessen betroffen sind.

Dagegen soll die TRIMs-Vereinbarung vor quantitativen Handelsbeschränkungen schützen. Quoten, die in irgendeiner Form Import- und Exportmengen festlegen, sowie Regelungen, die die Verwendung inländischer Produkte vorschreiben, werden nach einer Übergangszeit unzulässig. Dabei wird den Entwicklungsländern mehr Zeit eingeräumt, die Bestimmungen umzusetzen, als den Industrieländern.

Die 1988 gegründete Multilaterale Investitionsgarantie-Agentur sichert Kapitalanlagen gegen nichtkommerzielle Risiken, vor allem gegen Beschränkungen des Währungstransfers, Enteignungen, Vertragsbruch sowie Kriege oder Unruhen. Garantiert werden Investitionsvorhaben, die Gründung, Erweiterung oder auch Umstrukturierung eines Unternehmens in einem sich entwickelnden Mitgliedsland zum Gegenstand haben.

MIGA Multilateral Investment Guarantee Agency
Multilaterale Investitions-Garantie-Agentur

Die 1988 gegründete MIGA ist die jüngste Organisation der Weltbankgruppe. Sie gewährt Investoren in Entwicklungsländern Garantien, um diese gegen nichtkommerzielle Risiken abzusichern. Dabei handelt es sich vor allem um Beschränkungen des Währungstransfers, Enteignungen, Vertragsbruch sowie Kriege oder Unruhen. Garantiert werden Investitionsvorhaben, die Gründung, Erweiterung oder auch Umstrukturierung eines Unternehmens in einem sich entwickelnden Mitgliedsland zum Gegenstand haben.

Während die IFC nur den von ihr bereitgestellten Anteil an einem Investitionsvorhaben garantieren kann, können MIGA-Garantien 90% des

Vorhabens abdecken und damit nationale Investitionsabkommen sowie private Versicherungen ergänzen.

Gemeinsam mit der IFC bietet die MIGA einen Beratungsservice für Auslandsinvestitionen an, den FIAS (Foreign Investment Advisory Service), der mit Beratung und technischer Unterstützung den Entwicklungsländern hilft, das institutionelle Umfeld für Investitionen zu verbessern.

Die Mitgliedsländer – auch für die MIGA ist die IBRD-Mitgliedschaft Voraussetzung – müssen nur einen Teil des von ihnen gezeichneten Kapitals tatsächlich einzahlen, während der Rest als Haftungskapital dient. Dabei haben Industrieländer frei konvertible Währungen zu verwenden, und nur Entwicklungsländer dürfen Bareinzahlungen teilweise in eigener Währung leisten.

Auch die MIGA wird von einem Gouverneursrat geleitet, der die Geschäftsführung den Direktoren der IBRD, deren Herkunftsländer Mitglieder der MIGA sind, übertragen hat.

2.2.2 Disziplinierende Wirkung von international verbindlichen Offenlegungs- und Streitschlichtungsverfahren

Bei der Bewertung multilateraler Abkommen wird unterstellt, daß die beteiligten Staaten nur von den Regeln abweichen können um den Preis eines Konfliktes mit zahlreichen Ländern. Derartige Drohungen – so wird vermutet – antizipieren die Regierungen in den Unterzeichnerstaaten und gewährleisten damit die Liberalisierung des Kapitalverkehrs durch gleichgerichtete Maßnahmen zur Sicherung des freien Zugangs, der Inländergleichbehandlung und der Nichtdiskriminierung in allen Unterzeichnerstaaten (Kommission der Europäischen Gemeinschaften 1995, S. 5; OECD 1990, S. 9).

Die zwingende Wirkung multilateraler Regelungen zur Durchsetzung investitionsfreundlicher Rahmenbedingungen in den Unterzeichnerstaaten ergibt sich zudem daraus, daß Verstöße – anders als bilaterale Abkommen – sehr schnell publik werden. Die Vereinbarungen sehen nämlich sehr präzise **Informations- und Berichtspflichten für die Unterzeichnerstaaten** vor. Angesprochen sind bei Vorwürfen regelwidrigen Verhaltens immer die Regierungen (Drexl 1994, S. 784f.).

Die besondere Bedeutung für die Einhaltung der Regeln ergibt sich aber auch aus den **Folgen von Informationen über schlechte Rahmenbedingungen für die investitionswilligen Unternehmen**. Verdichtet sich nämlich der Eindruck, daß international abgegebene Zusagen zur Schaffung günstiger Rahmenbedingungen für Investoren nicht eingehalten werden, ist – nach weit verbreiteter Auffassung unter den Befürwortern multilateraler Abkommen – mit einem Rückgang des Kapitalzuflusses zu rechnen. Erwartet wird, daß dies die Regierungen in Entwicklungsländern vorbeugend dazu veranlaßt, derartige Abweichungen zu unterlassen oder – wenn es zu einer Verschlechterung des Investitionklimas gekommen ist – die Fehlentscheidungen zu korrigieren (OECD 1990, S. 17ff. und S. 83ff.; OECD 1993, S. 50ff.; OECD 1994, S. 20ff.; OECD 1995, S. 27).

Beispiele für einen umfassenden und nach bislang vorhandenen Kenntnissen weit greifenden **Konsultations-, Kompensations- und Strafmechanismus** enthält das Abkommen von Marrakesch. Danach werden Verstöße auf Antrag von Regierungen Gegenstand von Streitschlichtungsverfahren. Ausnahmeregelungen bedürfen einer Kompensation für Staaten, denen dadurch Nachteile erwachsen.

2.3 Wirtschaftspolitische Beratung und Politikdialog – ein Beitrag zur investitionsfördernden Gestaltung der Wirtschaftspolitik

Für investitionswillige Unternehmen ist es nach den Erkenntnissen der Internationalen Betriebswirtschaftslehre zudem von besonderem Interesse, daß im Rahmen multilateraler Regelungen zur Vermeidung von Konflikten **vorbeugende Maßnahmen** zur Schaffung investitionsfreundlicher Rahmenbedingungen geschaffen werden. Dies ist vor allem Gegenstand einer **Politikberatung** und der **technischen Entwicklungszusammenarbeit** beim Aufbau von Instanzen zur Durchsetzung der erforderlichen Rahmenbedingungen sowie bei der Einführung und Abwicklung entsprechender Wirtschaftspolitiken. In der Tat bieten die bestehenden multilateralen Regelwerke dafür einen geeigneten Rahmen.

2.3.1 Der Beitrag der MIGA

Die Multilaterale Investitionsgarantie-Agentur kann **finanzielle und technische Beratung der Mitgliedsländer** bereitstellen. Des weiteren ist vorgesehen, auf konventionellen Datenträgern und im INTERNET Übersichten aufzustellen, die über für Investitionskooperationen geeignete Unternehmen informieren. Des weiteren ist es der MIGA möglich, Managementberatung für kooperationswillige Unternehmen anzubieten und die Einrichtung von Institutionen zur Förderung von grenzüberschreitenden Investitionen zu unterstützen. Bei Bedarf können Maßnahmen angeboten werden, die die für den freien Kapitalverkehr notwendigen Institutionen schaffen, deren Personal ausbilden, Regelwerke erarbeiten und in Kraft setzen, die dazu geeignet sind, die Sicherheit der Kapitalanlagen zu steigern.

2.3.2 Der Beitrag der IFC

Die IFC berät Regierungen, wenn es notwendig ist, **günstige Rahmenbedingungen** für in- und ausländische Investoren zu schaffen und eine grenzüberschreitende Kooperation zu erleichtern. Beispiele für derartige Vorhaben sind Konsultationen, die die Anstrengungen der einzelnen Länder ergänzen, bei denen es darum geht, öffentliche Unternehmen zu privatisieren, Börsen und andere Kapitalmärkte einzurichten, die Tätigkeit privater Banken anzuregen und einer Gesetzgebung und einer öffentlichen Verwaltung die Kenntnisse zu vermitteln, die für die Entfaltung privater Investoren in einem marktwirtschaftlichen System, unterstützt durch eine gesamtwirtschaftliche Stabilität und die Integration in die Weltwirtschaft, hilfreich und notwendig sind.

IFC International Finance Corporation – Internationale Finanz Korporation

Die IFC wurde 1956 als zweite Organisation der Weltbankgruppe gegründet. Ihre Aufgabe ist die Förderung der privatwirtschaftlichen Initiative in den Entwicklungsländern, die sich durch das Fehlen eines leistungsfähigen Finanzsektors nur unzureichend entfalten kann. In ihren Mitgliedsländern finanziert die IFC private Projekte, unterstützt Unternehmen bei der Mobilisierung von Finanzmitteln und leistet technische sowie allgemeine Unterstützung. Daneben berät die IFC auch Regierungen dabei, die Bedingungen für privates Wirtschaften zu verbessern.

Die Finanzhilfen der IFC werden in Form langfristiger Darlehen und Eigenkapitalbeteiligungen an Privatunternehmen oder als Garantie an potentielle Investoren bereitgestellt. Die IFC refinanziert sich größtenteils an den internationalen Finanzmärkten sowie durch Kredite der Internationalen Bank für Wiederaufbau (IBRD). Weiterhin tragen Kreditrückzahlungen und Verkäufe von Beteiligungen zur Finanzierung bei.

Voraussetzung für den Beitritt in die als Aktiengesellschaft organisierte IFC ist die Mitgliedschaft in der IBRD. Oberstes Organ der IFC ist der Gouverneursrat, in den jedes Mitglied einen Gouverneur entsendet. Dieser hat die Geschäftsführung dem Direktorium der IBRD übertragen.

2.4 Überlegungen zur Wirksamkeit der multilateralen Abkommen

Es gibt durchaus Anlaß, zu vermuten, daß die disziplinierenden Wirkungen greifen, auch wenn zugegeben werden muß, daß die Abkommen erst seit kurzem in Kraft sind und die multilateralen Garantien erst in den neunziger Jahren wirksam wurden. Die Regierungen in den Entwicklungsländern, sofern sie den multilateralen Abkommen beigetreten sind, zeigen bislang keine Neigung, mit spektakulären Einschränkungen des Rechtsschutzes oder mit staatlichen Eingriffen zu Lasten ausländischer Investoren gegen die von ihnen unterzeichneten Verträge zu verstoßen und damit einen Anlaß zum Inkraftsetzen des Sanktionsmechanismus zu bieten. Dies ist aus der Sicht der Regierungen nur allzu verständlich, bietet doch einen vertragskonformes Vorgehen zahlreiche Vorteile, auf die die Entwicklungsländer nur mit großen Nachteilen verzichten können, wenn sie ausländische Investoren ein das Land holen wollen:

- Die Vereinbarungen formulieren explizit den Informationsaustausch zwischen den beteiligten Regierungen und würden die Regierungen in den Entwicklungsländern bei einem regelwidrigen Verhalten von dem Zugang zu für sie wichtigen Kenntnissen und Unterlagen ausschließen, die benötigt werden, um die Standortvorteile für ausländische Unternehmen zu erhöhen (Doane 1994, S. 465ff.; Straus 1996, S. 179ff.).

- Die Abkommen enthalten regierungsseitig gedachte Unterstützung durch Beratung und ggf. technische Hilfe beim Aufbau der für die in dem Abkommen vorgesehenen Einrichtungen und der von ihnen einzuhaltenden Regelwerke im Rahmen technischer und finanzieller Zusammenarbeit. Diese Kooperation gefährden die Regierungen zumindest nicht leichtfertig.

Nicht nachzuweisen ist, ob nicht auch die Furcht, durch ein regelwidriges Verhalten die Sanktionen der Unternehmen in Kauf nehmen zu müssen, bislang Wohlverhalten im Sinne der Vereinbarungen durch die Regierungen in den Entwicklungsländern garantiert hat. Denn es ist nach den Erkenntnissen der Internationalen Betriebswirtschaftslehre nur folgerichtig, wenn als Folge von Transparenz und öffentlicher Diskussion bei Verstößen gegen die multilateral vereinbarten Regeln bei potentiellen Investoren Zweifel an der Qualität des Investitionsstandorts aufkommen, und sie sind dazu geeignet, einen Investitionsrückgang auszulösen; dies kann grundsätzlich nicht im Interesse der Regierungen liegen, die ihre Länder als Standorte für ausländische Investoren qualifizieren wollen.

3 Die Vorteilhaftigkeit multilateraler Regelungen aus der Sicht der Unternehmen bei Auslandsinvestitionen in Entwicklungsländern

Wenn heute multilaterale Regelungen für Auslandsinvestitionen in das Blickfeld der Unternehmen treten und dort Zustimmung finden, so liegt dies auch an der Hoffnung, daß es möglich ist, die **Informations- und Entscheidungskapazität** zu entlasten, beides – wie verschiedene Studien zeigen – vor allem bei mittelständischen Unternehmen Engpaßfaktoren bei der Internationalisierung und Globalisierung.

3.1 Anforderungen an die Managementkapazität bei Kapitalanlagen in Entwicklungsländern

In der Regel ist davon auszugehen, daß die Planung und Durchführung von Auslandsinvestitionen in Entwicklungsländern **besondere Anforderungen an die Informations- und Managementkapazität** der Unternehmen stellen. Dies ist im wesentlichen eine Folge der völlig anders gearteten Struktur, der Organisation und der abweichende Rahmenbedingungen der Wirtschaft in Entwicklungsländern. Über diese Länder liegen oftmals keine ausreichenden Daten vor, und die unternehmerische und die politische Kultur spiegeln die Züge eines Transformationsprozesses wider, in dem ausländische Unternehmer entweder nicht vertraute traditionelle Wirtschaftsstile oder kurzfristig wechselnde Arten unternehmerischer Tätigkeit vorfinden. Entwicklungsländer sind zudem kein einheitliches Gebilde; jedes Land unterscheidet sich von dem anderen, und es ist für die meisten Entwicklungsländer charakteristisch, daß zwischen großen und kleinen Unternehmen, zwischen Stadt und Land, zwischen den verschiedenen Branchen weitaus größere Unterschiede bestehen als in den Industrieländern. Kenntnisse und Erfahrungen, die bei Investitionen in einem Land oder in einer Region eines Staates erworben wurden, lassen sich nur schwer anderweitig nutzen.

Marktchancen und -risiken in den Volkswirtschaften der Entwicklungsländer **auszumachen**, ist ungleich **aufwendiger** als in Industrieländern. Gewonnen werden muß das Verständnis für den richtigen Umgang mit anderen sozialen, rechtlichen, politischen und wirtschaftlichen Rahmenbedingungen sowie mit den in einer abweichenden Unternehmenskultur verwurzelten Verhaltensweisen von Konkurrenten und Abnehmern. Die Voraussage von Änderungen und damit die rechtzeitige Ermittlung von Anpassungsmaßnahmen fallen schwerer. Diese Probleme sollen in der Regel durch die **Zusammenarbeit mit einheimischen Partnern** gemindert werden mit der Absicht, durch den Rückgriff auf das in den lokalen Unternehmen vorhandene Wissen schneller und sachgerecht entscheiden zu können. Derartige Kooperationen setzen zusätzliche Aufwendungen für die Abstimmung und die Koordination voraus.

3.2 Vorteile durch multilaterale Regelwerke

Vor allem in der Vorbereitungs- und in der Planungs-, aber auch in der Durchführungsphase können multilaterale Regelwerke zur Gestaltung der Rahmenbedingungen in den Entwicklungsländern auf direkte Weise den Unternehmen wirksame Hilfe anbieten, indem die **Informationsbeschaffung über das wirtschaftliche Umfeld** erleichtert wird und der Informationsaufwand vermindert wird. Als Folge der wirtschaftspolitischen Reformen im Zuge der Vereinbarung multilateraler Abkommen entfällt der Zwang, Managementkapazität vorzuhalten, um sich ständig über die erwarteten Änderungen gesetzlicher und anderer wirtschaftspolitischer Rahmenbedingungen zu unterrichten, diese Informationen zu prüfen und bei Bedarf die Unternehmenspolitik anzupassen.

3.2.1 Ausnutzung von Lerneffekten

Als Ergebnis multilateraler Regelwerke werden zwar nicht in allen Unterzeichnerstaaten **gleichartige Politiken** gegenüber in- und ausländischen Investoren verfolgt; gleichwohl ist abzusehen, daß die Existenz multilateraler Abkommen die Wirtschaftspolitik in den Bereichen normiert, die für ausländische Investoren von unmittelbarem Belang sind. Dies hat zur Folge, daß einmal in einem Land gewonnene Erkenntnisse auch in Drittstaaten genutzt werden können. Daraus erwächst den investitionsplanenden und -entscheidenden Unternehmen ein unter Umständen fühlbarer Vorteil in Form von **Zeit- und Personalersparnis** bei der Beschaffung von Unterlagen über die wirtschaftlichen Rahmenbedingungen. Zudem können Unternehmen, die bereits Auslandsinvestitionen vorgenommen haben, die Lerneffekte anhand der systematischen Auswertung einmal gesammelter Erfahrungen nutzen.

3.2.2 Informationsangebote multilateraler Einrichtungen

Die Feststellung, daß die Managementkapazität hinsichtlich der Planung, Vorbereitung und Durchführung von Kooperationen von den Unternehmen gerade bei Auslandsinvestitionen in bislang unbekannten Ländern oder bei andersartigen Rahmenbedingungen von investitionswilligen Unternehmen nicht immer aufgebracht werden kann, hat dazu veranlaßt, daß MIGA und IFC in Ergänzung zu den Informationsangeboten in den Industrie- und in den Entwicklungsländern zusätzliche Aufgaben bei der Unterstützung des Managements in den für Investitionen in Frage kommenden Unternehmen übernehmen. Im Gegensatz zu den Einrichtungen vergleichbarer Art in einzelnen Industrie- und Entwicklungsländern ist es die Stärke einer multilateralen Einrichtung, ein **Netzwerk zwischen den bestehenden Institutionen in Industrie- und Entwicklungsländern** zu errichten, durch das das in den betreffenden Ländern bestehende Wissen schnell und ohne bürokratische Hemmnisse den Unternehmen zur Verfügung gestellt werden kann.

Im Rahmen der Kredit- bzw. Garantiegewährung werden – sofern notwendig – Beratung, Unterrichtung über **Märkte** und Partner und über die **Rahmenbedingungen** in anderen Ländern angeboten. Gleiches gilt für die Übermittlung von Erfahrungen, die bislang noch nicht international tätige Unternehmen benötigen und deren Erwerb einen langen Vorlaufprozeß mit hohen Kosten erfordert.

Bei der Vorbereitung privatwirtschaftlicher Zusammenarbeit ist die **Beurteilung von Unternehmen**, die sich für eine Zusammenarbeit mit Unternehmen in Industrieländern eignen, oftmals ein Engpaß. Gefordert wird in der Regel die Erfüllung zahlreicher Merkmale, die meistens nicht eindeutig dokumentiert sind, wie Zuverlässigkeit, Vertragstreue, Einsatzbereitschaft, ein gutes Image des Partners auf den Märkten, technisches know-how, ausreichende Betriebsmittel, geeignete und freie Produktionskapazitäten, ein funktionsfähiges Vertriebssystem und ein attraktives Sortiment, das sich zur Ergänzung durch eine Kooperation anbietet. Dies abzufragen fällt Unternehmen schwer, die sich in einem neuen Markt zurechtfinden wollen. Abhilfe können neben Einrichtungen der Wirtschaft Informationen multilateraler Einrichtungen schaffen, die Erkenntnisse über Unternehmen in Industrie- und Entwicklungsländern bündeln.

3.3 Unterstützung der Kooperationen durch Bereitstellung von Ressourcen

Über die Unterstützung bei der Informationsbeschaffung hinaus können multilaterale Einrichtungen die kooperationswilligen Unternehmen bei der Beschaffung von Ressourcen unterstützen:

- Die Bereitstellung von Beteiligungskapital durch die IFC verbessert die materielle Ausstattung der kooperationswilligen Unternehmen direkt oder auch mittelbar, wenn andere Kredit- oder Kapitalgeber mit Blick auf die Garantien oder wegen der Inanspruchnahme von Beteiligungskapital durch die IFC **Kredite** bereitstellen.

- Multilaterale Fördereinrichtungen, zu deren Aufgabenstellung – wie bei der IFC – auch die Bereitstellung von Kapital für einheimische Unternehmen in den Entwicklungsländern gehört, leisten zudem einen wichtigen Beitrag zur Erleichterung von grenzüberschreitenden Kooperationen, wenn im Rahmen der technischen und wirtschaftlichen Entwicklungszusammenarbeit die für Kooperationen notwendigen **Fähigkeiten in den einheimischen Unternehmen geweckt und/oder vertieft** werden.

4 Die Zusammenarbeit der Unternehmen mit multilateralen Organisationen: Zugriffsmöglichkeiten und Ansatzpunkte

An einer Förderung durch multilaterale Einrichtungen interessierte Unternehmen sollten nicht außer acht lassen, daß **spezielle Instrumente** bestehen für die direkte Kooperation mit Unternehmen, die eine grenzüberschreitende Zusammenarbeit mit Unternehmen in Entwicklungsländern vorbereiten und durchführen wollen.

Bei der Ausgestaltung des Förderungsinstrumentariums stehen **unterschiedliche Zielsetzungen** im Vordergrund, **die nicht immer leicht auf einen Nenner gebracht werden können**: Zum einen soll den entwicklungspolitischen Forderungen Rechnung getragen werden, zum anderen betriebswirtschaftlichen Kriterien. Wenn gegenüber Antragstellern strenge Anforderungen an die Informationen, an die zu erfüllenden Auswahlkriterien und an die zu erbringenden Eigenleistungen gestellt werden, so steht dahinter auch die Absicht, Mitnahmeeffekte als Folge einer allzu großzügigen Förderung ohne nachhaltige Wirkungen im Sinne der Zielsetzung der Maßnahmen zu vermeiden. Ein weiterer Grund für eine genaue Prüfung der Anträge liegt auch darin, daß nur Unternehmen in die Förderung aufgenommen werden sollen, die von der Eigenausstattung und vom Vorhaben her erfolgreiche Projekte vorlegen und durchführen können. Darüber hinaus gibt es erkennbare Bemühungen, die Anforderungen an die Antragsteller so zu gestalten, daß sie nicht unüberwindbare Hürden errichten.

Wie die verschiedenen Vorstellungen bei der Ausgestaltung der Förderung durch die MIGA und die IFC zusammengebracht werden, zeigt eine Analyse der Informations- und Unterrichtungswege, der Verfahren der Antragstellung, der Auswahlkriterien, der Entgelte und Leistungen und sonstigen Verpflichtungen, die eine Förderung beinhaltet.

4.1 Informationsbeschaffung

Unternehmen können nicht damit rechnen, daß der Zugang zu der Förderung ohne eigene Anstrengungen möglich ist. Die bestehenden multilateralen Einrichtungen bemühen sich jedoch darum, den Zugang offen zu halten und eine enge Zusammenarbeit mit Unternehmen in allen Ländern direkt herzustellen. Zu diesem Zweck verfügen MIGA und IFC über ein weites Netz von Außenstellen und Vertretungen. IGA und IFC sind unter anderem in Frankfurt am Main durch eigene **Repräsentanten** vertreten. Die Büros führen **Informationsveranstaltungen** in Zusammenarbeit mit Industrie- und Handelskammern und Verbänden durch. Unternehmen, die sich über das Leistungsangebot der beiden multilateralen Einrichtungen informieren wollen, können zudem über **Kammern** und **Verbände** den Zugang zu den für sie wichtigen Unterlagen erhalten.

4.2 Antragstellung und Zulassungskriterien

Anträge auf Förderung bei der MIGA und bei der IFC können die Unternehmen bei den nächstgelegenen Büros stellen oder bei den **Zentralen in Washing-**

ton, D.C.. Das Verfahren bei der MIGA ist wie bei bilateralen Garantien gestaltet und verlangt einen schriftlichen Antrag, der einfache Formvoraussetzungen erfüllt, sowie die Bereitstellung von wenigen Unterlagen. Demgegenüber sind die Anträge bei der IFC in einer formalisierten Form unter Beifügung zahlreicher Unterlagen einzureichen.

Die einzuhaltenden Formvorschriften mögen im einzelnen Fall als sehr aufwendig angesehen werden. Gleichwohl liegt es im Interesse der Unternehmen selbst, wenn die Anforderungen anspruchsvoll sind.

In beiden Fällen werden **Angaben zu den entwicklungspolitischen Wirkungen der Investitionen** verlangt. Die **IFC** handelt wie eine Bank und muß deshalb für die weitere Bearbeitung eines Antrags wissen, wie das antragstellende Unternehmen gegebenenfalls zwischen der unternehmerischen Zielsetzung und den entwicklungspolitischen Vorgaben auftretende Konflikte vermeiden oder beheben will. Zudem sollte die IFC für eine umfassende Rentabilitätsprüfung der ihr angetragenen Projekte unterrichtet sein, wieweit zusätzliche Kosten durch die Erfüllung der verlangten entwicklungspolitischen Wirkungen ausgeglichen werden sollen.

Die **MIGA** kann sich demgegenüber auf eine **interne Prüfung des Antrags** nach den von ihr festgesetzten Formerfordernissen und Bedingungen anhand der zur Verfügung stehenden Unterlagen beschränken. Die Gefahr eines Mißbrauchs durch Andienen gefährdeter Investitionen wäre kaum zu erwarten, werden doch die Unternehmen in der Regel nicht investieren, wenn sie den Verlust des Eigentums als sicher annehmen. Zudem verfügt die MIGA aus eigenen Quellen über genügend Kenntnisse, um die Rechtssicherheit abzuschätzen.

Bei der Einreichung der Anträge bei der **IFC** ist zudem zu beachten, daß sie als Bank tätig wird und die **bei Kreditanträgen üblichen Angaben für eine Krediterteilung** verlangen muß.

4.3 Leistungen und Entgelte

Die **IFC** berechnet Verzinsung und Gebühren entsprechend **den unter Banken üblichen Konditionen**. Im Gegenzug erhält das geförderte Unternehmen **Kredite**, die auf den internationalen Kapitalmärkten aufgenommen und/oder aus Einlagen finanziert wurden und für die die IFC haftet. Zur Verfügung gestellt werden können auch Beteiligungskapital und die Mitwirkung an Risk Management Operationen in Entwicklungsländern.

Die **MIGA** deckt wie bilaterale Garantiegeber Währungs-, Enteignungs- und Kriegsrisiken für neue Kapitalanlagen, für Kapitalanlagen zur Erweiterung und Modernisierung von bestehenden Unternehmen sowie für den Erwerb von privaten und öffentlichen Unternehmen in Entwicklungsländern ab. Die von der MIGA berechneten Entgelte sind ähnlich denen bei bilateralen Systemen gestaltet und sehen Gebühren zwischen 0,25 vH und 1 vH pro Jahr je 100 US-\$ Deckungssumme, gestaffelt nach der Art der Risiken, nach dem Wirtschaftszweig und dem Grad der tatsächlichen Inanspruchnahme der bewilligten Garantiesumme vor. Im Schadensfall wird der – bei Garantien übliche – Selbstbehalt mit 10 vH berechnet.

4.4 Berichterstattung über laufende Vorhaben

Die IFC nimmt ihre Aufgaben bei der Überwachung der Kredite sehr streng wahr und verlangt weitreichende Unterrichtung sowie eine enge Zusammenarbeit mit dem Kreditnehmer.

Die Zusammenarbeit mit der IFC verpflichtet zum Schutz des von ihr eingesetzten Kapitals die Kreditnehmer, **jährlich von Wirtschaftsprüfern erstellte und abgezeichnete Betriebsabschlußrechnungen** vorzulegen, der IFC die Überwachung der Beteiligungen zu gestatten und bei Bedarf zu Beratungen über das gemeinsame Vorgehen den erforderlichen Beitrag zu leisten. Die IFC verlangt weiterhin **vierteljährliche Projektfortschrittsberichte** und verpflichtet die Kreditnehmer, über Änderungen der Rahmenbedingungen zu berichten, wenn diese Auswirkungen auf das Investitionsprojekt haben können. Die IFC führt **Inspektionen** durch und zwingt den Kreditnehmer, die aus derartigen Anlässen notwendigen Informationen bereitzustellen.

5 Die Erweiterung der multilateralen Regelwerke um soziale und umweltpolitische Mindestanforderungen

Industrie- und Entwicklungsländer diskutieren, die bestehenden multilateralen Regelwerke zur Förderung der außenwirtschaftlichen Beziehungen durch Kriterien zu erweitern und zu ergänzen, die den Schutz der Umwelt und die Einhaltung sozialer Standards zum Gegenstand haben sollen (OECD 1995a, S. 95ff.). Verwirklicht wurden diese Vorschläge allerdings nur für den Umweltschutz in den Statuten der IFC.

Berücksichtigung von Umweltbelangen beim Projektdesign und bei Investitionsentscheidungen durch die IFC

- Die Mitarbeiter der IFC müssen schon Offenlegungspläne für Umwelt- und andere Projektinformationen erarbeiten, wenn das Management der IFC erstmals über eine mögliche Investition berät. Pläne für Projekte mit erheblichen Umweltfolgen müssen auch Programme für Konsultationen mit den möglicherweise Betroffenen umfassen.

- Bei Projekten mit erheblichen Umweltfolgen muß eine angemessene öffentliche Konsultation gewährleistet sein. Dazu muß dokumentiert werden: Ort und Datum des Treffens, wer konsultiert wurde, ein Überblick über die bei dem Treffen besprochenen und gelösten Fragen, die noch offenen Fragen sowie Pläne für künftige Maßnahmen.

- Umweltgutachten müssen möglichst frühzeitig in der Prüfungsphase des Projekts öffentlich zugänglich gemacht werden, spätestens 60 Tage, bevor es dem Exekutivdirektorium zur Genehmigung vorgelegt wird.

- Die Dokumentation zu dem Projekt muß in dem betreffenden Land verbreitet werden.

Als öffentliche Institution ist die IFC an einen höheren Offenlegungsstandard gebunden als private Finanzinstitute. Sie hat die heikle Aufgabe, eine Offenlegungspolitik zu formulieren und umzusetzen, die das richtige Gleichgewicht zwischen der vollen Offenlegung und dem Schutz vertraulicher Geschäftsinformationen ihrer Klienten findet.

Quelle: Weltbanknachrichten vom 8. Februar 1996

5.1 Soziale und ökologische Standards als entwicklungspolitisch und betriebswirtschaftlich sinnvolle Bewertungskriterien

Die Vorstellung, soziale und umweltpolitische Kriterien bei der Förderung von Direktinvestitionen in Entwicklungsländern durchzusetzen, steht in engem Zusammenhang mit entwicklungspolitischen Zielsetzungen. Es wird darauf verwiesen, daß der Begriff Entwicklung derzeit nicht nur ökonomische Vorstellungen von Wachstum durch Integration in die Weltwirtschaft, sondern auch die Sicherung eines nachhaltigen wirtschaftlichen Wachstums und die Erfüllung sozialer Standards umschließt. Im Zuge der erweiterten Interpretation von Entwicklung ist es unabweisbar, daß auch die multilateralen Veinbarungen zur Förderung privatwirtschaftliche Zusammenarbeit erweitert und ergänzt werden.

Zudem wird geltend gemacht, daß zwischen ökologischen und sozialen Zielsetzungen einerseits und den Zielen einer Förderung der grenzüberschreitenden Kooperation zwischen Unternehmen andererseits ein enger, gegenseitiger Zusammenhang besteht. Es wird unterstellt, daß die Unternehmen im eigenen Interesse den Umweltschutz und die Einhaltung sozialer Standards anerkennen müßten, sind doch langfristig die Folgen eines damit nicht konformen Verhaltens Ursache dafür, daß die Rentabilität von Investitionen gefährdet werden kann: Jede Zerstörung natürlicher Ressourcen kann für das Unternehmen künftig hohe Folgekosten für die Abwehr des Schadens oder für die Beschaffung von Substituten verursachen, Beeinträchtigungen des sozialen Klimas schlagen sich bis zu einem gewissen Grade immer auch in Kosten, beispielsweise durch Betriebsunterbrechungen oder für die Bereinigung sozialer Konflikte, nieder.

5.2 Allokationseffizienz im Widerspruch zu sozialen und ökologischen Leitlinien

Gleichwohl ist die Bereitschaft der Unternehmen bislang gering, dieser Erweiterung der Regeln in den multilateralen Förderungseinrichtungen vorbehaltlos zuzustimmen. Dabei steht außer Zweifel, daß die Unternehmen sich an die Gesetze des Gastlandes zu halten haben und in dem für alle Unternehmen selbstverständlichen Rahmen den Schutz der Umwelt beachten und zur sozialen Stabilität beitragen müssen. Unstreitig ist ebenso, daß langfristig die Einhaltung umwelt- oder sozialpolitischer Normen im Eigeninteresse der Unternehmen liegt.

Diese Überlegungen reichen jedoch nicht aus, daß Unternehmen zustimmen, wenn gefordert wird, in den multilateralen Regeln derartige Verhaltensbestimmungen oder Förderungskriterien ausdrücklich niederzulegen.

- **Eingegriffen wird in die Entscheidungskompetenz und in die Eigentumsrechte der Unternehmen** mit der Folge, daß allokationseffiziente Anpassungen an Marktveränderungen unterbleiben und daß wegen der Nichtausschöpfung der Vorteile der internationalen Arbeitsteilung Spezialisierungsgewinne unmöglich werden.

- Durch die Auflagen entstehen den Unternehmen **zusätzliche Kosten**. Hohe soziale Auflagen können Unternehmen zu einer Verminderung des Einsatzes des Faktors Arbeit veranlassen, umweltbezogene Kostensteigerungen in Entwicklungsländern mindern die Standortvorteile und lenken Kapital in Länder, in denen gleiche Auflagen nicht eingeführt werden.

- Die bisher vorliegenden Definitionen sozialer und umweltpolitischer Kriterien sind nicht eindeutig und lassen Raum für **willkürliche Auslegung im Einzelfall**. Dadurch entstehen für die Investoren Risiken als Folge der Anwendung nichtvorhersehbarer Kriterien. Die Gefahr der Diskriminierung von Unternehmen wird wegen der uneinheitlichen Auslegung von Entscheidungskriterien erhöht.

- Darüber hinaus wird der **Nutzen** von multilateralen Fördermaßnahmen durch zusätzliche kostenerhöhende Kriterien aus der Sicht der Unternehmen **vermindert**. Im äußersten Fall werden die Unternehmen andere Förderungsmechanismen vorziehen, bei denen die Auflagen weniger deutlich ausgeprägt sind und die deshalb vorteilhafter erscheinen müssen.

5.3 Multilaterale Regelungen: kein Ersatz für eine nachhaltige und investitionsfreundliche Entwicklungspolitik

Fraglich ist auch, ob nicht andere Maßnahme weitaus wirksamer sind, wenn dem Schutz der natürlichen Ressourcen und der Sicherung des sozialen Friedens in den Entwicklungsländern Vorrang eingeräumt wird. Verfolgen die Entwicklungsländer beispielsweise eine **Umweltpolitik**, die den Verursachern die von ihnen hervorgerufenen externen Belastungen zurechnet oder werden Lizenzen für die Inanspruchnahme von Umwelt gehandelt, so können allokationseffiziente marktwirtschaftliche Regeln eingeführt werden. Ein **Sozialpolitik**, die Chancengleichheit für die wirtschaftlich Schwachen und die Beteiligung an den wirtschaftlichen Entscheidungen verbessert, ist weitaus günstiger, um den sozialen Frieden zu stabilisieren. Dies zu tun, fällt zunächst in den Aufgabenbereich der Entwicklungsländer. Darüber hinaus können die Industrieländer im Rahmen der öffentlichen Entwicklungszusammenarbeit Politiken in den Entwicklungsländern zum Schutz der natürlichen Ressourcen und zur Sicherung des sozialen Friedens begleitend fördern. Die multilateralen Regelwerke zur Liberalisierung der Außenwirtschaft können sich dann auf die Aufgabe beschränken, die sich aus der Fortsetzung der Integration der Entwicklungsländer in die Weltwirtschaft durch Handel und in Zukunft – vermehrt – durch grenzüberschreitende privatwirtschaftliche Zusammenarbeit ergeben.

	MIGA	IFC
Antragstellung	Schriftliche Anträge (Formblatt)	Schriftliche Anträge mit Pflichtangaben (siehe Kriterien für Zulassung)
Kriterien für die Zulassung	Vertrauenswürdigkeit, Art der Investition, entwicklungspolitische Wirkungen (Beschäftigung, Technologietransfer, Exporte Rentabilität)	Projektförderung, Projektleitung und technische Hilfe, Markt und Vertrieb, technische Durchführbarkeit, Personal- und andere Ressourcen, Umweltfaktoren, Investitionsbedarf, Projektfinanzierung, Erträge, Regierungsunterstützung und Regierungsverordnungen, Zeitplan für die Vorbereitung und Durchführung
Begutachtung zur Vorbereitung der Entscheidung	interne Prüfung der Formerfordernisse und der Bedingungen	Begutachtung vor Ort durch ein Team, bestehend aus Investitions-, mit dem Land vertrauten Finanzierungsspezialisten und einem technischen Experten nach vollständiger Prüfung der technischen, finanziellen und wirtschaftlichen Erfordernisse und der Prüfung des Standorts sowie der Geldgeber
Gegenstand der Leistungen	Abdeckung des Währungs-, des Enteignungs- und des Kriegsrisikos Neue Kapitalanlagen, auch zur Erweiterung und Modernisierung, sowie der Erwerb von Beteiligungen an öffentlichen und privaten Unternehmen in Entwicklungsländern Bei Investitionen in Nicht-Mitgliedsländern muß ein Letter of Intent der Regierung des Investitionslandes vorgelegt werden. Obergrenze: 50 Millionen US-$ je Gesamtprojekt Laufzeit einer Garantie in der Regel 15 Jahre, Verlängerung auf 20 Jahre in Ausnahmefällen zulässig	Bereitstellung des Finanzierungsbeitrags Beteiligungskapital in verschiedenen Formen, Beteiligungen an Risk Management Operationen durch hedging Entwicklungsländer und Transformationsstaaten Mitgliedsländer

Quelle: IFC, MIGA

Abb. 13.1: Ansatzpunkte und Bedingungen für die Zusammenarbeit zwischen Unternehmen und MIGA sowie IFC

	MIGA	IFC
Kosten, Gebühren	Die erste Kontaktaufnahme ist unentgeltlich. Die Gebühren liegen zwischen 0,25 vH und 1 vH und sind gestaffelt nach Art der Risiken, Wirtschaftszweig und Inanspruchnahme/Bereitstellung Der Selbstbehalt beträgt 10 vH	Die erste Kontaktaufnahme ist unentgeltlich. Die Verzinsung und die Gebühren entsprechen denen unter Banken für vergleichbare Leistungen
Verpflichtungen der Unternehmen		Jährlich müssen von unabhängigen Wirtschaftsprüfern geprüfte Bilanzabschlüsse vorgelegt werden. Der IFC überwacht die Investitionen genau, berät sich regelmäßig mit der Projektleitung, führt Inspektionen vor Ort durch und verlangt vierteljährliche Fortschrittsberichte sowie Informationen über Faktoren, die materielle Auswirkungen auf das Investitionsprojekt haben können

Abb. 13.1: (Fortsetzung)

	Ausländische Direktinvestitionen	Portfolio-investitionen	Öffentliche Entwicklungshilfe
Asien	44279	18835	14362
China	33787	3915	3449
Korea	809	2525	−687
Philippinen	1000	1407	445
Thailand	640	−538	474
Lateinamerika und Karibik	20811	13160	1458
Argentinien	1200	1205	761
Brasilien	3072	5082	−2047
Mexiko	7978	4521	−576
Europa und Zentralasien	8362	1934	11196
Polen	1875	5	2229
Türkei	608	1059	−295
Ungarn	1144	340	195
Mittlerer Osten	3681	106	6186
Ägypten	1256	10	1617
Afrika südlich der Sahara	2987	860	15411
Angola	350	0	328
Äthiopien	7	0	853
Botswana	−48	0	32
Côte d'Ivoire	17	7	1495
Gabun	−103	0	209
Ghana	233	557	448
Kamerun	105	0	589
Kenia	4	0	378
Madagaskar	6	0	222
Nigeria	1959	17	−14
Sambia	35	50	410
Senegal	0	0	521
Simbabwe	35	50	410
Sudan	0	0	370

Quelle: World Bank, Global Economic Prospects and the Developing Countries, Washington, D.C. 1996, S. 84f.

Abb. 13.2: Kapitalzufluß in Entwicklungsländer 1994 in Millionen US-$

6 Literaturverzeichnis

Bachmann, Heinz/Kwaku Ken (Eds.) (1994): MIGA Roundtable on Foreign Direct Investment Policies in Africa. Proceedings and Lessons. Multilateral Investment Guarantee Agency. Policy and Advisory Services (PAS) Research Paper Series, Washington, D.C.
Doane, Michael L. (1994): TRIPS and International Intellectual Property Protection in an Age of Advancing Technology, in: American University Journal of International Law, Volume 9, Number 2, S. 465-497.
Drexl, Josef (1994): Nach „GATT" und „WIPO": Das TRIPs-Abkommen und seine Anwendung in der Europäischen Gemeinschaft, in: GRUR, Volume 43, Nummer 10, S. 777-788.
GATT Secretariat (1994): The Results of the Uruguay Round of Multilateral Trade Negotiations, Geneva.
Holthus, Manfred/Kebschull, Dietrich/Menck, Karl Wolfgang (1984): Multilateral Investment Insurance and Private Investment in the Third World, Hamburg.
Kommission der Europäischen Gemeinschaften (1995): Mitteilung der Kommission. Weltweite Harmonisierung der Bestimmungen über Direktinvestitionen, KOM (95) 42 vom 1.3.1995.
MIGA (o.J.): Multilateral Guarantee Investment Agency, Financial Institution Guide, Washington, D.C.
MIGA (1995): Multilateral Guarantee Investment Agency, MIGA Annual Report 1995, Washington, D.C.
OECD (1990): Liberalisation of Capital Movements and Financial Services in the OECD Area, Paris.
OECD (1993): National Treatment for Foreign-Controlled Enterprises, Paris.
OECD (1993a): Promoting Direct Foreign Investment in Developing Countries, Paris.
OECD (1994): The OECD Guidelines for Multinational Enterprises, Paris.
OECD (1995): Introduction to the OECD Codes of Liberalisation of Capital Movements and Current Invisible Operations, Paris.
OECD (1995a): Main Developments in Trade, Paris.
Straus, Joseph (1996): Bedeutung des TRIPS für das Patentrecht, in: GRUR, Volume 45, Nummer 3, S. 179-218.

14. Kapitel:
Die Versicherung von Transport- und Kreditrisiken im Auslandsgeschäft

1 Begriff und Gegenstand

Aus der Zunahme der Aus- und Einfuhren läßt sich die Bedeutung des Außenhandels für die Bundesrepublik Deutschland ablesen. Mit den Chancen nehmen auch die Risiken des Auslandsgeschäftes zu und es sind längst nicht mehr nur Großunternehmen, die international tätig werden, sondern zunehmend wird das Exportgeschäft auch durch mittelständische Unternehmen betrieben (vgl. Dülfer, 1982, S. 45).

Mit dem Begriff der Internationalen Unternehmung ist daher nicht eine bestimmte Größe verbunden, sondern es soll damit „jede Art der Aufnahme erstmaliger oder zusätzlicher grenzüberschreitender Aktivitäten der Unternehmung" (vgl. Dülfer, 1982, S. 50) bezeichnet werden.

Die Betätigung im Auslandsgeschäft erfordert neben Kenntnissen über Absatzmöglichkeiten auch Kenntnisse über die damit verbundenen Risiken wie das Transportrisiko, das Lieferantenkreditrisiko, das Risiko der Nichtabnahme bereits hergestellter Ware (Fabrikationsrisiko), das Wechselkursrisiko oder unvorhersehbare politische Ereignisse (z.B. Krieg, Streik), die den Absatz der Produkte erschweren oder unmöglich machen. So bedroht die Zahlungsunfähigkeit eines Abnehmers die Liquidität des exportierenden Unternehmens. In diesem Fall empfiehlt sich der Abschluß einer Kreditversicherung, um sich vor negativen Folgen zu schützen.

Bezug genommen wird im folgenden auf die Abdeckung des **Transportrisikos** durch den Abschluß einer **Transportversicherung** sowie das **Lieferantenkredit-** und **Fabrikationsrisiko**, die durch eine **Kreditversicherung** gedeckt werden können.

2 Transportversicherung

Die Transportversicherung ist eine Schadenversicherung, d.h. versichert wird der Schaden an der Sache (= Güterversicherung) sowie der Schaden am Transportmittel (= Kaskoversicherung).

Die Güterversicherung läßt sich in weitere Sparten untergliedern:

- Seetransportversicherung
- Binnentransportversicherung
- Lufttransportversicherung
- Versicherung für kombinierte Transporte.

Für die Kaskoversicherung gilt diese Unterteilung nur eingeschränkt, da lediglich die Transportmittel des Seeverkehrs eindeutig zur Transportversicherung zählen. Der LKW – Verkehr unterliegt beispielsweise bereits der Kraftfahrtversicherung (vgl. dazu Enge, 1987, S. 20ff.). Die nachfolgenden Ausführungen beziehen sich auf die **Güterversicherung mit besonderer Berücksichtigung des Seeverkehrs** (zum Internationalen Transportrecht allgemein vgl. Kap. 15).

2.1 Der Versicherungsvertrag

Wichtigste Rechtsgrundlage stellen für den Seetransportversicherungsvertrag die Allgemeinen Deutschen Seeversicherungsbedingungen (ADS) dar. Für die Güterversicherung gelten Zusatzbestimmungen zu den ADS (ADS Güterversicherung 1973 in der Fassung von 1984). Bei diesen Bedingungen handelt es sich nicht um Gesetze, sondern um vertragliche Regeln. Jedoch ersetzen sie nahezu die gesetzliche Regelung des Handelsgesetzbuches (HGB), auf die nur noch in Zweifelsfällen Bezug genommen wird.

Auf dem deutschen Markt findet sich eine Vielzahl von in- und ausländischen Anbietern (ca. 73 deutsche, 82 ausländische Unternehmen, Enge, 1987, S. 26). Die meisten Versicherungsgesellschaften werden in Form von Aktiengesellschaften geführt. Die Vermittlung von Versicherungsverträgen wird in der Sparte Transportversicherung besonders von Maklern vorgenommen. Als Vertragsformen können Einzelversicherungsverträge oder Rahmenversicherungsverträge angeboten werden. **Einzelversicherungsverträge** eignen sich für Unternehmen, die nur gelegentlich im Export tätig werden, **Rahmenversicherungsverträge** finden bei regelmäßigen Transporten Anwendung, sie bilden den Hauptanwendungsfall.

2.1.1 Versicherungsformen und Papiere

Den Abschluß des Versicherungsvertrages dokumentiert die **Police**. Sie enthält insbesondere Angaben zur Prämie, zu den Versicherungsbedingungen und zur Versicherungssumme. Beim Einzelversicherungsvertrag wird das zugehörige Dokument als Einzelpolice bezeichnet. Sie wird häufig auf den Inhaber ausgestellt, um ihre Übertragbarkeit auf den neuen Inhaber zu erleichtern. Dies gilt beispielsweise für die Fälle, bei denen der Exporteur zugunsten des Importeurs eine Versicherung abschließt. Im Rahmen der laufenden Versicherungsverträge sind zwei Policenformen hervorzuheben:

- die Generalpolice
- die Abschreibepolice.

In der Praxis ist die **Generalpolice** wesentlich häufiger anzutreffen als die Abschreibepolice. Die Generalpolice enthält nur eine allgemeine Beschreibung der zu transportierenden und damit zu versichernden Güter. Eingeschlossen sind sämtliche Transportwege und Zwischenlagerungen. Durch den Verzicht auf eine Spezialisierung der Güter im Rahmenvertrag wird es notwendig, daß der Versicherungsnehmer seiner Deklarationspflicht nachkommt, d.h. er muß die tatsächlich durchgeführten Transporte zuvor der Versicherung melden. Dabei hat er die Umstände des Transportes offenzulegen. Dazu zählen Angaben über die Ware, deren Verpackung, den Transportweg und das benutzte Transportmittel.

Da die Prämienberechnung anhand der durchgeführten Lieferung erfolgt, wird keine sofortige Abrechnung vorgenommen, sondern die deklarierten Transporte werden in regelmäßigen Abständen (z.B. monatlich) mit dem Versicherer abgerechnet. Die Generalpolice bleibt in der Hand des Versicherungsnehmers. Vielfach ist es aber notwendig, den Versicherungsschutz im Einzelfall nachzuweisen. Banken verlangen für die Finanzierung von Außenhandelsgeschäften in der Regel den Abschluß einer Transportversicherung. Für jeden einzelnen Transport können daher gesondert Papiere ausgestellt werden; bei der Generalpolice handelt es sich um das Zertifikat. Es enthält die zu deklarierenden Angaben und ist mit der Einzelpolice vergleichbar. Zertifikat wie Einzelpolice können auf den Inhaber lauten. Ihre Übertragung erfolgt durch Einigung und Übergabe, d.h. die Versicherungsgesellschaft **kann** im Schadensfall an den Vorlegenden zahlen. Sie kann aber einen Berechtigungsnachweis (Legitimation) vom Inhaber verlangen und unter Umständen die Zahlung verweigern.

In dem beschriebenen Fall ist das Zertifikat ein auf den Inhaber lautender Versicherungsschein beziehungsweise ein Legitimationspapier. Im allgemeinen sind Zertifikat und Einzelversicherungspolice jedoch gekorene Orderpapiere. Diese Papiere können nur durch Indossament übertragen werden. Voraussetzung ist allerdings, daß die Form der Übertragung bereits in der Generalpolice festgelegt wurde (vgl. dazu Jahrmann, 1995, S. 154ff., Enge, 1987, S. 191ff.).

Eine andere Form, einen laufenden Versicherungsvertrag abzuschließen, bildet die **Abschreibepolice**. Bei dieser allerdings rückläufigen Versicherung wird eine Höchstsumme (= Abschreibesumme) vereinbart. Sie wird für Güter gleicher Art und gleicher Transportwege angeboten. Die Prämie muß im voraus entrichtet werden.

Beispiel:

- Höchstsumme 1 Mio DM
- Die erste Lieferung soll erfolgen
- Der Versicherungswert beträgt 250 000,– DM
- Die Höchstsumme wird auf 750 000,– DM abgeschrieben

Bei vollständigem „Verzehr" der Höchstsumme kann ein neuer Betrag vereinbart werden, aber auch eine zwischenzeitliche Aufstockung ist möglich.

Der Vorteil der Rahmenversicherungsverträge kann generell in günstigeren Konditionen bezüglich der Prämie gesehen werden.

2.1.2 Versicherungssumme, -wert und -prämie

Die **Versicherungssumme** ist die vertraglich vereinbarte Deckungssumme, in ihr kommt der Versicherungsschutz zum Ausdruck.

Im allgemeinen orientiert sich die Höhe der vereinbarten Versicherungssumme am **Versicherungswert**. Dieser bezieht sich in der Güterversicherung auf den Wert der Handelsware sowie anfallender Nebenkosten (z.B. Fracht, Zölle). Im Rahmen der Güterversicherung ist der Versicherungswert in der Höhe ziemlich genau bestimmbar. Darüber hinaus wird noch ein sogenannter imaginärer Gewinn einkalkuliert. Beim imaginären Gewinn handelt es sich um einen Betrag, der unter der Voraussetzung, daß es nicht zur Beschädigung der Ware gekommen wäre, beim Verkauf erzielt worden wäre. In der Versicherungssumme werden daher meist ca. 10% imaginärer Gewinn mitversichert.

Entsprechen sich Versicherungswert und -summe, so liegt eine vollständige Absicherung vor.

Die Entschädigung kann folgendermaßen ermittelt werden (vgl. Jahrmann, 1995, S. 265f.):

Entschädigung = Schaden × Versicherungssumme/Versicherungswert

Beispiel für eine vollständige Absicherung:

Schaden:	500 000,– DM
Versicherungssumme:	1 000 000,– DM
Versicherungswert:	1 000 000,– DM
Entschädigung = 500 000,– DM × 1 000 000,– DM/1 000 000,– DM	
Entschädigung = 500 000,– DM	

Die Entsprechung von Versicherungssumme und -wert führt zu einer vollständigen Entschädigung.

Liegt dagegen die Versicherungssumme unter dem Versicherungswert, so liegt eine Unterversicherung vor.

Auch wenn der tatsächlich eintretende Schaden geringer ist als die Versicherungssumme, muß sich der Versicherungsnehmer die Unterversicherung proportional anrechnen lassen.

Beispiel:

Schaden:	500 000,– DM
Versicherungssumme:	800 000,– DM
Versicherungswert:	1 000 000,– DM
Entschädigung = 500 000,– × 800 000,– DM/1 000 000,– DM	
Entschädigung = 400 000,– DM	

Die Folge dieses Versicherungsabschlusses ist eine Entschädigung, die geringer ausfällt als die Schadenshöhe.

Aber auch eine Überversicherung ist denkbar. **Bei einer Überversicherung übersteigt die Versicherungssumme den Versicherungswert. Dennoch hat der Versicherungsnehmer nur einen Anspruch auf Entschädigung in Höhe des Versicherungswertes.** Insofern sollte möglichst eine weitgehende Entsprechung von Versicherungssumme und -wert angestrebt werden.

Bei der Kalkulation der Prämien orientieren sich die Versicherungsgesellschaften zunächst an Prämientabellen; da jedoch kein Transport dem anderen gleicht, erfolgt die Vereinbarung der Prämie meist individuell mit dem Versicherungsnehmer unter Berücksichtigung der besonderen Risiken des einzelnen Transports. So werden beispielsweise folgende Kriterien als Risikofaktoren zugrunde gelegt:

- Besonderheit der Ware
- Verpackung

- Art des Reiseweges, Transportdauer
- typische Wetterverhältnisse je nach Jahreszeit

(vgl. Jahrmann, 1995, S. 266ff.).

2.2 Seeschäden und Versicherungsbedingungen

Im Zusammenhang mit den Seeschäden ist der Begriff der Havarie (engl.: average) mit seiner Unterscheidung in große, besondere und kleine Havarie hervorzuheben. Daneben ist die Kenntnis der Versicherungsbedingungen für international tätige Unternehmen bedeutsam. Diese sollte nicht nur die deutschen, sondern auch die englischen Bedingungen einschließen, da letztere international anerkannt sind.

2.2.1 Die Havarie

Die Havarie bezeichnet Schäden im Seeverkehr.

Die **kleine Havarie** umfaßt zusätzliche Kosten der Seeschiffahrt wie Lotsengeld, Liegegeld im Hafen u.a. (vgl. Sachs, 1985, S. 75). Hier liegt demzufolge keine Beschädigung vor, sondern es entstehen Zusatzkosten, die jedoch im Regelfall bereits bei der Fracht einkalkuliert werden. Diese Kosten sind **nicht Gegenstand einer Transportversicherung** (vgl. Enge, 1987, S. 95).

Schäden an der Ware treten dagegen bei der großen und besonderen Havarie auf, sie sind versicherbar.

Die **große Havarie** bezeichnet Schäden, die an Schiff **und** Ladung gleichermaßen entstehen. Diese Schäden umfassen auch Maßnahmen, die der Rettung von Mannschaft, Schiff und Ladung dienen. Dazu zählt beispielsweise das Überbordwerfen von Teilen der Ladung, um das Schiff aus Seenot zu retten (Seewurf), das Ansteuern eines Nothafens, die freiwillige Strandung.

Die **besondere Havarie** bezieht sich nicht auf Versuche, eine Gefahr für Schiff **und** Ladung abzuwenden, sondern es handelt sich um Schäden aufgrund unerwartet eintretender Ereignisse, die entweder das Schiff **oder** die Ladung betreffen, z.B. Strandung, Zusammenstoß (s. dazu Sachs, 1985, S. 75).

2.2.2 Deutsche Versicherungsbedingungen

Die zur Zeit gültigen deutschen Versicherungsbedingungen sind die

- Volle Deckung und die
- Strandungsfalldeckung.

Seit 1984 gibt es nur noch diese beiden Deckungsformen, die sog. Mittlere Deckung ist entfallen. Damit wurde ebenfalls auf die bis dahin gültige Einteilung der Deckungsformen in die Buchstabenfolge A, B, C verzichtet, bei der die Volle Deckung als Deckung C, die Mittlere Deckung als Deckung B und die Strandungsfalldeckung als Deckung A bezeichnet wurden.

Die Volle Deckung bildet bei Versicherungsabschlüssen den Regelfall. Daher gilt für einen Versicherungsabschluß der Grundsatz, daß beim Fehlen der Versicherungsbedingungen immer von der Vollen Deckung auszugehen ist (vgl. Enge, 1987, S. 113ff.; Jahrmann, 1995, S. 269). Diese Deckungsform bezieht sich grundsätzlich auf alle Güter, es sei denn, es handelt sich insbesondere um Wertpapiere, Geld, lebende Tiere, Edelmetalle, Waffen oder radioaktive Stoffe (vgl. Jahrmann, 1995, S. 270). Volle Deckung bedeutet allerdings nicht, daß alle erdenklichen Risiken in den Versicherungsschutz eingeschlossen sind. Versicherungsausschlüsse umfassen vor allem:

- Kriegsrisiken
- Kernenergierisiken.

Diese Risiken können jedoch durch besondere Klauseln des Deutschen Transport-Versicherungs-Verbandes (DTV) abgedeckt werden. Zu nennen sind hier die „DTV-Kriegsklauseln 1977", „DTV-Streik- und Aufruhrklauseln 1973, DTV-Kernenergieklauseln 1973 (vgl. Jahrmann, 1987, S. 189). Darüber hinaus unterliegen nicht alle Schäden einer Ersatzpflicht. Beispielhaft erwähnt seien Transportverzögerungen und Folgen einer mangelhaften Verpackung der Ware (zur Bedeutung von Verpackungsschäden vgl. die folgende Abb. 14.1).

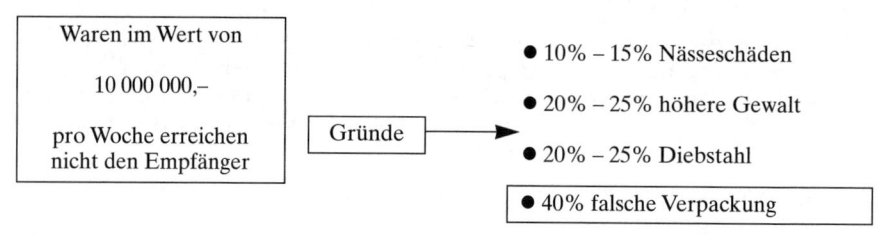

Waren im Wert von 10 000 000,– pro Woche erreichen nicht den Empfänger	Gründe	
		• 10% – 15% Nässeschäden
		• 20% – 25% höhere Gewalt
		• 20% – 25% Diebstahl
		• 40% falsche Verpackung

Quelle: Jansen, Rolf, Unterlagen zur Vorlesung Transportbetriebslehre, Fachbereich Logistik, Universität Dortmund, 1989

Abb. 14.1: Versandschäden im deutschen Außenhandel

Versichert sind Schäden, die von außen auf die Sache einwirken, wie dies bei unvorhersehbaren Ereignissen der Fall ist (s. besondere Havarie). Kann der Nachweis erbracht werden, daß der Schaden nicht auf den Transport, sondern auf eine falsch gewählte Verpackung zurückzuführen ist, so besteht für den Versicherer keine Ersatzpflicht mehr.

Kriterium für diesen Nachweis ist die Handelsüblichkeit der Verpackung. Beim Vorliegen einer handelsüblichen Verpackung ist der Schaden ersatzpflichtig; ist diese Handelsüblichkeit nicht gegeben, besteht auch kein Ersatzanspruch. Anzumerken ist allerdings, daß die Handelsüblichkeit nicht unbedingt mit einer technisch geeigneten Form einhergehen muß (s. dazu auch Enge, 1987, S. 119ff.).

Als Konsequenz für die Unternehmung bleibt eine sorgfältige Überprüfung des Versicherungsschutzes im Hinblick auf die zu transportierende Ware und die zu wählende Verpackung.

Einen anderen Charakter besitzt die Strandungsfalldeckung. Hier hat der Versicherte einen Anspruch auf Schadensersatz, wenn der Schaden auf bestimmte Ereignisse zurückzuführen ist. Dabei umfaßt diese Deckungsform nicht nur die Strandung (Kentern, Zusammenstoß), sondern auch einzelne Schäden, die an Land aufgetreten sind. Neben dem Strandungsfall selbst sind daher insbesondere

Schäden gedeckt, die den Totalverlust ganzer Kolli umfassen, sofern der Totalverlust nicht auf Diebstahl beruht. Ferner ist ein Totalverlust durch Unfall beim Be- und Entladen gedeckt. Zu ersetzen sind auch Schäden durch Brand und Explosion (vgl. Enge, 1987, S. 115f.; Jahrmann, 1995, S. 270f.; Sachs, 1985, S. 76; Exportfibel, 1987, S. 40). Kriegs-, Kernenergierisiken und politische Risiken sind jedoch ausgeschlossen. Ihre Mitversicherung ist ebenfalls durch die o.g. Zusatzklauseln möglich.

2.2.3 Englische Versicherungsbedingungen

Im internationalen Handel haben sich besonders die englischen Versicherungsbedingungen (Institute Cargo Clauses) durchgesetzt. Diese wurden 1982/83 neu formuliert. Dabei wurden die alten Klauseln „All Risks", „W. A." (With Average) und „FPA" (Free of Particular Average) durch die neuen Institute Cargo Clauses A, B, C ersetzt. Die Deckung C bietet die vergleichsweise geringste Risikoabsicherung, d.h. der Versicherungsschutz nimmt entsprechend der Buchstabenfolge von A über B bis C.

Deckung C (Ersatz für die FPA-Klausel). Sie umfaßt folgende Risiken:
- Feuer, Explosion
- Strandung (Voraussetzung: Das Schiff sitzt am Grund fest, Anstoßen an den Grund gilt noch nicht als Strandung)
- Überschlagen und Entgleisen bei notwendigen Landtransporten
- Kollision mit anderen Transportmitteln
- Entladen im Nothafen sowie das Überbordwerfen von Teilen der Ladung als Schäden aus großer Havarie

Sie bezieht sich nicht auf alle Schäden aus großer Havarie.

Deckung B

Sie beinhaltet über die C-Klausel hinausgehend folgende Risiken:
- Erdbeben, Vulkanausbruch, Blitzschlag
- Überbordspülen
- Wassereintritt in das Transportmittel, den Container, das Lager
- Totalverlust ganzer Kolli beim Be- und Entladen

B deckt zwar das Eindringen von Seewasser, aber nicht mehr alle Schwerwetterschäden wie die Klausel W. A. Darüber hinaus sind absichtliche Beschädigungen bei B und C nicht versichert (z.B. Brandstiftung durch Dritte). Letzteres gilt vor allem im Vergleich zu den deutschen Deckungsformen. Die deutsche Strandungsfalldeckung ist vergleichsweise umfangreicher als die Deckungsformen B und C. Beispielsweise setzt die Strandung im Falle der Strandungsfalldeckung nicht erst das Festsitzen am Grund voraus, sondern es genügt ein Stoßen an den Grund.

Deckung A

Inhaltlich sind die Änderungen geringfügiger Natur, teilweise wurden Sachverhalte präzise gefaßt. Letztlich wurde nur die Bezeichnung neu gewählt. Die Deckung A entspricht damit der Vollen Deckung (All Risks).

Abschließend bleibt festzuhalten, daß bei Vereinbarung der englischen Klauseln eine Interpretation derselben nach englischem Recht erfolgt (vgl. zu diesem Kapitel insbesondere Enge, 1987, S. 125ff.; Jahrmann, 1995, S. 271ff.; Sachs, 1985, S. 76f.).

2.2.4 Schadensabwicklung

Die Schadensfeststellung erfolgt durch Havariekommissare vor Ort, d.h. in dem Land, wo der Schaden entstanden ist, unabhängig vom Ort des Vertragsabschlusses. Der zuständige Havariekommissar ist der Police zu entnehmen. Er stellt das Havariezertifikat aus. Aufgabe des Versicherungsnehmers ist es, den Schaden der Versicherungsgesellschaft anzuzeigen und gleichzeitig anzudienen, d.h. den Wunsch auf Regulierung deutlich zu machen. Dazu müssen die vollständigen Unterlagen vorgelegt werden. Zu diesen Unterlagen zählen insbesondere die Police bzw. das Zertifikat, das Havariezertifikat, die Schadensfeststellung, Transportdokumente (z.B. das Konnossement) sowie die Handelsrechnung. Über Art und Umfang der Schadensregulierung entscheidet die Versicherungsgesellschaft, nicht der Havariekommissar (vgl. dazu auch Enge, 1987, S. 76f.).

Natürlich kann der Versicherungsnehmer die Entscheidungen der Versicherungsgesellschaft gerichtlich und außergerichtlich anfechten.

3 Exportkreditversicherung

Absicherung gegen Zahlungsausfälle im Auslandsgeschäft gewährt der Abschluß einer Exportkreditversicherung. In der Bundesrepublik Deutschland besteht, wie die nachfolgende Übersicht zeigt, für Unternehmen die Möglichkeit, den Versicherungsabschluß bei einer staatlichen oder privaten Versicherung vorzunehmen.

Exportkreditversicherungen	
staatlich	**privat**
– Ausfuhrdeckung des Bundes (Hermes-Deckung), vertreten durch ihre Mandatare: Hermes-Kreditversicherungs-AG, Hamburg, sowie Treuarbeit AG, Frankfurt a.M.	– Allgemeine Kreditversicherung AG, Mainz – Gerling-Konzern, Speziale Kreditversicherungs-AG, Köln – Zürich Kautions- und Kreditversicherung AG, Frankfurt a.M. – Hermes-Kreditversicherungs-AG, Hamburg (Eigengeschäft)

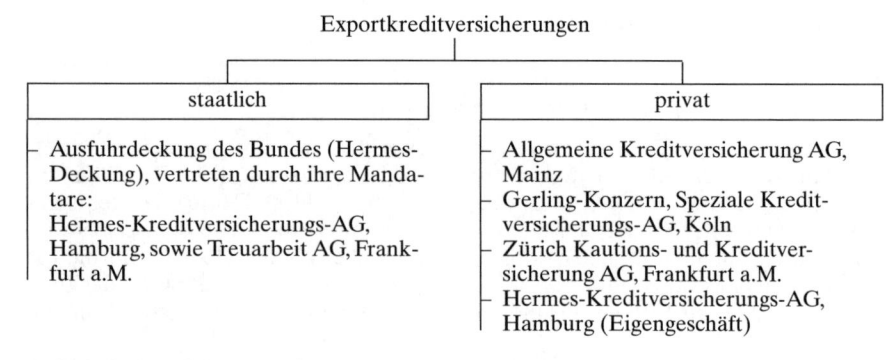

Abb. 14.2: Staatliche und private Exportkreditversicherungen

3.1 Staatliche Exportkreditversicherung

Lieferungen ins Ausland unterliegen wie im Binnenhandel der Gefahr, daß bei gewährten Zahlungszielen die Forderungen nicht erfüllt werden. Die Nichtzahlung durch den Käufer kann eine Reihe von Ursachen haben. Im Außenhandel kann sie auf speziellen Länderrisiken (z.b. Devisenbeschränkungen) beruhen. So birgt die Gewährung längerfristiger Lieferantenkredite an Entwicklungsländer für die Exporteure ein hohes Kreditrisiko, denn im Falle einer Nichtzahlung ist oftmals die eigene Liquidität gefährdet. Übernimmt die staatliche Exportkreditversicherung die Absicherung des Lieferantenkreditrisikos, erfüllt sie gleichzeitig ihr Ziel der Exportförderung gegenüber inländischen Exporteuren. (Unter Freihandelsaspekten ist das letztgenannte Ziel nicht akzeptabel). Dies heißt allerdings nicht, daß automatisch jedes Kreditrisiko absicherbar ist, vielmehr werden die Abnehmer einer eingehenden Bonitätsprüfung unterzogen.

3.1.1 Aufbau der Hermes-Kreditversicherung

Das Gesetz über die Feststellung des Bundeshaushalts ermächtigt das Bundesministerium der Finanzen, Gewährleistungen für Ausfuhren zugunsten deutscher Exporteure zu übernehmen. Im Bundeshaushalt wird der finanzielle Rahmen festgelegt.

Mit der Abwicklung der Kreditversicherungsgeschäfte sind die Hermes-Kreditversicherungs-AG, Hamburg und die Treuhand AG, Frankfurt a.M. als Mandatare (Bevollmächtigte) des Bundes beauftragt worden. Hermes ist die federführende Gesellschaft.

Zur Abdeckung der Kreditrisiken kann der Exporteur einen Antrag auf Gewährung einer Kreditversicherung stellen. Dieser Antrag ist an Hermes zu richten; er unterliegt einem besonderen Genehmigungsverfahren. Die Entscheidung über die Erteilung einer Ausfuhrkreditversicherung erfolgt durch den Interministeriellen Ausschuß, der sich aus stimmberechtigten Mitgliedern des Bundesmi-

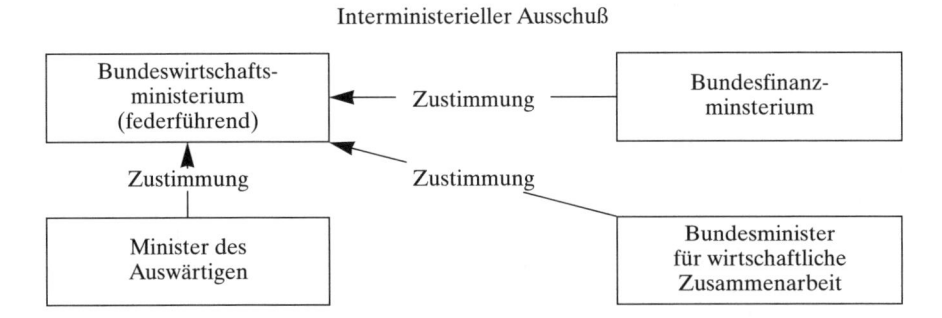

Interministerieller Ausschuß

Bundeswirtschafts- ministerium (federführend) ←— Zustimmung —— Bundesfinanz- minsterium

↑ Zustimmung   Zustimmung

Minister des Auswärtigen   Bundesminister für wirtschaftliche Zusammenarbeit

Vertreter der Industrie, des Handels, der Banken, der Ausfuhrkreditanstalt (AKA), der Kreditanstalt für Wiederaufbau (KfW) und der Bundesbank besitzen beratende Funktion.
Quellen: Exportfibel, 1987, S. 29f., Blomeyer, 1979, S. 121f.

Abb. 14.3: Die Entscheidung über die Erteilung einer Ausfuhrkreditversicherung durch den Interministeriellen Ausschuß

nisteriums für Wirtschaft, des Bundesfinanzministeriums, des Bundesministers des Auswärtigen sowie des Bundesministers für wirtschaftliche Zusammenarbeit zusammensetzt. Den Vorsitz hat das Bundeswirtschaftsministerium. Ferner werden Vertreter der Industrie, der Banken, der Bundesbank und anderer Institutionen beratend hinzugezogen (s. Abb. 14.3).

3.1.2 Gewährleistungen des Bundes

Bei der Absicherung der Forderungen über Hermes wird zwischen Garantie, Bürgschaft und Gewährleistung unterschieden.

Eine **Garantie** wird vergeben, wenn der ausländische Besteller eine privatrechtliche Stellung einnimmt (private Unternehmung). Besitzt der Besteller einen öffentlich-rechtlichen Charakter (Staat, Behörde, Körperschaft des öffentlichen Rechts), handelt es sich um eine **Bürgschaft**. Man spricht im Zusammenhang mit der Vergabe von Bürgschaften daher oftmals von Regierungsgeschäften. Die **Gewährleistung** ist dagegen der Oberbegriff für Garantie und Bürgschaft. Ausschlaggebend für die Wahl der Bezeichnung ist folglich der Status des ausländischen Vertragspartners.

Ausfuhrgewährleistungen werden für die Abdeckung des Fabrikationsrisikos sowie für die Abdeckung des Ausfuhrrisikos gewährt. Kurz gesagt beinhaltet das Fabrikationsrisiko die Nichtabnahme der hergestellten Ware, das Ausfuhrrisiko insbesondere das Delkredererisiko.

Diese Risiken und ihre Absicherung werden in den nachfolgenden Abschnitten im einzelnen behandelt (vgl. Blomeyer, 1979, S. 120; Hermes-Kreditversicherungs-AG, Merkblatt Ausfuhrgewährleistungen, o.J.).

3.1.2.1 Das Fabrikationsrisiko und seine Abdeckung

Das Fabrikationsrisiko betrifft Güter, die eine längere Herstellungszeit benötigen und/oder auf Wünsche des Bestellers zugeschnitten sind (Spezialanfertigungen: maschinelle Anlagen, Kraftwerke). Während der Herstellungszeit können sich die wirtschaftlichen Verhältnisse des Abnehmers verschlechtern (z.B. durch Konkurs) oder die politische Situation im Land des Abnehmers hat sich verändert (Krieg), so daß bereits eine Lieferung unzumutbar oder unmöglich ist. In einem solchen Fall sind aber meist erhebliche Kosten für die Herstellung des Gutes entstanden. Je spezieller die Ware, desto höher ist das Fabrikationsrisiko einzuschätzen. Ein Verkauf an einen anderen Interessenten ist – wenn überhaupt – nur mit Verlusten möglich.

Dieses Risiko ist mit Hilfe der Fabrikationsrisikoabdeckung versicherbar. Die Hermes-Kreditversicherungs-AG bietet sie als Fabrikationsrisikogarantie oder -bürgschaft an. Versichert werden nur einzelne Projekte, daher ist eine Einzeldeckung die einzig mögliche Deckungsform. Gedeckt werden die Selbstkosten, unberücksichtigt bleibt der entgangene Gewinn. Dem Garantie- bzw. Bürgschaftsfall können wirtschaftliche und/oder politische Ursachen zugrunde liegen (Abb. 14.4).

Tritt einer der genannten wirtschaftlichen Risikofälle ein, so ist eine Lieferung unter diesen Umständen unzumutbar. Beim Eintritt eines politischen Risikofalls ist die Lieferung an den Käufer bzw. die Abnahme durch den Käufer unmöglich geworden.

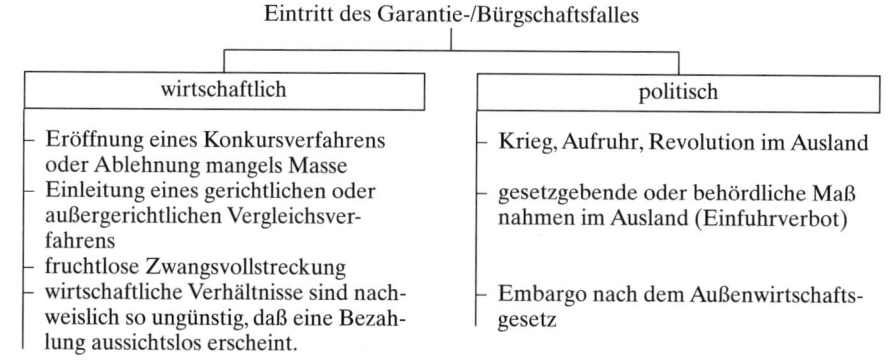

```
                    Eintritt des Garantie-/Bürgschaftsfalles
        ┌───────────────────────────┴───────────────────────────┐
        │       wirtschaftlich      │          politisch         │
```

- Eröffnung eines Konkursverfahrens oder Ablehnung mangels Masse
- Einleitung eines gerichtlichen oder außergerichtlichen Vergleichsverfahrens
- fruchtlose Zwangsvollstreckung
- wirtschaftliche Verhältnisse sind nachweislich so ungünstig, daß eine Bezahlung aussichtslos erscheint.

- Krieg, Aufruhr, Revolution im Ausland
- gesetzgebende oder behördliche Maßnahmen im Ausland (Einfuhrverbot)
- Embargo nach dem Außenwirtschaftsgesetz

Quellen: Blomeyer, 1979, S. 129ff., Hermes-Kreditversicherungs-AG, Allg. Bedingungen für Fabrikationsrisikogarantien/-bürgschaften (o.J.).

Abb. 14.4: Garantie-/Bürgschaftsfälle bei wirtschaftlichen und politischen Risiken

Zusätzlich kann bei Fabrikationsrisikogarantien/-bürgschaften der Gewährleistungsfall durch eine Weisung des Bundes eintreten, wenn dieser den Deckungsnehmer auffordert, die Fertigstellung oder den Versand zu unterlassen.

Für jeden Schadensfall existiert eine Selbstbeteiligungsquote. Sie beträgt bei Fabrikationsrisikodeckungen für alle Risiken gegenwärtig 10%. Diese Selbstbeteiligung darf nicht anderweitig abgesichert werden (vgl. Hermes-Kreditversicherungs-AG, Allg. Bedingungen für Fabrikationsrisikogarantien/-bürgschaften, o.J. sowie Merkblatt Ausfuhrgewährleistungen, o.J.).

3.1.2.2 Das Ausfuhrrisiko und seine Abdeckung

Das Ausfuhr- oder Delkredererisiko umfaßt den Zeitraum nach Versand der Ware bis zur vollständigen Bezahlung des Kaufpreises durch den ausländischen Besteller. Dem Risikofall können politische wie wirtschaftliche Ursachen zugrundeliegen. Eine Absicherung ist durch eine Ausfuhrdeckung möglich. Gedeckt ist die Geldforderung einschließlich zu fordernder Zinsen. Als Deckungsformen kommen

- Ausfuhrgarantien/kurzfristige Einzeldeckungen,
- Ausfuhrgarantien und -bürgschaften in revolvierender Form sowie
- Ausfuhr-Pauschal-Gewährleistungen (APG)
  in Betracht.

3.1.2.2.1 Ausfuhrgarantien/-bürgschaften

Einzeldeckungen werden für Forderungen aus einem Vertrag mit einem ausländischen Abnehmer gewährt. Wird dagegen derselbe ausländische Besteller bzw. ein überschaubarer Bestellerkreis beliefert, kann stattdessen eine revolvierende Ausfuhrgarantie oder -bürgschaft beantragt werden. Bei dieser Form wird ein Höchstbetrag vereinbart; innerhalb dieses Höchstbetrages sind, um eine breite Risikostreuung zu gewährleisten, alle Forderungen gegenüber dem genannten Bestellerkreis abgesichert. Zudem wird der Verwaltungsaufwand erheblich gemindert (vgl. Hermes-Kreditversicherungs-AG, Merkblatt Ausfuhrgewährleistungen des Bundes, o.J. sowie Hichert, 1987).

Folgende **politische Risiken** sind bei **Ausfuhrgarantien** und **-bürgschaften** gedeckt:

- Allgemeiner politischer Schadensfall
  Dabei handelt es sich um gesetzgebende oder behördliche Maßnahmen (z.B. Einfuhrverbote, Beschlagnahme), kriegerische Ereignisse, Aufruhr oder Revolution im Ausland.
- KT-Fall (betreffend die Konvertierung oder Transferierung von Devisen)
  Ein in der Praxis häufig auftretender Fall ist die Nichtkonvertierung und -transferierung der vom Schuldner in Landeswährung eingezahlten Beträge infolge von Beschränkungen des zwischenstaatlichen Zahlungsverkehrs (Hermes-Kreditversicherungs-AG, Merkblatt Ausfuhrgewährleistungen des Bundes, o.J.).

Einen Überblick über die **wirtschaftlichen Risiken** liefert die nachfolgende Zusammenstellung:

Wirtschaftliche Risikofälle der **Ausfuhrgarantie**:
- Uneinbringlichkeit der Forderung infolge Zahlungsunfähigkeit des ausländischen Bestellers durch Konkurs, gerichtlichen oder außergerichtlichen Vergleich oder fruchtlose Zwangsvollstreckung.
- Nichtzahlung innerhalb einer Frist von sechs Monaten nach Fälligkeit (Nichtzahlungsfall bzw. protracted default).

Wirtschaftliche Risikofälle der **Ausfuhrbürgschaft**:
- Der wirtschaftliche Risikofall der Ausfuhrbürgschaft ist immer der Nichtzahlungsfall (protracted default), d.h. die Nichtzahlung der Exportforderung innerhalb von sechs Monaten nach Fälligkeit.

(Hermes-Kreditversicherungs-AG, Allg. Bedingungen für Ausfuhrgarantie/-bürgschaft, o.J.).

Bei der Ausfuhrbürgschaft kann generell vom Nichtzahlungstatbestand ausgegangen werden, da bei „Regierungsgeschäften" keine exakte Trennung in wirtschaftliche und politische Risikofälle vorgenommen werden kann. Daher genügt das Vorliegen des Nichtzahlungstatbestandes, um den Schadensfall auszulösen.

Mittlerweile wird auch der Nichtzahlungsfall im Rahmen der Garantie anerkannt. Voraussetzung ist allerdings, daß der Deckungsnehmer „die nach den Regeln der kaufmännischen Sorgfalt erforderlichen Maßnahmen zur Einziehung der garantierten Forderungen ergriffen (...) hat" (Hermes-Kreditversicherungs-AG, Allg. Bedingungen für Ausfuhrgarantien, o.J.).

Eine Entschädigung wird demzufolge nur gewährt, wenn zuvor ein genauer Nachweis über die ergriffenen Maßnahmen zur Forderungseintreibung erbracht wurde. Gegenüber dem Bürgschaftsfall könnte sich die Durchsetzung einer Entschädigung dadurch etwas schwieriger gestalten. Insgesamt paßt die Formulierung des Nichtzahlungstatbestandes in den übrigen Zusammenhang der wirtschaftlichen Risikofälle, denn für die genannten Verfahren (Konkurs, Vergleich) gilt, daß sie abgeschlossen sein müssen, d.h. die Uneinbringlichkeit der Forderung muß nachgewiesen werden.

Die Entschädigung erfolgt auch hier unter Abzug einer Selbstbeteiligung. Je nach Risiko fällt die Höhe der Selbstbeteiligung unterschiedlich aus. Besonders hoch liegt sie bei den Nichtzahlungsrisiken:

- Ausfuhrgarantien:
  Die Selbstbeteiligung beträgt für Nichtzahlungsrisiken 25%.
- Ausfuhrbürgschaften:
  Die Selbstbeteiligung beträgt für Nichtzahlungsrisiken 15%.

(Hermes-Kreditversicherungs-AG, Allg. Bedingungen für Ausfuhrgarantien/-bürgschaften, o.J.).

Diese Selbstbeteiligungsquoten sollen eine vollständige Risikoabwälzung auf die Kreditversicherung verhindern und den Versicherungsnehmer zu äußerster Sorgfalt bei der Wahl ausländischer Kunden anhalten. Aus diesem Grund ist dieses Restrisiko nicht bei einer anderen Versicherungsgesellschaft absicherbar.

3.1.2.2.2 Die Ausfuhr-Pauschal-Gewährleistung (APG)

Bei der Ausfuhr-Pauschal-Gewährleistung (APG) handelt es sich um eine Form der Ausfuhrdeckung, die für eine Mehrzahl von ausländischen Kunden in verschiedenen Ländern gedacht ist.

Abgesichert werden Forderungen an private und öffentliche Abnehmer, wobei die Laufzeit der gewährten Zahlungsziele zwei Jahre nicht überschreiten darf.

Die Einteilung in wirtschaftliche und politische Risikofälle entspricht exakt den Risikofällen der Ausfuhrgarantie des vorangegangenen Abschnitts.

Der Abschluß einer APG ist an einige Voraussetzungen geknüpft. So muß sich der Exporteur im Interesse einer breiten Risikostreuung verpflichten, alle Forderungen aus Geschäften mit privaten Bestellern aus Ländern, die nicht der OECD angehören, in die APG aufzunehmen. Ausnahmen bilden Ausfuhrverträge auf Sichtakkreditivbasis sowie Forderungen aus Geschäften mit verbundenen Unternehmen. Neben dieser Einbeziehungspflicht von Forderungen besitzt der Exporteur ein Einbeziehungsrecht. Dieses umfaßt Lieferungen an

- private ausländische Schuldner in OECD-Ländern,
- öffentliche ausländische Schuldner,
- an verbundene Unternehmen sowie
- Forderungen aus Lieferungen auf Sichtakkreditivbasis.

Auch die APG beteiligt den Deckungsnehmer mit einer Selbstbeteiligungsquote (Hermes-Kreditversicherungs-AG, Merkblatt Ausfuhrgewährleistungen des Bundes, APG, o.J.).

3.2 Private Exportkreditversicherung

Versichert wird das Delkredererisiko. Voraussetzung ist, daß es sich um Forderungen „aus dem regelmäßigen Geschäftsbetrieb des Versicherungsnehmers" handelt (Wagner, 1985, S. 27).

Einem generellen Risikoausschluß unterliegt bei den privaten Versicherern das politische Risiko. Politische Risiken sind vom Umfang für private Anbieter unkalkulierbar, deshalb ist in diesem Fall nur eine staatliche Abdeckung möglich. Das Angebot der privaten Exportkreditversicherer umfaßt daher die Deckung des wirtschaftlichen Risikos (vgl. Wagner, 1985, S. 28ff.).

3.2.1 Vertragsformen

Einzeldeckungen werden von den privaten Versicherern nicht mehr angeboten. Die typische Vertragsform ist ein Rahmenvertrag, der als revolvierende Deckung die Forderungen gegenüber einer größeren Zahl von Kunden erfaßt. Vielfach handelt es sich um denselben Bestellerkreis, dessen Verbindlichkeiten laufend in den Rahmenvertrag eingeschlossen werden.

Für Unternehmen mit geringeren Umsätzen im Ausfuhrgeschäft besteht die Möglichkeit, eine Pauschalversicherung abzuschließen, in der eine Höchstsumme als Versicherungssumme eingesetzt wird. Die Höchstsumme entspricht meist der Anbietungsgrenze (ca. 10 000,- DM) von Forderungen. Zu dieser Anbietungsgrenze ist folgendes zu bemerken. Das antragstellende Unternehmen ist verpflichtet, alle versicherbaren Forderungen dem Kreditversicherer anzudienen, damit eine breitere Risikostreuung gewährleistet ist. Bis zu der erwähnten Anbietungsgrenze braucht es seine Kunden jedoch nicht namentlich anzugeben. Eine namentliche Nennung ist erst mit dem Überschreiten der Anbietungsgrenze erforderlich, also mit steigendem Verlustrisiko.

Bei Beträgen jenseits der Anbietungsgrenze übernimmt der Kreditversicherer die Bonitätsprüfung. Unterhalb der Anbietungsgrenze ist das Unternehmen verpflichtet, selbst eine Bonitätsprüfung seiner Abnehmer durchführen zu lassen. Für die einzelnen Forderungen wird nach erfolgter Bonitätsprüfung ein Kreditlimit festgesetzt. Mit der Zusage des Kreditlimits verfügt der Versicherer über den gewünschten Versicherungsschutz (vgl. Wagner, 1985, S. 41ff.; Exportfibel, 1987, S. 35ff.; Allgemeine Kreditversicherung AG, Mainz, Allg. Bedingungen für die Ausfuhrkreditversicherung, o.J.).

3.2.2 Gedecktes Risiko im Versicherungsfall

Zu den gedeckten Risiken zählen nur wirtschaftliche Risiken (s.o.). Der Versicherungsfall gilt bei Zahlungsunfähigkeit des Käufers als eingetreten. Diese liegt in den nachfolgend aufgeführten Fällen vor:

- Eröffnung des Konkursverfahrens oder Ablehnung mangels Masse;
- gerichtlicher oder außergerichtlicher Vergleich;
- fruchtlose Zwangsvollstreckung;
- die Bezahlung erscheint aussichtslos: Weder ein Konkursantrag noch eine andere Maßnahme verspricht Aussicht auf Erfolg. Dieser Umstand ist nachzuweisen. Hierin ist eine Übereinstimmung mit dem Nichtzahlungstatbestand erkennbar.

Des weiteren tritt der Versicherungsfall ein, wenn sich die Bonität des Abnehmers verschlechtert hat, der Versicherungsnehmer aber noch über die Ware verfügen kann und diese im Einvernehmen mit dem Versicherer anderweitig verwertet hat, wobei ein Mindererlös entstanden ist (Allg. Kreditversicherung AG, Mainz, Allg. Bedingungen für die Ausfuhrkreditversicherung, o.J.).

Auch die private Exportkreditversicherung schließt Verträge nicht ohne eine Selbstbeteiligungsquote ab, die gleichfalls nicht anderweitig abgesichert werden darf.

Ob bei der Wahl einer Exportkreditversicherung dem staatlichen oder einem privaten Anbieter der Vorzug gegeben wird, ist im Einzelfall zu entscheiden und hängt von den zu versichernden Risiken sowie den verlangten Prämien ab.

4 Harmonisierungsansätze vor dem Hintergrund des europäischen Binnenmarktes

Mit der Verwirklichung des Europäischen Binnenmarktes 1992/3 sind im Versicherungswesen Ansätze zu einem stärkeren grenzüberschreitenden Dienstleistungsverkehr erkennbar.

Der Binnenmarkt wird definiert als „Raum ohne Binnengrenzen, in dem der freie Verkehr von Waren, Personen, Dienstleistungen und Kapital (...) gewährleistet ist" (Badenhoop, 1987, S. 3).

Ein freier Dienstleistungsverkehr im Versicherungswesen könnte sich für den Versicherungsnehmer, bedingt durch einen stärkeren Wettbewerb der Anbieter von Versicherungsleistungen, vorteilhaft für die Vertragsgestaltung in bezug auf den Umfang des Versicherungsschutzes und die Prämien auswirken.

Für die Transportversicherung allerdings, die immer im internationalen Wettbewerb stand, werden sich vermutlich zunächst kaum Änderungen ergeben, denn ein deutscher Exporteur kann bereits heute einen Versicherungsabschluß im Ausland vornehmen (vgl. Enge, 1987, S. 25). Auch ausländische Versicherer können, sofern sie durch das Bundesaufsichtsamt für das Versicherungswesen zugelassen wurden, im deutschen Markt tätig werden. Die deutschen Versicherer unterstehen ebenfalls dem Versicherungsaufsichtsgesetz (VAG). Diese Aufsichtspflicht gilt für die Transportversicherung erst seit 1975. Prämien und Versicherungsbedingungen unterliegen jedoch nicht der Aufsichtspflicht, so daß eine individuelle und flexible Vertragsgestaltung möglich ist (Enge, 1987, S. 36).

Im Rahmen der Exportkreditversicherung, insbesondere der staatlichen Form, gibt es dagegen Bestrebungen, eine Harmonisierung herbeizuführen, die allerdings auf eine Vielzahl von Problemen und Widerständen stößt. Vor Jahren gab es bereits einen Versuch, eine einheitliche Exportkreditversicherungspolice für die EU-Staaten zu schaffen. Diese Harmonisierungsansätze scheiterten an der Diskussion über die Höhe der Selbstbeteiligung. Unterschiede in den Ausfuhrdeckungen bestehen bis heute in der Einschätzung der Länderrisiken sowie der Selbstbeteiligungsquoten (vgl. Blomeyer, 1979, S. 138, 142).

Abschließend bleibt nur festzustellen, daß mit einer Harmonisierung zur Zeit nicht gerechnet werden kann.

5 Literaturverzeichnis

Allgemeine Kreditversicherung AG, Mainz (Hrsg.): Allgemeine Bedingungen für die Ausfuhrkreditversicherung, Mainz (aktuelle Fassung) (o.J.).
Badenhoop, Jörn: Binnenmarkt der Versicherungen bis 1992? Versicherungen in der EG nach dem Urteil des EuGH, in: Sonderdruck aus Versicherungswirtschaft, Karlsruhe, Mai 1987.
Beyfuß, Jörg: Art. Exportkreditversicherung, in: HWInt, Stuttgart 1989, Sp. 563-577.
Blomeyer, Karl: Exportfinanzierung, Wiesbaden, 1. Aufl. 1979.
Bundesministerium für Wirtschaft (Hrsg.): Exportfibel, Bonn 1997.
Dülfer, Eberhard: Internationalisierung der Unternehmung – gradueller oder prinzipieller Wandel, in: Internationalisierung der Unternehmung, hrsg. v. Wolfgang Lück, Volker Trommsdorff, Berlin 1982.
Enge, Hans Joachim: Transportversicherung, Recht und Praxis in Deutschland und England, Wiesbaden, 2. Aufl. 1987.

Hermes-Kreditversicherungs-AG, Hamburg (Hrsg.),

- Merkblatt Ausfuhrgewährleistungen des Bundes, aktuelle Fassung
- Allgemeine Bedingungen für Ausfuhrbürgschaften, aktuelle Fassung
- Allgemeine Bedingungen für Ausfuhrgarantien, aktuelle Fassung
- Allgemeine Bedingungen für Fabrikationsrisikobürgschaften, aktuelle Fassung
- Allgemeine Bedingungen für Fabrikationsrisikogarantien, aktuelle Fassung
- Allgemeine Bedingungen für Ausfuhr-Pauschal-Gewährleistungen, aktuelle Fassung
- Merkblatt Ausfuhrgewährleistungen des Bundes, Ausfuhr-Pauschal-Gewährleistungen, aktuelle Fassung.

Hichert, Ingo: Staatliche Exportabsicherung: Welche Risiken deckt Hermes?, in: Südwestfälische Wirtschaft, Zeitschrift der Südwestfälischen Industrie- und Handelskammer zu Hagen, 3/87.
Jahrmann, F.-Ulrich: Außenhandel, Kompendium der praktischen Betriebswirtschaft, hrg. v. K. Olfert, Ludwigshafen, 8. Aufl. 1995.
Jansen, Rolf: Unterlagen zur Vorlesung Transportbetriebslehre, FB Logistik, Dortmund 1989.
Moser, Reinhard: Art. Exportkreditfinanzierung, in: HWInt, Stuttgart 1989, Sp. 555-653.
Sachs, Rudolf: Leitfaden Außenwirtschaft, Wiesbaden, 4. Aufl. 1985.
Stolzenburg, G.: Risikoreduzierung durch staatliche Exportkreditversicherung, Köln 1981.
Wagner, Paul-Robert: Die Kreditversicherung, Taschenbücher für Geld, Bank, Börse, hrsg. v. Hans-E. Büschgen, Alfred Herrhausen, 3. Aufl., Frankfurt a.M. 1985.
Zimmermann, A.: Spezifische Risiken des Auslandsgeschäfts, in: Exporte als Herausforderung für die deutsche Wirtschaft. Hrsg. E. Dichtl u. O. Issing, Köln 1984, S.105-139.

Teil C:
Rechtliche und steuerliche Aspekte der Internationalen Betriebswirtschaftslehre

Problemorientierte Ansätze

15. Kapitel:
Internationales Transportrecht

1 Einleitung

Der Gegenstand des Themas ist einzugrenzen. Die nachstehenden Ausführungen befassen sich nur mit den zivilrechtlichen Fragen des grenzüberschreitenden Güterverkehrs, und auch nur soweit sie sich aus der Verzögerung des Transportes, der Beschädigung und dem Verlust von Gütern ergeben. Nicht erörtert werden die Fragen des Öffentlichen Internationalen Transportrechtes, z.B. die Themenkomplexe Verkehrserlaubnisse, wie sie sich besonders vielfältig im internationalen Lufttransport finden.

Weiterhin werden nicht behandelt Fragen des Tarifrechtes. Bindende Tarife finden sich insbesondere im Luftverkehrsrecht, aber auch im grenzüberschreitenden LKW-Verkehr und im grenzüberschreitenden Eisenbahnverkehr. Unerörtert bleiben darüber hinaus auch das Transportwirtschaftsrecht, das Transportarbeitsrecht sowie das Transportstrafrecht. Eine Erörterung all dieser Materien würde den Rahmen der Ausführungen sprengen.

Güterverkehr und insbesondere grenzüberschreitender Güterverkehr, ganz gleich mit welchem Transportmittel er durchgeführt wird, zeichnet sich durch zwei Besonderheiten aus. Während des Transportes war und ist trotz aller Fortschritte das zu transportierende Gut Gefahren ausgesetzt. Wie groß nach wie vor die Gefahren des Gutes sind, zeigt deutlich, daß trotz aller Fortschritte in der Schiffbautechnik im Jahre 1975 ein Riesenschiff wie der LASH-Carrier „München" spurlos verschwinden konnte. Die Gefahren des Luft-, Straßen- und Eisenbahnverkehrs sind bekannt, sie brauchen nicht im einzelnen dargelegt zu werden.

Die **Transportgefahr** konkretisiert sich entweder durch Verlust oder Beschädigung oder im Sonderfall durch Verspätung der Durchführung des Transportes. Die Kernfrage ist: **Wer hat in welchem Umfang wofür zu haften?**

Bei jedem grenzüberschreitenden Transport stellt sich weiterhin die Frage, nach welcher Rechtsordnung die Haftung beurteilt wird.

In neuerer Zeit ist ein weiteres Problem hinzugekommen. Güter werden, insbesondere wenn es um Transporte über längere Strecken geht, nicht mit einem, sondern mit mehreren Transportmitteln befördert (sogenannter multimodaler oder kombinierter Transport). Im Einzelfall ist häufig nicht feststellbar, auf welcher Transportstrecke bei Verwendung welchen Transportmittels der Schaden eingetreten ist (Problem des unbekannten Schadensortes).

2 Rechtsquellen

Die nationalen Rechtsnormen über den grenzüberschreitenden Güterverkehr beruhen auf internationalen Vereinbarungen.

Der **grenzüberschreitende Güterfernverkehr auf der Straße** ist durch das Übereinkommen über den Beförderungsvertrag im internationalen Straßengüterverkehr vom Mai 1956 (CMR) geregelt (Glöckner, 1985).

Für den **grenzüberschreitenden Eisenbahnverkehr** gilt das Internationale Übereinkommen über den internationalen Eisenbahnverkehr (COTIF) vom 09.05.1980. Der Gütertransport ist in den einheitlichen Rechtsvorschriften über den Vertrag über die **internationale Eisenbahnbeförderung von Gütern** (CIM) geregelt. Dieses ursprünglich eigenständige internationale Übereinkommen, das sich aus dem Berner Übereinkommen von 1890 entwickelt hatte, gilt nicht mehr selbständig, sondern nur als Anhang zum Internationalen Übereinkommen (COTIF) vom 09.05.1980 (Koller, 1990; Piper 1988).

Die **internationale Luftbeförderung von Gütern** ist durch das Warschauer Abkommen (WA) nebst Zusatzabkommen geregelt. Die Urfassung des Warschauer Abkommens datiert vom 12.10.1929. Es gilt im nationalen Bereich in der Fassung des Gesetzes zur Durchführung des ersten Abkommens zur Vereinheitlichung des Luftprivatrechtes vom 15.12.1933. Dieses Gesetz wurde mehrfach geändert. Es gilt jetzt in der Fassung vom 16.07.1957. Das Warschauer Abkommen ist revidiert worden durch das Haager Protokoll (HP) vom 28.09.1955 und das Zusatzabkommen von Guadalajara vom 18.09.1961 (Ruhwedel, 1985).

Die vorgenannten internationalen Abkommen sind durch Ratifizierung bzw. Transformierung unmittelbar geltendes innerstaatliches Recht geworden. Hinsichtlich der Rechtsanwendung ergeben sich daher Besonderheiten. Wie alle internationalen Übereinkommen sind die CMR, die CIM und das Warschauer Abkommen nebst Zusatzabkommen aus sich heraus auszulegen. Insbesondere kommt es auf den Wortlaut der Abkommen und den systematischen Zusammenhang der Vorschriften sowie auf die Entstehungsgeschichte an. Maßgeblich ist nicht der deutsche, sondern der verbindliche englische bzw. französische Originaltext. Innerstaatliche Rechtsbegriffe sind nicht entscheidend.

Auch das **deutsche Seetransportrecht beruht auf internationalen Übereinkommen**, und zwar dem Brüsseler Übereinkommen von 1924 zur einheitlichen Feststellung von Regeln über Konnossemente (sogenannte Haager Regeln) und den sogenannten Visbyregeln. Diese Übereinkommen sind durch den nationalen Gesetzgeber in das deutsche Recht eingearbeitet worden, die Visbyregeln durch das 2. Seerechtsänderungsgesetz vom 25.7.1986. Die entsprechenden nationalen Vorschriften finden sich im 5. Buch des HGB. Es handelt sich hierbei um innerstaatliches Recht, für das die vorstehenden Auslegungsgrundsätze nur bedingt gelten (Prüßmann/Rabe, 1983; Herber, 1987; Abraham, 1974).

Die modernste Transportrechtsordnung findet sich zur Zeit im Bereich des Seetransportes. Die übrigen Transportrechtsordnungen sind älteren Datums. Die Arbeiten zur Abfassung der CMR liegen über 40 Jahre zurück. Das Eisenbahnrecht wurde immerhin 1980 neu geregelt. Die letzte Modifikation des Warschauer Abkommens durch das Zusatzabkommen von Guadalajara stammt vom 18.09.1961 und ist rund 30 Jahre alt. Zumindest die älteren Transportrechtsordnungen sind dringend überarbeitungsbedürftig. Das gilt auch in Hinblick auf die Haftungshöchstgrenzen.

Alle Transportrechtsordnungen zeichnen sich durch eine Grundstruktur aus. Die Haftung ist zwingend, d.h. Haftungsausschlüsse durch Individualabreden oder Allgemeine Geschäftsbedingungen sind nicht zulässig. Sie ist aber regelmäßig der Höhe nach beschränkt. Der Beförderer, d.h. der Landfrachtführer, der

15. Kap.: Internationales Transportrecht 679

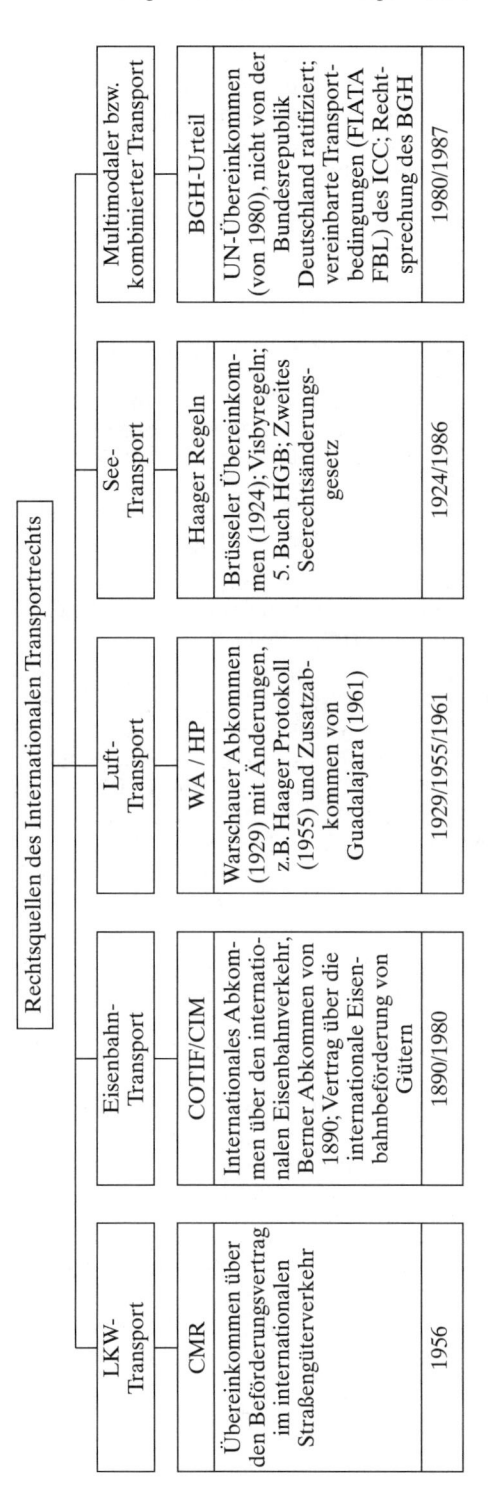

	Rechtsquellen des Internationalen Transportrechts				
	LKW-Transport	Eisenbahn-Transport	Luft-Transport	See-Transport	Multimodaler bzw. kombinierter Transport
	CMR	COTIF/CIM	WA / HP	Haager Regeln	BGH-Urteil
	Übereinkommen über den Beförderungsvertrag im internationalen Straßengüterverkehr	Internationales Abkommen über den internationalen Eisenbahnverkehr; Berner Abkommen von 1890; Vertrag über die internationale Eisenbahnbeförderung von Gütern	Warschauer Abkommen (1929) mit Änderungen, z.B. Haager Protokoll (1955) und Zusatzabkommen von Guadalajara (1961)	Brüsseler Übereinkommen (1924); Visbyregeln; 5. Buch HGB; Zweites Seerechtsänderungsgesetz	UN-Übereinkommen (von 1980), nicht von der Bundesrepublik Deutschland ratifiziert; vereinbarte Transportbedingungen (FIATA FBL) des ICC; Rechtsprechung des BGH
	1956	1890/1980	1929/1955/1961	1924/1986	1980/1987

Abb. 15.1: Rechtsquellen des Internationalen Transportrechts

Luftfrachtführer, der Eisenbahnfrachtführer oder der Verfrachter haftet entweder aus Gefährdungshaftung, d.h. ohne Verschulden, oder aus vermutetem Verschulden. Allen Haftungsordnungen ist weiter gemeinsam, daß der Beförderer sich entlasten muß. Die Haftung ist in der Regel beschränkt auf den Zeitraum, in welchem er das Gut in Obhut hatte.

3 LKW-Transport

Grenzüberschreitend ist ein Transport, wenn der Ort der Übernahme und der Ort der vereinbarten Ablieferung in zwei verschiedenen Staaten liegen. Die CMR finden Anwendung, wenn mindestens einer dieser Staaten ein Vertragsstaat ist. Auf den Wohnsitz und die Staatsangehörigkeit der Parteien kommt es nicht an. Die CMR gelten also auch für Verträge zwischen Inländern, wenn ein grenzüberschreitender Transport vereinbart worden ist. Im übrigen erstrecken sich die CMR nur auf entgeltliche Beförderung. Sie finden daher auf den Werkverkehr und Eigentransporte keine Anwendung.

Vertragsstaaten sind alle europäischen Staaten. Bei Transporten in außereuropäische Staaten, insbesondere den Nahen Osten, gelten die CMR nur, wenn der Ort der Übernahme in einem Vertragsstaat liegt.

Nicht geregelt sind durch die CMR die Fragen des Entgeltes und der Leistungsstörung, die nicht in dem Verlust oder der Beschädigung des Gutes bzw. der Verspätung des Transportes bestehen. Insoweit greift nationales Recht ein. Welches nationale Recht zur Anwendung gelangt, richtet sich nach den Grundsätzen des internationalen Privatrechtes. Für Frachtverträge findet sich eine Regelung in Art. 28 IV EGBGB. Soweit deutsches Recht Anwendung findet, gelten für Leistungsstörungen die Vorschriften des BGB, im übrigen das Landfrachtrecht des HGB, das jedoch im wesentlichen dispositiv ist. Nach der Rechtsprechung des Bundesgerichtshofes sind auch die Vorschriften der Kraftverkehrsordnung heranzuziehen.

Die CMR regeln in Artikel 1 zunächst den Geltungsbereich. Das Übereinkommen gilt für jeden entgeltlichen Transportvertrag mit LKW auf dem Landweg. Ausgeschlossen sind unter anderem die Postbeförderung und die Beförderung von Umzugsgut (Art. 1 Abs. 4 CMR). Wird das Fahrzeug auf einer Teilstrecke mit einem anderen Transportmittel, sei es per Seeschiff, Eisenbahn oder auf dem Luftweg, befördert, gelten die CMR trotzdem für die gesamte Beförderung. Kann jedoch ein Nachweis erbracht werden, daß ein Verlust, eine Beschädigung oder eine Verzögerung des Transportes auf einer Teilstrecke mit einem anderen Transportmittel eingetreten ist, so gelten insoweit die Vorschriften für dieses andere Transportmittel aber nur, wenn sie zwingend sind (Art. 2 CMR). Geregelt wird nur der sogenannte Huckepack-Verkehr, d.h. Beförderung des Fahrzeuges mit einem anderen Transportmittel. Art. 2 CMR findet keine Anwendung auf den Container, denn dieser ist kein Verkehrsmittel und auch kein Straßenfahrzeug. Unentschieden ist die Frage für den sogenannten Trailertransport. Ganz überwiegend wird angenommen, daß Trailer unter den Begriff Straßenfahrzeug fallen. Wird ein Trailer mit einer Fähre verschifft, finden für Schäden auf der Seestrecke die Vorschriften für den Seetransport Anwendung, soweit sie zwingend sind, andernfalls die CMR. Für den Seetransport sind aber Haftungsvorschriften nur dann zwingend, wenn ein Konnossement ausgestellt worden ist. In der Regel ist das aber für LKW und Trailer nicht der Fall. Sinn und Zweck dieser Regelung ist, die Anwendung des Straßenverkehrsrechts auch dann sicherzustellen, wenn nicht das Gut, sondern das Verkehrsmittel umgeladen wird. Die Transportroute und das Transportmittel werden vom Straßenfrachtführer bestimmt. Er soll sich nicht durch die Zwischenschaltung eines anderen Transportmittels der zwingenden Haftung nach der CMR entziehen können, es sei denn, auch für das andere Transportmittel bestehen zwingende Haftungsregelungen.

Der Frachtvertrag ist ein Werkvertrag, d.h. geschuldet wird der Beförderungs- bzw. Transporterfolg. Die Beteiligten des Frachtvertrages sind der Absender (= Besteller) und der Frachtführer (= Werkunternehmer). Eine bestimmte Form des Frachtvertrages ist nicht vorgeschrieben. Gemäß Art. 4 CMR ist jedoch ein Frachtbrief zu erstellen. Dieser ist jedoch nicht Wirksamkeitsvoraussetzung. Der Frachtbrief ist in drei Originalausfertigungen zu erstellen (Art. 5 CMR), eine erhält der Absender, eine begleitet das Gut, und die dritte behält der Frachtführer. Gemäß Art. 6 CMR muß der Frachtbrief folgende Angaben enthalten: Ort und Tag der Ausstellung, Name und Anschrift des Absenders, Name und Anschrift des Frachtführers, Übernahmeort und Ablieferort, Name und Anschrift des Empfängers, eine Beschreibung des Gutes, die Angabe von Anzahl, Zeichen und Nummern der Frachtstücke, Angaben des Gewichtes, Angaben über die Transportkosten (Fracht, Nebenkosten, Zölle und andere Kosten). Gegebenenfalls muß der Frachtbrief Angaben über Umladungsverbote, Angaben über den Wert des Gutes und den Betrag des besonderen Interesses an der Lieferung – dieses ist unter Umständen wichtig für eine Erhöhung der Haftung – und eine Vereinbarung über die Frist, innerhalb derer der Transport durchgeführt werden soll, enthalten. Entgegen dem Wortlaut von Artikel 6 CMR („muß der Frachtbrief ...enthalten") können Vereinbarungen über die Beförderungsfrist auch außerhalb des Frachtbriefes getroffen werden.

Gemäß Art. 7 CMR haftet der Absender dem Frachtführer für die Richtigkeit der Angaben im Frachtbrief.

Der Frachtbrief hat im wesentlichen eine Beweisfunktion. Art. 8 CMR verpflichtet den Frachtführer, bei Übernahme des Gutes die Richtigkeit der Angaben im Frachtbrief über die Anzahl der Frachtstücke, über ihre Zeichen und Nummern sowie über den äußeren Zustand des Gutes und seine Verpackung zu überprüfen. Stellt er Abweichungen und Beschädigungen fest, hat er einen entsprechenden Vorbehalt zu machen. Fehlt der Vorbehalt, kehrt sich die Beweislast um. Es wird vermutet, daß Gut und Verpackung bei Übernahme äußerlich keine Schäden erkennen ließen und daß die Anzahl der Frachtstücke und die Markierungen mit den Angaben im Frachtbrief übereinstimmten (Art. 9 Abs. 2 CMR). Dem Frachtführer ist allerdings der Gegenbeweis nicht abgeschnitten. Läßt sich zum Beispiel nicht feststellen, ob Tiefkühlware bei Übernahme schon eine zu hohe Temperatur aufwies, hat der Frachtführer den entsprechenden Beweis zu führen. Scheitert der Gegenbeweis, haftet er. Der Frachtbrief ist weiterhin Beweisurkunde über den Abschluß und den Inhalt des Beförderungsvertrages (Art. 9 Abs. 1 CMR). Der Gegenbeweis, daß der Frachtbrief den Inhalt des Beförderungsvertrages unrichtig wiedergibt, bleibt zulässig.

Die Verpackung des Gutes ist Aufgabe des Absenders. Er haftet dem Frachtführer für die Schäden, die durch die mangelhafte Verpackung entstehen, sei es am Transportmittel selber oder an anderen Gütern. Die Haftung greift nur dann nicht ein, wenn der Frachtführer trotz offensichtlichem Mangel das Frachtgut übernommen hat oder ihm der Mangel bekannt war und er keinen Vorbehalt im Frachtbrief gemacht hat (Art. 10 CMR). Der Absender hat dem Frachtbrief die Urkunden beizufügen, die für die Durchführung des Transportes erforderlich sind, z.B. Begleitpapiere für die zollamtliche Abfertigung des Frachtgutes.

Der Frachtführer hat das Frachtgut am Empfangsort an den im Frachtbrief bezeichneten Empfänger abzuliefern. Dieser kann die Ablieferung an sich verlangen, aber nur gegen Vorlage einer Ausfertigung des Frachtbriefes (Art. 13 Abs. 1 CMR). Soweit der Empfänger dieses Recht geltend macht, hat er die Gesamtkosten des Transportes, insbesondere die Fracht zu zahlen, aber nur soweit sie sich aus dem Frachtbrief ergeben. Enthält der Frachtbrief keine Bestimmungen über die zu zahlende Fracht oder die sonstigen Kosten, kann der frachtbriefmäßige Empfänger Herausgabe ohne Zahlung verlangen, auch wenn die Fracht und sonstige Kosten noch nicht gezahlt sind.

Während des Transportes ist der Absender berechtigt, über das Gut zu verfügen, d.h. er kann verlangen, daß der Transport gestoppt, der Ablieferungsort geändert oder das Gut an einen Dritten ausgeliefert wird. Dieses Recht hat der Absender allerdings nur, solange wie er die für ihn bestimmte Ausfertigung des Frachtbriefes (Art. 5 CMR) in Händen hat. Mit Übergabe dieser Ausfertigung an den Empfänger geht auch das Verfügungsrecht auf diesen über (Art. 12 CMR).

Bei Beförderungshindernissen hat der Frachtführer Weisungen des Verfügungsberechtigten einzuholen (Art. 14 CMR). Kann er eine Weisung nicht erhalten, hat er die Maßnahmen zu ergreifen, die ihm im Interesse des Verfügungsberechtigten angemessen erscheinen. Ein Beförderungshindernis im Sinne von Art. 14 CMR liegt nur dann vor, wenn die Beförderung ohne Verletzung der im Frachtbrief festgelegten Bedingungen unmöglich ist bzw. unmöglich wird. Tritt ein Beförderungshindernis ein, bleibt die Beförderung aber zu den frachtbriefmäßigen Bedingungen (selbst bei Erschwerungen für den Frachtführer) möglich und/oder wird nur die normale Durchführung des Transports gestört, liegt ein Beförderungshindernis im Sinne von Art. 14 CMR nicht vor. Der Frachtführer hat den Transport durchzuführen; Umwegkosten gehen zu seinen Lasten.

Führt er den Transport nicht durch, liegt Nichterfüllung vor. Die Rechtsfolgen der Nichterfüllung sowie die Frage, wer Umwegkosten zu tragen hat, sind in der CMR nicht geregelt. Insoweit gilt nationales Recht. Der Frachtführer schuldet unter Umständen Schadensersatz wegen Nichterfüllung gemäß 325 BGB. Hinsichtlich der Umwegkosten ist die Rechtslage nicht eindeutig. Nach überwiegender Ansicht hat der Frachtführer diese Umwegkosten zu tragen und kann weder vom Absender noch vom Empfänger Ersatz verlangen. Etwas anderes gilt nur, wenn der Transportweg im Frachtbrief ausdrücklich vorgeschrieben wird.

Soweit nach Ankunft am Bestimmungsort Ablieferungshindernisse auftreten, beispielsweise weil sich kein Empfänger findet oder der Empfänger die Annahme verweigert, hat der Frachtführer Weisungen des Absenders einzuholen. Soweit Weisungen nicht zu erlangen sind, hat er über das Gut zu verfügen. Er ist unter Umständen auch berechtigt, es zu verkaufen, wenn bei leicht verderblichen Waren die Kosten einer Verwahrung in keinem Verhältnis zum Wert des Gutes stehen. Die durch die Einholung der Weisungen entstehenden Kosten, dazu zählen auch Standgeld, Entladekosten usw., sind dem Frachtführer vom Absender oder vom Empfänger, sofern dieser die Fracht gemäß Art. 13 Abs. 2 CMR schuldet, zu erstatten.

Der Frachtführer haftet für gänzlichen oder teilweisen Verlust und für die Beschädigung des Gutes sowie für Transportverzögerungen. Die Haftung für Verlust und Beschädigung besteht nur im Zeitraum zwischen Übernahme und Ablieferung des Gutes (Art. 17 Abs. 1 CMR). Man spricht von Obhutshaftung. Die Übernahme ist die Entgegennahme des Gutes durch den Frachtführer zum Zwecke der Beförderung in seinen Besitz bzw. Gewahrsam. Die Übernahme ist in erster Linie ein tatsächlicher Vorgang, hinzu kommen muß aber auch der Wille, das Gut in den eigenen Verantwortungsbereich zu übernehmen. Die Feststellung des Willenselementes ist insbesondere dann wichtig, wenn entweder ohne Wissen oder gegen den Willen des Frachtführers Güter auf den LKW verladen worden sind. Diese sind nicht übernommen. Sie unterliegen demnach nicht der Obhut des Frachtführers und eine Haftung greift nicht ein. Unter Ablieferung versteht man den Vorgang, durch welchen der Frachtführer den Besitz bzw. den Gewahrsam an dem beförderten Gut im Einvernehmen mit dem Empfänger aufgibt und diesen in den Stand versetzt, die tatsächliche Gewalt darüber auszuüben. Dabei ist nicht erforderlich, daß der Empfänger das Gut körperlich in Besitz genommen hat. Es reicht aus, wenn der Empfänger die Einwirkungsmöglichkeit auf das Gut hat. Er muß jedoch den Willen haben, von dieser Möglichkeit Gebrauch zu machen. Deswegen ist beispielsweise keine ordnungsgemäße Ablieferung erfolgt, wenn das Gut außerhalb der normalen Betriebszeiten auf dem Betriebshof des Empfängers abgesetzt wird. Die Ablieferung ist frühestens am kommenden Tag zu Beginn der normalen Betriebstätigkeit vollendet. Kommt das Gut in der Nacht vorher durch Diebstahl abhanden, fällt dieses noch in die Obhutshaftung des Frachtführers.

Die Rechtsnatur der Haftung des Frachtführers gemäß Art. 17 CMR ist nicht unumstritten. Die überwiegende Auffassung geht dahin, daß es sich um eine Gefährdungshaftung handelt. Ist ein Schaden auf einen Mangel am Fahrzeug zurückzuführen, haftet der Frachtführer auf jeden Fall (Art. 17 III CMR). Die Haftung des Frachtführers entfällt, wenn der Verlust, die Beschädigung oder die Lieferverzögerung auf einem Verschulden des Verfügungsberechtigten, besonderen Mängeln des Gutes oder auf Umständen beruhen, die er nicht vermeiden und deren Folgen er nicht abwenden konnte (Art. 17 II CMR).

Daß der Frachtführer nicht haftet, wenn der Schaden auf ein Verschulden des Verfügungsberechtigten zurückzuführen ist, liegt auf der Hand. Das gleiche gilt auch, soweit besondere Mängel des Frachtgutes zum Schaden geführt haben. Diese Ausschlußtatbestände sind relativ unproblematisch. Schwieriger ist die Entscheidung der Frage, wann Umstände vorlagen, die der Frachtführer nicht vermeiden und deren Folgen er nicht abwenden konnte. Der Tatbestand ist nur erfüllt, wenn das Ereignis unabwendbar war. Das setzt voraus, daß auch durch die äußerste, nach den Umständen gebotene Sorgfalt und durch alle vernünftigerweise zumutbaren Vorkehrungen das Ereignis weder abgewendet noch in seinen Folgen unschädlich gemacht werden konnte. Schon ein geringfügiges Verschulden schließt die Annahme eines unabwendbaren Ereignisses aus. Das Verhalten seines Personals und aller Dritter, derer er sich bei der Aus- und Durchführung des Transportes bedient, hat der Frachtführer sich als eigenes zuzurechnen zu lassen.

Die strenge Haftung des Frachtführers wird durch Art. 17 IV CMR eingeschränkt. Er haftet nicht, wenn der Schaden bzw. der Verlust aus besonderen Gefahren entstanden ist. Besondere Gefahren sind zum Beispiel die Verwendung offener Fahrzeuge, wenn diese Verwendung ausdrücklich vereinbart und im

Frachtbrief vermerkt worden ist, Fehler und Mängel der Verpackung, wenn üblicherweise eine mangelhafte Verpackung die Gefahr der Beschädigung begründet. Das Verladen, Verstauen und Ausladen ist Aufgabe des Absenders bzw. des Empfängers. Fehler gehen also nicht zu Lasten des Frachtführers. Allerdings hat er dafür zu sorgen, daß durch die Beladung und die Stauung die Verkehrssicherheit des Fahrzeuges nicht beeinträchtigt wird. Ist das der Fall und verunglückt infolgedessen das Fahrzeug, haftet er. Schäden aufgrund natürlicher Eigenschaften des Frachtgutes gehen nicht zu Lasten des Frachtführers, z.B. die Schäden durch Bruch, Rost, Verderb, Austrocknen, Auslaufen, Schwund und Ungeziefereinwirkung (Art. 17 IV CMR). Hierunter fallen auch Schäden am Kühlgut. Wird dieses infolge Erwärmung beschädigt, ist das auf die natürliche Beschaffenheit des Gutes zurückzuführen. Erfolgte der Transport jedoch mit einem Kühlfahrzeug, kann der Frachtführer sich auf diesen Freistellungstatbestand nur berufen, wenn er nachweist, daß er alle Maßnahmen getroffen hat, um eine ordnungsgemäße Kühlung auch während des Transportes sicherzustellen. Dazu gehört auch die Überwachung und die Anbringung von Überwachungsgeräten, die beobachtet werden müssen (Art. 18 IV CMR).

Die Beweislast für ein unabwendbares Ereignis im Sinne von Art. 17 II CMR liegt beim Frachtführer. Hinsichtlich der Ausschlußtatbestände des Art. 17 IV CMR ist sie jedoch erleichtert. Er hat nur darzulegen, daß Ursache der Schäden einer der Tatbestände sein kann. Dann wird vermutet, daß diese dadurch entstanden sind. Dem Berechtigten bleibt jedoch der Beweis des Gegenteils offen.

Die Lieferfrist ist überschritten, wenn die Ablieferung entweder nicht innerhalb einer vereinbarten oder der üblichen Frist erfolgt. Dafür haftet der Frachtführer. Auf die Frage des Verschuldens kommt es nicht an (Art. 19 CMR). Eine besondere Regelung enthält Art. 20 CMR. Der Berechtigte kann das Gut als verloren betrachten, wenn es nicht innerhalb von 30 Tagen nach Ablauf der vereinbarten Lieferfrist oder, falls solche nicht besteht, innerhalb von 60 Tagen nach Übernahme abgeliefert worden ist. Der Verlust wird fingiert, d.h. selbst wenn feststeht, daß das Gut noch vorhanden ist, treten die Rechtsfolgen des Verlustes ein. Der Berechtigte hat aber die Wahl, ob er Schadensersatzansprüche wegen Verlustes oder im Falle der Wiederauffindung Herausgabeansprüche und Schadensersatzansprüche wegen Lieferfristüberschreitung geltend machen will.

Haftungsmaßstab ist der Wert des Gutes zum Zeitpunkt der Übernahme am Ort der Übernahme. Maßgeblich ist entweder ein Börsen- oder Marktpreis oder der Verkehrswert. Die Haftung ist weiter beschränkt auf 8,33 Rechnungseinheiten je Kilogramm Rohgewicht (Art. 23 III CMR). Rechnungseinheit ist das Sonderziehungsrecht des Internationalen Währungsfonds. Dessen Wert wird täglich ermittelt. Er beträgt zur Zeit etwas über DM 3,00. Danach ergibt sich ein Haftungshöchstbetrag von rund DM 25,00 pro Kilogramm Rohgewicht. Im Einzelfall ist hinsichtlich des Umrechnungskurses aber auf den Tag eines Urteils abzustellen (Art. 23 VII CMR).

Neben dem Schadensersatz sind Fracht, Zölle und sonstige aus Anlaß der Beförderung des Gutes entstandene Kosten zurückzuerstatten. Dabei handelt es sich nicht um einen Schadensersatzanspruch. Die Haftungshöchstgrenzen bleiben also unberührt. Im Falle der Lieferfristüberschreitung ist der Schadensersatz auf die Höhe der vereinbarten Fracht beschränkt. Höhere Entschädigungssummen können vereinbart werden. Dazu bedarf es jedoch einer Eintragung im

Frachtbrief. Der Frachtführer kann einen entsprechenden Zuschlag zur Fracht verlangen.

Bei Beschädigung der Gesamtpartie ist höchstens der Betrag zu zahlen, der bei Verlust der Partie zu zahlen gewesen wäre, entsprechendes gilt bei Beschädigung einer Teilpartie (Art. 25 CMR). Neben der Entschädigung können Zinsen in Höhe von 5 Prozent verlangt werden. Zinsbeginn ist der Tag einer schriftlichen Reklamation, oder wenn eine solche nicht erhoben worden ist, der Tag der Klageerhebung (Art. 27 CMR).

Für alle Schäden anläßlich eines grenzüberschreitenden Landtransportes gilt der Grundsatz der sogenannten Haftungseinheit. Soweit aus den Vorschriften der CMR Ansprüche wegen Verlust, Beschädigung oder Überschreitung der Lieferfrist bestehen, können aus anderen vertraglichen Rechtsgrundlagen keine Ansprüche geltend gemacht werden. Die Haftungshöchstgrenzen der CMR gelten auch für außervertragliche, z.B. deliktische Ansprüche (Art. 28 CMR).

Die Haftungsausschlüsse und Höchstgrenzen gelten jedoch nicht, wenn der Schaden vorsätzlich oder durch ein Verschulden verursacht wurde, das nach dem Recht des angerufenen Gerichts dem Vorsatz gleichsteht (Art. 29 I CMR). Der Ausschluß für Vorsatz liegt auf der Hand. Es ist keine Haftungsordnung bekannt, die eine Haftung wegen Vorsatzes in irgendeiner Form privilegiert. Umstritten ist, was unter einem Verschulden zu verstehen ist, das dem Vorsatz gleichsteht. Nach deutschem Recht ist dieses grobe Fahrlässigkeit. Die Entscheidungen der verschiedenen Gerichte sind jedoch nicht einheitlich. Entschieden wurde aber bereits mehrfach, daß ein unbeaufsichtigtes Abstellen eines LKWs in Italien ein Verschulden darstellt, das dem Vorsatz gleichsteht. In diesen Fällen kann der Frachtführer sich also nicht auf die Haftungsausschlußtatbestände und Haftungshöchstgrenzen der CMR berufen.

Nimmt der Empfänger das Frachtgut an, ohne den Zustand zu überprüfen und/oder Vorbehalte zu machen, wird vermutet, daß es ordnungsgemäß abgeliefert worden ist. Der Empfänger hat das Gegenteil zu beweisen. Er trägt dann die Beweislast. Handelt es sich um äußerlich erkennbare Verluste oder Beschädigungen, müssen die Vorbehalte spätestens bei der Ablieferung, bei nicht erkennbaren Verlusten und Beschädigungen spätestens 7 Tage nach Ablieferung – Sonn- und Feiertage werden nicht mitgerechnet – geltend gemacht werden. Im letzten Fall ist der Vorbehalt schriftlich zu erheben. Haben Empfänger und Frachtführer gemeinsam den Zustand der Partie untersucht, ist der Gegenbeweis gegen das Ergebnis der Untersuchung nur bei verdeckten Verlusten oder Beschädigungen zulässig und auch hier nur innerhalb der vorgenannten Frist in schriftlicher Form. Bei der Berechnung der Frist wird der Tag der Ablieferung bzw. Überprüfung nicht mitgerechnet. Bei Nichteinhaltung der Fristen kehrt sich die Beweislast zugunsten des Frachtführers um.

Schadensersatz wegen Überschreitung der Lieferfrist muß innerhalb von 21 Tagen nach Zurverfügungstellung des Gutes schriftlich gegenüber dem Frachtführer geltend gemacht werden. Anderenfalls sind die Ansprüche ausgeschlossen.

Nur die Beteiligten können Ansprüche aus dem Frachtvertrag geltend machen. Anspruchsinhaber für Schadensersatzansprüche ist der Absender. Wurde das Gut gegen Aushändigung des Frachtbriefes an den Empfänger ausgeliefert, kann auch dieser Ersatzansprüche geltend machen (Art. 13 I CMR). Bei Totalverlust oder Überschreitung der Lieferfrist kann der Empfänger diese Ansprüche auch ohne Auslieferung des Gutes an ihn geltend machen (Art. 13 I 2 CMR). In allen anderen Fällen kann der Empfänger die Ansprüche nur geltend machen, wenn sie ihm vom Absender abgetreten worden sind.

Anspruchsgegner ist der Frachtführer, mit dem der Absender den Frachtvertrag abgeschlossen hat. Andere Frachtführer, die vom Hauptfrachtführer eingeschaltet wurden, sind Unterfrachtführer. Vertragliche Ansprüche des Absenders oder Empfängers aus eigenem Recht bestehen gegen die Unterfrachtführer nicht. Sollen diese auf Schadenseratz in Anspruch genommen werden, müssen die Ansprüche vom Hauptfrachtführer abgetreten werden. Etwas anderes gilt nur bei einer Beförderung durch aufeinanderfolgende Frachtführer. Diese haften für die Ausführung des gesamten Transportes als Gesamtschuldner (Art. 34 CMR). Voraussetzung ist aber, daß es sich um einen einheitlichen Beförderungsvertrag handelte, über den ein durchgehender Frachtbrief ausgestellt wurde, und daß Gut und Frachtbrief jeweils dem nachfolgenden Frachtführer ausgehändigt wurden.

Dem Empfänger ist in der Regel nur der Frachtführer bekannt, der ihm das Gut abliefert. Dieser ist meist nur Unterfrachtführer. Der Hauptfrachtführer ist dem Empfänger in der Regel unbekannt. Er weiß auch nicht, auf welcher Teilstrecke oder in wessen Verantwortungsbereich der Verlust oder die Beschädigung eingetreten ist oder auf wessen Verhalten die Nichteinhaltung der Lieferfrist zurückzuführen ist. Die Fälle des Art. 34 CMR sind selten, da es in der Regel an der formalen Voraussetzung, einheitlicher Beförderungsvertrag mit durchgehendem Frachtbrief und Übergabe des Gutes mit dem Frachtbrief, fehlt.

Die Verjährungsfrist ist kurz. Sie beträgt ein Jahr. Nur bei Vorsatz oder grober Fahrlässigkeit ist die Verjährungsfrist auf drei Jahre verlängert. Der Beginn ist unterschiedlich. Bei teilweisem Verlust, Beschädigung oder Überschreitung der Lieferfrist beginnt sie mit dem Tage der Ablieferung, bei gänzlichem Verlust 30 Tage nach Ablauf der vereinbarten Lieferfrist oder, falls nicht vereinbart, 60 Tage nach Übernahme, in allen anderen Fällen mit dem Ablauf von drei Monaten nach dem Abschluß des Beförderungsvertrages. Verjährte Ansprüche können nicht im Wege der Widerklage oder der Einrede geltend gemacht werden. Die Verjährung wird durch schriftliche Reklamation gehemmt. Die Hemmungswirkung endet an dem Tage, an dem der Frachtführer die Reklamation schriftlich zurückweist und Belege zurücksendet. Die Reklamation muß jedoch, damit die Hemmungswirkung eintreten kann, gegenüber dem richtigen Anspruchsgegner erhoben werden. Unterbrochen wird die Verjährung durch Klageerhebung, aber auch nur gegenüber dem richtigen Anspruchsgegner. Angesichts des im grenzüberschreitenden Verkehr mehrfach gestuften Transports unter Einschaltung verschiedenster Frachtführer ist es zumindest für den Empfänger in der Regel außerordentlich schwierig, innerhalb der kurzen Verjährungsfrist des Art. 32 CMR den richtigen Anspruchsgegner herauszufinden. **Hieran scheitert in der Praxis ein Großteil aller Ersatzansprüche. Häufig gleicht die Suche nach dem richtigen Anspruchsgegner einem Lotteriespiel.**

Die Verjährungsfristen des Art. 32 CMR gelten für alle Ansprüche aus dem Frachtvertrag. Auch die Ansprüche auf Zahlung der Fracht, Nebenkosten, Aufwendungsersatz, insbesondere Standgeld verjähren innerhalb der einjährigen Verjährungsfrist des Art. 32 CMR. Streitig ist, ob dieses auch für Schadensersatzansprüche wegen Nichterfüllung, wegen Nichtdurchführung des Transportes, gilt.

Art. 31 CMR regelt die internationale Zuständigkeit für gerichtliche Auseinandersetzungen. Nur die Gerichte am gewöhnlichen Aufenthaltsort, einer Hauptniederlassung, einer Zweigniederlassung oder einer Geschäftsstelle des Beklagten, durch deren Vermittlung der Frachtvertrag abgeschlossen worden ist, oder die Gerichte am Ort der Übernahme des Gutes oder am Ort der Ablieferung sind nach den Regeln des internationalen Prozeßrechtes berufen, einen Rechtsstreit zu entscheiden. Daneben muß im Zuständigkeitsbereich eines dieser Gerichte auch eine örtliche bzw. sachliche Zuständigkeit begründet sein. Das wiederum richtet sich nach den Vorschriften des nationalen Rechtes. Gegen einen ausländischen Frachtführer kann am Ort der Übernahme des Gutes, wenn dieser in der Bundesrepublik Deutschland liegt, Klage nur erhoben werden, wenn er hier auch nach den Vorschriften der ZPO seinen örtlichen Gerichtsstand hat. Da Wohnsitz und Aufenthaltsort fehlen, kann ein Gerichtsstand nur durch eine Niederlassung oder durch Vermögen begründet sein. Vermögen ist auch eine Frachtforderung. In Betracht kommt auch noch der Gerichtsstand des Erfüllungsortes. Bei Frachtverträgen wird der Erfüllungsort aber in der Regel am Ort der Ablieferung liegen, weil es sich um einen Werkvertrag handelt. Ist nach nationalem Recht ein Gerichtsstand gegen einen ausländischen Frachtführer nicht begründet, kann unbeschadet der internationalen Zuständigkeit in der Bundesrepublik Deutschland Klage gegen diesen nicht erhoben werden.

Die Bestimmungen der CMR sind zwingend. Abweichende Vereinbarungen sind nichtig (Art. 41 CMR). Die Vorschriften der CMR reichen nicht weiter als ihr Regelungsbereich. Soweit die CMR keine Regelungen trifft, greift das nationale Recht im Zusammenhang mit Art. 41 CMR. Hier war lange Zeit umstritten, ob Aufrechnungsverbote nach nationalem Recht, z.B. § 32 ADSp gegen Art. 41 CMR verstoßen. Das hat die Rechtsprechung jetzt verneint.

4 Eisenbahntransport

Dem COTIF bzw. CIM sind alle europäischen Staaten, darüber hinaus auch die Mittelmeeranrainerstaaten Türkei, Tunesien, Marokko sowie Syrien, der Iran und der Irak beigetreten. Anwendung findet das Übereinkommen auf einen Transport, der das Gebiet mindestens zweier Vertragsstaaten berührt, und ausschließlich Strecken umfaßt, die in einer gesonderten Liste aufgestellt sind (Art. 2 § 3 COTIF und Art. 10 COTIF).

Soweit der Absender die internationalen Vorschriften einhält, besteht Beförderungspflicht der Eisenbahn (Art. 3 § 1 CIM). Der Katalog der zur Beförderung zugelassenen Gegenstände findet sich in Art. 4 und 5 CIM. Ausgeschlossen oder nur unter besonderen Voraussetzungen zum Transport zugelassen sind auf jeden Fall gefährliche Güter. Die Einzelheiten sind in der Ordnung für die internationale Eisenbahnbeförderung für gefährliche Güter (RID) geregelt.

Für den Transport besteht Frachtbriefzwang (Art. 12 CIM). Im Frachtbrief müssen angegeben werden: der Bestimmungsbahnhof, Name und Adresse des Empfängers, Bezeichnung des Gutes, Name des Absenders und alle Angaben, die für eine ordnungsgemäße Verzollung und sonstige Behandlung durch die zuständigen Verwaltungsbehörden notwendig sind. Die Muster für den Frachtbrief werden durch die jeweiligen Eisenbahnverwaltungen vorgegeben. Der Frachtbrief muß ein Doppel enthalten. Dieses hat dieselbe Funktion wie im LKW-Transportrecht, d.h. Verfügungen über das Gut können nur gegen Vorlage des Frachtbriefdoppels vorgenommen werden. Gegen Vorlage hat der Empfänger auch Anspruch auf Auslieferung. Zugleich wird er verpflichtet, die Fracht zu zahlen. Für die Richtigkeit der Angaben im Frachtbrief haftet der Absender (Art. 18 CIM). Maßgeblich für die Rechtsbeziehungen zwischen der Eisenbahn, dem Absender und dem Empfänger sind die Eintragungen im Frachtbrief. Für die Fracht gelten jeweils Tarife, die von der Eisenbahnverwaltung eines jeden Staates veröffentlicht werden (Art. 6 CIM). Es besteht Tarifzwang, d.h. von den Regelungen des Tarifes darf nicht abgewichen werden.

Sehr detailliert werden die Lieferfristen geregelt (Art. 27 CIM). Die Einzelheiten würden den Rahmen dieser Abhandlung sprengen. Für Frachtgut ist eine Abfertigungsfrist von 24 Stunden und für je angefangene 200 km eine Beförderungsfrist von 24 Stunden vorgesehen. Ob diese Fristen noch realistisch sind, insbesondere ob die Eisenbahn mit diesen Fristen gegenüber dem grenzüberschreitenden LKW-Transport noch wettbewerbsfähig ist, soll dahingestellt bleiben. Tatsache ist, daß jedenfalls innerhalb Europas die effektiven Lieferfristen im grenzüberschreitenden LKW-Verkehr kürzer sind.

Es haftet die Eisenbahn, die das Gut mit Frachtbrief zur Beförderung angenommen hat, und zwar für die Ausführung der Beförderung auf der ganzen Strecke bis zur Ablieferung (Art. 26 CIM). Die nachfolgenden Eisenbahnen treten dem Frachtvertrag durch Übernahme von Gut und Frachtbrief bei.

Die Haftung der Eisenbahn ist fast identisch mit der des LKW-Frachtführers. Sie haftet demnach für die Überschreitung der Lieferfrist und für den Schaden, der durch den gänzlichen oder teilweisen Verlust oder die Beschädigung des Gutes im Obhutszeitraum entsteht. Der Obhutszeitraum beginnt mit der Annahme zur Beförderung und endet mit der Ablieferung (Art. 27 § 1 CIM). Die Haftung der Eisenbahn entfällt, wenn die Schäden entweder durch ein Verschulden des Berechtigten, durch eine von der Eisenbahn nicht verschuldete Anweisung des Berechtigten, durch besondere Mängel des Gutes oder durch Umstände verursacht worden sind, welche die Eisenbahn nicht vermeiden und deren Folgen sie nicht abwenden konnte (Art. 36 § 2 CIM). Weiterhin haftet die Eisenbahn nicht, wenn sogenannte bevorrechtigte Haftungsausschlüsse vorliegen (Art. 36 § 3 CIM). Haftungsausschlüsse sind insbesondere Fehler und Mängel der Verpackung, Beschädigung aufgrund natürlicher Beschaffenheit und Schäden aufgrund unrichtiger, ungenauer oder unvollständiger Bezeichnung. Die Haftungsregelung ist sowohl hinsichtlich des Haftungsgrundtatbestandes als auch der Haftungsausschlüsse identisch mit der Regelung der CMR (Art. 17). Die Beweislast für die Haftungsausschlüsse liegt bei der Bahn (Art. 37 CIM). Auch diese Regelung entspricht inhaltlich der CMR (Art. 18 CMR). Auch die Verlustfiktion ist identisch mit der CMR. Das gleiche gilt für die Regelung zur Höhe der Entschädigung bei Verlust und Beschädigung (Art. 14 und 43 CIM bzw. Art. 23 und 25 CMR).

Die summenmäßige Haftungsbegrenzung beträgt 16,66 Sonderziehungsrechte pro Kilogramm (Art. 40 CIM). Bei einer Überschreitung der Lieferfrist um mehr als 48 Stunden, ohne daß der Berechtigte einen Schaden nachgewiesen hat, beträgt der Ersatz 1/10 der Fracht, höchstens jedoch 16,66 Sonderziehungsrechte pro Sendung. Bei Nachweis eines Schadens wegen Überschreitung der Lieferfrist ist die Entschädigung der Höhe nach auf das Doppelte der Fracht begrenzt (Art. 43 CIM). Bei Vorsatz oder grober Fahrlässigkeit entfällt die Haftungshöchstgrenze. Bei grober Fahrlässigkeit ist die Haftung für Verlust, Beschädigung und Lieferfristüberschreitung jedoch auf das Doppelte der angegebenen Höchstbeträge beschränkt (Art. 44 CIM). Neben dem Schadensersatz sind Frachten, Zölle und sonstige Auslagen zu erstatten. Die Ersatzforderung ist zu verzinsen. Der Zinssatz beträgt 5 Prozent. Die Verzinsung beginnt mit Reklamation oder, falls eine solche nicht erfolgt ist, mit Klageerhebung.

Die Eisenbahn haftet für ihre Bediensteten und die anderen Personen, derer sie sich bei der Ausführung der Beförderung bedient (Art. 50 CIM). Im übrigen greifen in allen Fällen, in denen das Übereinkommen Anwendung findet, die Haftungsbeschränkungen auch bei anderen Ansprüchen, gleich aus welchem Rechtsgrunde, ein (Art. 51 CIM). Die Haftungsbeschränkungen gelten insbesondere also auch für deliktische Ansprüche.

Die Regelungen der CIM über die Geltendmachung von Schäden, Reklamationen (Art. 53 CIM), gerichtliche Geltendmachung von Ansprüchen (Art. 54 CIM), die gerichtliche Zuständigkeit, das Erlöschen von Ansprüchen bei unterlassener Rüge (Art. 57 CIM) und die Verjährung (Art. 58 CIM) entsprechen im wesentlichen denen der CMR. Es kann auf die vorhergehenden Ausführungen verwiesen werden. Unterschiede bestehen nur hinsichtlich der Frist zur Geltendmachung von Ansprüchen wegen Überschreitung der Lieferfrist. Diese beträgt im Gegensatz zur CMR 60 Tage. Die Verjährung der Frachtansprüche ist in Art. 58 CIM geregelt.

Die CMR und CIM sind in weiten Bereichen deckungsgleich. **Bei der Schaffung der CMR haben die CIM Pate gestanden. Im Gegensatz zur CMR sind die CIM in der Folgezeit dann jedoch mehrfach revidiert und den Anforderungen des modernen Eisenbahnverkehrs angepaßt worden: Eine Anpassung, die für die CMR bis heute leider aussteht.**

5 Lufttransport

Während für die innerstaatliche Luftbeförderung die Vorschriften des Luftverkehrsgesetzes gelten, ist die internationale Luftbeförderung von Gütern durch das Warschauer Abkommen nebst Zusatzabkommen geregelt. Die Umrechnung der Haftungshöchstbeträge folgt aus der 4. Umrechnungsverordnung vom 4.12.1973. Ergänzend gelten gegebenenfalls die IATA-Bedingungen, soweit diese in den Frachtvertrag einbezogen sind und nicht gegen zwingende Regelungen des Warschauer Abkommens oder zwingendes innerstaatliches Recht verstoßen. Weiter gelten unter Umständen die besonderen Beförderungsbedingungen des jeweiligen Luftfrachtführers, soweit diese mit dem Warschauer Abkommen nebst Zusatzabkommen in Einklang stehen. IATA-Bedingungen und besondere Beförderungsbedingungen sind Allgemeine Geschäftsbedingungen und unterliegen der richterlichen Inhaltskontrolle nach den Bestimmungen des AGBG.

Ergänzend gilt weiter innerstaatliches Recht (z.B. das Luftverkehrsgesetz), soweit das Warschauer Abkommen keine Bestimmungen trifft oder ausdrücklich auf das Recht des angerufenen Gerichts verweist. Die wichtigste Verweisung dieser Art findet sich in Art. 25 WA. In Fällen schweren Verschuldens greift die Haftungsbeschränkung des Warschauer Abkommens nicht ein. Die Frage, ob ein solches Verschulden vorliegt, richtet sich nach dem Recht des angerufenen Gerichts.

Dem Warschauer Abkommen und dem wesentlichen Zusatzabkommen gehören fast alle Staaten der Erde an. Zum aktuellen Mitgliederstand wird verwiesen auf den Fundstellennachweis B (Beilage zum Bundesgesetzblatt 1988 II), Seite 168. Die Vorschriften des Warschauer Abkommens und des Zusatzabkommens gelten nur, wenn sowohl der Abgangs- als auch der Bestimmungsort im Gebiet eines Vertragsstaates liegen. Sie finden keine Anwendung auf einen Transport von einem Vertragsstaat in einen Nichtvertragsstaat oder umgekehrt. Sind von vornherein Hin- und Rückflug als einheitliche Leistung vereinbart, sind Abgangs- und Bestimmungsort identisch, liegt eine internationale Beförderung vor. Das gilt auch für eine von mehreren aufeinanderfolgenden Luftfrachtführern auszuführende Sukzessivbeförderung.

Das Warschauer Abkommen nebst Zusatzabkommen findet grundsätzlich nur Anwendung, wenn ein entgeltlicher Luftfrachtvertrag abgeschlossen worden ist (Art. 1 I 1 WA).

Die Vereinigten Staaten von Amerika haben nur das Warschauer Abkommen von 1929 und nicht die Zusatzabkommen ratifiziert. Für Lufttransporte aus den und in die USA gilt daher nur das Warschauer Abkommen von 1929.

Wie alle internationalen Transportrechtsübereinkommen regelt das Warschauer Abkommen nur Teile des Beförderungsvertrages. Geregelt sind der Luftfrachtbrief, die Absender- und Empfängerrechte, die Haftung des Luftfrachtführers für Zerstörung, Verlust, Beschädigung und Verzögerung. Nicht geregelt sind die Haftung des Luftfrachtführers wegen Nichterfüllung und seine Vergütungsansprüche. Hier gelten die nationalen Rechtsvorschriften. Die Tarife der Luftfrachtführer bedürfen auch im internationalen Transport aus der und in die Bundesrepublik Deutschland der Genehmigung durch den Bundesminister für Verkehr (§ 21 Abs. 1 Luftverkehrsgesetz). Soweit sie genehmigt sind, sind diese Tarifsätze unabdingbar.

Die Beteiligten des Luftfrachtvertrages sind der Luftfrachtführer und der Absender. Der Luftfrachtvertrag bedarf zu seiner Wirksamkeit keiner besonderen Form. Insbesondere ist für die Wirksamkeit die Ausstellung eines Frachtbriefes nicht erforderlich. Der Luftfrachtvertrag ist ebenso wie der Land- und auch der Seefrachtvertrag ein Werkvertrag. Geschuldet wird der Beförderungserfolg zum Bestimmungsort.

Luftfrachtführer ist jeder, der sich dem Absender gegenüber vertraglich zur Beförderung verpflichtet hat. Es kommt nur auf das vertragliche Leistungsversprechen an. Ob er den Transport mit eigenen Flugzeugen durchführen kann, ist ohne Belang. Luftfrachtführer ist daher auch der Spediteur in den Fällen der §§ 412, 413 HGB. Voraussetzung ist nur, daß er die Besorgung eines Lufttransportes übernommen hat. Überträgt der vertragliche Luftfrachtführer die Ausführung der Beförderung einem anderen, beispielsweise einem Luftverkehrsunternehmen, wird dieses soweit und in dem Umfange, in dem es tätig wird, ebenfalls zum ausführenden Luftfrachtführer und haftet gegenüber dem Absender bzw. Versender nach den Bestimmungen der internationalen Übereinkommen. Sollen mehrere aufeinanderfolgende Luftfrachtführer einen Transport durchführen, sind sie vertragliche Luftfrachtführer, wenn ihre Strecke eine Teilbeförderung auf einem Teilstück der Gesamtbeförderung ausmacht. Voraussetzung ist jedoch, daß sie sich im Rahmen einer einheitlichen Gesamtbeförderung zur Erbringung der Teiltransportleistung verpflichtet haben. Mit den anderen Luftfrachtführern haften die Teilluftfrachtführer gesamtschuldnerisch (Art. 30 III WA).

Der Luftfrachtbrief dient in erster Linie Beweiszwecken. Enthält er Angaben über die Anzahl der Transportstücke, steht die Richtigkeit dieser Angaben bis zum Beweis des Gegenteils fest (Art. 11 II 1 WA). Wie im Landfrachtrecht haftet der Absender für die Richtigkeit seiner Angaben im Luftfrachtbrief (Art. 10 I und II WA).

Die Haftungsbeschränkungen zugunsten des Luftfrachtführers nach dem Warschauer Abkommen entfallen jedoch, wenn entweder ein Luftfrachtbrief nicht ausgestellt wurde oder im Luftfrachtbrief nicht auf die beschränkte Haftung nach dem Warschauer Abkommen hingewiesen worden ist. In diesen Fällen haftet der Luftfrachtführer der Höhe nach unbeschränkt.

Die Haftung des Luftfrachtführers ist eine Obhutshaftung. Der Schaden muß während der Luftbeförderung eingetreten sein. Nach der Legaldefinition in Art. 18 II WA umfaßt die Luftbeförderung den Zeitraum, „währenddessen sich die Güter auf einem Flughafen, an Bord eines Luftfahrtzeuges oder, bei Landung außerhalb eines Flughafens, an einem beliebigen Ort unter der Obhut des Luftfrachtführers befinden". Der Luftfrachtführer haftet aus vermutetem Verschulden mit der Möglichkeit des Entlastungsbeweises (Art. 20 WA). Mißlingt der Entlastungsbeweis, hat der Luftfrachtführer den Schaden, der durch die Zerstörung, den Verlust oder die Beschädigung von Gütern entsteht (Art. 18 I WA), oder den Schaden, der durch die Verspätung bei der Luftbeförderung von Gütern entsteht (Art. 19 WA), zu ersetzen. Eine Verspätung liegt vor, wenn vereinbarte Fristen überschritten wurden. Waren solche nicht vereinbart, liegt eine Verspätung erst vor, wenn die Beförderung nicht innerhalb eines objektiv angemessenen Zeitraums erfolgte.

Haftet der Luftfrachtführer nach den Art. 18 und 19 WA, gelten nur diese Vorschriften, auch wenn Ersatzansprüche aufgrund anderer Rechtsgrundlagen, z.B. Delikt oder Verzug gegeben wären.

Soweit der Luftfrachtführer Ersatz zu leisten hat, bestimmt sich dieser nach dem gemeinen Handelswert oder dem gemeinen Wert der Güter zum Zeitpunkt der Ablieferung. Im Falle der Beschädigung ist der Unterschiedsbetrag zu zahlen. Für Verzugsschäden gilt entsprechendes. Im Gegensatz zu den Landfrachtrechtsordnungen ist abzustellen auf die Wertverhältnisse am Empfangsort.

Der Höhe nach ist die Haftung beschränkt, und zwar auf einen Betrag von 250,00 FF pro Kilogramm. Nach der 4. Umrechnungsverordnung vom 4.12.1973 entsprechen 100 FF einem Betrag von DM 21,40. Danach ergibt sich ein Haftungshöchstbetrag von DM 53,50 pro Kilogramm. Die Gültigkeit der 4. Umrechnungsverordnung war zeitweilig mit der Begründung, es fehle an einer Ermächtigungsgrundlage, umstritten. Daraus wurde gefolgert, daß unter Rückgriff auf die Bestimmung des Art. 22 V WA der Wert des Goldfrankens zugrunde zu legen sei. Nach dieser Bestimmung bezieht sich der Wert eines Frankenbetrages auf eine Währungseinheit im Wert von 65,5 mg Gold von 900/1000 Feingehalt. Unter Zugrundelegung des aktuellen Goldpreises hätten sich sehr viel höhere Haftungsgrenzen ergeben. Jedenfalls für die Bundesrepublik Deutschland hat der BGH in einer Entscheidung aus dem Jahre 1987 klargestellt, daß die 4. Umrechnungsverordnung rechtswirksam ist. In den Vereinigten Staaten war insbesondere die Frage, welcher Goldpreis zugrunde zu legen sei, umstritten. In mehreren Urteilen wurde jedoch entschieden, daß nicht der aktuelle, sondern der offizielle – niedrigere – Goldpreis zugrunde zu legen sei.

Die Haftung des Luftfrachtführers ist zwingend und kann nicht durch Individualvereinbarung oder allgemeine Geschäftsbedingungen abbedungen werden. Eine unbeschränkte Haftung des Luftfrachtführers greift nur ein, wenn ein Luftfrachtbrief nicht ausgestellt oder der Hinweis nach Art. 9 WA fehlt sowie in bestimmten Fällen eines besonders schweren Verschuldens. Dies ist immer bei Vorsatz gegeben. Das Warschauer Abkommen von 1929 sah weiterhin vor, daß ein solches Verschulden auch dann vorlag, wenn Fahrlässigkeit gegeben war, die nach dem Recht des angerufenen Gerichtes dem Vorsatz gleichstand. Dies wäre nach deutschem Recht die grobe Fahrlässigkeit. Die Voraussetzungen sind dann verschärft worden. Nach Art. 25 des Warschauer Abkommens in der revidierten Abfassung des Haager Protokolls sind jetzt Vorsatz oder leichtfertiges Handeln und das Bewußtsein, daß ein Schaden mit Wahrscheinlichkeit eintreten werde, erforderlich. Hinzu kommen muß neben objektiven Momenten auch noch ein subjektives Moment, daß sich nämlich dem Handelnden die Erkenntnis aufdrängt, es werde mit Wahrscheinlichkeit ein Schaden entstehen. Die Beweislast für die Voraussetzungen des Art. 25 trägt der Geschädigte.

Beschädigungen müssen bei Ablieferung gerügt werden, andernfalls kehrt sich die Beweislast um. Es wird vermutet, daß die Güter im guten Zustand und entsprechend den Angaben im Frachtbrief abgeliefert worden sind. Auf jeden Fall müssen Beschädigungen unverzüglich nach Entdeckung innerhalb von 14 Tagen nach Annahme reklamiert werden. Eine Verspätung muß innerhalb von 21 Tagen, nachdem das Gut dem Empfänger zur Verfügung gestellt worden ist, reklamiert werden. Wird die Anzeigefrist versäumt, ist jeder Anspruch ausgeschlossen, es sei denn, der Luftfrachtführer hat arglistig verhindert, daß die Anzeige rechtzeitig erfolgte (Art. 26 WA). Bei Verlust besteht keine Anzeigepflicht. Die Abgrenzung zwischen Verlust und Beschädigung ist manchmal nicht einfach. Aber auch der wirtschaftliche Totalverlust infolge Beschädigung bleibt Beschädigung und wird nicht Verlust im Sinne der vorstehenden Vorschriften.

Eine Schadensersatzklage gegen den Luftfrachtführer muß vor dem Gericht eines Vertragsstaates erhoben werden, und zwar entweder am Ort der Niederlassung des Luftfrachtführers, das ist der Wohnsitz, die Hauptniederlassung aber auch die vertragsschließende Geschäftsstelle, oder vor dem Gericht des Bestimmungsortes. Geschäftsstellen liegen vor, wenn eine Verkaufsorganisation vorhanden ist, auch wenn diese mit anderen Unternehmen zusammenarbeitet oder wenn es sich um eine IATA-Geschäftsstelle handelt, die ständig mit Abfertigung betraut ist.

Für die Ansprüche nach dem Warschauer Abkommen bestehen Ausschlußfristen. Die Ansprüche sind innerhalb einer Frist von 2 Jahren (Art. 29 WA) gegen den Luftfrachtführer geltend zu machen. Die Ausschlußfrist ist nur gewahrt, wenn die Klage innerhalb von 2 Jahren erhoben wird. Bei nicht rechtzeitiger Erhebung des Anspruches ist dieser erloschen.

Ansprüche nach dem Warschauer Abkommen können nur gegen den Luftfrachtführer aber nicht gegen dessen Leute geltend gemacht werden. Leute des Luftfrachtführers sind nicht nur dessen Arbeitnehmer, sondern jeder Dritte, den der Luftfrachtführer zwecks Erfüllung des Luftfrachtvertrages für sich tätig werden läßt. Die Ansprüche des Geschädigten gegen die „Leute" richten sich nach den jeweiligen nationalen Vorschriften. Nach den Bestimmungen des Warschauer Abkommens in der Fassung des Haager Zusatzprotokolls ist es jedoch möglich, für die „Leute" die Haftungsbeschränkungen des Luftfrachtführers, insbesondere auch die summenmäßige Höchsthaftung zu vereinbaren (Art. 25 A WA/HP). Ohne diese Regelung könnte die Haftungsbeschränkung des Luftfrachtführers aus Art. 22 II WA gegenstandslos sein, da er auf dem Umweg über seine „Leute", die in unbeschränkter Höhe haften, in Anspruch genommen werden könnte.

6 Seetransport

Die Vorschriften des 5. Buches des HGB interessieren in diesem Zusammenhang, soweit es sich um zwingende Haftungsvorschriften handelt. Zwingend sind die Regelungen jedoch nur, wenn ein Konnossement ausgestellt worden ist (§ 662 HGB). Zweckmäßigerweise wird insoweit von zwingendem Konnossementsrecht gesprochen. Wieweit zwingendes deutsches Konnossementsrecht auf internationale Sachverhalte anzuwenden ist, bestimmt sich nach den Regeln des internationalen Privatrechts. Gemäß Art. 6 EGHGB finden die zwingenden Vorschriften des deutschen Konnossementsrechts Anwendung auf alle internationalen Beförderungen, wenn entweder das Konnossement in einem Vertragsstaat der Visby-Regeln ausgestellt worden ist oder die Beförderung von oder nach einem Hafen in einem solchen Staat oder in der Bundesrepublik Deutschland vorgenommen wird. Außerdem gelten die zwingenden Vorschriften bei der Vereinbarung deutschen Rechtes oder des Rechtes eines Vertragsstaates. Demnach unterliegen sowohl ausgehender als auch einkommender Verkehr zwingendem deutschen Konnossementsrecht. Weiterhin wird auch der innerdeutsche Seeverkehr diesen Haftungsvorschriften unterstellt.

Der Seefrachtvertrag ist wie der Landfrachtvertrag ein Werkvertrag. Die Parteien des Vertrages sind der Verfrachter und der Befrachter als Auftraggeber. Der Verfrachter braucht nicht Reeder, d.h. Eigentümer eines ihm zum Erwerb durch die Seefahrt dienenden Schiffes (§ 484 HGB) zu sein. Der Verfrachter kann den Frachtvertrag entweder mit gecharterten Schiffen oder durch Dritte ausführen lassen.

Der Frachtvertrag bedarf zu seiner Wirksamkeit keiner besonderen Form, insbesondere braucht er nicht schriftlich abgeschlossen zu werden, die Bestimmungen des Frachtrechts sind jedoch nur zwingend, soweit ein Konnossement ausgestellt worden ist (§ 662 HGB). Das Konnossement ist ein echtes Wertpapier. Die Rechte aus dem Frachtvertrag können nach Ausstellung nur noch vom legitimierten Inhaber des Konnossements geltend gemacht werden. Das gilt sowohl für den Auslieferungsanspruch als auch für die Schadensersatzansprüche wegen eventueller Beschädigungen usw.

Der Inhalt des Konnossementes ist durch § 643 HGB vorgegeben. Es muß enthalten den Namen des Verfrachters, des Kapitäns, den Namen und die Nationalität des Schiffes, den Namen des Empfängers, den Abladungshafen und den Löschhafen. Weiter muß es Angaben enthalten über Art der an Bord genommenen oder zur Beförderung übernommenen Güter, deren Maß, Zahl oder Gewicht, ihre Merkzeichen und ihre äußerlich erkennbare Verfassung und Beschaffenheit. Es muß schließlich Angaben über die Fracht, den Ort und den Tag der Ausstellung und die Zahl der ausgestellten Ausfertigungen enthalten.

Enthält das Konnossement die Erklärung des Verfrachters, daß er die Güter zur Beförderung an Bord genommen hat, handelt es sich um ein sogenanntes Bordkonnossement. Diese Konnossementsart ist die Regel. Denkbar sind auch sogenannte Übernahmekonnossemente, die nur die Erklärung enthalten, daß der Verfrachter die Güter zur Verschiffung übernommen hat. Das Konnossement ist dem Ablader auszuhändigen. Dieser ist auch im Konnossement zu nennen. Der Ablader ist derjenige, der die Güter tatsächlich dem Verfrachter zum Transport übergibt. Auch der Befrachter kann Ablader sein. In der Regel schaltet er jedoch einen Seehafenspediteur ein. Dieser ist dann Ablader. Die Konnossemente sind vom Verfrachter dem Ablader auszuhändigen. Er hat sie dann aufgrund der Vereinbarungen mit seinem Auftraggeber – in der Regel Speditionsvertrag – an diesen weiterzuleiten.

Das Konnossement enthält die Bestätigung, die Güter übernommen zu haben, das Versprechen, sie an den Empfangsort zu transportieren und sie dort an den legitimierten Inhaber des Konnossementes auszuhändigen. Das Konnossement ist in der Regel ein Orderkonnossement, d.h. es wird durch Indossament übertragen (§§ 647f HGB). Das Konnossement ist weiterhin ein Traditionspapier. Die Übergabe ersetzt zum Zwecke der Eigentumsübertragung die Übergabe des Gutes (§ 650 HGB).

Das Konnossement ist für das Rechtsverhältnis zwischen dem Verfrachter und dem Empfänger maßgebend. Es begründet insbesondere die Vermutung, daß der Verfrachter die Güter so übernommen hat, wie sie im Konnossement beschrieben worden sind. Ist das Konnossement einem gutgläubigen Dritten übertragen worden, so kann der Verfrachter gegenüber einem Auslieferungsverlangen des legitimierten Konnossementsinhaber nicht einwenden, er habe die Güter überhaupt nicht zur Verschiffung übernommen (§ 656 II HGB, sogenannte Skripturhaftung).

Der Verfrachter hat bei jeder Art von Frachtvertrag ein see- und ladungstüchtiges Schiff zu stellen (§ 559 I HGB). Ein Schiff ist dann seetüchtig, wenn es für die vorgesehene Reise geeignet ist. Ladungstüchtig ist das Schiff, wenn es so eingerichtet ist, daß es die konkrete Ladung übernehmen und transportieren kann. Der Verfrachter haftet den Ladungsbeteiligten, insbesondere dem Befrachter, dem Ablader und dem konnossementsmäßigen Empfänger für den Schaden, der auf einem Mangel der ursprünglichen See- und Ladungstüchtigkeit beruht. Diese Haftung greift nur dann nicht ein, wenn ein Mangel vor Antritt der Reise bei Anwendung der Sorgfalt eines ordentlichen Verfrachters nicht erkennbar gewesen wäre (§ 559 II HGB). Der Verfrachter muß sich entlasten. Fehlende Seetüchtigkeit ist zum Beispiel unzureichende Stabilität, die dazu führt, daß das Schiff infolge unsachgemäßer Beladung mit Deckslast kentert. Das gleiche gilt für den Verlust von Stabilität infolge fehlerhafter Stauung. Fehlende Seetüchtigkeit liegt auch bei undichten bzw. defekten Luken vor, wenn durch diese Seewasser eindringt, so daß das Schiff sinkt. Sind die Luken undicht und führt das Eindringen von Seewasser nur zur Beschädigung der Ladung, liegt anfängliche Ladungsuntüchtigkeit vor.

Bei der Haftung aus § 559 HGB handelt es sich nicht so sehr um eine frachtrechtliche Gewährleistung als vielmehr um eine Sorgfaltshaftung hinsichtlich des Transportmittels. Allerdings hat der Verfrachter die Entlastungspflicht. Das Verschulden des Verfrachters braucht sich nicht auf die See- und Ladungsuntüchtigkeit zu beziehen, sondern es reicht aus, wenn ein schuldhaftes Nichtentdecken oder Nichterkennen einer See- bzw. Ladungsuntüchtigkeit vorliegt.

Im übrigen haftet der Verfrachter für Verlust und Beschädigung der Güter nur für sogenanntes kommerzielles Verschulden. Der Verfrachter ist demnach verpflichtet, bei der Behandlung der Ladung (Einladen, Stauen, Befördern und Ausladen) die Sorgfalt eines ordentlichen Verfrachters zu beachten. Insoweit trifft ihn die Beweislast, d.h. er muß sich entlasten. Der Verfrachter haftet für das Verschulden seiner Leute und der Schiffsbesatzung (§ 607 I HGB). Ist der Schaden durch ein Verhalten bei der Führung oder Bedienung des Schiffes (nautisches Verschulden) oder durch Feuer entstanden, haftet der Verfrachter nur, soweit ihn selber ein Verschulden trifft. Für das Verschulden seiner Leute hat er nicht einzustehen (§ 607 II HGB). Der Verfrachter haftet weiter nicht für die Gefahren der See (§ 608 HGB).

Die Abgrenzung zwischen nautischem und kommerziellem Verschulden ist in der Praxis häufig schwierig. Sie im einzelnen zu erörtern, würde den Rahmen dieser Abhandlung sprengen. Hinzuweisen ist nur darauf, daß Maßnahmen, die im Interesse der Ladung getroffen werden, nicht zur Bedienung des Schiffes gehören. Soweit Haftungsbeschränkungen zugunsten des Verfrachters bestehen, gelten diese auch zugunsten seiner Leute und der Schiffsbesatzung (§ 607a HGB).

Verlust und Beschädigung der Güter sind dem Verfrachter bzw. seinem Vertreter spätestens bei der Auslieferung – das ist die Auslieferung durch die Kaianstalt – schriftlich anzuzeigen. Waren Verlust oder Beschädigung nicht erkennbar, hat die Anzeige innerhalb von drei Tagen schriftlich zu erfolgen. Maßgeblich ist der Zeitpunkt der Absendung. Bei nicht rechtzeitiger Anzeige kehrt sich die Beweislast um. Es wird vermutet, daß der Verfrachter die Güter so abgeliefert hat, wie sie im Konnossement beschrieben worden sind und daß ein Verlust oder Schaden nicht auf einem Umstand beruht, den er zu vertreten hat (§ 611 III HGB). Alle Ersatzansprüche gegen den Verfrachter sind innerhalb einer Ausschlußfrist von einem Jahr nach Auslieferung (s.o.) gerichtlich geltend zu machen. Im Falle des Verlustes ist maßgeblich der Zeitpunkt, zu dem die Güter hätten ausgeliefert werden müssen. Diese Frist kann nach Entstehung des Anspruches durch Vereinbarung verlängert werden (§ 612 HGB).

In Fällen des Verlustes oder der Beschädigung (ganz oder teilweise) ist abzustellen auf den Handelswert oder den gemeinen Wert am Empfangsort (§ 658 I HGB). Abzuziehen ist, was infolge des Verlustes an Zöllen und Fracht erspart worden ist.

Der Höhe nach ist der Schadensersatz beschränkt auf 666,67 Sonderziehungsrechte pro Stück oder Einheit oder auf zwei Sonderziehungsrechte pro Kilogramm Rohgewicht der verlorenen oder beschädigten Güter, je nach dem, welcher Betrag höher ist (§ 666 I HGB). Werden Güter entweder mit einem Container, einer Palette oder einem ähnlichen Gerät, z.B. Trailer verschifft, so gilt jedes Stück in dem Container, der Palette oder dem Trailer als Einheit im Sinne von § 660 I HGB. Voraussetzung ist jedoch, daß im Konnossement der Inhalt des Transportmittels (Container, Palette oder Trailer) angegeben ist. Fehlt diese Angabe, gilt nur der Container, die Palette oder der Trailer als Einheit (§ 660 II HGB). Die jetzige Regelung beruht auf dem 2. Seerechtsänderungsgesetz. Dadurch wurde ein bereits seit langem als unerträglich empfundener Zustand geändert. Gemäß § 660 a.F. HGB betrug die Haftungshöchstgrenze pro Einheit DM 1250,00. Nach der Rechtsprechung des Bundesgerichtshofes galt der Container als Einheit, so daß bei dessen Verlust unabhängig vom Inhalt der Haftungshöchstbetrag immer nur DM 1250,00 pro Container betrug.

Die Haftungshöchstgrenzen und auch die Beschränkung auf den Wertersatz nach § 658 und § 659 HGB greifen nicht ein im Falle vorsätzlichen Verhaltens oder im Falle grober Fahrlässigkeit, wenn sich dem Handelnden die Erkenntnis aufdrängte, es werde mit Wahrscheinlichkeit zu einem Schaden kommen. Die Regelung ist ähnlich der in Art. 25 WA in der Fassung des Haager Zusatzprotokolls.

Eine spezielle Regelung für Verspätungsschäden beim Gütertransport kennt das Seefrachtrecht nicht. Es gelten insoweit die Regeln des nationalen Rechts, die abbedungen werden können durch allgemeine Geschäftsbedingungen, jedoch nur nach Maßgabe des AGB-Gesetzes.

Wenn ein Konnossement ausgestellt worden ist, sind folgende Bestimmungen zwingend: Die Haftung des Verfrachters aus § 459 wegen fehlender See- und Ladungstüchtigkeit; die Haftung des Verfrachters aus §§ 606 bis 608 HGB wegen mangelnder Ladungsfürsorge; die Vorschriften über die Reklamation und die Ausschlußfrist (§§ 611, 612 HGB); die Vorschrift über die Beweisvermutung des Konnossements (§ 656 HGB); die Vorschriften über den Wertersatz und die Haftungssummen (§§ 658 bis 660 HGB). Eine Freizeichnungsmöglichkeit besteht für Decksverladungen, allerdings unter der Voraussetzung, daß die Ladung im Konnossement als Deckladung bezeichnet worden ist und ausdrücklich so befördert wurde. Wurde das Gut weisungswidrig als Deckladung transportiert, greift die Freizeichnung nicht ein. Der Verfrachter kann sich weiterhin freizeichnen für Schäden, die entstanden sind im Zeitraum vor der Einladung, d.h. der Übernahme an Bord, und nach der Ausladung (§ 663 II Ziff. 1 und 2 HGB).

7 Multimodaler bzw. kombinierter Verkehr

Die vorstehenden Ausführungen haben gezeigt, daß die Vorschriften des internationalen Transportrechtes für die einzelnen Transportträger sowohl im Hinblick auf den Haftungsgrund als auch auf die Haftungshöhe sehr uneinheitlich sind. Die Uneinheitlichkeit bringt für die Haftungsfragen im Zusammenhang mit einem multimodalen oder kombinierten Verkehr fast unlösbare Schwierigkeiten mit sich.

Insgesamt sind zur Lösung des Problems drei Ansätze denkbar:

1. Es wird ein internationales Einheitsrecht mit **einheitlicher Haftungshöchstgrenze** geschaffen. Denkbar ist eine Modifikation bei der Kombination von Land- und Seestrecken bzw. Land-, Luft- und Seestrecken. Denkbar ist auch, dem Berechtigten nachzulassen, den Nachweis zu führen, daß sich der Schaden auf einer Teilbeförderungsstrecke mit höherem Haftungsniveau ereignet hat. Diesen Weg ist das UN-Übereinkommen von 1980 zum multimodalen Verkehr gegangen. Es regelt die Haftungsgrundlage einheitlich. Der Beförderer haftet aus vermutetem Verschulden. Hinsichtlich der Haftungsbegrenzung besteht eine unterschiedliche Basishaftung je nachdem, ob der Transport eine Schiffahrtsstrecke einschließt oder nicht. Im ersten Fall wird mit 2,75 Sonderziehungsrechten pro Kilogramm gehaftet, im zweiten mit 8,3 Sonderziehungsrechten pro Kilogramm. Auf den Schadensort wird nicht abgestellt. Kann der

Berechtigte nachweisen, daß sich der Schaden auf einer Teilstrecke mit höherem Haftungsniveau ereignet hat, kann er die höhere Haftungssumme verlangen.

Das UN-Übereinkommen ist bisher durch die Bundesrepublik Deutschland nicht ratifiziert worden und hat auch keine Aussichten auf Ratifikation.

2. Die Haftungsordnung bestimmt sich nach dem **Schwerpunkt des Gesamttransportes**, es sei denn, der Berechtigte kann nachweisen, daß der Schaden sich auf einer Teilstrecke mit höherem Haftungsniveau ereignet hat. Dem Verpflichteten bleibt demgegenüber der Nachweis offen, daß der Schaden sich auf einer Teilstrecke mit einem niedrigeren Haftungsniveau ereignet hat. Auch dieser Ansatz bietet keine befriedigende Lösung des Problems, da es in der Regel schon außerordentlich schwierig sein wird, festzustellen, welche Teilstrecke als Schwerpunkt anzusehen ist, da keine eindeutigen Beurteilungskriterien vorhanden sind. Soll abgestellt werden auf die Länge der Teilbeförderung, auf die Frachthöhe oder den Grad der Gefährdung?

3. Hinsichtlich der Haftung ist auf die jeweilige **Teilstrecke** abzustellen. Die Beweislast für den Schadensort trägt entweder der Beförderer oder der Auftraggeber.

Für das nationale Recht hat der Bundesgerichtshof in seinem richtungsweisenden Urteil vom 26.04.1987 entschieden, daß **hinsichtlich der Haftung auf die Teilstrecke abzustellen ist**. Der Beweis hinsichtlich des Schadensortes trifft den Beförderer. Der Berechtigte muß nur substantiiert darlegen, daß sich der Schaden auf einer bestimmten Teilstrecke ereignet habe. Solange er seiner Darlegungslast genügt, kann er sich die Teilstrecke aussuchen, die die lukrativste Haftungshöchstgrenze aufweist. Die Beweislast, daß der Schaden sich nicht dort, sondern auf einer anderen Teilstrecke mit einer eventuell güntigeren Haftungsordnung ereignet hat, liegt beim Beförderer.

Es ist versucht worden, das Problem durch vereinbarte Transportbedingungen zu lösen. Solche vereinbarten Transportbedingungen finden sich im FIATA FBL. Es ist ein Dokument für den kombinierten bzw. multimodalen Transport, international einheitlich und auch von der internationalen Handelskammer (ICC) als andienungsfähiges Dokument anerkannt. Das FIATA FBL sieht im Falle des unbekannten Schadensortes eine Haftungsbegrenzung auf zwei Sonderziehungsrechte je Kilogramm vor und geht im übrigen von einer Regelhaftung von 8,3 Sonderziehungsrechten aus. Diese einheitlichen Transportbedingungen werden sich jedoch nicht durchsetzen können, da die zwingenden Haftungsvorschriften für die jeweiligen Teilstrecken abweichende Regelungen nicht zulassen. Hinzu kommt, daß die Bedingungen nach deutschem Recht als allgemeine Geschäftsbedingungen anzusehen sind, die am AGB-Gesetz gemessen werden müssen.

Festzuhalten ist, daß **Haftungsfragen bei kombiniertem bzw. multimodalem Verkehr, wenn der Schadensort nicht feststellbar ist, nur unbefriedigend gelöst werden können. Das Ergebnis wird häufig vom Zufall abhängen.** Eine Lösung wird nur ein internationales Einheitsrecht bringen können. Ob und wann dieses in Kraft tritt, ist jedoch ungewiß.

Teil C: Rechtliche und steuerliche Aspekte

8 Schlußbemerkung

Das Internationale Transportrecht ist ein außerordentlich komplexes Rechtsgebiet. Die vorstehenden Ausführungen konnten notgedrungen nur einen Überblick bieten. Ihre Aufgabe war es, dem Interessierten zu zeigen, wo er im einzelnen zu forschen hat, wenn er in der Praxis mit der Thematik befaßt ist. Gerade die zwingenden Vorschriften über die Mindesthaftung können im Einzelfall ein Kriterium für die Wahl des Transportmittels sein. Nachdrücklich muß aber auch darauf hingewiesen werden, daß die im Zusammenhang mit internationalen Transporten entstehenden Rechtsfragen durch den juristischen Laien in der Regel kaum gelöst werden können. **Gerade wegen der kurzen Reklamations-, Verjährungs- und Ausschlußfristen führen Fehler in der Sachbehandlung häufig zum Anspruchsverlust. Auf diese Gefahren hinzuweisen und den Leser zu sensibilisieren, sollte auch Sinn dieser Ausführungen sein.**

9 Literaturverzeichnis

Hans-Jürgen Abraham: Das Seerecht, 4. Auflage, Berlin, New York 1974.
Herbert Glöckner: Leitfaden zur CMR, 6. Auflage, Köln 1985.
Wulf Goette: Binnenschiffahrtsfrachtrecht, München 1995.
Johann-Georg Helm: Großkommentar HGB, Anhang III zu 452 HGB. Anhang II zu 460 HGB. 2. Auflage, Berlin, New York 1982.
Rolf Herber: Grundlagen und aktuelle Probleme des deutschen und internationalen Seefrachtrechts, Köln 1987.
Rolf Herber: Transportgesetze, München 1992.
Rolf Herber/Henning Piper: Internationales Straßentransportrecht, Kommentar zur CMR, München 1996.
Ingo Koller: Transportrecht, 3. Aufl., München 1995.
Henning Piper: Höchstrichterliche Rechtsprechung zum Speditions- und Frachtrecht, 6. Auflage, Köln 1988.
Heinz Prüßmann/Dieter Rabe: Seehandelsrecht, 3. Auflage, München 1992.
Edgar Ruhwedel: Der Luftbeförderungsvertrag, Frankfurt am Main 1985.

16. Kapitel:
Grundlagen der Internationalen Betriebswirtschaftlichen Steuerlehre

1 Aufgaben der Internationalen Betriebswirtschaftlichen Steuerlehre

Die internationale Verflechtung der deutschen Wirtschaft hat in den vergangenen Jahrzehnten ständig zugenommen. Besondere Bedeutung für die internationale Geschäftstätigkeit deutscher Unternehmen hat die Besteuerung. Aufgabe der Internationalen Betriebswirtschaftlichen Steuerlehre ist es, den Einfluß der Besteuerung auf die internationale Geschäftstätigkeit der Unternehmen zu erklären und bei vorgegebenen Zielsetzungen Gestaltungsvorschläge zu machen (vgl. Aufermann, 1929, S. 12; Fischer/Warneke, 1988).

Inländische Steuervorschriften, ausländische Normen sowie die Regelungen des internationalen Kollisionsrechts sind die steuerlichen Bestimmungsgrößen für unternehmerische Entscheidungen bei Auslandstätigkeiten. Die Erklärungs- und Gestaltungsaufgaben der Internationalen Betriebswirtschaftlichen Steuerlehre erfordern die Kenntnis und Beurteilung von nationalen Steuersystemen und zwischenstaatlichen Regelungen (Internationale **Steuersystemlehre**). Die Untersuchung und Erklärung der internationalen Geschäftstätigkeit in Abhängigkeit von der Besteuerung kennzeichnet die (Internationale) **Steuerwirkungslehre**. Werden Verhaltensnormen formuliert, die die steuerliche zweckmäßige Gestaltung internationaler Geschäftstätigkeit betreffen, so ist das die Aufgabe der (Internationalen) Betriebswirtschaftlichen **Steuerpolitik** (vgl. Kap. 17). Die Internationale Betriebswirtschaftliche Steuerlehre erforscht die Gesamtheit der wirtschaftlichen Entscheidungen bei internationaler Geschäftstätigkeit der Betriebe/Unternehmen in Abhängigkeit von der Besteuerung.

Die folgenden Ausführungen beschränken sich auf die Behandlung der internationalen Geschäftstätigkeit deutscher Unternehmen.

2 Internationale Steuersystemlehre

Die vielfältigen Verflechtungen von inländischen und ausländischen Steuerrechtsnormen bei internationaler Geschäftstätigkeit machen es im Rahmen dieser Ausführungen notwendig, Schwerpunkte zu setzen. Im einzelnen wird das deutsche Außensteuerrecht berücksichtigt, auf von der Bundesrepublik Deutschland abgeschlossene Doppelbesteuerungsabkommen (DBA) eingegangen sowie auf maßgebliche Bestimmungen des Europäischen Gemeinschaftsrechts und des Völkerrechts hingewiesen.

2.1 Völkerrecht

Das Völkerrecht ist das Rechtsgebiet, das die Beziehungen der Staaten als Einheiten untereinander regelt (Scheuner, 1961). Aus dem Völkerrecht leitet sich die Befugnis der Staaten ab, ihre Steuersysteme zu gestalten und bei Konkurrenz mit

Steueransprüchen anderer Steuerhoheiten durch Verträge abzugrenzen. Das Völkerrecht ist somit die Grundlage für das nationale Außensteuerrecht und das Recht der Doppelbesteuerungsabkommen. DBA zielen als völkerrechtliche Verträge auf die Vermeidung der mehrfachen Besteuerung, indem in ihnen eine Auf-/Zuteilung von Besteuerungsrechten vorgenommen wird.

Maßgebende Bedeutung haben sie somit für die internationale Freizügigkeit des Waren- und Dienstleistungsverkehrs (Debatin, 1978, S. 374). Dem Völkerrecht zuzuordnen ist auch das vom Steuerausschuß der OECD erarbeitete Musterabkommen zur Vermeidung der Doppelbesteuerung (1963). Das **OECD-Musterabkommen** über die Steuern vom Einkommen und Vermögen wurde 1963 verfaßt, 1977 grundlegend überarbeitet und wird seit 1992 regelmäßig angepaßt (vgl. Menck, T., Das OECD-Musterabkommen in der Revision 1992 – Eine Übersicht, IStR 1993, S. 249 ff.). Das Musterabkommen wird als Orientierungsrahmen für Verhandlungen über den Abschluß von Doppelbesteuerungsabkommen verwendet. Die allgemeinen Grundsätze des Völkerrechts sind für deutsche Steuerpflichtige über die generelle Transformation des Art. 25 GG in der Bundesrepublik Deutschland von Bedeutung.

2.2 Europäisches Gemeinschaftsrecht (EGIEU)

Das europäische Gemeinschaftsrecht hat wesentlichen Einfluß auf das innerstaatliche Recht der Mitgliedsstaaten. Mit dem Abschluß des EWG-Vertrages vom 25.03.1957 und der Integration der Bundesrepublik Deutschland in die Europäische Gemeinschaft wurden gemäß Art. 24 Abs. 1 GG Hoheitsrechte auf eine zwischenstaatliche Organisation übertragen, die Bestimmungen mit unmittelbarer Rechtswirkung für deutsche Staatsbürger erlassen kann (Doehring, 1980, S. 82f.). Im europäischen Einigungsprozeß hat der am 7.2.1992 in Maastricht unterzeichnete Vertrag über die Europäische Union maßgebende Bedeutung für die Errichtung der Wirtschafts- und Währungsunion. Vom Völkervertragsrecht unterscheidet sich das Gemeinschaftsrecht (supranationales Recht) dadurch, daß seitens der vertragschließenden Staaten Organe geschaffen werden, die mit Hoheitsrechten ausgestattet sind. Die von der Gemeinschaft berufenen Organe *Rat* und *Kommision* können gemäß Artikel 189 Abs. 2 EWG-Vertrag *Verordnungen* erlassen, die in den Mitgliedstaaten *gelten* und Anspruchsnormen darstellen.

Mit der Europäischen Steuerharmonisierung sollen die Unterschiede in den nationalen Steuergesetzen abgebaut werden. Angestrebt wird die Harmonisierung der Umsatzsteuer, der Verbrauchsabgaben und sonstiger indirekter Steuern, einschl. der Ausgleichsmaßnahmen für den Handelsverkehr zwischen den Mitgliedstaaten. Unmittelbare Vorschriften zur Harmonisierung der direkten Steuern gibt es im EWG-Vertrag nicht. Die Art. 100 und 101 sehen nur die Beseitigung von Wettbewerbsverzerrungen durch die Angleichung der Rechts- und Verwaltungsvorschriften im Bereich des Gemeinsamen Marktes vor (Biehl, 1969; Grasmann, 1973, S. 229).

Für die Besteuerung sind in der EU folgende Grundsätze wichtig:
- allgemeine Freizügigkeit, Art. 8a EGV
- Warenverkehrsfreiheit, Art. 30, 36 EGV
- Freizügigkeit der Arbeitnehmer, Art. 48-51 EGV

- Niederlassungsfreiheit, Art. 52-58 EGV
- Dienstleistungsfreiheit, Art. 59-66 EGV
- Kapitalverkehrsfreiheit, Art. 67-73 h EGV.

Der Verpflichtung gem. Art. 220 EWG-Vertrag, innerhalb der Gemeinschaft die Doppelbesteuerung zu vermeiden, sind die Mitgliedstaaten nachgekommen. Die Mitgliedstaaten haben untereinander DBA abgeschlossen. Gegenwärtig ist man in der EU bestrebt, steuerliche Bemessungsgrundlagen, vor allem Abschreibungen, die Bewertung des Vorratsvermögens, Besteuerung von Veräußerungsgewinnen, die Rückstellungsbildung u.a. zu harmonisieren.

Dem nationalen Gesetzgeber obliegt dabei die Aufgabe, steuerliche Regelungen den Erfordernissen des Binnenmarktes anzupassen. Einen Überblick über die Unternehmensbesteuerung in den Mitgliedstaaten gibt Jacobs, O. H., Internationale Unternehmensbesteuerung, 3. Aufl., München 1995, S. 81ff.

2.3 Nationales Außensteuerrecht

Zum Außensteuerrecht gehören diejenigen Normen der nationalen Steuergesetze, die die Abgrenzung der Steuerhoheit zwischen mehreren Staaten betreffen.

Das Außensteuerrecht legt für die Einkommen-, Körperschaft-, Vermögen- und die Erbschaftsteuer den Umfang der Steuerpflichten fest. Unterschieden wird zwischen der unbeschränkten, der erweitert beschränkten und der beschränkten Steuerpflicht. Maßgeblich für die Zuordnung sind z.B. der Wohnsitz oder die Geschäftsleitung im Inland bei gleichzeitiger Auslandsaktivität.

Die **unbeschränkte Steuerpflicht** erstreckt sich grundsätzlich auf die gesamten Einkünfte und das gesamte Vermögen, die und das eine inländische natürliche oder juristische Person im In- und Ausland bezieht und besitzt (**Universalprinzip** der Besteuerung). Bei juristischen Personen sind Sitz und Geschäftsleitung im Inland für die Steuerpflicht maßgeblich. Der **erweitert beschränkten Steuerpflicht**, die nach dem Außensteuergesetz (AStG) für die Einkommen-, Vermögen- und Erbschaftsteuer gilt, unterliegen unbeschränkt steuerpflichtige natürliche Personen mit deutscher Staatsangehörigkeit, die ihren Wohnsitz in *Niedrigsteuerländer* (vgl. 2.6.5.2) verlegen.

Bei der **beschränkten Steuerpflicht** erstreckt sich die deutsche Besteuerung auf inländische Einkünfte (Quellenprinzip) oder Vermögenswerte (Belegenheitsprinzip), die den im Ausland ansässigen Steuerpflichtigen zuzurechnen sind (**Territorialprinzip** der Besteuerung). Auf die Besonderheiten der §§ 1 Abs. 3, 1a und 50 Abs. 4 EStG kann hier nicht eingegangen werden.

Sind für die Personensteuern konkrete Anknüpfungsmerkmale des jeweiligen Hoheitsgebietes maßgebend, so ist bei den Objektsteuern (Gewerbesteuer, Grundsteuer) die Besteuerung ausschließlich an die wirtschaftlichen Gegebenheiten des Gewerbebetriebes oder des Grundbesitzes im Hoheitsbereich geknüpft. Auf die persönlichen Verhältnisse des Steuerpflichtigen kommt es dabei nicht an.

Die Möglichkeiten zur Vermeidung/Minderung der internationalen Doppelbesteuerung basieren gundsätzlich auf der *Anrechnungs-* und der *Freistellungsmethode*.

Die im Außensteuerrecht enthaltenen unilateralen Maßnahmen zur Vermeidung/Milderung einer durch die gleichzeitige Besteuerung verschiedener nationaler Steuerhoheiten bedingten Doppelbesteuerung sind der Anrechnungsmethode gem. § 34 c EStG, § 26 KStG zuzurechnen.

Danach wird die im „Quellenstaat" gezahlte Steuer auf die entsprechende Steuer des „Wohnsitzstaates" des Steuerpflichtigen grundsätzlich angerechnet. Unterschieden wird dabei zwischen der **direkten, indirekten** und **fiktiven Steueranrechnung**.

Die Ermittlung des Anrechnungshöchstbetrages erfolgt länder- oder einkunftsartenbezogen.

Die **Freistellungsmethode** knüpft an die Bemessungsgrundlage an und befreit das ausländische Einkommen/Vermögen von der inländischen Besteuerung. Neben der uneingeschränkten Befreiung besteht die Freistellung mit *Progressionsvorbehalt*, bei der das Auslandseinkommen für die Ermittlung des inländischen Steuersatzes berücksichtigt wird. **Bei Anwendung der Anrechnungsmethode ist die Besteuerung grundsätzlich am inländischen Steuerniveau, bei der Freistellungsmethode am ausländischen Steuerniveau orientiert.**

Zur Vermeidung der Doppelbesteuerung sind neben der Anrechnung/Freistellung auch die **Steuerpauschalierung**, der **Steuerabzug** und der **Steuererlaß** möglich (Fischer/Warneke, 1988, S. 134 ff.).

Zur Vermeidung einer Mehrfachbelastung mit Körperschaftsteuer erlaubt die indirekte Anrechnungsmethode, daß die auf ausgeschütteten Gewinnanteilen lastende und vom Gewinn der ausländischen Kapitalgesellschaft für deren Rechnung erhobene Steuer auf die Körperschaftsteuer der empfangenden inländischen Kapitalgesellschaft angerechnet wird. Dieses internationale körperschaftsteuerliche **Schachtelprivileg** gilt nicht für thesaurierte Gewinne.

2.4 Recht der Doppelbesteuerungsabkommen (DBA)

Eine Doppelbesteuerung liegt bei direkten Steuern vor, wenn der Steuerpflichtige wegen desselben Steuergegenstandes gleichzeitig in verschiedenen Staaten einer gleichartigen Steuer unterliegt. Voraussetzung der juristischen Doppelbesteuerung (Kluge, 1983, S. 7ff.) sind im einzelnen die Identität des Steuerobjektes (bei der Einkommen- und Körperschaftsteuer: das Einkommen), die Subjektidentität (Anknüpfung der Besteuerung an dieselbe natürliche oder juristische Person) sowie die Identität des Besteuerungszeitraumes (bei periodisch anfallenden Steuern) und die Gleichartigkeit der Steuern. Die juristische Abgrenzung der Doppelbesteuerung berücksichtigt nicht die Steuerbelastungshöhe. Wirtschaftlich liegt eine Doppelbesteuerung vor, wenn die Gesamtbelastung durch die Besteuerung verschiedener Steuerhoheiten zunimmt.

Ursache der internationalen Doppelbesteuerung bei den direkten Steuern sind die sich überschneidenden Steueransprüche auf der Grundlage der Wohnsitz- und Quellenbesteuerung (Universal- und Territorialprinzip der Besteuerung). Uni- und bilaterale Regelungen der Staaten zielen auf die Vermeidung der wirtschaftlichen Doppelbesteuerung.

Die Verbesserung der Rahmenbedingungen für die Weltwirtschaft macht es erforderlich, Doppelbesteuerungen auszuschließen. Die internationale Abstimmung steuerrechtlicher Normen und der Abschluß zwischenstaatlicher Regelungen erleichtern die internationale Geschäftstätigkeit von Unternehmen und erlauben, die Vorteile einer weltweiten Arbeitsteilung zu nutzen. Für den Steuergesetzgeber ergibt sich dabei die Aufgabe, Regelungen zu erlassen, die ungerechtfertigte Steuervorteile aus internationaler Geschäftstätigkeit vermeiden. „Im internationalen Bereich stoßen verschiedene Rechtsordnungen aufeinander. Dadurch treten Reibungsflächen mit steuerlichen Überschneidungen und Verzerrungen auf; sie bürden dem Steuerpflichtigen Erschwernisse auf, die die internationale Freizügigkeit beeinträchtigen. Das Nebeneinander der Steuerordnungen mag aber auch zu Lücken führen, die Gestaltungsanreize schaffen, für welche die innerstaatlichen Rechtsordnungen kraft ihrer Einheitlichkeit kaum Raum lassen, man denke nur an die Ausnutzung des „zwischen-staatlichen Steuergefälles" (Debatin, 1966, S. 161ff.).

Die Doppelbesteuerung kann verhindert oder zumindest gemildert werden, wenn die Vertragsstaaten ihre Steueransprüche aufeinander abstimmen.

Vergleichbar den unilateralen Maßnahmen wird in DBA die Regelung von Besteuerungsrechten verfahrenstechnisch sowohl durch die Anwendung der *Anrechnungs-* als auch durch die *Freistellungsmethode* normiert. Bei den unilateralen Maßnahmen gilt grundsätzlich die begrenzte Anrechnungsmethode, während in *DBA die Freistellungsmethode mit Progressionsvorbehalt bevorzugt wird.*

Eine Zuweisung der Besteuerungsrechte an die beteiligten Staaten regelt sich nach dem Wohnsitz- und/oder Ursprungsprinzip. In DBA wird zwischen Wohnsitzstaat, in dem der Steuerpflichtige ansässig ist, und Ursprungsstaat, Quellen- oder Belegenheitsstaat, aus dem die Einkünfte stammen oder in dem das Vermögen belegen ist, unterschieden und festgelegt, ob der eine oder andere Staat bzw. beide Staaten sein bzw. ihr(e) Besteuerungsrecht(e) wahrnehmen können. Auch wenn beide Staaten Besteuerungsrechte besitzen, kann eine wirtschaftliche Doppelbesteuerung bei Anwendung der Anrechnungsmethode vermieden werden. Der Wohnsitzstaat erkennt das Besteuerungsrecht des Ursprungsstaates an, besteuert aber die in seinem Hoheitsgebiet ansässigen Steuerpflichtigen mit ihrem Welteinkommen/-vermögen und läßt die Anrechnung der im Ausland gezahlten Steuer auf die inländische Steuerschuld zu.

Ob das Wohnsitz- oder das Ursprungslandprinzip anzuwenden ist, bedarf der Regelung in den DBA. Im Musterabkommen der OECD sind beide Prinzipien ohne Präferenz für ein Prinzip genannt. Das Ursprungsprinzip (Quellenbesteuerung) wird überwiegend in DBA mit Entwicklungsländern vereinbart, während zwischen Industriestaaten eher das Wohnsitzprinzip gilt. Die Wohnsitzbesteuerung ist außerdem für Einkünfte und Vermögen maßgebend, bei denen eine Aufteilung der Besteuerungsrechte trotz Vorliegen eines DBA nicht geregelt ist. Ursprungs- und Wohnsitzprinzip sind nicht als sich gegenseitig ausschließende Prinzipien zu werten, sondern können miteinander kombiniert werden; so wird z.B. das Welteinkommen im Wohnsitzstaat versteuert, während die im Ursprungsstaat gezahlten Steuern anrechenbar sind. Bei gewerblichen Gewinnen ist die Erfüllung der Voraussetzung einer ausländischen Betriebsstätte maßgeblich für die Aufteilung der Besteuerungsrechte. Liegt die Betriebsstätte im Ausland, handelt es sich um die Ursprungsbesteuerung – **Betriebsstättenprinzip** (Art. 5 und 7 OECD Musterabkommen). Eine Bauausführung oder Montage ist gemäß dem OECD-Musterabkommen nur dann eine Betriebsstätte, wenn ihre Dauer 12 Monate überschreitet.

In den DBA regeln die vertragschließenden Staaten ihre bestehenden Steueransprüche. Die Abkommen ordnen die Besteuerungsrechte zu, und die steuerberechtigten Staaten sind für die Ausgestaltung der Steuerregelungen zuständig. Die DBA können nur bestehende Steueransprüche begrenzen, aber zusätzliche Steueransprüche nicht begründen. Der Geltungsbereich über einzubeziehende Steuern ist nicht einheitlich. Grundsätzlich werden die Steuern vom Einkommen berücksichtigt, die Vermögensteuer nur insoweit, als sie in den vertragschließenden Ländern erhoben wird. In gesonderten Abkommen werden Regelungen über Erbschaft- und Nachlaßsteuern getroffen. DBA treten nach der Zustimmung durch die gesetzgebenden Organe der vertragschließenden Länder und nach Austausch der Ratifikationsurkunden in Kraft (Art. 59 Abs. 2 GG). **DBA haben als leges speciales Vorrang vor den nationalen Regelungen.** Bei unterschiedlichen Rechtsauffassungen über die Auslegung von DBA ist i.a.R. ein Verständigungsverfahren (Art. 25 OECD Musterabkommen) vorgesehen (Korn/Debatin, 1984, Vorbemerkung, Anhang A).

2.5 Bedeutung des Internationalen Steuerrechts

Zentrale Zwecksetzung des Internationalen Steuerrechts ist die Abgrenzung der Besteuerungsrechte verschiedener Staaten. Neben dem fiskalischen Ziel, das Steueraufkommen zu sichern, wollen die Staaten die internationale Freizügigkeit von Gütern und Diensten, von Kapital und Arbeit verbessern, um die Vorteile einer internationalen arbeitsteiligen Wirtschaft zu nutzen. In diesen Zusammenhang gehört auch der Maßnahmenbereich zur Förderung von Auslandsinvestitionen.

Grundsätzlich ist in den Steuersystemen der Industriestaaten das Wohnsitzprinzip geregelt, um ein möglichst hohes Steueraufkommen zu sichern. Die ausschließliche Anwendung des Wohnsitzprinzips begründet Kollisionen der Besteuerungsansprüche verschiedener Staaten. In den Steuergesetzen der Staaten sind daher regelmäßig Regelungen zur Anrechnung von im Ausland gezahlten Steuern vorgesehen. Die Zulässigkeit der Anrechnungsmethode führt zu Steuerausfällen im Wohnsitzstaat.

Da das Steuerniveau der Industriestaaten häufig über dem anderer Staaten liegt, fördert die Wohnsitzbesteuerung i.V. mit der Anrechnungsmethode nicht immer die Entwicklung von Staaten in beabsichtigter Weise. So werden bei dieser Besteuerungsform vom Ursprungsland gewährte Steuervorteile im Wohnsitzland aufgehoben. Für die Industriestaaten als Wohnsitzstaaten ist die Ursprungsbesteuerung dann von besonderer Bedeutung, wenn Inländer im Ursprungsland mit dort Ansässigen in Wettbewerb treten. Daher haben Industrieländer in den DBA überwiegend vereinbart, bei Einkünften aus Gewerbebetrieb, soweit sie in Betriebsstätten in Ursprungsländern erzielt werden, auf eine Wohnsitzbesteuerung zu verzichten. Das gilt auch für unbewegliches Vermögen.

Allgemein ist festzustellen, daß das Prinzip der Wohnsitzbesteuerung im Internationalen Steuerrecht sowohl in Verbindung mit der Anrechnungsmethode als auch durch Vereinbarung der Freistellungsmethode zugunsten der Ursprungsbesteuerung durchbrochen ist. Die vereinbarte Freistellungsmethode schmälert nicht nur das Besteuerungsaufkommen, sondern erlaubt es den Steuerpflichtigen auch, steuerliche Belastungsunterschiede international auszunutzen.

2.6 Das deutsche Außensteuerrecht

Im Außensteuerrecht wird der Umfang der Steuerpflicht für Steuergegenstände, die vom Besteuerungsanspruch mehrerer Steuerhoheiten erfaßt werden, festgelegt. Besitzsteuern (Tipke/Lang, 1996, S. 154ff.) werden vom Einkommen, dem Ertrag und Vermögen erhoben. Je nachdem, ob die Leistungsfähigkeit von natürlichen und juristischen Personen oder die Ertragsfähigkeit von Objekten besteuert wird, handelt es sich um Personen-(Subjekt-) oder Sach(Objekt-)steuern. Zu den Subjektsteuern rechnen die Einkommen-, Körperschaft-, Vermögen- und Erbschaftsteuern, während die Gewerbe- und Grundsteuern zu den Objekt- oder Realsteuern gehören. Vorgänge des Vermögensverkehrs und der Einkommensverwendung unterliegen den Verkehr- (z.B. Umsatz-, Kapitalverkehr-, Grunderwerbsteuer) und Verbrauchsteuern.

Bei der Einkommen-, Körperschaft-, und Erbschaftsteuer unterscheidet der Gesetzgeber grundsätzlich zwischen der unbeschränkten und beschränkten Steuerpflicht. Als besondere Ausprägungen sind noch die erweiterte unbeschränkte (§ 1 Abs. 2 und 3 EStG, § 2 Abs. 1 Nr. 1b und 1c EStG) sowie die erweitert beschränkte Steuerpflicht für die Einkommen- und Erbschaftsteuer gemäß §§ 2-5 Außensteuergesetz (AStG) zu nennen. Für die Abgrenzung der Steuerpflichten ist entweder die persönliche Bindung an das Inland oder die wirtschaftliche Betätigung des Steuerpflichtigen im Inland bedeutsam.

Anknüpfungsmerkmale für die unbeschränkte Steuerpflicht der natürlichen Person sind der Wohnsitz und der gewöhnliche Aufenthalt (§§ 8f. AO) im Inland, der juristischen Personen der Sitz und die Geschäftsleitung im Inland. Bei der beschränkten Steuerpflicht ist entscheidend, ob von einem im Ausland ansässigen Steuerpflichtigen Einkünfte im Inland realisiert werden. Im Rahmen der erweitert beschränkten Steuerpflicht ist auch die Nationalität des Steuerpflichtigen relevant (vgl. §§ 2-5 AStG). Ist die subjektive Zugehörigkeit des Steuerpflichtigen (natürliche und juristische Person) zum Inland für die Steuerpflicht bei den Personensteuern maßgebend, so müssen bei den Objektsteuern die inländischen Tatbestände (Sache oder Sachinbegriff) realisiert sein, an die die Steuerpflicht knüpft (vgl. z.B. § 1 Abs. 2 UStG, § 2 Abs. 1 GStG). Auf die persönliche Bindung des Steuerpflichtigen zum Inland kommt es nicht an. Unabhängig von der Ansässigkeit des Steuerpflichtigen ist die Besteuerung ausschließlich an sachliche Voraussetzungen geknüpft. Persönliche Verhältnisse des Eigentümers bleiben unberücksichtigt; so sind bei der Gewerbe- und der Grundsteuer der Gewerbebetrieb und der Grundbesitz Besteuerungsgegenstand.

Bei der Gewerbesteuer kann es ebenfalls zu Doppelbesteuerungen kommen, weil sie an die einkommensteuerliche Bemessungsgrundlage anknüpft. Der Gewerbeertrag berücksichtigt den einkommen- oder körperschaftsteuerlichen Gewinn (§ 7 GewStG). Das Gewerbesteuerrecht enthält daher spezielle Kürzungen, die eine gewerbesteuerliche Neutralisierung der internationalen Tätigkeit gewährleisten (§§ 9 Nr. 2, Nr. 3, Nr. 7 GewStG beim Gewerbeertrag). Diese Kürzungsvorschriften betreffen Direktinvestitionen (Betriebsstätte, Personen-, Kapitalgesellschaft).

Bemessungsgrundlage für Verkehrsteuern sind Vorgänge des inländischen Rechtsverkehrs. Der Abschluß oder die Erfüllung von Rechtsgeschäften begründet die Steuerschuld. Zu den wichtigsten Verkehrsteuern gehören die Umsatz- und die Grunderwerbsteuern.

2.6.1 Einkommen- und Körperschaftsteuer

Für die ertragsteuerliche Beurteilung der Einkünfte aus Auslandstätigkeiten sollen zunächst die rechtlichen Alternativen für die Errichtung von ausländischen Unternehmenseinheiten, an die sich unterschiedliche Besteuerungsfolgen im Inland knüpfen, dargestellt werden. Je nachdem, ob die ausländische Unternehmenseinheit zivilrechtlich unselbständig (Betriebsstätte) oder selbständig (Kapitalgesellschaft) ist, ergeben sich verschiedene Besteuerungsfolgen.

Die Personengesellschaft wird entgegen der Auffassung von Jacobs (a.a.O., S. 47ff. und S. 433ff.) nicht als eine steuerlich besondere Betätigungsform angesehen, da sich die Beteiligung an ihr steuerlich in der Regel ebenso wie die im Ausland errichtete Betriebsstätte als unselbständiger Teil der gewerblichen Betätigung des inländischen Unternehmens darstellt. Sie ist regelmäßig der Alternative Betriebsstätte zuzuordnen. Zwar wird die Personengesellschaft von einigen Ländern als Steuersubjekt anerkannt und somit eine Besteuerung nach den Grundsätzen, wie sie für die Kapitalgesellschaft gelten, durchgeführt (vgl. hierzu Jacobs, a.a.O., S. 69.). Aber die überwiegende Zahl der Länder behandelt die Personengesellschaft wie die Bundesrepublik Deutschland nicht als eigenständigen Rechtsträger, sondern als Mitunternehmerschaft, bei der die Steuerpflicht unmittelbar bei den einzelnen Mitunternehmern festgestellt wird. Die im Domizilstaat ansässigen Mitunternehmer unterliegen mit dem Unternehmenserfolg und -vermögen der unbeschränkten Steuerpflicht. Sind die Mitunternehmer nicht im Domizilstaat der Gesellschaft ansässig, gelten die Grundsätze der beschränkten Steuerpflicht. Anwendung findet das Betriebsstättenprinzip, analog § 49 Abs. 1 Nr. 2 a EStG. Ist ein DBA zu beachten, so gilt das DBA-Betriebsstättenprinzip.

2.6.1.1 Einkünfte aus ausländischen *Betriebsstätten*

Die Betriebsstätte ist eine unselbständige Unternehmenseinheit, die im Niederlassungsland unter dem Firmennamen der inländischen Gesellschaft eingetragen wird und mit dem Stammhaus im Inland ein Einheitsunternehmen bildet. *Der Begriff der Betriebsstätte wird im deutschen Handels- und Gesellschaftsrecht nicht verwendet.* Für die steuerliche Beurteilung von Einkünften aus ausländischen Betriebsstätten ist neben dem Betriebsstättenbegriff im (§ 12 AO) gegebenenfalls die Betriebsstättendefinition des ausländischen Lagestaates und/oder des entsprechenden DBA maßgeblich. Nach § 12 AO gilt als Betriebsstätte jede feste Geschäftseinrichtung oder Anlage, die der Tätigkeit eines gewerblichen Unternehmens dient. In den DBA ist regelmäßig aufgrund der konkurrierenden Interessenlage der Vertragsstaaten die begriffliche Fassung der Betriebsstätte enger. Art. 5 OECD-Musterabkommen, an dem sich die DBA meist orientieren, definiert die Betriebsstätte als eine *feste Geschäftseinrichtung, in der die Tätigkeit des Unternehmens ganz oder teilweise ausgeübt wird.*

Die im Ausland belegene Betriebsstätte stellt eine unselbständige Einheit des inländischen Stammhauses dar. Sie hat keine eigene Rechtspersönlichkeit. Die Einkünfte der Betriebsstätte sind, falls kein DBA besteht, sowohl im Inland als auch im Lagestaat zu versteuern. Handelt es sich bei dem inländischen Steuerpflichtigen um eine juristische Person, so sind die Einkünfte aus der Betriebsstätte körperschaftsteuerpflichtig. Gehört die Betriebsstätte inländischen natürlichen Personen, unterliegen die Einkünfte regelmäßig der Einkommensteuer. Die im Ausland auf die Betriebsstätteneinkünfte gezahlte Ertragsteuer ist auf die deutsche Körperschaft- oder Einkommensteuer *anrechenbar,* soweit sie auf die ausländischen Einkünfte entfällt (§ 34c Abs. 1 EStG, § 26 Abs. 1 KStG). Gegebenenfalls ist auch eine *Pauschalierung* der auf die Auslandseinkünfte entfallenden deutschen Einkommensteuer oder ein *Abzug* der ausländischen Ertragsteuern vom Gesamtbetrag der Einkünfte möglich (§ 34c Abs. 2, 3 und 5 EStG, § 26 Abs. 6, Satz 1 KStG).

Durch DBA wird das Besteuerungsrecht des Betriebsstättenstaates regelmäßig nicht eingeschränkt, während im Inland eine zusätzliche Besteuerung entfällt *(Freistellungsmethode)*. Die Besteuerung der Betriebsstätte bemißt sich dann nach den Vorschriften des Lagestaates.

Um den Steueransprüchen der verschiedenen Staaten gerecht zu werden, ist neben der Ermittlung des Welterfolges und -vermögens des inländischen Steuerpflichtigen zusätzlich noch eine Aufteilung dieser Beträge auf das inländische Stammunternehmen und die ausländische Betriebsstätte notwendig. Im Betriebsstättenstaat wird mit der Erfolgs- und Vermögensabgrenzung der Umfang der materiellen Steuerpflicht festgelegt, während im Rahmen der unbeschränkten Steuerpflicht des Inländers die Erfolgs- und Vermögenszuordnung maßgeblich ist für Maßnahmen zur Vermeidung der Doppelbesteuerung.

Die **Ergebnisaufteilung** zwischen dem inländischen Stammhaus und seiner ausländischen Betriebsstätte erfolgt entweder nach der direkten oder indirekten Methode. Bei der **direkten Methode** wird die Gewinnzurechnung unter der *Fiktion der Selbständigkeit der Betriebsstätte* vorgenommen. Ihr werden Erfolge zugerechnet, die sie hätte erzielen können, wenn sie eine gleiche oder ähnliche Tätigkeit unter gleichen oder ähnlichen Bedingungen als selbständiges Unternehmen ausgeübt hätte und im Verkehr mit dem Unternehmen, dessen Betriebsstätte sie ist, völlig unabhängig gewesen wäre (Art. 7 Abs. 2 OECD-Musterabkommen). Diese Methode setzt voraus, daß die Betriebsstätte eine eigene Buchführung hat und selbständig bilanziert.

Bei der **indirekten Methode** wird das inländische und ausländische Ergebnis einheitlich festgestellt und dann mit Hilfe von Schlüsselgrößen (Umsatz, Lohnsumme, Kapitalgrößen) auf die inländischen und ausländischen Unternehmenseinheiten aufgeteilt (Art. 7 Nr. 4 OECD-Musterabkommen). Die Problematik der indirekten Methode besteht in der Bestimmung des Verteilungsmaßstabes. Die Form der Gewinnaufteilung hat keine Bedeutung für die Ermittlung des „richtigen" Gewinns. Die direkte Aufteilung von Erfolgsgrößen auf die inländische und die ausländische Einheit dürfte ebenso schwierig sein wie die Festlegung einer zweckmäßigen Maßstabsgröße zur Aufteilung des Gesamterfolges, um zutreffende Bemessungsgrundlagen für die inländische und ausländische Besteuerung zu gewährleisten.

2.6.1.2 Einkünfte aus ausländischen *Tochtergesellschaften*

Im Unterschied zur Betriebsstätte gelten *Unternehmenseinheiten,* die in der *Rechtsform der Kapitalgesellschaft geführt werden* und nach dem Recht des betreffenden Lagestaates errichtet sind, als *selbständige Steuersubjekte.* Diese Beurteilung ist unabhängig von der Rechtsform der sie gründenden Gesellschaft, mit der sie wirtschaftlich verbunden sind. Die steuerliche Anerkennung ausländischer juristischer Personen folgt nicht den Regelungen des Internationalen Privatrechts, sondern ist nach deutschem Steuerrecht vorzunehmen. Durch DBA wird die Qualifikation der ausländischen Tochtergesellschaft nach deutschem Recht nicht eingeschränkt.

Die Auslandsinvestition erfolgt häufig in der Form der Kapitalgesellschaft, weil die eigene Rechtspersönlichkeit dieser Gesellschaftsform eine Haftungsbegrenzung auf das vorhandene Vermögen erlaubt, der Gesellschafterwechsel leicht möglich ist und vielfältige Finanzierungsformen genutzt werden können. Außerdem ist bei internationaler Geschäftätigkeit die Abgrenzung von Erfolgen bei Unternehmen mit eigener Rechtspersönlichkeit zwingend vorgeschrieben. Bei der Entscheidung über die rechtliche Ausgestaltung muß aber auch beachtet werden, daß für Kapitalgesellschaften besondere Formvorschriften, Publizitäts- und Prüfungsregelungen u.a. bestehen.

Die Einkünfte der **ausländischen Kapitalgesellschaft (Tochtergesellschaft)** unterliegen nur im Sitzstaat der Gesellschaft der Steuerpflicht und sind bis zu ihrer Ausschüttung der inländischen Besteuerung entzogen. Ausnahmen gelten für die Hinzurechnungsbesteuerung gemäß §§ 7ff. AStG oder wenn die ausländische Kapitalgesellschaft den Tatbestand des Scheingeschäfts (§ 41 AO) oder des Rechtsmißbrauchs erfüllt (§ 42 AO). Nimmt die Tochtergesellschaft Gewinnausschüttungen vor, so erhebt der Lagestaat darauf Quellensteuern und die Gewinnausschüttungen unterliegen grundsätzlich einer nochmaligen Besteuerung bei den im Inland ansässigen Gesellschaftern. Auch *verdeckte Gewinnausschüttungen* sind steuerpflichtig. Die beschränkte Steuerpflicht der Anteilseigner erstreckt sich auf die ausgeschütteten Beteiligungserträge sowie auf die von der Kapitalgesellschaft erhaltenen Zinsen und Lizenzgebühren. Auch bei Vorliegen eines DBA ergibt sich für die Ertragsbesteuerung keine grundsätzliche Änderung. Nach dem OECD-Musterabkommen beträgt die Kapitalertragsteuer für Beteiligungserträge max. 5% der Bruttodividende (Art. 10 OECD-Musterabkommen). Bei Zahlung von Zinsen durch die Tochterkapitalgesellschaft fällt eine Quellensteuer von 10% (Art. 11 OECD-Musterabkommen) an. Für Lizenzgebühren ist eine Quellenbesteuerung nicht vorgesehen (Art. 12 OECD-Musterabkommen). Das Universalprinzip der Besteuerung und die mit der Trennung der Kapitalgesellschaft von ihren Gesellschaftern verknüpfte Doppelbelastung begründen erhebliche Steuerfolgen für Unternehmen mit internationaler Geschäftätigkeit. Unilaterale und bilaterale Regelungen schränken oder schließen daher die Besteuerungsansprüche der beteiligten Staaten ein bzw. aus, um wirtschaftliche Doppelbesteuerungen zu vermeiden (indirekte und fiktive Anrechnung gemäß § 26 Abs. 2 und 3 KStG). Für die ausländische Quellensteuer ist die *direkte Anrechnung* gemäß § 34c Abs. 1 EStG, § 26 Abs. 1 KStG vorgesehen. Die *indirekte Steueranrechnung* erlaubt einen Steuerausgleich zwischen der inländischen und ausländischen Kapitalgesellschaft; sie bedingt eine qualifizierte Beteiligung, die mindestens seit 12 Monaten besteht, aktive Tätigkeit und daß die Auslandsgesellschaft nicht ihren Sitz in der EU hat.

Voraussetzung der *fiktiven Steueranrechnung* ist die aktive Geschäftätigkeit der Tochterkapitalgesellschaft in einem Entwicklungsland im Sinne des Entwicklungsländersteuergesetzes (auslaufendes Recht; nur für Kapitalanlagen/Investitionen bis Ende 1981) und eine Beteiligung an ihr von mindestens 10%. Bei dieser Anrechnung wird der Anrechnungsbetrag fiktiv der anteiligen Inlandssteuer auf die erhaltenen Dividenden gleichgestellt. Diese Methode begründet eine Freistellung (§ 26 Abs. 3 KStG).

Außer diesen Formen der Steueranrechnung ist im Inland die *Steuerpauschalierung* und die *Steuerabzugsmethode* geregelt. Auch in den DBA ist analog den unilateralen Regelungen die steuerliche Behandlung von Beteiligungen mit weniger als 10% und sogenannten Schachtelbeteiligungen inländischer Kapitalgesellschaften normiert. Für den Fall, daß die Beteiligung weniger als 10% beträgt, gilt, daß es bei der generellen inländischen Einkommen- und Körperschaftsteuerpflicht auf die ausgeschütteten Dividenden mit der Möglichkeit der Anrechnung der Kapitalertragsteuer bleibt. Entsprechendes gilt für die empfangenen Leistungsentgelte, z.B. Zinsen, Gebühren für Lizenzen.

Gilt das sogenannte internationale Schachtelprivileg (Art. 23 A Abs. 1 OECD-Musterabkommen), so werden Beteiligungserträge von der ausländischen Ertragsbesteuerung freigestellt.

Da die ausländische Tochtergesellschaft und die die Beteiligung haltende inländische Muttergesellschaft rechtlich zwei selbständige Unternehmenseinheiten sind, werden Leistungsbeziehungen zwischen ihnen mit steuerlicher Wirkung anerkannt, wenn die dafür maßgebenden steuerlichen Grundlagen (Dealing-at-Arm's-Length-Principle) beachtet werden. Ist dies nicht der Fall, kann es zu steuerlichen Korrekturen der Leistungsentgelte aufgrund der §§ 42 AO, 1 AStG sowie der Regelungen der verdeckten Gewinnausschüttung (§ 8 Abs. 3 KStG) und der verdeckten Einlage (§ 4 Abs. 1 EStG) kommen (Fischer/Warneke, 1988, S. 64ff.).

Bei Gesellschafterdarlehen sind in Deutschland außerdem für die Vertragsanerkennung Eigenkapital/Fremdkapital-Relationen zu beachten (§ 8a KStG).

2.6.2 Vermögensteuer (bis 31.12.1996)

Bei der Vermögensteuer ist ebenfalls zwischen unbeschränkter (§ 1 Abs. 1 VStG) und beschränkter (§ 2 Abs. 1 VStG) Steuerpflicht zu unterscheiden.

Für die unbeschränkte Steuerpflicht sind dieselben Voraussetzungen wie bei der Einkommen- und Körperschaftsteuer maßgeblich. Der unbeschränkten Vermögensteuerpflicht des Steuerinländers unterliegt das Gesamtvermögen (§ 1 Abs. 3 VStG) im In- und Ausland.

Bei der Bewertung der Vermögensgegenstände muß zwischen dem inländischen und ausländischen Vermögen unterschieden werden. Für die Ermittlung des Wertes des Auslandsvermögens ist das Sachvermögen vom sonstigen Vermögen zu trennen. Das sonstige Vermögen im Ausland wird grundsätzlich wie das Inlandsvermögen bewertet. Das ausländische Sachvermögen wird nicht wie das inländische mit dem Teilwert (§ 32 Abs. 2 BewG i. V. m. §§ 33 bis 109 BewG), sondern mit dem gemeinen Wert angesetzt (§§ 9, 31 Abs. 1 BewG).

Ist ein DBA nicht abgeschlossen und ist die wirtschaftliche Einheit sowohl im Inland als auch im Ausland belegen (inländische Unternehmen mit ausländischen Betriebsstätten), so sind die einzelnen Betriebsteile als Teile einer wirtschaftlichen Einheit anzusehen, die jeweils für sich zu bewerten sind. Der für die Ermittlung der Vermögensteuer festzustellende Gesamteinheitswert setzt sich somit aus dem einheitlich ermittelten gemeinen Wert der ausländischen Betriebsstätte und der Summe der Teilwerte der im Inland belegenen Vermögensgegenstände unter Absetzung der Schulden zusammen.

Erstreckt sich die wirtschaftliche Einheit des Gewerbebetriebes (§ 2 und § 95 BewG) sowohl auf das Inland als auch auf das Ausland, so sind bei gegebener unbeschränkter Steuerpflicht zwei Einheitswerte festzustellen, und zwar einmal für die wirtschaftliche Einheit insgesamt zum Zwecke der Vermögensteuer (§ 180

Abs. 1 Nr. 1 AO) und zum anderen für den inländischen Teil bezüglich der Gewerbekapitalsteuer. Die Aufteilung der wirtschaftlichen Einheit des internationalen Gewerbebetriebes für die Vermögensabgrenzung in einen inländischen und ausländischen Teil beeinflußt die Höhe der Gewerbekapitalsteuer und der Vermögensteuer. Abschnitt 54 Abs. 4 VStR enthält Hinweise für die Aufteilung des Betriebsvermögens. Danach kann bei der Ermittlung des Einheitswertes für die Ermittlung der inländischen Teile des Betriebsvermögens sowohl die indirekte als auch die direkte Ermittlungsmethode angewendet werden.

Bei der **indirekten Wertermittlungsmethode** wird das gesamte im Inland und Ausland befindliche Betriebsvermögen unter Berücksichtigung der damit im wirtschaftlichen Zusammenhang stehenden Schulden und Lasten ermittelt. Der sich ergebende Wert ist in einen in- und ausländischen Teil aufzuteilen. Maßstäbe sind z.B. das Verhältnis der Umsätze, die gezahlten Löhne und Gehälter oder der Wert des Anlagevermögens.

Bei der **direkten Wertermittlungsmethode** sind die inländischen und ausländischen Teile des Unternehmens so zu bewerten, als wären sie jeweils selbständige Gewerbebetriebe (Abschnitt 54 Abs. 4 VStR). Grundlage dieser Methode ist der **Dealing-at-Arm's-Length-Grundsatz**, nach dem wirtschaftliche Beziehungen auch zwischen rechtlich unselbständigen Unternehmenseinheiten danach zu beurteilen sind, als handele es sich um Beziehungen, wie sie zwischen fremden, wirtschaftlich selbständigen und voneinander unabhängigen Personen üblich sind. Maßstab für die Zuordnung des Vermögens ist, ob es der inländischen oder ausländischen Unternehmenseinheit dient. Auf die Belegenheit kommt es nicht an.

Hinsichtlich der inländischen Vermögensteuerzahlungen für ausländisches Betriebsvermögen in Nicht-DBA-Staaten regelt § 11 Abs.1 VStG die Anrechnung der gezahlten ausländischen Vermögensteuer, die auf das Auslandsvermögen entfällt. Anstelle der Anrechnung ausländischer Vermögensteuer erlaubt § 12 Abs. 1 VStG, auf Antrag die auf das ausländische Betriebsvermögen zu entrichtende inländische Vermögensteuer auf die Hälfte zu ermäßigen, soweit die Bruttoerträge der Betriebsstätte aus Tätigkeiten im Sinne des § 8 Abs. 1 Nr. 1-6 AStG stammen. § 12 Abs. 3 VStG sieht auch vor, daß die auf Auslandsvermögen entfallende deutsche Vermögensteuer ganz oder z.T. erlassen werden kann, wenn es aus volkswirtschaftlichen Gründen zweckmäßig oder die Anwendung der Steueranrechnungsmethode besonders schwierig ist.

Ist die Betriebsstätte in einem Land belegen, mit dem ein DBA besteht, unterliegt das Betriebsstättenvermögen nicht der deutschen Besteuerung. Insoweit entfällt eine inländische Vermögensteuer.

Für die Vermögenbesteuerung der ausländischen Tochtergesellschaft ist es zunächst nicht von Bedeutung, ob mit dem Sitzstaat ein DBA abgeschlossen ist, da die ausländische Unternehmenseinheit als selbständige Rechtsperson nur den steuerlichen Vorschriften des Lagestaates untersteht. Die Beteiligung an der Tochtergesellschaft stellt jedoch ein Wirtschaftsgut der inländischen Muttergesellschaft dar, das nur dann in der Vermögensaufstellung (Ansatz zum gemeinen Wert § 109 Abs. 3 i.V.m. 11 BewG) nicht berücksichtigt wird, wenn eine Freistellung durch unilaterale oder bilaterale Regelungen vorgesehen ist.

Eine Erfassung und Bewertung der Beteiligung in der Vermögensaufstellung entfällt auch bei Anwendung des Schachtelprivilegs gemäß § 102 Abs. 2 BewG. Nach dieser Vorschrift gehört eine Beteiligung an einer ausländischen Kapitalgesellschaft nicht zum Betriebsvermögen der inländischen Kapitalgesellschaft, wenn die anteilehaltende Gesellschaft seit mindestens 12 Monaten vor dem Bewertungsstichtag mit 10% oder mehr unmittelbar beteiligt ist und die ausländische Kapitalgesellschaft ihre Erträge aus „aktiver" Geschäftstätigkeit bezieht (§ 8 Nr. 1-6 AStG).

Aufgrund des Beschlusses des BVerfG vom 22.6.1995 kann die VSt wegen ihrer teilweisen Verfassungswidrigkeit seit 1997 nicht mehr erhoben werden.

2.6.3 Gewerbesteuer

Steuergegenstand der Gewerbesteuer ist nach § 2 Abs.1 GewStG jeder Gewerbebetrieb, bei dem im Inland eine Betriebsstätte unterhalten wird. Die Betriebsstättendefinition richtet sich nach § 12 AO. In den DBA wird der Begriff der Betriebsstätte in aller Regel enger als in der AO gefaßt.

Von der im DBA enthaltenen Definition ist dann auszugehen, wenn das Abkommen auch die Gewerbesteuer mit berücksichtigt.

Grundsätzlich sind die Alternativen ausländische Betriebsstätte und Beteiligung an einer ausländischen Personen- oder Kapitalgesellschaft zu unterscheiden. § 7 GewStG bestimmt, daß für die Ermittlung des Gewerbeertrags der Gewinn maßgebend ist, der sich nach den Vorschriften des Einkommen- und Körperschaftsteuergesetzes ergibt. In diese Ausgangsgröße ist der Hinzurechnungsbetrag gemäß § 10 AStG einzubeziehen, sofern der inländische Steuerpflichtige seine Anteile an der Zwischengesellschaft (§§ 7ff. AStG) im Betriebsvermögen hält. Trotz des Charakters der Gewerbesteuer als territorial abgegrenzter Objektsteuer (§ 2 Abs. 1 Satz 1 GewStG) wirkt sich dies zunächst gemäß § 7 GewStG auf die Ermittlung des Gewerbeertrages einer deutschen Unternehmung mit Auslandsaktivitäten nicht aus.

Eine Unterscheidung zwischen inländischen und ausländischen Einkünften wird in dieser Vorschrift nicht getroffen. Jedoch erfolgt durch die §§ 8, 9 und 12 GewStG eine Korrektur, so daß für die ausländischen Erträge und das ausländische Betriebsvermögen unter bestimmten Voraussetzungen letztlich eine Freistellung von der Gewerbesteuer erfolgt. Nach § 9 Nr. 3 GewStG ist der Gewerbeertrag um denjenigen Teil zu kürzen, der auf eine nicht im Inland belegene Betriebsstätte entfällt. Bei der Ermittlung des Gewerbeertrages bleiben auch Verluste von ausländischen Betriebsstätten, die in der einkommensteuerlichen Erfolgsgröße erfaßt sind, unberücksichtigt. Infolge der territorialen Begrenzung der Gewerbesteuerpflicht sind sowohl die positiven als auch die negativen Betriebsstättenergebnisse zu „kürzen" (vgl. auch Abschnitt 59 GewStR i.V.m. § 12 Abs. 4 Nr. 1 GewStG).

Im Gewerbesteuergesetz sind keine Regelungen enthalten, die die Aufteilung von Kapital und Ertrag einschließlich der gewerbesteuerlichen Hinzurechnungen und Kürzungen auf die inländischen und ausländischen Betriebsstätten regeln. Abschnitt 62c Abs.2 GewStR sieht hierfür die **direkte Methode** vor. In den §§ 8 Nr. 8 und 9 Nr. 2 sowie 12 Abs. 3 Nr. 2 GewStG ist geregelt, daß Beteiligungen an ausländischen Personengesellschaften sowie die daraus erzielten Erfolge den Beteiligungen an inländischen Personengesellschaften gleichgestellt werden. So sind bei der Ermittlung des Gewerbeertrags Verluste, die den Gewinn gemindert haben, wieder hinzuzurechnen und positive Ergebnisse, die den Gewinn erhöht haben, zu kürzen. **Diese Regelungen stellen sicher, daß Beteiligungen an ausländischen Personengesellschaften gewerbesteuerlich wie ausländische Betriebsstätten und wesentliche Beteiligungen an ausländischen Kapitalgesellschaften (§ 9 Nr. 3 und 7, § 12 Abs. 4 Nr. 1 und 12 Abs. 3 Nr. 4 GewStG) behandelt werden** (keine inländische GewSt-Belastung).

Die Gewerbekapitalsteuer ist mit Ablauf des Jahres 1997 entfallen.

Die DBA der Bundesrepublik Deutschland enthalten fast alle Regelungen für die Gewerbesteuer, obwohl nur wenige Staaten diese Steuer oder entsprechende Abgaben erheben. Schließen die DBA Bestimmungen über die Gewerbesteuer ein, ist das Besteuerungsrecht analog der Einkommen- und Körperschaftsteuer geregelt. Sind in diesen Fällen bestimmte Einkünfte durch DBA der deutschen Besteuerungskompetenz entzogen, so entfällt die deutsche Gewerbesteuerpflicht. Da für die Besteuerung der gewerblichen Gewinne regelmäßig das Betriebsstättenprinzip gilt, folgt damit die Freistellung dieser Gewinne im Wohnsitzstaat des Steuerpflichtigen. Ist in Abkommen die Gewerbesteuer nicht berücksichtigt, so gilt für die Gewerbesteuerpflicht allein das deutsche Recht. Bei Beteiligungen an ausländischen Kapitalgesellschaften ist zu prüfen, ob die abgeschlossenen DBA das internationale Schachtelprivileg für die Gewerbesteuer regeln.

2.6.4 Umsatzsteuer

Der Waren- und Dienstleistungsverkehr der Unternehmen unterliegt regelmäßig der Umsatzbesteuerung. Um eine mehrmalige Besteuerung bei internationalen Handelsbeziehungen zu vermeiden, sehen einzelne Länder einen umsatzsteuerlichen Grenzausgleich vor, der z.B. für die Ausfuhr eine Steuerbefreiung und für die Einfuhr eine Steuererhebung beinhaltet. Da die Leistungen der Unternehmer somit nur der Umsatzsteuer eines Staates unterliegen, werden Wettbewerbsverzerrungen zwischen im In- und Ausland erstellten Leistungen im jeweiligen Absatzland verhindert. Außerdem erübrigen sich im allgemeinen Regelungen zur Vermeidung von Mehrfachbesteuerungen in bilateralen Abkommen.

Je nachdem, welcher Staat die Umsatzbesteuerung vornimmt, unterscheidet man das **Ursprungslandprinzip** vom **Bestimmungslandprinzip**. Erfolgt die Umsatzbesteuerung durch den exportierenden Staat, während der importierende Staat auf eine Umsatzbesteuerung verzichtet, handelt es sich um eine Ursprungslandbesteuerung. Nach dem Bestimmungslandprinzip werden die Leistungen im Staat der Verwendung der Leistung besteuert. Durch die Erhebung der Einfuhrumsatzsteuer im Land des Abnehmers wird die Wettbewerbsgleichheit mit den dort produzierten und gehandelten Gütern hergestellt.

Bei der **Umsatzbesteuerung in der EU** hat man mit dem Wegfall der Grenzkontrollen zum 01.01.1993 grundsätzlich das Bestimmungslandprinzip aufgegeben. Die Realisierung eines gemeinsamen europäischen Marktes bedingt die Anwendung des Ursprungslandprinzips. Danach werden Ausfuhren wie innerstaatliche Umsätze nur im Exportland besteuert, während im Importland ein Vorsteuerabzug gewährt wird **(Ursprungslandprinzip mit grenzüberschreitendem Vorsteuerabzug).**

2.6.5 Außensteuergesetz

Mit dem Gesetz über die Besteuerung bei Auslandsbeziehungen verfolgt der Gesetzgeber die Ziele einer gleichmäßigen Verteilung der Steuerlasten und der Vermeidung von steuerlichen Wettbewerbsverzerrungen bei internationaler Geschäftstätigkeit deutscher Unternehmen. Schwerpunkte des Außensteuergesetzes (AStG) sind (Flick/Wassermeyer/Becker, 1996):

- Die Gewinnberichtigung, insbesondere bei international verbundenen Unternehmen (§ 1 AStG) durch Korrektur unangemessener Verrechnungspreise.
- Die erweitert beschränkte Steuerpflicht bei Wohnsitzwechsel in Niedrigsteuerländer (§§ 2-5 AStG).
- Die Besteuerung des Vermögenszuwachses aus wesentlichen Beteiligungen bei Wohnsitzwechsel ins Ausland (§ 6 AStG).
- Die Besteuerung der Einkünfte aus Beteiligungen an ausländischen Zwischengesellschaften (§§ 7-14 AStG), die in Niedrigsteuerländern als selbständige Rechtssubjekte keine aktive Geschäftstätigkeit ausüben.
- Die Steuerpflicht inländischer Stifter und Bezugsberechtigter ausländischer Familienstiftungen (§ 15 AStG).
- Die erhöhten Mitwirkungspflichten bei der steuerlichen Aufklärung von Auslandssachverhalten (§§ 16 und 17 AStG).

Im Zusammenhang mit den allgemeinen Regelungen des Steuerrechts über die Besteuerung von Auslandsaktivitäten zielt das **AStG als unilaterale Normensetzung** auf die steuerliche Erfassung internationaler Tätigkeit von inländischen steuerpflichtigen natürlichen und juristischen Personen. Neben dem Außensteuergesetz 1972 zielen auch DBA – wenngleich nicht vorrangig – auf die Vermeidung von Steuervorteilen durch die begrenzte Steueranrechnung bzw. die Freistellung mit Progressionsvorbehalt. Auch im OECD-Musterabkommen dienen die Normen der Gewinnberichtigung für verbundene Unternehmen (Art. 9) und die Regelungen für die Abgrenzung von Betriebsstättengewinnen [Art. 7 (2)] dieser Zielsetzung.

2.6.5.1 Berichtigung von Einkünften (§ 1 AStG)

Die Vorschrift soll verhindern, daß im Inland erwirtschaftete Einkünfte durch Gestaltung von Geschäftsbeziehungen ins Ausland verlagert und damit der deutschen Besteuerung entzogen werden. § 1 AStG regelt die Berichtigung unangemessener Verrechnungspreise, Leistungsentgelte und anderer Sonderentgelte.

Mindert ein Steuerpflichtiger inländische Einkünfte aus grenzüberschreitenden Geschäftsbeziehungen durch Vereinbarungen mit einer ihm nahestehenden Person, die er mit einem unabhängigen Dritten nicht getroffen hätte, so erfolgt eine Korrektur. Die Einkünfte sind für die deutsche Besteuerung so zu berücksichtigen, wie sie den unter voneinander unabhängigen Dritten üblichen Bedingungen entsprechen. § 1 AStG gilt nicht nur für juristische Personen, sondern allgemein für alle internationalen Geschäftsbeziehungen zwischen nahestehenden Personen. Hierzu gehören Einzelunternehmen, Personengesellschaften und ihre Gesellschafter und von ihnen beherrschte Kapitalgesellschaften. Einkunftsberichtigungen innerhalb des Unternehmens, z.B. zwischen einzelnen Betriebsstätten, fallen nicht unter den Anwendungsbereich des § 1 AStG. Diese Norm erlaubt die Einkunftsberichtigung nicht nur bei Gewinn-, sondern auch bei Überschußeinkünften.

„Geschäftsbeziehungen zum Ausland" gem. § 1 AStG können in allen Einkunftsarten des § 2 EStG bestehen (vgl. Wassermeyer, 1984, S. 1501). Die Berichtigung ist nur bei grenzüberschreitenden Geschäftsbeziehungen zu einer „nahestehenden Person" möglich, d.h. zu einer natürlichen bzw. juristischen Person, die durch ein Beherrschungsverhältnis, durch Einflußmöglichkeiten außerhalb der Geschäftsbeziehungen oder durch Interessenidentität verbunden ist (§ 1 Abs. 2 AStG). Weiter wird vorausgesetzt, daß Bedingungen vereinbart wurden, die von denen abweichen, die voneinander unabhängige Dritte vereinbart hätten, und daß deshalb eine Minderung der Einkünfte eingetreten ist. Nach welchen Maßstäben die Berichtigung der Einkünfte zu erfolgen hat, ist nicht normiert. Bedeutsam sind die von der Rechtsprechung zur verdeckten Gewinnausschüttung entwickelten Grundsätze.

Die bei Anwendung des § 1 AStG zu korrigierenden Einkünfte sind außerhalb der Steuerbilanz mit einem Zuschlagsposten zu berichtigen. Sowohl § 1 AStG als auch die Rechtsinstitute der verdeckten Gewinnausschüttung und der verdeckten Einlage bezwecken die zutreffende Besteuerung von Einkünften des in der Bundesrepublik Deutschland ansässigen Unternehmens. Als Berichtigungsmaßstab gilt grundsätzlich der Fremdvergleich, bei dem das Verhalten zugrundegelegt wird, das bei der Anwendung der Sorgfalt eines ordentlichen und gewissenhaften Geschäftsführers als angemessen erscheint.

2.6.5.2 Wohnsitzwechsel in *Niedrigsteuerländer* (§§ 2-5 AStG)

Bei Personen wird die unbeschränkte Steuerpflicht beendet, wenn sie ihren Wohnsitz oder gewöhnlichen Aufenthalt ins Ausland verlegen. Das gilt für die Einkommen- und Erbschaftsteuerpflicht. Werden weiterhin Einkünfte im Inland erzielt, so liegt beschränkte Steuerpflicht vor, und für die Besteuerung der Einkünfte gilt § 49 EStG.

Sämtliche ausländischen Einkünfte und diejenigen inländischen Einkünfte, die nicht in den genannten Vorschriften enthalten sind, sind in der Bundesrepublik Deutschland nicht mehr zu versteuern. Die beschränkt steuerpflichtigen Einkünfte werden nicht durch Veranlagung, sondern durch Steuerabzug (25%) besteuert.

Die §§ 2, 3 und 4 AStG erweitern die Besteuerungsrechte bei Wohnsitzwechsel in Niedrigsteuerländer. Die **erweitert beschränkte Einkommen- und Erbschaftsteuerpflicht** gilt für sämtliche Einkünfte, die nicht ausländische Einkünfte sind. Der Gesetzgeber hat mit diesen Vorschriften die sog. Abgeltungsregelungen des Steuerabzugs beseitigt und einen **Progressionsvorbehalt** eingeführt. Im § 5 AStG sind Zurechnungsvorschriften enthalten, um die Umgehung der erweitert beschränkten Steuerpflicht zu vermeiden.

Persönliche und sachliche Anwendungsvoraussetzungen der erweitert beschränkten Einkommensteuerpflicht gemäß § 2 AStG sind:

- Eine natürliche Person muß vor ihrem Wegzug, d.h. vor Beendigung der unbeschränkten Steuerpflicht, während eines Zeitraumes von **mindestens fünf Jahren** unbeschränkt steuerpflichtig und Deutscher im Sinne des Grundgesetzes gewesen sein.
- Diese Voraussetzungen müssen **während der letzten 10 Jahre** vor dem Wegzug bestanden haben.

Für Ehegatten müssen die Voraussetzungen gesondert vorliegen.

Die beschränkte Einkommensteuerpflicht wird aber nur dann erweitert, wenn der Steuerpflichtige

- im Jahr der Wohnsitzverlegung und in den folgenden 10 Jahren
- in einem ausländischen Gebiet ansässig ist, in dem er mit seinem Einkommen nur einer **niedrigen Besteuerung** unterliegt,
- und der Ausgewanderte im Inland wesentliche wirtschaftliche Interessen hat (Freigrenze 32 000,– DM Einkünfte).

Eine **niedrige Besteuerung ist nach § 2 Abs. 2 AStG** gegeben, wenn das ausländische Steuerniveau **um mehr als ein Drittel unter dem deutschen Steuerniveau** liegt. Es ist dabei von einem typisierenden Steuertarifvergleich auszugehen. Unabhängig von einem solchen Belastungsvergleich ist eine niedrige Besteuerung auch dann gegeben, wenn dem Auswanderer an seinem neuen Wohnsitz eine Vorzugsbesteuerung eingeräumt werden kann. Auf die Inanspruchnahme kommt es dabei nicht an.

Wesentliche Wirtschaftsinteressen sind im Inland gegeben, wenn der ausgewanderte Steuerpflichtige Unternehmer oder Mitunternehmer eines inländischen Gewerbebetriebes ist. Bei einem Kommanditisten muß der Gewinnanteil mehr als 25% betragen; eine wesentliche Beteiligung gemäß § 17 EStG an einer inländischen Kapitalgesellschaft genügt ebenfalls.

Die erweitert beschränkt steuerpflichtigen Einkünfte sind nach deutschen Steuervorschriften festzustellen. Die Einkommensteuer beträgt mindestens 25% der erweitert beschränkt steuerpflichtigen Einkünfte; der Höhe nach ist die Steuer auf den bei unbeschränkter Steuerpflicht zu entrichtenden Betrag begrenzt (§ 2 Abs. 6 AStG), weil es das Ziel des AStG ist, unangemessene Steuervorteile zu verhindern, nicht aber eine zusätzliche Belastung zu schaffen. Vorliegende DBA gelten.

Für die Vermögensteuer regelte bis 1996 § 3 AStG die erweitert beschränkte Steuerpflicht; für die Erbschaft- und Schenkungsteuerpflicht gilt § 4 AStG.

Um eine Umgehung der Vorschriften §§ 2 und 4 AStG zu vermeiden, sieht § 5 AStG eine Zurechnung bestimmter Einkünfte einer ausländischen Gesellschaft auf Steuerpflichtige vor, die ansonsten die Voraussetzungen der erweitert beschränkten Steuerpflicht erfüllen. Dadurch soll vermieden werden, daß Personen, die ihren Wohnsitz in ein Niedrigsteuerland verlegt haben, ihre wesentlichen inländischen Wirtschaftsinteressen auf eine von ihnen beherrschte ausländische Gesellschaft gem. § 7 AStG übertragen.

2.6.5.3 Behandlung wesentlicher Beteiligungen bei Wohnsitzwechsel ins Ausland (§ 6 AStG)

Bei einer unbeschränkten Steuerpflicht unterliegt der Gewinn aus der Veräußerung von im Privatvermögen gehaltenen wesentlichen Beteiligungen an in- oder ausländischen Kapitalgesellschaften der Einkommensteuer (§ 17 EStG). Gemäß § 1 Abs. 4 i.V.m. § 49 Abs. 1 Nr. 2e EStG gilt, daß auch diese Gewinne im Rahmen der beschränkten Steuerpflicht erfaßt werden, vorausgesetzt, es handelt sich um eine wesentliche Beteiligung an einer inländischen Kapitalgesellschaft. Vor Anwendung des § 6 AStG konnten unbeschränkt Steuerpflichtige bei Verlegung ihres Wohnsitzes in einen anderen Staat, dem aufgrund eines DBA das Besteuerungsrecht für derartige Veräußerungsgewinne zugewiesen ist, erhebliche Steuervorteile erzielen.

Gemäß § 6 AStG haben unbeschränkt Steuerpflichtige bei Wohnsitzverlegung ins Ausland den Wertzuwachs von wesentlichen Beteiligungen an ausländischen Kapitalgesellschaften nach den Regelungen des § 17 EStG zu versteuern. Der „Veräußerungsgewinn" wird durch Gegenüberstellung des gemeinen Werts der Beteiligung im Zeitpunkt der Beendigung der unbeschränkten Steuerpflicht als fiktiver Veräußerungspreis und der Anschaffungskosten ermittelt.

Um Umgehungen zu vermeiden, erfolgt eine Besteuerung auch dann, wenn

- die Beteiligung unentgeltlich auf eine nicht unbeschränkt steuerpflichtige Person übertragen wird, ohne daß der Übertragende aus der unbeschränkten Steuerpflicht ausscheidet
- der Steuerpflichtige in zwei Staaten unbeschränkt steuerpflichtig ist, aber nach dem DBA nur im ausländischen Staat als ansässig gilt
- die Beteiligung in einen ausländischen Betrieb oder eine ausländische Betriebsstätte eingelegt wird und nach einem anzuwendenden DBA die Gewinne von der deutschen Besteuerung freigestellt sind
- die Beteiligung an einer inländischen Kapitalgesellschaft gegen eine Beteiligung an einer ausländischen Kapitalgesellschaft getauscht wird.

Ein Steueranspruch entfällt gemäß § 6 Abs. 4 AStG bei Personen, die ihren Wohnsitz nur vorübergehend ins Ausland verlegen.

2.6.5.4 Beteiligung an ausländischen Zwischengesellschaften (§§ 7-14 AStG)

Unbeschränkt steuerpflichtige natürliche und juristische Personen unterliegen mit den von ihnen bezogenen Einkünften grundsätzlich der deutschen Steuerpflicht (Universalprinzip der Besteuerung). Bis zur Anwendung des AStG konnte diese Steuerpflicht dadurch vermieden werden, daß entsprechende Einkünfte bzw. Vermögenswerte auf ausländische rechtlich selbständige Unternehmenseinheiten übertragen wurden. Eine inländische Steuerpflicht der Einkünfte rechtlich selbständiger ausländischer Unternehmen kam erst bei einer Gewinnausschüttung an die inländischen Gesellschafter in Betracht. Dieser aufgrund der rechtlichen Selbständigkeit begründete **Abschirmeffekt** gegen die deutsche Besteuerung erlaubte es Steuerpflichtigen, international erhebliche Steuervorteile wahrzunehmen.

Der Bedeutung sogenannter **Basisgesellschaften** als Vermögensverwaltungs-, Patent- und Holdinggesellschaften in Niedrigsteuerländern sollte mit den Regelungen der §§ 7-14 AStG entgegengewirkt werden. Danach sind die auf die ausländischen Basisgesellschaften verlagerten Einkünfte unmittelbar, unabhängig von einer Ausschüttung, bei den inländischen Gesellschaftern gem. § 7 Abs. 1 AStG entsprechend ihrer Beteiligung zu besteuern. Voraussetzung für die Hinzurechnungsbesteuerung ist, daß die ausländische Unternehmenseinheit in einem *Niedrigsteuerland* residiert, *passiv tätig* ist und von Steuerinländern beherrscht wird. Erzielt die ausländische Unternehmenseinheit Zwischeneinkünfte mit Kapitalanlagecharakter und ist der Steuerinländer zu mindestens 10% beteiligt, so kommt es zu einer erweiterten Hinzurechnungsbesteuerung nach § 7 Abs. 6 AStG.

Diese sog. Zugriffsbesteuerung ist an amerikanischen Regelungen orientiert und zwischenzeitlich auch von Kanada, Japan, Frankreich, Großbritannien u.a. eingeführt. Zu den Voraussetzungen und Rechtsfolgen der Zugriffsbesteuerung vergleiche die ausführliche Darstellung bei Fischer/Warneke (1988, S. 106ff.).

2.6.5.5 Familienstiftungen

Nach § 15 AStG werden Einkommen und Vermögen von Familienstiftungen, die Inländer im Ausland errichten, dem unbeschränkt steuerpflichtigen Stifter zugerechnet. Erfaßt werden auch die Familienstiftungen, deren Stifter im Errichtungszeitpunkt im Ausland ansässig sind. Einkommen dieser Stiftungen werden, falls der Stifter nicht besteuert werden kann, den unbeschränkt steuerpflichtigen Personen zugerechnet, die bezugs- oder anfallsberechtigt sind. Eine Besteuerung kommt nach § 15 AStG auch dann in Betracht, wenn der Stifter in ein Niedrigsteuerland auswandert oder wenn er nach seiner Auswanderung eine Familienstiftung zwischen sich und sein Einkommen/Vermögen schaltet (§ 15 Abs. 5 AStG).

2.6.6 Auslandsinvestitionsgesetz (auslaufendes Recht)

Zielsetzung dieses Gesetzes (vgl. Hinne, 1971, S. 583; Reuter, S. 999ff.) war die Förderung von Investitionen im Ausland, um

- die Konzentration von Produktionen im Inland zu vermeiden,
- die Zuwanderung von Arbeitskräften einzuschränken,
- deutsche Auslandsinvestitionen nicht zu benachteiligen,
- ausländische Rohstoffquellen zu sichern.

Steuerlich wurden Direktinvestitionen von deutschen Unternehmen im Ausland begünstigt [z.B. die Überführung von Wirtschaftsgütern in ausländische Gesellschaften, Betriebe oder Betriebsstätten (§ 1 AIG)] durch die Berücksichtigung von Auslandsverlusten (§§ 2 und 3 AIG).

Die begünstigenden Regelungen zur Bildung einer steuerfreien Rücklage (§§ 1 und 3 AIG) bei Überführung von bestimmten Wirtschaftsgütern in Gesellschaften, Betriebe oder Betriebsstätten im Ausland (§ 1 AIG) konnten letztmalig für **Wirtschaftsjahre** neu gebildet werden, die vor dem **01.01.1990 endeten**. Für die bis dahin gebildeten Rücklagen gelten die Auflösungsbedingungen der §§ 1 und 3 AIG.

Der Kernbereich des Auslandsinvestitionsgesetzes, die Übertragung von Verlusten gem. § 2 AIG ist beschränkt auf Wirtschaftsjahre, die vor dem 01.01.1990 endeten. Inhaltlich wird § 2 AIG **seit dem Veranlagungszeitraum 1990 von § 2a EStG übernommen**. Negative ausländische Einkünfte aus einer ausländischen land- und forstwirtschaftlichen oder gewerblichen Betriebsstätte, einer stillen Beteiligung oder aus partiarischen Darlehen (Schuldner hat Wohnsitz, Sitz oder Geschäftsleitung im Ausland), aus Vermietung und Verpachtung im Ausland belegenen unbeweglichen Vermögens- oder Sachinbegriffen, dürfen nur mit ausländischen Einkünften der jeweils **selben Art aus demselben Staat** *ausgeglichen* werden (kein Verlustabzug nach § 10d EStG).

Verluste können nur mit positiven ausländischen Einkünften der jeweils **selben Art aus demselben Staat in den folgenden sieben Jahren** *verrechnet* werden. Ausnahmen für bestimmte aktive gewerbliche Tätigkeiten regelt § 2a Abs. 2 EStG.

Die ehemals in § 4 AIG enthaltene Regelung, wonach unter bestimmten Voraussetzungen bei Veräußerung sowohl inländischer als auch ausländischer Beteiligungen eine Übertragung entsprechender Veräußerungsgewinne auf Beteiligungen an ausländischen Kapitalgesellschaften möglich war, ist seit dem Veranlagungszeitraum 1982 als eigenständige Vorschrift entfallen und mit Änderung des § 6b EStG übernommen.

3 Internationale Steuerwirkungslehre und Steuerpolitik

3.1 Begriff und Aufgaben

Die Besteuerung belastet grundsätzlich den finanzwirtschaftlichen Status eines Betriebes/einer Unternehmung, weil sie zu Auszahlungen führt. Durch Ausnutzung steuerlicher Vorschriften können Periodengewinne und daran anknüpfende Steuern verlagert werden. Diese befristete Freisetzung von finanziellen Mitteln erlaubt eine anderweitige Verwendung.

Ertragsteuern, wie Einkommen-, Körperschaft-, Gewerbeertragsteuern, und Substanzsteuern, die auf Vermögensbestände (Grundsteuern) zu entrichten sind, mindern den Periodengewinn und sind aus eigenen Zahlungsmittelbeständen und/oder durch Eingehen von Verbindlichkeiten zu zahlen. Verkehrsteuern, wie Umsatz- und Grunderwerbsteuern, reduzieren die der Unternehmung von außen zugeführten Mittel. Soweit Steuern als Betriebsausgaben anerkannt werden, mindern sie den steuerpflichtigen Gewinn.

Durch steuerlich zulässige Bewertungsmaßnahmen, z.B. Bildung steuerfreier Rücklagen, Berücksichtigung von degressiven Abschreibungen und Sonderabschreibungen, kann der Ausweis von Periodengewinnen auf spätere Zeiträume verlagert werden. Die damit verknüpfte Steuerstundung erlaubt es den Betrieben/Unternehmen, Liquiditäts- und Zinsvorteile wahrzunehmen. Zu endgültigen Steuerersparnissen führen Tarifermäßigungen und Investitionsprämien.

In der Diskussion um die steuerlichen Bedingungen des Standortes Deutschland sind neben Steuersätzen und Tarifbelastungen auch die steuerlichen Regelungen zur Ermittlung der Bemessungsgrundlagen von besonderer Bedeutung. Beispielsweise beeinflussen steuerliche Abschreibungsbedingungen die Renditen von Investitionen. Die Bundesrepublik Deutschland weist im internationalen Vergleich eher günstige Bedingungen auf; inwieweit damit endgültige Steuervorteile verbunden sind, ist abhängig von den Bemessungsgrundlagen und Tarifen.

Aufgabe der internationalen Steuerwirkungslehre ist es, den Einfluß der Besteuerung auf die ausländische Geschäftstätigkeit deutscher Unternehmen darzustellen und zu erklären. Die internationale betriebswirtschaftliche Steuerpolitik ist Gegenstand der Gestaltungsaufgabe einer entscheidungsorientierten betriebwirtschaftlichen Steuerlehre. Handlungsmöglichkeiten werden unter Berücksichtigung der Besteuerung bei vorgegebenen Zielen beurteilt (Haberstock, 1976). Die Aussagen der Steuerpolitik gründen auf der Steuerwirkungslehre, deren Ergebnisse Ursache-Wirkungsaussagen sind. Die Steuerpolitik als Ziel-Mittel-Aussage erlaubt die Beurteilung, ob Entscheidungen vorteilhaft sind. Dieser Zusammenhang zwischen Steuerwirkungslehre und Steuerpolitik läßt es zweckmäßig erscheinen, auf eine getrennte Abhandlung von Steuerwirkungslehre und Steuerpolitk zu verzichten.

3.2 Unternehmensziele bei internationaler Geschäftstätigkeit

Im Standortwettbewerb um Unternehmen und Investitionen sind die steuerlichen Bedingungen ein wesentlicher Faktor. Je leichter es für die Unternehmen wird, ihren Produktionsstandort zu verlagern, um Aufwendungen/Kosten zu senken und Erträge/Leistungen zu erhöhen, um so eher werden Erfolge verlagert. Die Steuerpolitik der Länder hat zunehmende Bedeutung für den internationalen Wettbewerb, und mit der weiteren Integration der Weltkapitalmärkte und der Schaffung eines Europäischen Binnenmarktes wird die Mobilität von Unternehmen beeinflußt. Gerade die EU-Binnenmarktharmonisierung durch Wegfall technischer, fiskalischer u.a. Barrieren zwingt die Unternehmen zur Überprüfung ihrer Unternehmenspolitik. Die Angleichung z.B. des Wettbewerbsrechts, der technischen Normen, der steuerlichen Vorschriften erlaubt es vielen Unternehmen, die sich damit ergebenden Erfolgschancen zu nutzen. Die Wahrnehmung dieser Möglichkeiten bedingt ein zweckmäßiges betriebswirtschaftliches Steuerungs- und Kontrollinstrumentarium. Investitions-, Finanzierungs-, Personal- und Steuerplanungen kennzeichnen die Unternehmensplanung. Die Besteuerung beeinflußt die Rechtsform- und Standortwahl ebenso wie den laufenden Geschäftsbetrieb und die Umwandlung, Veräußerung und Aufgabe von Unternehmen.

Kennzeichnen Formalziele die Absichten von Unternehmen im Hinblick auf Gewinn-, Sicherheits-, Wachstumsstreben u.a., so benennen Sachziele die Aufgaben der Betriebe aus der Produktion, dem Handel, der Dienstleistung. Die vielfältigen mit der Aufnahme internationaler Geschäftstätigkeit verfolgten Ziele werden grundsätzlich unter erwerbswirtschaftlicher Zwecksetzung angestrebt. Gewinne sind die Grundlage für die Substanz- und Kapitalerhaltung und eine wesentliche Voraussetzung für die Finanzierung der für das Wachstum erforderlichen Investitionen. Da Steuerzahlungen Gewinne schmälern, kann bei der Untersuchung der Handlungsalternativen für die Aufnahme und Durchführung internationaler Geschäftstätigkeiten ermittelt werden, inwieweit sich Besteuerungsunterschiede bei den Entscheidungsalternativen ergeben.

Durchzuführenden Steuerbelastungsrechnungen liegen gleichwertige betriebliche Handlungsalternativen zugrunde. Die ausländische und inländische Steuerbelastung erlaubt dann eine Aussage über die Vorteilhaftigkeit der zu beurteilenden Handlungsalternativen. Auf betriebliche Handlungsalternativen abgestellte Steuerbelastungsvergleiche werden i.a.R. durch internationale Vergleichsrechnungen ergänzt (vgl. Kap. 17). Hierbei werden Steuerrechtsgebiete, Betriebe, Betriebsleistungen als Vergleichsobjekte gewählt. Im folgenden werden die Steuerbelastungsvergleiche auf betriebliche Handlungsmöglichkeiten beschränkt, weil es um die Beurteilung unternehmerischer Entscheidungen geht. Entscheidungen in den Betrieben sollen erklärt, steuerpolitische Gestaltungshinweise, die die Veränderung der Unternehmensplanung, d.h. der Investitions- und Finanzierungsentscheidungen, bezwecken, gegeben werden.

3.3 Formen internationaler Geschäftstätigkeit

Im Rahmen dieser Ausführungen kann nicht auf die vielfältigen Handlungsalternativen eingegangen werden. So werden Lieferungen von Waren aus der Bundesrepublik Deutschland und die internationale Nutzung von Rechten sowie das

Erbringen von Dienstleistungen nicht behandelt. (Vgl. hierzu die ausführliche Darstellung von Jacobs, a.a.O., S. 145ff.) Exemplarisch soll am Beispiel der Auslandsinvestitionen verdeutlicht werden, welche Bedeutung der Standort hat und welche Steuerbelastungsunterschiede sich in verschiedenen Lagestaaten ergeben. Dabei ist die rechtliche Form der Auslandsinvestitionen zu berücksichtigen. Unterschieden wird zwischen der rechtlich unselbständigen Betriebsstätte und der rechtlich selbständigen Kapitalgesellschaft (Tochtergesellschaft), weil für die genannten Alternativen unterschiedliche zivil- und steuerrechtliche Grundsätze gelten.

Bei Auslandsinvestitionen werden finanzielle Mittel entweder in das Anlageland überführt und dort für Investitionszwecke verwendet oder Sachgüter ins Ausland überführt. Im folgenden soll geklärt werden, wie die Besteuerung an Merkmalen der Auslandsinvestitionen anknüpft und welche Belastungsunterschiede bei den verschiedenen Gestaltungsformen existieren. Als Anknüpfungsmerkmale werden der Standort der Auslandsinvestition, die rechtliche Struktur und die Erfolgslenkung dargestellt.

3.3.1 Besteuerung und Standortwahl

Neben den betriebswirtschaftlichen Gründen ist eine Vielzahl von Einflußgrößen (Wirtschafts- und Sozialverfassung, Steuermentalität, politische Lage) für die Standortwahl von Auslandsinvestitionen maßgeblich.

Untersuchungen über die Bedeutung des internationalen Steuerbelastungsgefälles erlauben keine qualifizierenden Aussagen. Dargelegt wird, daß Steuern zwar eine wesentliche Größe darstellen, die die Standortentscheidung mit beeinflussen können, aber gegenüber den Größen der Gewinnerzielung, der Beschaffungs- und Absatzsicherung, der Währungsstabilität eher nachgeordnet sind. Aufermann hat darauf aufmerksam gemacht (1950, S. 66), daß das Ausmaß des steuerlichen Einflusses auf Standortentscheidungen von der „Standortelastizität" des betreffenden Unternehmens abhängt. Je niedriger der Grad der Standortabhängigkeit von nichtsteuerlichen Faktoren ist, um so mehr nimmt die Bedeutung der Besteuerung für die Standortentscheidung zu.

Bei der Entscheidung über einen ausländischen Standort sind die direkte Besteuerung sowie gewährte Steuervergünstigungen und Investitionsanreize im Wohnsitz- und im Quellenstaat unter Beachtung anzuwendender DBA-Vorschriften zu berücksichtigen. Im folgenden wird davon ausgegangen, daß die Auslandsinvestition in Form einer Betriebsstätte oder einer Tochtergesellschaft erfolgt, wobei das inländische Unternehmen zu 100% beteiligt ist. Aus der Anwendung eines DBA folgt grundsätzlich, ob für die ausländischen Einkünfte die Freistellungs- oder Anrechnungsmethode gilt. Auch bei Anwendung der Freistellungsmethode ist der deutsche einkommensteuerpflichtige Investor im Inland über den Progressionsvorbehalt (§ 32b EStG) steuerlich belastet.

Freistellungs- und Anrechnungsmethode verkörpern zwei verschiedene Besteuerungsprinzipien. Die Anrechnungsmethode zielt darauf, daß grundsätzlich das inländische Steuerniveau unabhängig von der Herkunft der ausländischen Einkünfte bzw. der Belegenheit des Vermögens maßgeblich ist. Die Freistellungsmethode bewirkt, daß die im Ausland erzielten Einkünfte bzw. das dort belegene Vermögen mit dem jeweiligen ausländischen Steuerniveau erfaßt wird und im Inland bei der Besteuerung grundsätzlich unberücksichtigt bleibt. *Bei einem niedrigeren ausländischen Steuerniveau gewährleistet die Anrechnungsmethode Kapitalexportneutralität.* Für den inländischen Investor ist es unter steuerlichen Aspekten gleich, ob er sein Kapital im Inland oder Ausland investiert. *Die Freistellungsmethode gewährleistet Kapitalimportneutralität.* Die Neutralität des Wettbewerbs zielt auf den Wirtschaftsraum, in dem die ausländische Geschäftstätigkeit realisiert wird. Maßgebend ist das Steuerniveau des Auslandsmarktes. Entsprechend den unilateralen Maßnahmen kann in DBA die Regelung der Besteuerungsrechte verfahrenstechnisch ebenfalls durch Anwendung der Anrechnungs- und Freistellungsmethode erfolgen. Zielen die unilateralen Maßnahmen in Deutschland auf die begrenzte Anrechnungsmethode (Kapitalexportneutralität), so wird in DBA die Freistellungsmethode mit Progressionsvorbehalt (Kapitalimportneutralität) bevorzugt.

Gründe für die Ertragsteuervorteile des Auslandes können sein:

- Fehlen von Ertragsteuerarten (z.B. Quellensteuer)
- Beschränkung der Steuergegenstände in den Ertragsteuergesetzen
- vorteilhaftere Festlegung der Steuerbemessungsgrundlagen (Abschreibungen, steuerfreie Rücklagen) und Tarifgestaltung
- umfangreichere Gewährung von Steuergutschriften und Investitionszulagen
- großzügigere Außenprüfung.

Für die Beurteilung der Standortentscheidungen sind sämtliche Bestimmungsfaktoren zu erfassen und den Alternativen zuzuordnen, um anhand von steuerlichen Belastungsrechnungen eine zweckmäßige Entscheidung treffen zu können.

3.3.2 Besteuerung und rechtliche Struktur

Steuerlich relevante Alternativen sind die zivilrechtlich unselbständige Betriebsstätte und die Kapitalgesellschaft als juristische Person. Die Betriebsstätte ist kein selbständiges Rechtssubjekt und wird auch nicht wie die deutsche Personengesellschaft behandelt, die unter ihrem Namen Rechte erwerben kann. Für die Rechtsformwahl wie auch für die Entscheidung über die rechtliche Struktur der Auslandsinvestition sind persönliche, rechtliche und im Rahmen der wirtschaftlichen Entscheidungsgründe steuerliche Bestimmungsgrößen maßgeblich. Die steuerliche Belastung ausländischer Unternehmenseinheiten bestimmt sich nach den steuergesetzlichen Regelungen der beteiligten Lagestaaten sowie nach anzuwendenden Doppelbesteuerungsabkommen. Maßgebliches Unterscheidungsmerkmal für die Besteuerung rechtlicher Strukturen von Auslandsinvestitionen ist die Steuersubjekteigenschaft.

Die Entfaltung von Geschäftsaktivitäten im Ausland mittels einer festen rechtlich unselbständigen Geschäftseinrichtung kennzeichnet die Betriebsstätte. Im Besteuerungssystem des Auslandes ist der Betriebsstättenbegriff normiert und damit der Umfang der Quellenbesteuerung festgelegt.

Ausländische Betriebsstätten inländischer Investoren bilden mit dem sie gründenden Unternehmen eine Einheit. Rechtlich unselbständige Unternehmenseinheiten werden im Niederlassungsland unter dem inländischen Firmennamen eingetragen.

Steuerlich ist die personelle Verbindung des inländischen Unternehmens mit dem ausländischen Staat durch einen ständigen Vertreter der Betriebsstätte gleichgestellt.

Im deutschen Steuerrecht ist die Betriebsstätte und der ständige Vertreter in den §§ 12 und 13 AO definiert. Diese Regelungen gelten subsidiär gegenüber DBA-Bestimmungen (Art. 5 OECD-Musterabkommen).

Eine in Deutschland ansässige natürliche oder juristische Person ist im Ausland mit den dort erzielten gewerblichen Einkünften beschränkt steuerpflichtig, sofern eine Betriebsstätte unterhalten wird oder ein ständiger Vertreter bestellt ist (§ 49 Abs. 1 Nr. 2a EStG). Für die Besteuerung ist relevant, welcher Anteil am Gewinn/Vermögen des Gesamtunternehmens auf die ausländische Betriebsstätte entfällt. In den Industriestaaten unterscheidet sich der Betriebsstättenbegriff kaum von der Regelung in § 12 AO. Danach handelt es sich bei der Betriebsstätte um eine nachhaltige, standortbezogene gewerbliche Tätigkeit. Ihr wird somit der Erfolg zugeordnet, den sie aufgrund ihrer eigenständigen Geschäftstätigkeit erwirtschaftet. Demgegenüber weiten die Entwicklungsländer den Betriebsstättenbegriff zugunsten einer weitreichenden Quellenbesteuerung aus. Danach können bereits kaufmännische und technische Dienstleistungen eine Betriebsstätte begründen.

Die Beteiligung an ausländischen Personengesellschaften wird steuerlich grundsätzlich wie eine ausländische Betriebsstätte behandelt, wenn die Beteiligung die Voraussetzungen der Mitunternehmerschaft nach deutschem Steuerrecht erfüllt (vgl. Debatin, 1977, Beilage Nr. 13, vgl. a. Jacobs, a.a.O., S. 433ff.).

Die Errichtung zivil- und steuerrechtlich selbständiger Unternehmenseinheiten (Kapitalgesellschaften) im Ausland ist die bedeutsamere rechtliche Gestaltung internationaler Geschäftstätigkeit. Diese rechtlich selbständigen Unternehmenseinheiten werden regelmäßig nach den Rechtsregelungen des ausländischen Staates errichtet. Sie besitzen ihre zivile Rechtspersönlichkeit unabhängig von der sie gründenden Gesellschaft, mit der sie wirtschaftlich verbunden sind. Wesentlicher Grund für die Bevorzugung der Kapitalgesellschaft bei Auslandsinvestitionen von inländischen Steuerpflichtigen ist die rechtliche Eigenständigkeit mit der damit verknüpften Haftungsbeschränkung, ohne daß der wirtschaftliche Einfluß eingeschränkt wird (vgl. Rädler/Raupach, 1966, S. 3ff.).

Deutlich wird dieser Vorteil auch beim Rechnungswesen. Bei einer Betriebsstätte müssen die dort vorhandenen Wirtschaftsgüter den betreffenden Bilanzpositionen des inländischen Unternehmens zugeordnet werden, ebenso sind Forderungen und Verbindlichkeiten zu erfassen. Bewertungsprobleme ergeben sich dabei durch Währungsumrechnungen. Auch ist die Betriebsstätte regelmäßig verpflichtet, nach den Vorschriften des Lagestaates Abschlüsse zu erstellen.

Die wirtschaftliche Steuerbelastung der ausländischen Unternehmenseinheit bestimmt sich aber nicht nur nach deren Steuersubjekteigenschaft, sondern auch nach der Rechtsform der inländischen Unternehmenseinheit.

3.3.2.1 Besteuerung der *Gründung*

Für die Besteuerungsfolgen ist bedeutsam, ob die Auslandsinvestition als Betriebsstätte oder Kapitalgesellschaft gilt und ob eine Bar- oder Sachgründung erfolgt. Bei der Bargründung ergeben sich im Inland grundsätzlich keine Steuerfolgen. Im Ausland sind bei der Errichtung rechtlich selbständiger Unternehmenseinheiten häufig der inzwischen abgeschafften deutschen Gesellschaftsteuer vergleichbare Abgaben zu entrichten. Besteuerungsunterschiede zeigen sich bei Sachgründungen; zu unterscheiden ist dabei, ob die Wirtschaftsgüter zur Gründung der Betriebsstätte/Errichtung der Kapitalgesellschaft ins Ausland gebracht werden und ob ein Doppelbesteuerungsabkommen anzuwenden ist.

Bei der Überführung von Wirtschaftsgütern in ausländische Betriebsstätten ist zu klären, ob dadurch stille Reserven der inländischen Besteuerung entzogen werden. Nach Auffassung der Rechtsprechung und der Finanzverwaltung muß für die Einkommen- und Körperschaftsteuer unterschieden werden, ob durch ein DBA die Besteuerung dem Betriebsstättenstaat zugeteilt ist oder nicht. Weist ein DBA das Besteuerungsrecht dem Betriebsstättenstaat zu, so scheiden die stillen Reserven des überführten Wirtschaftsgutes aus der deutschen Besteuerung, der sog. „Steuerverstrickung" (Warneke, 1975), aus. Der deutsche Fiskus sieht daher den Tatbestand der Entnahme gem. § 4 Abs. 1 u. 6 EStG als erfüllt an mit der Folge, daß die Differenz zwischen Buchwert und Teilwert zum Überführungszeitpunkt des Wirtschaftsgutes der inländischen Besteuerung zu unterwerfen ist (vgl. zur finalen Entnahmetheorie BFH v. 16.7.69, I 266/65, BStBl II 1970, S. 175). Die Entstrickung gilt auch bei der Gewerbeertragsteuer.

Eine Überführung von Wirtschaftsgütern in ausländische Kapitalgesellschaften kann als gesellschaftsrechtliche Sacheinlage oder durch Verkauf erfolgen. Steuerlich liegt in beiden Fällen bei dem inländischen Investor eine Gewinnrealisierung vor. Im Fall der Sacheinlage wird das Erfordernis der Gewinnrealisation mit der Qualifikation dieses Vorgangs als „Tausch" begründet (vgl. BFH-Gutachten v. 16.12.58, I D 1/57 S, BStBl III 1959, S. 30ff.). Die erworbenen Wirtschaftsgüter sind beim „Tausch" mit dem gemeinen Wert der hingegebenen Wirtschaftsgüter zu bewerten. Daraus folgt, daß bei der Sachgründung der ausländischen Kapitalgesellschaft, bei der Wirtschaftsgüter aus einer inländischen Betriebsstätte gegen Gewährung von Gesellschaftsrechten eingelegt werden, ertragsteuerlich (Einkommen-, Körperschaft- und Gewerbeertragsteuer) die Realisierung der in den eingelegten Wirtschaftsgütern enthaltenen stillen Reserven in Höhe der Differenz zwischen deren Buchwert und deren gemeinem Wert erfolgt. Beim Verkauf der Wirtschaftsgüter durch das inländische Unternehmen an die ausländische Kapitalgesellschaft muß im Inland der erzielte Gewinn zwischen dem (marktüblichen) Verkaufspreis und dem Buchwert versteuert werden.

3.3.2.2 *Laufende* Besteuerung

(1) Steuerbelastung der Betriebsstätte bei Fehlen eines Doppelbesteuerungsabkommens (BS ohne DBA)

Bei der Einkommen- und Körperschaftsteuer gehören die Erfolge der Auslandsbetriebsstätte zum Welteinkommen des inländischen Unternehmens. Sie werden bei der unbeschränkten Steuerpflicht des inländischen Mitunternehmers bzw. der inländischen Körperschaft berücksichtigt. Der Gewinn der Betriebsstätte unterliegt somit der Besteuerung sowohl im Quellen- als auch im Wohnsitzstaat. Diese Doppelbesteuerung wird unilateral durch die Steueranrechnungs- bzw. Steuerabzugsmethode gemildert (§ 34 c Abs. 1, 2 und 3 EStG, § 26 Abs. 1 KStG). Bei Verlusten der ausländischen Betriebsstätte entfällt eine ausländische Steuer und im Inland ergibt sich durch die Verrechnung eine Verringerung der Bemessungsgrundlage oder ein Verlustrücktrag bzw. -vortrag. Bei passiven Tätigkeiten können die Verluste nur mit positiven gewerblichen Einkünften aus demselben Staat verrechnet werden (§ 2a Abs. 1 EStG). Auch für die Vermögensteuer gilt das Universalitätsprinzip. Bei einer Doppelbesteuerung besteht die Möglichkeit der Steueranrechnung (§ 11 VStG). Zur Milderung der Doppelbesteuerung ist auch der Abzug der ausländischen Steuern von der inländischen Bemessungsgrundlage (§ 34 c Abs. 2 EStG; § 26 Abs. 6 KStG) zulässig.

Grundsätzlich unterliegen nur die inländischen Betriebsstätten der Gewerbesteuer (§ 2 Abs. 1 GewStG). Da die Gewerbesteuer an die einkommens- oder bewertungsrechtlichen Bemessungsgrundlagen anknüpft (§§ 7, 12 Abs. 1 GewStG) sind für den Gewerbeertrag (§ 9 Nr. 3 GewStG) und das Gewerbekapital (§ 12 Abs. 4 Nr. 1 GewStG) Kürzungsvorschriften normiert, die die Freistellung gewährleisten.

Ist die inländische Unternehmenseinheit eine Kapitalgesellschaft, so ist für die Ermittlung der Steuerbelastungen bedeutsam, ob die aus der ausländischen Betriebsstätte erhaltenen Gewinne in der inländischen Gesellschaft thesauriert oder an die Gesellschafter ausgeschüttet werden. Bei Ausschüttungen an die Gesellschafter ist grundsätzlich, unabhängig von der Vorbelastung der Gewinne, die körperschaftsteuerliche Ausschüttungsbelastung gem. § 27 Abs. 1 KStG herzustellen. Der Gesellschafter kann diese auf seine Einkommensteuer anrechnen (§ 36 Abs. 2 Nr. 3 EStG). Belastungsdifferenzen gegenüber einer inländischen Personengesellschaft oder Einzelunternehmung ergeben sich nicht, wenn die inländische Kapitalgesellschaft die aus dem Ausland erhaltenen Gewinne thesauriert; bei Ausschüttung ergibt sich für die Kapitalgesellschaft gegenüber einer Personengesellschaft oder Einzelunternehmung eine steuerliche Benachteiligung, weil die im Ausland gezahlte Steuer nicht als körperschaftsteuerliche Vorbelastung gilt. Die Verrechnung der ausländischen Verluste setzt aktive Tätigkeit voraus (§ 2a Abs. 1 Nr. 2 EStG).

(2) Steuerbelastung der Betriebsstätte bei Vorliegen eines Doppelbesteuerungsabkommens (BS mit DBA)

Bei Anwendung eines DBA gilt der im Abkommen geregelte Betriebsstättenbegriff. Gewinne der ausländischen Betriebsstätte werden grundsätzlich unter Anwendung des Progressionsvorbehalts von der deutschen Einkommen- und Körperschaftbesteuerung freigestellt. Die Freistellung gilt auch für die Vermögensteuer. Mit der Steuerfreistellung werden auch Verluste der Betriebsstätte abgeschirmt. § 2 a Abs. 4 EStG erlaubt die vorübergehende, gegebenenfalls eine definitive Verlustübernahme, wenn die Betriebsstätte aktiv tätig ist. Bei positiven Tätigkeiten gilt § 2 a Abs. 1 EStG, der sich auch beim Progressionsvorbehalt auswirkt.

Für die Gewerbesteuer ergeben sich bei Vorliegen eines DBA keine Unterschiede zum innerstaatlichen Recht. Erstreckt sich der Anwendungsbereich des DBA auch auf die Gewerbesteuer, so erfolgt die Freistellung des Betriebsstättenerfolgs und -vermögens durch das DBA.

Da bei Vorliegen eines DBA die inländische Besteuerung unterbleibt, ist der Gewinn nach Steuer bei Thesaurierung höher als im Nicht-DBA-Fall. Belastungsdifferenzen aus der unterschiedlichen Rechtsform der inländischen Unternehmenseinheit ergeben sich nicht. Schüttet die inländische Kapitalgesellschaft Gewinne an ihre Gesellschafter aus, so ist trotz Vorliegens eines DBA die Ausschüttungsbelastung herzustellen, und die Ausschüttungen steuerbefreiter Auslandseinkünfte unterliegen beim Gesellschafter der Einkommenbesteuerung. Hier zeigt sich ein erheblicher Nachteil der inländischen Kapitalgesellschaft gegenüber der inländischen Personengesellschaft. Die Erfolgslage bestimmt die in- und ausländische Steuerbelastung.

(3) Steuerbelastung der Tochtergesellschaft bei Fehlen eines Doppelbesteuerungsabkommens (TG ohne DBA)

Erzielt die ausländische Kapitalgesellschaft Einkünfte aus aktiver Geschäftstätigkeit (§ 8 Abs. 1-6 AStG) und umfaßt die Beteiligung durch die inländische Unternehmenseinheit 100%, so errechnet sich eine erhebliche Mehrbelastung für die inländische Unternehmenseinheit in der Rechtsform der Personengesellschaft, weil die indirekte Steueranrechnung der ausländischen Körperschaftsteuer gem. § 26 Abs. 2 KStG und das Schachtelprivileg gem. § 102 Abs. 2 BewG für Personengesellschaften nicht anwendbar sind. Werden jedoch die Gewinnanteile weiter ausgeschüttet, so ergibt sich ein Vorteil der Personengesellschaft gegenüber der Kapitalgesellschaft, weil bei der nichtjuristischen Person eine Ausschüttungsbelastung nicht herzustellen ist.

(4) Steuerbelastung der Tochtergesellschaft bei Vorliegen eines Doppelbesteuerungsabkommens (TG mit DBA)

Die Kapitalgesellschaft ist als selbständiges Steuersubjekt nach Maßgabe des Sitzstaates unbeschränkt steuerpflichtig. Die inländischen Anteilseigner sind beschränkt steuerpflichtig hinsichtlich der Ausschüttungen. Die Quellenbesteuerung ist begrenzt oder ggf. ausgeschlossen, wenn Art. 10 OECD-Musterabkommen gilt. Auch die beschränkte Vermögensteuerpflicht ist ggf. durch Bestimmungen des DBA modifiziert. Die sich bei Gewinneinhaltung ergebende Schlechterstellung der inländischen Personengesellschaft hat ihre Ursache darin, daß das im DBA vereinbarte internationale Schachtelprivileg nur bei bestimmten Beteiligungsverhältnissen für Kapitalgesellschaften anwendbar ist. Somit sind die von der Tochtergesellschaft bezogenen Gewinnanteile bei der Kapitalgesellschaft von der inländischen Besteuerung freigestellt. Werden die aufgrund des DBA steuerfreien Gewinnanteile der Tochtergesellschaft von der Kapitalgesellschaft an die Anteilseigner ausgeschüttet, so errechnet sich für die Personengesellschaft der gleiche Vorteil wie im Nicht-DBA-Fall. (Bei Investitionen in Entwicklungsländern finden besondere Vorschriften Anwendung).

(5) *Vollständige Gewinnausschüttung* an die Muttergesellschaft

Die Erfolgssituation der Unternehmenseinheiten bestimmt die in- und ausländische Steuerbelastung, insbesondere das Anrechnungspotential. Gegebenenfalls sind Beschränkungen bei der Verlustverrechnung gemäß § 2a EStG zu beachten.

Die Ausführungen zu den Steuerbelastungen der rechtlichen Strukturen von Auslandsinvestitionen bedürfen noch insoweit der Ergänzung, als es neben den Wahlmöglichkeiten für die ausländische Unternehmenseinheit (Betriebsstätte, Tochtergesellschaft), der Anwendung/Nichtanwendung eines Doppelbesteuerungsabkommens und der rechtlichen Struktur des inländischen Unternehmens auch darauf ankommt, **wie erzielte Gewinne verwendet werden.**

(a) Bei einer **inländischen Personenunternehmung** *ohne Anwendung eines DBA* und bei Ausschüttung der ausländischen Gewinne durch die ausländische Unternehmenseinheit ist aufgrund der fehlenden Anrechnungsmöglichkeit der im Ausland gezahlten Körperschaftsteuer und der inländischen Vermögensteuer auf die Beteiligung die Alternative Tochtergesellschaft wesentlich ungünstiger als die Alternative Betriebsstätte.

(b) *Bei Anwendung eines DBA* unter sonst gleichen Voraussetzungen begründet die Belastung der Gewinne aus der Beteiligung mit ausländischer Körperschaft- und inländischer Einkommensteuer, der nur die Anrechnung der ausländischen Quellensteuer gegenübersteht, sowie die Belastung der Beteiligung mit inländischer Vermögensteuer, eine wesentliche Benachteiligung der Tochtergesellschaft. Ausschüttungen von Kapitalgesellschaften mit Domizilierung in EU-Mitgliedstaaten sind quellensteuerfrei.

(c) Handelt es sich bei der **inländischen Unternehmenseinheit um eine Kapitalgesellschaft**, stellt sich die Alternative Tochtergesellschaft im Fall der Gewinnausschüttung als nachteiliger dar. Das gilt auch bei Weiterausschüttung der aus dem Ausland bezogenen Gewinne, weil der Betriebsstättengewinn nicht mit ausländischer Quellensteuer belastet ist und bei Ausschüttung noch inländische Körperschaftsteuer auf dem (ausländischen) Betriebsstättengewinn ruht.

Bei Anwendung eines DBA erweist sich die Quellensteuer auf die ausländischen Dividenden als Zusatzbelastung der Alternative Tochtergesellschaft.

Zielt die Unternehmenspolitik auf Gewinnausschüttungen der ausländischen Unternehmenseinheit, so ist die Alternative Betriebsstätte regelmäßig günstiger als die Alternative Tochtergesellschaft.

Die Ausschüttungen unterliegen sowohl bei der ausländischen Grundeinheit als auch beim inländischen Anteilseigner der Besteuerung. Steuerfreie Ausschüttungen von Auslandserträgen an inländische Kapitalgesellschaften regelt § 8b KStG.

(6) *Keinerlei Gewinnausschüttung* an die Muttergesellschaft

Für den Fall der Gewinnthesaurierung durch die ausländische Unternehmenseinheit ergeben sich folgende Unterschiede.

(a) Bei einer **inländischen Personenunternehmung** ohne Anwendung eines DBA ergibt sich eine Besserstellung der Tochtergesellschaft. Dieser Vorteil mindert sich um die Vermögensteuerbelastung auf die Beteiligung an der ausländischen Tochtergesellschaft.

(b) Bei Anwendung eines DBA unter sonst gleichen Voraussetzungen ist die Tochtergesellschaft benachteiligt infolge der inländischen Vermögensteuer auf die Beteiligung an der ausländischen Kapitalgesellschaft.

(c) Handelt es sich bei der **inländischen Unternehmenseinheit um eine Kapitalgesellschaft**, so resultiert die Benachteiligung der Betriebsstätte aus der unterstellten höheren inländischen Ertragsbesteuerung.

(d) Bei Anwendung eines DBA ist sowohl für die Betriebsstätte im Ausland als auch für die Kapitalgesellschaft im Inland eine Steuer nicht zu entrichten; ein Belastungsunterschied ergibt sich nicht.

Im Unterschied zur Kategorie Gewinnausschüttung **kann die Tochtergesellschaft bei Gewinnthesaurierung im Ausland vorteilhafter als die Betriebsstätte** sein. Das erfolgt aus der sog. „Abschirmwirkung" der ausländischen Kapitalgesellschaft gegenüber der inländischen Besteuerung.

3.3.2.3 Besteuerung bei *Beendigung* der ausländischen Geschäftstätigkeit

Die Beendigung der ausländischen Geschäftstätigkeit kann durch Veräußerung oder Liquidation der ausländischen Betriebsstätte oder Tochtergesellschaft erfolgen. Steuerliche Belastungsunterschiede ergeben sich durch Anwendung/ Nichtanwendung eines DBA und aus der Rechtsform der inländischen Unternehmenseinheit.

Veräußert ein inländisches Personenunternehmen seine in einem Nicht-DBA-Land belegene, ausländische Betriebsstätte, so gehört der Veräußerungsgewinn zum „laufenden" gewerblichen Gewinn, für den weder Freibeträge noch Tarifvergünstigungen gewährt werden.

Die Veräußerungsgewinne gehören zu den ausländischen Einkünften gemäß § 34d Nr. 4a EStG. Soweit die auf den Veräußerungsgewinn im Ausland entrichtete Steuer der deutschen Steuer entspricht, ist die direkte Anrechnung (§ 34c Abs. 1 EStG und § 26 Abs. 1 KStG), ansonsten der Steuerabzug möglich (§ 34c Abs. 2 o. 3 EStG). Bei der Gewerbeertragsteuer kommt es zu einer Steuerentlastung, weil bei einer Veräußerung der ausländischen Betriebsstätte durch die inländische Personengesellschaft kein „laufender" gewerblicher Gewinn entsteht und bei Veräußerung durch eine inländische Kapitalgesellschaft die Kürzungsvorschrift des § 9 Nr. 3 GewStG zur Anwendung kommt.

Bei in DBA-Staaten belegenen Betriebsstätten erfolgt die Beseitigung oder Milderung der Doppelbesteuerung des Veräußerungsgewinns i.a.R. durch die Freistellung von der inländischen Besteuerung. Weder bei einer inländischen Kapitalgesellschaft noch bei einer inländischen Personengesellschaft ist der Progressionsvorbehalt (§ 32b Abs. 2 Nr. 3 EStG) für Veräußerungsgewinne anwendbar.

Gewinne aus der Veräußerung von ausländischen Beteiligungen in Nicht-DBA-Staaten, die zum Betriebsvermögen einer inländischen Betriebsstätte gehören, sind steuerpflichtige Einkünfte aus Gewerbebetrieb. Wird die Beteiligung getauscht, so unterbleibt nach dem sog. Tauschgutachten des Bundesfinanzhofs eine Realisierung der in der Beteiligung enthaltenen stillen Reserven, wenn die eingetauschte Beteiligung wert-, art- und funktionsgleich ist. Die erworbenen Anteile werden mit dem Buchwert der hingegebenen Anteile bilanziert.

Eine Gewerbeertragsteuer ergibt sich bei Verkäufen von Auslandsbeteiligungen gem. § 7 GewStG. Gewinne aus der Veräußerung von Auslandsbeteiligungen gelten gemäß § 34d Nr. 4b EStG als ausländische Einkünfte, für die die Steuerermäßigung nach § 34c EStG gewährt wird. Die Anrechnung der ausländischen Steuer auf die Gewinne aus der Beteiligungsveräußerung an der Tochtergesellschaft mit Sitz in einem Nicht-DBA-Land ist möglich (§ 34c Abs. 1 EStG; § 26 Abs. 1 KStG). Eine Pauschalierung der inländischen Einkommen- oder Körperschaftsteuer gem. Pauschalierungserlaß ist ebenso wie bei der Besteuerung von Gewinnen der Veräußerung von ausländischen Betriebsstätten nicht zulässig.

Ist ein DBA anzuwenden, so weist das Abkommen i.a.R. das ausschließliche Besteuerungsrecht für Veräußerungsgewinne dem Sitzstaat des Gesellschafters (Muttergesellschaft) zu. Wesentlicher Unterschied in der Besteuerung der Veräußerung von ausländischen Betriebsstätten und Auslandsbeteiligungen bei Anwendung eines DBA ist, daß bei einer Betriebsstätte eine Freistellung von der inländischen Steuer und bei der Auslandsbeteiligung eine Freistellung von der ausländischen Steuer erfolgt. Für die Strukturgestaltung kommt es somit auf das Verhältnis von in- und ausländischem Ertragsteuerniveau an.

Liquidationsgewinne aus der Einzelveräußerung des ausländischen Betriebsvermögens sind als „Gewinne aus der Aufgabe eines Teilbetriebs bzw. eines Mitunternehmeranteils" nach § 16 Abs. 3 EStG steuerpflichtig. Eine Gewerbesteuerpflicht entfällt (A 40 Abs. 1 Nr. 1 GewStR); bei einer inländischen Kapitalgesellschaft ist die Kürzungsregelung des § 9 Nr. 3 GewStG anzuwenden. Inländische Personenunternehmen können für die Besteuerung des Liquidationsgewinns die Freibetragsregelung des § 16 Abs. 4 EStG sowie die Tarifvergünstigung des § 34 Abs. 1 EStG beanspruchen.

Bei Liquidationsgewinnen von ausländischen Kapitalgesellschaften muß unterschieden werden zwischen dem Liquidationsgewinn auf der Gesellschaftsebene und dem auf der Gesellschafterebene. Der Liquidationsgewinn auf Gesellschaftsebene ist grundsätzlich im Inland nicht steuerpflichtig (Ausnahme Hinzurechnungsbesteuerung gem. AStG). Der Liquidationsgewinn auf der Gesellschafterebene stellt „laufende" Einkünfte aus Gewerbebetrieb gem. § 15 EStG dar. In Nicht-DBA-Ländern erhobene Steuern auf Liquidationsgwinne sind im Inland direkt anrechenbar (§ 34c Abs. 1 EStG, § 26 Abs. 1 KStG). Handelt es sich bei der inländischen Unternehmenseinheit um eine Kapitalgesellschaft, so kann auch die von der ausländischen Kapitalgesellschaft auf den Liquidationsgewinn entrichtete Steuer angerechnet werden (indirekte Anrechnung § 26 Abs. 2 KStG). Bei Anwendung eines DBA wird i.a.R. die direkte Anrechnung der auf den Liquidationsgewinn des Gesellschafters im Sitzstaat der Tochtergesellschaft erhobenen Quellensteuer zugelassen. Bei einer Schachtelbeteiligung gilt in den DBA regelmäßig die Freistellung und die Anrechnung der ausländischen Quellensteuer erfolgt nicht.

4 Unternehmensplanung und Besteuerung

Gegenwärtig stellt sich für viele Unternehmen die Frage, welche Maßnahmen sie im Hinblick auf die Globalisierung der Weltwirtschaft zu treffen haben. Zunächst sind die betriebswirtschaftlich relevanten Bereiche wie z.B. Absatzwege, Logistik, Produktionsstandorte, Lagerhaltung, Finanzen, Personal, Erweiterung/ Schließung von Unternehmenseinheiten im Hinblick auf anzustrebende Ziele zu überprüfen, um entscheiden zu können, ob das vorhandene Potential für die Investition ausreicht oder ob man Beteiligungen zukaufen will bzw. mit anderen Unternehmen kooperieren oder fusionieren möchte.

Sind diese betriebswirtschaftlichen Fragen geklärt, so muß in den weiteren Entscheidungsprozeß auch die Besteuerung einbezogen werden. Bei der Gestaltung der Unternehmensstruktur über nationale Grenzen hinweg kommt es entscheidend auf die rechtliche Behandlung der Besteuerung von ausländischen Beteiligungserträgen an. Weiterhin ist wichtig zu wissen, ob Verluste von Beteiligungsgesellschaften steuerwirksam verrechenbar sind. Auch die Standortwahl kann außenwirtschaftlich schwierig sein. Die Hinzurechnungsregelungen der §§ 7-14 AStG engen den Gestaltungsspielraum ein und erfordern besonderen Verwaltungsaufwand. Bei Steuerbelastungsrechnungen ist zu unterscheiden nach der **Besteuerung bei Reinvestition der Gewinne in demselben Unternehmen** und nach **Reinvestitionsmöglichkeiten innerhalb des Gesamtunternehmens**, um abschätzen zu können, welche **Nettoerträge die Anteilseigner** erzielen. In diese Rechnungen sind auch **latente Steuerbelastungen auf spätere Ausschüttungen** einzubeziehen.

5 Literaturverzeichnis

Aufermann, E.: Das Wesen der betriebswirtschaftlichen Steuerlehre, in: ZfhF 1929.
Derselbe: Grundzüge der betriebswirtschaftlichen Steuerlehre. 2. Aufl. Wiesbaden 1950.
Baranowski, K.-H.: Praktiker-Handbuch 1997, Außensteuerrecht, 21. Aufl., Düsseldorf 1997.
Biehl, H.: Ausfuhrland-Prinzip, Einfuhrland-Prinzip und Gemeinsamer Markt-Prinzip. Ein Beitrag zur Theorie der Steuerharmonisierung. Köln 1969.
Debatin, H.: OECD-Empfehlungen zur Vermeidung internationaler Doppelbesteuerung, R/W/AWD 1978.
Derselbe: Internationale Steueraspekte in der deutschen höchstrichterlichen Rechtsprechung, in:DStZ/A 1966, S. 161ff.
Derselbe: Außensteuerrechtliche und internationalrechtliche Behandlung von Rechtsträgern und daran bestehenden Beteiligungen, in: DB 1977, Beilage Nr. 13.
Doehring, K.: Das Staatsrecht der Bundesrepublik Deutschland. 2. Aufl. Frankfurt a.M. 1980.
Fischer-Zernin, J.: Auslandsinvestitionen/Joint Ventures. Recht und Steuerplanung. Hamburg 1997.
Fischer, L./Warneke, P.: Internationale Betriebswirtschaftliche Steuerlehre. 3. Aufl. Berlin 1988.
Flick/Wassermeyer/Becker: Kommentar zum Außensteuerrecht. 5. Aufl. Köln 1996.
Grasmann, G.: Die Besteuerung der Unternehmensgewinne im Gesamtkonzept der europäischen Steuerharmonisierung und Harmonisierung der Gewinnermittlungs-, Steuerkontroll- und Steuererhebungsmethoden, in: AG 1973.
Haberstock, L.: Die Steuerplanung der internationalen Unternehmung. Wiesbaden 1976.
Hinne, R.: Die steuerlichen Erleichterungen durch das Auslandsinvestitionsgesetz, in: DStR 1971.
Jacobs, O. H.: Internationale Unternehmensbesteuerung, 3. Aufl., München 1995.
Kluge, V.: Das deutsche Internationale Steuerrecht. 3. Aufl., München 1992.
Korn/Debatin: Doppelbesteuerung, Kommentar. 9. Aufl., München 1995.
Menck, T.: Das OECD-Musterabkommen in der Revision 1992 – Eine Übersicht, IStR 1993, S. 249ff.
Rädler, A. J./Raupach, A.: Deutsche Steuern bei Auslandsbeziehungen. München u. Berlin 1966.
Reuter, H.P.: Das Auslandsinvestitionsgesetz, in: IWB, Fach 3, Deutschland, Gr. 1, S. 999ff.
Rose, G.: Grundzüge des Internationalen Steuerrechts. 3. Aufl., Wiesbaden 1995.
Scheffler, W.: Besteuerung grenzüberschreitender Unternehmenstätigkeit. München 1994.
Scheuner, M.: Völkerrecht, in: HdSW, Bd.11, Stuttgart 1961, S. 328ff.
Selchert, F. W.: Grundlagen der Betriebswirtschaftlichen Steuerlehre. 4. Aufl., München 1996.
Tipke/Lang: Steuerrecht. 15. Aufl., Köln 1996.
Warneke, P.: Gewinnrealisierung durch Steuerentstrickung bei internationaler Geschäftstätigkeit deutscher Unternehmen. Hamburg 1975.
Wassermeyer, F.: Überlegungen zum Anwendungsbereich des § 1 Außensteuergesetz, in: BB 1984.
Derselbe: Handbuch des Außensteuerrechts 1996. München 1996.
von Wysocki, K.: Theorie und Praxis internationaler Steuerbelastungsvergleiche in betrieblicher Sicht, in: MIR 1963, S. 33ff.

17. Kapitel:
Internationale Steuerpolitik

1 Einleitung

1.1 Problemstellung

Deutsche Unternehmen sind in Form von Direktinvestitionen, Kapitalanlagen, Exporten und Importen von Gütern und Dienstleistungen sowie Handelsniederlassungen in vielfältiger Weise im Ausland engagiert.

Da die ausländischen Aktivitäten in die steuerpolitischen Überlegungen miteinzubeziehen sind, erhält auch die Steuerpolitik der Unternehmen in zunehmendem Maße einen internationalen Charakter.

Eine sorgfältige Steuerpolitik ist bei internationalen Beziehungen von besonderer Bedeutung, da die Unterwerfung unter mehrere Steuerhoheiten ggf. zu Doppelbesteuerungen und excessiven Steuerbelastungen führen kann.

1.2 Die Internationale Unternehmung

Nachfolgend wird die Internationale Steuerpolitik anhand einer Internationalen Unternehmung näher erläutert.

Der Begriff der Internationalen Unternehmung ist in der betriebswirtschaftlichen Literatur bisher nicht eindeutig definiert. Es existieren bisher keine klaren Abgrenzungskriterien für die Unterscheidung zwischen einer Internationalen, Multinationalen, Transnationalen oder einer Weltunternehmung (vgl. Hederer, 1975; Borrmann, 1970, S. 17ff.; Kratz, 1986, S. 18ff.; Behrendt, 1977, S. 16; Brandi, 1979, S. 11ff.).

Für den hier zu betrachtenden Sachverhalt der Internationalen Steuerpolitik ist eine solche Begriffsabgrenzung auch nicht erforderlich, da sie nicht zur Klarstellung des eigentlichen steuerpolitischen Problemfeldes beiträgt. Dennoch soll die Internationale Unternehmung als Untersuchungsgegenstand dieses Beitrages inhaltlich determiniert werden.

Unter einer Internationalen Unternehmung wird im folgenden eine Unternehmung verstanden, deren wirtschaftlicher Tätigkeitsbereich sich nicht nur auf eine Volkswirtschaft beschränkt, sie ist damit von der nur national tätigen Unternehmung abzugrenzen (vgl. Eilenberger, 1987, S. 2f.; Sieber, 1970, S. 414ff.; Zünd, 1975, S. 97ff.).

Damit ist festgelegt, wie der Begriff „international" im Zusammenhang mit der Internationalen Unternehmung besetzt sein soll. Weiterhin ist zur begrifflichen Klärung der Internationalen Unternehmung zu untersuchen, welche Anforderungen an den hier zugrundegelegten Unternehmensbegriff zu stellen sind.

Prägend für den verwendeten Unternehmensbegriff sind die einheitliche Leitung und die Gleichgerichtetheit der verfolgten Ziele innerhalb der Unternehmung (vgl. Niederlich, 1975, S. 10ff.; Telkamp, 1975, S. 26ff.). Es werden damit auch die häufig auftretenden Konzernverhältnisse erfaßt, bei denen mehrere rechtlich selbständige Gesellschaften zu einem einheitlichen wirtschaftlichen Gebilde zusammengefaßt sind.

Die Kennzeichen einer Internationalen Unternehmung lassen sich wie folgt zusammenfassen:

- Wirtschaftliche Tätigkeit in mehreren Staaten,
- wirtschaftliche Einheit der Unternehmung.

1.3 Die Einordnung der Internationalen Steuerpolitik in den Gesamtrahmen der Internationalen Betriebswirtschaftlichen Steuerlehre

Die Internationale Betriebswirtschaftliche Steuerlehre läßt sich grundsätzlich in folgende Bereiche aufteilen:

- Internationale Betriebswirtschaftliche Steuerwirkungslehre,
- Internationale Betriebswirtschaftliche Steuerpolitik.

Der **Steuerwirkungslehre** ist die Erklärungsfunktion innerhalb einer entscheidungsorientierten Internationalen Betriebswirtschaftlichen Steuerlehre zugeordnet (vgl. Kleineidam, 1968, S. 23). Ihre Aufgabe besteht in der Darstellung der steuerlichen Belastungen aufgrund von ausländischen Aktivitäten. Das Aufgabenfeld weist einen primär deskriptiven Charakter auf (vgl. Fischer/Warneke, 1988, S. 188).

Die Internationale Betriebwirtschaftliche **Steuerpolitik** ist dagegen Ausdruck der Gestaltungsfunktion der Betriebswirtschaftlichen Steuerlehre. Die Aussagen und Ergebnisse der Steuerpolitik basieren auf den Erkenntnissen der Steuerwirkungslehre.

Ihre Aufgaben bestehen in der Ermittlung und der Auswahl von unternehmerischen Handlungsmöglichkeiten, die den höchsten, die Steuerbelastung (mit-)berücksichtigenden Zielerreichungsgrad in bezug auf die unternehmerische Zielfunktion aufweisen (vgl. Fischer/Warneke, 1988, S. 188).

2 Die Steuerpolitik der Internationalen Unternehmung

2.1 Allgemeines zur Internationalen Steuerpolitik

Die Steuerpolitik ist grundsätzlich gekennzeichnet durch eine Ziel-Mittel-Beziehung (vgl. Haberstock, 1984, S. 264) und läßt sich unterteilen in:

- International-steuerliche Zielkonzepte (welcher ist der im internationalen Verhältnis anzustrebende steuerliche Zustand?);
- Strategie-Konzeptionen (unter Einsatz welcher Mittel soll die international-steuerliche Zielkonzeption verwirklicht werden?; vgl. Paulus, 1978, S. 32; Swinne, 1983, S. 263f.).

Sowohl bei der Ziel- als auch bei der Mittelbestimmung ist zu beachten, daß die Steuerpolitik integraler Bestandteil der gesamten Unternehmenspolitik ist und somit nicht losgelöst von den übrigen Unternehmensbereichen betrachtet werden kann.

Die Wechselwirkungen und Beziehungen der einzelnen Unternehmensbereiche unter Einbeziehung der steuerlichen Konsequenzen wären eigentlich nur in einer simultan durchgeführten Unternehmenspolitik zu berücksichtigen. Aufgrund der praktischen Schwierigkeiten einer solchen Vorgehensweise werden die einzelnen Unternehmensbereiche i.d.R. partiell optimiert und anschließend einer steuerlichen Betrachtung unterzogen, die dann ggf. zu einer Planrevidierung einzelner betrieblicher Teilpläne führt (vgl. Haberstock, 1984, S. 264ff.).

2.2 Zielbestimmung

Jede Unternehmung, sei sie nun national oder international tätig, benötigt Klarheit über ihre obersten Ziele und Strategien. Diese werden im allgemeinen periodisch in der Unternehmenspolitik festgelegt (vgl. Hill, 1969, S. 147ff.; Kühn, 1978, S. 79; Ulrich, 1978, S. 11). Die zusammengefaßten Aussagen in der Unternehmenspolitik zum Phänomen „Steuern" bilden die unternehmerische Steuerpolitik (vgl. Kratz, 1986, S. 61).

Die Internationale Steuerpolitik stellt sich, wie bereits erwähnt, als ein Teil der internationalen Unternehmenspolitik dar, sie hat dienenden, d.h. instrumentalen Charakter in bezug auf die in der Unternehmenspolitik festgelegten primären Ziele der Internationalen Unternehmung (vgl. Haberstock, 1976, S. 8f.; Schöne, 1976, S. 399ff.).

Die Unternehmung, so auch und besonders die international tätige Unternehmung, untersteht einem ganzen System oberster unternehmenspolitischer Ziele, jedoch nimmt das langfristige Gewinnziel darin eine zentrale Stellung ein, denn der Gewinn bildet die Grundlage für Fortbestehen und Wachstum des Unternehmens (vgl. Brandi, 1979, S. 15; Telkamp, 1975, S. 69). Trotz aller Kritik (vgl. Bidlingmaier, 1968, S. 26f.; Koller, 1971, S. 79f.) ist es somit gerechtfertigt, langfristig und als zentrales Unternehmensziel die Gewinnmaximierung zu fordern (vgl. Kottke, 1978, S. 21).

Wenn von der Annahme einer langfristigen Gewinnmaximierung als Leitmaxime unternehmerischen Handelns ausgegangen wird, so ist für den Bereich der Steuerpolitik ein entsprechendes Unterziel zu formulieren, an dem sich steuerpolitische Überlegungen ausrichten können. Nach dem Rationalprinzip soll mit geringstmöglichem Einsatz der Zweck wirtschaftlicher Tätigkeit erreicht werden. Das Streben nach minimalem Aufwand impliziert für den steuerlichen Entscheidungsbereich die Forderung nach Minimierung des Steueraufwandes (vgl. Selchert, 1978, S. 3; Telkamp, 1975, S. 69; Zünd, 1975, S. 100).

Diese Minimierung des Steueraufwandes findet aber ihre Grenze im höherrangigen Unternehmensziel der **Maximierung des Gewinns nach Steuern**. Hieraus ergibt sich für die Steuerpolitik der Internationalen Unternehmung das Ziel (Unterziel der Unternehmenspolitik) der relativen Steuerminimierung (vgl. Kratz, 1986, S. 70).

Relative Steuerminimierung heißt de facto **Steueroptimierung**, nämlich die steueroptimale Wahl und Gestaltung der für den maximalen Unternehmensgewinn erforderlichen Strategien und Maßnahmen. Als Zielformulierung der Internationalen Steuerpolitik könnte somit auch die **„international tax optimization"** gewählt werden (vgl. Plasschärt, 1980, S. 177).

Das steuerpolitische Ziel der relativen Steuerminimierung läßt sich in weitere Unterziele, die sog. Subziele aufgliedern. Die folgenden **Subziele** sind hierbei insbesondere zu unterscheiden (vgl. Kratz, 1986, S. 141ff.; Wacker, 1979, S. 529ff.).

a) Vermeidung der Doppelbesteuerung

Dieses Ziel ist für die Internationale Unternehmung von grundlegender Bedeutung. Es beinhaltet die grenzüberschreitende Doppelbesteuerung in zweifacher Hinsicht (vgl. Telkamp, 1975, S. 43ff. u. S. 72; vgl. Rieger, 1978, S. 30f.; vgl. Wacker, 1979 u. 1982b).

- Doppelbesteuerung im juristischen Sinne, d.h. dasselbe Steuersubjekt wird für das gleiche Steuerobjekt und den gleichen Zeitraum von zwei national unterschiedlichen Steuerhoheiten mit einer gleichen oder ähnlichen Steuer belegt.

    Beispiel: Der Gewinn einer Betriebsstätte wird sowohl vom Betriebsstättenstaat als auch vom Sitzstaat der Spitzeneinheit besteuert. Uni- oder Bilaterale Maßnahmen zur Vermeidung der Doppelbesteuerung bestehen nicht.

- Doppelbesteuerung im wirtschaftlichen Sinne, d.h. das gleiche Steuerobjekt wird im gleichen Zeitraum bei zwei rechtlich zwar selbständigen, wirtschaftlich aber verbundenen Unternehmen besteuert.

    Beispiel: Die Tochtergesellschaft schüttet eine Dividende an die Muttergesellschaft aus. Die Muttergesellschaft zahlt im Wohnsitzstaat der Tochtergesellschaft eine Quellensteuer auf die erhaltene Dividende. Die Möglichkeit der Anrechnung der gezahlten Quellensteuer auf die Ertragsteuer der Muttergesellschaft fehlt.

b) Sofortige Verlustverrechnung

Einzelne Unternehmensglieder (Tochtergesellschaft, Betriebsstätte oder Spitzeneinheit) erzielen Verluste, andere Unternehmenseinheiten erwirtschaften dagegen steuerpflichtige Gewinne. Die grenzüberschreitende Verlustverrechnung ist aber nur unter bestimmten Voraussetzungen möglich.

Beispiel: Die Spitzeneinheit einer Internationalen Unternehmung weist einen Verlust, ihre Betriebsstätte im Ausland einen Gewinn aus. Die Summe aus Verlust und Gewinn sei negativ. Aufgrund eines mit dem ausländischen Staat abgeschlossenen DBA, das die direkte Anrechnungsmethode vorsieht, besteuert der Betriebsstättenstaat den dort angefallenen Gewinn, ohne Rücksicht auf die für die Gesamtunternehmung gegebene Verlustsituation.

c) Konzentration der Gewinne im niedriger besteuerten Staat

Dieses gilt insbesondere im Rahmen der unternehmensinternen, grenzüberschreitenden Leistungsbeziehungen (vgl. Bleicher, 1974, S. 260).

Beispiel: Einheit X exportiert Halbfabrikate an die Einheit Y.
X unterliegt einem Ertragsteuersatz von 36%, Y von 46%. Anzustreben ist somit ein hoher Verkaufspreis der Halbfabrikate, mit der Folge höherer Gewinne am niedrigbesteuerten Sitz der Einheit X und geringerer Gewinne am Sitz der Einheit Y.

d) Gesetzmäßigkeit

Eine Nichtbeachtung der steuerrechtlichen Normen kann zu Sanktionen (Steuerstrafen, Steuernachzahlungen) der betroffenen Staaten führen. Darüber hinaus sind Verschlechterungen der Beziehungen zur Finanzverwaltung zu erwarten, so daß die betroffenen Behörden ggf. bei der Ausübung von Ermessensentscheidungen eine für die Internationale Unternehmung nachteiligere Haltung einnehmen (vgl. Rieger, 1978, S. 30f.; Wacker, 1982a, S. 537ff.).

Eine konkrete Auslandssituation ist nun durch mehrere der zuvor bezeichneten Subziele tangiert. Es sind daher die kumulierten grenzüberschreitenden Zielerreichungsgrade der Subziele als steuerliches Auswahlkriterium der zur Verfügung stehenden Alternativen (Handlungsalternativen) heranzuziehen (vgl. Lenz, 1982, S. 115).

2.3 Zielrestriktionen

Das steuerpolitische Aktionsfeld (Entscheidungsfeld), in dem die zuvor gesetzten Subziele zu realisieren sind, wird durch eine Anzahl von Restriktionen im Vorfeld begrenzt.

Im folgenden sollen die **möglichen** Restriktionen einer internationalen Steuerpolitik aufgezeigt werden, wobei ihre jeweilige Bedeutung von der konkreten Entscheidungssituation der Internationalen Unternehmung abhängt.

Die Darstellung erfolgt im Rahmen dieser Abhandlung nur in überblicksartiger Form, um lediglich die grundsätzliche Bedeutung der Restriktionen für die Steuerpolitik der Internationalen Unternehmung zu verdeutlichen (vgl. Kratz, 1986, S. 155ff.).

Es lassen sich die folgenden **Restriktionen** unterscheiden:

a) Allgemein-unternehmerische Restriktionen auf der Ebene der Grundeinheit, z.B.:

- **Tätigkeitsbereich**

Er bestimmt, welche Leistungsbeziehungen zu anderen Teilen der Internationalen Unternehmung bestehen müssen bzw. welche von vornherein ausgeschlossen sind.

Beispiel: Die ausländische Grundeinheit soll aufgrund einer Leitungsentscheidung völlig unabhängig und ohne jede Beteiligung anderer Unternehmenseinheiten Güter bestimmter Art herstellen. Das Verrechnungspreisinstrument zur Gewinnlenkung entfällt damit weitgehend.

b) Allgemein-unternehmerische Restriktionen auf der Ebene der Spitzeneinheit, z.B.:

- **Beteiligungshöhe**

Die Beteiligungshöhe ist im allgemeinen ein Datum. Eine Ausnahme könnte allenfalls die Errichtung einer neuen Grundeinheit darstellen.

● Tätigkeitsbereich

Es ergeben sich hier ähnliche Überlegungen wie im Falle der ausländischen Grundeinheit, d.h. der Tätigkeitsbereich bestimmt weitgehend die mögliche Verrechnungspreispolitik.

● Standort (vgl. Höhn, 1978, S. 11)

Ein Standortwechsel der Spitzeneinheit ist nur sehr selten möglich wegen
- aktiver wirtschaftlicher Tätigkeit im Sitzstaat,
- negativer Steuerfolgen durch das Aufdecken von stillen Reserven beim Standortwechsel in ein Niedrigsteuerland usw.

c) Restriktionen durch die Finanzpolitik (Finanzplanung), z.B.:

● Ausschüttung einer bestimmten Mindestdividende

Beispiel: Zur Abdeckung der Ansprüche von Minderheitsbeteiligten ist es notwendig, einen bestimmten Betrag als Dividende auszuschütten (vgl. Schneider, 1980, S. 63).

● Ausweis eines bestimmten Mindestgewinnes

Beispiel: Zur Erhaltung einer gewünschten Kreditwürdigkeit kann es erforderlich sein, einen innerhalb der Finanzpolitik festgelegten Mindestgewinn bei den einzelnen Unternehmenseinheiten nicht zu unterschreiten (vgl. Marettek, 1974, S. 330).

d) Rechtliche Restriktionen (vgl. Kratz, 1986, S. 167ff.), z.B.:

● Gesellschaftsrechtsordnung

Beispiel: Ein bestimmtes Mindestkapital oder ein durch das Gesellschaftsrecht determiniertes EK/FK-Verhältnis, auch die anzuwendenden Konsolidierungsvorschriften fallen hierunter.

● Wirtschaftsrecht

Beispiel: Begrenzung unternehmensinterner Zulieferungen (findet in verschiedenen lateinamerikanischen Staaten Anwendung) oder Beschränkung des Technologietransfers (Brasilien o. USA).

● Devisen- und Währungsrecht

Beispiel: Beschränkung von Kapital- und Gewinntransfer (Brasilien), Beschränkung des Transfers bestimmter Vergütungen wie Zinsen o. Lizenzgebühren (Kolumbien). Beschränkung der Kapitalaufnahme durch ausländische Wirtschaftseinheiten (Neuseeland).

Die vorstehend genannten Restriktionen engen das zur Verfügung stehende Entscheidungsfeld ein. Mögliche Lösungsalternativen für ein internationales steuerliches Problem müssen in jedem Fall innerhalb der bestehenden Bedingungen (Restriktionen) liegen, ungeachtet ihres Beitrages zur Zielerreichung. Folglich limitieren die Restriktionen die Zahl der zulässigen Gestaltungsalternativen (Handlungsmöglichkeiten).

2.4 Mittel der Internationalen Steuerpolitik

Nachdem die Bestimmung der von der Steuerpolitik anzustrebenden Ziele und ein kurze Erörterung von möglichen Zielrestriktionen vorgenommen worden ist, soll nun die Darstellung möglicher steuerpolitisch einsetzbarer Mittel (Aktionsfelder, Handlungsparameter, Variablen) erfolgen.

Der Einsatz der potentiellen Mittel ist so vorzunehmen, daß die Zielausprägung der zuvor definierten Ziele ihr Optimum erreicht, bzw. eine bestehende unternehmerische Zielfunktion maximiert wird.

Es können an dieser Stelle nicht alle grundsätzlich in Frage kommenden Mittel der Internationalen Steuerpolitik dargestellt werden, da dieses im Detail zu umfangreich wäre. Eine Beschränkung auf die wichtigsten zur Verfügung stehenden Mittel ist somit unerläßlich (vgl. auch Kapitel 16).

Die steuerpolitisch einsetzbaren Mittel lassen sich in zwei Gruppen einteilen:

- ex ante Maßnahmen,
- ex post Maßnahmen.

Die ex ante Maßnahmen werden vor dem eigentlichen Besteuerungsverfahren ergriffen, sie können als steuerlich motivierte Sachverhaltsgestaltung bezeichnet werden.

Die folgenden Elemente des steuerpolitischen Handlungsfeldes (Entscheidungsfeldes) stehen „ex ante Maßnahmen" offen (vgl. Haberstock, 1984, S. 125ff.; Kormann, 1970, S. 57ff.; Lenz, 1982, S. 112):

a) Konstitutive Entscheidungen der Internationalen Unternehmung

  Beispiele: – Einsatz von Basisgesellschaften,
  – Rechtsform der Grundeinheit,
  – Standortentscheidung.

b) Funktionsentscheidungen der Internationalen Unternehmung

  Beispiel: Finanzierung der einzelnen Unternehmenseinheiten.

Die „ex post Maßnahmen" dagegen werden nach Abschluß des eigentlichen steuerlichen Wirtschaftsjahres eingesetzt.

Die folgende Unterteilung bietet sich für die steuerpolitischen Handlungsmöglichkeiten im Rahmen der ex post Maßnahmen an:

a) **Bilanzierungs- und Bewertungswahlrechte** zur ex post Beeinflussung der Bemessungsgrundlage. Besondere Bedeutung im Zusammenhang mit der Internationalen Unternehmung ist hierbei den Verrechnungspreisen beizumessen.

b) **Maßnahmen im Rahmen des Besteuerungsverfahrens**; die steuerliche Bemessungsgrundlage wird hierbei nicht beeinflußt.

```
                    Steuerpolitische Aktionsparameter
        ┌───────────────────────┴───────────────────────┐
   ex ante Maßnahmen                              ex post Maßnahmen

Maßnahmen der Sachverhalts-
gestaltung in bezug auf

→ Rechtsform                              → Bilanzierungs- und Bewer-
→ Standort                                   tungwahlrechte
→ Organisationsstruktur
  (Unternehmensaufbau)                    → Maßnahmen im Rahmen des
→ Funktionsentscheidungen (z.B.              Besteuerungsverfahrens
  Investitionen, Finanzierung)
```

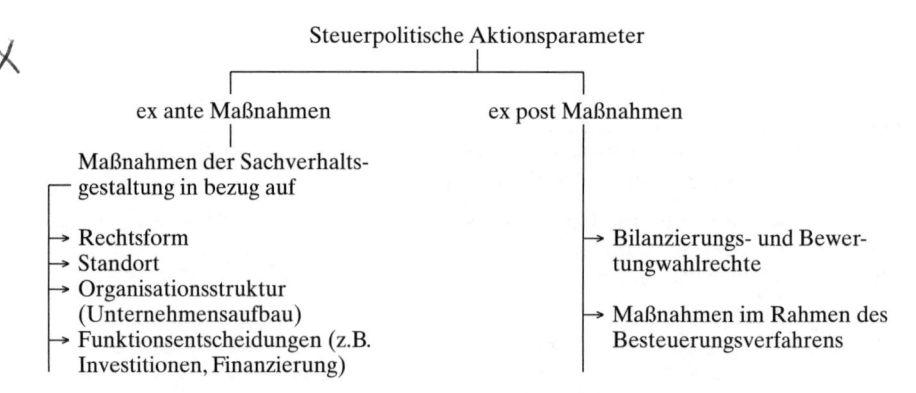

Abb. 17.1: Übersicht über die steuerpolitischen Aktionsparameter einer Internationalen Unternehmung

2.5 Methoden der Steuerpolitik

Grundsätzlich unterscheiden sich die Verfahren bzw. Methoden der Steuerpolitik einer nationalen nicht von denen einer Internationalen Unternehmung (vgl. Wacker, 1979, S. 104ff.). Es lassen sich die in diesem Zusammenhang einsetzbaren Methoden in zwei Gruppen einteilen (vgl. Haberstock, 1984, S. 270f.):

a) Ermittlungsrechnungen (-modelle)
b) Optimierungsrechnungen (-modelle).

Ermittlungsrechnungen liefern als Ergebnis die aus einer bestimmten Handlungsalternative resultierende Steuerbelastung.

Das aus steuerpolitischer Sicht angestrebte Optimum wird nur bei vollständiger Steuerberechnung für alle grundsätzlich möglichen Handlungsalternativen erreicht. Ergibt sich eine sehr große Zahl von Alternativen, so ist im Vorwege der Ermittlungsrechnung eine sinnvolle Eingrenzung vorzunehmen bzw. eine Vorauswahl notwendig. Bei diesem Vorgehen ist folglich nicht sichergestellt, daß durch die angewandte Ermittlungsrechnung tatsächlich das Optimum im Hinblick auf eine optimale Zielerreichung gefunden wird, sondern es kann lediglich diejenige Alternative bestimmt werden, die von allen **untersuchten** Handlungsalternativen den höchsten Zielerreichungsgrad aufweist.

Die **Optimierungsrechnung** ist nicht primär darauf gerichtet, die aus einer bestimmten Alternative resultierende Steuerbelastung zu ermitteln, sondern der Schwerpunkt liegt in der steuerminimierenden Alternativenauswahl. Eines der wichtigsten Verfahren dieser Gruppe dürfte das Verfahren der linearen Programmierung sein.

Auf Grund der Komplexität der Internationalen Steuerpolitik existieren jedoch bisher kaum Ansätze abstrakt formulierter Optimierungsrechnungen (vgl. aber Haberstock, 1976).

Im Verlauf dieser Abhandlung wird in den betrachteten Beispielsrechnungen die „Ermittlungsmethode" angewandt, da im Höchstfalle drei Alternativen betrachtet werden und somit nur ein relativ geringer Rechenaufwand zur Ermittlung der Steuerbelastung aller zur Wahl stehenden Alternativen notwendig ist.

Nachdem der Versuch einer grundsätzlichen Systematisierung der einzelnen steuerpolitischen Segmente unternommen worden ist, sollen im folgenden nun einige der vorstehend bereits angedeuteten steuerpolitischen Aktionsfelder näher untersucht werden.

3 Die Rechtsformentscheidung der Internationalen Unternehmung

3.1 Begriffliche Abgrenzung

Die folgenden Ausführungen befassen sich mit der juristischen Organisation (rechtlichen Gestaltung) der Internationalen Unternehmung, die als gesetzliche Formalstruktur wesentliche Anknüpfungsdaten für die Besteuerung setzt. Sie wird als statutarische Struktur bezeichnet und umfaßt die Rechtsformwahl der einzelnen Unternehmenseinheiten unter Einbeziehung der rechtlich unselbständigen Betriebsstätte.

3.2 Rechtsform der Spitzeneinheit

Die Spitzeneinheiten international tätiger Unternehmen sind aufgrund des hohen Finanzmittelbedarfs regelmäßig als Kapitalgesellschaften organisiert. Die Alternative der Personengesellschaft, die zwar theoretisch existiert, aber in der betrieblichen Realität kaum anzutreffen ist, wird daher in die steuerpolitischen Betrachtungen nicht miteinbezogen (vgl. Rieger, 1978, S. 232f.).

3.3 Rechtliche Struktur der ausländischen Unternehmenseinheit

3.3.1 Betriebsstätte

Als wichtigste Handlungsalternative beim Aufbau der ausländischen Grundeinheit ist die Alternativenauswahl: **Tochtergesellschaft versus Betriebsstätte** zu beachten.

Im deutschen Steuerrecht ist die Betriebsstätte definiert als jede feste Geschäftseinrichtung oder Anlage, die der Tätigkeit des Unternehmens dient (vgl. § 12 AO).

Die Betriebsstätte ist ein **rechtlich unselbständiger** Teil des Gesamtunternehmens.

Der Begriff der Betriebsstätte ist aber nicht in allen Staaten gleichermaßen definiert; um hier Schwierigkeiten bezüglich der Klassifizierung abzubauen, wurde vom Steuerausschuß der OECD ein einheitlicher Betriebsstättenbegriff formuliert (vgl. Art. 5 OECD Musterabkommen).

Danach umfaßt eine Betriebsstätte jede „feste Geschäftseinrichtung, durch die die Tätigkeit eines Unternehmens ganz oder teilweise ausgeübt wird" (Art. 5, Abs. 1 OECD Musterabkommen).

Insbesondere fallen die folgenden Einrichtungen unter die steuerliche Definition der Betriebsstätte:

- Zweigniederlassung,
- Geschäftsstelle,
- Fabrikationshalle.

3.3.2 Tochtergesellschaft

Als Tochtergesellschaft wird eine wirtschaftliche Einheit mit **eigener Rechtsfähigkeit** (Rechtspersönlichkeit) bezeichnet. Tochtergesellschaften können grundsätzlich sowohl als Personengesellschaften als auch als Kapitalgesellschaften geführt werden. Zur Eingrenzung des Entscheidungsproblems ist zu beachten, daß die Tochter-Personengesellschaft und die Betriebsstätte unter außensteuerlichen Aspekten als identisch anzusehen sind, denn die Beteiligung an einer **Personengesellschaft gilt regelmäßig als Betriebsstätte** (vgl. Haase, 1968, S. 90).

Die Kapitalanteile an einer Tochtergesellschaft werden ganz oder zum Teil von der Spitzeneinheit (Muttergesellschaft) als Beteiligung gehalten (vgl. Wacker, 1982, S. 768).

3.4 Entscheidungsprozeß

3.4.1 Grundsätzliches

Die steuerliche Behandlung der einzelnen Rechtsformen differiert stark voneinander, so daß es Aufgabe der Steuerpolitik ist, die im konkreten Einzelfall steuerlich günstigste Alternative zu bestimmen, wobei die von der Unternehmensleitung zu treffende Entscheidung für oder gegen eine bestimmte Rechtsform nicht nur von deren steuerlicher Belastung, sondern wesentlich auch von anderen damit verbundenen Faktoren abhängt.

Grundsätzlich sind die folgenden Kriterien bei der Rechtsformwahl entscheidungsrelevant:

- Finanzierungsmöglichkeiten,
- Haftungsbeschränkungen,
- Steuerbelastungen,
- Publizitätspflichten,
- Kosten der Rechtsform (z.B. Wirtschaftsprüferkosten).

Von diesen Kriterien wird in der Steuerpolitik nur die jeweilige Steuerbelastung als Entscheidungskriterium herangezogen. Es wird damit deutlich, daß die Steuerpolitik hinsichtlich der zu treffenden Rechtsformentscheidung nur einen Teil der Entscheidungsfindung leisten kann, und daß darüber hinaus vom Entscheidungsträger (Management) die weiteren entscheidungsrelevanten Faktoren (s.o.) in den Entscheidungsprozeß mit einzubeziehen sind.

Die Vielzahl der Bestimmungsgrößen, die über die steuerliche Zweckmäßigkeit einer bestimmten Rechtsform der ausländischen Einheit entscheiden, wird grundsätzlich beeinflußt:

- vom Steuersystem und Außensteuerrecht des Sitzstaates der Spitzeneinheit,
- vom Steuersystem und Außensteuerrecht des Belegenheitsstaates der ausländischen Grundeinheit,

- von den bilateralen Regelungen zwischen dem Sitzstaat der ausländischen Grundeinheit und dem Sitzstaat der Spitzeneinheit,
- von den internen Daten der Unternehmung.

3.4.2 Steuersystem und Außensteuerrecht des Sitzstaates der Spitzeneinheit

Im weiteren Verlauf der Untersuchung wird davon ausgegangen, daß die **Spitzeneinheit ihren Sitz in der Bundesrepublik Deutschland** unterhält. Die Gesamtheit der in einem Staat geltenden und voraussichtlich anzuwendenden steuerlichen Bestimmungen kann als steuerliche Umwelt („tax environment") bezeichnet werden. Es lassen sich dann bezüglich der **steuerlichen Beurteilung von Betriebsstätte und Tochtergesellschaft** auf der Basis des inländischen Steuerrechts bzw. Außensteuerrechts die in der nachfolgenden Tabelle aufgeführten Aussagen treffen:

Prüfungskriterium	Beurteilung
Besteuerung der ausländischen Erträge im Inland (ohne DBA)	Die Erträge der Betriebsstätte unterliegen im Gegensatz zur Tochtergesellschaft der inländischen Ertragsbesteuerung.
Besteuerung des ausländischen Vermögens (ohne DBA)	Das Vermögen der Betriebsstätte unterliegt der inländischen Besteuerung, dagegen unter den Bed. des § 102 BewG keine VSt auf die Anteile der inländischen Muttergesellschaft an der ausländischen Tochtergesellschaft. (Ab 97/98 Abschaffung der VSt/GewKapSt).
Abzugsfähigkeit ausländischer Verluste	Die Begrenzungen des Verlustabzuges gem. § 2 a EStG beziehen sich nur auf Tochtergesellschaften. Beschränkungen des § 2 a EStG: – Mindestbeteiligung in Höhe von 50%, – nur in den ersten 5 Jahren nach Erwerb sind die Anlaufverluste abziehbar. – es dürfen nur Verluste bis zur Höhe des Beteiligungswertes abgezogen werden, – die gebildete Rückstellung ist nach spätestens 5 Jahren wieder aufzulösen.
Verrechnungspreise	Tochtergesellschaft: incl. Gewinnaufschlag; Betriebsstätte: excl. Gewinnaufschlag

Die vorstehende Darstellung der Besteuerungsunterschiede hinsichtlich der ausländischen Betriebsstätte bzw. ausländischen Tochtergesellschaft ist selbstverständlich nicht vollständig. Dennoch sollte deutlich geworden sein, daß erhebliche Unterschiede in der inländischen steuerlichen Behandlung der beiden betrachteten Rechtsformen bestehen.

3.4.3 Steuersystem und Außensteuerrecht des Quellenstaates

Es sind hierbei insbesondere folgende Fragenkomplexe entscheidungsrelevant:
- Welche Steuertarife bestehen bei der Einkommensteuer bzw. Körperschaftsteuer und bei der Vermögensteuer im Belegenheitsstaat der ausländischen Grundeinheit?

- Welche Steuerbemessungsgrundlage liegt der Besteuerung zugrunde? Relativ hohe Steuertarife können mit großzügigen Bewertungsvorschriften (z.B. Abschreibungsregelungen) verbunden sein. In Staaten, mit denen kein DBA abgeschlossen worden ist, können die „Bewertungsvorteile" nur von Tochtergesellschaften, nicht aber von Betriebsstätten wahrgenommen werden. Der Sitzstaat der Spitzeneinheit hebt bei der Betriebsstättenbesteuerung (durch die Anwendung der Anrechnungsmethode) die Steuerbelastung ausländischer Einkünfte sowohl hinsichtlich des Tarifs als auch hinsichtlich der Bemessungsgrundlage auf das inländische Niveau an.
- In welcher Höhe wird Quellenabzugsteuer erhoben? Hier liegt häufig ein schwerer Nachteil für die Tochtergesellschaft, wenn sie Dividenden an die Muttergesellschaft ausschütten will. In den DBA sind aber vielfach wesentliche Senkungen der Quellenabzugsteuer vorgesehen.

3.4.4 Bilaterale Regelungen (DBA)

Hierbei handelt es sich primär um die Ausgestaltung bzw. den Abschluß von Doppelbesteuerungsabkommen. Diese beeinflussen insbesondere die inländische Behandlung der ausländischen Einkünfte bzw. des ausländischen Vermögens. In Abhängigkeit von der gewählten Rechtsform der ausländischen Grundeinheit gilt folgendes:

Prüfungskriterium	Beurteilung
Besteuerung der ausländischen Erträge im Inland (mit DBA)	Für die überwiegende Zahl der DBA gilt: Freistellung von der inländischen Besteuerung.
Besteuerung des ausländischen Vermögens im Inland (mit DBA) (Abschaffung der VSt und GewKapSt 1997/98)	Das Vermögen der Betriebsstätte ist i.d.R. freigestellt von der inländischen Besteuerung. Die Anteile an der ausländischen Tochtergesellschaft sind nicht grundsätzlich von inländischen Substanzsteuern befreit, es ist aber i.d.R. ein Schachtelprivileg vereinbart.

Es werden also sowohl Einkünfte aus einer ausländischen Betriebsstätte als auch Einkünfte aus einer ausländischen Tochtergesellschaft i.d.R. von der inländischen Besteuerung *freigestellt,* wenn ein DBA besteht.

3.4.5 Interne Daten der Internationalen Unternehmung

- **Rechtsform der Spitzeneinheit.** Die Rechtsform der Spitzeneinheit ist für den Steuertarif bezüglich der ausländischen Betriebsstättengewinne von Bedeutung. Handelt es sich bei der Spitzeneinheit um eine Kapitalgesellschaft, so unterliegt der Betriebsstättengewinn auch dem Körperschaftsteuertarif; handelt es sich dagegen um eine Personengesellschaft oder Einzelunternehmung, dann kommt der progressive Einkommensteuertarif zur Anwendung.

Es ist hierbei zu beachten, daß sich die ausländischen Betriebsstättengewinne nur bei einer deutschen Personengesellschaft oder Einzelunternehmung entweder im Rahmen der Anrechnung (ohne DBA) oder aber des Progressionsvorbehaltes gem. § 32b EStG (bei Bestehen eines DBA mit Freistellungsmethode) erhöhend auf den inländischen progressiven Steuersatz des deutschen Unternehmers oder Mitunternehmers auswirken kann. Der Steuersatz einer deutschen Kapitalgesellschaft wird dagegen durch ausländische Einkünfte nicht verändert, da hier der KSt-Tarif i.d.R. konstant ist (z.B. 45%).

Weiterhin ist hinsichtlich der Rechtsform der Spitzeneinheit zu beachten, daß das *Schachtelprivileg* bei einer wesentlichen Beteiligung einer deutschen Personengesellschaft oder Einzelunternehmung an einer ausländischen Tochtergesellschaft nicht gewährt wird.

- **Höhe des Gewinntransfers** an die Muttergesellschaft. Es gilt, daß die Tochtergesellschaft gegenüber der Betriebsstätte um so stärker benachteiligt wird, je höher ihre Dividendenausschüttungen sind.

- **Gewinn oder Verlustsituation der ausländischen Grundeinheit.** Die Bedeutung der bereits angedeuteten Möglichkeiten zur Geltendmachung eines ausländischen Verlustes im Inland hängt natürlich davon ab, ob eine solche Situation gegeben bzw. in Zukunft zu erwarten ist.

Es ließe sich noch eine ganze Reihe anderer relevanter interner Unternehmensdaten nennen, der gesteckte Rahmen des vorliegenden Kapitels läßt dieses aber nicht zu.

3.4.6 Steuerbelastungsvergleiche
(Fischer-Zernin, 1997, S. 29-37):

Im folgenden sollen unterschiedliche Steuerbelastungen bei verschiedenen Gestaltungen von Auslandsinvestitionen mit deutscher Beteiligung schematisiert aufgezeigt werden. Für Steuersätze gelten jeweils dieselben Annahmen. Es werden zwei Varianten unterschieden: Ohne (1) und mit (2) Anwendung eines Doppelbesteuerungsabkommens.

Annahmen:

- Körperschaftsteuersatz im Ausland 35% für dort ansässige Kapitalgesellschaften, dortige Betriebsstätten und Beteiligungen an dortigen Personengesellschaften durch deutsche Kapitalgesellschaften;
- Einkommensteuer im Ausland 45% für dortige Betriebsstätten und Beteiligungen an dortigen Personengesellschaften von deutschen Einzelunternehmen und deutschen einkommensteuerpflichtigen Mitunternehmern;
- Quellensteuer im Ausland 10% auf Dividendenausschüttungen an Steuerausländer (durch DBA nicht gesenkt);
- deutscher Einkommensteuersatz bei Gesellschaftern 50%, Solidaritätszuschlag nicht berücksichtigt; bei Dividendenausschüttungen in Deutschland Kapitalertragsteuer verrechnet;
- im DBA-Fall „Schachtelprivileg" sowie auf deutscher Seite Freistellung für Gewinne aus Auslandsbetriebsstätten; Beteiligung an ausländischer Personengesellschaft wird wie DBA-Betriebsstätte behandelt.

Variante 1 (kein DBA) Fall 1	Beteiligung an ausländischer Kapitalgesellschaft durch deutsche Kapitalgesellschaft	
Ausland	Gewinn bei **ausländischer Kapitalgesellschaft** (deutsche Beteiligung mindestens 10%)	100
	ausländische Körperschaftsteuer von 35%	−35
	Gewinnausschüttung	65
	ausländische Quellensteuer von 10%	−6,5
Inland	Dividende bei **deutscher Kapitalgesellschaft**	58,5
	deutsche Körperschaftsteuer auf 100 (45) abzüglich Anrechnung ausländischer Quellensteuer (6,5) und indirekter Anrechnung ausländischer Körperschaftsteuer (35)	−3,5
	Gewinnausschüttung an **deutsche Gesellschafter** (natürliche Personen)	55
	deutsche Einkommensteuer von 50% (27,5) abzüglich deutsche Körperschaftsteuer (3,5)	−24
	Gewinn nach Steuern	**31**

Variante 1 (kein DBA) Fall 2	Beteiligung an ausländischer Kapitalgesellschaft durch deutsches Einzelunternehmen bzw. durch deutsche Personengesellschaft	
Ausland	Gewinn bei **ausländischer Kapitalgesellschaft**	100
	ausländische Körperschaftsteuer von 35%	−35
	Gewinnausschüttung	65
	ausländische Quellensteuer von 10%	−6,5
Inland	Gewinnausschüttung an **deutsches Einzelunternehmen** **bzw. an Gesellschafter einer deutschen** **Personengesellschaft**	58,5
	deutsche Einkommensteuer von 50% (29,3) abzüglich Anrechnung ausländischer Quellensteuer (6,5)	−22,8
	Gewinn nach Steuern	**35,7**

17. Kap.: Internationale Steuerpolitik 745

Variante 1 (kein DBA) Fall 3	Beteiligung an ausländischer Personengesellschaft bzw. Begründung einer ausländischen Betriebsstätte durch deutsche Kapitalgesellschaft	
Ausland	Gewinn bei **ausländischer Betriebsstätte bzw. Personengesellschaft**	100
	ausländische Körperschaftsteuer von 35%	− 35
	Zurechnung des Gewinns zum deutschen Beteiligten; keine ausländische Quellensteuer	− 0
Inland	Gewinnzurechnung (100) bei **deutscher Kapitalgesellschaft** deutsche Körperschaftsteuer von 45% (45); abzüglich Anrechnung ausländischer Körperschaftsteuer (35)	− 10
	Gewinnausschüttung an **deutsche Gesellschafter** (natürliche Personen)	55
	deutsche Einkommensteuer von 50% (27,5) abzüglich Anrechnung deutscher Körperschaftsteuer (10)	− 17,5
	Gewinn nach Steuern	**37,5**

Variante 1 (kein DBA) Fall 4	Beteiligung an ausländischer Personengesellschaft bzw. Begründung einer ausländischen Betriebsstätte durch deutsches Einzelunternehmen bzw. deutsche Personengesellschaft	
Ausland	Gewinn bei **ausländischer Betriebsstätte bzw. Personengesellschaft**	100
	ausländische Einkommensteuer von 45%	− 45
	Zurechnung des Gewinns zum deutschen Beteiligten; keine ausländische Quellensteuer	− 0
Inland	Gewinnzurechnung (100) bei **deutschem Einzelunternehmer bzw. Mitunternehmer**	
	deutsche Einkommensteuer auf 50% abzüglich Anrechnung ausländischer Einkommensteuer (45)	− 5
	Gewinn nach Steuern	**50**

Variante 2 (DBA anwendbar) Fall 5	Beteiligung an ausländischer Kapitalgesellschaft durch deutsche Kapitalgesellschaft	
Ausland	Gewinn bei **ausländischer Kapitalgesellschaft** (deutsche Beteiligung mindestens 10%)	100
	ausländische Körperschaftsteuer von 35%	−35
	Gewinnausschüttung	65
	ausländische Quellensteuer von 10%	−6,5
Inland	Dividende bei **deutscher Kapitalgesellschaft**	58,5
	keine deutsche Körperschaftsteuer aufgrund DBA-Schachtelprivileg	−0
	Gewinnausschüttung an **deutsche Gesellschafter** (natürliche Personen)	
	deutsche Einkommensteuer von 50% (keine anrechnungsfähige Körperschaftsteuer)	−29,3
	Gewinn nach Steuern	**29,3**

Variante 2 (DBA anwendbar) Fall 6	Beteiligung an ausländischer Kapitalgesellschaft durch deutsches Einzelunternehmen bzw. durch deutsche Personengesellschaft	
Ausland	Gewinn bei **ausländischer Kapitalgesellschaft**	100
	ausländische Körperschaftsteuer von 35%	−35
	Gewinnausschüttung	65
	ausländische Quellensteuer von 10%	−6,5
Inland	Gewinnausschüttung an **deutsches Einzelunternehmen** **bzw. an Gesellschafter einer deutschen** **Personengesellschaft**	58,5
	deutsche Einkommensteuer von 50% (29,3) abzüglich Anrechnung ausländischer Quellensteuer (6,5)	−22,8
	Gewinn nach Steuern	**35,7**

17. Kap.: Internationale Steuerpolitik

Variante 2 (DBA anwendbar) Fall 7	Beteiligung an ausländischer Personengesellschaft bzw. Begründung einer ausländischen Betriebs- stätte durch deutsche Kapitalgesellschaft	
Ausland	Gewinn bei **ausländischer Betriebsstätte** **bzw. Personengesellschaft**	100
	ausländische Körperschaftsteuer von 35%	– 35
	Zurechnung des Gewinns zum deutschen Beteiligten; keine ausländische Quellensteuer	– 0
Inland	Gewinnzurechnung (100) bei **deutscher Kapitalgesellschaft** keine deutsche Körperschaftsteuer aufgrund DBA-Freistellung für Gewinne aus Auslandsbetriebsstätte	65
	Gewinnausschüttung an **deutsche Gesellschafter** (natürliche Personen)	
	deutsche Einkommensteuer von 50% (keine anrechenbare Körperschaftsteuer)	– 32,5
	Gewinn nach Steuern	**32,5**

Variante 2 (DBA anwendbar) Fall 8	Beteiligung an ausländischer Personengesellschaft bzw. Begründung einer ausländischen Betriebs- stätte durch deutsches Einzelunternehmen bzw. deutsche Personengesellschaft	
Ausland	Gewinn bei **ausländischer Betriebsstätte** **bzw. Personengesellschaft**	100
	ausländische Einkommensteuer von 45%	– 45
	Zurechnung des Gewinns zum deutschen Beteiligten; keine ausländische Quellensteuer	– 0
Inland	Gewinnzurechnung (100) bei **deutschem Einzelunternehmer** **bzw. Mitunternehmer**	
	keine deutsche Einkommensteuer aufgrund DBA-Freistellung für Gewinne aus Auslandsbetriebsstätte	– 0
	Gewinn nach Steuern	**55**

Ende des wörtlichen Zitates Fischer-Zernin, 1997, S. 29-37.

3.5 Zusammenfassung

Zusammenfassend läßt sich feststellen, daß bei der Organisation der Auslandstätigkeit eine Vielzahl von Einflußfaktoren zu beachten ist. Bei der Fragestellung, ob sich eine Betriebsstätte oder aber eine Tochter-Kapitalgesellschaft steuerlich als günstiger erweist, kommen der Rechtsform der Spitzeneinheit, dem Ergebnis der ausländischen Unternehmenseinheit, der Gewinnverwendung und der Zuweisung der Besteuerungsrechte (DBA) entscheidende Bedeutung zu (vgl. Rieger, 1978, S. 243).

4 Erfolgsverlagerung als Mittel der Steuerpolitik

4.1 Einführung in die Problematik

4.1.1 Allgemeines

Im vorherigen Abschnitt ist deutlich geworden, daß die Internationale Unternehmung zwei Komponenten der Gewinnbesteuerung ausgesetzt ist, zum einen der Gewinnbesteuerung bei der Grundeinheit und zum anderen der Besteuerung von Dividendenausschüttungen einer Tochtergesellschaft an die Spitzeneinheit (Muttergesellschaft).

Es stellen sich damit zwei Ziele für die Steuerpolitik der Internationalen Unternehmung,

- einen möglichst großen Teil des Gesamtgewinns der Unternehmung bei der Einheit anfallen zu lassen, bei der die niedrigste Gewinnbesteuerung gegeben ist,
- steuerlich ungünstige Gewinnausschüttungen (Dividendenausschüttungen) zu vermeiden (vgl. Kormann, 1970, S. 147).

Um die Erfolgsentstehung innerhalb einer Internationalen Unternehmung entsprechend zu beeinflussen, werden von der Steuerpolitik Maßnahmen zur Erfolgslenkung (bzw. Erfolgsverlagerung) eingesetzt.

4.1.2 Definition der Erfolgsverlagerung

Der Begriff der Erfolgslenkung (Erfolgsverlagerung) umfaßt alle Maßnahmen der Unternehmensleitung, die ohne Veränderung des Faktoreinsatzes und der Leistungsmenge nur durch Lenkung der Aufwands- und Ertragsströme in der internen Verrechnung der Unternehmung erfolgen, um im Sinne der gesetzten Unternehmensziele zu wirken (vgl. Schröder, 1983, S. 16; Kormann, 1970, S. 153).

Seidel (1972, S. 15; Wacker, 1979, S. 315f.) definiert die Erfolgslenkung als die Differenz zwischen dem in den Büchern bzw. in der Bilanz ausgewiesenen Erfolg und dem auf der Grundlage von Vergleichsmaßstäben ermittelten Erfolg. Wie die Auswahl der „richtigen" Vergleichsmaßstäbe erfolgen soll, bleibt aber ungeklärt. Dieses Problem wird im Zusammenhang mit der Verrechnungspreispolitik vertieft.

4.1.3 Formen der Erfolgsverlagerung

4.1.3.1 Zeitliche Erfolgsverlagerung

Es ist zwischen räumlicher und zeitlicher Erfolgsverlagerung zu unterscheiden.

Zur zeitlichen Erfolgsverlagerung werden in erster Linie die steuerbilanzpolitischen Maßnahmen gerechnet, also der Einsatz von Bilanzierungs- und Bewertungswahlrechten, durch die der Gewinn (Verlust) aufgrund von Aufwandsvorverrechnung oder -nachverrechnung beeinflußt wird.

Im Unterschied zur nationalen Unternehmung hat die Internationale Unternehmung ggf. die Möglichkeit, auch die steuerbilanzpolitischen Wahlrechte im Sitzstaat ihrer ausländischen Grundeinheit zu nutzen (vgl. Haberstock, 1984, S. 272ff.)

4.1.3.2 Räumliche Erfolgsverlagerung

Die räumliche Erfolgsverlagerung umfaßt alle Maßnahmen, durch die ein Erfolg bei einem anderen Unternehmensteil als demjenigen zutage tritt, durch den er erwirtschaftet worden ist (vgl. Höppner, 1967, S. 468).

Die Maßnahmen zur räumlichen Erfolgsverlagerung lassen sich grundsätzlich in zwei Gruppen einteilen (vgl. Kormann, 1970, S. 148):

- Lenkung der **realen** Güter- und Leistungsströme (vgl. Kormann, 1970, S. 200ff.),
- Beeinflussung der **wertmäßigen** Güter- und Leistungsströme ohne Veränderung des realen Güter- und Leistungsverkehrs.

Die erste Gruppe ist nur in wenigen Fällen der Steuerpolitik zugänglich, da die Lenkung des realen Güter- und Leistungsverkehrs überwiegend von nichtsteuerlichen Überlegungen bestimmt wird. Eine Ausnahme ist die Bildung von Basisgesellschaften, dieses steuerpolitische Instrument wird im Abschnitt 4.3 näher untersucht.

Dagegen ist die wertmäßige Beeinflussung der Güter- und Leistungsströme zur Lenkung der Erfolgsentstehung entsprechend der Zielsetzung des Finanzmanagements innerhalb der Internationalen Unternehmung die am häufigsten angewandte Maßnahme zur Erfolgsverlagerung. Als Mittel werden dabei regelmäßig die sog. Verrechnungspreise eingesetzt.

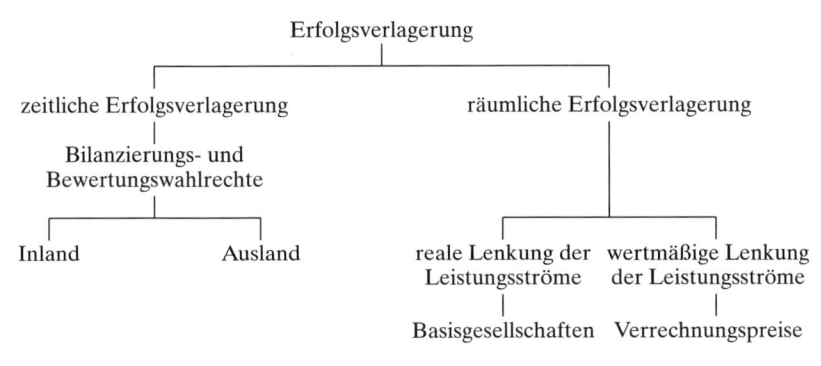

```
                        Erfolgsverlagerung
                               |
        ┌──────────────────────┴──────────────────────┐
zeitliche Erfolgsverlagerung              räumliche Erfolgsverlagerung
        |                                             |
  Bilanzierungs- und
  Bewertungswahlrechte
        |                                             |
   ┌────┴────┐                              ┌─────────┴─────────┐
 Inland    Ausland                    reale Lenkung der   wertmäßige Lenkung
                                      Leistungsströme     der Leistungsströme
                                             |                   |
                                      Basisgesellschaften  Verrechnungspreise
```

Abb. 17.2: Erfolgsverlagerung

4.2 Verrechnungspreise als Mittel der Erfolgslenkung

4.2.1 Steuerliche Betrachtung

Zur Durchführung der Verrechnungspreispolitik ist es insbesondere erforderlich, daß Lieferungs- oder Leistungbeziehungen zwischen den beteiligten Unternehmen bestehen, da diese die Anknüpfungspunkte der Verrechnungspreise darstellen (Follgracht, 1975; Plasschärt, 1979).

Nach Niemann (1968, S. 35f.) lassen sich die möglichen Lieferungs- oder Leistungsbeziehungen zwischen der Spitzen- und der Grundeinheit wie folgt einteilen:

1. Lieferung von Roh-, Hilfs- und Betriebsstoffen, unfertigen und fertigen Erzeugnissen und Waren;
2. Übertragung oder Lieferung von Wirtschaftsgütern des Anlagevermögens wie Grundstücke, Maschinen usw.;
3. Überlassung von Wirtschaftsgütern des Anlagevermögens oder von Kapital zur Nutzung;
4. Überlassung von know how;
5. Zentrale Lösung von gemeinsamen Aufgaben (z.B. Forschung, Entwicklung, Rechtsberatung, Werbung, Versicherung, Finanzierung).

Allen fünf Leistungsgruppen ist gemeinsam, daß jeweils unternehmensinterne Lieferungen und Leistungen zu bewerten sind. Diese Bewertung erfolgt mit Hilfe sog. Verrechnungspreise (vgl. Kussmaul, 1987, S. 679).

Der Leistungsverkehr zwischen nahestehenden Unternehmen (Konzerneinheiten) wird in der Regel nach Kriterien abgerechnet, die von dem herrschenden Unternehmen festgelegt werden. Liefert z.B. ein in Hamburg ansässiges Mutterunternehmen einen Posten unfertiger Erzeugnisse an seine Tochtergesellschaft in Dänemark, so ist ein typischer Sachverhalt des grenzüberschreitenden Leistungsverkehrs zwischen den Einheiten eines Internationalen Unternehmens gegeben. Der Betrag, den die deutsche Mutter von der dänischen Tochtergesellschaft für die Lieferung der unfertigen Erzeugnisse verlangt, wird als Verrechnungspreis bezeichnet. Gegenüber dem Marktpreis, der das Ergebnis von Angebot und Nachfrage auf dem jeweiligen Markt widerspiegelt, ist der Verrechnungspreis das Ergebnis zweckorientierter Leistungsbewertung innerhalb der Internationalen Unternehmung (vgl. Baranowski, 1982, S. 309).

4.2.2 Methoden zur Ermittlung der Verrechnungspreise

Da der Fiskus in den jeweils betroffenen Ländern naturgemäß daran interessiert ist, „sich die wirtschaftlichen Ergebnisse der in seinem Gebiet tätigen Unternehmen nicht schmälern zu lassen, um sich auf diese Weise seinen Anteil am ‚Steuerkuchen' zu sichern" (BDI, 1983, S. 15), werden die zwischen den einzelnen Unternehmensgliedern ausgehandelten bzw. vereinbarten Entgelte seit jeher mit großem Mißtrauen betrachtet.

Zur Prüfung der Angemessenheit der angesetzten Verrechnungspreise wurden in der Bundesrepublik 1983, in Anlehnung an die Empfehlungen des Rates der OECD v. 19.5.1979, die sog. „Verwaltungsgrundsätze für die Prüfung der Einkunftsabgrenzung bei international verbundenen Unternehmen" geschaffen (BMF, 23.2.1983, in BStBl I 1983, S. 218).

In diesen Verwaltungsgrundsätzen wurde der vorher schon angewandte Grundsatz, daß Verrechnungspreise so anzusetzen sind, wie sie unter fremden Dritten vereinbart worden wären **(dealing at arm's length-principle)** konkretisiert, indem drei Standardprüfungsmethoden festgelegt wurden. Im einzelnen handelt es sich dabei um (vgl. Hackmann, 1984, S. 99ff.; Schmitz, 1981, S. 35ff.):

- die Preisvergleichsmethode,
- die Wiederverkaufspreismethode und
- die Kostenaufschlagsmethode.

Bei der **Preisvergleichsmethode** ist derjenige Marktpreis zu bestimmen, den auch ein fremder Dritter für eine Lieferung oder Leistung unter sonst vergleichbaren Bedingungen zu entrichten hätte (vgl. Jäger, 1987, S. 78).

Findet die **Wiederverkaufspreismethode** Anwendung, so dient in Ermangelung eines direkten Vergleichsgeschäftes der Wiederverkaufspreis des „Käufers" als Anhaltspunkt. Die Ermittlung ist wie folgt vorzunehmen (vgl. Jäger, 1987, S. 85):

Netto-Wiederverkaufspreis des Käufers
./. angemessene Gewinnspanne des Käufers
./. noch anfallende Kosten beim Käufer
= Verrechnungspreis

Der **Kostenzuschlagsmethode** liegen bei der Berechnung eines angemessenen Verrechnungspreises die aufgewendeten Kosten bei der leistenden Unternehmenseinheit zu Grunde, zuzüglich eines angemessenen Gewinnaufschlages (Klein u.a. 1983, S. 107). Der Gewinnaufschlag orientiert sich dabei z.B. an branchenüblichen Gewinnsätzen oder an einer unterstellten Eigenkapitalrendite des Verkäufers (vgl. Klein u.a., 1983, S. 113).

Welche dieser drei Methoden bei der Festlegung eines Verrechnungspreises zur Anwendung kommt, ist mit der jeweiligen Finanzverwaltung abzustimmen, hängt aber wohl von deren Zweckmäßigkeit ab. Existieren z.B. Marktpreise für die verrechnete Lieferung oder Leistung, so bietet sich die Preisvergleichsmethode an.

4.2.3 „Spielräume" bei der Festsetzung der Verrechnungspreise

Trotz der Festlegung dieser zuvor genannten Prüfungsmethoden der Finanzverwaltung verbleibt **ausreichend Raum zur Erzielung steuerpolitisch erwünschter Wirkungen**.

Die Spielräume bei der Verrechnungspreispolitik hängen maßgeblich von der zur Anwendung gebrachten Preisermittlungsmethode ab. Grundsätzlich steht eine gewisse Bandbreite als Ermessensspielraum zur Verfügung, weil die Regelung aller denkbaren Einzelfälle für den Gesetzgeber nicht möglich ist (vgl. Schmelling, 1985, S. 4 u. 99; Rädler, 1982, S. 328).

Es ergeben sich z.B. bei der Kostenaufschlagsmethode erhebliche Interpretationsmöglichkeiten in bezug auf die Schlüsselung der Gemeinkosten und bei der

Bemessung des Gewinnaufschlages (Schmelling, 1985, S. 109). Ebenso bietet die Verteilung der sog. Konzernumlagen auf die einzelnen Unternehmensglieder auf Grund des nur schwer bestimmbaren Verteilungsmaßstabes steuerpolitisch nutzbaren Handlungsspielraum (vgl. Kormann, 1970, S. 179). Im Zusammenhang mit der Wiederverkaufspreismethode bietet sich insbesondere die Festlegung der Handelsspanne (Gewinnaufschlag) als variabel (elastisch) zu gestaltende Größe zur Beeinflussung der Gewinnentstehung an. Der Spielraum bei Anwendung der Preisvergleichsmethode ist dagegen auf Grund der strengen Homogenitätsforderungen in bezug auf die Marktverhältnisse relativ eng (vgl. Schmelling, 1985, S. 103).

Generell ist festzuhalten: **Je weiter die Ermittlungsmethode vom Prinzip des Fremdpreisvergleiches entfernt ist, desto größer dürfte der mögliche Preisgestaltungsspielraum sein** (vgl. Schmelling, 1985, S. 111).

In Abbildung 17.3 sind die über Verrechnungspreise beeinflußbaren Leistungsgruppen (bzw. die daraus resultierenden Entgelte) bezüglich ihrer Kontrollierbarkeit durch die jeweiligen Steuerbehörden dargestellt (vgl. Wacker, 1979, S. 83; Klein, 1982, S. 162).

4.2.4 Steuerliche Wirkungen

Die steuerpolitisch motivierte Festlegung der Verrechnungspreise impliziert, daß vom Finanzmanagement der Internationalen Unternehmung eine Entscheidung über die als wünschenswert angesehene Verteilung des Gesamteinkommens der Internationalen Unternehmung auf die einzelnen Unternehmenseinheiten getroffen worden ist.

Das vorliegende Problem umfaßt also die steuerminimierende Verteilung eines gegebenen Welteinkommens.

Leistungsgruppe	Entgeltart	Grad der Kontrollierbarkeit
Lieferung von Waren, unfertigen und Fertigerzeugnissen	Kaufpreis	Hoch
Einmalige Übertragung materieller und immaterieller WG		
Nutzung von Anlagegütern	Miete, Pacht	
Nutzung von Kapital	Zinsen	
Nutzung immaterieller WG	Gebühren, z.B. Lizenzgebühren	Mittel
Vermittlungstätigkeit	Provision	
Konzernaufgaben: – Assistenzleistungen – Management oder Regieleistungen – Koordinations- und Kontroll-Leistungen	Konzernumlagen	Niedrig

Abb. 17.3: Kontrollierbarkeit von Verrechnungspreisen

17. Kap.: Internationale Steuerpolitik   753

Über eine Beeinflussung (Manipulation) der Erfolgsentstehung bei den einzelnen Unternehmensgliedern durch eine entsprechende Verrechnungspreisgestaltung können dabei grundsätzlich die folgenden steuerlich erwünschten Wirkungen erzielt werden (vgl. Kormann, 1970, S. 153; Seidel, 1972, S. 15):

- Verschiebung der Gewinne in Niedrigsteuer-Länder,
- Verlustverlagerung aus Ländern, die nur einen eng begrenzten Verlustvor-/-rücktrag zulassen,
- Vermeidung steuerlich ungünstiger Dividendenausschüttungen.

Bei der Berechnung der steuerlichen Auswirkungen der betriebenen Verrechnungspreisgestaltung ist zu beachten, daß die Wirkungen von einer Anzahl einzelner Parameter abhängen. Insbesondere sind in diesem Zusammenhang die folgenden Einflußgrößen zu nennen:

- Rechtsform der inländischen Spitzeneinheit, d.h. konstanter oder progressiver Ertragsteuertarif (vgl. Haase, 1982, S. 547ff.),
- Rechtsform der ausländischen Grundeinheit,
- Ausschüttungsverhalten der ausländischen Grundeinheit,
- Bestehen oder Nicht-Bestehen eines DBA,
- bei Bestehen eines DBA dessen Ausgestaltung (z.B. Freistellungs- oder Anrechnungsmethode),
- bei Nicht-Bestehen eines DBA die Auswahl in bezug auf die im deutschen Steuerrecht zur Verfügung stehenden Methoden zur Vermeidung der Doppelbesteuerung (vgl. Abschnitt 5),
- Ausschüttungsverhalten der inl. Spitzeneinheit (Kapitalgesellschaft),
- ausländischer Ertragsteuersatz,
- inländischer Ertragsteuersatz,
- Richtung und Ausmaß der unternehmensinternen Leistungsbeziehungen.

Die vorstehend genannten Parameter sind nicht im Sinne einer abschließenden Aufzählung aller grundsätzlich relevanten Einflußgrößen zu verstehen, sondern sie stellen lediglich eine Auswahl der wichtigsten Parameter dar.

Beispielsrechnung

In der nachfolgenden Rechnung soll der Einfluß des Parameters **Ausschüttungsverhalten der Tochtergesellschaft** auf die steuerliche Wirkung einer Erfolgsverlagerung mit Hilfe von Verrechnungspreisen untersucht werden.

Datensituation:
- Die inländische Spitzeneinheit (I) wird in der Rechtsform einer Kapitalgesellschaft geführt.
- Inländischer Steuersatz (KSt) $s_I = 50\%$ (unter Vernachlässigung der Gewerbeertragsteuer).
- Die ausl. Grundeinheit (A) wird als Tochtergesellschaft geführt.
- Ausl. Steuersatz (KSt) $s_A = 20\%$.
- Der zu versteuernde Gewinn beträgt für I = 1000 (G_I) und für A = 1000 (G_A).
- Der gesamte inländische Gewinn wird thesauriert.
- A nutzt immaterielle WG, die im Eigentum von I stehen.
- Die ausl. Grundeinheit thesauriert die im Ausland anfallenden Gewinne.
- Es besteht kein DBA.

Es wird von der Unternehmensleitung eine Verrechnungspreissenkung (V*) von 100 erwogen. Die steuerlichen Auswirkungen einer solchen Verrechnungspreissenkung auf die Höhe der von der Internationalen Unternehmung zu zahlenden Steuern wird nachfolgend aufgezeigt.

Der Gesamtgewinn (G) nach Steuern ergibt sich grundsätzlich als:

$$G = G_I \cdot (1 - s_I) + G_A \cdot (1 - s_A) \quad . \tag{1}$$

Wenn $s_A < s_I$ gilt, kann die Gesamtsteuerlast durch eine Verrechnungspreissenkung (V^*) vermindert werden. Für G gilt dann:

$$\begin{aligned} G = {} & G_I \cdot (1 - s_I) + G_A \cdot (1 - s_A) - V^* \cdot (1 - s_I) \\ & + V^* \cdot (1 - s_A) \end{aligned} \tag{2}$$

Der Gesamtgewinn erhöht sich um die Gewinndifferenz (GD):

$$\begin{aligned} GD & = V^* \cdot (1 - s_A) - V^* \cdot (1 - s_I) \\ & = V^* \cdot (s_I - s_A). \end{aligned} \tag{3}$$

Für das hier zu betrachtende Beispiel läßt sich somit folgendes feststellen:

	Inl. Spitzeneinheit Verrechnungs- preissenkung		Ausl. Tochtergesellschaft Verrechnungs- preissenkung	
	ohne	mit	ohne	mit
Gewinn	1 000	900	1 000	1 100
Steuer	500	450	200	220
Gewinn nach Steuern	500	450	800	880

Der Steuervorteil der Internationalen Unternehmung ergibt sich mit:

$$\begin{aligned} & GD = (450 + 880) - (500 + 800) = 30 \\ & \text{oder} \\ & GD = 100 \cdot (0{,}5 - 0{,}2) = 30. \end{aligned} \tag{4}$$

In der vorhergehenden Betrachtung wurde der Gewinn der ausländischen Tochtergesellschaft thesauriert. **Diese Annahme wird nun aufgehoben. Die ausländische Tochtergesellschaft schüttet ihren gesamten Gewinn an die deutsche Spitzeneinheit aus.** Zur Vermeidung einer Doppelbesteuerung bezüglich der erhaltenen Dividenden kommt bei der Spitzeneinheit das Anrechnungsverfahren zur Anwendung. Am Sitz der Tochtergesellschaft wird bei Ausschüttung eine Quellensteuer (s_{qA}) in Höhe von 10% fällig.

Die inländische Kapitalgesellschaft hat einen Antrag gem. § 26 Abs 2 KStG auf Anrechnung der im Ausland durch die Tochtergesellschaft gezahlten KSt gestellt. Es wird davon ausgegangen, daß die Voraussetzungen des § 26 Abs. 2 KStG, also die aktive Tätigkeit der Tochtergesellschaft und die Anrechnungshöchstgrenzen erfüllt bzw. beachtet werden.

17. Kap.: Internationale Steuerpolitik

Der Gesamtgewinn G nach Steuern berechnet sich nun wie folgt:

$$G = G_I \cdot (1 - s_I) + G_A \cdot (1 - s_A) \cdot (1 - s_{qA}) + G_A \cdot (1 - s_I) - G_A \cdot (1 - s_A) \cdot (1 - s_{qA})$$
$$= G_I \cdot (1 - s_I) + G_A \cdot (1 - s_I). \tag{5}$$

Aus der Gleichung (5) ist zu ersehen, daß aufgrund der Anrechnung im Inland der ausländische Besteuerungsvorteil gänzlich aufgehoben wird.

	Inl. Spitzeneinheit Verrechnungs- preissenkung		Ausl. Tochtergesellschaft Verrechnungs- preissenkung	
	ohne	mit	ohne	mit
Gewinn	1 000	900	1 000	1 100
Ausl. Gewinnsteuer	–	–	200	220
Quellensteuer	–	–	80	88
Dividende	720	792	–	–
Tarifbelastung	1 000	1 000	–	–
./. Anrechnung	280	308	–	–
Reststeuer	720	692	–	–
Gewinn nach Steuern	1 000	1 000	–	–

4.2.5 Außersteuerliche Betrachtung (Zoll)

Abgesehen von der zuvor angestellten steuerlichen Betrachtung kann die Verrechnungspreispolitik u.a. auch für den Kapitaltransfer in währungsstabile Länder zur Umgehung staatlicher Kontrollen (insbesondere von Devisenvorschriften) eingesetzt werden.

Eine weitere nicht-steuerliche Komponente, welche durch die Gestaltung der Verrechnungspreise beeinflußt wird, ist die Zollbelastung (vgl. Kormann, 1970, S. 159ff.; Engel, 1986, S. 64ff.). Ein steuerlich motivierter hoch angesetzter Verrechnungspreis führt ggf. zu einer hohen Zollbelastung durch Wertzölle.

Die steuersparende Wirkung eines unter steuerpolitischen Gesichtspunkten festgesetzten Verrechnungspreises kann so durch die Zollwirkung überkompensiert werden.

In der nachfolgenden Rechnung soll der **Einfluß des Parameters Zoll auf die Wirkung einer Erfolgsverlagerung mit Hilfe von Verrechnungspreisen** untersucht werden.

Beispiel

Datensituation:
- Der gesamte inländische Gewinn wird thesauriert.
- Inländischer Steuersatz (KSt) $s_I = 50\%$.
- Die ausl. Grundeinheit (A) wird als Betriebsstätte geführt.
- Ausl. Steuersatz (KSt) $s_A = 40\%$.
- Inländischer Einfuhrzoll (z) in Höhe von 5% vom Warenwert.

- Im bestehenden DBA wurde zwischen den beiden betrachteten Staaten für die hier relevanten Einkünfte die Freistellungsmethode vereinbart.
- Ansonsten gelten die Daten des vorherigen Beispiels.

Die Grundeinheit liefert an die inl. Spitzeneinheit Waren im Werte (V) von 1 000. Die von der Steuerpolitik zu lösende Aufgabe besteht nun darin festzustellen, ob eine wertmäßige Veränderung des Warenwertes mittels Verrechnungspreisgestaltung zu einer Verringerung der Abgabenlast (incl. Zoll) führt.

Der Gesamtgewinn (G) nach Steuern und Zoll ergibt sich grundsätzlich als (vgl. Kormann, 1970, S. 160ff.):

$$G = G_I \cdot (1 - s_I) + G_A \cdot (1 - s_A) + V \cdot z (s_I - 1) \quad (6)$$

Eine Erhöhung des Verrechnungspreises V^* durch die ausl. Grundeinheit führt zu einer Gesamtgewinnsteigerung der Internationalen Unternehmung, wenn

$$|-V^* \cdot (1-z) \cdot s_I| > V^* \cdot s_A \quad (7)$$

Diese Ungleichung besagt, daß eine Gewinnsteigerung durch eine Erhöhung des Verrechnungspreises dann gegeben ist, wenn die inl. Steuerersparnis, verrechnet mit der Nettozollbelastung, größer als die zusätzliche ausl. Steuerbelastung ist, wobei davon ausgegangen wird, daß die *Zollbelastung eine abzugsfähige Betriebsausgabe* der Muttergesellschaft darstellt.

Es ist also abzuwägen, ob die Steuerersparnis durch die Gewinnverlagerung in ein Land niedriger Ertragsbesteuerung per Saldo die zusätzliche Netto-Zollbelastung überkompensiert.

Der Zollsatz, der die Steuerersparnis durch die Ausnutzung von Ertragsteuerdifferenzen gerade kompensiert, wird als **Gleichgewichtszollsatz (zG)** bezeichnet. Dieser Zollsatz ergibt sich mit

$$zG = \frac{s_I - s_A}{s_I} \quad (8)$$

Eine Gewinnverlagerung in der beschriebenen Weise ist lohnend, solange der Zollsatz unter diesem Gleichgewichtszollsatz liegt.

Im angeführten Beispiel wäre der Gleichgewichtszollsatz

$$zG = \frac{0{,}5 - 0{,}4}{0{,}5} = 0{,}2 \quad (9)$$

Bei Anwendung der Ungleichung (7) erhält man für das obige Zahlenbeispiel:

$$\begin{aligned}
|-100 \cdot (1-0{,}05) \cdot 0{,}5| &> +100 \cdot 0{,}4 \\
|-100 \cdot 0{,}95 \cdot 0{,}5| &> +100 \cdot 0{,}4 \\
|-100 \cdot 0{,}475| &> +100 \cdot 0{,}4 \\
|-47{,}50| &> +40
\end{aligned} \quad (10)$$

Wie die Ungleichung zeigt, führt eine Erhöhung des Verrechnungswertes um 100 zu einer Netto-Abgabensenkung der Internationalen Unternehmung um $(47{,}50 - 40) = 7{,}50$.

4.2.6 Risiken und Probleme der Erfolgsverlagerung mit Hilfe von Verrechnungspreisen

Prinzipiell können Verrechnungspreise unabhängig von anderen Entscheidungsfeldern unter steuerpolitischen Gesichtspunkten gestaltet werden (vgl. Schmelling, 1985, S. 30). **Kurzfristig wirkende Verrechnungspreismanipulationen können jedoch langfristig beträchtliche Risiken in sich bergen.** Neben der bereits angesprochenen Zollwirkung ist hier insbesondere die Nichtanerkennung der Verrechnungspreise durch die Finanzverwaltung zu nennen (vgl. Kumpf, 1976, S. 3). Diese Nichtanerkennung führt zu einer entsprechenden Berichtigung des Gewinns bei den betroffenen Unternehmenseinheiten (vgl. Ebenroth, 1979, S. 15).

Die maßgeblichen Rechtsgrundlagen für eine solche Gewinnkorrektur sind neben den bilateralen Abgrenzungsklauseln in den Doppelbesteuerungsabkommen

- das Institut der verdeckten Gewinnausschüttung (§ 8 Abs. 3 KStG),
- das Institut der verdeckten Einlage (§ 8 Abs. 1 KStG),
- die Vorschrift des § 1 AStG über die Berichtigung von Einkünften aus grenzüberschreitenden Geschäftsbeziehungen mit nahestehenden Unternehmen (vgl. Baranowski, 1982, S. 310ff.; Kussmaul, 1987, S. 688).

Durch die Gewinnkorrektur bzw. die Korrektur des Verrechnungspreises besteht für die Internationale Unternehmung die Gefahr der unkoordinierten behördlichen Maßnahmen, was zu einer Doppel- bzw. Mehrfachbesteuerung der betroffenen Sachverhalte führen kann. Bei der Festlegung der Verrechnungspreise ist dieser Zusammenhang stets zu beachten. (Gemildert werden die steuerlichen Folgen der Gewinnberichtigung durch den sog. Vorteilsausgleich, vgl. BMF v. 23.2.83, in: BStBl I 1983, TZ. 2.3.2f.).

4.2.7 Zusammenfassung

Das Prinzip der steuerlichen Verrechnungspreispolitik ist die Gewinnverlagerung (Kormann, 1970, S. 153). Um diese zu erreichen, sind nicht die betriebswirtschaftlich „richtigen" sondern die zur Zielerreichung geeigneten Verrechnungspreise zu ermitteln und anzuwenden (Kormann, 1970, S. 169). Neben den aufgeführten Verwaltungsgrundsätzen zur Beurteilung der Angemessenheit der Verrechnungspreise sind von den Unternehmen bei der Festsetzung der Verrechnungspreise u.a. die folgenden Faktoren zu berücksichtigen (vgl. Kratz, 1986, S. 193; Follpracht, 1975, S. 22):

- Besteuerung der Gewinnerzielung,
- Besteuerung des Gewinntransfers (Dividendenausschüttung),
- DBA,
- Richtung und wertmäßige Höhe der zwischenbetrieblichen Leistungsströme (es ist hier der reale Wert gemeint, d.h. vor Beeinflussung durch die steuerpolitisch motivierten Verrechnungspreise),
- Zollwirkungen.

4.3 Basisgesellschaften als Mittel der räumlichen Gewinnverlagerung

4.3.1 Begriff der Basisgesellschaft

Die Nutzung des internationalen Steuergefälles durch Internationale Unternehmen kann nicht nur mittels Verrechnungspreisen geschehen, sondern auch durch das Einschalten sog. Basisgesellschaften.

Der Begriff der Basisgesellschaft ist außerordentlich schillernd. Der **Oasenbericht** der deutschen Bundesregierung vom 23.6.1964 bezeichnet **Kapitalgesellschaften** (vgl. Piltz, 1982, S. 414ff.) mit dem Aufgabenfeld einer internationalen Geschäfts- und Investitionstätigkeit, **die in einem Land mit niedrigem Steuerniveau errichtet werden und der Verlagerung von Einkünften und Vermögen dienen, als Basisgesellschaften**. Innerhalb einer Internationalen Unternehmung wird die Basisgesellschaft zwischen die ausländische Grundeinheit und die deutsche Spitzeneinheit geschaltet:

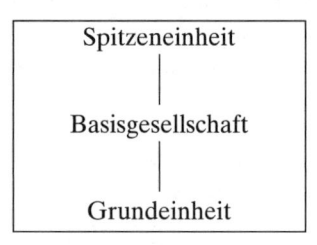

```
┌─────────────────────────┐
│      Spitzeneinheit     │
│            │            │
│    Basisgesellschaft    │
│            │            │
│       Grundeinheit      │
└─────────────────────────┘
```

Wesentlich für die steuerliche Funktion ist deren eigene Rechtspersönlichkeit, da hieran die Steuerfähigkeit anknüpft, und nur wenn die Basisgesellschaft als eigenes Steuersubjekt anerkannt wird, tritt die **Abschirmwirkung** gegenüber der inländischen Besteuerung ein (vgl. Piltz, 1982, S. 414ff.).

4.3.2 Die klassische Basisgesellschaft

Die Funktion der klassischen Basisgesellschaft besteht nicht in einer werbenden (gewerblichen) Tätigkeit, sondern im Erwerb, der Verwaltung und Verwertung von Beteiligungen an anderen Unternehmen. Für den Rahmen der Internationalen Unternehmung bedeutet dieses, daß die Basisgesellschaft an Stelle der Spitzeneinheit die Beteiligungen an den ausländischen Grundeinheiten hält.

Die steuerlichen Vorteile einer solchen Konstruktion bestehen darin, daß die Dividendenausschüttungen der Auslandstöchter der Inlandsbesteuerung entzogen werden. Da als Sitzstaaten von Basisgesellschaften im allg. Länder mit einem sog. **Holdingprivileg** (besondere Steuervergünstigung für Gesellschaften mit reiner Holdingfunktion) gewählt werden, wie z.B. Liechtenstein oder Luxemburg, unterliegen die Dividendenauschüttungen nur noch einer sehr geringen oder aber gar keiner Besteuerung mehr. Die Bildung von Basisgesellschaften führt so zu teilweise erheblichen Steuerspareffekten.

4.3.3 Die steuerrechtlichen Besonderheiten der Basisgesellschaft

Durch das Außensteuergesetz v. 8.9.1972 wurde diese zuvor beschriebene Steuersparmöglichkeit erheblich eingeengt, indem die sog. Hinzurechnungsbesteuerung für als steuerschädlich erkannte Basisgesellschaften eingeführt worden ist.

Mit der **Hinzurechnungsbesteuerung** ist der im AStG geregelte Zugriff auf den nicht ausgeschütteten Gewinn einer ausländischen Gesellschaft gemeint, der den Anteilseignern als fiktiver Dividendenertrag anteilig zugerechnet wird (vgl. Wacker, 1982b, S. 357f.). Die Einbeziehung dieser ausl. Gewinne in die inl. Veranlagung der einzelnen Gesellschafter erfolgt gemäß der Beteiligung am Nennkapital. Die Hinzurechnung dient somit der Besteuerung ausländischer Basisgesellschaften, deren rechtliche Selbständigkeit ohne die Regelung des AStG den Zugriff auf die von ihnen erzielten und nicht ausgeschütteten Einkünfte verhindern würde (Abschirmeffekt).

Die Voraussetzungen für die Anwendung der Hinzurechnungsbesteuerung finden sich in den §§ 7f. AStG, sie lassen sich wie folgt zusammenfassen:
- Beteiligung eines Steuerinländers zu mehr als der Hälfte am Nennkapital einer ausl. Basisgesellschaft (§ 7 AStG).
- Passive Einkünfte i.S.v. § 8 Abs. 1, 2 AStG bei der Basisgesellschaft.
- Die von der Basisgesellschaft erzielten Einkünfte aus passivem Erwerb werden im Sitzstaat niedrigbesteuert i.S.v. § 8 Abs. 3 AStG. Eine solche niedrige Besteuerung liegt vor, wenn die Belastung durch Ertragsteuern 30% nicht übersteigt. (Nicht zu verwechseln mit der Niedrigsteuerdefinition in § 2 Abs. 2 EStG).

Erfüllt eine Basisgesellschaft die vorstehend genannten Voraussetzungen, so wird sie als **Zwischengesellschaft** klassifiziert. Basisgesellschaften, bei denen die Hinzurechnungsbesteuerung greift, können keine Steuersparfunktion im Rahmen der Internationalen Unternehmung mehr übernehmen, da ihre Einkünfte der vollen inländischen Besteuerung unterliegen.

In den §§ 9-13 AStG ist die Vorgehensweise in bezug auf die Hinzurechnung der Einkünfte von Zwischengesellschaften im Detail beschrieben, deshalb wird an dieser Stelle hierauf nicht weiter eingegangen.

4.3.4 Die Basisgesellschaft neuen Typs

Die Einführung des Außensteuergesetzes machte es notwendig, die Gestaltung der Basisgesellschaft so vorzunehmen, daß die Hinzurechnungsvorschrift des AStG durch die inl. Finanzverwaltung keine Anwendung findet.

Insbesondere bei der Gründung oder Umgestaltung von Basisgesellschaften ist darauf zu achten, daß entweder
1. keine niedrige Besteuerung i.S.v. § 8 Abs. 3 AStG gegeben ist *oder* aber
2. keine passive Tätigkeit i.S.v. § 8 Abs. 1, 2 AStG vorliegt.

Der Punkt 1 ist durch eine entsprechende Auswahl des Belegenheitsstaates der Basisgesellschaft relativ leicht zu erfüllen, dieses birgt aber den Nachteil in sich, daß die zu erzielende Steuerersparnis stark begrenzt wird.

Um den Tatbestand der passiven Tätigkeit zu umgehen, ist der Tätigkeitsbereich der Basisgesellschaft auszuweiten.

Es bieten sich die folgenden Möglichkeiten an:

- Mitunternehmerische Beteiligung, z.B. als Kommanditist oder Beteiligung als atypischer stiller Gesellschafter an einer aktiv tätigen ausl. Grundeinheit,
- eigene aktive Tätigkeit, wobei die gehaltenen Beteiligungen an den ausl. Grundeinheiten der eigenen aktiven Tätigkeit dienen müssen. Eine solche Basisgesellschaft wird als **Funktionsholding** bezeichnet.

Typisches Beispiel hierfür wäre eine Basisgesellschaft, die sich zum Vertrieb der von ihr hergestellten Waren eines Netzes von Vertriebstöchtern in verschiedenen Ländern bedient.

Eine weitere Möglichkeit zur Vermeidung der Hinzurechnungsbesteuerung besteht in der Gründung einer Personenbasis. Der bisher betrachtete Typ der Basisgesellschaft wurde in der Rechtsform der Kapitalgesellschaft geführt. Diese Rechtsform kann grundsätzlich unter das AStG fallen, nicht dagegen eine Basis, die als Personengesellschaft geführt wird.

Steuerliche Vorteile ergeben sich hier, wenn die Personenbasis in einem DBA-Land errichtet wird, das eine niedrige Besteuerung aufweist und nach dem Betriebsstättenprinzip die alleinige Steuerhoheit besitzt. Die erhaltenen Einkünfte (z.B. Dividenden der ausländischen Grundeinheiten) unterliegen dann ohne Besteuerung im Heimatland (Sitz der Spitzeneinheit) dem günstigen ausländischen Steuersatz (abgesehen vom Progressionsvorbehalt, wenn die Spitzeneinheit in der Rechtsform einer Personengesellschaft geführt wird).

4.3.5 Möglichkeiten der Erfolgsverlagerungen durch Basisgesellschaften

Nachdem die Struktur bzw. Ausgestaltung der Basisgesellschaft bestimmt worden ist, die es grundsätzlich ermöglicht, eine steuersenkende Erfolgsverlagerung auf die ausl. Basisgesellschaft vorzunehmen, sollen nun die teilweise bereits angesprochenen Möglichkeiten zur Vornahme einer solchen Erfolgsverlagerung erörtert werden.

Es bieten sich für die Internationale Unternehmung bzw. für die Basisgesellschaft z.B. die folgenden Verlagerungsstrategien an:

- Akkumulation der Gewinne ausländischer Grundeinheiten

Da die Basisgesellschaft die Beteiligung an der ausl. Grundeinheit hält, fließen ihr auch die entsprechenden Gewinnanteile zu, die damit dem höheren Ertragsteuersatz im Sitzstaat der Muttergesellschaft entzogen sind. Dieser steuerliche Vorteil wird erst dann wieder aufgehoben, wenn die Basisgesellschaft Ausschüttungen an die Muttergesellschaft vornimmt.

- Akkumulation komplementärer Beteiligungserträge

Wenn es sich um eine Basiskapitalgesellschaft handelt, werden Verträge zwischen ihr und anderen Unternehmenseinheiten steuerrechtlich anerkannt. Beschränkt sich die Basisgesellschaft nicht nur auf die reine Holdingfunktion, sondern übt sie auch noch andere Formen der Vermögensverwaltung, wie z.B. Verwertung von Patenten und sonstigen Rechten sowie Versicherungstätigkeit innerhalb des Konzernkreises oder Finanzierung einzelner Unternehmensteile über Darlehensgewährung aus, so kommen die hierfür vereinnahmten Entgelte (**komplementäre Beteiligungserträge**) als Mittel der Erfolgslenkung in Betracht (vgl. Bellstedt, 1973, S. 314).

In Höhe dieser komplementären Beteiligungserträge (z.B. Zinsen) werden Gewinne von der ausl. Grundeinheit auf die Basisgesellschaft verlagert.

4.3.6 Bestimmungsfaktoren der Steuersparwirkung

Die steuerliche Zweckmäßigkeit der Errichtung einer Basisgesellschaft wird durch die Ausprägung verschiedener Faktoren bestimmt.

Es lassen sich hierbei grundsätzlich fünf Ebenen unterscheiden:

1. Ebene

Die steuerrechtlichen Regelungen im Belegenheitsstaat der ausl. Grundeinheit, wobei insbesondere zwei Faktoren von Bedeutung sind:

- Werden ausgeschüttete Gewinne bevorzugt behandelt (gespaltener KSt-Satz)?
- Wird Quellensteuer erhoben und wenn ja, in welcher Höhe?

Eine steuerliche Benachteiligung von thesaurierten Gewinnen läßt eine hohe Ausschüttungsquote sinnvoll erscheinen, dieses wird noch verstärkt, wenn nur eine geringe oder gar keine Quellensteuer erhoben wird.

2. Ebene

Die steuerrechtlichen Regelungen am Sitz der Basisgesellschaft. Ein niedriges Steuerniveau, insbesondere im Verhältnis zum Sitz der Spitzeneinheit, prädestiniert die Basisgesellschaft als „Gewinnsammelstelle" von ausgeschütteten Gewinnen der ausl. Grundeinheiten. Diese Qualifikation wird von einigen Staaten dadurch verstärkt, daß für Vermögensverwaltungsgesellschaften ein Holdingprivileg eingeführt worden ist (vgl. Abschnitt 4.3.2).

3. Ebene

Die steuerrechtlichen Regelungen am Sitz der Spitzeneinheit. Für die hier betrachtete deutsche Internationale Unternehmung ist besonders die bereits erwähnte Hinzurechnungsbesteuerung des AStG zu beachten. Weiterhin ist es von Bedeutung, inwieweit das Schachtelprivileg des § 102 Abs. 2 BewG zur Anwendung kommt.

4. Ebene

Bilaterale Regelungen (DBA) zwischen dem Sitzstaat der ausl. Grundeinheit und dem Sitz der Basisgesellschaft.

In den entsprechenden Regelungen sind u.a. häufig besondere Vereinbarungen bezüglich der zu erhebenden Quellensteuer getroffen.

5. Ebene

Bilaterale Regelungen (DBA) zwischen dem Sitzstaat der ausl. Basisgesellschaft und dem Sitz der Spitzeneinheit. Diese sind insbesondere dann von Bedeutung, wenn sich die ausl. Basisgesellschaft zur Ausschüttung von Gewinnanteilen an die inl. Spitzeneinheit entschließt.

Eine Unternehmung, die vor der Entscheidung steht, eine Basisgesellschaft zu gründen, hat grundsätzlich alle fünf Ebenen zu beachten, wobei es nicht möglich ist, pauschale Aussagen über die Vorteilhaftigkeit einer Basisgesellschaft zu treffen, da diese immer von der konkreten Einzelsituation abhängt. Weil aber die wesentlichen Einflußfaktoren zur Erzielung von Steuerspareffekten durch Basisgesellschaften nun bekannt sind, ist eine entsprechende Entscheidung sinnvoll zu steuern.

Neben diesen erwähnten steuerlichen Umständen einer Basisgesellschaft sind weiterhin die im Abschnitt 2.3 dargelegten nicht-steuerlichen Restriktionen von Bedeutung und daher entscheidungsrelevant.

4.3.7 Die steuerlichen und außersteuerlichen Nachteile einer Basisgesellschaft

Nach den zuvor erwähnten möglichen steuerlichen Vorteilen einer Basisgesellschaft sind aber auch einige steuerliche und außersteuerliche Nachteile, die mit der Gründung einer Basisgesellschaft verbunden sind, zu beachten.

Es können steuerliche Mehrbelastungen aus dem Gründungsvorgang der Basisgesellschaften resultieren, wie z.B. Verkehrsteuern, die aber aufgrund ihres einmaligen Anfalls keine große Bedeutung haben dürften.

Als weiterer steuerlicher Nachteil ist zu nennen, daß nachhaltige Verluste bei der ausl. Grundeinheit nicht bei der hochbesteuerten Muttergesellschaft, sondern bei der Basisgesellschaft zur Teilwertabschreibung auf die entsprechende Beteiligung führen. Eine Teilwertabschreibung der Muttergesellschaft auf die Beteiligung an der Basisgesellschaft kommt in diesem Zusammenhang nur dann in Betracht, wenn die entsprechenden Verluste nicht durch andere Gewinne der Basisgesellschaft wieder ausgeglichen werden können.

4.3.8 Beispielsrechnung

Im folgenden soll anhand eines Beispiels untersucht werden, ob die Einschaltung einer Basisgesellschaft eine steuerlich sinnvolle Maßnahme darstellt. Die sich ergebenden Resultate haben selbstverständlich keine Allgemeingültigkeit, denn sie hängen von der vorgegebenen Datensituation ab. Die grundsätzliche Problematik wird aber dennoch deutlich.

Datensituation:

- KSt-Satz im Sitzstaat der Grundeinheit, die als Tochtergesellschaft (TG) geführt wird — 20%
- Quellensteuersatz im Sitzstaat der TG — 10%
- *KSt-Satz im Sitzstaat der Basisgesellschaft (BG)* — *20%*
- Beteiligungsquote der Basisgesellschaft an der TG — 100%
- Beteiligungsquote der Muttergesellschaft (MG) an der Basisgesellschaft (BG) — 100%
- Die Basisgesellschaft thesauriert die von der TG erhaltenen Ausschüttungen in voller Höhe

- Im Sitzstaat der Basisgesellschaft gilt die direkte Anrechnung für die von der TG gezahlten Quellensteuern. Keine Anrechnung der von der TG gezahlten KSt
- Die TG bezieht aktive Einkünfte im Sinne des § 8 Abs. 1 Nr. 1-6 AStG
- *Die Basisgesellschaft bezieht keine aktiven Einkünfte*
- Zwischen den jeweiligen Ländern sind keine DBA abgeschlossen worden.

Fall I: Basisgesellschaft (AStG-Hinzurechnungsvorschrift greift)

1. Gewinn Tochtergesellschaft vor Steuern		1 000
2. KSt Tochtergesellschaft (20%)		./. 200
3. Quellensteuer bei Ausschüttung (10%) (1 000 ./. 200 = 800; 800 × 0,10 = 80)		./. 80
4. Ausschüttung an die Basisgesellschaft		720
5. KSt im Belegenheitsstaat der Basisgesellschaft (20% von 800)		./. 160
6. Anrechnung der Quellensteuer		+ 80
7. Steuerschuld		80
8. Summe der bisherigen Steuerzahlungen		360
9. Berechnung der Steuerzahlungen der Muttergesellschaft nach Maßgabe des § 13 Abs. 1 Nr. 1b AStG		
50% v. 1 000	= 500	
Anrechnung der Quellensteuer	./. 80	
Anrechnung der KSt der Tochtergesellschaft (TG)	./. 200	
Anrechnung der KSt der Basisgesellschaft (BG)	./. 80	
(§ 13, Abs. 1, Nr. 1b AStG)		140
10. Gesamtsteuerbelastung (Pos. 8 + 9) (§ 12, Abs. 3, Nr. 4 GewStG; § 13, Abs. 1, Nr. 2 AStG)		500
11. Gewinn nach Steuern (1 ./. 10)		500

Die Zwischenschaltung einer Basisgesellschaft in einem *Sitzstaat mit niedriger Steuerbelastung* zum Auffangen der durch die Tochtergesellschaft ausgeschütteten Gewinne hat hier keine steuerlichen Vorteile erbracht, da die Wirkungsweise des AStG die niedrige Besteuerung der Basisgesellschaft auf das Niveau des Inlandes heraufgeschleust hat (*passive Tätigkeit* i.S.v. § 8 Abs. 1, 2 AStG). Zur Überprüfung soll nun das obige Beispiel ohne die Zwischenschaltung einer Basisgesellschaft durchgerechnet werden.

Fall II: Ohne Basisgesellschaft

1. Gewinn der Tochtergesellschaft vor Steuern		1 000
2. KSt der Tochtergesellschaft (20%)		./. 200
3. Quellensteuer bei Ausschüttung (10%) (1 000 ./. 200 = 800; 800 × 0,10 = 80)		./. 80
4. Ausschüttung an die Muttergesellschaft		720
5. Berechnung der Steuerzahlungen der Muttergesellschaft 50% (KSt) v. 1 000 Anrechnung der Quellensteuer Anrechnung der KSt Tochtergesellschaft	= 500 ./. 80 ./. 200	220
6. Gesamtsteuerbelastung (2 + 3 + 5)		500
7. Gewinn nach Steuern (1 ./. 10)		500

Es zeigt sich also, daß sich exakt die gleiche Gesamtsteuerbelastung ergibt wie bei der Einschaltung einer Basisgesellschaft, die der AStG-Hinzurechnungsvorschrift unterliegt.

Um nun aber die erhoffte Steuersparwirkung durch die Basisgesellschaft zu erzielen, ist es notwendig, die *passiv tätige* Basisgesellschaft in einem Land zu plazieren, das *keine niedrige Besteuerung* im Sinne des AStG aufweist. Dieses soll im folgenden Fall angenommen werden.

Fall III: Basisgesellschaft, aber keine niedrige Besteuerung i.S. des § 8 Abs. 1, 2 AStG

1. Gewinn der Tochtergesellschaft vor Steuern	1 000
2. KSt der Tochtergesellschaft (20%)	./. 200
3. Quellensteuer bei Ausschüttung (10%) (1 000 ./. 200 = 800; 800 × 0,10 = 80)	./. 80
4. Ausschüttung an die Basisgesellschaft	720
5. KSt im Belegenheitsstaat der Basisgesellschaft (**40%** von 800)	./. 320
6. Anrechnung der Quellensteuer	+ 80
7. Steuerschuld	240
8. Summe der bisherigen Steuerzahlungen (Pos. 2 + 7)	440
9. Gewinn nach Steuern (1 ./. 8)	560

Die Steuerersparnis durch Einschaltung der Basisgesellschaft beträgt somit:

Gesamtsteuerbelastung ohne Basisgesellschaft Gesamtsteuerbelastung mit Basisgesellschaft	500 440
Steuerersparnis	60

Die sog. **Abschirmwirkung** der ausländischen Basisgesellschaft gegenüber der inländischen Steuer kommt hier voll zum Zuge, da die Hinzurechnungsvorschrift des AStG nicht anzuwenden ist. (Es ist aber zu bedenken, daß auch bei Ertragsteuersätzen von über 30% ggf. die Hinzurechnungsvorschrift des AStG gilt; vgl.

§ 8, Abs. 3 AStG; vgl. auch Tz. 8.33.1 Nr. 2 des Einführungsschreibens zum AStG).

Auf das Durchrechnen einer weiteren Variante (Fall IV), nämlich einer *aktiv tätigen* Basisgesellschaft und deren Abschirmwirkung soll hier verzichtet werden, weil dafür ein völlig neues Zahlenbeispiel entwickelt werden müßte.

4.3.9 Resümee

Es lassen sich die steuerlichen Nachteile einer Gewinnausschüttung der ausländischen Grundeinheit an die deutsche Spitzeneinheit ggf. vermeiden, wenn eine Basisgesellschaft in einem niedrig – aber nicht zu niedrig – besteuerten Staat als Zwischenholding eingeschaltet wird.

Durch Gewinnverlagerung auf Basisgesellschaften können Erträge in ein niedrig besteuertes Land gelenkt werden. Um eine Quellenabzugsteuer zu vermeiden, sind **komplementäre Beteiligungserträge**, die bei der Basisgesellschaft anfallen, besonders effektiv (vgl. Abschnitt 4.3.5).

Gewinnausschüttungen an und Gewinnverlagerungen auf die Basisgesellschaft sind nur dann zweckmäßig, wenn sie dort auch entsprechend ertragreich investiert werden können, da es sonst unweigerlich zu steuerlich nachteiligen Ausschüttungen an die deutsche Spitzeneinheit kommt.

„Es handelt sich hier nur um eine Technik, sich die richtigen Gesetze am richtigen Platz nutzbar zu machen" (Kormann, 1970, S. 263).

5 Steuerpolitische Maßnahmen im Rahmen des Besteuerungsverfahrens

Kennzeichnend für die in diesem Abschnitt genannten steuerpolitischen Aktionsparameter ist, daß die Bemessungsgrundlage der jeweiligen Steuern nicht beeinflußt wird, sondern lediglich eine Beeinflussung der Modalitäten der Steuerberechnung vorgenommen wird.

Im geltenden deutschen Steuerrecht besteht eine Vielzahl von Wahlrechten im Bereich der internationalen Besteuerung. Es handelt sich dabei insbesondere um unilaterale Maßnahmen, die auch ohne den Abschluß von Doppelbesteuerungsabkommen bewirken sollen, daß die Doppelbesteuerung ausländischer Einkünfte weitgehend vermieden bzw. gänzlich verhindert wird.

Die folgenden Wahlrechte lassen sich beispielsweise in diesem Zusammenhang anführen:
a) Wahl zwischen *direkter Anrechnung* (Abzug der ausländischen Steuern von der inländischen Steuerschuld)
   oder
   der *Pauschalierung* gem. § 34c EStG bzw. §§ 26 I, VI KStG
b) Wahl der *fiktiven Anrechnung* gem. § 26 III KStG
c) Antrag gem. § 26 II KStG auf *indirekte Anrechnung* der im Ausland gezahlten Steuern
d) Antrag gem. § 12 AStG

e) Wahl zwischen §§ 11 und 12 VStG (auslaufendes Recht, 1997)
f) Antrag gem. § 21 ErbStG.

Die Ausübung der betreffenden Wahlrechte ist dabei in das freie Ermessen des Steuerpflichtigen gestellt. Es ist aber zu beachten, daß die steuerliche Belastung der ausländischen Einkünfte im Inland durch die Wahlrechtsausübung zum Teil erheblich beeinflußt wird.

Im folgenden soll die Wahlrechtsentscheidung gem. 26 I, VI KStG näher untersucht werden.

Eine inländische Kapitalgesellschaft kann für die Einkünfte aus einer ausländischen Betriebsstätte bzw. für die auf diesen Einkünften lastenden Ertragsteuern grundsätzlich die folgenden Methoden zur Vermeidung der Doppelbesteuerung anwenden (zu den Anwendungsvoraussetzungen der einzelnen Methoden vgl. § 34c EStG i.V.m. § 26 I, VI KStG sowie Abschnitt 76 KStR):

- *Direkte Anrechnung* der ausländischen Ertragsteuern gem. § 26 I KStG,
- *Abzug* der ausländischen Ertragsteuern bei der Ermittlung des Gesamtbetrages der Einkünfte gem. § 26 VI KStG,
- *Pauschalierung* der ausländischen Ertragsteuern (§ 26 VI KStG),

soweit mit dem Belegenheitsstaat der Betriebsstätte kein DBA besteht.

Haberstock entwickelte für dieses Wahlproblem die folgenden allgemeingültigen Entscheidungsregeln (vgl. Haberstock, 1982, S. 574):

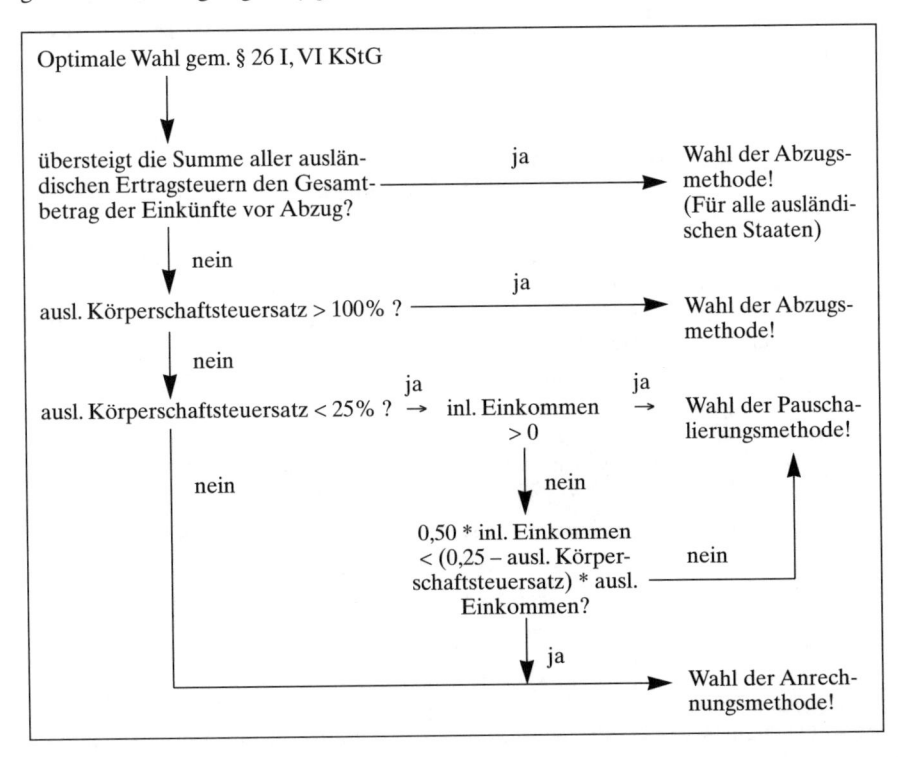

```
Optimale Wahl gem. § 26 I, VI KStG
            │
            ▼
  übersteigt die Summe aller auslän-        ja      Wahl der Abzugs-
  dischen Ertragsteuern den Gesamt- ──────────────► methode!
  betrag der Einkünfte vor Abzug?                   (Für alle ausländi-
            │                                       schen Staaten)
            │ nein
            ▼
                                             ja     Wahl der Abzugs-
  ausl. Körperschaftsteuersatz > 100% ? ───────────► methode!
            │
            │ nein
            ▼                ja                ja
  ausl. Körperschaftsteuersatz < 25% ? → inl. Einkommen →  Wahl der Pauscha-
                                         > 0              lierungsmethode!
            │                     │
            │ nein                │ nein
            │                     ▼
            │              0,50 * inl. Einkommen
            │              < (0,25 – ausl. Körper-     nein
            │              schaftsteuersatz) * ausl. ───────
            │              Einkommen?
            │                     │
            │                     │ ja
            │                     ▼
            └─────────────────────────────────────►  Wahl der Anrech-
                                                     nungsmethode!
```

Beispiel:

Das oben angeführte Entscheidungsdiagramm soll nun anhand eines Beispiels angewandt bzw. überprüft werden.

Datensituation:
inländischer Körperschaftsteuersatz	=	50%
ausländischer Körperschaftsteuersatz	=	30%:
Einkommen der ausländischen Betriebsstätte	=	10 000
Einkommen im Inland (ohne Einkommen der ausländischen Betriebsstätte)	=	40 000

Berechnung der Gesamtsteuerlast:

	Anrechnung	Abzug	Pauschalierung
zu versteuerndes inländisches Einkommen	50 000	47 000	40 000
inländische Steuerbelastung	22 000[1]	23 500[2]	22 500[3]

[1] $(40\,000 + 10\,000) \cdot 0{,}5 \;\text{./.}\; 10\,000 \cdot 0{,}3 = 22\,000$
[2] $(40\,000 + 10\,000 \;\text{./.}\; 10\,000 \cdot 0{,}3) \cdot 0{,}5 = 23\,500$
[3] $40\,000 \cdot 0{,}5 + 10\,000 \cdot 0{,}25 = 22\,500$

Die Wahl der Anrechnungsmethode führt im betrachteten Beispiel zu der geringsten Steuerbelastung, so daß diese Alternative zu wählen ist. Bei Anwendung des obigen Entscheidungsdiagramms ergibt sich eine identische Entscheidung.

6 Risiken der Internationalen Steuerpolitik

Wie in allen Bereichen der Unternehmenspolitik, so sieht sich die Unternehmensführung auch bei der betrieblichen Steuerpolitik dem Problem der Unsicherheit der Erwartungen gegenüber. Hierbei sind im wesentlichen die folgenden Bereiche zu beachten:

a) Maßnahmen haben sich unter steuerpolitischen Gesichtspunkten als objektiv falsch erwiesen, da die steuerlichen Konsequenzen einer Maßnahme nicht ausreichend bedacht wurden. (Zwischenstaatliche steuerliche Belastungsvergleiche sind großen Fehlerrisiken ausgesetzt; vgl. Schöne, 1976, S. 399ff.; vgl. Haase, 1982, S. 547ff.).
b) Der theoretisch möglichen Auslegung bestimmter Rechtsnormen wird durch eine der beteiligten Finanzbehörden nicht gefolgt.
In diesem Zusammenhang ist besonders auf die Rechtsunsicherheit bei der Festlegung der innerhalb der Internationalen Unternehmung angesetzten Verrechnungspreise hinzuweisen (vgl. Kormann, 1970, S. 48ff.).
c) Die verfolgte Steuerpolitik basierte auf Rechtsnormen, die im Planungszeitraum durch die Finanzgerichte verändert wurden.
d) Die betriebliche Steuerpolitik geht nicht nur von bestimmten Daten des Steuerrechts aus, sondern muß auch bestimmte Bedingungen bei der Unternehmung bzw. den einzelnen Unternehmensgliedern als gegeben annehmen. Diese durch die Steuerpolitik angenommenen (geplanten) Unternehmensbedingungen, wie z.B. Erfolgsentwicklung oder Ausschüttungsverhalten, können sich im Planungszeitraum ändern.

Wenn eines der vorstehend genannten Ereignisse eintritt, so erweist sich ggf. die von der Internationalen Unternehmung verfolgte Steuerpolitik als ungünstig, und es ist somit eine Revidierung dieser Steuerpolitik vorzunehmen, wobei nun die veränderte Datensituation zu berücksichtigen ist.

7 Fazit und Ausblick

Das Problem bei der Gestaltung der Internationalen Steuerpolitik besteht primär in der außerordentlichen Komplexität der sich gegenseitig beeinflussenden, die jeweilige Steuerhöhe bestimmenden Parameter. Der Komplexitätsgrad der fiskalischen Bestimmungen erhöht sich sogar noch, wenn steuerähnliche Abgaben und Sozialaufwendungen sowie verdeckte und offene Subventionen in die Betrachtung einbezogen werden.

In der näheren Zukunft könnten sich aber dennoch verbesserte Chancen für eine hinreichend fundierte, die Verflochtenheit der Parameter und der Einzelentscheidungen mitberücksichtigende Internationalen Steuerpolitik ergeben, da die elektronische Datenverarbeitung auf diesem Gebiet neue Chancen eröffnen könnte. Diese Möglichkeit ergibt sich natürlich nur dann, wenn es gelingt, entsprechende Software für den hier behandelten Bereich zu entwickeln.

8 Literaturverzeichnis

Baranowski, K.-H.: Die steuerliche Prüfung von Verrechnungspreisen, in: Steuerberater Kongress Report 1982, S. 307-326

Derselbe: Praktiker-Handbuch Außensteuerrecht 1997, 21. Aufl., Düsseldorf 1997

Baumann, R.: Internationale Kapitalerträge zwischen verbundenen Unternehmen im Steuerrecht. Grundsätze sowie Besteuerung im Verhältnis Schweiz – USA, Diss. St. Gallen 1979

Behrendt, W.: Die Logistik der multinationalen Unternehmen, Diss. Berlin 1977

Bellstedt, Ch.: Die Besteuerung international verflochtener Gesellschaften, 3. Aufl., Köln 1973

Bidlingmaier, J.: Zielkonflikte und Zielkompromisse im unternehmerischen Entscheidungsprozeß, Wiesbaden 1968

Bleicher, K.: Systemanalyse internationaler Unternehmungen, in: Festschrift für Erich Kosiol, Unternehmungsführung, hrsg. von Wild, J., Berlin 1974

Borrmann, W. A.: Typen und Strukturen internationaler Unternehmungen; in: Managementprobleme internationaler Unternehmen, hrsg. von Perridon, L., Wiesbaden 1970

Brandi, C.: Multinationale Unternehmen und staatliche Wirtschaftspolitik in westlichen Industriestaaten, Paderborn/München/Wien/Zürich 1979

Bundesverband der Deutschen Industrie e.V.: Steuerliche Prüfung internationaler Verrechnungspreise im Verhältnis zu den Grundsätzen für die Prüfung der Einkunftsabgrenzung bei international verbundenen Unternehmen, Bonn 1983

Ebenroth, C. T.: Die verdeckten Vermögenszuwendungen im transnationalen Unternehmen, Bielefeld 1979

Eilenberger, G.: Finanzierungsentscheidungen Multinationaler Unternehmungen, 2. Aufl., Mannheim 1987

Engel, C. L. J.: Konzerntransferpreise im Internationalen Steuerrecht, Köln 1986

Fischer-Zernin, J.: Auslandsinvestitionen/Joint Ventures. Recht und Steuerplanung. Hamburg 1997

Fischer, L./Warneke, P.: Internationale Betriebswirtschaftliche Steuerlehre, 3. Aufl., Berlin 1988
Follpracht, J.: Die Bildung der Transferpreise in Multinationalen Unternehmungen, Diss. Zürich 1975
Grossfeld, B.: Basisgesellschaften im Internationalen Steuerrecht, Tübingen 1974
Haase, K. D.: Internationaler Steuerbelastungsvergleich und Unternehmungspolitik, in: Internationalisierung der Unternehmung, Hrsg. Lück/Trommsdorff, Berlin 1982, S. 547-561
Haberstock, L.: Die steuerliche Planung der Internationalen Unternehmung, in: BFuP 1984, S. 260ff.
Derselbe: Zur optimalen Ausübung der Wahlrechte nach § 26, Abs. 1 und Abs. 6 KStG zur Vermeidung der Doppelbesteuerung ausländischer Einkünfte, in: Lück/Trommsdorff, Internationalisierung der Unternehmung, Berlin 1982, S. 563-577.
Derselbe: Die Steuerplanung der Internationalen Unternehmung, Wiesbaden 1976
Hackmann, W.: Verrechnungspreise für Sachleistungen im Internationalen Konzern, Wiesbaden 1984
Hederer, G.: Die Internationale Unternehmung, Meisenheim am Glan 1975
Hill, W.: System der Unternehmungsplanung und -kontrolle, in: Strukturwandlungen der Unternehmung, hrsg. von Ulrich/Glanz, St. Gallen 1969
Höhn, E.: Steuerplanungen bei internationalen Beziehungen, in: Internationales Steuerlexikon, hrsg. von Briner, K., Zürich 1978, S. 1-43
Jacobs, O. H.: Internationale Unternehmensbesteuerung, 3. Aufl., München 1995
Jäger, H.: Die Bewertung von konzerninternen Lieferungen und Leistungen in der operationalen Planung, Heidelberg 1987
Kessler, W.: Die Euro-Holding. Steuerplanung, Standortwahl, Länderprofile, München 1996
Klein, W.: Konzernverrechnungspreise, in: ZfB 1982, S. 154-168
Klein, W./Nohl, F./Tschiegner, H./Klein, K.-G.: Konzernrechnungslegung und Konzernverrechnungspreise, Stuttgart 1983
Kleineidam, H. J.: Die Internationale Betriebswirtschaftliche Steuerlehre, Diss. München 1968
Klöne, H.: Steuerplanung, Neuwied 1980
Koller, H.: Zur Kritik der Gewinnmaximierung als Unternehmensziel in der betriebswirtschaftlichen Theorie, in: Festschrift Eugen H. Sieber, Probleme der Unternehmensführung, München 1971, S. 71ff.
Kormann, H.: Die Steuerpolitik der Internationalen Unternehmung, Düsseldorf 1970
Kottke, K.: Bilanzstrategie und Steuertaktik, 3. Aufl., Herne/Berlin 1978
Kratz, P.: Steuerplanung Internationaler Unternehmungen, Bern 1986
Kumpf, W.: Steuerliche Verrechnungspreise in Internationalen Konzernen, Frankfurt a.M. 1976
Kühn, R.: Entscheidungsmethodik und Unternehmenspolitik, Bern/Stuttgart 1978
Kussmaul, A.: Angemessene Verrechnungspreise im internationalen Konzernbereich, in: RIW, 33 Jg. (1987), S. 679-693
Lenz, M.: Außensteuerrecht und Organisationsstruktur. Steuerliche Beteiligungsstruktur- und Sachzielplanung einer deutschen Internationalen Unternehmung, Frankfurt/Bern 1982
Marettek, A.: Entscheidungsmodelle der betrieblichen Steuerpolitik – unter Berücksichtigung ihrer Stellung im System der Unternehmenspolitik, in: StuW 1974, S. 327-343
Menck, T.: Das OECD-Musterabkommen in der Revision 1992 – Eine Übersicht, IStR 1993, S. 249ff.
Niederlich, R.: Die Verlustverrechnung in einer internationalen deutschen Unternehmung, Diss. Hamburg 1975
Niemann, U.: Probleme der Gewinnrealisierung innerhalb des Konzerns, Düsseldorf 1968
Paulus, H. J.: Ziele, Phasen und organisatorische Probleme steuerlicher Entscheidungen in der Unternehmung, Berlin 1978
Piltz, J. D.: Steuerumgehung bei ausländischen Betriebsstätten und Personengesellschaften, in: RFW 1982, S. 414-420

Plasschärt, S. R. F.: Ways and Means to Improve European and Wider International Cooperation against Tax Evasion and Avoidance, with Particular Reference to Transfer Pricing within Multinational Enterprise, in: European Taxation 1980
Derselbe: Transfer Pricing and Multinational Corporations: An Overview of Concepts, Mechanisms and Regulations, Westmead, Farnborouth, Hampshire 1979
Rädler, A.: Die Arbeit des Steuerberaters bei der Festsetzung, Anwendung und Verteidigung von Verrechnungspreisen, in: Steuerberater Kongress Report 1982, S. 327-344
Derselbe: Zum betriebswirtschaftlichen Begriff der Basisgesellschaft, in StuW 1964, Sp. 5451
Rieger, H.: Prinzipien des Internationalen Steuerrechts als Problem der Steuerplanung in der Multinationalen Unternehmung, Berlin 1978
Rose, G.: Grundzüge des Internationalen Steuerrechts, 3. Aufl., Wiesbaden 1995
Scheffler, W.: Besteuerung grenzüberschreitender Unternehmenstätigkeit, München 1994
Schmelling, H. D.: Verrechnungspreispolitik in Internationalen Unternehmen, Münster 1985
Schmitz, V.: Methoden zur Ermittlung von arm's-length-Preisen, Diss. Hamburg 1981
Schneider, V.: Die Gewinnverwendung der Tochtergesellschaften von Multinationalen Unternehmen, Frankfurt/M. 1980
Schöne, W.-D.: Probleme eines internationalen Steuerbelastungsvergleiches, in: FR 1976, S. 399-404
Schröder, J.: Probleme der Gewinnverlagerung Multinationaler Unternehmen, Diss. Berlin 1983
Seidel, G.: Gewinnverschiebung über die Grenze, Düsseldorf 1972
Selchert, F. W.: Unternehmensbesteuerung und Unternehmensorganisation, in: ZO 1978, S. 3-31
Derselbe: Grundlagen der betriebswirtschaftlichen Steuerlehre, München 1996
Sieber, E. H.: Die Multinationale Unternehmung, der Unternehmenstyp der Zukunft?, in: ZfbF 1970, S. 414ff.
Swinne, A. H.: Die finanzielle Führung und Kontrolle von Auslandsgeschäften, Frankfurt/M. 1983
Telkamp, H.-J.: Betriebsstätte oder Tochtergesellschaft im Ausland? Wiesbaden 1975
Tipke/Lang: Steuerrecht, 15. Aufl., Köln 1996
Ulrich, H.: Unternehmenspolitik, Bern/Stuttgart 1978
Vogel, Klaus: Doppelbesteuerungsabkommen der BRD, München 1996
Wacker, W. H.: Steuerliche Subziele bei international tätigen Unternehmen, S. 523-545, in: Internationalisierung der Unternehmung, hrsg. von Lück, W./Trommsdorff, V., Berlin 1982(a)
Derselbe: Lexikon der deutschen und internationalen Besteuerung, 2. Aufl., München 1982(b)
Derselbe: Steuerplanung in nationalen und transnationalen Unternehmen, Berlin 1979
Wagner, F. W./Dirrigl, H.: Die Steuerplanung der Unternehmung, Stuttgart/New York 1980
Zünd, A.: Möglichkeiten und Grenzen der Steuerplanung in Multinationalen Unternehmen, in: Steuerplanung in der Unternehmung, hrsg. von Höhn/Lutz/Zünd, Bern/Stuttgart 1975, S. 97-111

18. Kapitel:
GAAP und IAS – eine Herausforderung für die deutsche Konzernrechnungslegung

1 Zur aktuellen Entwicklung

Im deutschen Rechnungswesen stehen das Vorsichtsprinzip und das Bemühen um Substanzerhaltung und um Sicherung des Bestandes der Unternehmung im Vordergrund. Das führt dazu, daß das HGB und die GoB sowohl erhebliche Unterbewertungen erzwingen als auch zusätzlich durch Bewertungsspielräume weitere Unterbewertungen ermöglichen.

Da die Glättung des Konzerngewinns über die stillen Reserven zwecks Sicherung einer „konstanten Dividendenpolitik" ganz im Sinne des Vorstandes ist und die Banken als Großgläubiger im Aufsichtsrat an der maximalen Sicherung ihrer Kredite interessiert sind, werden immer wieder Befürchtungen geäußert, daß die Anteilseigner, die nicht Mehrheitsaktionäre sind, zu kurz kommen. Insbesondere US-amerikanische Pensionsfonds, die auch in Deutschland zunehmend nach rentierlichen Kapitalanlagen Ausschau halten, haben den Begriff des „shareholder value" in die Debatte eingebracht. Auf der anderen Seite können deutsche Konzerne, die auf den US-Kapitalmarkt, den mit Abstand größten Kapitalmarkt angewiesen sind (vgl. Abbildung 18.1), mit einer Börsenzulassung nur dann rechnen, wenn sie sich international vergleichbaren Bewertungsprinzipien unterwerfen. Das sind für die USA die GAAP (Generally Accepted Accounting Principles). Deren Publizitäts- und Prüfungspflicht entstammt primär dem dortigen

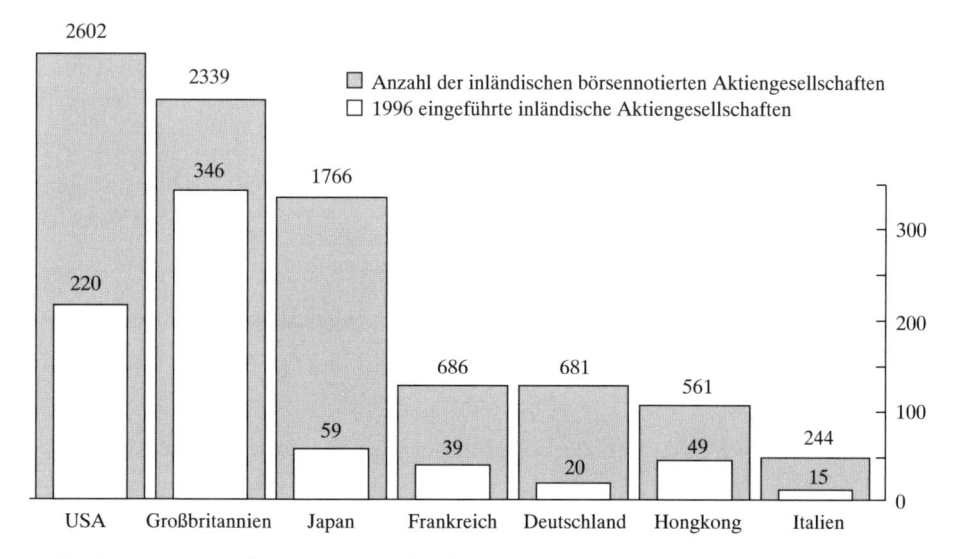

Quelle: Globus-Die Welt v. 16. April 1997, S. 18

Abb. 18.1: Die Weltbörsen 1996 im Vergleich

Wertpapier- und Börsenrecht, während die deutschen Rechnungslegungsvorschriften stärker von Einflüssen der Banken unter dem Aspekt des Gläubigerschutzes und von dem Einfluß der Gewerkschaften zur Sicherung der Unternehmen und damit der Arbeitsplätze geprägt sind. Insgesamt sind die GAAP eher kasuistisch entstanden; dagegen ist das deutsche System geschlossener und deduktiv abgeleitet.

Zwar wird die Mehrzahl der im DAX enthaltenen 30 Gesellschaften in absehbarer Zeit einen Abschluß nach internationalen Regeln vorlegen; auffällig ist jedoch, daß bisher nur Daimler Benz, Telekom und Veba die strengen GAAP-Normen anwenden, während die meisten Konzerne die IAS (International Accounting Standards) bevorzugen, die wegen großzügigerer Bewertungsspielräume der traditionellen HGB-GoB-Praxis näher stehen. Zu dieser Gruppe gehören Allianz, Bayer, Deutsche Bank, Hoechst und Schering. Auch Adidas und Heidelberger Zement (DAX 100) bilanzieren nach IAS. Das mittelständische Unternehmen Pfeiffer Vacuum Technology AG (PVT) ist mit Hilfe eines GAAP-Abschlusses direkt an die New Yorker Börse gegangen; Anteile (shares) dieses Unternehmens werden in Deutschland nur an der Berliner Börse und nur im Freiverkehr gehandelt.

Jedenfalls wird, wenn nicht alles trügt, das HGB demnächst durch eine Öffnungsklausel (zusätzlicher Abs. 5 zu § 292 HGB) den befreienden Konzernabschluß nach internationalen Standards zulassen. (Das gilt jedoch nicht für den handelsrechtlichen Einzelabschluß, der weiterhin die Basis für die Gewinnverwendung und wegen der Maßgeblichkeit der Handels- für die Steuerbilanz auch für die Besteuerung darstellt). Damit würde die bisherige Inländerdiskriminierung beseitigt, die ausländische Unternehmen mit international anerkannten Abschlüssen an den deutschen Börsen zuläßt, einheimische Unternehmen dagegen mit ebenfalls international anerkannten Abschlüssen jedoch ausschließt. Allerdings ist eine HGB-Anpassung nur im Einklang mit geltendem EU-Recht möglich.

Jedoch ist mit dem Übergang auch eine gewisse Konfusion verbunden: Während die Deutsche Bank einen zusätzlichen IAS-Abschluß vorlegt und Daimler Benz sowie SGL Carbon ihre Zahlen um Überleitungsrechnungen nach US-GAAP ergänzt haben, bieten Bayer Hoechst und Schering einen dualen HGB-IAS-Abschluß an. Zwar vertragen sich HGB und IAS wegen der relativ großen Wahlrechte noch am besten, jedoch können auch dabei unüberbrückbare Gegensätze auftreten, die dann zusätzlicher Erläuterungen bedürfen. Zu nennen sind (a) das Passivierungsverbot für Aufwandsrückstellungen, (b) das Aktivierungsgebot bei Entwicklungskosten und (c) die Umrechnung von Fremdwährungsforderungen und -verbindlichkeiten zum Stichtagskurs nach den IAS-Regeln.

2 Bestandteile des Konzernabschlusses und Bewertungsprinzipien

Während das HGB neben der Bilanz und der GuV nur Anhang und Lagebericht vorschreibt, sind nach IAS zusätzlich Kapitalflußrechnung und Segmentberichterstattung zwingend. Die *Kapitalflußrechnung* entspricht der angelsächsisch geprägten Sicht des Cash-flow, die gegenüber der Ertragsrechnung weniger durch Bewertungswillkür manipulierbar ist. Die *Segmentberichterstattung* soll für jedes

Geschäftsfeld deutlich machen, wie sich seine „performance" darstellt, anstatt ein durch die Konsolidierung verwaschenes Gesamtergebnis zu präsentieren (Weber, 1996).

Die GAAP-Vorschriften gehen noch weiter: Die *Entwicklung des Bilanzgewinns, die Entwicklung von Kapital und Rücklagen* sowie der *Gewinn pro Anteil* (shareholder value!) sind darzustellen.

Im HGB-Abschluß ist man daran gewöhnt, daß das Prinzip der **Bilanzwahrheit** erheblich durch das Vorsichtsprinzip entsprechend dem Gläubigerschutz eingeschränkt wird. Dagegen verlangen die IAS ausdrücklich die wahrheitsgemäße Darstellung von Vermögens-, Finanz- und Ertragslage. Die GAAP fordern nach dem „*fair-presentation*"-Prinzip relevante und glaubwürdige Daten, die die Situation des Unternehmens klar und wahrheitsgemäß darstellen. Bei Wertpapieren des UV (trading securities) kennt das HGB nur das strenge NWP, dagegen erlauben die IAS den Ansatz zum Tageswert oder NWP, während die GAAP zwingend den TW vorschreiben (Stein, 1993).

Dieses Beispiel verdeutlicht, wie in Deutschland die *Vorsicht* dominiert, während in den USA die *Klarheit* (zeitnahe Bewertung) absoluten Vorrang hat. Aus deutschen Kommentaren zu diesen Differenzen wird erkennbar, wie schwer es hierzulande fällt, sich damit anzufreunden, daß auch „realisierbare" Wertzuwächse ausgewiesen werden und das *Imparitätsprinzip* durchbrochen wird (Moxter, 1995).

In Deutschland gilt die **Bewertungsstetigkeit** als Sollvorschrift, von der begründet abgewichen werden kann. Dazu ist eine verbale Erläuterung erforderlich. IAS und GAAP lassen Abweichungen zu, wenn das Gebot der „fairen Präsentation" dieses verlangt. Dann allerdings sind gemäß IAS die materiellen Auswirkungen auf Bilanz und GuV – auch für die Vorjahre – zu erläutern; die GAAP verlangen zusätzlich die getrennte Offenlegung des kumulativen GuV-Effekts der Änderungen der Bewertungsmethode.

Während in HGB-GoB-Abschlüssen das **Wesentlichkeitsprinzip** hinter das Vorsichts- und Vollständigkeitsgebot weit zurücktritt, kommt der „Materiality" (Wesentlichkeit) in den IAS-GAAP-Rechnungsverfahren eine viel größere Bedeutung zu. Entscheidungsirrelevante Daten, die vom Gesamtbild ablenken könnten, sind wegzulassen, während keinerlei Informationen weggelassen werden dürfen, deren Ausklammerung das Adressatenverhalten beeinflussen würde. Dieser Aspekt wird in den GAAP explizit dahingehend präzisiert, daß erfahrene Wertpapierkäufer und -verkäufer die entscheidungsrelevanten Informationen erhalten.

In Deutschland gilt ohne Einschränkung das Imparitätsprinzip, das verbietet, noch nicht realisierte Gewinne auszuweisen und gleichzeitig vorschreibt, unrealisierte (drohende) Verluste zu antizipieren. So wird sichergestellt, daß Steuern und Dividenden nur aus finanziellem Einkommen zu leisten sind. Auch im angelsächsisch geprägten Recht (IAS und GAAP) gilt das NWP auf der Aktivseite: „lower of cost or market". Grundsätzlich sollen auch nur realisierte Gewinne erfaßt werden. Jedoch wird das Imparitätsprinzip durchlöchert, z.B. wenn es sich um langfristige Fertigungsprozesse handelt. Hier steht die „percentage of completion method" der deutschen „completed-contract-method" gegenüber. Nicht realisierte Verluste müssen berücksichtigt werden, soweit der Betrag abgeschätzt werden kann.

3 Bewertungsmaßstäbe

Das **Anschaffungskostenprinzip** der betrachteten Rechnungswerke weist für sich keine großen Unterschiede auf und hat durchgängig großes Gewicht. Allerdings sorgen die GAAP für eine wesentliche Durchbrechung, indem für einige Branchen und Vermögensgegenstände Marktpreise angesetzt werden müssen, auch wenn diese die AK übersteigen.

Bei den **Herstellungskosten** gibt es erhebliche Unterschiede im Ansatz. In Deutschland besteht ein Teilkostenwahlrecht; IAS und GAAP schreiben den Vollkostenansatz vor. Das bedeutet, daß Gemeinkosten sowie Fremdkapitalzinsen nach angelsächsischem Recht aktivierungspflichtig sind, während sie nach hiesigen Vorschriften das Ergebnis belasten dürfen.

Bezüglich des **originären** Firmenwertes besteht unterschiedslos ein striktes Ansatzverbot. Jedoch unterscheiden sich die Prinzipien beim derivativen Geschäftswert: Im angelsächsischen Recht gibt es ein Aktivierungsgebot mit Abschreibungspflicht (IAS: 5 bis 20 Jahre; GAAP: max. 40 Jahre), während deutsche Konzerne ein Wahlrecht haben (bei Aktivierung: Abschreibung über 4 Jahre bzw. erwartete Nutzungsdauer bis zu 15 Jahren).

F & E-Aufwendungen dürfen nach GAAP und HGB lediglich unter restriktiven Voraussetzungen aktiviert werden. Hier sind deutsches und amerikanisches Recht ähnlich. Dagegen müssen nach IAS **Entwicklungskosten** bei Vorliegen bestimmter Bedingungen aktiviert werden. **Forschungskosten** sind auch nach IAS Aufwand.

Abbildung 18.2 bietet eine synoptische Übersicht der Bewertungsunterschiede von HGB, IAS und GAAP bei verschiedenen Bilanzpositionen.

In Abbildung 18.4 findet sich eine Zusammenstellung der wichtigsten angelsächsischen Fachtermini.

4 Bilanzierung und Bewertung ausgewählter Bilanzpositionen

Passiva

Verbindlichkeiten sind grundsätzlich zum Rückzahlungsbetrag anzusetzen. Nach GAAP kann u.U. eine Abzinsung erforderlich sein. Fremdwährungsverbindlichkeiten müssen nach GAAP und IAS zum Kurs am Bilanzstichtag umgerechnet werden. Nach HGB ist der Kurs der Erstverbuchung maßgebend, wenn sich nicht ein höherer Stichtagskurs ergibt (Höchstwertprinzip als Ausprägung des Vorsichtsprinzips auf der Passivseite).

Verpflichtungsrückstellungen werden in den verglichenen Rechnungswesen gleichermaßen vorgenommen. Jedoch besteht eine große Diskrepanz bezüglich der sog. **Aufwandsrückstellungen**, die nach deutschem Recht eingeschränkt zulässig und nach angelsächsischem Recht verboten sind. Bei den **Pensionsrückstellungen** gibt es in Deutschland inzwischen eine Passivierungspflicht; aufgrund der rechtlichen Änderungen im Laufe der Zeit sind die Verpflichtungen de facto häufig zu niedrig angesetzt. In den USA gibt es dagegen das System der Pensionsfonds, so daß laufende Aufwendungen in Höhe der laufenden Überweisungen entstehen. Das gilt auch für Anpassungszahlungen. Insofern stoßen hier die

Bilanzpositionen	HGB	IAS	US-GAAP
Immaterielle Aktiva			
• Entwicklungskosten	Aktivierungsverbot	Aktivierungsgebot (5 Voraussetzungen)	Aktivierungsverbot
• Firmenwert (derivativ)	Wahlrecht* (Abschreibung: 4 Jahre oder Nutzungsdauer)	Aktivierungspflicht (Abschreibung: i.d.R. 5, max. 20 Jahre)	Aktivierungspflicht (Abschreibung: max. 40 Jahre)
Sachanlagen			
• Bewertungsmaßstab	fortgeführte AHK, Neubewertungsverbot	fortgeführte AHK (E), Neubewertung (AZ)	fortgeführte AHK, Neubewertungsverbot
• Finanzleasing (wirtschaftliches Eigentum)	steuerliche Leasingerlasse	Substance over Form (geringe Regelungsdichte)	Substance over Form (hohe Regelungsdichte)
• Anlagen im Bau: Fremdkapitalkosten	Aktivierungswahlrecht für Bauzeitzinsen	Aufwand (E), Aktivierung bei Qualifying Assets (AZ)	Aktivierungsgebot bei Qualifying Assets
Wertpapiere			
• Finanzanlagen	gemildertes Niederstwertprinzip	Anschaffungskosten, Neubewertung oder Niederstwert (Portfolio)	fortgeführte AHK bei Held-to-Maturity; sonst: Neubewertung (gesperrte Rücklage)
• Wertpapiere des Umlaufvermögens	strenges Niederstwertprinzip	Tageswerte oder Niederstwert	Tageswerte bei Trading Securities, sonst: Neubewertung
Vorräte			
• Herstellungskosten	Teilkostenwahlrecht	Vollkostenansatz	Vollkostenansatz
• strenges Niederstwertprinzip	Abwertung auf Marktpreis oder beizulegenden Wert	Lower of Cost and Net Realisable Value (Absatzmarktorientierung)	Lower of Cost or Market
• Auftragsfertigung	Completed-Contract-Methode	Percentage-of-Completion-Methode	Percentage-of-Completion-Methode
Rückstellungen			
• Pensionsrückstellungen	i.d.R. Teilwertverfahren (Zins: 6%)	Ansammlungsverfahren (E), Gleichverteilungsverfahren (AZ) (Kapitalmarktzins)	Ansammlungsverfahren (Kapitalmarktzins)
• Aufwandsrückstellungen	z.T. verpflichtend, z.T. Wahlrecht	Verbot	Verbot
Fremdwährungen			
• Verbindlichkeiten und Forderungen	Imparitätsprinzip	Umrechnung mit Stichtagskurs	Umrechnung mit Stichtagskurs

* In Anlehnung an das EStG haben sich 15 Jahre stark verbreitet. 4 Jahre sind die Ausnahme; auch 40 Jahre kommen vor.

(E): Empfohlene Methode nach IAS; (AZ): Alternativ zulässige Methode nach IAS; (AHK): Anschaffungs- oder Herstellungskosten
Quelle: Mandler, 1996, S. 723, Tabelle 3.

Abb. 18.2: HGB, US-GAAP und IAS im Vergleich

Vergleichsmöglichkeiten an eine Grenze. Wenn aber an die Stelle der Pensionsfonds-Einzahlungen die Rückstellungsbildung tritt, dann tendiert diese dazu, höher als in Deutschland auszufallen.

Die IAS-Regeln sind so zugeschnitten, daß sie bei „defined contribution plans" dem amerikanischen Verfahren entsprechen, während sie ansonsten dem deutschen System nahekommen. Jedoch werden künftige Rentensteigerungen antizipiert und statt eines festen Kalkulationszinses von 6 vH dient der Marktzins als Diskontierungsfaktor.

Bei der **Kapitalkonsolidierung** besteht bei IAS und GAAP eine Aktivierungspflicht für einen Goodwill-Saldo. Eine Verrechnung mit den Rücklagen ist unzulässig. Die Abschreibung erfolgt nach IAS über 5 bis 20 Jahre, nach GAAP i.d.R. über 40 Jahre. Nach HGB kann ein aktivischer Unterschiedsbetrag der Kapitalkonsolidierung in der Konzernbilanz ergebnisneutral mit den Rücklagen verrechnet werden. Wenn der Aktivierung des Goodwill der Vorzug gegeben wird, erfolgt die Abschreibung üblicherweise in einem Zeitraum bis zu 15 Jahren (entsprechend der Steuerbilanz), obwohl nach HGB die Abschreibung mit 1/4jährlich oder über die voraussichtliche Nutzungsdauer vorgeschrieben ist.

Kurzgefaßt läßt sich für die **Passivseite** resümieren, daß nach angelsächsischen Bewertungsansätzen mit höheren Pensionsrückstellungen, mit geringeren anderen Rückstellungen und mit einem höheren Eigenkapital zu rechnen ist. Das höhere Eigenkapital resultiert nicht nur aus den anders gearteten Kapitalkonsolidierungspflichten, sondern auch aus der regelmäßig höheren Bilanzsumme: wegen erhöhter Ansätze auf der Aktivseite und daraus folgend geringeren stillen Reserven.

Aktiva

Fremdwährungsforderungen werden entsprechend dem HGB nach dem NWP angesetzt: Zum jeweils niedrigeren Stichtagskurs oder Kurs bei Erstverbuchung. Der niedrigere Wert darf beibehalten werden. Langfristige Forderungen müssen abgezinst werden. Nach IAS und GAAP wird auf jeden Fall der Stichtagskurs für Fremdwährungen angesetzt. Unter Umständen sind langfristige Forderungen nach GAAP abzuzinsen.

Pauschalwertberichtigungen sind nach HGB zugelassen, ebenso nach GAAP für Risiken nach verschiedenen Methoden. Die IAS verbieten PWB außer bei tatsächlich erkennbaren Risiken.

Finanz-AV wird in deutschen Konzernbilanzen nach dem gemilderten NWP angesetzt. Bei voraussichtlich dauerhafter Wertminderung besteht jedoch eine Abschreibungspflicht (gemildertes NWP mit Hang zum strengen).

Die IAS entsprechen dem deutschen Ansatz. Anders die GAAP-Vorschriften: Die „held-to-maturity" debt securities, also die bis zum Laufzeitende gehaltenen Forderungspapiere, werden unverändert zum Einstandspreis gehalten. Weder unrealisierte Gewinne noch unrealisierte Verluste werden berücksichtigt. Bei der Gruppe der „available-for-sale" equity and debt securities, die weder zum baldigen Verkauf noch zum dauerhaften Verbleib bestimmt sind, gilt die Vorschrift, daß unrealisierte Gewinne und Verluste über ein gesondertes Eigenkapitalkonto direkt erfaßt werden, ohne ergebniswirksam zu sein.

Das **Sach-AV** ist zunächst nach den AHK zu bewerten. Dabei bestimmt das deutsche Steuerrecht sehr stark das Abschreibungsverhalten in der Einzelbilanz und damit auch in der Konzern-Handelsbilanz (sog. umgekehrte Maßgeblichkeit). Ziel deutscher Bilanzpolitik ist es i.d.R., die Buchwertansätze möglichst rasch zu vermindern. Dagegen gibt es im angelsächsischen Rechnungswesen dieses „Schielen auf die Steuerbilanz" nicht, dort wird der ökonomische Werteverzehr zum primären Maßstab der Abschreibungen. AfA-Tabellen nach deutschem Muster sind dort unbekannt.

Finanz-UV wird entsprechend dem HGB nach dem strengen NWP angesetzt; Wertobergrenze ist auch bei extremen Kurssteigerungen der historische Wert. In den USA werden die sog. „trading" equity and debt securities, die zum kurzfristigen Verkauf gehalten werden und für die in der Regel täglich ein Kurs feststellbar ist (shares und bonds), immer erfolgswirksam verrechnet. Das heißt, unrealisierte Verluste **und** Gewinne beeinflussen den Bilanzgewinn (mark-to-market). Hier tritt das Prinzip der Informationspflicht gegenüber dem Aktionär besonders deutlich zu Lasten des Gläubigerbankenschutzprinzips hervor.

Bei den Vorräten gilt für deutsche Bilanzen das strenge Niederstwertprinzip (historischer Wert oder niedrigerer Marktwert). Dagegen steht das „Lower of Cost or Market" Prinzip, wobei „Cost" dem AHK-Ansatz entspricht; hingegen ist für „Market" der niedrigere von zwei Werten zu wählen:

Wiederbeschaffungskosten oder „Net Realisable Value" (NRV = geschätzter Verkaufserlös abzügl. normaler Gewinnspanne und noch bis zur Veräußerbarkeit anfallender Kosten).

Für die **Aktivseite** insgesamt läßt sich zusammenfassen, daß die GAAP in der Regel zu höheren Wertansätzen beim Sach-AV (wegen nicht steuerlich motivierter AfA) sowie beim UV (marktnahe Bewertung) führen, um nur zwei wichtige Posten zu nennen, und daß es somit zur Bilanzverlängerung kommt.

5 Bewertungsanpassung nach GAAP

Die PreussenElektra AG – ein Unternehmen des bereits erwähnten VEBA-Konzerns – hat im Geschäftsbericht 1995 demonstriert (PreussenElektra, 1996), welche quantitativen Bilanz- und GuV-Wirkungen der Bewertungsübergang vom HGB/AktG-Abschluß zum GAAP-Abschluß hat. Dabei wurden die für 1994 bereits veröffentlichten Daten soweit in GAAP-Werte umgerechnet, wie es im deutschen Handelsrecht zulässig ist. Insgesamt ergab sich eine Erhöhung der Bilanzsumme von 30,5 Mrd. DM um 2,1 Mrd. DM auf 32,6 Mrd. DM (rd. 7%) und eine Zunahme des Eigenkapitals von 7,3 Mrd. DM um 0,8 Mrd. DM auf 8,1 Mrd. DM (rd. 11%).

Auf der Aktivseite wurde das AV um 9,3% höher bewertet – hauptsächlich wegen der Anpassung von Abschreibungen; auf der Passivseite wurden die Rückstellungen um etwa 7,6% höher angesetzt – in erster Linie wegen der Neuberechnung der betrieblichen Altersversorgung nach dem Anwartschaftsbarwertverfahren (Projected-Unit-Credit-Method).

In der GuV wurde das GAAP-Jahresergebnis vor Steuern und vor Gewinnabführung um rd. 133 Mio. DM (7,6%) höher ausgewiesen als im veröffentlichten Konzernabschluß vor allem wegen deutlich niedrigerer „sonstiger betrieblicher Aufwendungen" und gestiegener „sonstiger betrieblicher Erträge" (per Saldo +121,3 Mio DM).

Diese Ergebnisse bestätigen, daß in erheblichem Maße bilanzielle stille Reserven aufgedeckt werden. Dieser Effekt wird noch deutlicher, wenn der volle Übergang auf GAAP erfolgt, weil dann auch Ansätze über die deutschen Wertobergrenzen hinaus möglich sind.

Beim Übergang auf GAAP ergibt sich eine nachhaltig höhere Eigenkapitalquote, während die Gewinnerhöhung nicht von Dauer sein kann; allerdings ergibt sich ein anderer Gewinnverlauf über die Abrechnungsperioden. Insofern wird für PreussenElektra bestätigt, was Ballwieser (1996, S. 277ff.) für Daimler Benz gezeigt hat (Abbildung 18.3).

Die Gewinnentwicklung wird sowohl nach unten als auch nach oben weniger abgefedert, so daß der potentielle und tatsächliche Investor einen aktuellen Überblick über die Erfolgssituation seines Unternehmes bekommt. Durch die zusätzliche Segmentberichterstattung (Erfolgsaufspaltung z.B. nach Regionen und Geschäftsfeldern) werden zusätzlich divergierende Marktentwicklungen aufgedeckt.

Verblüffend für deutsche Bilanzleser ist der Einfluß latenter Steuern. Im Gegensatz zum deutschen Recht kann ein durch Verlustvorträge erzielter Steuervorteil (Verrechnung mit zukünftigen Ertragsteuern) schon heute anteilig als Gewinn ausgewiesen und an die Aktionäre weitergegeben werden. Denn im Sinne der US-Rechnungslegung ist ein aktivierbarer Vermögensposten entstanden, der den ausgewiesenen Gewinn erhöht. Bei Daimler Benz ist dieser Effekt wegen der extremen Gewinn/Verlustschwankungen 1993-1996 für längere Zeit gegeben.

Kriterium Jahr	Konzernergebnis (Mrd DM)		Eigenkapitalquote (vH)	
	HGB	GAAP	HGB	GAAP
1990	1,8	0,9	27	–
1991	1,9	1,9	26	31
1992	1,5	1,4	23	31
1993	0,6	– 1,9	20	27
1994	0,9	1,0	22	29
1995	– 1,1	– 7,2	–	22
1996	–	2,4	–	23

Anmerkung: Die extremen Differenzen im Konzernergebnis 1993/95 zeigen, wie sehr das HGB die Bildung und Auflösung stiller Reserven zur „Gewinnglättung" zuläßt.

Quelle: Ballwieser, 1996, S. 277-281, Tabellen 1-3 und Handelsblatt vom 17.4.1997, S. 18.

Abb. 18.3: HGB – GAAP – Vergleich für die Daimler Benz AG 1990-1996

6 Der „Neue Markt" der Deutschen Börse AG

Am 10. März 1997 wurde in Frankfurt a.M. der „Neue Markt" eröffnet, um das Eigenkapital risikobewußter Anleger für junge AG's nutzbar zu machen. Da es hier wie beim Pariser Nouveau Marché sowie bei der paneuropäischen Aktienbörse EASDAQ (European Association of Securities Dealers and Automated Quotation) in Brüssel besonders auf hohe Transparenz ankommt, werden die Informationspflichten sehr hoch angesetzt. Bereits der Zulassungsprospekt ist nach internationalen Standards zu erstellen, Publikationen sind in Deutsch und Englisch zu verfassen und Quartalsberichte sind Pflicht. Sowohl die Quartalsberichte als auch die Jahresabschlüsse müssen zeitnah, d.h. nach zwei bzw. vier Monaten veröffentlicht werden.

Die Jahresabschlüsse müssen internationalen Standards entsprechen, müssen also nach IAS, US-GAAP oder GoB mit Überleitung erstellt sein. (Die Bertrandt AG hat sofort mit dem Listing im Neuen Markt nach GAAP bilanziert).

Vorbild ist hierfür die New Yorker NASDAQ (National Association of Securities Dealers and Automated Quotation) mit ihren besonderen Vorschriften für Risikokapital bzw. junge Kapitalgesellschaften.

Für die weitere Entwicklung in Deutschland ist nun besonders interessant, daß hier offensichtlich Informationsstandards vorgeschrieben werden, die bisher nicht für nötig gehalten wurden. Jedenfalls ist ein weiteres Einfallstor für IAS und GAAP-Vorschriften geöffnet worden, so daß die Verfechter deutscher Rechnungslegungsprinzipien trotz teilweise guter Argumente einen immer schwereren Stand haben werden. Ihr Anliegen ist es, für eine Rechnungsperiode nicht nur den erwirtschafteten Gewinn möglichst vorsichtig auszuweisen, sondern auch darüber hinaus aufzuzeigen, in welcher Höhe ein ausschüttungsfähiger Gewinn entstanden ist, also ein Gewinn, dessen Ausschüttung den Bestand des Unternehmens nicht gefährdet.

Die IAS-Chancen steigen und fallen mit der Zulassung entsprechender Abschlüsse an der NYSE (New York Stock Exchange). Im Falle ihrer Ablehnung durch die SEC (Securities Exchange Commission) sind die US-GAAP die Konzern-Rechnungslegungsstandards der Zukunft.

Daimler Benz hat für 1996 nur noch einen ausführlichen GAAP-Abschluß veröffentlicht und eine sehr knappe HGB-Version im Bundesanzeiger (1997) folgen lassen. Da für Ausschüttung und Steuern aber weiterhin der AG-Abschluß und die Steuerbilanz entscheidend sind, ist das Unternehmen zu einem Spagat zwischen GAAP-Transparenz und Dividendenpolitik gezwungen. Erst eine Entkoppelung von Steuer- und Handelsbilanz nach deutschem Recht würde für Entlastung sorgen.

accrual principle	periodengerechte Abgrenzung
allowed alternative treatment	zulässige alternative Bewertung
assets	Vermögensteile der Bilanz
available-for-sale securities	Wertpapiere, die weder zum kurzfristigen Verkauf noch zum dauernden Verbleib gehalten werden
benchmark treatment (IAS)	fortgeführte Anschaffungs- oder Herstellungskosten beim Sachanlagevermögen; Ansammlungsverfahren bei Pensionsrückstellungen; Buchwertmethode bei Anteilserwerb
capital lease	Aktivierung beim Leasingnehmer (GAAP)
cash flow statement	Kapitalflußrechnung
comparability	Grundsatz der Vergleichbarkeit (horizontal, zwischenbetrieblich)
comparability improvements project	Verminderung der Wahlrechte (IAS)
completed contract method (HGB)	Gewinnausweis erst bei Realisierung (bei langfristigen Fertigungsprozessen)
completeness	Grundsatz der Vollständigkeit
conservatism	Vorsichtsprinzip
consistency	Grundsatz der Stetigkeit (vertikal, chronologisch)
contingency	Erfolgsunsicherheit
control concept	Kriterium zur Definition des Tochterunternehmens
debt securities	Gläubigerpapiere, z.B. Bonds
decision usefulness	Entscheidungsnutzen von Informationen (eingeschränktes Vorsichtsprinzip)
disclosures	Erläuterungs-, Angabepflichten
economic substance over legal form	Maßgeblichkeit der wirtschaftlichen Betrachtungsweise (z.B. wirtschaftliches versus juristisches Eigentum); vgl. substance over form
equity	Eigenkapital; Saldo aus assets und liabilities
equity securities	Eigentümerpapiere, z.B. Aktien
fair presentation	Klarheit u. Wahrheit: relevance and reliability
fair value	reeller Marktpreis
faithful representation	Prinzip der wahrheitsgemäßen Darstellung
feedback value	Informationswert zur Bewertung früherer Erwartungen

Abb. 18.4: Angelsächsische Bewertungsprinzipien (alphabetischer Überblick)

finance lease	Aktivierung beim Leasingnehmer, dem wirtschaftlichen Träger der Chancen und Risiken
going concern concept	unbegrenzter Zeithorizont (Ablehnung von Liquidationserlös-Ansätzen, grundsätzliche Bevorzugung von AHK)
held-to-maturity securities	Forderungspapiere, die bis zur Fälligkeit gehalten werden (sollen)
income statement	GuV-Rechnung
intangible assets	immaterielles Anlagevermögen
legal form	rechtliche Gestaltung
liabilities	Verbindlichkeiten in der Bilanz
lower of cost or market	Niederstwertprinzip (NWP): historischer Wert (AHK) oder der niedrigere Wert von Wiederbeschaffungskosten oder NRV (net realisable value)
management discussion and analysis of financial condition and results of operation	Anhang für börsennotierte Unternehmen (nach GAAP)
mark-to-market	marktnahe Bewertung
matching	sachliche Abgrenzung
materiality	Grundsatz der Wesentlichkeit
net realisable value (NRV)	UV-Erlösvergleichswert: Geschätzter Verkaufserlös abzgl. noch anfallende Aufwendungen und Normalgewinn
neutrality	Richtigkeit; Willkürfreiheit; Klarheit
notes	Anhang
operating lease	Aktivierung beim Leasinggeber (vgl. finance lease)
other assets (other investments)	nicht betriebsnotwendiges Vermögen
overriding principle	beherrschender Grundsatz (fair presentation)
pooling of interests method	Bewertungsmethode bei Anteilstausch
percentage of completion method	anteiliger Gewinnausweis bei langfristigen Fertigungsprozessen
predictive value	Informationswert für Entscheidungen bzw. deren Ergebnisse
present value	Barwert von Forderungen und Verbindlichkeiten (diskontierte Zahlungsreihen)
projected unit credit method	Anwartschaftsbarwertverfahren
purchase method	Buchwert- oder Neubewertungsmethode bei Anteilserwerb
qualifying assets	Anlagen im Bau

Abb. 18.4: (Fortsetzung)

realisation	Realisierungsgrundsatz (eingeschränktes Imparitätsprinzip)
recoverable amount	AV-Wiedergewinnungswert (liegt dieser unter dem Buchwert, ist eine außerplanmäßige Abschreibung zusätzlich zur planmäßigen AfA vorzunehmen)
relevance	Entscheidungsrelevanz (Anlegerschutz) bei Gewinnen/Verlusten
relevant information	(für den Anleger) entscheidungsrelevante Information (z.B. bei immateriellen AV geht Anleger- vor Gläubigerschutz)
reliability	Gläubigerschutz; Vorsichtsprinzip (schwächer als im deutschen Rechnungswesen)
residual value	Resterlös eines abgeschriebenen WG, nach Abzug der Verwertungskosten
soft law	IAS-Empfehlungen (ohne Rechtskraft)
statement of non-owner movements in equity	Ertragsrechnung aus Neubewertungen (Anhangsbestandteil bei IAS)
statement of owners' equity	Entwicklung des Eigenkapitals
substance over form	Maßgeblichkeit der wirtschaftlichen Betrachtungsweise (z.B. Abgrenzung der einzubeziehenden Tochterunternehmen)
timeliness	Rechtzeitigkeit der Information (vor Ergebniseintritt)
trading securities	Wertpapiere des UV (zum kurzfristigen Wiederverkauf)
true and fair view	Bilanzwahrheit und -klarheit
useful life	erwartete Lebensdauer eines WG
verifiability (representational faithfulness)	Überprüfbarkeit; Nachvollziehbarkeit; Prinzip der Vollständigkeit

Abb. 18.4: (Fortsetzung)

7 Literaturverzeichnis

Baetge, J.: Konzernbilanzen. 2. Aufl., Düsseldorf 1995
Ballwieser, W. (Hrsg.): US-amerikanische Rechnungslegung. Grundlagen und Vergleiche mit dem deutschen Recht. Zweite, überarbeitete und erweiterte Auflage, Stuttgart 1996
Ballwieser, W.: Was bewirkt eine Umstellung der Rechnungslegung vom HGB auf US-GAAP? In: Ballwieser, W. (Hrsg.), a.a.O. S. 285-299
Born, K.: Rechnungslegung International. Konzernabschlüsse nach IAS, US-GAAP, HGB UND EG-Richtlinien, Stuttgart 1997
Busse von Colbe,W.: Rechnungsziele und Ansätze zur internationalen Harmonisierung der Rechnungslegung deutscher Unternehmen. In: Ballwieser, W. (Hrsg.), a.a.O. S. 301-318
Daimler Benz (Hrsg.): Geschäftsberichte 1993 bis 1996, Stuttgart 1994 bis 1997
Dörner, D., Wollmert, P. (Hrsg.): IASC-Rechnungslegung – Beiträge zu aktuellen Problemen, Düsseldorf 1995
Förschle, G., Kroner, M., Mandler, U.: Internationale Rechnungslegung: US-GAAP, HGB und IAS. 2. Aufl., Bonn 1996
Gidlewitz, H.-J.: Internationale Harmonisierung der Konzernrechnungslegung unter besonderer Berücksichtigung der Vereinbarkeit der Bestimmungen des IASC und des HGB, Europäische Hochschulschriften, Frankfurt 1996
Glanz, St.: Prinzipien der Konzernrechnungslegung, Zürich 1997
Glaum, M., Mandler, U.: Rechnungslegung auf globalen Kapitalmärkten: HGB, IAS u. US-GAAP, Wiesbaden 1996
Gräfer, H., Demming, C.: Internationale Rechnungslegung, Stuttgart 1994
Institut der Wirtschaftsprüfer (Hrsg.): Rechnungslegung nach International Accounting Standards – Praktischer Leitfaden für die Aufstellung IAS-konformer Jahres- und Konzernabschlüsse in Deutschland, Düsseldorf 1995
Kaplan, R.S., Norton, D. P.: Balanced Scorecard, Stuttgart 1997
Keitz, I. von: Immaterielle Güter in der internationalen Rechnungslegung, Düsseldorf 1997
KPMG (Hrsg.): Rechnungslegung nach US-amerikanischen Grundsätzen. – Eine Einführung in die US-GAAP und die SEC-Vorschriften –, Düsseldorf 1997
Lettmann, Philip: Bilanzierungsunterschiede multinationaler Konzerne, Wiesbaden 1997
Mandler, U.: Harmonisierung der Rechnungslegung: Bridging the GAAP? In: ZfB, 66. Jg. (1996), H.6, S. 715-734
Moxter, A.: Standort Deutschland: Zur Überlegenheit des deutschen Rechnungslegungsrechts. In: Peemöller, V. H. und Uecker, P. (Hrsg.): Standort Deutschland. Festschrift für Anton Heigl, Berlin 1995, S. 31-41
Moxter, A.: Zum Verhältnis von Handelsbilanz und Steuerbilanz. In: Betriebs-Berater (BB), Heft 4, 1997, S. 195-199
Niehus, R.J.: Die neue Internationalität deutscher Konzernabschlüsse. In: Der Betrieb, 48. Jg. (1995), S. 1341-1345
Norsk Hydro a.s. (Hrsg.): Geschäftsbericht nach US-GAAP 1995, Oslo 1996
PreussenElektra AG (Hrsg.): Geschäftsbericht 1995, Hannover 1996
Risse, A.: International Accounting Standards für den deutschen Konzernabschluß, Wiesbaden 1996
Schmidt, R.H.: Rechnungslegung als Informationsproduktion auf nahezu effizienten Kapitalmärkten. In: ZfbF, 34 Jg. (1982), S. 728-748
Schruff, L. (Hrsg.): Bilanzrecht unter dem Einfluß internationaler Reformzwänge, Düsseldorf 1996
Siebert, H.: Grundlagen der US-amerikanischen Rechnungslegung. Diss. Bonn 1996, Köln 1996
Stein, H.-G.: Unterschiede in der Rechnungslegung in Deutschland und den USA. In: Fritsch, U., Liener, G. und Schmidt, R. (Hrsg.): Die deutsche Aktie, Stuttgart 1993, S. 265-274
Weber, C.P., Graf Waldersee, G. u.a., (Arthur Andersen GmbH): Das Chaos wird noch größer. Immer mehr Konzerne veröffentlichen internationale Bilanzen. Drei Systeme konkurrieren. Welches setzt sich durch? In: manager magazin (09/1996), S. 118-130

Werner, P.: Bilanzierungsgrundsätze im Wertpapierrecht der USA, Wiesbaden 1984
Wollmert, P.: IASC-Rechnungslegung – Synopse zu den handelsrechtlichen Vorschriften, Stuttgart 1995
Zachert, M.: Zugangshindernisse und Zugangsmöglichkeiten zum US-amerikanischen Eigenkapitalmarkt aus Sicht eines deutschen Unternehmens. In: Die Aktiengesellschaft, 39. Jg. (1994), S. 207-222

Literatur

Aaker, D. A., Strategic Market Management, New York 1982.
Abell, D. E., Defining the Business: The Starting Point of Strategic Planning, Englewood Cliffs 1980.
Abraham, H. J., Das Seerecht, 4. Aufl., Berlin, New York 1974.
Adam, D., Produktionspolitik, 5. Aufl., Wiesbaden 1988.
Adolff, P., Risk Management, in: Handwörterbuch Export und Internationale Unternehmung, HWInt, hrsg. von K. Macharzina und M. K. Welge. Stuttgart 1989, Sp. 1854ff.
Agarwal, J. P., Determinants of Foreign Direct Investment: A Survey, in: Weltwirtschaftliches Archiv, Bd. 116, 1980, S. 739ff.
Aggarwal, R., The Strategic Challenge of the Evolving Global Economy, in: Annual Editions: Economics 88/89, Guilford, Connecticut 1989.
Agmon, T./Lessard, D., Investor recognition of corporate international diversification, in: Journal of Finance, Sept. 1977, S. 1049ff.
Agthe, K. E., Aktuelle Probleme der Führungsorganisation internationaler Unternehmungen, in: ZfO 1976. S. 434-442.
Derselbe, Stufenweise Fixkostendeckung im System des Direct Costing, in: ZfB 1969, S. 404-418.
Derselbe, „Multi-local" statt „Multi-national" als strategisches Konzept eines internationalen Unternehmens, in: Lück, W./Trommsdorff, V. (Hrsg.), Internationalisierung der Unternehmung als Problem der Betriebswirtschaft, Berlin 1982, S. 147ff.
Aharoni, Y., The Foreign Direct Investment Decision Process, Boston 1966.
Albach, H., Die internationale Unternehmung als Gegenstand betriebswirtschaftlicher Forschung, in: Zeitschrift für Betriebswirtschaft, Ergänzungsheft 1/1981, Internationale Betriebswirtschaftslehre, S. 13ff.
Derselbe, Zur Verlegung von Produktionsstätten ins Ausland, in: ZfB 10/1979, S. 945ff.
Derselbe, Innerbetriebliche Lenkpreise als Instrument dezentraler Unternehmensführung, in: ZfbF 1974, S. 216-242.
Derselbe, Japanischer Geist und internationaler Wettbewerb, in: ZfB 1990, S. 369ff.
Albaum, G. et al., International Marketing and Export Management, Wokingham 1994.
Albrecht, H. K., Die Organisationsstruktur Multinationaler Unternehmungen, in: DB 1970, 23. Jg., S. 2085-2089.
Aliber, R. Z., A Theory of Foreign Direct Investment, in: Kindleberger, Ch. P. (Hrsg.): The International Corporation, Cambridge (Mass.), London 1970, S. 17ff.
Derselbe, The Multinational Enterprise in a Multiple Currency World, in: Dunning, J. H. (Hrsg.): The Multinational Enterprise, London 1971, S. 49ff.
Allgemeine Kreditversicherung AG, Mainz (Hrsg.), Allgemeine Bedingungen für die Ausfuhrkreditversicherung, Mainz 1988.
Althans, J., Die Übertragbarkeit von Werbekonzeptionen auf internationale Märkte – Analyse und Exploration auf der Grundlage einer Befragung bei europaweit tätigen Werbeagenturen, Frankfurt/M. 1982.
Andersen, U./Woyke, W. (Hrsg.), Handwörterbuch Internationale Organisationen, Opladen 1985.
Ansari, J. A., The Political Economy of International Economic Organization, Boulder (Colorado) 1986.
Ansoff, H. I., Managing Surprise and Discontinuity – Strategic Response to Weak Signals, in: ZfbF 1976, S. 129-152.
Derselbe, Corporate Strategy, New York et al. 1965.
Arbeitskreis „Externe Unternehmensrechnung" der Schmalenbach-Gesellschaft, Aufstellung von Konzernabschlüssen, in: ZfbF 1987 – Sonderheft 21, S. 51-65.
Arbeitskreis „Organisation international tätiger Unternehmen" der Schmalenbach-Gesellschaft, Organisation des Planungsprozesses in international tätigen Unternehmen, in: ZfbF 1979 S. 20-37.
Archer, C., International Organizations. Key Concepts in International Relations, London 1983.

Archibald, G. C., Art. Theory of the Firm, in: The New Polgrave, Bd. 2, London 1987.
Arnold, U., „Global Sourcing" – Ein Konzept zur Neuorientierung des Supply-Management von Unternehmen, in: Welge, M. K. (Hrsg.), Globales Management, Stuttgart 1990.
Aufermann, E., Das Wesen der betriebswirtschaftlichen Steuerlehre, in: ZfhF 1929.
Derselbe, Grundzüge der betriebswirtschaftlichen Steuerlehre, 2. Aufl., Wiesbaden 1950.
Derselbe, Systemanalyse internationaler Unternehmungen, in: Festschrift für Erich Kosiol, Unternehmensführung, hrsg. von Wild, J., Berlin 1974.
Austin, J. E./Ickis, J. C., Managing After The Revolutionaries Have Won, in: Harvard Business Review, Nr. 3, 5/6, 1986.
Backhaus, K., Strategien auf sich verändernden Weltmärkten – Chancen und Risiken, in: Die Betriebswirtschaft 1989, S. 465ff.
Derselbe, Investitionsgütermarketing, 2. Aufl., München 1990.
Bänsch, A., Verkaufspsychologie und Verkaufstechnik, 4. Aufl., München 1990.
Baetge, J., Konzernbilanzen, 2. Aufl., Düsseldorf 1995.
Derselbe u.a., Vahlens Kompendium der Betriebswirtschaftslehre, 2 Bde, München 1984.
Bailey, P. J., Möglichkeiten der Kontrolle Multinationaler Konzerne. Die Rolle Internationaler Organisationen, München 1979.
Bain, J. S., Barriers to New Competition, Cambridge (Mass.) 1956.
Balleis, S., Die Bedeutung politischer Risiken für ausländische Direktinvestitionen, (Diss.) Nürnberg 1984.
Ballwieser, W. (Hrsg.), US-amerikanische Rechnungslegung. Grundlagen und Vergleiche mit dem deutschen Recht, 2. Aufl., Stuttgart 1996.
Baranowski, K.-H., Die steuerliche Prüfung von Verrechnungspreisen, in: Steuerberater Kongress Report 1982, S. 307-326.
Derselbe, Praktiker-Handbuch Außensteuerrecht 1997, 21. Aufl., Düsseldorf 1997.
Bartlett, C. A., Aufbau und Management der transnationalen Organisationsstruktur: Eine neue Herausforderung, in: Globaler Wettbewerb, Strategien der neuen Internationalisierung, hrsg. von M. E. Porter, Wiesbaden 1989, S. 425-464.
Derselbe/Ghoshal, S., Arbeitsteilung bei der Globalisierung, in: Harvard Manager 1987, S. 49ff.
Dieselben, Internationale Unternehmensführung. Frankfurt und New York 1990.
Barzen, D./Vahle, P., Das PIMS-Programm – was es wirklich wert ist, in: Harvard Manager 1990, S. 100ff.
Bauer, E., Internationale Marktforschung, München 1995.
Baumann, H. G., Merger Theory, Property Rights and the Pattern of US Direct Investment in Canada, in: Weltwirtschaftliches Archiv, Bd. 111, 1975, S. 676ff.
Baumann, R., Internationale Kapitalerträge zwischen verbundenen Unternehmen im Steuerrecht. Grundsätze sowie Besteuerung im Verhältnis Schweiz-USA, (Diss.) St. Gallen 1979.
Baumol, W. J., Macroeconomics, 4th ed., Princeton 1988.
Derselbe/Fabian, T., Decomposition, Pricing for Decentralization and External Economies, in: Management Science 1964, 11. Jg., S. 1-32.
Baux, Ph., Marketing – une approche de Mega-Marketing, Paris 1987.
Bayer, W. F., Busse von Colbe, W., Lutter, M. (Hrsg.), Aktuelle Fragen Multinationaler Unternehmen, Opladen 1975.
Bea, F. X./Beutel, R., Die Bedeutung des Exports für die Entwicklung der Kosten und die Gestaltung der Preise, in: E. Dichtl, O. Issing (Hrsg.), Exporte als Herausforderung für die deutsche Wirtschaft, Köln 1984, S. 309-339.
Behrendt, W., Die Logistik der Multinationalen Unternehmen, (Diss.) Berlin 1977.
Behrens, H., Globales Management: Strategische Aufgaben und globale Verantwortung Internationaler Unternehmen, in: Kompendium der Internationalen BWL, hrsg. von S. G. Schoppe, 3. Aufl., München 1995, S. 287-310.
Bellstedt, Ch., Die Besteuerung international verflochtener Gesellschaften, 3. Aufl., Köln 1973.
Berekoven, L., Internationales Marketing, 2. Aufl., Herne/Berlin 1985.

Derselbe, Weltmarken-Konzepte zwischen Wunsch und Wirklichkeit, in: Markenartikel 1985, S. 292ff.
Bergemann, N./Sourisseaux, A. L. J. (Hrsg.), Interkulturelles Management, Berlin 1992.
Berger, P. L./Luckmann, Th., Die gesellschaftliche Konstruktion der Wirklichkeit, Frankfurt 1970.
Bergner, D. J., International Political Affairs, in: HWInt, Stuttgart 1989, Sp. 884ff.
Bergsten, C. F., America in the World Economy: A Strategy for the 1990s, Washington, D. C. 1988.
Bernkopf, G., Strategien zur Auswahl ausländischer Märkte, München 1980.
Bestmann, U., Kompendium der Betriebswirtschaftslehre, 5. Aufl., München 1990.
Beyfuß, J., Art Exportkreditversicherung, in: HW Int., Stuttgart 1989, S. 563-577.
Bhote, K. R., Strategic Supply Management, a Blueprint for Revitalizing the Manufacturer-Supplier Partnership, New York 1989.
Bidlingmaier, J., Marketing, Bd. 2, Reinbek 1973.
Derselbe, Zielkonflikte und Zielkompromisse im unternehmerischen Entscheidungsprozeß, Wiesbaden 1968.
Biehl, H., Ausfuhrland-Prinzip, Einfuhrland-Prinzip und Gemeinsamer Markt-Prinzip. Ein Beitrag zur Theorie der Steuerharmonisierung, Köln 1969.
Bierich, M., Fertigungsstandorte im internationalen Vergleich, in: Zeitschrift für betriebswirtschaftliche Forschung (ZfbF), 9/1988, S. 824ff.
Bircher, B./Hubschmidt, H./Baetschmann, H., Besser entscheiden für Auslandsmärkte, in: Management-Zeitschrift, Nr. 4, 1978, S. 202-208.
Bittner, A./Reisch, B., Aspekte interkulturellen Managements, Bd. 1, Bad Honnef 1992.
Dieselben, Stand und Problemfelder internationaler Personalentwicklung in deutschen Großunternehmen – Dokumentation des Fachgesprächs Bad Honnef 1992.
Bleicher, K., Perspektiven für Organisation und Führung von Unternehmungen, Bad Homburg 1971.
Derselbe, Zur organisatorischen Entwicklung multinationaler Unternehmungen, in: ZfO 1972, S. 330-338 (Teil 1), S. 415-425 (Teil 2).
Derselbe, Art. Kompetenzen, in: Grochla, E. (Hrsg.), HWO, 2. Aufl. , Stuttgart 1980, Sp. 1056-1064.
Derselbe, Systemanalyse internationaler Unternehmungen, in: Festschrift für Erich Kosiol, Unternehmensführung, hrsg. von Wild, J., Berlin 1974.
Derselbe, Die Organisation der Unternehmung aus systematischer Sicht, in: ZfO 1971, S. 171-177.
Blohm, H./Lüder, K., Investition, 5. Aufl., München 1983.
Blomeyer, K., Exportfinanzierung, Wiesbaden 1989.
Böttcher, K., Qualität marktorientiert einkaufen, in: Beschaffung aktuell, 4/1992, S. 24ff.
Bonart, E., Fertigung im Zielland oder Export aus dem Stammland? WiSt, H. 10, 1993, S. 540-544.
Bonus, H., The Cooperative Association as a Business Enterprise: A Study in the Economics of Transactions, in: Journal of Institutional and Theoretical Economics, 142 (1986), S. 310-339.
Borchert, M., Außenwirtschaftslehre, Theorie und Politik, 3. Auflage, Opladen 1987.
Born, E., Art. Geschichte der Multinationalen Unternehmen, in: HdWW/Handwörterbuch der Wirtschaftswissenschaften, Bd.8, Stuttgart 1980, S. 103-107.
Born, K., Rechnungslegung International. Konzernabschlüsse nach IAS, US-GAAP, HGB und EG-Richtlinien, Stuttgart 1997.
Borrmann, W. A., Typen und Struktur internationaler Unternehmungen, in: Managementprobleme internationaler Unternehmen, hrsg. von Perridon, L., Wiesbaden 1970.
Botta, V., Betriebswirtschaftliche Produktionsfunktionen. Ein Überblick, in: Wirtschaftswissenschaftliches Studium, 3/1986, S. 113ff.
Brandi, C., Multinationale Unternehmen und staatliche Wirtschaftspolitik in westlichen Industriestaaten, Paderborn/München/Wien/Zürich 1979.
Braun, G., Die Theorie der Direktinvestition (Diss. Tübingen), Köln 1988.

Brenke, M., Dezentralisierung der Produktion, internationale, in: Kern, W. (Hrsg.), Handwörterbuch der Produktionswirtschaft. Ungekürzte Sonderausgabe, Stuttgart 1984, Sp. 406ff.
Derselbe, International dezentralisierte Produktionssysteme, (Diss.) Köln 1974.
Brewer, Th., Political Risk Assessment for Foreign Direct Investment Decisions, in: Columbia Journal of World Business, Spring 1981, S. 5-29.
Brockhoff, K., Forschung und Entwicklung, Planung und Kontrolle, München 1992.
Broll, K./Gilroy, B., Außenwirtschaftstheorie, München 1989.
Bronder, Ch./Pritzl, R., Wegweiser für strategische Allianzen, Frankfurt a.M. 1997.
Brooke, M. Z./Remmers, H. L., The Strategy of Multinational Enterprise, Organization and Finance, London 1970.
Brown, W. B., Islands of Conscious Power: MNC's in the Theory of the Firm, in: MSU Business Topics, Vol. 24, 1976, S. 37ff.
Brunton, G. C., Implementing Corporate Strategy: The Story of International Thompson, in: The Journal of Business Strategy, Vol. 5, No.2, Fall 1984.
Buckley, P. J., New Forms of International Industrial Cooperation: A Survey of the Literature with Special Reference to North-South Technology Transfer, in: Außenwirtschaft, 2/1983, S. 195-222.
Derselbe, A Critical View of Theories of Multinational Enterprise, London 1985.
Derselbe/Casson, M., The Future of the Multinational Enterprise, London 1976.
Dieselben, The Economic Theory of the Multinational Enterprise, London 1985.
Bühner, R., Grenzüberschreitende Zusammenschlüsse deutscher Unternehmen, Stuttgart 1991.
Büschgen, H., Internationales Finanzmanagement, Frankfurt am Main 1986.
Derselbe, Entscheidungsprozesse bei privaten Auslandsinvestitionen, in: Führungsprobleme industrieller Organisationen, Hrsg. D. Hahn, Berlin und New York 1980.
Bütler, J. W./Dearden, J., Managing a Worldwide Business, in: HBR 3/1065, S. 93-102.
Buhr, W., Dualvariable, Opportunitätskosten und optimale Geltungszahl, in: ZB 1967, S. 687-708.
Bundesministerium für Wirtschaft, BMWi (Hrsg.), Exportfibel, Bonn 1997
Bundesverband der Deutschen Industrie e.V., BDI (Hrsg.), Steuerliche Prüfung internationaler Verrechnungspreise im Verhältnis zu den Grundsätzen für die Prüfung der Einkunftsabgrenzung bei international verbundenen Unternehmen, Bonn 1983.
Burstein, D., YEN, München 1989.
Busse von Colbe, W., Art. Rechnungswesen der Konzerne, in: Grochla, E./Wittmann, W. (Hrsg.), HWB, 4. Aufl., Stuttgart 1975, Sp. 2249-2257.
Derselbe, Zur finanziellen Steuerung und Kontrolle im internationalen Konzern mit Hilfe von Bilanzen, in: Hahn, D. (Hrsg.), Führungsprobleme industrieller Unternehmungen, Festschrift für F. Thomée, Berlin, New York 1980, S. 257-278.
Derselbe/Ordelheide, D., Konzernabschlüsse, 5. Auflage, Wiesbaden 1984.
Calvet, A. L., A Synthesis of Foreign Direct Investment Theories and Theories of the Multinational Firm, in: Journal of International Business Studies, Vol. 12, 1981, S. 43ff.
Carl, V., Problemfelder des Internationalen Managements, München 1989.
Carson, D., International Marketing – A Comparative Systems Approach, New York 1967.
Casson, M., Alternatives to the Multinational Enterprise, London 1979.
Derselbe, The Firm and the Market, Oxford 1987.
Derselbe, Transaction Costs and the Theory of the Multinational Enterprise, in: Buckley, P. J. and Casson, M. (Hrsg.), The Economic Theory of the Multinational Enterprise, London 1985, S. 20-38.
Cateora, Ph. R./Hess, J. M., International Marketing, Homewood/Illinois 1971.
Caves, R., Industrial Economics of Foreign Investment, in: Journal of World Trade Law, Vol. 5, 1971, S. 303ff.
Derselbe, Multinational Enterprise and Economic Analysis, Cambridge (Mass.) 1982.
Derselbe, International Corporations: The Industrial Economics of Foreign Investment, in: Economica, Vol. 38, 1971, S. 1ff.

Chakravarthy, B. S./Perlmutter, H. V., Strategic Planning for a Global Business, in: Columbia Journal of World Business, Vol. XX, No. 2, Summer 1985.
Chandler, A. D. Jr., Strategy and Structure, Cambridge u. London 1969.
Derselbe, Die Entwicklung des zeitgenössischen globalen Wettbewerbs, in: Globaler Wettbewerb, Hrsg. M. E. Porter, Wiesbaden 1989, S. 467-514.
Channon, D. F., The Strategy and Structure of British Enterprise, London 1973.
Derselbe/Jalland, M., Multinational Strategic Planning, London 1979.
Christelow, D. B., International Joint Ventures: How Important Are They?, in: The Columbia Journal of World Business, 1987, S. 7-13.
Cipolla, C. M., Europäische Wirtschaftsgeschichte in 5 Bänden, Stuttgart-New York 1985.
Clark, Kim B./Fujimoto, T., Automobilentwicklung mit System: Strategie, Organisation und Management in Europa, Japan und USA. Frankfurt am Main 1992.
von Clausewitz, C. (1832), Vom Kriege, 17. Aufl., Bonn 1966.
Coase, R., The Nature of the Firm, in: Economica, Vol. 4, 1937, S. 386ff.
Coenenberg, A. G., Art. Organisation des Rechnungswesens, in: Grochla, E. (Hrsg.), HWO, Stuttgart 1969, Sp. 1413-1424.
Derselbe, Jahresabschluß und Jahresabschlußanalyse, 13. Aufl., Landsberg am Lech 1991.
Conybeare, J. A. C., International Organization and the Theory of Property Rights, in: International Organization 34, 3, Summer 1989, S. 307-334.
Copeland, L./Griggs, L., Going International, New York 1985.
Corden, W. M., The Theory of International Trade, in: Dunning, J. H. (Hrsg.), Economic Analysis and the Multinational Enterprise, London 1974, S. 209ff.
Corsten, H., Produktionsfaktorsysteme, in: Wirtschaftsstudium, 7/1986, S. 173ff.
Czinkota, M. R./Ronkainen, I.A., International Marketing, 4th ed., Fort Worth 1995.
Danert, G., Probleme Multinationaler Unternehmungen, in: DB 1970, 23. Jg., S. 1236ff.
Derselbe/Drumm, H. J./Hax, K. (Hrsg.), Verrechnungspreise, ZfbF-Sonderheft 2, 1973.
Daniels, J. D./Radebaugh, L. H., International Business. Environments and Operations, 5th ed, Reading (Mass.) 1989.
Dantzig, G. B./Wolfe, P., Decomposition for Linear Programs, in: OR 1960, S. 101-111.
Davidson, W. H., Global Strategic Management, New York 1982.
Dean, J., Decentralization and Intra-Company-Pricing, in: HBR 4/1955, S.65-74.
Dearden, J., Appraising Profit Center Managers, in: HBR3/ 1968, S. 80-87.
Derselbe, Limits on Decentralized Profit Responsibility, in: HBR 4/1962, S. 81-89.
Derselbe, Mirage of Profit Center Decentralization, in: HBR 6/ 1962, 40. Jg., S. 140-143.
Derselbe, Problems in Decentralized Financial Control, in: HBR 3/ 1961, S. 72-80.
Derselbe, Problems in Decentralized Profit Responsibility, in: HBR 3/1960, S. 79-86.
Debatin, H., OECD-Empfehlungen zur Vermeidung internationaler Doppelbesteuerung, R/W/AWD 1978.
Derselbe, Internationale Steueraspekte in der deutschen höchstrichterlichen Rechtsprechung, in: DSTZ/A 1966, S. 161ff.
Derselbe, Außensteuerrechtliche und internationalrechtliche Behandlung von Rechtsträgern und daran bestehenden Beteiligungen, in: DB 1977, Beilage Nr. 13.
De Leersnyder, J.-M., Marketing international, 2e éd., Paris 1986.
Desta, A., Assessing Political Risk in Less Developed Countries, in: The Journal of Business Strategy, Vol. 5, No.4, Spring 1985.
Dichtl, E./Issing, O. (Hrsg.), Exporte als Herausforderung für die deutsche Wirtschaft, Köln 1984.
Dieckheuer, G., Internationale Wirtschaftsbeziehungen, 2. Aufl., München 1991.
Dobry, H., Die Steuerung ausländischer Tochtergesellschaften, Diss. Gießen 1982.
Döbert, R./Nunner-Winkler, G., Adoleszenzkrise und Identitätsbildung, Frankfurt 1975.
Dieselben/Habermas, J. (Hrsg.), Entwicklung des Ichs, Königstein/Ts. 1980.
Dörner, D./Wollmert, P. (Hrsg.), IASC-Rechnungslegung, Düsseldorf 1995.
Donges, J. B., Deutsche Direktinvestitionen im Ausland, Entwicklungsmuster, Bestimmungsgründe, Wirkungen, in: Späth, L. u. a. (Hrsg.), Zielsetzung Partnerschaft, Stuttgart 1985, S. 385ff.

Derselbe u.a., Mehr Strukturwandel für Wachstum und Beschäftigung. Die deutsche Wirtschaft im Anpassungsstau. Kieler Studien, Bd. 216, Tübingen 1988.
Doz, Y., Value Creation Through Technology Collaboration, in: Außenwirtschaft, 1/2 (1988), S. 175-190.
Dribbusch, F., Personalführung in multinationalen Unternehmen, in: Bayer, W. F./Busse von Colbe, W./Lutter, M., (Hrsg.), Aktuelle Fragen multinationaler Unternehmen, Opladen 1975, S. 135-148.
Drucker, P., The Changed World Economy, in: Foreign Affairs, Vol. 64 (1989), S. 768-791.
Drukarczyk, J., Theorie und Politik der Finanzierung. 2 Aufl., München 1993.
Drumm, H. J., Zum Aufbau internationaler Unternehmungen mit Geschäftbereichsorganisation, in: ZfbF 1979, S. 38-56.
Derselbe, Planungs- und Anpassungsprobleme der Geschäftsbereichsorganisation, in: ZfB 1978, 48. Jg., S. 87-104.
Dülfer, E., Internationalisierung der Unternehmung – gradueller oder prinzipieller Wandel, in: Lück, W./Trommsdorff, V. (Hrsg.), Internationalisierung der Unternehmung als Problem der Betriebswirtschaftslehre, Berlin 1983, S. 47-72.
Derselbe, Die spezifischen Personal- und Kommunikationsprobleme international tätiger Unternehmungen – eine Einführung, in: Personelle Aspekte im Internationalen Management, Berlin 1983, S. 27-40.
Derselbe, Zum Problem der Umweltberücksichtigung im „Internationalen Management", in: Pausenberger, E. (Hrsg.), Internationales Management, Stuttgart 1981, S. 1-44.
Derselbe, Auslandsmanagement in Schwellenländern, in: Wacker, W. H., Haussmann, H., Kumar, B. (Hrsg.), Internationale Unternehmensführung, Berlin 1981, S. 437-458.
Derselbe, Personelle Aspekte im Internationalen Management, Berlin 1983.
Derselbe, Internationales Management in unterschiedlichen Kulturbereichen, München 1991.
Dufey, G./Giddy, I. H., International financial planning, in: California Management Review, Fall 1978, S. 69ff.
Duhnkrack, Th., Zielbildung und Strategisches Zielsystem in der internationalen Unternehmung (Diss. Hamburg), Göttingen 1984.
Dunn, R. M. Jr., Flexible exchange rates and oligopoly pricing, in: Journal of Political Economy, Jan/Feb 1970, S. 140ff.
Dunning, J. H., Toward an Eclectic Theory of International Production, in: Journal of International Business Studies, Vol. 11, 1, 1980, S. 9-31.
Derselbe, Economic Analysis and the Multinational Enterprise, London 1974.
Derselbe, Comment on the Chapter by Professor Aliber, in: Dunning, J. H. (Hrsg.): The Multinational Enterprise, London 1971, S. 57ff.
Derselbe, Trade, Location of Economic Activity and MNE: A Search for an Eclectic Approach, in: Ohlin, B.; Hesselborn, P., Wijkman, P. M. (Hrsg.): The International Allocation of Economic Activity, London 1977, S. 395ff.
Derselbe, The Determinants of International Production, in: Oxford Economic Papers, Vol. 25, S. 290ff.
Derselbe, Explaining Changing Patterns of International Production: In Defence of the Eclectic Theory, in: Oxford Bulletin of Economics and Statistics, Vol. 41, 1979, S. 269ff.
Derselbe, Explaining the International Direct Investment Position of Countries: Towards a Dynamic or Developmental Approach, in: Weltwirtschaftliches Archiv, Bd. 117, 1981, S. 30-64.
Derselbe/Rugman, A. M., The Influence of Hymer's Dissertation on the Theory of Foreign Direct Investment, in: AER, AEA Papers and Proceedings, Vol.75, Nr. 2, S. 228ff.
Dyment, J. J., Strategies and Management Controls for Global Corporations, in: The Journal of Business Strategy, Vol.7, No.4, Spring 1987.
Ebenroth, C. T., Die verdeckten Vermögenszuwendungen im transnationalen Unternehmen, Bielefeld 1979.
Eilenberger, G., Finanzierungentscheidungen multinationaler Unternehmungen, 2. Aufl., Mannheim 1987.

Eisenführ, F., Zur Entscheidung zwischen funktionaler und divisionaler Organisation, in: ZfB 1970, 40. Jg., S. 725-746.
Eiteman, D. K./Stonehill, A. I., Multinational Business Finance, 5. Aufl., Reading (Mass.) 1989.
Elmandjra, M., The United Nations System. An Analysis, London 1973.
Enge, H. J., Transportversicherung, Recht und Praxis in Deutschland und England, 2. Aufl., Wiesbaden 1987.
Engel, C. L. J.: Konzerntransferpreise im internationalen Steuerrecht, Köln 1986.
Engelhard, J., Verhaltenskodizes, in: Handwörterbuch Export und Internationale Unternehmung, hrsg. von K. Macharzina und M. K. Welge. Stuttgart 1989, Sp. 2155ff.
Derselbe, (Hrsg.), Interkulturelles Management. Theoretische Fundierung und funktionsbereichsspezifische Konzepte, Wiesbaden 1997.
Essawy, M. A., Internationales Marketing in Entwicklungsländern (Diplom-Arbeit), Wirtschafts- und Sozialwissenschaftliche Fakultät der Universität Augsburg, 1988.
Ethier, W. J., The multinational firm, in: Quarterly Journal of Economics, No. 101, 1986, S. 805-833.
Europäische Gemeinschaften (Hrsg.), Bericht über die Rolle der multinationalen Unternehmen in der EG und im Außenhandel der EG. Berichterstatter: Erik Blumenfeld, Sitzungsdokumente des Europäischen Parlaments 1988-89, Straßburg 1988.
Fachkommission für Ausbildungsfragen, Anforderungsprofil für die Hochschulausbildung im Bereich der Industriellen Produktionswirtschaft, in: Zeitschrift für betriebswirtschaftliche Forschung, 8/9, 1984, S. 723ff.
Freiherr von Falkenhausen, H., Organisation und Kontrolle multinationaler Unternehmen, ZfbF-Sonderheft 4, 1975.
Fastrisch, H./Hepp, S., Währungsmanagement international tätiger Unternehmen, Stuttgart 1991.
Fayerweather, J., Begriff der internationalen Unternehmung, in: HWInt, a.a.O., Stuttgart 1989.
Derselbe, International Business Strategy and Administration. Cambridge (Mass.) 1978.
Derselbe, International Marketing, 2nd ed., Englewood Cliffs 1970.
Firsching, K., Einführung in das internationale Privatrecht, 3. Aufl., München 1987.
Fischer, A. J., Erfolgreiche Techniken im Export-Marketing, München 1973.
Fischer, K. M., Realoptionen, Diss. Hamburg 1996.
Fischer, L./Warneke, P., Internationale Betriebswirtschaftliche Steuerlehre, 3. Aufl., Berlin 1988.
Fischer-Zernin, J., Auslandsinvestitionen/Joint Ventures. Recht und Steuerplanung, Hamburg 1997.
Flaherty, M. T., Die Koordination globaler Fertigungsprozesse in : Porter, M. E. (Hrsg.), Globaler Wettbewerb, Strategien der neuen Internationalisierung, Wiesbaden 1989, S. 95ff.
Förschle, G./Krones, M./Mandler, U., Internationale Rechnungslegung: US-GAAP, HGB und IAS, Bonn 1994.
Follpracht, J., Die Bildung der Transferpreise in multinationalen Unternehmungen (Diss.), Zürich 1975.
Frankel, J., The diversifiability of exchange risk, in: Journal of International Economics, Jg. 9, 1979, S. 379ff.
Fratianni, M./Pattison, J., The Economics of International Organizations, in: Kyklos, Vol. 35/1982, S. 244-262.
Frese, E., Unternehmensführung, Landsberg am Lech 1986.
Frey, B., Internationale Politische Ökonomie, München 1985.
Derselbe, The Public Choice View of International Political Economy, in: International Organization 38, 1, Winter 1984, S. 199-223.
Fritz, J./Gaugler, E., Entsendung höherer Führungskräfte ins Ausland, in: Personal, H. 1, 1983, S. 6-9.
Funck, K., Multinationales Management, in: Feix, W. E. (Hrsg.): Personal 2000 – Visionen und Strategien erfolgreicher Personalarbeit, Frankfurt am Main 1991, S. 357ff.

Funk, J., Weltbilanz als Dokumentations-, Planungs- und Steuerungsinstrument, in: ZfbF-Kontaktstudium 1978, S. 133-140.
Furubotn, E. G., Property Rights in Information and the Multinational Firm, in: Vosgerau, H.-J. (Hrsg.), New Institutional Arrangements for the World Economy, Berlin 1989.
Gaddis, P., Analyzing overseas investments, in: Harvard Business Review, May/June 1966, S. 115ff.
Gandolfo, G., International Economics, Bd. I u. II, Heidelberg 1987.
Ghoshal, S., Global Strategy: An Organizing Framework, in: Strategic Management Journal 1987, S. 425ff.
Giddy, I., The Demise of the Product Cycle Model in International Business Theory, in: Columbia Journal of World Business, Vol. 13, 1978, S. 90ff.
Glanz, St., Konzernrechnungslegung, Zürich 1997.
Glaum, M./Mandler, U., Rechnungslegung auf globalen Kapitalmärkten: HGB, IAS und GAAP, Wiesbaden 1996.
Glöckner, H., Leitfaden zur CMR, 6. Aufl., Köln 1985.
Glüder, D., Die Entstehung multinationaler Banken, (Diss.) Wiesbaden 1988.
Goldberg, V., Relational Exchange, Economics and Complex Contracts, in: American Behavioral Scientist, Vol. 23, 1980, S. 337-352.
Gordon, S./Francis, L., Multinational capital budgeting: Foreign investment under subsidy, in: Colifornia Management Review, Fall 1982, S. 22ff.
Gort, M., An Economic Disturbance Theory of Mergers, in: Quarterly Journal of Economics, Nov. 1969, S. 624-642.
Gould, J. R., Internal Pricing in Firms where there are Costs of Using an Outside Market, in: The Journal of Business 1964, S. 61-67.
Gräfer, H./Demming, C., Internationale Rechnungslegung, Stuttgart 1994.
Graham, E. M., Transatlantic Investment by Multinational Firms: A Rivalistic Phenomenon? in: Journal of Post Keynesian Economics, Vol. 1, 1978, S. 82ff.
Grasmann, G., Die Besteuerung der Unternehmensgewinne im Gesamtkonzept der europäischen Steuerharmonisierung und Harmonisierung der Gewinnermittlungs-, Steuerkontroll- und Steuererhebungsmethoden, in: AG 1973.
Griffin, T., International Marketing Communications, Oxford 1994.
Grochla, E. (Hrsg.), Handwörterbuch der Organisation HWO, Stuttgart 1969.
Derselbe (Hrsg.), Handbook of German Business Management (GBM), Stuttgart et al. 1990.
Derselbe, Art. Organisationstheorie, in: Grochla, E./Wittmann, W. (Hrsg.), HdB, 4. Aufl., Stuttgart 1975, Sp. 2895-2920.
Derselbe/Fieten, R., Internationale Beschaffungspolitik, in: Macharzina, K./Welge, M. K. (Hrsg.), HW Int., Stuttgart 1989, Sp. 203ff.
Groom A. J. R./Taylor, P., International Institutions at Work, New York 1988.
Grossfeld, B., Basisgesellschaften im Internationalen Steuerrecht, Tübingen 1974.
Groves, L. W. J., International Marketing Research, Oxford 1994.
Grünärml, F., Entwicklungspolitik und multinationale Unternehmung, in: HWInt, Stuttgart 1989, Sp. 452ff.
Derselbe, Multinationale Unternehmen, internationaler Handel und monetäre Stabilität, Bern u. Stuttgart 1982.
Gutenberg, E., Grundlagen der Betriebswirtschaftslehre, 1. Band: Die Produktion, 24. Auflage, Berlin, Heidelberg, New York 1983.
Guth, W., Probleme multinationaler Unternehmen, in: DB 1970, 23. Jg., S. 1237ff.
Haase, K. D., Internationaler Steuerbelastungsvergleich und Unternehmenspolitik, in: Internationalisierung der Unternehmung, Hrsg. Lück/Trommsdorff, Berlin 1982, S. 547-561.
Habermas, J., Stichworte zur Theorie der Sozialisation, in: Derselbe, Kultur und Kritik, Frankfurt 1973.
Haberstock, L., Grundzüge der Kosten- und Erfolgsrechnung, 3. Aufl., München 1982.
Derselbe, Steuerbilanz und Vermögensaufstellung, 2. Aufl., Hamburg 1984.

Derselbe, Die steuerliche Planung der internationalen Unternehmung, in: BFuP 1984, S. 260ff.
Derselbe, Zur optimalen Ausübung der Wahlrechte nach § 26, Abs. 1 und Abs. 2 KStG zur Vermeidung der Doppelbesteuerung ausländischer Einkünfte, in: Lück/Trommsdorff, Internationalisierung der Unternehmung, Berlin 1982, S. 563-577.
Derselbe, Die Steuerplanung der Internationalen Unternehmung, Wiesbaden 1976.
Hackmann, W., Versicherungspreise für Sachleistungen im internationalen Konzern, Wiesbaden 1984.
Hackstein, R., Produktionsplanung und -steuerung, Düsseldorf 1984.
Haendel, D., Foreign Investments and the Management of Political Risks, Boulder (Colorado) 1979.
Hahn, D., Planungs- und Kontrollrechnung als Führungsinstrument-PUK, 3. Aufl., Wiesbaden 1985.
Derselbe, Ergebnisorientierte Planungsrechnung mehrgliedriger Unternehmungen auf der Basis des „Return on Investments" (RoI), in: ZfO 1969, S. 177-192.
Derselbe, Führungsprobleme industrieller Unternehmungen, Festschrift für F. Thomée, Berlin, New York 1980.
Derselbe/Krystek, U., Krisenmanagement, internationales, in: HWInt, Stuttgart 1989, Sp. 1220ff.
Hahn, O., Absicherung von Investitionsrisiken im Ausland, in: International Finance Management, Nr. 8, Hrsg. A. H. Swinne, Frankfurt am Main 1983.
Hansen, K., Probleme multinationaler Unternehmen, in: DB 1970, 23. Jg., 1235ff.
Harlander, N./Platz, G., Beschaffungsmarketing und Materialwirtschaft, Stuttgart 1991.
Harrigan, K. R., Joint Ventures and Global Strategies, in: Columbia Journal of World Business, 19, 1984, S. 7-16.
Hasenack, W., Maßnahmen des Rechnungswesens zur Gestaltung der Eigenverantwortlichkeit in der Unternehmung, in: ZfhF 1957, S. 307-315.
Hauchler, I. (Hrsg.): Globale Trends 1996 (Stiftung Entwicklung und Frieden), Bonn 1995.
Haupt, R./Klee, H. W., Grundlagen der Produktionsplanung, in: Wirtschaftsstudium, 7/1986, S. 341ff.
Hauschildt, J., Die Verantwortung als konfliktregulierender Mechanismus – ein organisatorisches Modell, in: Hamburger Jahrbuch für Wirtschafts- und Gesellschaftspolitik, 13. Jahr, Tübingen 1968, S. 210-224.
Hax, A. C./Majluf, N. S., Strategisches Management. Ein integratives Konzept aus dem MIT, Frankfurt am Main 1988.
Hax, H., Der Bilanzgewinn als Erfolgsmaßstab, in: ZfB 1964, S. 642-651.
Derselbe, Investitionstheorie, 4. Aufl., Würzburg, Wien 1979.
Derselbe, Die Koordination von Entscheidungen, Köln 1965.
Derselbe, Kostenbewertung mit Hilfe der mathematischen Programmierung, in: ZfB 1965, 35. Jg., S. 197-210.
Derselbe, Rentabilitätsmaximierung als unternehmerische Zielsetzung, in: ZfhF 1963, S. 338-344.
Derselbe, Verrechnungspreise, in: HWR, 2. Aufl., Stuttgart 1981, Sp. 1688-1699.
Hederer, G., Die internationale Unternehmung, Meisenheim am Glan 1975.
Derselbe/Kumar, B./Müller-Heumann, G., Begriff und Wesensinhalt der internationalen Unternehmung, in: BFuP 1970, 22. Jg., S. 509-521.
Heenan, D. A./Perlmutter, H. V., Multinational Organization Development, Reading, Mass. 1979.
Heinen, E., Wissenschaftsprogramm der entscheidungsorientierten Betriebswirtschaftslehre, München 1976.
Derselbe, Betriebliche Kennzahlen – Eine organisationstheoretische und kybernetische Analyse, in: Linhardt, H./Penzkofer, P./Scherpf, P. (Hrsg.): Dienstleistungen in Theorie und Praxis, Stuttgart 1970, S. 227-236.
Heinen, H., Ziele multinationaler Unternehmen (Diss. Zürich), Wiesbaden 1982.
Heiser, H. C., Budgetierung, Berlin 1964.
Helfer, J. P./Orsoni, J., Marketing, Paris 1988.

Helleiner, E., States and the Future of Global Finance, in: Review of International Studies, Vol. 18, No. 1 (1992), S. 31-49.
Henderson, B. D./Dearden, J., New Systems for Divisional Control, in: HBR 5/1966, S. 144-160.
Hennart, J. F., A Theory of Multinational Enterprise, Ann Arbor 1982.
Henzler, H. H. (Hrsg.), Handbuch strategische Führung, Wiesbaden 1988.
Herber, R., Grundlagen und aktuelle Probleme des deutschen und internationalen Seefrachtrechts, Köln 1987.
Hertz, D. B., Risk Analysis in Capital Investment, in: Harvard Business Review, 1964, Nr. 1, S. 95ff.
Hesse, H., Art. Außenhandel I: Determinanten, in: HdWW, Stuttgart und New York 1977, S. 364-388.
Hielscher, M., Instrumente zur Begrenzung von Währungsrisiken, in: BFuP 1985, S. 531ff.
Hill, W., Systeme der Unternehmensplanung und -kontrolle, in: Strukturwandlungen der Unternehmung, Hrsg. Ulrich/Glanz, St. Gallen 1969.
Hinne, R., Die steuerlichen Erleichterungen durch das Auslandsinvestitionsgesetz, in: DStR 1971.
Hirsch, S., An International Trade and Investment Theory of the Firm, in: Oxford Economic Papers, Vol. 28, 1976, S. 2ff.
Hoffmann, C. D., Die Personalpolitik der internationalen Unternehmung, Meisenheim am Glan 1973.
Hoffmann, F., Art. Aufgabe, in: Grochla, E. (Hrsg.): HWO, 2. Auflage, Stuttgart 1980, Sp. 200-207.
Höhn, E., Steuerplanungen bei internationalen Beziehungen, in: Internationales Steuerlexikon, hrsg. von Briner, K., Zürich 1978, S. 1-43.
Hoitsch, W.-J., Produktionswirtschaft, München 1985.
Hood, N./Young, St., The Economics of Multinational Enterprise, London, New York 1979.
Hopfenbeck, W., Allgemeine Betriebswirtschafts- und Managementlehre. 10. Aufl., Landsberg am Lech 1997.
Horaguchi, H./Toyne, B., Setting the Record Straight; Hymer, Internalization Theory and Transaction Cost Economies, in: Journal of International Business Studies 1990, S. 487ff.
Horchler, W., Gewinnvorgabe und Gewinnkontrolle, in: ZfbF-Sonderheft 17-1984, S. 7-30.
Horngren, C. T., Accounting for Management Control: An Introduction, 2. Aufl., Englewood Cliffs (N.J.) 1970.
Horváth, P. (Hrsg.), Internationalisierung des Controlling, Stuttgart 1989.
Hübner, U., Die methodische Entwicklung des Internationalen Wirtschaftsrechts, Konstanz 1980.
Hüttner, M., Grundzüge der Marktforschung, 4. Aufl., Berlin 1989.
Huhle, F., Internationale Institutionen – Hemmschuh oder Förderer weltwirtschaftlicher Integration?, in: IFO-Studien, Zeitschrift für empirische Wirtschaftsforschung, 29. Jahrgang, 1983, S. 1-4.
Hummel, Th. R., Internationales Marketing, München 1994.
Hymer, St. H., The International Operations of National Firms: A Study of Direct Foreign Investment (Diss. 1960, veröffentlicht Cambridge/Mass.), 2. Auflage London 1977.
Derselbe, Die Internationalisierung des Kapitals, in: Kreye, O. (Hrsg.): Multinationale Konzerne, Entwicklungstendenzen im kapitalistischen System, München 1974, S. 11-39.
IFO-Institut, München (Hrsg.), Produktionsstandorte der Industrie im Urteil der Unternehmen, in: IFO-Schnelldienst 19/79, S. 7-15.
IMF, World Economic Outlook 1997, Washington, D. C. 1997.
Itaki, M., A Critical Assessment of the Eclectic Theory of Multinational Enterprise, in: Journal of International Business Studies 1991, S. 445ff.
Jacob, H., Zum Problem der Unsicherheit bei Investitionsentscheidungen, in: ZfB, 1967, Nr. 3, S. 153ff.
Derselbe, Zur Bedeutung von Flexibilität und Diversifikation bei Realinvestitionen, in: Unternehmenstheorie und Unternehmensplanung, Festschrift für H. Koch, Hrsg. W. Melwig, Wiesbaden 1979, S. 31ff.

Derselbe, Investitionsrechnung, in: Allgemeine Betriebswirtschaftslehre, Hrsg. H. Jacob, 4. Aufl., Wiesbaden 1981.
Jäger, H., Die Bewertung von konzerninternen Lieferungen und Leistungen in der operationalen Planung, Heidelberg 1987.
Jahrmann, F.-U., Außenhandel, 8. Aufl. Ludwigshafen/Rh. 1995.
Jahrreiß, W., Zur Theorie der Direktinvestition im Ausland (Diss. Köln), Berlin 1984.
Jain, S. C., Marketing Planning and Strategy, 2nd ed., Cincinnati 1985.
Jandt, J., Investitionsentscheidungen bei unsicheren Erwartungen mittels Risikoanalyse, in: Wirtschaftsstudium, Nov. 1986, S. 543ff.
Jarchow, H.-J./Rühmann, P., Monetäre Außenwirtschaft, Bd. 2, Internationale Währungspolitik, Göttingen 1984.
Johnson, H. G., The Efficiency and Welfare Implications of the International Corporation, in: Kindleberger, Ch. P. (Hrsg.): The International Corporation, Cambridge (Mass.). London 1970, S. 35ff.
Jürgensen, H., Art. Handelsverträge, in: HdWW, Bd. 4, 1978, S. 10-16.
Jungnickel, R., Art. Weltwirtschaft und internationale Unternehmung, in: HW Int 1989, Sp. 2232-2250.
Derselbe, Die Deutschen Multinationalen Unternehmungen. Der Internationalisierungsprozeß der deutschen Industrie, Frankfurt a.M. 1974.
Kahl, H.-P., Die Fabrik der Zukunft, in: Adam, D. (Hrsg.), Neuere Entwicklungen in der Produktions- und Investitionspolitik, Wiesbaden 1987, S. 97ff.
Kant, I. (1788), Kritik der reinen Vernunft, Hamburg 1956.
Kaplan, R. S./Norton, D.P., Balanced Scorecard, Stuttgart 1997.
Kapoor, A. A./Grub, P. D. (Hrsg.), The Multinational Enterprise in Transition, Princeton 1973, S. 53ff.
Kappich, L., Theorie der internationalen Unternehmenstätigkeit, München 1989.
Kaufer, E., Industrieökonomik, München 1980.
Keegan, W. J., Multinational Marketing Management, Englewood Cliffs 1974.
Keitz, I. von, Immaterielle Güter in der internationalen Rechnungslegung, Düsseldorf 1997.
Keller, E. von, Management in fremden Kulturen. Ziele, Ergebnisse und methodische Probleme der kulturvergleichenden Managementforschung, Bern, Stuttgart 1982.
Kellers, R./Lederle, H., Preisbildung zwischen Konzerngesellschaften, in: ZfbF 1984 – Sonderheft 17, S. 163-171.
Kellers, R./Ordelheide, D., Interne Bereichsergebnisrechnung, in: ZfbF 1984 – Sonderheft 17. S. 103ff.
Kern, W., Kapazitätsplanung, globale, in: Macharzina, K. u. a. (Hrsg.), Handwörterbuch Export und Internationale Unternehmung, Stuttgart 1989, Sp. 1073ff.
Derselbe, Grundzüge der Investitionsrechnung, Stuttgart 1976.
Derselbe, Die bilanzielle Abbildung des Unternehmensprozesses im internationalen Konzern. Sonderprobleme internationaler Rechnungslegung unter besonderer Berücksichtigung der Währungsumrechnung, Zürich 1976.
Kersch, A., Wechselkursrisiken, internationaler Handel und Direktinvestition, Hamburg 1987.
Graf von Kielmansegg, P., Legitimität als analytische Kategorie, in: PVS, 12, 1971, S. 367-401.
Kieser, A./Kubicek, H., Organisation, 2. Aufl., Berlin, New York 1983.
Kilger, W., Kritische Werte in der Investitions- und Wirtschaftlichkeitsrechnung, in: Lüder, K. (Hrsg.), Investitionsplanung, München 1977, S. 145ff.
Kindleberger, Ch. P., American Business Abroad, New Haven, London 1969.
Derselbe, International Goods without International Government, in: American Economic Review, 76, 1986, S. 1-13.
Derselbe, Standards as Public, Collective and Private Goods, in: Kyklos, 36, 1982, 3, S. 377-96.
Derselbe, The International Corporation, Cambridge (Mass.) a. London 1970.
Derselbe/Lindert, P. H., International Economics, 7. Aufl., Homewood (Ill.) 1982.

Klages, H., Die unruhige Gesellschaft. Untersuchungen über Grenzen und Probleme sozialer Stabilität, München 1975.
Klauer, R./Voute, M. P., Einführung in die Sonderprobleme des Rechnungswesens internationaler Unternehmungen, in: Perridon, L./Borrmann, W. A. (Hrsg./Bearb.), Managementlehre, Wiesbaden 1970, S. 149-163.
Klein, H. J., Internationale Verbundproduktion. Integrierte Produktionssysteme Internationaler Unternehmungen, Gießen 1993.
Klein, W., Konzernverrechnungspreise, in: ZfB 1982, S. 154-168.
Derselbe/Nohl, F./Tschiegner, H./Klein K.-G., Konzernrechnungslegung und Konzernverrechnungspreise, Stuttgart 1983.
Kleineidam, H. J., Die Internationale Betriebswirtschaftliche Steuerlehre (Diss.), München 1968.
Klodt, H., Industrial Policy and Repressed Structural Change in West Germany, in: Jahrbuch für Nationalökonomie und Statistik, Bd. 207, H. 1, 1990, S. 25ff.
Klöne, H., Steuerplanung, Neuwied 1980.
Klös, H. L., Formen der Ergebnisrechnung, in: ZfbF-Sonderheft 17, 1984, S. 65-84.
Kloock, J., Produktion, in: Baetge, J. u. a. (Hrsg.), Vahlens Kompendium der Betriebswirtschaftslehre, Bd. 1, München 1984, S. 241ff.
Kluge, V., Das internationale Steuerrecht der Bundesrepublik Deutschland, 2. Aufl., München 1983.
Knickerbocker, F., Oligopolistic Reaction and Multinational Enterprise, Boston 1973.
Knudsen, H., Explaining the National Propensity to Expropriate, in: Journal of International Business Studies, Spring 1974, pp. 51-71.
Koch, H., Aufbau der Unternehmensplanung, Wiesbaden 1977.
Derselbe, Integrierte Unternehmensplanung, Wiesbaden 1982.
Derselbe, Neuere Beiträge zur Unternehmensplanung, Wiesbaden 1980.
Derselbe, Die zentrale Globalplanung als Kernstück der integrierten Unternehmensplanung, in: ZfbF 1972, S. 222-252.
Derselbe, Die Entscheidungskriterien in der hierarchischen Unternehmungsplanung, in: ZfbF 1981, S. 1-21.
Köglmayr, H. G., Die Auslandsorientierung von Managern als strategischer Erfolgsfaktor, in: Schriften zum Marketing, Bd. 28, Berlin 1990.
Köhler, C., „Internationalökonomie". Ein System offener Volkswirtschaften, Berlin 1990.
Köhler, R./Uebele, H., Risikoanalyse bei der Evaluierung absatzorientierter Projekte, in: Wirtschaftsstudium, März 1983, S. 119ff.
Kohlhagen, St., Exchange rate changes, profitability, and direct foreign investment, in: Southern Economic Journal, July 1977, S. 43ff.
Kojima, K., A Macroeconomic Approach to Foreign Direct Investment, in: Hitotsubashi Journal of Economics, Vol. 14, 1973, S. 1ff.
Derselbe, International Trade and Investment: Substitutes or Complements? In: HJE, Vol. 16, 1975, S. 1ff.
Derselbe, Direct Foreign Investment, London 1978.
Derselbe, Macroeconomic versus International Business Approach to Direct Foreign Investment, in: HJE, Vol. 23, 1982, S. 1ff.
Kolde, E. J., The Multinational Company. Behavioral and managerial analysis, Lexington (Mass) 1974.
Koller, H., Zur Kritik der Gewinnmaximierung als Unternehmensziel in der betriebswirtschaftlichen Theorie, in: Festschrift Eugen H. Sieber, Probleme der Unternehmensführung, München 1971, S. 71ff.
Koller, I., Transportrecht, München 1990.
Koopmann, G., Die Internationalen Unternehmen in der Theorie, Hamburg 1973.
Korbrin, St., When does political instability result in increased investment risk?, in: Columbia Journal of World Business, Jg. 13, 1978, Nr. 3, S. 113ff.
Kormann, H., Wirtschaftlichkeitsanalyse von Investitionsvorhaben im Ausland. In: ZfB, Nr. 5, 1983, S. 460-468.
Derselbe, Die Steuerpolitik der internationalen Unternehmung, Düsseldorf 1970.

Korn/Debatin, Doppelbesteuerung, Kommentar, 8. Aufl., München 1984.
Kortüm, B., Zum Entscheidungsprozeß bei privaten Auslandsinvestitionen, Frankfurt am Main 1972.
Kosiol, E., Organisation der Unternehmung, Wiesbaden 1968.
Kotler, Ph., Marketing-Management – Analyse, Planung und Kontrolle, 4. Aufl., Stuttgart 1982.
Derselbe, Globalization – Realities and Strategies, in: Die Unternehmung 1990, S. 79ff.
Kottke, K., Bilanzstrategie und Steuertaktik, 3. Aufl., Herne/Berlin 1978.
KPMG (Hrsg.), Rechnungslegung nach US-amerikanischen Grundsätzen. – Eine Einführung in die US-GAAP und die SEC-Vorschriften –, Düsseldorf 1997.
Krägenau, H., Internationale Direktinvestitionen, 5. Aufl., Hamburg 1987.
Kramer, H. E., International Marketing – Methodological Excellence in Practice and Theory, in: Management International Review – MIR – Vol. 29, 1989/2, S. 59-65.
Krappmann, L., Soziologische Dimensionen der Identität, Stuttgart 1975.
Derselbe, Neuere Rollenkonzepte als Erklärungsmöglichkeit für Sozialisationsprozesse, Weinheim 1976.
Kratz, P., Steuerplanung internationaler Unternehmungen, Bern 1986.
Kreikebaum, H., Strategische Unternehmensplanung, 6. Aufl., Stuttgart, Berlin, Köln 1997.
Kreutzer, R., Global Marketing, Konzeption eines länderübergreifenden Marketing (Diss.), Mannheim 1989.
Kriependorf, P., Franchising, internationales, und Lizenzpolitik, internationale, in: HWInt., Stuttgart 1989, Sp. 711ff. und 1323ff.
Krist, H., Bestimmungsgründe industrieller Direktinvestitionen (Diss.), Berlin 1985.
Kropholler, J., Internationales Privatrecht, 3. Aufl., Tübingen 1997.
Kruschwitz, L., Bermerkungen zur Risikoanalyse aus theoretischer Sicht, in: ZfB, 1980, Nr. 7, S. 800ff.
Derselbe, Investitionsrechnung, 2. Aufl., Berlin/New York 1985.
Kühn, R., Entscheidungsmethodik und Unternehmenspolitik, Bern/Stuttgart 1978.
Küting, K., Zur Abgrenzung der Kapitalgröße im Rahmen einer spartenbezogenen Kapitalergebnisrechnung, in: DB 1982, 35. Jg., S. 1885-1890 (Teil I), S. 1945-1948 (Teil II).
Derselbe/Weber, C.-P. (Hrsg.), Handbuch der Konzernrechnungslegung, Stuttgart 1989.
Kulhavy, E., Internationales Marketing, 3. Aufl., Linz 1986.
Derselbe, Multinationale Unternehmen, in: Grochla, E./Wittmann, W. (Hrsg.): HWB, 4. Auflage, Stuttgart 1975, Sp. 2734-2738.
Kumar, B., Globalisierung und internationale Personalpolitik, in: WiSt, H. 10, 1993, S. 486-490.
Derselbe/Steinmann, H., Zum Problem des Auslandseinsatzes von Stammhaus-Mitarbeitern im Rahmen des Internationalen Projekt-Managements, in: Wacker, W. H., Haussmann, H., Kumar, B., Hrsg., Berlin 1981, S. 189-223.
Kumpe, T./Bolwijn, P. T., Vertikale Integration. Ein altes Konzept macht wieder Sinn, in: Harvard Manger, 1/1989, S. 73-80.
Kumpf, W., Steuerliche Verrechnungspreise in internationalen Konzernen, Frankfurt a.M. 1976.
Kussmaul, A., Angemessene Verrechnungspreise im internationalen Konzernbereich, in: RIW, 33. Jg. (1987), S. 679-693.
Lall, S., Multinationale Unternehmen der Dritten Welt, in HWInt, Stuttgart 1989, Sp. 1521ff.
Langefeld-Wirth, K., Das Gemeinschaftsunternehmen (Joint Venture) als Form der langfristigen Unternehmenskooperation im internationalen Wirtschaftsverkehr, Hrsg. BfAI, Köln 1988.
Lauper, P., Auswirkungen inflationärer Tendenzen auf das Investitionsverhalten der multinationalen Unternehmung (Diss. Universität Lausanne), Basel 1977.
Lederle, H./Wittenfeld, H., Ergebnisermittlung in Teilperioden, in: ZfbF 1984 – Sonderheft 17, S. 85-102.
Leenders, M./Blenkhorn, D., Reverse Marketing, Wettbewerbsvorteile durch neue Strategien in der Beschaffung, Frankfurt am Main 1989.

Leich, S. H./Kruse, W., Internationalismus und nationale Interessenvertretung, Köln 1991.
Leipold, H., Theorie der Property Rights, Forschungsziele und Anwendungsbereiche, in: WISU, Heft 11, 1978, S. 518ff.
Lemper, A., Handel in einer dynamischen Wirtschaft, München 1974.
Lenz, M., Außensteuerrecht und Organisationsstruktur, steuerliche Beteiligungsstruktur- u. Sachzielplanung einer deutschen internationalen Unternehmung, Frankfurt/Bern 1982.
Leontief, W., Factor Proportions and the Structure of American Trade: Further Theoretical and Empirical Analysis, in: Review of Economic Studies, 1956, S. 368ff.
Lessard, D. R., International Diversification and Direct Foreign Investment, in: Eiteman, D. K./Stonehill, I., Multinational Business Finance, 2. Aufl., Reading (Mass.) 1979.
Derselbe, Evaluating international projects: an adjusted present value approach, in: Capital Budgeting under Conditions of Uncertainty. Hrsg. R. L. Crum/F. G. J. Derkinderen, Boston, Den Haag, London 1981 (Nijenrode studies in business, Nr. 5), S. 118ff.
Derselbe, Die Finanzpolitik des Unternehmens und der globale Wettbewerb: Größenvorteile im Finanzbereich und Strategien gegen schwankende Wechselkurse, in: Globaler Wettbewerb. Strategien der neuen Internationalisierung, Hrsg.: M. E. Porter, Wiesbaden 1989, S. 165-207.
Derselbe/Lorange, P., Currency Changes and Management Control: Resolving the Centralization/Decentralization Dilemma, in: Accounting Review 52/1977, S. 628-637.
Lettmann, Philip, Bilanzierungsunterschiede multinationaler Konzerne, Wiesbaden 1997.
Levi, M., International Finance, Auckland 1983.
Levitt, Th., The Globalization of Markets, in: Harvard Business Review, Vol. 61, No. 3, 1983, S. 92-102.
Derselbe, Exploiting the Product Life Cycle, in: Harvard Business Review, 49. Jg., 6/1965, S. 75-86.
Light, M./Groom, A. J. R., International Relations. A Handbook of Current Theory, Boulder (Colorado) 1985.
Linde, R., Art. Produktion II: Produktionsfunktionen, in: HdWW, Bd. 6, Stuttgart 1981, S. 276-295.
Linhardt, H./Penzkofer, P./Scherpf, P. (Hrsg.), Dienstleistungen in Theorie und Praxis. Stuttgart 1970, S. 227-236.
Little International, A. D. (Hrsg.), Innovation als Führungsaufgabe, Frankfurt a.M., New York 1988.
Dieselbe (Hrsg.), Management im Zeitalter der strategischen Führung, München 1983.
Lloyd, B., The identification and assessment of political risks in the international environment, in: London Business School Journal, Spring 1975, Nr. 5, S. 2ff.
Longenecker, J. G./Pringle, C. D., Management, 6th ed., Columbus (Ohio) 1984.
Lorenz, D., Dynamische Theorie der internationalen Arbeitsteilung, Berlin 1967.
Loscher, G., Das politische Risiko bei Auslandsinvestitionen (Diss.), München 1984.
Lube, M.-M., Strategisches Controlling in internationalen Konzernen, Wiesbaden 1997.
Lück, W./Trommsdorff, V. (Hrsg.), Internationalisierung der Unternehmung als Problem der Betriebswirtschaftslehre, Berlin 1982.
Luckenbach, H., Volks- und weltwirtschaftliche Organisationen im Lichte der X-Effizienztheorie – Ein Beitrag zur Relativierung der X-Effizienz, in: Jahrbuch für Sozialwissenschaft 39, 1988, S. 223-234.
Lüder, K., Investment-Center-Kontrollverfahren zur Steuerung dezentraler Großunternehmen, in: Layer, M./Strebel, H.: Rechnungswesen und Betriebswirtschaftspolitik, Berlin 1969, S. 305-319.
Lynch, R., Cases in European Marketing, London 1993.
MacBride, S., Many Voices, One World, UNESCO, New York 1980.
Macharzina, K. (Hrsg.), Diskontinuitätenmanagement, Berlin 1984.
Derselbe, Strategische Fehlentscheidungen in der internationalen Unternehmung als Folge von Informationspathologien, in: Macharzina, K. (Hrsg.), Diskontinuitätenmanagement, Berlin 1984, S. 77-141.

Derselbe, Unternehmensführung. Das internationale Managementwissen. Konzepte – Methoden – Praxis, 2. Aufl., Wiesbaden 1995.
Derselbe, Art. Diskontinuitätenmanagement, in: HW Int, Stuttgart 1989, Sp. 316-340.
Derselbe/Welge, M. K. (Hrsg.), Handwörterbuch Export und Internationale Unternehmung (HWInt), Stuttgart 1989.
Magee, St. P., Information and the Multinational Corporation: An Appropriability Theory of Foreign Direct Investment, in: Bhagwati, J. N. (Hrsg.): The New International Economic Order, Cambridge u. London 1977, S. 317ff.
Derselbe, Multinational Corporations, The Technology Cycle and Development, in: Journal of World Trade Law, July 1977, S. 297ff.
Derselbe, The Appropriability Theory of the Multinational Corporation, in: Annuals of the American Academy of Political and Social Science, Vol. 458, 1981, S. 123ff.
Maier, W./Fröhlich, W., Auslandseinsatz von Mitarbeitern: Neue Aufgaben im Personalbereich, in: Gablers Magazin 2/1991, S. 19ff.
Manecke, H.-J., Information international: Die Informationstätigkeit internationaler Organisationen; Internationale Magnetbanddienste für Wissenschaft und Technik, München, New York, London, Paris 1984.
March, J. G./Simon, H. A., Organizations, New York 1958.
Marettek, A., Entscheidungsmodelle der betrieblichen Steuerpolitik – unter Berücksichtigung ihrer Stellung im System der Unternehmenspolitik, in: StuW 1974, S. 327-343.
Marr, R., Problemaspekte bei der Entwicklung eines Wissenschaftsprogramms des „Internationalen Management" – aus personalwirtschaftlicher Sicht, in: Dülfer, E. (Hrsg.), Personelle Aspekte im Internationalen Management, Berlin 1983, S. 27-40.
Derselbe (Hrsg.), Euro-Strategisches Personalmanagement, München 1991.
Mason, H. R./Miller, R. R./Weigel, D. R., The Economics of International Business, New York, London, Sydney, Toronto 1975.
Derselbe/Spich, R. S., Management. An International Perspective, Homewood (Illinois) 1987.
Mauriel, J. J./Anthony, R. N., Misevaluation of Investment Center Performance, in: HBR 2/1966, S. 98-105.
McLuhan, M., Understanding Media. The Extensions of Man, London 1964.
McManus, J., The Theory of the International Firm, in: Paquet, G. (Hrsg.): The Multinational Firm and the Nation State, Toronto 1972, S. 66ff.
McMillan, C. H., Multinationals from the Second World. Growth of Foreign Investment by Soviet and East European State Enterprises, London 1987.
Mead, G. H., Geist, Identität und Gesellschaft, Frankfurt 1968.
Meffert, H., Marketing – Grundlagen der Absatzpolitik, 7. Aufl., Wiesbaden 1989.
Derselbe, Marketing im Spannungsfeld von weltweitem Wettbewerb und nationalen Bedürfnissen, in: Zeitschrift für Betriebswirtschaft, 1986, Nr. 8, S. 689-712.
Derselbe/Althans, J., Internationales Marketing, Stuttgart et al. 1982.
Meissner, H. G., Außenhandels-Marketing, Stuttgart 1981.
Derselbe, Strategisches Internationales Marketing, München 1995.
Derselbe, Zielkonflikte in internationalen Joint Ventures, in: Internationales Management, 1982, S. 129-137.
Derselbe, Strategic International Marketing, Berlin et al. 1990.
Derselbe/Stephan, G., Die Auslandsinvestition als Entscheidungsproblem, in: Betriebswirtschaftliche Forschung und Praxis, 32.Jg., S. 217-247.
Meyer, C. W., Internationales Marketing, in: Dittmar, W. G. et al (Hrsg.), 1979, S. 151-282.
Meyer, M., Die Beurteilung von Länderrisiken der internationalen Unternehmung, Berlin 1987.
Miller, R. R./Miller, J. J., Introduction to Business. An International Perspective, Homewood (Illinois) 1987.
Millington, A. I./Bayliss, B. T., The Process of Internalisation: UK Companies in the EC, in: Management International Review 1990, S. 151ff.
Miracle, G. E./Albaum, G. S., International Marketing Management, Homewood (Ill.) 1970.

Moser, R., Art. Exportkreditfinanzierung, in: HW Int. Stuttgart 1989, S. 555-563.
Moter, A., Zum Verhältnis von Handelsbilanz und Steuerbilanz. In: Betriebsberater (BB), H. 4, 1997, S. 195-199.
Moynihan, M., Global Consumer Demographics, New York 1991.
Mrotzek, R., Bewertung direkter Auslandsinvestitionen mit Hilfe betrieblicher Investitionskalküle, Wiesbaden 1989.
Müller, E., Entscheidungsorientiertes Konzernrechnungswesen, Neuwied 1980.
Derselbe, Konzeption eines RoI-Systems, in: ZfbF 1984, Sonderheft 17, S.31-47.
Derselbe, Finanzierungsstrukturen ausländischer Konzerngesellschaften und ihr Einfluß auf Differenzen aus der Kursumrechnung im Rahmen der Erstellung von Weltbilanzen, in: ZfBF 1975, S. 1-8.
Derselbe, Controlling in der internationalen Unternehmung, in: DBW 1/1996, S. 111-122.
Müller, H. J., Exportkreditversicherung. Zentralisierte Kompetenzen fördern Schwerfälligkeit der Entscheidungen, in: Handelsblatt Nr. 47, 07.03.1989, S. 11.
Müller, M., Unternehmen, multinationale, II, Betriebswirtschaftliche Aspekte, in: Albers, W. u.a. (Hrsg.), Handwörterbuch der Wirtschaftswissenschaft, Bd. 8, Stuttgart, New York, Tübingen, Göttingen 1980, S. 96-103.
Müller, S., Die Psyche des Managers als Determinante des Exporterfolges, Stuttgart 1991.
Münch, R., Über Parsons zu Weber. Von der Theorie der Rationalisierung zur Theorie der Interpenetration, in: Zeitschrift für Soziologie, 9, 1980, S. 18-53.
Mundell, R. A., International Trade and Factor Mobility, in: AER, Vol. 47, S. 321ff.
Naumann-Etienne, R., A framework for financial decisions in multinational corporations, in: Journal for Financial and Quantitative Analysis, June 1978, S. 211ff.
Naylor, T. H., The International Strategy Matrix, in: Columbia Journal of World Business, Vol. XX, No.2, Summer 1985.
Neubürger, C. W., Risikobeurteilung bei strategischen Unternehmensentscheidungen, Stuttgart 1980.
Neuhof, B., Profit Center-Organisation – Grundkonzeption und praxisorientierte Modifizierungen, in: WISU 1/1982, S. 11-15.
Niederlich, R., Die Verlustverrechnung in einer internationalen deutschen Unternehmung (Diss.), Hamburg 1976.
Niemann, U., Probleme der Gewinnrealisierung innerhalb des Konzerns, Düsseldorf 1968.
Niskanen, W. A., Bureaucracy and Representative Government, Aldine 1971.
Nunner-Winkler, G., Identität und Individualität, in: Soziale Welt, 36, 1985, H. 4, S. 466-482.
OECD, Committee on Fiscal Affairs, Transfer Pricing and Multinational Enterprise, Paris 1979. (Deutsch: Verrechnungspreise und multinationale Unternehmen, Köln 1981).
Ohlin, B., Interregional and International Trade, Cambridge (Mass.) 1933.
Ohmae, K., Macht der Triade. Die neue Form weltweiten Wettbewerbs, Wiesbaden 1985. (Original: Triad Power, The Coming Shape of Global Competition, New York 1985).
Derselbe, The Borderless World: Management Lessons in the New Logic of the Global Marketplace, New York a. London 1990. (Deutsch: Die neue Logik der Weltwirtschaft, Zukunftsstrategien der internationalen Konzerne, Hamburg 1992).
Derselbe, Beyond National Borders. Reflections on Japan and the World, Homewood (Ill.) 1987.
Olson, M. Jr., The Logic of Collective Action – Public Goods and the Theory of Groups, 2. Aufl., Cambridge (Mass.) 1965.
Oppenländer, K. H., Auslandsinvestitionen und außenwirtschaftlicher Technologietransfer, Übersicht über Ursachen und Ausmaß, in: Späth, L. u. a. (Hrsg.), Zielsetzung Partnerschaft, Stuttgart 1985, S. 41ff.
Oppermann, Th., „Neue Weltwirtschaftsordnung" und Internationales Wirtschaftsrecht, in: Börner, B. u.a. (Hrsg.), Einigkeit und Recht und Freiheit, Festschrift für Carl Carstens, 1. Bd., Köln 1984.
Paliwoda, S., International Marketing, 2nd ed., Oxford 1994.
Papsmehl, A./Walsh, I. (Hrsg.), Personalentwicklung im Wandel, Wiesbaden 1991.
Parsons, T., The Social System, Glencoe 1951.

Paulus, H. J., Ziele, Phasen und organisatorische Probleme steuerlicher Entscheidungen in der Unternehmung, Berlin 1978.
Pausenberger E. (Hrsg.), Internationales Management, Stuttgart 1981.
Derselbe, Die Besetzung von Geschäftsführerpositionen in ausländischen Tochtergesellschaften, in: Dülfer, E., Hrsg., Personelle Aspekte im Internationalen Management, Berlin 1983, S. 41-60.
Derselbe, Die internationale Unternehmung: Begriff, Bedeutung u. Entstehungsgründe, in: WISU 3/82 (1. Teil), S. 118-123; WISU 7/82 (2.Teil,I), S. 332-337; WISU 8/82 (2. Teil, II), S. 385-388.
Derselbe, Art. Konzerne, in: Grochla, E./Wittmann W. (Hrsg.): HdB, 4.Aufl., Stuttgart 1975, Sp. 2234-2249.
Pearce, R. D./Singh, S., Globalizing Research and Development, London 1992.
Pensel, J., Die Produktions- und Investitionspolitik der Internationalen Unternehmung (Diss. Göttingen), Berlin 1977.
Perlitz, M., Entwicklung und Theorien der Direktinvestitionen im Ausland, in: Wacker, W. H. u. a. (Hrsg.), Internationale Unternehmensführung, Berlin 1981, S. 95ff.
Derselbe, Internationales Management, 3. Aufl., Stuttgart 1997.
Derselbe, Risikoanalyse für Investitionsentscheidungen, in: ZfbF-Kontaktstudium, Nr. 31, 1979, S. 41ff.
Derselbe, Sensitivitätsanalysen für Investitionsentscheidungen, in: ZfbF-Kontaktstudium, Nr. 31, 1979, S. 41ff.
Perlmutter, H. V., The Tortuous Evolution of the Multinational Corporation, in: Columbia Journal of World Business, 1969, S. 9ff.
Perridon, L./Borrmann, W. A. (Hrsg.), Managementprobleme internationaler Unternehmen, Schriften zum Vergleich der Managementlehre, Wiesbaden 1970.
Derselbe/Steiner, M., Finanzwirtschaft der Unternehmung, 4. Aufl., München 1986.
Peters, J., Entwicklungsländerorientierte Internationalisierung von Industrieunternehmen, Heidelberg 1988.
Piltz, J. D., Steuerumgehung bei ausländischen Betriebsstätten und Personengesellschaften, in: RFW 1982, S. 414-420.
Piontek, J., Internationales Beschaffungsmarketing, Stuttgart 1993.
Piper, H., Höchstrichterliche Rechtsprechung zum Speditions- und Frachtrecht, 6. Aufl., Köln 1988.
Plasschärt, S. R. F., Ways and Means to Improve European and Wider International Cooperation against Tax Evasion and Avoidance, with Particular Reference to Transfer Pricing within Multinational Enterprises, in: European Taxation 1980.
Poensgen, O. H., Geschäftsbereichsorganisation, Opladen 1973.
Pohmer, D./Hagmayer, B., Wirtschaftsordnung und Betrieb, in: Handwörterbuch der Betriebswirtschaft, Hrsg. E. Grochla und W. Wittmann, Stuttgart 1976, Band III, S. 4580-4588.
Pomper, C., International Investment Planning, in: Studies in mathematical and managerial economics, Hrsg. H. Theil, Amsterdam, New York, Oxford 1976.
Popper, K. R., Logik der Forschung, Tübingen 1966.
Derselbe, Objektive Erkenntnis: Ein evolutionärer Entwurf, Hamburg 1973.
Derselbe, Transfer Pricing and Multinational Corporations: An Overview of Concepts, Mechanisms and Regulations, Westmead, Farnborough, Hampshire 1979.
Porter, M. E. (Hrsg.), Globaler Wettbewerb. Strategien der neuen Internationalisierung, Wiesbaden 1989.
Derselbe, Der Wettbewerb auf globalen Märkten: Ein Rahmenkonzept, in: M. Porter (Hrsg.), Globaler Wettbewerb, Wiesbaden 1989, S. 17-68.
Derselbe, Nationale Wettbewerbsvorteile, München 1991.
Pott, Ph., Direktinvestitionen im Ausland, München 1983.
Prahalad, C. K./Doz, Y. L., The Multinational Mission, New York 1987.
Prast, W. G./Lax, H., Political risk as a variable in TNC decision-making, in: Natural resource forum, Jg. 6, 1982, S. 183ff.
Prüßmann, H./Rabe, D., Seehandelsrecht, 2. Aufl., München 1983.

Pryor, M. H. Jr., Planning in a Worldwide Business, in: HBR, 1/1965, S. 130-139.
Pursch Lee, K. D., Flexible Direktinvestitionsplanung im Ausland, Frankfurt am Main, Bern, New York 1983.
Quack, H., Internationales Marketing, München 1995.
Rädler, A. J., Die Arbeit des Steuerberaters bei der Festsetzung, Anwendung und Verteidigung von Verrechnungspreisen, in: Steuerberater Kongress Report 1982, S. 327-344.
Derselbe/Raupach, A., Deutsche Steuern bei Auslandsbeziehungen, München u. Berlin 1966.
Raffée, H./Segler, K., Marketing Strategien im Export, in: Dichtl, E./Issing, O. (Hrsg.), Exporte als Herausforderung für die deutsche Wirtschaft, Köln 1984.
Ragazzi, G., Theories of the Determinants of Direct Foreign Investment, in: IMF Staff Papers, Vol. 20, 1973, S. 471ff.
Rall, W., Organisation für den Weltmarkt, in: ZfB 1989, S. 1074-1089.
Reich, R. B., The Work of Nations, New York 1990.
Reichwald, R./Mrosek, D., Produktionswirtschaft, in: Heinen, E. (Hrsg.), Industriebetriebslehre, 8. Aufl., Wiesbaden 1985, S. 361ff.
Reuter, H. P., Das Auslandsinvestitionsgesetz, in: IWB, Fach 3, Deutschland, Gr. 1, S. 999ff.
Ricardo, D., On the Principles of Political Economy and Taxation, 3. Aufl., London 1821.
Riebel, P., Deckungsbeitrag und Deckungsbeitragsrechnung, in: Grochla, E./Wittmann, W. (Hrsg.): HWB, 4. Aufl., Stuttgart 1975, Sp. 4196-4202.
Derselbe, Rechnungsziele. Typen von Verantwortungsbereichen und Bildung von Verrechnungspreisen, in: ZfbF 1973-Sonderheft 2, S. 11-19.
Derselbe/Paudtke, H./Zscherlich, W., Verrechnungspreise für Zwischenprodukte, Opladen 1973.
Rieger, H., Prinzipien des internationalen Steuerrechts als Problem der Steuerplanung in der multinationalen Unternehmung, Berlin 1978.
Risse, A., IAS für den deutschen Konzernabschluß, Wiesbaden 1996.
Robinson, J., Multinationals and Political Control, Andershot 1985.
Robock, St. H., Political risk: identification and assessment, in: Columbia Journal of World Business, July/August 1971, S. 6-20.
Derselbe/Simmonds, K./Zwick, J., International Business and Multinational Enterprise, Homewood, Ill. 1983,
Rochester, M. J., The Rise and Fall of International Organizations as a Field of Study, in: International Organization 40, 4, 1986, S. 777-813.
Rodriguez, R./Carter, E., International Financial Management, Englewood Cliffs, New Jersey 1976.
Root, F. R., Entry Strategies for International Markets, Lexington (Toronto) 1987.
Rose, G., Grundzüge des Internationalen Steuerrechts, 3. Aufl., Wiesbaden 1995.
Rose, K., Theorie der Außenwirtschaft, München 1989.
Rugman, A. M., Motives for Foreign Investment: The Market Imperfections and Risk Diversification Hypotheses, in: Journal of World Trade Law, Vol. 9, 1975, S. 567ff.
Derselbe, International Diversification and the Multinational Enterprise, Lexington (Mass.), Toronto 1979.
Derselbe, A New Theory of the Multinational Enterprise: Internationalization vs. Internalization, in: Columbia Journal of World Business, Spring 1980, S. 23ff.
Derselbe, Inside the Multinationals, London 1981.
Derselbe, New Theories of the Multinational Enterprise: An Assessment of Internationalization Theory, in: Bulletin of Economic Research 1986, S. 101ff.
Ruhwedel, E., Der Luftbeförderungsvertrag, Frankfurt am Main 1985.
Russett, B. M./Sullivan, J. D., Collective Goods and International Organization, in: International Organizations, Vol. 25 (1971), S. 845-865.
Sachs, R., Leitfaden Außenwirtschaft, 4. Aufl., Wiesbaden 1985.
Salera, V., Multinational Business, Boston 1969.
Schaninger, C. M./Bourgeois, J. C./Buss W. C., French-English Canadian Subcultural Consumption Differences, in: Journal of Marketing, Vol. 49, 1985, S. 82-92.

Schedlbauer, H./Oswald A., Praxis der Erstellung von Planbilanzen, in: DBW 1979, S. 467-479.
Scheer, A.-W., Neue Architektur für EDV-Systeme zur Produktionsplanung und -steuerung, in: Adam, D. (Hrsg.), Neuere Entwicklungen in der Produktions- und Investitionspolitik, Wiesbaden 1987, S. 153ff.
Scheffler, W., Besteuerung grenzüberschreitender Unternehmenstätigkeit, München 1994.
Schenk, K.-E., Technologietransfer, Joint Ventures und Transaktionskosten. Möglichkeiten und Grenzen strategischer Allianzen von Unternehmen in und zwischen Ost und West, in: Weltwirtschaft im Wandel, Festgabe für E. Tuchtfeldt, Hrsg.: E. Dürr, H. Sieber, Bern und Stuttgart 1988, S. 595-606.
Schiavone, G., International Organizations, a Dictionary & Directory, 2. Aufl., London 1986.
Schimank, U., Funktionale Differenzierung und reflexiver Subjektivismus. Zum Entsprechungsverhältnis von Gesellschafts- und Identitätsform, in: Soziale Welt, 36, 1985, H. 11, S. 447-465.
Schmalenbach, E., Über Verrechnungspreise, in: ZfhF 3/1908-1909, S. 165-180.
Derselbe, Kostenrechnung und Preispolitik, 7. Aufl., Köln und Opladen 1956.
Schmeisser, W., Personalführung in unterschiedlichen Kulturen, in: Zeitschrift für Organisation 3/1991, S. 159ff.
Schmelling, H. D., Verrechnungspreispolitik in internationalen Unternehmen, Münster 1985.
Schmidt, A., Controlling ausländischer Tochterunternehmen. Aufgaben, Instrumente, Organisationsalternativen, in: Der Betrieb, H. 33 (1987), S. 1645ff.
Schmidt, R. H., Grundzüge der Investitions- und Finanzierungstheorie, 2. Aufl., Wiesbaden 1986.
Schmitz, V., Methoden zur Ermittlung von arm's-length-Preisen (Diss.), Hamburg 1981.
Schneider, D., Zielvorstellungen und innerbetriebliche Lenkungspreise in privaten und öffentlichen Unternehmen, in: ZfbF, 18. Jg. (1966), S. 260-275.
Schneider, F./Pommerehne, W. W., Free Riding and Collective Action: An Experiment in Public Microeconomics, in: Quarterly Journal of Economics, Vol. 96, 1981, S. 689-704.
Schneider, V., Die Gewinnverwendung der Tochtergesellschaften von multinationalen Unternehmen, Frankfurt/M. 1980.
Schneidewind, D./Töpfer, A. (Hrsg.), Der asiatisch-pazifische Raum, Strategien und Gegenstrategien von Unternehmen, Landsberg am Lech 1991.
Schönborn, N., Funktionale Währungsumrechnung im Konzernabschluß. Kritik des SFAS No. 52 und Entwicklung einer zahlungsorientierten Methode der Währungsumrechnung, Idstein 1993.
Schöne, W.-D., Probleme eines internationalen Steuerbelastungsvergleichs, in: FR 1976, S. 399-404.
Schoenfeld, H. M., Das Rechnungswesen als Führungsinstrument der internationalen Unternehmung. In: Wacker, W. H./Hausmann, H./Kumar, B. (Hrsg.): Internationale Unternehmensführung, Managementprobleme international tätiger Unternehmen, Berlin 1981, S. 251ff.
Scholl, R. F., Internationalisierungstrategien, in: HWInt, Stuttgart 1989, Sp. 983ff.
Schollhammer, H., Organization Structures of Multinational Corporations, in: Academy of Management Journal 3/1971, S. 345-365.
Scholz, Ch., Der Internationalisierung fehlen klare Konturen, in: Personalwirtschaft 1992, S. 17ff.
Schoppe, S. G., Von der traditionellen Theorie der Außenwirtschaftspolitik zur Neuen Politischen Ökonomie (NPÖ) der Außenwirtschaft, in: Schenk, K.-E. (Hrsg.): Studien zur Politischen Ökonomie. Ökonomische Studien, Band 32, Stuttgart u. New York, S. 135-146.
Derselbe, Moderne Theorie der Unternehmung. München 1995.
Derselbe, Koordinationsmechanismen beim nationalen und internationalen Technologietransfer der Sowjetunion. Jahrbuch für Neue Politische Ökonomie, Bd. 1, Tübingen 1982, S. 258-275.

Derselbe, Die sowjetische Westhandelsstruktur – ein außenhandelstheoretisches Paradoxon? Ökonomische Studien, Bd. 31. Stuttgart und New York 1981.
Derselbe, Kanonisches Zinsverbot und wirtschaftliche Entwicklung, in: G. Gutmann/A. Schüller (Hrsg.), Ethik und Ordnungsfragen der Wirtschaft, Baden-Baden 1989, S. 157-174.
Derselbe, Home Market Development and Self-Finance as Basic Elements of Development Policy, in: Intereconomics-Review of International Trade and Development, 16 (1981) 2, pp. 75-80.
Schreyögg, G., Unternehmenskultur in multinationalen Unternehmen, in: BFUP 1990, S. 379ff.
Schröder, J., Probleme der Gewinnverlagerung multinationaler Unternehmen (Diss.), Berlin 1983.
Schulte, C., Personalstrategien für multinationale Unternehmen, in: Zeitschrift für Personal 3/1988, S. 179ff.
Schulte-Mattler, H., Gründe für das Entstehen von multinationalen Unternehmen. Frankfurt a.M. 1988.
Schwaiger, K./Kirchner, E., Die Rolle der Europäischen Interessenverbände, Baden-Baden 1981.
Seelbach, H., Entscheidungskriterien der Wirtschaftlichkeitsrechnung, in: ZfB, Mai 1965, S. 302ff.
Segler, K., Basisstrategien im internationalen Marketing, Frankfurt et al. 1986.
Seidel, G., Gewinnverschiebung über die Grenze, Düsseldorf 1972.
Seidel, H., Erschließung von Auslandsmärkten: Auswahlkriterien, Handlungsalternativen, Entscheidungshilfen, Berlin 1977.
Seitz, K., Die japanisch-amerikanische Herausforderung. Deutschlands Hochtechnologie – Industrien kämpfen ums Überleben. 5. Aufl., München 1992.
Selchert, F. W., Unternehmensbesteuerung und Unternehmensorganisation, in: ZO 1978, S. 3-21.
Derselbe, Grundlagen der betriebswirtschaftlichen Steuerlehre, München 1996.
Semler, J., Finanzierung der multinationalen Unternehmung, in: Büschgen, H. E. (Hrsg.), Handbuch der Finanzwirtschaft, Stuttgart 1976.
Sertl, W./Stiegler, H., Art. Betriebliche Verrechnungspreise, in: Grochla, E./Wittmann, W. (Hrsg.), HWB, 4. Aufl. Stuttgart 1975, Sp. 4196-4202.
Sethi, S. P./Luther, K. A. N., Political analysis and direct foreign investment, in: California Management Review, Winter 1986, S. 57ff.
Severn, A. K., Investor evaluation of foreign and domestic risk, in: Journal of Finance, May 1974, Sp. 4196-4202.
Shanks, D. C., Strategic Planning for Global Competition, in: The Journal of Business Strategy, Vol. 5, No. 3, Winter 1985.
Shapiro, A. C., Evaluation and control of foreign operations, in: The International Journal of Accounting, 1978, Nr. 1, S. 83ff.
Derselbe, Developing a profitable exposure management system: the proactive approach, in: Business International, Money Report, June 17, 1977, S. 187ff.
Derselbe, Exchange rate changes, inflation and the value of the multinational corporation, in: Journal of Finance, Jg. 30, 1975, Nr. 2, S. 485-502.
Derselbe, Multinational Financial Management, Boston (Mass.) 1982.
Derselbe, Evaluating financial costs for multinational subsidiaries, in: Journal of International Business Studies, Fall 1975, S. 25ff.
Derselbe, Financial structure and cost of capital in the multinational corporation, in: Journal of Financial and Quantitative Analysis, June 1978, S. 211ff.
Shillinglaw, G., Cost Accounting: Analysis and Control, Homewood (Ill.) 1961.
Sieber, E. H., Die multinationale Unternehmung, der Unternehmenstyp der Zukunft? in: ZfbF/7/1970, S. 414ff.
Derselbe, Probleme multinationaler Unternehmen, in: DB 1970, 23. Jg., S. 1233-1235.
Derselbe, Die internationale Unternehmung, in: Gegenwartsfragen der Unternehmensführung, Engeleiter, H. J. (Hrsg.), Festschrift für W. Hasenack, Herne, Berlin 1968.

Siebert, H., Grundlagen der US-amerikanischen Rechnungslegung, Diss. Bonn 1996, Köln 1996.
Siehr, K., Grenzüberschreitender Umweltschutz, in: Rabels Zeitschrift für ausländisches und internationales Privatrecht, Jg. 45 (1981), S. 377-398.
Simon, H., Zur Vorteilhaftigkeit von Auslandsinvestitionen, in: Zeitschrift für Betriebswirtschaft, 10/1980, S. 1104ff.
Smith, A., Inquiry into the Nature and the Causes of the Wealth of Nations, London 1776.
Sloan, A. P. Jr., My Years With General Motors, New York 1964.
Snyder, G. D./Diesing, P., Conflict Among Nations. Bargaining, Decision-Making and System Structure in International Crises, Princeton 1977.
Sohmen, E., Allokationstheorie und Wirtschaftspolitik, Tübingen 1976.
Soldner, H., Neuere Erklärungsansätze internationaler Unternehmensaktivitäten, in: Wacker, W. H. u.a. (Hrsg.), Internationale Unternehmensführung, Berlin 1981, S. 71ff.
Solomons, D., Divisional Performance, Measurement and Control, Homewood (Ill.) 1965.
Spieker, W., Der Einsatz der Investitionsrechnung bei Auslandsinvestitionen, in: ZfB, Nr. 10/11, 1980, S. 1032ff.
Srinivasulu, S. L., Strategic response to foreign exchange risks, in: Columbia Journal of World Business, Spring 1981, S. 13ff.
Staehelin, E., Investitionsrechnung, 9. Aufl., Zürich 1998.
Staehle, W. H., Organisation und Führung soziotechnischer Systeme. Grundlagen einer Situationstheorie, Stuttgart 1973.
Derselbe, Management. Eine verhaltenswissenschaftliche Perspektive, 7. Aufl., München 1994.
Derselbe, Zielvorgabe, Koordination und Kontrolle dezentraler Organisationseinheiten mit Hilfe von Kennzahlensystemen, in: Management International 1969, H. 1, S. 63-73.
Stahr, G., Internationale strategische Unternehmensführung, Stuttgart 1989.
Statistisches Bundesamt Wiesbaden (Hrsg.), Statistisches Jahrbuch für die Bundesrepublik Deutschland 1997, Stuttgart 1997.
Steffens, S., Werbepolitik multinationaler Unternehmungen, Berlin 1982.
Steger, U. (Hrsg.), Globalisierung der Wirtschaft. Konsequenzen für Arbeit, Technik und Umwelt, Heidelberg 1996.
Stehle, R., Internationales Finanzmanagement, in: Internationale Betriebswirtschaftslehre, Hrsg. H. Albach, ZfB Ergänzungsheft 1, Wiesbaden 1981, S. 67ff.
Steinmann, H./Kumar, B., Personalpolitische Aspekte von im Ausland tätigen Unternehmen, in: Dichtl, E./Issing, O. (Hrsg.), Exporte als Herausforderung für die deutsche Wirtschaft, Köln 1984, S. 405ff.
Sternberger, D., Legitimacy, in: Sills, D. L. (Hrsg.), International Encyclopedia of the Social Sciences, New York 1968.
Stevens, G., The Determinants of Investment, in: Dunning, J. H. (Hrsg.), Economic Analysis and the Multinational Enterprise, London 1974.
Stobaugh, R. B. Jr., How to analyze foreign investment climates, in: Harvard Business Review, 1969, S. 100-108.
Stock, F./Velten, P., Ausländische Steuerparadiese, in: Macharzina, K./Welge, M. K. (Hrsg.), HW Int, Stuttgart 1989, Sp. 1980ff.
Stolzenburg, G., Risikoreduzierung durch staatliche Exportkreditversicherung, Köln 1981.
Stonehill, A. J./Nathason, L., Capital budgeting and the multinational corporation, in: California Management Review, Summer 1968, S. 39ff.
Stopford, J. M., Organizing the multinational firm: Can the Americans learn from the Europeans?, in: Brooke, M. Z./Remmers, H.L.: The Multinational Company in Europe. Some Key Problems, London 1972, S. 77-92.
Derselbe/Wells, L. T., Managing the Multinational Enterprise, Organization of the Firm and Ownership of the Subsidiaries, London 1972.
Strebel, H., Industriebetriebslehre, Stuttgart, Berlin, Köln, Mainz 1984.
Streitferdt, L., Grundlagen und Probleme der betriebswirtschaftlichen Risikotheorie, Wiesbaden 1973.

Strobel, W., Entscheidungswirkung im klassischen Inflationsmodell und die Konsequenzen für die Unternehmensplanung und die Unternehmensrechnung, in: WISU 10/1980, S. 166-173.
Stuart, R. D., Penetrating the International Market. Effective Overseas Distribution, New York 1965.
Süchting, J., Finanzmanagement, 5. Aufl., München 1989.
Swinne, A. H., Die finanzielle Führung und Kontrolle von Auslandsgeschäften, Frankfurt/M. 1983.
Switalski, M./Kistner, K.-P., Produktionstypen und die Struktur des Produktionsprozesses, in: Wirtschaftsstudium, 6/1988, S. 332ff.
Szyperski, N./Tilemann, T., Ziele, produktionswirtschaftliche, in: Kern, W. (Hrsg.), Handwörterbuch der Produktionswirtschaft. Ungekürzte Sonderausgabe, Stuttgart 1984, Sp. 2301ff.
Takeuchi, H./Porter, M. E., Die drei Aufgaben des internationalen Marketing im Rahmen einer globalen Unternehmensstrategie, in: Porter, M. E. (Hrsg.): Globaler Wettbewerb – Strategien der neuen Internationalisierung, Wiesbaden 1989, S. 127-164.
Teece, D., The Multinational Enterprise: Market Failure and Market Power Considerations, in: Sloan Management Review, Vol. 22, S. 3ff.
Derselbe, Technological and Organisational Factors in the Theory of the Multinational Enterprise, in: Casson, M. (Hrsg.): The Growth of International Business, London 1983, S. 51ff.
Telkamp, H.-J., Betriebsstätte oder Tochtergesellschaft im Ausland? Wiesbaden 1975.
Terpstra, V., International Marketing, 2nd ed., Hinsdale (Illinois) 1978.
Derselbe/Sarathy, R., International Marketing, 6th ed., Fort Worth 1994.
Tesch, P., Die Bestimmungsgründe des internationalen Handels und der Direktinvestition, Berlin 1980.
Thomée, F., Gefährdung des Investitionserfolges durch Inflation und Änderung von Währungsparitäten, in: SzU, Hrsg. H. Jacob, Bd. 26, Wiesbaden 1979, S. 60ff.
Derselbe, Das Boardsystem – eine Alternative zum Aufsichtsrat? in ZfO 4/74, S. 185-191.
Thorelli, H. B. (ed.), International Marketing Strategy, Harmondsworth/Middlesex 1973.
Thurley, K./Wirdenius, H., Towards European Management, London 1989.
Thurow, L. C., Competing Nations: Survival of the Fittest, in: Sloan Management Review, Fall 1990, S. 96ff.
Tipke, K./Lang, J., Steuerrecht, 15. Aufl., Köln 1996.
Toyne, B./Walters, G. P., Global Marketing Management, A Strategic Perspective, Boston 1989.
Tümpen, M., Strategische Frühwarnsysteme für politische Auslandsrisiken, Wiesbaden 1987.
Uhlig, K. H./Hartig, H.-J., Internationales Konzernmarketing, Berlin 1987.
Ulrich, H., Unternehmenspolitik, Bern/Stuttgart 1978.
U.N., World Economic and Social Survey 1996, Washington, D. C. 1996.
Union of International Associations (Hrsg.), Yearbook of International Organizations, Bd. 1-3, München 1988.
Usunier, J.-C., Environnement international et gestion de l'exportation, 3e éd., Paris 1988.
Derselbe, Management international, 3e éd., Paris 1988.
Derselbe, International Marketing – A Cultural Approach, New York 1993.
Derselbe/Walliser, B., Interkulturelles Marketing – Mehr Erfolg im internationalen Geschäft, Wiesbaden 1993.
Vaubel, R., A Public Choice Approach to International Organization, in: Public Choice 51 (1986), S. 39-57.
Derselbe, Von der normativen zu einer positiven Theorie der internationalen Organisationen, in: Schriften des Vereins für Socialpolitik (Hrsg. Giersch, H.), Band 148, Berlin 1984, S. 403-421.
Derselbe, Coordination or Competition among National Macroeconomic Policies?, in: Reflections on a Troubled World Economy, Hrsg. F. Machlup et al., London 1983, S. 3-28.

Vernon, R., International Investment and Trade in the Product Cycle, in: Quarterly Journal of Economics, Vol. 80, S. 190-207.
Derselbe, Sovereignty at Bay, New York, London 1971.
Derselbe, The Location of Economic Activity, in: Dunning, J. H. (Hrsg.): Economic Analysis and Multinational Enterprise, London 1974, S. 89ff.
Derselbe, The Product Cycle Hypothesis in a New International Environment, in: Oxford Bulletin of Economics and Statistics, Vol. 41, S. 255ff.
Derselbe/Wells, L. T., Manager in the International Economy, Englewood Cliffs 1986.
Voigt, K.-I., Strategische Planung und Unsicherheit, Wiesbaden 1992.
Derselbe, Strategische Unternehmensplanung, Wiesbaden 1993.
Vosgerau, H.-J. (ed.), New Institutional Arrangements for the World Economy. (Studies in International Economics and Institutions). Berlin et al. 1989.
Wacker, W. H./Haussmann, H./Kumar, B. (Hrsg.), Internationale Unternehmensführung, Berlin 1981.
Wälchi, H., Investieren ohne Risiko? Zürich 1975.
Wagner, F. W./Dirrigl, H., Die Steuerplanung der Unternehmung, Stuttgart/New York 1980.
Wagner, P. R., Die Kreditversicherung, Taschenbücher für Geld, Bank, Börse, Hrsg. H. E. Büschgen, A. Herrhausen, Frankfurt a.M., 3. Aufl. 1985.
Wahren, H.-K., Zwischenmenschliche Kommunikation und Interaktion in Unternehmen, Berlin, New York 1987.
Walldorf, E. G., Auslandsmarketing – Theorie und Praxis des Auslandsgeschäfts, Wiesbaden 1987.
Walsh, I./Papsmehl, A., Internationales Personalmarketing, in: Papsmehl, A./Walsh, I. (Hrsg.), Personalentwicklung im Wandel, Wiesbaden 1991, S. 305ff.
Warnecke, H. J./Dangelmaier, W., Fertigungssteuerung bei vertikaler Integration, in: Macharzina, K. u.a. (Hrsg.), Handwörterbuch Export und Internationale Unternehmung, Stuttgart 1989, Sp. 593ff.
Warneke, P., Gewinnrealisierung durch Steuerentstrickung bei internationaler Geschäftstätigkeit deutscher Unternehmen, Hamburg 1975.
Wassermeyer, F., Überlegungen zum Anwendungsbereich des § 1 Außensteuergesetz, in: BB 1984.
Weber, A., Geschichte der Internationalen Wirtschaftsorganisation, Wiesbaden 1983.
Weber, M., Wirtschaft und Gesellschaft. Studienausgabe, Tübingen 1972.
Weber, W./Festing, M., Entwicklungstendenzen im internationalen Personalmanagement: Personalführung im Wandel, in: Gablers Magazin 2/1992, S. 12ff.
Dieselben u.a., Internationales Personalmanagement, Wiesbaden 1997.
Weiss, F. D. et al., Trade Policy in West Germany, Tübingen 1988.
Welge, M. K., Art. Profit Center, in: Grochla, E./Wittmann, W. (Hrsg.), HWB, 4. Aufl, Stuttgart 1975, Sp. 3179-3188.
Derselbe, Mutter-Tochter-Beziehungen, in: HWInt, Stuttgart 1989. Sp. 1537ff.
Derselbe, Profit Center Organisation, Wiesbaden 1975.
Derselbe (Hrsg.), Globales Management, Stuttgart 1990.
Wells, L. T. Jr. (Hrsg.), The Product Cycle in International Trade, Boston 1972.
Derselbe, International Trade: The Product Life Cycle and International Trade, 2. Aufl., Boston 1974, S. 3-33.
Derselbe, A Product Life Cycle for International Trade, in: JOM 32/1968, S. 1ff.
Wentz, R., Wechselkursrisikokonzepte und Devisenkurssicherung, in: ZfB, Jg. 10, 1979, S. 907ff.
Werner, H., Global Sourcing trifft Zeitgeist – Internationalisierungsstrategien eines Nutzfahrzeugherstellers, in: Beschaffung aktuell 1/1991, S. 22ff.
Weston, J./Sorge, B. W., International Managerial Finance, Homewood (Ill) u.Georgetown (Ontario) 1972.
Wheelwright, St. C., Applying decision theory to improve corporate management of currency-exchange risks, in: California Management Review, Summer 1975, S. 41ff.

Wiedemann, K., Internationalisierung der Personalarbeit, in: Personalführung 1992, S. 416ff.
Wienholt, H., Außenhandelsbetriebslehre, München 1989.
Wiklund, E., Export-Marketing mit Gewinn, Hamburg et al. 1988.
Wilbert, H., Betriebliche und internationale Produktion und Produktionsplanung. In: Kompendium der Internationalen BWL, hrsg. von S. G. Schoppe, 3. Aufl., München 1994, S. 439-469.
Williamson, O. E., Markets and Hierarchies, London 1975.
Derselbe, The Modern Corporation: Origins, Evolution, Attributes, in: Journal of Economic Literature, Vol. 19, S. 1 537ff.
Derselbe, The Economic Institutions of Capitalism, New York, London 1985.
Wind, Y./Douglas, S., International Portfolio Analysis and Strategy: The Challenge of the 80s, in: Journal of International Business Studies 1981, S. 69ff.
Wöhe, G., Einführung in die Allgemeine Betriebswirtschaftslehre, 19. Aufl., München 1997.
Wolf, B. M., Size and Profitability among US Manufacturing Firms: Multinational vs. Primarily Domestic Firms, in: Journal of Economics and Business, Vol. 28, 1975, S. 15ff.
Derselbe, Industrial Diversification and Internationalisation: Some Empirical Evidence, in: Journal of Industrial Economics, Vol. 26, 1977, S. 177ff.
Wolf, J., Internationales Personalmanagement, Wiesbaden 1997.
Womack, J./Jones, D./Ross, D., Die zweite Revolution in der Automobilindustrie, 3. Aufl., Frankfurt am Main 1991. (Original: The Machine that Changed the World).
Woodruff, W., Die Entstehung einer Internationalen Wirtschaft 1700-1914, in: Cipolla, C. M., Europäische Wirtschaftsgeschichte in 5 Bänden, Stuttgart-New York 1985, S. 435-484.
World Bank, World Bank Atlas 1997. Washington, D.C. 1997.
Dieselbe, World Development Report 1997. Washington, D. C. 1997.
von Wysocki, K., Weltbilanzen als Planungsobjekte und Planungsinstrumente multinationaler Unternehmen, in: ZfbF 1971, S. 682-700.
Derselbe, Theorie und Praxis internationaler Steuerbelastungsvergleiche in betrieblicher Sicht, in: MIR 1963, S. 33ff.
Derselbe/Wohlgemuth, M., Konzernrechnungslegung, 3. Aufl., Düsseldorf 1986.
Yaprak, A./Sheldon, K. T., Political Risk Management in Multinational Firms: An Integrative Approach. In: Management Decision, Vol. 22, No. 6, 1984.
Yip, G. S., Global Strategy in a World of Nations? in: Sloan Management Review 1989, S. 29ff.
Derselbe, Barriers to Entry, Lexington (Mass.), Toronto 1982.
Young, S., Business Strategy and the Internationalization of Business: Recent Approaches. In: Managerial and Decision Economics, Vol., 8, 31-40, 1987.
Zäpfel, G., Produktionswirtschaft, Berlin, New York 1982.
Derselbe, Strategisches Produktionsmanagement, Berlin 1989.
Zellentin, G., Supranationale Organisationen, in: Grochla E. (Hrsg.) Handwörterbuch der Organisation, München 1969.
Zenoff, D. B./Zwick, J., International Financial Management, Englewood Cliffs (New Jersey) 1969.
Zentes, J., Art. Marketing in Ländern der Dritten Welt, in: HW Int 1989, Sp. 1382-1412.
Derselbe, Internationales Marketing, in: Tietz, B. et al. (Hrsg.), Handwörterbuch des Marketing, 2. Aufl., Stuttgart 1995, Sp. 1031-1045.
Ziener, M., Controlling im multinationalen Unternehmen. Diss. Landsberg am Lech 1985.
Zillessen, W., Zur Praxis der Währungsumrechnung deutscher Konzerne, in: Die Betriebswirtschaft 1982, S. 533f.
Zimmermann, A., Spezifische Risiken des Auslandsgechäfts, in: Exporte als Herausforderung für die deutsche Wirtschaft, Hrsg. E. Dichtl u. O. Issing, Köln 1984, S. 105-139.
Zohlnhöfer, W./Greifenberg, H., Neuere Entwicklungen in der Wettbewerbstheorie: Die Berücksichtigung organisationsstruktureller Aspekte, in: Cox, H. u.a. (Hrsg.): Handbuch des Wettbewerbs, München 1981.

Zünd, A., Möglichkeiten und Grenzen der Steuerplanung in multinationalen Unternehmen, in: Steuerplanung in der Unternehmung, Hrsg. Höhn/Lutz/Zünd, Bern und Stuttgart 1975, S. 98-111.
Derselbe, Kontrolle und Revision in der Multinationalen Unternehmung, Bern und Stuttgart 1973.

Autoren (1997)

Blödorn, N.: Die Organisation der Internationalen Unternehmung
Blödorn, N.: Internationales Controlling: Die ergebnisorientierte Steuerung von Geschäftsbereichen einer Multinationalen Unternehmung
Burgmann, I.: Die Versicherung von Transport- und Kreditrisiken im Auslandsgeschäft
Engelmeyer, E.: Identitätsorientierte interkulturelle Personalführung aus gesellschaftstheoretischer Perspektive
v. Hacht, W.: Internationale Steuerpolitik
Klein, H.: Internationale Produktion (neu)
Mahefa, A.: Internationales Marketing-Management
Menck, K. W.: Multilateraler Investitionsschutz und multilaterale Finanzierungsmechanismen (neu)
Piontek, J.: Internationales Beschaffungsmarketing (neu)
Schenk, K.-E.: Internationale Kooperation und Joint Ventures. Theoretische und strategische Grundlagen
Schoppe, S. G.: Zur methodologischen Einordnung der Internationalen Betriebswirtschaftslehre (IntBWL)
Schoppe, S. G.: Der weltwirtschaftliche Datenkranz der internationalen Unternehmensführung
Stein, I.: Die Theorien der Multinationalen Unternehmung
Stein, I.: Investitionsrechnungsmethoden bei Auslandsdirektinvestitionen
Streitferdt, L.: GAAP und IAS-Einflüsse auf die deutsche Konzernrechnungslegung (neu)
Voigt, K.-J.: Strategisches Management der Multinationalen Unternehmung (neu)
Warneke, P.: Grundlagen der Internationalen Betriebswirtschaftlichen Steuerlehre
Zimmer, K.: Internationale Wirtschaftsorganisationen
Zippel, K.: Internationales Transportrecht.

An den ersten drei Auflagen seit 1991 waren auch beteiligt:

Behrens, H.: Globales Management
Scheider, K.: Internationales Wirtschaftsrecht
Wass von Czege, A.: Sozialistische BWL
Wilbert, H.: Internationale Produktion.

Stichwortverzeichnis

Abschreibepolice 661
Absorptionsfähigkeit (Technologien) 187
Akquisition von Unternehmen 44, 103, 106ff., 120, 141
Aneignungsproblem 105ff.
Angreifervorteile 156
Auslandsmärkte 497ff.
Auslandsniederlassung 565ff.
Außenwirtschaftstheorie **11ff.**

Band-Wagon-Effekt 114
Basisgesellschaft **758ff.**
Beggar-my-neighbour-policy 224
Behaviouristische Theorie 76ff.
Besteuerungsverfahren 765f.
Betriebsstätte 706ff., **739ff.**
Bewertungsprinzipien 772ff.
Bilanzierung 774ff.
Bretton Woods 24, 227f.
Bürgschaft 668ff.

CAD/CAM/CAP/CAQ/CIM XXIV
Controlling, Internationales **295ff.**
Cost Center 300
Cross Investment 51ff.

Dealing at arm's length 710ff.
Direktinvestitionen 67ff., **565ff.**
Dirty-work-Hypothese 216
Diskontinuitätenmanagement 30
Diversifikation 128ff.
Doppelbesteuerungsabkommen (DBA) **702ff.**

Economies of Scale 48ff.
Eklektische Theorie (Dunning) 140ff., 449
Enthüllungsproblem 86ff.
Entry-Concentration-Index (ECI) XXV
Entsendungsstrategien 441f.
Erfahrungsgewinne, -kurven, -effekte 160ff., 271
Erfolgsverlagerung 748ff.
Europäisches Währungssystem (EWS) 22ff.
Expertise (spezifische) 170ff.
Export (direkter, indirekter) 531ff.
Exportkreditversicherung **666ff.**
Exportpreiseffekt 20ff.
Externalitäten 98ff., 211

Fabrikationsrisiko (s. Garantie) 668
Fees 102
Fisher-Effekt (internationaler) 600

Follow-the-Leader-Investitionen (Folgestrategien) 58ff.
Franchising 36
Free Rider 211ff.
Freihandel 217
Futures 90ff.

GAAP 771ff.
Garantie 668ff.
GATT 36, XXV, 199, 226
Gesamtkostenverfahren 312ff
Gewerbesteuer 711ff.
Globalisierung (Management, Märkte) 31, 163ff., 244
Global Sourcing **483ff.**
Going Concern Concept 570
Goldkonvertibilität 220, 228
Goodwill 99ff.
Gut, öffentliches 91ff., 212

Handel, internationaler 60ff.
Handelssystem, internationales 218
Havarie (average) 663
Heckscher-Ohlin-Samuelson-Stolper-Außenhandelsmodell 60ff.
Hedging 347
Hermes-Kreditversicherung **666ff.**

IAS 771ff.
Idiosynkrasie 82ff.
Importpreiseffekt (primär, sekundär) 18ff.
Importsubstitutionspolitik 37
Industrial Organization/Industrieökonomik 40ff.
Informationsparadoxon 86ff.
Institutional Choice/Institutionenökonomie 75, 94, 166
Integration (horizontal, vertikal) 37ff., 83ff
Internalisierung(svorteile) 109ff., 447ff.
Internationalisierung 155ff., 461ff.
Investitionsrechnungsmethoden **565ff.**
Investitionsschutz, Multilateraler **635ff.**

J-curve-Effekt 27
Joint Venture **155ff.**

Kalkulationszins 576ff.
Kapitalwert 569ff.
Kaufkraftparitätentheorie 600
Kennzahlen(-systeme) 305ff.
Know how 100ff.

Konsolidierung 328ff.
Kontrolle 243ff.
Konzernrechnungslegung **771ff.**
Kooperation, internationale **155ff.**
Kreditrisiken **659ff.**

Länderrisiken 492ff.
Lender Risk 492
Lerneffekte, Lernkurven 103ff.
Lizenzen 36ff.
Long-Run-Theory 89ff.

Management(strategisches, Internationales) **243ff.**
Marketing, Internationales **503ff.**
Marktunvollkommenheiten 47ff., 155ff., 210
Merger (Theory) 102ff.
Moral Hazard 105
Multimodaler Verkehr (kombiniert) 669ff.
Muttergesellschaft 572ff.

Neuer Markt 778

Opportunismus 80ff.
Organisation, internationale **197ff.**
Organisation (der Multinationalen Unternehmung) **281ff.**
– dezentrale, zentrale 285ff.

Parallelproduktion 435
Patente 100ff.
Personalführung, interkulturelle **365ff.**
Pionierstrategie 156
Planung 243ff.
Portfolioinvestitionen 136ff.
Portfoliotheorie 134ff.
PPS XXVI
Principal-Agent-Problem **97ff.**
Produktdifferenzierung 52ff., 519ff.
Produktion (betriebliche, internationale) 409ff.
Produktionsfunktion **409ff.**
Produktionsplanung 463ff.
Produktionssysteme 456ff.
Produktionstypen (internationale) 414ff.
Produktlebenszyklus 62ff., 448
Profit Center 300f.
Property Rights 95ff.
Protektionismus 220

Quellenbesteuerung 703ff.

Random Walk 601
Reaktion, obligopolistische 56ff.

Realoptionen 176
Rechtsformentscheidung 721ff.
Residual Income (RI) 335ff.
Return on Investment (RoI) 331ff.
Risiko(-analyse) 107, 624ff.
– politisches 578ff.
– systematisches 130ff.
– unsystematisches 130ff.
Risikoindikatoren 577ff.
Risikopolitik 107ff.
Risikoportfoliotheorie 129ff.

Schichtenmodell der Umweltdifferenzierung nach Dülfer 389ff.
Schwarzer Freitag 223
Seetransport 694
Sensitivitätsanalysen **606ff.**
Standorttheorie **117ff.**, 450
Steuerlehre (internationale) **699ff.**
Steuerplanung, -politik **731ff.**
Stobaugh-Zustandsbaum 617
Synergien 102ff., 334

Technological Gap Trade 61
Technologietransfer 184ff.
Tensororganisation 292ff.
Terms of Trade (t.o.t.) 11
Theorie
– der Aneignungsmöglichkeiten 105ff.
– des Außenhandels **11ff.**
– behaviouristische (Direktinvestition) 109ff.
– der Firma 75ff.
– des monopolistischen Vorteils 43ff.
– der Multinationalen Unternehmung **35ff.**, **117ff.**
Tochtergesellschaft 569ff.
Transaction Exposure 558
Transaktionskosten (-ökonomie) 75ff.
Transferpreise 92ff., 121
Translation Exposure 588ff.
Transportrecht, internationales **677ff.**
Transportversicherung **659ff.**
Trittbrettfahrerverhalten 211ff.

Umsatzkostenverfahren 312ff.
Unternehmen, transnationales
– Kontrolle 224ff.
– Verhaltenskodizes 229
Unternehmung
– Internationale Vff., 235
– Multinationale 35ff.

Vereinte Nationen 225
Verhaltenskodex 225ff.
Verrechnungspreise 349, **750ff.**

Visbyregeln 678
Völkerrechtt 699ff.
Vorteil
– komparativer 12ff.
– kompensierender 46ff.
– monopolistischer 46ff.
Vorwärtsintegration 98ff.

Währungsraumansatz 53ff.
Währungsrisiko 222, 585ff.
Währungsumrechnung 342ff.
Warschauer Abkommen 678ff.
Wechselkursmechanismus 27f.

Wechselkursprognosen 600ff.
Weltmarktfabrik 434
Weltwirtschaft 5ff., 222
Wirtschaftsorganisation, Internationale **197ff.**
Wohlfahrtsökonomie **210**

Zahlungsbilanz 12ff., 228
Zins-Kredit-Mechanismus 28
Zinssatztheorie 28ff.
Zoll 755ff.
Zukunftsmärkte 90ff.

Personenregister

Aaker, D. A. 785
Abell, D. E. 785
Abraham, H. J. 698
Adam, D. 273, 277
Ádám, G. 411ff.
Agarwal, J. P. 41, 149
Agmon, T. 69ff., 151
Agthe, K. 281ff.
Aharoni, Y. 111ff., 152, 413
Albach, H. 3, 270, 301ff.
Albrecht, H. K. 282ff.
Aliber, R. 53ff., 150ff.
Al-Laham, A. 272
Althans, J. 562
Ansari, J. A. 206, 236
Ansoff, H. I. 278, 307ff.
Anthony, R. N. 300ff.
Archibald, G. C. 36, 150, 786
Arnold, U. 412
Aufermann, E. 699ff.

Bachmann, H. 657
Backhaus, K. 562
Badenhoop, J. 674
Baetge, J. 783
Bailey, P. J. 234
Bain, J. S. 42, 150
Balleis, S. 630
Ballwieser, W. 778ff.
Baranowski, K.-H. 750ff.
Bartlett, C. A. 246ff., 413
Baumann, H. G. 46, 102f., 150ff.
Baumol, W. J. 341ff.
Baux, Ph. 562
Bayer, W. F. 407
Bea, F. 159ff., 189ff.
Bechmann, A. 278
Becker, H. 713ff.
Behrendt, W. 731
Behrmann, J. N. 411
Bellstedt, Ch. 761
Berekoven, L. 562
Bergemann, N. 407
Berger, P. L. 376ff.
Beutel, R. 159ff., 189ff.
Beuttel, W. 472
Bidlingmaier, J. 562, 733
Biehl, H. 700
Bleicher, K. 191ff., 281, 297ff., 734ff.
Blomeyer, K. 674
Blumenfeld, E. 232ff.
Boddewyn, J. J. 434
Boettcher, E. 163ff., 190ff.

Bolwijn, P. T. 161ff., 190ff.
Bonus, H. 166, 190ff.
Booth, L. D. 413
Borchers, W. 355ff.
Born, E. 219
Born, K. 783
Borrmann, W. A. 731
Borszcz, T. 362
Brandi, C. 731ff.
Braun, G. 60, 113ff.
Brenke, M. 424ff.
Bronder, C. 174, 177
Brooke, M. 294
Brown, W. B. 78f., 151
Buckley, P. J. 50ff., 151, 155ff., 173, 187ff.
Büschgen, H. 43, 48, 149
Buhr, W. 353, 359
Busse von Colbe, W. 295ff., 783
Butler, J. W. 358f.
Buzzell, R. D. 273

Calfat, G. 411
Calvet, A. L. 79, 151
Cantwell, J. 37, 46ff., 152
Casson, M. 37, 44ff., 149ff., 155ff., 189ff.
Cateora, Ph. R. 562
Caves, R. 43, 52ff., 150ff.
Chandler, A. D. 244, 282ff., 300ff.
Channon, D. F. 294, 300
Christelow, D. E. 155, 188
Clausewitz, C. v. 255
Coase, R. 48ff., 151, 213
Coenenberg, A. G. 314ff.
Colberg, W. 413ff.
Conybeare, J. A. C. 213
Cook, P. W. Jr. 359
Copeland, I. 367
Corden, W. M. 72ff., 151
Corey, E. R. 412ff.
Cornell, R. 291
Corsten, H. 411

Danert, G. 359
Daniels, J. D. 3
Dantzig, G. B. 341, 359
Dean, J. 359
Dearden, J. 301ff.
Debatin, H. 700ff.
De Leersnyder, J.-M. 562
Dichtl, E. 189ff.
Dieckheuer, G. 3, 31
Döbert, R. 397ff.
Doehring, K. 700

Dörner, B. 783
Donges, J. B. 25, 31
Doz, Y. 163, 182, 185, 192f.
Dreger, W. 432
Dribbusch, F. 402
Drukarczyk, J. 129, 152
Drumm, H. J. 281ff.
Dülfer, E. 365ff., 413, 674
Dürkheim, E. 380
Duhnkrack, Th. 134ff., 152, 631
Dunning, J. H. 42f., 47ff., 150ff.
Duwendag, D. 31

Ebenroth, C. T. 757
Eilenberger, G. 631, 731
Eisele, J. 171, 192ff.
Eisenführ, F. 299ff.
Eiteman, D. K. 628
Encarnation, D. J. 264
Enge, H. J. 674
Engel, C. L. J. 755
Engelhard, J. 407
Eschenburg, R. 166, 190ff.
Eser, G. 231ff.
Ethier, W. J. 149, 413

Fabian, T. 341ff.
Falkenhausen, Freiherr H. v. 324
Fayerweather, J. 3, 562
Fehr, B. 413
Ferdows, K. 418
Fischer, K. M. 176f.
Fischer, L. 699ff.
Fischer-Zernin, J. 743ff.
Flaherty, M. T. 411ff.
Flick, H. 713ff.
Flowers, E. B. 58, 150ff.
Folks, W. R. 629ff.
Follpracht, J. 750ff.
Frankel, J. 630
Fratianni, M. 213
Frese, E. 407
Frey, B. 207, 213, 215
Fritz, J. 405ff.
Fröbel, F. 411ff.
Füller, M. B. 257
Funk, J. 360
Furubotn, E. G. 103, 152

Gälweiler, A. 265ff.
Gale, B. T. 273
Gandolfo, G. 230
Gaugler, E. V. 405ff.
Gebhardt, G. 348ff.
Gerl, K. 278
Ghoshal, S. 246ff., 413

Giddy, I. 66, 151
Glaum, M. 783
Glöckner, H. 698
Glüder, D. 148
Goldberg, P. 171, 190ff., 231, 235
Gort, M. 152
Gould, J. R. 353ff.
Gräfer, H. 783
Graham, E. M. 59, 150ff.
Grasmann, G. 700
Greifenberg, A. 111
Griggs, L. 367
Grimm, U. 266
Grochla, E. V. 354ff., 414
Grünärml, F. 149, 409
Güth, W. 174, 192ff.
Gutenberg, E. 410ff.
Guth, W. 360

Haase, K. D. 740ff.
Habermas, J. 397ff.
Haberstock, L. 311ff., 732ff.
Hackmann, W. 751
Haendel, D. 631
Hahn, D. 314ff., 410ff.
Hamel, G. 278
Haner, F. T. 631
Hansen, K. 360
Hansmann, K. W. 270
Harrigan, K. R. 183, 190ff.
Hasenack, W. 360
Hauchler, I. 31
Hauschildt, J. 360
Haussmann, H. 3
Hax, H. 341ff.
Hax, K. 359
Heckscher, E. 60ff.
Hederer, G. 360
Heinen, E. 305ff., 365
Heinrichs, J. 411ff.
Heiser, H. L. 360
Hellüner, G. K. 409
Hellwig, H. J. 191ff.
Henderson, B. D. 271
Hennart, J. F. 85ff., 151
Henzler, H. A. 247ff.
Herber, R. 698
Hermann, R. 192ff.
Heskett, J. L. 411
Hesse, H. 11f., 31
Hichert, I. 674
Hill, W. 733
Hinne, R. 717
Hinterhuber, H. H. 272
Hirsch, S. 69ff., 151, 450ff.
Höhn, E. 736

Hoffmann, F. 360
Hofstede, G. H. 360
Hood, N. 134, 149
Hopfenbeck, W. 407
Horchler, W. 309, 332ff.
Horn, H. 413
Horngren, C. 360
Horst, T. 74ff. 151
Horváth, P. 360
Hüttner, M. 562
Huhle, F. 209
Hummel, S. 418
Hymer, St. H. 40ff., 150, 156ff., 189ff., 360

Issing, O. 189ff.

Jacob, H. 91, 244, 256, 272ff., 629
Jacobs, O. H. 701ff.
Jäger, H. 751
Jahrmann, F.-U. 562, 674
Jahrreiß, W. 43, 56ff.
Jain, S. C. 562
James, B. G. 255
Jansen, R. 674
Jarchow, H.-J. 200
Johnson, H. G. 51ff., 150ff.
Jürgensen, H. 31
Jungnickel, R. 30f., 290ff.

Kant, I. 370
Kaplan, R. S. 361, 783
Kappich, L. 148
Kaufer, E. 43, 150
Keegan, W. J. 562
Keller, E. v. 365
Kellers, R. 299ff.
Kern, H. 432
Kern, W. 411ff., 629
Kielmannsegg, P. Graf v. 380
Kieser, A. 197ff.
Kindleberger, Ch. P. 3, 42, 46f. 150ff., 211ff., 222, 231, 235
Klages, H. 399ff.
Klein, H. J. 427
Klein, W. 751ff.
Kleineidam, H. J. 732
Kliemt, H. 174, 192ff.
Klodt, H. 25, 32
Klös, H. L. 310ff.
Kluge, V. 702
Knickerbocker, F. 57ff., 150ff., 156ff.
Koch, H. 254, 278, 295ff.
Köhler, C. 32
Kogut, B. 48ff., 150ff.
Kojima, K. 67ff, 151
Kolde, E. J. 290ff.

Koller, H. 733
Koller, I. 698
Koopmann, G. 41, 149
Kormann, H. 629, 737ff.
Korn, R. 704ff.
Kotabe, M. 412ff.
Kotler, Ph. 562
Kottke, K. 733
Koutsoyiannis, A. 115, 152
Krägenau, H. 149
Krappmann, L. 397ff.
Kratz, P. 731ff
Kreikebaum, H. 256ff.
Kreilkamp, E. 270ff.
Kreutzer, R. 404
Kreye, O. 411ff.
Krist, H. 148f.
Krugman, P. 418
Kruschwitz, L. 633
Kubicek, H. 197ff.
Kühn, R. 733
Kulhavy, E. 282ff., 297ff.
Kumar, B. 3, 360, 403ff.
Kummer, S. 411
Kumpe, T. 161, 190ff.
Kumpf, W. 757
Kussmaul, A. 750ff.
Kwaku, K. 657

Langefeld-Wirth, K. 192ff.
Laßmann, G. 410
Lavergne, R. 409
Lax, H. 558
Lecraw, D. J. 413
Lederle, H. 310ff.
Leibenstein, H. 214
Leipold, H. 95, 152
Lenz, M. 735ff.
Leontiades, M. 253
Leroy, G. 421
Lessard, D. R. 133ff., 152, 189ff., 343ff.
Levitt, Th. 163, 190ff., 246ff., 422
Lewin, A. Y. 319
Lewis, J. D. 190ff.
Linde, R. 411
Lindert, P. H. 3
Lipfert, H. 31, 346ff., 631
Lorange, P. 343
Lorenz, D. 158, 189ff.
Loscher, G. 631
Lotz, K. H. 428
Luchs, R. H. 273
Luckenbach, H. 214f.
Luckmann, Th. 376ff.
Lück, W. 3
Lücke, W. 410

Lüder, K. 300ff.
Lutter, M. 407

Macharzina, K. V. 30, 32, 149, 294
Männel, W. 418
Magee, St. P. 105ff., 152
Mahini, A. 264
Mandler, U. 775ff.
March, J. G. 294
Marettek, A. 736
Marr, R. 365ff.
Marx, K. 408
Mauriel, J. J. 300ff.
McManus, J. 94ff., 152
Mead, G. H. 408
Meffert, H. 155, 164f.
Meissner, H. G. 162, 189ff.
Miller, J. J. 245
Miller, R. R. 245
Mintzberg, H. 257
Moxter, A. 773ff.
Müller, D. v. 411
Müller, E. 342ff.
Müller, R. 273
Müller-Heumann, G. 360, 412
Müller-Stewens, G. 192ff.
Münch, R. 374ff.
Mundell, R. A. 72, 151
Musgrave, R. A. 211

Naumann-Etienne, R. 630
Neuhof, B. 299ff.
Niederlich, R. 731
Niemann, U. 750
Niskanen, W. A. 214
Norton, D. P. 361
Nunner-Winkler, G. 397ff.

Ohlin, B. 60ff.
Ohmae, K. 3, 228
Olson, M. Jr. 213
Omura, G. 412ff.
Ordelheide, D. 299ff.
Oswald, A. 303

Parsons, T. 408
Pattison, J. 213
Paudtke, H. 355ff.
Paulus, H. J. 732
Pausenberger, E. 3, 50, 149, 157, 190ff.
   283ff., 372ff., 409ff.
Pavitt, K. 107, 152
Pensel, J. 412, 628
Perlitz, M. 3, 149, 166, 169, 178, 190ff.
Perridon, L. 630
Piechota, S. 362

Piltz, J. D. 758ff.
Piper, H. 698
Plasschärt, S. 733, 770
Poensgen, O. H. 281, 308ff.
Pommerehne, W. W. 213
Popper, K. R. 370
Porter, M. E. 3, 150ff., 156, 163, 190ff.,
   244ff
Pott, Ph. 631
Prast, W. G. 630
Prahalad, C. K. 278
Pritzl, R. 191ff.
Prüßmann, H. 698
Pryor, M. H. Jr. 334, 362

Quack, H. 227, 562

Rabe, D. 698
Radebaugh, L. H. 3
Rädler, A. J. 723ff.
Raffée, H. 171, 192ff., 411
Ragazzi, G. 138ff., 152
Rall, W. 246ff., 293ff
Ranenko, V. 192ff.
Raupach, A. 723ff.
Remmers, H. L. 294, 419
Reuter, H. P. 717
Rhyne, L. C. 166, 190ff.
Ricardo, D. 11, 60
Richardson 114ff.
Riebel, P. 312ff., 417ff.
Rieger, H. 734ff.
Robock, St. H. 189, 630
Ropella, W. 418
Roventa, P. 271
Rudolph, B. 257
Rühmann, P. 200
Rugmann, A. M. 41f., 47ff., 153, 413ff.
Ruhwedel, E. 698
Russett, B. M. 213

Sachs, R. 562, 674
Samuelson, P. 61ff., 211
Schaninger, C. M. 562
Schedlbauer, H. 303
Schenk, K.-E. 163, 167, 175, 186
Scheper, W. 410
Scherer, F. M. 55, 150ff.
Scheuner, M. 699
Schiff, M. 319
Schimank, U. 399ff.
Schlicksupp, H. 274ff.
Schmalenbach, E. 350ff.
Schmelling, H. D. 751ff.
Schmidt, R. H. 129, 152
Schmitz, V. 751

Schneeweiß, Ch. 410
Schneider, D. 353ff.
Schneider, F. 213
Schneider, V. 736
Schöne, W. D. 733ff.
Scholl, R. F. 275
Schollhammer, H. 286ff.
Schoppe, S. G. VI, 32, 214
Schrader, j. 263, 416
Schreyögg, G. 265
Schulte-Mattler, H. 149
Schumann, M. 201
Segler, K. 562
Seibert, K. 190ff.
Seidel, G. 753ff.
Seidel, H. 633
Selchert, F. W. 733ff.
Sertl, W. 351ff.
Servan-Schreiber, J. J. 231
Shapiro, A. C. 628f.
Sharman, G. 432
Shillinglaw, G. 308ff.,
Sieber, E. H. 362, 413, 731
Simmonds, K. 189
Simon, H. A. 294
Sloan, A. P. Jr. 294
Smith, A. 60
Sohmen, E. 210f.
Soldner, H. 149
Soplomons, D. 300ff.
Soloviev, I. 192ff.
Sourisseaux, A. L. J. 407
Srinivasulu, S. L. 631
Staehle, W. H. 233ff., 239, 299ff.
Stahr, G. 562
Stedry, A. C. 307
Stehle, R. 630
Stein, H. G. 773ff.
Stein, I. 46ff., 150ff.
Steinmann, H. 169, 190ff., 265, 403ff
Stephan, G. 162, 189ff.
Sternberger, D. 380
Steven, M. 415
Stevens, C. 149, 412
Stiegler, H. 351ff.
Stobaugh, R. B. Jr. 333, 633
Stolper 61ff.
Stonehill, A. 628f.
Stopford, J. M. 286ff., 430
Streitferdt, L. VIII, 807
Strobel, W. 348
Süchting, J. 129, 152, 362
Sullivan, J. 213
Sunkel, O. 411
Swinne, A. H. 732

Takeuchi, H. 562
Teece, D. J. 85ff., 151f., 189
Telkamp, H.-J. 731ff.
Tesch, P. 51ff., 152
Tharakan, P. K. M. 411
Thomée, F. 281
Toyne, B. 413, 458
Trommsdorff, V. 3

Uhlig, C. 187
Ulrich, H. 733
Usunier, J.-C. 563

Valtz, R. 417
Vaubel, R. 214, 216
Venabler, A. 418
Vernon, R. 59ff., 151, 362
Voigt, K.-I. 254ff., 280
Volkmann, B. 413

Wacker, W. H. 3, 734ff.
Wagner, P. R. 674
Wälchi, H. 629
Wahren, H.-K. 404ff.
Wallace, J. 235
Walldorf, E. G. 563
Walmsley, J. 178, 185, 191ff.
Warneke, P. 699ff.
Wassermeyer, F. 713ff.
Weber, A. 199, 231
Weber, C. P. 772ff.
Weber J. 362, 411
Weber M. 376ff.
Weber, W. 408
Welge, M. K. V. 244, 272, 299ff., 414
Wells, L. T. Jr. 62ff., 151, 264, 287ff., 299ff., 430
Weston, F. 46, 151
Wiklund, E. 563
Wild, J. 266
Wilde, K. D. 276
Williamson, O. E. 48, 151, 171, 191ff.
Winter, L. G. 244
Wittenfeld, H. 310ff.
Wittmann, W. 410
Wohlgemuth, M. 344ff.
Wolf, B. M. 153
Wolf, J. 408
Wolfe, P. 341, 359
Wysocki, K. v. 344ff.

Yip, G. S. 270ff., 417ff.
Young, S. 134, 149

Zellentin, G. 201
Zenoff, D. B. 363, 629

Zentes, J. 32, 280, 563
Zimmermann, A. 674
Zohlnhöfer, W. 111, 152

Zscherlich, W. 355ff.
Zünd, A. 295ff., 363, 731ff.
Zwick, J. 629

wisu

Die Zeitschrift für den Wirtschaftsstudenten

Die Ausbildungszeitschrift, die Sie während Ihres ganzen Studiums begleitet · Speziell für Sie als Student der BWL und VWL geschrieben · Studienbeiträge aus der BWL und VWL · Original-Examensklausuren und Fallstudien · WISU-Repetitorium · WISU-Studienblatt · WISU-Kompakt · WISU-Magazin mit Beiträgen zu aktuellen wirtschaftlichen Themen, zu Berufs- und Ausbildungsfragen · WISU-Firmenguide für Bewerber.

Erscheint monatlich · Bezugspreis für Studenten halbjährlich DM 64,80 zzgl. Versandkosten · Ein Probeheft erhalten Sie in jeder Buchhandlung oder beim Lange Verlag, Poststraße 12, 40213 Düsseldorf.

Lange Verlag · Düsseldorf